中国林业产业与林产品年鉴

YEARBOOK OF CHINA FOREST INDUSTRY

2018

国家林业和草原局　编

NATIONAL FORESTRY AND GRASSLAND ADMINISTRATION

中国林業出版社

图书在版编目(CIP)数据

中国林业产业与林产品年鉴.2018 / 国家林业和草原局编. —北京：中国林业出版社，2019.12
ISBN 978-7-5219-0405-5

Ⅰ. ①中… Ⅱ. ①国… Ⅲ. ①林业经济－中国－年鉴－2018 ②林产品－中国－年鉴－2018
Ⅳ. ①F326.2－54

中国版本图书馆CIP数据核字(2019)第276767号

责任编辑：许 凯 何 蕊

出版 中国林业出版社(100009 北京西城区刘海胡同7号)
电话 (010)83143666
网址 http://lycb.forestry.gov.cn **E-mail**：cfybook@163.com
发行 中国林业出版社
印刷 北京中科印刷有限公司
版次 2019年12月第1版
印次 2019年12月第1次
开本 889mm×1194mm 1/16
印张 46.5
字数 1600千字
定价 399.00元

ISBN 978-7-5219-0405-5
9 787521 904055 >

《中国林业产业与林产品年鉴》(2018)
编　委　会

《中国林业产业与林产品年鉴》(2018)

特约编委

《中国林业产业与林产品年鉴》(2018)

编辑部

《中国林业产业与林产品年鉴》(2018)

分 支 主 编

陶万强　北京市园林绿化局
李俊柱　天津市规划和自然资源局
候聚敏　河北省林业和草原局
蒲建民(副)　河北省林业和草原局
郑文全　山西省林业和草原局
周　浩(副)　山西省林业和草原局
张爱军　内蒙古自治区林业和草原局
周　义　辽宁省林业和草原局
高海山(副)　辽宁省林业和草原局
谭国庆　吉林省林业和草原局
金元日(副)　吉林省林业和草原局
刘铁柱　延边朝鲜族自治州林管局
贾丽伟(副)　延边朝鲜族自治州林管局
高　明　黑龙江省林业和草原局
陈凯声(副)　黑龙江省林业和草原局
朱建华　上海市林业局
茅国梁(副)　上海市林业局
王晓南　江苏省林业局
吴晓平　浙江省林业局
孙守胜　安徽省林业局
黄先青(副)　安徽省林业局
章　纯(副)　安徽省林业局
徐文辉　福建省林业局
徐向荣　江西省林业局
蔡恒义　江西省林业局
姜华先　山东省自然资源厅(山东省林业局)
肖武奇　河南省林业局
温保良(副)　河南省林业局
彭锦云　湖北省林业局
邹艳灵　湖南省林业局
邹榜先　广东省林业局
冷光明　广西壮族自治区林业局
李儒法　海南省林业局
李辉乾　重庆市林业局
兰雪莲(副)　重庆市林业局
郭祥兴　四川省林业和草原局
侯拥军　贵州省林业局
李承胜　云南省林业和草原局
张海武　西藏自治区林业和草原局
王　毅　陕西省林业局
连雪斌　甘肃省林业和草原局
才让旦周　青海省林业和草原局
朱　斌　宁夏回族自治区林业和草原局
李　国(副)　宁夏回族自治区林业和草原局
曹定贵　新疆维吾尔自治区林业和草原局
刘　炜　内蒙古大兴安岭重点国有林管理局
涂海萍　中国吉林森林工业(集团)总公司
宋志刚　中国龙江森林工业(集团)总公司
王　勇　中国龙江森林工业(集团)总公司
刘洪生　大兴安岭林业集团公司
康文学(副)　大兴安岭林业集团公司
江　伟　新疆生产建设兵团林业局

《中国林业产业与林产品年鉴》(2018)

特约编辑

编 辑 说 明

一、《中国林业产业与林产品年鉴》是一部全面、系统、准确反映我国林业产业体系建设成就、机制、经验及其发展动态的大型资料性工具书。每年一卷，限收录上一年度信息与资料。

二、《中国林业产业与林产品年鉴》的基本任务是，为林业行业广大生产经营单位、企业、各级行政机关，广大国内外投资者、经济科学研究工作者，提供全国林业产业各支柱产业发展成就与水平、主要县（旗、市、区）林产品产销信息、国家有关政策法规、各省（区、市）与国有森工企业林业产业发展动态及其先进地县（市、局）经验与重点企业经营状况、林产品国际进出口贸易等资料。

三、第十卷（2018 卷）根据国家林业局林策发〔2007〕117 号通知要求，以 2017 年资料为主，全卷 200 多万字。

四、本卷编纂内容分六大部分：（一）特辑，收录 2017 年国家林业局领导人有关讲话，国家林业局主要文件等；（二）全国林业产业发展概述；（三）行业篇，包括森林旅游等林业产业支柱产业；（四）各省（区、市）林业产业，龙头企业及其品牌产品；（五）林产品主产县（旗、市、区、局）；（六）林产品进出口贸易资料。

五、本卷林业产业与林产品资料来源。一是，《中国林业统计年鉴》《中国农业统计资料》以及其他国家统计数据等。二是各县级资料，由各省组织下属各县（旗、市、区、局）林业部门根据相关统计调查资料收集整理，并经省、地、县三级审核，通过中国林业产业与林产品信息网络平台填写上报。

六、本卷所录资料，均不含台湾省及香港特别行政区和澳门特别行政区。

七、年鉴文字部分，实行条目编辑。条头设【 】。条目标题力求简明、规范。长条目设黑体和楷体两级层次标题。全卷编排按内容分类。

八、年鉴编撰及资料收集，分别由各省（区、市）林业厅（局）、四大国有林区森工集团、兵团林业局和国家林业局有关司（局）及相关协会承担。

九、年鉴计量单位、文字撰稿、资料选用均执行国家现行规定。

十、条目、文章，一律署名，文责自负。

十一、全书表号按照条目分别编排。

《中国林业产业与林产品年鉴》编辑部

《中国林业产业与林产品年鉴》编纂流程简图

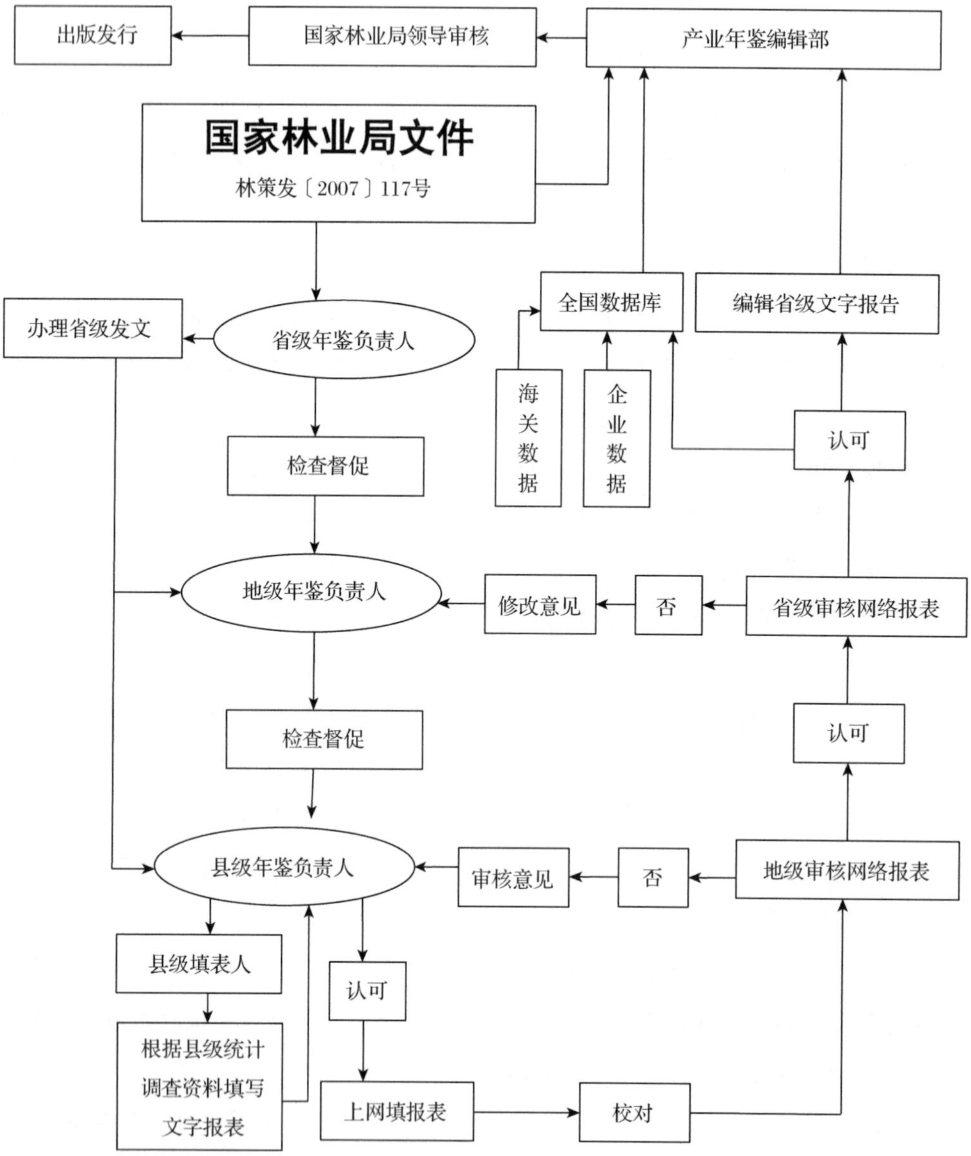

目　录

特　辑

中国林业产业综述与行业篇

各省(自治区、直辖市)林业产业

林产品主产地及产量

林产品进出口

特　辑

SPECIAL

中共中央办公厅　国务院办公厅
《关于划定并严守生态保护红线的若干意见》

生态空间是指具有自然属性、以提供生态服务或生态产品为主体功能的国土空间，包括森林、草原、湿地、河流、湖泊、滩涂、岸线、海洋、荒地、荒漠、戈壁、冰川、高山冻原、无居民海岛等。生态保护红线是指在生态空间范围内具有特殊重要生态功能、必须强制性严格保护的区域，是保障和维护国家生态安全的底线和生命线，通常包括具有重要水源涵养、生物多样性维护、水土保持、防风固沙、海岸生态稳定等功能的生态功能重要区域，以及水土流失、土地沙化、石漠化、盐渍化等生态环境敏感脆弱区域。党中央、国务院高度重视生态环境保护，作出一系列重大决策部署，推动生态环境保护工作取得明显进展。但是，我国生态环境总体仍比较脆弱，生态安全形势十分严峻。划定并严守生态保护红线，是贯彻落实主体功能区制度、实施生态空间用途管制的重要举措，是提高生态产品供给能力和生态系统服务功能、构建国家生态安全格局的有效手段，是健全生态文明制度体系、推动绿色发展的有力保障。现就划定并严守生态保护红线提出以下意见。

一、总体要求

(一)指导思想。全面贯彻党的十八大和十八届三中、四中、五中、六中全会精神，深入贯彻习近平总书记系列重要讲话精神和治国理政新理念新思想新战略，紧紧围绕统筹推进“五位一体”总体布局和协调推进“四个全面”战略布局，牢固树立新发展理念，认真落实党中央、国务院决策部署，以改善生态环境质量为核心，以保障和维护生态功能为主线，按照山水林田湖系统保护的要求，划定并严守生态保护红线，实现一条红线管控重要生态空间，确保生态功能不降低、面积不减少、性质不改变，维护国家生态安全，促进经济社会可持续发展。

(二)基本原则

——科学划定，切实落地。落实环境保护法等相关法律法规，统筹考虑自然生态整体性和系统性，开展科学评估，按生态功能重要性、生态环境敏感性与脆弱性划定生态保护红线，并落实到国土空间，系统构建国家生态安全格局。

——坚守底线，严格保护。牢固树立底线意识，将生态保护红线作为编制空间规划的基础。强化用途管制，严禁任意改变用途，杜绝不合理开发建设活动对生态保护红线的破坏。

——部门协调，上下联动。加强部门间沟通协调，国家层面做好顶层设计，出台技术规范和政策措施，地方党委和政府落实划定并严守生态保护红线的主体责任，上下联动、形成合力，确保划得实、守得住。

(三)总体目标。2017 年年底前，京津冀区域、长江经济带沿线各省(直辖市)划定生态保护红线；2018 年年底前，其他省(自治区、直辖市)划定生态保护红线；2020 年年底前，全面完成全国生态保护红线划定，勘界定标，基本建立生态保护红线制度，国土生态空间得到优化和有效保护，生态功能保持稳定，国家生态安全格局更加完善。到 2030 年，生态保护红线布局进一步优化，生态保护红线制度有效实施，生态功能显著提升，国家生态安全得到全面保障。

二、划定生态保护红线

依托“两屏三带”为主体的陆地生态安全格局和“一带一链多点”的海洋生态安全格局，采取国家指导、地方组织，自上而下和自下而上相结合，科学划定生态保护红线。

(四)明确划定范围。环境保护部、国家发展改革委会同有关部门，于 2017 年 6 月底前制定并发布生态保护红线划定技术规范，明确水源涵养、生物多样性维护、水土保持、防风固沙等生态功能重要区域，以及水土流失、土地沙化、石漠化、盐渍化等生态环境敏感脆弱区域的评价方法，识别生态功能重要区域和生态环境敏感脆弱区域的空间分布。将上述两类区域进行空间叠加，划入生态保护红线，涵盖所有国家级、省级禁止开发区域，以及有必要严格保护的其他各类保护地等。

（五）落实生态保护红线边界。按照保护需要和开发利用现状，主要结合以下几类界线将生态保护红线边界落地：自然边界，主要是依据地形地貌或生态系统完整性确定的边界，如林线、雪线、流域分界线，以及生态系统分布界线等；自然保护区、风景名胜区等各类保护地边界；江河、湖库，以及海岸等向陆域（或向海）延伸一定距离的边界；全国土地调查、地理国情普查等明确的地块边界。将生态保护红线落实到地块，明确生态系统类型、主要生态功能，通过自然资源统一确权登记明确用地性质与土地权属，形成生态保护红线全国“一张图”。在勘界基础上设立统一规范的标识标牌，确保生态保护红线落地准确、边界清晰。

（六）有序推进划定工作。环境保护部、国家发展改革委会同有关部门提出各省（自治区、直辖市）生态保护红线空间格局和分布意见，做好跨省域的衔接与协调，指导各地划定生态保护红线；明确生态保护红线可保护的湿地、草原、森林等生态系统数量，并与生态安全预警监测体系做好衔接。各省（自治区、直辖市）要按照相关要求，建立划定生态保护红线责任制和协调机制，明确责任部门，组织专门力量，制订工作方案，全面论证、广泛征求意见，有序推进划定工作，形成生态保护红线。环境保护部、国家发展改革委会同有关部门组织对各省（自治区、直辖市）生态保护红线进行技术审核并提出意见，报国务院批准后由各省（自治区、直辖市）政府发布实施。在各省（自治区、直辖市）生态保护红线基础上，环境保护部、国家发展改革委会同有关部门进行衔接、汇总，形成全国生态保护红线，并向社会发布。鉴于海洋国土空间的特殊性，国家海洋局根据本意见制定相关技术规范，组织划定并审核海洋国土空间的生态保护红线，纳入全国生态保护红线。

三、严守生态保护红线

落实地方各级党委和政府主体责任，强化生态保护红线刚性约束，形成一整套生态保护红线管控和激励措施。

（七）明确属地管理责任。地方各级党委和政府是严守生态保护红线的责任主体，要将生态保护红线作为相关综合决策的重要依据和前提条件，履行好保护责任。各有关部门要按照职责分工，加强监督管理，做好指导协调、日常巡护和执法监督，共守生态保护红线。建立目标责任制，把保护目标、任务和要求层层分解，落到实处。创新激励约束机制，对生态保护红线保护成效突出的单位和个人予以奖励；对造成破坏的，依法依规予以严肃处理。根据需要设置生态保护红线管护岗位，提高居民参与生态保护积极性。

（八）确立生态保护红线优先地位。生态保护红线划定后，相关规划要符合生态保护红线空间管控要求，不符合的要及时进行调整。空间规划编制要将生态保护红线作为重要基础，发挥生态保护红线对于国土空间开发的底线作用。

（九）实行严格管控。生态保护红线原则上按禁止开发区域的要求进行管理。严禁不符合主体功能定位的各类开发活动，严禁任意改变用途。生态保护红线划定后，只能增加、不能减少，因国家重大基础设施、重大民生保障项目建设等需要调整的，由省级政府组织论证，提出调整方案，经环境保护部、国家发展改革委会同有关部门提出审核意见后，报国务院批准。因国家重大战略资源勘查需要，在不影响主体功能定位的前提下，经依法批准后予以安排勘查项目。

（十）加大生态保护补偿力度。财政部会同有关部门加大对生态保护红线的支持力度，加快健全生态保护补偿制度，完善国家重点生态功能区转移支付政策。推动生态保护红线所在地区和受益地区探索建立横向生态保护补偿机制，共同分担生态保护任务。

（十一）加强生态保护与修复。实施生态保护红线保护与修复，作为山水林田湖生态保护和修复工程的重要内容。以县级行政区为基本单元建立生态保护红线台账系统，制定实施生态系统保护与修复方案。优先保护良好生态系统和重要物种栖息地，建立和完善生态廊道，提高生态系统完整性和连通性。分区分类开展受损生态系统修复，采取以封禁为主的自然恢复措施，辅以人工修复，改善和提升生态功能。选择水源涵养和生物多样性维护为主导生态功能的生态保护红线，开展保护与修复示范。有条件的地区，可逐步推进生态移民，有序推动人口适度集中安置，降低人类活动强度，减小生态压力。按照陆海统筹、综合治理的原则，开展海洋国土空间生态保护红线的生态整治修复，切实强化生态保护红线及周边区域污染联防联治，重点加强生态保护红线内入海河流综合整治。

（十二）建立监测网络和监管平台。环境保护部、国家发展改革委、国土资源部会同有关部门建设和完善生态保护红线综合监测网络体系，充分发挥地面生态系统、环境、气象、水文水资源、水土保持、海洋等监测站点和卫星的生态监测能力，布设相对固定的生态保护红线监控点位，及时获取生态保护红线监测数据。建立国家生态保护红线监管平台。依托国务院有关部门生态环境监管平台和大数据，运用云计算、物联网等信息化手段，加强监测数据集成分析和综合应用，强化生态气象灾害监测预警能力建设，全面掌握生态系统构成、分布与动态变化，及时评估和预警生态风险，提高生态保护红线管理决策科学化水平。实时监控人类干扰活动，及时发现破坏生态保护红线的行为，对监控发现的问题，通报当地政府，由有关部门依据各自职能组织开展现场核查，依法依规进行处理。2017 年年底前完成国家生态保护红线监管平台试运行。各省（自治区、直辖市）应依托国家生态保护红线监管平台，加强能力建设，建立本行政区监管体系，实施分层级监管，及时接收和反馈信息，核查和处理违法行为。

（十三）开展定期评价。环境保护部、国家发展改革委会同有关部门建立生态保护红线评价机制。从生态系统格局、质量和功能等方面，建立生态保护红线生态功能评价指标体系和方法。定期组织开展评价，及时掌握全国、重点区域、县域生态保护红线生态功能状况及动态变化，评价结果作为优化生态保护红线布局、安排县域生态保护补偿资金和实行领导干部生态环境损害责任追究的依据，并向社会公布。

（十四）强化执法监督。各级环境保护部门和有关部门要按照职责分工加强生态保护红线执法监督。建立生态保护红线常态化执法机制，定期开展执法督查，不断提高执法规范化水平。及时发现和依法处罚破坏生态保护红线的违法行为，切实做到有案必查、违法必究。有关部门要加强与司法机关的沟通协调，健全行政执法与刑事司法联动机制。

（十五）建立考核机制。环境保护部、国家发展改革委会同有关部门，根据评价结果和目标任务完成情况，对各省（自治区、直辖市）党委和政府开展生态保护红线保护成效考核，并将考核结果纳入生态文明建设目标评价考核体系，作为党政领导班子和领导干部综合评价及责任追究、离任审计的重要参考。

（十六）严格责任追究。对违反生态保护红线管控要求、造成生态破坏的部门、地方、单位和有关责任人员，按照有关法律法规和《党政领导干部生态环境损害责任追究办法（试行）》等规定实行责任追究。对推动生态保护红线工作不力的，区分情节轻重，予以诫勉、责令公开道歉、组织处理或党纪政纪处分，构成犯罪的依法追究刑事责任。对造成生态环境和资源严重破坏的，要实行终身追责，责任人不论是否已调离、提拔或者退休，都必须严格追责。

四、强化组织保障

（十七）加强组织协调。建立由环境保护部、国家发展改革委牵头的生态保护红线管理协调机制，明确地方和部门责任。各地要加强组织协调，强化监督执行，形成加快划定并严守生态保护红线的工作格局。

（十八）完善政策机制。加快制定有利于提升和保障生态功能的土地、产业、投资等配套政策。推动生态保护红线有关立法，各地要因地制宜，出台相应的生态保护红线管理地方性法规。研究市场化、社会化投融资机制，多渠道筹集保护资金，发挥资金合力。

（十九）促进共同保护。环境保护部、国家发展改革委会同有关部门定期发布生态保护红线监控、评价、处罚和考核信息，各地及时准确发布生态保护红线分布、调整、保护状况等信息，保障公众知情权、参与权和监督权。加大政策宣传力度，发挥媒体、公益组织和志愿者作用，畅通监督举报渠道。

本意见实施后，其他有关生态保护红线的政策规定要按照本意见要求进行调整或废止。各地要抓紧制订实施方案，明确目标任务、责任分工和时间要求，确保各项要求落到实处。

把握新形势　抓住新机遇　推动林业现代化建设上新水平

——在全国林业厅局长会议上的讲话

张建龙

（2017年1月5日）

这次全国林业厅局长会议的主要任务是：深入学习领会习近平总书记系列重要讲话精神，认真贯彻落实党的十八大和十八届三中、四中、五中、六中全会，以及中央经济工作会议、中央农村工作会议精神，总结2016年林业工作，分析当前林业形势，部署2017年重点任务，切实用习近平总书记重大战略思想指导林业现代化建设，不断提升我国林业改革发展水平。

一、关于2016年工作完成情况

一年来，全国林业系统深入贯彻落实习近平总书记系列重要讲话精神，按照党中央、国务院的决策部署，自觉践行新发展理念，坚持紧盯大事要事，既注重整体谋划，又加强分类指导，出台了一批规划和文件，对“十三五”林业工作逐项安排并狠抓落实，实现了“十三五”良好开局。全年完成造林1.02亿亩①，超过三年滚动计划年均任务；完成森林抚育1.26亿亩，为年度计划任务的105%；林业产业总产值达到6.4万亿元，同比增长7.7%，林产品进出口贸易额达到1340亿美元。

（一）落实“四个着力”扎实有效。坚持将学习贯彻习近平总书记“四个着力”要求，作为推进林业现代化建设、维护森林生态安全的根本任务，逐项安排部署，全力抓好落实。着力推进国土绿化方面，在内蒙古自治区召开全国加快推进国土绿化现场会，出台《全国造林绿化规划纲要（2016～2020年）》，对国土绿化进行科学谋划和全面部署，明确了下一步工作的总体思路、目标任务和重点举措。着力提高森林质量方面，在江西省召开全国森林质量提升工作现场会，印发《全国森林经营规划（2016～2050年）》，着手实施森林质量精准提升工程，构建健康稳定优质高效的森林生态系统。着力开展森林城市建设方面，在陕西省召开森林城市建设座谈会，发布《关于着力开展森林城市建设的指导意见》，对森林城市建设进行安排部署。新授予22个城市“国家森林城市”称号，还有80多个城市正在积极创建。着力建设国家公园方面，会同有关部门完成了国家公园体制试点实施方案审查工作，东北虎豹、大熊猫国家公园体制试点方案获中央深改组审议通过，雪豹、亚洲象、环首都等国家公园筹建工作积极推进。

（二）服务“三大战略”取得突破。立足林业优势，认真谋划布局，在服务“一带一路”建设、京津冀协同发展、长江经济带发展上迈出实质性步伐。围绕“一带一路”建设，确定了防沙治沙和野生动植物保护两大重点，建立了中国－中东欧国家（16+1）、大中亚地区、中国－东盟等林业合作机制，成功举办世界防治荒漠化日全球纪念活动暨“一带一路”高级别对话，发布了《“一带一路”防治荒漠化共同行动倡议》。围绕京津冀协同发展，召开京津冀协同发展生态率先突破推进会，明确了准备重点突破的7个方面，建立了局省市共同推进工作机制。印发了《京津冀生态协同圈森林和自然生态保护与修复规划》，力争在林业生态建设方面率先实现突破。围绕长江经济带发展，召开首次长江经济带“共抓大保护”林业工作会议，确定抓好“3大行动、9项工作”，推动长江沿线各省市形成保护生态的合力。印发了《长江经济带森林和湿地生态系统保护与修复规划》，重点加强森林、湿地生态系统保护与恢复。

（三）林业改革全面实施。国有林区改革省级实施方案全部批复。260亿元金融债务清理完成，

---

① 1亩=1/15公顷。

其中与木材停伐相关的130亿元，中央财政将从2017年起每年安排利息补助6.37亿元；分离企业办医院、学校、“三供一业”等工作扎实推进，多渠道安置富余职工9.7万人，87个林业局单列纳入国家重点生态功能区范围。国有林场改革完成了省级实施方案批复和试点省验收，近1/3市县实施方案已获批复，260个市县、634个国有林场完成改革任务。国务院办公厅出台了《关于完善集体林权制度的意见》。全国集体林权流转2.83亿亩，林权抵押贷款850多亿元，县级以上林权管理服务机构1800多个，家庭林场、农民专业合作社等新型经营主体18.4万个，森林保险参保面积21.74亿亩。同时，积极推进生态文明体制改革，认真做好涉林相关工作。《湿地保护修复制度方案》通过中央深改组审议并由国务院办公厅印发，《甘肃、宁夏等地湿地产权确权试点方案》正式出台，《沙化土地封禁保护修复制度方案》已经国务院批准发布。启动了国有森林资源有偿使用试点和林业自然资源资产负债表编制工作，参与起草了划定并严守生态保护红线的若干意见，提出了纳入红线的林地范围及管控措施。林业行政审批事项大幅减少，审批效率明显提高，审批行为更加规范，事中事后监管逐步加强。

(四)生态修复持续推进。林业重点工程深入实施，三北工程启动两个百万亩防护林基地建设；京津风沙源治理和长江、沿海等防护林体系建设工程完成年度任务；开展了退耕还林突出问题专项整治和工作督导，退耕还林进度明显加快，2015年度任务全部完成，2016年度任务进展顺利；组织了“十二五”省级政府防沙治沙目标责任考核，启动了新一轮石漠化综合治理工程，在重点沙区开展了灌木林平茬抚育试点，新增沙化土地封禁保护试点县10个。建设国家储备林1237万亩。发布了《造林技术规程》《旱区造林绿化技术指南》，新增5个全国森林经营样板基地，开展了森林可持续经营新一轮试点。全年生产林木种子4600万公斤、苗木404亿株，满足了造林绿化苗木供应。湿地面积指标纳入国家“十三五”规划纲要，出台了《退耕还湿实施方案》，退耕还湿20万亩，恢复退化湿地30万亩。

(五)资源管护继续强化。天然林保护实现全覆盖，商业性采伐全面停止。加强了建设项目使用林地审核审批管理，林地变更调查试点有序推进，“林地一张图”日益完善。国务院批准建立了打击野生动植物非法贸易部际联席会议机制，临时禁止进口象牙及其制品的禁令延期实施3年，并扩大了禁止进口范围。新增林业国家级自然保护区16处、国家森林公园21处、国家沙漠公园15处、国家湿地公园134处。森林资源清查、野生动植物资源调查取得阶段性成果，启动了第三次石漠化监测工作。与公安部联合出台了《关于深化森林公安改革的指导意见》，积极推进森林公安正规化建设。健全了森林资源监督机制，开展了森林资源管理情况检查，对存在突出问题的自然保护区进行了督查整改。组织开展了“清网行动”、打击非法占用林地等涉林违法犯罪专项行动。全国共查处林业行政案件19.48万起、刑事案件近3万起。

(六)精准扶贫成效明显。根据林业特点和优势，确定了“四精准、三巩固”的林业扶贫工作思路。中央财政安排补助资金20亿元，全国落实生态护林员28.8万人，带动108万贫困人口脱贫。退耕还林、国家储备林建设等工程和项目重点向贫困地区倾斜，帮助贫困人口就业增收。通过统筹整合资金、落实银行贷款，对贫困地区发展木本油料、森林旅游、经济林、林下经济等绿色富民产业给予积极支持，35万户、110万贫困人口依托森林旅游实现增收。印发了《林业科技扶贫行动方案》，开展了送科技下乡等林业科技扶贫行动，一批贫困人口依靠科技实现精准脱贫。加强了定点扶贫、片区扶贫工作指导，4个定点扶贫县落实贷款15亿元。

(七)灾害防控总体平稳。国务院批复《全国森林防火规划(2016~2025年)》。各地认真落实森林防火责任制，全面加强森林防火能力建设，森林航空消防省份扩大到19个。全国共发生森林火灾2034起，受害森林面积9.32万亩，因灾伤亡36人，取得了多年来的最好成绩。开展了林业有害生物防治政府购买服务试点，强化了京津冀、长江经济带、黄山等重点区域重大外来有害生物防控。全国林业有害生物发生面积1.7亿亩，防治面积1.2亿亩。野生动物疫源疫病监测防控正式纳入国家生物安全保障体系，全年妥善处置野生动物疫情24起。有效应对8次沙尘天气过程，林业系统未发生大的安全生产事故。

（八）产业发展势头良好。召开了第三届全国林业产业大会，大力推动产业转型升级。电子商务、森林康养等新业态快速发展，产业质量和效益稳步提升。启动了森林体验基地、森林养生基地建设试点，各类森林旅游地接近9000处，年接待旅游人数12亿人次，较上年增长15%。全国林产品电子商务平台正式上线运行。开展了重点林产品质量安全监管和建材市场秩序专项整治，启动了林业企业信用等级评价和国家森林生态标志产品体系建设试点，认定了第二批国家级林业重点龙头企业。参加了2016土耳其安塔利亚世界园艺博览会并获最高奖项，成功举办唐山世园会、中国森林旅游节、中国竹文化节等节庆展会。

（九）科技和信息化支撑更为有力。召开了全国林业科技创新大会，出台了《林业科技创新“十三五”规划》《主要林木育种科技创新规划》和加强林业科技创新驱动发展的意见。启动了2个国家重点研发专项，竹子、杨树、落叶松、牡丹纳入国家转基因生物新品种培育重大科技专项“十三五”规划。3项成果获得国家科技进步二等奖，推广了一批先进实用技术。“高分四号”卫星投入使用，陆地生态系统碳监测卫星工程启动立项。全国生态定位站达到179个，新批建工程中心8个、质检机构3个。成立了国际标准化组织竹藤技术委员会，发布国家标准29项、行业标准215项。确定了第二批国家林木种质资源库、首批国家花卉种质资源库，公布了第六批林业植物新品种保护名录，授予新品种权196件。出台了《“十三五”林业信息化发展规划》，制定了林业大数据、物联网、电子商务等指导意见，开展了中国林业移动互联网发展战略研究。“金林工程”、电子政务内网等项目批准立项，启动了全国林业信息化率测评，国家林业局网上行政审批平台、濒危物种进出口审批与联网核销系统投入使用。与国家发展改革委开展了生态大数据应用与研究战略合作，建立了有关林业数据协同共享平台和机制。中国林业网站群超过4000个，访问总量突破20亿人次，在部委网站绩效排名中保持第2名。

（十）政策法治保障逐步完善。印发了《林业发展“十三五”规划》和30个专项规划。中央林业投入1133亿元，与2015年同口径相比增长19%。提高了天然林保护工程、造林投资补助标准，新增了物种国家公园、国有林区防火应急道路、国家森林公园等资金渠道。金融创新取得突破，发布了林业领域PPP项目指导意见，与国家开发银行、中国农业发展银行签署合作协议，40多个项目签订贷款合同755亿元，已经落实152亿元；与中国建设银行签署全面合作协议，拟设立1000亿元的林业产业发展投资基金，首期260亿元已开始对接项目。建立了林业贴息贷款多部门联合监管机制，落实贴息贷款240亿元。中国绿化基金会和中国绿色碳汇基金会募集资金超过1亿元，正在履行项目备案和交易程序的林业碳汇项目83个。出台了《关于全面推进林业法治建设的实施意见》，修订了野生动物保护法，制定和修改10件部门规章，湿地保护条例已上报国务院审查。林业综合行政执法改革、林业普法、行政复议和诉讼等工作扎实有效。

（十一）宣传出版和国际合作深入开展。围绕林业中心工作和重要时间节点，开展了系列主题宣传活动，各主要新闻单位和网站刊播林业报道1.2万多条(次)。《中国绿色时报》发行量首次突破7万份。发布了《中国生态文化发展纲要(2016～2020年)》，出版了《中国湿地资源》等系列图书，《绿色发展与森林城市建设》入选2016年国家主题出版重点出版物。积极实施林业“走出去”战略，深化国际交流与合作，与11个国家签署了林业合作协议。深度参与了应对气候变化、中美战略与经济对话等国际谈判，成功完成了作为习近平主席特使出席中非共和国新任总统就职仪式等重大外交活动，有效化解了世界自然保护大会期间个别国家南海紧急动议危机。获得联合国防治荒漠化公约第13次缔约方大会举办权，在《濒危野生动植物种国际贸易公约》第17次缔约方大会上当选公约常委会副主席国。中美共建中国园项目正式开工。成功举办首届国际森林城市大会、第十届国际湿地大会等重要会议。国际竹藤组织和亚太森林组织国际影响力不断提升。林业利用外资、境外森林资源利用与培育合作、对外援助等工作取得新进展。

(十二)党的建设全面加强。认真学习贯彻十八届六中全会精神，按照全面从严治党的要求，狠抓主体责任和监督责任落实，健全党建工作责任制，扎实推进党风廉政建设和反腐败工作。加强了基层党组织建设和党内教育，开展了“两学一做”学习教育和“三强化两提升”学习实践，党员干部学习教育“灯下黑”问题专项整治、党员组织关系集中排查、党费专项检查等工作取得实效。严格落实中央八项规定精神，开展了集中整治“四风”问题专项检查。完成了中央巡视整改任务，加大了涉林案件查办、资金稽查审计和问题线索处理力度，林业资金不谋林、侵害林农利益等问题得到严肃查处，林业系统党风政风行风持续改进。加强了林业干部队伍建设和高层次人才引进培养，统战、群团、工青妇、机关后勤、老干部等工作都取得新成效。

二、关于当前林业形势与任务

党的十八大以来，以习近平同志为核心的党中央从坚持和发展中国特色社会主义全局出发，确立了“五位一体”总体布局和“四个全面”战略布局，提出了新发展理念，作出了经济发展进入新常态的重大判断，推进了供给侧结构性改革，打响了脱贫攻坚战，开展了农村产权制度改革，等等。这些新的治国理政方略和重大决策部署，正在推动我国经济社会转型升级，适应经济发展新常态的经济政策框架逐步形成，农业农村发展新旧动能加速转换，林业发展的内外部环境开始发生深刻变化。只有准确把握并积极适应这些新形势新变化，顺势而为，乘势而上，不断完善林业的制度体系、政策框架和工作举措，林业现代化建设才能抓住新机遇、培育新动能、实现新发展。

准确把握林业发展形势，核心要求是认真学习领会习近平总书记系列重要讲话精神，全面掌握总书记关于生态文明建设和林业改革发展的重大战略思想，深刻理解总书记对林业提出的新使命、新要求，切实增强推动林业改革发展的责任感和紧迫感。党的十八大以来，习近平总书记对林业工作高度重视，多次研究林业重大问题，多次视察林业林区工作，多次关心林业职工生活，多次参加义务植树活动，多次作出重要指示批示，对林业改革发展提出了许多新思想新观点新要求。据不完全统计，习近平总书记关于林业的重要批示、指示、讲话达100多次，涉及林业改革、造林绿化、生态保护、产业发展等各个方面。这些重大战略思想内涵丰富、博大精深、融为一体，既有对林业地位作用、发展战略、森林生态安全等重大问题的深刻阐述，又有对林业具体工作的指示要求；既有林业发展的方向、目标和任务，又有推动改革的制度、举措和办法，针对性、指导性和可操作性都很强。习近平总书记对林业的重视程度之高、批示指示之多、推动力度之大前所未有，这既是推进林业现代化建设的根本指针和基本遵循，又是加快林业改革发展的最新形势和最大机遇，需要各级林业部门认真学习领会，全面准确把握，积极主动作为。

准确把握林业发展形势，根本任务是用习近平总书记重大战略思想指导林业改革发展，认真贯彻总书记重视林业的战略意图，全面落实中央强林惠林的决策部署，扎实推进林业现代化建设上新水平。近几年我国林业之所以能够在深化改革、资源培育、生态保护、森林城市建设等方面实现突破，关键在于各级林业部门牢固树立“四个意识”特别是核心意识、看齐意识，深入学习领会习近平总书记系列重要讲话精神，自觉践行绿水青山就是金山银山、生态惠民、保护优先、尊重自然等重要理念，不断完善推进林业现代化建设的思路举措，以改革创新的精神，破解发展难题，推动林业发展。当前，我国林业现代化建设正处于攻坚克难、爬坡过坎的关键阶段，进则全胜，不进则退。各级林业部门要将深入学习贯彻习近平总书记系列重要讲话精神作为重大政治任务，着力在学深学透、真学真用上下功夫，真正做到学用一致、知行合一，不断提高推动林业现代化建设的能力和水平。

准确把握林业发展形势，基本方法是认真研究国家重大决策部署对林业现代化建设带来的深刻影响，在把握大局、服务大局中寻求林业发展新机遇，推动林业实现更大发展。总的看，在建设生态文明和美丽中国的大背景下，我国林业发展形势将会长期利好，林业发展态势将会持续向好，大家对此要坚定信心，以功成不必在我的精神，持之以恒推动林业改革发展。同时我们也要看到，林业现代化建设既是一项艰巨的任务，又是一个漫长的过程，不同阶段有不同的发展机遇，也应有不同的措施办法，做到“明者因时而变，知者随事而制”。当前，就是要用中央最新精神分析研判林业的形势与任务，真正把思想和行动统一到习近平总书记系列重要讲话精神上来，统一到中央经济工作会议、中央农村工作会议决策部署上来，抢抓发展机遇，完善工作思路，创新工作举措，更好地指导林业改革发展，更好地服务国家大局。

（一）深化生态文明体制改革必将扩大林业发展红利。中央对生态文明体制改革高度重视，专门印发了《生态文明体制改革总体方案》。最近，习近平总书记又强调，要深化生态文明体制改革，尽快把生态文明制度的“四梁八柱”建立起来，把生态文明建设纳入制度化、法治化轨道。当前，中央正在夯基垒台、立柱架梁，稳步推进生态文明制度顶层设计，不断深化各领域改革，着力完善生态文明制度体系，林业改革发展将会迎来更为有利的制度环境。

林业作为生态文明制度改革的重要领域，既要完成好中央确定的改革任务，助力生态文明建设，又要抓住难得的改革机遇，创新林业体制机制，为林业现代化建设释放更大改革红利。一方面，可以借助深化生态文明体制改革的强劲东风，重点抓好国有林场、国有林区、集体林权制度三大改革，认真完成建立国家储备林制度、编制自然资源资产负债表、湿地产权确权试点等120多项改革任务，彻底解决多年想解决但难以解决的深层次问题，全面增强林业发展活力和动力，为林业长远发展提供制度保障。另一方面，可以借助中央和全社会高度重视生态文明建设的浓厚氛围，不断提升我国生态保护与修复水平。党的十八大以来，中央把加快林业发展作为生态文明建设的重要内容，坚持林业工作与生态文明建设同部署、同落实，许多文件和规划都专门对林业作出了安排，确定了林业发展的目标任务、主要措施和制度保障。特别是生态文明建设目标评价考核办法、生态环境损害责任追究办法出台后，中央关于林业的决策部署一定能得到全面落实，损害自然、破坏生态的行为必将受到严肃追究，我国林业发展必将迈上新的水平。

当前，我国林业改革正在全面推进，要按照中央深化生态文明体制改革的总要求，坚持稳中求进工作总基调，投入更大精力抓好改革落实，力争在关键领域、重点环节取得突破。在抓好林业三大改革的同时，要将国家公园体制试点、自然资源资产管理体制试点作为重要任务，充分发挥林业资源、机构、资金、专业等独特优势，会同有关部门和省份抓好试点方案落地，确保改革试点取得成功。要大力弘扬改革创新精神，把深化改革既当成任务又当成方法，坚持用改革的办法推动林业发展。要坚持以人民为中心的改革思想，始终维护好人民群众根本利益，让人民对改革有更多的获得感。

（二）推进供给侧结构性改革必将提高林业综合生产能力。推进供给侧结构性改革，就是要从提高供给质量出发，用改革的办法调整经济结构，实现要素最优配置，提升经济增长的质量和效益，最终扩大有效供给，更好满足人民群众的需求，促进经济社会持续健康发展。目前，我国生态状况堪忧，森林资源总量不足，生态产品和林产品严重短缺，林业综合生产能力难以适应经济社会发展的需要。习近平总书记在中央经济工作会议上，既从补短板的角度，要求加强生态保护，又从推进农业供给侧结构性改革的角度，要求把增加绿色优质农产品供给放在突出位置，让老百姓吃得安全、吃得放心。在这些方面，林业既责无旁贷、任务艰巨，又空间广阔、大有可为。

推进供给侧结构性改革，补上生态短板，就要加强生态文明建设，增加生态保护和修复投入力度，林业将是主要支持领域。这有利于实施好林业重点生态工程，推动生态状况逐步改善，生态产品生产能力持续增强。从推进农业供给侧结构性改革来看，全国有46.6亿亩林地、39亿亩沙地、8亿亩湿地和4万多种野生动植物种，利用丰富的土地和物种资源，大力发展木本粮油、森林食品等产业，是增加绿色优质农产品供给的优先选项。这有利于借助需求侧的强大拉动，优化林业产业产品结构，增强林产品生产能力。同时，推进供给侧结构性改革，还有利于发挥市场在资源配置中的决定性作用，完善生态产品和林产品价格形成机制，优化各类林业生产要素配置，提高劳动生产率和资源利用率，提升林业发展的质量和效益。

推进林业供给侧结构性改革，根本任务是提升林业综合生产能力，保障生态产品和林产品供给。要加强森林资源培育，扩大森林面积，增加资源总量，提高森林质量，为生产生态产品和林产品奠定坚实的物质基础。要加大保护力度，严守生态红线，努力减少生态资源损失，防止生态退化和破坏。要加强城乡生态治理，改善人居环境，让人民群众更加便捷地享受优质生态服务。要科学利用林业资源，大力发展林业产业，加强林产品质量监管，提升绿色优质林产品生产能力，满足市场对林产品的巨大需求。

(三)打赢脱贫攻坚战必将促进绿色惠民。打赢脱贫攻坚战，确保2020年全国农村人口全部脱贫，如期全面建成小康社会，是党中央为实现第一个百年奋斗目标作出的重大决策部署。当前，各地区各部门正在深入学习贯彻习近平总书记关于扶贫开发的重要战略思想，采取有力有效措施，扎实推进精准扶贫、精准脱贫。这既为林业扶贫提出了新的要求，又为林业发展创造了新的机遇。

我国林区、山区、沙区集中了全国60%的贫困人口，既是发展林业的重点地区，又是脱贫攻坚的主战场。帮助这些地区的贫困人口脱贫，必须立足当地资源，发挥林业优势。早在20多年前，习近平总书记担任宁德地委书记时就指出，闽东的振兴在于林，森林是水库、钱库、粮库，这就是著名的“三库”理论。在贫困地区大力发展林业，不仅可以吸纳贫困人口就业增收，增加林产品有效供给，还有利于改善生态状况，扩大生态空间，促进贫困地区保护生态与脱贫增收协调发展。对于生态良好的贫困地区，通过科学利用森林资源，积极发展绿色富民产业，可以让贫困人口依托当地资源尽快摆脱贫困。

在脱贫攻坚实践中，国家和许多地方已将发展林业作为精准扶贫的重要选项，林业的工程、项目、资金重点向贫困地区倾斜，支持贫困人口通过保护生态、发展产业实现了就业增收。但是，林业精准扶贫的任务依然很重，空间和潜力也很大。今后，要更有力、更扎实地推进林业扶贫工作，全力打赢林业脱贫攻坚战。一方面，继续支持贫困地区开展生态保护和修复，积极发展绿色富民产业，帮助更多贫困地区和贫困人口长期稳定脱贫；另一方面，认真总结推广林业精准扶贫的模式和经验，完善政策措施，严格落实责任，不断提高林业发展质量和脱贫成效。各级林业部门要勇于承担生态脱贫、产业脱贫任务，支持贫困人口通过发展林业实现就业增收，提升林业对脱贫攻坚的贡献率。各地整合的涉农资金，要多安排贫困人口开展造林绿化和生态保护，既促进脱贫，又改善生态。

(四)加快农村金融创新必将吸引更多资金进入林业。近年来，国家在增加“三农”财政投入的同时，更加注重发挥财政资金的撬动作用，创新投融资机制，引导金融和社会资本进入“三农”领域。中央农村工作会议明确要求，加快农村金融创新，推动金融资本向农业农村倾斜，确保“三农”和扶贫信贷投放持续增长。这对林业来说是重大利好，长期制约林业发展的投入不足问题有望缓解，推动林业实现规模经营和集约经营，提高经营水平和质量效益。

经济发展新常态下，国家财政收入增速趋缓，大幅度增加林业投入的难度很大。推进林业现代化建设，既要积极争取各级政府加大投入，又要完善林业投融资体制，深化与各金融机构的合作，丰富涉林金融产品，引导更多金融资本流向林业。在农村金融创新方面，林业与农业相比更具优势、更有潜力。集体林权制度改革以来，各地积极创新林业投融资机制，赋予了集体林权抵押担保等权能，林权抵押贷款和政策性开发性贷款业务蓬勃发展，林业资金不足的问题有所缓解，但融资难、融资贵的问题依然存在。要抓住当前有利时机，充分发挥财政资金的杠杆作用，完善林业抵押担保贴息机制，破除金融资本流向林业的障碍，撬动金融和社会资本加快进入林业。要强化金融产品创新，推出更多符合林业特点的金融产品，更好地满足各类林业经营主体的需要。要深入研究国有森林资源、公益林的抵押担保权能问题，进一步增加林业抵押物。要加强林业抵押贷款监管，对倾向性、苗头性问题做好预案，积极防范金融风险。

三、关于2017年重点工作安排

2017年是实施“十三五”规划的重要一年，是供给侧结构性改革的深化之年。全国林业系统要全面贯彻党的十八大和十八届三中、四中、五中、六中全会精神，深入贯彻习近平总书记系列重要讲话精神，坚持稳中求进工作总基调，牢固树立和贯彻落实新发展理念，以推进林业供给侧结构性改革为主线，以维护国家森林生态安全为主攻方向，全面推进林业现代化建设，不断提升生态产品和林产品供给能力，为建设生态文明、增进民生福祉和推动经济社会发展作出更大贡献，以优异成绩迎接党的十九大胜利召开。力争全年完成造林1亿亩，森林抚育1.2亿亩，林业产业总产值达到7万亿元，林产品进出口贸易额达到1380亿美元，森林、湿地、沙区植被和野生动植物资源得到全面保护，全国生态状况持续改善。

（一）全面深化林业改革。国有林区改革要坚定“四分开”信心和决心，加快理顺国有林管理体制机制，高度重视剥离办企业办社会职能，妥善安置富余职工，有效化解金融债务，确保林区社会稳定。积极推进国有林场改革，重点解决定性定编定岗和活化激励机制等问题，开展改革中期评估和成效监测，着手研究解决改革遗留问题。全力落实国务院办公厅《关于完善集体林权制度的意见》，上半年召开全面深化集体林权制度改革工作会，进一步研究部署深化改革任务。没有出台深化改革文件的省份要抓紧出台实施意见，进一步明确任务、落实政策，充分调动新型经营主体和广大农民经营林业的积极性。同时，要认真完成中央深改办安排的其他改革任务，加快编制林业自然资源资产负债表，研究制定国有森林资源有偿使用方案，指导地方开展“多规合一”试点。推动制定部门权责清单，继续取消下放一批林业行政审批事项，加强事中事后监管，提高行政许可标准化水平。

（二）着力推进国土绿化。认真实施国土绿化工程，加快退耕还林进度，加强三北防护林、京津风沙源治理等重点工程建设。制定《全民义务植树尽责形式与统计管理办法》，推广“互联网＋义务植树”模式，深入开展义务植树活动和部门绿化。启动一批政府和社会资本合作造林项目。发布封山（沙）育林、飞播造林技术规程。出台《国家储备林建设规划（2016～2050年）》，建设国家储备林1000万亩。出台《全国森林城市发展规划（2016～2030年）》和《国家森林城市评价指标》，命名一批国家森林城市，推进森林城市群建设，启动乡村绿化示范建设。落实全国森林经营规划，完成省级森林经营规划编制，加快编制国有林场森林经营方案。启动森林质量精准提升工程，分六大片区实施16个区域工程和48个示范项目。抓好森林抚育和退化防护林修复，强化森林经营样板基地建设。加强林木种苗培育和质量监管，推广使用良种壮苗，公布第三批国家重点林木良种基地。完善林业碳汇计量监测体系，加快发展林业碳汇交易。

（三）严格管护森林资源。从严控制建设项目使用林地，修订《国家级公益林区划界定办法》和《国家级公益林管理办法》。落实好全面停止天然林商业性采伐政策，抓好人工商品林采伐管理改革试点。推进第九次全国森林资源清查，完成重点国有林区45个林业局二类调查和森林经营方案编制。强化森林资源监督执法，开展全国森林资源管理核查。深化森林公安改革，稳步推行由森林公安机关代行林业行政处罚职能的林业综合行政执法模式，抓好专员办和林业工作站协同监督试点，形成联防联查联打长效机制，严厉打击涉林违法犯罪行为。发布《全国城郊森林公园建设指导意见》，新建一批森林公园。强化古树名木保护管理，坚决制止移植天然大树进城。

（四）全力防控森林火灾。高度重视森林防火工作，层层落实森林防火责任制。认真实施全国森林防火规划，抓紧编制省级规划，实施一批重点项目，加快森林防火装备和基础设施建设，提高森林航空消防覆盖面。推进森林防火专业化建设，扩大军民联防、联训、联指、联战、联保试点，加强对武警森林部队建设的协调和指导，进一步提升防扑火能力。严格落实林火监测报告、24小时带班值班等规定，加强重点时段、重点地区火灾隐患排查，强化预警响应分级管理，完善指挥通讯、信息报送、火情研判等工作机制。防火队伍坚持靠前驻防、跨区驻防，一旦发生火情，要靠前指挥、跨区增援、重兵扑救，实现打早、打小、打了，确保不发生重特大森林火灾，为党的十九大胜利召开营造稳定的林区环境。同时，加强林业有害生物防治目标责任管理，部署开展尽责情况自查。抓好重点地区重大林业有害生物防控，加大绿色防控力度，坚决遏制松材线虫、美国白蛾等蔓延扩散。积极做好沙尘暴监测和野生动物疫源疫病监测防控工作，全力抓好林业安全生产。

（五）切实加强湿地保护修复。认真落实《湿地保护修复制度方案》，制定湿地分级管理、国家重要湿地管理、湿地面积总量管控等制度，推进湿地保护政绩考核，抓好湿地产权确权试点，推动湿地从抢救性保护向全面保护转变。严格控制湿地开发和围垦强度，积极开展退化湿地修复，加强湿地保护项目建设，扩大湿地生态效益补偿试点，抓好退耕还湿试点。强化国家湿地公园建设指导和检查验收，新建一批国家湿地公园，实行国家湿地公园晋级制。开展《湿地公约》湿地城市认证，抓好国家重要湿地确认、国际重要湿地监测、重要湿地健康功能价值评价和内蒙古泥炭沼泽碳库调查。

（六）突出抓好防沙治沙。认真贯彻习近平总书记等中央领导同志批示精神，全面落实防沙治沙政府责任，通报“十二五”省级政府防沙治沙目标责任考核结果，签订“十三五”责任书。落实《沙化土地封禁保护修复制度方案》，启动沙化土地封禁保护项目，强化沙区原生植被保护。加大防沙治沙投入力度，抓好京津风沙源治理、石漠化综合治理和全国防沙治沙综合示范区建设，推进沙区灌木林平茬抚育试点。加强国家沙漠（石漠）公园建设，发布岩溶地区第三次石漠化监测结果。

（七）严格保护野生动植物。认真落实《野生动物保护法》，抓紧制修订相关配套制度。启动东北虎豹、大熊猫国家公园体制试点，争取批准建立亚洲象等重点物种国家公园体制试点方案，开展东北虎豹国家公园自然资源产权制度改革试点。加强自然保护区建设与监管，改善和扩大野生动植物栖息地，维护好生物多样性。推进野生动植物救护繁育基地和基因库建设。落实打击野生动植物非法贸易部际合作联席会议机制，做好停止商业性加工销售象牙活动的相关工作。完善国家自贸区野生动植物种进出口管理便利服务措施。加快筹建大熊猫保护研究基地，开展大熊猫等珍稀濒危野生动物野化放归。发布第二次全国野生动植物资源调查阶段性成果。

（八）大力发展林业产业。发布《林业产业发展“十三五”规划》和《关于加快林业产业发展的若干意见》。深入推进林产品供给侧结构性改革，继续优化林业产业产品结构，加快发展森林旅游、木本油料、经济林、竹藤花卉、林下经济等绿色富民产业，推动林产品精深加工，增加绿色优质林产品供给。争取国务院办公厅出台加快发展森林旅游的指导意见。推动落实中国林业产业发展投资基金、林业战略性新兴产业发展基金。制定林业市场准入负面清单，着手建立中国林产品交易中心，启动森林生态标志产品建设工程，加快建设全国林产品市场监测预警体系，抓好重点林产品品牌建设和质量安全监管。认真筹备2019北京世园会，积极发展林业展会经济。

（九）稳步提升科技和信息化水平。认真落实全国林业科技创新大会精神，加快实施创新驱动发展战略，优化科技创新方向和重点，调动科技人员积极性，增强林业发展新动能。推动实施转基因生物新品种培育、种业创新等重大科技项目，完善科技创新平台、标准化和新品种测试体系，启动国家林木种质资源库主库建设，加强科技成果推广运用。抓好大气负离子监测试点。推进“互联网+”林业行动计划，实施碳卫星、金林工程、生态大数据等重点信息化项目，完成国家电子政务内网建设，抓好中国林业网运行维护。

（十）建立健全政策法治保障体系。争取各级财政加大投入力度，提高天然林保护工程、退耕还林工程种苗费补助标准，扩大生态护林员规模，落实停止天然林商业采伐、国有林区深山远山职工搬迁等补助资金，新增国有林场管护用房、林业有害生物防治和退化林分修复等投资，增加主体功能区转移支付资金用于林业的比例。发挥政府资金撬动作用，启动政府和社会资本合作林业项目试点，争取落实政策性开发性贷款300亿元以上。尽快报送《森林法》修订草案，积极推动湿地、天然林、国有林场、国有林区森林资源监督管理等立法。完善林业行政执法程序，依法办理行政复议诉讼案件，坚决纠正违法或者不当的林业行政行为。

（十一）注重提升宣传出版影响力。认真组织开展“喜迎十九大”等主题宣传活动，深入学习宣传习近平总书记关于林业和生态文明建设重大战略思想，以及党的十八大以来党中央、国务院关于林业的重大决策部署，为党的十九大胜利召开营造浓厚氛围。大力宣传近年来我国植树造林、森林防火、防沙治沙、野生动植物保护、应对气候变化等方面的伟大成就，主动向驻华国际机构和驻华使节宣传我国林业建设成果，讲好中国故事，传播林业声音，引导国际社会全面了解我国为维护全球生态安全作出的重要贡献，进一步树立负责任大国形象。认真解读林业重大政策和重点工作部署，注重总结推广基层先进经验和模范人物，用榜样的力量推动林业改革发展。抓好重大题材生态文学作品创作和出版，精心编纂《中国林业百科全书》，推出一批生态文化精品力作，为铸就中华民族伟大复兴时代的文艺高峰增添正能量。

（十二）深入开展国际合作。认真筹备召开联合国防治荒漠化公约第13次缔约方大会，推动落实《“一带一路”防治荒漠化共同行动倡议》，在荒漠化防治、野生动植物保护等方面加强与沿线国家合作。积极参加有关重要国际会议和第九轮中美战略与经济对话，精心筹划专项对口磋商工作，认真做好“一带一路”高峰论坛和金砖国家高层会晤中的林业活动。促进亚太森林组织发挥区域引领作用，推动在华设立全球森林资金网络。积极落实防沙治沙、野生动物保护、竹子加工利用等援外项目，继续开展大熊猫国际合作研究。深化境外森林资源利用与培育合作，抓好外资项目建设和管理，做好世行贷款新项目准备。

（十三）认真落实全面从严治党要求。深入贯彻落实十八届六中全会精神，进一步强化“四个意识”，认真落实全面从严治党各项要求。巩固拓展“两学一做”学习教育和“三强化两提升”学习实践成果，坚定党员干部道路自信、理论自信、制度自信和文化自信。严格落实中央八项规定精神，始终保持反“四风”高压态势，坚决纠正行业不正之风，着力营造风清气正的发展环境。完善廉政风险防控机制，加强重点领域、关键环节检查监督，认真开展资金稽查和内部审计，严肃查处涉林违纪违法案件。加强干部队伍建设，稳定基层林业站所，充实专业技术人才，提升公共服务能力，为林业现代化建设提供坚实保障。

同志们，在新形势下推进林业改革发展任务艰巨、责任重大。让我们紧密团结在以习近平同志为核心的党中央周围，抢抓发展机遇，坚持改革创新，勇于尽责担当，狠抓任务落实，全面开创林业现代化建设新局面，以优异成绩迎接党的十九大胜利召开！

国家林业局　国家标准化管理委员会关于公布 2017 年国家林业标准化示范企业的通知

林科发〔2017〕136 号

各省、自治区、直辖市林业厅(局)、质量技术监督局(市场监督管理部门),内蒙古、吉林、龙江、大兴安岭森工(林业)集团公司,新疆生产建设兵团林业局、质量技术监督局,国家林业局各司局、各直属单位:

为贯彻落实《国务院关于印发质量发展纲要(2011~2020年)的通知》(国发〔2012〕9 号)、《国务院关于印发深化标准化工作改革方案的通知》(国发〔2015〕13 号)和《中共中央　国务院关于开展质量提升行动的指导意见》(中发〔2017〕24 号),加快推进林业标准化工作,进一步提高林产品质量,不断形成一批生产管理服务标准化、市场竞争力强的林业企业,根据国家林业局、国家标准化管理委员会联合印发的《国家林业标准化示范企业管理办法》(林科发〔2014〕5 号)和《国家林业局办公室关于开展 2017 年国家林业标准化示范企业申报工作的通知》(办科字〔2017〕79 号)要求,按照企业自愿、政府引导的原则,在省级林业和质监主管部门的推荐下,经专家评审,国家林业局和国家标准化管理委员会确定北京市温泉苗圃等 46 家企业为 2017 年国家林业标准化示范企业(名单详见附件),期限自 2018 年 1 月至 2020 年 12 月。现就开展国家林业标准化示范企业(以下简称“示范企业”)建设工作提出要求如下:

一、示范企业要按照国家林业局和国家标准化管理委员会关于开展示范企业建设工作的要求,进一步健全和完善企业标准化体系,在生产经营全过程实施标准化,提升产品质量,增强市场竞争力。

二、各省级林业和质监主管部门要切实加强对示范企业的指导,及时总结示范企业建设工作经验,在工作开展过程中,如发生重大问题,应及时报送有关信息。

三、各地要积极开展林业标准化示范企业创建工作,探索林业企业标准化示范工作的新模式,推动林业产业健康快速发展。

特此通知。

附件:2017 年国家林业标准化示范企业名单

国家林业局　国家标准委
2017 年 11 月 24 日

附件

2017 年国家林业标准化示范企业名单

序号	企业名称	所在地区	类别
1	北京市温泉苗圃	北京	林木种苗
2	内蒙古和盛生态育林有限公司	内蒙古	林木种苗
3	鄂尔多斯市高原圣果生态建设开发有限公司	内蒙古	林木种苗
4	汪清东北红豆杉生物科技有限公司	吉林	林木种苗
5	吉林森工金桥地板集团有限公司	吉林	林木制品
6	书香门地(上海)新材料科技有限公司	上海	林木制品
7	浙江裕华木业有限公司	浙江	林木制品

（续表）

序号	企业名称	所在地区	类别
8	浙江天振竹木开发有限公司	浙江	林木制品
9	浙江铁枫堂生物科技股份有限公司	浙江	林木种苗
10	浙江香乡门业有限公司	浙江	林木制品
11	芜湖祥宽花木有限公司	安徽	林木种苗
12	安徽滕头园林苗木有限公司	安徽	林木种苗
13	阜阳市金木工艺品有限公司	安徽	林木制品
14	福建和其昌竹业股份有限公司	福建	林木制品
15	寿光市鲁丽木业股份有限公司	山东	林木制品
16	东营正和木业有限公司	山东	林木制品
17	山东千森木业集团有限公司	山东	林木制品
18	山东京博木基材料有限公司	山东	林木制品
19	临沂优优木业股份有限公司	山东	林木制品
20	湖北宝源木业有限公司	湖北	林木制品
21	湖北黄袍山绿色产品有限公司	湖北	林木种苗
22	湖北枸杞珍酒业有限公司	湖北	林木种苗
23	湖南中集竹木业发展有限公司	湖南	林木制品
24	广东耀东华装饰材料科技有限公司	广东	林木制品
25	广东橘乡农业开发有限公司	广东	林木种苗
26	广西丰林木业集团股份有限公司	广西	林木制品
27	广西国旭林业发展集团股份有限公司	广西	林木制品
28	广西三威林产工业有限公司	广西	林木制品
29	三亚柏盈热带兰花产业有限公司	海南	林木种苗
30	海南金华林业有限公司	海南	林木种苗
31	宜宾云辰乔木园林有限责任公司	四川	林木种苗
32	云南新泽兴人造板有限公司	云南	林木制品
33	云南云澳达坚果开发有限公司	云南	林木种苗
34	陕西天行健生物工程股份有限公司	陕西	林木种苗
35	宁夏沃福百瑞枸杞产业股份有限公司	宁夏	林木种苗
36	宁夏易捷庄园枸杞科技有限公司	宁夏	林木种苗
37 *	秦皇岛卡尔·凯旋木艺品有限公司	河北	林木制品
38 *	久盛地板有限公司	浙江	林木制品
39 *	浙江金迪控股集团有限公司	浙江	林木制品
40 *	绍兴市彬彬木业有限公司	浙江	林木制品
41 *	浙江森禾种业股份有限公司	浙江	林木种苗
42 *	浙江良友木业有限公司	浙江	林木制品
43 *	福建省漳平木村林产有限公司	福建	林木制品
44 *	云南云投生态环境科技股份有限公司	云南	林木种苗
45 *	陕西大统生态产业开发有限公司	陕西	林木种苗
46 *	宁夏农林科学院枸杞研究所（有限公司）	宁夏	林木种苗

备注：＊为3年到期复审企业。

国家林业局关于印发《国家林业局促进科技成果转移转化行动方案》的通知

林科发〔2017〕46 号

各省、自治区、直辖市林业厅(局),内蒙古、吉林、龙江、大兴安岭、长白山森工(林业)集团公司,新疆生产建设兵团林业局,国家林业局各司局、各直属单位:

为全面贯彻党中央、国务院关于实施创新驱动发展系列重大决策部署,深入落实《中华人民共和国促进科技成果转化法》和《国务院办公厅关于印发促进科技成果转移转化行动方案的通知》(国办发〔2016〕28 号)精神,加快推动林业科技成果转移转化,按照全国林业科技创新大会和《国家林业局关于加快实施创新驱动发展战略　支撑林业现代化建设的意见》(林科发〔2016〕132 号)要求,我局组织编制了《国家林业局促进科技成果转移转化行动方案》(见附件)。现印发给你们,请认真组织实施。

特此通知。

附件:国家林业局促进科技成果转移转化行动方案

国家林业局

2017 年 6 月 7 日

附件

国家林业局促进科技成果转移转化行动方案

为全面贯彻党中央、国务院关于实施创新驱动发展系列重大决策部署,深入落实《中华人民共和国促进科技成果转化法》和《国务院办公厅关于印发促进科技成果转移转化行动方案的通知》(国办发〔2016〕28 号)精神,加快推动林业科技成果转移转化,特制定本方案。

一、指导思想

以党的十八大和十八届三中、四中、五中、六中全会精神及习近平总书记系列重要讲话精神为指导,以支撑林业生态建设、促进林业产业转型升级、服务林业扶贫富民为主线,建立符合科技创新规律和林业行业特点的成果转移转化体系,完善产学研紧密结合、多主体协同推进的科技成果转移转化机制,充分发挥市场作用,强化技术、资本、人才等创新资源的深度融合与优化配置,为林业现代化建设提供强有力的科技支撑。

二、总体目标

到 2020 年,基本形成功能完善、运行高效的科技成果转移转化体系,推动完善上下联动、横向协同的成果转移转化机制,成果转化能力显著提高,技术转移队伍发展壮大,多元化的科技成果转移转化投入渠道日益完善,制度环境更加优化,林业科技对林业现代化建设的支撑引领作用显著增强。

——推动一批有助于提升行业技术进步、示范带动效果好的科技成果转化应用,科技成果转化率达到 65%。

——建成一批林业科技成果转化示范基地、科技示范园区、生物产业基地、标准化示范区,科技成果转移转化示范带动作用显著增强。

——创建 10 个产业技术创新中心,20 个产业技术创新战略联盟,30 个工程技术研究中心,认定一批科技创新示范企业,产学研协同创新和技术转移转化渠道更加完善。

——建成“互联网 + ”林业科技成果信息共享服务平台,推动林业科技成果网上对接和市场交易，科技成果转移转化服务能力明显提升。

——选派6000名林业科技特派员，培养一批乡土专家，科技服务林农精准有效。

三、重点任务

（一）推进林业科技成果信息共享

1. 建立林业科技成果库

加强林业科技成果登记，完善“国家林业科技成果库管理信息系统”，建立面向全国、覆盖各领域的科技成果集成大数据平台，将科技成果和相关知识产权信息及时上传至数据平台。指导各地建立适于本地区的林业科技成果库，向社会提供科技成果咨询服务。完善林业科技成果信息共享机制，提供科技成果信息查询、筛选等公益服务，加强科技成果宣传推介。

2. 发布先进适用林业科技成果

以提高林业生产建设和产业转型升级为目标，围绕优良林木新品种繁育、森林质量精准提升、木本粮油等经济林（竹藤花卉）及珍贵树种培育、木竹材及林化产品加工、林业生物质能源、森林灾害防控、林特资源开发利用、森林旅游等林业生态建设和产业发展重点领域，以需求为导向，遴选先进适用科技成果，定期发布。组织林业高校和科研院所汇集科技成果，发布成果目录，加强成果供需对接。支持和鼓励地方林业管理部门发布适合本地区需要的林业科技成果，为林区、林农、林企提供精准的科技服务。

3. 加强科技成果信息汇交

健全地方林业科技成果信息汇交工作机制，畅通科技成果信息收集渠道。建立国家及地方实施各类林业科技成果转移转化项目信息汇交平台，加大应用类科技成果及基础研究中具有应用前景的科技成果信息的汇交力度，鼓励非财政资金资助的科技成果进行信息汇交。支持林业高校和科研单位开展国际科技合作，推动国际科技成果汇交。

（二）推进林业科技成果转移转化示范

1. 加强林业科技项目示范

建立和完善国家级林业科技项目示范基地，充分发挥各类科技项目示范窗口效应和带动作用。依托国家重点科技计划，以创新链、资金链、产业链实现有效对接为导向，重点突破生态保护与修复、森林质量精准提升、国家储备林高效经营、林业资源高效利用等关键技术，在典型区域建设综合性试验示范区。依托各级各类林业科技推广资金计划，在困难立地植被恢复、木本粮油等经济林（竹藤花卉）优质高效经营、多功能森林经营、珍贵树种培育、林业生物质能源、林产品加工、森林灾害防控、林下经济开发利用等领域，加强先进实用技术的组装配套，集中优选建立林业科技成果推广项目示范基地。鼓励和引导地方科研院所，结合地方经济社会发展需求，建立具有区域性、示范性和带动性的项目示范基地。

2. 强化林业科技成果集成示范

围绕林业产业转型升级，引导科技成果对接林业产业需求，建设一批科技含量高、社会经济效益显著的林业科技示范园区。围绕国家林业生物产业发展目标，建立一批面向林业特色资源、林业生物质能源、生物质材料、生物制药与生物制剂等重点领域，具有较强产业化、市场化开发能力的国家林业生物产业基地。围绕种苗、竹藤花卉种植、经济林栽培、珍贵树种培育、森林抚育经营、国家储备林建设、林下经济等领域，建设一批高产、优质、高效的林业标准化示范区。

（三）推进产学研协同转移转化科技成果

1. 集成创建林业产业技术创新中心

依托现有各级林业科技示范园区、科技试验示范基地以及林业产业集聚区，在全国布局建设10个现代林业产业技术创新中心。集成科技创新、成果转化、产业孵化等创新活动，集聚科技、产业、金融、人才等创新要素，建立科技成果产业化、科技经济一体化的林业科技创新模式，打造林业产业创新发展高地。

2. 引导组建林业产业技术创新战略联盟

拓展产学研合作的深度和广度，运用市场机制集聚科技创新资源，鼓励并引导企业、高校和科研院所在战略层面实现有效结合，加强产学研集合，组建20个以企业为创新主体的林业产业技术创新战略联盟，共同突破产业发展的技术瓶颈，提升产业技术创新能力，提高成果转移转化效率，促进科技成果产业化。

3. 培育壮大林业科技创新示范企业

提升产学研合作科技示范的影响力，扩大科

技示范的覆盖面，支持林业高校、科研院所与林业企业共建研发机构，推动林业企业创新发展。在林业资源集聚区域，依托高校和科研院所、创新型企业等不同载体，集成金融、知识产权服务以及社会组织等力量，开展多种形式的双创示范，探索形成不同类型的示范模式，建设并认定一批林业科技创新示范企业。

4. 联合共建林业工程技术研究中心

鼓励企业与高校、科研院所联合共建林业工程技术研究中心，发挥其在成果转移转化中的桥梁作用，推进林业科技成果系统化和工程化研发，完善成熟配套的规模化技术工艺和技术装备，培养专业化工程技术研发和管理人员。完善科研机构与企业合作新模式，探索工程技术研究中心运行新机制，提升其技术研发和咨询服务能力，新建30个国家林业局工程技术研究中心。

(四)推进多元化成果转移转化服务

1. 建立“互联网+”科技服务

拓展“互联网+”林业科技服务新途径，以“互联网+”为服务手段，开发研建“互联网+林地测土配方”“主要树种适地适树一张图”“林技通”等一点通式APP公众信息服务端，为林农和林企提供快捷、专业的林业科技信息服务。创新“互联网+”科技服务快速融合模式，从供给端、需求端、服务端同步发力，打通科技成果与市场需求的精准对接渠道。

2. 促进技术交易市场稳步发展

打造线上线下相结合的林业科技成果网络交易平台，创新科技资源的聚集、配置、交易和转化模式，探索研发合作、挂牌交易、竞价拍卖、难题招标、咨询辅导等市场化专业化服务模式，试点建立林业技术交易市场，形成联动、开放、共享的技术市场体系。支持林业高校、科研院所、企业的科技成果挂牌交易，加快推动一批重大林业科技成果转化，推动技术交易市场稳步发展。

3. 发挥行业社团纽带推动作用

发挥行业社团在科技研发上下游中的纽带作用，拓展科技合作与交流渠道，实现科技创新需求与供给有效对接，开展技术开发及转让、项目咨询等服务，加强科技政策和投融资咨询，推动决策民主化、科学化。鼓励行业社团围绕政策咨询、专业培训等，拓展升级服务领域和服务产品，为成果转移转化供需提供定制化服务。

(五)推进成果转移转化机构队伍建设

1. 建立健全科技成果转化机构体系

依托省、市、县三级林业科技推广机构，进一步强化成果转化职能，完善成果转化机构建设；林业高校和科研院所要加强成果转化机构建设，形成以林业科技推广机构为主体，林业高校、科研院所、企业和协会等单位以及其他社会团体广泛参与的新型成果转化机构网络和服务支撑体系，落实成果转移转化情况报告制度。

2. 培养专业化职业化成果转化人才

鼓励林业高校、科研院所组建成果转移转化服务中心并设立相关岗位，专职负责科技成果转移转化相关工作。通过培训、聘任或兼职等多种方式培养或引进一批既懂科研成果转化内在规律，又懂知识产权法律法规和市场运营模式的高端复合型人才，努力造就一批具有国际视野、通晓知识产权事务、服务能力突出的专业化科技成果转化经纪人，探索林业成果转化人才保障机制，提升林业科技成果转化能力。

3. 壮大林业科技成果转移转化队伍

不断强化省、市、县、乡等林业科技推广机构成果转化服务能力，继续实行科技特派员选派制度，鼓励林业高校、科研院所通过许可、转让、技术入股等方式转化科技成果，积极培育乡土专家，打造一支科技成果转化人才队伍。制定、完善相关政策，支持涉林企业的科技人员到林区开展创业与服务，引导大学生、返乡农民工、退伍转业军人等积极参与林业创业，鼓励社会力量广泛参与林业科技成果转移转化。

四、保障措施

(一)加强组织领导

各级林业主管部门要将科技成果转移转化工作纳入重要议事日程，强化科技成果转移转化工作职能，结合实际制定具体实施方案，确保行动方案的落实。要强化中央和地方、高校科研院所与企业的协同，形成共同推进科技成果转移转化的合力。

(二)拓宽资金渠道

发挥财政资金对科技成果转化引导作用，强

化项目统筹布局，突出示范性、带动性。加大地方财政支持林业科技成果转化力度，鼓励地方设立创业投资引导、科技成果转化、知识产权运营等专项资金(基金)，引导信贷资金、创业投资资金、林业贴息贷款以及各类社会资金投入。拓宽科技成果转化资金市场化供给渠道，支持科技人员以技术入股等方式投入科技成果转移转化，采取设立子基金、贷款风险补偿等方式吸引社会资本投入。

(三)完善激励机制

推进林业科技成果处置和收益改革，鼓励高校、科研院所依据国家有关政策制定本单位科技成果转移转化管理办法，提高科技人员成果转化收益比例。推动高校、科研院所建立符合自身人事管理需要和科技成果转化工作特点的职称评定、岗位管理和考核评价制度。鼓励高校、科研院所和企业联合建立林业科技成果转移转化机构。

(四)强化示范引导

加强对试点示范工作的指导，及时总结交流各地方各单位的好经验、好做法，对可复制、可推广的经验和模式加大力度进行推广。引导全社会关心和支持林业科技成果转移转化，营造有利于林业科技成果转移转化的良好氛围。

国家林业局办公室关于进一步加强林业自然保护区监督管理工作的通知

办护字〔2017〕64 号

各省、自治区、直辖市林业厅(局),内蒙古、吉林、龙江、大兴安岭、长白山森工(林业)集团公司,新疆生产建设兵团林业局:

我国自然保护区事业已走过 60 年历程,在党中央、国务院的正确领导下,在各级政府和相关部门的共同努力下,我国自然保护区建设管理工作取得了显著成效。但与此同时,由于保护意识淡薄、保护管理不到位等原因,一些地方自然保护区内违法违规情况仍然存在,我国自然保护区保护形势依然十分严峻。为进一步加强自然保护区监督管理,强化资源保护,提升保护管理水平,更好地发挥自然保护区在维护国土生态安全、保障中华民族永续发展中的作用,现就进一步加强自然保护区监督管理工作通知如下:

一、切实提高对自然保护区工作重要性的认识

建立自然保护区是保护生物多样性最直接、最有效的方式之一。截至 2016 年底,林业主管部门已建立 2301 处自然保护区,总面积 125 万平方千米,约占我国陆地国土面积的 13.08%。通过建立这些自然保护区,将我国最重要的森林、湿地和荒漠生态系统、最珍贵的濒危野生动植物资源、最优美的自然景观保存下来,不仅在保护中国生物多样性方面具有重要意义,而且在培养民族自豪感、实现中华民族永续发展以及缓解全球气候变化等方面都发挥着重要作用。然而,在国家环境保护督察和我局"绿剑行动"中,都发现一些个别企业和单位在自然保护区内违法违规建设项目,使自然保护区受到威胁和影响有的甚至遭到破坏的问题,引起了党中央、国务院的高度重视和社会各界的广泛关注。各级林业主管部门必须高度重视发现的问题,进一步提高对自然保护区重要性的认识,全面贯彻党的十八大和十八届二中、三中、四中、五中、六中全会精神,坚决贯彻中央领导同志的重要批示精神,正确处理好发展与保护的关系,决不能先破坏后治理,切实守住生态保护红线。要大力加强对自然保护区工作的组织领导和监督管理,严格执法,勇于攻坚克难,着力改善自然保护区生态质量,真正将各级各类自然保护区保护好、管理好。

二、全面提高自然保护区监督管理水平

(一)严格执行建设项目审批制度。国家级自然保护区作为禁止开发区实施强制性生态保护,严格控制人为活动对自然生态原真性、完整性干扰,严禁不符合主体功能定位的各类开发活动。凡在国家级自然保护区内修筑设施,必须严格履行行政许可审批程序,并严格执行环境影响评价制度。对未经许可即擅自开工建设、建设过程中擅自做出重大变更等行为,要依法追究相关单位、人员责任。

为落实有关法律法规和国家政策,对在自然保护区内修筑设施提出如下要求:一是要严格落实新修订的《野生动物保护法》第十三条"机场、铁路、公路、水利水电、围堰、围填海等建设项目的选址选线,应当避让相关自然保护区域、野生动物迁徙洄游通道;无法避让的,应当采取修建野生动物通道、过鱼设施等措施,消除或者减少对野生动物的不利影响。"确实无法避免的,申请人需提供比选方案,以说明无法避免的原因,同时提出建立野生动物通道等补救措施的方案。二是按照《国务院办公厅关于印发湿地保护修复制度方案的通知》(国办发〔2016〕89 号)精神,经批准征收、占用湿地并转为其他用途的,用地单位要按照"先补后占、占补平衡"的原则,负责恢复或重建与所占湿地面积和质量相当的湿地,确保湿地面积不减少。在自然保护区内修筑设施行政许可申请中需说明占用自然保护区湿地面积,并提供湿地的恢复或重建方案等材料。

(二)对自然保护区建设项目实行严格管制。

自然保护区内原则上不允许新建与自然保护区功能定位不符的项目，包括但不限于以下项目：

1. 高尔夫球场开发、房地产开发、索道建设、会所建设等项目；

2. 光伏发电、风力发电建设项目；

3. 社会资金进行商业性探矿勘查，以及不属于国家紧缺矿种资源的基础地质调查和矿产远景调查等公益性工作的设施建设；

4. 野生动物驯养繁殖、展览基地建设项目；

5. 污染环境、破坏自然资源或自然景观的建设设施；

6. 对自然保护区主要保护对象产生重大影响、改变自然资源完整性、自然景观的设施；

7. 其他不符合自然保护区主体功能定位的设施。

（三）强化保护执法监管。各级林业主管部门要进一步加强各级各类自然保护区日常监管和监督检查，充分运用遥感等先进技术手段，确保违法违规问题及时发现。同时，要进一步强化自然保护区执法力量的配备，强化执法能力，依法严厉打击破坏自然保护区内森林和野生动植物资源的违法犯罪活动。要积极探索自然保护区所在地区综合行政执法改革，建立健全自然保护举报制度，公布举报电话，广泛实行信息公开，加强自然保护区的社会监督。

（四）建立健全约谈工作机制。要充分运用约谈机制的督查督办作用，对发生违法违规活动的自然保护区，由国家林业局约谈地方政府、林业主管部门、自然保护区管理局，并可邀请媒体报道，实现约谈工作的常态化、公开化。各级林业主管部门和自然保护区管理局（处）要签订保护管理目标责任书，实行目标责任制，避免破坏自然保护区资源的情况发生。

三、重点解决保护管理中的突出问题

（一）继续推进检查和整改工作。各地要根据国家林业局等十部委《关于进一步加强涉及自然保护区开发建设活动监督管理的通知》（环发〔2015〕57号）以及国家环境保护督察组向各省级党委、政府反馈的督察情况报告精神，结合“绿剑行动”检查结果，继续认真深入开展国家级自然保护区内违法活动检查，核查“绿剑行动”后整改措施落实情况，及时发现新问题。各级地林业主管部门对要实现对各级各类林业自然保护区监督检查工作要的常态化，其中各地对各级各类自然保护区监督检查工作要常态化，对国家级自然保护区、省级自然保护区每年要至少开展1次全面综合考核评估和监督检查，并于每年6月底前将检查结果报我局。

（二）全面完成各级各类自然保护区确界工作。要进一步加强自然保护区边界四至管理，并纳入空间规划。对一些尚未实地落界的自然保护区，要按照各级政府批准的范围组织实地勘界，标明区界，并告知相关权利人界址界限。对一些界限不清的自然保护区要全面清理，积极协调地方政府有关部门，一年内全面完成范围四至的界定工作。国家级自然保护区范围和功能区划基础数据和有关情况要报我局。

（三）科学进行自然保护区范围和功能区调整。认真执行《国务院关于印发国家级自然保护区调整管理规定》（国函〔2013〕129号），从严控制自然保护区调整，不得随意改变自然保护区的性质、范围和功能区划。对存在违法违规活动的国家级自然保护区，须先行整改后再进行自然保护区调整。加大对省级及以下级别自然保护区范围和功能区调整建章立制工作，确保生态保护红线和生态底线。

（四）强化管理机构和人员设置。认真落实《中华人民共和国自然保护区条例》“有关自然保护区行政主管部门应当在自然保护区内设立专门的管理机构，配备专业技术人员，负责自然保护区的具体管理工作”的规定，对没有独立机构、没有专职负责人、管理和技术人员编制偏少、自然保护区管理局（处）主体管理地位丧失的自然保护区，各地要全面进行检查评估后推进管理机构的进一步完善。同时，加强自然保护区管理机构职工队伍建设，对关键岗位人员加强培训，培养一支高素质的自然保护区人员队伍，确保自然保护区事业长期健康发展。

本通知自2017年7月1日起实施，有效期至2020年6月30日。国家林业局2011年发布的《国家林业局关于进一步加强林业系统自然保护区管理工作的通知》（林护发〔2011〕187号）同时废止。

国家林业局办公室

2017年4月28日

国家林业局关于加快推进城郊森林公园发展的指导意见

林场发〔2017〕51 号

各省、自治区、直辖市林业厅(局),内蒙古、吉林、龙江、大兴安岭森工(林业)集团公司,新疆生产建设兵团林业局,各计划单列市林业局:

城郊森林公园位于城市(城镇)及其周边,以其良好的生态环境、便捷的地理位置、优美的森林景观、完善的游憩设施,成为人们走进森林、体验自然的重要区域。为深入实施《全国城郊森林公园发展规划(2016~2025 年)》,全面推进城郊森林公园的建设与发展,不断满足国民特别是广大城镇居民享受良好生态产品的迫切需求,现提出如下意见。

一、充分认识发展城郊森林公园的重要意义

发展城郊森林公园,是着力推进国土绿化、开展森林城市建设的重要载体,是加大林业供给侧结构性改革的重要举措,是林业落实新型城镇化发展战略的重要内容。加快城郊森林公园的建设与发展,有利于构建城乡一体化生态空间,保障城市生态安全;有利于巩固森林城市建设成果,提高人居环境质量;有利于拓展公共生态休闲空间,丰富林业生态产品的供给;有利于增强人们生态道德意识,提升生态文明素质。到 2030 年,我国城镇人口将超过 10 亿,城镇居民对生态、休闲、健身的需求越来越大。加快城郊森林公园的建设与发展,对于建设生态文明和美丽家园、增进人民群众生态福祉具有重要意义。

二、准确把握城郊森林公园的建设发展理念

发展城郊森林公园,关键在于准确把握城郊森林公园特点,牢固树立正确的发展理念,要求是:

——始终坚持创新、协调、绿色、开放、共享的发展理念。统筹“山、水、林、田、湖”等自然要素,以生态保护与生态修复为主线,采取近自然森林营造和林相改造等技术措施,增绿增质增效,形成以森林为主体的森林生态系统,使其成为城镇的生态屏障、绿肺和天然氧吧,增进绿色惠民。鼓励使用绿色、环保、节能的建材和设施设备。

——始终坚持重在自然、精在特色、贵在和谐的建设方针。要以自然为美,尊重自然,保护优先,突出自然野趣,避免人工化、园林化过重的建设。要发挥自身优势,形成独特风格和地方特色,不照搬模式,不千篇一律。要严格控制开发建设强度,杜绝公园建设的奢华风气。各类设施和建筑物的材质、色彩、风格、规模要与自然环境相协调,融入自然。

——始终坚持公益性原则。城郊森林公园是与人们日常生活息息相关的公共服务产品,要以贴近百姓、服务百姓为宗旨,免费或低票价向社会开放,方便人们“出门见绿”“抬脚就进公园”。严禁任何与公益属性相违背的建设经营行为,禁止把公园变成“私园”,真正让人们共享生态建设成果,真正使公园成为属于居民和游客的休闲、游憩、户外活动的场所。

三、积极有序推进城郊森林公园建设与发展

(一)加强科学布局。组织开展全面调查,摸清适宜建设的地点,统筹林场、苗圃、树木园以及国土绿化、森林城市、美丽乡村、环城片林等生态建设成果,利用城镇及周边的荒山荒地、废弃土地、垃圾山场、矿山矿区、滩涂地等,科学规划设计,加快布局为森林公园,努力实现每个县城至少建设 1 处城郊森林公园的发展目标。

(二)加强生态修复。要尊重自然,加强原生植被、森林群落、自然景观和自然地形的保护。加强对受损森林、湿地等自然生态系统的修复。优先使用乡土树种和本地野生花卉,大力营建近自然森林,形成多树种、多层次、多色彩的森林结构和森林景观,逐步恢复森林植被的自然性。加强土地整理、地块准备、树苗配置,大力推进

义务植树活动的开展。

（三）加强基础建设。以城乡居民休闲、健身为导向，加强徒步、骑行、车行或轨道等“三级绿道”体系建设；完善观景平台、休憩设施、公共健身设施建设；加强安全、环卫、残障设施、公园标识、标牌建设；加强温度、湿度、空气负离子等环境因子监测点建设，实时发布监测数据，着力提升公共服务能力。

（四）加强自然教育建设。加强生态科普、自然教育设施建设，每个公园至少建设1处森林课堂、1条森林教育步道或自然体验小径，鼓励有条件的公园建设森林体验中心、森林博物馆或自然学校；加强中小学生自然生态教育建设，每个公园要与中小学合作，组织开展“森林课堂”“自然亲子”“自然夏（冬）令营”等活动；加强森林讲解员、解说员队伍建设，普及生态知识，传播生态文化，提高生态文明素质。

（五）加强示范公园建设。积极培育先进典型，打造一批生态建设成效好、特色明显、管理规范、建设质量优、市民满意度高、影响力大的城郊森林公园，及时总结有效做法和成功经验，形成有效模式，加大推广力度。研究制定城郊森林公园的建设标准，5年内创建100处全国示范城郊森林公园，发挥典型示范和品牌带动作用。

四、有效构建共建共享的城郊森林公园发展新格局

（一）加强组织领导。各级林业主管部门要把城郊森林公园建设作为推进国土绿化和林业现代化建设的重要内容和有力抓手。有效推动城郊森林公园建设纳入当地经济社会发展规划，使其作为城市（城镇）建设中重要的绿色基础设施摆上地方党委、政府的重要议事日程，建立健全组织领导机制，加强对城郊森林公园建设的人力、物力、财力支持。

（二）加大协作力度。各级林业主管部门要加大与财政、发展改革、国土资源、规划、建设、文化等部门的协作力度，争取各部门的重视与支持，明确责任与分工，逐步建立起“政府主导、林业主管、部门协作、市场参与、共建共享”的建设格局，形成发展城郊森林公园的强大合力。

（三）创新发展机制。要建立起多元的投融资机制，在保障城郊森林公园公益性原则的基础上，按照“谁投资、谁经营、谁受益”的原则，鼓励金融和社会资本参与城郊森林公园建设。倡导社会各界采取捐款、认建、认养、认领等多种形式，积极参与公园生态建设和公益建设。通过互联网、微信等多途径建立志愿者服务平台，积极吸纳各有识之士、专业人士等担当城郊森林公园建设、服务的志愿者，逐步建立起全民共建共享的发展新机制。

五、不断提升城郊森林公园建设管理能力

（一）强化科技支撑。加强理论研究，解决城郊森林公园建设中的理论和技术问题；加快研究制定城郊森林公园规划、建设、养护、管理、评估等行业标准，完善评价体系和技术规范；借鉴国际先进理念和经验，加强先进技术的推广应用，提升城郊森林公园建设质量和成效。加强专业人才队伍的培训与培养，不断提升森林公园建设、管理、服务的专业化水平。

（二）强化法规制度建设。要推动地方性法规建设，制定城郊森林公园管理办法或条例，严守生态保护红线，加强依法管理；要结合地方实际，建立城郊森林公园生态保护、养护管护、运营管理、活动安全等各项内部管理制度，保障森林公园健康发展。

（三）强化行业管理。城郊森林公园是我国森林公园体系建设的重要组成部分，各级林业主管部门要加强行业指导和监督管理。对于新建城郊森林公园要按程序批复为相应级别的森林公园，纳入森林公园管理体系。要加强森林公园管理机构建设，明确职责和任务，确保城郊森林公园建得成、管得住、用得好。

各级林业主管部门要按照本意见要求，根据《全国城郊森林公园发展规划（2016～2025年）》的总体部署，抓紧研究提出实施方案，明确目标任务和责任分工，狠抓落实，加快推动本区域城郊森林公园的发展，为生态文明和美丽中国建设做出新的更大贡献。

国家林业局

2017年6月9日

国家林业局关于印发《国家湿地公园管理办法》的通知

林湿发〔2017〕150号

各省、自治区、直辖市林业厅(局),内蒙古、吉林、龙江、大兴安岭森工(林业)集团公司,新疆生产建设兵团林业局,国家林业局各司局、各直属单位:

为加强国家湿地公园建设和管理,促进国家湿地公园健康发展,有效保护湿地资源,根据《湿地保护管理规定》和《国务院办公厅关于印发湿地保护修复制度方案的通知》等文件精神以及国家湿地公园管理工作实际需要,我局对《国家湿地公园管理办法(试行)》进行了修改。现将修改后的《国家湿地公园管理办法》(见附件),现印发给你们,请遵照执行。执行中有何意见和建议,请及时反馈我局。

附件:国家湿地公园管理办法

国家林业局

2017年12月27日

附件

国家湿地公园管理办法

第一条 为加强国家湿地公园建设和管理,促进国家湿地公园健康发展,有效保护湿地资源,根据《湿地保护管理规定》及国家有关政策,制定本办法。

国家湿地公园的设立、建设、管理和撤销应遵守本办法。

第二条 国家湿地公园是指以保护湿地生态系统、合理利用湿地资源、开展湿地宣传教育和科学研究为目的,经国家林业局批准设立,按照有关规定予以保护和管理的特定区域。

国家湿地公园是自然保护体系的重要组成部分,属社会公益事业。国家鼓励公民、法人和其他组织捐资或者志愿参与国家湿地公园保护和建设工作。

第三条 县级以上林业主管部门负责国家湿地公园的指导、监督和管理。

第四条 国家湿地公园的建设和管理,应当遵循"全面保护、科学修复、合理利用、持续发展"的方针。

第五条 具备下列条件的,可申请设立国家湿地公园:

(一)湿地生态系统在全国或者区域范围内具有典型性;或者湿地区域生态地位重要;或者湿地主体生态功能具有典型示范性;或者湿地生物多样性丰富;或者集中分布有珍贵、濒危的野生生物物种。

(二)具有重要或者特殊科学研究、宣传教育和文化价值。

(三)成为省级湿地公园两年以上(含两年)。

(四)保护管理机构和制度健全。

(五)省级湿地公园总体规划实施良好。

(六)土地权属清晰,相关权利主体同意作为国家湿地公园。

(七)湿地保护、科研监测、科普宣传教育等工作取得显著成效。

第六条 申请晋升为国家湿地公园的,可由省级林业主管部门向国家林业局提出申请。

国家林业局对申请材料进行审查,组织专家实地考察,召开专家评审会,并在所在地进行公示,经审核后符合晋升条件的设立为国家湿地公园。

第七条 申请设立国家湿地公园的,应当提交如下材料：

（一）所在地省级林业主管部门提交的申请文件、申报书。

（二）设立省级湿地公园的批复文件。

（三）所在地县级以上地方人民政府同意晋升国家湿地公园的文件；跨行政区域的，需提交其共同上级地方人民政府同意晋升国家湿地公园的文件。

（四）县级以上机构编制管理部门设立湿地公园管理机构的文件；法人证书；近 2 年保护管理经费的证明材料。

（五）县级以上地方人民政府出具的湿地公园土地权属清晰和相关权利主体同意纳入湿地公园管理的证明文件。

（六）湿地公园总体规划及其范围、功能区边界矢量图。

（七）反映湿地公园资源现状和建设管理情况的报告及影像资料。

第八条 国家湿地公园的湿地面积原则上不低于 100 公顷，湿地率不低于 30%。

国家湿地公园范围与自然保护区、森林公园不得重叠或者交叉。

第九条 国家湿地公园采取下列命名方式：

省级名称 + 地市级或县级名称 + 湿地名 + 国家湿地公园。

第十条 国家湿地公园应当按照总体规划确定的范围进行标桩定界，任何单位和个人不得擅自改变和挪动界标。

第十一条 国家湿地公园应划定保育区。根据自然条件和管理需要，可划分恢复重建区、合理利用区，实行分区管理。

保育区除开展保护、监测、科学研究等必需的保护管理活动外，不得进行任何与湿地生态系统保护和管理无关的其他活动。恢复重建区应当开展培育和恢复湿地的相关活动。合理利用区应当开展以生态展示、科普教育为主的宣教活动，可开展不损害湿地生态系统功能的生态体验及管理服务等活动。

保育区、恢复重建区的面积之和及其湿地面积之和应分别大于湿地公园总面积、湿地公园湿地总面积的 60%。

第十二条 国家湿地公园的撤销、更名、范围和功能区调整，须经国家林业局同意。

第十三条 国家湿地公园管理机构应当具体负责国家湿地公园的保护管理工作，制定并实施湿地公园总体规划和管理计划，完善保护管理制度。

第十四条 国家湿地公园应当设置宣教设施，建立和完善解说系统，宣传湿地功能和价值，普及湿地知识，提高公众湿地保护意识。

第十五条 国家湿地公园管理机构应当定期组织开展湿地资源调查和动态监测，建立档案，并根据监测情况采取相应的保护管理措施。

第十六条 国家湿地公园管理机构应当建立和谐的社区共管机制，优先吸收当地居民从事湿地资源管护和服务等活动。

第十七条 省级林业主管部门应当每年向国家林业局报送所在地国家湿地公园建设管理情况，并通过“中国湿地公园”信息管理系统报送湿地公园年度数据。

第十八条 禁止擅自征收、占用国家湿地公园的土地。确需征收、占用的，用地单位应当征求省级林业主管部门的意见后，方可依法办理相关手续。由省级林业主管部门报国家林业局备案。

第十九条 除国家另有规定外，国家湿地公园内禁止下列行为：

（一）开（围）垦、填埋或者排干湿地。

（二）截断湿地水源。

（三）挖沙、采矿。

（四）倾倒有毒有害物质、废弃物、垃圾。

（五）从事房地产、度假村、高尔夫球场、风力发电、光伏发电等任何不符合主体功能定位的建设项目和开发活动。

（六）破坏野生动物栖息地和迁徙通道、鱼类洄游通道，滥采滥捕野生动植物。

（七）引入外来物种。

（八）擅自放牧、捕捞、取土、取水、排污、放生。

（九）其他破坏湿地及其生态功能的活动。

第二十条 省级以上林业主管部门组织对国家湿地公园的建设和管理状况开展监督检查和评估工作，并根据评估结果提出整改意见。

监督评估的主要内容包括：

（一）准予设立国家湿地公园的本底条件是否发生变化。

（二）机构能力建设、规章制度的制定及执行等情况。

（三）总体规划实施情况。

（四）湿地资源的保护管理和合理利用等情况。

（五）宣传教育、科研监测和档案管理等情况。

（六）其他应当检查的内容。

第二十一条 因自然因素造成国家湿地公园生态特征退化的，省级林业主管部门应当进行调查，指导国家湿地公园管理机构制定实施补救方案，并向国家林业局报告。

经监督评估发现存在问题的国家湿地公园，省级以上林业主管部门通知其限期整改。限期整改的国家湿地公园应当在整改期满后15日内向下达整改通知的林业主管部门报送书面整改报告。

第二十二条 因管理不善导致国家湿地公园条件丧失的，或者对存在重大问题拒不整改或者整改不符合要求的，国家林业局撤销其国家湿地公园的命名，并向社会公布。

撤销国家湿地公园命名的县级行政区内，自撤销之日起两年内不得申请设立国家湿地公园。

第二十三条 本办法自2018年1月1日起实施，有效期至2022年12月31日，《国家湿地公园管理办法（试行）》（林湿发〔2010〕1号）同时废止。

中华人民共和国自然保护区条例

（1994年10月9日国务院令第167号发布，根据2011年1月8日国务院令第588号《国务院关于废止和修改部分行政法规的决定》、2017年10月7日国务院令第687号《国务院关于修改部分行政法规的决定》修订。）

第一章 总则

第一条 为了加强自然保护区的建设和管理，保护自然环境和自然资源，制定本条例。

第二条 本条例所称自然保护区，是指对有代表性的自然生态系统、珍稀濒危野生动植物物种的天然集中分布区、有特殊意义的自然遗迹等保护对象所在的陆地、陆地水体或者海域，依法划出一定面积予以特殊保护和管理的区域。

第三条 凡在中华人民共和国领域和中华人民共和国管辖的其他海域内建设和管理自然保护区，必须遵守本条例。

第四条 国家采取有利于发展自然保护区的经济、技术政策和措施，将自然保护区的发展规划纳入国民经济和社会发展计划。

第五条 建设和管理自然保护区，应当妥善处理与当地经济建设和居民生产、生活的关系。

第六条 自然保护区管理机构或者其行政主管部门可以接受国内外组织和个人的捐赠，用于自然保护区的建设和管理。

第七条 县级以上人民政府应当加强对自然保护区工作的领导。

一切单位和个人都有保护自然保护区内自然环境和自然资源的义务，并有权对破坏、侵占自然保护区的单位和个人进行检举、控告。

第八条 国家对自然保护区实行综合管理与分部门管理相结合的管理体制。

国务院环境保护行政主管部门负责全国自然保护区的综合管理。

国务院林业、农业、地质矿产、水利、海洋等有关行政主管部门在各自的职责范围内，主管有关的自然保护区。

县级以上地方人民政府负责自然保护区管理部门的设置和职责，由省、自治区、直辖市人民政府根据当地具体情况确定。

第九条 对建设、管理自然保护区以及在有关的科学研究中做出显著成绩的单位和个人，由人民政府给予奖励。

第二章 自然保护区的建设

第十条 凡具有下列条件之一的，应当建立自然保护区：

（一）典型的自然地理区域、有代表性的自然生态系统区域以及已经遭受破坏但经保护能够恢复的同类自然生态系统区域；

（二）珍稀、濒危野生动植物物种的天然集中分布区域；

（三）具有特殊保护价值的海域、海岸、岛屿、湿地、内陆水域、森林、草原和荒漠；

（四）具有重大科学文化价值的地质构造、著名溶洞、化石分布区、冰川、火山、温泉等自然遗迹；

（五）经国务院或者省、自治区、直辖市人民政府批准，需要予以特殊保护的其他自然区域。

第十一条 自然保护区分为国家级自然保护区和地方级自然保护区。

在国内外有典型意义、在科学上有重大国际影响或者有特殊科学研究价值的自然保护区，列为国家级自然保护区。

除列为国家级自然保护区的外，其他具有典型意义或者重要科学研究价值的自然保护区列为地方级自然保护区。地方级自然保护区可以分级管理，具体办法由国务院有关自然保护区行政主管部门或者省、自治区、直辖市人民政府根据实际情况规定，报国务院环境保护行政主管部门备案。

第十二条 国家级自然保护区的建立，由自然保护区所在的省、自治区、直辖市人民政府或者国务院有关自然保护区行政主管部门提出申请，经国家级自然保护区评审委员会评审后，由国务院环境保护行政主管部门进行协调并提出审批建议，报国务院批准。

地方级自然保护区的建立，由自然保护区所在的县、自治县、市、自治州人民政府或者省、自治区、直辖市人民政府有关自然保护区行政主管部门提出申请，经地方级自然保护区评审委员会评审后，由省、自治区、直辖市人民政府环境保护行政主管部门进行协调并提出审批建议，报省、自治区、直辖市人民政府批准，并报国务院环境保护行政主管部门和国务院有关自然保护区行政主管部门备案。

跨两个以上行政区域的自然保护区的建立，由有关行政区域的人民政府协商一致后提出申请，并按照前两款规定的程序审批。

建立海上自然保护区，须经国务院批准。

第十三条 申请建立自然保护区，应当按照国家有关规定填报建立自然保护区申报书。

第十四条 自然保护区的范围和界线由批准建立自然保护区的人民政府确定，并标明区界，予以公告。

确定自然保护区的范围和界线，应当兼顾保护对象的完整性和适度性，以及当地经济建设和居民生产、生活的需要。

第十五条 自然保护区的撤销及其性质、范围、界线的调整或者改变，应当经原批准建立自然保护区的人民政府批准。

任何单位和个人，不得擅自移动自然保护区的界标。

第十六条 自然保护区按照下列方法命名：

国家级自然保护区：自然保护区所在地地名加“国家级自然保护区”。

地方级自然保护区：自然保护区所在地地名加“地方级自然保护区”。

有特殊保护对象的自然保护区，可以在自然保护区所在地地名后加特殊保护对象的名称。

第十七条 国务院环境保护行政主管部门应当会同国务院有关自然保护区行政主管部门，在对全国自然环境和自然资源状况进行调查和评价的基础上，拟订国家自然保护区发展规划，经国务院计划部门综合平衡后，报国务院批准实施。

自然保护区管理机构或者该自然保护区行政主管部门应当组织编制自然保护区的建设规划，按照规定的程序纳入国家的、地方的或者部门的投资计划，并组织实施。

第十八条 自然保护区可以分为核心区、缓冲区和实验区。

自然保护区内保存完好的天然状态的生态系统以及珍稀、濒危动植物的集中分布地，应当划为核心区，禁止任何单位和个人进入；除依照本条例第二十七条的规定经批准外，也不允许进入从事科学研究活动。

核心区外围可以划定一定面积的缓冲区，只准进入从事科学研究观测活动。

缓冲区外围划为实验区，可以进入从事科学试验、教学实习、参观考察、旅游以及驯化、繁殖珍稀、濒危野生动植物等活动。

原批准建立自然保护区的人民政府认为必要时，可以在自然保护区的外围划定一定面积的外围保护地带。

第三章 自然保护区的管理

第十九条 全国自然保护区管理的技术规范和标准，由国务院环境保护行政主管部门组织国务院有关自然保护区行政主管部门制定。

国务院有关自然保护区行政主管部门可以按照职责分工，制定有关类型自然保护区管理的技术规范，报国务院环境保护行政主管部门备案。

第二十条 县级以上人民政府环境保护行政主管部门有权对本行政区域内各类自然保护区的管理进行监督检查；县级以上人民政府有关自然保护区行政主管部门有权对其主管的自然保护区的管理进行监督检查。被检查的单位应当如实反映情况，提供必要的资料。检查者应当为被检查的单位保守技术秘密和业务秘密。

第二十一条 国家级自然保护区，由其所在地的省、自治区、直辖市人民政府有关自然保护区行政主管部门或者国务院有关自然保护区行政主管部门管理。地方级自然保护区，由其所在地的县级以上地方人民政府有关自然保护区行政主管部门管理。

有关自然保护区行政主管部门应当在自然保护区内设立专门的管理机构，配备专业技术人员，负责自然保护区的具体管理工作。

第二十二条 自然保护区管理机构的主要职责是：

（一）贯彻执行国家有关自然保护的法律、法规和方针、政策；

（二）制定自然保护区的各项管理制度，统一管理自然保护区；

（三）调查自然资源并建立档案，组织环境监测，保护自然保护区内的自然环境和自然资源；

（四）组织或者协助有关部门开展自然保护区的科学研究工作；

（五）进行自然保护的宣传教育；

（六）在不影响保护自然保护区的自然环境和自然资源的前提下，组织开展参观、旅游等活动。

第二十三条 管理自然保护区所需经费，由自然保护区所在地的县级以上地方人民政府安排。国家对国家级自然保护区的管理，给予适当的资金补助。

第二十四条 自然保护区所在地的公安机关，可以根据需要在自然保护区设置公安派出机构，维护自然保护区内的治安秩序。

第二十五条 在自然保护区内的单位、居民和经批准进入自然保护区的人员，必须遵守自然保护区的各项管理制度，接受自然保护区管理机构的管理。

第二十六条 禁止在自然保护区内进行砍伐、放牧、狩猎、捕捞、采药、开垦、烧荒、开矿、采石、挖沙等活动；但是，法律、行政法规另有规定的除外。

第二十七条 禁止任何人进入自然保护区的核心区。因科学研究的需要，必须进入核心区从事科学研究观测、调查活动的，应当事先向自然保护区管理机构提交申请和活动计划，并经自然保护区管理机构批准；其中，进入国家级自然保护区核心区的，应当经省、自治区、直辖市人民政府有关自然保护区行政主管部门批准。

自然保护区核心区内原有居民确有必要迁出的，由自然保护区所在地的地方人民政府予以妥善安置。

第二十八条 禁止在自然保护区的缓冲区开展旅游和生产经营活动。因教学科研的目的，需要进入自然保护区的缓冲区从事非破坏性的科学研究、教学实习和标本采集活动的，应当事先向自然保护区管理机构提交申请和活动计划，经自然保护区管理机构批准。

从事前款活动的单位和个人，应当将其活动成果的副本提交自然保护区管理机构。

第二十九条 在自然保护区的实验区内开展参观、旅游活动的，由自然保护区管理机构编制方案，方案应当符合自然保护区管理目标。

在自然保护区组织参观、旅游活动的，应当严格按照前款规定的方案进行，并加强管理；进入自然保护区参观、旅游的单位和个人，应当服从自然保护区管理机构的管理。

严禁开设与自然保护区保护方向不一致的参观、旅游项目。

第三十条 自然保护区的内部未分区的，依照本条例有关核心区和缓冲区的规定管理。

第三十一条 外国人进入自然保护区，应当事先向自然保护区管理机构提交活动计划，并经自然保护区管理机构批准；其中，进入国家级自然保护区的，应当经省、自治区、直辖市环境保护、海洋、渔业等有关自然保护区行政主管部门按照各自职责批准。

进入自然保护区的外国人，应当遵守有关自然保护区的法律、法规和规定，未经批准，不得在自然保护区内从事采集标本等活动。

第三十二条 在自然保护区的核心区和缓冲区内，不得建设任何生产设施。在自然保护区的实验区内，不得建设污染环境、破坏资源或者景观的生产设施；建设其他项目，其污染物排放不得超过国家和地方规定的污染物排放标准。在自然保护区的实验区内已经建成的设施，其污染物排放超过国家和地方规定的排放标准的，应当限期治理；造成损害的，必须采取补救措施。

在自然保护区的外围保护地带建设的项目，

不得损害自然保护区内的环境质量；已造成损害的，应当限期治理。

限期治理决定由法律、法规规定的机关作出，被限期治理的企业事业单位必须按期完成治理任务。

第三十三条 因发生事故或者其他突然性事件，造成或者可能造成自然保护区污染或者破坏的单位和个人，必须立即采取措施处理，及时通报可能受到危害的单位和居民，并向自然保护区管理机构、当地环境保护行政主管部门和自然保护区行政主管部门报告，接受调查处理。

第四章 法律责任

第三十四条 违反本条例规定，有下列行为之一的单位和个人，由自然保护区管理机构责令其改正，并可以根据不同情节处以100元以上5000元以下的罚款：

(一)擅自移动或者破坏自然保护区界标的；

(二)未经批准进入自然保护区或者在自然保护区内不服从管理机构管理的；

(三)经批准在自然保护区的缓冲区内从事科学研究、教学实习和标本采集的单位和个人，不向自然保护区管理机构提交活动成果副本的。

第三十五条 违反本条例规定，在自然保护区进行砍伐、放牧、狩猎、捕捞、采药、开垦、烧荒、开矿、采石、挖沙等活动的单位和个人，除可以依照有关法律、行政法规规定给予处罚的以外，由县级以上人民政府有关自然保护区行政主管部门或者其授权的自然保护区管理机构没收违法所得，责令停止违法行为，限期恢复原状或者采取其他补救措施；对自然保护区造成破坏的，可以处以300元以上1万元以下的罚款。

第三十六条 自然保护区管理机构违反本条例规定，拒绝环境保护行政主管部门或者有关自然保护区行政主管部门监督检查，或者在被检查时弄虚作假的，由县级以上人民政府环境保护行政主管部门或者有关自然保护区行政主管部门给予300元以上3000元以下的罚款。

第三十七条 自然保护区管理机构违反本条例规定，有下列行为之一的，由县级以上人民政府有关自然保护区行政主管部门责令限期改正；对直接责任人员，由其所在单位或者上级机关给予行政处分：

(一)开展参观、旅游活动未编制方案或者编制的方案不符合自然保护区管理目标的；

(二)开设与自然保护区保护方向不一致的参观、旅游项目的；

(三)不按照编制的方案开展参观、旅游活动的；

(四)违法批准人员进入自然保护区的核心区，或者违法批准外国人进入自然保护区的；

(五)有其他滥用职权、玩忽职守、徇私舞弊行为的。

第三十八条 违反本条例规定，给自然保护区造成损失的，由县级以上人民政府有关自然保护区行政主管部门责令赔偿损失。

第三十九条 妨碍自然保护区管理人员执行公务的，由公安机关依照《中华人民共和国治安管理处罚法》的规定给予处罚；情节严重，构成犯罪的，依法追究刑事责任。

第四十条 违反本条例规定，造成自然保护区重大污染或者破坏事故，导致公私财产重大损失或者人身伤亡的严重后果，构成犯罪的，对直接负责的主管人员和其他直接责任人员依法追究刑事责任。

第四十一条 自然保护区管理人员滥用职权、玩忽职守、徇私舞弊，构成犯罪的，依法追究刑事责任；情节轻微，尚不构成犯罪的，由其所在单位或者上级机关给予行政处分。

第五章 附则

第四十二条 国务院有关自然保护区行政主管部门可以根据本条例，制定有关类型自然保护区的管理办法。

第四十三条 各省、自治区、直辖市人民政府可以根据本条例，制定实施办法。

第四十四条 本条例自1994年12月1日起施行。

国家林业局关于公布
第三批国家林业重点龙头企业名单的通知

林改发〔2017〕149 号

各省、自治区、直辖市林业厅(局)，内蒙古、吉林、龙江、大兴安岭森工(林业)集团公司，新疆生产建设兵团林业局，各有关中央林业企业：

按照中央关于“有关部门要在全国选择一批有基础、有优势、有特色、有前景的龙头企业作为国家支持的重点”的要求，根据我局等 11 个部门联合印发的《林业产业发展“十三五”规划》(林规发〔2017〕43 号)和《国家林业重点龙头企业推选和管理工作实施方案(试行)》(办规字〔2013〕164 号)的规定，在各省(自治区、直辖市)林业主管部门和有关中央企业推荐的基础上，经专家评审和社会公示，我局认定北京绿冠生态园林工程股份有限公司等 124 家企业为第三批国家林业重点龙头企业(名单见附件)。

国家林业重点龙头企业是林业供给侧结构性改革的引领者，是现代林业发展的示范者，是中国特色社会主义新时代发挥林业生态效益、社会效益和经济效益的重要微观经济主体，对于促进绿色发展和林业现代化建设，推动林业产业转型升级、区域经济发展和农民增收致富具有重要作用。被认定的国家林业重点龙头企业要牢固树立创新、协调、绿色、开放、共享的发展理念，适应经济发展新变化，培育新动能，强化创新驱动和品牌建设，为社会提供更丰富更优质的林产品；要强化节约资源能源和清洁生产措施，高效利用、循环利用森林资源，促进绿色发展；要逐步延长产业链，提高精深加工水平和附加值，加快产业集聚，促进林业产业转型升级；要增强社会责任意识，守法经营，诚信经营，在自身发展的同时，与林农建立利益联动机制，切实提高林农收入。

各级林业主管部门要加强对国家林业重点龙头企业的指导，在规划、技术、信息等方面提供服务，在基地建设、林地利用、林业财政金融保险等方面予以政策扶持。要主动协调相关部门，落实中央关于支持龙头企业发展的一系列扶持政策，共同推动国家林业重点龙头企业发展。要对国家林业重点龙头企业实行动态评价管理，建立和完善淘汰机制，做到有进有出，不断提高龙头企业素质，增强辐射能力和带动能力。

特此通知。

附件：第三批国家林业重点龙头企业名单

国家林业局

2017 年 12 月 27 日

附件

第三批国家林业重点龙头企业名单(共 124 家)

序号	企业名称
	一、北京(4 家)
1	北京绿冠生态园林工程股份有限公司
2	万华生态板业股份有限公司
3	北京盛世润禾园林科技有限公司
4	北京灵之秀文化发展有限公司
	二、河北(5 家)
5	承德华净活性炭有限公司
6	河北富岗食品有限责任公司
7	唐山曹妃甸木业股份有限公司
8	河北省晋州市长城经贸有限公司

序号	企业名称
9	河北百丰农产品开发有限公司
	三、内蒙古(4家)
10	内蒙古蒙草生态环境(集团)股份有限公司
11	内蒙古天龙生态环境发展有限公司
12	根河市根林木业有限责任公司
13	鄂尔多斯市天骄资源发展有限责任公司
	四、辽宁(1家)
14	葫芦岛农函大玄宇食用菌野驯繁育有限公司
	五、吉林(3家)
15	通化百泉参业集团股份有限公司
16	珲春兴家地板有限责任公司
17	吉林省德盛农牧科技发展有限公司
	六、黑龙江(3家)
18	黑龙江宏泰松果有限公司
19	绥芬河国林木业城投资有限公司
20	东宁县顺风林地经营有限责任公司
	七、上海(1家)
21	上海和丰中林林业股份有限公司
	八、江苏(6家)
22	亚振家具股份有限公司
23	徐州银杏源生物工程有限公司
24	徐州飞亚木业有限公司
25	江苏苏北花卉股份有限公司
26	金埔园林股份有限公司
27	中朴集团有限公司
	九、浙江(7家)
28	梦天木门集团有限公司
29	浙江虹越花卉股份有限公司
30	浙江九川竹木股份有限公司
31	江山欧派门业股份有限公司
32	浙江永裕竹业股份有限公司
33	宁波枫康生物科技有限公司
34	杭州富阳杭富罐头食品有限公司
	十、安徽(10家)
35	安徽林海园林绿化股份有限公司
36	阜阳市金木工艺品有限公司
37	桐城市香山园林绿化有限公司
38	芜湖宏春木业集团有限公司

序号	企业名称
39	祁门县建兴竹木制品有限责任公司
40	安徽龙眠山食品有限公司
41	安徽黄山云乐灵芝有限公司
42	安徽尧龙竹木制品有限公司
43	安徽省成果石榴酒酿造有限公司
44	安徽东方金桥农林科技股份有限公司
	十一、福建(3家)
45	安发(福建)生物科技有限公司
46	福建南方制药股份有限公司
47	福建源华林业生物科技有限公司
	十二、江西(9家)
48	江西远泉林业股份有限公司
49	江西邓志平园林绿化有限公司
50	江西思派思香料化工有限公司
51	江西虔心小镇生态农业有限责任公司
52	江西省天玉油脂有限公司
53	弋阳县艺林农业开发有限公司
54	江西飞宇竹业集团有限公司
55	江西绿野轩生物科技有限公司
56	江西星火农林科技发展有限公司
	十三、山东(15家)
57	山东贝隆杜仲生物工程有限公司
58	东营弘力祥安园艺有限公司
59	山东万路达毛榇文化产业发展有限公司
60	山东润品源食品有限公司
61	山东金如意木业股份有限公司
62	平度市中艺绿业农林发展有限公司
63	寿光市富士木业有限公司
64	大森(菏泽)生物质能源有限公司
65	济宁市四季园苗木种植有限公司
66	威海绿苑园林工程有限公司
67	乐陵市德润健康食品有限公司
68	栖霞德丰食品有限公司
69	山东绿丰生态农业有限公司
70	山东省赛博特科技有限公司
71	山东鸿林工程技术有限公司
	十四、河南(5家)
72	永生堂饮品股份有限公司

序号	企业名称
73	仲景宛西制药股份有限公司
74	宝丰荣欣农业科技发展有限公司
75	郑州玉林木业有限公司
76	河南双虹实业集团有限公司（原龙头企业更名）
	十五、湖北（6家）
77	湖北裕国菇业股份有限公司
78	华中绿谷实业发展有限公司
79	湖北邓村绿茶集团股份有限公司
80	湖北永兴食品股份有限公司
81	湖北福汉木业（集团）发展有限责任公司
82	凯迪阳光生物能源投资有限公司
	十六、湖南（10家）
83	湖南大三湘茶油股份有限公司
84	湖南桃花江竹材科技股份有限公司
85	湖南九九慢城杜仲产业集团有限公司
86	永州市异蛇科技实业有限公司
87	湖南省丰源体育科技有限公司
88	湖南长浏园林建设发展有限公司
89	湖南中南神箭竹木有限公司
90	湖南美森竹木住宅科技有限公司
91	湘潭盘龙生态农业示范园有限公司
92	湖南中联天地科技有限公司
	十七、广东（5家）
93	巴洛克木业（中山）有限公司
94	新华海集团有限公司
95	仁化县奥达胶合板有限公司
96	广东金友集团有限公司
97	梅州穗瑞农林发展有限公司
	十八、广西（3家）
98	广西国有博白林场
99	柳州市笑缘林业股份有限公司
100	广西林业集团有限公司
	十九、海南（1家）
101	三亚亚龙湾云天热带森林公园有限公司
	二十、四川（7家）
102	四川省青神县云华竹旅有限公司
103	成都千川木业有限公司
104	四川威腾家具有限公司

序号	企业名称
105	四川发荣林业产业有限公司
106	宜宾川红茶业集团有限公司
107	万源市花萼绿色食品有限公司
108	四川天盛竹业有限公司
	二十一、贵州（1家）
109	贵州湄潭兰馨茶业有限公司
	二十二、云南（3家）
110	云南吉成园林科技股份有限公司
111	勐海金沙农业科技发展有限责任公司
112	云南磨浆农业股份有限公司
	二十三、陕西（3家）
113	陕西洋县志建药业科技有限公司
114	陕西长麟农林科技有限公司
115	商洛市旭初农林开发有限公司
	二十四、甘肃（4家）
116	甘肃三鑫农林科技有限公司
117	陇西润源生态农牧科技开发有限公司
118	甘肃新一代食品有限公司
119	瓜州昊泰生物科技有限公司
	二十五、青海（1家）
120	青海诺木洪农场
	二十六、宁夏（3家）
121	宁夏宁苗园林集团有限公司
122	宁夏万齐农业发展集团有限公司
123	宁夏红枸杞商贸有限公司
	二十七、新疆（1家）
124	新疆羌都枣业股份有限公司

中国林业产业综述与行业篇

OVERVIEW OF CHINA'S FOREST INDUSTRY

2017 年全国林业统计年报数据及分析报告

【概　述】 2017 年是“十三五”规划和全面建成小康社会决胜阶段的关键之年，也是林业改革与发展的攻坚之年。全国林业系统认真学习贯彻党的十九大精神和习近平新时代中国特色社会主义思想，按照党中央、国务院的决策部署，全面深化林业改革，着力提升林业发展质量效益，积极推进林业现代化建设，各项工作取得明显成效。

【国土绿化与重点工程】

营造林情况　按照 2016～2018 年全国营造林生产滚动计划，2017 年造林任务 1 亿亩，森林抚育任务 1.2 亿亩。2017 年全国共完成造林面积 768.07 万公顷(1.15 亿亩)，完成森林抚育面积 885.64 万公顷(1.33 亿亩)，超额完成全年计划任务。自 2015 年起造林面积包括人工造林、飞播造林、新封山育林、退化林修复和人工更新。2017 年，内蒙古、贵州两省(区)造林面积超千万亩，四川、湖南、河北、湖北、云南和陕西六省造林面积超过 500 万亩。

表 1　2017 年全国造林面积分方式完成情况

单位：万公顷

总计	人工造林	飞播造林	新封山育林	退化林修复	人工更新
768.07	429.59	14.12	165.72	128.10	30.54

国家林业重点生态工程　2017 年，国家林业重点生态工程建设扎实推进，全年完成造林面积 299.12 万公顷，比 2016 年增长 19.6%。国家林业重点生态工程造林面积占全部造林面积的 38.9%。

表 2　2017 年国家林业重点生态工程造林完成情况

单位：万公顷

天保工程	退耕还林工程	京津风沙源治理工程	石漠化综合治理工程	三北及长江流域等重点防护林体系工程
39.03	121.33	20.72	23.25	94.79

林木种苗　2017 年，林木种质资源保护工作稳步推进，国家重点林木良种基地管理全面加强。良种使用率由 51% 提高到 61%，种苗质量合格率稳定在 90% 以上，油茶全面实现良种化。2017 年林木种子采收量 2.88 万吨；在圃苗木产量 702 亿株；育苗面积 142 万公顷。

【生态保护与修复】

全面保护天然林　经国务院批准同意，“十三五”期间全面取消了天然林商业性采伐限额指标。一是积极协调财政部落实停伐补助政策。2017 年中央财政共安排停伐(含管护)补助 123.77 亿元，比 2016 年增加 7.3 亿元。二是将天然林保护工程区外国有天然林全部纳入了停伐管护补助范围。将集体和个人天然林停伐管护补助范围由 7 个省扩大到全国，补助面积达 1.4 亿亩。三是提高天然林资源保护相关补助标准。协调财政部将天保工程和天保工程区外国有林管护补助标准由每年每亩 8 元提高到 10 元，将天保工程职工社会保险补助缴费基数由 2011 年当地社会平均工资的 80% 提高到 2013 年的 80%，进一步提高了林区职工收入和社会保障水平。

野生动植物保护及自然保护区管理　加强林业自然保护区管理，国家林业局办公室下发了《关于进一步加强林业自然保护区监督管理工作的通知》，明确自然保护区原则上禁止建设项目清单，严格自然保护区内建设项目审批，强化保护执法，推进科学化管理。国家林业局联合多部门开展“绿盾 2017”国家级自然保护区监督检查专项行动，严肃查处自然保护区内各类违法规划活动，切实加强自然保护区监督管理。

2017 年国家林业局发布的野生动物保护法配套规范性文件还有《野生动物及其制品价值评估方法》《野生动物收容救护管理办法》《人工繁育国家重点保护陆生野生动物名录(第一批)》。

表1 2017年林业系统自然保护区情况

指标	个数(处)	面积(万公顷)
林业系统自然保护区	2249	12613
其中：国家级	375	8198

湿地保护与恢复 2017年，国家林业局狠抓《湿地保护修复制度方案》贯彻落实，联合国家发展和改革委员会等8部门印发贯彻落实《制度方案》的实施意见，成立了国家林业局等8部门组成的湿地保护修复工作协调领导小组，完成国际湿地城市认定办法等7项配套制度。2017年，中央财政安排湿地补助16亿元，安排退耕还湿任务30万亩，对23处重要湿地实施了湿地生态效益补偿。国家林业局与国家发展和改革委员会联合下达湿地保护工程中央预算内投资3亿元，在内蒙古呼伦湖、黑龙江三江等国际重要湿地实施9个湿地保护与修复工程。《全国湿地保护"十三五"实施规划》规划到2020年全国湿地面积不低于8亿亩，湿地保护率达50%以上，恢复退化湿地14万公顷，新增湿地面积20万公顷。

表2 2017年湿地公园情况

指标	个数（处）	面积（万公顷）	保护湿地面积（万公顷）
国际重要湿地	49	411	—
湿地公园	1699	411	269
其中：国家湿地公园(含试点)	898	363	239

森林质量精准提升 2017年，国家林业局、国家发展和改革委员会、财政部联合印发《"十三五"森林质量精准提升工程规划》，规划目标"十三五"期间基本完成各级森林经营规划和森林经营方案编制，森林抚育4000万公顷，退化林修复1000万公顷。启动森林质量提升工程试点，全国范围内启动实施了首批18个森林质量精准提升示范项目，选择江西赣州、山西太行山等重点地区，结合国家储备林建设，开展退化林修复、混交林和景观林培育、灌木林平茬复壮、经果林提质建设。会同国家发展和改革委员会、财政部，安排中央基本建设资金3.8亿元、中央财政林业改革发展资金4.2亿元，重点支持示范项目，撬动金融社会资本投入。

2017年，全年共完成森林抚育面积885.64万公顷，比2016年增长4.2%。全年完成退化林修复面积大幅增长，比2016年增长29.3%。2017年退化林修复完成128.10万公顷，其中低效林改造面积76.42万公顷，退化防护林改造面积51.68万公顷。在人工造林、退化林修复过程中注重优先营造混交林，全年新造和改造混交林面积155.58万公顷。人工造林按林种主导功能分，防护林所占比重最大达44.3%，面积达到190.49万公顷；经济林面积达到174.79万公顷，占比40.7%；用材林面积达到61.48万公顷，占比14.3%；薪炭林占比0.1%、特种用途林占比0.6%。

【国家公园体制试点】 2017年2月，中共中央办公厅、国务院办公厅印发《关于健全国家自然资源资产管理体制试点方案》，将东北虎豹国家公园试点区纳入国家自然资源资产管理体制试点单元，明确国家公园范围内自然资源资产所有权由国务院直接行使，试点期间，具体委托国家林业局代行。2017年3月，成立了由国家林业局党组书记、局长张建龙为组长的筹备工作领导小组，负责东北虎豹和大熊猫国家公园体制试点及其他国家公园筹备工作的实施方案研究制订、组织协调管理，并统筹推进国有自然资源资产管理体制试点工作。2017年9月，中共中央办公厅、国务院办公厅印发了《建立国家公园体制总体方案》。

推进东北虎豹国家公园体制试点工作，组建以国家林业局驻长春森林资源监督专员办事处为依托的东北虎豹国家公园管理局和东北虎豹国家公园国有自然资源管理局。2017年7月，《东北虎豹国家公园国家自然资源资产管理体制试点实施方案》获中央编办、国家发展和改革委员会批复，初步形成了国家林业局代表中央行使对东北虎豹国家公园的所有权的机制，进一步编制了《东北虎豹国家公园体制试点实施方案》《东北虎豹国家公园总体规划》。与此同时，积极推进大熊猫国家公园体制试点工作和祁连山国家公园体制试点工作。

表1 国家公园试点区情况

名称	面积(万平方千米)	涉及省份
东北虎豹国家公园试点区	1.46	吉林、黑龙江
大熊猫国家公园试点区	2.71	四川、陕西、甘肃
祁连山国家公园试点区	5.02	甘肃、青海

【林业服务“三大战略”】

京津冀协同发展林业建设 一是加大重点生态修复工程建设力度。2017年，京津风沙源治理二期工程对京津冀地区下达营造林任务97.36万亩，下达林业投资3.27亿元。二是积极保护和恢复湿地。加大对京津冀地区湿地保护的政策资金支持力度，加强湿地保护体系建设，支持开展了湿地监测评价。三是加强自然保护区建设。加大京津冀地区自然保护区人员培训力度，围绕极小种群野生植物开展野生植物野外救护与繁育工作，针对缘毛太行花、河北梨等极小种群野生植物开展拯救保护工作。四是积极推进环首都国家公园体系建设。明确环首都国家公园框架体系建设工作，组织开展环首都国家公园体系规划的前期研究工作，形成《环首都国家公园体系建设研究报告(初稿)》和《环首都国家公园体系发展规划(纲要)》。五是积极推进京津冀地区的国家储备林建设。京津冀地区共完成国家储备林基地建设任务约25.93万亩，利用政策性、开发性贷款61.69亿元。

长江经济带林业生态保护与建设 一是科学谋划林业发展布局。国家林业局组织编制了《长江经济带森林和湿地生态系统保护与修复规划(2016~2020年)》《长江沿江重点湿地保护修复工程规划(2016~2020年)》，联合国家发展和改革委员会印发了《关于加强长江经济带造林绿化的指导意见》，科学谋划林业发展布局。二是全面保护森林资源。沿江各省(自治区、直辖市)国有、集体和个人所有的天然林实现全面停伐，加强森林管护和后备资源培育，确保长江经济带森林生态功能得到修复。探索建立林长制，开展生态红线制度建设试点，将林地、湿地保有量等生态指标纳入年度市县科学发展综合评价体系。严格执行林地分级管理和用途管制、森林采伐限额制度，严控林地非法流转。三是加快建设沿江绿色屏障。以长江防护林、退耕还林、石漠化治理、三峡后续植被恢复等林业重点工程为载体，突出荒山造林、水系绿化、通道绿化、扩展绿色生态空间，加快建设沿江绿色屏障。四是加强湿地保护与恢复。长江经济带湿地资源丰富，湿地面积达1154万公顷，超过全国湿地总面积的1/5，国际重要湿地17处，湿地自然保护区167个。国家林业局在长江经济带先后实施了国家湿地保护与恢复项目、湿地生态效益补偿、退耕还湿等湿地项目，沿江各地湿地保护率显著提升。

“一带一路”建设林业合作 2017年，“一带一路”建设林业合作继续突出生态文明和绿色发展理念，根据沿线国家生态保护与修复的现状和需求，结合双方生态合作基础，在森林生态系统综合管理、沙尘暴和荒漠化综合治理、野生动植物保护、边境森林草原防火等方面开展深度合作，为中国推进“一带一路”建设提供更好的生态条件。利用“一带一路”建设的发展契机，加强与沿线国家的林业经贸合作，科学布局林业国际贸易与投资，加速中国林业产业转型升级。一是加强林业合作顶层设计。出台了“一带一路”建设林业合作规划，引领和推进林业经贸、荒漠化、野生动物保护合作。二是林业对外经贸合作取得积极进展。中国主要林产品出口前15位国家中，有6个属于“一带一路”沿线国家。三是林业对外投资增长迅速。中国林业企业已经在俄罗斯、缅甸、乌兹别克斯坦、哈萨克斯坦等19个“一带一路”沿线国家设立了589家境外林业企业，投资近32亿美元。四是积极应对非法采伐及相关贸易。中国作为负责任大国，顺应全球环境治理新趋势，积极倡导森林可持续经营利用，与国际社会共同努力、相互配合，加强全球森林资源的有效管理和合理开发，遏制和打击木材非法采伐及相关贸易。五是进一步完善机制平台建设。“一带一路”建设林业合作机制不断完善，与老挝、缅甸、埃塞俄比亚、埃及、以色列、斯里兰卡等有关国家签署林业合作协议。

表1 2017年中国与"一带一路"沿线国家的林产品贸易情况

指标		金额(亿美元)	与2016年比较
林产品贸易额		504.9	增长10.4%
其中:	出口	221.2	基本持平
	进口	283.7	增长20.6%

【林业改革】

国有林场改革 深入学习贯彻习近平总书记2016年4月26日关于塞罕坝林场的重要批示精神。配合中央财办赴塞罕坝林场进行了专题调研，习近平总书记对呈报的《关于河北塞罕坝林场建设的调研报告》作出重要批示。国家林业局印发《关于开展向河北省塞罕坝机械林场学习活动的决定》(林场发〔2017〕90号)，向全国林业系统发出了学习塞罕坝林场先进事迹和精神的号召。2017年9月，中共中央政治局常委、国务院副总理张高丽主持专题会议，听取塞罕坝林场建设有关情况的汇报，会议确定选择2~3个有条件的区域开展新建规模化林场试点，探索通过市场化运作、吸引社会资本参与造林。

出台的改革配套政策有：中央财政已累计落实国有林场改革补助133.8亿元，其中2017年安排24.26亿元；银监会、财政部和国家林业局联合印发了《关于重点国有林区森工企业和国有林场金融机构债务处理有关问题的意见》(银监发〔2017〕51号)；国有林场管护站点用房在内蒙古、江西、广西3省份启动了试点；交通运输部牵头制订了《国有林场道路建设方案(征求意见稿)》；财政部、国家林业局印发《国有林场(苗圃)财务制度》(财农〔2017〕72号)。

截至2017年底，国有林场改革所涉及的1702个县(市、区)已有70%完成了市县级改革方案的审批，覆盖了全国3609个国有林场，占全国4855个国有林场的74%，其中北京、天津等16个省(自治区、直辖市)已完成市县级改革方案审批。

国有林区改革 一是国有林管理机构组建取得积极进展，森林资源管理新体制正在逐步建立。2017年2月，内蒙古大兴安岭重点国有林管理局正式挂牌成立，标志着内蒙古自治区重点国有林区改革步入了一个新的阶段。二是分离企业办社会职能稳步推进。内蒙古森工集团已将政府和社会职能全部移交，吉林森工和长白山森工完成了林区检察院、法院、学校移交，龙江森工已完成林区电网、广播电视、电话通讯、检法两院的整体移交，大兴安岭启动了加格达奇林业局管办分开和韩家园林业局移交社会职能改革试点。三是积极研究化解国有林区金融机构债务。中央财政从2017年起对与木材停伐相关的130亿元金融机构债务每年安排贴息补助6.37亿元，补助到天保工程二期结束的2020年。经国务院批准，2017年11月银监会、财政部和国家林业局联合印发了《关于重点国有林区森工企业和国有林场金融机构债务处理有关问题的意见》(银监发〔2017〕51号)。四是积极争取落实国有林区改革支持政策。2017年继续安排2亿元中央预算内投资在东北、内蒙古重点国有林区开展防火应急道路建设试点，安排1.4亿元中央预算内投资在东北、内蒙古重点国有林区开展管护用房建设试点。据统计，2017年中央共安排国有林区投入244亿元，比2014年改革启动前增加99亿元，增长了68%，有力地保障了国有林区天然林停伐政策落实和林区社会稳定。同时，进一步加大对国有林区棚户区改造支持力度，中央已累计投入194亿元改造国有林区棚户区120万套，林区职工群众居住条件得到极大改善。

集体林权制度改革 一是集体林地确权发证工作基本完成。截至2017年底，全国确权集体林地面积27.05亿亩，占纳入集体林改林地面积的98.97%；发放林权证面积26.41亿亩，占已确权林地总面积的97.65%。发放林权证1.01亿本。二是森林资产进一步盘活。集体林地流转面积达2.83亿亩，林地租金由林改前的每亩1~2元提高到每亩约20元，南方部分地区达到每亩30~50元。三是林业新型经营主体不断涌现。截至2017年底，全国家庭林场、农民林业专业合作社等新型经营主体达22万多个，经营林地3.6亿亩。集体林业带动了3000多万农民就业，农民纯收入近30%来自林业，重点林区林业收入占农民纯收入的50%以上，有效推动了林业产业发展。四是林业管理和服务水平逐步提升。截至2017年底，全国已建立集林权管理、林权流转、综合服务为一体的林权管理服务机构1800多个，为广大林农提供便利、高效、快捷的"一站式"林权服务。大量林权纠纷得到妥善调处，农村不稳定因素明显减少，维护了农村社会稳定。

【生态扶贫】 深入贯彻落实习近平总书记扶贫开发重要思想和生态护林员脱贫的重要指示精神，2017年，国家林业局会同财政部、国务院扶贫办联合下发了《国家林业局办公室　财政部办公厅　国务院扶贫办综合司关于开展2017年度建档立卡贫困人口生态护林员选聘工作的通知》，安排21个省份贫困地区生态护林员中央投资25亿元，比2016年增加5亿元，生态护林员选聘规模从28.8万人增加到37万人，精准带动130多万人增收和脱贫。开展2016年生态护林员督导检查工作，会同国务院扶贫办组织7个调研组对河北等8个省(自治区、直辖市)开展调研督导工作，督促生态护林员选聘工作落实。

《国家林业局关于加快深度贫困地区生态脱贫工作的意见》 提出到2020年在深度贫困地区，力争完成营造林面积1200万亩，组建6000个造林扶贫专业合作社，吸纳20万贫困人口参与生态工程建设，新增生态护林员指标的50%安排到深度贫困地区，通过大力发展生态产业，带动约600万贫困人口增收。

"四精准三巩固"的林业精准扶贫精准脱贫思路 四精准：即生态护林员精准到人，退耕还林精准到户，金融扶持精准利益分配机制，定点县精准摘帽时限。三巩固：实施大规模国土绿化行动巩固脱贫成果；提升森林旅游水平巩固脱贫成果；发展特色林果和林下经济巩固脱贫成果。

【国家储备林建设】 2017年，国家林业局深入贯彻落实全国金融工作会议确定的"服务实体经济、防控金融风险、深化金融改革"精神，积极创新机制模式，不断推动重点项目落地实施。截至2017年底，112个项目获得授信1160亿元，累计实现放款384.5亿元；国家开发银行、中国农业发展银行累计放款金额的投资方向一是国家储备林223.3亿元，二是林业生态保护与修复142.4亿元，三是林业产业发展18.7亿元，四是林业基础设施建设0.1亿元。2017年当年放款金额232亿元，同比增长53%。国家储备林建设金融贷款额达到同期中央造林资金的2倍多，为大规模推进国土绿化和森林质量精准提升提供了强力支撑。

国家储备林建设 国家林业局与国家开发银行、中国农业发展银行(以下简称"两行")，分别与福建、黑龙江、新疆、贵州等省份签署了共同推进国家储备林等重点领域合作协议。与国家开发银行共同推动广西国家储备林二期(扶贫)等项目落地，组织了山西、福建、云南、河南、湖北等国家储备林贷款项目可研论证，内蒙古、青海、湖南等省份正在谋划一批新项目。

国家储备林支持政策不断完善 国家林业局与国家发展和改革委员会、国家开发银行、中国农业发展银行联合印发了《关于进一步利用开发性和政策性金融推进林业生态建设的通知》，中央预算内投资、中央财政林业改革发展资金重点支持两行贷款项目，对应任务的预算内投资可以作为项目资本金，财政按规定贴息，营造的储备林纳入中央财政森林保险保费补贴范围。与国家开发银行和中国农业发展银行，探索"林权抵押+政府增信"、林业PPP、"龙头企业+基地+新型经营主体+林农"等融资模式，推广以自身现金流还款、不增加政府债务的国家储备林等贷款项目。

积极推广政府和社会资本合作(PPP)模式支持林业建设 按照与财政部、国家发展和改革委员会在林业公共服务和传统基础设施领域出台的指导意见，积极组织开展林业PPP项目试点。协助国家发展和改革委员会筛选、确定了12个重点项目作为第一批林业领域PPP试点项目。

【国家投资与金融资本】 2017年，全部林业投资完成额达到4800亿元，比2016年增长6.4%。

按资金来源分 在全部林业投资完成额中，中央财政资金、地方财政资金和社会资金(含国内贷款、企业自筹等其他社会资金)的结构比约为1:1:2。国家资金(含中央资金和地方资金)占全部林业投资完成额的47.1%，社会资金占全部林业投资完成额的52.9%，社会资金超过国家资金，林业投资渠道更加广阔，投资结构进一步优化。

表 1　2017 年按资金来源分林业投资完成额情况

指标		金额(亿元)	所占比重(%)
全部林业投资额		4800	—
其中：	中央财政资金	1108	23.1
	地方财政资金	1151	24.0
	社会资金	2541	52.9

2017 年，中央林业投入开辟了一批新的资金投入渠道。启动了国有林区林场管护用房建设试点，编制印发了《国有林区(林场)管护用房建设试点方案》。国家林业局会同交通运输部、国家发展和改革委员会、财政部研究支持国有林场林区道路的投资政策，明确属性归位，落实建设任务，分类指导，稳步推进林区道路建设。开辟国家公园体制试点投资新领域，启动了珍稀濒危野生动植物保护补助项目，恢复了林业有害生物防治投资渠道。2017 年，中央林业资金投入达到 1194 亿元，规模再创新高，其中中央财政专项资金 1018 亿元、林业基本建设资金 176 亿元。全年中央财政资金实际完成投资 1108 亿元。

2017 年，地方财政资金实际完成投资 1151 亿元，投资重点用于造林抚育与森林质量提升等生态建设与修复项目，占地方财政完成投资的 56.4%。

2017 年，国内贷款、企业自筹、利用外资等其他社会资金实际完成投资 2541 亿元，社会资金主要用于林业产业发展，占社会资金完成投资的 74.1%，其中木竹制品加工制造、林下经济和林业旅游休闲康养是当前的投资重点领域。2017 年，我国吸收外资整体形势较为严峻，但林业利用外资规模大幅增长，林业实际利用外资金额 3.27 亿美元，比 2016 年增长 34.2%，占全国实际使用外资(FDI) 金额(1363 亿美元)的 0.2%。

按建设内容分　在全部林业投资完成额中，用于生态建设与保护方面的投资为 2016 亿元，占 42%；用于林业产业发展方面的资金为 2008 亿元，占 41.8%；用于林木种苗、森林防火、有害生物防治、林业公共管理等林业支撑与保障方面的投资为 614 亿元，占 12.8%；用于林业社会性基础设施建设等其他方面的资金 162 亿元，占 3.4%。

【林业产业发展】　2017 年，我国林业产业总体保持中高速增长，以森林旅游为主的林业第三产业继续保持快速发展的势头，林业产业结构进一步优化。

林业产业规模　2017 年，林业产业总产值达到 7.1 万亿元(按现价计算)，比 2016 年增长 9.8%。自 2010 年以来，林业产业总产值的平均增速达到 17.7%。分地区看，中、西部地区林业产业增长势头强劲，增速分别达到 14% 和 18%。东部地区林业产业总产值所占比重最大，占全部林业产业总产值的 44.4%。受国有林区天然林商业采伐全面停止和森工企业转型影响，东北地区林业产业总产值连续三年出现负增长。林业产业总产值超过 4000 亿元的省份共有 8 个，分别是广东、山东、广西、福建、浙江、江苏、湖南、江西，其中广东林业产业总产值遥遥领先，超过 8000 亿元。

林业产业结构　分产业看，超过万亿元的林业支柱产业分别是经济林产品种植与采集业、木材加工及木竹制品制造业和以森林旅游为主的林业旅游与休闲服务业，产值分别达到 1.4 万亿元、1.3 万亿元和 1.1 万亿元。林业旅游与休闲服务业产值首次突破万亿元，全年林业旅游和休闲的人数达到 31 亿人次，发展势头强劲。

表 1　2017 年林业三次产业产值和增速

指标	产值(亿元)	同比增长(%)	所占比重(%)
第一产业	23365	8.1	32.8
第二产业	33953	5.8	47.6
第三产业	13949	24.7	19.6

木材生产　全国商品材总产量为 8398 万立方米，比 2016 年增长 8.0%。此外，全国农民自用材采伐量 527 万立方米，农民烧材采伐量 1804 万立方米。

竹材生产　大径竹产量为 27.2 亿根，比 2016 年增长 8.5%，其中毛竹 16.1 亿根，其他直径在 5 厘米以上的大径竹 11.1 亿根。竹产业产值达 2346 亿元。

各类经济林产品生产　全国各类经济林产品产量持续稳定增长，2017 年达到 1.88 亿吨，比 2016 年增长 4.4%。从产品类别看，水果产量 15738 万吨，干果产量 1116 万吨，林产饮料 254 万吨，花椒、八角等林产调料产品 78 万吨，食用菌、竹笋干等森林食品384万吨，杜仲、枸杞等木本药材320万吨，核桃、油茶等木本油料697万吨，松脂、油桐等林产工业原料195万吨。木本油料产品增长较快，其中油茶籽产量243万吨，种植面积达到407万公顷，年产值达912亿元。

花卉苗木生产 花卉种植面积145万公顷，花卉及观赏苗木产业产值达到2499亿元。观赏苗木120亿株，切花切叶194亿支，盆栽植物50亿盆。花卉市场4108个，花卉企业6万家。花卉产业从业人员568万人。

人造板生产 全国人造板总产量为29486万立方米，比2016年减少1.9%。其中：胶合板17195万立方米，纤维板6297万立方米，刨花板产量2778万立方米，其他人造板3216万立方米(细木工板占53%)。

木竹地板生产 木竹地板产量为8.3亿平方米，比2016年减少1.5%，其中：实木地板1.3亿平方米，实木复合地板2.1亿平方米，强化木地板(浸渍纸层压木质地板)3.6亿平方米，竹地板等其他地板1.3亿平方米。

林化产品生产 2017年，全国松香类产品产量166万吨，比2016年减少9.4%。松节油类产品产量28万吨，樟脑产量1.5万吨，栲胶类产品产量4667吨。木炭、竹炭等木竹热解产品产量177万吨。

森林旅游发展 2017年，全国森林旅游呈现良好的发展态势。国家林业局加强森林体验和森林养生(康养)的引导力度，印发《全国森林旅游示范市县申报命名管理办法》，命名了10家全国森林旅游示范市、33家全国森林旅游示范县。主办2017中国森林旅游节，推介了第一批共15家全国冰雪旅游典型单位，森林旅游宣传推介力度不断加强。制定森林旅游标准化体系框架，纳入国家林业标准体系。截至2017年底，全国森林公园总数达3505处，其中国家级森林公园881处。森林公园的游步道总长度达8.77万千米，接待床位105.68万张。

【林业系统在岗职工】 2017年，林业系统单位个数共计41285个，年末人数共计140.1万人，其中：在岗职工106.0万人，其他从业人员10.3万人，离开本单位仍保留劳动关系人员23.8万人。林业系统年末实有离退休人员106.7万人。

林业系统在岗职工年平均工资达到53060元，比2016年增长13.6%。分地区看，东部地区林业系统在岗职工年平均工资最高，增速也最快，达到19.8%；东北地区林业系统在岗职工年平均工资比2016年增长8.8%，工资水平低，增速慢。分行业看，林业工程技术与规划管理、林业公共管理、林业科技交流推广、野生动植物保护与自然保护区管理等林业服务业年平均工资最高，平均工资超过7万元；木竹采运、木材加工等林业制造业年平均工资未超过4万元，工资水平低且增长缓慢。

【林业灾害和林业安全生产】

森林火灾发生 2017年，全国共发生森林火灾3223起，受害森林面积24502.43公顷，因灾造成人员伤亡46人，其中死亡30人。森林火灾发生次数、受害森林面积、人员伤亡比2016年分别上升58.46%、293.69%和27.78%(其中死亡人数上升50%)。

林业有害生物发生防治 2017年，全国主要林业有害生物发生面积1253万公顷，比2016年增长3.4%，其中重度发生面积76.9万公顷，比2016年增长11.9%。全年完成林业有害生物防治面积962.2万公顷，主要林业有害生物防治率达到76.8%，无公害防治率达到90.6%。

野生动物疫源疫病监测防控 2017年，国家林业局制定并印发《2017年重要野生动物疫病主动预警工作实施方案》，印发《关于加强鸟类等野生动物疫源疫病监测防控和强化保护管理措施的紧急通知》《关于加强野猪非洲猪瘟监测防控工作的紧急通知》，加大国家级疫源疫病监测站督查力度。组织有关专家组成调查组赴突发野生动物异常情况发生地进行流行病学调查、应急处置督导，成功阻断鸿雁、黑天鹅等高致病性禽流感、北山羊小反刍兽疫等疫情的扩散蔓延。

林业安全生产情2017年，林业系统未发生大的安全生产事故，林业生产事故轻伤人数比2016年有所增加，为449人次，林业生产事故重伤和死亡人数比2016年有所减少，分别为36人次和

34 人。

【主要林产品进出口贸易】 2017 年，我国林产品贸易进出口总额继续保持稳定增长，其中进口贸易额增长尤为显著。从商品结构看，2017 年我国在传统林产品的进口方面均实现大幅增长，主要由原木、锯材、纸浆、纸制品、天然橡胶、棕榈油等带动。主要林产品的出口依然面临较大压力，人造板等传统优势产品的出口呈现下降趋势。

表 1 2017 年我国林产品进出口贸易情况

指标		金额(亿美元)	与 2016 年相比
林产品进出口总值		1500.5	增长 10.1%
其中	出口	746.5	增长 1.4%
	进口	754.0	增长 20.1%

主要林产品进口 2017 年，原木进口量 5539.8 万立方米，金额 99.2 亿美元；锯材进口量 3740.2 万立方米，金额 100.7 亿美元；纸、纸板及纸制品进口量 487.4 万吨，金额 49.8 亿美元。

主要林产品出口 2017 年，我国林产品出口额略高于 2016 年，木制品、木家具、干鲜菌菇等林产品的总体出口额增长抵消了纤维板、胶合板、干鲜水果与坚果等林产品的出口额减少。木制品出口额 61.4 亿美元；木家具出口 3.7 亿件，金额 226.9 亿美元；纤维板出口 209.0 万吨，金额 11.4 亿美元；胶合板出口 1083.5 万立方米，金额 51.0 亿美元。

表 2 2017 年我国主要林产品进口情况

产品	进口量与 2016 年相比	进口额与 2016 年相比
原木	增长 13.7%	增长 22.7%
锯材	增长 18.7%	增长 23.7%
纸、纸板及纸制品	增长 57.6%	增长 26.2%

表 3 2017 年我国主要林产品出口情况

产品	出口量与 2016 年相比	出口额与 2016 年相比
木制品	增长 5.8%	—
木家具	增长 10.4%	增长 2.2%
纤维板	增长 0.4%	减少 7.1%
胶合板	减少 2.4%	减少 3.4%

【2017 年全国林业产业统计表】

表 1　2017 年各地区林业

(按现行

地区	总产值	第　一			
		合计	涉　林		
			合计	其中:湿地产业	林木育种和育苗
全国合计	**712670717**	**233654654**	**221572311**	**1676017**	**21446273**
北　京	1603882	1182500	1180708	—	112310
天　津	281686	258506	258506	—	4329
河　北	15770188	8153983	8126097	3226	553179
山　西	5557830	4225386	4210325	—	761229
内蒙古	5003272	2161261	1961471	218	379843
内蒙古集团	571045	250638	242208	—	2701
辽　宁	11479257	6415557	6322981	—	293878
吉　林	14987965	4041474	3758303	8824	297928
吉林集团	1226815	288408	275960	5230	7509
长白山集团	702189	227589	201237	—	2582
黑龙江	14667033	6114365	4341180	8394	258430
龙江集团	5874828	2096407	1011756	—	13297
上　海	3135898	349417	349417	—	1015
江　苏	45270582	10770283	10438518	90195	2228353
浙　江	45338829	9522785	9500032	2700	2018886
安　徽	36118650	10650136	10353548	165471	1383601
福　建	50023989	9012040	8467746	2618	103729
江　西	41709515	11400985	10636851	66534	936747
山　东	68875394	23757973	23652606	47042	5394470
河　南	19665430	9299637	9061302	922	674981
湖　北	34535413	11177056	10353489	78840	790581
湖　南	42554880	13844531	12595888	548077	1119601
广　东	80223880	9460707	9338486	160	116958
广　西	52262047	18090940	14942359	4849	595489
海　南	6028450	3174322	3174109	105	10837
重　庆	10551966	4540440	4418136	25845	327881
四　川	34022665	12805851	11830416	201972	476844
贵　州	23346120	7334862	6961073	216553	547325
云　南	19555370	12279326	12028616	161446	270568
西　藏	321592	283478	283478	3596	42730
陕　西	12361813	9634847	9580628	3503	990394
甘　肃	5025683	4329073	4199463	1285	186160
青　海	569755	501020	501020	152	69798
宁　夏	1871040	964848	964848	32041	110039
新　疆	9038094	7491743	7486947	1449	382311
新疆兵团	2692134	2607994	2607994	—	44994
大兴安岭	912549	425322	293764	—	5849

注:本书中内蒙古集团、吉林集团、长白山集团、龙江集团指内蒙古森工集团、吉林森工集团、长白山森工集团、龙江森工集团。

第一产业产值
价格计算）

单位：万元

产　业					
产　业					
营造林	木材和竹材采运	经济林产品的种植与采集	花卉及其他观赏植物种植	陆生野生动物繁育与利用	林业系统非林产业
19200776	**11102736**	**139225741**	**24993275**	**5603510**	**12082343**
479650	9277	440036	127179	12256	1792
68944	9765	166073	9395	—	—
947392	55507	5865545	400265	304209	27886
978015	8361	2408942	41912	11866	15061
1015878	35245	459700	18956	51849	199790
208677	2593	8557	4	19676	8430
245462	128800	4445219	393335	816287	92576
257820	119684	2522166	130575	430130	283171
100568	12774	140006	248	14855	12448
59560	17219	92709	62	29105	26352
258472	54035	3412615	37650	319978	1773185
170410	3353	810387	5	14304	1084651
67847	1391	224017	55070	77	—
717604	413483	4581096	2435539	62443	331765
388247	386955	6061159	443313	201472	22753
1379823	727441	5479521	1201769	181393	296588
341525	1518537	5163067	1223026	117862	544294
924018	729210	5867115	1970691	209070	764134
673170	366559	13510109	2740704	967594	105367
691268	252649	5065384	2092396	284624	238335
906208	239352	6702026	1471859	243463	823567
1752796	641333	6868199	1915248	298711	1248643
491837	849207	5574024	2278523	27937	122221
1141920	2481974	9158193	1157656	407127	3148581
107707	106599	2556777	354522	37667	213
577386	114543	2808387	537210	52729	122304
825220	642137	7896441	1705207	284567	975435
1131638	526558	3586662	1086630	82260	373789
570876	612108	9637745	813086	124233	250710
153653	19645	67094	356	—	—
621873	27729	7599228	294712	46692	54219
341754	3496	3641480	23327	3246	129610
35243	353	392650	—	2976	—
143426	83	687339	23702	259	—
795121	20720	6278870	9328	597	4796
306926	5942	2243190	6892	50	—
168983	—	98862	134	19936	131558

表 2　2017 年各地区林业

（按现行

地区	第　二				
		涉　林			
	合计	合计	其中:湿地产业	木材加工和木、竹、藤、棕、苇制品制造	木、竹、藤家具制造
全国合计	**339527355**	**332106920**	**2115668**	**127589748**	**63178766**
北　京	1802	830	—	—	—
天　津	220	220	—	—	220
河　北	6646831	6636247	—	3321057	586494
山　西	741207	740407	—	100321	30193
内蒙古	1705019	1667720	—	1464542	12142
内蒙古集团	29695	—	—	—	—
辽　宁	3089278	3049407	500	1519994	456060
吉　林	8567437	8261232	52634	2870782	580854
吉林集团	463152	400679	—	303375	8216
长白山集团	125558	45742	—	38197	2751
黑龙江	5191067	3633783	—	1973096	516792
龙江集团	1539677	372126	—	179748	57163
上　海	2571000	2571000	—	571000	1000000
江　苏	28478698	27094542	1393973	17467798	1908908
浙　江	25609359	25603709	200	7363129	4360158
安　徽	16952190	16553010	115073	9872148	2178377
福　建	38166593	38117983	1086	12534153	6991141
江　西	19678616	18894854	5748	4691097	11003756
山　东	39948592	39741473	12750	21527299	3746667
河　南	7622301	7583960	—	3601518	1143592
湖　北	12462832	12059370	37326	3736128	1843822
湖　南	14673982	13761679	355883	4531179	1711452
广　东	52431273	52424401	565	7010643	17923435
广　西	28153833	27454811	8892	15963426	1744120
海　南	2486342	2483714	—	1069889	40259
重　庆	3152824	3104596	5037	862004	890584
四　川	9964345	9792755	—	2585933	3798411
贵　州	3059436	2974748	58397	1096590	278353
云　南	5156848	5007317	39334	1400509	344733
西　藏	9513	9513	—	7113	—
陕　西	1360567	1341323	—	401874	79742
甘　肃	222017	217178	—	6420	8386
青　海	—	—	—	—	—
宁　夏	477665	477665	—	243	115
新　疆	792315	789530	28270	33165	—
新疆兵团	21420	21420	—	3180	—
大兴安岭	153353	57943	—	6698	—

第二产业产值

价格计算）

单位:万元

产　业					
产　业					林业系统非林产业
木、竹、苇浆造纸和纸制品	林产化学产品制造	木质工艺品和木质文教体育用品制造	非木质林产品加工制造业	其他	
61793223	**6700999**	**7874735**	**53229921**	**11739528**	**7420435**
—	—	—	830	—	972
—	—	—	—	—	—
34355	44368	31578	2541548	76847	10584
1211	384	370	579068	28860	800
31000	3000	111	77529	79396	37299
—	—	—	—	—	29695
193072	2203	56372	717299	104407	39871
507081	14370	30415	4099179	158551	306205
—	9943	490	72343	6312	62473
—	—	—	186	4608	79816
309919	2267	87180	444355	300174	1557284
13584	—	6413	42753	72465	1167551
1000000	—	—	—	—	—
4060684	446004	254344	2450268	506536	1384156
8966150	132197	2326703	2302054	153318	5650
606398	154559	531145	2940043	270340	399180
8063426	1081963	1405538	6014552	2027210	48610
433390	744752	255762	1525766	240331	783762
5168262	85615	1859710	7047574	306346	207119
917572	21167	168024	1462526	269561	38341
1909798	56732	62676	3390084	1060130	403462
2435614	304854	249251	3486499	1042830	912303
20741022	968376	71385	4361982	1347558	6872
3245632	2044404	163872	2037520	2255837	699022
923140	1047	82021	366840	518	2628
679027	9408	97167	324938	241468	48228
1100554	79615	80447	1500848	646947	171590
231780	74728	38575	1038637	216085	84688
199324	425976	19614	2425218	191943	149531
—	—	—	2400	—	—
32535	—	2317	699981	124874	19244
—	—	158	201065	1149	4839
—	—	—	—	—	—
—	—	—	476450	857	—
2277	200	—	666548	87340	2785
—	200	—	18000	40	—
—	2810	—	48320	115	95410

表3　2017年各地区林业第三产业产值

（按现行价格计算）

单位:万元

地区	第三产业								林业系统非林产业
	合计	涉林产业							
		合计	其中:湿地产业	林业生产服务	林业旅游与休闲服务	林业生态服务	林业专业技术服务	林业公共管理及其他组织服务	
全国合计	**139488708**	**129591323**	**3644692**	**5191562**	**106760021**	**9130706**	**2514792**	**5994242**	**9897385**
北　京	419580	407931	—	54355	201013	29760	5839	116964	11649
天　津	22960	22960	—	—	22960	—	—	—	—
河　北	969374	902310	1036	56894	706520	31997	25558	81341	67064
山　西	591237	566445	5109	39282	262154	126675	5880	132454	24792
内蒙古	1136992	912119	82	75917	608864	108086	24550	94702	224873
内蒙古集团	290712	82006	—	16861	5393	47357	8607	3788	208706
辽　宁	1974422	1886300	4066	41029	1587876	148821	47419	61155	88122
吉　林	2379054	1696374	3987	88110	1381607	78473	22069	126115	682680
吉林集团	475255	90145	—	19774	30715	24055	1646	13955	385110
长白山集团	349042	88852	—	16235	19641	10193	1324	41459	260190
黑龙江	3361601	1693936	34676	34480	1330323	72887	32811	223435	1667665
龙江集团	2238744	734849	—	5102	660084	391	15707	53565	1503895
上　海	215481	215481	—	—	131086	81940	—	2455	—
江　苏	6021601	5903578	423132	576859	3825505	629925	231807	639482	118023
浙　江	10206685	9896162	37847	84205	8765165	285520	100413	660859	310523
安　徽	8516324	8232409	75947	320449	6037187	1031369	186152	657252	283915
福　建	2845356	2789838	1742	79918	2486625	97689	26088	99518	55518
江　西	10629914	10411943	63516	227365	8343526	1434047	99039	307966	217971
山　东	5168829	4943759	292820	257906	3678621	527730	257190	222312	225070
河　南	2743492	2706768	12310	62667	1985520	471222	61093	126266	36724
湖　北	10895525	10230265	211344	1121338	7408952	852103	294406	553466	665260
湖　南	14036367	12965148	750063	681289	9916813	1213475	539751	613820	1071219
广　东	18331900	18225227	769499	11516	17962268	225155	3118	23170	106673
广　西	6017274	4625880	196600	537424	3495436	218727	135562	238731	1391394
海　南	367786	367469	148	3543	299333	31566	1727	31300	317
重　庆	2858702	2764962	126476	49705	2367863	231338	51418	64638	93740
四　川	11252469	10069641	35344	126285	9614546	202138	94223	32449	1182828
贵　州	12951822	12218654	524120	322810	10961000	583691	97882	253271	733168
云　南	2119196	1704977	56210	158610	1058894	187974	85768	213731	414219
西　藏	28601	28601	—	—	28601	—	—	—	—
陕　西	1366399	1290793	14572	32462	973852	184073	25816	74590	75606
甘　肃	474593	429732	—	46490	173549	21014	24908	163771	44861
青　海	68735	68735	872	—	67863	872	—	—	—
宁　夏	428527	426003	1205	63494	360288	2021	182	18	2524
新　疆	754036	740757	735	17787	549231	16905	32203	124631	13279
新疆兵团	62720	57705	—	125	57455	—	—	125	5015
大兴安岭	333874	246166	1234	19373	166980	3513	1920	54380	87708

表 4　2017 年各地区主要木材、竹材产品产量

地区	原木（万立方米）	薪材（万立方米）	农民烧材采伐量（万立方米）	毛竹（万根）	小杂竹（万吨）
全国合计	**7670.40**	**727.76**	**1803.99**	**160948.08**	**1980.56**
北　京	12.28	0.46	0.05	—	—
天　津	14.70	—	—	—	—
河　北	70.95	7.75	0.64	—	—
山　西	15.82	6.00	0.15	—	—
内蒙古	79.15	4.37	0.56	—	—
内蒙古集团	5.58	0.04	—	—	—
辽　宁	176.51	17.98	3.66	—	—
吉　林	181.81	3.82	—	—	—
吉林集团	18.91	0.72	—	—	—
长白山集团	12.02	0.07	—	—	—
黑龙江	85.27	5.91	0.01	—	—
龙江集团	5.20	0.78	—	—	—
上　海	—	—	—	—	0.00
江　苏	132.78	7.93	1.66	211.23	82.56
浙　江	88.89	7.09	13.03	20185.34	56.24
安　徽	372.13	62.00	58.14	13470.64	188.39
福　建	481.01	43.05	853.46	55413.00	289.39
江　西	228.27	4.91	49.14	17045.70	110.00
山　东	369.14	52.66	2.64	—	—
河　南	221.08	24.96	23.28	133.22	7.82
湖　北	174.02	26.39	43.89	3016.70	11.78
湖　南	314.21	13.41	24.81	15811.80	23.93
广　东	722.05	71.45	4.49	5986.00	404.06
广　西	2791.15	268.06	238.03	16304.79	108.40
海　南	167.79	6.41	0.38	0.20	0.28
重　庆	40.92	10.82	7.14	1318.01	102.87
四　川	202.46	21.10	19.78	923.09	396.94
贵　州	225.78	22.77	101.21	3768.27	79.12
云　南	451.55	35.95	327.01	6918.86	117.36
西　藏	—	0.60	12.65	—	0.07
陕　西	6.93	0.64	17.66	441.23	1.26
甘　肃	1.95	0.41	—	—	0.10
青　海	—	—	—	—	—
宁　夏	—	—	—	—	—
新　疆	41.80	0.87	0.55	—	—
新疆兵团	14.44	0.04	—	—	—
大兴安岭	—	—	—	—	—

表 5　各地区主要经济林

地　区	各类经济林产品总量	水果产品								
		合　计	苹　果	柑　橘	梨	葡　萄	桃	杏	荔　枝	龙　眼
全国合计	**187811618**	**157378578**	**40822036**	**33158629**	**18984171**	**14332998**	**15309969**	**2656300**	**2308026**	**1863125**
北　京	746145	693441	89961	—	122656	31296	322529	21966	—	—
天　津	320792	317013	52255	—	52619	85145	64267	1873	—	—
河　北	15220133	13681754	3713901	—	5126490	1763379	2094036	402027	—	—
山　西	7247429	5762842	3723028	—	883648	295918	605699	154616	—	—
内蒙古	736398	657146	178921	—	75523	84584	1770	31266	—	—
内蒙古集团	3500	981	—	—	—	—	—	—	—	—
辽　宁	6764862	5934887	2658663	—	1630266	615245	472193	134838	—	—
吉　林	902514	587669	207344	—	108692	160091	1844	4817	—	—
吉林集团	14745	235	—	—	—	—	—	—	—	—
长白山集团	18918	244	—	—	220	15	—	—	—	—
黑龙江	855907	281143	111798	—	27725	57177	58	1048	—	—
龙江集团	166865	3443	242	—	160	1185	—	—	—	—
上　海	292632	292455	15	109127	31357	78360	64553	80	—	—
江　苏	3645316	3389212	582417	32313	786369	1062126	721142	7353	—	—
浙　江	4834779	4244874	—	1588884	453375	816203	435605	—	—	—
安　徽	4433470	3844304	416657	34381	1275371	624418	1116899	35075	—	—
福　建	7208203	5476002	95842	2438871	236189	176740	287992	3301	169713	274944
江　西	5682019	4643620	70	3925477	169175	124445	64046	—	—	—
山　东	19559973	18340214	9416797	—	1452605	1247422	4292354	281855	—	—
河　南	7725676	6543807	3233106	103806	1189292	621556	876186	135043	—	—
湖　北	9447907	7715162	20296	5325729	639309	403952	1089033	7489	—	—
湖　南	7192659	5315472	—	4037505	278479	332639	177138	1154	—	—
广　东	11132542	10371713	—	2632688	93028	2598	73094	—	1247847	843134
广　西	15048556	13227401	19092	5744137	350268	443126	319868	481	682455	570800
海　南	3442408	2413976	—	40180	—	—	1760	—	158557	56931
重　庆	3926382	3555363	4798	2368469	366107	137739	127694	12494	1660	23844
四　川	8014897	6653399	658892	3245034	768368	403862	481773	148084	22038	75511
贵　州	2872027	1958173	117859	417682	335160	310314	340997	3050	1219	1051
云　南	8635862	6241615	293337	703821	446575	930858	433563	2894	24537	16910
西　藏	23827	18607	12209	2720	630	96	1847	30	—	—
陕　西	12408850	10689794	7605311	400805	299342	364657	388430	84998	—	—
甘　肃	7941862	7185671	5741074	7000	400003	440626	252784	200727	—	—
青　海	105808	7305	—	—	—	—	—	—	—	—
宁　夏	819196	581220	371008	—	19736	122284	10383	49144	—	—
新　疆	10607895	6753324	1497385	—	1365814	2596142	190432	930597	—	—
新疆兵团	3093689	1944424	593980	—	490734	694940	82243	43159	—	—
大兴安岭	14692	—	—	—	—	—	—	—	—	-

产品生产情况(一)

单位:吨

		干果产品							
猕猴桃	其他水果	合 计	板 栗	枣（干重）	柿子（干重）	仁用杏（大扁杏等甜杏仁）	榛 子	松 子	其他干果
2011568	**25931756**	**11160441**	**2364548**	**5624741**	**1054526**	**115268**	**128994**	**119588**	**1752776**
14	105019	40132	25034	1350	7220	5420	—	—	1108
—	60854	2166	1751	415	—	—	—	—	—
1254	580667	1210746	381294	558396	204354	38664	9587	—	18451
42	99891	1123132	11764	735753	98044	27524	—	300	249747
—	285082	41302	—	1082	—	7963	19199	713	12345
—	981	722	—	—	—	—	9	713	—
1355	422327	500737	145237	220561	—	11175	83264	29621	10879
—	104881	48014	756	—	—	92	4796	33853	8517
—	235	3417	—	—	—	—	—	3047	370
—	9	6327	—	—	—	—	—	6322	5
—	83337	28764	—	—	—	—	10438	17452	874
—	1856	8846	—	—	—	—	2008	6063	775
1504	7459	—	—	—	—	—	—	—	—
11716	185776	57867	19149	6841	30431	—	—	—	1446
76332	874475	84053	69720	1333	6142	—	—	—	6858
26281	315222	150469	101839	15857	26929	460	23	—	5361
11308	1781102	164211	118596	4860	40270	—	—	—	485
50662	309745	28858	23564	702	1941	—	—	—	2651
14841	1634340	823011	271215	293118	80599	125	365	—	177589
67628	317190	383155	121034	108426	140776	1938	—	—	10981
50889	178465	495225	434780	19650	32567	165	—	—	8063
94755	393802	143714	103210	24673	12185	—	—	—	3646
4433	5474891	68516	25922	2100	36366	—	—	—	4128
8078	5089096	242986	106729	9289	108085	—	—	—	18883
—	2156548	953567	—	—	—	—	—	—	953567
37229	475329	33101	21717	3337	2792	—	—	675	4580
262009	587828	79936	49758	7468	6089	—	—	10510	6111
81129	349712	123838	84033	3249	6402	222	—	5615	24317
12334	3376786	234858	154243	1491	32883	—	844	15669	29728
—	1075	—	—	—	—	—	—	—	—
1197632	348619	900909	89764	611136	172889	13914	—	3180	10026
143	143314	182394	3439	140351	7562	1903	15	1229	27895
—	7305	—	—	—	—	—	—	—	—
—	8665	107589	—	102043	—	2265	—	—	3281
—	172954	2905957	—	2751260	—	3438	—	—	151259
—	39368	1099020	—	1098428	—	300	—	—	292
—	—	1234	—	—	—	—	463	771	—

表3　各地区主要经济林

地　区	林产饮料产品(干重)			林产调料产品(干重)				
	合　计	毛　茶	其他林产饮料产品	合　计	花　椒	八　角	桂　皮	其他林产调料产品
全国合计	**2539415**	**2272439**	**266976**	**775221**	**438361**	**172910**	**96021**	**67929**
北　京	—	—	—	35	35	—	—	—
天　津	—	—	—	—	—	—	—	—
河　北	34	6	28	10325	10325	—	—	—
山　西	—	—	—	14294	14294	—	—	—
内蒙古	—	—	—	—	—	—	—	—
内蒙古集团	—	—	—	—	—	—	—	—
辽　宁	9000	—	9000	—	—	—	—	—
吉　林	—	—	—	—	—	—	—	—
吉林集团	—	—	—	—	—	—	—	—
长白山集团	—	—	—	—	—	—	—	—
黑龙江	3736	—	3736	—	—	—	—	—
龙江集团	—	—	—	—	—	—	—	—
上　海	3	3	—	—	—	—	—	—
江　苏	12965	12965	—	128	125	—	3	—
浙　江	168081	164272	3809	—	—	—	—	—
安　徽	130491	122585	7906	893	313	—	199	381
福　建	415793	414426	1367	106	—	—	—	106
江　西	91711	91164	547	280	4	35	24	217
山　东	72012	29082	42930	49627	39733	—	—	9894
河　南	21572	20761	811	26283	26248	—	—	35
湖　北	300736	297976	2760	2550	1916	59	8	567
湖　南	112291	110072	2219	1612	657	59	98	798
广　东	96955	96120	835	58881	—	5360	53128	393
广　西	71309	67555	3754	187553	—	145646	41273	634
海　南	974	32	942	20171	—	—	—	20171
重　庆	38120	28637	9483	71100	69626	412	180	882
四　川	137234	136216	1018	84497	83633	150	71	643
贵　州	266523	240935	25588	10087	8708	434	45	900
云　南	489945	367524	122421	115678	62008	20535	891	32244
西　藏	48	48	—	13	13	—	—	—
陕　西	77273	70686	6587	83227	82842	220	101	64
甘　肃	1374	1374	—	37881	37881	—	—	—
青　海	5	—	5	—	—	—	—	—
宁　夏	21230	—	21230	—	—	—	—	—
新　疆	—	—	—	—	—	—	—	—
新疆兵团	—	—	—	—	—	—	—	—
大兴安岭	—	—	—	—	—	—	—	—

产品生产情况(二)

单位:吨

森林食品					森林药材								
合 计	竹笋干	食用菌(干重)	山野菜(干重)	其他森林食品(干重)	合 计	银杏(白果)	山杏仁(苦杏仁)	杜 仲	黄 柏	厚 朴	山茱萸	枸 杞	沙 棘
3840972	**858083**	**2166319**	**405045**	**411525**	**3195966**	**192530**	**80825**	**217666**	**61797**	**234531**	**50904**	**410608**	**61727**
75	—	75	—	—	—	—	—	—	—	—	—	—	—
—	—	—	—	—	—	—	—	—	—	—	—	—	—
9715	—	4826	3735	1154	79196	—	35808	—	—	—	—	14366	6000
54411	—	43362	33	11016	60133	—	7994	—	—	—	1438	—	6215
12360	—	9868	2129	363	25497	—	—	—	—	—	—	15230	150
873	—	235	638	—	924	—	—	—	—	—	—	—	—
232535	—	136190	76167	20178	48128	1486	21839	—	—	—	—	299	12
168084	—	100025	58925	9134	79307	—	—	—	—	—	—	260	4100
6827	—	5737	1033	57	3496	—	—	—	—	—	—	—	—
11473	—	9326	1359	788	551	—	—	—	—	—	—	—	—
457590	—	361066	49174	47350	84470	—	340	—	—	—	—	61	2259
124156	—	77105	39043	8008	30420	—	—	—	—	—	—	—	—
174	174	—	—	—	—	—	—	—	—	—	—	—	—
58336	746	55775	1665	150	124385	89603	—	—	—	—	—	—	—
236155	186580	47107	2435	33	18439	2073	—	557	—	1898	4040	—	—
122555	35628	59910	10046	16971	44231	2505	53	2031	200	731	396	93	—
656484	207796	398484	47945	2259	97910	432	—	—	—	2764	—	—	—
167310	54374	50449	7679	54808	64182	285	—	4707	96	3549	35	—	—
81801	—	30529	2064	49208	14369	6635	71	21	—	—	—	73	—
275809	1097	226337	37930	10445	208065	3647	140	21226	—	—	30409	1990	—
300230	22154	183932	23021	71123	278032	32816	15	23004	26369	15193	456	1834	—
157272	62041	36740	18680	39811	358058	2160	250	110941	4392	146524	77	1	—
76993	57503	18249	303	938	77722	903	—	48	—	—	—	—	—
133885	33598	97565	1152	1570	228477	8704	—	3094	454	5176	—	—	—
18017	686	100	—	17231	24740	—	—	—	—	—	—	—	—
45236	29148	10093	2478	3517	130145	2886	—	11664	7974	6720	332	256	20
239276	122376	78665	13308	24927	229049	21228	—	20315	13721	42052	116	80	—
128863	25818	79819	10655	12571	66263	7238	31	9547	7469	3132	25	173	—
124725	13495	84166	21874	5190	240495	164	—	155	599	10	—	—	—
52	—	35	16	1	3	—	—	—	—	—	—	3	—
66086	4859	44856	10772	5599	139002	9617	14083	10124	451	6676	13510	106	6800
5119	10	3599	1192	318	154930	148	—	232	72	106	70	105757	16858
—	—	—	—	—	96400	—	—	—	—	—	—	95000	1400
—	—	—	—	—	108674	—	201	—	—	—	—	108473	—
—	—	—	—	—	114030	—	—	—	—	—	—	66553	17913
—	—	—	—	—	24484	—	—	—	—	—	—	21859	2625
11824	—	4497	1667	5660	1634	—	—	—	—	—	—	—	—

表 3 各地区主要经济林

地 区	森林药材		木本油料					
	五味子	其他森林药材	合 计	油茶籽	核 桃	油橄榄	油用牡丹籽	其他木本油料
全国合计	**34829**	**1850549**	**6974034**	**2431647**	**4171386**	**61879**	**35016**	**274106**
北 京	—	—	12462	—	12462	—	—	—
天 津	—	—	1613	—	1613	—	—	—
河 北	—	23022	228363	—	227681	—	182	500
山 西	—	44486	232617	—	231553	—	188	876
内蒙古	—	10117	93	—	—	—	—	93
内蒙古集团	—	924	—	—	—	—	—	—
辽 宁	3490	21002	39575	—	1121	—	10	38444
吉 林	14721	60226	19440	—	19440	—	—	—
吉林集团	129	3367	770	—	770	—	—	—
长白山集团	296	255	323	—	323	—	—	—
黑龙江	8678	73132	204	—	204	—	—	—
龙江集团	7150	23270	—	—	—	—	—	—
上 海	—	—	—	—	—	—	—	—
江 苏	—	34782	2423	265	2076	—	82	—
浙 江	—	9871	82180	61039	21141	—	—	—
安 徽	18	38204	119051	85763	23758	—	9202	328
福 建	—	94714	242766	155172	11	—	—	87583
江 西	—	55510	454107	454077	2	—	—	28
山 东	—	7569	178939	—	168048	—	9741	1150
河 南	1370	149283	185437	32047	148650	—	3261	1479
湖 北	238	178107	270926	146879	121800	115	2132	—
湖 南	21	93692	1016597	1007523	8073	3	72	926
广 东	—	76771	129815	125195	—	—	—	4620
广 西	—	211049	230773	225213	2312	—	—	3248
海 南	—	24740	3499	3439	—	—	—	60
重 庆	36	100257	44542	9131	29495	1634	813	3469
四 川	160	131377	580630	20852	537474	14675	40	7589
贵 州	684	37964	212048	74528	103465	30	35	33990
云 南	40	239527	1046133	14237	1015728	209	—	15959
西 藏	—	—	5104	—	5104	—	—	—
陕 西	5306	72329	423330	16287	336099	42	8694	62208
甘 肃	28	31659	374202	—	317096	45171	540	11395
青 海	—	—	2098	—	2098	—	—	—
宁 夏	—	—	483	—	459	—	24	—
新 疆	—	29564	834584	—	834423	—	—	161
新疆兵团	—	—	25761	—	25740	—	—	21
大兴安岭	39	1595	—	—	—	—	—	—

产品生产情况(三)

单位:吨

林产工业原料							
合　计	生　漆	油桐籽	乌桕籽	五倍子	棕　片	松　脂	紫胶（原胶）
1946991	**18145**	**370083**	**25689**	**20198**	**61429**	**1443868**	**7579**
—	—	—	—	—	—	—	—
—	—	—	—	—	—	—	—
—	—	—	—	—	—	—	—
—	—	—	—	—	—	—	—
—	—	—	—	—	—	—	—
—	—	—	—	—	—	—	—
—	—	—	—	—	—	—	—
—	—	—	—	—	—	—	—
—	—	—	—	—	—	—	—
—	—	—	—	—	—	—	—
—	—	—	—	—	—	—	—
—	—	—	—	—	—	—	—
—	—	—	—	—	—	—	—
—	—	—	—	—	—	—	—
997	20	168	—	—	522	287	—
21476	343	1894	145	56	3981	15057	—
154931	155	26972	438	167	18177	105171	3851
231951	655	12644	94	42	2803	215713	—
—	—	—	—	—	—	—	—
81548	2086	68173	7220	4062	—	7	—
85046	3217	21593	11701	2826	3044	42665	—
87643	1009	33347	616	867	4818	46986	—
251947	—	7469	1034	—	3871	238825	748
726172	423	83676	413	148	3292	638216	4
7464	—	—	—	—	—	7464	—
8775	1400	4310	479	1890	614	82	—
10876	458	6972	1237	398	1427	384	—
106232	6942	65902	1807	6971	5533	19077	—
142413	518	15475	298	108	10022	113016	2976
—	—	—	—	—	—	—	—
29229	885	21436	207	2472	3311	918	—
291	34	52	—	191	14	—	—
—	—	—	—	—	—	—	—
—	—	—	—	—	—	—	—
—	—	—	—	—	—	—	—
—	—	—	—	—	—	—	—
—	—	—	—	—	—	—	—

表6　2017年各地区油茶

地区	油茶产业发展情况		
	年末实有油茶林面积（公顷）	苗木产量（万株）	油茶籽产量（万吨）
全国合计	**4071799**	**76059**	**243**
北　京	—	—	—
天　津	—	—	—
河　北	—	—	—
山　西	—	—	—
内蒙古	—	—	—
内蒙古集团	—	—	—
辽　宁	—	—	—
吉　林	—	—	—
吉林集团	—	—	—
长白山集团	—	—	—
黑龙江	—	—	—
龙江集团	—	—	—
上　海	—	—	—
江　苏	52	—	—
浙　江	172876	1333	6
安　徽	131941	4040	9
福　建	173146	2431	16
江　西	915406	17569	45
山　东	—	—	—
河　南	49946	970	3
湖　北	271076	9233	15
湖　南	1360555	17383	101
广　东	171432	1359	13
广　西	347106	8796	23
海　南	3306	447	—
重　庆	39523	2764	1
四　川	29433	592	2
贵　州	198860	3021	7
云　南	179607	5338	1
西　藏	—	—	—
陕　西	27534	783	2
甘　肃	—	—	—
青　海	—	—	—
宁　夏	—	—	—
新　疆	—	—	—
新疆兵团	—	—	—
大兴安岭	—	—	—

与核桃产业发展情况

	核桃产业发展情况		
油茶企业（个）	年末实有核桃种植面积（公顷）	苗木产量（万株）	核桃产量(干重)（万吨）
2236	**7954984**	**76956**	**416**
—	13816	169	1
—	1462	—	—
—	324961	3129	23
—	571484	1769	23
—	—	—	—
—	—	—	—
—	12526	40	—
—	30870	—	2
—	—	—	—
—	1464	—	—
—	891	17	—
—	—	—	—
—	—	—	—
—	3064	82	—
207	64204	57	2
216	56351	666	2
151	100	—	—
255	344	62	—
—	152290	12601	17
19	202742	16747	15
212	187957	993	12
760	6004	4	1
73	—	—	—
54	118540	31	—
20	—	—	—
140	74047	1380	3
13	1165266	19958	54
53	445130	7599	10
57	2866690	5904	102
—	2610	—	1
6	894604	3323	34
—	352930	2189	32
—	16200	—	—
—	2639	—	—
—	387262	236	83
—	9941	—	3
—	—	—	—

表 7　2017 年各地区

地区	年末实有花卉种植面积（公顷）	切花切叶产量（万支）	盆栽植物产量（万盆）	观赏苗木产量（万株）	草坪产量（万平方米）	花卉市场（个）
全国合计	**1448852**	**1938033**	**504369**	**1202223**	**48675**	**4108**
北　京	5191	3113	16686	1603	557	16
天　津	316	208	1902	333	54	16
河　北	43287	14744	8244	116628	421	288
山　西	1008	198	1888	382	94	115
内蒙古	951	2816	2238	1510	8	108
内蒙古集团	—	—	—	—	—	—
辽　宁	26724	10700	4572	9397	20	48
吉　林	2734	4166	2389	875	104	34
吉林集团	—	—	—	—	—	—
长白山集团	—	—	—	—	—	—
黑龙江	1541	2118	299	21836	7	17
龙江集团	—	—	—	23	—	—
上　海	1377	7971	18786	39	1159	14
江　苏	301715	122041	32029	388205	13181	234
浙　江	102275	63943	34788	177898	4117	116
安　徽	34879	9308	16635	32269	7622	397
福　建	60860	166296	66989	23423	2534	214
江　西	87524	21994	9266	24718	1742	232
山　东	161460	142550	92185	81986	393	394
河　南	129558	69703	11060	49423	268	228
湖　北	107138	13181	17190	40560	1087	315
湖　南	65609	6204	4092	25428	4560	297
广　东	75630	410193	88983	34442	2246	154
广　西	25666	16332	5638	16231	5182	64
海　南	8549	163215	6343	2083	538	24
重　庆	31874	4216	1544	15565	1188	107
四　川	52723	55339	31493	20143	986	307
贵　州	28280	6213	5645	29939	162	102
云　南	32482	603065	6929	21153	42	49
西　藏	1689	57	—	7	—	—
陕　西	52736	2494	8407	30817	367	60
甘　肃	2872	9487	1844	3740	15	84
青　海	50	60	450	2	—	12
宁　夏	977	6056	4553	13590	20	15
新　疆	1174	25	1304	17952	1	47
新疆兵团	80	—	178	434	—	4
大兴安岭	3	27	—	42	—	—

花卉产业发展情况

花卉企业(个)		花农(万户)	花卉从业人员(万人)		控温温室面积(万平方米)	日光温室面积(万平方米)
合计	其中:大中型企业		合计	其中:专业技术人员		
59989	**10376**	**149.55**	**567.52**	**34.48**	**5789.57**	**20651.24**
180	69	0.08	0.93	0.10	103.36	328.67
9	4	0.16	0.50	0.04	81.61	69.04
1074	59	3.63	11.83	0.93	64.74	638.16
132	24	0.19	0.95	0.27	28.81	262.00
49	4	0.03	0.61	0.03	7.39	63.00
—	—	—	—	—	—	—
125	22	2.86	3.68	0.23	409.02	2551.46
97	9	0.25	0.84	0.09	17.18	11.44
—	—	—	—	—	—	—
—	—	—	—	—	—	—
118	22	0.12	0.87	0.03	16.43	9.36
1	1	—	0.00	—	0.15	0.09
165	60	0.08	0.51	0.07	425.77	1476.28
7275	1076	20.31	72.17	6.38	628.19	985.24
11060	3061	15.57	82.29	4.90	543.61	1153.03
4353	381	5.11	17.10	1.10	209.41	427.57
3764	911	6.04	27.48	1.82	1095.26	2680.93
1931	129	1.56	9.71	1.16	32.74	58.33
4225	937	20.17	59.75	3.26	1055.03	1691.38
3230	620	11.23	62.11	1.99	152.16	306.70
1652	241	7.12	25.29	2.02	101.69	226.94
2182	223	9.60	26.37	0.96	53.08	84.35
9610	1103	3.79	12.24	1.09	209.40	1599.59
1144	182	8.11	76.47	0.77	12.97	24.98
715	189	1.06	5.06	0.30	36.04	446.63
1959	152	4.05	17.02	0.89	18.01	126.95
2346	605	18.76	26.65	3.92	14.82	816.93
1020	69	0.77	2.85	0.30	19.50	40.82
665	48	3.53	9.64	1.04	64.72	2703.00
—	—	—	—	0.00	180.07	1218.90
515	98	4.06	12.03	0.53	54.32	111.99
245	48	0.98	1.58	0.15	117.59	129.44
61	10	0.02	0.26	0.03	0.60	0.90
42	13	0.17	0.39	0.03	7.22	347.98
46	7	0.14	0.34	0.04	27.95	58.66
2	1	0.01	0.04	—	11.83	42.53
—	—	—	0.01	—	0.90	0.60

表8　2017 年各地区

地区	锯材	木片、木粒加工产品（万实积立方米）	人	
			总计	胶合板
全国合计	**8602.37**	**4438.15**	**29485.87**	**17195.21**
北　京	—	—	—	—
天　津	—	—	—	—
河　北	117.84	9.94	1658.61	676.90
山　西	16.41	21.26	36.10	2.18
内蒙古	1300.93	4.51	34.78	22.52
内蒙古集团	—	—	—	—
辽　宁	253.68	79.39	196.97	90.88
吉　林	111.61	62.18	369.78	177.81
吉林集团	0.19	0.33	131.61	0.07
长白山集团	0.44	—	0.93	0.93
黑龙江	565.12	45.45	335.78	257.49
龙江集团	10.18	—	9.92	1.07
上　海	—	—	—	—
江　苏	324.11	170.23	5433.38	3603.31
浙　江	349.49	36.53	550.58	209.11
安　徽	415.91	187.78	2425.71	1689.95
福　建	213.94	118.20	992.45	541.78
江　西	276.07	140.01	560.86	244.53
山　东	1193.82	2033.09	7639.82	5244.41
河　南	260.18	287.53	1714.83	791.18
湖　北	221.78	109.27	773.14	230.93
湖　南	396.96	43.87	675.24	431.32
广　东	211.82	289.22	1056.88	316.70
广　西	1697.33	549.93	3700.64	2195.15
海　南	77.44	15.63	31.39	20.53
重　庆	75.87	53.86	149.77	57.40
四　川	150.09	83.03	625.40	169.41
贵　州	141.31	23.69	113.93	57.91
云　南	204.98	59.87	331.66	144.94
西　藏	2.02	—	—	—
陕　西	11.46	7.10	63.44	12.17
甘　肃	1.10	0.07	2.42	0.76
青　海	—	—	—	—
宁　夏	—	—	—	—
新　疆	11.07	6.45	12.30	5.92
新疆兵团	1.54	1.12	—	—
大兴安岭	0.01	0.04	—	—

主要木竹加工产品产量

单位:万立方米

造　板			实木地板	实木复合木地板	竹地板（含竹木复合地板）
纤维板	刨花板	细木工板			
6297.00	**2777.77**	**1708.98**	**12934.03**	**20996.54**	**11947.83**
—	—	—	—	—	—
—	—	—	—	—	—
468.73	282.22	218.53	—	—	—
20.17	4.56	—	—	—	—
0.53	—	1.48	1.10	7.50	—
—	—	—	—	—	—
52.84	22.25	2.50	779.75	1381.43	—
91.73	39.06	49.44	1207.57	2809.79	—
91.73	37.92	1.56	—	389.79	—
—	—	—	90.92	71.78	—
15.52	39.49	16.28	296.71	80.93	—
0.08	1.63	5.13	33.50	—	—
—	—	—	—	—	—
809.42	733.59	85.23	2787.69	5715.35	773.21
80.50	9.26	247.43	4187.28	5516.21	902.22
397.88	164.58	95.10	628.52	751.65	916.86
187.97	33.40	157.38	107.99	563.39	2667.03
139.75	41.73	106.06	254.65	616.43	5526.31
1344.81	621.21	203.89	283.47	1197.15	—
383.58	129.12	141.00	889.77	63.12	—
415.31	77.05	8.59	100.86	638.28	37.73
59.02	31.33	132.18	472.37	241.68	995.06
513.74	208.89	10.22	460.75	727.80	0.25
774.35	213.83	176.62	40.45	375.23	50.00
3.00	7.86	—	3.00	10.00	3.50
46.63	29.83	3.09	7.74	1.65	2.80
316.59	32.73	22.75	233.25	98.13	10.00
8.44	9.20	20.86	54.82	0.56	62.41
108.82	45.73	9.86	136.18	200.27	0.26
—	—	—	—	—	—
49.83	0.86	0.33	0.11	—	0.20
1.66	—	—	—	—	—
—	—	—	—	—	—
—	—	—	—	—	—
6.20	—	0.17	—	—	—
—	—	—	—	—	—
—	—	—	—	—	—

表 9　2017 年各地区林业旅游与休闲产业发展情况

地区	旅游人次	旅游收入（万元）	人均花费（元）	直接带动的其他产业产值（万元）
全国合计	**3102286114**	**106760021**	**344**	**110500477**
北　京	263050203	201013	8	171901
天　津	4392000	22960	52	9437
河　北	41696712	706520	169	424659
山　西	28261196	262154	93	248160
内蒙古	27981045	608864	218	467233
内蒙古集团	265363	5393	203	1145
辽　宁	57695521	1587876	275	1199134
吉　林	29750925	1381607	464	441959
吉林集团	437471	30715	702	29509
长白山集团	303985	19641	646	40293
黑龙江	28398741	1330323	468	530349
龙江集团	11336056	660084	582	334690
上　海	13708575	131086	96	564
江　苏	134410959	3825505	285	2460870
浙　江	374934401	8765165	234	7846031
安　徽	125942861	6037187	479	7457438
福　建	62053522	2486625	401	1881438
江　西	158305525	8343526	527	20971368
山　东	131217004	3678621	280	4811633
河　南	122102279	1985520	163	1351412
湖　北	167886729	7408952	441	12207592
湖　南	194816614	9916813	509	6459438
广　东	257566092	17962268	697	3446902
广　西	98850447	3495436	354	3706788
海　南	15271944	299333	196	791752
重　庆	89488979	2367863	265	912472
四　川	347257814	9614546	277	7994766
贵　州	177176106	10961000	619	17906458
云　南	42758891	1058894	248	929378
西　藏	320500	28601	892	8313
陕　西	56397602	973852	173	1678760
甘　肃	12606994	173549	138	145525
青　海	5293163	67863	128	1046
宁　夏	13551850	360288	266	470006
新　疆	17400170	549231	316	3439524
新疆兵团	2621046	57455	219	270352
大兴安岭	1740750	166980	959	128171

中国造纸产业

【纸及纸板生产和消费情况】

纸及纸板生产量和消费量 据中国造纸协会统计资料，2017年全国纸及纸板生产企业约2800家，全国纸及纸板生产量11130万吨，较上年增长2.53%。消费量10897万吨，较上年增长4.59%，人均年消费量为78千克(13.90亿人)。2008～2017年，纸及纸板生产量年均增长率3.77%，消费量年均增长率3.59%(见表1)。

表1 2017年纸及纸板生产和消费情况

单位：万吨

品　种	生产量			消费量		
	2016年	2017年	同比增长率(%)	2016年	2017年	同比增长率(%)
总量	10855	11130	2.53	10419	10897	4.59
1. 新闻纸	260	235	-9.62	265	267	0.75
2. 未涂布印刷书写纸	1770	1790	1.13	1689	1744	3.26
3. 涂布印刷纸	755	765	1.32	609	634	4.11
其中：铜版纸	665	675	1.50	565	585	3.54
4. 生活用纸	920	960	4.35	854	890	4.22
5. 包装用纸	675	695	2.96	689	707	2.61
6. 白纸板	1405	1430	1.78	1265	1299	2.69
其中：涂布白纸板	1345	1370	1.86	1205	1238	2.74
7. 箱纸板	2305	2385	3.47	2364	2510	6.18
8. 瓦楞原纸	2270	2335	2.86	2271	2396	5.50
9. 特种纸及纸板	280	305	8.93	225	249	10.67
10. 其他纸及纸板	215	230	6.98	188	201	6.91

纸及纸板主要产品生产和消费情况 ①新闻纸。2017年新闻纸生产量235万吨，较上年增长-9.62%；消费量267万吨，较上年增长0.75%。2008～2017年生产量年均增长率-7.19%，消费量年均增长率-5.06%。

②未涂布印刷书写纸。2017年未涂布印刷书写纸生产量1790万吨，较上年增长1.13%；消费量1744万吨，较上年增长3.26%。2008～2017年生产量年均增长率2.45%，消费量年均增长率2.59%。

③涂布印刷纸。2017年涂布印刷纸生产量765万吨，较上年增长1.32%；消费量634万吨，较上年增长4.11%。2008～2017年生产量年均增长率3.73%，消费量年均增长率3.46%。其中：铜版纸。2017年铜版纸生产量675万吨，较上年增长1.50%；消费量585万吨，较上年增长3.54%。2008～2017年生产量年均增长率4.35%，消费量年均增长率4.29%。

④生活用纸。2017年生活用纸生产量960万吨，较上年增长4.35%；消费量890万吨，较上年增长4.22%。2008～2017年生产量年均增长率6.38%，消费量年均增长率6.55%。

⑤包装用纸。2017年包装用纸生产量695万吨，较上年增长2.96%；消费量707万吨，较上年增长2.61%。2008～2017年生产量年均增长率2.43%，消费量年均增长率2.44%。

⑥白纸板。2017年白纸板生产量1430万吨，较上年增长1.78%；消费量1299万吨，较上年增长2.69%。2008~2017年生产量年均增长率2.75%，消费量年均增长率1.55%。其中：涂布白纸板。2017年涂布白纸板生产量1370万吨，较上年增长1.86%；消费量1238万吨，较上年增长2.74%。2008~2017年生产量年均增长率2.78%，消费量年均增长率1.52%。

⑦箱纸板。2017年箱纸板生产量2385万吨，较上年增长3.47%；消费量2510万吨，较上年增长6.18%。2008~2017年生产量年均增长率5.06%，消费量年均增长率5.09%。

⑧瓦楞原纸。2017年瓦楞原纸生产量2335万吨，较上年增长2.86%；消费量2396万吨，较上年增长5.50%。2008~2017年生产量年均增长率4.89%，消费量年均增长率4.94%。

⑨特种纸及纸板。2017年特种纸及纸板生产量305万吨，较上年增长8.93%；消费量249万吨，较上年增长10.67%。2008~2017年生产量年均增长率9.04%，消费量年均增长率6.27%。

【纸及纸板生产企业经济指标完成情况】 据国家统计局统计，2017年1~12月规模以上[①]造纸生产企业2754家；主营业务收入9215亿元，同比增长15.37%；工业增加值增速3.90%；产成品存货334亿元，同比增长27.78%；利润总额666亿元，同比增长55.63%；资产总计10317亿元，同比增长4.07%；资产负债率55.91%，较上年减少1个百分点；负债总额5768亿元，同比增长1.34%；在统计的2754家造纸生产企业中，亏损企业有281家，占10.20%。

【纸浆生产和消耗情况】

2017年纸浆生产情况 据中国造纸协会调查资料，2017年全国纸浆生产总量7949万吨，较上年增长0.30%。其中：木浆1050万吨，较上年增长4.48%；废纸浆6302万吨，较上年增长-0.43%；非木浆597万吨，较上年增长1.02%(见表1)。

表1 2008~2017年纸浆生产情况

单位：万吨

品种＼年度	2008	2009	2010	2011	2012	2013	2014	2015	2016	2017
纸浆合计	6415	6733	7318	7723	7867	7651	7906	7984	7925	7949
其中：1. 木浆	679	560	716	823	810	882	962	966	1005	1050
2. 废纸浆	4439	4997	5305	5660	5983	5940	6189	6338	6329	6302
3. 非木浆	1297	1176	1297	1240	1074	829	755	680	591	597
苇浆	150	144	156	158	143	126	113	100	68	69
蔗渣浆	97	98	117	121	90	97	111	96	90	86
竹浆	146	161	194	192	175	137	154	143	157	165
稻麦草浆	808	676	719	660	592	401	336	303	244	246
其他浆	97	97	111	109	74	68	41	38	32	31

2017年纸浆消耗情况 2017年全国纸浆消耗总量10051万吨，较上年增长2.59%。木浆3152万吨，占纸浆消耗总量的31%，其中进口木浆占21%、国产木浆占10%；废纸浆6302万吨，占纸浆消耗总量63%，其中用进口废纸制浆占21%、用国产废纸制浆占42%；非木浆597万吨，占纸浆消耗总量的6%，其中稻麦草浆占2.5%、竹浆占1.6%、苇(荻)浆占0.7%、蔗渣浆占0.9%、其他非木浆占0.3%(见表2)。

① 规模以上指当年产品销售收入在2000万元以上(含)，全书同。

表 2　2017 年纸浆消耗情况

单位：万吨

品　种	2016 年	占比（%）	2017 年	占比（%）	同比增长率（%）
总量	9797	100	10051	100	2.59
木浆	2877	29	3152	31	9.56
其中：进口木浆	1881	19	2112	21	12.28
废纸浆	6329	65	6302	63	-0.43
其中：进口废纸制浆	2308	24	2063	21	-10.62
非木浆	591	6	597	6	1.02

2017 年进口木浆 2372 万吨，扣除溶解浆 260 万吨，实际消耗量 2112 万吨。

【纸制品生产和消费情况】 根据国家统计局数据，2017 年全国规模以上纸制品生产企业 3882 家，生产量 6801 万吨，较上年增长 -5.41%；消费量 6513 万吨，较上年增长 -5.76%；进口量 19 万吨，出口量 307 万吨。2008～2017 年，纸制品生产量年均增长率 8.77%，消费量年均增长率 9.00%。

【纸及纸板、纸浆、废纸及纸制品进出口情况】

进口情况 2017 年纸及纸板进口 466 万吨，较上年增长 56.90%；纸浆进口 2372 万吨，较上年增长 12.63%；废纸进口 2572 万吨，较上年增长 -9.75%；纸制品进口 19 万吨，较上年增长 58.33%。

2017 年进口纸及纸板、纸浆、废纸、纸制品合计 5429 万吨，较上年增长 3.11%，用汇 261.20 亿美元，较上年增长 23.36%。进口纸及纸板平均价格为 901.28 美元/吨，较上年平均价格增长 -17.88%；进口纸浆平均价格为 646.65 美元/吨，较上年平均价格增长 11.28%；进口废纸平均价格为 228.43 美元/吨，较上年平均价格增长 30.49%（见表 1）。

出口情况 2017 年纸及纸板出口 699 万吨，较上年增长 -4.64%；纸浆出口 9.87 万吨，较上年增长 3.13%；废纸出口 0.15 万吨，较上年增长 -34.78%；纸制品出口 307 万吨，较上年增长 5.50%。

2017 年出口纸及纸板、纸浆、废纸、纸制品合计 1016.02 万吨，较上年增长 -1.72%，创汇 179.74 亿美元，较上年增长 1.27%。出口纸及纸板平均价格为 1240.28 美元/吨，较上年平均价格增长 0.36%；出口纸浆平均价格为 1364.74 美元/吨，较上年平均价格增长 19.73%（见表 2）。

表 1　2017 年中国纸浆、废纸、纸及纸板、纸制品进口情况

品　种	2016 年进口量（万吨）	2017 年进口量（万吨）	同比增长率（%）
一、纸浆	2106	2372	12.63
二、废纸	2850	2572	-9.75
三、纸及纸板	297	466	56.90
1. 新闻纸	6	33	450.00
2. 未涂布印刷书写纸	41	63	53.66
3. 涂布印刷纸	35	45	28.57
其中：铜版纸	26	33	26.92
4. 包装用纸	21	23	9.52
5. 箱纸板	94	137	45.74
6. 白纸板	58	62	6.90
其中：涂布白纸板	57	61	7.02
7. 生活用纸	3	4	33.33
8. 瓦楞原纸	8	65	712.50
9. 特种纸及纸板	26	26	0.00
10. 其他纸及纸板	5	8	60.00
四、纸制品	12	19	58.33
总　计	5265	5429	3.11

注：数据来源于海关总署。

表 2　2017 年中国纸浆、废纸、纸及纸板、纸制品出口情况

品　种	2016 年出口量（万吨）	2017 年出口量（万吨）	同比增长率（%）
一、纸浆	9.57	9.87	3.13
二、废纸	0.23	0.15	-34.78
三、纸及纸板	733	699	-4.64
1. 新闻纸	1	1	0.00
2. 未涂布印刷书写纸	122	109	-10.66
3. 涂布印刷纸	181	176	-2.76
其中：铜版纸	126	123	-2.38
4. 包装用纸	7	11	57.14
5. 箱纸板	35	12	-65.71
6. 白纸板	198	193	-2.53
其中：涂布白纸板	197	193	-2.03
7. 生活用纸	69	74	7.25
8. 瓦楞原纸	7	4	-42.86
9. 特种纸及纸板	81	82	1.23
10. 其他纸及纸板	32	37	15.63
四、纸制品	291	307	5.50
总 计	1033.80	1016.02	-1.72

注：数据来源于海关总署。

纸及纸板各品种进出口量比重 2017年纸及纸板各品种进口量比重分别为：箱纸板占29.4%；白纸板占13.3%；瓦楞原纸占13.9%；特种纸及纸板占5.6%；包装用纸占4.9%；涂布印刷纸占9.7%；未涂布印刷书写纸占13.5%；生活用纸占0.9%；新闻纸占7.1%；其他占1.7%。

2017年纸及纸板各品种出口量比重分别为：白纸板占27.6%；箱纸板占1.7%；包装用纸占1.6%；涂布印刷纸占25.2%；未涂布印刷书写纸占15.6%；生活用纸占10.6%；新闻纸占0.1%；瓦楞原纸占0.6%；特种纸及纸板占11.7%；其他占5.3%。

纸及纸板主要产品进出口情况

①新闻纸：2017年进口量大于出口量，净进口量32万吨。

②未涂布印刷书写纸：2017年出口量大于进口量，净出口量46万吨。

③涂布印刷纸：2017年出口量大于进口量，净出口量131万吨。其中：铜版纸净出口量90万吨。

④生活用纸：2017年出口量大于进口量，净出口量70万吨。

⑤包装用纸：2017年进口量大于出口量，净进口量12万吨。

⑥白纸板：2017年出口量大于进口量，净出口量131万吨。其中：涂布白纸板净出口量132万吨。

⑦箱纸板：2017年进口量大于出口量，净进口量125万吨。

⑧瓦楞原纸：2017年进口量大于出口量，净进口量61万吨。

⑨特种纸及纸板：2017年出口量大于进口量，净出口量56万吨。

纸制品进出口情况 2017年纸制品进口量19万吨，较上年增加7万吨，同比增长58%。2017年纸制品出口量307万吨，较上年增加16万吨，同比增长5%。

【纸及纸板生产布局与集中度】 根据中国造纸协会调查资料，2017年我国东部地区11个省份，纸及纸板产量占全国纸及纸板产量比例为74.9%；中部地区8个省份比例为15.9%；西部地区12个省份比例为9.2%(见表1)。

表1 2017年纸及纸板生产量区域布局变化

	2016年		2017年	
	产量(万吨)	比例(%)	产量(万吨)	比例(%)
纸及纸板产量	10855	100	11130	100
其中：东部地区	8153	75.1	8332	74.9
其中：中部地区	1758	16.2	1767	15.9
其中：西部地区	944	8.7	1031	9.2

注：据中国造纸协会调查资料。

2017年广东、山东、浙江、江苏、福建、河南、重庆、安徽、河北、湖南、湖北、广西、天津、四川、江西和海南16个省份纸及纸板产量超过100万吨，产量合计10587万吨，占全国纸及纸板总产量的95.12%(见表2)。

表2 2017年纸及纸板产量100万吨以上的省份

产量 / 省(区、市)	2016年(万吨)	2017年(万吨)	较上年增长(%)
广东	1840	1885	2.45
山东	1850	1875	1.35
浙江	1690	1711	1.24
江苏	1285	1253	-2.49
福建	705	758	7.52
河南	610	568	-6.89
重庆	280	309	10.36
安徽	295	302	2.37
河北	275	297	8.00
湖南	310	290	-6.45
湖北	215	267	24.19
广西	240	251	4.58
天津	230	231	0.43
四川	195	221	13.33
江西	185	196	5.95
海南	165	173	4.85
合计	10370	10587	2.09

注：据中国造纸协会调查资料。

附表：2017 年重点造纸企业产量前 30 名企业

序号	单位名称	产量		
		2016 年（万吨）	2017 年（万吨）	同比增长率（%）
1	玖龙纸业（控股）有限公司	1331.00	1313.00	-1.35
2	理文造纸有限公司	543.13	554.98	2.18
3	山东晨鸣纸业集团股份有限公司	442.55	510.11	15.27
4	山东太阳控股集团有限公司	378.93	443.16	16.95
5	山鹰国际控股股份公司	354.00	358.00	1.13
6	华泰集团有限公司	318.65	313.17	-1.72
7	中国纸业投资有限公司	234.00	280.00	19.66
8	福建联盛纸业	235.00	236.00	0.43
9	宁波中华纸业有限公司（含宁波亚洲浆纸业有限公司）	223.90	228.00	1.83
10	江苏荣成环保科技股份有限公司	183.71	209.53	14.05
11	金东纸业（江苏）股份有限公司	207.73	206.41	-0.64
12	山东博汇集团有限公司	197.85	191.66	-3.13
13	东莞建晖纸业有限公司	143.00	147.93	3.45
14	亚太森博中国控股有限公司	99.00	142.00	43.43
15	浙江景兴纸业股份有限公司	131.00	139.19	6.25
16	山东世纪阳光纸业集团有限公司	124.61	128.84	3.39
17	海南金海浆纸业有限公司	108.85	110.00	1.06
18	东莞金洲纸业有限公司	105.91	108.80	2.73
19	金红叶纸业集团有限公司	129.34	107.02	-17.26
20	浙江新胜大控股集团有限公司	70.99	96.67	36.17
21	芬欧汇川（中国）有限公司	100.00	94.00	-6.00
22	山东泉林纸业有限责任公司	93.06	93.18	0.13
23	武汉金凤凰纸业有限公司	73.22	83.88	14.56
24	新乡新亚纸业集团股份有限公司	75.86	82.18	8.33
25	东莞金田纸业有限公司	56.50	72.34	28.04
26	邹平汇泽实业有限公司（山东天地缘）	45.92	68.52	49.22
27	漯河银鸽实业集团有限公司		63.95	
28	东莞顺裕纸业有限公司	51.50	62.40	21.17
29	河南大河纸业有限公司	59.32	61.84	4.25
30	金华盛纸业（苏州工业园区）有限公司	62.60	60.11	-3.98

（中国造纸协会）

中国家具产业

【概　述】 2017年家具行业规模以上(业内简称“规上”，下同)企业的累计工业增加值增速为9.88%，比上年加快3.31个百分点；累计完成主营业务收入9055.97亿元，同比增长10.11%，增速比上年提高1.54个百分点；累计完成利润总额565.15亿元，同比增长9.31%；累计完成主营业务收入利润率6.24%，比上年减少0.05个百分点。

2017年木质家具、金属家具完成主营业务收入在各子行业中居前两位，其中木质家具累计完成主营业务收入5834.44亿元(同比增长11.1%)，占64.43%；金属家具累计1626.78亿元(同比增长6.53%)，占17.96%。

2017年木质家具、金属家具完成利润总额同样依次位居各子行业前两位，其中木质家具累计完成利润总额360.27亿元(同比增长11.51%)，占63.75%；金属家具累计完成利润总额120.47亿元(同比增长5.63%)，占21.32%。

2017年中国家具行业贸易总额544.76亿美元，同比增长5.10%，贸易顺差483.72亿美元。其中累计出口514.24亿美元，同比增长4.54%；累计进口30.52亿美元，同比增长15.65%。

企业类型　2017年中国家具行业规模以上企业共有6000家，比上年增加439家；亏损企业608家，同比增长26.40%；亏损面10.13%，同比增加2.12个百分点。全部规模以上企业中，木质家具制造企业3931家(占65.52%)，金属家具制造企业998家(占16.63%)，塑料家具制造企业91家(占1.52%)，竹、藤家具制造企业114家(占1.90%)，其他家具制造企业866家(占14.43%)。与上年相比，家具行业增加的439家规模以上企业中，主要是木质家具制造规模以上企业增加了325家。

表1　2017年全国家具行业子行业占比情况表

行业名称	主营业务收入占比(%)	利润总额占比(%)	规模以上企业数占比(%)
木质家具制造	64.43	63.75	65.52
金属家具制造	17.96	21.32	16.63
其他家具制造	14.48	12.76	14.43
竹、藤家具制造	1.90	1.12	1.90
塑料家具制造	1.23	1.06	1.52

表2　近三年家具各子行业规模以上企业数量统计表

企业类型	企业数量(家)		
	2017年	2016年	2015年
木质家具制造企业	3931	3606	3431
金属家具制造企业	998	951	931
塑料家具制造企业	91	94	92
竹、藤家具制造企业	114	104	88
其他家具制造企业	866	806	748
合计	6000	5561	5290

固定资产投资　2017年全国固定资产投资增速有所回升，其中家具行业固定资产投资显著提高。截至2017年12月底，全国制造业累计固定资产投资为193615.7亿元，同比名义增长4.8%。家具制造业固定资产投资3729.43亿元，同比名义增长23.1%，比上年提高16.7个百分点，比全国制造业平均增速高18.3个百分点。2017年家具制造业的固定资产投资额比2008年增加了3221.4亿元，是2008年的7倍多。至2017年底，家具行业规模以上企业的资产总计达到5934.56亿元，同比增长10.10%。

产品产量　2017年家具行业规模以上企业累计完成产量8.07亿件，同比增长3.64%，比2016年提高2.37个百分点。其中，东部产区所占比重最大，累计完成6.06亿件，占全国家具产量的75.13%，同比增长0.36%；

2017年，全国木质家具累计完成产量

27072.93 万件，同比增长 2.84%。2017 年木质家具产量前五位的地区依次是广东、江西、福建、浙江、山东，其中广东累计产量 5734.45 万件(同比下降 0.82%)，占全国木质家具产量(下同)的 21.18%；江西累计 3196.76 万件(同比增长 34.32%)，占 11.8%；福建累计 3137.03 万件(同比下降 5.11%)，占 11.59%；浙江累计 3084.07 万件(同比下降 8.94%)，占 11.39%；山东累计 2877.25 万件(同比下降 8.23%)，占 10.63%。产量前十的地区中，江西、辽宁增长较快，增速分别为 34.32%、27.18%，江西由上年第五位升至第二位，辽宁由上年第九位升至第七位。浙江、山东、北京、福建、河南、广东木质家具产量同比下降，其中浙江、山东、北京、福建同比下降 5%以上，分别为 -8.94%、-8.23%、-7.44%、-5.11%。

主营业务收入 2017 年中国家具行业规模以上企业的主营业务收入增速结束连续三年回落状态，呈现探底回升态势。国家统计局数据显示，2017 年中国家具行业完成主营业务收入 9055.97 亿元，同比 10.11%，增速比上年提高 1.54 个百分点，高于全国轻工行业平均增速 1.77 个百分点。在轻工各行业中，其增速仅次于电池、家用电力器具及照明器具制造业，自行车制造及非公路休闲车制造和造纸及纸制品业这三个子行业，位居第四位(见表 3)。

表 3 近两年家具各子行业主营业务收入及增速的变化情况表

行业	2017 年		2016 年	
	主营业务收入（亿元）	增速（%）	主营业务收入（亿元）	增速（%）
家具行业	9055.97	10.11	8559.46	8.57
木质家具制造业	5834.44	11.10	5481.27	9.02
金属家具制造业	1626.78	6.53	1545.69	6.28
竹、藤家具制造业	171.71	6.95	178.41	3.77
塑料家具制造业	111.50	13.72	97.50	1.49
其他家具制造业	1311.53	10.47	1256.60	10.86

2017 年家具各子行业增速均比上年有所提高，涨幅最大的是塑料家具子行业。从近两年各子行业占比情况看，木质家具子行业占比有所扩大，金属家具和竹、藤家具子行业占比略有降低。国家统计局数据显示，2017 年木质家具制造业累计完成主营业务收入 5834.44 亿元，占家具行业主营业务收入(下同)的 64.43%，同比增长 11.1%；金属家具完成 1626.78 亿元，占 17.96%，同比增长 6.53%；竹、藤家具制造完成 171.71 亿元，占 1.9%，同比增长 6.95%；塑料家具制造完成 111.5 亿元，占 1.23%，同比增长 13.72%；其他家具制造完成 1311.53 亿元，占 14.48%，同比增长 10.47%。

行业利润 2017 年中国家具行业规模以上企业累计实现利润总额 565.15 亿元，同比增长 9.31%，增速比上年提高 1.43 个百分点，比轻工全行业平均利润增速高 0.35 个百分点，在轻工各行业中，增速排名第三。与上年相同，2017 年家具行业利润总额增速仍稍低于主营业务收入，说明家具行业效益仍面临下行压力。

从各子行业完成利润情况看，木质家具盈利能力稳定，近三年都保持 10%以上增长，完成利润总额占比最大。竹、藤家具和其他家具制造业两个子行业，2017 年实现利润由负转正，其中竹、藤家具子行业增速跃居各子行业首位。

2017 年木质家具制造业完成利润总额 360.27 亿元，占家具行业利润总额(下同)的 63.75%，同比增长 11.51%；金属家具完成 120.47 亿元，占 21.32%，同比增长 5.63%；竹、藤家具完成 6.34 亿元，占 1.12%，同比增长 15.2%；塑料家具完成 5.97 亿元，占 1.06%，同比增长 7.11%；其他家具完成 72.1 亿元，占 12.76%，同比增长 4.81%。与上年相比，木质家具、金属家具两个子行业完成利润占比均有所提高。

【进出口贸易】 2017 年中国家具行业贸易总额 544.76 亿美元，同比增长 5.10%，贸易顺差 483.72 亿美元。其中累计出口 514.24 亿美元，同比增长 4.54%；累计进口 30.52 亿美元，同比增长 15.65%，进口增速大于出口增速 11.11 个百分点。中国家具出口的主要地区是广东、浙江、江苏、福建、山东等，主要贸易往来的国家有美国、韩国、澳大利亚、加拿大、法国、德国、日本、英国、新加坡、意大利、波兰、越南等。

2017年，全国家具行业与“一带一路”65个国家实现进出口总额98.41亿美元，其中出口89.36亿美元，进口9.06亿美元。与G20国家实现进出口总额432.08亿美元，同比增长9.41%，其中出口407.40亿美元，进口24.67亿美元。

出口贸易商品 家具出口九大类商品中，坐具及其零件、木家具出口额居前两位，两类商品累计出口额占全国家具出口总额的七成以上。海关数据显示，2017年坐具及其零件完成出口额233.53亿美元(占45.41%)，同比增长6.68%；木家具完成出口额137.33亿美元(占26.71%)，同比下降0.63%。与上年相比，坐具及其零件、金属家具出口占比略有增长，木家具出口占比稍有下降。从出口增速看，所有类别中只有木家具出口同比下降；竹、藤、柳条及类似材料制家具、弹簧床垫、医用家具3个类别商品出口增速居前，均达10%以上。

出口贸易地区 2017年中国家具出口额居前十位的地区依次是广东、浙江、江苏、福建、山东、上海、河北、江西、天津、辽宁，其中广东、浙江两省出口比重占到全国六成以上：广东出口214.08亿美元，占41.63%，同比下降2.56%；浙江出口118.15亿美元，占22.98%，同比增长13.82%。从出口增速看，江西出口增长最快，同比增长28.68%；其次是浙江、江苏、福建、河北，出口增速在15%~10%；出口下降的地区仅有广东、上海，分别下降2.56%、0.15%。

出口贸易国家(地区) 美国是中国最大的家具出口贸易国，海关数据显示，2017年中国对美国家具出口187.63亿美元，占中国家具出口总额的36.49%，同比增长12%。2017年中国家具出口前十的贸易国(地区)中，仅对美国、韩国出口连续三年正增长，中国香港三年来首次负增长，新加坡连续两年负增长，其他国家由负转正。

出口贸易方式 中国家具出口以一般贸易方式为主。2017年家具一般贸易方式出口417.92亿美元，占家具出口总额的81.27%，同比增长5.2%。各贸易方式中，保税区仓储转口货物、对外承包工程出口货物两种方式出口增长较快，分别为21.36%、13.31%，易货贸易方式下降较大，为-88.74%。

表1　2017年中国主要家具出口地区情况表

地区	出口占比(%)	出口增速(%)
广东	41.63	-2.56
浙江	22.98	13.82
江苏	8.36	12.13
福建	6.10	11.80
山东	5.40	5.37
上海	5.22	-0.15
河北	2.72	10.71
江西	1.78	28.68
天津	1.14	5.23
辽宁	1.05	4.22
其他	3.62	1.90

表2　2017年中国家具出口前十位贸易国(地区)情况表

国家/地区	出口占比(%)	出口增速(%)
美国	36.49	12.00
日本	5.81	3.03
英国	4.87	0.69
澳大利亚	3.90	9.28
德国	3.70	6.57
中国香港	3.32	-22.88
韩国	3.19	9.36
加拿大	3.13	8.85
法国	2.30	6.76
新加坡	2.19	-26.25
其他	31.11	2.49

表3　2017年各主要贸易方式出口家具情况表

贸易方式	出口家具占比(%)	出口家具增速(%)
一般贸易	81.27	5.20
进料加工贸易	10.74	2.70
其他	5.77	-2.40
保税仓库进出境货物	0.88	6.60
保税仓储转口货物	0.75	21.40
来料加工装配贸易	0.38	2.10
边境小额贸易	0.16	-7.30
对外承包工程出口货物	0.03	13.30
国家间、国际组织无偿援助和赠送的物资	0.02	-17.40
易货贸易	0.00	-88.70
租赁贸易	0.00	-100.00

进口贸易商品 2017年中国九大类进口家具商品中，坐具及其零件、木家具进口额占比居前两位，两类进口额累计占全部进口额的近八成。海关数据显示，2017年中国进口坐具及其零件

15.49亿美元(占50.75%),同比增长10.93%;木家具完成进口额8.91亿美元(占29.21%),同比增长24.89%。与上年相比,塑料家具与竹、藤、柳条及类似材料制家具两类进口增长较快,均达30%以上;进口额同比下降的仅有牙科、理发椅及其零件,为-5.67%。

表4 2017年家具行业九大类商品进口情况表

商品名称	进口额占比 %	进口额增速 %
坐具及其零件	50.75	10.90
木家具	29.21	24.90
其他材料制家具及家具零件	10.78	17.50
医用家具	3.94	1.30
金属家具	3.10	22.30
弹簧床垫	1.17	28.50
塑料家具	0.83	38.90
牙科、理发椅及其零件	0.19	-5.70
竹、藤、柳条及类似材料制家具	0.04	34.30

进口贸易地区 2017年中国家具进口额居前十位的地区依次是上海、广东、北京、江苏、天津、浙江、福建、辽宁、山东、吉林,其中上海进口额占全国家具进口总额的三成以上。海关数据显示,2017年上海进口家具10.62亿美元(占34.81%),同比增长15.16%;广东5.1亿美元(占16.70%),同比增长35.02%;北京2.96亿美元(占9.70%),同比增长7.97%。从同比增长情况看,进口额前十地区中,福建、浙江、广东进口增长较快,均达30%以上;同比下降的有吉林、江苏、辽宁,分别为-7.81%、-4.29%、-1.88%。

表5 2017年中国主要家具进口地区情况表

地区	进口占比(%)	进口增速(%)
上海	34.81	15.16
广东	16.70	35.02
北京	9.70	7.97
江苏	7.43	-4.29
天津	5.90	22.62
浙江	5.78	35.87
福建	3.56	60.47

(续表)

地区	进口占比(%)	进口增速(%)
辽宁	3.23	-1.88
山东	2.43	29.19
吉林	2.29	-7.81
其他	8.16	-0.19

进口贸易国家(地区) 2017年中国前十位进口家具贸易国(地区)依次是意大利、德国、越南、美国、波兰、日本、英国、韩国、中国台湾及中华人民共和国,从上述国家(地区)进口22.59亿美元,占家具行业进口总额的74.01%。进口前十位的国家(地区)中,仅韩国、美国进口同比下降,分别为-28.58%、-0.56%;增长较快的是英国、意大利、波兰,增速分别为47.16%、42.01%、21.96%。

表6 2017年家具进口前十位贸易国(地区)情况表

国家/地区	进口占比(%)	进口增速(%)
意大利	16.68	42.01
德国	15.53	13.27
越南	7.33	7.71
美国	6.97	-0.56
波兰	6.86	21.96
日本	6.21	2.70
英国	4.71	47.16
韩国	4.04	-28.58
中国台湾	3.26	8.17
中华人民共和国	2.42	17.48
其他	25.99	20.34

进口贸易方式 中国家具进口以一般贸易方式为主,占到全部进口贸易方式的七成以上,其次是保税仓库进出境货物贸易方式。海关数据显示,2017年中国一般贸易方式进口家具22.73亿美元(占74.50%),同比增长18.32%;保税仓库进出境货物方式进口4.28亿美元(占14.04%),同比增长9.81%。与上年相比,外商投资企业作为投资进口的设备、物品以及来料加工装配贸易两种方式进口增长较快,分别为35.81%、30.01%;出口加工区进口设备贸易方式进口降幅较大,为-42.05%。

表7　2017年各主要贸易方式进口家具情况表

贸易方式	进口家具占比(%)	进口家具增速(%)
一般贸易	74.50	18.32
保税仓库进出境货物	14.04	9.81
进料加工贸易	4.05	13.20
边境小额贸易	3.13	8.30
保税区仓储转口货物	2.71	-7.40
来料加工装配贸易	1.25	30.01
其他	0.28	-8.20
出口加工区进口设备	0.03	-42.05
外商投资企业作为投资进口的设备、物品	0.01	35.81
租赁贸易	0.00	-100.00

表8　近两年中国前十位家具出口贸易国(地区)分布变化情况表

2017年			2016年		
国家(地区)名称	出口值占比(%)	出口值增速(%)	国家(地区)名称	出口值占比(%)	出口值增速(%)
美国	36.49	12.00	美国	34.06	0.09
日本	5.81	3.03	日本	5.89	-0.12
英国	4.87	0.69	英国	5.06	-8.34
澳大利亚	3.90	9.28	中国香港	4.50	21.62
德国	3.70	6.57	澳大利亚	3.73	-9.54
中国香港	3.32	-22.88	德国	3.63	-8.69
韩国	3.19	9.36	新加坡	3.10	-27.24
加拿大	3.13	8.85	韩国	3.05	5.62
法国	2.30	6.76	加拿大	3.01	-7.10
新加坡	2.19	-26.25	马来西亚	2.38	-21.35

数据来源：中国轻工业经济运行及预测预警系统。

表9　2017年家具行业主要商品出口主要国际市场情况表

主要国际市场		2017年出口值(万美元)	2016年出口值(万美元)	占比(%)
合计		5142387.60	4919252.59	100.00
传统市场	美国	1876314.13	1675294.77	36.49
	欧盟	1002030.69	937888.88	19.49
	日本	298603.70	289810.98	5.81
自贸区	中国—东盟	378724.67	414319.71	7.36
	中国—新加坡	112528.02	152589.00	2.19
	中国—巴基斯坦	10086.64	7446.33	0.20
	中国—新西兰	24785.47	24746.30	0.48
	中国—智利	25858.58	23633.76	0.50
	中国—秘鲁	8773.82	12445.58	0.17
	中国—哥斯达黎加	4145.82	3629.03	0.08
	内地—港澳	179955.32	234840.24	3.50
	大陆—台湾	48471.63	52240.11	0.94
	中国—冰岛	741.38	592.13	0.01
	中国—瑞士	4824.99	4370.38	0.09
	中国—澳大利亚	200482.78	183451.97	3.90
	中国—韩国	163841.99	149814.38	3.19
金砖国家(除中国外)		183177.80	162955.29	3.56

【与“一带一路”国家贸易】　2017年中国家具行业与“一带一路”65个国家完成贸易总额98.41亿美元，同比下降1.57%，占中国家具行业贸易总额的18.07%。其中出口89.36亿美元，同比下降3.15%；进口9.06亿美元，同比增长17.22%。

出口概况　2017年中国家具行业出口“一带一路”国家89.36亿美元，占中国家具出口总额的17.38%；出口额同比下降3.15%，与上年相比，降幅减少了20.63个百分点。在这些国家中，出口占比居前三位的国家依次是新加坡、马来西亚、沙特阿拉伯。其中出口新加坡11.25亿美元，占中国家具行业向“一带一路”国家出口总额(下同)的12.59%，同比下降26.25%；出口马来西亚10.51亿美元，占11.76%，同比下降10.17%；出口沙特阿拉伯8.89亿美元，占9.95%，同比下降8.88%。

从增速看，2017年中国家具行业出口的“一带一路”国家中，有14个国家出口增速在30%以上，其中对白俄罗斯、马其顿出口增速一倍以上，对阿富汗、柬埔寨、尼泊尔、亚美尼亚出口增速在50%以上。

进口概况　2017年中国家具行业从“一带一路”国家进口9.06亿美元，占中国家具进口总额的29.67%；进口额同比增长17.22%，与上年相比增速提高了10个百分点。在这些国家中，中国家具进口前两位的是越南、波兰，从这两个国家进口家具占“一带一路”国家进口家具总额(下同)的近五成。其中从越南进口2.24亿美元，占24.7%，同比增长7.71%；波兰2.09亿美元，占23.12%，同比增长21.96%。

从增速看，2017年“一带一路”国家中，中国从15个国家的家具进口增速在30%以上，其中从卡塔尔、白俄罗斯、老挝、沙特阿拉伯、土耳其、柬埔寨进口增速居前，均达1倍以上。

出口地区概况 2017年中国对“一带一路”国家出口家具占比最大的地区是广东，其累计出口“一带一路”国家53.19亿美元，同比下降8.42%，占中国对“一带一路”国家出口家具总额的59.53%，占广东家具出口总额的24.85%。

从增速看，2017年中国家具出口“一带一路”前十位的地区中，天津、江西增速居前，分别增长69.09%、43.20%。

与“一带”沿线国家贸易情况 2017年中国家具行业对“丝绸之路经济带”(以下简称“一带”)沿线43个国家出口29.00亿美元，同比增长6.24%，占“一带一路”沿线国家出口额的32.46%。

2017年中国家具行业从“一带”沿线国家进口4.36亿美元，同比增长15.28%，占“一带一路”沿线国家进口额的48.12%。

表1 2017年中国家具行业“一带一路”国家出口增速部分排行表

序号	国家名称	出口额（万美元）	同比增长率（%）
1	白俄罗斯	4340.93	183.96
2	马其顿	584.51	116.61
3	阿富汗	1213.67	67.25
4	柬埔寨	22334.21	64.91
5	尼泊尔	2318.41	54.22
6	亚美尼亚	3327.72	51.19
7	吉尔吉斯斯坦	8315.03	44.44
8	缅甸	65257.30	37.53
9	波黑	952.19	37.32
10	立陶宛	35736.03	36.71
11	巴基斯坦	100866.41	35.46
12	越南	321810.81	32.55
13	塔吉克斯坦	9749.40	32.50
14	塞尔维亚	4888.02	30.08

表2 2017年中国家具行业“一带一路”国家进口增速部分排行表

序号	国家名称	进口额（万美元）	同比增长率（%）
1	卡塔尔	1.86	92990.00
2	白俄罗斯	399.22	516.30
3	老挝	1623.82	359.78
4	沙特阿拉伯	4.31	223.43
5	土耳其	1877.12	154.89
6	柬埔寨	52.11	100.38
7	蒙古	0.59	74.99
8	新加坡	234.05	61.36
9	俄罗斯联邦	504.80	60.29
10	克罗地亚	81.04	54.52
11	埃及	217.71	52.78
12	泰国	6839.75	47.52
13	塞尔维亚	56.69	46.75
14	斯洛文尼亚	605.14	34.15
15	尼泊尔	10.47	33.93

与“一路”沿线国家贸易情况 2017年中国家具行业对“21世纪海上丝绸之路”(以下简称“一路”)22个国家出口60.36亿美元，同比下降7.09%，占“一带一路”沿线国家出口额的67.54%。

2017年中国家具行业从“一路”沿线国家进口4.70亿美元，同比增长19.08%，占“一带一路”沿线国家进口额的51.88%。

对G20成员贸易情况 2017年全国家具行业与G20成员实现进出口总额432.08亿美元，同比增长9.41%，占中国家具行业贸易总额的79.32%。其中出口407.40亿美元，同比增长9.02%；进口24.67亿美元，同比增长16.17%(其中欧盟数据未重复计算英国、法国、德国和意大利数据)。

从出口规模看，2017年中国家具出口G20国家(地区)中，美国、欧盟、日本、英国和澳大利亚居前五位。从出口增速看，在这19个国家和地区中，仅对沙特阿拉伯、印度出口同比下降，其他17个国家(地区)均上涨，增速居前三位的是南非、巴西、俄罗斯，分别为32.82%、29.22%、20.18%。

从进口规模看，2017年中国家具行业从G20

国家(地区)进口前五位的依次是欧盟、意大利、德国、美国、日本。从进口增速看，阿根廷、沙特阿拉伯、巴西、土耳其、俄罗斯进口增长居前五位，增速分别为 1603.37%、223.43%、158.43%、154.89%、60.29%；南非、韩国、印度尼西亚、美国进口同比下降，分别为 -30.58%、-28.58%、-3.74%、-0.56%。

表 3 2017 年全国家具行业规模以上企业主营业务收入表

行业名称	2017 年主营业务收入（亿元）	2016 年主营业务收入（亿元）	同比增速（%）
家具制造业	9055.97	8224.70	10.11
其中：木质家具制造业	5834.44	5251.73	11.10
竹、藤家具制造业	171.71	160.56	6.95
金属家具制造业	1626.78	1527.08	6.53
塑料家具制造业	111.50	98.05	13.72
其他家具制造业	1311.53	1187.28	10.47

表 5 2017 年全国家具行业规模以上企业出口交货值表

行业名称	2017 年出口交货值（亿元）	2016 年出口交货值（亿元）	同比增速（%）
家具制造业	1892.25	1752.63	7.97
其中：木质家具制造业	875.60	800.46	9.39
竹、藤家具制造业	39.07	37.30	4.74
金属家具制造业	537.11	504.11	6.55
塑料家具制造业	57.81	54.19	6.69
其他家具制造业	382.67	356.57	7.32

表 5 2017 年全国主要家具产品产量表

产品名称	2017 年产量（件）	2016 年产量（件）	同比增速（%）
家具	807034719	778676171	3.64
其中：木质家具	270729324	263242598	2.84
金属家具	400491594	385972002	3.76
软体家具	59713572	54170241	10.23

表 6 2017 年全国各地区家具产量表

地区名	2017 年产量（万件）	2016 年产量（万件）	同比增速（%）
全国	80703.47	77867.62	3.64
北京市	686.28	757.28	-9.38
天津市	740.97	931.94	-20.49
河北省	1300.37	1467.20	-11.37
山西省	5.20	10.73	-51.57

（续表）

地区名	2017 年产量（万件）	2016 年产量（万件）	同比增速（%）
内蒙古自治区	7.66	67.09	-88.58
辽宁省	2419.49	1934.41	25.08
吉林省	294.10	318.46	-7.65
黑龙江省	145.76	161.48	-9.74
上海市	1701.73	1987.81	-14.39
江苏省	1447.17	1555.78	-6.98
浙江省	21635.77	20696.77	4.54
安徽省	935.26	983.91	-4.94
福建省	14795.99	14662.78	0.91
江西省	3760.79	2919.84	28.80
山东省	3310.21	3550.15	-6.76
河南省	6653.49	5937.84	12.05
湖北省	776.80	679.05	14.39
湖南省	1053.46	872.13	20.79
广东省	15017.59	14806.52	1.43
广西壮族自治区	395.88	412.22	-3.96
海南省	0.12	0.06	91.94
重庆市	731.69	603.46	21.25
四川省	2409.56	2153.27	11.90
贵州省	246.30	181.54	35.67
云南省	41.95	28.17	48.91
陕西省	127.44	109.16	16.75
甘肃省	8.21	15.02	-45.35
青海省	2.17	2.06	5.18
宁夏回族自治区	12.10	20.39	-40.66
新疆维吾尔自治区	39.98	41.11	-2.76

表 7 2017 年全国各地区家具进口情况表

地区名	2017 年进口值（美元）	2016 年进口值（美元）	同比增速（%）
全国	3051822871	2638896481	15.65
上海市	1062210468	922401618	15.16
广东省	509564138	377406331	35.02
北京市	296118047	274260878	7.97
江苏省	226789708	236949079	-4.29
天津市	180090672	146867244	22.62
浙江省	176419344	129844023	35.87
福建省	108784276	67789798	60.47
辽宁省	98693525	100582812	-1.88
山东省	74161358	57406601	29.19
吉林省	69873053	75789970	-7.81
四川省	69705773	44053328	58.23
湖北省	48305959	46544987	3.78
重庆市	29946901	33257577	-9.95
河北省	23299374	23532903	-0.99

（续表）

地区名	2017 年进口值（美元）	2016 年进口值（美元）	同比增速（%）
湖南省	17361428	22512183	-22.88
云南省	16615329	9848382	68.71
陕西省	10154455	2671761	280.07
广西壮族自治区	7105437	36751813	-80.67
黑龙江省	6724019	1608548	318.02
新疆维吾尔自治区	5146458	2678780	92.12
海南省	4812068	1698516	183.31
河南省	3102390	2443363	26.97
安徽省	1846625	3762402	-50.92
江西省	1780379	14807285	-87.98
贵州省	1222960	1117857	9.40
山西省	985696	981249	0.45
甘肃省	655126	548718	19.39
内蒙古自治区	170119	106823	59.25
西藏自治区	88697	75437	17.58
宁夏回族自治区	70412	258434	-72.75
青海省	18677	337781	-94.47

表 8　2017 年全国各地区家具出口情况表

地区名	2017 年出口值（美元）	2016 年出口值（美元）	同比增速（%）
全国	51423876039	49192525890	4.54
广东省	21408463159	21971348381	-2.56
浙江省	11815375899	10380330716	13.82
江苏省	4301475385	3836027900	12.13
福建省	3136862030	2805765109	11.80
山东省	2775415432	2634082364	5.37
上海市	2684788521	2688804194	-0.15
河北省	1397627579	1262373934	10.71
江西省	916716944	712402997	28.68
天津市	587784687	558551907	5.23
辽宁省	537862011	516069707	4.22
河南省	522598842	470640893	11.04
安徽省	473300743	390886607	21.08
北京市	174639379	198258713	-11.91
湖北省	155140798	159821038	-2.93
黑龙江省	132888026	107859106	23.21
湖南省	118753075	170736219	-30.45
吉林省	74769714	68906197	8.51
广西壮族自治区	57625448	48581646	18.62
重庆市	44931525	72760436	-38.25
新疆维吾尔自治区	39324376	32637428	20.49
四川省	24104538	27642093	-12.80
海南省	15376617	28581303	-46.20
陕西省	11599226	9515292	21.90

（续表）

地区名	2017 年出口值（美元）	2016 年出口值（美元）	同比增速（%）
内蒙古自治区	5848821	7401974	-20.98
云南省	4646940	10074425	-53.87
贵州省	2293916	7893357	-70.94
甘肃省	1838877	7321744	-74.88
山西省	904827	454571	99.05
西藏自治区	649770	496290	30.93
宁夏回族自治区	226661	2708770	-91.63
青海省	42273	3590579	-98.82

【中国家具产业集群】　截至 2017 年底，中国家具产业集群共计 49 个，其中，特色区域 38 个，新兴产业园区 11 个。所有产业集群分为八大类：传统家具产区、木制家具产区、金属家具产区、办公家具产区、贸易之都、出口基地、新兴家具产业园及综合产区。

表 1　中国家具产业集群类型

产区类型	产区个数（个）	产区名称
传统家具产区	12	大涌、大江、三乡、剑川、阳信、海虞、碧溪、瑞丽、仙游、东阳、涞水、石碁
木质家具产区	5	宁津、庄河、玉环、崇州、南康
金属家具产区	3	胜芳、樟树、庞村
办公家具产区	2	杭州、东升
贸易之都	5	乐从、武侯、香河、蠡口、厚街
出口基地	4	安吉、大岭山、海宁、胶西
新兴家具产业园	12	潜江、彰武、红安、海安、原阳、龙游、监利、清丰、信阳、叶集、宁海、兰考
综合产区	6	新都（本土制造及产业园兼备）、周村（软体家具）、沙集（电商基地）、南城（校具家具）、龙江（家具制造及家具材料兼备）、瓜沥（浴柜家具）

集群分布　中国家具产业集群分布在广东、福建、长江三角洲、环渤海、东北、中部、西部等地区，覆盖了家具行业的全部产区。其中，长江三角洲依托当地的历史、文化、人才等因素，在发展中形成产业集聚，经过较长时间的积累，成为产业集群最为集中的地区，有 13 个产业集群。中部地区在国家政策的引领下，迅速响应产业转移趋势，同时，经过科学规划、合理布局，具有

较强的可持续发展能力，有12个产业集群。广东省在改革开放时期培育轻工家具业发展，占据沿海地区的开放优势，经过多年的积累，管理、工艺都相对成熟，有9个产业集群。环渤海和东北地区是传统工业基地，具有一定的产业基础，同时原材料优势也推动形成产业集群，环渤海地区有7个产业集群，东北地区有2个产业集群。受国家西部大开发政策的推动以及家具企业积极探索，西部地区家具行业自成一格，有产业集群5个。

发展主要特点 2017年，中国家具产业集群逐渐走向经济平稳增长与质量效益提高的互促共进阶段，在标准建设、环保提升、产业转移、展会展览等方面取得了极大进展，行业发展的内生动力、创新能力和质量效益都得到很大提升。

①标准建设步伐加快。家具行业发展日益规范，质量要求不断提高，家具标准化工作越发重要。中国家具行业的标准化体系不断完善，对规范行业市场、提升产品质量和技术水平、节能环保、规范经营行为、强化市场监督起到积极的作用。2017年，各地区制定发布地方标准：京津冀地区建立强制性环保标准——《建筑类涂料与胶黏剂挥发性有机化合物含量限值标准》；上海发布《家具制造业大气污染物排放标准》；广东起草全国首个家具物流标准《家具物流服务质量规范》；南康家具《实木单层床》和《实木餐桌餐椅》团体标准正式发布，成为中国家具行业内的首个团体标准；此外，仙游《仙作古典家具》团体标准通过专家审定；顺德起草的《顺德家具集体商标使用及管理规范》及《家具用牛皮》团体标准也通过了专家审定。

②环保提升工作稳步开展。随着国家环保工作的逐步开展，国家对家具行业的环保要求也越来越严。家具行业油改水，华北地区因治理雾霾而提高环保标准，长江经济带11个省(市)建立环保负面清单。在环保政策不断实行的影响下，上海奉贤3个月关闭900多家工厂；河北廊坊整治1.2万家“散乱污”企业。产业集群地区的政府也在监管层面发力，大涌率先试点家具行业喷漆集中式处理项目，厚街政府投入2000万扶持家具企业治理污染。

③产业转移有序进行。在环保升级、企业产能扩张、降低成本需求等多方面因素的作用下，近年来，产业转移规模扩大，转移趋势明显，京津冀企业大规模外迁，一些大型企业寻求产能扩张，江苏、河南等成为产业转移的重要承接地。同时，政府倡议并推动“一带一路”建设，在政府的指导下，家具企业到沿线国家设厂，开拓市场，开展合作。成都家具产业集体参加印尼展，试水东南亚市场；京津冀家具产业向河南转移，投资规模较大。

④产业升级成果显著。产业集群尤其是特色区域以传统家具产业为主，技术研发薄弱，产业结构落后，相继出现发展乏力的情况。近年来，集群地区政府扶持支柱产业发展，引导产业转型升级。通过建设产业发展平台、引导生产线改造等多种方式激发产区活力。大涌、厚街、龙江、南康等地均在政府层面发力，投入大量资金推动产业发展，取得良好成效。

⑤展会展览质量提升。依靠其规模优势和特色产业，产业集群组织文化节、展销会甚至博览会已成为常态。香河家具城在连续5年举办采购节的基础上，首次举办国际家具展；东莞作为展览之城，创新展览内容，举办首届定制家具展；胜芳继续举办第十七和十八届中国国际金属玻璃家具及小件家具博览会。南康、信阳等产业集群也适时举办家具展，助推家具企业走出去，同时吸引外省企业走进来。

产业转移概况 ①产业集中度提高，推动产业扩大布局。大型企业通过建设销售网络，加强品牌宣传推广力度，建立了品牌知名度。销售市场逐渐增大，推动产能增加，以保证供给。一方面，大型企业运用新技术、新设备等，增加产能。同时，通过新建厂区扩大产业布局。2017年，司米橱柜使用家具制造业顶尖设备和技术在湖北黄冈建厂；索菲亚计划在崇州建设生产基地。产业集群承接大型家具制造企业转移，提高了当地的家具制造水准和工业化程度。

②环保政策和要求推动产业转移。自2015年新《环保法》出台以来，各省份也相继出台地方型环保政策法规，提高家具业环保标准。尤其是北京疏解非首都功能，华北地区“2+26”环保标准提高，长江经济带11个省(市)建立环保负面清

单……推动当地企业大规模外迁。很多外迁企业考虑主要的销售市场，倾向于就近设厂，如北京家具企业外迁主要集中于河北及河南。包括河北深州、汉沽、芦台、大厂、文安等地，河南清丰、兰考等地。其中清丰已承接近350家中小型企业入驻。上海市家具企业外迁主要集中于江苏海安、南通等地。

③成本因素推动企业转移。随着土地成本和人工成本的攀升，沿海及发达城市的家具企业向中部地区、发展中地区转移。近10年来，中部地区涌现的大批产业园，就是在政府支持承接产业转移的背景下兴建的。同时，受国家"一带一路"政策推动，中国家具企业向全球化方向发展，越南、印度尼西亚等地成为家具企业走向全球市场的第一步。

产业集群建设意义 ①产业集群是地区经济的重要支撑。家具产业集群根据当地独特的自然和人文资源、历史传统和区位优势，在各级政府的统筹规划协调下，一批极具鲜明地域特色和产业优势的家具产业集群不断发展壮大，发挥着良好的集聚效应，能够有效推动区域产业和经济发展。已经成为区域经济发展的重要力量和区域品牌的有力代言，促进和带动了地方经济发展和区位优势的提升，成为助推地方经济发展的重要动能和支撑。如中国中部家具产业基地南康，通过建设赣州港，助推南康家具点对点运输，建成全国第5个国家家具产品质量监督检验中心，在标准建设和产品质量上不断提高要求。2017年，南康家具企业数7548家，规模以上数量369家，工业总产值达1300亿元，成为地区经济的重要支撑。

②产业集群是推动行业转型升级的新动能。家具行业产业集群是行业发展的一支重要力量，集中了中国家具的主要力量，很大一部分家具产品在家具产业集群中产出和流通，同时也是家具行业优势制造业基地及特色产业出口基地的典型代表。如中国板式家具产业基地崇州，以全友、明珠等企业为代表的多数规模以上企业已采用ERP企业资源计划信息化管理，采用意大利和德国制造的世界一流生产设备，基本实现全程数控化生产。部分企业建立了国家级企业技术中心，投资1亿元兴建国家家具质量监督检验中心。近年，各家具企业生产线技术改造累计投入资金9亿元以上。这些产业集群已经成为推动行业转型升级的新动能。

存在问题 ①产业集群发展水平不均衡。全国家具产业集群发展水平差异很大，新兴产业园区和传统优势特色区域在政府的引导和支持下，采用先进适用技术，优化产品结构，全面提升设计、制造、工艺和管理水平，促进家具业向价值链中高端升级。而一些地区对产业集群建设的重要性认识不足，重视不够，缺乏应有的品牌战略、营销战略和转型战略，没有抓住产业调整升级的机会，导致产业发展下滑。

②公共服务平台建设仍需加强。很多优秀的产业集群在平台建设方面取得了长足进展，建成了检测、研发、培训、物流、展示等平台，对集群内中小企业的发展具有重要的推动作用。同时，一些地区的产业集群没有形成完整的产业链，平台建设不够完备，对中小企业的长期发展不利。

③规划的科学性和政策的连续性有待加强。在供给侧结构性改革的背景下，部分产业集群面临着定位不清晰、转型发展无力的发展瓶颈，迫切需要制定更具前瞻性和科学性的产业规划。经济发达地区的产业集群受到区域经济结构升级和城市发展扩容影响，产业发展空间受到限制，产业开始转移。而承接转移的地区，由于招商初期产业规划不够科学，以土地等资源作为招商亮点吸引企业入驻，并给予企业各类优惠条件。但随着政府换届，支持产业发展的政策不能有效实施，这对企业发展及地区经济的可持续发展极为不利。产业集群的良性发展需要科学规划以及合理、持续的发展政策。

发展措施 产业集群是家具行业发展的一支重要力量，也是中国家具协会推动行业发展、提升服务能力的重要工作抓手。中国家具协会将继续发挥熟悉行业、贴近企业、集聚行业专家队伍的优势，利用可用的家具院校、研究机构、公共服务平台等资源，协同产业集群当地政府及协会，对家具产业集群进行培育、共建和服务，以提升产业集群的发展质量。产业集群也需要在自身层面加强建设，推动产业可持续发展。

①加强公共服务体系建设。发挥企业集聚优

势，通过建立协调机制，在产业集群内形成企业自主开发和产业集群共同开发的协同创新体系。进一步发挥企业的创新主体作用，健全政、产、学、研、用结合的产业体系，加强共性关键技术攻关。发挥管理创新的示范和引领作用，积极开展咨询诊断、专业培训，推动引进优秀管理人才，创新人才激励和约束机制，提高中小企业经营管理水平。加快公共服务平台建设，提供研发设计、知识产权保护、检测认证、信息咨询、培训、展销、物流等公共服务。中国家具协会将利用培训、信息、标准等资源，服务产业集群，推动产业集群健康发展。

②推进两化融合建设。大力推进工业化、信息化深度融合，广泛开展"互联网＋产业集群"行动，落实"中国制造2025"行动方案，促进产业集群转型升级。利用互联网技术、大数据等，促进传统生产线向智能制造转变，促进研发及创新开展，促进物流向物联网方向发展，提升产业集群服务企业的能力。

③做好集群式走出去工作。利用国家"一带一路"战略实施的历史机遇，立足于区域经济基础，利用好"走出去"的各项政策，有条件有目的地对接沿线国家、地区建设和发展需求，引导优势产能走出去，推动产业结构优化升级。"一带一路"的建设，不仅有利于推动中国自身的发展，也惠及亚洲、欧洲、非洲乃至世界。目前，中国部分家具企业在政府的指导下，正在开展与"一带一路"沿线国家的各种合作。产业集群要利用中国家具出口大国的优势，围绕"一带一路"战略，加强国际交流合作。

传统家具产区　国家统计局数据显示，2017年，红木家具出口1.22万件，同比增长34.41%；出口值320.59万美元，同比下降47.98%；进口42.76万件，同比增长74.6%；进口值6375.31万美元，同比上升67.92%。

受国际原材料供应量下降及国家对实体经济调控影响，红木家具行业从快速增长阶段逐渐走向理性消费阶段，传统家具产区开始寻求新的转型升级之路。主要有：一是响应国家"三品战略"号召，建立地方标准或团体标准，提高红木家具产品质量。二是建立产学研平台，为行业发展输送人才。家具行业尤其是传统家具行业专业院校数量少，已有少数产区自行建立职业学校，为行业提供专门人才。三是加大研发投入，开发新的产品类型。在广东展会上，大批传统家具企业开始研发新中式家具产品，获得较高关注度。传统家具企业依托自身的传统文化素养和配套条件，开发新中式家具产品具有很大优势。

从产区分布来看，广东省占据沿海地区的开放优势，红木资源获取便利，设备相对先进，"广作"红木家具经过多年积累，形成很好的规模总量优势，具有4个传统家具产区；长三角地区依托当地的历史、文化和人才等优势，形成"苏作"红木家具风格，在传统家具中有鼻祖地位；浙江东阳的"东作"家具也成后起之秀；"京作"家具起源于宫廷家具，河北地区占据政治地域优势，在涞水形成"京作"古典家具产区。此外，福建仙游的"仙作"家具及云南的传统家具都具有一定的特色。

仙游红木家具产业产值超360亿元，生产厂家4400多家，规模以上180多家，从业人员21万人。到2016年底，共有中国工艺美术大师1人，中国木雕工艺大师4人、中国传统工艺美术大师9人。成功举办2014～2017中国(仙游)红木古典家具精品博览会。

涞水清宫红木雕刻传统技艺是"河北省非物质文化遗产"。截至2017年，涞水红木家具企业420余家，从业人员2万余人。2017年产值15亿元，销售收入20亿元。2017年，入选河北省第一批创建类特色小镇，成功举办第四届中国·涞水京作红木家具文化节。

阳信主要经营古典家具的收购和加工，截至2017年，有家具加工企业60余家，家具行业带动就业3万余人，拥有仿古家具营销加工专业村37个，年销售额达45亿元。

瑞丽有红木企业100多家，红木加工园区占地84.65万平方米，规范的红木加工基地有姐勒工业园区、弄岛工业园区。瑞丽已由木材中转站向红木家具制造基地转型，已连续举办6届中国·德宏瑞丽红木文化节，举办中国·瑞丽"神工奖"大赛及获奖作品展。

剑川是中国民族木雕家具产业基地。从事木雕产业人员2万余人，相关经营户1500多家，80

多家木雕私营企业，木材专业市场4个。有联合国教科文组织授予的民间工艺美术师、国家级工艺美术大师和省级工艺美术大师共5人。

碧溪家具产业以苏作红木家具为主，是苏作红木家具的代表。多年来，碧溪苏作红木家具产业走精品化路线，拥有名佳红木、东达红木等骨干龙头企业。

海虞镇有红木家具生产企业及作坊153家，从业人员6000多人，以金蝙蝠、明艺、汇生等为龙头企业，2017年全镇"苏作"红木家具行业企业87家，规模以上企业25家，实现工业总产值15.74亿元，主营业务收入7.49亿元，家具产量32.39万件。

东阳有红木家具企业近3000家，从业人员近10万人，已形成东阳中国木雕城、东阳红木家具市场、南马花园红木家具城、东阳中国古典工艺城四大交易市场和三大产业基地。主办中国·东阳红木家具展览会等展会。主办2017年中国技能大赛全国家具(红木雕刻)职业技能竞赛总决赛。

大江拥有传统家具企业131户，其中规模以上企业32户。2017年，全镇传统家具业实现产值47亿元。成功引进投资2亿元的黄花梨博物馆和总投资超4.5亿元的红木艺术展览城，配套仓储物流城和木材交易市场、高标准酒店项目。

三乡是西式古典彩绘家具生产销售重镇，占据西式古典彩绘家具的高端市场，年销售额超15亿元。三乡古典家具文化市场有超过30万平方米商铺、过千户商家及300多家企业。自2009年来成功举办4届中国(三乡)古典家具文化节。

石碁镇是重要的"广作"红木家具制作技艺传承发展地，石碁"广式硬木家具制作技艺"已被列入省级非物质文化遗产代表性项目目录。正在建设的"石碁红木小镇"融合工业、商业、服务业、旅游业和文化产业于一体，面积达5平方千米。

2017年，大涌镇入选第二批全国特色小镇，成为目前全国唯一一个以红木为主题的国家级特色小镇；成立中山职业技术学院红木家居学院及中山红木家具知识产权快速维权中心，举办2017中国(中山)红木家具文化博览会等活动。

木质家具产区 木制家具产业在行业中占据体量最大，主营业务及利润都在行业内占比最高。国家统计局数据显示，2017年，全国木制家具完成产量27072.93万件，同比增长2.84%；完成主营业务收入5834.44亿元，同比增长11.1%，在家具行业内占比64.43%；完成利润总额360.27亿元，同比增长11.51%，行业内占比63.75%；出口额137.33亿美元，占比26.71%，同比下降0.63%。2017年中国家具行业规模以上企业共有6000家，其中，木质家具制造企业3931家，占65.52%。与2016年相比，家具行业增加的439家规模以上企业中，有325家来自木制家具行业。

从地区来看，2017年木质家具产量前五位的地区依次是广东、江西、福建、浙江、山东，其中广东产量5734.45万件，占全国木质家具产量的21.18%；江西3196.76万件，同比增长34.32%，占比11.8%。江西南康、浙江玉环及山东宁津等实木家具产区在其中贡献了很大力量。

木质家具产业盈利能力稳定，近三年都保持10%以上增长。近年，随着木制家具制造装备水平的提升，生产能力显著提升。尤其以定制家具为代表的板式家具生产线的工业化水平在行业中领先。

宁津实木家具产业经过多年的积累，已经形成完整的产业链条。承接国内家具企业的扩张和战略转移，实木家具龙头企业华日家居在宁津设厂。宁津有多所学校开设了家具设计课程，每年向行业输送技术人才近万人。投资约2.6亿元建设的宁津实木家具发展中心，建筑面积达14万平方米。

崇州已形成以全友、明珠为龙头，索菲亚、喜临门、尚品宅配等大量规模以上企业为骨干的产业集群。部分龙头企业建立了国家级企业技术中心。已建成国家家具产品质量监督检验中心。2017年园区家具及相关配套企业381家，规模以上企业33家，工业总产值89.8亿元，利润总额5.5亿元，规模以上企业从业人员1.9万人。

庄河主要生产经营实木家具。全市有家具生产企业1600余户，规模以上企业10余户，从业人员近2万人，生产面积约230万平方米，形成华丰、华夏等一批龙头企业。庄河建立家具产业园，推动家具产业形成一个集生产加工、包装、产业配套和物流配送的完整家具产业链。

玉环生产的欧式古典家具，在全国拥有很高知名度。2017 年，玉环有家具企业 292 家，规模以上企业数 38 家，实现工业总产值 49.65 亿元，出口 1.97 亿美元，内销 36.86 亿元，家具产量 100 万套。

南康家具产业是南康的首位产业。拥有中国驰名商标 5 个，专业家具市场面积超 220 万平方米。2017 年，南康家具产业总产值达 1300 亿元，同比增加 27.4%，主营业务收入 1260 亿元；工业增加值 332 亿元，增长 30.2%。建成了全国内陆第八个永久对外开放口岸和中国内陆首个国检监管试验区赣州港，建成国家家具产品质量监督检验中心、工业设计中心等发展平台。

商贸基地 全国国家具商贸基地共 5 个，分布在广东、江苏、河北和四川，总面积达上千万平方米。近几年，随着家具商贸渠道的多元化发展，家具卖场也开始进行转型升级。一些基地利用自身的资源优势，举办家具展览会、展销会，推广品牌的同时，让利于消费者；一些基地利用产品特色优势，举办特色家具展，在国际上赢得很高知名度；一些基地打造区域品牌，带领企业走出去，开拓国际市场。各基地均在原有的商业模式基础上，开发新的产业增长点，走差异化发展之路。

2017 年，香河举办首届中国·香河国际家具展览会。城内参展企业 7500 多家，搭建室外展馆 31 座，外地参展企业 181 家，邀请各地采购商、经销商 4 万余人，参观购买人员总数 50 余万，市场交易额突破 56 亿元。从市场综合效果看，展会与文化节相辅相成。

武侯是中西部家具的重要集散地。全区商场总面积超过 75 万平方米：入驻商家 3000 余家，从业人员超过 5 万。八益家具城和成都太平园家私广场是武侯区家具市场的龙头企业，聚集商家 4000 余户，年销售额达到近百亿元。家具市场带动家具生产企业 500 余家，其中，大型企业 182 家，另有物流运输公司 160 余家。

乐从家具城是国内最早的家具专业市场，拥有 180 多座现代化的家具商城，商铺总面积达 400 多万平方米，从业人员 5 万多人，日均顾客流量达 2 万人次。乐从启动家具大道改造升级项目，塑造若干艺术节点、艺术化景观，提升国际品牌形象。打造国内首个家居体验式酒店佛山罗浮宫索菲特酒店。乐从镇新兴产业步伐稳健，25 个创新科研团队落户乐从，聚集高端人才 430 余人。

厚街拥有规模以上企业 170 多家，生产规模上亿元企业 60 多家，上下游关联企业 800 多家，行业从业人员约 10 万人，生产总值约 100 亿元。厚街已建成 10 个总经营面积超过 80 万平方米的家具原材料交易市场；8 个大型家具产品营销中心，其中名家具世博园单体面积 40 万平方米；全长 5 千米的家具大道吸引 200 家左右国内外品牌入驻；并已连续举办 36 届“国际名家具(东莞)展览会”。

蠡口是辐射中国东部的家具商贸市场。现有 45 栋家具大厅和两条家具大道，总建筑面积 150 余万平方米，经营面积 80 余万平方米，仓储面积近 60 万平方米，吸引近 4000 家商户入驻，从业人员 5 万余人。已举办 9 届苏州家具展，有效增强了蠡口家具市场活力。

出口基地 2017 年，家具行业出口额恢复正增长。进出口贸易总额 544.76 亿美元，占轻工进出口贸易总额的 8.57%，居轻工各子行业第五位。其中累计出口 514.24 亿美元，同比增长 4.54%，贸易顺差 483.72 亿美元。2017 年家具行业规模以上企业累计完成出口交货值 1892.25 亿元，同比增长 7.97%。

中国家具出口的主要地区是广东、浙江、江苏、福建、山东等，出口贸易国(地区)中，美国、日本和英国稳居前三位，占比接近中国家具出口总额的 50%。美国是中国最大的家具出口贸易国，2017 年累计完成 187.63 亿美元，占中国家具出口总额的 36.49%。

2017 年，全国家具行业向“一带一路”65 个国家实现进出口总额 98.41 亿美元，其中出口达 89.36 亿美元。2017 年中国家具出口“一带一路”国家占比最大的地区是广东，累计出口“一带一路”国家 53.19 亿美元，占中国家具对“一带一路”国家出口总额的 59.53%，占广东家具出口总额的 24.85%。全国家具行业向 G20 国家出口 407.40 亿美元。

中国家具主要出口产区包括广东大岭山、浙江安吉和海宁、山东胶西，对中国家具出口产业作出重要贡献。

胶西镇有家具及配套企业170余家，其中规模以上企业近30家，全年工业总产值超过300亿元。胶西镇建设的家具产业园区配套有家具质量检测中心、信息中心、综合商务中心、家居原辅材料市场、物流中心等项目，助推产业健康发展。

海宁是中国出口沙发产业基地，拥有家具生产企业170余家，从业人员4万余人，行业内规模以上企业44家。2017年家具行业实现工业产值74.97亿元，利税6.15亿元，同比增长26.4%，行业利润3.2亿元。沙发企业累计出口61.29亿人民币。2017年各类原材料价格在前年的涨价基础上同比大幅增长，沙发企业总体成本上涨15%~20%。

安吉椅业已成为安吉县第一大支柱产业。全县共有椅业企业700家，实现销售收入335亿元，其中规模以上企业154家，完成工业总产值202.8亿元，占全县规模以上工业总产值36.1%；实现销售收入195.3亿元。销售收入亿元以上企业达56家，全县共有椅业出口企业372家，累计出口152亿元。其中，永艺股份出口13.77亿元，同比增长31.9%；中源家居出口7.84亿元，同比增长33.9%。

大岭山镇拥有家具及配套企业500家，其中规模以上企业60家。2017年家具产业生产总值139亿元人民币，出口总额13.56亿美元，税收7.92亿元。拥有自主自创家具品牌300个、国家高新技术企业5家、中国驰名商标5件、广东省名牌产品13件、广东省著名商标6件、广东省技术工程中心2个。

新兴产业园区 中国新兴家具产业园在承接产业转移、引领行业发展过程中发挥着重大作用。

一方面，自2015年新《环保法》出台以来，各省份也相继出台地方性环保政策法规，提高家具业环保标准。2017年，家具行业产业升级、产业转移步伐加快。尤其是北京疏解非首都功能，华北地区“2+26”环保标准提高，长江经济带11个省市建立环保负面清单……推动当地企业大规模外迁。如河南清丰近年已承接近300家中小型企业入驻，海安等地也承接了大批家具外迁企业。

另一方面，受产业发展推动，产业集中度增加。大型企业销售市场逐渐增大，需要通过新建厂区扩充产能，以保证供给。2017年，司米橱柜使用家具制造业顶尖设备和技术在湖北黄冈建厂；索菲亚计划在崇州建设生产基地；尚品宅配拟投资在无锡建设“工业4.0智能定制家居华东生产基地项目”。产业园承接大型家具制造企业转移，提高了当地的家具制造水准和工业化程度。

江苏海安2017年中国东部家具产业基地新签约入驻生产型工业项目68个，总投资80亿元。家具原辅材料市场11万平方米已正式运营，总面积18万平方米的O2O东部国际材料交易会展中心正在建设，8万平方米的家具工业园邻里中心已经正式投入使用。

叶集区共有各类木材加工企业2000多家，从业人员5万余人。产业园规划建设13.3平方千米，至2017年底，已建成面积8平方千米。叶集区共引进家具类企业83家，其中规模以上企业70家，销售家具520万件，实现工业总产值67.3亿元，同比增长16%。

彰武家具新兴产业园区于2017年晋升为省级开发区，承接京津冀等地家具产业转移，全年引进家具企业20余家。2017年园区累计实现全口径产值12.6亿元(规模以上企业11.25亿元)，销售收入12.3亿元(规模以上企业11.12亿元)。

浙江龙游中国红木家居文化园是一个综合性文化旅游开发园区，规划用地3.5平方千米，预计投资80亿元，按照国家5A旅游景区标准建设。该园区以红木制造为产业支撑，构建红木制造、文化旅游、休闲娱乐、家居体验和电子商务五大平台。

潜江家具产业园由湖北华伽投资管理有限公司投资建设，规划面积2000公顷，计划总投资500亿元，分三期建成，其中一期工程占地666.7公顷，总投资160亿元。已引进全友、好迪等知名企业70余家，有效带动了当地经济发展和就业。

宁海在政府家具产业振兴计划“产业回乡工程”引导下，成立宁海家具产业联盟。投资8亿元建立家具产业总部，采用O2O营销模式，凭借“线上+线下”相结合的营销理念，全国结网，长三角重点布局，打造宁海名片，吸引产业回流。

红安新兴产业园规划面积约20000余亩，总投资200亿元，由香港融园控股集团投资建设。规划分为家具制造基地、原辅材料交易区、配套产品加工区、仓储物流集中管理区以及生活配套区5个功能板块和1个家具品牌孵化基地。

监利产业园分为家具、家电、家装、家纺四大业务板块，以低碳家居生产基地、创业孵化基地、家居产业研发基地、物流配送基地四大基地建设为重点。产业园建成后可实现销售收入1000亿元、利税200亿，解决10万~15万人就业。

2017年底，信阳产业园已完成投资近80亿元，获批土地11222亩。建成标准化厂房50万平方米，已有20家生产企业投产、2家商贸企业运营。2017年，实现主营业务收入22.7亿元，正在建设的10个项目完成固定资产投资21.3亿元，规模以上企业增至10家。

2017年底，清丰县共有家具企业近576家，年销售额210亿元，从业人员3万余人。清丰县产业园规划面积23.56平方千米，家居产业园占一半以上。建成河南省家具质量监督检验中心等公共平台，建设清丰国际家居博览交易中心和7.5万平方米家居会展中心。

兰考木材加工企业多达500余家，规模以上企业140余家，熟练工人达7万人。2017年，全国21家家居上市企业中，已有索菲亚、喜临门、江山欧派、大自然、曲美、皮阿诺6家入驻兰考。2017年，兰考县家居及木制品加工产业总产值达180亿元。

河南原阳中国中原家具产业园(原阳金祥)总占地面积5000亩，2017年建设面积达3000亩，建成投产1800亩，建成厂房面积150万平方米。园区落户家具企业84家，其中投产企业63家，在建签约企业21家，直接吸纳就业10700人。

表1　中国家具协会产业集群一览表

序号	时间	名称	所在地
1	2003年3月	中国红木家具生产专业镇	广东省中山市大涌镇
2	2003年8月	中国椅业之乡	浙江省湖州市安吉县
3	2004年3月	中国家具商贸之都	广东省佛山市顺德区乐从镇
4	2004年8月	中国实木家具之乡	山东省德州市宁津县
5	2004年9月	中国家具出口第一镇	广东省东莞市大岭山镇
6	2005年7月	中国西部家具商贸之都	四川省成都市武侯区
7	2005年8月	中国家具制造重镇	广东省佛山市顺德区龙江镇
8	2005年8月	中国家具材料之都	广东省佛山市顺德区龙江镇
9	2005年9月	中国金属玻璃家具产业基地	河北省廊坊市胜芳镇
10	2006年12月	中国实木家具产业基地	辽宁省庄河市
11	2007年3月	中国北方家具商贸之都	河北省廊坊市香河县
12	2007年5月	中国欧式古典家具生产基地	浙江省玉环县
13	2008年1月	中国传统家具专业镇	广东省台山市大江镇
14	2008年5月	中国古典家具名镇	广东省中山市三乡镇
15	2009年6月	中国东部家具商贸之都	江苏省苏州市相成区蠡口镇
16	2009年12月	中国民族木雕家具产业基地	云南省大理市剑川县
17	2010年4月	中国板式家具产业基地	四川省崇州市
18	2011年4月	中国出口沙发产业基地	浙江省海宁市
19	2011年6月	中国中部家具产业基地	江西省南康市
20	2011年7月	中国古典家具文化产业基地	山东省滨州市阳信县
21	2011年7月	中国北方家具出口产业基地	山东省胶州市胶西镇
22	2011年7月	中国华中家具产业园	湖北省潜江市
23	2011年7月	中国家具彰武新型产业园区	辽宁省阜新市彰武县

（续表）

序号	时间	名称	所在地
24	2012 年 4 月	中国金属家具产业基地	江西省樟树市
25	2012 年 4 月	中国办公家具产业基地	浙江省杭州市
26	2012 年 10 月	中国浴柜之乡	浙江省杭州市萧山区党山镇
27	2012 年 11 月	中国苏作红木家具名镇——海虞	江苏省常熟市海虞镇
28	2012 年 11 月	中国苏作红木家具名镇——碧溪	江苏省常熟市碧溪镇
29	2012 年 12 月	中国家具红安新兴产业园	湖北省黄冈市红安县
30	2012 年 12 月	中国西南家具产业基地	四川省成都市新都区
31	2013 年 4 月	中国（瑞丽）红木家具产业基地	云南省瑞丽市
32	2013 年 4 月	中国仙作红木家具产业基地	福建省莆田市仙游县
33	2013 年 8 月	中国红木（雕刻）家具之都	浙江省东阳市
34	2013 年 8 月	中国东部家具产业基地	江苏省南通市海安县
35	2014 年 3 月	中国中原家具产业园	河南省新乡市原阳县
36	2014 年 9 月	中国京作古典家具产业基地	河北省保定市涞水县
37	2014 年 9 月	中国京作古典家具发祥地	河北省保定市涞水县
38	2014 年 11 月	中国钢制家具基地	河南省洛阳市庞村镇
39	2014 年 12 月	中国红木家居文化园	浙江省衢州市龙游县
40	2015 年 4 月	中国家具电商产销第一镇	江苏省睢宁县沙集镇
41	2015 年 5 月	中国长江经济带（湖北）家居产业园	湖北省锦州市监利县
42	2015 年 5 月	中国校具生产基地	江西省抚州市南城县
43	2015 年 5 月	中国中部（清丰）家具产业园	河南省濮阳市清丰县
44	2015 年 10 月	中国软体家具产业基地	山东省淄博市周村区
45	2015 年 11 月	中国（信阳）新兴家居产业基地	河南省信阳市羊山新区
46	2015 年 11 月	中国中部（叶集）家居产业园	安徽省六安市叶集实验区
47	2015 年 11 月	中国家具展览之都	广东省东莞市厚街镇
48	2016 年 7 月	中国华东实木家具总部基地	浙江省宁波市宁海县
49	2016 年 7 月	中国实木家具工匠之乡	浙江省宁波市宁海县
50	2017 年 4 月	中国广作红木特色小镇	广东省广州市石碁镇
51	2017 年 7 月	中国兰考品牌家居产业基地	河南省开封市兰考县
52	2017 年 8 月	中国办公家具重镇	广东省中山市东升镇

【中国红木家具生产专业镇——大涌】 大涌镇地处中山市西南部，距中山城区 8 千米，全镇随卓旗山错落起伏之势环拥而建，东临岐江，西靠西江，毗邻港澳，总面积 40.66 平方千米，下辖 11 个村（社区），户籍人口近 3 万人，外来常住人口 4 万多人，旅外乡亲 3 万多人，是中山著名的侨乡和文化之乡。

行业发展 大涌红木家具制作历史悠久，做工精湛，起源于宋元年间。改革开放初期办起了第一家红木家具厂，汇聚全国能工巧匠，逐步形成全国产业度最集中、全产业链配套最完善的红木家具生产基地。继“中国红木雕刻艺术之乡”“中国红木家具生产专业镇”“中国红木产业之都”“中国红木产业集群名镇”之后，2017 年 8 月，大涌镇入选第二批全国特色小镇，成为当时全国唯一一个以红木为主题的国家级特色小镇。

公共平台建设 大涌镇搭建了技术创新、质量检测、人才培训、信息共享的产业公共服务平台，组建了大涌镇生产力促进中心、中广测协同创新中心、红木家具研究院、木材干燥中心、红木家具快速维权中心、红木家具版权中心等机构，引进先进的设备仪器及研究服务团队，从技术、设计、检测、人才信息、法律保护等方面为企业提供全方位服务。近年，不断攻克产业共性难题，木材智能干燥、真空干燥等智能设备处于国内甚至是国际领先水平，为大涌红木家具产品质量提供有力保障。

品牌发展及重点企业 大涌成立中山、四川、东阳、广西、湖南、江西、广东五华七大地区行业协会，孕育了红古轩、东成、伍氏大观园、鸿发、奇典居、太兴、地天泰、忆吉轩等一大批知名品牌，协会和企业间形成良好沟通机制，共同抱团发展，合力推动红木产业做大做强。大涌探索出“政府＋行业协会＋企业”的三方联手形式，共同对外推广区域品牌和参加重大会展。自2003年在北京联展首次亮出“大涌红木”区域品牌以来，办展足迹遍及沈阳、北京、武汉、长沙、广州、深圳、东莞、中山等地。“大涌红木”区域品牌形象登上央视、高铁、机场等众多高端媒介平台，区域品牌影响力不断扩大。

特色小镇建设 1月，大涌镇红木文化旅游特色小镇被纳入中山市第一批市级特色小镇创建名单。5月，中国(大涌)红木文化博览城(简称“红博城”)景区成功创建为国家AAAA级旅游景区。此前，红博城还入选《全国优选旅游项目名录》、首批国家工业旅游创新单位、广东省高端旅游项目，多元业态蓬勃发展。8月，大涌镇入选第二批全国特色小镇，并成为当时全国唯一一个以“红木”为主题的国家级特色小镇。同月，大涌镇红木文化旅游特色小镇入选首批广东省特色小镇创建工作示范点。

产业提升 1月，大涌镇政府和中山职业技术学院签署协议，合作建设全国首个红木家居学院——中山职业技术学院红木家居学院，学院教学地点落户红博城，并于2017年9月招收首批学生。同月，大涌镇政府联手红博城、东成、伍氏大观园、太兴、忆古轩、地天泰等红木品牌企业，在四川九寨沟黄龙机场投放立体式、全覆盖广告，推广“大涌红木”区域品牌。3月，经过近一年筹建，中山红木家具知识产权快速维权中心正式揭牌成立，主要开展快速维权、外观设计专利快速授权和综合知识产权服务三大业务，红木家具外观设计专利授权时间从6个月缩短到30个工作日以内，大涌红木家具知识产权保护步入新时代。9月，总投资2000万元的“集中治污”项目——中山市瑞龙环保有限公司试运行，对家具开料打磨粉尘、喷漆晾干废气等进行集中收集和处理。

展会、赛事、论坛等助推产业发展 3月，2017中国(中山)红木家具文化博览会在红博城举行，打造六大专业展馆、五大特色馆，展会更具质量，活动更有内涵，业态更加多元。8月，首届中国新中式红木家具大会在中国(大涌)红木文化博览城举行。10月，2017年中国技能大赛全国家具(红木雕刻)职业技能竞赛“大涌红木杯”广东中山赛区选拔赛在红博城成功举行，发掘和选拔一批“工匠之星”和广东省家具行业红木雕刻优秀选手。

【中国传统家具专业镇——大江】 大江镇位于“中国第一侨乡”“中国电能源产业基地”——广东省台山市最北部，全镇总面积69.8平方千米。自2008年1月8日，成为全国首个由中国家具协会等六家单位参与共建的“中国传统家具专业镇”以来，大江镇迅速出台了一系列政策，推动了传统家具产业的迅猛发展。现已形成了以集群发展为特点、坚持“型艺材韵”标准、坚持“高尖端”路线、家具制造与家具材料相配套、生产与研发相促进的产业格局，形成了集原材料供应、家具生产加工、产业配套、展销于一体的完整产业链。

行业发展 近年来，台山市与大江镇两级政府抓住市场发展的契机，努力推动传统家具生产企业的发展。旧高铜线大江境内两旁，传统家具门市、工厂如雨后春笋般相继开张。经过多年的建设，大江镇已成为全国重要的传统家具精品设计生产中心、展销鉴赏中心、原材料集散中心和人才培训中心。

2017年，大江镇联合中国家具协会成功举办了2017年中国技能大赛——全国家具(红木雕刻)职业技能竞赛(大江杯·广东江门分赛区)。来自江门市、台山市、新会区和肇庆市等地的48名选手报名参与此次选拔赛。

经济运营 截至2017年，全镇拥有传统家具生产企业131户，其中年销售2000万以上企业32户，培育出了伍氏兴隆、国胜、俊辉、金裕、孖指、永隆、会龙、华艺、恒升等一批传统家具精英企业，产品畅销国内外。2017年，全镇传统家具业实现产值47亿元，年生产主导产品25万套。

品牌发展及重点企业 ①品牌发展措施。近年来，台山市、大江镇两级党委、政府对大江传统家具业的发展倾力支持，经常与业界商讨行业发展对策和宣传推广方案，促进行业的健康快速发展。通过加强媒体宣传、加强推广推介、加强规划和包装、加强基础设施建设、加强载体建设推动品牌发展。

②重点企业情况。伍氏兴隆家具有限公司，是大江镇31家规模以上企业中一家极具地方特色的明式红木家具重点企业。公司成立于1987年，以生产高仿明清紫檀、黄花梨等珍贵高端的红木家具为主。以对中国古典家具的深入研究、独到理解，在传承、借鉴明清古典家具精华的基础上发展创新，创意和改良设计出具有伍氏兴隆风格的宫廷式家具，确立了以"型、艺、材"作为审美标准与生产制作的发展方向。

2017年发展大事记 由台山市大江镇人民政府、广东省家具协会共同主办的"2017年中国技能大赛全国(红木雕刻)职业技能竞赛大江杯·广东江门分赛区"，于2017年9月26～29日在江山多骄中国台山国际文旅展贸城举办。来自江门市、台山市、新会区和肇庆市等地的48名选手报名参与此次选拔赛。经过9月26日的统一理论考试，共有38人通过笔试考核，参加了雕刻实操比赛。9月29日，评审委员会7名裁判在监审委员会的监督下，对参赛选手的现场雕刻比赛作品进行了评比，共38人获奖。其中：工匠之星金奖1名，工匠之星银奖2名，工匠之星铜奖5名，工匠之星优秀奖30名。经与中国家具协会与广东省家具协会协商，大江镇推荐6名选手参加"2017年中国技能大赛全国(红木雕刻)职业技能竞赛总决赛"。

2017年10月，中共台山市委组织部制定了《2017年扬帆计划竞争性扶持市县重点人才工程项目申报书》，明确工作目标与任务，制订了可行的工作措施和经费保障方案，为大江保障人才的持续输出提供有力的政策扶持。

2017年12月，成功引导创作能力较强的骨干企业建立5个创意工作室，开展技术研修、技术攻关、技术技能创新和带徒传技。同时，为培养更多的技术骨干人才，大江镇促进台山市大江古典家具商会与台山市敬修职业技术学校签订《校企合作(专项班)协议书》，联合成立明清式家具设计专项班，鼓励企业参与培养学生，接受学生阶段性专业实习和顶岗实习，并负责优先安排按要求完成学习任务、取得毕业证书的学生在其单位就业。

【中国欧式古典家具生产基地——玉环】 玉环位于浙江东南沿海，总面积2279平方千米，其中陆地面积378平方千米，海域面积1901平方千米。户籍人口41.1万，外来登记在册人口23.3万。大麦屿港被世界《航路指南》列为中国八大天然深水避风锚地之一，2009年开通对台海上客货运直航。玉环是一座在改革开放中迅速崛起的滨海城市，连续十几年跻身"全国中小城市综合实力百强县"行列，2017年度玉环跻身全国中小城市综合实力百强县市第27位、全国中小城市投资潜力百强县市第11位。2017年4月11日，经国务院批准，玉环撤县设市。

近年来，玉环围绕打造先进特色制造业基地目标，大力拓展发展空间，破解要素瓶颈制约，形成了汽摩配、阀门水暖、家具、工程机械、金属制品、眼镜配件、药械包装、机床等特色产业集群，成为浙江省重要的制造业基地，先后被授予中国欧式古典家具生产基地等11个国字号集群称号。全市拥有工业企业11428家，其中上市企业16家，规模以上企业740家，超亿元企业105家。2017年全市工业总产值1563.78亿元，同比增长7.25%。

行业发展 家具是玉环工业的特色产业，经过近30年的发展，玉环家具已形成品种繁多、配套齐全、产业链条完整的集群经济，尤其是欧式古典家具，其档次和工艺水平处于全国领先地位。玉环家具能在激烈的市场竞争中得到发展，主要具有四大优势：一是产业集群优势；二是主导产品优势；三是制作工艺优势；四是体制环境优势。玉环家具企业已在全国各大中城市都建立了销售网点，产品远销俄罗斯、乌克兰、东南亚、中东等80多个国家和地区，成为华东地区重要的家具生产销售和出口基地。2004年荣获中国新古典家具精品生产(采购)基地后，2007年又获得中国欧式古典家具生产基地称号。玉环家具已不仅仅是一个产业，更是玉环的一张名片。

公共平台建设 搭建平台，助推产业发展。一是借助国际性展会平台，组织企业参展。展示玉环家具的新品、精品，开拓国内外市场。二是借助院士专家工作站平台，为产业发展提供智力支撑。院士专家工作站通过举办专题讲座、高峰论坛、发展研讨、技术指导，解决了行业共性的技术难题，为家具行业的发展起到积极推动作用。三是建好玉环·国际精品家具城，举办“玉环国际家具博览会”。汇集玉环高档家具、品牌家具、知名企业的精品家具，打造玉环家具市场升级版。

2015～2017年玉环家具产业发展情况汇总表

主要指标	2017年	2016年	2015年
企业数量(个)	292	292	283
规模以上企业数量(个)	38	36	35
工业总产值(万元)	496500	490500	487600
出口值(万美元)	19670	20500	20830
内销(万元)	368645	363400	356600
家具产量(万套)	100	100	98

品牌发展及重点企业 制定品牌管理体系，出台发展品牌和规模经济政策，加大对玉环家具品牌的培植，发挥“国”字牌带动效应。企业通过工艺创新、技术创新、品牌设计开发，提升产品档次，先后推出“宫廷壹号”“大风范”“国森”“欧宜风”“千代”“格艺”“唯尔佳”“富豪”“第一夫人”等多个品牌。其中“宫廷壹号”“国森欧宜风”获中国家具十大欧美品牌。

①浙江诺贝家具有限公司。创建于1986年，现占地面积5万平方米，资产总额6600万元。公司先后获中国新古典家具生产(采购)定点企业、浙江省名牌产品、浙江省著名商标、浙江省知名商号，台州市认定为“专利示范企业”，也是玉环龙头企业。相继成立木制家具和沙发研发中心，并聘请意大利、法国著名设计师主持设计，先后开发了八大类产品，覆盖了卧室系列、书房系列、厨具系列、实木系列、沙发系列，“宫廷壹号”获全国十大欧美家具品牌，2017年产销值超亿元。

②浙江大风范家具有限公司。始创于1988年，是国内最具代表性的专业从事欧式家具的设计、开发、生产和销售为一体的家具企业。公司先后获浙江省名牌产品、浙江省著名商标、全国十大欧美家具品牌、玉环龙头企业。公司自主研发纯天然植物饰面油，获得国际检验证书并拥有专利，已全面应用到大风范所有家具中，为家具环保做了再一次的革命性提升，是目前家具行业中独家自主研发并使用到自己产品的企业。

③玉环国森家具有限公司。创建于1985年，是一家集设计、开发、生产、销售于一体的规范化企业，厂区建筑面积10万多平方米，是玉环龙头企业。“国森”家具中西合璧，传统与现代融合，获全国十大欧美家具品牌。公司先后获中国驰名商标、浙江省名牌产品等荣誉称号。

④浙江欧宜风家具有限公司。成立于2004年，是集设计、开发、生产、销售于一体的规范化、专业化的家具生产企业，厂房占地面积3万多平方米，是玉环龙头企业。公司坚持内外并举、转型升级，做精、做优家具，产品远销加拿大、中东、韩国、俄罗斯等40多个国家和地区，2017年产销值超亿元。“欧宜风”获全国十大欧美家具品牌。公司先后获“中国轻工专项能力百强企业”“浙江省著名商标”“专利示范企业”等荣誉称号。

⑤浙江天源家具有限公司。成立于1996年，厂房建筑面积约16万平方米，公司拥有先进的家具生产线，是一家集设计开发、生产制造、销售服务于一体的欧式古典家具制造企业。公司推出的新品牌有：“唯尔佳”新法式系列，“天源·香奈尔”三代系列、“天源·卡希盟”延伸系列产品。产品远销俄罗斯、中东等40多个国家和地区。先后获浙江名牌产品、浙江省著名商标、浙江出口名牌产品等荣誉称号。

2017年发展大事记 ①转型升级；开拓内外市场。一是实施“三品”战略。增品种，在做好、做精欧式家具的同时，开发高质量的“新古典、简欧、法式、美式、新中式、智能沙发”等不同档次、不同风格的新品；提品质，以创建国家级家具产品质量提升示范区为载体，提升玉环家具品质，诺贝等8家企业获浙江省家具行业质量与标准重视奖四星企业；创品牌，鼓励企业培植各级名牌、商标，不断提升玉环家具品牌的核心竞争力。二是实施内外并举战略。在巩固现有境外市场的同时，致力开拓欧洲等新市场；国内在稳固一、二级市场的同时，着力开拓三、四线市场。

②技术创新，提升家具品质。加大技改力度，不断改进产品工艺装配的实际生产能力。外观创新上，从建筑、书画、瓷器等各类艺术作品中挖掘新的元素，将其运用到家具外观设计和绘画中；工艺创新上，引入金属加工行业的激光、高压水刀等工艺，替代手工雕刻，引入塑料行业的倒模工艺，开发复杂家具花饰部件，提高生产自动化水平。

③出台政策，扶持产业发展。研究制订促进制造业发展的政策，扶持家具产业发展。出台《玉环市扶持工业经济发展优惠政策(试行)》《玉环市家具行业专项扶持政策》《玉环市加快传统制造业优化升级的实施意见》。成立扶工助企办公室，帮助企业解决生产经营中的实际困难和问题。

2017 年活动 组织开展解放思想大讨论活动，要求企业认清形势、查找问题，在新的征程中，转变思维，研究对策，以实现思想观念的大解放，生产经营的大转变，管理水平的大提高。创建国家级家具产品质量提升示范区活动有声有色，助推产业持续发展。举办产业发展研讨、创新论坛、专题培训、技术指导等活动，帮助企业破解生产过程中的共性难题。举办行业协会爱心基金捐赠仪式，为玉环慈善事业捐款1200万元。

存在问题 玉环家具行业在转型升级过程中暴露出不少困难和问题：国际市场萎缩，出口形势严峻；创新能力不足，企业管理滞后；龙头企业偏小，产业难以做大；人力资源匮乏，竞争后劲不足；仿样白坯外流，阻碍产业发展；综合成本上涨，竞争优势弱化。

【中国中部家具产业基地——南康】 南康地处江西省西南部，居赣江上游，是赣州市三个市辖区之一。全区国土面积为1722平方千米，辖18个乡镇、2个街道，人口86万，是全国文明城市、中国甜柚之乡、中国木匠之乡、全国最大的实木家具生产基地。拥有全国第八个对外开放口岸、全国第一个内陆国检监管试验区、全国第五个国家家具产品质量监督检验中心等国字号平台，是中国(赣州)家具产业博览会主办地、全国电子商务示范基地。南康区位优越、交通便利，除黄金机场及规划建设中的高铁站外，境内有2条铁路、3条国道、4条高速公路，形成了立体网络式交通格局，距南昌、广州、深圳、厦门均为4小时左右车程。

行业发展 南康家具产业起步于20世纪90年代初，历经20多年发展，形成了集加工制造、销售流通、专业配套、家具基地等于一体的产业集群，是南康的首位产业、扶贫产业和富民产业。南康家具产业已成为全国最大的实木家具生产基地、国家新型工业化产业示范基地、全国第三批产业集群区域品牌示范区，2017年被国家林业局授予“中国实木家居之都”，国家质量监督检验检疫总局批准南康为全国16个创建国家级家具产品质量提升示范区之一。拥有中国驰名商标5个，江西省著名商标88个，江西名牌32个，品牌占有量在全省名列前茅，专业家具市场面积超过220万平方米，建成营业面积和年交易额在全国位居前列。2016年，产业集群总产值突破千亿元大关，达1020亿元；2017年，产业集群继续保持高速增长态势，家具产业集群总产值达1300亿元，同比增加27.4%，其中主营业务收入1260亿元；工业增加值332亿元，增长30.2%。

公共平台建设 借助苏区振兴发展的东风，搭建了全国内陆第八个永久对外开放口岸和中国内陆首个国检监管试验区——赣州港，目前已经建设成为了“一带一路”重要物流节点和国家铁路物流重要节点枢纽。同时全国第五个国家家具产品质量监督检验中心、中国实木家具之都、中国(赣州)家具产业博览会、全国电子商务示范基地等国字号平台落户南康，外贸服务中心、金融、木材烘干等全产业链的配套公共服务平台建设如火如荼，平台建设步入国际化。

2015年南康家具产业集群产值810亿元，工业增加值191亿元；2016年南康家具产业集群实现营业收入1020亿元，实现工业增加值255亿元；2017年产业集群继续保持高速增长态势，家具产业集群总产值1300亿元，同比增长27.4%；工业增加值332亿元，同比增长30%。

2015~2017年南康区家具行业发展情况汇总表(生产型)

主要指标	2017年	2016年	2015年
企业数量(个)	7548	7548	7548
规模以上企业数量(个)	369	189	88
工业总产值(万元)	13000000	10516000	8800000
主营业务收入(万元)	12600000	10100000	8300000
出口值(万美元)	14272	6781	1916
内销(万元)	12585728	10093219	8298084
家具产量(万件)	8390.49	6728.80	5532.05

2015~2017年南康区家具行业发展情况汇总表(流通型)

主要指标	2017年	2016年	2015年
商场销售总面积(万平方米)	200	180	160
商场数量(个)	18	16	14
入驻品牌数量(个)	268	203	118
销售额(万元)	1480000	1390000	1050000

2015~2017南康区家具行业发展情况汇总表(产业园)

主要指标	2017年	2016年	2015年
园区规划面积(万平方米)	1362.94	1362.94	346.67
已投产面积(万平方米)	890	830	810
入驻企业数量(个)	178	63	45
家具生产企业数量(个)	164	56	40
配套产业企业数量(个)	14	7	5
工业总产值(万元)	1995923	1227809	689157
主营业务收入(万元)	1986686	1225248	651331
利税(万元)	246409	111902	68119
出口值(万美元)	11843	8497	1959
内销(万元)	1915631	1174266	63978

品牌发展及重点企业 ①品牌发展情况。南康家具产业拥有中国驰名商标5个，江西省著名商标88个，江西名牌32个，品牌占有量在江西名列前茅。2017年开始正式向国家工商总局商标局申报“南康家具”集体商标。目前，“南康家具”集体商标审查已通过并对外公示，即将成为全国第一个以地名命名的县级工业集体商标。

南康区重点家具企业 ①江西汇明家居有限公司。公司成立于2014年，位于江西省赣州市南康区龙岭家具产业园，占地面积约62亩，总投资3.2亿元人民币。公司利用绿色环保型人造板为原材料，新建一条年产320万套板式家具的生产线。该项目是亚洲最大的板式家具出口项目，与宜家、沃尔玛等公司定点出口销售，填补了南康板式家具本土产品自营出口的空白，依托赣州港的优势，形成了南康家具内外贸相结合的产业新格局。

②江西家有儿女家具有限公司。公司是一家以芬兰进口松木为主材，主要生产儿童系列家具产品的出口家具生产企业，拥有员工160多人，年销售额近亿元，产品远销亚、欧、非、拉等地。2016年家有儿女公司抓住南康家具产业“转企升规”的有利契机，在政府“拎包入驻”的优惠政策支持下，成为首批入驻标准厂房的规模以上家具企业。入驻标准厂房之后，家有儿女公司投资7800多万元打造“标准化生产车间”，先后引入中央吸尘系统UV滚涂生产线和数控生产线等现代化生产设备，极大地改善了生产工艺，优化了车间环境，降低了生产成本。该“标准化生产车间”也成为南康家具企业转型升级的“示范性生产车间”。

③赣州市南康区蓝天木业有限公司。公司位于南康家具产业园，占地92亩；产业园一期45亩，建筑面积4万平方米已建成投产，产业园二期综合楼主体建成，公司主要从事实木家具生产和销售，年生产规模达6.4万件。总投资0.8亿元，注册资金1200万元，现有职员510人。2010年通过ISO质量管理和环境管理体系认证，2012年公司“吉祥·百得”注册商标被认定为中国驰名商标。

2017年发展大事记 ①升企入规。针对南康家具企业“低、小、散、弱”等突出问题，南康区委、区政府学习借鉴温州、义乌经验做法，解放思想、打破常规，从2016年底开始在家具产业大力开展“升企入规”，短时间内入规和规模以上标准家具企业突破1000家，2016年新增省级核准规模以上家具企业203家，位列全省第一，省级规模以上家具企业达到369家。在大力推动企业入规的同时，坚决淘汰落后产能，为家具产业新1日动能转换和转型发展腾空间、优环境。拆除破旧家具铁皮厂棚246万平方米，对全区100多家污染企业实施了“关停并转”。启动了五年1000万平方米标准厂房建设计划。2017年建成标准厂房220万平方米，在建300万平方米，位居全省县级第一。

②工业设计中心。设计中心总面积近2000平方米，集研发设计、产品展示、创客空间、线上平台、实训基地、设计师之家等功能于一体，汇聚设计机构近百家、线上设计师500多名，其中不乏德国IF、中国设计红星奖的获奖者。中心成立以来，推动新增原创产品超过1000项，申请专利超800项，引导100多家家具企业实施“机器换人”。

③标准车间。南康家具标准化生产样板车间的打造，为南康家具企业提供了一个可参考、可复制、可推广的样板，让他们学有样板，学有参考，少走弯路，企业可以根据自身实际情况，整条订购单个采购，逐步提升生产工艺。

④赣州港。赣州港位于赣州市南康区龙岭镇，是江西省第一个内陆港口。规划占地面积3000亩，总投资约30亿元，已完成投入16.5亿元，现已建成进境木材国检监管区、铁路场站一期、集装箱堆场和5万平方米货物监管仓等核心功能区域。正在推进铁路场站二期、5000平方米公用型保税仓、50万平方米货物存储仓、金融监管仓、冷链物流和场站连接线等相关配套设施。2017年实现集装箱货柜吞吐量达23.8万标箱。

⑤特色小镇建设。南康家居特色小镇建设目标是打造集生产、生活、生态“三生融合”，产业、文化、旅游“三位一体”的家居第一镇。项目总投资50亿元，采取PPP模式运作，规划用地面积5平方千米，分两期建设，核心区2平方千米，首期2100亩，主要为两馆和五大洲木屋群建设。小镇已被列为全省首批30个特色小镇创建名单，被评为全省优秀特色小镇，在双创平台类小镇排名第一，并在全省PPP项目现场会做典型发言；正在申报全国第三批特色小镇。

⑥制定行业标准。南康家具实木床在国内市场占有率三成以上，实木餐桌椅达两成。以家具研发院为载体，起草了南康家具行业《实木单层床》《实木餐桌椅》团体标准，经国家标准委员会认定、颁布并实施。

2017年活动 由国家林业局主办的中国（赣州）第四届家具产业博览会于2017年6月1~7日在南康区隆重举办。展会以“转型升级，走向世界”为主题，以新设计、新材料、新设备、新标准的认定、发布推广为载体，以借势借力国家“一带一路”为契机，致力于打造中国家具产业发展的风向标，引领全国家具产业发展的新潮流。

该届家博会历时7天，参展商超过8500家，吸引经销商和采购商约33.2万人次，其中国外采购商近200人，签约金额（含全年订单）约30.58亿元，与2016年相比，经销商和观展商增长了18.36%，交易额增长了41.7%。

存在问题 ①企业研发设计相对薄弱。家具作为传统行业，产业研发设计投入占比偏低，对研发设计的重视还不够。同时，随着南康家具产业整体影响力的不断提升，企业研发设计需求迅速增大，水平高、业务强、观念新、视野宽的高层次人才缺口较大。②企业品牌影响力不够强大。南康家具产业集群产值已突破千亿，在全国已经具有了一定影响力，但单个品牌影响力不足，缺乏在全国家具行业内叫得响、影响力大的品牌。

（中国家具协会）

中国茶产业

【概　述】 2017 年中国茶叶种植规模小幅增长，茶类结构优化，质量效益提升，保持稳定发展的良好势头。各地围绕茶叶供给侧结构性改革，推进茶产业绿色发展，促进茶产业提质增效。

面积小幅增长 据统计，18 个产茶省(区)茶园面积4200 多万亩，比上年增加 180 多万亩，增幅4.7%。其中湖北、四川、贵州、云南4 省茶园面积增长 20 万亩以上。开采茶园面积 3200 多万亩，比上年增加 180 万亩。

产量稳定增加 干毛茶产量240 多万吨，比上年增加 15 万吨，增幅 6.4%。分省看，贵州增产 3.5 万吨、福建增产 2.2 万吨、云南增产 2.0 万吨，湖北和湖南各增产 1.6 万吨。其中，名优茶131 万吨、增加8 万吨。从茶类看，除黄茶外，其他茶类均实现增产，其中，白茶增产 26.3%，黑茶增产 13.4%，红茶、绿茶、乌龙茶各增产 9.2%、5.5%和 4.8%，黄茶减产 24.7%。

产值持续提高 据调度，预计干毛茶产值近1900 亿元，比上年增加 230 多亿元，增幅 14.4%。其中，名优茶产值 1450 亿元，比上年增加 140 多亿元。贵州干毛茶产值增加 50 多亿元，安徽增加27 亿元，浙江增加 23 亿元，四川增加 20 亿元，福建、湖北、江西、云南、陕西 5 省均增加 10 亿元以上。

产品结构优化 总体上看，六大茶类比例更加均衡，绿茶、乌龙茶占总产量的比重延续上年下降趋势，红茶、黑茶、白茶占比则继续上升，黄茶比重仍然偏小。同时，柑普茶、柑红茶、花草茶等特色产品及超微茶粉、抹茶、茶饮料、茶保健品等精深加工产品大量增加。

绿色发展加快 结合开展有机肥替代行动，有机肥大量推广，显著减少了化肥用量。大力推广物理防治、生物防治等绿色防控技术，减少了农药用量。无性系茶树良种加快推广，面积约2800 万亩，比上年增加 100 万亩。

茶叶生产发展存在的主要问题 一是老茶园面积大、比例高。据统计，全国有老茶园 1000 多万亩，约占茶园面积的 1/4。这些老茶园普遍品种老化、植株郁闭、营养失调，病虫害发生较重，产量低、品质差，效益不高，严重影响茶叶提质增效。二是机械化水平较低。茶叶生产仅在修剪等环节实现了机械化，深松、施肥、除草等环节以人工作业为主，特别是名优茶生产仍以手工采摘为主，用工贵、用工难的现象普遍存在。三是品牌竞争力弱。目前，中国茶叶品牌多，但是品牌规模普遍较小，品牌主体带动能力偏弱，尤其缺少具有国际竞争力的大品牌，严重影响中国茶产品的市场竞争力。

表 1　2017 年茶叶主产区面积分布表

序号	省　份	茶园总面积(万亩)		采摘面积(万亩)		无性系面积(万亩)		无公害面积(万亩)		有机茶面积(万亩)	
		2017 年	同比增长率(%)	2017 年	同比增长率(%)	2017 年	同比增长率(%)	2017 年	同比增长率(%)	2017 年	同比增长率(%)
1	江苏	50.6	-0.2	45.7	-0.4	18.40	0.00	39.80	0.00	4.90	0.00
2	浙江	297.8	0.8	270.5	0.5	218.40	2.82	235.30	-0.13	18.65	-0.37
3	安徽	248.2	2.9	217.5	6.1	100.40	10.03	178.00	-8.25	16.03	-8.66
4	福建	310.7	1.3	290.1	1.6	365.00	1.39	120.00	26.32	80.00	50.94
5	江西	156.6	11.9	110.0	8.1	95.50	5.41	108.40	24.17	34.70	5.15
6	山东	31.0	-3.4	24.3	4.3	10.20	36.00	47.64	10.58	7.46	19.36
7	河南	173.6	-2.1	146.3	-1.8	96.31	5.29	165.50	0.98	23.75	0.42
8	湖北	425.0	5.9	304.3	5.0	275.17	9.41	366.34	12.94	32.51	14.59

（续表）

序号	省 份	茶园总面积（万亩）		采摘面积（万亩）		无性系面积（万亩）		无公害面积（万亩）		有机茶面积（万亩）	
		2017 年	同比增长率（%）	2017 年	同比增长率（%）	2017 年	同比增长率（%）	2017 年	同比增长率（%）	2017 年	同比增长率（%）
9	湖南	233.7	8.6	171.1	6.9	134.10	12.97	153.70	3.36	11.80	28.26
10	广东	87.6	3.6	70.1	4.6	2.58	1.57	6.94	29.72	0.32	10.34
11	广西	112.0	6.2	91.3	3.7	75.70	5.14	42.07	5.18	6.16	12.00
12	海南	3.1	25.2	1.9	12.8	0.40	0.00	0.60	0.00		
13	重庆	59.9	1.0	45.0	2.7	42.40	13.52	22.35	10.86	1.36	0.00
14	四川	534.4	4.3	378.6	6.7	398.41	1.38	361.20	0.00	5.95	0.00
15	贵州	684.3	8.4	421.9	21.6	649.42	3.09	503.15	28.38	33.20	55.29
16	云南	656.8	3.7	557.8	2.6	230.00	0.00	530.00	0.00	45.50	10.71
17	陕西	189.9	7.2	130.6	7.6	75.90	2.43	85.80	-2.50	21.90	8.42
18	甘肃	17.6	2.6	9.2	0.5	3.50	25.00	17.80	4.09	4.90	20.00
	合计	4272.8	4.65	3286.2	5.79	2791.79	4.02	2984.59	7.12	349.09	18.52

注：茶园面积、采摘茶园面积、茶叶总产量和各茶类产量为国家统计数，其他为调度数。

表 2　2017 年干毛茶、名优茶主产区产量产值明细表

序号	省份	干毛茶总产量（吨）		名优茶总产量（吨）		干毛茶总产值（万元）		名优茶总产值（万元）	
		2017 年	同比增长率（%）	2017 年	同比增长率（%）	2017 年	同比增长率（%）	2017 年	同比增长率（%）
1	江苏	13943	-0.1	4671.10	-0.42	252219	1.89	190550.60	1.02
2	浙江	178300	3.5	84900.00	10.84	1938000	13.33	1713000.00	15.21
3	安徽	107787	2.7	40015.00	3.84	1111500	32.24	727664.00	4.45
4	福建	394941	5.9	286000.00	2.88	2350000	6.82	2110000.00	6.57
5	江西	61399	6.7	15860.00	7.67	553000	22.66	406403.10	30.15
6	山东	19501	2.9	16328.63	5.99	579568	8.18	540332.72	9.17
7	河南	63954	-6.7	50577.00	0.71	1209000	4.02	1024700.00	1.35
8	湖北	303254	5.7	113349.50	9.26	1816075	11.65	1157549.00	11.38
9	湖南	197133	8.6	18542.00	4.77	871790	12.42	283638.00	10.53
10	广东	92889	4.1	80000.00	6.67	398000	11.48	365000.00	8.31
11	广西	71919	7.7	38700.00	4.59	450000	7.14	325000.00	15.66
12	海南	1024	5.1	360.00	0.00	20000	11.11	7400.00	7.25
13	重庆	38752	5.8	13515.85	9.94	237633	18.64	143812.60	12.66
14	四川	277777	4.8	170700.00	5.11	2100000	10.53	1617000.00	12.26
15	贵州	176498	24.9	107700.00	19.40	2400000	33.33	1200000.00	21.00
16	云南	393499	5.5	235100.00	5.81	1409176	15.75	1915000.00	8.25
17	陕西	66572	8.9	31418.60	21.83	1273089	13.45	759762.00	31.51
18	甘肃	1200	0.0	626.00	26.72	24000	3.45	14860.00	11.06
	合计	2460340.4	6.36	1308363.68	6.77	18993049	14.37	14501672.02	11.39

表 3　2017 年分品种茶叶主产区产量表

序号	省份	绿茶产量(吨)		红茶产量(吨)		乌龙茶产量(吨)		黑茶产量(吨)		白茶产量(吨)		黄茶产量(吨)	
		2017 年	同比增长率(%)	2017 年	同比增长率(%)	2017 年	同比增长率(%)	2017 年	同比增长率(%)	2017 年	同比增长率(%)	2017 年	同比增长率(%)
1	江苏	10760	-4.74	3011	20.46	266711	4.75	75	-50.00	3	-5.71		
2	浙江	172100	3.55	1400	7.69	93		3200	3.23				
3	安徽	99769	2.06	5772	3.01					471	249.31		
4	福建	117537	3.51	47398	8.61	28	-3.23			19135	25.26		
5	江西	49319	4.96	7162	22.70	209387	4.99	40	33.33	1049	9.84	33	-21.43
6	山东	19501	2.91			803	2.03						
7	河南	58229	-8.40	5637	12.38								
8	湖北	211203	1.84	34243	14.71			48431	17.29	1477	24.85	247	-42.82
9	湖南	88483	11.54	21198	8.14	1136	-14.14	78795	6.56	191	-5.49	63	44.72
10	广东	37607	3.36	6396	17.17	2449	0.82	10	11.11				
11	广西	48581	11.86	16021	-2.73	41050	5.45	2331	46.88	2	0.00		
12	海南	473	12.32	319	-17.85	356	13.02						
13	重庆	33623	5.88	3687	2.36					17	8.37		
14	四川	232536	4.09	5352	22.25	57	16.33	17975	8.02	360	-17.62	86	-18.87
15	贵州	141306	21.57	12634	76.80	5198	-6.71	10130	66.34	1888	48.90	87	40.32
16	云南	255281	7.54	51212	-2.79	914	18.86			3	-3.13		
17	陕西	60641	5.90	4060	33.90	5240	5.41	1880	124.80				
18	甘肃	1200	0.00										
	合计	1638149.3	5.52	225501	9.20	266711	4.75	162867	13.35	24596	26.26	516	-24.71

(农业部种植业管理司杜建斌)

【2017 年度世界茶叶产销形势】

茶叶种植　据国际茶委会统计，2008~2017 年世界茶叶种植面积一直保持稳定的增长，2008 年世界种植面积为 342 万公顷，到 2017 年达到 489 万公顷，十年间增长了 147 万公顷，比 2008 年增长了 43.0%(见表 1)。世界茶叶面积的增长，大部分来源于中国，2017 年世界茶叶种植面积比上一年增加了 17 万公顷，而 2017 年中国茶叶种植面积比上一年增长了 15.6 万公顷，可以说，世界茶叶种植面积增长部分的 91.8% 来源于中国。

其中，全球茶叶种植面积最大的是中国，2017 年中国茶叶种植面积为 305.9 万公顷，占全球茶叶种植面积的 62.6%，其次是印度，茶叶种植面积为 59.0 万公顷，占 12.1%，虽然印度是全球第二大茶叶种植面积，但年增长面积不大，2017 年印度茶叶种植面积比上一年仅增加了 1.3 万公顷。之后是肯尼亚 23.9 万公顷，斯里兰卡 20.3 万公顷，越南 13.4 万公顷，印度尼西亚 11.7 万公顷。2017 年全球十大主要产茶国中，斯里兰卡、越南、缅甸、土耳其、孟加拉国的茶叶种植面积与上一年保持不变，印度尼西亚有所减少，中国与印度保持着不同幅度的增长(见表 2)，而乌干达增长迅速，2017 年茶叶种植面积达 4.4 万公顷，首次超过日本，进入全球第十大产茶国。

表 1　2008~2017 年世界茶叶种植面积

年度	2008	2009	2010	2011	2012	2013	2014	2015	2016	2017
面积(万公顷)	342	355	368	384	399	418	437	452	472	489

表2　2017年世界茶叶种植面积前十名的国家

单位：万公顷

中国	印度	肯尼亚	斯里兰卡	越南	印度尼西亚	缅甸	土耳其	孟加拉国	乌干达
305.9	59.0	23.3	20.3	13.4	11.7	8.0	7.7	5.9	4.4

茶叶产量　近年来，随着主要产茶国茶叶种植面积的扩大、单位面积茶叶利用率的提高和天气利好等因素的影响，世界茶叶产量连续十年保持稳定增长，而中国是世界茶叶产量增长的主导因素。2008年世界茶叶产量为396.5万吨，到2017年达581.2万吨，增产了184.7万吨，增产了46.6%（见表3）。其中2017年茶叶产量居世界第一的仍然是中国（260.9万吨），其次是印度（132.2万吨）、肯尼亚（44.0万吨）、斯里兰卡（30.8万吨）、土耳其（25.5万吨）、越南（17.5万吨）、印度尼西亚（13.4万吨）、阿根廷（8.2万吨）、日本（7.9万吨）和孟加拉国（7.9万吨）（见表4），中、印两国茶叶产量仍遥居全球前列，两国茶叶总量达393.1万吨，占世界茶叶产量的67.6%。

表3　2008~2017年世界茶叶产量

年度	2008	2009	2010	2011	2012	2013	2014	2015	2016	2017
产量（万吨）	396.5	401.9	428.1	457.1	469.3	500.2	520.9	528.5	557.4	581.2

世界茶叶产量的增长，2017年贡献最大的是中国、印度和肯尼亚，除越南、印尼、阿根廷和孟加拉国外，前十大产茶国都比上一年有所增长。值得注意的是，2017年土耳其的茶叶产量逼近全球第四大茶叶生产国斯里兰卡，而斯里兰卡每年的茶叶产量基本维持在30万吨左右不变。斯里兰卡生产的茶叶主要以出口为主，而土耳其生产的茶叶主要在本国内消费。

表4　2017年世界茶叶产量排前十名的国家

单位：万吨

中国	印度	肯尼亚	斯里兰卡	土耳其	越南	印度尼西亚	阿根廷	孟加拉国	日本
260.9	132.2	44.0	30.8	25.5	17.5	13.4	9.2	7.9	7.9

世界上主要生产的茶类是红茶与绿茶，2017年世界绿茶产量达201.8万吨，比2008年的116.4万吨增加了85.4万吨，增长了73.4%，2017年世界红茶产量为379.4万吨，比2008年的280.1万吨增加了99.3万吨，增长35.5%（见表5），虽然世界上主要是以红茶消费为主，但近几年来，世界绿茶增长幅度大于红茶的增长幅度，绿茶的消费比例从世界范围来看呈上升的态势。

表5　2008~2017年世界茶叶产量

单位：万吨

年份	2008	2009	2010	2011	2012	2013	2014	2015	2016	2017
绿茶	116.4	123.7	126.9	137.1	148.7	156.0	166.6	173.7	182.5	201.8
红茶	280.1	278.2	301.2	320.0	320.6	344.2	354.3	354.8	374.9	379.4
合计	396.5	401.9	428.1	457.1	469.3	500.2	520.9	528.5	557.4	581.2

注：红茶产量中包含了黑茶、白茶、黄茶和乌龙茶。

每年的6~10月是印度茶叶的高产季节（主要是印度北部），印度有15个州（邦）产茶，其中98%的茶叶产量来自于以下四个地区：阿萨姆邦（Assam，52%），西孟加拉邦（West Bengal，26%），泰米尔纳德邦（Tamil Nadu，15%）和喀拉拉邦（Kerala，5%）。占印度茶叶种植面积28%的小农户茶叶产量占印度茶叶总产量的32%。在过去十年里，印度茶叶产量增长迅速，从2008年的98.1万吨增长到2017年的132.2万吨，十年间茶叶产量增长了34.1万吨，增长了34.8%。

而产茶大国印度尼西亚茶叶产量连续几年下降，从2008年的15.3万吨下降至2017年的13.4万吨。

茶叶出口 尽管全球经济持续低迷，2017年世界茶叶出口为179.1万吨，比上一年的179.9万吨略有减少，减少了0.8万吨，减少了0.4%，但是茶叶生产国仅有30.8%的产量供出口，大部分都在本国内消耗，尤其是中国与印度。2017年世界绿茶的出口为38.8万吨，比上一年的36.2万吨增加了6.7%，由此可以看出，世界饮用绿茶的人口呈上升的态势。2017年世界红茶出口为140.3万吨，比上一年143.7万吨减少了2.4%(见表7)，但世界茶叶出口仍然以红茶为主，2017年世界红茶出口占世界茶叶出口总量的78.3%，而绿茶出口占世界茶叶出口总量的21.7%，虽然世界绿茶出口量少于红茶，但绿茶出口市场具有较强的发展潜力。

表6 2008~2017年世界茶叶出口

年份	2008	2009	2010	2011	2012	2013	2014	2015	2016	2017
出口量(吨)	165.2	161.5	178.6	176.2	177.3	185.8	182.3	179.4	179.8	179.1
出口量占总产量的比例(%)	41.7	40.2	41.7	38.6	37.7	37.2	35.1	34	32.3	30.8

表7 2008~2017年世界绿茶、红茶出口

单位：万吨

年份	2008	2009	2010	2011	2012	2013	2014	2015	2016	2017
绿茶	28.1	29.3	30.3	32.1	32.6	34.9	33.9	36.7	36.2	38.8
红茶	137.1	132.2	148.3	144.1	144.7	150.9	148.4	142.7	143.7	140.3
合计	165.2	161.5	178.6	176.2	177.3	185.8	182.3	179.4	179.9	179.1

2008年世界茶叶出口为165.2万吨，到2017年达179.1万吨，与2008年相比，出口增长了13.9万吨，增长了8.4%，可以说，十年间，世界茶叶出口保持平稳增长，个别年份出现些许波动，但是世界茶叶出口量与茶叶总产量的比例逐年下滑，由2008年的41.7%下滑到2017年的30.8%(见表6)，这证实了世界茶叶产大于销的矛盾日益突出，迫切需要更多的促销手段来扩大茶叶消费。

目前，世界茶叶出口量排在第一位的仍是肯尼亚，达41.57万吨，占23%；其次是中国，为35.53万吨，占20%；第三是斯里兰卡，27.82万吨，占16%；印度24.70万吨，越南14.20万吨，阿根廷7.82万吨(表8)，等等。中国茶叶出口再次超越斯里兰卡，跃居世界第二。除了中国、印度、印度尼西亚和坦桑尼亚外，前十大出口国的茶叶出口比上一年都有所减少。

表8 2017年世界各国茶叶出口比例

国家	出口比例
中国	20%
斯里兰卡	16%
印度	14%
越南	8%
印度尼西亚	3%
亚洲除上述5国外的其他国家	2%
肯尼亚	23%
乌干达	3%
马拉维	2%
坦桑尼亚	2%
卢旺达	1%
非洲其他国家	2%
阿根廷	4%

世界茶叶出口金额排名第一的是中国，为16.10亿美元，其次是斯里兰卡为14.59亿美元，肯尼亚为12.50亿美元，印度为7.29亿美元，越

南为2.30亿美元，印度尼西亚为1.14亿美元，等等。日本虽然出口量没有排在世界前十名，但出口金额排在世界前六名。2017年世界十大茶叶出口国中，除了越南和阿根廷外，其余国家的出口金额比上一年都有所增加。

茶叶进口　2008年世界茶叶进口量为157.0万吨，到2017年达172.9万吨，比2008年增长了15.9万吨，增长了10.1%。十年间，除了2009年进口量较低外，世界茶叶进口同出口一样，保持平稳增长，全球茶叶进口增长幅度不大，主要在173万吨左右徘徊。

表9　2008~2017年世界茶叶进口量

单位：万吨

年份	2008	2009	2010	2011	2012	2013	2014	2015	2016	2017
进口量(万吨)	157	150.3	165.6	167.2	166.5	173.5	174.1	172.2	173.5	171.8

2017年亚洲国家茶叶进口量为48.96万吨，茶叶进口量较大的国家主要是巴基斯坦(26%)、伊朗(9%)、阿联酋(9%)、伊拉克(6%)、土耳其(6%)和阿富汗(5%)，这些国家的茶叶进口量占整个亚洲茶叶进口量的61%。

2017年非洲国家茶叶进口量为37.00万吨，其中进口量较大的国家是埃及(26%)，摩洛哥(19%)、南非(6%)、苏丹(6%)、利比亚(5%)、毛里塔里亚(5%)和加纳(5%)，这些国家的茶叶进口占整个非洲国家进口量的72%，主要集中在非产茶国。

2017年欧洲国家茶叶进口量为13.77万吨，其中进口量较大的国家分别是俄罗斯(33%)、英国(22%)、波兰(8%)和德国(6%)。

2017年世界茶叶进口略有下降，但下降的幅度不大，仅比上一年下降了1.7万吨，下降了0.98%。从全球进口的国别来看，茶叶进口排在第一的仍然是巴基斯坦为17.5万吨，其次是俄罗斯为16.3万吨，美国12.6万吨，英国10.9万吨，埃及9.7万吨，伊朗6.3万吨，土耳其首次挤进全球十大茶叶进口国，达3.9万吨。

除了美国、伊朗和阿联酋外，全球前十大茶叶进口国比上一年进口都有所增长，美国主要因为美元的升值对进口造成一定的影响，美国对伊朗的制裁，使伊朗的经济下滑，老百姓的购买力减弱，而石油的下跌，增加了阿联酋的管理成本，其转口贸易经济优势不再凸显，中东其他国家直接从产茶国进口的趋势加大，尽管俄罗斯进口比上年有所增长，但其增长幅度很小，其主要与俄罗斯经济低迷有关。

（中国茶叶流通协会朱仲海）

森林旅游产业

【概　述】 2017年全国森林旅游游客量达到13.9亿人次，占国内旅游人数的比例约28%，创造社会综合产值11500亿元。其中，2017年全国森林公园共接待游客9.62亿人次，在众多森林公园类景区中，国家级森林公园接纳游客数占比最高，占年度“森系”游客总量的66%。截至2017年，年接待游客量超过100万人次、年森林旅游收入超过1亿元的森林公园数量超过110家。

森林旅游产品不断丰富　通过积极推进全国城市、城郊森林公园的建设与发展，满足了广大城镇居民日益增长的健身、休闲需要。全国现有1000多处森林公园免费开放，实现了森林惠民、绿色惠民。在传统观光旅游的基础上，推进了森林休闲、森林体验、森林养生、森林认知、森林马拉松、丛林穿越等森林旅游新业态，森林旅游内涵不断创新。

行业管理不断加强、行业影响力和社会认知度不断提升　近年来，颁布实施了一系列森林公园管理办法和标准，加强了对批建国家级森林公园的监督检查。依法撤销了河北石佛、福建龙湖山、广东东海岛和湖南青羊湖共4处国家级森林公园，实现了森林公园的淘汰退出机制。2015～2017年，国家林业局分别在武汉、长白山、上海举办了中国森林旅游节，推出了5条国家森林步道，公布了首批18家全国森林体验基地、18家全国森林养生基地试点建设单位，命名了一批全国森林旅游示范市、示范县，全面推进了森林旅游的发展。

【自然保护区概况】

截至2017年底，全国共建立各种类型、不同级别的自然保护区2750个，总面积147.17万平方千米。其中，自然保护区陆域面积142.70万平方千米，占陆域国土面积的14.86%。国家级自然保护区463个，面积97.45万平方千米。

表1　2017年全国不同类型自然保护区数量情况

单位：个

类型	国家级	省级	市级	县级	合计
森林生态	212	384	225	613	1434
草原草甸	4	12	3	22	41
荒漠生态	13	13	0	5	31
内陆湿地	55	172	63	91	381
海洋海岸	17	13	14	24	68
野生动物	123	161	80	162	526
野生植物	19	41	16	75	151
地质遗迹	13	40	11	21	85
古生物遗迹	7	19	4	3	33
合计	463	855	416	1016	2750

表2　2017年全国不同类型自然保护区面积情况

单位：万公顷

类型	国家级	省级	市级	县级	合计
森林生态	1543	1175	220	241	3179
草原草甸	73	40	4	48	165
荒漠生态	3670	327	0	8	4005
内陆湿地	2070	664	182	182	3099
海洋海岸	51	5	12	4	72
野生动物	2225	1339	54	252	3869
野生植物	78	46	14	36	175
地质遗迹	17	72	1	7	97
古生物遗迹	17	26	12	0	55
合计	9745	3695	500	777	14717

湿地　2017年，国家湿地公园试点总数达到898处，新增国家湿地公园试点64处。

地质公园　截至2017年底，全国省级以上重要地质遗迹6228处。国家级重点保护古生物化石集中产地53处。经联合国教科文组织批准世界地质公园35处，国家地质公园207处，国家矿山公园33处。新增国家地质公园8个，新增地质公园面积7.28万公顷。

风景名胜区　截至2017年底，全国共建立国家级风景名胜区244处，总面积约10.66万平方千米，约占国土面积的1.11%；省级风景名胜区807处，总面积约10.74万平方千米。全国风景名胜区面积约占国土面积的2.23%，有42处国家级风景名胜区和10处省级风景名胜区被联合国教科文组织列入《世界遗产名录》。

（2017年中国环境状况公报）

【森林公园发展概况】 截至2017年底，全国森林公园总数达3505处，规划总面积2028.19万公顷。其中，国家级森林公园881处、国家级森林旅游区1处。全国森林公园共投入建设资金573.89亿元。全国森林公园的游步道总长度达8.77万千米、旅游车船3.5万台(艘)，接待床位105.68万张、餐位205.31万个，从事森林公园管理和服务的职工达17.63万人。

2017年中央环保督查实现对31个省份全覆盖的同时，部分森林公园成为督查对象。4个省(自治区)的13处森林公园被要求整改，森林公园进入调整规范期。

依法强化森林公园管理 2017年2月，中共中央办公厅、国务院办公厅发布了《关于划定并严守生态保护红线的若干意见》，要求生态保护红线涵盖所有国家级、省级禁止开发区域。5月，环保部和国家发改委联合印发《生态保护红线划定指南》，明确森林公园的核心景观区和生态保育区划定为生态保护红线，有效夯实森林公园管理基础。10月，国家林业局印发《关于公布第七批获得中国国家森林公园专用标志使用授权的国家级森林公园名单的通知》，同意授权山西太行洪谷等64处国家级森林公园使用中国国家森林公园专用标志，同时取消对福建龙湖山国家森林公园的专用标志使用授权。截至2017年，全国共有729处国家级森林公园拥有中国国家森林公园专用标志的使用授权。继2016年发出首批国家级森林公园限期整改通知后，国家林业局场圃总站于3月17日向辽宁、吉林、黑龙江、山东、四川、云南省林业厅和黑龙江省森林工业总局下发通知，责令辽宁海棠山等120个国家级森林公园在18个月内完成国家级森林公园总体规划的编制和上报。同时，严格国家级森林公园总体规划的审查审批，2017年共批复36个国家级森林公园总体规划。提升森林公园从业人员素质。2017年，国家林业局先后举办了国家级森林公园申报培训班、国家级森林公园主任培训班和森林公园建设与管理研讨班，针对省级林业主管部门、国家级森林公园管理机构和国家级森林公园申报单位开展了相关内容的培训。山西、内蒙古、黑龙江等地也分别举办了全系统的森林公园管理培训班；持续推进森林公园监督检查。2017年7月24~25日，国家林业局场圃总站召集2013年批建的15处国家级森林公园相关负责人，在逐一听取国家级森林公园汇报后，明确指出这些国家级森林公园在建设管理中存在的问题，并提出具体整改要求。

森林公园生态公共服务功能进一步增强 2017年，国家林业局场圃总站选择了河北塞罕坝、湖南北罗霄、四川北川、陕西黄龙山国家森林公园开展自然教育示范建设，至此，国家级森林公园自然教育示范点总数已达21个，带动了森林公园自然教育设施建设水平的整体提升。同时，国家林业局场圃总站委托中南林业科技大学举办了两期国家级森林公园森林解说员培训班，经过培训及严格考核，共有114名学员获得森林解说员资格，增强了森林公园组织开展自然教育活动的能力。2017年，全国森林公园共接待游客9.62亿人次，直接旅游收入878.5亿元，带动社会综合收入近8800亿元。其中1147处森林公园免费接待公众，年接待游客达2.83亿人次，生态公共服务效益显著。

森林公园建设发展模式不断创新 2017年6月，国家林业局印发《关于加快推进城郊森林公园发展的指导意见》，进一步强调发展城郊森林公园的重要意义，并从把握城郊森林公园的建设发展理念、有序推进城郊森林公园建设与发展、构建共建共享的城郊森林公园发展新格局等方面提出了具体意见。在城郊森林公园建设上，各地也立足本地实际创新出多种模式。黑龙江省森林工业总局开展了美丽林城公园建设活动，将24处城郊公园评选为森工系统美丽林城公园，宁夏全区建成了26处市民休闲森林公园，重庆市南川区批建了6处社区森林公园。2017年1月，国家林业局相继印发《关于同意建设河北行唐国家红枣公园、河北迁西国家板栗公园、山西稷山国家板枣公园、贵州水城国家杜鹃公园的函》和《国家林业局关于同意建设河北围场湖泗汰、内蒙古卓资红石崖、江苏盐城龙冈、安徽肥西官亭国家生态公园(试点)的函》。截至2017年底，全国共批建12处国家林木(花卉)公园和18处国家生态公园(试点)。据不完全统计，2017年国家林木(花卉)公园共投入建设资金2.86亿元、接待游客1016.53万人次、综合收入达3.25亿元；国家生态公园(试点)共投入建设资金19.97亿元、接待游客691.67万人次、综合收入达1.55亿元，建设发展势头良好。

【2012~2017年中国森林旅游发展综述】 2012~2017年的快速发展，森林旅游已成为中国继经济林种植与采集业、木材加工与木制品制造业之后，第三个年产值突破万亿元的林业支柱产业。

成长力增强，影响力提升 2012~2017年，全国森林旅游游客量累计达46亿人次，年均增长15.5%。2017年，森林旅游游客量达13.9亿人次，约占全国旅游人数的28%，创造社会综合产值1.15万亿元。森林旅游直接收入从2012年的618亿元增长到2017年的1400亿元，保持了18%以上的年均增长率。

创造这些产值的主体是以森林公园、湿地公园、沙漠公园为代表的各类森林旅游地。2017年，中国森林旅游地的数量从5年前的8000余处增加到9000余处。森林公园依然是森林旅游发展中的重中之重，其年接待游客量超过全国年森林旅游游客量的70%，年接待游客量超过100万人次、年森林旅游收入超过1亿元的森林公园数量超过110家。

从各省情况看，森林旅游游客量排前10位的依次是：广东、江西、浙江、江苏、重庆、山东、贵州、湖南、四川、河南。森林旅游直接收入排前10位的依次是：浙江、江西、贵州、四川、湖南、江苏、重庆、吉林、广东、山东。

森林旅游成为时尚热词 国家林业局森林旅游管理办公室与中央电视台联合摄制了15集电视纪录片《中国国家森林公园》，画册《中国国家森林公园》出版发行，“国家森林公园风光展示和森林旅游公益宣传”通过北京地铁让更多人感受森林大美风光，森林旅游(森林公园)风光摄影大赛连续3年举办……一系列访谈、主题活动让森林旅游的社会关注度和影响力显著提高。

2015~2017年，国家林业局先后在武汉、长白山、上海举办中国森林旅游节。经过几年的摸索实践，中国森林旅游节的运作机制逐步形成，社会影响日益扩大，成为森林旅游行业最重要的展示推介平台和交流合作平台。

各地森林旅游持续升温。很多省(自治区、直辖市)开通森林旅游网站、微信公众号，举办形式多样的节庆活动，成为森林旅游业蓬勃发展的一个重要侧面。黑龙江伊春森林生态旅游节、江苏森林旅游节、浙江森林旅游节、四川省花卉(果类)生态旅游节、贵州百里杜鹃国际杜鹃花节已连续举办多年，已具有较大的社会影响。四川、湖北还分别创刊了《四川生态旅游》和《湖北森林旅游》杂志。

顶层设计发力，管理体系形成 2011年，国家林业局与国家旅游局签署了《关于推进森林旅游发展的合作框架协议》，联合印发了《关于加快发展森林旅游的意见》，共同召开了全国森林旅游工作会议，共同主办了2011中国森林旅游博览会，明确了“森林旅游”的内涵，即把依托林业“三个系统、一个多样性”开展的各类旅游活动统称为“森林旅游”。

5年来，党中央、国务院出台的一系列重要文件对发展好森林旅游提出了明确要求。《国务院关于促进旅游业改革发展的若干意见》《国务院关于创新重点领域投融资机制鼓励社会投资的指导意见》《中共中央　国务院关于加快推进生态文明建设的意见》等文件中都明确提出要发展森林旅游产业。《国有林场改革方案》《国有林区改革指导意见》要求鼓励社会资本、林场职工发展森林旅游等特色产业，有效盘活森林资源，通过开发森林旅游创造就业岗位，提高林区职工群众收入。《“十三五”旅游业发展规划》要求“拓展森林旅游发展空间”，提出了当前森林旅游发展的主要任务，并明确了森林旅游工作由国家林业局牵头。

全国人大代表、全国政协委员对森林旅游的关注程度越来越高，有关森林旅游的建议和提案数量逐年增长，2017年共有全国人大建议10件、政协提案6件。

在过去的5年中，森林旅游行业管理机构逐步建立，行业管理的组织推动力度逐步加强。

国家林业局成立了以分管局领导任组长、成员包括12个相关司局和单位的“国家林业局森林旅游工作领导小组”，负责指导和协调森林旅游工作。2014年，国家林业局印发《全国森林等自然资源旅游发展规划纲要(2013～2020)》。从2012年开始，国家林业局逐年编制出版《中国森林等自然资源旅游发展报告》。2016年，全国森林旅游年度统计指标体系纳入国家统计局年度统计制度。

各省、自治区、直辖市林业厅(局)、各森工(林业)集团明确了负责森林旅游工作的牵头处室，大部分林业厅(局)、森工(林业)集团独立成立或与旅游部门联合成立了森林旅游工作领导协调机构。约1/4省份先后召开了森林旅游工作会议，约1/3省份先后出台了加快森林旅游发展的意见(决定)，约1/2省份先后编制了森林旅游发展规划。

新业态涌现，新动能释放 2016年，国家林业局森林旅游管理办公室组织的一项在线森林旅游需求社会调查显示，具有“走进森林，亲近自然”意愿的受访者比例超过98%，对森林体验、森林养生等森林旅游新业态表现出明显兴趣的受访者比例超过93%，公众的出游动机和对森林旅游产品的偏好呈现多样化。顺应公众急剧增长和日趋多样化的森林旅游需求，过去5年，国家林业局大力培育森林旅游新业态，引导森林旅游从观光旅游为主向观光旅游与森林体验、森林养生(康养)、休闲度假、自然教育(研学旅游)、山地运动、生态露营等多业态并重方向转变。

从2013年开始，国家林业局积极引进和借鉴韩、日等国发展森林体验、森林养生的理念和做法。国家林业局森林旅游管理办公室先后组织编写了《世界森林体验发展报告》《世界森林养生发展报告》《森林体验》和《森林养生》科普读本、《森林体验基地质量等级评定》和《森林养生基地质量等级评定》林业行业标准。2016年，国家林业局大力推动森林体验和森林养生的发展。中国林业产业联合会、中国林场协会等行业组织也纷纷成立森林养生方面的专业委员会，一些林业科研院校也成立了森林养生方面的研究机构。

为满足公众不断兴起的徒步旅行需求，从2015年开始，国家林业局森林旅游管理办公室着手推动国家步道建设，先后组织编写了多本国内外国家步道发展科普书籍，起草了《国家森林步道建设规范》林业行业标准等。2017年，国家林业局公布首批5条国家森林步道名单，分别是秦岭、太行山、大兴安岭、罗霄山、武夷山国家森林步道，5条步道总长度超过1万千米，其中最长的大兴安岭国家森林步道全程3045千米，最短的武夷山国家森林步道全程1160千米。至此，中国终于有了自己的森林长程步道。

5年来，森林马拉松、冰雪旅游、自然教育、森林露营等森林旅游的新业态都呈现出蓬勃发展的态势。

新业态释放新动能，新模式激发新活力。中国森林旅游已经成为中国林业重要的朝阳产业、绿色产业、富民产业，也是深受公众青睐的健康产业和幸福产业。

试点示范多点发力 从2015年开始，国家林业局森林旅游管理办公室组织开展全国森林旅游示范市县申报命名工作。2017年，这项工作纳入国家林业局开展的示范工作范围，出台了《全国森林旅游示范市县申报命名管理办法》。3年来，共命名全国森林旅游示范市13家、全国森林旅游示范县75家。

2016年开始，国家林业局森林旅游管理办公室把抓基地试点建设作为推动森林体验和森林养生发展的切入口，目前已在全国确定了全国森林体验基地和森林养生基地试点单位共18家。2017年，国家林业局启动了以国有林场和国有林区为重点的森林小镇建设试点工作。

很多省份陆续开展了各种示范建设，如江苏的森林旅游示范区创建、安徽的森林旅游示范景区和“森林旅游人家”创建、江西的森林体验和森林养生基地试点、广东的森林生态旅游示范基地创建、广西的“森林人家”建设试点、云南的森林旅游示范景区(县、村)创建、浙江的森林休闲养生试点县建设等。

社会资本加速集聚 5年来，森林旅游行业始终以开放的姿态面向社会，鼓励各种社会资源有序进入森林旅游领域，森林旅游成为吸引社会资本加速聚集的投资高地。

2016年、2017年，连续两届全国森林旅游投资与服务洽谈会现场签约额分别达230亿元、270亿元，吸引了诸多森林旅游地、投资商、旅行社、金融机构等积极参与。

越来越多企业开始把目光转向森林旅游。2017年6月，中国纸业投资有限公司与国家林业局国有林场和林木种苗工作总站签订战略协议，合作共建森林小镇，设立“中国森林特色小镇建设发展基金”，扶持建设一批森林小镇试点。中国林业集团公司把森林旅游纳入经营主业范围，注册成立中林森旅控股有限公司，把森林旅游作为未来企业发展的重要方向。据初步调查，2017年全国各类森林旅游地吸引了上千家企业进驻，吸纳社会投资超过1500亿元。

5年来，金融机构明显加大了对森林旅游发展的金融支持力度。在国家林业局、中国农业发展银行出台的《关于充分发挥农业政策性金融作用支持林业发展的意见》中，把“森林公园、湿地公园、沙漠公园等生态旅游开发”作为6个支持方向之一。2017年，国家发展改革委、国家林业局、国家开发银行、农业发展银行联合下发《关于进一步利用开发性和政策性金融推进林业生态建设的通知》，把“国家公园、森林公园、湿地公园、沙漠公园等保护与建设”“森林旅游休闲康养”作为重要支持方向。2017年，国家林业局和中国建设银行深化合作，组建“林业产业投资基金”，把生态旅游作为优先支持方向。

中央预算内投资实现重大突破。国家文化和自然遗产保护利用设施建设项目显著加大对国家森林公园建设的支持力度，共113处国家森林公园纳入“十三五”项目储备库。2016年落实40个项目，中央投资3.35亿元；2017年落实21个项目，中央投资1.8亿元。

基础保障破冰起航 产业持续升温，基础性研究紧锣密鼓推进。5年来，一批高等院校和科研单位纷纷把森林旅游作为构建教学体系和基础研究的重要方向。依托中南林业科技大学设立“国家林业局森林旅游工程技术研究中心”，福建农林大学设立“国家林业局森林公园工程技术研究中心”，西南林业大学加强森林体验和森林养生发展研究，东北林业大学把东北地区特别是重点国有林区的森林旅游发展作为重要研究方向。北京林业大学成立生态与健康研究院和森林养生研究中心，并将森林体验、森林养生方向纳入本科招生计划。中国林科院开展国外森林养生政策及运行机制研究等。

标准化建设是产业健康有序发展的基础。5年来，国家林业局森林旅游管理办公室制定了森林旅游标准化体系框架，并以独立板块纳入国家林业局印发的《林业标准体系》。5年中，国家林业局先后出台了《森林人家等级划分与评定》《森林体验基地质量评定》《森林养生基地质量评定》《国家森林步道建设规范》《生态露营地建设与管理规范》等有关森林旅游的林业行业标准，2017年还有11个森林旅游行业标准正在编制。

森林旅游信息统计工作有了新进展。2016年上半年，以166家森林旅游地为数据采集点，依托中国森林旅游网建立运行“全国森林旅游游客量精准统计系统”，按月、按长假统计全国森林旅游游客量，并及时向社会发布。

5年来，国家林业局森林旅游管理办公室与中国台湾地区建立了稳定的沟通渠道，海峡两岸开展了紧密的森林旅游交流合作。2017年，在第四届亚太经合组织林业部长级会议上，森林旅游被确定为会议重点议题之一。

扶贫攻坚作用明显 中国60%的贫困人口、14个集中连片特困地区、592个国家扶贫开发重点县大多分布在山区、林区、沙区，这些地区森林风景资源丰富、环境优美，发展森林旅游在助力脱贫攻坚中具有天然的地缘优势。2016年国家林业局的统计结果显示，依托森林旅游实现增收的建档立卡贫困人口达到35万户、110万人，年户均增收3500元，主要途径包括通过直接就业、开展个体经营、发展种植养殖，以及租赁、入股经营等实现增收。

2016年，国务院印发《“十三五”脱贫攻坚规划》，把“森林旅游扶贫工程”作为“旅游扶贫工程”的重要组成部分。

各地积极推进森林旅游助推精准扶贫精准脱贫工作。2016年，重庆市召开全市林业扶贫暨林业产业发展推进会，将森林旅游确定为今后重点发展的五大产业之首。四川省印发《林业生态旅游

"十三五"发展规划》，将森林旅游精准扶贫项目作为重点进行部署，2016～2017年两年连续召开"全省林业生态旅游扶贫攻坚经验交流会"和"打造生态旅游节会品牌助推脱贫攻坚经验交流会"。湖南省扶贫开发办公室与张家界市人民政府签订武陵山片区森林旅游扶贫战略联盟合作协议，共同推动森林旅游扶贫工作。最近三年来，湖南省溆浦国家森林公园通过发展森林旅游促进脱贫，被湖南省政府命名为"雪峰山模式"在全省推广。

表1　国家级森林公园名录(截至2017年底)

序号	省级单位	公园名称	建园时间	面积(公顷)	行政区域位置
01	北京	北京西山国家森林公园	1992.11	5926.10	北京市海淀区
02		北京上方山国家森林公园	1992.11	337.00	北京市房山区
03		北京蟒山国家森林公园	1992.11	8578.93	北京市昌平区
04		北京云蒙山国家森林公园	1995.11	2208.00	北京市密云区
05		北京小龙门国家森林公园	2000.02	1595.00	北京市门头沟区
06		北京鹫峰国家森林公园	2003.12	775.12	北京市海淀区
07		北京大兴古桑国家森林公园	2004.12	1164.79	北京市大兴区
08		北京大杨山国家森林公园	2004.12	2106.50	北京市昌平区
09		北京八达岭国家森林公园	2005.12	2940.00	北京市延庆区
10		北京北宫国家森林公园	2005.12	914.50	北京市丰台区
11		北京霞云岭国家森林公园	2005.12	21487.40	北京市房山区
12		北京黄松峪国家森林公园	2005.12	4274.00	北京市平谷区
13		北京崎峰山国家森林公园	2006.12	4290.18	北京市怀柔区
14		北京天门山国家森林公园	2006.12	669.41	北京市门头沟区
15		北京喇叭沟门国家森林公园	2008.01	11171.50	北京市怀柔区
		合计	15处	68438.43	
01	天津	天津九龙山国家森林公园	1997.12	2126.00	天津市蓟州区
		合计	1处	2126.00	
01	河北	河北海滨国家森林公园	1991.11	1666.67	秦皇岛市北戴河区
02		河北塞罕坝国家森林公园	1993.05	92634.70	围场县
03		河北磬槌峰国家森林公园	1993.05	4020.00	承德市双桥区
04		河北翔云岛国家森林公园	1993.05	2400.00	乐亭县
05		河北清东陵国家森林公园	1993.05	2233.33	遵化市
06		河北辽河源国家森林公园	1996.08	11886.00	平泉市
07		河北山海关国家森林公园	1997.12	4853.30	秦皇岛市山海关区
08		河北五岳寨国家森林公园	2000.12	4400.00	灵寿县
09		河北白草洼国家森林公园	2002.12	5396.00	滦平县
10		河北天生桥国家森林公园	2002.12	11600.00	阜平县
11		河北黄羊山国家森林公园	2004.12	2107.00	涿鹿县
12		河北茅荆坝国家森林公园	2004.12	19400.00	隆化县
13		河北响堂山国家森林公园	2004.12	6348.80	邯郸市峰峰矿区
14		河北野三坡国家森林公园	2004.12	22850.00	涞水县
15		河北六里坪国家森林公园	2004.12	3062.63	兴隆县

(续表)

序号	省级单位	公园名称	建园时间	面积(公顷)	行政区域位置
16		河北白石山国家森林公园	2005.12	3478.00	涞源县
17		河北易州国家森林公园	2005.12	8446.00	易县
18		河北古北岳国家森林公园	2005.12	1353.33	唐县
19		河北武安国家森林公园	2005.12	40500.00	武安市
20		河北前南峪国家森林公园	2006.12	2600.00	邢台县
21		河北驼梁山国家森林公园	2006.12	15870.00	平山县
22		河北木兰围场国家森林公园	2008.01	5351.00	围场县
23		河北蝎子沟国家森林公园	2008.01	4634.15	临城县
24		河北仙台山国家森林公园	2008.12	1522.00	井陉县
25		河北丰宁国家森林公园	2008.12	8839.00	丰宁县
26		河北黑龙山国家森林公园	2009.12	7034.40	赤城县
27		河北大青山国家森林公园	2017.12	3015.67	尚义县
		合计	27 处	297501.98	
01	山西	山西五台山国家森林公园	1992.09	19133.33	五台县
02		山西天龙山国家森林公园	1992.09	17732.95	太原市尖草坪区、万柏林区、晋源区、古交市
03		山西关帝山国家森林公园	1992.09	68448.40	吕梁市离石区、交城县、方山县、文水县、古交市、娄烦县
04		山西管涔山国家森林公园	1992.09	43440.00	宁武县、五寨县、岢岚县
05		山西恒山国家森林公园	1992.11	30579.65	浑源县
06		山西云岗国家森林公园	1992.11	15820.40	大同市南郊区
07		山西龙泉国家森林公园	1992.11	24380.00	左权县
08		山西禹王洞国家森林公园	1992.11	7333.33	忻州市忻府区
09		山西赵杲观国家森林公园	1992.11	4700.07	代县
10		山西方山国家森林公园	1992.11	3333.33	寿阳县
11		山西交城山国家森林公园	1992.11	16741.05	交城县
12		山西太岳山国家森林公园	1992.11	60000.00	介休市、灵石县、霍州市、沁源县、洪洞县、古县
13		山西五老峰国家森林公园	1992.11	10400.00	永济市
14		山西老顶山国家森林公园	1992.11	2200.00	长治市城区
15		山西乌金山国家森林公园	1993.05	3667.50	晋中市榆次区
16		山西中条山国家森林公园	1993.10	46301.30	沁水县、阳城县、翼城县、乡宁县、垣曲县、夏县
17		山西太行峡谷国家森林公园	1996.08	4000.00	壶关县
18		山西黄崖洞国家森林公园	1996.08	6000.00	黎城县
19		山西棋子山国家森林公园	2014.02	7541.14	陵川县
20		山西太行洪谷国家森林公园	2017.01	2039.53	沁水县
21		山西安泽国家森林公园	2017.12	14834.40	安泽县
		合计	21 处	408626.38	
01	内蒙古	内蒙古红山国家森林公园	1991.11	3221.00	赤峰市红山区
02		内蒙古哈达门国家森林公园	1992.04	3600.00	武川县

（续表）

序号	省级单位	公园名称	建园时间	面积(公顷)	行政区域位置
03		内蒙古察尔森国家森林公园	1992.04	12133.33	科尔沁右翼前旗
04		内蒙古海拉尔国家森林公园	1992.09	14062.00	呼伦贝尔市海拉尔区
05		内蒙古乌拉山国家森林公园	1992.09	93042.00	乌拉特前旗
06		内蒙古乌素图国家森林公园	1992.09	80000.00	呼和浩特市回民区、新城区、土默特左旗
07		内蒙古马鞍山国家森林公园	1993.05	3500.00	喀喇沁旗
08		内蒙古二龙什台国家森林公园	1993.05	9600.00	凉城县
09		内蒙古兴隆国家森林公园	1994.12	2701.20	赤峰市元宝山区
10		内蒙古黄岗梁国家森林公园	1996.08	103333.00	克什克腾旗
11		内蒙古贺兰山国家森林公园	2002.12	3455.10	阿拉善左旗
12		内蒙古旺业甸国家森林公园	2003.12	25400.00	喀喇沁旗
13		内蒙古好森沟国家森林公园	2003.12	37996.00	阿尔山市
14		内蒙古额济纳胡杨国家森林公园	2003.12	5636.00	额济纳旗
15		内蒙古桦木沟国家森林公园	2003.12	40000.00	克什克腾旗
16		内蒙古五当召国家森林公园	2005.12	1800.00	包头市石拐区
17		内蒙古红花尔基樟子松国家森林公园	2005.12	6726.00	鄂温克旗
18		内蒙古喇嘛山国家森林公园	2006.12	9379.00	牙克石市
19		内蒙古滦河源国家森林公园	2009.07	12666.70	多伦县
20		内蒙古河套国家森林公园	2009.12	9652.33	杭锦后旗
21		内蒙古宝格达乌拉国家森林公园	2010.09	32562.80	东乌珠穆沁旗
22		内蒙古龙胜国家森林公园	2014.02	1077.00	卓资县
23		内蒙古敕勒川国家森林公园	2015.01	10329.17	土默特右旗
24		内蒙古成吉思汗国家森林公园	2015.01	38600.00	伊金霍洛旗
25		内蒙古图博勒国家森林公园	2017.12	89171.00	阿荣旗
26		内蒙古神山国家森林公园	2017.12	7223.87	扎赉特旗
		合计	26 处	656867.50	
01	内蒙古森工	内蒙古莫尔道嘎国家森林公园	1999.05	148324.00	额尔古纳市
02		内蒙古阿尔山国家森林公园	2000.02	103149.00	阿尔山市、扎兰屯市
03		内蒙古达尔滨湖国家森林公园	2000.02	22081.00	鄂伦春旗
04		内蒙古伊克萨玛国家森林公园	2001.11	15890.00	根河市
05		内蒙古乌尔旗汉国家森林公园	2003.12	36922.00	牙克石市、鄂伦春旗
06		内蒙古兴安国家森林公园	2004.12	19217.00	鄂伦春旗
07		内蒙古绰源国家森林公园	2004.12	52858.00	牙克石市
08		内蒙古阿里河国家森林公园	2004.12	2486.00	鄂伦春旗
09		内蒙古绰尔大峡谷国家森林公园	2015.12	21191.00	牙克石市、扎兰屯市
		合计	9 处	422118.00	
01	辽宁	辽宁旅顺口国家森林公园	1990.08	2741.33	大连市旅顺口区
02		辽宁海棠山国家森林公园	1991.08	1440.00	阜新县
03		辽宁大孤山国家森林公园	1991.08	466.67	东港市
04		辽宁首山国家森林公园	1991.08	666.67	兴城市

(续表)

序号	省级单位	公园名称	建园时间	面积(公顷)	行政区域位置
05		辽宁凤凰山国家森林公园	1991.11	1333.33	朝阳市双塔区
06		辽宁桓仁国家森林公园	1991.11	15786.67	桓仁县
07		辽宁本溪国家森林公园	1991.11	6666.00	本溪县
08		辽宁陨石山国家森林公园	1992.01	2000.00	沈阳市浑南区
09		辽宁盖县国家森林公园	1992.01	1600.00	盖州市
10		辽宁元帅林国家森林公园	1992.07	7279.20	抚顺市东洲区
11		辽宁仙人洞国家森林公园	1992.07	3575.00	庄河市
12		大连大赫山国家森林公园	1992.07	3246.00	大连市金普新区
13		辽宁长山群岛国家海岛森林公园	1993.05	4630.70	长海县
14		辽宁普兰店国家森林公园	1995.11	11000.00	大连市普兰店区
15		辽宁大黑山国家森林公园	1996.08	3031.00	北票市
16		辽宁沈阳国家森林公园	1997.12	933.30	沈阳市沈北新区
17		辽宁猴石国家森林公园	2002.12	5675.00	新宾县
18		辽宁本溪环城国家森林公园	2002.12	19863.78	本溪市平山区、溪湖区、明山区、南芬区
19		辽宁冰砬山国家森林公园	2002.12	2259.30	西丰县
20		辽宁金龙寺国家森林公园	2002.12	2138.00	大连市甘井子区
21		辽宁千山仙人台国家森林公园	2002.12	2931.00	鞍山市千山区
22		辽宁清原红河谷国家森林公园	2003.12	9112.30	清原县
23		大连天门山国家森林公园	2003.12	3100.00	庄河市
24		辽宁三块石国家森林公园	2004.12	7211.60	抚顺县
25		辽宁章古台沙地国家森林公园	2005.12	11341.30	彰武县
26		大连银石滩国家森林公园	2005.12	570.00	庄河市
27		大连西郊国家森林公园	2006.12	4787.08	大连市甘井子区
28		辽宁医巫闾山国家森林公园	2008.01	1482.30	北镇市、义县
29		辽宁和睦国家森林公园	2008.01	1367.85	新宾县
30		辽宁绥中长城国家森林公园	2017.01	3084.93	绥中县
31		辽宁瓦房店国家森林公园	2017.12	3440.81	瓦房店市
		合计	31处	144761.12	
01	吉林	吉林净月潭国家森林公园	1989.11	8330.00	长春市南关区
02		吉林五女峰国家森林公园	1992.11	6866.67	集安市
03		吉林龙湾群国家森林公园	1992.11	8133.33	辉南县
04		吉林白鸡峰国家级森林公园	1992.11	3333.33	通化市东昌区
05		吉林帽儿山国家森林公园	1992.11	1100.00	延吉市
06		吉林半拉山国家森林公园	1992.11	9299.00	四平市铁东区
07		吉林三仙夹国家森林公园	1993.03	880.00	柳河县
08		吉林大安国家森林公园	1993.03	666.67	大安市
09		吉林长白国家森林公园	1993.05	27000.00	长白县
10		吉林临江国家级森林公园	1995.11	18000.00	临江市
11		吉林拉法山国家森林公园	1995.11	34396.00	蛟河市

（续表）

序号	省级单位	公 园 名 称	建园时间	面积(公顷)	行政区域位置
12		吉林图们江国家森林公园	1997.12	32678.00	珲春市
13		吉林朱雀山国家森林公园	2001.11	5662.00	吉林市丰满区
14		吉林图们江源国家森林公园	2002.12	12737.00	和龙市
15		吉林延边仙峰国家森林公园	2002.12	19102.23	和龙市
16		吉林官马莲花山国家森林公园	2003.12	5146.00	磐石市
17		吉林肇大鸡山国家森林公园	2003.12	14127.63	桦甸市
18		吉林寒葱顶国家森林公园	2004.12	7480.00	东丰县
19		吉林满天星国家森林公园	2004.12	17057.30	汪清县
20		吉林吊水壶国家森林公园	2004.12	4785.00	长春市双阳区
21		吉林通化石湖国家森林公园	2005.12	2337.00	通化县
22		吉林江源国家森林公园	2006.12	14636.00	白山市江源区
23		吉林鸡冠山国家森林公园	2006.12	2903.61	梅河口市
24		吉林兰家大峡谷国家森林公园	2013.01	10972.00	汪清县
25		吉林长白山北坡国家森林公园	2013.10	13187.00	安图县
26		吉林红叶岭国家森林公园	2015.01	6038.80	蛟河市
27		吉林龙山湖国家森林公园	2017.01	13417.00	白山市浑江区
		合计	27 处	300271.57	
01	吉林森工	吉林露水河国家森林公园	2004.12	25786.94	抚松县
02		吉林红石国家森林公园	2005.12	28574.60	桦甸市、靖宇县
03		吉林泉阳泉国家森林公园	2008.12	4977.00	抚松县
04		吉林白石山国家森林公园	2008.12	9318.46	蛟河市
05		吉林松江河国家森林公园	2008.12	6018.00	抚松县
06		吉林三岔子国家森林公园	2009.07	7126.00	白山市江源区、靖宇县
07		吉林临江瀑布群国家森林公园	2009.07	4085.00	临江市
08		吉林湾沟国家森林公园	2009.07	5732.00	白山市江源区、靖宇县、抚松县
		合计	8 处	91618.00	
01	黑龙江	黑龙江牡丹峰国家森林公园	1992.04	19466.67	牡丹江市东安区
02		黑龙江火山口国家森林公园	1992.04	66933.33	宁安市
03		黑龙江大亮子河国家森林公园	1992.04	7133.33	汤原县
04		黑龙江乌龙国家森林公园	1992.04	28000.00	通河县
05		黑龙江哈尔滨国家森林公园	1992.09	136.00	哈尔滨市香坊区
06		黑龙江街津山国家森林公园	1992.09	13570.00	同江市
07		黑龙江齐齐哈尔国家森林公园	1992.11	4666.00	齐齐哈尔市梅里斯区
08		黑龙江北极村国家森林公园	1992.11	36376.00	漠河县
09		黑龙江长寿国家森林公园	1993.05	2483.00	宾县
10		黑龙江大庆国家森林公园	1993.05	5466.00	大庆市大同区
11		黑龙江一面坡国家森林公园	1995.11	23408.00	尚志市
12		黑龙江龙凤国家森林公园	1997.12	21840.00	五常市
13		黑龙江金泉国家森林公园	1997.12	4000.00	哈尔滨市阿城区
14		黑龙江乌苏里江国家森林公园	1997.12	25069.00	虎林市

（续表）

序号	省级单位	公园名称	建园时间	面积（公顷）	行政区域位置
15		黑龙江驿马山国家森林公园	1998.09	458.00	巴彦县
16		黑龙江三道关国家森林公园	1999.05	8000.00	牡丹江市爱民区
17		黑龙江绥芬河国家森林公园	2000.12	971.00	绥芬河市
18		黑龙江五顶山国家森林公园	2001.11	6651.00	富锦市
19		黑龙江茅兰沟国家森林公园	2001.11	6000.00	嘉荫县
20		黑龙江龙江三峡国家森林公园	2001.11	8569.20	萝北县
21		黑龙江鹤岗国家森林公园	2002.12	5848.00	鹤岗市东山区
22		黑龙江勃利国家森林公园	2003.12	17601.00	勃利县
23		黑龙江丹清河国家森林公园	2003.12	2850.00	依兰县
24		黑龙江石龙山国家森林公园	2003.12	6307.50	七台河市茄子河区
25		黑龙江望龙山国家森林公园	2004.12	2152.00	庆安县
26		黑龙江胜山要塞国家森林公园	2004.12	13828.00	孙吴县
27		黑龙江五大连池国家森林公园	2004.12	12380.00	五大连池市
28		黑龙江完达山国家森林公园	2005.12	61369.00	宝清县
29		黑龙江金龙山国家森林公园	2008.01	8515.00	哈尔滨市阿城区
30		黑龙江呼兰国家森林公园	2009.12	10000.00	哈尔滨市呼兰区
31		黑龙江伊春兴安国家森林公园	2005.12	4515.00	伊春市伊春区
32		黑龙江长寿山国家森林公园	2012.09	7402.00	延寿县
33		黑龙江桦川国家森林公园	2015.01	7850.90	桦川县
34		黑龙江双子山国家森林公园	2015.12	2229.00	方正县
35		黑龙江大青观国家森林公园	2017.01	5591.00	绥棱县
36		黑龙江香炉山国家森林公园	2017.01	3955.00	宾县
37		黑龙江华夏东极国家森林公园	2017.07	3477.29	抚远市
38		黑龙江神洞山国家森林公园	2017.07	6978.00	鸡西市恒山区
39		黑龙江七星山国家森林公园	2017.12	3335.50	集贤县
		合计	39 处	475380.72	
01	龙江森工	黑龙江威虎山国家森林公园	1993.10	414756.00	海林市、林口县
02		黑龙江五营国家森林公园	1993.10	14141.00	伊春市五营区
03		黑龙江亚布力国家森林公园	1993.10	11748.30	尚志市
04		黑龙江桃山国家森林公园	1997.12	100000.00	铁力市
05		黑龙江日月峡国家森林公园	2000.12	29708.00	铁力市
06		黑龙江八里湾国家森林公园	2001.11	41000.00	尚志市、五常市
07		黑龙江乌马河国家森林公园	2001.11	12415.00	伊春市乌马河区
08		黑龙江凤凰山国家森林公园	2001.11	51801.00	五常市
09		黑龙江兴隆国家森林公园	2001.11	26812.00	通河县、木兰县
10		黑龙江雪乡国家森林公园	2001.11	186000.00	海林市
11		黑龙江青山国家森林公园	2002.12	28000.00	双鸭山市
12		黑龙江大沾河国家森林公园	2002.12	16270.30	五大连池市
13		黑龙江廻龙湾国家森林公园	2002.12	6326.00	伊春市美溪区
14		黑龙江金山国家森林公园	2003.12	12283.00	伊春市金山屯区

（续表）

序号	省级单位	公 园 名 称	建园时间	面积(公顷)	行政区域位置
15		黑龙江小兴安岭石林国家森林公园	2003.12	19007.00	伊春市汤旺河区
16		黑龙江方正龙山国家森林公园	2003.12	66101.00	方正县、林口县
17		黑龙江溪水国家森林公园	2003.12	4580.00	伊春市上甘岭区
18		黑龙江镜泊湖国家森林公园	2003.12	314119.00	宁安市
19		黑龙江六峰山国家森林公园	2003.12	34640.00	穆棱市
20		黑龙江夹皮沟国家森林公园	2003.12	130242.00	海林市
21		黑龙江珍宝岛国家森林公园	2005.12	13429.00	虎林市
22		黑龙江红松林国家森林公园	2006.12	19000.00	萝北县
23		黑龙江七星峰国家森林公园	2006.12	15260.00	桦南县
24		黑龙江仙翁山国家森林公园	2008.01	10555.00	伊春市南岔区
25		黑龙江小兴安岭红松林国家森林公园	2017.01	107067.00	通河县
		合计	25 处	1685260.60	
01	大兴安岭	黑龙江呼中国家森林公园	2005.12	115340.27	大兴安岭地区呼中区
02		黑龙江加格达奇国家森林公园	2008.12	14632.10	大兴安岭地区加格达奇区
		合计	2 处	129972.37	
01	上海	上海佘山国家森林公园	1993.05	401.00	上海市松江区
02		上海东平国家森林公园	1993.05	355.00	上海市崇明区
03		上海海湾国家森林公园	2004.12	1077.36	上海市奉贤区
04		上海共青国家森林公园	2005.12	131.00	上海市杨浦区
		合计	4 处	1964.36	
01	江苏	江苏虞山国家森林公园	1989.03	1466.67	常熟市
02		江苏上方山国家森林公园	1992.07	500.00	苏州市虎丘区
03		江苏徐州环城国家森林公园	1992.11	1333.33	徐州市云龙区、泉山区、鼓楼区
04		江苏宜兴国家森林公园	1992.11	3400.00	宜兴市
05		江苏惠山国家森林公园	1993.05	936.00	无锡市滨湖区
06		江苏东吴国家森林公园	1993.05	1200.00	苏州市吴中区
07		江苏云台山国家森林公园	1993.05	2000.00	连云港市连云区
08		江苏盱眙第一山国家森林公园	1993.05	1400.00	盱眙县
09		江苏南山国家森林公园	1995.11	1000.00	镇江市润州区
10		江苏宝华山国家森林公园	1996.08	1700.00	句容市
11		江苏西山国家森林公园	1997.12	6000.00	苏州市吴中区
12		江苏铁山寺国家森林公园	2003.12	7058.00	盱眙县
13		南京紫金山国家森林公园	2003.12	3008.80	南京市玄武区
14		江苏大阳山国家森林公园	2009.02	1029.80	苏州市虎丘区
15		南京栖霞山国家森林公园	2010.12	1019.00	南京市栖霞区
16		江苏游子山国家森林公园	2012.01	3678.30	南京市高淳区
17		南京老山国家森林公园	2014.02	5063.00	南京市浦口区
18		江苏天目湖国家森林公园	2015.01	3759.02	溧阳市
19		南京无想山国家森林公园	2015.01	2071.71	南京市溧水区
20		江苏黄海海滨国家森林公园	2015.12	4156.93	东台市

(续表)

序号	省级单位	公园名称	建园时间	面积(公顷)	行政区域位置
21		江苏三台山国家森林公园	2017.01	1110.51	宿迁市宿豫区
		合计	21处	52891.07	
01	浙江	浙江千岛湖国家森林公园	1990.06	92324.00	淳安县
02		浙江大奇山国家森林公园	1992.11	700.00	桐庐县
03		浙江兰亭国家森林公园	1992.11	229.67	绍兴市柯桥区
04		浙江午潮山国家森林公园	1992.11	253.33	杭州市西湖区
05		浙江富春江国家森林公园	1995.07	8375.06	建德市
06		浙江竹乡国家森林公园	1996.08	16600.00	安吉县
07		浙江天童国家森林公园	1997.03	433.33	宁波市鄞州区
08		浙江雁荡山国家森林公园	1997.03	840.00	乐清市
09		浙江溪口国家森林公园	1997.03	186.67	宁波市奉化区
10		浙江九龙山国家森林公园	1997.03	420.33	平湖市
11		浙江双龙洞国家森林公园	1997.03	773.33	金华市婺城区
12		浙江华顶国家森林公园	1997.03	3866.67	天台县
13		浙江青山湖国家森林公园	1999.05	2671.50	杭州市临安区
14		浙江玉苍山国家森林公园	1999.08	2378.60	苍南县
15		浙江钱江源国家森林公园	1999.08	4500.00	开化县
16		浙江紫微山国家森林公园	2000.02	5500.00	衢州市衢江区
17		浙江铜铃山国家森林公园	2001.11	2755.00	文成县
18		浙江花岩国家森林公园	2002.12	2640.00	瑞安市
19		浙江龙湾潭国家森林公园	2002.12	1561.67	永嘉县
20		浙江遂昌国家森林公园	2002.12	24647.37	遂昌县
21		浙江五泄国家森林公园	2003.12	733.33	诸暨市
22		浙江石门洞国家森林公园	2003.12	4295.00	青田县
23		浙江四明山国家森林公园	2003.12	6251.00	宁波市海曙区、奉化区、余姚市、绍兴市上虞区、嵊州市
24		浙江双峰国家森林公园	2003.12	2281.41	宁海县
25		浙江仙霞国家森林公园	2004.12	3449.46	江山市
26		浙江大溪国家森林公园	2004.12	3375.00	温岭市
27		浙江松阳卯山国家森林公园	2005.12	1385.00	松阳县
28		浙江牛头山国家森林公园	2005.12	1327.69	武义县
29		浙江三衢国家森林公园	2005.12	1067.53	常山县
30		浙江径山(山沟沟)国家森林公园	2006.12	5375.00	杭州市余杭区
31		浙江南山湖国家森林公园	2006.12	2188.70	嵊州市
32		浙江大竹海国家森林公园	2008.01	3126.60	龙游县
33		浙江仙居国家森林公园	2008.01	2980.00	仙居县
34		浙江桐庐瑶琳国家森林公园	2008.12	949.00	桐庐县
35		浙江诸暨香榧国家森林公园	2009.12	2876.20	诸暨市
36		杭州半山国家森林公园	2010.12	1002.88	杭州市拱墅区
37		浙江庆元国家森林公园	2010.12	2455.70	庆元县

（续表）

序号	省级单位	公园名称	建园时间	面积(公顷)	行政区域位置
38		杭州西山国家森林公园	2012.01	1775.20	杭州市西湖区
39		浙江梁希国家森林公园	2014.02	1375.48	湖州市吴兴区
40		浙江括苍山国家森林公园	2017.07	3137.28	临海市
41		浙江丽水白云国家森林公园	2017.07	2587.33	丽水市莲都区
		合计	41 处	225651.32	
01	安徽	安徽黄山国家森林公园	1987.05	11686.67	黄山市黄山区
02		安徽琅琊山国家森林公园	1992.07	4866.67	滁州市琅琊区、南谯区
03		安徽天柱山国家森林公园	1992.07	2048.47	潜山县
04		安徽九华山国家森林公园	1992.07	14333.33	青阳县
05		安徽皇藏峪国家森林公园	1992.07	2276.00	萧县
06		安徽徽州国家森林公园	1992.07	5326.65	歙县
07		安徽大龙山国家森林公园	1992.07	4018.00	安庆市宜秀区
08		安徽紫蓬山国家森林公园	1992.07	1002.47	肥西县
09		安徽皇甫山国家森林公园	1992.07	3551.53	滁州市南谯区
10		安徽天堂寨国家森林公园	1992.11	12000.00	金寨县
11		安徽鸡笼山国家森林公园	1992.09	4500.00	和县
12		安徽冶父山国家森林公园	1992.09	1141.28	庐江县
13		安徽太湖山国家森林公园	1992.09	2006.47	含山县
14		安徽神山国家森林公园	1992.09	2221.87	全椒县
15		安徽妙道山国家森林公园	1992.09	752.00	岳西县
16		安徽天井山国家森林公园	1992.09	1200.40	无为县
17		安徽舜耕山国家森林公园	1992.09	2533.33	淮南市田家庵区
18		安徽浮山国家森林公园	1992.12	3840.83	枞阳县
19		安徽石莲洞国家森林公园	1992.12	1479.33	宿松县
20		安徽齐云山国家森林公园	1993.05	6000.00	休宁县
21		安徽韭山国家森林公园	1993.06	5533.33	凤阳县
22		安徽横山国家森林公园	1994.12	1000.00	广德县
23		安徽敬亭山国家森林公园	1996.08	2009.00	宣城市宣州区
24		安徽八公山国家森林公园	2002.12	2759.00	淮南市八公山区、寿县
25		安徽万佛山国家森林公园	2002.12	2000.00	舒城县
26		安徽水西国家森林公园	2004.12	2147.00	泾县
27		安徽青龙湾国家森林公园	2004.12	2730.00	宁国市
28		安徽上窑国家森林公园	2005.12	1040.00	淮南市大通区
29		安徽马仁山国家森林公园	2008.01	712.00	繁昌县
30		合肥大蜀山国家森林公园	2013.01	1003.01	合肥市蜀山区
31		合肥滨湖国家森林公园	2014.02	1072.00	合肥市包河区
32		安徽塔川国家森林公园	2017.01	2129.66	黟县
33		安徽老嘉山国家森林公园	2017.12	3619.13	明光市、定远县
34		安徽马家溪国家森林公园	2017.12	2148.83	旌德县
		合计	34 处	116688.26	

(续表)

序号	省级单位	公园名称	建园时间	面积(公顷)	行政区域位置
01	福建	福建福州国家森林公园	1993.05	41814.50	福州市晋安区
02		福建天柱山国家森林公园	1995.11	2983.00	长泰县
03		福建平潭海岛国家森林公园	1999.08	1295.70	平潭县
04		福建华安国家森林公园	2000.02	8153.33	华安县
05		福建猫儿山国家森林公园	2000.02	2560.00	泰宁县
06		福建三元国家森林公园	2000.12	4572.00	三明市三元区
07		福建龙岩国家森林公园	2000.12	2200.00	龙岩市新罗区
08		福建旗山国家森林公园	2000.12	3586.90	闽侯县
09		福建灵石山国家森林公园	2001.02	2275.00	福清市
10		福建东山国家森林公园	2002.12	874.60	东山县
11		福建德化石牛山国家森林公园	2003.12	8411.00	德化县
12		福建三明仙人谷国家森林公园	2003.12	1488.00	三明市梅列区
13		福建将乐天阶山国家森林公园	2003.12	939.00	将乐县
14		福建厦门莲花国家森林公园	2003.12	3824.00	厦门市同安区
15		福建上杭国家森林公园	2003.12	4894.92	上杭县
16		福建武夷山国家森林公园	2004.12	3085.00	武夷山市
17		福建乌山国家森林公园	2004.12	6920.20	诏安县
18		福建漳平天台国家森林公园	2004.12	3851.10	漳平市
19		福建王寿山国家森林公园	2004.12	1535.20	龙岩市永定区
20		福建九龙谷国家森林公园	2006.12	1091.50	莆田市城厢区、仙游县
21		福建支提山国家森林公园	2006.12	2299.93	宁德市蕉城区
22		福建天星山国家森林公园	2008.01	1861.90	屏南县
23		福建闽江源国家森林公园	2008.01	1182.52	建宁县
24		福建九龙竹海国家森林公园	2008.12	1704.60	永安市
25		福建长乐国家森林公园	2008.12	1768.90	福州市长乐区
26		福建匡山国家森林公园	2009.12	2175.13	浦城县
27		福建南靖土楼国家森林公园	2010.09	2233.83	南靖县
28		福建武夷天池国家森林公园	2013.01	2525.27	光泽县
29		福建五虎山国家森林公园	2014.07	2668.73	闽侯县
30		福建杨梅洲峡谷国家森林公园	2017.01	3322.73	寿宁县
		合计	30处	128098.49	
01	江西	江西三爪仑国家森林公园	1993.03	12396.23	靖安县
02		江西庐山山南国家森林公园	1993.05	3346.67	庐山市
03		江西梅岭国家森林公园	1993.05	11173.10	南昌市湾里区
04		江西三百山国家森林公园	1993.05	3330.00	安远县
05		江西马祖山国家森林公园	1993.05	666.67	九江市濂溪区
06		江西鄱阳湖口国家森林公园	1993.05	1280.00	湖口县
07		江西灵岩洞国家森林公园	1993.05	3000.00	婺源县
08		江西明月山国家森林公园	1994.12	7842.00	宜春市袁州区
09		江西翠微峰国家森林公园	1994.12	7866.67	宁都县

(续表)

序号	省级单位	公 园 名 称	建园时间	面积(公顷)	行政区域位置
10		江西天柱峰国家森林公园	2000.02	20757.00	铜鼓县
11		江西泰和国家森林公园	2000.12	3000.00	泰和县
12		江西鹅湖山国家森林公园	2000.12	7950.00	铅山县
13		江西龟峰国家森林公园	2000.12	7400.00	弋阳县
14		江西上清国家森林公园	2000.12	11800.00	贵溪市
15		江西梅关国家森林公园	2001.11	5300.00	大余县
16		江西永丰国家森林公园	2001.11	7600.00	永丰县
17		江西阁皂山国家森林公园	2001.11	6946.37	樟树市
18		江西三叠泉国家森林公园	2001.11	1650.97	庐山市
19		江西武功山国家森林公园	2002.12	24190.00	安福县
20		江西铜钹山国家森林公园	2002.12	19500.00	上饶市广丰区
21		江西阳明山国家森林公园	2003.12	6889.80	崇义县
22		江西天花井国家森林公园	2003.12	685.00	九江市濂溪区
23		江西五指峰国家森林公园	2003.12	24533.00	上犹县
24		江西柘林湖国家森林公园	2004.12	16450.00	永修县
25		江西陡水湖国家森林公园	2004.12	22666.67	上犹县、崇义县
26		江西万安国家森林公园	2004.12	17160.44	万安县
27		江西三湾国家森林公园	2004.12	15513.30	永新县
28		江西安源国家森林公园	2004.12	11069.00	萍乡市安源区、上栗县
29		江西景德镇国家森林公园	2005.12	5479.70	景德镇市昌江区、浮梁县
30		江西云碧峰国家森林公园	2005.12	872.50	上饶市信州区
31		江西九连山国家森林公园	2005.12	20063.00	龙南县
32		江西岩泉国家森林公园	2005.12	4885.39	黎川县
33		江西瑶里国家森林公园	2005.12	4471.00	浮梁县
34		江西峰山国家森林公园	2006.12	20635.20	赣州市章贡区、赣县区
35		江西清凉山国家森林公园	2006.12	3397.82	资溪县
36		江西九岭山国家森林公园	2006.12	1266.16	武宁县
37		江西岑山国家森林公园	2008.01	955.00	横峰县
38		江西五府山国家森林公园	2008.01	1715.00	上饶县
39		江西军峰山国家森林公园	2008.01	1217.15	南丰县
40		江西碧湖潭国家森林公园	2008.12	6838.70	萍乡市湘东区
41		江西怀玉山国家森林公园	2008.12	3354.00	玉山县
42		江西仰天岗国家森林公园	2009.07	2178.93	新余市渝水区
43		江西圣水堂国家森林公园	2009.12	4060.10	安义县
44		江西鄱阳莲花山国家森林公园	2012.01	6510.00	鄱阳县
45		江西彭泽国家森林公园	2013.01	2505.00	彭泽县
46		江西金盆山国家森林公园	2014.02	5981.85	信丰县
47		江西贵溪国家森林公园	2017.01	2982.71	贵溪市
48		江西会昌山国家森林公园	2017.12	3423.87	会昌县
49		江西罗霄山大峡谷国家森林公园	2017.12	2936.05	遂川县

(续表)

序号	省级单位	公园名称	建园时间	面积(公顷)	行政区域位置
		合计	49 处	387692.02	
01	山东	山东崂山国家森林公园	1992.09	7466.67	青岛市崂山区、城阳区
02		山东抱犊崮国家森林公园	1992.09	666.67	枣庄市山亭区
03		山东黄河口国家森林公园	1992.09	50933.33	东营市垦利区、利津县
04		山东昆嵛山国家森林公园	1992.09	4733.33	烟台市牟平区
05		山东罗山国家森林公园	1992.09	480.00	招远市
06		山东长岛国家森林公园	1992.09	5700.00	长岛县
07		山东沂山国家森林公园	1992.09	6466.67	临朐县
08		山东尼山国家森林公园	1992.09	590.00	曲阜市
09		山东泰山国家森林公园	1992.09	12000.00	泰安市泰山区、岱岳区，济南市长清区、历城区
10		山东徂徕山国家森林公园	1992.09	9000.00	泰安市岱岳区
11		山东日照海滨国家森林公园	1992.09	788.67	日照市东港区
12		山东鹤伴山国家森林公园	1992.09	480.00	邹平县
13		山东孟良崮国家森林公园	1992.09	800.00	沂南县
14		山东柳埠国家森林公园	1992.11	2465.53	济南市历城区、泰安市泰山区
15		山东刘公岛国家森林公园	1992.11	247.53	威海市环翠区
16		山东槎山国家森林公园	1992.11	106.67	荣成市
17		山东药乡国家森林公园	1992.11	1463.67	济南市历城区，泰安市泰山区、岱岳区
18		山东原山国家森林公园	1992.12	1705.87	淄博市博山区
19		山东灵山湾国家森林公园	1993.05	666.67	青岛市黄岛区
20		山东双岛国家森林公园	1993.05	2477.30	威海市环翠区
21		山东蒙山国家森林公园	1994.12	3675.87	蒙阴县
22		山东腊山国家森林公园	1996.08	723.00	东平县
23		山东仰天山国家森林公园	2000.02	2400.00	青州市
24		山东伟德山国家森林公园	2000.12	9150.27	荣成市
25		山东珠山国家森林公园	2000.12	4000.00	青岛市黄岛区
26		山东牛山国家森林公园	2002.12	3000.00	肥城市
27		山东鲁山国家森林公园	2002.12	4133.33	淄博市博山区
28		山东岠嵎山国家森林公园	2002.12	1204.00	乳山市
29		山东五莲山国家森林公园	2003.12	6800.00	五莲县
30		山东莱芜华山国家森林公园	2003.12	4603.33	莱芜市莱城区
31		山东艾山国家森林公园	2004.12	2578.67	蓬莱市
32		山东龙口南山国家森林公园	2004.12	949.00	龙口市
33		山东新泰莲花山国家森林公园	2005.12	2164.00	新泰市
34		山东牙山国家森林公园	2005.12	10140.00	栖霞市
35		山东招虎山国家森林公园	2005.12	1762.70	海阳市
36		山东寿阳山国家森林公园	2008.12	2048.60	昌乐县
37		山东东阿黄河国家森林公园	2010.12	2266.33	东阿县
38		山东峨庄古村落国家森林公园	2010.12	6800.00	淄博市淄川区

（续表）

序号	省级单位	公 园 名 称	建园时间	面积（公顷）	行政区域位置
39		山东峄山国家森林公园	2012.09	2136.50	邹城市
40		山东滕州墨子国家森林公园	2013.01	3041.60	滕州市
41		山东密州国家森林公园	2013.10	2553.60	诸城市
42		山东留山古火山国家森林公园	2013.10	2539.00	安丘市
43		山东泉林国家森林公园	2014.02	4780.46	泗水县
44		山东章丘国家森林公园	2015.01	5853.50	济南市章丘区
45		山东峄城古石榴国家森林公园	2015.01	2447.20	枣庄市峄城区
46		山东棋山幽峡国家森林公园	2015.01	4257.60	莱芜市钢城区
47		山东夏津黄河故道国家森林公园	2015.01	2177.82	夏津县
48		山东茌平国家森林公园	2015.01	2126.60	茌平县
49		山东蟠龙山国家森林公园	2017.01	2448.10	宁阳县
		合计	49 处	211999.66	
01	河南	河南嵩山国家森林公园	1988.09	11582.00	登封市
02		河南寺山国家森林公园	1992.09	5600.00	西峡县
03		河南汝州国家森林公园	1992.09	4900.37	汝州市
04		河南石漫滩国家森林公园	1992.09	5333.33	舞钢市
05		河南薄山国家森林公园	1992.09	6066.67	确山县
06		河南开封国家森林公园	1992.09	747.53	开封市龙亭区、顺河区
07		河南亚武山国家森林公园	1992.11	15133.33	灵宝市
08		河南花果山国家森林公园	1993.05	4200.00	宜阳县
09		河南云台山国家森林公园	1993.05	360.00	修武县
10		河南白云山国家森林公园	1992.09	8133.33	嵩县
11		河南龙峪湾国家森林公园	1994.12	1833.33	栾川县
12		河南五龙洞国家森林公园	1995.11	2527.00	林州市
13		河南南湾国家森林公园	1996.09	3101.35	信阳市浉河区
14		河南甘山国家森林公园	2000.12	3800.00	三门峡市陕州区
15		河南淮河源国家森林公园	2002.12	4924.00	桐柏县
16		河南神灵寨国家森林公园	2002.12	5300.00	洛宁县
17		河南铜山湖国家森林公园	2002.12	1996.00	泌阳县
18		河南黄河故道国家森林公园	2002.12	838.00	商丘市梁园区
19		河南郁山国家森林公园	2002.12	2133.00	新安县
20		河南玉皇山国家森林公园	2003.12	2982.00	卢氏县
21		河南金兰山国家森林公园	2003.12	3333.00	新县
22		河南嵖岈山国家森林公园	2004.12	2340.00	遂平县
23		河南天池山国家森林公园	2004.12	1716.00	嵩县
24		河南始祖山国家森林公园	2005.12	4667.00	新郑市
25		河南黄柏山国家森林公园	2006.12	4010.00	商城县
26		河南燕子山国家森林公园	2006.12	4776.00	灵宝市
27		河南棠溪源国家森林公园	2006.12	3800.00	西平县
28		河南大鸿寨国家森林公园	2008.01	3300.00	禹州市

(续表)

序号	省级单位	公园名称	建园时间	面积(公顷)	行政区域位置
29		河南天目山国家森林公园	2015.01	4858.90	信阳市平桥区
30		河南大苏山国家森林公园	2015.01	2788.53	光山县
31		河南云梦山国家森林公园	2015.12	6811.94	淇县
		合计	31 处	133892.61	
01	湖北	湖北九峰国家森林公园	1992.07	333.33	武汉市洪山区
02		湖北鹿门寺国家森林公园	1992.07	1866.67	襄阳市襄州区
03		湖北玉泉寺国家森林公园	1992.07	9666.67	当阳市
04		湖北大老岭国家森林公园	1992.07	6000.00	宜昌市夷陵区、秭归县、兴山县
05		湖北大口国家森林公园	1995.07	6333.00	钟祥市
06		湖北神农架国家森林公园	1992.11	13333.33	神农架林区
07		湖北龙门河国家森林公园	1993.05	4644.40	兴山县
08		湖北薤山国家森林公园	1994.12	4533.33	谷城县
09		湖北清江国家森林公园	1996.08	55738.00	长阳县
10		湖北大别山国家森林公园	1996.08	57427.00	罗田县
11		湖北柴埠溪国家森林公园	1996.08	6667.00	五峰县
12		湖北潜山国家森林公园	1996.09	1308.37	咸宁市咸安区
13		湖北八岭山国家森林公园	1996.09	666.67	荆州市荆州区
14		湖北沲水国家森林公园	1998.09	28600.00	松滋市
15		湖北三角山国家森林公园	2002.12	6451.70	浠水县
16		湖北中华山国家森林公园	2002.12	5139.87	广水市
17		湖北太子山国家森林公园	2002.12	7930.00	京山县
18		湖北红安天台山国家森林公园	2003.12	6000.00	红安县
19		湖北坪坝营国家森林公园	2004.12	13237.50	咸丰县
20		湖北吴家山国家森林公园	2004.12	5873.00	英山县
21		湖北千佛洞国家森林公园	2005.12	993.42	荆门市东宝区、掇刀区
22		湖北双峰山国家森林公园	2005.12	1400.00	孝昌县
23		湖北大洪山国家森林公园	2006.12	1755.50	随州市曾都区
24		湖北虎爪山国家森林公园	2008.01	2600.00	京山县
25		湖北五脑山国家森林公园	2008.01	2153.30	麻城市
26		湖北沧浪山国家森林公园	2008.12	7466.70	十堰市郧阳区
27		湖北安陆古银杏国家森林公园	2009.07	2413.00	安陆市
28		湖北牛头山国家森林公园	2009.12	1840.00	十堰市张湾区
29		湖北诗经源国家森林公园	2010.12	8280.00	房县
30		湖北九女峰国家森林公园	2012.01	3527.00	竹山县
31		湖北偏头山国家森林公园	2012.01	3131.65	竹溪县
32		湖北丹江口国家森林公园	2013.01	17773.33	丹江口市
33		湖北崇阳国家森林公园	2014.02	3080.00	崇阳县
34		湖北汉江瀑布群国家森林公园	2014.02	5680.00	郧西县
35		湖北西塞国国家森林公园	2015.01	8630.47	宜昌市夷陵区
36		湖北岘山国家森林公园	2015.01	1759.00	襄阳市襄城区

（续表）

序号	省级单位	公园名称	建园时间	面积（公顷）	行政区域位置
37		湖北白竹园寺国家森林公园	2015.12	3052.30	枣阳市
		合计	37 处	317285.51	
01	湖南	湖南张家界国家森林公园	1982.09	2466.67	张家界市武陵源区
02		湖南神农谷国家森林公园	1992.07	10000.00	炎陵县
03		湖南莽山国家森林公园	1992.07	19833.33	宜章县
04		湖南大围山国家森林公园	1992.07	3703.00	浏阳市
05		湖南云山国家森林公园	1992.07	3110.00	武冈市
06		湖南九嶷山国家森林公园	1992.07	8454.63	宁远县
07		湖南阳明山国家森林公园	1992.07	11733.33	双牌县
08		湖南南华山国家森林公园	1992.07	2242.73	凤凰县
09		湖南黄山头国家森林公园	1992.07	666.67	安乡县
10		湖南桃花源国家森林公园	1992.07	233.33	桃源县
11		湖南天门山国家森林公园	1992.07	733.33	张家界市永定区
12		湖南天际岭国家森林公园	1992.07	119.39	长沙市雨花区
13		湖南天鹅山国家森林公园	1992.07	6326.40	资兴市
14		湖南舜皇山国家森林公园	1992.09	14548.00	东安县
15		湖南东台山国家森林公园	1992.09	336.00	湘乡市
16		湖南夹山国家森林公园	1993.02	1530.00	石门县
17		湖南不二门国家森林公园	1993.05	5336.67	永顺县
18		湖南河洑国家森林公园	1994.12	333.33	常德市武陵区
19		湖南岣嵝峰国家森林公园	1995.11	2067.00	衡阳县
20		湖南大云山国家森林公园	1996.08	1180.00	岳阳县
21		湖南花岩溪国家森林公园	1997.12	4000.00	常德市鼎城区
22		湖南云阳国家森林公园	2002.12	8688.70	茶陵县
23		湖南大熊山国家森林公园	2002.12	7623.00	新化县
24		湖南中坡国家森林公园	2002.12	1367.00	怀化市鹤城区
25		湖南幕阜山国家森林公园	2005.12	1701.00	平江县
26		湖南金洞国家森林公园	2005.12	2500.00	永州市金洞管理区（祁阳县）
27		湖南百里龙山国家森林公园	2006.12	13121.00	涟源市、新邵县
28		湖南千家峒国家森林公园	2006.12	4430.93	江永县
29		湖南两江峡谷国家森林公园	2008.01	6336.02	城步县
30		湖南雪峰山国家森林公园	2008.01	3478.10	洪江市
31		湖南五尖山国家森林公园	2008.01	2879.89	临湘市
32		湖南桃花江国家森林公园	2008.01	3153.05	桃江县
33		湖南湘江源国家森林公园	2008.12	7046.70	蓝山县
34		湖南月岩国家森林公园	2008.12	3936.70	道县
35		湖南峰峦溪国家森林公园	2008.12	2216.60	桑植县
36		湖南柘溪国家森林公园	2009.07	8579.30	安化县
37		湖南天堂山国家森林公园	2009.12	5933.40	常宁市
38		湖南宁乡香山国家森林公园	2009.12	2159.00	宁乡市

(续表)

序号	省级单位	公园名称	建园时间	面积(公顷)	行政区域位置
39		湖南九龙江国家森林公园	2009.12	8436.30	汝城县
40		湖南嵩云山国家森林公园	2010.09	3349.67	洪江市
41		湖南天泉山国家森林公园	2010.09	3538.10	张家界市永定区
42		湖南西瑶绿谷国家森林公园	2010.12	12441.00	临武县
43		湖南青羊湖国家森林公园	2010.12	3247.47	宁乡县
44		湖南熊峰山国家森林公园	2012.01	6161.00	安仁县
45		湖南蓏溪国家森林公园	2012.01	27718.70	洞口县
46		湖南福音山国家森林公园	2012.01	6829.70	新田县
47		长沙黑麋峰国家森林公园	2012.01	2451.70	长沙市望城区
48		湖南坐龙峡国家森林公园	2012.01	2371.29	古丈县
49		湖南攸州国家森林公园	2013.01	6304.20	攸县
50		湖南矮寨国家森林公园	2013.10	3383.50	吉首市
51		湖南嘉山国家森林公园	2014.02	2225.80	津市市
52		湖南永兴丹霞国家森林公园	2015.01	9006.15	永兴县
53		湖南齐云峰国家森林公园	2015.01	12078.00	桂东县
54		湖南四明山国家森林公园	2015.01	4372.00	祁东县
55		湖南北罗霄国家森林公园	2015.12	2936.46	平江县
56		湖南靖州国家森林公园	2015.12	4301.36	靖州县
57		湖南嘉禾国家森林公园	2015.12	4922.89	嘉禾县
58		湖南沅陵国家森林公园	2015.12	10283.75	沅陵县
59		湖南溆浦国家森林公园	2017.01	8291.45	溆浦县
60		湖南汉寿竹海国家森林公园	2017.01	6309.51	汉寿县
61		湖南萱洲国家森林公园	2017.01	2995.17	衡山县
62		湖南岐山国家森林公园	2017.07	3265.28	衡南县
63		湖南太白峰国家森林公园	2017.12	4393.00	祁阳县
		合计	63 处	345717.65	
01	广东	广东梧桐山国家森林公园	1989.06	678.00	深圳市盐田区
02		广东小坑国家森林公园	1992.09	16700.00	韶关市曲江区
03		广东南澳海岛国家森林公园	1992.12	1373.33	南澳县
04		广东南岭国家森林公园	1993.03	27333.33	乳源县、阳山县
05		广东新丰江国家森林公园	1993.05	4479.47	东源县
06		广东韶关国家森林公园	1993.05	2010.73	韶关市浈江区
07		广东流溪河国家森林公园	1993.09	9333.33	广州市从化区
08		广东南昆山国家森林公园	1993.10	2000.00	龙门县
09		广东西樵山国家森林公园	1994.12	1400.00	佛山市南海区
10		广东石门国家森林公园	1995.11	2636.00	广州市从化区
11		广东圭峰山国家森林公园	1997.12	3550.00	江门市新会区
12		广东英德国家森林公园	2000.12	107000.00	英德市
13		广东广宁竹海国家森林公园	2004.12	8500.00	广宁县
14		广东北峰山国家森林公园	2004.12	1161.60	台山市

(续表)

序号	省级单位	公园名称	建园时间	面积(公顷)	行政区域位置
15		广东大王山国家森林公园	2004.12	806.00	郁南县
16		广东梁化国家森林公园	2005.12	1333.33	惠东县
17		广东神光山国家森林公园	2005.12	674.60	兴宁市
18		广东观音山国家森林公园	2005.12	657.18	东莞市
19		广东三岭山国家森林公园	2006.12	738.79	湛江市霞山区
20		广东雁鸣湖国家森林公园	2006.12	923.80	梅州市梅县区
21		广东天井山国家森林公园	2008.12	5564.10	乳源县
22		广东大北山国家森林公园	2008.12	3067.20	揭西县
23		广东镇山国家森林公园	2009.12	2177.37	蕉岭县
24		广东南台山国家森林公园	2009.12	2073.20	平远县
25		广东康禾温泉国家森林公园	2017.07	4619.53	东源县
26		广东阴那山国家森林公园	2017.07	2591.83	大埔县
27		广东中山国家森林公园	2017.12	1093.06	中山市
		合计	27 处	214474.98	
01	广西	广西桂林国家森林公园	1992.07	575.67	桂林市象山区
02		广西良凤江国家森林公园	1992.09	1348.00	南宁市江南区、良庆区
03		广西三门江国家森林公园	1993.05	12475.60	柳州市城中区
04		广西龙潭国家森林公园	1993.05	7800.00	桂平市
05		广西大桂山国家森林公园	1994.12	3000.00	贺州市八步区
06		广西元宝山国家森林公园	1994.12	25000.00	融水县
07		广西八角寨国家森林公园	1996.08	84000.00	资源县
08		广西十万大山国家森林公园	1996.08	8810.00	上思县
09		广西龙胜温泉国家森林公园	1996.08	1803.40	龙胜县
10		广西姑婆山国家森林公园	1996.08	8000.00	贺州市平桂管理区
11		广西大瑶山国家森林公园	1997.12	11124.00	金秀县
12		广西黄猄洞天坑国家森林公园	2002.12	13879.70	乐业县
13		广西飞龙湖国家森林公园	2003.12	12097.56	苍梧县
14		广西太平狮山国家森林公园	2003.12	5550.23	藤县
15		广西大容山国家森林公园	2003.12	4825.00	北流市
16		广西九龙瀑布群国家森林公园	2005.12	1639.87	横县
17		广西平天山国家森林公园	2005.12	1676.20	贵港市港北区、覃塘区
18		广西红茶沟国家森林公园	2005.12	1896.40	融安县
19		广西阳朔国家森林公园	2005.12	4355.90	阳朔县
20		广西龙滩大峡谷国家森林公园	2008.01	4172.60	天峨县
21		广西狮子山国家森林公园	2017.12	6517.80	平乐县
22		广西龙峡山国家森林公园	2017.12	2315.45	崇左市江州区
		合计	22 处	222863.38	
01	海南	海南尖峰岭国家森林公园	1992.09	46666.67	乐东县
02		海南蓝洋温泉国家森林公园	1999.05	5660.32	儋州市

(续表)

序号	省级单位	公园名称	建园时间	面积(公顷)	行政区域位置
03		海南吊罗山国家森林公园	1999.05	37900.00	陵水县、保亭县、五指山市、万宁市、琼中县
04		海南海口火山国家森林公园	2000.02	2000.00	海口市琼山区
05		海南七仙岭温泉国家森林公园	2001.11	2200.00	保亭县
06		海南黎母山国家森林公园	2002.12	12889.00	琼中县
07		海南海上国家森林公园	2005.12	526.33	儋州市
08		海南霸王岭国家森林公园	2006.12	8444.30	昌江县
09		海南兴隆侨乡国家森林公园	2013.10	2815.31	万宁市
		合计	9 处	119101.93	
01	重庆	重庆双桂山国家森林公园	1992.09	102.00	丰都县
02		重庆小三峡国家森林公园	1993.10	2000.00	巫山县
03		重庆金佛山国家森林公园	1994.12	6081.87	重庆市南川区
04		重庆黄水国家森林公园	1998.09	4200.00	石柱县
05		重庆仙女山国家森林公园	1999.05	2339.70	重庆市武隆区
06		重庆茂云山国家森林公园	2000.12	1910.20	彭水县
07		重庆武陵山国家森林公园	2001.11	1633.33	重庆市涪陵区
08		重庆青龙湖国家森林公园	2001.11	5236.30	重庆市璧山区
09		重庆黔江国家森林公园	2001.11	12800.00	重庆市黔江区
10		重庆梁平东山国家森林公园	2001.11	3780.00	重庆市梁平区
11		重庆桥口坝国家森林公园	2002.12	7655.17	重庆市巴南区
12		重庆铁峰山国家森林公园	2002.12	9100.00	重庆市万州区
13		重庆红池坝国家森林公园	2002.12	24200.00	巫溪县
14		重庆雪宝山国家森林公园	2002.12	9771.80	重庆市开州区
15		重庆歌乐山国家森林公园	2003.12	1403.03	重庆市沙坪坝区
16		重庆玉龙山国家森林公园	2003.12	3517.39	重庆市大足区
17		重庆茶山竹海国家森林公园	2003.12	9979.00	重庆市永川区
18		重庆黑山国家森林公园	2003.12	2652.00	重庆市綦江区
19		重庆九重山国家森林公园	2004.12	10089.00	城口县
20		重庆大圆洞国家森林公园	2004.12	3459.00	重庆市江津区
21		重庆南山国家森林公园	2004.12	3080.00	重庆市南岸区
22		重庆观音峡国家森林公园	2005.12	1615.00	重庆市北碚区
23		重庆天池山国家森林公园	2008.01	953.40	忠县
24		重庆酉阳桃花源国家森林公园	2008.12	2734.33	酉阳县
25		重庆巴尔盖国家森林公园	2010.09	3644.30	酉阳县
26		重庆毓青山国家森林公园	2015.12	2366.53	重庆市铜梁区
		合计	26 处	136303.35	
01	四川	四川都江堰国家森林公园	1992.07	29548.00	都江堰市
02		四川剑门关国家森林公园	1992.07	3311.51	剑阁县
03		四川瓦屋山国家森林公园	1993.05	65869.80	洪雅县
04		四川高山国家森林公园	1993.05	837.87	盐亭县

（续表）

序号	省级单位	公 园 名 称	建园时间	面积(公顷)	行政区域位置
05		四川西岭国家森林公园	1993.05	48650.00	大邑县、芦山县
06		四川二滩国家森林公园	1993.10	54546.67	盐边县、米易县
07		四川海螺沟国家森林公园	1993.10	18598.00	泸定县
08		四川七曲山国家森林公园	1994.12	2000.00	梓潼县
09		四川九寨国家森林公园	1995.11	37000.00	九寨沟县
10		四川天台山国家森林公园	1995.11	1328.00	邛崃市
11		四川福宝国家森林公园	1997.12	11000.00	合江县
12		四川黑竹沟国家森林公园	2000.02	28154.20	峨边县
13		四川夹金山国家森林公园	2000.12	88332.10	宝兴县、小金县
14		四川龙苍沟国家森林公园	2000.12	7776.93	荥经县
15		四川美女峰国家森林公园	2001.11	1900.00	乐山市沙湾区
16		四川白水河国家森林公园	2001.11	2271.71	彭州市
17		四川华蓥山国家森林公园	2002.12	8091.25	华蓥市
18		四川五峰山国家森林公园	2002.12	876.16	大竹县
19		四川千佛山国家森林公园	2002.12	7800.00	绵阳市安州区
20		四川措普国家森林公园	2002.12	48061.77	巴塘县
21		四川米仓山国家森林公园	2002.12	40155.00	南江县
22		四川天曌山国家森林公园	2003.12	1334.30	广元市利州区
23		四川镇龙山国家森林公园	2003.12	2553.00	平昌县
24		四川二郎山国家森林公园	2003.12	57517.00	天全县
25		四川雅克夏国家森林公园	2003.12	44889.00	黑水县
26		四川天马山国家森林公园	2004.12	2297.00	巴中市巴州区
27		四川空山国家森林公园	2004.12	11511.00	通江县
28		四川云湖国家森林公园	2004.12	1013.00	绵竹市
29		四川铁山国家森林公园	2006.12	2666.70	达州市达川区
30		四川荷花海国家森林公园	2006.12	16481.00	康定市
31		四川凌云山国家森林公园	2008.01	1116.40	南充市高坪区
32		四川北川国家森林公园	2012.09	3656.00	北川县
33		四川阆中国家森林公园	2013.01	2330.50	阆中市
34		四川宣汉国家森林公园	2015.01	4621.27	宣汉县
35		四川苍溪国家森林公园	2015.01	2898.86	苍溪县
36		四川沐川国家森林公园	2015.01	6485.93	沐川县
37		四川鸡冠山国家森林公园	2015.12	2601.55	崇州市
38		四川鲜水河大峡谷国家森林公园	2016.03	400752.40	道孚县、雅江县、新龙县
39		四川金川国家森林公园	2017.01	47900.00	金川县
40		四川沙鲁里山国家森林公园	2017.01	591459.30	白玉县
41		四川黄荆老林国家森林公园	2017.07	9122.60	古蔺县
42		四川蓬安国家森林公园	2017.07	3750.04	蓬安县
43		四川太蓬山国家森林公园	2017.07	4988.36	营山县
44		四川賨人谷国家森林公园	2017.12	3942.79	渠县

(续表)

序号	省级单位	公园名称	建园时间	面积(公顷)	行政区域位置
		合计	44 处	1731996.97	
01	贵州	贵州百里杜鹃国家森林公园	1993.05	18114.60	黔西县、大方县
02		贵州竹海国家森林公园	1993.05	11200.00	赤水市
03		贵州九龙山国家森林公园	2001.11	12500.00	安顺市西秀区
04		贵州凤凰山国家森林公园	2001.11	1061.77	遵义市红花岗区、汇川区
05		贵州长坡岭国家森林公园	2001.11	1294.21	贵阳市白云区、花溪区
06		贵州尧人山国家森林公园	2001.11	4787.00	三都县
07		贵州燕子岩国家森林公园	2001.11	10400.00	赤水市
08		贵州玉舍国家森林公园	2002.12	924.47	水城县
09		贵州雷公山国家森林公园	2002.12	4354.73	雷山县
10		贵州习水国家森林公园	2003.12	14027.46	习水县
11		贵州黎平国家森林公园	2003.12	5475.00	黎平县
12		贵州朱家山国家森林公园	2004.12	5172.90	瓮安县
13		贵州紫林山国家森林公园	2004.12	3529.00	独山县
14		贵州舞阳湖国家森林公园	2004.12	21283.00	黄平县
15		贵州赫章夜郎国家级森林公园	2004.12	4733.00	赫章县
16		贵州青云湖国家森林公园	2005.12	2991.00	都匀市
17		贵州大板水国家森林公园	2005.12	3132.00	遵义市红花岗区
18		贵州毕节国家森林公园	2005.12	4133.00	毕节市七星关区
19		贵州仙鹤坪国家森林公园	2005.12	9065.00	安龙县
20		贵州龙架山国家森林公园	2006.12	6079.00	龙里县
21		贵州九道水国家森林公园	2006.12	1244.50	正安县
22		贵州台江国家森林公园	2012.01	6702.91	台江县
23		贵州甘溪国家森林公园	2015.01	2680.04	贵定县
24		贵州油杉河大峡谷国家森林公园	2015.01	5177.92	大方县
25		贵州黄果树瀑布源国家森林公园	2015.01	5811.29	六盘水市六枝特区
26		贵州仰阿莎国家森林公园	2017.01	3850.00	剑河县
27		贵州福泉国家森林公园	2017.07	5859.15	福泉市
28		贵州金沙冷水河国家森林公园	2017.07	2110.81	金沙县
		合计	28 处	177693.76	
01	云南	云南巍宝山国家森林公园	1992.11	1255.00	巍山县
02		云南天星国家森林公园	1992.11	7420.00	威信县
03		云南清华洞国家森林公园	1992.11	9856.47	祥云县
04		云南东山国家森林公园	1992.11	6281.80	弥渡县
05		云南来凤山国家森林公园	1992.11	6466.93	腾冲市
06		云南花鱼洞国家森林公园	1992.11	3143.00	河口县
07		云南磨盘山国家森林公园	1992.11	24200.00	新平县
08		云南龙泉国家森林公园	1992.11	1000.00	易门县
09		云南太阳河国家森林公园	1992.11	6666.67	普洱市思茅区
10		云南金殿国家森林公园	1992.11	1970.40	昆明市盘龙区、五华区

（续表）

序号	省级单位	公园名称	建园时间	面积（公顷）	行政区域位置
11		云南章凤国家森林公园	1993.03	7000.00	陇川县
12		云南十八连山国家森林公园	1993.05	2078.00	富源县
13		云南鲁布革国家森林公园	1993.05	4866.67	罗平县
14		云南珠江源国家森林公园	1993.05	4376.00	曲靖市沾益区
15		云南五峰山国家森林公园	1993.05	2492.13	陆良县
16		云南钟灵山国家森林公园	1993.05	540.00	寻甸县
17		云南棋盘山国家森林公园	1997.12	1085.00	昆明市西山区
18		云南灵宝山国家森林公园	1997.12	811.20	南涧县
19		云南铜锣坝国家森林公园	1999.05	3237.00	水富县
20		云南五老山国家森林公园	1999.05	3604.00	临沧市临翔区
21		云南紫金山国家森林公园	2000.12	1700.00	楚雄市
22		云南飞来寺国家森林公园	2000.12	3431.25	德钦县
23		云南圭山国家森林公园	2000.12	3206.00	石林县
24		云南新生桥国家森林公园	2001.11	2616.00	兰坪县
25		云南西双版纳国家森林公园	2004.12	1801.70	景洪市
26		云南宝台山国家森林公园	2005.12	1047.00	永平县
27		云南双江古茶山国家森林公园	2015.01	5412.00	双江县
28		云南澜沧国家森林公园	2017.01	7869.22	澜沧县
29		云南永仁金沙江国家森林公园	2017.07	4747.05	永仁县
30		云南博吉金国家森林公园	2017.07	3669.85	广南县
31		云南墨江国家森林公园	2017.12	9838.14	墨江县
32		云南观音山国家森林公园	2017.12	2367.07	泸西县
		合计	32 处	146055.55	
01	西藏	西藏巴松湖国家森林公园	2001.11	410000.00	工布江达县
02		西藏色季拉国家森林公园	2001.11	400000.00	林芝市巴宜区、米林县
03		西藏冈仁波齐国家森公园	2004.12	167703.91	普兰县
04		西藏班公湖国家森公园	2004.12	48159.00	日土县
05		西藏然乌湖国家森公园	2004.12	116150.00	八宿县
06		西藏热振国家森公园	2004.12	7463.00	林周县
07		西藏姐德秀国家森公园	2004.12	8498.00	贡嘎县
08		西藏尼木国家森林公园	2009.07	6192.00	尼木县
09		西藏比日神山国家森林公园	2012.01	22594.15	林芝市八宜区
		合计	9 处	1186760.06	
01	陕西	陕西太白山国家森林公园	1991.08	2949.00	眉县
02		陕西延安国家森林公园	1992.04	5446.67	延安市宝塔区
03		陕西楼观台国家森林公园	1992.07	27487.00	周至县
04		陕西终南山国家森林公园	1992.07	4799.00	西安市长安区
05		陕西嘉陵江源国家森林公园	1993.05	9681.00	宝鸡市渭滨区、凤县
06		陕西天华山国家森林公园	1997.12	6000.00	宁陕县
07		陕西朱雀国家森林公园	1999.05	2621.00	西安市鄠邑区

(续表)

序号	省级单位	公园名称	建园时间	面积(公顷)	行政区域位置
08		陕西南宫山国家森林公园	2000.02	3100.00	岚皋县
09		陕西王顺山国家森林公园	2000.12	3633.00	蓝田县
10		陕西五龙洞国家森林公园	2001.11	5800.00	略阳县
11		陕西骊山国家森林公园	2001.11	1873.30	西安市临潼区
12		陕西汉中天台国家森林公园	2002.12	3929.00	汉中市汉台区
13		陕西黎坪国家森林公园	2002.12	9400.00	汉中市南郑区
14		陕西金丝大峡谷国家森林公园	2002.12	1790.00	商南县
15		陕西通天河国家森林公园	2002.12	5235.00	凤县
16		陕西木王国家森林公园	2003.12	3616.00	镇安县
17		陕西榆林沙漠国家森林公园	2003.12	871.40	榆林市榆阳区
18		陕西劳山国家森林公园	2004.12	1933.00	甘泉县
19		陕西太平国家森林公园	2004.12	6085.00	西安市鄠邑区
20		陕西鬼谷岭国家森林公园	2004.12	5135.00	石泉县
21		陕西蟒头山国家森林公园	2005.12	2120.00	宜川县
22		陕西玉华宫国家森林公园	2005.12	3200.00	铜川市印台区
23		陕西千家坪国家森林公园	2005.12	2145.00	平利县
24		陕西上坝河国家森林公园	2006.12	4526.00	宁陕县
25		陕西黑河国家森林公园	2006.12	7462.20	周至县
26		陕西洪庆山国家森林公园	2006.12	3000.00	西安市灞桥区
27		陕西牛背梁国家森林公园	2008.01	2123.70	柞水县
28		陕西天竺山国家森林公园	2008.12	1809.00	山阳县
29		陕西紫柏山国家森林公园	2008.12	4662.00	留坝县
30		陕西少华山国家森林公园	2008.12	6300.00	渭南市华州区
31		陕西石门山国家森林公园	2010.09	8856.00	旬邑县
32		陕西黄陵国家森林公园	2012.01	4358.50	黄陵县
33		陕西青峰峡国家森林公园	2013.01	6878.00	太白县
34		陕西黄龙山国家森林公园	2013.01	9913.00	黄龙县
35		陕西汉阴凤凰山国家森林公园	2014.02	8235.00	汉阴县
36		陕西子午岭国家森林公园	2017.01	16764.90	富县
37		陕西武帝山国家森林公园	2017.07	2075.98	合阳县
		合计	37处	205813.65	
01	甘肃	甘肃吐鲁沟国家森林公园	1992.09	5848.00	永登县
02		甘肃石佛沟国家森林公园	1992.09	6376.00	兰州市七里河区
03		甘肃松鸣岩国家森林公园	1992.09	2666.67	和政县、康乐县
04		甘肃云崖寺国家森林公园	1992.11	14891.00	庄浪县
05		甘肃徐家山国家森林公园	1992.11	171.07	兰州市城关区
06		甘肃贵清山国家森林公园	1996.08	6200.00	漳县
07		甘肃麦积国家森林公园	1997.12	8442.00	天水市麦积区
08		甘肃鸡峰山国家森林公园	1999.05	4200.00	成县
09		甘肃渭河源国家森林公园	2000.12	7917.00	渭源县

（续表）

序号	省级单位	公园名称	建园时间	面积（公顷）	行政区域位置
10		甘肃天祝三峡国家森林公园	2002.12	138706.00	天祝县
11		甘肃冶力关国家森林公园	2002.12	79400.00	卓尼县、临潭县、康乐县
12		甘肃官鹅沟国家森林公园	2003.12	41996.10	宕昌县
13		甘肃沙滩国家森林公园	2003.12	17415.00	舟曲县
14		甘肃腊子口国家森林公园	2003.12	27896.90	迭部县
15		甘肃大峪国家森林公园	2003.12	27625.00	卓尼县
16		甘肃小陇山国家森林公园	2005.12	19670.00	天水市麦积区、两当县
17		甘肃文县天池国家森林公园	2005.12	14338.00	文县
18		甘肃莲花山国家森林公园	2005.12	4873.00	康乐县、临潭县、卓尼县、渭源县、临洮县
19		甘肃周祖陵国家森林公园	2005.12	613.70	庆城县
20		甘肃寿鹿山国家森林公园	2005.12	1086.01	景泰县
21		甘肃大峡沟国家森林公园	2005.12	4070.00	舟曲县
22		甘肃子午岭国家森林公园	2015.01	37350.00	华池县、宁县、合水县、正宁县
		合计	22 处	471751.45	
01	宁夏	宁夏六盘山国家森林公园	2000.02	7900.00	泾源县
02		宁夏贺兰山国家森林公园	2000.02	9587.00	贺兰县
03		宁夏花马寺国家森林公园	2002.12	5000.00	盐池县
04		宁夏火石寨国家森林公园	2003.12	6100.00	西吉县
		合计	4 处	28587.00	
01	青海	青海坎布拉国家森林公园	1992.11	15247.00	尖扎县
02		青海北山国家森林公园	1992.11	112723.00	互助县
03		青海大通国家森林公园	2001.11	4747.10	大通县
04		青海群加国家森林公园	2002.12	5849.00	湟中县
05		青海仙米国家森林公园	2003.12	148025.00	门源县
06		青海哈里哈图国家森林公园	2005.12	5170.50	乌兰县
07		青海麦秀国家森林公园	2005.12	1535.00	泽库县
		合计	7 处	293296.60	
01	新疆	新疆天山大峡谷国家森林公园	1993.05	84737.08	乌鲁木齐县
02		新疆天池国家森林公园	1994.12	44627.00	阜康市
03		新疆那拉提国家森林公园	2001.11	6025.00	新源县
04		新疆巩乃斯国家森林公园	2001.11	73104.00	和静县
05		新疆贾登峪国家森林公园	2002.12	38985.00	布尔津县
06		新疆白哈巴国家森林公园	2002.12	51359.83	哈巴河县
07		新疆江布拉克国家森林公园	2003.12	90211.13	奇台县
08		新疆唐布拉国家森林公园	2003.12	34237.00	尼勒克县
09		新疆科桑溶洞国家森林公园	2003.12	16400.00	特克斯县
10		新疆金湖杨国家森林公园	2003.12	2000.00	泽普县
11		新疆巩留恰西国家森林公园	2004.12	55600.00	巩留县
12		新疆哈密天山国家森林公园	2004.12	166570.30	哈密市伊州区、巴里坤县、伊吾县

(续表)

序号	省级单位	公园名称	建园时间	面积(公顷)	行政区域位置
13		新疆哈日图热格国家森林公园	2004.12	26848.00	温泉县
14		新疆乌苏佛山国家森林公园	2008.12	39343.56	乌苏市、沙湾县
15		新疆哈巴河白桦国家森林公园	2010.09	24700.95	哈巴河县
16		新疆阿尔泰山温泉国家森林公园	2010.09	88793.00	福海县、富蕴县
17		新疆夏塔古道国家森林公园	2010.09	38507.49	昭苏县
18		新疆塔西河国家森林公园	2012.01	4309.14	玛纳斯县
19		新疆巴楚胡杨林国家森林公园	2012.01	169371.03	巴楚县
20		新疆乌鲁木齐天山国家森林公园	2015.01	21236.06	乌鲁木齐市米东区、水磨沟区
21		新疆车师古道国家森林公园	2015.01	100120.00	吉木萨尔县
22		新疆白石峰国家森林公园	2017.01	23743.71	察布查尔县
23		新疆鹿角湾国家森林公园	2017.01	35068.19	沙湾县
24		新疆果子沟国家森林公园	2017.07	10771.60	霍城县
		合计	24 处	1246669.07	
		共计	881 处	12786191.37	

(国家林业局森林旅游管理办公室)

中国种苗产业

【概　述】 2017年林木种苗生产总量充足，满足造林绿化需求。育苗面积、可供造林绿化苗木产量略有增加，但育苗总量略减；园林绿化、观赏、景观苗木生产数量增加势头明显，但市场选择更偏重传统乡土、珍贵用材、彩叶观花观果等类型苗木，标准化、精品化、大规格苗木，新优品种、特色高端工程用苗依然紧俏，仍不能满足市场日益增长的多样化与个性化需求。

【2017年林木种苗生产基地基本情况】

苗圃　全国实有苗圃总数36.8万个，其中国有性质苗圃为4758个，占苗圃总数1.3%；实际育苗面积142万公顷，其中国有苗圃育苗面积7.2万公顷，占总面积的5.1%；新育面积19.2万公顷，占育苗总面积的13.5%。同比2016年，全国苗圃总数增加2732个，其中国有苗圃减少105个；育苗面积增加1.27万公顷，其中国有苗圃育苗面积增加0.13万公顷。

良种基地　全国有良种基地面积20.93万公顷。其中，国家重点良种基地294个，增加70个，面积8.87万公顷。

采种基地　全国有采种基地40.2万公顷，同比2016年增加2.67万公顷。年可采面积61.13万公顷，增加31.13万公顷；采集种子309万千克，同比2016年减少20万千克。

【2017年林木种苗库存情况】　截至2017年种子采收前，种子库存种子351万千克，其中良种82万千克。同比2016年，库存种子减少31.6%，良种减少19.6%。

【2017年种苗生产情况】

种子采收　全国共采收林木种子2876万千克。其中，良种1055万千克，穗条49.5亿株。同比2016年种子采收总量减少306万千克，减少9.6%。良种减少36万千克，减少3.3%；穗条减少16.5亿条(根)，减少24.9%。其中，2017年全国生产良种穗条49.5亿条(根)，同比减少16.8亿条(根)，降低了25.3%。

苗木生产　①育苗面积。育苗总面积的142万公顷，其中新育面积19.2万公顷，占育苗总面积的13.5%。同比2016年，新育面积增加0.27万公顷。②苗木生产总量。总产苗量702亿株，其中1年生苗木259亿株，2年生苗木142亿株，3年生苗木119亿株，3年以上苗木183亿株。同比2016年，总产苗量减少2亿株，1年生苗与2年生苗木依次减少20亿株、6亿株，3年生以上苗木共增加25亿株。主要树种有油松、云杉、樟子松、杨树、侧柏、红叶石楠、杉木、核桃、国槐、杜鹃、白蜡、牡丹、柳树、银杏、桂花、红松、青海云杉、海棠、刺槐、白皮松、油茶、榆树、女贞、梭梭、栾树、华山松、花椒、沙棘等。③可供苗木(可用于造林绿化苗木)数量。可供2018年造林绿化苗木量434亿株，其中容器苗64亿株，良种苗115亿株。同比2016年，总量增加15亿株。主要树种有油松、樟子松、红叶石楠、杉木、杨树、云杉、侧柏、核桃、白蜡、杜鹃、国槐、牡丹、梭梭、柳树、海棠、桂花、华山松、银杏、油茶、白皮松、湿地松、刺槐、枸杞、榆树、青海云杉、龙柏等。

【2017年林木种苗使用情况】

造林绿化实际用种　实际用种2385万千克，同比2016年减少73万千克。其中良种609万千克，增加286万千克，良种穗条62.5亿条(根)，减少16.5万条。主要用于育苗、飞播造林。

造林绿化实际用苗　①除留圃苗木外，实际用苗木量为189亿株，比2016年增加20亿株。其中使用容器苗29.6亿株，增加0.8亿株；良种苗64.3亿株，增加15.5亿株；②实际用于防护林、用材林、经济林和其他林分的苗木，依次占2017年造林绿化使用总量的23.1%、18.8%、16.3%、41.8%，同比2016年，用于营造防护林、用材林、经济林减少，占当年实际用苗总量比率依次减少5.4%、1.5%、3.2%，其他林分使用苗木增加10.1%。③数量居前的主要树种依次为：杨树、杉木、油松、核桃、梭梭、侧柏、樟子松、油茶、湿地松、红松、牡丹、云杉、白蜡、槐树、柳树、石楠、悬铃木、花椒、茶、榆、银杏、海棠、桉树、桃、枫香、红花檵木、马尾松、栾树、榉树、锦鸡儿、兴安落叶松、刺梨、山杏、女贞、柳杉、杜鹃、华山松、李、桂花、枸杞等。（于滨丽）

【2017中国·合肥苗木花卉交易大会】 于10月20~22日由国家林业局和安徽省人民政府共同在中国中部花木城举行。该届“苗交会”主题为“苗迎四方客、花开幸福城”，来自美国、荷兰、法国3个境外国家及国内浙江、山东、江苏、上海、安徽、北京、四川、河南等21个省份的1500多家参展商、贸易商，约4.5万专业人士云集合肥，前来参展、参观、交流、交易、寻找合作伙伴，其中：1100家苗木花卉生产经营企业进场参展，设置特展展位22个，标准展位1495个。大会期间，总交易额23.9亿，其中：现场交易额8550万元，签订正式协议金额1.656亿元，达成意向协议金额21.39亿元。总交易额较上年增长2.1%。此次交易大会具有主题时尚，寓意深远；理念新颖，突出实效；展品广泛，内容丰富；成果丰硕，影响广泛；活动精彩，亮点纷呈五大特点。（于滨丽）

各省(自治区、直辖市)林业产业

PROVINCIAL FOREST INDUSTRY

北京市林业产业

【概　述】 随着城市发展空间增大，林业产业发展也应该有新的愿景。一是更加突出科学发展。坚持绿水青山就是金山银山、人与自然和谐共生、山水林田湖草是一个生命共同体等新的发展理念，坚持节约优先、保护优先、自然恢复为主的方针，以专业方法、系统思维推进林业产业建设。二是更加突出林业产业质量。尊重自然、顺应自然、保护自然，着力提升林业产业功能，把生态效益、经济效益、社会效益有机地结合起来。三是更加突出以人为本。充分发挥园林绿化多产品、多功能、多效益的优势，大力促进造林绿化与生态文化融合发展，提升市民绿色福祉，带动农民就业增收，实现人与自然和谐共生。

重大活动带动林业产业的快速发展　一是利用重大会议、重要节日部署的景观环境带动产业。圆满完成 APEC 峰会、上海合作组织峰会、“一带一路”高峰论坛和党的十九大等一系列重大活动、重要节日的景观环境保障任务，利用这种重大活动带动林业产业发展。二是利用举办筹办一批园林绿化重大展会带动产业。积极参加了一系列国内外重大展会，并多次获得大奖，充分展示了首都园林绿化的良好形象。三是利用国家森林城市、首都森林城镇、首都绿色村庄三级创建活动带动产业。印发了《国家森林城市创建工作实施方案》，平谷、延庆、通州率先推进国家森林城市创建，房山长沟、顺义北小营等 6 个镇积极创建首都森林城镇，累计创建首都绿色村庄 876 个。四是利用生态文化活动蓬勃开展带动产业。承办了首届世界生态治理论坛和中国生态文化协会高峰论坛；围绕推进全国文化中心“一城三带”建设，科学编制西山永定河文化带保护规划和五年行动计划，制定了全市森林体验教育发展规划；持续开展“世界野生动植物日”“国际森林日”和“北京湿地日”等生态科普宣传活动，举办绿色科技多彩生活、森林音乐会、森林文化节等 500 余场系列文化活动；全市公园景区年均开展各类文化活动 300 余项，年接待游客 2.9 亿人次。策划推出了《走平原看绿化》《绿满京华》等一批专题宣传片，与中国林科院联袂制作的科普作品《湿地北京》荣获国家科技进步二等奖。

转型升级兴绿惠民提升林业产业发展　一是果树产业加快转型升级。大力推广高效节水栽培技术，新建、更新和改造高效节水果园 10.8 万亩。全市果园面积达到 204 万亩，年收入 43.5 亿元，全市从业果农达到 28 万户，户均收入突破 1.5 万元。建立了果树发展基金，投资 1.4 亿元支持一批龙头企业、合作社和家庭农场发展高效节水果园，推动了果树产业适度规模经营。编制了世园会百果园建设“规划设计方案”，启动了果园土壤环境质量调查和果园大数据调查；加强了食用林产品质量安全检测。

二是规模化苗圃建设转型升级(吸引休闲旅游)。通过创新经营机制和投融资机制，吸引社会资金 60 多亿元，累计建成规模化苗圃 140 余个，总面积达 12 万亩。

三是花卉和蜂产业快速发展转型升级。实施花卉产业行动计划，全市花卉种植面积达到 7.4 万亩，年产值达到 15 亿元；开展了“三节一展”系列花事活动，打造了顺义鲜花港郁金香、通州花仙子、密云玫瑰、延庆葡萄园百合等一批大尺度、有特色的北京花田，提升了全市花卉综合效益，带动了农民增收致富。全市蜜蜂饲养量达到 26 万群，养蜂总产值 1.85 亿元，带动 1.2 万户农民增收致富；特别是通过实施养蜂精准扶贫工程，带动 2000 户低收入农户年均增收 4500 元。年内，市蚕蜂站继续实施养蜂精准扶贫工程。在密云、平谷、门头沟等区筹建 5 个养蜂专业村，重点帮扶 500 户低收入农民实现养蜂脱贫致富。已建成高品质巢蜜等蜂产品生产基地 30 个，为重点扶持对象购置蜂群 5000 群，购置新蜂箱、蜂胶采集器、摇蜜机等蜂机具 3 万件，举办培训班 11 期，培训蜂农 2000 人次。同时，提出《精准扶贫　蜂业扶贫标准化技术报告》，助力贫困山区开展养蜂扶贫。

四是林下经济发展转型升级。2017 年北京市林下经济建设在可持续发展理念指导下，以保护生态环境为前提，充分利用森林资源和林地空间，进行合理的林下种植、林下养殖、相关产品采集加工和休闲游憩、科普教育、文化健身等与森林景观利用相关的活动，达到经济社会发展与森林资源保护双赢的一种生态经济发展模式。2017 年全市林下经济面积 1.26 万公顷，其中当年林下经济新建面积 0.29 万公顷，之前保存面积 0.97 万公顷。全市林下经济总收益达 1.95 亿元，户均增收 1.86 万元，参与农户累计 1.05 万户，带动就业 1.54 万人。参与林下经济建设的企业 91 个，合作组织 88 个。

【果树产业】 2017 年，北京市果品生产突出绿色高效，果树产业加快转型升级。推广高效节水栽培技术，新建和更新果园面积 1333.33 公顷；利用果树发展基金投资 2700 余万元，支持一批龙头企业、合作社和家庭农场建设高效节水果园 226.67 余公顷。全市果品产量达到 7.5 亿千克、收入 41.2 亿元，28 万户果农户均果品收入 1.5 万元。世园会百果园建设取得重要进展，开展果树适应性栽植。启动果园土壤环境质量调查和果园大数据调查，加强食用林产品质量安全检测，抽检合格率达 100%。

推进 2019 世园会百果园项目 该项目是根据 2016 年 3 月，世园局就《关于推进 2019 北京世园会果树专项展览展示有关工作》致函市园林绿化局，明确果树专项展示面积为 6.67 公顷(100 亩)，2016 年编制完成百果园初步设计方案。2017 年 5 月 12 日市园林绿化局(首都绿化办)党组会听取汇报并进行修改完善。6 月初完成百果园工程设计招标。5 月 18 日，百果园项目前期果树适应性实验工作在项目区启动，截至年底，完成 0.67 公顷(10 亩)实验园栽植工作，栽植苹果、梨、桃、李子、杏、核桃六种果树 400 余株。

推进现代高效果园建设 2017 年，利用春季植树时机，北京市各区完成新建和更新改造果园 1333.33 余公顷，其中完成新建更新果园 666.67 余公顷。

果园土壤环境质量调查 2017 年，对全市果园土壤健康情况进行监测与评价，并示范土壤修复模式，以摸清果园土壤环境污染状况和肥力水平，为保障食品安全和提高果实品质夯实基础。在大兴、平谷、通州 3 个区抽检 300 个土样，进行 8 项重金属、农药残留、除草剂残留检测，对结果进行评价。从检测结果看，北京市果园土壤污染及肥力状况不尽如人意，镉(Cd)、汞(Hg)在局部呈点状超标；锌(Zn)、铜(Cu)、铬(Cr)在部分地区明显增加；长期禁用的高毒、高残留农药“滴滴涕”(DDT)、“六六六”仍有检出。根据检测结果，对重金属超标、有机物超标、土壤酸化、盐渍化果园土壤进行修复模式示范，为推动果园土壤向健康方向发展而探索并积累经验。

果园大数据调查 2017 年，开展北京市果园基础数据全面摸底工作。此次调查，涉及 777 个数据项(套)，内容涉及果树资源、基础设施、果园机械、从业人员、营销、合作社等 13 个方面。同时对面积在 2 公顷以上果园(独立经营主体)基本情况(包括生产经营情况、果园灌溉、农机具、农资物料投入等)进行入园调查。为确保该项工作顺利完成，制定印发《关于开展果树产业基础数据调查的通知》，并召开全市动员大会。调查组深入各区动员培训。截至 2017 年底，完成 37 期调查培训，其中举办市级培训及部署工作会 3 场，培训 100 人次，各区组织培训会 34 场，培训人数 1430 人次，发布工作动态简报 10 期。

建立鲜果园面积动态复核机制 2017 年，在每 5 年一次的二类资源清查基础上，为配合农业结构调整和“两田一园”空间划定成果精准应用于果园配水、果园附属设施用地等领域，2 月份印发《关于对鲜果园面积进行动态复核的通知》，要求各区园林绿化主管部门与本区绿化资源调查部门配合，按照《森林资源规划设计调查技术手册》绘制果园图斑。在市林勘院配合下，此项工作于 7 月初完成。复核后全市鲜果园面积为 6.58 万公顷，相关图斑报送市水务局，作为节水灌溉设施配备基础依据。

发展果树子基金 2017 年，为吸引更多社会资金支持果树产业发展，在果树基金基础上，筹建“首都都市型现代林业产业发展基金”。会同市财政局对果树基金以子基金方式募集社会资本方案进行批复。完成2个子基金洽谈和设立方案，基金总规模5亿元，其中果树基金出资2亿元，通过子基金向社会资本募集资金3亿元。根据相关规定，会同农投公司、六和公司开展子基金管理人面向社会公开遴选工作。完成1个子基金工商登记设立。

首届京津冀果园机械推介会　8月27日，市园林绿化局会同京津冀果树产业协会、北京市农科院林业果树科学技术研究院、北京市果树学会等在平谷区大华山镇举办首届京津冀果园机械推介会，来自三地25家果园机械经销商参与展示和推介活动，京津冀三地300余果农及主管部门领导到场参观。

参与第二届京津冀果王争霸擂台赛　2017年，为促进京津冀果树产业交流，展示北京市果品生产发展水平，加大特色果品品牌宣传力度，组织各区果农参加河北省林业厅9月26日在廊坊市举办的第二届京津冀果王争霸擂台赛。北京市选送41个果品，最终获得果王5个，金奖16个，还有一批果品获得银奖和铜奖。

果树基金推广使用　截至2017年底，2017年果树基金共召开4次投委会，审议并通过9个项目，包含5家企业、2个合作社和2个家庭农场，共支持高效节水果园面积229.6公顷，投资额2797万元。

【林下经济建设】　2017年北京市林下经济建设在可持续发展理念指导下，以保护生态环境为前提，充分利用森林资源和林地空间，进行合理的林下种植、林下养殖、相关产品采集加工和休闲游憩、科普教育、文化健身等与森林景观利用相关的活动，实现经济社会发展与森林资源保护双赢的生态经济发展模式。

复合模式示范项目　2017年，继续开展林下经济示范基地项目建设，探索以生态为主体的林下复合经营模式。项目选取怀柔区喇叭沟门上台子村、平谷区大华山镇梯子峪村、门头沟区清水镇八亩堰村等低收入村林地10.05公顷，种植木本香薷、黄精、蓝靛果、丹参等林下中药材品种。示范项目种植工作全部完成，经检查验收，示范种植平均成活率92.2%，项目实施后林下、林缘植被覆盖增加幅度50%。

林地资源摸底调查　2017年，对全市可用于发展林下经济的林地资源进行了摸底调查。调查结果显示，全市适合发展林下经济的林地面积约4.06万公顷。其中：平原林地适合发展林下经济面积1.89万公顷，占总面积的46.43%；山区生态林适合发展林下经济面积1.56万公顷，占总面积的38.29%；果园果树林适合发展林下经济面积0.62万公顷。从发展模式上，以林下休闲旅游、林下药材(多年生、耐阴性强)、林下食用菌、林下花卉(较耐阴)为重点。

现场交流会　2017年，成功举办了全市林下经济现场参观交流会。组织参观了位于密云的北京康华远景科技股份有限公司和北京林业大学与怀柔区园林绿化局围绕产学研用共同打造的林下经济示范区。全市12个区园林绿化局分管林下经济的有关领导和重点示范基地、企业以及专业合作社的40余名负责人参加了此次活动。

【蚕业蜂业产业】　北京市蚕业蜂业管理站(以下简称市蚕蜂站)系市园林绿化局所属事业单位。下设办公室、技术开发服务部、生产管理科三个科室。现有在岗职工9人，其中农业推广研究员1人、高级工程师2人、高级经济师1人、中级职称5人。主要负责全市蜂业资源管理、蜂业生产标准化管理和安全蜂产品生产标准化示范区建设、蜂业产业基地建设、蜂产品质量监督、蜂业科研与技术推广、蜂业科普培训与宣传、蚕蜂品种审核管理等工作。

2017年，北京市蜜蜂饲养总量为26万群，蜂蜜产量784万千克，蜂王浆产量8.9万千克，蜂花粉4万千克，蜂胶产量1.48万千克。全市有蜂业专业合作组织79个，蜂业产业基地60个，养蜂户1万户，养蜂专业户超过4400户，养蜂总产值1.85亿元。蜂产品加工总产值超过12亿元，出口创汇超过1800万美元。

蜂业气象指数保险　2017年，市蚕蜂站积极与北京市农委、北京市财政局、人保北京分公司及各有关区协作，继续在密云区、昌平区和门头沟区进行蜂业气象指数保险试点实施。2017年有蜂农150户、蜂群16700群参加蜂业气象指数保险，投保133.60万元，实现风险保障701.4万元。

蜂业标准制定推广 2017年，北京市主持制定国家级标准2项，其中，国家级标准《巢蜜》(GB/T 33045—2016)于4月15日举行《巢蜜》国家标准新闻发布会，其相关标准于同年5月正式施行。《王台型蜂王浆》国家标准通过国家标准审查委员会专家组审查。同时，大力推广8项北京市蜂业行业地方标准，参与制定、应用国家标准和行业标准81项，建立3个国家级安全蜂产品生产标准化示范区，示范户2500户，示范蜂群10万群。

蜂业科技培训 2017年，市蚕蜂站积极开展蜂业科技推广与培训工作，组织各类培训班25期，聘请蜂业专家52人次，培训蜂农和蜂业主管人员4500余人次。

【花卉产业】 全市花卉产业工作全面贯彻党的十八大精神和市委市政府各项战略决策，以筹办第九届中国花卉博览会和2019北京世界园艺博览会为契机，全力推进花卉产业各项工作再上新台阶。

第九届中国花卉博览会北京参展组织工作 由国家林业局、中国花卉协会和宁夏回族自治区人民政府共同主办的第九届中国花卉博览会于2017年9月1日至10月7日在宁夏回族自治区银川市举行。

北京参展团在此届展会上成绩斐然，排名全国第一。此届花博会展期37天，创历届之最。经过组委会评审专家的4次综合评审，北京参展的22类488项展品和报评的87项科技成果、展园(区)设计共获376个奖项，占全国等级奖项的10.7%(全国等级奖项共计3526项)。其中特别大奖1个(一共2个)；金奖43个，占总数的14.7%(金奖共计292个)；银奖84个，占总数的10.2%(银奖共计827个)；铜奖159个，占总数的11.2%(铜奖共计1417个)；优秀奖85个，占总数的8.6%(优秀奖共计990个)。室外展园和室内展区设计荣获特等奖，北京市还获得全国唯一的团体特等奖。

2019年世界园艺博览会北京展园设计筹备工作 北京市园林绿化局花卉产业部门主动与世园局相关部门对接，积极推进世园会北京参展室内外展区规划设计工作。北京室外展区占地5375平方米，位于中华园艺展示区中心，华北组团之首，与中国馆和国际馆遥相呼应，区位条件优越。北京室内展区位于中国馆省区市展区(中国馆一层)，面积150平方米，在各省份展区中面积最大。“2019北京世园会室外展北京园方案设计”项目，资金预算400万元，财政资金已下达。与招标代理公司多次洽商，拟订招标方案及相关文件。

第八届中国月季展参展组织工作 第八届中国月季展由中国花卉协会月季分会、德阳市人民政府和四川省林业厅联合主办。以“浪漫玫瑰·香约德阳”为主题，依托绵竹市的“中国玫瑰谷”，集中展示1.2万亩的大马士革玫瑰和各类月季。经北京市领导批准，北京市参加，并由北京市园林绿化局牵头组织参展事宜。经现场踏勘，挑选了室外参展地块，占地1000平方米，申请建设预算资金496.24万元，财政资金已落实。设计招标工作已完成，由笛东·夏成钢工作室负责，设计方案力求将北京皇家园林文化和北京月季文化互相融合，在有限的空间内，创造多重景致，展示北京特色月季。已将北京展园方案提请局专题会讨论。

北京花田打造工作 紧抓2019北京世园会机遇，实施全市花卉产业行动计划，拓展休闲观光功能，重点打造顺义鲜花港郁金香花田、密云玫瑰情缘玫瑰花田、通州花仙子草花花田和延庆葡萄园百合花田等一批大尺度、有特色的北京花田，提升全市花卉综合效益。结合郁金香文化节，4月份顺义鲜花港郁金香花田400万株郁金香竞相开放；通州花仙子万花园草花花田，供游人赏花，并举办花海荷兰风车节和“舌尖上的万花园”等主题活动；1000余亩密云玫瑰情缘玫瑰花田结合月季文化节举办了相关主题活动；7月份延庆世界葡萄博览园100亩百合花田为北京市民提供视觉盛宴的同时，还科普百合相关知识。

花卉文化宣传活动 迎春元宵花展、郁金香文化节、月季文化节等北京传统花事活动顺利完成。一是迎春年宵花展活动于1月8日至2月12日在北京举办。20余个花卉市场与企业精心筹备年宵花卉烘托节日气氛，共有上千万盆年宵花投放北京花卉市场，其中北京自产花卉约450万盆。为更好地服务郊区居民的年宵花购买需求，2017

年顺义区北郎中花木中心和北京良乡花卉庄园等花卉市场也加入年宵花展。年宵花展期间，还举办组合盆栽大赛、兰花、梅花、水仙花展等专项展览活动。

二是成功举办第八届北京郁金香文化节。4月1日至5月10日第八届北京郁金香文化节在北京国际鲜花港举办。此次文化节以“赏郁金香美景，享国际风情”为主题。室外展区以郁金香为基本元素，展现国际风情特色花海，又有盛大开幕式、异国风情舞、小丑杂技表演等融入其中。除了93个品种、400万株不同花期、颜色和斑块打造的绚丽郁金香花海之外，还新引进了MOMO咖啡、国际商品等高档、时尚的商户入驻鲜花港，为园区增添了新的活力。

三是在月季和菊花被确定为北京市花三十周年之际，举办以“月季菊花三十载，春华秋韵动京城”为主题的系列活动。春季的月季文化节和秋季的菊花文化节，向北京市民推介市花文化、带动花卉产业布局。第九届月季文化节，有8个区13家单位参加，2300余个月季品种、近千万株月季进行展示。13个月季主题景点的50余项各具特色的相关活动相继展开。组委会发行市花30周年系列月季·菊花主题邮票、明信片、首日封等纪念品。以市花30周年大事记为主题，编辑纪念画册，摄录系列访谈。梳理北京市月季、菊花栽植历史上里程碑式的事件，采访事件亲历者、行业突出贡献人物，收集市民与市花的故事，回顾北京市花产业发展历程。

另外，还组织参加了3月10~19日在香港维多利亚公园举办的香港花卉展。以“爱·赏花”为主题的北京展区，以中国传统故事“鹊桥相会”为设计元素，紧扣花展主题。花材以北京市花月季、菊花和花展主题花玫瑰为主。北京花卉展区在此次花展评审中获最具特色大奖。

编写〈北京花讯〉62期 为让广大市民更好地了解北京地区的主要观赏花卉，并向广大市民宣传普及花卉知识，从2016年4月开始编写《北京花讯》，并在首都园林绿化政务网和局综合信息平台上设立专栏，还通过首都园林绿化、书香园林等微博、微信平台推送，截至2017年底已发布62期，其中2017年上半年编写20期。《北京花讯》主要设置了本期花主、主要观赏地、科普小知识、花事动态、美霞话市场和付丽赏花6个版块，按花期介绍北京常见花灌木、宿根、球根花卉及一二年生草本花卉，涉及春季花卉24种，夏季花卉18种，秋冬季花卉20种。

【野生动植物保护及自然保护区建设与管理】 2017年，按照局(办)统一部署，扎实推进野生动植物保护管理及自然保护区建设与管理工作，完成了玉渡山区级自然保护区范围和功能区划调整以及延庆水头区级自然保护区建立，使全市自然保护区总数达到了17处。圆满完成野生动植物保护、自然保护区建设与管理各项工作任务。一是深入贯彻落实新修订的《野生动物保护法》，指导各区园林绿化主管部门依法履行保护职责。二是组织开展为期一个月的全市野生保护鸟类市场交易专项执法行动。三是组织开展党的十九大期间及秋冬季候鸟等野生动物保护工作。四是第二次全国野生植物资源调查北京地区调查工作顺利通过国家林业局组织的专家检查。五是研究安排进一步加强北京雨燕保护工作，启动了北京雨燕等鸟类及其栖息地保护可研项目。六是加强冬奥会延庆赛区野生动植物资源及其栖息地保护管理。七是组织编制了地方标准《城镇绿地鸟类及其栖息地生态恢复技术规范》，提出了北京市城市区域拟恢复的70余种鸟类推荐名录以及营造乡土植物推荐名录。八是为服务2019年世园会和2022年冬奥会，推进松山国家级自然保护区保护管理及基础设施提升。

截至2017年底，全市建立了17个园林绿化系统自然保护区，总面积为13.14万公顷，约占全市国土面积的8%。分为森林生态系统、湿地生态系统和野生生物类型3种类型。其中，国家级2个，市级8个、区级7个。使北京市90%以上国家和地区重点野生动植物及栖息地得到有效保护。其中，森林生态系统和野生生物类型自然保护区主要以松山、百花山自然保护区为代表，湿地类型自然保护区则以野鸭湖、汉石桥自然保护区为代表。

根据《北京植物志》和《北京植物检索表》(1962、1964、1975、1980及修订版)统计，北京地区有维管束植物169科898属2088种。其中，属于国家二级重点保护野生植物有3种，包括：椴树科椴树属的紫椴、芸香科黄檗属的黄檗及野大豆。据统计，北京陆生脊椎动物分布有89科460余种，按照《北京脊椎动物检索表》(1991)，两栖类5科10种，爬行类8科23种，鸟类58科375种，兽类18科53种。其中，国家重点保护野生动物61种。国家一级重点保护的有金钱豹、褐马鸡、黑鹳、白鹳、金雕等10种，国家二级重点保护的有斑羚、灰鹤、白枕鹤、大天鹅等51种。列入北京市重点保护野生动物222种。市一级重点保护的野生动物15目26科48种，包括貉、狼、赤狐、豹猫、花面狸、大白鹭、鸿雁、燕鸻、蓝翡翠、黄腹山雀、王锦蛇、金线蛙等；市二级重点保护的野生动物17目44科174种，包括水麝鼩、喜马拉雅水麝鼩、黑龙江刺猬、东方蝙蝠、黑斑蛙等。

协助开展"世界野生动植物日"宣传活动　2月26日，由国家林业局主办，北京市园林绿化局、北京市公园管理中心协办的2017年"世界野生动植物日"大型公益宣传活动在北京动物园举行。此次活动主题为"倾听青年人的声音，依法保护野生动植物"。国家林业局、中国野生动物保护协会、中国野生植物保护协会、北京市园林绿化局、北京市公园管理中心等相关单位领导及干部，美国、博茨瓦纳等国家驻华使节，联合国环境规划署、世界自然基金会等国际组织人员，野生动植物保护志愿者、游客等千余人参加了活动。

活动由中国野生动物保护协会副会长兼秘书长李青文主持，国家林业局副局长刘东生出席活动并讲话。北京市园林绿化局副局长戴明超，北京市园林绿化局野生动植物保护处、森林公安局、执法监察大队、野保站、救护中心、宣传中心、北京野生动物保护协会有关负责人及工作人员参加了活动，并在现场进行了野生动物保护科普宣传活动。北京市园林绿化局执法监察大队张峰、北京市野生动物救护中心刘醴君分别在现场分享了他们参与保护野生动物执法和保护的实践和感受。

启动第35届"爱鸟周"宣传活动　4月8日，北京市第35届"爱鸟周"宣传活动启动仪式暨"北京雨燕杯"野鸭湖春季观鸟邀请赛在北京延庆野鸭湖湿地自然保护区举办。此次活动由北京市园林绿化局、北京市公园管理中心和北京野生动物保护协会共同主办，北京市园林绿化局副局长戴明超、中国野生动物保护协会副秘书长郭立新、延庆区人民政府副区长谢文征参加启动仪式并致辞。

2017年"爱鸟周"启动仪式上围绕"依法保护候鸟，守护绿色家园"的主题举办了丰富多样的宣传活动，并由爱鸟志愿者发言呼吁大众进一步树立生态文明理念，依法科学保护鸟类，共同守护我们的绿色家园。活动现场举行了北京野生动物保护协会标识的发布仪式，科学放归活动，还设置了多个咨询台，从法律法规、野生动物保护、野生动物救护与科学放归等方面为大家提供咨询，现场还发放了宣传资料近万份。第五届北京中小学野生动物保护知识论坛也同时拉开序幕。

野生保护鸟类市场交易专项执法行动　为了进一步保护野生鸟类安全，全面推进首都的生态文明建设，市园林绿化局从4月21日起在全市范围开展为期1个月的野生保护鸟类市场交易专项执法行动。4月23日，北京市园林绿化局联合执法单位，在通州区上营运河花鸟鱼虫市场展开行动，严厉打击非法售卖野生鸟类等违法行为。突击检查非法贩卖野生鸟类商户，依法收缴八哥、黄雀、黑尾蜡嘴雀、山雀等北京市重点保护动物共计15种、54只，并于当天送至北京市野生动物救护中心救治。

在为期一个月的"野生保护鸟类市场交易专项执法行动"期间，市区两级园林绿化部门对重点集贸市场、花鸟市场和其他野生保护鸟类交易较集中的场所进行全面执法检查；同时联合工商、公安和城管等部门，对非法猎捕、出售、收购、加工、利用、贩卖野生动物及其制品的违法行为进行综合整治查处，依职责建立协调查处机制。

第二次全国重点保护野生植物资源调查北京地区调查工作　5月25~26日，国家林业局保护司、国家林业局调查规划设计院、中国科学院植物研究所相关人员对第二次全国重点保护野生植物资源调查北京地区调查工作进行了检查。检查组一行先后深入延庆松山国家级自然保护区、延庆玉渡山区级自然保护区和密云区云蒙山市级自然保护区，通过查看资料、现场核对、座谈交流等方式，全面检查了北京市第二次全国重点保护野生植物资源调查情况。

检查组对北京市调查工作给予了充分肯定及高度评价，北京地区调查工作顺利通过检查。

北京地区调查工作从2013年3月启动，到2015年9月完成外业调查，2016年9月完成内业整理和报告编写。历时4年多的野外调查和内业整理，已按照国家林业局的要求，圆满完成了全国重点保护野生植物资源调查北京地区调查任务。

自然保护区建设与管理培训 为进一步提升北京市自然保护区管理能力和水平，促进北京市自然保护区事业健康发展，8月24～25日，北京市园林绿化局野生动植物保护处、国际合作项目管理办公室和北京林学会联合举办了“自然保护区建设与管理培训”。各有关区园林绿化局、各级自然保护区共30余人参加了培训。

培训班邀请了肯尼亚野生动植物保护专家MARY、国家林业局保护司、北京林业大学等有关专家领导，就肯尼亚自然保护区保护管理工作经验、自然保护区相关法律法规、自然保护区规范化建设和管理等内容进行了深入的讲解，并与学员进行了广泛的交流。

北京雨燕保护专家研讨会 为落实代市长陈吉宁批示精神，进一步加强北京雨燕保护工作，8月30日，北京市园林绿化局组织召开了北京雨燕保护专家研讨会。研讨会邀请北京师范大学张正旺教授、赵欣如教授，中国科学院动物研究所张劲硕高级工程师，北京大学博士后闻丞以及北京市宣武青少年科技馆资深科普专家岳颖等专家参加。会议由北京市园林绿化局副局长戴明超主持，北京市园林绿化局相关处室、站院有关负责同志参加了会议。

与会人员就北京雨燕的生活习性、数量、分布、活动规律以及针对性的保护措施进行了广泛和深入的研讨。

打击鸟类等野生动物违法犯罪检查督导 北京市园林绿化局成立5个督导检查组，于10月24日至11月3日深入鸟类等野生动物违法犯罪行为易发、多发区域进行实地检查督导，继续加大巡查打击力度，持续保持打击鸟类等野生动物违法犯罪行为高压态势，坚决遏制鸟类等野生动物非法猎捕和交易行为。一是积极与工商部门、属地乡镇政府或者街道办沟通，对可能存在非法交易野生动物的集贸市场进行不间断的巡查检查，发现问题，及时查处；二是对经常发生或易发生盗猎、粘鸟行为的区域、地块加强巡查、看护，一经发现，严厉打击；三是加大野生动物出售、购买、利用、运输、寄递等环节的检查执法力度，坚决切断野生动物贩卖的利益链条；四是在前一阶段有效工作的基础上，针对排查发现的54个集贸市场、49个重点盗猎点位，前期发现问题的，采取“一市场一方案”“一处一措施”，举一反三，坚决防止类似问题再次发生；五是全面深化开展野生动物保护宣传教育工作。

京津冀野生动物保护工作交流座谈会 11月29～30日，京津冀野生动物保护工作交流座谈会在天津召开。北京市园林绿化局、天津市林业局、河北省林业厅野生动物保护相关部门负责同志以及毗邻市、区(县)野生动物保护主管部门有关同志共40余人参加了座谈会。

座谈会上，北京市园林绿化局、天津市林业局、河北省林业厅分别就各自在野生动物立法、执法、管理、栖息地保护、救护、疫源疫病监测以及宣传教育等进行了交流，就各地在野生动物法律法规执行、重点保护名录制定、栖息地保护与恢复、行政刑事案件查处、野生动物救护以及疫源疫病监测等工作进行了广泛深入的研讨。

百花山国家级自然保护区自然步道和解说标识建设项目专家评审会 12月7日，北京市园林绿化局组织召开了北京百花山自然保护区自然步道和解说标识建设项目专家评审会。北京林业大学、北京市林业勘察设计院有关专家参加了会议。

项目主要内容包括修缮巡护栈道、观测平台、瞭望平台以及标识标牌等。与会专家听取了百花山国家级自然保护区管理处对《北京百花山自然保护区自然步道和解说标识建设项目实施方案》的汇报。专家对百花山自然保护区自然步道和解说标识建设项目建设工作的必要性和可行性给予了充分肯定，一致认为项目建设对加强百花草甸的动态监测、保护百花草甸生态系统，提升自然保护区科普宣教能力具有重要意义。建议结合保护区工作实际增设科普标识牌，补充施工工艺，完善相关图纸；在项目实施过程中实现与保护区保护管理工作相结合，避免对保护区内栖息的野生动物造成影响。

冬奥会延庆赛区及松山自然保护区野生动物保护及栖息地建设方案专家评审会 12月26日，市园林绿化局组织召开了冬奥会延庆赛区以及松山自然保护区野生动物保护及栖息地建设方案专家评审会。来自北京林业大学、中科院动物所、首都师范大学、中国环境科学研究院等单位的专家参与了评审会。北京冬奥组委、市重大项目办、北京北控京奥建设有限公司、延庆赛区设计联合体等单位有关负责同志参加了会议。

与会专家对于冬奥会延庆赛区以及松山自然保护区野生动物保护及栖息地建设工作的必要性和可行性给予了充分的肯定，一致认为冬奥会延庆赛区以及松山自然保护区野生动物保护及栖息地建设方案的编制及实施，对切实加强区域内野生动物及栖息地的保护，降低冬奥会工程建设及运营对保护区野生动物及栖息地的影响，实现绿色办奥、生态办奥具有重要意义。

野生动物保护执法工作 2017年，北京市大力加强野生动物保护执法工作，取得了明显成效。在春季、秋冬季鸟类等野生动物迁徙期，共清查整治各类市场1246处，开展普法教育118次，处理野生动物保护行政案件83件、刑事案件40件，收容救护鸟类等野生动物7000余头(只)，有力震慑了破坏鸟类等野生动物资源的违法犯罪行为。一是切实落实属地管理责任。充分发挥平原生态林养护队伍和山区生态管护员的作用，加强鸟类等野生动物栖息地的巡查巡护，加大集贸市场等重点区域的管理力度。二是开展专项打击行动。会同工商、城管等部门，开展了2次为期4个月的专项打击行动，严厉打击乱捕滥猎滥食和非法经营鸟类等野生动物及其制品的违法犯罪行为，形成高压态势。三是建立巡查督导制度。组成5个督导检查组，对54个可能存在非法鸟类交易的集贸市场、自发市场，49个易发生非法猎捕鸟类的重点区域开展检查巡护，发现问题，及时督促整改。四是加大宣传力度。组织开展“世界野生动植物日”“爱鸟周”“保护野生动物宣传月”“北京湿地日”等宣传活动，开展专题宣传10余次，发放宣传资料10万余份。依靠“北京护鸟小队”等群众及社会组织，充分发挥他们的宣传和监督作用。五是研究建立健全野生动物保护长效机制。从强化属地管理、加强部门协作、建立常态化专项执法检查工作机制以及强化宣传教育和舆情引导着手，建立健全野生动物保护长效机制，倡导生态文明新理念。

参与冬奥项目有关环评工作 2017年，积极参与了由市环保局冬奥组委规划和可持续部牵头组织编写的《2022年北京冬奥会延庆赛区总体规划环境影响报告书》《2022年北京冬奥会延庆赛区国家高山滑雪中心项目环境影响报告书》。在环评报告编制中，严格按照《中华人民共和国野生动物保护法》第十三条第三款的规定，编写完成了涉及国家和本市重点保护野生动物的保护措施。其中：涉及国家重点保护野生动物的保护措施，由国家林业局出具审核意见；涉及市级重点保护野生动物的保护措施，由北京市园林绿化局出具意见。

(张林生)

天津市林业产业

【概　述】 2017年，天津市各级林业主管部门认真贯彻落实《中共中央、国务院关于加快林业发展的决定》，紧紧围绕国家林业发展总体战略，聚焦国办发〔2016〕83号文件和国家林业局第三届产业大会精神，积极稳妥地推进集体林权制度改革，进一步调整林业生产布局，林业产业结构得到进一步优化。

1月17日，召开了全市林业站长培训会，要求各区深入学习贯彻习近平总书记系列重要讲话精神，加快创新发展，促进一、二、三产业融合，努力实现林业产业转型升级、尽快使贫困地区农民增收致富。会上传达了2016年12月23日召开的第三届全国林业产业大会精神，按照国家林业局局长张建龙提出的，做大做优做强林业产业，深化林业供给侧结构性改革、培育林业发展新动能。加速推进油用牡丹产业、优质果品升级换代工作，切实把林业产业工作做实、做强。

林业产业规模 截至2017年底，天津林业产业生产总值281686万元，其中第一产业258506万元，第二产业220万元，第三产业22960万元。

林木种苗 建立林木种质资源库1处，规模20公顷，总投资200万元。建立国家重点林木良种基地改扩建2处，规模80公顷，总投资640万元。市级重点林木良种基地改扩建1处，规模30公顷，总投资240万元。建立育苗基地改扩建3处，规模60公顷，总投资180万元。省级林木种苗机构改扩建1处，投资300万元。县级林木种苗机构改扩建2处，投资400万元。建立以苗带绿、圃绿结合的生态苗圃6万亩，总投资3亿元。

林果产业 结合治理荒山、荒沙和盐碱荒地，加快建设津东南枣树和葡萄基地、津西北果品基地、蓟县干鲜果品基地。顺应市场需求，逐步提高基地建设水平，进一步优化经济林苗木良种，已筛选出一批优良品种，并在生产中推广应用，培育经济林产品深加工龙头企业，开发品牌产品。促进特色经济林产业快速发展。加快市经济林育苗发展，年产苗木4000多万株。

总投资16414.9万元，建设设施蓝莓温室80公顷，建设设施蓝莓基地200公顷。总投资8533万元，新建优质核桃产业基地3000公顷，栽植核桃苗木157.5万株，主要应用绿岭系列及辽核系列核桃优良品种。投资5000万元，建设设施樱桃种植园区。

花卉产业 推动花卉产业发展，扩大花卉生产面积，生产种植面积达到700公顷，地产花卉4000万枝(盆)。签订京津冀发展框架协议，共同开发市场，发展名优特品种，推广发展多肉植物。

森林旅游 以森林资源为依托的生态旅游成为林业经济发展新亮点，九龙山国家级森林公园、梨木台风景区、八仙山自然保护区、官港森林公园等森林观光旅游已初具规模。加强郊野公园的经营管理，引进服务休闲项目，开展综合性休闲服务，促进郊野公园周边业态的成熟发展。

林药产业 采取“公司+合作社+农户”的运作模式，总投资1.45亿元建设优质良种金银花基地2333.33公顷，栽植苗木1165.5万株。

相关政策 为了深化集体林权制度改革，维护林地流转当事人的合法权益，促进林地规模化集约化经营，根据《中华人民共和国农村土地承包法》《中华人民共和国森林法》《中华人民共和国森林法实施条例》等法律、法规和规章规定，结合中共中央、国务院《关于全面深化农村改革加快推进农业现代化的若干意见》，制订《天津市林地经营权流转证发证管理办法》。

存在的问题 ①林业产业基础建设较薄弱，人员素质有待进一步提高。市级机构没有专门的产业管理部门，区县由于撤乡并镇等叠加因素影响，短期内制约了产业发展。②林业产业效益不高，影响了林农扩大经营的积极性。天津郊区土地资源紧张，劳动力成本偏高，林业产业多属于劳动密集型，生产效益偏低，林农对发展林业产业积极性不高。

【林木种苗产业】 天津市认真贯彻执行全国种苗工作会议精神，以林木良种为核心，以体制创新为动力，以科技创新为先导，以执法监督为保障，牢固树立“林以种为本，种以质为先”的理念，强化“种苗是林业的命脉，是生态建设的基础和前提”意识，着力构建林木种苗发展体系。天津市加大投入，推进新固定苗圃的建设，政府投入4000万元，用4年时间增加育苗面积4万亩。同时，落实国有苗圃提升改造工程补助资金2000万元。投资2000万元建设苗木交易市场。

为确保种质资源安全，积极推动林木种苗法治建设进程，科技兴种取得新的进展，林木种苗行政管理职能逐步强化，林木种苗社会化服务得到进一步加强，林木种子生产经营许可证发证率明显提高，生产企业一律凭证经营。核发林木种子生产许可证816份，林木种子经营许可证569份。2017年，天津市苗圃实有育苗面积8318公顷(124770亩)。其中：国有苗圃1085公顷，占苗圃总数的13%；集体苗圃476公顷，占苗圃总数的6%；个人育苗6757公顷，占总育苗面积的81%。各类苗木总量达到21612.6万株。初步形成了国有、集体、个人育苗相结合的三级苗木繁育格局。

【林业果品产业】 2017年，全市经济林种植面积273059公顷，含干果2166公顷、各类水果317048公顷。全市的果品贮藏和加工能力相对不足。果品主产区蓟县有果品加工企业20家，年加工能力2.60万吨，其中千万元以上的加工企业4家。各类果品储藏库(窖)136个，1000吨以上气调保鲜库有3座，年储藏能力3.5万吨。汉沽有葡萄冷藏保鲜库700座，加工企业8家，年储藏、加工能力2万吨；大港有保鲜库27座，总库存量0.28万吨，比较大的加工企业4家，年加工能力0.22万吨。

天津市先后推广实施《无公害农产品 红地球技术规范》《盘山磨盘柿》《天津板栗》《玫瑰香葡萄栽培技术规范》《玫瑰香葡萄病虫害防治技术规范》《玫瑰香葡萄保鲜库建库规范》《玫瑰香葡萄贮藏保鲜技术规范》《葡萄保鲜技术规范》《葡萄产地环境技术条件》《冬枣无公害生产》等十余项地方标准，既提高经济林生产的标准化水平，又增加了农民收入。汉沽十分注重葡萄的无公害生产，始终坚持走精品发展之路，在葡萄专家的指导下，已形成了一整套适应当地葡萄生产的先进技术，制订了玫瑰香葡萄栽培、病虫害防治等4项企业标准，在农户中广泛推广葡萄标准化生产；在玫瑰香葡萄的产后服务中，执行《玫瑰香葡萄贮藏保鲜规范》和《保鲜库建库规范》，严格控制葡萄保鲜技术环节的各项理化指标，使葡萄保鲜精品率始终保持在90%以上，贮藏时间也达到150天以上。经济林实现产值132420万元，增加值63852万元。带动林农脱贫致富。

在果品生产、储藏过程中，严格按照相应的规范，强化对农药、消毒剂、防腐剂、保鲜剂的管理，确保食品安全。

天津果树栽植、经营、销售、加工历史悠久。截至2017年，已建成天津市小枣基地、天津市津西北水果基地和蓟宝干鲜果品基地三大经济林基地，同时开展了山区及滨海葡萄基地建设和冬枣基地建设。基本形成了东部滨海地区鲜食与酒用葡萄产区，大港、静海、津南冬枣和金丝小枣产区，津西北水果及设施栽培产区，蓟州北部山区特色优质果品产区。生产面积5.65万公顷，年产干鲜果品29.4万吨，产值6亿元。其中，大港的冬枣、汉沽的葡萄、静海的鸭梨和金丝小枣等生产基地在1.33万公顷以上。全市经济林达53000公顷，结果面积38333公顷，果树树种24种，品种450个。天津拥有商标注册并且具有影响力的果品主要有滨海新区生产的“茶淀牌玫瑰香葡萄”和大港区生产的“翠果牌冬枣”。其中，“茶淀牌玫瑰香葡萄”玫瑰香味浓郁，含糖量高，品质上佳，口感独特，深受广大消费者喜爱，曾多次获得国家级、国际级奖励，2007年8月被评为中华名果，曾是2008年奥运会指定水果之一。

【森林旅游产业】 以森林资源为依托的生态旅游成为林业经济发展新亮点，九龙山国家级森林公园、梨木台风景区、八仙山自然保护区、官港森林公园等森林观光旅游初具规模。实现旅游收入

16311 万元。

在旅游经营中，严格落实安全生产责任制，严格控制景区的火种、火源，防火工作常抓不懈，在旅游旺季，配合公安部门对景区进行游客疏导和秩序管控，做到安全生产，不留隐患。

【蓟州区林业产业】 2013 年，蓟州区分别在别山镇、下营镇、马伸桥、孙各庄、出头岭、穿芳峪、西龙虎峪、五百户 8 个乡镇实施了金银花基地项目，已建成良种金银花生产基地 2333.33 公顷，栽植苗木 1165.5 万株。特别是在穿芳峪、马伸桥、西龙虎峪、出头岭四个乡镇成立金银花专业合作社，与金银花生产加工企业开展广泛合作，并引入山东鲁峰金银花公司，作为项目依托龙头企业，为基地建设提供苗木，同时由蓟州区林业局与公司签订合作框架协议，在蓟州区共同发展金银花有机富硒种植基地，为基地提供优质金银花种苗，采取“公司 + 合作社 + 农户”的经营方式，为农户提供栽培技术服务，并按最低保护价回收金银花鲜花，在栽培规模达到 3.33 ~ 6.67 公顷的乡镇建立专门收购点，在 33.33 公顷以上的基地范围建立金银花烘干加工厂，保证农民基本利益，同时辐射带动周边乡镇发展金银花生产，充分发挥金银花的生态环境功能，保证农户的基本收入，达到了生态与经济效益并举的目的。

此外，自 2016 年以来，蓟州区以生态储备林工程建设为契机，加快蓟州区油用牡丹产业区建设，在储备林工程区林下栽植丹凤、紫斑等品种的油用牡丹 1.5 万亩，同时积极支持油用牡丹加工企业建设，积极引进人才，加大科技投入，逐步开发出环保、健康、高附加值的系列产品，并计划用 3 ~ 5 年时间发展油用牡丹 10 万亩，将油用牡丹产业打造成林农致富增收的新业态。

（宗晶莹）

河北省林业产业

【概　述】 2017年河北省各级党委、政府认真贯彻习近平总书记“绿水青山就是金山银山”的理念，加大国土绿化美化力度，充分利用林地资源和森林环境，科学选择林药、林菌、林禽等发展模式，着力培育林下种养基地，积极发展林业新兴产业，林业生态效益、经济效益和社会效益显著提升。林业产业对经济社会的影响力显著提升、林业改革发展取得显著成效。2017年全省林业产业产值达1577.0亿元，与上年相比增长3.5%，其中：第一产业产值815.4亿元，同比增长8%；第二产业产值664.7亿元，同比下降2%；第三产业产值96.9亿元，同比增长5%。林业产业结构调整为52:42:6。着力抓好省级质量安全示范区建设，新增高标准果品基地，提质增效，组织参加国际国内果蔬展，河北果品知名度、外向度有了新提升。依托龙头企业、合作社，规划建设现代林果业示范园区，培育壮大果品产业。2017年全年果品产量1638.0万吨，与上年同期相比增长3.5%，其中：园林水果1571.0万吨，食用坚果67.0万吨，分别比上年同期增长3%、15%。全省人造板年产量1658.6万立方米，与上年同期相比下降3.3%，其中：胶合板产量676.9万立方米、纤维板产量468.7万立方米、刨花板产量282.2万立方米，其他人造板230.8万立方米，分别占人造板总产量的41%、28%、17%、14%。　(计资处　闫香妥)

【花卉产业】 截至2017年底，河北省花卉种植面积达64.93万亩，产值40.03亿元，观赏苗木年产11.66亿株，盆栽植物产量达8243万盆，年产切花切叶1.47亿支。培育出仙客来、大丽花、菊花、红掌、凤梨等一批特色花卉。花卉产业布局更趋合理，正逐渐向花卉重点产区聚集，花卉产业园区建设取得新突破，定州观赏苗木、巨鹿药用花卉、柏乡牡丹、肥乡彩叶苗木等花卉重点产区初具规模，花卉市场流通体系日臻完善。初步形成了以市场为龙头、中介组织为衔接、零售花店为网点的销售体系。河北省具备一定规模的花卉市场288个，花卉企业1074个，其中大中型企业59个，花农36314户，花卉从业人员118305人，其中专业技术人员9305人。近年来参加的第九届中国花卉博览会、2014青岛世园会、2016唐山世园会等花事活动，以及每年全省各地举办的迎春花展、郁金香展、菊花展、牡丹节等活动，有力地促进了河北省花卉产业的发展。

(花卉管理中心　张永信)

【国家林业重点龙头企业】 2017年，经省林业厅推荐，承德华净活性炭有限公司、河北富岗食品有限责任公司、唐山曹妃甸木业股份有限公司、河北省晋州市长城经贸有限公司、河北百丰农产品开发有限公司5家河北省大型林业企业被国家林业局评为第三批国家林业重点龙头企业，加上2014年、2016年被国家林业局批准的第一批、第二批国家林业重点龙头企业，河北省已有18家国家林业重点龙头企业。　(果桑产业处　蒲建民)

【国家级示范区】 2017年，为强化林业产业发展区域优势，打造京津冀林业产业示范区，增强河北省林业产业扶贫区域带动力，经河北省林业厅申报，国家林业局组织专家审核，并经国家林业局党组研究同意，国家曹妃甸林业产业示范园区、国家平泉山杏产业示范园区和国家文安人造板产业示范园区被批准成立，成为河北省第一批国家林业产业示范区。　(果桑产业处　蒲建民)

【唐山曹妃甸木业股份有限公司】 唐山曹妃甸木业股份有限公司成立于2009年9月，坐落于河北省唐山市曹妃甸工业区装备制造园区。由河北文丰实业集团投资建设，总投资85亿元，占地5100多亩，年进口加工原木300万立方米。

公司主要运行进口木材专业码头、进口木材

检疫处理区建设、原木初加工、板材深加工、高品质胶合板、定向结构刨花板生产、集成材生产及板材深加工、中高密度纤维板及木废综合利用，木材烘干等项目。各项目既整合企业做大做强带动就业，又有效利用木材资源，消耗低，污染小，资源综合开发利用率高，社会经济效益显著。还具有原料丰富、货源稳定、生产规模大、空间集中、产业关联度大、带动辐射力强等优势。

2016年公司年度销售收入达74473万元，上缴税金2019万元，2016年8月正式上市，2017年被国家林业局评为国家林业重点龙头企业。

（曹妃甸区农林畜牧水产局　赵鹏程）

【定州市林业产业】 定州市林木种苗产业健康有序发展，2017年全市苗木种植面积已达19.7万亩，有20个乡镇区办的150多个村17740个农户参与苗木种植，苗木收入达到16.3亿元，三级以上资质园林绿化企业达到20家，形成了以河龙公路沿线乡镇为主的“花木长廊”，是华北地区园林廊道绿化苗木的重点产区，也是全国南北驯化种植基地和流通中心。苗木种植业是全市农林方面富有特色的支柱产业和富民产业，在全省乃至全国都有一定的影响。市政府制订了《定州市扶持农(林)业产业发展十条措施》，明确了资金扶持细则，对在定州市从事品种选育、种苗生产、示范推广、种质资源保护、种子储备的企业、农民合作组织、种植大户等给予资金扶持，并对德胜农林集团、河北中启园林集团、天元绿化工程有限公司、绿农花卉等一批龙头企业进行了重点扶持。定州市苗木花卉产业协会，已吸收入会企业130多家，协会多次组织专业技术骨干、聘请专家教授深入到种苗产地进行技术指导并及时将最新苗木花卉信息发布在协会信息平台，引导苗农紧跟市场，积极调整种植结构。

第二十一届中国(廊坊)农产品交易会上，定州市选送的林果产品获得一个“果王”称号，一个银奖、一个铜奖，三个省名优产品；河北德胜农林科技集团有限公司荣获“河北省十大林果龙头企业”；定州市林业局一人获得“河北省林业先进工作者”称号，一人获得“河北省优秀林果技术推广人”荣誉称号。

（定州市林业局　杜书轩）

【迁安市林业产业】 迁安市果品产业结构得到逐步调整，重点发展了适应当地市气候和土壤资源特点的经济树种核桃和板栗，桃树和梨树品种得到改进，品质和效益得到提升，苹果在适生区内重点管理，非适生区则被淘汰，改换其他适生树种。果树种植面积稳定在12780.9公顷，其中板栗6896.16公顷，核桃3128.3公顷，苹果804.87公顷，梨1187.79公顷，桃472.51公顷，葡萄51公顷，其他240.27公顷。全市果品产量14.6万吨，果品产值4.5亿元。林业旅游产业发展势头良好，涌现了塔寺峪、山叶口、成山等新型依托林业资源的旅游项目，也出现了桃园农庄、亚滦湾等以果品生产为主的观光采摘项目，丰富了林业产业的内涵，增加了林农的收入。通过加强培训，提高了果农安全生产意识，省市抽检100%合格。在京津冀果王争霸赛中，迁安选送的雪花梨获得最高奖“果王”称号，并有两种板栗产品分别获得金奖和铜奖。

（迁安市林业局）

【安国市林下经济】 安国市是全国闻名的“药都”，药材是安国的特色产业，近几年该市重点发展林下种植、养殖，2017年林下种植面积已发展到2000亩，养殖120亩。其中在郑章镇、南娄底乡、伍仁桥镇发展林下种植毛知母、地丁、射干等，林下种植药材，每亩年药材收入达1000~2000元，在确保生态效益的同时，均取得了较好的经济效益。为了充分利用林地资源，该市在伍仁桥镇寺下村，推广了林下养殖项目，在林下发展土鸡养殖，占地30余亩，兴建了绿泽土鸡园，养土鸡3000余只，年收入达10万余元，实现了林养双丰收。发展林下经济提高了农民收入，推动了地区经济可持续发展。

（安国市林业局　郑丹）

【高阳县林业产业】 高阳全县经济林面积0.55万亩，经济林树种主要有梨、苹果、桃、葡萄，主要分布在庞口镇、庞佐乡、龙化乡、小王果庄乡。无花果是该县新兴种植品种，高阳冀樱无花果合作社以无花果种植、加工、销售为主要经营方向。除鲜果外，合作社还与多家公司合作开发出了无花果脯、无花果酱、无花果罐头、无花果巧克力、无花果酒、无花果叶茶、无花果手工皂等无花果系列产品。目前该合作社的主要市场为京津冀地区,“冀樱”牌无花果已经在全国的无花果行业内小有名气,广受好评。2017 年全县林业产业总产值达到 2 亿余元。（高阳县林业局　刘丽）

【河北天丰农业集团有限公司】 河北天丰农业集团有限公司拥有标准化果品出口基地果园 2600 亩,主要经营鲜梨。该公司主导的优质梨矮化密植栽培管理技术,平均亩产达到 50 吨,总产量 13000 吨,优质果率达到 85% 以上。该公司拥有先进的果品生产加工车间和设备,7600 吨意大利气调果蔬保鲜库一座,3000 吨冷藏库一座,公司已形成集水果种苗研究、果树科学栽培及管理、果品加工处理、冷藏保鲜、冷链运输、出口销售为一体的产业链,相继通过了 SGS 实施的 HACCP、ISO22000(国际食品安全保证体系)、GLOBALGAP(全球良好农业操作)认证和 BRC 认证,凭借优质的产品和服务成功开拓了美国、加拿大、澳大利亚、英国、荷兰等 30 多个国家和地区的市场,美美牌产品已进入这些国家和地区的高级超市,并且以优异的产品质量和良好的服务维持了稳定的客户,在国际市场上赢得“品种独特、质量优异、供货稳定”的声誉。（高阳县林业局　刘丽）

【辛集市鸭梨产业】 2017 年 12 月 4 日,中国鸭梨出口秘鲁首发式在辛集市举行,国家质检总局动植司综合处、秘鲁驻华使馆、辛集市委、河北出入境检验检疫局等单位领导出席了仪式。中秘两国分别位于地球的南北半球,水果生产具有季节互补性,农产品贸易发展潜力巨大。河北鸭梨是中国梨类中最为驰名的品种,素以果形美观、色泽鲜雅、皮薄肉嫩、脆嫩多汁、香甜爽口、品质上乘而著称,且储藏期长,一年四季皆可供应市场,受到世界人民的广泛欢迎。此次首发式的举行意味着辛集鸭梨代表中国成功打开秘鲁市场,此举对提升辛集市鸭梨的知名度、扩大中国水果在南美洲市场的影响力具有重要意义。

（辛集市林业局　王扬）

【青龙满族自治县果品产业】 青龙满族自治县鼓励和支持栽植板栗、苹果等经济树种,每亩补助 600~800 元,提高广大农民栽植经济树种的积极性;将发展林果产业和脱贫攻坚工作相结合,全县利用产业扶贫资金实施林业栽植和果品提质增效项目 73 个。截至 2017 年底,全县林果栽植面积达 125.8 万亩,位列全省第一位,其中 142 个贫困村林果栽植面积 37.6 万亩。全县贫困户林果栽植面积 16.9 万亩,覆盖贫困户 24873 户,贫困人口 72409 人。全县贫困人口年人均林果增收达 1990 元。（青龙县林业局果桑站　佟景梅）

【地球卫士——塞罕坝机械林场】 塞罕坝机械林场是河北省林业厅直属的大型国有林场,也是国家森林公园、国家级自然保护区,位于河北省最北部,全场总经营面积 140 万亩,其中有林地面积 112 万亩,森林覆盖率 80%,林木总蓄积量 1012 万立方米,森林资源总价值约 206 亿元。2017 年 8 月,习近平总书记作出重要指示,称赞塞罕坝用实际行动诠释了“绿水青山就是金山银山”的理念,铸就了“牢记使命、艰苦创业、绿色发展”的塞罕坝精神,是“推进生态文明建设的一个生动范例”,同年塞罕坝被联合国授予“地球卫士奖”。

塞罕坝按照科学营林,提高林分质量的总体要求,对人工林进行抚育间伐,其产品主要为中小径材,常规产材大多为 2~8 米,径级 3~26 厘米,年度产材 9.505 万立方米,年销售收入 9320 万元。建设绿化苗木基地 4602 亩,重点培育云杉、樟子松、白桦、油松等树种,年销售收入 647 万元。塞罕坝国家森林公园于 1993 年由国家林业局批准建立,是 4A 级国家森林公园,2017 年入园游客人数为 61.3 万人次,门票收入 4456 万元。签约风电场 2 个,实现收入 1582 万元。

（塞罕坝机械林场总场　温亚楠）

【遵化市核桃产业】 遵化市核桃栽培历史悠久,是河北省优质核桃生产基地县。截至 2017 年底,全市优种核桃栽培总面积达 12 万亩,年总产量 5034 吨。主要栽培品种为辽 1 和绿玲 1 号,集中分布在东旧寨镇、铁厂镇、刘备寨乡、新店子镇等南部石灰岩山区,已形成区域特色明显、大规模、高效益的优种核桃产业带。2017 年,该市多措并举,强力推进核桃产业发展:一是抓好新建优质核桃基地;新建优质核桃基地 2 万亩,推广优种核桃生产技术规程,新植优种核桃成活率达到

97.8%以上。二是重点建设精品示范园。抓好平安城镇刘各庄、刘备寨乡山头庄和南山等高标准示范园建设，推广核桃优良品种丰产栽培技术，亩产达到300千克以上，并使核桃实现丰产稳产。“绿玲1号”核桃在遵化市第一届“果王”大赛上荣获“果王”称号。（遵化市林业局　宋颖）

【海兴县林业产业】

有机碱梨项目　海兴县有机碱梨项目从2016年开始，总投资已达8000万元，采用篱壁式种植模式规划种植梨树1.97万亩，2017年，已完成种植3000余亩，部分梨树已经挂果。亩产可达2500多千克，每亩纯利润可达1.6万~2.7万元左右。

柳树新品种研发工程　2017年，海兴县“柳树基因库”成为全国最大的柳树基因库，培育出100余种速生、耐盐碱、观赏和耐干旱瘠薄柳树良种，其中有15个品种通过国家新品种实质审查，获国家苗木品种认定，《沧州日报》和沧州电视台对海兴县“柳树基因库”进行了专题报道。

林业生态扶贫　开展护林员选聘，着力实现以管护保生态、以专岗促脱贫的双赢目标。海兴县制订《海兴县建档立卡贫困人口生态护林员选聘工作实施方案》和《海兴县生态护林员管理考核暂行办法》，从该县建档立卡贫困户中选聘7名生态护林员，管护公益林2100亩，人均管护300亩，按照每人每年10000元的标准进行补贴。

林业产业扶贫　2017年，海兴县完成340亩扶贫桃树合作社基地建设，共涉及4个乡镇4个村。

通过绿化土地流转补贴等措施，增加贫困村农民的收入。发放至贫困村的补助资金为19万元，共涉及47个贫困村，317户贫困户。

（海兴县农业局　郭丰超
沧州市林业局　滕仁艳）

【泊头市林业产业】　泊头是全国著名的鸭梨之乡和金丝小枣之乡，是“国家级鲜梨出口质量安全示范县”“国家级鸭梨无公害标准化示范区”。梨枣业是泊头的传统特色产业和支柱产业之一，泊头梨枣业具有面积大、产量高、品质好等特点，泊头鸭梨和金丝小枣以其历史悠久、品质上乘享誉国内外。

截至2017年底，泊头用材林达到面积10万亩，果树面积39万亩(其中梨21万亩，枣15万亩，其他3万亩)，果品产量达52万吨(其中梨44万吨，枣5万吨，其他3万吨)。多年来，泊头市委、市政府非常重视枣业的发展，大力推广标准化、无公害生产，无公害枣生产面积达10万亩，无公害枣年产量达3.5万吨。“产、加、销”相结合和“公司+基地+科技+农户”的运行模式，促进了泊头枣业产业化的发展，东方果品公司已是国家级龙头企业，亚丰果品等11家公司是河北龙头企业。有冷库125个，储存能力13万吨，其中千吨以上冷库40个，另外农民土窖存储7万吨左右。

泊头鸭梨以个大、皮薄、汁多、肉细、味甜、形美及其较高的营养和药用价值而名扬海内外，畅销东南亚、中东、欧美等40多个国家和地区。年出口果品7.5万吨，创汇5000万美元，为河北省出口之冠。其出口的鸭梨荣获国家优质出口产品称号。

泊头市被国家原产地域产品保护办公室认定为沧州金丝小枣原产地之一。泊头市金丝小枣以其独特的品质，远销欧美、东南亚、俄罗斯、中东等二十几个国家和地区，近年又发展起了小枣保鲜、制干、制脯、枣汁、鸡心枣等多个深加工项目，创出了“八月红”“龙晴”等多个品牌。

“营子桑椹”是泊头的另一亮点。截至2017年，种植面积11000亩，年产量4500吨。营子镇成立了桑椹产业发展办公室，积极与汇源果汁、蒙牛奶业等企业进行接洽，在提升现有桑椹深加工企业的基础上，推进已达成的桑葚酒、桑葚粉项目。申请了“泊头黑桑椹”微信公众号，编创了“桑椹之歌”，制作了“最爱桑椹香”MV，航拍宣传片，组织发起了“德荣杯”泊头黑桑椹文化征文和“三厂杯”泊头黑桑椹十佳摄影作品征集活动。已形成桑椹干、桑椹酒、桑椹果汁、果醋、桑叶粉、桑椹古皂、桑椹膏、桑叶茶、养生药包等桑椹系列产品。

（泊头市林业局　李红玉
沧州市林业局　滕仁艳）

山西省林业产业

【概 述】 近年来，山西省林业产业坚持以习近平总书记“绿水青山就是金山银山”的重要论述为指导方针，聚焦推进生态建设和脱贫攻坚的目标任务，着力推进基地建设和干果经济林提质增效，呈现出了规模和效益同步发展的良好态势。

山西是林业大省，全省林地面积 11809 万亩，森林面积 4816 万亩，森林覆盖率 20.5%，森林蓄积 12923 万立方米。山西还是贫困地区连片的省份之一。因此，实现林业产业的转型升级对促进全省经济社会发展和助力脱贫攻坚发挥着重要影响和作用。

林业产业发展现状 2017 年，山西省绿色富民林业产业呈现蓬勃态势，林业经济实现连年增长。林业产值达到 558 亿元，连续 5 年增速实现 10% 以上。在大力发展红枣、核桃等传统经济林同时，坚持“小灌木大产业”的定位，积极发展沙棘、连翘等特色经济林，每年新发展 100 余万亩，总面积达到 1800 多万亩，产值达到 150 多亿元。累计完成 328.5 万亩干果经济林提质增效，实现亩均增产 30% 以上；建成苗圃 2.16 万处，总面积达到 111 万亩；花卉产业销售额每年平均 14.6 亿元；第九届中国花卉博览会获奖 100 多项。2017 年，森林旅游超过 1800 万人次、总收入 23 多亿元，壶关县、黑茶山森林公园、太岳林局大南坪中心林场等被命名为全国森林旅游、森林康养基地。林业生态经济成为助力转型发展的新业态和促进富民增收的新引擎。

存在的问题 近年来，山西省林业产业发展取得了一定成效，但还存在以下问题：一是发展不平衡，一二三产比重 76:13:11，一产比重过大，二产加工能力不足，企业规模小、科技含量低、结构不合理、高附加值产品少、整体效益不高；二是产业发展滞后，一二三产融合不够，与林农利益联结机制还不够紧密，对农民增收贡献率不高。三是产业总体布局不够，技术攻关能力不强，具有国内、国际竞争力的特色产品少，发展潜力还没有充分挖掘出来。

【干果经济林产业】 到 2017 年底，全省干果经济林总面积达到 1810 万亩，其中核桃 866 万亩，红枣 315 万亩，仁用杏 88 万亩，花椒 48 万亩，柿树 18 万亩，其他特色经济林 475 万亩。干果经济林总产量 16.9 亿千克，其中核桃 2.3 亿千克，红枣 7.91 亿千克，仁用杏 2.75 亿千克，花椒 0.14 亿千克，柿子 1.16 亿千克，其他特色经济林 2.64 亿千克。逐步形成了以吕梁山、太行山低山丘陵区为主的核桃主产区，以黄河沿岸、汾河中下游为主的红枣主产区，以晋北、晋西北为主的仁用杏主产区，以太行山中南部丘陵区及晋南盆地边缘山区为主的花椒主产区，特色经济林主要有南部米槐、山楂产区，西北部的沙棘产区，太行山腹地的连翘产区。

经济林基地建设 依托退耕还林、国土绿化等林业工程推进干果经济林基地建设，在全省适生经济林的地方，大力发展经济林，尊重群众意愿积极引导提高经济林栽植比重，形成统筹增绿增收、协调生态生计的经济林发展态势，全年完成经济林种植 116.32 万亩，其中国家重点工程种植 96.09 万亩，省级工程种植 9.95 万亩，其他工程种植 10.28 万亩。2017 年，山西省尚有宜林荒山 3000 多万亩，随着生态移民的深入推进，遗留部分耕地闲置，加之退耕还林等林业工程的持续实施，这些都为干果经济林基地建设提供了较大的发展空间。为指导干果经济林发展，先后出台了《山西省核桃产业发展技术指导意见》和《山西省林业厅关于提升管理水平振兴红枣产业指导意见》。

提质增效助力脱贫 聚焦脱贫攻坚，围绕富民增收，下大力气推进干果经济林提质增效项目建设，2017 年项目任务增加到 200 万亩，项目县达到 95 个，其中 58 个贫困县经济林提质增效项目全覆盖，完成 150 万亩，37 个非贫困县完成 50 万亩。先后出台了《干果经济林综合管理技术示范项目实施指导意见》和《山西省林业厅关于干果经济林提质增效精准脱贫的指导意见》。

“小灌木大产业”发展战略 随着沙棘、连翘、皂荚、油用牡丹等作为食品、药品、保健品、化妆品等原料需求不断增加和林业供给侧结构性改革的持续推进，近年来，省林业厅党组精准谋划“小灌木大产业”发展战略，加快了沙棘、连翘、皂荚、油用牡丹等原料基地的建设，2017 年种植面积 50 多万亩，占当年新发展干果经济林面积的 50% 以上，各地陆续启动了野生沙棘、连翘、皂荚等灌木经济林改造工程，为农民增收致富，找到了新的出路。省林业厅 2017 年 8 月在岢岚县召开了沙棘林改造现场推进会。出台了《关于加快油用牡丹产业发展的指导意见》《山西省林业厅山西省扶贫开发办公室关于沙棘工业原料林脱贫攻坚产业发展的指导意见》和《山西省林业厅关于积极稳妥推进皂荚产业发展的指导意见》。

业务培训 以提升经济林提质增效项目管理水平为目标，围绕核桃、红枣、欧李、油用牡丹、文冠果、沙棘等干果特色经济林，在潞城市、临县、运城市、太原市、岢岚县举办 5 期省级培训班，与山西农业大学、省林学会共同举办了 2 期培训班。全年省、市、县三级共举办技术培训会和现场推进会 900 多次，培训各级技术人员和合作社、龙头企业、林农 8 万多人次。

技术服务 其主要形式有 3 种：一是“技术服务队 + 专业合作社(村集体) + 农户”。针对专业合作社(村集体)自身没有技术力量的情况，由县林业局或乡人民政府招聘或培训技术服务人员组成技术服务队，技术服务队与合作社(村集体)双向选择签订技术服务合同，由技术服务队为果农实施整形修剪、高接换种，果农自主实施喷药、施肥、松土、除草、扩穴等土肥水管理。二是“专业合作社(村集体) + 技术队伍 + 农户”。合作社(村集体)自身有懂技术、会管理的土专家，在林业部门的指导下，由合作社(村集体)选拔培训组建技术队伍，合作社(村集体)统一组织技术队带领农户共同完成提质增效项目，由技术队负责整形修剪、高接换种，果农实施喷药、施肥、松土、除草、扩穴等土肥水管理。三是“公司 + 合作社 + 农户”。由企业联合合作社组织果农实现种植管理、加工、销售一体化的经营模式来实施项目，企业与合作社及果农签订技术服务和果品保底收购合同，企业组织技术服务队为果农实施整形修剪、高接换种，统一提供化肥、农药和技术指导服务，果农自主实施喷药、施肥、松土、除草、扩穴等土肥水管理，企业组织果农统一采收果实并实行保底价收购或收益分成。

【种苗产业】 全省林木种苗产业在林业生态建设大发展的带动下取得了长足发展，保持了良好的发展态势。全省育苗面积发展到 110 万亩，育苗基地发展到了 21592 处，其中国有苗圃 439 处，育苗面积达 9.11 万亩。建成国家重点林木良种基地 11 处，省级良种基地 32 处，优良乡土树种苗圃 52 处。良种审定(认定)工作逐步规范，全省已审定(认定)30 多个树种 210 个品种，其中审定通过林木良种 192 个，认定通过林木良种 18 个，并开始在全省推广应用。

随着国家和山西省林业生态重点工程的实施及城乡绿化美化进程的加快，山西省林木种苗产业已呈现旺盛发展势头。2017 山西省林木种苗总产值已达 76.12 亿元，全省苗木总产量为 52.7 亿株，除留圃苗木外，用于造林绿化的苗木数量为 7.5 亿株。林木种子生产量为 277.06 万千克，其中良种种子 4.76 万千克，受阔叶树造林任务与大力发展特色经济林的影响，核桃、油松、山桃、辽东栎、华山松种子采收大量增加，其中核桃 44.49 万千克，油松 44.93 万千克，山桃 40.39 万千克，辽东栎 32.46 万千克，华山松 26.98 万千克。种苗产业不仅保证了全省造林绿化的需要，而且也成为大批农民增加收入的重要途径。

种苗产业市场体系 随着国家和山西省林业生态重点工程的实施，带动了山西省种苗产业的快速发展，也调动了全省育苗生产的积极性。基本形成了北部以樟子松、华北落叶松、油松、新疆杨等针叶类苗木为主，中部以国槐、白皮松、毛白杨、桧柏、花灌木类等苗木为主，南部以华山松、毛白杨、柿子、彩叶树种等苗木为主，比较合理的苗木生产布局。形成了以国有苗圃为保障，乡村集体苗圃为补充，民营、私营个体苗圃为主体的社会化、多元化苗木生产大格局。

种苗产业促进农村经济发展 近年来，随着种苗产业发展，采用股份制、股份合作制、专业合作社等成为发展种苗产业的有效形式。苗木经纪人的出现拓宽了苗木销售渠道，盘活了种苗市场。山西省晋中的太谷县、运城市的绛县等不少地区形成了具有当地特色的种苗产业，林木种苗收入已成为新农村经济增长的新亮点。2017 年，太谷县苗木保有量 13 万亩，育苗户 1.3 万，育苗品种 160 余个，苗木专业合作组织 16 个。太谷县出圃各类苗木 1 亿多株，收入 3.8 亿元。其中太谷绿美苗木专业合作社，带动 500 农户种植苗木花卉 3700 余亩，户均增收 4.5 万余元。种苗产业不仅增加了国有苗圃、国有林场和农村群众的收入，苗木产业链也从单纯的育苗生产向承揽园林绿化工程延伸，已成为种苗企业销售苗木、增加收入的重要途径，还为山西省林业建设和新农村建设做出了新贡献。

林木种苗行业管理 《中华人民共和国种子法》和《山西省林木种子条例》的颁布实施，标志着山西省林木种苗生产经营步入法制轨道，种苗管理机构和队伍建设得到加强，法制环境进一步改善。全省 11 个市全部办理了种苗执法委托，9 个市成立了种苗质检机构，配备种苗执法人员 299 人，质检员 679 人。制订了《山西省林木种子生产、经营许可证管理办法》《山西省林木种苗标签管理办法》《山西省林木品种审定实施方案》和《山西省林木品种审定标准》，修订了《主要造林树种苗木质量分级》《林木种子检验规程》《林木育种技术规程》等配套规章制度，对规范和提升林木种苗行业管理起到了重要作用。全省以核发种苗经营许可证为切入点，严把种苗市场准入关，加大林木种苗执法力度，坚决遏制和杜绝不合格种子、苗木的流通与使用。累计发放林木种子生产经营许可证 2000 余份，发放林木种苗标签 100 多万张。有效地打击了违法行为，规范了种苗市场秩序，取得了显著成效。

【花卉产业】 山西花卉产业起步于 20 世纪 90 年代末，经过 20 多年的发展，花卉产业从小到大，由弱到强，由个体经营者独自发展逐渐向企业化、信息化、集团化转变，产业集聚效应开始显现，全省范围内初步形成三大花卉优势产区：一是以太原、大同为主的蝴蝶兰、红掌等高档盆花主产地；二是以晋中、长治为主的观赏苗木主产地；三是以临汾、运城为主的鲜切花(包括食用、药用等功能性花卉)主产地，全省花卉及其优势产品区划生产布局初现。

2017 年山西省花卉生产面积 7167.05 公顷，全省花卉产值达到 13.11 亿元，销售额 22.26 亿元。山西省共有花卉生产经营企业 301 个，其中营业额在 500 万元以上的大中型企业 28 个；从业人员 5.74 万人，其中，专业技术人员 1.8 万人，花卉市场 260 个。

产业规模 2017 年与 2013 年相比，全省花卉种植面积由 2074.63 公顷发展到 7167.05 公顷，增长 245%；销售额从 6.17 亿元增长到 22.26 亿元，增长 261%；花卉从业人员由 1.9 万人增加到 5.74 万人，增长 202%。同时，涌现出一批骨干花卉企业和名品，山西环美园林绿化工程有限公司生产的盆栽蝴蝶兰和红掌，山西熠瑞园林绿化工程有限公司生产的微型月季等产品质量达到国际先进水平。鲜切花、盆花消费稳步增长，由集团消费、节庆消费转向大众消费、日常消费，高档盆花不断减少，小盆栽成为新亮点。

科技创新 近年来，山西省开展了种质资源收集、研究、新品种培育及应用等方面的工作。截至 2017 年，已收集百合新品种 100 个，萱草品种 149 个，菊花品种 55 个，并建立了资源圃。从中筛选出高抗、优质、大花萱草品种 16 种；利用野生萱草资源及国外优异性状材料，培育出高抗、优质、观赏价值极高的新品种 34 个，并通过组培快繁的方法进行了保存和繁育；选育出适宜在山西省碱性黏重土壤中种植的百合品种 10 个；培育出抗倒伏菊花系列、匍匐性菊花系列、短日照不敏感型(夏菊花)菊花系列、食用菊花系列等 12 种。

野生植物调查 为摸清山西省野生资源情况，详细了解全省各区域内野生的种类分布与开发潜力，为资源的保存利用提供依据，山西省开展了多年的野生观赏植物调查研究工作。工作人员对省内各自然保护区、各主要山系的野生观赏植物资源进行了详细调查，收集到野生观赏植物47科117属162种；绘制了山西省野生观赏植物分布图及分科检索表，形成了山西省野生观赏植物数据库，建立了山西省野生观赏植物网络共享图库；采用引种驯化配合组织培养的方法建立了两个野生观赏植物资源圃，已引种32科54属120种。重点对荞麦叶大百合、柳兰、南蛇藤、野生景天等10余种野生花卉进行了引种驯化。

引种繁育 为提高省内花卉生产企业的产品质量和竞争力，近年来山西省加大了花卉引种繁育工作的力度。目前，已筛选出适合山西省气候条件的八大类58个品种的花卉，并总结出上述品种的栽培技术及生产流程，免费提供给花企(花农)，无偿对省内相关花卉企业进行了技术指导与培训，提高了企业的技术水平，推动了企业的发展，加快了花卉产业发展进程。通过引种繁育项目，对国际、国内最新推出的花卉新品种进行栽培实验，筛选出适合山西省气候条件的花卉品种，丰富山西省花卉的良种储备，缩短企业的实验周期，推动山西省花卉产业调整的步伐，带动花企(花农)增收。

【森林旅游和森林康养】 围绕黄河、长城、太行“三大”旅游板块开发的战略构想，紧扣“夏养山西”战略目标，按照国家林业局提出的“扩数量、提质量、增效益、上台阶”的年度任务，牢牢抓住建设森林公园发展森林康养旅游“两大”主线，着力推进森林康养事业产业化进程，不断提升森林旅游森林康养等人民群众美好生活需求的供给能力，拓展了发展空间、助推了乡村振兴、完备了顶层设计。

2017年，全省新批准设立森林公园7处，总量达到139处，总面积达59.01万公顷。其中设立3处国家森林(专类)公园，成为自1993年首批国家森林公园设立以来批建数量最多的一年。新设立县级森林公园4处，成为山西省县级森林公园创建史上最多的一年，拓展了各县自主发展森林公园的战略空间，在推进乡村振兴方面迈出了坚实一步。积极改革创新，编制了《关于利用国有森林资源合作开发森林旅游的指导意见(送审稿)》，提出了以森林风景资源、森林康养资源等衍生资产价格评估、作价入股、按股分成的合作开发新模式，为实现森林资源衍生资产的资本化和保值增值奠定基础。编制发布《城郊森林公园养护管理技术规程》，对森林公园中各项涉及环境保护的建设项目进行系统检查，强化森林风景资源开发利用管理。积极组织参加中国上海森林旅游节、省旅游发展大会、农特产品博览会，指导各地森林公园广泛开展各种形式的旅游节、登山节、观花观鸟等主要会展节庆活动16次，壶关县入选“全国森林旅游示范县”，太行洪谷国家森林公园被命名为“中国森林氧吧”，太岳山、黑茶山等7处森林旅游地分别被命名为“中国森林养生基地”“中国慢生活休闲体验区”“中国森林康养基地”，扩大了森林公园等旅游景区的社会知名度，全年森林旅游人数约1838万人次，带动社会旅游总收入123亿多元，同比分别实现了15.6%和15.2%的增长，推进了森林旅游康养事业的持续健康发展。举办全省森林公园主任培训班，协助中国林学会主办全国森林旅游分会乌金山年会，培训人数达720人次，提高了森林公园专业人员的管理水平。

【林下经济】 2017年，在全省范围内选择林下经济种植基础好、农民积极性高及有示范、带动、辐射作用的18个县、4个国有林场为林下经济种植示范县(基地)，按照每亩200元的补助标准，投入资金345万元，下达了林下经济种植计划1.73万亩。同时，针对2014~2015年度国家级林下经济示范基地广灵县、隰县、陵川县、左权县、山西景致苗木有限公司，2016年国家级林下经济及绿色特色产业示范基地大同灵丘县道自然有机农业专业合作社、晋中榆社县农发新能源科技有限公司，下发了《关于转发国家林业局关于加强林下经济示范基地管理工作的通知》，要求各市林业主管部门对辖区内国家林下经济示范基地建设和管理进行指导和监督。为天镇、广灵、宁武、静乐、偏关、兴县、临县、大宁、永和9个深度贫困县和垣曲县各下达中央财政木本药材种植项目资金10万元。山西省林下经济经营面积达到533多万亩，其中，林下种植125万亩，林下养殖55万亩，林下林产品采集加工187万亩，森林景观利用165万亩。实现产值16亿元，连接近13万农户，从事林下经济的农户人均收入1599元。

创新方式方法，主要采取各级林业部门组建技术服务队，与相关企业、专业合作社(村集体)、农户等不同的组合方式，提供资金支持和实地技术指导，产量和效益显著提升，据调查，改造后项目区核桃亩产量达到100千克以上，增产率达到67%，红枣亩产量达到480千克以上，增产率达60%。

积极落实重点任务，林业产业扶贫工作取得新成效。从2017年开始，重点推进干果经济林提质增效、油用牡丹精加工和沙棘种植加工三个项目，支持贫困户以林地经营权、林木所有权、财政补助资金等入股造林合作社，培育林业大户、家庭林场、林业股份合作社、林业企业等3500多个，促进了当地的脱贫致富。

着力搭建政企对接平台，推动涉林企业的规模化发展。省林业厅相关处(室)和局(站)认真履行政府服务职能，组织召开各种形式的林产品交易博览、企业座谈会、商业洽谈会、现场推进会，积极扩大招商引资和扶持林业重点龙头企业的发展。

【山西潞安智华农林科技有限公司——潞安集团油用牡丹生态产业一体化开发项目】 潞安集团是山西五大煤炭企业集团之一，其前身是成立于1959年1月的潞安矿务局，2000年8月整体改制为潞安矿业(集团)公司，是国家重要的优质动力煤和喷吹煤生产基地。2007年，潞安重组原新疆哈密煤业(集团)有限责任公司成立了潞安新疆煤化工(集团)有限公司。潞安集团按照山西省委省政府的整体部署，坚持将潞安的“转型强企梦”和农民的“脱贫致富梦”相结合，培育做强以“牡丹油”为标志的生物健康产业，探索出一条农业产业扶贫与企业转型升级一体化发展的新路子。

山西潞安智华农林科技有限公司，是潞安集团为大力发展油用牡丹产业专门组建，集油料作物、中药材、花卉、水果、林木等种植、加工、收购、销售为一体的全资子公司，于2016年10月正式注册，注册资本6亿元。几年来，潞安集团从育苗、栽植、产品研发、产品深加工、工艺研究、产品配方研究、市场推广等方面着手，大力发展油用牡丹产业。截至2017年，在全省9市58个县(其中包括33个贫困县)，推广种植油用牡丹23.89万余亩(其中包含3万亩育苗地)，累计投资7.3亿余元，为整个油用牡丹产业发展奠定了坚实的基础。

育苗基地建设 2013年10月潞安集团建成植物组织培养室，可年产优质组培苗50万株以上。2017年，潞安在襄垣县和临汾南部已建成全国最大的企业育苗基地，总面积2.2万亩，存苗量稳定在17亿株以上，约占全国育苗总量的一半以上，可以确保50万亩的种苗需求，为全国最大的育苗基地。

原料基地建设 潞安集团优先在对口帮扶的岢岚、静乐、保德、武乡、壶关、左权6个县和襄垣县，以及省林业厅规划的各县区建设全国最大的企业种植基地。充分利用退耕还林等产业扶贫政策，通过创新合作模式，推进油用牡丹助力精准扶贫，加快了种植基地建设的步伐。截至2017年底，种植规模达20余万亩，是全国最大的油用牡丹种植基地。

同时，积极与北京林业大学、中科院植物研究所等科研院所合作，探索开发腐殖酸、油用牡丹专用肥、生态有机肥、菌肥等生态有机化肥和特色肥料，进一步提升牡丹籽产量和质量。

2016年，潞安集团荣获第三届“中国林业产业突出贡献奖”，2017年2月，被批准建设“国家农业标准化示范区”。

产品研发 潞安集团与国家林业局油用牡丹工程技术研究中心、中国医学科学院、北京林大、中国农大、中国林科院、山西煤化所、陕西功能食品工程中心等农林高校、科研院所，联合共建产学研相结合的油用牡丹高端科技创新平台。对油用牡丹新品种选育、种植高产技术、高附加值深加工系列产品研发等全产业链展开深入研究。2014年12月，潞安集团被国家林业局认定为“油用牡丹工程技术研究中心——全国首家研发基地”。

项目有四个产品开发方向：一是以牡丹籽油为基础，打造高端食用油品牌，并通过和知名粮油企业合作，开发低价可供大众消费的牡丹调和油。二是打造牡丹胶囊等品牌，进入保健品市场。

三是打造牡丹日化品品牌，进入化妆品市场。四是研发、打造 ω-3(Omega-3)脂肪酸系列药品品牌，进入药品市场。

潞安集团还积极与国家林业局、全国粮油标准化技术委员会、中国科学院、中粮集团、功能食品研究所进行深度合作，在油用牡丹行业标准制定及新技术、新产品研发等方面取得了阶段性进展。

深加工园区建设 潞安集团一期年产2000吨牡丹籽油示范厂已开始生产。2017年，利用自产的油用牡丹籽，成功试制牡丹籽油和牡丹籽油软胶囊，经检测，各项指标达到国家粮食局发布的牡丹籽油行业标准。随着种植规模的逐步扩大，配套建成年产3万吨牡丹籽油深加工项目，打造产值百亿元的现代化油用牡丹企业。

带动贫困户增收 潞安集团本着"精准扶贫、农民增收、企业增效"的工作思路，大力推进油用牡丹产业精准扶贫，形成了企业、合作社、农户多赢的发展格局。优先在国家集中连片特困地区种植推广。潞安集团油用牡丹种植分布在吕梁、临汾、长治等9市、58个县区，总规模20余万亩。其中，贫困县33个，种植面积13.2万亩。

潞安集团在油用牡丹产业扶贫过程中，采用"公司+基地+合作社+农户"的"订单农业"推广方式。和农民合作采取了三种方法：一是直接流转土地，建立育苗基地和栽植示范基地的方式；二是委托育苗的方式；三是企业和农户合作建立种植基地的方式。具体由潞安集团下属的智华农林公司与合作社签订种植收购协议，潞安集团免费提供合格油用牡丹种苗；免费提供技术支持；按市场价收购合格油用牡丹籽，并制定10元/千克的最低保护价。

2013年以来，潞安集团已向农户提供种苗6亿株，惠及17000余户、50000余贫困人口。潞安集团对口帮扶的6个国家级贫困县(包括静乐县、岢岚县、保德县、武乡县、壶关县、左权县)栽植油用牡丹总面积达4.2万余亩。

2017年，壶关县、武乡县等先期种植的农户除了补贴收益以外，每亩收入已达2000元以上。2017年，潞安集团对口扶贫的壶关县5个村已实现整村脱贫。

项目建设目标 潞安集团制定并实施了"百万亩油用牡丹生态产业一体化项目规划"，2017年与北京二商集团、中粮集团、振东制药等一批食品老字号企业、知名药企合作，建立优势嫁接的油用牡丹系列产品营销联盟，逐步打造面向国内和国际市场的油用牡丹精深加工系列产品营销平台。潞安集团牵头与国内27家科研院所、大专院校、生产企业共同成立了"油用牡丹产业创新联盟"。潞安牡丹籽油在天猫、京东、"中国高端食用油网"等电商平台上线，"智华天宝"品牌成功入选"CCTV央视网商城"优选品牌，产品市场营销与品牌建设协同推进。

(山西潞安智华农林科技有限公司)

【运城市垣曲县核桃产业】 自2010年以来，垣曲县县委、县政府按照省委、省政府提出的"一县一业""一村一品"现代农业发展要求，结合垣曲农业生产条件，广泛征求广大干部群众意愿，在全县大力发展核桃经济林产业，狠抓农业产业结构调整。

产业发展规划结合垣曲实际，县委、县政府制定了2010~2020年全县核桃面积发展到40万亩的十年产业发展规划，并确定了分年度实施目标任务。县四大班子成员包乡(镇)，落实核桃发展计划，乡(镇)、村干部积极响应，深入乡村向群众宣传发展核桃产业的优势和前景，落实各年度的发展任务。林业局技术人员深入到田间地头，查看地形，确定适宜发展核桃栽植的区域，制订实施方案。

政策扶持 为确保核桃苗木栽植质量，县委、县政府确定由县林业局、县扶贫开发中心、政府采购中心、财政局等多部门，多地考察苗木的质量和价格，最后确定质量好、价格优的苗木公司供应核桃苗。标准的栽植，严格的要求，全县核桃苗木成活率达95%以上，实现了一次栽植，一次成功。

围绕核桃管理，县政府捆绑财政、农业、林业、水利、扶贫、综合开发、交通等部门的涉农项目，几年来，共整合资金2亿元，购买核桃成品苗700万株，免费提供给群众进行栽植。通过修建林间道路，建设水利设施，建蓄水池，安装太阳能诱杀灯等，改善了核桃经济林生产条件，为提高核桃产量、质量奠定了基础。

自2010年以来，县政府每年拨付130余万资金用于解决技术员的工资补助，使核桃管理技术得以落实和推广。根据核桃树修剪管理需要，县林业局为技术员、重点户购置果树剪、手锯，组织核桃技术专业队对核桃树进行集中修剪；病虫害防治中，又购买药物喷雾器及毒死蜱、石硫合剂、果枝康、愈合剂等农药，分配到核桃栽植村，对病虫害进行群防群治。县电视台推出《核桃园地》栏目，宣传典型事例，传播管理技术。

技术服务队伍 核桃栽植是基础，管理是核心。为确保核桃树管理质量，县、乡、村成立了核桃管理三级技术网络。县林业局成立干果经济林办公室，负责全县核桃管理技术员的管理和技术培训；乡(镇)政府成立核桃技术管理服务站，各栽植村配备2~3名核桃管理技术员，全县组成了由300余名技术员组成的技术队伍，其中贫困户115人。每年举办技术培训会50余场，培训果农2万余人，发放技术资料3万余份，惠及贫困户4000余户，每个村建设1~2个核桃示范园，标准化操作，规模化管理，起到示范引领作用，全县核桃管理水平得到了极大的提升。

实施核桃低产低效林改造的惠农政策。全县建设规模为4万亩，从2017年开始，连续实施三年，每亩投资200元，主要实施水肥管理、整形修剪、病虫害防治、技术培训等综合措施。项目由林业局干果办与乡镇合作社、乡镇政府签署实施合同，干果办负责技术培训，乡镇政府监管项目实施情况，合作社具体组织实施。干果办按照实施方案要求，分阶段进行作业安排，做到事前有安排、事中有检查、事后有验收，高标准完成每阶段的工作任务。通过组建核桃技术服务队，为全县核桃栽植户、贫困户进行核桃管理，实现核桃树增产增效、栽植户、贫困户增收脱贫的目标。

核桃协会 由核桃加工龙头企业山西煜耀农林开发有限公司为牵头企业成立垣曲核桃协会，关注核桃产品市场行情，了解和掌握全国乃至世界核桃产品加工和销售的动态信息，结合垣曲核桃生产的实际，制定符合垣曲县情的核桃收购模式，建立乡(镇)合作社网络组织，分批采收，初加工收购，使协会成为垣曲核桃收购、加工的稳定器，提高核桃附加值，使核桃栽植户利益最大化，促进核桃产业健康发展。

发展成果 通过几年不懈的努力，2017年全县约有12万亩核桃树进入挂果期，亩均收入达1500余元，全县核桃总收入达亿元以上。核桃销售季节，全国各地的核桃客商云集垣曲，青皮核桃销往青海、甘肃、四川、陕西、山东、河北各地，产品供不应求。核桃的热销增加了农民的收入，同时也极大地提高了农民管理核桃的积极性，广大农户发展核桃产业的积极性明显提高，已经由“要我管”转变为“我要管”，主导产业的地位不断巩固。

【长城盛世电子商务有限公司】 长城盛世电子商务有限公司，成立于2016年4月14日，注册资金1亿元，是晋中市灵石县的电商龙头企业。以灵石县地方土特产品作为企业推动地方“农产品上行”的主要抓手，同时兼营其他，以推动完善经营。

电子商务产业园 长城盛世电子商务有限公司发起并组建成立了“灵石县电子商务产业园”，被列为晋中市重点工程项目，项目按照国家级示范基地标准建设，占地面积为29508平方米，总建筑面积为31760平方米，其中电商办公大楼11440平方米(含O2O展示区、运营中心、电商办公区)、培训孵化大楼6410平方米(含孵化基地、培训基地、公共服务中心)、物流库房13560平方米。

公司企业文化 长城盛世电子商务有限公司以“创新、协调、绿色、开放、共享”为核心价值，以“人们对美好生活的向往”为目标，秉持“与客户共享成功、与员工共求发展、与社会共同进步”的企业文化理念，引入国际一流的技术、文化和人才等，有序稳妥地开拓市场，谋求在效益、互联网多变环境和可持续发展有效均衡条件下更大、更快、更好地发展。

2017年工作成效 2017年，公司采用“精心孵化-精准培训-共享仓储-成功运营”的板块无缝衔接商业模式，全力打造集聚性、标志性、一流性的电子商务产业园，为全县电商企业、涉农“互联网+”转型企业、电商创业个体提供完整的商务服务和技术支持。依托农村电商为载体，帮助农户和贫困户销售青皮核桃57吨，干核桃283

吨，实现直接利润118万余元。为750人解决了就业问题，其中贫困户220人。

（长城盛世电子商务有限公司）

【2017年山西林业产业大事记】

2月12～14日　省林业厅邀请国家林业局相关部门负责人及来自中国林业经济学会、中国林业产业联合会、北京林业大学、国际沙棘协会等的专家学者和16家北京涉林企业，在太原迎泽宾馆召开了“京企入晋助推生态产业脱贫攻坚”座谈会。国际沙棘协会、北京相关企业和山西省部分涉林企业、科研究机构与相关县(市)签订了17个战略框架合作协议，同时对推动山西省沙棘产业的发展进行了重点研讨，考察了山西省沙棘林原料基地和部分林产品加工企业。

3月11～13日　省种苗协会在中国(太原)煤炭交易中心组织举办了第五届山西苗木及花卉博览会。此次博览会主要以花卉及苗木展销为主，展览面积近5000平方米，展位200多个，来自山西省11个市、九大国有林局和外地的200多家苗木花卉及绿化资材生产经营单位参展；展出内容包括苗木花卉、园林机械、电商演示等。展会期间，进行了苗木采购信息发布、供需洽谈签约、苗木及花卉发展高峰论坛等专题活动；达成苗木采购意向3000多万元。

9月16～20日　第五届中国(山西)特色农产品交易博览会在中国(太原)煤炭交易中心举办。此届农博会林业厅主要负责354平方米林业展区搭建布展工作，重点展示山西省林业新品种、新技术、新成果。从种子资源、科技推广、果实品种、产品加工等全链条展示山西省林业发展成果及远景，引领发展方向，搭建交流平台。

林业展区通过科技引领、种苗花卉、干果经济林及特色经济林、林下经济、森林旅游康养体验及林产品展销6个部分，共展出林木种苗50余种，核桃、红枣、仁用杏等干果经济林品种80多个，技术推广项目6个，花卉30多种，林下经济20余种，教学科研成果10多项，参展企业26家，展品80余种，5天进馆观众达3万多人次，发放各种资料1万余份、书籍200多本。　（周　浩）

内蒙古自治区林业产业

【概　述】 2017年，内蒙古自治区林业产业紧紧围绕全面贯彻落实党的十八大和十八届三、四、五、六中全会精神，牢固树立创新、协调、绿色、开放、共享的发展理念，构建中国北方重要生态安全屏障的总战略，以提高发展质量和效益为中心，以转变发展方式为主线，以增强林业可持续发展能力和实现绿色惠民富民为目标，以市场需求为导向，以政策引导、示范引领、龙头带动为抓手，充分发挥林业产业在推动绿色增长、促进贫困地区农牧民脱贫致富、绿色惠民等方面作用，扎实推进全区林业产业实现规模化、集约化和专业化发展，不断提高林业产业化建设水平。

2017年，全区实现林业总产值500亿元，农牧民人均林业收入达914元。全区木材产量77.8万立方米，较2016年下降6.3万立方米。锯材产量1300.9万立方米，较2016年增加272.5万立方米。人造板产量34.8万立方米，木片产量4.5万立方米，较2016年分别下降7.6万立方米和2万立方米。木地板产量8.6万平方米，较2016年增加1.8万立方米。木材加工业形成的锯材、木片、木制品等系列产品，产值达146亿元，较2016年增加18亿元。全区各类经济林产品总量73.6万吨，较2016年增加0.3万吨。其中，水果65.7万吨，干果4.1万吨，森林食品(食用菌、山野菜)1.2万吨，森林药材2.5万吨。经济林产品的种植采集产值达45.1亿元，较2016年减少5.1亿元。森林旅游接待游客2771万人次，旅游收入达60.3亿元，较2016年增加10.1亿元。全区已建成森林公园48处，经营面积86.83公顷，其中国家森林公园26处，面积65.68万公顷。已批建国家湿地公园53处，面积33.8万公顷。根据国家环保部数据，全区共有自然保护区182处，其中国家级29处，自治区级60处。

基地建设　全区开展种植、养殖、采集加工、景观利用等林下经济面积1167万亩，参与农牧户18.81万户。赤峰市建设高效节水经济林98万亩、设施林业2.7万亩、文冠果32万亩、元宝枫10万亩。

2017年底，全市经济林面积达到116万亩，结果面积72万亩，盛果期面积29万亩。宁城县果树经济林面积达到20.3万亩，覆盖16个乡镇街道205个行政村，从业2.3万户、9.8万人，带动贫困户2856户、9560人实现脱贫。

全市野生动物驯养繁殖及加工利用、森林食品种植采集与加工和森林沙漠生态旅游等林业主导产业稳步提升，安排就业和覆盖贫困人口7358人。阿拉善盟梭梭林接种肉苁蓉54万亩。巴彦淖尔市枸杞、肉苁蓉和苹果梨基地面积23.3万亩。“十二五”以来自治区财政每年投入1000万元用于经济林基地建设。

供给侧结构性改革　与“十二五”期末相比，2015年全区林业总产值为418亿元，一、二、三产业产值比为47:29:24。2017年，全区实现林业总产值500亿元，比2015年增长19.6%，一、二、三产业结构比例调整为43:34:23，产业发展模式由传统的、单一的、初级的逐步向新型的、多元的、高附加值的方向转变，特色产业更加突出，一、二、三产业逐步融合，产业基地建设与庭院经济、旅游观光、休闲体验、健康养生等产业相融合，产业科技创新与生态、文化相融合，产业链条不断延伸，产业内涵拓展和附加值不断提升。

创新驱动　全区通过体制、机制、模式的创新、完善，激发林业产业发展潜力和活力。一是搭建服务平台，创新发展模式。巴彦淖尔市磴口县为促进当地酿酒葡萄产业发展，成立了酿酒葡萄专项推进小组，专人负责解决葡萄种植企业发展中面临的实际问题。乌海市鼓励林业企业发展电子商务，推进林业商业模式创新。内蒙古汉森酒业集团公司通过利用中国有机葡萄酒网及自建汉森官网(包括消费者端APP)、汉森公众平台微信商城、微店等“互联网 + ”模式，创新企业销售模式，拓宽销售渠道。二是完善利益联结机制。全区各地通过推行“企业 + 基地 + 合作社 + 农户”“企业 + 协会 + 农户”“企业 + 基地 + 科研 + 农牧户”等多种利益联结机制，打通了企业与农牧民之间的利益联结通道，使企业增效、农牧民增收更有保障。内蒙古高原杏仁露公司通过采用“公司 + 基地 + 农户”的利益联结模式，既保证了公司的原料供应，又促进了产业升级和农民增收致富，同时还缓解了国有林场的护林之忧。2017 年底，公司实现销售收入 8501 万元，创利税 741 万元。通过项目，联结贫困户 36 户，户均增收 4000 元。三是加强科技创新。全区通过加强基层林业科技人员、农牧民培训和科技推广服务体系建设，为企业与高等院校、科研院所搭建技术交流平台，促进了科技成果落地生根。林业企业也通过自主创新、实践，建立科研实验室，注册、申请国家专利等方式，提升企业科技化水平，提高产品科技含量和产品附加值。阿拉善林业部门下派科技特派员和科技人员，长年深入农牧区开展梭梭肉苁蓉、白刺锁阳、林果种植等方面的科技培训服务及种植技术推广，促进科技成果转化，每年举办林业专业科技培训班 40 余期，培训农牧民达 4000 余人次。四是创新投入机制。全区对林业产业的发展更加重视，投入机制也更加多元化，各级政府对林业产业的财政支持比重增加，社会资本也越来越多地投入到林业产业诸多领域。赤峰市宁城县 2016 年、2017 年出台经济林建设实施方案，方案规定“两个不设上限”，即造林任务不设上限，造林扶持资金不设上限。共计拿出 4000 余万元用于扶持林果种植、高效节水设施。

龙头企业培育　截至 2017 年底，全区共获评国家林业重点龙头企业 12 家，自治区级重点龙头企业 82 家，盟(市)级 66 家。主要涉及木材及经济林培育、森林食品加工、木材加工及种苗花卉、林业生物、野生动物驯养繁育及林业生态旅游等产业。林业龙头企业的发展和壮大，对全区区域特色产业形成和发展、产业提质增效、林产品知名度提升、扩大产业规模和效益、增加地区就业和农牧民增收、推进扶贫攻坚等发挥了重要作用。截至 2017 年底，全区 12 家国家林业重点龙头企业总资产规模达 238 亿元，2017 年实现销售收入 25 亿元。

【通辽市林业产业】　2017 年通辽市实现林业产值 19.44 亿元，农牧民人均林业收入 690 元。林业产业已经成为当地新农村建设的新的经济增长点。

第一产业　商品用材林基地建设。全市商品用材林基地面积已达 600 万亩，预计进入经营期时，每亩蓄积量可达 8 ~ 10 立方米，每年可提供木材 100 万立方米以上，这为今后发展以杨木为原料的人造板产业奠定了坚实的基础。

果树经济林基地建设。全市以果树为主的经济林面积近 68.2 万亩，结果面积达 22.1 万亩。鲜果类产量达 14.1 万吨，年销售收入达 6.2 亿元。以科尔沁区、开鲁县、奈曼旗、库伦旗为重点，以沙地葡萄、黄太平、123 苹果、锦绣海棠和大扁杏为主的果树经济林基地初步形成规模。干鲜果品加工产业蓄势待发。科尔沁区莫力庙羊场的鲜食葡萄和开鲁县麦新、黑龙坝的中小型苹果(俗称蒙古野果)已成为地域特色品牌，在通辽、沈阳、长春等地具有一定的知名度和较为广阔的市场，销量逐年增长。发展林下种植产业。通过林粮、林经、林药间作，林下种植面积达 80 万亩。

第二产业　木材及人造板加工产业。全市现有木材及人造板加工企业 113 家，总资产 9.4 亿元，年销售收入 6.3 亿元，上缴利税 7353 万元。从业人员 2399 人。但从 2017 年情况看，企业规模整体较小，生产工艺较落后，产品附加值较低。受到房地产调控和金融危机的影响，不少企业产品滞销，利润收窄。

通辽市锦秀木业有限公司 2016 年投入 1600 万元建成家具木门生产线和家居体验馆。公司生产的高档复合门、原木门、实木门已走进千家万户，公司生产的衣柜、橱柜、书柜、酒柜、饰面板深受客户欢迎。一年中生产楼房木门系列 1.5 万樘，橱柜 1.5 万平方米，衣柜 1.2 万个，墙面板 1.3 万平方米，酒窖 0.2 万平方米，年销售额达 750 多万元。

果品及精深加工产业。内蒙古沙枝食品有限公司前身为通辽市一奇食品有限公司，成立于 2000 年，主营水果产品深加工 ，特色产品研发及速冻食品生产，是一家集生产、加工、储藏、配送为一体的综合服务性企业。2017 年生产以沙果为主的果肉饮料 1.5 万吨，果脯 300 吨，年消耗沙果 4000 吨，年产值达 3000 万元。该企业是内蒙古东部区果汁生产规模最大的厂家之一，先后荣获国家农业部“无公害农产品认证单位”“自治区消费者协会推荐商品”“通辽市消协诚信单位”“通辽市十大公众喜爱商标”。果品精深加工的延伸与发展，有力地带动本地区以果树为主的经济林产业的发展，2016 年企业与农户合作共建基地已达 2.0 万亩。

第三产业 通辽市第三产业以森林、沙漠生态旅游产业为主。现有国家级自然保护区 2 处、自治区级 4 处，国家级森林公园 1 处，自治区级 6 处，国家级沙漠公园 2 处，国家级湿地公园 3 处。

库伦旗银沙湾旅游景区是内蒙古金港文化有限公司开发的东北最大的沙漠旅游景区，位于库伦旗塔敏查干沙漠中段，景区总占地面积 5.3 万亩。经营项目以沙漠越野拉力赛、开放式滑沙场和蒙古风情观赏及体验为主。2017 年该景区游客接待量 20 万人次，总收入 1200 万元。

奈曼旗宝古图国家沙漠公园位于老哈河南岸沙带，建设占地 230 亩的自驾营区，2017 年共接待来自北京，天津、河北、辽宁、黑龙江等地及当地游客 50 余万人次。

【阿拉善盟林业产业】 阿拉善盟委、行署提出“主打绿色牌”、以特色沙生植物产业化统揽“三牧”工作全局、打造国家重要沙产业示范基地的战略思路，提出梭梭肉苁蓉、白刺锁阳、黑果枸杞“三个百万亩”林沙产业基地的建设目标，并积极推进落实。先后培育引进了阿拉善苁蓉集团公司、内蒙古金沙苑有限责任公司、内蒙古曼德拉沙产业有限公司等一批规模大、发展前景好的林业骨干龙头企业。

自阿拉善盟沙生植物产业化发展专项推进领导小组成立以来，阿拉善盟林业局便将沙产业基地建设作为生态建设的一项重点工作来抓，通过多年的积极工作，已取得了阶段性成果。以梭梭肉苁蓉为主的沙生植物产业基地初具规模。截至 2017 年底，全盟累计人工种植梭梭林 420.32 万亩，当年完成肉苁蓉接种 16.3 万亩，年产鲜肉苁蓉 976 吨，封育保护恢复白刺 300 万亩，当年接种锁阳 4 万亩，年产鲜锁阳 395 吨。已形成多个规模化集约化的造林基地，已经建成 60 万亩以上规模的人工梭梭肉苁蓉产业基地 1 处(阿左旗吉兰泰)；50 万亩规模 1 处(阿右旗曼德拉)；40 万亩以上规模 4 处(阿左旗苏海图、宗别立、乌力吉、阿右旗巴丹吉林镇)；20 万亩规模 1 处(阿左旗巴彦浩特镇)，10 万亩规模 2 处(阿左旗哈什哈、阿右旗雅布赖)。完成精品林果业种植 1.77 万亩。森林旅游实际接待人数 25 万余人，旅游总收入达 3561.02 万元。

为加快林沙产业发展，努力创新建设、投入和发展机制，盟委、行署及各旗区结合实际，相继出台了惠民政策，主要是在梭梭造林上利用林业生态建设资金进行补贴，为林沙产业的发展营造积极的宽松环境，进一步落实“谁造林、谁所有、谁经营、谁受益”的政策，农牧民群众、企业、合作社等在林沙产业建设中真正得到了实惠，激发了非公主体参与林沙产业建设的积极性，推动了林沙产业的长足发展。 (韩 英)

辽宁省林业产业

【概　述】 2017年全省林业产业实现总产值1148亿元。其中，以林业特色种养业为主的第一产业实现产值642亿元，以林产品加工业为主的第二产业实现产值309亿元，以林业旅游与休闲服务业等为主的第三产业实现产值197亿元。

特色经济林和林下经济开发建设。2017年全省以榛子、红松果材林、板栗、核桃、大枣、水果为主的经济林栽培面积1400多万亩，实现产值250多亿元。以林下参、刺五加为主的森林中药材180多万亩，实现产值34亿元。全省以食用菌、山野菜为主的森林食品采集、培育产业呈现专业化、规模化发展趋势。全省野生动物驯养业呈现出较快的发展，养殖种类和地域范围逐渐扩大。全省鹿存栏达1.75万头，年产商品林蛙2.8亿只。林业野生动物驯养业实现产值30多亿元。

林业供给侧结构性改革 为了加快林业供给侧结构性改革，补齐短板，省政府制定出台了《辽宁省林业产业发展指导意见》(辽政办发〔2016〕105号)，明确了以调结构、增资源、补短板、创效益为供给侧结构性改革的主攻方向，以调整优化树种、林种和产业结构为突破口，确定了10项供给侧结构性改革主要任务，提出了推进改革10项措施。

一县一业 推进林业“一县一业”发展，形成具有辽宁地域特色的优势产业，提升对县域地方经济、富县富民的贡献率，提升林业在地方经济发展中的占比和作用。截至2017年，获得“中国经济林之乡”的县(市)有13个，获得国家命名的产业第一县4个，产业示范市1个、示范县3个。省政府命名的全省“一县一业”示范县9个。

以林抵押贷款 截至2017年底，有农业银行、农商银行、邮政储蓄银行、交通银行、农业发展银行等多家银行开展了林权抵押贷款业务，全省以林抵押贷款余额达54亿元，总额达113亿元。2017年，重点推进了和邮政储蓄银行的战略合作，从林权抵押贷款以及企业贷款两个方面入手，拓宽贷款覆盖面，创新贷款新品种，会商抵押贷款中出现的疑难问题。

集体林权制度改革 截至2017年底，全省已完成确权面积7906万亩，占全省集体林业应改面积7910万亩的99.95%。全省已组建新型林业经营主体3677个，其中林业专业合作社2981个，家庭林场696个。建立了东北首家林业产权交易中心，53个林权管理服务中心，72个区域性分中心；编制乡村级经营方案2746个；建立有林产专业人员参加的农村土地承包仲裁委员会77个。

【铁岭市林业产业】 铁岭市立足资源、产业优势，因势利导，强势推进，着力打造榛子、梅花鹿、彩色苗木三大主导产业。先后获得“国家榛子生物产业基地”“国家重点花木良种繁育生产示范基地”“全国木本油料特色区域示范市”等荣誉，铁岭市人民政府被国家林业局授予“林业产业突出贡献奖”。2017年，全市以榛子、梅花鹿、彩色苗木为主导的林业产业产值实现98.03亿元，从业人数约20万人，人均收入达到1.5万元。

截至2017年底，铁岭市榛林面积达到113万亩，榛子标准化普及率达到65%以上，亩产量由原来的10千克提高到60千克。出台了《梅花鹿人工授精技术规程》《梅花鹿饲养管理技术规程》两个省级地方标准和3个市级标准。全市有鹿场近160家，规模以上鹿场14家，梅花鹿饲养量30000余只，存栏量11000余只。苗木产业由靠山镇一个乡镇发展到全市10个乡镇，总面积17万亩。各类榛子加工企业达到77余家，榛子年加工能力达到4000万千克以上；该市在西丰县建设了占地8平方千米的生命健康产业园，年加工成品鹿茸500余吨。三是抓产品流通，做活市场。先后举办8届中国(铁岭)榛子节、首届中国森林食品交易博览会、中国北方开原种苗花卉博览会、中国(西丰)鹿产业文化节等节会活动；实施中国榛子电子商务园项目，打造以榛子为主的森林食品电子商务园区，开启了榛子产业电子销售的先河。在西丰县建设东北参茸中草药材市场，年销售鹿茸500余吨，占全球销量的50%，国内销量的80%。铁岭市的苗木花卉产品销往全国200多个大中城市和地区，并出口到俄罗斯、德国、韩国、朝鲜等国家，铁岭已成为东北最大、全国知名的苗木花卉生产基地和产品销售集散地。铁岭市对营造榛林给予苗木补贴，提供优良种苗；给予榛农享受退耕还林待遇；整合土地开发整理项目资金6300余万元，实施铁岭市兴农富民榛子开发项目；整合国家、省、市补助2.2亿余元用于榛子、苗木等经济林建设。铁岭榛子产业相继被国家农业开发办列入农业综合开发项目，被省政府纳入全省东部山区林地经济开发重点扶持项目。

【丹东板栗产业】 丹东市板栗总产量占辽宁省的95%，占全国的7.5%，占世界总产量的3.8%。该市现有板栗面积202万亩，年产量10万多吨，贮藏量4万吨以上，原栗产值达到8亿元。2006年，丹东板栗获得国家地理标志产品保护，成为中国第一个获得国家认证的板栗产品，现已有34家板栗企业和合作社获得丹东板栗地理标志产品专用标志使用权。

丹东板栗深加工初具规模，成为全国最大的生产、加工、出口基地，全市有22家板栗加工企业，年出口1万多吨，主要产品有速冻栗肉、板栗罐头、板栗酱、甘栗仁、栗子粉等。丹东市成立板栗合作社100多个，社员5000余人，带动农户达3万余户。丹东板栗的主要品种有金华、丹泽、大丰、黄丰、有磨、大峰、辽栗10号等十几个板栗良种，都是从国内外选育和引进并经过科技成果鉴定的优良品种。这些良种普遍具有个头大、适应性强、丰产性好、品质优良等特点，深受国内外客户的青睐。

【龙头企业和品牌发展】 2017年通过扶持龙头企业和品牌发展，积极推进林下经济示范基地和产业园区建设，组织企业积极参加森博会、森林食品博览会等国家级展会，参加各类培训班，鼓励企业建设林产品加工园区，创建林产品出口示范区建设，加快引导和扶持龙头企业和林产品品牌发展，提升了辽宁省林业产业竞争力和林产品品牌影响力。截止2017年，全省获得国家林业重点龙头企业9家，省级林业龙头企业141家。全省获得地理标志认证产品达到14项。获得省命名的“辽宁特产之乡”22个。2017年辽宁省铁岭县的铁岭榛子、凤城市的凤城板栗、东港市的东港板栗3个县(市)的经济林产品被国家林业局命名为经济林区域特色品牌。

葫芦岛农函大玄宇食用菌野驯繁育有限公司 于2005年注册成立，注册资金1500万元，位于兴城市华山街道办事处。主要经营食用菌技术培训、菌种繁育、菌包工厂化、生产初加工、产品销售等业务。2011~2017年先后被评选为国家林业重点龙头企业、辽宁省林业产业龙头企业、辽宁省农业产业化重点龙头企业、辽宁省扶贫龙头企业、辽宁省服务业领军企业。2012年注册中国农函大兴城食用菌研究院，2016年首设辽宁省农科院专家工作站和辽宁农职学院教师工作站，开展驯化、生产、加工等课题研究。公司下设菌种繁育中心、食用菌种植基地、食用菌批发站，带动了兴城市食用菌专业合作社、兴城市珍稀食用菌专业合作社、兴城市工厂化食用菌专业合作社，形成了“公司+合作社+基地+农户”的产业模式，建立了生产、回收、初加工、冷链、销售产业链，带动基地农户417户，技术辐射全市及周边地区6600多农户。产品被认定为绿色食品1项、有机食品13个和辽宁省名牌农产品。2013~2017年，公司产地华山街道被评选为辽宁省特产“平菇”之乡，2014年被评选为辽宁省绿色原料生产基地，2015年被评为全国绿色食品示范企业，2016年公司通过了质量管理体系认证(ISO9001)、环境管理体系认证(ISO14001)、职业健康管理体系认证(OHSAS18001)、食品安全管理体系认证(ISO22000)。

大连华夏家具有限公司 成立于1995年1月，法定代表人夏吉凯，注册资本5768万元，企业股东：夏吉凯、尚丽景，夏吉凯出资5480万元，以实物及货币资金投资，占股比例95%；尚丽景出资288万元，以货币资金投资，占股比例5%。企业类型为有限责任公司，主要生产销售中、高档实木家具、木屋、木材。产品和企业先后被评为“大连市名牌产品”“辽宁省名牌产品”“辽宁省著名商标”、中国十省市“环保家具”知名品牌、“中国驰名商标”“国家林业龙头企业”。公司注册地址位于辽宁省庄河市新兴产业经济区临港产业园125号。占地面积18万平方米，建筑面积3万平方米。

华夏家具在企业经营方面始终按市场需求不断开发新产品吸引新客户，2015年投资500万元兴建新型环保产品木屋生产线，增加了新的利润增长点，2017年12月末资产总值32781万元，其中流动资产13609万元，包含应收账款2265万元，其他应收款516万元，存货7450万元；固定资产9596万元，无形资产4838万元，流动负债4075万元，所有者权益28705万元。2017年12月末销售收入总额27630万元，其中出口(家具、木门、框脸线等)占销售总额的30%；工程订货(办公家具)占销售总额的15%，木屋订货(木质别墅)占销售总额的37%，零售(民用家具)占销售总额的18% ，2017年12月末净利润3371万元。

企业技术产品不断创新，从早期的普通中式实木家具，到如今开发出的法式家具、美式家具、少数民族家具、木屋别墅等环保新产品。

企业的迅速发展，离不开客户对华夏家具产品质量的认可程度，华夏家具实行全公司质量体系管理制度，通过ISO9000质量体系认证后，让每一位员工都在本职工作中切实按质量管理体系去执行工作。 (辽宁省林业厅)

吉林省林业产业

【概　述】 全省森林面积为819.05万公顷、森林覆盖率44.1%，活立木总蓄积为9.54亿立方米；全省林业系统保护区达到44个，其中国家级自然保护区15个，保护区总面积257万公顷，占全省面积的13.7%；全省省级以上森林公园总数为63个，其中国家级森林公园35个，总面积达到260万公顷，占全省面积的13.87%；已建立省级以上湿地公园32个，其中国家级湿地公园22个(试点17个)，已建立省级以上湿地保护区22个，其中国家级12个，自然湿地保护率为43%。

2017年，全省实现林业产业总产值1498.79亿元，比2016年下降67.09亿元，下降4.28%。主要受经济下行压力和国家“停伐”政策等叠加影响，吉林省以加工业为主的第二产业受到冲击较大，尤其是木材初加工、造纸等资源消耗型产业，而森林药材加工也受到了宏观经济增速放缓、市场低迷的影响。分产业看，第一产业略有下降；第二产业下降幅度较大；第三产业逆向增长，林业三次产业的产值结构为27∶57∶16，产业结构逐步优化。

经济林产品的种植与采集业产值比重进一步增大。2017年，水果、干果、中药材、森林食品等经济林产品的种植与采集业产值达到252.21亿元，比2016年增长4.37%，占第一产业产值的62.41%；

【非木质林产品加工制造业】 非木质林产品加工制造业继续保持林业产业中重要支柱地位。2017年，包括中药材加工、果酒果汁制造、坚果加工以及山野菜、食用菌加工在内的非木质林产品加工制造业产值达到409.92亿元，占第二产业产值的47.85，已成为吉林省林产品加工业的第一支柱产业。吉林省通过积极推进绿色食品、特色资源加工转化和营养保健类食品等森林食品的开发，形成以森林绿色食品、山珍食品、食用菌等为主的特色产业。通过特色食品工业规模和国内外市场不断扩大，将成为涉林产业新的经济增长点。

【森林旅游与休闲服务业】 森林旅游与休闲服务业继续保持较快增长。2017年，森林旅游及休闲服务业产值达到138.16亿元，比2016年增长10.61%，占第三产业产值的58.07%。吉林省大力发展森林旅游、森林康养、林业休闲等现代生态类服务业，特别是依托森林公园、湿地公园，大力宣传和推动森林旅游产业发展，把发展森林旅游与休闲产业作为优化林业产业结构、转变发展方式、构建绿色经济增长、增加林区百姓收入的重要举措。

【产业发展主要举措】

特色产业工程建设　编制了《吉林省林业厅九大产业工程建设规划》，启动实施百万公顷红松果林、百万亩绿化苗木、百万亩林下参、百万亩榛子果林、百万亩红豆杉、百万亩森林中药材、百万亩绿色菌菜、百个特色经济动物养殖小区、百佳森林旅游小镇九大工程建设，初步形成林下经济、林产工业和森林旅游三足鼎立、三业兴旺的林业产业发展格局。

林业产业集群化发展　省级林业产业园区、林业产业化龙头企业和产业基地总数达到210个。吉林森工金桥地板、通化康元生物科技有限公司等龙头企业已成为地方经济发展的支柱企业。吉林大果榛子、延边食用菌、通化中草药、白山蓝莓等具有代表性的区域特色经济产业呈现出规模化发展的趋势。全省已建国家级林业产业园区1个，国家级林业产业化龙头企业6户、国家林下经济示范基地5个；省级林业产业园区9个，省级林业产业化龙头企业126户、产业基地56个。

林业产业发展扶持政策　近年来全省共投入省级财政资金1.44亿元，扶持林业产业项目322

个，引导聚集产业投资42亿元。支持省林业产业协会建设各类专业委员会，已建立木门窗、实木地板、红松子等各类专业分会11个。

“互联网+”新兴产业经济 加强与商务厅、工信厅等省直部门沟通协调，积极争取林业企业享受促进电子商务发展的扶持政策。与阿里巴巴、百度等主流网络平台授权的网络技术服务企业进行了接触，探索共同开展林业电商发展模式，推进林业“互联网+”体系建设。（金元日）

黑龙江省林业产业

【概　述】 2017年，黑龙江省全面实施大小兴安岭生态功能区、三北防护林、三江平原湿地等保护和修复工程，全面停止天然林商业性采伐，完成造林730.8万亩，完成治沙造林9.84万亩，森林蓄积量增加2.3亿立方米，全年未发生重特大森林火灾，为保障国家生态安全做出了重大贡献。

黑龙江省委、省政府高度重视林业产业建设。特别是2011年将林业产业列为黑龙江省十大重点产业后，黑龙江省林业产业也得到了长足发展。林下资源得到充分开发与利用，产业结构进一步优化，逐步形成了森林培育、木材加工、森林绿色食品和医药、森林生态旅游、林区康养等多业并举的林业产业发展新格局。全省在食用菌、林果、北药等9个重点领域全力推动林业产业发展，“十二五”期间林业产业产值翻了一番多，年均增长率达到15.3%，林业总产值由2012年的1203亿元增加到2017年的1850亿元，占全省规模以上经济总产值的8.1%。林业产业的快速发展驱动了产业链各环节的运转，拉动了经济增长，促进了生态建设，增加了林业企业职工和林农收入。

黑龙江省林业厅与省发改委联合制定下发了《黑龙江省林业产业“十三五”发展规划》，省政府设立了林业产业发展基金，抢抓供给侧结构性改革契机，腾笼换鸟，提档增速，加速实现林业转型发展。为提高林区职工收入，解决转岗职工就业，实现富民强企的目标做出了历史性贡献，2017年主要采取了以下举措：

一是深入调研，为省委省政府产业建设提供决策依据。先后赴广东、湖北、山东、广西、福建、浙江等林业产业发达省份进行专题调研，为黑龙江省林业产业转型升级拓展新思路。先后起草了《深度挖掘中观层面林业优势资源和发展潜力的调研报告》《关于加快推动对俄林业合作战略升级的调研》《林业战略新兴产业情况汇报》《全省森林养殖产业发展情况调研》《关于构建全省林业产业新体系的调研报告》，为省委、省政府中心工作起草了《粮头食尾、农头工尾林业建设子方案》《省政府中药材产业发展方案》《林业对俄合作建设方案》，还配合国家林业局、国家发展改革委、财政部先后进行了《林下经济发展调研》《林业产业扶持政策调研》《林业行业财政扶持政策调研》，为各级领导科学决策奠定了基础。

二是高度重视、大力推进产业发展规划落地生根。《黑龙江省林业产业“十三五”发展规划》(以下简称《规划》)是经省政府多个部门认真研究，共同确定的林业产业指导性文件，也是产业发展必须遵循和完成的目标任务。《规划》以省政府名义下发后，又细化编制了《全省木材加工产业发展规划》《黑龙江省红松产业发展规划》《黑龙江省北药产业生态发展规划》等，成为黑龙江省“十三五”期间林业产业建设发展的指导性文件。为把《规划》落实好，省林业厅还专门召开了产业发展问题座谈会，厅党组从产业发展的意义、发展的方法、发展的路径、发展的能力建设等几个方面作了精心的部署，目标就是在全省打造产业发展的样板，树立引领产业发展的典型。同时，积极协调省工信委、省商务厅、省发改委、财政厅等单位，进行政策争取。

三是在项目谋划上突出重点，科学布局。按照九大重点产业发展方向，全省各市县立足实际和特有优势，本着保护与发展兼顾的原则，科学制定了本地区、本部门林业产业近、中、长期发展规划，符合当地实际，可操作性强。如：对易发展且见效快的食用菌、山野菜、森林猪、森林鸡、肉牛等产业项目作为近期发展重点；对已经具备一定产业基础的北药种植、毛皮动物驯养、木业加工、森林旅游、苗木花卉等产业项目作为中期发展重点；把需一定建设周期和回收期长的林果、森林康养等项目作为长期发展重点。在统筹规划基础上，梯次展开，分步实施。

2017年申报17个老工业基地振兴项目，每个项目投资规模均在10亿元以上(申报成功项目将获得国家专项补贴)；协调省畜牧局等单位，积极争取林业系统“两牛一猪”项目专项补贴；协调省工信委对全省木材加工企业进行技改支持资金120万元；对接天邦集团等战略投资者开展森林猪、牛、貂、鸡等林中养殖项目，为厅直属鸡西绿海公司谋划并启动食用菌产业建设项目，拟投资7500万元，建设黑龙江省东部最大的菌包厂。三年共推荐和评定国家级林业重点龙头企业9个，省级24个。

四是扩大宣传，招商引资。2017年召开了第二届黑龙江省林业产业发展合作大会。此次产业大会，规模、参会人员均比上年大、多，成效显著。陆昊省长参会，主管副省长讲话，国内外1000余家企业、商会和金融机构代表出席，现场签约项目24个，签约总金额163.2亿元。同年，组团参加了山东菏泽、江西南康、浙江义乌、福建三明、广西南宁等林业博览会、交易会，组织企业积极参加布展交易。参展期间，又接触了义乌电子商务协会，洽谈了黑龙江林产品加入平台等相关事宜；促成了黑龙江省山之果与厦门一家企业网上销售、异地发货、自动零售机销售等合作；我们也组织企业参加新疆的林果推介交易会，鼎鑫沙棘产品与当地政府和企业作了对接，达成了林果原料供给及精深加工合作意向。

五是对症施策，搭建金融和林业企业的桥梁，千方百计争取政策支持。统筹相关资金支持产业建设，在不违反相关规定的前提下，重点集中对产业发展项目进行倾斜性支持。省厅要求各部门要强化与国家各部门及省有关单位的汇报与沟通，全力争取相关政策、资金对全省林业的支持。在筹备落实好本省林业产业大会的同时，高度重视，积极准备，参加全国的林业产业大会，做好项目储备库，随时能拿出适合政策的企业和专项支持资金，确保全省应得的项目资金能落到实处。2017年与昆吾九鼎集团进行多次洽谈对接，向九鼎集团推荐20余个林业产业投资合作项目；与省证监局进行了初步对接，为优良林业企业融资上市做前期准备。此外，还承担了省委对省林业厅，全省林业产业推进、林业总产值、增长率、省重点项目推进情况等目标考核任务，连续5年实现满分。

六是通过体制创新，走产品深加工道路。结合国有林场改革，不断进行体制创新，引进有实力的战略投资者，采取参股、入股、合股等多种形式，进行林产品的深加工。尚志市的水貂养殖，采取“银行+合作社+饲养户”合作方式，通过资源整合，使产业迅速扩大规模，既解决资金不足、经营机制不活、产品销路不畅等问题，又能迅速扩大产能，增加就业，提升规模效益，实现互利共赢。新体制带来新理念，促进企业提质增效。倒逼企业淘汰初加工，附加值低产品，推动产品向深加工发展，向系列化、高端化、品牌化发展。通过产业链延伸扩大就业、增效益。打造绿色生态品牌，利用“互联网+”等现代营销平台，使好产品卖出好价钱。实现林业产业质的跨越。

七是全力打造产业转型发展示范基地。省林业厅从实际出发，在立足于服务全省林业产业的基础上，与各有关部门和单位共同谋划当地产业新布局、新项目，建立专人负责制，全程指导基层的产业项目建设，进行跟踪反馈，密切协作，合力将在产业发展中的先进典型打造成引领全省林业产业转型发展的标杆。 (陈凯声)

上海市林业产业

【概　述】 上海林业产业以经济果林为主，在增加农民收入、发展农村经济中起到了很大的作用。经济果林既是上海森林资源的重要组成部分，也是市郊农民增加收入的重要途径。近年来，上海的林果产业呈现出良好的发展态势，生产规模迅速扩大，品种结构逐步优化，特色布局基本形成，标准化生产有序推进，组织化程度明显提高，品牌化经营效应凸显，经济效益、社会效益和生态效益显著提升。截至2017年底，上海现有果树面积23.5万亩，其中投产面积22.4万亩，占总面积的95.3%，桃、葡萄、柑橘、梨为四大主栽树种，主栽树种面积占果树总面积的92.5%，全年果品总产量30.7万吨，总产值22.9亿元(见表1)。

面积消长 2017年果树生产面积持续减少，较2016年减少了2.25万亩，减幅达到8.7%，四大主栽树种除了梨树面积持平外，桃、柑橘、葡萄均有较大幅度减少，其中柑橘减少0.45万亩，桃减少0.69万亩，葡萄减少0.67万亩，猕猴桃、枇杷、枣、樱桃等树种减少0.44万亩。

2017年果树生产面积减少的主要原因有：一是上海市开展环境综合整治，果园土地租赁到期后不再续租，由集体统一流转，奉贤区奉城、南桥和柘林三镇减少果树面积2800多亩，金山区金山卫镇减少桃面积800多亩；二是柑橘和桃树等因树龄老化枝枯根衰，改种其他经济作物，崇明绿华、长兴、横沙3个乡镇因柑橘经济效益低下，改种其他经济作物(主要是水稻)，减少柑橘面积3500多亩，奉贤青村镇因黄桃树体老化，自然衰亡后，统一种植水稻；三是个别新树树种(品种)，由于果园管理不善、病害发生等原因，造成树体死亡，如：因夏季高温干旱及溃疡病发生，造成崇明、金山、宝山等区猕猴桃面积减少1400多亩；此外，还有市政动迁造成的面积减少，如：嘉定区沪通铁路建设动迁葡萄地800多亩。

表1　2016年、2017年上海市果树生产情况对比表

项目	面积(万亩)		产量(万吨)		产值(亿元)	
年份	2016	2017	2016	2017	2016	2017
合计	25.72	23.47	31.59	30.76	20.15	22.95
柑橘	6.48	6.03	15.13	12.3	2.73	2.63
桃	7.65	6.96	4.29	6.5	5.02	7.09
葡萄	6.67	6	8.19	7.8	8.2	8.41
梨	2.71	2.71	3.19	3.3	2.66	2.84
其他	2.21	1.77	0.79	0.86	1.54	1.98

产量产值 2017年本市果树总产量30.75万吨，较2016年减少0.86万吨。桃和枇杷显著增产，柑橘大幅下降，梨基本持平。2017年枇杷产量从72.16万吨增至395.1万吨，增幅447.5%；桃总产量达到6.5万吨，比2016年增产2.21万吨，按投产面积核算，平均亩产892千克，较2016年增产49.4%。柑橘因面积缩水及“小年”等原因，总产量减少了2.83万吨，减幅达23%；葡萄从8.19万吨减至7.79万吨，减幅为5.1%，小幅减产主要原因是面积减少。

产值方面，2017年总产值22.9亿元，较2016年的20.15亿元增加了2.75亿元。从数据来看，桃、梨、葡萄合计增加3.22亿元，增幅达到16.0%；柑橘虽然面积和产量减少，得益于柑橘价格的上升，产值却基本不变。葡萄是上海市经济效益最好的树种，总产值占全市果树总产值的36.6%。从价格来看，四大树种的单位售价总体稳中有升，其中柑橘的单价从平均每千克1.8元上升至2.14元，创历史新高。

果树技术研究 全市继续围绕新品种筛选、病虫防控、省力化栽培、水肥一体、采后保鲜等内容开展研究、示范工作。通过引育观察，柑橘的红美人、脆皮金柑，桃的早红露、中蟠11号，葡萄的早夏无核、京蜜等一批新品种的外观内质在上海市均有良好的口碑，有望扩大种植范围；逐步探清了柑橘黑点病、桃细菌性穿孔病、梨小食心虫等近年来大量发生的规律，结合综合防治，形成了较完善的防控方案；桃Y形栽培、梨主干形宽行密植栽培模式在浦东、奉贤、金山等地实施推广1500多亩，省工、提质效果显著；水溶性肥料在葡萄上追肥的试验获得成功，可明显提升果实花青素、VC含量，且对节约劳力、压缩成本效果突出，有望更大范围内试验应用；桃果采后保鲜取得新进展，申请发明专利一项，有效延长了蟠桃贮藏期，果实的安全保鲜期由常温放置的3天和冷藏期的10~12天，延长至20天。

双增双减项目实施 全市继续实施“双增双减”和果实套袋项目，各级林业部门按项目管理办法要求有序推进项目实施，包括：农户、村、镇的上报数据统计、核实，签署合同，完成农药、套袋和有机肥的送货工作。全年累计实施面积45万亩次，财政补贴资金为6549万元。其中推广有机肥7.8万吨，实施面积21.6万亩，补贴资金4250万元；推广无公害农药55种，实施面积15.4万亩，补贴资金1654万元；推广套袋2.7亿只，实施面积7.8万亩，补贴资金645万元。实施面积较上年减少5.8万亩。项目实施期间，林业部门还开展了农资质量抽检，听取果园对农资的质量意见，对第三方验收单位进行比选，并开展验收现场指导。市发改委对项目实施进行现场调研，认为各实施单位认真负责，基本达到了预期效果。

【安全优质信得过果园创建】 启动新一轮创建评选，共收到全市7个区县15家果园的申报材料，树种包括桃、梨、葡萄、柑橘、蓝莓、火龙果等，全年完成三轮现场检查，对园容园貌、树体管理、制度建设、仓库管理等进行打分；9~11月，组成市区两级技术人员为成员的检查组，对全市70家有效期届满的信得过果园进行材料审查和现场检查，结合田间档案、果实质量、农残抽检的情况，进行综合评审，最终“上海宏泰园蔬果专业合作社”等7家果园入选2017年度“安全优质信得过果园”，“上海马陆葡萄公园有限公司”等56家果园通过复审。继续开展果品溯源工作，完成二维码标签打印和发放110万个，实现76家“安全优质信得过果园”溯源全覆盖，增加品种、采收时间等即时信息，方便市民了解更多果品的信息。

【乡土专家队伍建设】 全市新聘8位林果乡土专家，对34名林果乡土专家进行续聘，对3名新申报人员果园进行走访。产前、产中、产后，市林业主管部门先后赴9个郊区的乡土专家果园走访调研，了解果园生产和销售情况，帮助解决生产难题；以果园生态为出发点，制订试验初级方案，落实试验点，在奉贤区乡土专家果园里进行生草栽培试验，筛选出对沪郊果园土壤修复较有效的生草品种；全年编发《乡土专家谈农事》5期，发放到果农手中，发放数量超过900份。组织全市乡土专家赴闵行侨嘉葡萄、闵优果蔬以及崇明前小桔创意农场等果园考察，探讨桃、梨、葡萄等树种的省力化栽培模式，柑橘智能选果机等新技术、新设备的应用前景，在交流中获知行业行情、发展方向信息，开阔眼界和思路。

乡土专家服务面进一步扩大。2017年全市乡土专家义务服务逾1400次，涵盖果园规划、建园、修剪、疏果套袋及病虫害防治等。采取电话答疑、现场查看和培训班讲座等方式，传授林果科普知识，其中培训约150场次，绝大多数乡土专家在乡镇、村或合作社举办的培训班上给周边果农进行集中的技术指导，也有乡土专家在区级，甚至市级培训班上授课。

【林果品牌建设与宣传】 市林业部门成功举办2017年“乡土有约”活动，活动新增乡土专家典型案例宣传、H5海报、网络直播等内容；5位乡土专家代表带着自己种植的特色果品走进浦东联洋社区，向消费者讲述种植的故事、鉴别好水果的经验，受到市民欢迎；组织崇明长兴镇、横沙乡以及浦东的柑橘种植合作社进市区六大公园直销，让市民在家门口就可以买到新鲜、实惠、放心的地产柑橘；牵线“花果飘香”创始人走访浦东、金山、松江、嘉定等区“安全优质信得过果园”、林果乡土专家，编写发布了匠人匠心、品种更新、品质坚持、营销拓展等体现上海林果产业现状和发展成果的图文信息10篇。

林果品牌宣传方式有创新。林业主管部门对果品宣传进行了大胆创新，内容较往年更加丰富，还运用大量新媒体平台，特别是微信公众号、网络直播等方面，公众号累计阅读量超过50万人次，直播点击量超过100万人次，市政府官方微信“上海发布”5次对信得过果园、乡土有约、柑橘进公园等内容进行宣传，上海电视台、星尚频道、《新民晚报》《时代报》等十多家传统媒体进行了滚动报道。

【技术培训交流与考察】 围绕果树生产组织开展种植技术培训、技能比武、现场观摩及座谈交流等各类活动，内容既有宏观方面的国外果园管理、省力化精致化栽培、品牌打造与经营等，也有实用方面的花果管理、病虫害识别、安全用药等；市林业主管部门与果树研究所联合编印《果树农事信息》31期，寄发6000余份，编印《乡土专家谈农事》5期，寄发900余份；分别组织区林果技术单位、市级研究所、乡土专家队伍、果园技术人员等赴山东蓬莱，江苏南京、张家港，山东临沂，浙江涌泉等地探讨植培技术，相互交流经验，进一步拓展上海林果从业者的思路眼界，也将更多新优的品种、技术成果推广应用于上海生产实际。

（上海市林业局）

江苏省林业产业

【概　述】 2017年，江苏省森林面积156万公顷，林木覆盖率22.9%，活立木总蓄积量9609万立方米。全省有国家森林城市6个(无锡市、扬州市、徐州市、南京市、镇江市、常州市)，全国绿化模范城市5个(南京市、苏州市、宿迁市、盐城市、连云港市)、全国绿化模范县(市、区)42个、全国绿化模范单位53个、全国生态文化村31个；有省级以上森林公园69处(含2个专类园、2个生态公园)，其中国家级森林公园25处、省级森林公园44处；国际重要湿地2处、国家重要湿地5处，省级以上湿地公园64处，其中国家湿地公园及国家湿地公园(试点)26处、省级湿地公园38处。2017年全省林业总产值4527亿元，居全国第六位，以占全国0.7%的林地创造了占全国7%的林业产值。竹木地板产量3亿平方米，人造板产量5600万立方米，分列全国第一和第二。林木种苗面积18.4万公顷，产量43.5亿株，苗木交易市场200余个，均居全国前列。特色林果产业发展迅速，银杏种植面积和果叶产量均居全国第一，并占全国一半以上。2017年邳州银杏入选第一批中国特色农产品优势区。

产业集聚效应逐渐显现 江苏省林业产业规模快速壮大，产业集中度明显提高，林业产业区域化和专业化特征日益显现，形成了若干区域特色鲜明的林业产业集群和产业带，产业之间配套协作不断完善，产业集聚效应初步显现。邳州、宿迁地区成为全国人造板生产中心，邳州、泰兴地区成为全国药用银杏和果用银杏主产区，常州武进区成为全国地板产业集聚地，苏州、南京、南通成为家具制造业主要基地，武进区、句容市、沭阳市、江都区成长为具有相当规模和知名度的苗木交易集散地。2017年，上述地区林业产业总产值占全省林业产业总产值的60%。

产业结构稳步调整 江苏省林业产业坚持以市场为导向，加快推进供给侧结构性改革，延长产业链条，拓宽发展空间，不断完善优化林业产业结构与布局。第一产业比重逐步降低，第二产业比重保持稳定，第三产业比重快速提高，工业化进程明显加快。林业产业链条不断延伸，产品系列化、品牌化发展加快，终端消费品比重大幅提高，资本密集型、技术密集型、规模以上林业企业大量涌现，林业企业活力和创新能力显著提升，林业服务业快速发展，产业发展质量明显提高。现已形成一、二、三产业协调发展，产品种类丰富的林业产业体系。随着“绿色江苏”建设和林权制度改革的不断推进，各地不断创新经营机制，激活林业生产要素市场，引导社会资本进入林业行业。全省以木竹加工为主的第二产业和森林旅游为代表的第三产业产值的比重逐年加大。林业龙头企业不断壮大，全省40强林业企业年总产值超过300亿元，其中有6家企业年产值超10亿元，大亚科技集团年产值超过100亿元。

区域增收作用明显 林业产业的健康快速发展，助推了地方经济，致富了一方百姓。特别是随着集体林权改革深入完善和林业产业稳步发展，农民拥有的林木资源财产权和林地承包经营权逐步转变为创业资本，种苗花卉、林下经济、木竹、特色经济林果等富民产业产值和产品产量稳步增长。

亚洲最大的木材加工企业大亚集团，企业年收购周边农户次小薪材、枝丫材及加工剩余物62万吨，惠及周边农户4.2万户，直接带给农户年创收近3亿元，每户增加收入7000元。解决当地农民就业1200人，同时带动周边地区培育速生原料林，促进了地方财政增税、农业增效、农民增收、农村增绿；邳州市为全国林业产业第一县，集聚各类木材加工企业2000余家，助建周边杨树种植基地20余万亩，连接农户14万人，安置就业人员1.4万人，带动农民每年每人平均增收1.5万元。邳州市作为全国最大的银杏叶药用采叶加工基地，陈楼、铁富、港上、邹庄4个镇30万农民从银杏产业中获得的纯收入近6亿元，人均达2000元；句容市唐陵村位于茅山革命老区，10年前还是远近闻名的穷山沟、负债村，农村人均纯收入不到3000元。2007年，唐陵苗木交易市场年交易额超过20亿元，唐陵村90%的农民从事林木种苗的种植和相关产业，农业收入的90%来自于林木种苗，唐陵村农民人均收入达到3.6万元，被当地政府誉为"唐陵模式"。

创新能力明显增强 为推动林业产业供给测改革，江苏省林业部门积极引导林业企业与高校、科研院所产学研合作，加快林业技术创新研发和推广，鼓励木材加工企业加大科技研发投入，加快木材加工产业提档升级，开展生产工艺、生产流程、生产自动化等方面技术改造和环保、降耗、节能改造。推动林产品加工企业实施兼并重组，积极培育林业龙头企业，扩大生产规模，提高产品质量，打造名牌产品。

林业产业取得的成效 为促进林业产业加速发展，本省制定规划，实施木竹精深加工、林木种苗花卉、特色经济林果及综合利用、林下经济、野生动植物经营利用、森林湿地生态旅游等林业产业提升工程，加速林业一、二、三产业融合发展。

通过加强资源培育，不断提高森林质量和效益，加速木竹加工业、特色经济林产品加工、野生动植物驯养繁育利用等转型升级，加快创新驱动发展，推进集约化经营，加大资源节约型、绿色环保型林产品开发力度，加快林木良种化进程，优化种苗结构，发展现代市场流通体系，建设类型多样、布局合理、管理科学、功能齐备、效益良好的林业旅游网络，加强林业对外交流合作，深入实施"走出去、引进来"战略，努力发展外向型经济，进一步推进林业产业质量效益提升，持续促进林业产业转型升级。以占全国0.7%的林地，创造了占全国林业产值的7%。

野生动植物繁育利用产业 近年来，野生动植物繁育利用产业发展迅速，成为带动地区经济发展和促进农民增收致富的重要产业。全省涌现出野生动植物繁育加工利用企业110余家，实现产值90亿元，从业人员2.5万人。

2017年，全省有林产化工企业约300家，其中，制浆造纸企业200多家，林产初级化学品及深加工产品生产企业20多家，活性炭及炭材料生产企业20家，植物提取物及其衍生物生产企业约30家，香料生产企业约50家。产品被广泛应用于化工、轻工、电子、机械、石油、军工和食品等行业。

【存在的主要问题】 "十二五"以来，江苏省林业产值和主要林产品产量、贸易量位居全国前列，但还存在大而不强、资源基础不牢、创新能力不强、附加值不高和综合竞争力较弱等主要问题。主要表现在：

资源有效供给能力不强 江苏受制于"一山二水七分田"的自然资源状况，林业用地和林木资源相对较少。2017年，江苏省森林面积156万公顷，林木覆盖率22.9%，活立木总蓄积量9609万立方米。全省人均森林面积仅为0.36亩，人均活立木蓄积量仅为1.13立方米，分别是全国平均水平的16.0%和9.4%。随着生态产品需求增长和环境意识增强，森林资源供需矛盾逐步显现，江苏省林业产业发展的资源有效供给能力趋紧。

产业素质仍然不高 专业化、规模化、集约化和机械化水平有待进一步加强，部分林业加工领域产品附加值较低，精深加工产品较少，产品趋同化现象有待解决，产业转型迫切需要推进林业科技进步和提高科技创新能力。

林产品国际贸易摩擦不断 江苏省是林产品贸易大省，人造板、地板、家具等木材加工制品出口量、出口额一直位居全国前列。随着经济全球化和贸易自由化进程加快，WTO制度缺陷和国际分工产业竞争导致贸易摩擦越来越频繁。美国家具案、人造板双反、加拿大复合地板案、欧盟胶合板反倾销案等对江苏省林产品出口企业造成较大影响。

劳动力成本不断上升 江苏省林业产业总体上仍属于劳动密集型产业，劳动力成本上升对林业企业带来的压力逐年增大。支撑林业产业高速发展的人口红利已经开始衰减。

林业产业服务体系不完善 林业产业财政扶持、金融服务、技术和信息服务、管理体系、队伍建设等有待加强。林权抵押贷款具体落实难，森林保险仍需进一步完善。产、学、研、用相结合的成果转化体系需进一步提质，林业信息服务的针对性、及时性、易用性有待加强。

【木竹加工业】 木竹加工产业是江苏省林业产业的一大特色，产值、产量、规模均处全国前列。在原料供应上，一方面通过实施木材资源培育工程，全省可用资源稳步增加。全省有杨树成片林1000万亩以上，泗洪陈圩林场建有亚洲规模最大和品系最多的美洲黑杨种质资源库，保有42个品系、300多个无性系杨树优良品种；另一方面，通过进口木材弥补资源缺口。截至2017年底，全省以杨树为主要加工原料从简单初加工户到大型现代企业共6000多家，2017年木竹加工业总产值超过2000亿元。木竹制品出口额超30亿美元。

"十三五"目标任务 针对本省木竹加工产业效益低、产品同质化严重等问题，以提高传统杨树、木竹产品的附加值为目标，调整人造板产品结构，加大资源节约型、绿色环保型的木竹产品开发力度，促进江苏木竹加工业的产业转型升级。"十三五"期末，人造板年产量6000万立方米，木竹地板年产量达3亿平方米，培育年产值亿元以上的龙头企业50家。不断延长木竹加工产业链，加大高档木质家具的生产能力，拓展木竹生物质纳米纤维材料、新型碳基材料、仿生材料等高新技术产品的研发与创制。

"十三五"建设内容 ①促进产品的转型升级。加大杨木单板干燥和胶合、刨片定向铺装，厚板热压、表面增强仿真、阻燃等加工技术，木竹加工细微颗粒物高效净化、VOC减控与净化等清洁生产技术的推广应用，促进杨木人造板产业从普通胶合板、刨花板和湿法纤维板的"老三板"向单板层积材、定向高强度结构板、干法高中密度纤维板的"新三板"升级。加强家具模块化设计与数字化设计技术、虚拟展示与装配技术、数字化制造技术的研究与推广，促进传统家具制造行业的产业转型升级。②培育与壮大龙头企业。扶持木竹加工龙头企业的发展，促进企业技术转型和产品升级，培育优势品牌，不断提高市场竞争力。"十三五"期末，全省年产值超亿元的木竹加工龙头企业超过50家，超10亿元企业10家。③发展木竹加工产业集群区。重点建设以武进、丹阳为重点的强化木地板，徐州、宿迁为重点的淮北人造板，宜兴为重点的竹加工等产业集群，支持优化资源配置和资产重组，促进企业自主创新，培育名牌产品，发挥集群效应，体现江苏木竹加工业的特色。

【林木种苗花卉业】 林木种苗的种植规模和产值位居全国前列。全省已经形成以淮北、沿江、苏南为主的三大苗木主产区，涌现出一批花木交易市场。如武进夏溪花木市场、句容唐陵苗木交易市场、如皋花木大世界、沭阳花木大世界等闻名全国的种苗交易市场，年销售额均在20亿元以上。

"十三五"目标任务 以推进林木种苗花卉生产的良种化、标准化进程为根本，全面提升林木种苗科技创新能力、企业竞争能力、供种保障能力和市场监管能力，创新一批优良林木种质，建设一批规模化、集约化、标准化林木良种基地，培育一批在国内有较大影响力的种苗龙头企业和品牌，加快构建林木良种选育推广、生产供应、市场监管和社会化服务的新型林木种苗体系。到"十三五"期末，全省林木种苗花卉生产面积稳定在13.3万公顷左右，产值达300亿元。建立较健全的林木种苗科技创新和社会服务体系，主要造林树种良种使用率达到98%，造林种苗合格率95%以上。

"十三五"建设内容 ①加强林木种苗基地建设。加强林木良种基地、保障性苗圃建设，提高技术水平和良种生产能力。新认定一批"育繁推一体化"种苗企业为省级林木良种基地，建设一批高水平种子园、母树林、采穗圃，提高基地育种能力，改善林木良种品质。至"十三五"期末，全省建成各级林木良种基地0.33万公顷。引导林木良种基地与科研院所的合作，形成区域化、特色化、规模化的基地供种新格局。②促进林木种苗花卉产业升级。以武进、沭阳、江都、如皋等花木主产区为主，因地制宜发展绿化苗木、木本花卉等特色种苗产业，大力推广绿化苗木新品种和轻基质容器育苗技术，提高绿化苗木生产的标准化水平，打造优势品牌。加强苗木产品交易市场的建设，在苗木重点产区或集散地，重点建设一批初级市场和专业批发市场，在苗木集中消费区及交通枢纽建设一批综合性批发市场和储运中心，形成苗木产品大市场、大流通格局。加快种苗信息化建设，建立覆盖全省的林木种苗信息服务体系，积极发展订单种苗、合同种苗，鼓励和扶持苗木花卉电子商务的发展。加强种苗企业科技创新能力建设，培育一批集“研究开发、规模生产、应用示范、市场开拓”于一体的科技型龙头企业。

【特色经济林果产业】 2017 年，特色经济林果种植与综合利用实现产值420 亿元。其中银杏业产值超过70 亿元，形成以采叶加工为主的邳州主产区和银杏果综合利用为主的泰兴主产区。全省银杏成片林总面积超过 80 万亩，年产白果 1. 2 万吨，干青叶 1. 5 万吨，银杏酮350 吨。

“十三五”目标任务 大力建设森林食品和食品原料加工、贮藏和出口基地，不断开发适销对路的经济林新品种，培育龙头企业；建立和完善经济林果专业批发市场等现代市场流通体系。到“十三五”期末，规划新增经济林果面积 0. 33 万公顷，经济林产品的年产值达到500 亿元。

“十三五”建设内容 ①银杏产业升级。针对目前银杏价格明显下降，效益低下的问题，以泰兴、邳州为中心的银杏产区为重点，加强银杏深加工保健、药用产品研究，不断开发附加值高的产品，提高银杏的经济效益。②经济林果发展。重点发展苏南丘陵区茶叶、杨梅、枇杷、板栗、葡萄等优质经济林果的生产和深加工产品；苏北沿黄河故道优质苹果的生产和深加工产品；沿江和沿海梨、柿等优质果品的生产和产品深加工产品。规划新增经济林果面积 0. 33 万公顷。③森林保健食品的开发。加强铁皮石斛、金线莲、青钱柳、乌饭树等森林植物资源的培育与功能性食品开发，重点扶持一批带动面宽、辐射面广、技术含量高、产品附加值高的森林食品、森林药材等林副产品加工龙头企业和流通企业。实行“走出去、引进来”战略，积极拓展经济林产品市场，发展外向型经济。

【森林湿地生态旅游产业】 由于森林湿地具有生态建设和产业发展的双重属性，正逐步发展为林业产业中增长的新亮点。2017 年，全省有省级以上森林公园68 处，湿地公园 71 处，其中国家级湿地公园 64 处，自然保护区 27 处。全省森林、湿地生态旅游人数超过 7000 万人次，旅游业从业人员达 2. 2 万人。

“十三五”目标任务 加强国家级、省级森林公园和湿地公园旅游景点建设，完善旅游服务基础设施，开辟生态旅游线路，初步形成以森林公园和湿地公园为主体，以各类郊野公园、生态观光园、生态旅游村、生态旅游度假区等为补充的类型多样、布局合理、管理科学、功能齐全、效益良好的森林和湿地生态旅游目的地，满足人们走进森林、享受自然的生态需求。至“十三五”期末，全省林业旅游人数达 7000 万人次/年，年总产值达 500 亿元。

“十三五”建设内容 ①林业旅游配套服务设施建设。挖掘森林公园和湿地公园生态旅游文化元素，不断丰富旅游景区、景点。加强公园生态旅游宣传，设置大型生态公益宣传牌，提高知名度。完善规范标识、标牌、解说步道等生态文化基础设施，提升服务水平。鼓励和支持各类民间资本投资林业生态园、森林植物园等项目建设，丰富生态旅游资源。②拓展林业旅游新业态。依托林业资源，以旅养林，进一步拓展森林公园和湿地公园的休闲度假、养生健康、科普教育等功能，建设一批林业生态养生旅游区、林业旅游度假区、湿地休闲度假区，培育林业特色旅游小镇。大力发展森林民宿、林间体育休闲旅游、森林文化旅游创意空间等特色林业旅游项目，大力推广空中书屋、水上船宿等特色住宿业态，打造一批自驾车营地和房车露营地、培育“水上森林”等一批我省林业独有的旅游品牌。③延伸生态文化村品牌，开发本源性的森林生态文化资源财富。以原住民为主体，打造和扶持具有区域民族特色、市场潜力和品牌效益的休闲养生、生态旅游、文化传承展示、民间工艺制作、歌舞技艺表演、“森林人家”等生态文化产业和创意产品，拉动民生改善。大力推进生态家园、清洁水源，综合整治农村生产生活环境，恢复自然景观资源，建设生态文化醇厚、生态空间环保、绿色食品安全、百姓生活富足的美丽乡村生态文化经济区。④打造林业旅游精品线路。根据本省地形地貌及林业发展现状，结合全省现有及规划的森林公园、湿地公园、自然保护区等所在的区域区位、景观类型及旅游功能等特点，按照观光休闲娱乐、生态科普考察、民俗文化风情、寻秘探险猎奇和森林度假疗养等模式发展全省林业旅游，全力打造“三横三纵四圈”（三横：沪宁休闲观光旅游带、长江湿地生态旅游带、连徐楚汉文化旅游带；三纵：滨海风光旅游带、运河人文旅游带、宁宿山水湿地风光带；四圈：宁镇扬山水人文生态旅游圈、环太湖湖光山色生态旅游圈、徐宿淮生态旅游圈、里下河湿地生态旅游圈）江苏林业旅游新格局，推广江苏沿海、沿江、南京北线、南京南线、环太湖东线、环太湖西线、里下河湿地线、古黄河线、茅山线、淮河线等10条森林旅游精品线路，在全省形成以森林或林木等景观为主体，综合生态农田、水系湿地、自然村落等人文资源，点、线、面布局合理的生态旅游网络体系，积极发展智慧旅游，提高江苏森林旅游在全国森林旅游市场的影响力和竞争力。

【进一步加快本省林业产业发展的战略意义】

发展林业产业是建设生态文明的重要举措 林业是生态建设的主体，大力发展林业产业，是在市场经济条件下调动各方面力量推进我省生态文明建设的重要举措。大力发展林业产业有利于为社会提供丰富多样的绿色生态产品，满足人们绿色物质和精神需求，实现绿色生活。发展林业产业可以破解资源瓶颈约束、保护生态环境、应对气候变化，促进人与自然和谐相处。

发展林业产业是推动供给侧结构性改革的重要内容 加快供给侧结构性改革既是新时期经济社会发展新常态对林业产业发展的新要求，也是林业产业自身发展规律内在要求。大力发展林业新兴产业，不断优化产业结构和增加产品有效供给，加速淘汰人造板、林产化工和木浆造纸等领域的落后产能。努力推动企业技术改造和产品创新，减少低档次产品库存和积压。降低企业发展成本，提高企业竞争力。

发展林业产业是促进农民增收的重要途径 林业产业是极具发展潜力的绿色富民产业，具有市场空间大、产业链条长、就业容量大等优势。通过发展林业产业，可拓宽农民就业增收门路，带动农民增收致富，促进扶贫地区精准脱贫。

发展林业产业是培育战略性新兴产业的重要领域 林业产业是中国战略性新兴产业发展的重点之一，涉及七大战略性新兴产业中的生物产业、节能环保、高端装备制造、新能源和新材料等五个领域。我省林业生物质能源、林业生物制药、林业生物材料等产业蓬勃兴起，生物柴油、生物质致密成型燃料、紫杉醇、石斛碱等植物活性提取物等产业方兴未艾。随着科技发展水平不断进步，林业丰富的物种资源开发潜力巨大，为本省林业战略性新兴产业发展提供了广阔空间。

【“十三五”本省林业产业发展政策措施】

着力推进供给侧结构性改革 提高资源供给能力，夯实林业产业发展资源基础。增加林木资源总量，全面推进国土绿化，加强林业重点生态工程建设。引导社会资本投入工业原料林、“三化”树种、大径级材培育等资源培育领域。提高林木质量和林地产出率。加强木材战略储备生产基地、林木种苗花卉基地、优势特色经济林基地和竹林基地等原料基地建设。支持企业开展境外森林资源开发，建立境外森林资源培育基地和林业经贸产业合作区。

优化林业一、二、三产业结构比例，推动产品结构升级，促进产业在更高水平上协同发展。把“稳步发展第一产业，优化第二产业结构，快速健康发展第三产业”作为林业产业结构调整的中心任务，着力发展林业生物制药、林业生物质能源、森林食品、林业新材料、林业碳汇等新兴产业。以消费为引领推动产品结构调整升级，丰富产品品种，提升产品品质，增加产品附加值，提升产业有效供给能力，培育壮大新的经济增长点。

优化产业链条，按照价值、供需、空间高效对接的原则，优化产业分工，延长产业链，推动上下游产业和关联产业协同发展。推动木材加工等木材行业产业链由初加工向精深加工和高端产品延伸，不断促进木材加工数字化、集成化、智能化发展，着力增加生态产品供给。加快构建林业循环经济复合产业链，推进林竹种植培育、加工利用、林下经济、休闲旅游等循环链接。

强化林业产业创新发展 围绕激发市场创新力和活力，按照“简政放权、放管结合、优化服务”的原则，加快国有林场管理体制改革，深化集体林权制度改革，不断完善现代林业产权制度，推进新型林业经营主体建设。鼓励社会资本参与林业生产运营，促进林业产业提质增效、转型升级。

促进林业产业融合发展 鼓励因地制宜建立多形式产业融合方式，构建一、二、三产业交叉融合的现代林业产业体系。促进林业产业与信息技术融合发展，实施“互联网 + 现代林业”战略，推进现代信息技术应用于林业产业发展的各个领域以及企业生产、经营、管理和服务等环节。大力发展林产品电子商务，推动符合实际的多种电子商务经营模式的应用。鼓励物联网、二维码、射频识别等新技术在木材加工、森林食品、森林旅游等生态富民产业的应用。促进林业产业与金融业融合发展。创新林业产业融资模式，积极推动与林业产业相关的信贷、基金、保险等金融业务，促进林业产业与金融业发展共赢。积极协调开展林权抵押贷款业务。鼓励社会资本依法设立投资基金，推动大众创业、万众创新。

加强林业产业品牌建设 推动林业企业加强品牌建设，支持企业积极创建国家驰名商标、国家名牌林产品和江苏省著名商标，鼓励企业参与国际品牌建设，提升品牌影响力，创建国际林业品牌。支持优势林业企业以品牌为纽带进行并购重组，形成市场竞争新优势。鼓励企业内部品牌融合发展，借助优势品牌整合弱势品牌，提升品牌综合实力。鼓励企业收购海外知名品牌。

完善林业产业投融资政策 进一步发挥林业贷款贴息、农业综合开发、科技推广项目等财政资金对林业产业的扶持作用，加大对速生丰产林、林下经济、种苗花卉、木本油料、特色林业产业等绿色富民产业的扶持力度。落实林业税费优惠政策。鼓励银行业金融机构在风险可控和商业可持续的前提下，加大对林业种植、加工、运输、销售等生产链条的信贷支持，积极推进林权抵押贷款。积极引导金融资本和社会资本进入林业产业，形成各级政府、各类企业、各种基金等多渠道投资局面。

（雷礼纲）

浙江省林业产业

【概　述】 2017年，全省各级林业部门认真学习党的十九大精神，紧紧围绕“五年绿化平原水乡、十年建成森林浙江”的宏伟目标，深入践行“绿水青山就是金山银山”科学论断，以“全国深化林业综合改革试验示范区”和“全国现代林业经济发展试验区”为契机，坚定信心、凝神聚力，精心谋划、狠抓落实，2017年浙江省林业产业继续保持平稳增长，产业结构进一步优化。林业和生态建设取得显著成绩。

全省林业产业总体发展 2017年，全省林业产业总产值4533.9亿元，较上年4166.3亿元增加367.6亿元，增幅为8.8%。林业产业规模继续扩大。

林业一产产值952.3亿元，占全部林业产业总产值21%，较上年883.9亿元增加7.7%；二产产值2560.9亿元，占全部林业产业产值的56.5%，较上年2455.2亿元增加4.3%；三产产值1020.7亿元，占全部林业产业产值的22.5%，较上年增加23.4%。一、二、三产比值为1∶2.7∶1.1，二产比重降低，三产比重增加。标志着浙江省林业产业结构进一步优化，以林业旅游为主的三产比重稳步提高。

第一产业中，份额最大的是经济林产品的种植与采集，产值为606.1亿元，占比63.6%。第二产业中，占份额前三的产业类别依次为木竹苇浆造纸和纸制品、木材加工和木竹藤棕苇制品制造、木竹藤家具制造，产值分别为896.6亿元、736.3亿元、436亿元。第三产业中，林业旅游与休闲服务产值为876.5亿元，占比85.9%。

林业产业中，增长速度较快的产业有：林业旅游与休闲服务、木质工艺品和木质文教用品，较上年同期增长速度分别为22.4%、13.6%。

地级市林业产业产值 2016年全省林业产业总产值超过400亿元的有5个市：杭州市811.8亿元、湖州市622.7亿元、金华市528.1亿元、宁波市480.6亿元、丽水市412.8亿元，分别占全省林业产业总产值的17.9%、13.7%、11.6%、10.6%、9.1%。各市排名较上年无变化。

全省11个地级市中，林业一产产值达到100亿元以上的有4个：杭州市190.4亿元、金华市131.8亿元、绍兴市122.2亿元、宁波市115.1亿元，分别占全省一产产值(952.3亿元)的20%、13.8%、12.8%、12.1%。和上年相比，金华市的一产增速较快，由上年第四跃居全省第二。

林业二产产值中前四位的依次是：杭州市447.7亿元、湖州市373.1亿元、宁波市295.7亿元、嘉兴市289.7亿元，分别占全省二产产值(2560.9亿元)的17.5%、14.6%、11.5%、11.3%。和上年相比，宁波的二产增速较快，由上年第四跃居全省第三。

林业三产产值突破100亿元的有5个市：湖州市189.1亿元、杭州市173.7亿元、温州市151.8亿元、丽水市136.8亿元，金华市135.9亿元，分别占全省三产产值(1020.7亿元)的18.5%、18.6%、17.0%、14.9%、13.4%、13.3%。和上年相比，2017年产值过百亿的由4个市增加为5个市，金华市进入百亿市行列。湖州市由上年的全省排名第二，跃居全省第一。

林业资金投入 2017年，全省累计完成林业投资84.95亿元，较上年82.43亿元增加2.52亿元。其中中央财政资金4.37亿元，占全部林业投资额的5.14%，占比同比增加。

按建设内容分：生态建设与保护47.96亿元，占全部林业投资完成额的56.5%；林业产业发展15.11亿元，占全部林业投资额的17.8%；林业支撑与保障19.4亿元，占全部林业投资额的22.8%；林业基础设施建设2.5亿元，占全部林业投资额的2.9%。

按地区分，林业累计完成投资额前三位的是宁波市20.46亿元、嘉兴市13.98亿元、杭州市

10.66 亿元，分别占全省投资额的 24.1%、16.5%、12.6%。

林业系统从业人员和劳动工资 截至 2017 年底，浙江林业系统实有各类型单位共 1002 个，其中机关 1253 个、事业单位 867 个、企业 12 家。林业系统年末人数 10511 人，其中在岗职工 9659 人。在岗职工年平均人数为 9832 人，平均工资为 114509 元，其中机关的在岗平均工资为 142842 元，超全省平均水平。

【木竹采伐概况】

木材 随着对生态环境的高度重视，浙江省很多县市已停止木材商业性采伐，木材采伐指标主要用于开展彩色健康森林建设、进行森林抚育及退化林修复、加强森林病虫害清理和枯死木清理等方面，全省木材产量逐年减少。2017 年全省共采伐商品材 95.99 万立方米，较上年的 108.2 万立方米较少 12.21 万立方米，降幅为 11.2%。其中：原木 88.89 万立方米，占比 92.6%。

主要木材产品产量中，商品材采伐量较大的是：丽水市(37.09 万立方米)、杭州市(19.39 万立方米)、金华市(10.57 万立方米)，分别占全省采伐量的 38.6%、20.2%、11.0%。

竹材 2017 年，浙江省竹材平均价格为 11 元/根，较上年 12 元/根略有下跌。受制于市场不景气、劳动力成本过高等因素，浙江省竹材行业依旧整体效益偏低，以采伐、销售为主的相关产业仍处于困境。

2017 年，全省共采伐大径竹 20826.2 万根，较上年 21184.9 万根减少 358.7 万根，与上年基本持平。其中：毛竹采伐量 20185.3 万根，占比 96.9%。如除去全省各地因低效竹林转型升级所进行的竹材采伐，浙江省实际生产加工所需竹材采伐已大幅减少。

在主要竹材产品产量中，大径竹采伐量较大的是：湖州市、丽水市、杭州市、绍兴市，分别占全省采伐量的 24.1%、23.7%、17.3%、13.3%。排名较上年无变化。

【主要林产工业产品】

锯材 2017 年，全省锯材产量 349.5 万立方米，较上年 330.6 万立方米增加 18.9 万立方米，增幅 5.7%；平均价格为 1475 元/立方米，较上年 1523 元有所下跌。主产地为衢州市、金华市，分别占全省的 34.0%、31.1%。

人造板 2017 年，全省人造板产量 550.6 万立方米，较上年 567.5 万立方米有所减少。近几年，浙江省的人造板产量逐年减少，与各地政府为保护生态环境，大力整治微小木材加工企业有关。按产品分类区分：胶合板产量 209.1 万立方米，占全部人造板产量的 38.0%；纤维板产量为 80.5 万立方米，占全部产量的 14.6%；刨花板产量为 9.3 万立方米；其他人造板产量为 251.7 万立方米，主要为细木工板。

地板 2017 年全省木竹地板产量为 11108.1 万平方米，较上年的 11206.5 万平方米，基本持平。平均价格 208 元/平方米，较上年的 190 元/平方米，明显上涨。得益于全省商品房交易、存量房换新、城镇化推进等有利条件，浙江省的地板行业迎来巨大商机。按产品类别区分：实木地板产量为 4187.3 万平方米，实木复合木地板 5516.2 万平方米，竹地板产量 902.2 万平方米，其他类型 502.4 万平方米。

表 1 2017 年浙江各市人造板产量

序号	地区	人造板产量(万立方米)
1	杭州市	39.10
2	宁波市	7.49
3	温州市	43.72
4	嘉兴市	90.01
5	湖州市	172.63
6	绍兴市	17.28
7	金华市	6.52
8	衢州市	119.72
9	舟山市	0.00
10	台州市	17.51
11	丽水市	36.60

表 2 全省各市木竹地板产量

序号	地区	人造板产量(万平方米)
1	杭州市	528.62
2	宁波市	74.36
3	温州市	13.07

(续表)

序号	地区	人造板产量(万平方米)
4	嘉兴市	1632.66
5	湖州市	7817.85
6	绍兴市	594.97
7	金华市	16.95
8	衢州市	161.81
9	舟山市	0.00
10	台州市	0.00
11	丽水市	267.76

主要林产化工产品　2017年全省松香类产品产量19000吨，较上年21200吨减少2200吨，减幅10.4%，其中：松香类深加工产品17500吨，占比达92.1%。松节油类产品产量5000吨，木炭产量18311吨，竹炭产量63729吨，木质活性炭产量51721吨。

【全省花木产销行情好于预期】　2017年，全省各地政府积极贯彻“绿水青山就是金山银山”理念，“美丽中国”项目建设蓬勃发展，园林绿化市场得到多重激活。受需求端推动，2017年全省花木市场行情保持了稳健增长，苗场去库存明显。全省实有花卉种植面积10.23万公顷，切花切叶产量6.394亿支，盆栽植物产量3.479亿盆，观赏苗木产量17.79亿株，草坪产量4117.3万平方米。全省具有一定规模的花卉市场116个，各类花卉企业11060家，花卉从业人员82.29万人；智控温室面积和日光温室面积分别为543.6万平方米、1153万平方米。

市场需求发生变化　苗木花卉采购方对景观审美需求提升，花繁色艳植物的景观价值突出，相对受市场青睐，特别在花林、花海项目建设中，对花繁花艳植物需求量巨大。随着对湿地保护越来越重视，耐阴、耐水湿等植物品种对于林下空间、湿地景观营造无可替代，需求量也明显增大；工程项目规模化后，大面积绿化需求的苗木数量十分可观，生长快、中等规格苗木非常受市场欢迎；市场偏好自然，人工痕迹过重的绿化手法不再受到追捧，自然野趣的草花花境大受青睐。

企业规模、实力高低导致经营状况迥异　浙江省园林绿化项目主要为：流域综合整治、特色小镇建设、城市环境综合提升、美丽乡村建设，以及城市公园、森林公园、郊野公园、农业公园、主体公园等，项目综合性强、规模大，并且需要特殊的资金结算方式。随着项目规模化后，高效率、反应迅速、整合资源能力强的龙头企业占据市场有利位置，浙江省大单几乎由东方园林、岭南园林、蒙草生态等上市公司承担，靠人脉关系取得市场占有额的中小绿化工程公司失去竞争力，要么被排除在绿化市场之外，要么退而求其次沦为“二手”承包商。

【油茶与核桃产业稳步发展】　近年来浙江省各级林业及财政部门大力扶持木本油料产业，加快油茶、山核桃等产业基地建设，相关产业稳步健康发展。

截至2017年末，全省实有油茶种植面积17.29万公顷，较上年17.44万公顷基本持平。全省当年新造油茶2848公顷，当年油茶低改7837公顷。全省油茶苗木产量1333.3万株，共有油茶企业207家，油茶籽产量6.1万吨，油茶产业产值达26.8亿元。

截至2017年末，全省实有山核桃种植面积6.42万公顷，定点苗圃个数为8个、苗木产量57万株，主产区为临安、淳安、富阳。山核桃产量(干重)2.11万吨，产值达12.5亿元，山核桃树也被当地农户称为“摇钱树”。

【经济林产品产量总体平稳】　2017年，全省各类水果总产量424.5万吨，较上年378.1万吨增产46.4万吨，增幅达12.3%，受经济利益驱使，浙江省高端柑橘和猕猴桃种植面积逐年扩大，加之生产年天气适合水果生长，浙江省2017年水果产量较往年提高。各类干果产量8.4万吨，较上年8.71万吨减少0.31万吨，主要是柿子(干重)产量大幅减少，很多农户换种其他经济林水果。

在浙江省特色林产品中，香榧产量6060吨，经济效益达到13.5亿元。在其他林产品中，毛茶产量16.43万吨，较上年16.06万吨增加0.37万吨，增幅2.3%；竹笋干18.7万吨，较上年15.9万吨增幅达17.6%；食用菌4.71万吨，较上年5.45万吨减产0.74万吨，减幅为13.6%。

(浙江省林业厅)

【黄岩区名果产业】 2017年种植浙江楠、银杏、金钱松等珍贵彩色树23.5万株，发展珍贵彩色示范林2片，示范单位4个，示范点5个。全区平原绿化面积1481.3亩，其中人工造林1006.3亩，迹地人工更新63亩。完成森林抚育19200亩。创建省级森林城镇2个(院桥镇、上郑乡)，省级森林文化小镇1个(茅畲乡)，省级森林村庄2个(东城街道上后村、屿头乡屿头村)，省级森林人家2个(富山乡半山村、屿头乡布袋坑村)，建设市级森林村庄(绿化示范村)14个。积极开展“共青林”“环保志愿者林”“亲子林”“爱心林”等各种形式的义务植树和认建认养活动，全区共有23万人次参加各种义务植树活动，种植各类树木100多万株。

水果种植新发展面积近2000亩，全区柑橘种植面积63195亩，总产量达到65367吨；杨梅种植面积达到71393亩，总产量达35288吨；枇杷种植面积20966亩，产量8435吨。出台《关于加快黄岩蜜橘等精品水果产业发展的政策意见》，全年投入水果资金1080万元，用于柑橘新种植补助、柑橘新种植土地流转奖励、罗幔杨梅网室栽培补助等奖补和果园操作道、排水沟、蓄水池、钢架大棚、防虫网室等基础设施的建设，努力打造精品黄岩蜜橘基地，促进果园提档升级。举办了台州黄岩旅游柑橘节，开展黄岩区首届“柑橘之王”擂台赛，澄江街道山头舟村、台州市黄岩友正家庭农场的本地早果品以混合汁可溶性固形物含量14.7%获得第一名。举行了区级培训会议10场次，乡镇级培训8场次，受训果农1500人次，发放各类技术培训资料18000多份。浙江黄岩特产开发公司的“九峰”牌东魁杨梅荣获“浙江省十佳杨梅”称号，九峰牌黄岩蜜橘荣获浙江省农博会金奖。

(黄岩区农林局　包骁祎)

【临海市林业产业】

相关扶持政策 ①2017年临海市围绕农业增效、农民增收，农村增绿，制订了《临海市加快现代农业发展的扶持办法》。规定对柑橘、杨梅、茶叶等主导产业的一些50万元以上投资额的基础设施建设和设备建设给予20%补贴；扶持草莓、葡萄、蓝莓、油茶等新兴产业，对一些50万以上投资额的基础设施建设和设备建设给予20%补贴，并对新建油茶基地连片100亩以上的每亩补助200元，新建山核桃、香榧基地连片100亩以上的每亩补助800元。此外还有针对其他林业产业的扶持补贴。

②括苍山国家级森林公园建设面积为3137.28公顷，拥有突出的区位优势、丰富的自然资源以及深厚的人文底蕴。括苍山国家级森林公园内共有维管植物146科564属1012种。其中蕨类植物23科45属73种；裸子植物6科11属15种；被子植物117科508属924种。2017年7月国家林业局正式批准临海市设立浙江括苍山国家级森林公园，括苍山国家级森林公园将成为临海市森林旅游、休闲养生、山地运动和科普教育的基地。

柑橘、杨梅和茶叶等产业 2017年临海市共有192386亩柑橘产业面积，其中投产面积188733亩，产量253495吨，产值91259.4万元；柑橘机械商品化处理率85%，标准化技术推广面积165000亩；拥有11家柑橘农业企业，650家柑橘专业合作社。

2017年临海市共有132703亩杨梅种植面积，其中投产面积130158亩，产量89100吨，产值54171万元；杨梅机械商品化处理率65%，标准化技术推广面积105000亩；临海市拥有2家杨梅农业企业，280家杨梅专业合作社。

2017年临海市共有50000亩茶叶产业面积，当年全部投产，产量1300吨，产值16400万元。

2017年临海市共有9069亩葡萄产业面积，其中投产面积8889亩，产量10660吨，产值8025.6万元；葡萄机械商品化处理率40%，标准化技术推广面积6400亩；临海市拥有100家葡萄专业合作社。

临海市全力推动全市林业产业做精做优，在品牌建设方面，着力做好“一保”“一扩”“一创”。“一保”是保护品牌工作。针对市场上13家使用临海蟠毫商标的茶企、茶商，进行了临海蟠毫大抽检行动，对茶叶含水量、外包装、净含量以及产品的香气、滋味、叶底等进行了严格检查，对产品跳级等进行了严厉批评；参加了台州市杨梅产销形势分析会后，迅速开展杨梅质量安全生产暨产销形势分析会，针对当前杨梅产业的质量安全、产销形势等问题，要求各协会会员及种植大户做好榜样；召开临海蜜橘证明商标使用签约会议，全市20余位商标使用人到会，会议就近年来在一些展会、市场以及网上出现的假冒临海蜜橘，恶意抢注商标名称等进行了处理，要求在场签约的各商标使用人共同保护临海蜜橘公共品牌。“一扩”是全力扩大品牌影响力。临海市以竖牌宣传为平台，在做好参展参评的基础上，全力开展各类品牌活动，以扩大品牌影响力。2017年已组织有关企业7次参加各类展会、评比活动，4个产品获金奖，其中临海杨梅、临海葡萄2个区域品牌分获浙江省十佳杨梅、浙江省十佳葡萄荣誉称号。台州市桐坑茶业有限公司选送的红茶获得了“浙茶杯”优质红茶评比金奖，临海市香雾水果专业合作社获得了2017年浙江省精品果蔬展金奖。“一创”是品牌创建工作。研发、创制、打造临海道茶工作取得巨大进展。在确定了产业外包装、产品外形以及上一年的试制基础上，先后申请了盖竹山道茶及其相关品牌标志4个，举行了第二年的临海道茶试制以及评审，为产品的最终定型提供了进一步的样品。此外，还组织有关茶企参加了台州市全民饮茶日活动、2017浙江省精品果蔬展等省市组织的活动，并连续4年举办了纳凉茶会——免费品茗活动。（临海市林业局　王卫祖）

【温岭市林业产业】

林业产业发展　2017年，温岭市全面推进“五年绿化平原水乡、十年建成森林温岭”战略部署，加快林业产业优化升级，积极构建生态、富民、人文三大林业体系，平原绿化、森林系列创建、森林资源保护等各项工作顺利推进，全年实现林业生产总值94.29亿元，增幅15%。

特色产业　2017年温岭市大力引进山区水果优良品种，新发展水果面积5307亩，其中杂柑类如红美人等品种的发展势头强劲，增加了896亩，成为温岭市南部、东南部水果发展的增长点，也带动了温岭市山区水果产业的发展。此外，杨梅、柑橘等传统水果发展平稳。杨梅产量稳定，电商销售量750吨，产值5536.1万元；大棚枇杷面积增多，产量稳，效益高；猕猴桃投产面积增加，产量增加。同时创新农作制度，在幼龄果园中推行蔬菜、棉花、玉米套种，推广“一亩山万元钱”创新技术模式，完成创新模式示范面积100亩。引导水果基地朝休闲果园方向转变，一批小规模中高档休闲果园悄然兴起。

搭建平台　成功举办2017第四届温岭农(渔)业博览会，参展企业174家，共有4.6万人次专业客商和消费者前来参观和购买，现场销售608.12万元，签下意向订单116份，意向金额1220万元，现场销售额和订单金额比上年分别增长13%和12%。温岭市还组团参加了2017年台州禧迎春精品年货交易会、第十五届中国国际农产品交易会、2017浙江精品果蔬展销会、2017中国义乌(国际)森林产品博览会、2017浙江农业博览会、2017浙江(上海)名特优新农产品展销会、台州农博会(南京)等农展会等十多个展销会，获得2个省级金奖、2个省级优质奖、3个杭州市民最喜爱的鲜食果蔬奖。

创新发展模式　结合城镇、森林人家的建设，推进林地经营权流转，积极发展家庭休闲林场建设，建立农旅结合的水果示范点；做好省级水果产业项目的储备、立项和实施；大力推进林地水果品种改良，对新兴山区水果品种开展调研和评优，提升品质；推进中药材产业提升和种植标准化、规范化建设。（温岭市林业局　徐意）

【仙居杨梅产业】　浙江仙居，“中国杨梅第一县”，地处浙江东南、括苍山脉北麓。

仙居县近年来杨梅产业发展非常迅速，2017年全县种植面积13.8万亩，投产面积12.5万亩，2017年产量9万吨，产值5.5亿元，直接促进梅农人均增收3万余元；拥有两条投资总额近亿元的万吨杨梅深加工生产线，杨梅面积、产量、产后商品化处理能力均居全国之首。

多年来，仙居县委、县政府坚持把杨梅产业作为林业一大特色产业和促进林农持续增收的主导产业来抓，通过实施优质品牌战略，壮大基地规模，建设专业市场，推行标准化生产，仙居杨梅产业得到了迅速发展和不断提升。成功举办了20届“中国·仙居杨梅节”，开展评选“杨梅仙子”“竞吃仙梅”“仙梅大擂台”“仙梅开采仪式”、评选“杨梅管理十佳能手”等丰富多彩的活动。助推了仙居杨梅产业发展、吸引了各地游客到仙居观光旅游，带动了第三产业的快速发展；杨梅观光带入选中国美丽田园，2012 年，仙居被确立为全国休闲农业与乡村旅游示范县。仙居杨梅促进农工商互动、产加销良性循环。小杨梅，大产业，杨梅产业链越拉越长，在仙居形成了独特的“杨梅经济”现象。仙居杨梅已成为果农致富的法宝，仙居杨梅产业是一项真正意义上的富民产业，也是仙居农村经济发展的主导产业之一。

2016 年“仙居杨梅生产基地” 被中国农业产业化龙头企业协会央联食品保障分会认定为“央联食品保障生态种植基地”，同时也成为“北菜配送仙居杨梅生产基地”“天猫生鲜原产地”。仙居杨梅已通过绿色食品认证、原产地保护认证、地理标志认证，并在美国、法国等 13 个国家成功注册，产品畅销全国各地并远销加拿大、德国及“一带一路”沿线国家。

2017 年，全县建有 25 个高标准仙居杨梅示范园区和 65 个绿色标准化示范基地。组建 400 多家杨梅专业合作社、协会等合作经济组织，注册资金 3300 万元，入社农户 3500 多人，带动周边梅农 1.8 万户。有大型产地批发市场 21 个，冷藏保鲜包装设备 300 多套。建立了仙居杨梅观光园 25 个，日接待游客能力达 5 万余人。两条万吨杨梅深加工生产线，加工转化近 4 万吨杨梅，开发了杨梅干红、杨梅原汁、杨梅醋饮、杨梅酵素、杨梅咀嚼片等 30 多个系列产品。这些产品在历届农博会、博览会和评酒会获得殊荣，其中“杨梅原汁”成为上海世博会各国元首指定饮品之一。生产的杨梅饮品远销海内外。 （仙居县林业局　祝新春）

【金东区苗木产业】 2017 年，金东区紧紧围绕省委、省政府“五年绿化平原水乡、十年建成森林浙江”决策部署，结合市委、市政府浙中生态廊道工作要求，坚持“山水林田湖是一个生命共同体”的理念，紧扣“苗木转型、产业升级、林业提质、林农增效”，加大平原绿化彩化力度，提升“美丽金东”建设。

平原绿化建设 2017 年完成平原绿化面积 1092 亩，完成率达 109.2%，平原林木绿化覆盖率上升至 27.24%。全区完成人工造林 1552 亩，迹地更新 2644 亩(其中人工更新 2108 亩，人工促进 536 亩)，森林抚育 5127 亩。完成四旁植树 7.9 万株，新植珍贵树种 10.8 万株，完成公路绿化 6.5 千米。实施 8 条彩色林带建设，投入财政资金 3630 万元，引入社会资金 8000 万元，种植彩色珍贵树种 80 万株，完成林相改造面积约 2 万亩。创建市级森林村庄 6 个，创建省级森林村庄 2 个。

苗木产业转型升级 ①培育市场主体，建设金东苗木产业“主心骨”。精心培育以澧浦苗木城为重点的专业市场，为苗木花卉交易提供区级平台，壮大金东苗木产业集聚的“主心骨”。金华花卉生态示范园以花卉苗木交易为建设核心，打造一条景观带、一片产业区、一个交易园，并已正式开业，补齐市场业态短板。已基本建成集种植、组培、展销、休闲、观光、旅游、科普为一体的花卉生态示范园，完善了一期工程绿化苗木单一的产业业态，使两期市场价值互补，形成聚合效应，打造花木行业市场集群。同时，积极流转土地，制定出台农林业设施精准扶持政策，打造与市场配套的花卉生产基地，延伸产销产业链，引导商户入驻金东，集中精力壮大金东市场，提升苗木城平台的综合竞争力，为将来主导华东花卉苗木市场奠定坚实的基础，为金东区苗木产业发展搭建坚实的平台。

②加强科技引领，转变传统经营方式 。全区推广应用林技通 APP 约 500 个，覆盖大部分苗木经营企业，通过 APP 可以了解省级专家林业种植技术，不仅提升了基层林技推广的信息化水平，打通了林业科技推广的“最后一公里”，同时也帮助广大林农建立了现代化的林业产业管理新模式，提高了经济林生产的精准化、智能化水平，探索出一条“互联网 + 林业”精准帮扶、助农增收的新路径。

③打造精品园区，提升盆景产业层次。以打造曹宅中国盆景博览园项目为抓手，以曹宅树桩盆景为依托，打造具有生态旅游和观光、培育功能为一体的林旅结合的博览园。制订出台《精品盆景园星级创建验收奖励办法》，推动低端盆景向高端精品转型，引导种植大树苗木户向盆景产业方向发展，吸引盆景工艺大师前来驻扎，带动提高金乐区盆景制作水平，现已开展 10 个星级精品盆景园评定工作。

④发展“前店后厂”模式，壮大金东花卉产业。

金乐区花卉种植面积较少，以花卉生态示范园为销售场所，利用对岸东阳江万亩田园综合体的土地流转优势，发展配套花卉种植基地，并出台精准扶持政策，鼓励种植户发展设施种植，形成种产销花卉全产业链，减少商户的运输成本，留住经营户，壮大金东花卉产业。

（金东区林业局　王劲俏）

【安吉县冬笋产业】　“安吉冬笋”是安吉县的主要特产之一，其特定品质：形态呈腰子形，粗短，弯曲；笋壳薄，色泽黄亮；口感清新，涩味少，微带甘甜。经检测，每100克“安吉冬笋”含有营养成分：热量35千卡、蛋白质4.0克、脂肪0.4克、糖分3.9克、食物纤维0.8克，其中食物纤维能有效防止各种疾病和改善人体营养均衡，多糖类物质具有一定的抗癌作用。

2017年，安吉县毛竹林面积87万亩，安吉冬笋年产量达1.2万吨，获国家地理标志证明商标。

（安吉林业技术推广中心　诸炜荣）

【常山县林业产业】　2017年为全面贯彻实施县第十三次党代会提出的“四四二”战略体系，进一步完善扶工机制，优化发展环境，着力构建循环产业链，力推工业经济绿色发展，相应出台《关于加快推进工业经济转型升级的若干政策(试行)》(常委〔2017〕16号)等扶持政策，有力促进培育新型林业经营主体，不断提升以油茶为主的林业主导产业，林业产业取得了新的进展。

林业产业概况　2017年常山林业产业经济总量稳中求进，实现林业行业总产值21.4亿元，比上年同期增长7.3%，其中一产5.1亿元；二产13.2亿元；三产3.1亿元。第一、第二产业同比上年同期略有上扬，第三产产业增长23%左右。

第一产业以传统林业种植为主，突出油茶新品种和珍贵树种造林。全县第一产业油茶籽产量比上年明显增长，由于削减采伐计划，木材生产产量有所减少，水果、干果、茶叶等其他产品与往年持平。2017年启动“一村万树”和彩色森林廊道建设，珍贵树种造林的面积有所增加。完成造林更新1850亩，平原绿化1020亩，四旁植树26万株。同时推进油茶产业发展，做大油茶基地，完成良种造林4300亩，更新改造1900亩。

第二产业以推进油茶产业“一区两园四中心”为建设重点，全面提升油茶林产品加工经营水平。实施油茶示范县项目，累计投资省级财政400余万元对常山县绿圣生物科技有限公司、常山斯帝油茶开发公司、浙江常发粮油食品有限公司等企业油茶精深加工设备改造；创新金融模式，引入“睿康常山山茶油”产业基金，用于引进先进的生产设备；积极争取常山县油茶产业集聚区项目，总投资约为5.12亿元，其中省级以上财政资金5000万元；引进“两山”建设财政专项激励资金5000万元(2017年安排1000万元，2018年、2019年各2000万元)用于油茶加工升级改造、“常山山茶油”品牌建设、全国油茶交易中心及配套设施建设；申报“常山国家油茶公园”，开设常山山茶油交易中心北京战略窗口，进一步打造常山油茶产业发展“金名片”。2017年油茶产业加工产值达6亿元。

第三产业以森林休闲为主，进一步扩大旅游服务增长速度。随着全县创建全域旅游示范县的推进，已成功创建浙江三衢国家森林公园石林4A级景区、黄冈山3A景区，黄塘“油+游”农业乡村休闲四星级景区，桃花源-芙蓉峡谷三星级景区。全力以赴创建常山白菊花4A级景区和国际慢城。据旅游部门统计，2017年“五一”劳动节和端午节游客流量比上年同期增长43%。

常山油茶产业　①油茶种植技术优势明显。常山县油茶栽培已有2000多年历史，油茶文化源远流长，是“中国油茶之乡”和全国木本油料特色区域示范县。全县有油茶面积28万亩，涉全县6个镇5个乡、3个街道办事处，但相对集中于芳村镇、新昌乡两个乡镇，油茶面积达约12万亩，占全县油茶面积的47%。常山油茶研究所依托自主培育的“长林”系列新品种，建成全国最大的油茶良种苗圃基地，年育苗能力达300多万株。利用良种苗圃育苗，大力实施低产老茶林改造和高产新品种推广，全县已完成油茶低改7万多亩，新品种推广面积达3万亩。

②产业化水平走在全国前列。常山县油茶产业化水平居于全省首位，在全国也位居前列。常年本县油茶籽产量约5000吨，折合初制茶油1300吨。全县实际加工茶籽7000余吨，其中2000吨油茶籽从江西、安徽、福建及湖南等外省调入。全县现有油茶加工企业、合作社等40多家，其中具

有精制油加工能力的12家，年加工能力达1万吨。油茶加工企业有国家级林业龙头企业1家、省级农业龙头企业2家、省级林业龙头企业7家。加工产品以精制食用山茶油为主，同时全县企业已成功研发化妆品、保健品、茶皂素等“5大类16大系列”产品，获批7个发明专利。2016年年产值达3亿多元，其中加工产值为1.2亿元。

③品牌建设取得初步成效。全县已注册茶油商标有“常发”“东茶”“山神”“绿圣”“晟泰”“富而康”“一品天马”“绿玲珑”等18个，已有6家公司产品通过绿色有机食品和森林食品基地认证，拥有省级名牌产品1个、市级名牌产品2个、省级著名商标2个、市级著名商标2个。2014年县委县政府出台《“常山三宝”振兴发展行动计划》，在品牌整合方面，采取“一标志双商标”，初步建立了以“常山山茶油”为主导的山茶油品牌，对常山油茶产业发展具有较好的促进作用。

④市场营销不断创新。在线下交易、销售的同时，常山县各企业广泛开展了线上交易。常发公司建立了微营销，山神、绿圣、斯帝等公司建立了公司网站，山茶油产品进驻淘宝衢州馆。同时，通过全国油茶文化节、全国农博会、浙江省农博会、衢州市上海农展会、义乌森博会等农产品展销会、“常山三宝”杭州推介会，进行多形式的宣传，不断提高常山山茶油的知名度和美誉度。

⑤三产融合发展方兴未艾。在发展油茶产业的同时挖掘油茶文化底蕴，将油茶产业与旅游相结合，引导农民发展“油茶农家乐”“油茶森林旅游”“油茶长廊”等休闲观光农业。建设新昌黄塘油茶主题公园、芳村下牛角油茶花海、芳村油茶林业小镇等一批三产融合发展的示范点。黄塘油茶主题公园已开发建成了漂流、滑草、古法榨油体验馆、小木屋民宿、稻草文化等项目，吸引了许多游客，成为常山县乡村休闲旅游的亮点。油旅结合、山水资源入股的农村改革黄塘模式成为全省推广的典型。 （常山县林业局　何照斌）

【江山市林业产业】 2017年，江山市全年实现林业总产值201.8亿元，其中木业产值147.9亿元，在各行各业普遍呈下滑趋势的情况下保持稳定略有上升状态，呈现诸多良性发展特征，真正从当初的简单“聚变”实现多样性“裂变”。

产业格局 按照“一、二、三产业融合发展”的原则，江山市林业产业格局得到进一步优化，形成了以猕猴桃、林下药材优势产业为引擎，以木门及整体家居特色产业为驱动，以森林旅游新兴产业为补充的产业集群。一是一产区域优势突出，发展势头强劲。借助得天独厚的土地资源和环境优势，猕猴桃、林下药材的优势凸显，成为亩均产值上万元甚至数十万元的两大产业，成为林下经济新一轮关注亮点。2017年，全市猕猴桃种植面积近3万亩，拥有近万亩猕猴桃特色园和3200亩全国最大的连片覆盆子种植基地。2017年全市中药材种植面积16455亩，总产值2亿元，与2016年相比分别增长59.2%和16%。二是二产转型升级加快，竞争能力提升。四年来，江山市木业产业进行了大刀阔斧的变革并取得了一定成果，实现了一定层次上的战略转型。从粗加工占60%的比重向木门、家居等深加工占70%的比重转变，从依靠劳力获效益向机器智能现代化要效益转变，从传统营销向“互联网+”模式转变，形成了向改革要红利、向创业创新要收益的绿色低碳循环可持续发展之路。三是三产生态优势显著，吸引能力增强。江山市现有已开发的森林旅游景点12处，凭借其独特的自然景观、名胜古迹、文化遗产吸引众多游客前来旅游观光。特别是近两年，随着人们崇尚自然、回归自然的意识逐步增强，作为“朝阳产业”、“无烟工业”的森林旅游产业被市委市政府高度重视，2017年，仅仙霞国家森林公园就接待游客25.8万人次，实现旅游收入3686.6万元，同比增长30.2%，森林旅游已成为江山市林业新的经济增长点。

品牌创建 近年来，政府与企业双管齐下，在打造区域品牌和企业自主品牌上一齐发力。一是立足优势，区域品牌建设适时推进。自2008年成功打造“中国木门之都”品牌后，江山市又先后斩获“浙江省低碳木业加工产业基地”“浙江省木门产品商标品牌基地”“国家级出口木门质量安全示范区”等多项区域荣誉。2016年初，根据产业发展趋势，及时申报国字号“中国定制家居名城”，并于2018年通过评审和授牌。通过区域品牌的成功打造，给产业发展带来新的契机。二是多措并举，自主品牌建设强势推进。近两年，各企业纷纷建立品牌打造计划，通过多种形式、多种渠道打造品牌、宣传品牌。已有欧派等十多家企业邀请影视明星代言，在央视、各大卫视进行广告宣传。此外，不少企业还结合自身发展现状，积极申报各级名牌。2017 年，全市有驰名及著名商标 24 件，浙江省名牌 6 个。

创新转型 市场的困境倒逼江山市木业企业积极转型，在不断创新中涅槃重生。一是在技术上不断创新。近几年江山市木业产业科技投入稳步增加，技术创新能力明显增强，已形成了“政府职能部门推动，行业科研院所领跑，行业龙头企业参与”的“产学研”合作与创新机制，多项技术在应用领域上处于领先水平。2017 年，江山市木业产业获授权专利近 600 件，其中实用新型 100 多件。二是在管理上不断创新。在传统管理模式向现代企业管理模式转变过程中，许多企业高薪聘请高素质的职业经理人，采用 ERP 管理系统，以“优化产品结构、理顺工艺流程、提升产品质量、缩短生产周期、提高产品交期达成率、增强柔性生产能力”为出发点，全面进行管理模式升级和改造，逐步实现标准化管理、制度化管理、流程化管理。三是在融资渠道上不断创新。除传统的银行贷款融资渠道外，企业在资本运作的实践中，实现了融资渠道的创新。一批有实力的企业尝试通过上主板、新三板和林权交易平台等方式进行融资，江山市欧派门业成为国内第一家主板上市木门企业。四是在产品上不断创新。在近四年市场持续疲软的压力下，江山市基本形成木门品牌化、板材差异化的发展格局。尤其是全市 120 多家指接板、细木工板二大板材企业，根据差异化的市场需求，生产出不同规格、不同材质的板材产品，在无品牌的困局中走出一条“人无我有，人有我精”的产品差异化、精品化发展之路。

龙头带动和分工协作 近年来，市委、市政府高度重视龙头企业的培育，采取积极有效的扶持政策，促进龙头企业的发展壮大，形成了一批以欧派门业为首的龙头骨干企业。2017 年，全市有各级龙头企业 63 家，其中国家级林业龙头企业 2 家，省级林业龙头企业 27 家。在龙头企业的带动下，“龙头 + 生产基地”的生产合作模式逐渐形成，产业链不断拉长和完善，相关原料、半成品配套生产企业不断涌现，社会化分工越来越细，专业化生产程度越来越高，1/3 粗加工、半成品甚至成品加工企业为这些龙头企业配套协作生产。

优势产业(门业) 经过近十年的快速发展和近年来的行业整合，江山市木门行业开始步入品牌化、专业化协同发展的良性轨道，创新能力不断增强，设备投入逐渐增多，规模以上产能持续扩大。2017 年，金旗门业、五福门业等峡口工业园区企业已完工投产。500 亩欧派产业园、近 200 亩的王牌门业、100 多亩的吴氏门业等莲华山工业园区企业也在施工建设或着手建设中。2017 年，仅出口的木门就达 1950 批，货值超过 9400 万美元，占浙江省同类产品出口额的 58%，占中国同类产品出口额的 14%。在销售市场上，随着国内各省份精装修政策的不断落地，实力较好的企业开始将目光投向“精装修”市场，一些大房地产商成为这些门企的发展重点，“精装修”房大批量订单有效拉动江山市门业快速增长。在“一带一路”战略的强力推动下，2017 年，江山市木门出口额 3.86 亿元，实现了平稳发展。

（江山市林业局　郑进）

【龙游县竹产业】 龙游县是浙江省重点产竹县之一，是“中国竹子之乡”，浙江大竹海国家森林公园就坐落其中。全县有林地面积 97.2 万亩，其中毛竹林面积 41 万亩，毛竹年蓄积量 7000 万株，年产商品竹材 1500 万支，年产竹笋 3.1 万吨。竹产业是龙游县农业的主导产业，更是龙南山区的富民产业。全县有从事竹林培育与竹加工业的农村、城镇人口 4.5 万人，从业人员劳务收入平均可达 3 万多元，竹产业是竹区 10 万农民的主要经济来源。

2017 年全县林业总产值 33.46 亿元，其中竹产业总产值 23.76 亿元(一产 2.95 亿元，二产 17.27 亿元，三产 3.54 亿元)，占林业总产值的 71%。竹区农民人均收入 2.05 万元，其中 70% 以上来自竹产业。

2016 年 9 月，省林业厅将龙游县列为首批省级竹产业提升发展试点县，列入 2017 年浙江省林业产业类重大重点建设项目，给予省财政项目扶持资金 1000 万元。以试点县项目为契机，县林业局重点围绕“订规划，抓整治，干项目，重融合，再创新，强招商”六项工作，全力推进全县竹产业提升发展。

一是政府重视，规划提升。龙游县政府专门出台《龙游县关于进一步推进笋竹产业转型升级的若干意见》等相应扶持政策，并在2017年由县林业局委托浙江农林大学组织竹产业方面的专家教授，共同对全县竹产业发展进行整体修编，编制出具有前瞻性、引领性、科学性、指导性、可操作性的规划。修订完善《龙游县竹产业总体规划(2018~2027)》，明确今后一个时期内龙游县竹产业的发展方向。

二是狠抓整治，促进提升。2017年出台《龙游县竹木加工行业整治提升专项行动实施意见的通知》《龙游县竹木加工行业专项整治资金补助办法的通知》，在2014年全县范围内竹制品加工行业专项整治第一轮的基础上，对S222省道、溪大线公路沿线范围内及其他需要整治的62家竹木加工户开展第二轮整治提升。整治范围总面积为72241平方米，其中整治提升14家，总面积17735平方米；拆除退出48家，总面积54506平方米，其中庙下乡29家拆除退出企业将在竹加工集聚区建成后统一管理。通过两轮狠抓整治提升行动，有效促进了县域内低小散、同质化、附加值低的企业转型提升。

三是大建项目，推动提升。按照“一次规划，三年建设”的要求，以龙游县省级现代化竹子产业示范区为基地，其核心区和辐射区两块，正抓紧实施中。核心区建设内容主要为：一产以建设竹林生态栽培示范区与竹林复合经营示范区为主的12000亩竹林提质增效区，二产为庙下乡竹材加工集聚区，三产以六春湖游步道和溪口镇竹海公园游步道项目为主的生态休闲旅游区。辐射区主要推广竹林生态栽培技术和竹林复合经营技术，面积5万亩。

四是注重融合，联动提升。大力推进竹产业一二三产融合与联动发展。在沐尘乡社里村、大街乡贺田村建立农耕化展示体验区、竹酒竹鸡基地、竹笋自挖体验基地，发展乡村农事体验游、兴趣采集游、竹酒品位游等，促进竹林培育与生态旅游相融合。在溪口镇竹木工业园规划三产联动创意园，优二进三，采取电商入园、科技入园、前店后厂等形式，促进工商科旅相融合。抓住当前县重大项目——徐偃王庙、竹海运动休闲小镇及衢宁铁路龙游南站建设的契机，发展竹海修身养性健生旅游，着力启动建设竹海风情小镇、竹文化主题公园等项目，促进文养居旅相融合。

五是不断创新，驱动提升。创新竹林经营模式，积极探索采用“合作社+基地+农户”发展模式，培育林下经济带。2017年，新建竹药、竹菌、竹酒等林下复合经营示范基地10个，面积3000亩，共发展林下种植多花黄精36000亩，三叶青80万袋。开展技术创新，驱动企业转型升级。依托与中国林科院等共建的浙西竹木产业研究院，推广以竹产下脚料为原料的锅炉环保节能人工智能型布袋除尘技术，开展竹材热处理工艺优化及其污水处理关键技术研究与示范，与省林科院合作研发笋壳废料高效利用项目。

六是招商培育，加速提升。2016年招商引进浙江新海业竹科技有限公司，投资5000万元年产50万平方米高性能竹户外产品项目，2017年产值达到1亿元；投资3000万元的年产1000吨新技术环保竹机制炭项目的洪泰生物能源公司2017年产值4000万元。作为省级林业龙头企业，龙游外贸笋厂有限公司2017年销售额1.6亿元，年创汇额超1000万美元，稳居行业创汇额第一名。2017年外贸笋厂共带动就业人员300余人，人均税收超1万元。

七是推陈出新，多元提升。通过实施竹产业提升发展试点县项目，用生态栽培、复合经营等先进技术来提升和改造传统的栽培模式，优化一产；建设竹材加工集聚区，开发出一批适销对路的新产品，提高产品附加值，打响“龙游竹产业”品牌，升级二产；深度挖掘竹文化内涵，开发竹林生态旅游，创新公共服务平台建设，壮大三产。2017年，龙游竹产业已经基本形成“竹质车厢板”“重组竹户外地板”、竹结构材、竹家具、竹炭、竹拉丝、炭化篾、水煮笋、泡发笋、竹筒酒等九大类近400个品种产品，形成了“林野”冬笋、“龙有”象牙笋、“龙游溪口”鲜笋、“之江”水煮笋、“腾龙”竹胶板、“安帝”竹地板等一批省市知名品牌。多元化的产品结构极大促进了林业增效、林农增收，大力增强县域经济实力，继续保持龙游竹业在全国的领先地位。

(龙游县林业局　马剑锋)

【柯桥区林业产业】　2017年，柯桥区重点推进林业产业发展，开展平原绿化，加强林业资源保护，茶、竹、花、果等林特生产基本保持了稳定发展势头。全区茶叶总产量6220吨，产值3.98亿元，同比分别增长0.7%。其中“平水日铸”系列名优茶产值3.48亿元，占茶叶总产值的87%。毛竹和竹笋产值达6.13亿元，花卉面积7.78万亩，产值4.41亿元，干鲜果产值达0.71亿元。柯桥区获得省“森林浙江”建设工作考核优秀单位，区农林局被市农业局和市林业局同时评为2017年度工作目标责任制优秀单位。

南部茶叶产业集聚区建设　2016年底，柯桥区南部茶叶产业集聚区列入全省第一批10个省级农业产业集聚区创建名单，该集聚区以柯桥南部现代农业综合区为核心规划建设，位于平水、稽东、王坛、兰亭4镇(街)，茶园面积5.9万亩，重点围绕基础设施提升、产业链条延长、农业功能拓展、公共品牌培育、科技服务创新、联结机制构建等内容开展建设，计划投资3.2亿元，力争通过3年(2017～2019年)建设，将其打造成为一个内涵更丰富、建设水平更高、综合效益更好的一、二、三产业深度融合的现代农业园区，建成为一个践行“绿水青山就是金山银山”的示范样本。

南部茶叶产业集聚区创建工作围绕区委区政府总体部署，坚持高起点谋划、高标准定位、高质量推进，切实加强组织领导，按照《浙江省农业产业集聚区和特色农业强镇建设实施方案》的有关要求，着力推动规划编制、政策制定、项目落实。目前，集聚区已制定出台《关于加快推进南部省级茶叶产业集聚区建设的实施意见》等政策文件，编制完善集聚区内相关重点项目建设规划，并推动实施了集聚区第一批茶产业项目建设，截至2017年底，集聚区内已完成投资1.05亿元。

平原绿化　2017年，柯桥区完成营造林面积约4400亩，其中新建提升平原绿化2100亩，新封无林地和疏林地2300亩；完成森林抚育22686亩。主要以围绕“八大战役”国土绿化工程为目标，全年完成投资额1.84亿元，重点开展了包括104国道柯桥城区绿化提档项目、美丽示范街绿化提档改造项目、大坂湖沿线绿化美化项目、美丽乡村景观带、市级森林村庄、珍贵树种发展示范点示范单位示范林、市级珍贵树种样板林和彩色景观示范林建设等工作。3月10日完成了区党政四套班子成员在坂湖公园之江学院地块义务的植树活动，约120名党政领导参加，植树350余株。为响应市民对爱绿、护绿、植绿的需求，3月16日组织了10家企事业单位、家庭和个人，约80余市民在之江学院东门周边绿化带开展义务植树活动，共栽种了香樟、樱花等树种220余株，为美丽柯桥增添了一道新绿。

森林公园　绿林竹海森林公园成功通过省级考评验收，成为继香雪梅海省级森林公园、千年香榧省级森林公园后的柯桥区第三家省级森林公园。全区拥有1家国家级、3家省级、1家市级森林公园。

森林村庄　2017年柯桥区新命名省级森林村庄6个(柯岩街道蓬山村、湖塘街道陌坞村、湖塘街道兴华村、兰亭街道兰亭村、平水镇五联村、稽东镇占岙村)；市级森林村庄10个(华舍街道蜀阜村，钱清镇白马山村，钱清镇南钱清村，马鞍镇宝善桥村，福全街道龙尾山村，安昌街道国际村，夏履镇莲增村，漓渚镇棠棣村，兰亭街道兰渚山村，稽东镇龙西村)。同时，大香林风景区被授予“浙江省生态文化基地”称号。会稽山古香榧群入选“中国最美森林”。

修复森林游步道　根据区委、区政府美丽乡村建设总体规划和区人代会民生十大实事工程的安排，2017年全区投资1845万元，修复森林健身游步道22条，总长度约62650米。

松材线虫病综合防治　2017年共计清除枯死松树3999810千克，清理枯死松树面积22686亩，投入劳力15000余工，投入资金250余万元。对王坛镇王城村区域内的300余株古松进行打孔注药共计1000瓶，投入资金1.48万元；对平水镇黄壤坞村、王化村、小舜江村、稽东镇尉村等道路沿线重点松林区域进行喷粉防治工作，作业面积共计4000亩，使用1.5%噻虫啉微囊粉剂2吨，投入资金9.1万元。

检疫执法　以重点排查松木制品制作、经营、使用单位情况，打击违法采伐、收购、加工、经营、利用、调运、存放、使用松材线虫病疫木，无证调运松木及其包装制品的行为等为重点，全年开展市、区联合检查1次；独立检查11次。累计出动执法人员29人次，检查涉木企业20余家，发放宣传资料200余份，没收松木6立方，共计6985千克。

“森林医生”服务 开展花卉苗木病虫害专题培训1次，培训人员40余人；进行春茶生产服务工作1次。通过报纸、网络等宣传报道防治工作、虫情信息。共上报省林业厅信息9次；发布重要虫情通报3次。

野生动物救护 与野生动物保护专业单位合作，开展野生动物救护工作，全年共出动人员救护50起，救助野生动物58只。其中包括穿山甲、猕猴、猫头鹰、苍鹰等国家级保护野生动物10只。

省级以上公益林矢量数据库完善 经二类调查和公益林实地核查，柯桥区共调整省级以上公益林面积6100亩，其中林地征占用约2000亩，茶叶、桃、梨、樱桃等经济林约3100亩(茶叶为主)，板栗、茶叶和经土地整理不宜划为生态公益林地约1000亩，现经区、镇、村逐级落实，全部按区划要求补全，按规定、按程序补签《重点生态公益区划界定书》。柯桥区的国家级公益林保护等级均属于二级。

打击破坏森林资源的违法犯罪活动 积极开展“2017利剑行动”，严厉打击破坏森林和野生动物资源的违法犯罪活动，受理立案查处涉林案件19起，其中涉林刑事案件7起，判刑7人；林业行政案件12起(滥伐林木案4起，非法收购林木案2起，非法收购陆生野生动物案件1起，擅自改变林地用途案4起，在禁猎区、禁猎期或者使用禁用的工具、方法非法狩猎案1起)，行政处罚12人次。共处置办理市长热线3件；群众来信、来访14件(人次)；接到群众报警电话13人次、接到社会应急联动警单156起，接处出警329人次。共收缴乱捕滥猎野生动物工具粘鸟网40多张，放归大自然的国家、省级保护野生动物55只(条)。营造了和谐稳定的林区社会环境。 (柯桥区林业局)

【嵊州市茶叶产业】 嵊州产茶历史悠久，茶文化底蕴深厚，为全国最大的无公害茶生产中心、最大的名优茶生产中心、最大的珠茶集散中心，先后荣获“中国茶叶之乡”“中国名茶之乡”“中国茶文化之乡”“国家龙井茶原产地域保护区”“全国十大重点产茶县”等众多荣誉。已形成了贵门乡、里南乡、通源乡等茶叶特色乡镇，舜皇山、三王堂、西景山、上坞山等多个茶叶专业村，茶叶已成为嵊州市农业产业中名副其实的第一大产业。嵊州市茶叶种植面积为18万亩，5.8万户约20万人从事茶叶生产或相关产业，山区农民收入的3/5来自茶叶产业。2017年，有1300余家农村初制茶厂，60多家精制茶厂。茶叶总产量1.96万吨，总产值8.6亿元，实现茶叶全产业链产值25亿元，其中越香龙井产量6000吨，约占珠茶出口量的2/3。嵊州市名茶主要以生产龙井、辉白为主，还有少量香茶、红茶生产。越乡龙井先后被评为浙江省著名商标、浙江省十大名茶、中华文化名茶、最具影响力中国农产品区域公用品牌、第一届亚太茶茗大奖金奖，50多次获国内国际名茶评比金奖，越乡龙井品牌价值为24.98亿元。越乡龙井在20个省份开设专卖店180多家，在大润发、欧尚等大中型超市设立越乡龙井专柜400家，打入百年老店上海湖心亭茶楼。借助电商、微商等新兴平台，鼓励茶商、茶农在网上销售，实现“电商、微商、店商”三商融合营销，与小罐茶、吴裕泰公司、中茶公司、上海浙江茶叶公司等知名茶企建立了合作关系。

茶叶低温气象指数保险 继续开展茶叶低温气象指数保险，2017年度，全市共有53户茶农参加保险，投保面积达6477亩。

全国重点产茶县 近年来，嵊州市委、市政府高度重视茶叶产业，制定了产业发展规划，出台了扶持政策，落实了专项资金，积极开展各项工作，通过整合品牌、提高品质、强化推介、规范管理等措施，推进了转型升级，实现了嵊州茶业的跨越式发展。10月26日，在云南临沧举行的第十三届中国茶业经济年会上，嵊州市被中国茶叶流通协会评为“2017年度全国重点产茶县”，这是嵊州市连续第八年荣获此项称号。

龙井茶品牌管理媒体通气会 2017年3月30日由浙江省龙井茶证明商标管理和保护委员会办公室主办，由浙江省农业技术推广中心和嵊州市人民政府承办的“龙井茶品牌管理媒体通气会”在嵊州宾馆举行。中新社、《浙江日报》、浙江之声等20余家媒体参加。全省龙井茶产区市、县(市、区)农林局茶叶业务负责人，省茶叶产业协会、厅相关单位及嵊州市有关领导参加。省龙井茶证明商标管理和保护委员会办公室主任、省农业厅副厅长王建跃，省茶叶产业协会常务副会长冯泉林出席会议。会上，浙江省农业厅在嵊州通报全省龙井茶品牌管理情况，并首次发布龙井茶国家标准实物参考样。嵊州市政府副市长丁贵介绍了越乡龙井茶相关情况，有关专家回答了媒体提问。会后，媒体记者实地参观了龙井茶科研、生产基地，观摩了越乡龙井传统工艺传承争霸赛。

摩洛哥茶叶考察代表团来嵊考察　10月22日下午，由摩洛哥国家食品安全局副局长阿明娜·埃尔·哈加博带领的茶叶考察团专程来嵊州考察茶叶，先后走访了华发茶业、中茶所嵊州综合实验基地。副市长丁贵陪同考察。摩洛哥是中国绿茶第一大进口国，年进口中国绿茶6万多吨，占整个非洲绿茶进口量的64%，占全球绿茶进口量的21%，占中国绿茶出口量的20%。嵊州与摩洛哥一直有茶叶贸易往来，摩洛哥也是嵊州珠茶的重要销售市场之一。

茶叶市场　嵊州市茶叶城于2009年3月建成开业，总投资11000万元，占地面积21亩，经营面积18亩。交易区营业房72间，固定摊位22间，临时摊位200多个，茶叶城内停车场、冷库、仓储、给排水、供电、消防各项配套基础设施齐全。茶叶城企业类型为民营投资、政府兼管的模式。嵊州为全省最大的龙井茶产地，是全市名优茶产业的依托和集散地。经近几年的培育和发展，2017年，茶叶成交量6500吨左右，交易额6.7亿元，主要为龙井茶和辉白茶。　　(嵊州市林业局)

安徽省林业产业

【概　述】 2017 年，安徽省林业厅认真落实《安徽省人民政府关于印发安徽省推进农业产业化加快发展实施方案(2017～2021 年)的通知》要求，以实现绿水青山和金山银山有机统一为目标，坚持生态优先，绿色发展，积极推进林业供给侧“去、降、补”结构性改革，加快发展绿色富民林业产业，不断提升优质林产品和优美生态产品供给能力，全省林业产业一二三产呈现结构优化、融合发展和快速发展叠加的良好格局。2017 年全省林业总产值 3611.87 亿元，同比增长 13.14%，三大产业结构比例为 29∶47∶24，第三产业比重较 2012 年提高了 10 个百分点，山区农民林业综合性收入年均增长 10% 以上。

新型林业经营主体　随着集体林权制度改革的不断深化，各项配套政策的继续完善，集体林地经营权流转加速，金融资本、社会资本进山入林，不断发展壮大林业龙头企业、家庭林场和农民林业专业合作社等各类林业经营主体，有力带动林业规模经营、集约经营上水平。全省现有新型林业经营主体 17645 个，其中国家林业重点龙头企业 26 家，省级林业产业化龙头企业 707 家。认定省级现代林业示范区 50 个，森林旅游人家 593 个。

产业集聚发展　依托资源禀赋、产业基础，围绕九大产业，突出优势特色，打造产业集群，初步形成了皖北人造板家具产业群、沿江江淮苗木花卉产业群和皖南皖西竹产业群、特色经济林产业群和生态旅游产业群。中国林业产业联合会认定宣城森林食品产业示范基地等 8 个中国林业产业特色示范区、池州九华葛根生态产品生产基地等 6 个国家森林生态产品生产基地、池州市为国家森林生态标志产品体系建设试点市，以及 22 个“一村一品”专业(林业)示范村。

林业新产业新业态　特色经济林、木本油料、苗木花卉、林下经济、电子商务、森林旅游康养等迅速兴起，产业融合明显加快。全省新建经济林基地 290.5 万亩，其中油茶等木本油料基地达 103 万亩。2017 年中国·合肥苗木花卉交易大会总交易额达 23.9 亿元，影响力不断扩大。全省森林公园年直接旅游收入近 8 亿元。发展林下经济已超过 830 万亩，实现产值 180 亿元。

林业品牌建设　围绕林业主导产业和特色产业，积极推进林业标准化建设，加强林产品质量与安全管理，培育了一批有影响力的龙头企业和知名品牌。全省已有 78 家加工类企业生产的产品获得了省名牌产品的称号，通过省级以上高新技术企业认证达到 40 家、中国森林生态标志产品认证 6 家。

“林业 +”互联网模式　全省有 248 家省级林业产业化龙头企业建立了自己的互联网旗舰店或其产品入驻国内知名淘宝店，林业企业电商销售普及率达到 35%。中国森林生态标志产品电商产业园暨电商交易平台落户池州，其建设和运营单位被评为第二批全国林业信息化示范基地。2017 年，电商交易平台已入驻商家 300 家，推出生态产品 1200 余种。

产业外向发展　全省林业出口创汇企业达到 226 家，比 2012 年翻了两番，占全省龙头企业总数的 32%，其中林产品加工企业(包括木材加工企业、森林食品加工企业)41.5% 有自主进出口权，全省人造板、家具、柳编、竹制品、园林产品、装饰材料和森林食品等一大批优质林产品出口的国家和地区累计达 110 多个，出口林产品种类达百余种。

产业支撑保障　一是省政府出台了《关于支持油茶产业扶贫的意见》，省林业厅编制了《十三五林业产业发展规划》和《林业特色产业扶贫技术指南》，有力促进林业产业加速发展；二是国家林业局合肥山核桃工程技术研究中心、国家林业局经济林产品检验检测中心(合肥)、国家林业局能源林研究中心(合肥)、国家林业局林产品质量检验检测中心(合肥)落户合肥;三是全省政策性森林保险实现全覆盖,投保总额971.9亿元,完成保费3.6亿元,保险公司理赔8810万元。

【主要做法】

统筹生态产业协调发展　认真践行"绿水青山就是金山银山"理念,立足省情林情,坚持兴林与富民同步推进,因地制宜发展生态产业,着力将生态优势转化为经济优势。一是加强森林资源培育,夯实林业产业发展基础,大力发展用材林、原料林、经济林等特色林业基地;二是充分发挥资源优势,着力推动发展以绿色产业为主的林下经济,有效保护森林资源,走不砍树也能致富的新型林业发展之路;三是加快森林公园建设步伐,发展森林生态旅游产业,提升第三产业比重,力促生态增优、林业增效。

推进林业产业转型升级　一是加快培育优良乡土树种苗木,满足省内造林绿化和树种结构调整需要,大力推进森林城市、森林城镇、森林村庄和森林长廊创建工作,加快消化现有绿化大苗存量,为苗木产业升级"腾笼换鸟",激发了现有苗木生产企业的发展活力。二是推动循环经济发展。积极推动木材加工"三剩物"和废旧木料回收利用,2017年淘汰落后人造板产能生产线31条,有效减少环境污染。三是大力推进"林业+"互联网模式。依托森林食品、苗木花卉、竹木加工等优势产业,以池州中国森林标志产品电商平台为抓手,林产品电子商务发展迅速。四是优化产业结构。根据市场需求,淘汰落后产能,引导家具、人造板等传统产业的装备升级,加快推进林业智慧化、机械化进程。

坚持政策引导和组织协调　一是积极探索政府和社会资本合作模式,创建林业PPP项目平台,培育林业战略性新兴产业;二是以"农业产业化发展基金(母基金)"为依托,谋划成立"林特子基金",努力搭建省级林业投融资平台;三是推进政策性森林保险,实现了由局部试点到全省覆盖,每年可为森林资源提供近300亿元的保障能力;四是运用财政贴息政策和森林保险保费补贴政策,与省建设银行、省农业担保公司合作,积极开展林权抵押贷款工作;五是与江南林权交易所和省森林收储中心合作,开展业务担保和收储合作;六是积极推进林业产业信息化建设,开发安徽林业产业发展综合监测系统。

【花卉产业】　安徽省委、省政府把苗木花卉列为"生态产业、绿色富民"的重要工作内容之一,近十年来,安徽花卉产业实现数量增长向质量提高并举转变、由粗放经营向集约经营转变,为建设生态强省和美好安徽做出了重要贡献。截至2017年末,全省花卉种植面积达52万亩,年销售额达到90亿元,花卉年出口创汇200多万美元;全省年产各类盆栽植物1.66亿盆,观赏苗木3.22亿株,切花切叶0.93亿支,草坪0.76亿平方米,控温温室0.021亿平方米;全省花卉产业体系不断完善,全省花卉市场397个,花卉企业4353个、其中大中型企业381个,全省有花农5.11万户,花卉从业人员17.10万人,其中专业技术人员1.10万人。

【淮南市林业产业】　近年来,淮南市林业产业按照"生态建设产业化,产业发展生态化"发展思路,努力夯实林业产业在区域经济发展中的实力,初步形成以经果林、花卉苗木培育、林木制品加工、森林旅游、林木种植与经营等为主的林业产业布局。截至2017年底,全市林业总产值达28.92亿元,其中第一产业产值18.55亿元,占比64.15%;第二产业产值7.08亿元,占比24.48%;第三产业产值3.29亿元,占比11.37%。

林业产业体系　全市高度重视优化林业产业结构,大力培育优质高效林业产业,木材加工、花卉苗木、中药材、野生动物驯养繁殖、林下种养、森林旅游等产业,林禽、林药、林菜等林下经济发展较快,形成了种植、养殖、加工、林下经济、森林旅游等林业产业体系。

①经果林基地建设势头迅猛。为加快经果林发展,市财政出台奖补政策,对年度集中连片规模达300亩以上的,除每亩补助300元种苗费外,市财政一次性奖励造林主体30万元,从而撬动和吸纳企业、业主、林农及社会资金投入经果林建设,建成了大通、潘集、凤台等以葡萄为主,寿

县、谢家集、八公山等以梨为主，凤台、八公山等以桃及石榴为主的经果林生产基地，年产各类水果7万余吨，年产值3.9亿元。

②花卉、苗木培育业逐渐壮大。2017年，全市从事花卉、苗木培育的国有企事业单位、股份制企业和个体企业达311家。全市育苗面积达3.67万亩，年产值2.2亿元。凤台县将林长制与融资造林有机结合，建设林苗两用林中山杉示范基地4000亩，国家级耐湿树种种质资源库2200亩，济祁高速回填取土坑育苗3000亩。

③林木种植与经营业加快发展。近年来，淮南市林木种植业呈加快发展态势，林木种植(成片林)面积已达45万余亩，年产值达10.4亿元。涌现出淮南市绿馨园省级现代林业示范区和安徽振翔林业科技有限公司、凤台县茨淮新河八一林牧场、凤台县绿洲林牧有限责任公司等省级林业产业化龙头企业，以及安徽新天彩苗木科技有限责任公司、安徽建业苗木科技有限公司、安徽展业现代农业开发有限公司、寿县永乐苗木种植有限公司、寿县金源苗木种植专业合作社等一大批林木种植与经营的专业公司和专业合作社。

④林木制品加工能力不断提升。近年来，淮南市大力挖掘林业产业发展的优势与潜力，积极开展招商引资，提升林业加工能力，促进产业结构优化升级。2017年，全市从事木材及其林木制品加工的股份制企业和个体企业有76家，涉林加工产业年产值7.1亿元。

⑤森林旅游业市场体系逐步完善。近年来，各级政府和有关部门充分利用丰富的森林资源和历史文化资源，先后建成了舜耕山国家森林公园、上窑国家森林公园(4A级)、八公山国家森林公园(4A级)、卧龙山省级森林公园、茅仙洞省级森林公园(3A级)5家森林公园和焦岗湖国家湿地公园、十涧湖国家城市湿地公园、凤台县凤凰湖省级湿地公园、潘集区泥河省级湿地公园4家湿地公园，总面积143.21平方千米。对成功申报国家级、省级、市级森林公园、湿地公园的单位，市财政分别给予100万元、50万元、20万元奖励。2017年，全市森林旅游年接待游客突破500万人次，旅游收入2.2亿元，直接带动其他产业产值1.2亿元。

林业产业规模 加大林业产业发展支持力度，对成功申报国家级、省级、市级林业产业化龙头企业或林业示范合作社的单位，市财政分别给予20万元、10万元、5万元奖励。近年来，全市林业产业种植、养殖规模不断壮大，建成了6万余亩的经果林种植基地，3万余亩的林苗两用林基地，林下养鸡达到100万余只，林下种植中药材近1000亩，建成蛇类、七彩山鸡、孔雀、豪猪、青蛙、大雁等野生动物驯养繁殖场所10家。此外，香椿、板栗、樱桃等种植也初具规模。

林业产业特色 近年来，全市结合生态文明建设，立足资源优势，高度重视发展特色林业产业，狠抓生态旅游业发展，集中人力、物力、财力，加大投入力度，打造了森林公园、湿地公园、经果林采摘等乡村旅游，使林业资源得到有效利用、保护和开发，进一步促进了特色林业产业加快发展。

存在问题 ①林业产业比重偏低。2017年底全市林业产值为28.92亿元。林业产业体系主导产业不突出、总体规模偏小。

②林业产业结构亟待调整。淮南市现有森林主要是生态林、景观林，经果林比重较小。经果林的生产大多为零星栽植，存在规模较小，品种单调，形不成特色，技术含量低、缺少品牌意识，市场竞争能力弱等问题。

③林业综合开发程度偏低。山林资源开发品种单一，林木加工产业层次较低，森林资源与文化的结合薄弱，森林旅游等林业产业对外开放程度不高等。

【黄山市林业产业】 2017年，按照“林业产业生态化、林业生态产业化”的总体要求，在抓好生态环境建设的同时，充分利用自然资源优势，采取因地制宜、分类指导的方法，积极调整林业产业结构，培育和壮大龙头企业，大力发展木、竹、油茶、花卉苗木盆景、森林旅游、野生动植物及林下资源利用六大产业，促进了山区增绿、林业增效和群众增收。一是做大做强林业龙头企业。开展第六批省级林业龙头企业申报和第八批市级林业龙头企业申报工作，大力推广公司带基地、基地连农户的经营模式，不断提高企业规模效益和林业产业化程度。二是加快发展林下经济。通过实施市级林下经济示范点财政奖补，引导和鼓励发展林下种植、养殖、采集加工和森林旅游，培育壮大一批生态旅游观光基地、绿色食品种植基地、林下产品采集基地和特色养殖基地，不断提高林业复合经营水平。三是大力推进“旅游 + 林业”。按照全域旅游的发展要求，围绕“大黄山国家公园”建设，把森林旅游与美丽乡村建设、传统村落保护、精准扶贫开发、林下经济发展等有机结合，打造一批特色森林旅游小镇、森林旅游村庄，积极探索林旅互动发展模式。四是全力实施林业扶贫攻坚。深入推进万名党员帮万户活动，从特色种养、生态保护脱贫等方面推进精准扶贫。截至2017年，全市市级以上林业产业化龙头企业发展到94家，其中国家级3家、省级55家、市级36家。2017年全市林业总产值291.5亿元、同比增长15.8%，农民人均林业收入5558元、同比增长10.04%。

【铜陵市林业产业】 2017年，铜陵市紧紧围绕“大力开展植树造林、合理开发利用资源，促进林业健康发展”的林业发展方针，以实施千万亩森林增长工程为契机，林业产业特别是林业特色产业取得了长足的发展，林业产业总产值稳步提高，达到388933万元，同比增长42980万元，增长率12.42%。具体表现为：

林业生态建设 2017年铜陵市紧紧围绕林业重点工程建设目标，努力提高造林水平和质量，提升造林档次，各项营林工作顺利完成，林业生态建设取得了长足发展，森林质量明显提升，带动林业第一产业稳步健康发展。2017年共完成人工造林面积644公顷；四旁(零星)植树431万株；当年苗木产量3225万株。

林业产业发展 最近几年，铜陵市林业产业紧紧围绕“保护资源，三产融合发展”的方针，“一产、二产、三产”发展齐头并进、相互促进，林业产业取得了快速、健康的发展。2017年林业产业呈现以下特点：第一产业稳步发展，主要是特色林业取得了长足发展，诸如牡丹产业以及苗木种植等发展较快；第二产业因实施节能减排，淘汰落后产能，产业结构调整明显，二产涌现出“皖森家私”“明豪家具”等优秀家具生产企业，精品林业初具规模；第三产业投入加大，森林生态环境持续改善，林下经济特别是林业休闲与旅游取得了快速发展。2017年林业总产值中第一产业产值160154万元，同比增长9380万元，增长近6.22%；第二产业产值85410万元，同比增长9609万元，增长12.67%；第三产业产值143669万元，同比增长24291万元，增长为20.34%。

特色林业 2017年铜陵市在进一步完善林业传统产业的同时，积极推进林业新型产业的发展，非木质林产业形成规模。2017年森林食品产量达到1023吨，森林食品种植产值突破1亿元，达到10538万元；林产工业原料787吨；年末实有花卉种植面积2490公顷，花卉及其他观赏植物种植产值达到5亿多元；干果产量3310吨，水果产量7300吨；林产中药材采集167吨，产值突破1000万元，形成了牡丹从种植、生产、加工到销售有一定特色的产业链。产业的快速发展，对提高当地农民收入起到了积极的促进作用，初步估算人均增收达1万元。

(白卫萍)

福建省林业产业

【概　述】 近年来，福建林业产业总产值持续高速增长，从2012年的3078亿元，增加到2017年的5002亿元，增幅达到62.5%。与此同时，产业发展也呈现出一些新的优势与特点。

结构不断优化 一是产业结构趋于合理。林业产业不断从第一产业向二、三产业转移，第三产业比重增长明显，2012年林业一、二、三产业比重为19.5∶78.1∶2.4，2017年比重为18∶76.3∶5.7。二是产业规模效益明显。2017年规模以上林业工业产值完成4919.44亿元，同比增长12.3%，是2012年的1.9倍；2017年规模以上林业工业累计完成工业增加值(可比)1160.92亿元，同比增长9.5%；2017年规模以上林业工业企业累计完成利润、税收分别为295亿元、110.9亿元，分别同比增长13.2%、0.8%，比2012年分别增长67.2%、27.3%。三是产业竞争力有所增强。截至2017年，全省规模以上企业达2699家，其中：省级以上林业龙头企业225家(其中：国家林业龙头企业25家、第八轮农业产业化省级重点龙头企业138家)、境内外上市企业33家；全省林业行业共培育中国名牌产品2个、中国驰名商标37个、福建省名牌产品258个、福建省著名商标170个。

表1　2010~2017年福建省林业产业主要指标情况

年份	林业产业			规模以上林业工业		出口交货值(亿元)	木材产量(万立方米)	人造板产量(万立方米)	进口木材(万立方米)
	总产值(亿元)	同比增速(%)	一、二、三产比重	产值(亿元)	同比增速(%)				
2010	1673.15	13.6	25.5∶72.2∶2.3	1528.49	33.3	182.03	628.32	997.93	134.9
2011	2560	53	20.3∶78.1∶1.6	1893	33.4	203	601.3	1129.8	417.2
2012	3078	20.2	19.5∶78.1∶2.4	2613.7	22.6	210.54	506.23	1284.26	430
2013	3610	17.3	18.4∶78.8∶2.8	3137.2	17.3	243.49	551.06	1312.24	323.95
2014	3972	10.02	17.6∶78.6∶3.8	3466.65	11.3	265.56	565.54	1416.21	426
2015	4277	7.7	17.5∶78.3∶4.2	3887.94	10.8	301.02	480.9	1583.67	225
2016	4611	7.8	17.7∶77.4∶4.9	4339.43	8.6	330.08	574.9	1441.23	245.1
2017	5002	8.5	18∶76.3∶5.7	4919.44	12.3	376.62	520.16	1451.64	207.3

林竹产业 一是多项指标位居全国前列。2017年，全省有人工林面积5665万亩，竹林面积1601万亩(其中毛竹1504万亩)；全省林竹产业总产值达3334亿元，其中：竹产业产值达606亿元。木(竹)材、笋、人造板、木质活性炭、木制家具等主要林产品产量均居全国前列。二是林竹加工业实现从粗加工到二次加工和精深加工转变，产业上下游关联度和原料的综合利用率显著提高。在木材生产、进口木材同比下降的情况下，人造板产量保持增长。2017年，全省累计完成木材生产520.16万立方米、同比降9.7%，全省进口木材207.3万立方米、同比降15.4%。人造板累计完成(规模以上)1451.64万立方米、同比增8.61%，其中：胶合板完成886.67万立方米、同比增5.46%，纤维板完成226.02万立方米、同比增14.67%，刨花板完成100.2万立方米、同比增11.2%，人造板二次加工装饰板完成226.83平方米、同比增12.09%。三是形成以林浆纸、人造板、家具、木竹制品加工为主体的、门类齐全的产业体系。2017年，木制家具累计完成3137.03万件，同比降5.11%；纸浆累计完成38万吨，同比增7.64%；机制纸及纸板累计完成779.9万吨，

同比降1.4%，地板累计完成100.07万平方米，同比降27.78%。

花卉苗木产业 一是种苗供应充足。2017年上半年全省新育各类苗木约1.26亿株，其中：大田苗2233亩约产苗9568.2万株，容器苗约2237.9万株，组培苗707万株、水培苗约54.5万株，能够较好地满足造林任务对多元化苗木的需求。二是花卉产业较快发展。2017年，全省花卉种植面积达128.11万亩，其中设施花卉种植面积14.11万亩，分别较上年增长6.7%和6.8%。全产业链总产值达642.5亿元，较上年增长14.9%，其中：种植业总产值396.3亿元，实现销售额325.2亿元，出口额13089.8万美元，分别较上年增长18.81%、14.5%和15.5%。

林业外贸 2017年，全省规模以上主要林产品累计完成出口交货值376.62亿元，同比增13.2%，比2012年增长78.9%，竹制品出口额已位列全国第一。2015~2017年，依托"9·8"平台，累计引进涉林外资项目155个，利用外资5.73亿美元，实际到资1.36亿美元；海峡两岸(三明)现代林业合作实验区依托林博会平台，2015~2017年，累计引进台资林业企业38家，总投资3.81亿美元，合同外资0.95亿美元。截至2017年底，台商在福建投资创办的林业企业已超过550家，合同利用台资超过15亿美元。

产业重点工作 围绕林业产业升级和林业产业供给侧结构性改革，省政府办公厅印发了《关于加快推进竹产业发展七条措施的通知》；省厅印发了《福建省林业产业供给侧机构性改革研究报告》；为贯彻落实《福建省人民政府关于加快农业七大优势特色产业发展的意见》，省厅印发了《福建省林竹千亿元产业实施方案》，确保到2020年完成省政府下达的4000亿元目标。建瓯笋竹产业创建"中国特色农产品优势区"获批；永春县和漳平市申报"中国永春香产业示范园区"和"中国漳平户外木竹制品产业示范园区"获国家林业局评审通过。

"6·18"工作连续三年获组委会颁发的"优秀组织奖"，科企、院企对接平台和展示展销各项任务均超额完成；组织企业参加义乌森博会、四川竹博会等省外展会成效显著，先后举办了森林食品对接会、木材原材料供需对接会等，达成合作意向1500多项。

2016~2017年，共下拨1.6亿元省级财政资金补助笋竹精深加工示范县项目建设，2016~2017共实施135个项目，总投资达4.56亿元。

县属国有林场改革和扶贫工作 2016年4月，根据《中共福建省委　福建省人民政府关于印发〈福建省属国有林场改革实施方案〉和〈福建省县属国有林场改革指导意见〉的通知》(闽委发〔2016〕7号)，省厅于当年5月启动全省县属国有林场改革工作，截至2017年，33个有改革任务县(市、区)县属国有林场改革实施方案已全部经省厅批准实施。县属国有林场由109个整合为45个，其中事业性质林场15个。按方案改革后，全省县属国有林场经营面积将达812.49万亩，新增25万亩，增幅3%；县属国有林场危旧房建设基本完成，共组织实施12005户，总投资8.6亿元。2016年启动县属国有贫困林场扶贫攻坚工作，编制印发了《福建省国有贫困林场"十三五"扶贫规划》，全省共确定40个贫困县属国有林场，2016~2017年共下拨中央财政国有林场扶贫资金5312万元支持县属国有林场脱贫攻坚。

安全生产 2016年以来无较大以上生产安全事故发生，党的十九大、厦门金砖国家元首会晤等重要节点和汛期林业安全生产工作，均保持平稳。顺利通过国务院安委会安全生产第五巡查组检查工作。安全生产标准化建设提升工程完成评定企业1695家，占应评的100%，提前半年完成省安办下达任务，并印发了《福建省森林公园旅游景区安全生产标准化评定标准(试行)》。同时，扎实做好防灾减灾工作，部署特大暴雨、台风、寒潮等防抗工作，2015~2017年共下拨救灾资金5819.45万元。

2017年，规模以上林业工业产销、林产品出口等指标在2016年为个位数增长后又恢复两位数增长，林业工业发展速度、质量、效益得到同步提高，林业工业经济呈现总体平稳发展态势。主要亮点：一是省委省政府出台政策扶持林业力度大。先后出台了《福建省人民政府关于加快农业七大优势特色产业发展的意见》《福建省人民政府办公厅关于加快品牌农业建设七条措施的通知》等，扶持打造林竹、花卉苗木两大涉林千亿产业，省林业厅也印发了《福建省林竹千亿元产业实施方案》和《福建省花卉苗木千亿元产业实施方案》，各地也出台了具体扶持办法。二是各地抓改革促发展氛围浓。全省各地大力贯彻落实省委省政府加快发展的相关部署，如南平开展“百日攻坚”，三明开展“四比四促”等，推行领导挂钩企业精准服务，一定程度上解决了企业发展难题，促进了产业复苏。三是笋竹精深加工发展迅猛。2015 年，福建省开始实施笋竹精深加工示范县项目建设，2016 年，省政府办公厅出台了《关于加快推进竹业发展七条措施的通知》，到 2020 年，省级财政每年投入 1 亿元发展竹产业。南平、三明等地出台了各项配套政策，鼓励改造升级、节能减排。2017 年全省林竹产业总产值达 3340 亿元，其中竹业总产值达 606 亿元，竹业总产值和竹制品出口额均位列全国第一。四是“金砖机遇”促进了林产品出口。受益于福建省充分挖掘后“金砖机遇”，2017 年林产品出口中亚、中东欧、俄罗斯等国家和地区。特别是国际市场对竹制品越来越认可，刺激了出口，竹木制品出口保持较高增长，竹制品逐步站稳国际市场，出口量跃居全国第一位。

【产业发展的利弊分析】 福建作为全国南方重点集体林区，森林资源丰富，具有发展林业产业良好的条件和基础，区位、自然、资源、政策等优势明显。但福建林业产业发展还存在增长率有待提高、产业整体素质不高、三产有待发展等问题，与其他省份和林业产业发达国家相比，还有不小的差距。

林业产业增长率有待提高 “十二五”期间，福建省林业产业总产值不断增长，年均增长 14%，低于同期全国平均增长率(18%)，更低于广西(27%)、广东(21%)、山东(20%)、江苏(16%)等省份。2017 年，福建省林业产业总产值虽然突破 5000 亿元大关，在全国排名第四位，但与广东、山东差距进一步拉大，低于广西的 5200 亿元。具体到各个特色产业，竹产业产值虽然达 606 亿元，但跟浙江相比，在品牌和精深加工方面差距还不小。

第三产业有待突破 福建林业产业第二产业比重稳定在 75% 以上，第二产业产值在全国排第三位，比山东省仅少 300 亿元，比广西多近 1000 亿元。福建第三产业比重虽逐年提高，但仍不到 6%，占全国第三产业比重约 2%，特别是在森林旅游方面，在政策推动、基础设施投入方面跟浙江、广东相比差距还不小。福建林业旅游与休闲服务产值仅 200 多亿元，而全国达 8000 多亿元，广东省超过 1600 亿元、四川省约 900 亿元、浙江省也近 700 亿元。

产业整体素质仍然不高 近年来，福建林产工业着力改革创新，推进供给侧结构性改革，着力稳中求进，“互联网 +”已成为全省林业企业转型升级的重要手段，企业规模效益逐步增强。但林业产业的整体技术设备水平较低，产品技术含量低，精深加工产品少，产品附加值低，名牌产品少，创新能力不够强。部分行业(如种苗花卉、胶合板等)至今仍以千家万户的农民个体作坊式小企业群为主体，呈现脆弱性和高风险性。

林业企业融资难、融资贵 近年来，福建大力推进林业开发性政策性和普惠制金融的发展，省政府、省林业厅先后与国家开发银行、省农发行、省农信社等签订合作协议，推进国家储备林贷款、“福林贷”“惠林卡”等林业贷款工作。但林业产业是周期长、风险大的产业，再加上受限于政策因素，近年来，社会资本投资意愿难于遏制下滑态势。各大商业银行对林贷设限较高，融资途径较窄，融资担保机制也与林企、林农实际需求存有距离。

产业政策和林业产业发展不相适应 省委省政府高度重视林业改革发展工作，在产业发展方面，省政府先后出台了《关于进一步加快林业发展的若干意见》《关于扶持花卉苗木产业发展的意见》等，省级财政还设立了林下经济发展(2018 年安排 7000 万元)、竹产业发展(2018 年安排 10000 万元)、现代农业(花卉)发展项目(2018 年安排 5200 万元)、林业贷款贴息(2018 年安排 1160 万元)、林业科技经费(2018 年安排 1000 万元)等专项资金，支持福建林业产业发展，但福建林业产业政策中部分有些滞后。如福建未将竹木企业纳入增值税进项税额核定扣除试点范围，一些企业发货在福建，在外省开票纳税，造成大量税源外流。

【花卉苗木产业】 2017年全省花卉种植面积达128.11万亩(其中设施花卉种植面积14.12万亩),位居全国第八,占全国花卉苗木种植面积的5.82%。全产业链总产值642.5亿元,位居全国第四,占全国花卉苗木总产值的9.78%。其中,"一产"(种植业)产值396.3亿元,占全产业链总产值的61.7%。花卉销售额325.2亿元,较2016年增长了14.5%。花卉出口额13089.8万美元,仅次于云南省,位居全国第二,占全国花卉出口总额的16.52%。其中,盆栽花卉出口额9075万美元,连续七年位居全国第一。全省花卉苗木种植面积、全产业链总产值和花卉出口额分别较2016年增长了6.7%、14.9%和15.5%。从总体看,福建省花卉(含观赏苗木)产业总体稳中有升,保持较好的发展态势。一是年宵花销售形势良好。全省除蝴蝶兰有近30万株成品因气候原因花期推迟外,其他大宗产品普遍呈现供不应求状况,产品销售价格比上年同期提高10%以上。二是花卉出口持续大幅增长。2018年上半年,共出口花卉苗木1708批次,价值5047.3万美元,同比分别增长12.4%和13.3%。三是花卉品种选育取得新突破。至2017年,全省已有天南星科花烛属'白马王子''云芝''彩虹'等36个花卉品种获得国家植物新品种权。四是品牌创建工作取得新成效。连城县荣获"国家级出口食品农产品质量安全示范区"称号,国兰"春荣""连城兰花""SUNSHINE HORTICULTURE""沙西榕树"4个品牌列入全国进出境种苗花卉品牌创建名单。

【林下经济产业】 近年来,为贯彻落实《国务院办公厅关于加快林下经济发展的意见》(国办发〔2012〕42号)、《福建省人民政府关于进一步加快林业发展的若干意见》(闽政〔2012〕48号)和《福建省人民政府关于推进林业改革发展加快生态文明先行示范区建设九条措施的通知》(闽政〔2015〕27号)精神,省财政2013~2017年共计安排3.3亿元扶持林下经济发展。各地利用丰富的林地资源,大力发展林药、林菌、林菜、林蜂、林蛙等林下种植业、养殖业,以短养长、长短结合,在保护好生态的同时,提高了林业经营水平和综合效益,有效促进了林农增收,实现"不砍树、也致富"。2017年全省林下经济面积达2910.3万亩,实现产值623.1亿元。

【油茶产业】 福建是中国油茶中心产区之一,栽培历史悠久,2017年有列入全国油茶产业发展重点县12个,省级重点县33个,获评"中国油茶之乡"的县7个。近年来,福建省委省政府高度重视油茶产业发展,将发展油茶产业作为促进农村劳动力就业和农民脱贫致富的重要抓手,在国家和省级政策资金带动下,各地发展油茶积极性空前高涨。截至2017年底,全省油茶林面积达345.8万亩;有油茶加工企业139家,带动农民22.1万人;成立油茶专业合作社310个,参与农户数2.8万户。培育"全国油茶重点企业"3家(尤溪县沈郎食用油有限公司、老知青集团公司、三本农业高科技公司),建成"全国油茶科技示范基地"1个(厦门中盛粮油集团有限公司长汀县基地),取得"宁化淮土茶油""尤溪茶籽油""福安油茶油"3个国家地理商标。

【林竹产业】 全省现有人工林面积5665万亩,竹林面积1601万亩(其中毛竹1504万亩)、居全国首位。木(竹)材、笋、人造板、木质活性炭、木制家具等主要林产品产量均居全国前列。2017年全省林竹产业总产值达3334亿元(竹产业产值达606亿元,位居全国第一),占全省林业产业总产值5002亿元的66.7%。林竹加工业实现了从粗加工到二次加工和精深加工的转变,形成了以林浆纸、人造板、家具、木竹制品加工为主体的、门类齐全的产业框架体系。产业上下游关联度和原料的综合利用率显著提高。

【森林旅游产业】 近年来,全省加大森林旅游基础设施建设,加快推进森林公园、森林人家、自然保护区旅游资源的整合挖掘,重点开发森林游憩、休闲、探险、体验、康养等森林旅游产品,塑造森林旅游品牌。2016年全省森林旅游人数达4698万人次,森林旅游收入达200亿元。2017年全省森林旅游人数达6205万人次,森林旅游收入约248亿元。

自1988年福建省首家森林公园——福州国家

森林公园批建以来，截至2017年，全省已建成森林公园176个，其中国家级森林公园30个、省级森林公园126个、县级森林公园20个。

2007年，福建省林业厅率先推出了休闲林业品牌产品“森林人家”，是将森林旅游与林业文化、休闲文化、生态文化、地域文化融合发展、有机结合的森林旅游品牌，被国家林业局在全国推广。通过几年的积极运作，森林人家发展势头良好，成为一种增进环保、崇尚绿色、倡导人与自然和谐相处的新型旅游产品。至2017年，福建省森林人家授牌已达592户，其中三星级115家、四星级22家、五星级4家，年接待游客约1366万人次，年旅游总收入6.3亿元。

全省已获批建国家湿地公园8个，国家级自然保护区15个，省级自然保护区21个，市、县级53个，保护小区3300多处，保护面积83万公顷。

（伍清亮）

江西省林业产业

【概　述】 近年来，全省木材加工和家具制造等传统产业加快转型升级，原来的油茶、毛竹等小微产业切换角色提速做大做强，一跃成为林业新兴主导产业，森林药材、林产香料香精、苗木花卉、森林旅游等新兴产业异军突起，发展势头强劲，林业产业的生态富民优势逐渐凸显。

2017 年，全省有林产工业企业 12000 余家(其中南康家具企业 7000 余家)，主要林产品包括人造板、家具、茶油、木竹制品、林化产品、苗木花卉等，近年来主要林产品产量呈现稳步上升态势，省级林业龙头企业达到 353 家，国家林业重点龙头企业达到 27 家，龙头企业中拥有中国驰名商标 9 个，远泉股份、抚州苍源、友尼宝、源森油茶、飞宇竹材、青龙高科、绿州源 7 家龙头企业成功登陆“新三板”。

全省林业产业总产值由 2012 年的 1628 亿元增长到 2017 年的 4171 亿元，年均增速达到 20.7%，三次产业结构进一步优化，由 2012 年的 42∶35∶23 调整为 2017 年的 27∶47∶26，总产值全国排名由第九位上升至第八位，林业产业发展基础不断夯实。

2017 年全省实现林业总产值 4171 亿元，同比增长 19%，其中第一产业 1140 亿元、第二产业 1968 亿元、第三产业 1063 亿元，分别增长 7.39%、19.15% 和 34.29%；产值比重由上年的 30∶47∶23 调整到 27∶47∶26，产业结构继续优化。

2017 年，全省油茶产业产值 269 亿元，与 2016 年比，增长 16.11%；竹产业产值 406 亿元，增长 17.8%；林木种苗产业产值 93 亿元，减少 11%；野生动植物利用产业产值 21 亿元，增长 107%；森林公园接待游客 8354 万人次，森林旅游与休闲产业产值 834 亿元、增长 32%，直接带动其他产业产值 5202 亿元；家具产业产值 1100 亿元，增长 27.82%。香精香料产业产值 38 亿元。

集体林权制度改革　2017 年，集体林权制度改革稳步推进。全省流转山林累计 171.47 万公顷，占集体山林 18.9%；补充发放林地经营权流转证 777 本，涉及面积 0.49 万公顷。31 个试点县 488 个乡镇有 393 个设立林权流转服务窗口，5132 个村有 4417 个设立流转服务信息员，2000 多个乡镇和村流转服务平台挂牌、人员上岗和制度上墙。全省林权抵押贷款规模累计突破 160 亿元，贷款余额 60 亿元。培育林业专业大户 4229 户、家庭林场 739 个、民营林场 618 个、农民专业合作社 2637 个，创建国家、省级示范社 148 家。

林业科技创新　2017 年，林业科技创新助推林业发展。实施中央财政林业科技推广项目 19 项，新增项目资金 1900 万元。推广林业科技成果 19 个，建设标准化示范区 5 个。建设森林经营、低效林改造和新造林三类良种良法骨干示范基地 31 个。1 个项目获省科技进步一等奖，1 个项目获省二等奖，2 个项目获省三等奖。2 个项目获第八届梁希林业科学技术奖二等奖、1 个项目获三等奖；2 个科普作品获第六届梁希科普作品类三等奖；1 项活动获第六届梁希活动类三等奖。评定第四届江西林业科技奖一等奖 3 项，二等奖 6 项，三等奖 12 项。制定完成江西省地方标准 10 项，修订 8 项。2 个林业植物新品种获得国家林业局授予的植物新品种权，全省增至 18 个。获批国家级生态站 3 个，批复省级生态站 3 个。

林业投资　2017 年，完成林业投资 155.87 亿元；其中国家预算资金 74.19 亿元、国内贷款 11.16 亿元、利用外资 1.45 亿元、自筹资金 30.24 亿元、其他 38.83 亿元。林业固定资产完成投资 2.47 亿元。争取中央和省级林业项目资金 38.4 亿元，下达林业项目资金 60 亿元。森林植被恢复费征收 16.53 亿元，增长 82.6%。安排 25 个国定贫困县和罗霄山特困片区县中央、省级林业投资 14 亿元，占全省总量的 37%。落实贴息贷款 16.6 亿元，国家下达贴息补助资金 0.33 亿元、增长 27%；87 家林业企业、197 个造林大户、3038 名农户和林业职工获得贴息补助资金扶持。“财政惠农信贷通”累计发放贷款92.05亿元，新增受益户1.86万户。全省林业招商引资项目88个，签订协议资金184.99亿元，实际进资39.88亿元。实施林业利用外资贷款项目24个，协议利用外资2187万美元，实际利用外资2177万美元。完成7个林业项目61个实施单位资金稽查，稽查总额1.51亿元。

【木材加工及家具产业】 通过外引内联、兼并重组，江西省逐步形成了以抚州大亚、吉安绿洲、赣州华亿、南丰振宇、婺源百源等企业为龙头的人造板加工制造业，产品从最初的纤维板、细木工板、胶合板逐步发展到生产整体橱柜、移门木门、装饰建材等终端产品；基本形成了以南康实木家具、南城园林建筑及教学校具、广丰和瑞昌红木家具为主的家具产业集群。南康经过20多年的发展，从锯子斧头式的“草根经济”发展到千亿产业集群，家具产业从业人员40余万人，规模以上企业1022家，成为全国最大的实木家具生产基地，创造了产业发展新奇迹。南康家具产业对照高质量发展的要求，在强化研发设计、打造特色品牌、推动智能制造、创建家居小镇、打造国际物流集散地等方面正在全面发力，力争打造成为全国乃至世界知名的家具产业基地。

【竹产业】 经过十多年的发展，竹产业经历了从高位到低位后再到高位的“V”字形发展轨迹，从种植、加工、销售到科研、创新等“一条龙”的竹产业链开始显现，2017年江西省竹产业总产值达到407亿元，占全省林业总产值的9.7%，竹产业产值超亿元的县(市、区)达到62个。全省形成了以资溪、奉新、宜丰、铜鼓、崇义等毛竹重点县为代表的竹产品加工制造业基地，产品由竹地板、竹胶板、竹筷逐渐发展到竹建筑用材、竹装配房、竹键盘制品、竹纤维制品、竹家具、竹餐具、竹工艺品、竹炭、竹文化用品、竹浆纸产品、竹笋等。2017年资溪县高标准规划建设了竹产业科技园，园区占地2000亩，配备了先进的集中供热、污水统一处理系统，通过极其优惠的招商引资政策，吸引了大庄、安竹等一批国内技术领先的竹业龙头公司签约入园，资溪大庄公司的户外重竹集成材以及安竹公司的无限接长结构材和非结构性材，这两类产品消耗毛竹量大，是“竹材变建材”领域得到业内公认的好产品，产品稳定性好，使用寿命长，是木材、钢材、水泥的优质替代品。

【油茶产业】 近年来江西省大力发展油茶产业，省财政设立了油茶产业发展专项资金，在油茶良种选育、低产林改造、高标准基地建设等方面给予大力扶持，各级财政投入油茶产业总资金每年超过2亿元，赣州市启动全国木本粮油产业精准扶贫试点，获国开行60亿元信贷额度。2017年全省完成油茶产业基地建设42.21万亩(其中新造高产油茶林36.62万亩、新增低改面积5.59万亩)，全省新造高产油茶林达526万亩，较2016年增长7.5%，居全国第二位。全省拥有油茶国家林业重点龙头企业10家，年生产能力21万吨，有5个商标荣获中国驰名商标称号，有3家油茶企业成功登陆新三板，1家油茶企业在伦敦证交所上市。

【香料香精产业】 江西省香精香料产业近年来呈现较好态势。2017年，全省有香料香精企业100多家，生产近300余个产品，从事种植、采集、初加工的农户约10万户、近50万人，一些香精香料产品的生产技术已接近或进入国际先进水平，产品产量占相当大的市场份额。天然芳樟醇、天然樟脑粉产量占全球80%，居全球第一，拥有全球市场定价的话语权。蒎烯加工份额占全国70%以上，产量位居世界第一。药用香料品种占全国30%以上，产量位居全国第一。江西金溪县已成为继江苏昆山、云南昆明之后中国重要的香精香料产业基地，拥有“华夏香都”称号。吉水县是中国主要的蒎烯加工基地和药用香料油集散地，遂川县是中国主要的山苍子油集散地。

【林下经济】 按照省政府印发的《关于加快林下经济发展的行动计划》，江西省积极推动油茶、竹类、森林药材、香精香料、苗木花卉和森林景观利用六大林下经济快速发展，争取省财政新增省级林业补助专项资金1亿元，用于扶持六大林业特色产业发展。2017年，全省林下经济新造面积

64.6 万亩，其中油茶面积 36.62 万亩，森林药材面积 19.18 万亩，香精香料及其他林化原料林面积 2.1 万亩，均超额完成目标任务。实施油茶低改、竹类改造、林相改造面积 118.59 万亩，占年度计划的 242%。油茶、毛竹、雷竹、森林药材、香精香料、苗木花卉等产业集群初步形成。2017 年全省林下经济总产值达到 1533 亿元，居全国前列，其中油茶产业总产值达到 270 亿元，居全国第二位，竹产业总产值达到 407 亿，居全国第三位，林业旅游与休闲服务总产值达 834 亿元，年接待突破 1 亿人次。

【森林旅游业】 2017 年，全省国家森林城市增至 10 个。28 个县(市、区)被批准为“江西省森林城市”，全省增至 69 个。新建乡村风景林示范村点(自然村)2145 个，面积 0.57 万公顷。5 个村获评“2017 年全国生态文化示范村”。16 个县(市、区)入选“2017 中国候鸟旅居小城”，其中武宁县入选“亲水琼台全国十佳”。4 个县(区)获评 2017 年度“中国天然氧吧”。武宁县甫田乡外湖村等 53 个村庄列入全国第一批绿色村庄。46 个乡(镇)和 77 个村分别被命名为第十批省级生态乡(镇)和第八批省级生态村。全省省级生态乡(镇)和省级生态村分别增至 500 个和 811 个。16 个县(市、区)被评为“江西省第二批生态文明示范县(市、区)”。

【南康家具产业集群】 江西省赣州市南康区，属原中央苏区和罗霄山集中连片特困地区。全区国土面积 1722 平方千米，辖 18 个乡镇、2 个街道，人口 86 万。在 1993 年第一家家具厂的先行带动下，在当地党委、政府的大力支持和精心培育下，南康家具成功发展成为全国知名家具产业集散地。2011 年南康家具产业集群产值突破百亿，2016 年突破千亿，达 1020 亿元，集群产值实现“爆发式”增长。2017 年继续保持逆势高速增长态势，产业集群总产值达 1300 亿元，增长 27.4%。南康家具产业从业人员 40 余万人，规模以上企业 1022 家(其中经国家审核认定 358 家)；有中国驰名商标吉祥 · 百得、嘉美瑞、李氏王朝、维平、大澳 5 个，同时拥有江西名牌木牛、富龙皇冠、蒙特欧等 41 个；专业家具市场面积达 220 万平方米。连续 9 年被评为“全国优秀家具产业集群”，相继获评“中国实木家居之都”“国家南康家具产业示范园区”，获批创建“全国知名品牌示范区”“国家家具产品质量提升示范区”。

发展历程

第一阶段：原始积累(1993 ~ 2012 年)。南康自古以来人多地少，“男做木匠，女做裁缝”，拿起斧头锯子闯江湖成为主要谋生手段之一。改革开放之后，一大批南康木匠“南下”务工，积累一定技术和资金后返乡创业，1993 年诞生了第一家家具厂，后经历届党委、政府“放水养鱼”，家具产业快速增长，到 2012 年达到了产值超百亿、企业数量近万家的规模。

第二阶段：转型升级(2013 年起)。南康家具产业有了量的原始积累，但粗放式管理、低小散乱污、产品低端化、销售不畅通、物流成本高制约了家具产业进步发展。直面困境，南康区从 2013 年开始，大力推动产业转型升级，为传统产业注入新的动能。一是树立全产业链理念，打造了九大公共服务平台，分别是港口平台、物流平台、研发平台、融资平台、烘干平台、园区平台、喷涂平台、展销平台、检测平台。其中 8 个国字号平台，包括国家级内陆口岸、国家级检测中心和一年一度的国家级家博会。把单个企业做不到、做不了、做不好的事情交给政府来做，帮助企业“降成本、优环境”。二是针对“低小散乱污”“只见星星不见月亮”的问题，南康区学习借鉴温州、义乌经验，按照“众创业、个升企、企入规、规转股、扶上市、育龙头、聚集群”思路，打出“拆转建”组合拳。拆，即以环保和安全措施倒逼，淘汰落后产能。截至 2017 年已累计拆除“低小散乱污”厂棚 1000 多万平方米。转，即推动“个转企、小升规”，推动龙头企业示范引领，小散企业抱团发展。截至 2017 年有 1000 多家家具企业主动“升企入规”。建，即大规模建设标准厂房，为企业转型搭建平台。2017 年，建成和在建标准厂房 1000 万平方米。

第三阶段：高质量发展。南康家具产业聚焦产品附加值不高、核心竞争力不强、品牌影响力不大、创新研发能力不足、话语权不够等问题，积极创造条件，推动产业由中低端向中高端迈进。

一是强化研发设计，彻底结束了南康家具没有原创设计机构和设计成果的历史，实现了生产设计由简单模仿向自主设计、精细制造转变。打造了全省首个家具设计中心，引进近100家设计机构、院所，近1000名设计人才，其中50多家深圳知名设计企业已和南康家具企业“结对子”，研发原创设计作品近3000件，申请专利近1000项；并和意大利、西班牙等国家城市工业设计协会(设计院校)“强强联手”。二是打造特色品牌，彻底改变了南康家具靠“贴牌”、产“水货”、打“价格战”的历史，实现了产业向品牌化、标准化的快速迈进。打造全国首个家具区域品牌，“南康家具”成功注册成为全国首个以县级行政区划命名的工业集体商标，品牌价值突破100亿元，高居全国家具行业之首、全省制造业第一。截至2017年，南康有5个中国驰名商标，单个产业的品牌占有量在江西名列前茅。三是推动智能制造，彻底改变了南康家具靠手工、小作坊、低效率生产的局面，实现了生产方式由传统工艺向数字化、智能化转变。策应“中国制造2025”，用数字化、智能化嫁接提升家具产业，打造了一批可复制、可推广的样板车间和智能工厂。如雅思居智能工厂，是由中国航天云工业平台、中科院自动化研究所、北京理工大学联合打造的全国第一条实木椅智能化生产线，实现了“大数据+”“物联网+”、自然机械的高度融合。四是依托家居小镇，打造世界家具创新创业的孵化园、生态园，形成人才高地，彻底改变了南康家具高端要素缺乏的局面，实现了产业发展的高端化、国际化。南康区用10个月时间，高标准打造了南康家居小镇，聚集高端要素，创新驱动升级。小镇引进了意大利、芬兰等世界顶级的设计团队和营销机构；吸引了红星美凯龙、实木家具上市品牌索菲亚、宜华、曲美等50多家国际国内一线知名品牌商落地生根；建成了阿里巴巴、京东全国最大的线上线下体验馆，获得了全球最大的B2B跨境电商ARIBA中国唯一授权。五是依托赣州港，打造“一带一路”重要节点和国际货物集散地，形成开放高地，彻底改变了南康家具纯内贸的历史，实现了“木材买全球、家具卖全球”。

经验做法 通过三个阶段的发展，南康家具实现了从无到有、从小到大、从弱到强的突破。这些年，南康利用不断积累的产业集群发展经验，用科技、创新“双轮”驱动南康家具高质量、跨越式发展，将南康打造成为了全国乃至世界家具产业的航母和万亿级产业集群。

①加快家具产业规划，推动转型升级步伐。一是启动新一轮规划。围绕家具产业转型升级和打造全国及世界级家具集散地的工作定位和目标要求，大力发展智能家具、定制家具、生态家具，加快外贸进出口和家具电商发展，编制了《赣州市家具产业发展规划(2016~2020年)》，落实产业发展规划的刚性要求，扩展产业发展空间，培育传统产业新动能，不断提升家具产业集群发展水平。二是成立家具产业专家库。围绕“主攻工业三年翻番”战略目标，引进国内行业知名专家、学者，成立以中国家具协会副理事长陈宝光为召集人的家具产业专家库，为南康家具产业集群创新发展提供决策咨询服务，拓展产业发展视野，更新企业经营理念。

②优化产业发展平台，完善产业配套服务。一是提升家具展销平台。每年一届的家具展销会由地方提升至国家层面，2017年，由国家林业局主办的第四届中国(赣州)家具产业博览会，一批龙头企业开始以“转型升级，走向世界”为主题布置展会，展现了南康家具全力打造“全国乃至世界家具集散地”和建设“现代家居城”的目标定位的良好形象。二是优化园区承载平台。对家具产业园等各类园区的家具企业环保进行全面提升，重点提升园区企业的形象；由政府领导带头，通过组织家具协会成员参加喷涂实践和“两化”融合现场会，通过亲身体验，引导企业环保升级，促进“两化”融合；按照“以点示范、以点带面”的原则，重点引进江西环境工程学院专家团队，对龙头企业维平家具、康琦家具进行全方位“体检”，引导企业按现代化经营理念进行提升。三是优化产业服务平台。开通了“家具产业信贷通”，解决家具企业融资难、融资贵等问题，给家具企业在“个转企，小升规”进程中提供了资金保障。自2015年8月开通以来，至2017年共计为127家企业提供资金贷款，贷款总额约为1.71亿元。同时，设立总额1亿元的中小企业还贷周转金，累计提供还贷周

转金9326万元，其中家具企业户下5187万元。四是提升产业研发平台。引进顺德家具研究开发院组建江西南康家具研发院，以家具产业链的优化、整合及提升为主线，开展环保水性漆的研究开发，促进产业绿色发展。通过举办家具行业系列论坛、技术讲座全面提升企业经营理念。五是建设产业融合平台。以“互联网+家具”为发展理念，坚持家具产业线上线下“两条腿走路”，引进中国航天科工集团下属江西航天云网，打造国内首个“互联网+家具”综合服务平台—康居网，建立南康首家家具行业3D打印体验馆和众创、众筹、众包、众扶“四众”平台，通过推动生产方式的定制化、柔性化、绿色化和网络化，加快家具行业“两化”融合。六是完善产业开放平台。加快建设赣州港。加快完善铁路支线、甩挂中心、仓储物流等配套设施建设，推动公铁、海铁多式联运，2017年已实现与深圳盐田港的进口直通、出口直放，成为了全国真正实现通关一体化的少数内陆口岸之一。

③提升产业服务能力，规范家具产业发展。一是严抓安全生产。每年环保、安监、公安、消防等职能部门对家具生产企业的安全生产、环保、消防、职业病等情况进行督查，强化各乡镇(街道)属地管理的职责，并形成督查通报。高度重视市场治安和消防安全工作。实行消防安全调度例会制度，联合消防、公安等部门经常性召开市场物业消防安全调度会，积极开展消防安全宣传教育培训和检查演练，整治隐患。对物流企业安全生产进行拉网式排查。组织物流办、物流协会、物流执法队人员对300多家物流企业安全生产和消防工作进行无盲区拉网式排查。做好家具企业消防安全的宣传工作，通过会议、标语标识、网站、报纸、杂志、短信等方面普及安全知识。二是规范市场管理。下发《关于切实做好家具市场广告设置管理工作的通知》，规范家具市场广告设置、审批流程。加强家具市场停车管理，结合文明城市创建活动，加强了家具市场经营秩序、交通秩序、市容环境和消防安全的规范化治理。加强对家具市场物业公司的监管，督促各家具市场物业公司加强市场物业管理，提高服务质量，提升服务理念，协调化解矛盾纠纷，提高物业管理工作水平。三是推动企业入规。以“个转企、小升规”为抓手，以土地为杠杆，以税收为标尺，以园区为平台，以标准厂房为样本，加大财政投入，大力推进标准厂房建设，全面推进家具产业转型升级、做强做优。四是加强产业培训。开展电工安全技能培训，联合安监、电力和有关乡镇，在全区开展了家具企业电工技能培训，第一期培训电工200人，60人考取电工证。结合产业扶贫开展家具技工培训。编制了精准扶贫培训教材，大力开展打模喷漆、家具机械操作等各项培训，提高从业人员和贫困人员的专业素质和职业技能。

【2017年江西林业产业大事记】

1月7日 2017竹产业发展项目省级核查启动会在弋阳召开，来自上饶、吉安、宜春和南北公司的专业技术人员50余人参加会议。会议详细讲解了核查的内容和要求，并实地核查了两个小班，统一标准。

1月13日 全省林业局长会议在南昌召开，会议总结了2016年林业工作，分析当前林业发展形势，部署2017年林业重点任务，加快推进江西省林业现代化建设。会上宣读了省委常委、政法委书记、副省长尹建业对会议的批示，省林业厅厅长阎钢军在会上作了主旨报告，国家林业局华东林业调查规划设计院院长刘裕春，国家林业局福州专员办副专员吴满元应邀出席会议并讲话。

1月 经省政府同意，国家级和省级公益林保险由省级“统保”，调整为由市、县(区)政府纳入当地农业(林业)保险一并参保，并由中央和省级财政安排专项预算，全额承担公益林保费。

4月11日 江西省第四届花卉园艺博览交易会在南昌市梅湖景区花博园开幕。省委常委、南昌市委书记殷美根，副省长吴晓军等省、市领导及省直有关单位负责人在省林业厅巡视员魏运华陪同下，参观由省林业厅承建的第四届省花博会林业主题展园。

4月24日 省林业厅、省公共资源交易管理办公室联合印发《江西省国有林权和集体统一经营林权交易管理办法(试行)》，《办法》自发布之日起施行。

6月1日 由国家林业局主办、赣州市人民政府和江西省林业厅承办的中国(赣州)第四届家具产业博览会在赣州市南康区开幕。副省长吴晓军，国家林业局副局长李春良等出席。来自部分省市和全国家具行业有关专家、学者，各地家具协会、家具企业、重要客商代表和新闻媒体记者共1000余人参加开幕式。南康区被授予“中国实木家居之都”荣誉称号。

6月1日 江西对接“一带一路”首趟中欧双向班列(俄罗斯—赣州港—吉尔吉斯斯坦)启动仪式在赣州港举行。副省长吴晓军、国家林业局副局长李春良、赣州市市长曾文明、省政府副秘书长宋雷鸣、省林业厅巡视员魏运华等出席。

6月12日 全国首例按VCS标准开发的森林管理类林业碳汇项目——江西乐安VCS林业碳汇项目第一期减排量自愿购买签约仪式在南昌举行。项目面积7747公顷，30年核定碳汇量3377151吨，第一期核证减排量90545吨。此次签约交易21000吨当量二氧化碳的国际VCS核证碳减排量，江西银行购买20000吨、大新银行南昌分行购买1000吨。

6月23～25日 由省林业科学院主办的第一届樟树论坛在南昌举办。

6月30日 “江西竹产业互联网+电商基地”启动仪式在南昌市新建区举行。全省100余家竹产企业和国内部分电商企业代表参加。

7月4日 省林业厅、省旅游集团开展“旅游+林业”合作，在南昌举行《关于共同推进全省森林旅游和林业产业发展战略合作协议》签约仪式，省林业厅厅长阎钢军、省旅游集团董事长曾少雄出席。省林业厅巡视员魏运华、省旅游集团副总经理何新跃、洪文艺及省林业厅有关单位主要负责人参加签约仪式。

7月17日 省林业厅、省旅发委确定三爪仑国家森林公园观音岩景区、贵溪国家森林公园青茅境景区、铜钹山国家森林公园、白竺青草湖景区、阳明山国家森林公园5处首批省级森林体验基地，宜春市二十四桥明月园、新余国家亚热带植物园、武宁县长水村、梅岭国家森林公园、汤里森林温泉旅游度假区5处首批省级森林养生基地。

是月，省林业厅荣获省第四届花博会金奖。

8月30日 省林业厅利用外资项目办公室、省碳排放权交易中心在南昌举行《战略合作框架协议》签约仪式。

9月15日 省林业产业联合会、全球企业家文化交流中心、国策智库研究院、省家具协会、立信集团联合主办的第四届中国中部(九江)红木家具博览会暨长江经济带新经济论坛在瑞昌市中部红木大市场拉开帷幕。

9月18日 省政府办公厅印发《关于完善集体林权制度的实施意见》。

9月22日 省林业厅在南康区召开支持南康家具产业发展调研座谈会。

9月25日 鹰潭市和武宁县分别被评为“2017年全国十佳森林旅游示范市”和“2017年全国十佳森林旅游示范县”。

9月29日 上饶市、赣州市、景德镇市被授予“国家森林城市”称号。

10月12～13日 省政府在鹰潭市召开全省林下经济暨造林绿化工作现场推进会。

10月20日 中国森林旅游节组委会对2017中国森林旅游节设8个奖项进行表彰，江西荣获优秀组织奖、优秀展示奖、优秀协作奖、优秀宣传奖、优秀文艺节目组织奖、优秀产品推介奖、优秀洽谈签约奖7个奖项。鹰潭市、安远县、崇义县、安福县明月山国有林场、陡水湖国家森林公园、鄱阳湖国家湿地公园6个单位获优秀参展单位；江西省旅游集团和江西环境工程职业学院2个单位获优秀联动单位。

11月7日 省林业厅在南昌召开全省林业科技创新大会。厅长阎钢军等出席会议。

11月13日 国家林业局公布第一批国家森林步道名单。其中，罗霄山国家森林步道、武夷山国家森林步道途经江西赣州、吉安、宜春、萍乡、上饶5市。

11月30日 省第十二届人大常委会第三十六次会议审议通过《江西省林木种子条例》，于2018年1月1日起正式施行。

12月13日 省人大常委会召开贯彻实施《江西省林木种子条例》新闻发布会。

12月16日 省政府出台《关于加快林下经济发展的行动计划》。

12月19日 全省林业产业局长座谈会在新余召开。

12 月 27 日 江西 9 家林业企业被国家林业局认定为国家林业重点龙头企业，全省国家林业重点龙头企业达 27 家。

【政策文件】

名称：《江西省人民政府印发关于加快林下经济发展行动计划的通知》

文号：赣府字〔2017〕95 号

发文单位：江西省人民政府

发文时间：2017 年 12 月 16 日

主要内容：

一、主要目标。重点打造油茶、竹类、香精香料、森林药材(含药用野生动物养殖)、苗木花卉、森林景观利用六大林下经济产业，不断提升林下经济对区域经济的拉动功能、对生态建设的支撑功能、对农民增收的促进功能。到 2020 年，全省林下经济新增规模 1000 万亩以上，经营林地累计达到 4600 万亩；新增林下经济产值 800 亿元，年总产值达到 2000 亿元以上，参与农户达到 230 万户以上，使全省大多数山区林农实现“不砍树，能致富”的目标。

二、主要任务。

(一)实施油茶产业工程。重点打造袁州、丰城、樟树、高安、渝水、分宜、湘东、芦溪等赣西重点发展区，遂川、万安、永新等赣中重点发展区，赣县、信丰、上犹等赣南重点发展区，进贤、瑞昌、武宁等赣北重点发展区，上饶、玉山、贵溪等赣东北重点发展区，形成油茶产业发展区域特色。到 2020 年，新造高产油茶林 100 万亩，改造低产油茶林 30 万亩，全省高产油茶林面积达到 600 万亩。对油茶产品品牌进行整合推介，打造 3 ~ 5 个全国知名茶油品牌；在全省形成相对完备的油茶产、供、销产业链以及资源相对充足、利用水平高、产出效益显著的产业发展格局，把油茶产业培育成江西林业支柱产业和精准扶贫特色产业。全省年产茶油突破 40 万吨，实现油茶产业综合产值 500 亿元。

(二)实施竹产业工程。重点打造弋阳、万年、贵溪等赣东北笋产业发展区，宜丰、奉新、铜鼓等赣西竹加工业发展区，资溪、黎川、瑞金等赣东竹产业发展区，崇义、遂川、井冈山等赣西南竹产业发展区，安远、龙南、寻乌等赣南竹产业发展区。到 2020 年，建设笋用和笋材兼用林基地 15 万亩，使全省丰产笋用和笋材兼用林基地达到 70 万亩；改造低产毛竹林 70 万亩(不含笋材兼用林)，使材用毛竹丰产林基地达到 360 万亩。培育 2 ~ 3 家竹产业上市企业，全省形成 2 ~ 3 个区域性竹产业集群，竹产业综合产值达到 500 亿元。

(三)实施香精香料产业工程。重点发展以金溪为代表的樟科香精香料产业基地，以吉水为代表的林化香精香料产业基地，以抚州、吉安等地为代表的药用香精香料和以全南为代表的桂花香精香料产业基地。到 2020 年，全省新增香精香料及其他林化原料林种植面积 5 万亩，全省香精香料及其他林化原料林基地面积达到 35 万亩，香精香料及其他林化原料林种植业年产值达到 50 亿元。

(四)实施森林药材产业工程。重点发展樟树、万载、丰城、新干、峡江、吉水、遂川、南城、临川、金溪等地以枳壳、吴茱萸、黄栀子等为主的传统药材；修水、武宁、分宜、芦溪、遂川、井冈山、全南等地以杜仲、厚朴、黄柏等为主的特色药材；德兴、横峰、渝水、余江、龙虎山、黎川、玉山等地以掌叶覆盆子、铁皮石斛、香榧等为主的药食同源药材；进贤、乐安、资溪、铜鼓、崇义、樟树、贵溪等地以梅花鹿、麝、黑熊、河麂、穿山甲、稀有蛇类等为主的药用动物药材。到 2020 年，新增森林药材规范化种植基地 45 万亩以上，使全省森林药材规范化种植规模达到 80 万亩以上，年产量突破 30 万吨；梅花鹿、麝、黑熊、河麂、穿山甲等药用野生动物养殖规模突破 1 万头(只)，稀有蛇类养殖规模突破 100 万条；全省森林药材种养业年产值突破 120 亿元。

(五)实施苗木花卉产业工程。重点将南昌市及其周边地区建成全省苗木花卉技术研发、市场交易中心和景观苗木花卉生产示范区，辐射带动九江、抚州市；将赣州市建成全省优质乡土树种、林木种质资源繁育生产区，辐射带动吉安市；将宜春、新余、萍乡等市建成赣西苗木花卉产业走廊；将上饶市建成全省特色苗木花卉生产区，辐射带动景德镇、鹰潭市。到 2020 年，新增苗木花卉种植面积 12 万亩，使全省苗木花卉种植面积达到 170 万亩，苗木花卉产业综合产值达到 330

亿元。

(六)实施森林景观利用工程。重点推进“一区两带三圈”格局森林旅游发展，创建一批“示范森林公园”“森林体验基地”“森林养生基地”。提升罗霄山、武夷山国家森林步道(江西段)质量；支持赣州市、鹰潭市“全国森林旅游示范市”，湾里区、武宁县“全国森林旅游示范县”品牌打造。到2020年，完成森林风景资源质量提升(林相改造)30万亩，全省建成各类森林旅游目的地500处，实现年森林旅游综合收入500亿元。

(江西省林业产业发展管理局)

山东省林业产业

【概　述】 2017年，山东省各级林业部门坚持以习近平新时代中国特色社会主义思想为指导，深入学习贯彻习近平总书记生态文明建设战略思想，牢固树立"四个意识"，坚定"四个自信"，自觉践行"绿水青山就是金山银山"理念，认真落实省委省政府部署要求，林业建设各项工作取得了明显成绩，为建设生态文明、增进民生福祉、促进经济社会发展做出了重要贡献。

中央及省级资金 2017年共争取中央及省级林业建设资金14.87亿元，同比减少了1.31亿元，减幅为16.93%。主要是由于2017年森林抚育和基建防护林建设任务下降，中央投入各类资金为9.09亿元，同比减少了0.86亿元；省级投入5.78亿元，同比减少0.45亿元；按投资渠道分，财政资金13.01亿元，基本建设资金为1.86亿元。

林业建设资金 2017年全省各类林业投资额为304亿元，同比减少了13亿元。从投资去向看，用于发展工业原料林、特色经济林、花卉、林下经济、家具制造、林业休闲与旅游等林业产业发展的投资为182.6亿元，占总投资的60%，同比保持稳定，林业产业继续保持了社会资本投资林业的重点方向；用于营造林、湿地恢复与保护、野生动植物保护及自然保护等的林业生态建设与保护的资金为80.6亿元，占总资金的26.5%，同比增长2.4%；用于林业种苗、森林防火、林业有害生物防治及林区公益性基础设施建设等林业支撑与保障资金为39.1亿元，较上年减少了16.8%。

另外，2017年全省利用外资实施造林项目1个，实际利用外资金额2241万美元，较上年同期增加1866万美元。

从业人员和劳动报酬 截至2017年底，全省林业系统各类单位共计1925个，年末人数共计20488人，比上年减少了507人，单位个数和职工人数同比基本持平；其中在岗职工19757人，同比减少502人；年末实有离退休人员10294人，同比增加319人。在岗职工年平均工资64145元，同比增长了16.8%，在岗职工平均工资连续多年增长，职工待遇不断得到改善；离退休人员年均退休金42754万元，生活待遇得到保障。

植树造林 按照习近平总书记"着力推进国土绿化，着力提高森林质量，着力建设森林城市"的指示要求，山东省扎实推进森林资源扩量提质增效，积极推进全省造林绿化。2017年，全省共完成造林123779公顷(含人工造林和更新造林)，与上年持平，超额完成年度任务43.5%；完成森林抚育230031公顷，育苗面积192221公顷，四旁植树15073万株，全面完成年度林业生产计划。

从2016年起山东省逐步调减年度造林生产计划，年度完成造林面积较2015年之前有所下降。2017年，全省造林123779公顷(185.6万亩)，与2016年基本持平。其中人工造林92306公顷，更新造林31473公顷，人工造林依然是造林绿化的主要方式。从构成来看，新造混交林面积15366公顷，非林业用地造林面积5361公顷，新造灌木林面积501公顷。2017年全省继续大力开展森林城市"四级联创"活动，"国家森林城市"达到11个，数量居全国第二位。

2017年造林面积居前五位的市分别是：聊城、济宁、德州、临沂、东营，五市共完成造林1005195公顷，占全省总造林面积的54.1%。其中聊城同比增加造林10.8万亩，增幅56.94%，成为全省完成造林增幅最大的市。

林木种苗管理 2017年山东省林木种子采集量为2944吨，当年苗木产量53.2亿株；全省育苗面积192221公顷，同比增长3.6%，国有育苗面积4144公顷，同比减少了11.2%。

林业产业产值 2017年，山东省政府制订实施了木本油料、林木种苗、花卉等产业转型升级方案，加快推进林业产业转型升级、提质增效，山东省林业产业总产值继续保持平稳增长态势。

全年实现林业产业总产值6888亿元，比2016年增加162亿元，增长2.4%，继续保持全国第二位。

从产业结构来看，三产比重调整为34:58:8，与2016年相比，第一产业比重降低，第三产业比重进一步提高。其中第一产业产值为2376亿元，占全部林业总产值的34.4%，同比减少1.9%；第二产业产值为3995亿元，占全部林业产值的58%，同比增长4.1%；第三产业产值为517亿元，占全部林业产值的7.5%，同比增长10.7%。

从地区布局来看，临沂、菏泽、烟台、潍坊、济宁五市林业产业产值继续保持全省前五位。其中临沂、菏泽产值超千亿元。临沂产值继续保持全省首位，产值达到1377亿元，同比增长了5.8%；菏泽产值首次突破千亿元大关，达到1084亿元，同比增长了39.6%，位居全省第二。烟台、潍坊两市产值虽与上年同期相比有小幅回落，但在全省依然居优，产值分别为927亿元、857亿元；济宁市继续保持平稳增长态势，产值为577亿元，比上年增长12亿元，位居全省第五位。以上五市林业产业产值共达4824亿元，占全省的70%，所占比重比上年同期增加了0.7%，林业产业龙头地位稳定。从各县(市、区)来看，2017年全省依然有14个县(市、区)(曹县、兰山区、寿光市、诸城市、费县、沂水县、栖霞市、龙口市、芝罘区、郓城县、蒙阴县、平邑县、沂源县、蓬莱市)林业产业产值超过100亿元，数量与上年保持不变。其中菏泽市曹县产值达645亿元，由上年全省县级第二位跃居第一位。2017年曹县被中国林产工业协会授为“中国木艺之都”，这对打造地方区域品牌，引领木艺产业的发展起到重要推动作用，有力拉动了当地林业产业的发展；临沂市兰山区产值达468亿元，居县级第二位，兰山区保持了多年稳定向好的发展势头。全省有38个县(市、区)林业产值超过了50亿元，比上年减少2个。

从产业类别来看，在第一产业中，经济林产品种植与采集业产值为1351亿元，占第一产业比重为56.8%，占总产值的19.6%；在第二产业中，木材加工和木、竹制品制造业产值为2152亿元，占第二产业比重的54.5%，占总产值的31.2%，稳居各产业产值之首；在第三产业中，林业旅游与休闲服务业产值为367亿元，占第三产业比重的71.1%，占总产值的5.3%。经济林种植与采集和木材加工业年产值均超千亿以上，继续保持山东省林业支柱产业地位。

特色优势产业 全省形成了木材生产加工、果品生产加工、森林旅游、种苗花卉、野生动物驯养、林下经济、木本粮油七大林业主导产业。2017年七大林业主导产业实现产值6371亿元，占全省林业总产值的92.5%。其中，全省人造板产量为7639万立方米、产值1623亿元，分别占全国的25.9%和23.6%；经济林产量达2049万吨，经济林种植及加工产值达2041亿元，均居全国第一位；全省林木种苗面积288万亩、花卉种植面积242万亩，种苗花卉产值814亿元，成为江北最大的种苗花卉基地，昌邑市成为“中国北方绿化苗木基地”和“国家级苗木交易市场”。

新产业新业态 油用牡丹、玫瑰、银杏、蓝莓、元宝枫、杜仲、毛梾、文冠果、榛子等新产业快速发展，种植面积超过120万亩，基本实现种植、加工、销售一体化经营，年产值突破500亿元。发展集生产基地、文化体验、旅游观光为一体的观光果园、森林公园、林园综合体等840多处，年接待游客达到1.2亿人次，直接带动其他产业产值529亿元，实现了一树多用、一林多用、一园多用，让林区变景区、林场变工厂、基地变公园、生态变商品。

产业聚集度 通过实施特色化、园区化发展战略，引导林产品加工业向优势产区集中，优势产区向产业园区集聚，实现一县一业、一区一品。全省经济林种植面积20万亩以上的县(市、区)达到40个，先后有34个县(市、区)获中国经济林之乡称号，15个县(市、区)获全国经济林建设先进县，7个县(市、区)成为经济林产业化示范县。木材加工业向临沂市兰山区、费县、寿光市、茌平县、禹城市、曹县、郓城县等优势产区集中，这7个县(市、区)人造板产量占全省80%以上。

品牌影响力 运用多种方式，培育宣传推介名品名牌。全省有国家级林业龙头企业33家，国家级林业标准化企业11家，国家级核桃示范基地9处，中国森林食品示范品牌企业4个、临沂市被命名为“中国板材之都”，曹县成为“中国木艺之都”。全省获得中国驰名商标30多个、山东名牌86个、山东著名商标97个、山东省区域公用品牌18个、企业产品品牌74个，张裕葡萄酒、安德利果汁、汇源果汁等企业成功上市，烟台苹果、莱阳梨、日照绿茶、沾化冬枣、乐陵小枣、菏泽牡丹、平阴玫瑰、蒙阴蜜桃等名牌产品享誉国内外。

产业外向度 坚持实施“走出去”，把产业基地建在境外，充分利用境外资源，开拓国际市场。2017年，山东企业拥有的境外林地林权面积334万公顷，林木蓄积量超过6亿立方米，是省内林木蓄积量的5倍。在俄罗斯托木斯克州设立了中俄木材工贸使用区，总投资达到9.6亿美元，年采伐加工木材450万立方米。2017年，日照市岚山区国家级木材加工贸易示范区进口木材613万立方米，成为全国最大的木材进口基地和加工集散地。全省林产品出口到120多个国家和地区，出口种类达200多个，林产品进出口额达到100多亿美元。

促进林农增收 全省林业产业从业人员1700多万人，重点林果产区农民林业收入占总收入的1/3以上，有的县超过70%，涌现出一批农民人均年收入超5000元的县、超万元的乡村、超10万元的农户。蒙阴县发展蒙阴蜜桃65万亩，年产量达10多亿千克，实现产值近30亿元，农民人均果品收入达到5500元。滨州市沾化区利用盐碱低产地发展冬枣产业，冬枣种植面积达到50多万亩，年产量6亿千克，实现销售收入18亿元，农民人均冬枣收入突破8000元。

存在的问题 一是产业结构不合理。林业三次产业之比为34:58:8，与全国林业产业32:48:20相比，第三产业比例过低，说明林业产业发展与人民对良好生态产品和生态服务日益增长的需求不相适应。二是林业产业的整体素质不高。林业企业整体上生产规模小、装备水平不高，企业技术创新能力较弱，科技成果转化率低，林产品精深加工少，高附加值产品不多。三是推动林业高质量发展的制度和政策供给不足。对林业产业扶持政策不完善，产业融合发展面临许多课题待解，监测预警能力不强。

【产业发展成就主要做法】

坚持高点定位，规划引领 省委、省政府高度重视林业产业发展，纳入打造乡村振兴齐鲁样板、实施新旧动能转换重大工程、扶贫攻坚等全省重点工作任务，统筹规划，落实责任，整体推进。省政府出台了《关于加快全省林业产业发展的意见》《关于加快特色经济林产业发展的意见》《关于加强林木种苗工作的实施意见》等政策性文件，制订了木本油料、果品、林木种苗、花卉产业等特色产业提质增效转型升级实施方案，为产业发展提供规划引领和政策支持。2017年12月，省里11个部门制定《山东省林业产业发展规划(2017~2020)》，决定实施十大林业产业重点工程，优化林业产业结构，到2020年培育形成一批千亿级产业集群，制定了相应扶持政策。

突出特色，规模发展 坚持以优势产区为依托，以县域为单位，通过项目带动、政策扶持，培育发展特色生产基地，发展特色优势产业。一是因地施策。在传统优势产区，以建设规模化生产基地为重点，实现规模效益；在城郊地区，以发展生态观光型基地为重点，实行多树种、多品种、多模式相结合，实现常年观花赏果；在新兴产区，突出设施栽培和特色种植，实现人无我有，人有我优，人优我特。二是规模化经营。通过返租倒包、合作经营、土地流转等多种形式，实现连片开发、规模发展。全省千亩以上的生产基地4500多处，面积700多万亩。三是标准化生产。持续开展开展标准化生产创建行动，制订生产技术标准150多个，建立标准化生产示范园990处，示范推广新品种新技术360多项，有效提升了生产经营水平。

培育多元主体，实施一体化经营 一是扶持发展多元化经营主体。通过以奖代补、项目扶持、贷款贴息、技术培训等多种方式，大力培育发展林业经营大户、家庭林场、林业专业合作社、林业龙头企业等林业产业经营主体。全省产业规模化经营主体26247个，经营面积993万亩，初步实现了规模化生产经营。二是完善利益联结机制。总结推广“龙头企业+专业合作社+基地+农户”“专业合作社+基地+农户”等新型经营模式，延长产业链条，使各类经营主体形成利益共享、风险共担的利益共同体。三是发展壮大产业集群。围绕全产业链经营，实施产业集群培育工程，通过集群式、园区化式发展，形成各具特色、优势互补、结构合理、整体协同的产业集群体系。以平邑县地方镇罐头食品城、费县木业产业园、平阴县玫瑰产业园、郯城县银杏产业园、蓬莱市酿酒葡萄产业区为代表的林业产业园区达到60多处。四是培育发展产业龙头。组织开展省级林业龙头企业和林业专业合作社省级示范社创建工作，评定省级示范社472家、省级龙头企业431家，有34家林业合作社、33家林业企业被分别认定为国家级示范社、国家级龙头企业，发挥了龙头示范带动作用。

提升质量，培育品牌　一是靠质量打造品牌。充分发挥历史名产多的优势，积极采用现代管理技术和营销方式，提高产品质量。加强食用林产品生产监管，定期开展风险监督和监督抽检，及时整治风险隐患。二是靠特色优势树立品牌。利用区域特色和优势产品，通过举办展销会、推介会、赏花会、采摘节等多种方式，提高知名度，培育名牌产品。连续举办了十四届中国（菏泽）林产品交易会、第二十二届中国（昌邑）北方绿化苗木博览会，使之成为全国知名的展会品牌。三是靠文化内涵提升品牌。积极运用新技术、新创意、新理念，开发富有山东特色、齐鲁乡情、历史文脉的产品，如蓬莱的"八仙苹果"、济宁的"金玉满堂黄金梨"、济南的"正庄红苹果"等，由于赋予了特定的文化内涵，提升了果品的知名度和美誉度。四靠质量诚信维护品牌。坚持质量第一、信誉至上，发展名特优新产品，引导经营者以质量求生存、靠信誉求发展，靠品牌拓市场。

完善政策，搞好服务　一是健全政策保障体系。省政府和有关部门制定出台了退耕还林还果、林权抵押贷款、财政贴息、支持"一县一品"创建、培育区域集群品牌等具体政策措施，发挥政策的引导和激励作用。二是完善技术服务体系。运用现代信息技术，为林业企业和林农群众提供线上线下服务，每年培训林农群众5.1万多人次，开发建设了山东林业APP和网络科普平台，宣传推介林业新产业新业态新技术新模式，引领林业产业向高质高效发展。三是加强人才支撑。启动实施了"1211"人才培育行动，积极引进高层次人才，建立了10处院士工作站。加大对林业科技创新团队、优秀中青年专家、基层林业科技骨干的培育力度，涌现出一批创新团队和领军人才，为产业发展提供了人才支持。

【木竹加工产业】　2017年山东省人造板制造产业保持了平稳增长态势，产量为7639万立方米，同比增加了158万立方米，增长了2.1%，山东省人造板制造产业继续在全国保持领先地位。从产值角度来看，人造板制造业产值达1623亿元，同比增加了64亿元，占全省木材加工业产值的75.4%，占第二产业产值的40.6%，总产值的23.5%，所占比重均与上年同期持平。从产品类别来看，在全部人造板产量中，胶合板产量达5244万立方米，同比增长87万立方米，占全部人造板产量的68.6%，所占比重与上年持平；纤维板产量1344万立方米，同比减少了66万立方米；刨花板产量达621万立方米，同比增加93万立方米，增幅为17.3%。

从各市来看，临沂、菏泽两市人造板制造业继续在全省保持领先地位。2017年，临沂人造板产量为3438万立方米，与上年基本持平；菏泽人造板产量继2016年首次突破2000万立方米大关后继续保持旺盛增长势头，达到了2593万立方米，同比增加了25.5%，人造板产量的飞速增长有力拉动了菏泽林业产业的发展。临沂、菏泽两市人造板产量共计达6032万立方米，占了全省总产量的78.9%，所占比重比上年同期增长了5.7%。潍坊、济宁、聊城、烟台人造板产量均超过100万立方米，以上6个市人造板产量共计7264万立方米，占山东省人造板总产量的95%，成为山东省人造板生产的中坚力量。

2017年山东省木竹地板生产形势走弱，产量为4038万平方米，比2016年产量减少86万平方米，减幅为2%。木竹地板的生产以强化木地板和复合木地板为主，产量分别为2494万平方米和1197万平方米。另外，山东省的锯材产量为1193万立方米，同比减少147万立方米，减幅10.9%；木片、木粒加工产品2033万实积立方米，与上年同期相比减少了6.1%。

【经济林及种苗花卉产业】　2017年全省各类经济

林产品年末实有种植面积130万公顷，产量1956万吨，同比略有下降，但仍居全国前列。其中水果产量1834万吨，与上年同比减少了4.5%；干果产量82万吨，与上年基本持平。

种苗花卉产业结构调整取得积极的成效。全省育苗面积达192221公顷，同比增长6734公顷，增幅为3.6%，年末实有花卉种植面积16.1万公顷，与上年同期持平，产值为274亿元，占一产的11.5%；全省花卉市场达394个，花卉企业4225个，花卉从业人员59.7万人，同比均保持稳定。

【林下经济产业】 2017年全省林下经济产业继续保持平稳发展态势，发展面积达22.8万公顷，林下经济年产值达270.7亿元，年纯收入82.6亿元，带动89.5万人就业，与上年同期持平。从产值角度来看，以养殖鸡、鸭、鹅等为主的林禽养殖年总产值79.3亿元，占林下经济总产值的29.3%，养殖规模达4.2亿只，带动劳动就业27万人，林禽养殖成为林下经济发展最主要的模式；其次是以养殖貂、狐狸等为主的林驯模式，年产值68.3亿元，养殖规模7786万只(头)，年纯收入16.4亿元，成为发展林下经济中经济效益较好的又一种模式；另外，林菌种植年总产值14.6亿元，种植面积7595公顷；林药种植年总产值11.5亿元，种植面积16717公顷。林禽、林驯、林菌、林药成为山东省林下经济发展的主要模式。

【林业旅游与休闲服务业】 2017年全省林业旅游与休闲服务业产值为367.8亿元，同比增加57.4亿元，增幅为18.5%。2017年参加林业旅游与休闲康养服务的达1.3亿人次，同比增长了6.2%，林业旅游和休闲服务业继续保持了向好的发展趋势。

【中国板材之都——临沂】 临沂市木业产业起步于20世纪90年代，经过近30年发展，临沂已成为全国最大的人造板生产、出口和交易基地，全市共有木业企业2万多家，其中规模以上企业803家，年主营业务收入过亿元企业378家，过5亿元企业17家；全市年产各类板材3500多万立方米，占全省总产量的51.8%、全国总产量的12%，胶合板出口量占全国的40%，被誉为“中国板材之都”；2017年，全市有木材及制品类专业市场4处、家具类专业市场15处、醛胶类专业生产企业320家、装饰纸生产企业190家、木业机械制造企业180家，形成了集板材、木制品、装饰纸、设备制造、商贸物流等为一体、经营业态配套完善的木业产业体系。2017年，全市实现木业产值1238亿元，对工业总产值的贡献率达到12.7%，木业产业已经成为全市经济社会发展的支柱性产业。

【中国木艺之都——曹县】 菏泽市曹县依托丰富的林业资源，木材加工业异军突起，形成板材、工艺品、家具、弯曲木、包装木盒等多个产业集群，林业产业覆盖全县90%以上的乡镇村。特别是泡桐加工出口曾一度占全国出口量的75%。林业产业走在全市乃至全省的前列，2004年6月，曹县被中国林学会授予“中国泡桐加工之乡”“中国杨木加工之乡”“中国柳编之乡”荣誉称号。2010年、2012年荣获国家商务部命名的国家级出口家具工艺品进出口基地、国家级木草柳贸易示范区，2015年9月荣获国家出入境检验检疫局命名的国家级出口食品(木工艺品)质量安全示范区的核心区域。2013年12月，曹县林木制品产业集群被省政府命名为省级产业集群，2017年被命名为“中国木艺之都”。

2017年，全县有林木加工企业8600余家，个体户约4.5万户，从业人员约42万人。其中规模企业达到326家，占全市的51%；产值过亿元企业26家，过千万元企业214家，过百万元企业1860家；有自营出口权的企业300余家。产品门类比较齐全。涵盖中高密度纤维板、胶合板、细木工板、刨花板、贴面装饰板、建筑模板、科技木、实木复合地板、家具、木制工艺品、雕刻工艺品、条柳编工艺品等十二大门类，上万个品种。全县拥有上市企业2家，国家级林业重点龙头企业1家，国家标准化示范企业2家，省级龙头企业17家，市级龙头企业37家；市级林木加工专业村143个，木材加工专业乡镇3个；企业产品中有中国驰名商标1个，省级著名商标4个，省级名牌产品4个。

【平阴县玫瑰产业】 平阴县盛产玫瑰花，是全国著名的“玫瑰之乡”，平阴玫瑰以其花色艳丽、瓣多而厚、香气浓郁而蜚声中外，久负盛名，故有“平阴玫瑰甲天下”之说。

平阴玫瑰栽培品种有50余个，用于大田生产的品种主要有3个，即传统玫瑰、丰花玫瑰及紫枝玫瑰。平阴县玉带河周围成为玫瑰花生长的优势区，也是平阴玫瑰的重要生产基地。平阴玫瑰花遍布全县8个镇(办事处)，全县玫瑰花种植面积达6万亩，形成了以玫瑰镇为中心的玫瑰生产基地产业带。全县规模性综合玫瑰加工企业近30余家，省重点建设大型综合企业1个，市级重点龙头企业9个。玫瑰花的加工主要以烘干花蕾和花冠为主，全县玫瑰花烘干炉达320余套，全县年产鲜花、花蕾(冠)两万吨，经济产值超2亿元。该县在鼓励农户上加工炉的同时，积极培植玫瑰深加工企业，以玫瑰深加工业为突破口，努力延伸玫瑰产业链条，改善加工工艺，先后开发了玫瑰茶、玫瑰酱、玫瑰膏、玫瑰汁、玫瑰酒、玫瑰化妆品、玫瑰精油、玫瑰家纺等150余个品种，初步形成了医药、化工、饮用、酿酒、香料等玫瑰系列产品，年产量达3万余吨。近年又研制生产了玫瑰细胞液、玫瑰超微粉等新产品。玫瑰花已经成为平阴县农业增效、农民增收的支柱产业和特色品牌。

【沾化区冬枣产业】 滨州市沾化区，共有林业用地面积114万亩，有林地面积83.4万亩，林木覆盖率为26.9%。经济林种植面积50.73万亩，冬枣种植面积占经济林总种植面积的98.6%。2017年，沾化冬枣总产量3亿千克，实现销售收入20.06亿元，冬枣产业产值28亿元，枣农人均冬枣纯收入8204元，沾化冬枣已经真正成为该区的一项富民产业、绿色产业和支柱产业。

沾化县参照发展工业的思路发展沾化冬枣产业，将沾化冬枣的生产、加工、营销作为一项系统工程来抓，大力实施龙头企业带动战略，不断延伸做大做强产业链条。突出重点，扶持、壮大一批起点高、规模大、带动力强的农业产业化龙头企业，充分发挥其在开拓市场、加工增值、科技创新、标准化生产等方面的重要作用。建成了以沾化健源食品有限公司、金丝枣业有限公司、沾化浩华果汁有限公司、沾化龙凤行商贸有限公司、沾化冬枣研究所等为代表的50余家枣品加工企业和300多家冬枣专业合作社，年加工能力达0.3亿千克。分别与沃尔玛、华润万家、银座、滨州一松科技、山东浩华果汁等超市或农业龙头企业建立起对接基地4万余亩。2017年，该区具有国家级专业合作社2家、省级专业合作社2家、市级专业合作社3家；省级龙头企业1家、市级龙头企业4家。（杨　涛）

河南省林业产业

【概　述】 2017 年，河南林业产业牢固树立“创新、协调、绿色、开放、共享”五大发展新理念，认真贯彻落实省委、省政府决策部署，以推进林业供给侧结构性改革为主线，以市场需求为导向，以龙头带动为抓手，以实施《河南林业生态省建设提升工程规划》和《河南省“十三五”林业发展规划》为载体，努力实现林业产业转型升级、贫困地区农民增收致富，着力推进一、二、三产业融合发展，一产结构逐步优化，二产规模不断壮大，三产保持较快增长。2017 年林业年产值达 1966.54 亿元，比上年增长 8.8%。其中一产产值 929.96 亿元，二产产值 762.23 亿元，三产产值 274.35 亿元，一、二、三产产值比例为 47:39:14。

林业资源概况 2017 年底，全省林地面积 8496.33 万亩，森林面积 6144.77 万亩，疏林地面积 219.90 万亩，灌木林地面积 705.86 万亩，无林地面积 1086.74 万亩，森林覆盖率为 24.53%。全省活立木蓄积量 23680.68 万立方米，其中森林蓄积 17894.56 万立方米，疏林蓄积量 38.59 万立方米，散生木蓄积量 815.72 万立方米，四旁树蓄积量 4931.81 万立方米。

全省国家级和省级自然保护区 25 个，面积 763.11 万亩；其中国家级自然保护区 11 个，面积 520.1 万亩。省级以上森林公园 117 个，面积 448.01 万亩；其中国家级森林公园 34 个，面积 204.76 万亩。省级以上湿地公园 41 个，面积 125.61 万亩；其中国家级湿地公园 31 个，面积 116.50 万亩。

全省湿地总面积 941.92 万亩。其中，河流湿地 553.51 万亩，湖泊湿地 10.35 万亩，沼泽湿地 7.3 万亩，人工湿地 370.76 万亩。全省沙化土地面积 895.19 万亩；荒漠化土地面积 15.21 万亩，石漠化土地面积 111.97 万亩。

第一产业 积极组织实施山区绿化、平原沙区造林、廊道绿化、农田防护林建设、国家储备林建设等重点工程项目，集约经营林果、种苗花卉产业、大力发展林下经济，使一产业结构逐步优化，产值稳步增长。2017 年一产产值为 929.96 亿元，其中林木育种和育苗产值达 67.50 亿元，占一产产值的 7.26%。营造林达 69.13 亿元，占一产产值的 7.43%。木材和竹材采运达 25.26 亿元，占一产产值的 2.72%。经济林产品种植与采集产值达到 506.54 亿元，占一产产值的 54.47%。花卉及其他观赏植物种植类产值达到 209.24 亿元，占一产产值的 22.5%。陆生野生动物繁育与利用达到 28.46 亿元，占一产产值的 3.06%。其他 23.83 亿元，占一产产值的 2.56%。特别是大枣、核桃、板栗、油茶等木本粮油类经济林产品继续保持发展优势，经济林产品的种植与采集业产值比重进一步增大，比 2016 年增长了 43%。

第二产业 通过鼓励企业实施技术改造，加速淘汰落后工艺和落后产能，支持林产品质量提升和品种创新，进一步优化产业布局，调整产业结构，促进产业升级，使林业产品加工为主的第二产业规模不断壮大。2017 年二产产值达 762.23 亿元，其中，木材加工和木、竹、藤、棕、苇制品制造产值 360.15 亿元，占林产品加工业的 47.25%。木、竹、藤家具制造产值 114.36 亿元，占林产品加工业的 15%；木、竹、苇浆造纸和纸制品产值 91.76 亿元，占林产品加工业的 12.04%；林产化学产品制造产值 2.12 亿元，占林产品加工业的 0.27%；木质工艺品和木质文教体育用品制造产值 16.80 亿元，占林产品加工业的 2.21%；非木质林产品加工制造业产值 146.25 亿元，占林产品加工业的 19.19%；其他产值 26.96 亿元，占林产品加工业的 3.54%；非林产业产值 3.83 亿元，占林产品加工业的 0.5%。形成了以兰考华兰集团、商丘金展木业、郑州玉林木业有限公司、南海松本(商丘)木业有限公司等 67 家具有较大规模的以林木加工为主的省级以上龙头企业，有力地促进了木材加工及以木材为原料的加工制造业的发展。从当前情况看，以林果、木本油料、木本药材、花卉等林产品为原料的非木质林产品加工业还有很大发展空间。

第三产业 大力发展森林旅游、森林康养、林业休闲等现代生态类服务业，特别是依托森林公园、湿地公园，大力宣传和推动森林旅游产业发展，把发展森林旅游与休闲产业作为优化林业产业结构，转变发展方式、构建绿色经济增长、增加林区百姓收入的重要举措。截止到2017年底，省辖市国家森林城市11个，省级以上森林公园117个，其中国家级34个，省级83个。国家级生态公园试点3个，全国森林康养基地试点建设单位15个。全省森林旅游蓬勃发展，产值达到274.35亿元，其中林业旅游与休闲服务年产值达到198.55亿元，直接带动其他产业产值135.14亿元。年林业旅游休闲康养人数1.2亿人次，占第三产值的72.37%；林业生态服务年产值达到47.12亿元，占17.18%；林业专业技术服务年产值达到6.11亿元，占2.23%；林业公共管理及其他组织服务年产值达到12.63亿元，占4.60%；林业系统非林产业年产值达到3.67亿元，占1.34%；其他6.27亿元，占2.28%，比2016年增长43.18亿元，增长18.68%。林业已成为当地调整农业结构、增加农民收入的支柱产业。

【龙头企业】 积极引导和支持重点林业产业龙头企业到贫困地区从事资源开发、产业园区建设等。大力动员龙头企业积极承担扶贫开发任务，龙头企业采取直接投资建基地、办加工、产销对接、技能培训、提供就业岗位等形式，与贫困地区对接。培育省级林业产业化重点龙头企业400家，其中国家林业重点龙头企业14家(2017年新增4家国家级龙头企业)。如郑州好想你枣业、夏邑金展木业、郑州玉林木业有限公司、兰考华兰集团、三门峡华阳食品有限公司、河南沙大宝食品有限公司、南阳宛西药业、信阳毛尖集团等。果汁和红枣加工产品在国内外享有盛誉，以森林药材为主要原料的多家制药企业已成为当地经济发展的支柱，有力地推动了当地经济发展，在贫困地区发挥着示范带动和辐射作用，为加快河南脱贫攻坚、精准扶贫步伐起到了积极的助推作用。

【产业集群】 2017年，河南全省有林业产业集群123个，其中当年新培育产业集群18个，初步形成一批人造板、家具、果品、木本粮油、经济林产品等林产品加工集聚区。漯河市临颍县以实施低成本扩张、科技兴企、品牌强企、建设企业文化等战略，形成了以杜曲镇为中心的板材加工基地，建立了生产、加工、销售一条龙，林、工、贸为一体的产业体系。还有三门峡、焦作等地的果品加工集群，濮阳、商丘、漯河、郑州等地的林板与家具加工集群，武陟、濮阳高新区等地的林纸加工集群，信阳浉河、新县等地的茶叶加工集群，西峡等地的森林药材加工集群等都在当地区域经济中占有一定比重。

【品牌建设】 积极优化品牌创建环境，引导和支持各省辖市、县及涉林企业提高林产品品牌建设意识，林产品品牌和知识产权建设保护意识。2017年，河南“信阳茶叶”“灵宝苹果”荣获国家第一批“中国特色农产品优势区”称号，区域特色明显。部分林产品加工集聚区和骨干龙头企业培育开发了一批在省内外市场上具有一定知名度和市场占有率的林产品品牌，如“灵宝苹果”“西峡猕猴桃”“西峡山茱萸”“宁陵酥梨”“南召辛夷”“封丘金银花”“信阳毛尖”“开封菊花”“洛阳牡丹”“南阳月季”等。

【木本油料】 河南省委省政府高度重视木本油料产业发展，在省政府办公厅印发《关于加快木本油料产业发展的实施意见》后，2017年制订的《河南省高效种养业转型升级行动方案(2017~2020年)》明确在全省建设40个优质林果示范县，其中木本油料示范县5个，到2020年，全省油茶、核桃、油用牡丹等木本油料面积将达到730万亩，将53个贫困县(市)列为主要扶持对象，在贫困地区大力发展木本油料产业，建设木本油料资源基地，扩大木本油料加工企业生产规模，为社会提供大量的就业机会。2017年11月，油用牡丹助推精准扶贫座谈会在洛阳市举办，会议由中国林业经济学会、中国扶贫开发协会主办，来自国家有关部委的领导、院士、专家就油用牡丹未来纵深发展进行了交流发言。2017 年底以核桃、油茶、油用牡丹等为主的木本油料种植面积已达到 453 万亩，其中核桃 308 万亩、油茶 76 万亩、油用牡丹 19 万亩，形成了以豫南油茶、豫西北核桃以及豫西丘陵区油用牡丹为主的集中种植区。

【国储林建设】 2017 年以发展国家储备林基地建设为突破口，吸引更多资金投入到林业项目。2017 年 1 月 12 日，省林业厅与国家开发银行河南省分行签署了共同推进河南省国家储备林等重点领域建设发展合作协议，到 2020 年双方合作规模达 500 亿元。合作协议的签署，为河南启动利用贷款开展国家储备林建设提供了保障。为规范河南国家储备林建设，管理好项目的实施，确保资金安全运行和建设成效，2017 年 4 月 21 日，省林业厅与国开行河南省分行联合下发了《国家开发银行贷款河南省国家储备林项目管理办法(试行)》和《国家开发银行贷款河南省国家储备林项目资金管理办法(试行)》。截至 2017 年底，国家林业局已批复河南省国家储备林建设方案 14 个，其中，濮阳市(一期)国家储备林项目已落地，投资 3.9 亿元，申请国家开发银行贷款 3.1 亿元，已发放贷款 1 亿元，为河南省国家储备林建设贷款(政府购买服务模式)“第一单”。

【国际合作】 2017 年林业产业国际合作主要围绕欧洲投资银行贷款河南珍稀优质用材林可持续经营项目、亚洲开发银行技援构建国家粮食安全核心区生态保障体系研究项目、全球环境基金(GEF)项目和小渊基金项目的实施工作，日本政府贷款河南省造林项目后评价工作以及欧洲投资银行贷款河南森林资源发展和生态服务项目申报工作等。一是 2017 年度完成营造林合格面积 11878.95 公顷。二是光山县白雀镇中日绿化基金项目得到国家林业局批准实施。项目总投资 152.95 万元，日方援助 1380 万日元，计划造林 60 公顷。三是经过多方努力，国家发改委、财政部对河南申报的欧洲投资银行贷款河南省森林资源发展和生态服务项目给予了充分肯定，欧洲投资银行也明确表示将全力支持该项目的申请立项工作。

【扶贫攻坚】 河南省林业厅认真贯彻落实习近平总书记提出的“绿水青山就是金山银山”理念和《中共河南省委　河南省人民政府关于打赢脱贫攻坚战的实施意见》(豫发〔2016〕5 号)和《河南省林业扶贫规划(2016～2020 年)》要求，先后印发了《河南省高效种养业转型升级行动方案(2017～2020 年)》《河南省林业厅关于推进林业产业扶贫工作的意见》(豫林产〔2017〕130 号)。并按照“结合生态保护脱贫”的总要求，积极推进林业产业供给侧结构性改革，实施林业产业精准扶贫工程，大力发展优质林果、国家储备林、林产工业等。立足区域优势，依托丰富林地资源增加贫困户收入，断“穷根”、掘“富源”，实现“林业增绿、产业增效、农民增收”的目标。一是大力发展特色绿色产业，帮助农民脱贫致富。夏邑县政府高度重视特色产业脱贫，出台了《夏邑县特色产业脱贫实施方案》，明确了油用牡丹、核桃等绿色产业发展中凡是建档立卡的贫困户种植油用牡丹 1 亩以上的，每亩补助 600 元，连补 3 年。木本油料种植面积 100 亩以上的带动贫困户脱贫致富的大户，当年每亩补助 500 元。渑池县委、县政府制定出台了《渑池县林业局关于印发龙头企业及专业合作社扶贫奖补方案的通知》和《渑池县人民政府关于印发渑池县做大做强“双椒一药”主导产业助推脱贫攻坚实施方案的通知》等相关文件。县财政每年安排专项资金，按照性质不变、渠道不乱、打捆使用的原则，采取以奖代补、财政贴息等办法，用于引导林业产业持续发展扶贫。2017 年，通过种植特色经济林、中药材种植带动贫困户 3138 户，实现带贫人数 5600 余人，年人均收入 1.51 万余元；林下养殖带动农户 2580 余户，年人均收入 1.4 余万元。二是以龙头企业带动为抓手，引导林业重点龙头企业到贫困地区直接投资建基地。并以联合兴办加工、产销对接、技能培训、“公司 + 基地 + 农户”等形式吸收贫困户参与特色绿色产业发展，带动贫困户增收致富。南阳淅川县河南仁和康源农业公司在九重镇栽种了 1.1 万亩软籽石榴，与 207 户贫困群众签订了入资带贫协议，产业带贫 61 户，有 90 多名贫困群众长年在基地务工，年人均增收

1万元。2017年全省400家省级林业重点龙头企业，其中53个贫困县有181家(一产占101家、二产占64家、三产占16家)，全省林业企业共带动农户户数15.59万户，带动农户人数超过35.42万人。三是以国家储备林建设为突破口，吸纳更多农民增收致富。各建设单位在组织实施国家储备林项目时，在收益分配上可以增加贫困户资产收益、股权收益和造林管护等劳务收入。三门峡、桐柏县、夏邑县、卢氏县等国家储备林项目在可行性研究报告编制内容中都提出结合当地实际，通过种植经济林、发展林下经济、林苗一体化等方式，使当地百姓以租地、劳务用工、护林员等方式参与到国家储备林项目建设中，实现脱贫。

【2017年河南林业产业大事记】

1月12日 省林业厅与国家开发银行河南省分行共同推进河南省国家储备林等重点领域建设发展合作协议签字仪式在郑州举行，省林业厅厅长陈传进和国家开发银行河南省分行行长傅小东代表林业、金融业双方在合作协议上签字。

3月10日 濮阳市国家储备林项目启动暨贷款发放仪式在濮阳县举行，规划造林面积8300余亩，计划投资3.9亿元，申请国家开发银行贷款3.1亿元，为河南省国家储备林项目建设贷款“第一单”。

3月21~24日 国家林业局速丰办副主任石敏一行赴濮阳、南阳、许昌调研河南国家储备林项目建设情况，并在郑州组织召开了国家储备林项目建设座谈会，全省18个省辖市、10个省直管县林业局主要负责人及相关专业技术人员参加了座谈会。

4月9~13日 日方对日本政府贷款河南省造林项目绩效评价后评价进行现场评估，项目的实施质量和成效得到日方高度评价，评价结果为“A”。

5月 省长陈润儿主持召开省长办公会议，安排部署传统产业转型升级工作，省林业厅按照省委省政府《关于推进转型发展攻坚战的实施方案》要求，主要承担《河南省高效种养业转型升级行动方案(2017~2020年)》中关于“优质林果”部分的建设任务。

5月2日 林业厅与省财政厅联合印发了《欧洲投资银行贷款河南珍稀优质用材林可持续经营项目实施管理办法》(豫林项〔2017〕74号)，规范项目工程管理、财务管理和提款报账等程序。

6月13日 三门峡甘山国家森林公园管理处、洛阳白云山旅游有限责任公司、河南黛眉山原始生态文旅开发有限公司、济源市文化旅游投资集团有限公司、郑州市竹林景区旅游开发有限公司、驻马店金顶山旅游开发有限公司、修武县云台山风景名胜区管理局7家单位被确定第二批为全国森林康养基地试点建设单位。

7月5日 河南省林业厅下发《关于推进林业产业扶贫工作的意见》(豫林产〔2017〕130号)。

7月18~19日 亚洲开发银行技术援助构建河南省国家粮食安全核心区生态保障体系研究项目终期报告在郑州通过评审。

11月17日 油用牡丹助推精准扶贫座谈会在洛阳市举办，会议由中国林业经济学会、中国扶贫开发协会主办，来自国家有关部委的领导、院士、专家就油用牡丹未来纵深发展进行了交流发言。

11月20~22日 省林业厅在郑州举办了全省国家储备林项目建设管理培训班。省林业厅副厅长李军、国开行河南省分行副行长张弛出席会议并讲话。参加培训的有18个省辖市林业局主管副局长、业务科长，有意向利用贷款建设国家储备林项目的县(市、区)林业局主管局长或专业技术人员，参加培训人员达300余人。

11月29日 省政府办公厅印发了《河南省高效种养业转型升级行动方案(2017~2020年)》和《河南省绿色食品业转型升级行动方案(2017~2020年)》(豫政办〔2017〕144号)。

12月6日 农业部和国家林业局联合对中国特色农产品优势区名单(第一批)进行公示。河南的“信阳茶叶”“灵宝苹果”荣获“中国特色农产品优势区”称号。

12月10日 鄢陵县被确定为全国森林康养试点县，修武县青龙峡风景名胜区管理局、洛阳万山湖旅游有限公司、开封市菊花高新科技产业文化发展有限公司、博爱青天河风景名胜区管理局、河南伏羲山旅游开发有限公司、河南燕子山生态旅游开发有限责任公司6家单位被确定为第三批全国森林康养基地试点建设单位。

12月27日 《国家林业局关于公布第三批国家林业重点龙头企业名单的通知》(林改发〔2017〕149号),仲景宛西制药股份有限公司等4家企业被认定为第三批国家林业重点龙头企业。

(肖建成 胡旭东 袁凤玉 王 超)

湖北省林业产业

【概　述】　2017年全省林业产业年总产值3453.54亿元，其中第一产业产值1117.71亿元、第二产业产值1246.28亿元、第三产业产值1089.55亿元。全年全省商品木材产量200.42万立方米，其中原木174.02万立方米、薪材26.39万立方米。非商品材76.55万立方米，其中农民自用材采伐量32.66万立方米、农民烧材43.89万立方米。竹材产量3825.89万根，其中：毛竹3016.70万根、其他大径竹材809.19万根，小杂竹11.78万吨，竹产业年总产值48.37亿元。

人工造林与封山育林　2017年，全省完成营造林面积40.08万公顷，其中：人工造林总面积16.23万公顷、封山育林面积6.75万公顷、低效林及退化林改造面积16.7万公顷、新造混交林和人工促进更新面积4004公顷。在人工造林面积中，新造竹林面积1238公顷。按林种分，用材林7.09万公顷、经济林4.11万公顷、防护林4.52万公顷、薪炭林2300公顷、特种用途林2812公顷；按权属分，公有经济成分造林5.02万公顷，其中国有经济成分造林1.04万公顷，集体经济成分造林3.98万公顷；非公有经济成分造林11.22万公顷。在人工造林中，林业重点工程完成人工造林面积3.2万公顷，四旁零星植树1.46亿株。当年新封山育林面积6.75万公顷，其中：无林地和疏林地新封山育林面积3.75万公顷，有林地和灌木林地新封山育林面积3.0万公顷。完成森林抚育面积40.58万公顷。年末实有封山育林面积115.14万公顷。绿满荆楚行动圆满收官、精准灭荒行动全面启动。全年有3个市创建国家森林城市，新授牌省级森林城市5个、森林城镇40个、绿色示范乡村1251个，延伸了城乡绿色版图，改善了人居环境，增加了群众绿色福利。

国家储备林基地建设　2017年国家储备林总投资为1759万元，其中中央财政投资1359万元，地方财政配套240万元，社会投入资金160万元。全年完成年度营造林建设3874公顷，其中人工新造林200公顷，森林改培面积919公顷、森林抚育面积2755公顷。按树种分，珍稀树种648公顷、一般树种3226公顷。建立国家储备林三年滚动项目库。

林下经济发展　2017年，全省林下经济总产值348.12亿元。全省林下经济面积已发展到80万公顷。共建立林下经济示范基地629个，其中国家级示范基地16个，从事林下经济专业合作组织达到1300个。林下经济已涵盖种植、养殖、林下产品采集加工、餐饮服务、生态休闲旅游等行业。

野生动物驯养繁殖　2017年全省野生动物繁育机构220个。全年陆生野生动物繁育与利用总产值24.35亿元。驯养繁殖的野生动物食品与毛皮革等加工制造产值27.18亿元。全年从事陆生野生动物繁育与利用单位9个，年末实有经营人数55人。

【主要经济林产品】　2017年全省主要经济林产品年末实有种植面积175.63万公顷、产量944.79万吨。主要产品有水果、干果、林产饮料、林产调料、森林食品、木本药材、木本油料、林产工业原料八大类。经济林产品生产情况分别为：

水果　水果产量771.52万吨，年末实有种植面积47.16万公顷，其中：苹果面积2209公顷、产量2.03万吨，柑橘面积26.53万公顷、产量532.57万吨，梨面积4.33万公顷、产量63.93万吨，葡萄面积1.97万公顷、产量40.40万吨，桃面积7.49万公顷、产量108.90万吨，杏面积818公顷、产量7489吨，猕猴桃面积1.43万公顷、产量5.09万吨，其他水果面积5.11万公顷、产量17.85万吨。

干果　全年全省干果产量49.52万吨，年末实有种植面积33.74万公顷，其中：板栗面积31.11万公顷、产量43.48万吨，枣面积8532公顷、产量1.97万吨，柿子面积9582公顷、产量3.26万吨，仁用杏面积510公顷、产量165吨，其他干果面积7634公顷、产量8063吨。

林产饮料 林产饮料产品30.07万吨，年末实有种植面积31.67万公顷，其中：毛茶面积31.11万公顷、产量29.80万吨。其他林产饮料产品面积5649公顷、产量2760吨。林产调料产品2550吨，其中：花椒1916吨、八角59吨、桂皮8吨、其他调料产品567吨。

森林食品 森林食品30.02万吨，其中：竹笋干2.22万吨、食用菌18.39万吨、山野菜2.30万吨、其他森林食品7.11万吨。

森林药材 森林药材27.80万吨，年末实有种植面积16.61万公顷，其中：银杏面积2.57万公顷、产量3.28万吨，山杏仁面积22公顷、产量15吨，杜仲面积3.17万公顷、产量2.30万吨，黄柏面积7910公顷、产量2.64万吨，厚朴面积2.46万公顷、产量1.52万吨，枸杞面积1955公顷、产量1834吨，山茱萸面积288公顷、产量456吨，五味子面积555公顷、产量238吨，其他森林药材面积7.33万公顷、产量17.81万吨。

林产工业原料 林产工业原料8.50万吨，其中生漆3217吨、油桐籽2.16万吨、乌桕籽1.17万吨、五倍子2826吨、棕片3044吨、松脂4.27万吨。2017年全部经济林产品的种植与采集总产值670.20亿元，其中水果种植241.37亿元、坚果及含油果和香料作物种植66.12亿元、茶及其他饮料作物种植163.28亿元、森林药材种植58.15亿元、森林食品种植109.2亿元。林产品的采集产值32.09亿元，油茶产业产值135.63亿元。

【木本油料】 木本油料产量27.09万吨，年末实有种植面积46.45万公顷，其中油茶籽14.69万吨、年末实有种植面积27.11万公顷，核桃12.18万吨、年末实有种植面积18.80万公顷，油用牡丹籽2132吨、年末实有种植面积5279公顷，油橄榄面积191公顷、产量115吨。

油茶 2017年湖北省年末实有油茶林面积27.11万公顷，其中当年新造面积1.78万公顷、当年低产林改造的油茶面积1.08万公顷，年末实有油茶定点苗圃个数110个，全省定点苗圃面积1398公顷，油茶苗木产量9233.13万株，其中：一年生苗木产量4881.07万株、二年以上留床苗木产量3361.77万株。全省油茶籽产量14.69万吨。全省油茶产业企业212个、年产值135.63亿元。

核桃 年末实有核桃种植面积18.80万公顷，年末实有核桃定点苗圃个数18个，全省定点核桃苗圃面积756公顷，新培育核桃嫁接苗993.22万株，全省核桃干重产量12.18万吨。

【苗木花卉】

花卉产业 2017年末实有花卉种植面积10.71万公顷，切花切叶产量1.32亿支，盆花植物产量1.72亿盆，观赏苗木产量4.06亿株，草坪产量1086.86万平方米，全省共有花卉市场315个，花卉企业1652个，其中大中型花卉企业241个，花卉从业人员25.29万人，其中：专业技术人员2.02万人，花农7.12万户，控温温室面积101.69万平方米，日光温室面积226.94万平方米。全年花卉及其他观赏植物种植产值147.19亿元。

种苗管理 2017年全省林木种子采集量2754吨，育苗面积4.28万公顷，其中国有育苗面积2897公顷，全省当年苗木产量14.74亿株。当年林木育种与育苗总产值79.06亿元，其中林木育种6.19亿元、林木育苗72.86亿元。全年投入林业种苗资金5.57亿元，其中：中央财政2728万元、地方财政3440万元、自筹资金1.46亿元、其他社会资金3.50亿元。全年全省从事育种育苗管理单位89个，从业人员1341人。

全年印发了《湖北省林木种苗“十三五”发展规划》《湖北省2017年林木种苗工作要点》，制定《开展林木种苗“双随机一公开”工作实施细则》，指导全省林木种苗健康发展。开展学习宣传贯彻新修订的《种子法》，共举办了7期《种子法》学习培训班，培训人数500余人；参加全国《种子法》知识竞赛，湖北省代表队取得全国现场竞赛第三名并获得二等奖。

争取国家林木良种培育补贴1795万元、种质资源清查资金235万元，种苗投资约2030万元，省级林业专项资金1500万元，中央财政林业科技推广示范补助资金240万元，完成2018年林木良种补贴项目申报总金额2350万元申报工作。强化林木种苗行政执法和质量监管，组织专班全面开展自查，抽查了21个县23家单位的31个苗批，苗圃地苗木整体合格率为80.6%，造林地4个苗批全部合格；完成了国家双打办对湖北省林业部门2016年工作的绩效考核验收，获得满分3分。推进全省林木种质资源调查工作，举办了全省林木种苗站长会，完成对各市(州)外业调查验收并指导各地进行内业汇总和培训，完成了16个市(州)的种质资源调查工作并验收合格，开展树种野外调查工作，组织召开国家种质资源库和国家良种基地科技支撑专家座谈会及作业设计评审会。申报湖北省第三批国家良种基地，罗田板栗、阳新油茶等4家单位被确认为国家良种基地并按要求编制、评审、上报了基地规划。

出台《湖北省主要林木品种审定办法》，发布2016年度林木良种公告，对湖北省农科院果茶所等单位申报的密斯蒂蓝莓等10个品种进行了形式审查，完成了山桐子树种旭舟1号等5个品种的现场查验。全省在国家种苗网发布信息570条，排名全国第四，受到国家林业局场圃总站的通报表扬。完成木本油料新造林面积油茶2.6万公顷，核桃0.47万公顷，油用牡丹0.2万公顷、油橄榄和山桐子0.1万公顷，新培育苗木油茶嫁接苗6783万株、核桃嫁接苗807万株、油用牡丹1.8亿株、油橄榄和山桐子29万株。推进乡土珍稀树种的选育体系建设，选择楠木、香椿、枫香、七叶树、苦楝、红果冬青和鹅掌楸7个树种的优良天然林分14处，建对比试验林3处。推进种苗生产和科研基础设施项目建设，完成大田改造面积16公顷，基地苗木改造升级，种植更新各类适应市场需求苗木近20个品种2万多株，通过良种嫁接、扦插和实生繁殖等方式累计繁育油茶、亚美马褂木、油用牡丹、北美红杉及北美红栎等各类苗木360多万株，培育2年生油茶出圃率提高到了95%，比上年提高了30%。开展的中国第九届花卉博览会湖北室外展区的工程施工荣获组委会“银奖”。

【林产工业】 主要木竹加工产品包括锯材、木片、人造板、木竹地板及其他加工材五大类。各产品年产量分别为：锯材221.78万立方米；木片109.27万立方米；人造板773.14万立方米，其中胶合板230.93万立方米、纤维板415.31万立方米、刨花板77.05万立方米、细木工板等其他人造板49.85万立方米；木竹地板3296.13万平方米；改性材与指接材等其他加工材9.89万立方米。主要林产化工产品有松香类产品2.61万吨、松节油类产品1335吨、木竹热解产品545吨、木质生物质成型燃料10.62万吨。

全年开展全省林业产业统计普查，制订工作方案、召开培训电视电话会、专题督办会议。采用抓工作专班，抓学习培训、抓责任落实、抓部门联动、抓检查督办的“五抓”工作机制，有序开展普查。全省5200人参与此项工作，摸清了家底，掌握了产业发展基础情况，完成普查任务后撰写产业普查工作报告，编印全省林业产业企业名录，全省新型林业经营主体发展到1.29万个，湖北宝源木业、黄袍山等3家企业被国家林业局评为全国林业标准化示范企业。印发《省林业厅关于加快推进林业供给侧结构性改革的指导意见》。

举办第二届中国·武汉绿色产品交易会。展区面积达2.2万平方米。按商品类别分为林业新技术新成果及“互联网+森林文化产品”、木本粮油、森林旅游与康养等10个交易区。绿交会累计签订招商引资项目48个，其中现场经贸签约27.9亿；累计签约投资总额430.6亿元，其中协议和现场销售总额达26.3亿元。康欣新材料公司展出的集装箱底板定向结构板，破解了硬材短缺难题，系全国首创。

举办全省林业产业工作推进会暨林业安全生产培训班。培育国家林业重点龙头企业。省林业厅遴选推荐6家企业申报国家林业重点龙头企业，总数达到24家。新增省级重点龙头企业82家，总数达到523家，数量和质量都有新的提升。

支持“第十四届中国苗木交易会”、第四届世界硒都硒产品博览会、第五届中国安陆银杏节等在湖北举办。支持指导福汉木业承办第五届中国木结构产业大会，利川山桐子产业发展论坛。组织40多家林业龙头企业参加全国林产品博览会、交易会和“一带一路”国家交流合作，全省林产品外销突破8亿美元。举办林业电子商务培训。省级财政扶持林产品加工、竹产业发展专项资金1500万元落实到位。省林业厅成立林业安全生产领导小组及4个安全生产督办检查专班，加大林业安全生产督办检查力度，重点落实省政府安全生产责任目标。加强林业安全生产监管，认真落实国家林业局、省委、省政府、省安委办、省食安办有关工作部署，先后制定了《全省林业安全生产应急预案》和《湖北省林业安全生产专业小组工作规范》和《林业安全生产目标责任书》等18个文件。印发了《湖北省森林食品质量安全示范企业标准》，确保森林食品质量安全。

【森林公园和森林旅游】 2017年，全省森林公园96个，其中：国家级森林公园37个，省级森林公园59个。全省林业旅游与休闲产业1.68亿人次，旅游收入740.90亿元。林业旅游与休闲产业直接带动的其他产业产值1220.76亿元，其中全省林业旅游1.49亿人次，旅游收入645.42亿元，林业旅游直接带动的其他产业产值1116.75亿元；林业疗养与休闲1911.66万人次，疗养与休闲收入95.47亿元，直接带动的其他产业产值104.01亿元。

（彭锦云）

湖南省林业产业

【概　述】 2017年全省林业产业总产值达4256.2亿元，较上年增长520.2亿元，同比增长13.9%，其中一产业产值1384.5亿元，二产业产值1467.9亿元，三产业产值1403.9亿元，全省林业产业发展再上新台阶。

园区建设　一是组织召开全省林业产业工作暨产业园建设推进现场会，制作了产业园建设纪实片和成果展示图文集，总结推广了2014～2017年全省140个现代林业特色产业园建设成果及经验。二是会同省财政厅联合印发《湖南省现代林业特色产业园省级示范园认定管理办法》，规范了现代林业特色产业园的认定管理。三是组织冷水滩、新田县、绥宁县、桃江县申报“国家级林业产业示范园”。四是与省农委、省发改委联合向国家发改委、财政部等九部委成功推荐“湖南省邵阳县邵阳油茶综合特色农产品优势区”为“中国特色农产品优势区”。五是组织开展2016年湖南省现代林业特色产业园区考核验收工作，认定湖南林盛木本中药材种植特色产业园等54个产业园为第三批湖南省现代林业特色产业园。六是开展了2017年现代林业特色产业园申报认定工作。

财政资金投入　一是组织各市(州)林业局严格按规程申报2017年林产工业建设专项和竹产业专项，确定13个楠竹加工项目和20个林产工业项目，安排财政专项扶持资金1300万元，重点对“家具自动化生产线改造”等林产工业提质升级工程，以及“原竹纵向热塑化无缝展平关键技术优化”等竹材深加工技术项目进行了引导扶持。二是落实2017年湖南省现代林业特色产业园建设资金5700万元，有效推进了产业集聚发展。三是全省林区道路养护资金投入3000万元。四是推荐申报8个全国林业产业投资基金项目入库。五是全年省级林业产业龙头企业贷款贴息资金投入1191万元。

龙头企业　在项目建设、贷款贴息、拓宽融资渠道方面加大对林业龙头企业扶持力度，及时掌握和协调解决企业发展中的问题诉求，企业发展环境进一步优化。认定湖南万象生物科技有限公司为省级林业产业龙头企业，协助该企业上市融资。加大国家林业重点龙头企业培育力度，经市(州)林业局推荐、省厅审查，推荐湖南大三湘茶油股份有限公司等10家企业参评2017年国家林业重点龙头企业。

林产品品牌创建　全省林业新增中国驰名商标1个，新增和重新认定湖南省著名商标80个、湖南省名牌产品12个。截至2017年，全省共有省级和国家级林产品品牌共333个，其中国家级驰名商标38个、湖南省著名商标226个、湖南名牌产品69个。完成省林产品质量安全监测计划358批次，重点对木竹林产品、有不合格记录的林产品、初榨茶油和成品油、食用林产品种(培)植基地土壤等进行了抽样检测和结果公示，确保了林产品质量安全。

展会活动　按照政府搭台、企业唱戏、协会参与、市场运作的模式，成功举办第四届湖南家具博览会暨首届林博会。该届博览会展馆(区)总面积为17.5万平方米，为历届家博会展馆面积之最，举行开幕式暨招商签约仪式、领导巡馆、高峰论坛、综合论坛、颁奖仪式五大主题活动，打造了“千家参展单位、万家订货客商、50万终端消费群体、50亿成交额”的产业盛会，有力推动了湖南家具品牌和湖南家具展销市场建设。协助举办以“生态文明·绿色发展·合作共赢”为主题的首届生态文明·绿色发展论坛，增强了全省林业产业绿色增长动力。举办了2017中国(邵阳)油茶精准扶贫研讨会暨油茶互联网博览会，加快了湖南从油茶大省向油茶强省转变、资源优势向经济优势转化的进程。组织企业参展“援疆特色果品推介交易会”“第二届中部·武汉绿色产品交易会”“第十届义乌森博会”“2017中国中部(湖南)农业博览会”等，拓宽了湖南林产品市场。

行业管理 抓好厅直系统安全生产工作，转发或印发《2017年度厅直系统安全生产工作考核细则》《湖南省林业厅一单四制工作方案》等39个文件，组织开展"安全生产大排查大管控大整治""安全生产月""厅领导带队安全生产大检查"等活动，参加了省安委会组织的郴州"4·3"重大翻车事故的调查处置，严格落实安全生产责任和措施。筹集35万元扶持安化县烟溪镇创建省级安全生产示范乡镇，实现了"三年创建、两年达标"的任务目标。推进森工林场改革发展，总结完善了森工林场改革的"平江模式"。

【油茶产业】 2017年全省完成新造油茶林62.2万亩，为计划任务的177.7%；完成油茶低产林改造108万亩，为计划任务的108%，其中建成高标准油茶低改示范林10.1万亩；完成油茶幼林抚育158.8万亩，为计划的158.8%。全省投入油茶造林资金30.04亿元，为历年最多，其中中央资金1.25亿元，地方各级财政及整合资金3.95亿元，社会资金24.84亿元。随着低产林改造扩面和丰产林初产规模的增大，油茶产量和质量再创历史新高，提质增效取得了良好的成绩。3月2～3日，全省茶油产业扶贫经验交流会暨茶油产业发展推进会、省油茶产业协会理事会议在常德市鼎城区召开。会议着力推进茶油产业扶贫新模式与机制运用，推广油茶更新改造。5月18日，省林业厅、衡阳市政府联合主办了衡阳茶油产业发展座谈会暨对话衡阳油茶活动，探讨了茶油产业的发展策略。8月14～15日，湖南茶油产业发展座谈会在邵阳县成功举办。10月27～28日中国(邵阳)茶油产业精准扶贫研讨会暨互联网博览会在邵阳县召开。国家林业局总工程师封加平率20多位司局领导参会。此次座谈会交流了茶油产业扶贫的经验，剖析了制约茶油产业发展的具体问题，以问题为导向突破发展瓶颈，形成茶油产业发展的《邵阳宣言》，以推动产业发展。9月14～17日，组织湖南精品茶油品牌企业参加2017中国食品餐饮博览会，并举办湖南省茶油产业专场推介会。宣传了茶油产业发展的新理念、新技术、新产品、新成就。湖南油茶特展盛装亮相博览会，受到高度关注，扩大了影响。推动中国农业银行湖南省分行、湖南省农业信用担保有限公司出台"惠农担－油茶贷"金融产品。联合省发改委开展了茶油产业PPP项目的调研工作，争取到中央预算内防护林油茶专项工程资金3000万元。针对产业大而不强、市场散而乱的现状，支持指导协会商会筹建湖南联合油茶产业有限公司和中国(长沙)油茶展示交易中心(市场)。从整合资源、抱团发展、培育市场的角度，发挥湖南油茶的联合优势，打造湖南茶油产业的合作平台。组织2017年专项资金项目申报工作，支持贫困地区油茶扶贫资金2200万元。召开现场会推广茶油产业扶贫模式与机制，省林业厅、省扶贫办联合出台了《关于推进林业产业精准扶贫工作的指导意见》的政策文件。制定了茶油产业扶贫工作方案，召开了茶油产业扶贫工作经验交流现场会。总结并推广了茶油产业扶贫的模式与机制，宣传了扶贫的典型，安排部署了茶油产业扶贫工作。针对制约茶油产业发展的良种选育、生态栽培、机械化设备和茶油系列产品研发等10个专题，投入专项经费，组织产学研联合攻关，为产业发展提供科技支撑。推广科技特派员模式，实施油茶科技进村入户工程，突出抓好面向企业和农户的实用技术培训。重点开展了茶油产业综合效益统计评估体系研究和茶油产业监测体系项目建设。

【楠竹产业】 2017年底，全省竹产业产值260亿元，全省竹林总面积109.28万公顷，毛竹总株数33.05亿株，平均单位面积毛竹株数为3024株/公顷，全省毛竹总生长量4.43亿株，毛竹总消耗量1.85亿株，比上年度(30.47亿株)净增加2.58亿株，增幅9.26%。全省竹产业产值260亿元，其中益阳市115亿元、排第一，其次是邵阳市52亿元、永州市22亿元。竹产业产值排名前五的县(市、区)分别为桃江县76亿元、安化县25.6亿元、赫山区12.7亿元、浏阳市12.4亿元、城步苗族自治县10.5亿元。全省10万亩以上的竹资源重点县52个，40万亩以上的重点县10个。全省共有竹木经营加工单位12443家，主要生产木(竹)材、笋、人造板、林浆纸、家具、木竹制品等林产品。其中产值过亿的竹加工企业有12家，省级龙头企业69家，国家林业重点龙头企业7家。

【森林公园建设与生态旅游】 省林业厅与省旅发委联合印发了《湖南省森林旅游"十三五"发展规划》。组织太白峰、岐山国家森林公园参加2017年国家级森林公园专家评审会，获全票通过设立。至2017年底，全省共建立森林公园129个，其中国家级64个，数量位居全国第一，省级52个，县级13个。积极与国家林业局、省发改委对接，争取国家投资3440万元用于大云山等4个国家级森林公园的国家"十三五"文化旅游提升工程；争取全国林业生态建设第一批PPP试点项目落户桃花江森林公园，项目总投资约14.7亿元。大围山国家森林公园以景区门票收入为抵押，获得商业贷款3亿元用于改善景区基础设施。以主题活动促森林旅游。推进全省森林公园"春之歌"主题花展活动，在省森林植物园等森林公园开展了各具特色的主题花展活动。

【森林康养】 全省40个森林康养基地依据规划有序开展建设。森林康养研究交流不断深入，举办了第一期国际森林康养培训班，邀请国际国内知名专家为全省森林康养行业管理人员和从业人员80人授课。组织有关高校编写森林康养培训方案和教学大纲、教材，同时开展森林康养林培育、科学研究。联合湖南省质量技术监督局制定森林康养标准体系建设。《森林康养基地建设规范》列入了湖南省2017年第一批地方标准制定项目计划。森林康养投资热度不断升温，郴州、邵阳等地社会资本积极参与森林康养基地建设。

【林下经济】 2017年，在项目建设和资金安排上继续给予贫困地区重点倾斜，全年共安排省财政林下经济扶持项目109个、资金1300万元，其中安排贫困县市区林下经济扶持项目48个、资金560万元。部署了2017年省级林下经济示范基地的相关申报评选工作。2017年林下经济产值突破500亿元。国家林业局《林业改革动态》2017年第9期整版推介平江县的"四动""四精准"发展林下经济助推精准扶贫的做法和成效。

【产业科技推广】 以项目实施为抓手，以促进林农增收为目的，在贫困地区建设各具特色的木本油料、林果、林下经济高标准示范基地，发展了油茶、酥脆枣、虫白蜡、板栗、辣木、青花椒、茯苓、日本藤梨、七叶一枝花、山核桃等特色产业，其中：酥脆枣、虫白蜡、青花椒、茯苓、日本藤梨、七叶一枝花实现了"一亩山，万元钱"，引导贫困户通过发展特色林业产业增收致富，促进了林区经济发展。如在慈利县实施的"日本藤梨"示范项目平均亩产2000千克，产值2万元，带动了100户、400人脱贫。在廖家村指导种植酥脆枣，带动扶贫点发展村级产业；依托林科院成果在石门县进行板栗改造示范等。2017年，在原有4个国家级林业科技推广平台的基础上，新增"湖南永州国家林业科技示范园区""国家林业局南方天敌繁育与应用工程技术(研究)中心"两个国家级平台；结合成果推广，在全省建立起了油茶、杉木、马尾松、酥脆枣、虫白蜡、日本藤梨、七叶一枝花、矿区植被修复等效益显著的推广示范基地，为现代林业和生态强省建设树立了示范样板。

【生物防治产业化】 一是省天敌繁育中心申请成立"南方天敌繁育与应用工程技术研究中心"，11月份获国家林业局正式批准，预算建设计划1500万元，分三年完成建设。二是生物防治试点示范顺利。在张家界和韶山实施了《天敌昆虫防治松褐天牛工程》，在怀化市靖州县和永州市双牌县开展《农林复合生态系统绿色防控项目》研究和示范，配合长沙县开展《山林水田湖生态修复综合治理示范项目》，通过试点示范检验了生物防治技术成熟度，积累防治经验，为大面积推广应用做好技术储备。三是天敌生产销售能力得到大幅提升。2017年，省天敌繁育中心生产赤眼蜂200亿头，花绒寄甲成虫376万头，卵8500亿粒，肿腿蜂250万头，防治面积达到78万亩，销售收入650万元。同时，啮小蜂、瓢虫、病毒等其他天敌生产、销售也实现了稳步增长。生物产品有江西、福建、广西、安徽四个省级代理，销往北京、上海、江西、福建等11个省份，已经成为全国林业行业内最大的天敌产品供应基地。四是天敌新品种研发稳步推进。马尾松毛虫及蔬菜害虫病毒的寄主饲养技术有新突破，寄主的成活率提高了15%，一个世代饲养周期缩短了25%，为规模化生产打下了良好的基础。采用无人机在桂阳县开展了马尾松毛虫病毒的林间试验，效果良好，为后续大面积推开提供了科学依据。

【桃江县林业产业】

林业产业新政策及新措施 桃江县的竹产业比较发达，为促进竹产业的发展，成立了由县委书记、县长任顾问，县政协主席任组长的竹产业工作领导小组，成立了负责竹产业发展的专门机构桃江县竹产业发展办公室。从2012年开始，县财政每年安排不少于200万元的竹产业引导资金。桃江县委、县政府于2014年出台了《关于进一步加快竹产业发展的意见》(桃发〔2014〕12号)，2017年8月出台了《关于支持竹产业发展的八条政策措施》(桃发〔2017〕11号)，每年整合项目资金3000万元支持竹产业发展。2017年桃江县竹业总产值达76.46亿元。

主导产业发展情况 桃江县的主导林业产业为竹材加工业、木胶板加工制造业、竹笋产业。竹材加工业是该县最重要的林业产业，全县共有各类竹材加工企业125家，其中规模以上企业37家，产品涉及竹凉席、竹集成材、竹重组材、竹家具、竹胶板、竹地板、竹筷、竹帘、竹炭、竹架板、竹拉丝、竹工艺品等，其中竹凉席和竹胶板在全国市场占有重要地位。竹材加工企业主要分布在武潭镇、鸬鹚渡镇、桃花江镇等地，2017年产值达50亿元以上。有国家林业重点龙头企业1家(湖南桃花江竹材科技股份有限公司)，中国竹业龙头企业2家(湖南桃花江竹材科技股份有限公司、桃花江竹业发展有限公司)，省级高新技术企业2家(湖南桃花江竹材科技股份有限公司、桃花江竹业发展有限公司)，省级林业产业龙头企业11家(春龙竹艺、曙林家居、吉华竹木、金桥板业、杨林竹业等)。“桃江竹凉席”获国家地理标志证明商标，有3个湖南省名牌产品(桃花江、万维、春龙)，有8个湖南省著名商标(冰梦、曙林、晨康、春龙、桃花江、万维、楠木山、冰洁)，有2个中国著名品牌(冰梦、春龙)。全县年加工竹材4500万根。

木胶板加工制造业，共有企业49家，其中规模以上企业29家，主要产品有细木工板、多层板、木模板等。该县是湖南省最大的细木工板生产地，全县共有46家细木工板企业，年产细木工板400万张以上，其中湘益木业的湘益牌商标是湖南省著名商标、中国驰名商标，宏森木业的华春牌和福森木业的怡湘居、仙帆牌细木工板是湖南省名牌产品。主要分布在武潭镇、鲊埠回族乡、三堂街镇等地。

竹笋产业是桃江县的新兴产业，有规模以上企业——桃江县竹缘林科开发有限公司。全县已建成100亩以上的笋用林基地83个，发展竹笋加工企业28家，发展竹笋生产专业合作社38个，累计发展笋用林面积6万亩。“桃江竹笋”已获得国家地理证明商标和国家农产品地理标志，注册“竹聚缘”“洗耳溪”“羞女湖”“黄金塘”等竹笋商标，其中“竹聚缘”为湖南省著名商标，有竹缘林科开发有限公司、裕林家庭农场、裕华农产品有限公司、国泰农业开发有限公司4家企业通过了SC认证。主要分布在马迹塘镇、武潭镇、桃花江镇、大栗港镇、灰山港镇等地。市级农业龙头企业有竹缘林科开发有限公司(该公司的“竹聚缘”为湖南省著名品牌)，有带动全县竹笋产业发展的桃江县世林竹笋专业合作社。

现代林业特色产业园发展典型 湖南林业(桃江)现代竹产业科技园由湖南省林勘院规划设计，2013年2月，经湖南省林业厅批准试运行，2015年10月正式授牌成立，是湖南省唯一批准建设的省级林业现代竹产业科技园。2017年7月，根据建设进展和园区发展需要，向国家林业局递交以该园为核心组建国家林业产业示范园区的申请。

竹产业科技园依托省级工业园区桃江经济开发区而建，近年来，县委、县政府，持续加大投入力度，园区水、电、气、路、通讯、污水处理等基础设施日益完善。2017年，竹产业科技园已规划了占地面积107公顷的生产加工区，投入10余亿元，建成标准化厂房10余万平方米，完成“三通一平”，储备土地500亩，整合电商资源和物流配送资源，引进了电子商务园和物流园，建成了电商平台、物流平台、会展中心、融资运营平台等，生产加工、综合配套服务、仓储物流、电子商务、招商平台研发中心等功能一应俱全，基本实现功能完备、各类要素齐全。

竹产业科技园立足该县丰富的竹资源优势和竹产业基础，坚持竹产业的主导地位，着力引领全县竹产业发展。竹产业科技园拥有入园企业14家，除电商、物流等3家配套企业外，其余11家均为竹业企业。11家竹加工企业中，国家级林业产业化龙头企业1家，竹业龙头企业2家，省级林业龙头企业7家，2017年实现产值35.5亿元，占全县竹业产值的46.43%，有效带动了全县竹产业的发展。坚持将科技创新作为驱动园区加快发展的首要动力，积极支持和鼓励企业引进先进设备、改进工艺，与院校、科研院所等合作开展科技研发入园。湖南湘立富竹复合制造有限公司的竹复合管是国家发改委等6部委特批扶持落地的林业创新专利技术项目，湖南桃花江竹材科技股份有限公司的专利重组材、户外材深受消费者喜爱，占全国市场的30%，产品远销欧美等发达国家，其与益阳桃花江实业联合研发的科研项目荣获梁希林科学技术二等奖。2017年，园区已拥有省级以上高新技术企业2家，省著名商标7个，湖南省名牌产品2个，获得国家专利成果34项。园区以实现毛竹资源的全竹利用和循环利用为导向，着力引进和支持各类企业入园。园区引进的企业中，既有利用竹材头部的桃花江竹材科技和桃花江竹业等公司，有利用竹材中部的春龙竹艺等，也有利用竹材尾部的竹筷竹扦加工企业，还有利用竹加工剩余物的万维竹业等，实现了企业间的互利互补和资源的高效循环利用。

园区严格入园标准，入园企业除要求投资超过1000万元以外，还要求必须工艺先进，创新能力强，符合国家产业政策与园区规划，并优先引进可实现园区资源循环利用和一、二、三产业融合发展的项目和企业。同时，园区十分重视节能减排与环境保护工作，严禁高能高排放企业入园，规定所有入园企业不得使用燃煤锅炉；建造了日处理污水1万吨的污水处理厂，在减轻企业负担的同时，确保所有工业污水的达标排放。园区强化优质服务，明确桃江经开区管委会作为竹产业科技园的管理机构，以对入园企业提供热情、周到、快捷、满意的服务为根本理念，建立了“一对一”帮扶制度，所有入园企业都明确了1名县级领导对口帮扶，并进一步完善了检查备案、银企对接、免费培训、定期招聘等制度，设立了企业服务部，专职负责全程代办各类报建报批手续，公安派出所确保企业施工建设与生产运行良好的治安环境。同时，积极整合资源，完善园区功能，利用桃江电子商务进农村综合示范县的优势，积极整合电商和物流资源，在园区引进了电子商务产业园和物流园，积极推动“互联网+竹产业”发展。

【国家林业重点龙头企业名录】

益阳森华林业发展有限公司
株洲松本林化有限公司
湖南瑞柏茶油有限公司
湖南福湘木业有限责任公司
伟特家居股份有限公司
湖南林之神生物科技有限公司
湖南山润油茶科技发展有限公司
衡阳市天天见梳篦实业有限公司
湖南省百山洁具有限责任公司
浏阳市金仁林业集团有限公司
湖南银山竹业有限公司
株洲市万樟园林绿化工程有限责任公司
娄底市海人科技开发有限公司
湖南贵太太茶油科技有限公司

【省级林业产业龙头企业名录】

永州市异蛇产业有限公司
永州市异蛇科技实业有限公司
永州市山香香料有限公司
湖南新金浩茶油股份有限公司
湖南科茂林化有限公司
湖南敬和堂制药有限公司
永州利达工贸实业有限公司
湖南省江永县大众木业有限责任公司
湖南银光粮油股份有限公司
永州市湘南出口包装有限公司
永州市福源木业有限公司
湖南大自然制药有限公司
湖南湘浩油茶生物科技有限公司
江永县金榄果茶油有限责任公司
湖南省唐家山油茶开发有限公司
湖南果秀食品有限公司
湖南舜皇峰竹木有限公司

(续表)

永州市鑫森农林业开发有限公司
永州市东安汤氏竹业有限公司
永州锦田木业有限公司
永州市阳明生态农业发展有限公司
湖南咏农投资开发有限公司
湖南希尔天然药业有限公司
湖南恒伟药业股份有限公司
蓝山县湘蓝竹木制品有限公司
蓝山县鑫旺竹业有限公司
湖南家乐竹木有限公司
新田苗木绿化有限公司
湖南林丰木业有限公司
永州伊园科技有限公司
永州万喜登农业发展有限公司
湖南凯丰活性炭环保科技有限公司
湖南华泰家私有限责任公司
湖南吉星家居有限公司
蓝山县郁葱林业有限责任公司
永州市馨园园艺有限责任公司
东安县新科生态农业有限公司
双牌县聚农林场
湖南闽新人造板有限责任公司
湖南天沃科技有限公司
蓝山县景峰林业发展有限责任公司
永州市沐阳恬园农林开发有限公司
湖南恒康农林科技有限公司
湖南盛源竹业有限公司
湖南省康德佳林业科技有限公司
湖南栋梁木业有限公司
湖南天惠油茶开发有限公司
东安瑞峰农林牧发展有限公司
永州市建华林产科技开发有限公司
永州市永大九嶷油茶开发有限公司
湖南云生竹业科技有限公司
永州浙南竹木有限公司
湖南通天旅游文化传播有限公司
永兴县绿洲木业有限公司
郴州海华竹木制品有限公司
湖南创兴人造板有限公司
郴州天湖绿色食品有限公司
郴州邦尔泰苏仙油脂有限公司

(续表)

嘉禾嘉津实业有限公司
汝城县湘苏木业有限责任公司
资兴市华兴木制品有限公司
汝城县纯正木业有限公司
汝城县绿叶木业有限责任公司
宜章裕农林业发展有限公司
郴州华鼎粮油工业有限公司
郴州御林傢俬有限公司
湖南宏润绿色油业科技有限公司
湖南中南油茶控股有限公司
湖南省绿色家园现代休闲农业有限公司
桂阳郁葱葱生态林业发展有限公司
永兴县源和油茶有限公司
湖南过山瑶农业有限公司
湖南利诺生物药业有限公司
湖南御仙生态农业发展有限公司
资兴市东江天然绿色食品有限公司
永兴泰宇茶油有限公司
宜章县盛世农业发展有限公司
宜章天泉林产品有限公司
宜章县林富生态农业发展有限公司
郴州皓翔农林产业有限公司
桂阳县天能生态农业发展有限公司
郴州湘众中药材种植贸易有限公司
湘林集团有限公司
湖南省丰源体育科技有限公司
邵阳佰龙竹木有限责任公司
湖南旺正新材料有限公司
洞口县佳利木业有限公司
洞口县五龙山胶合板厂
湖南崀山家具有限公司
武冈市云山木业有限责任公司
绥宁县力马画材有限公司
湖南紫薇投资集团有限公司
湖南银山竹业有限公司
洞口佳和建材有限公司
湖南花研园林景观有限公司
邵阳市鑫众农林科技发展有限公司
邵阳市华立竹木制品有限公司
湖南李文食品有限公司
湖南瑞柏茶油有限公司

(续表)

湖南百山洁具有限责任公司
湖南德润蓝昆生物工程技术有限公司
邵阳心连心食品有限公司
湖南湘宝油茶开发有限公司
邵东县古奇洞玫瑰开发有限公司
邵阳天元木业有限公司
湖南省武冈市银林林业发展有限公司
湖南金芒果家居有限公司
邵阳市新康尼生态农业发展有限责任公司
湖南东方新绿洲农林科技有限公司
邵阳市檀香园现代农业综合开发有限公司
新宁县福鑫木业有限责任公司
邵阳市新绿洲农林高新科技发展股份有限公司
湖南华强粮油发展有限公司
湖南浩达农林发展有限责任公司
邵阳县珍奇木材加工厂
湖南美景生态农林发展有限公司
洞口县玉竹木业总厂
湖南青钱柳科技开发有限公司
城步苗族自治县鸿丰木业有限公司
新宁县崀山中药材种植有限责任公司
邵东县新屋农林发展有限责任公司
湖南鸿利药业有限公司
湖南雪湘玫瑰花农业科技有限公司
湖南家富三禾农林科技发展有限公司
邵阳县盛和农林科技发展有限公司
邵阳县五龙休闲农业开发有限公司
新宁县森鑫竹木发展有限公司
湖南益宏园林建设有限公司
武冈市青钱柳茶业有限公司
新邵南陌生物科技有限公司
湖南中集竹木业发展有限公司
湖南省林辉实业有限公司
邵阳县顺丰农业发展有限公司
邵阳县兴隆粮油食品有限公司
湖南坤乾食品有限公司
邵东县多特农业有限公司
隆回县建兴林业发展有限公司
隆回佳鼎木业有限公司
湖南古楼雪峰云雾茶有限公司
邵阳美源农林科技有限公司

(续表)

会同县贤胜油业有限责任公司
湖南补天药业有限公司
怀化市松涛林产化工有限公司
湖南美森竹木住宅科技有限公司
怀化市恒裕竹木开发有限公司
湖南骏泰浆纸有限责任公司
湖南湘虹葛业股份有限公司
湖南泰格林纸集团洪江纸业有限责任公司
会同县康奇瑞竹木有限公司
湖南鸿森木业有限公司
湖南佰诺酒业有限公司
沅陵大博农林开发有限公司
怀化市洪源农林开发有限公司
怀化市四宝山生物科技有限公司
湖南杨家将茶油股份有限公司
湖南省新晃县龙脑开发有限责任公司
湖南省怀化市华鑫生态科技发展有限公司
湖南恒森农业发展有限公司
溆浦乐园竹业有限公司
湖南洪江棓雅生物科技有限公司
湖南汉清生物技术有限公司
怀化市荣华生态农业开发有限公司
靖州县金茶油科技开发有限责任公司
怀化福民油茶发展有限公司
湖南金月云农林投资开发有限公司
芷江春知蓝笋业开发有限公司
怀化市洪江区欣隆竹胶板厂
湖南寰宇木业有限公司
怀化市靖萍农林牧综合开发有限公司
湖南生泰茶油有限公司
湖南博嘉魔力农业科技有限公司
湖南龙丰茯苓科技开发有限公司
湖南德宇农林发展有限公司
湖南一品东方生物科技有限公司
靖州县湘百仕酒业有限责任公司
湖南有生绿色产业开发集团有限公司
怀化市腾升油脂有限公司
湖南长江木业实业有限公司
湖南福湘木业有限责任公司
湖南山润油茶科技开发有限公司
岳阳纸业股份有限公司

（续表）

湖南茂源林业有限责任公司
湖南大亨湖湘木业有限公司
湖南省福星林业股份有限公司
岳阳华信人造板有限公司
岳阳县芭蕉扇业有限责任公司
汨罗市宏达木业有限公司
湖南基荣木业有限公司
湘阴县兴湘木业有限责任公司
湖南省及时春金银花保健品有限公司
湖南给力生物能源股份有限公司
湖南省长康实业有限责任公司
岳阳县林园生态农业科技有限公司
湖南现代家具装饰有限公司
临湘市晨星竹业有限公司
临湘市新兴实业有限公司
湖南正盛农林科技开发有限公司
岳阳绿普园林艺术有限公司
岳阳县雷公藤中药材种植专业合作社
湖南圣泰园林绿化有限公司
古丈县卓良木业有限责任公司
湘西老爹生物有限公司
湖南龙山县现代中药材开发有限责任公司
永顺县源植天然香精香料有限责任公司
湘西宏成制药有限责任公司
古丈县神土地农副特产制品厂
湖南边城生物科技有限公司
湘西自治州奥瑞克医药化工有限责任公司
泸溪县武陵阳光生物科技有限责任公司
湖南鸿光林产品开发有限公司
湖南鑫科牧业有限公司
龙山县恒龙中药业拓展有限公司
湘西自治州牛角生态农业科技开发有限公司
古丈罗马特种生物科技有限公司
衡阳市天天见梳篦实业集团有限公司
湖南开福家具有限公司
湖南省天福油脂有限公司
湖南大三湘油茶科技有限公司
祁东县宏泰家具实业有限公司
湖南省衡东县中药饮片厂
祁东县新丰果业有限公司
湖南森香木业有限公司

（续表）

湖南江山生态农林发展有限公司
耒阳市神农农业科技发展有限公司
湖南省三香农林开发有限公司
湖南恒建农林综合开发有限公司
衡阳市嘉兴木业有限公司
湖南金昌生物技术有限公司
衡阳市众森木业有限公司
湖南隆昌农林开发有限公司
湖南省展望生物科技发展有限公司
湖南珍丰农业发展有限公司
湖南省易湘生态农业科技有限公司
湖南花果果农林综合开发有限公司
常宁市碧翔农业开发有限公司
湖南松林农业开发有限公司
耒阳市金鑫农业科技发展有限公司
湖南省广林农业科技开发有限公司
衡山天华生态农业有限公司
祁东县一家家居有限公司
湖南省洣江农林综合开发有限公司
衡阳市荣盛农业科技发展有限公司
湖南万象生物科技有限公司
湖南中联天地科技有限公司
澧县振顺人造板有限责任公司
湖南国珍木业有限公司
桃源县桃花源跃宇竹业有限责任公司
常德市鼎城东方恒康竹业有限公司
汉寿县洞庭木业有限责任公司
湖南省石门县白云山国有林场
常德荣星家具有限公司
湖南省文源林业开发有限公司
常德湘大环保科技有限公司
湖南常德湘联实业有限责任公司
常德市卧山夫烙画有限公司
汉寿县绿博农业综合开发有限公司
汉寿县芙蓉林业园林有限责任公司
湖南林钰王科技环保有限公司
常德市鼎城金标粮油工业有限公司
湖南华耀浆纸有限公司
常德市鼎城区富祥木业有限公司
湖南城头山农林开发有限公司
常德百佳园林建设有限责任公司

(续表)

湖南新合丰装饰材料有限公司
湖南天骄农林发展有限公司
湖南博邦农林科技股份有限公司
湖南周记工贸有限公司
常德市鼎城区天野竹业有限公司
湖南同飞农林科技开发有限公司
湖南天福农业综合开发有限公司
汉寿县湘汉苗木有限公司
澧县康园农业开发有限公司
汉寿县银河岸农林科技发展有限公司
湖南长笛龙吟竹业有限公司
湖南桃凌木业有限公司
湖南三力绿色生态产业发展有限公司
湖南无患子农林发展有限公司
湖南省石门县犟哥野生素食研制中心
澧县树大园林有限责任公司
湖南欢颜新材料科技有限公司
湖南润农生态茶油有限公司
湖南山晖农林投资开发有限公司
湖南申友农林投资有限公司
湖南波比木业有限责任公司
湖南唐臣粮油实业有限公司
湖南行寅贤农业科技有限公司
湖南农其科技开发有限公司
湖南明月山庄农业发展有限公司
湘潭市鑫美园林苗木有限责任公司
湖南汇景投资有限公司
湘潭市花园林产品交易市场有限公司
湘潭金峰生态农业有限责任公司
湖南福鑫木业有限公司
湖南荣和谷农业发展有限公司
湘潭市向阳苗木花卉有限公司
湖南月意生态工程有限公司
湖南鑫湘木业有限公司
湘潭县东兴木业有限责任公司
湖南省壹点园林有限公司
湘乡春天木业有限公司
湘潭市木材公司
湘潭康奕达油茶生物科技有限公司
湖南东方威生物制品有限公司
湖南润竹竹业有限公司

(续表)

湖南陆陆木业有限公司
湖南昭舜农林开发有限公司
湘潭盘龙生态农业示范园有限公司
湖南百里醇油茶科技发展有限公司
湖南楚山宝农业发展有限公司
湖南泰格林纸集团有限责任公司
浏阳市永鑫建材有限责任公司
浏阳市金仁竹木工艺品有限公司
湖南地宝龙装饰材料有限公司
湖南望城出口包装有限公司
长沙千禧木业有限公司
湖南省浏阳市大围山竹木制品厂
浏阳市中南竹业有限公司
湖南圣保罗木业有限公司
浏阳市康明木业有限公司
浏阳市戴式木业厂
浏阳市顺捷木艺有限公司
长沙菱格木业有限公司
浏阳市古港镇虎康厨具用品厂
湖南先伟实业有限公司
浏阳市恒春木业有限公司
长沙李氏家具有限公司
长沙市欧林雅家纺有限责任公司
长沙民湾家具制造有限公司
浏阳市龙伏镇圣丽亚木业厂
湖南文和家具有限公司
湖南贵太太茶油科技有限公司
湖南省达美包装有限公司
湖南省美津园粮油食品有限责任公司
湖南高鹏木艺有限公司
湖南森鑫环境景观园林工程有限公司
湖南金太阳木制品有限公司
浏阳市山田腾飞木业厂
长沙林盛林业科技开发有限责任公司
湖南雪丰建材有限公司
湖南怡人园林绿化有限公司
浏阳市富豪木业有限公司
浏阳市时上木业厂
长沙千龙湖生态农业开发有限公司
湖南瀚海林业发展有限公司
湖南天华油茶科技股份有限公司

(续表)

湖南长浏园林建设发展有限公司
伟特家居股份有限公司
浏阳市闩山门业有限公司
浏阳市名柏木业有限公司
湖南顺天园林绿化有限公司
湖南省文华农业工程技术有限公司
湖南湘纯农业科技有限公司
浏阳市蜜蜂哥哥蜂产业专业合作社
浏阳市汉瑞木业有限公司
湖南宏健茶油生物科技有限公司
浏阳市佳源生态农林开发有限公司
湖南省海韵农业开发有限公司
浏阳五祥木业有限公司
浏阳市淳口镇永旺木业厂
长沙市壕铭文教用品有限公司
湖南江城景观建设有限公司
浏阳市沿溪家旺竹木制品厂
长沙一苇景观建材有限公司
浏阳市鑫昌鑫木业有限公司
湖南固得木艺有限公司
湖南裕容家具产业园有限公司
长沙三珍林业科技开发有限公司
湖南天泉生态草业工程有限公司
长沙天然油茶科技发展有限公司
湖南天合农业发展股份有限公司
长沙世光家具有限公司
湖南沩滨农业科技有限公司
长沙县多彩农业科技有限公司
长沙星城园林绿化工程有限公司
湖南九九慢城杜仲产业集团有限公司
湖南金霞(浏阳)油茶科技有限公司
湖南省晚安家居实业有限公司
湖南桃花江实业有限公司
益阳瑞亚高科纺织有限公司
益阳桃花江竹业发展有限公司
益阳海利宏竹业有限公司
湖南森艺家具有限公司
湖南万森木业有限公司
桃江县湘益木业有限责任公司
益阳森华林业发展有限公司
益阳市远益竹青砧板有限公司

(续表)

益阳市华林实业发展有限公司
湖南省科农林业科技开发有限公司
益阳市恒生木业有限公司
湖南省桃江县竹制品有限公司
沅江纸业有限责任公司
沅江市天健林业开发有限公司
湖南家湘美木业有限公司
湖南德群园林绿化有限公司
湖南省桃江县杨林移民竹业有限责任公司
湖南省桃江县吉华竹木制品有限公司
湖南省桃江县金桥竹业有限公司
桃江县罗家坪福利竹业有限公司
桃江县宏森木业有限责任公司
桃江县福森木业有限公司
益阳福民油茶产业发展有限公司
沅江市鸿海农业综合开发有限公司
湖南拓普竹麻产业开发有限公司
湖南森润富隆林业发展有限公司
湖南金柠农林科技综合开发有限公司
桃江县伊联木业有限责任公司
益阳康力竹艺制品有限公司
湖南三盟油茶科技开发有限公司
湖南瑞慧农林科技有限公司
益阳市新昌竹木制品有限公司
沅江市中旺木业有限公司
湖南风河竹木科技有限公司
益阳和祥竹业有限公司
桃江曙林家居有限公司
湖南胜辉木业有限公司
湖南绿苑园林景观工程有限公司
湖南力都科技有限公司
湖南省春龙竹艺有限公司
桃江县杨林木业有限公司
安化县龙塘柏溪竹业有限责任公司
湖南山山绿色食品有限公司
益阳冉哲竹木有限公司
湖南省西施园林科技有限公司
湖南顺德城家居股份有限公司
益阳市鸿顺竹木制品有限公司
湖南天翔生态竹业科技有限公司
益阳市银丰园林景观有限公司

(续表)

桃江冰梦家居用品有限公司
桃江县汇泉农业发展有限公司
张家界久瑞生物科技有限公司
湖南张家界九天食品有限责任公司
张家界康华实业有限公司
张家界茅岩莓有限公司
张家界福安家木业有限公司
张家界惊梦酒业食品有限责任公司
张家界广惠众生态农业有限公司
湖南大湘西魔芋有限公司
张家界三木能源开发有限公司
桑植金桥农产品有限责任公司
张家界立功旅游农业发展公司
张家界大峡谷旅游景区管理有限公司
慈利县绿为装饰材料有限责任公司
株洲松本林化有限公司
株洲江山置业有限公司
株洲市丹陵花木有限责任公司
攸县奇瑞实木家私有限公司
湖南省绿达新材料有限公司
炎陵县振盛木业厂
茶陵古城香业有限责任公司
株洲云田花木有限公司
炎陵县南都木业厂
株洲县林之鹰竹胶板厂
湖南红星盛康油脂股份有限公司
茶陵县虎踞林场发展有限公司
茶陵县浙南竹木开发有限公司
株洲市万樟园林绿化工程有限责任公司
湖南省山森林业开发有限公司
炎陵县盛发木业有限责任公司
湖南森龙林业开发有限公司
湖南省慧科生态园林开发有限公司
茶陵县木森木业有限责任公司
醴陵金桥生态林农实业有限公司
株洲市大顺包装有限公司
茶陵县飞鹏竹木业有限公司
炎陵县金兴木业有限责任公司
茶陵县卧龙林业有限公司
醴陵金鼎生态农业科技开发有限公司
茶陵县强林林业有限责任公司

(续表)

湖南省尚竹家居用品有限公司
湖南金鹰服饰集团有限公司
湖南娄底响莲实业发展有限公司
湖南亲情果饮料有限公司
湖南省双峰县汇元竹木胶合板厂
双峰县双龙家具装饰有限责任公司
湖南湘雪农业发展有限公司
涟源市祥兴农林科技开发有限公司
湖南华人中药科技有限公司
娄底龙山竹业有限公司
双峰县永盛木业胶板厂
新化县绿源农林科技有限公司
湖南贵鸿生态农业发展有限责任公司
湖南华泰农林科技有限公司
湖南汇美天下集团园林绿化有限公司
湖南瑞生源生物科技有限公司
湖南省新贵园农业科技发展有限公司
湖南味茹妨生物科技有限公司
湖南中南神箭竹木有限公司
娄底市海人科技开发有限公司
娄底市神州生物能源有限公司
湖南省大泽生农林开发有限公司
冷水江市潮盛生态林业发展有限公司
娄底市万花花卉有限公司
娄底市现代园林绿化有限公司
湖南省林海农林综合开发有限公司
湖南省桑圆门业有限责任公司
湖南省宜东农林发展有限公司
湖南省宇诚农业科技发展有限公司
涟源市利群农贸综合开发有限公司
新化县中派集成家具有限公司
新化县天龙山农林科技开发有限公司
新化县恒安工贸有限公司
冷水江市优景农业科技发展有限责任公司
湖南水云峰农业科技有限公司
冷水江市旭翔农业开发有限公司
涟源市南芙生态农业有限公司
涟源市翠远生态农业有限公司
湖南林之神生物科技有限公司

【湖南涉林企业获"湖南名牌产品"名单(2017年)】

序号	生产企业名称	产品名称、型号、规格	注册商标	所在市(州)
1	湖南福湘木业有限责任公司	纸面石膏板	福湘	岳阳
2	湖南福湘木业有限责任公司	白乳胶511－3b－(A40、A35、B30、B25、BC)	福湘	岳阳
3	湖南凯丰活性炭环保科技有限公司	木质活性炭KF－320	凯丰	永州
4	湖南省春龙竹艺有限公司	竹凉席	春龙	益阳
5	邵阳心连心食品有限公司	罐头食品	心连心	邵阳
6	湖南省明园蜂业有限公司	蜂制品(蜂蜜、蜂胶、蜂王浆)	明园	长沙
7	湖南省石门县白云山国有林场	茶叶(绿茶、红茶)	冠云、白云山	常德
8	湖南李文食品有限公司	辣椒酱、水果罐头	李文牌、吉澳扬	邵阳
9	城步苗族自治县南山桑威特色农业发展有限公司	休闲、清水竹笋	奇山寨	邵阳

【湖南省2017年新增现代林业特色产业园】

市(州)	县(市、区)	项目实施单位	项目名称
长沙市	浏阳市	浏阳市康明木业有限公司	浏阳市冠湘实木楼梯现代林业特色产业园
		湖南裕容商业发展有限公司	浏阳市高新技术开发区浏阳国际家具城现代林业特色产业园
	宁乡县	宁乡龙源湖生态农业有限公司	宁乡县龙源湖现代林业特色产业园
株洲市	醴陵市	醴陵金鼎生态农业科技开发有限公司	醴陵金鼎油茶现代特色产业园
	攸县	株洲市丹陵花木有限责任公司	株洲攸县珍贵花卉苗木现代林业特色产业园
	茶陵县	湖南虎源生态园林有限公司	株洲茶陵"茶香花海"生态健康产业园
湘潭市	湘潭县	湖南农其科技开发有限公司	湘潭县天子山油茶现代林业特色产业园
	韶山市	韶山市宏发农林生态科技发展有限公司	韶山市宏发珍贵花卉苗木旅游科普现代林业特色产业园
衡阳市	衡南县	湖南大三湘茶油股份有限公司	衡南县大三湘油茶现代林业特色产业园
	衡东县	湖南省洣江农业综合开发有限公司	衡东县洣江枇杷特色产业园
	祁东县	祁东县人民政府	祁东县酥脆枣产业园
	耒阳市	耒阳市金鑫农业科技发展有限公司	耒阳市金鑫油茶现代林业特色产业园
邵阳市	大祥区	邵阳市华立竹木制品有限公司	邵阳市华立现代林业特色产业园
	隆回县	湖南鸿利药业有限公司	隆回县鸿利现代林业特色木本药材产业园
	新宁县	新宁县森鑫竹木发展有限公司	新宁县森鑫林产加工现代林业特色产业园
岳阳市	湘阴县	湖南福湘木业有限责任公司	湘阴县福湘林产加工特色产业园
	华容县	湖南省华容县胜峰国有林场	华容县胜峰国有林场森林康养特色产业园
常德市	鼎城区	常德市鼎城区天野竹业有限公司	常德鼎城楠竹现代林业特色产业园
	津市市	湖南润农生态茶油有限公司	常德津市润农生态现代林业特色产业园
	桃源县	湖南博邦农林科技股份有限公司	常德桃源油茶产业现代林业特色产业园
张家界市	永定区	张家界老道湾旅游休闲发展有限公司	张家界老道湾森林旅游(森林康养)现代林业特色产业园
	慈利县	张家界九姆山生态农业旅游观光园有限公司	慈利县九姆山林下经济现代林业特色产业园
益阳市	市本级	湖南益阳北峰山森林公园管理处	益阳北峰山森林旅游现代林业特色产业园
	赫山区	益阳市华荣农林科技开发有限公司	赫山区华荣油茶现代林业特色产业园
	资阳区	益阳湖乡情有限责任公司	益阳市资阳区湖乡情生态旅游现代林业特色产业园
永州市	东安县	东安县舜皇峰竹木有限公司	东安县舜皇峰楠竹现代林业特色产业园

(续表)

市(州)	县(市、区)	项目实施单位	项目名称
永州市	蓝山县	蓝山县郁葱林业有限责任公司	蓝山县郁葱林业林下经济现代林业特色产业园
	双牌县	双牌县万里塘油茶种植专业合作社	双牌县廖家村林下经济特色产业园
	祁阳县	湖南省唐家山油茶开发有限公司	祁阳县唐家山油茶现代林业特色产业园
郴州市	宜章县	宜章县盛世农业发展有限公司	宜章县盛世农业发展有限公司现代油茶特色产业园
	桂东县	桂东县盛源药业股份有限公司	木本中草药种植加工特色产业园
	安仁县	郴州湘众中药材种植贸易有限公司	安仁县湘众药业现代林业特色产业园
娄底市	涟源市	涟源市湄江湖黄茶种植专业合作社	涟源市湄江湖经济林产业园
	冷水江市	湖南汇美天下园林绿化有限公司	冷水江市汇美天下珍贵花卉苗木产业园
	新化县	新化县绿源农林科技有限公司	新化县绿源林下经济现代林业特色产业园
怀化市	溆浦县	溆浦县君健中药材专业合作社	溆浦县君健木本中药材特色产业园
	中方县	湖南洪盛源产业科技股份有限公司	中方县洪盛源油茶特色产业园
	洪江区	怀化市恒裕竹木开发有限公司	怀化市洪江区恒裕楠竹现代特色产业园
	靖州县	靖州县金茶油科技开发有限责任公司	靖州县高产山核桃特色产业园
湘西土家族苗族自治州	吉首市	吉首市红山国有林场	吉首市红山森林康养基地产业园
	永顺县	永顺县林业局	永顺县溪州新城森林旅游现代林业特色产业园

(谢　娴)

广东省林业产业

【概　述】 2017年，广东省林业系统牢固树立“创新、协调、绿色、开放、共享”和“绿水青山就是金山银山”的发展理念，不断强化生态修复和森林资源保护管理，着力发展绿色惠民产业，加快林业改革，增强生态林产品的有效供给，提升全省的林业支撑保障能力。截至2017年底，广东省森林覆盖率达59.08%，森林蓄积量达5.83亿立方米，林业产业总产值达8022.39亿元。

2017年，广东省林业产业工作着力提升林业惠民富民效益，积极推进林业供给侧结构性改革，充分发挥林业在精准扶贫中的作用，不断优化林业产业结构，全省林业产业保持健康的发展态势。

林业产业产值　2017年，全省林业产业总产值8022.39亿元，比上年度增长4.24%，增速下滑3.36个百分点，比2017年全省GDP增长低3.26个百分点。其中第一产业产值946.07亿元，占比11.79%；第二产业产值5243.13亿元，占比65.36%；第三产业产值1833.19亿元，占比22.85%。与上年度相比，第一产业和第二产业产值比重上升，第三产业产值比重下降，数据显示广东省林业产业“调结构，稳增长，促发展”还大有可为。

第一产业　近几年来，广东省坚持以生态增优、林业增效、林农增收为目标，优化林种结构，大力发展珍贵树种、大径材等优质森林资源，扶持特色经济林、林下经济等绿色惠民产业，林地产出率不断提高。2017年，全省林业产业第一产业产值946.07亿元，较2016年增长7.13%，增长幅度优于林业产业整体增速。

第二产业　2017年，第二产业直面经济环境和环保等因素，积极推进供给侧结构性改革，着力优化产能结构，淘汰落后产能，扩大有效供给，提升供给体系质量和效率，推动产业向中高端发展，培育一批产业集聚区和龙头企业，产品坚持优质优价，企业和产品的竞争力不断增强。2017年，全省林业产业第二产业产值5243.13亿元，较2016年增长4.39%。

第三产业　2017年，全省林业产业第三产业年产值1833.19亿元，较2016年增长2.42%，低于林业产业整体增速1.8个百分点，发展速度企缓，其中森林生态旅游业1664.94亿元，占第三产业产值的90.82%，较2016年增长2.40%；林业服务业(含林业系统非林产业)产值168.25亿元，较2016年增长2.59%。以森林生态旅游业为主的林业产业第三产业，经过前几年快速发展，面临旅游产品同质化严重、降质压价、旅游发展建设用地审批困难等问题制约。适度调整后开局良好。

“互联网+”林业产业　全省许多林业企业主动“触网”，以自建、参股等形式进军互联网，开拓线上线下统一销售平台，推动林业产业与“互联网+”相互融合，极大地提升了信息化管理水平，提高了企业经济效益。广物木材公司(原鱼珠集团)开通电商平台“木材王国”，同时利用木材流通“大数据”，建立“中国木材价格指数”，实现“指数与标准”先行，引领国内外木材市场价格，成为全国木材市场价格风向标。

发展农村电子商务已经成为创新林产品交易方式、增加林农收入非常有效的措施。2017年全省农村涉林网络销售额同比增长远高于全社会网络零售的增速，农村涉林网店大幅增加，“乡村店小二”等形式的网店已经在许多乡村设点驻扎，有效带动农村就业。

【全省林业产业总产值】 2017年，广东省林业产业总产值统计范围涉及林业支柱产业13个行业，重点调查了1000多家企业，其中包括21家国家林业重点龙头企业、166家省级林业龙头企业、4个国家林下经济示范基地以及70个省级林下经济示范基地。经调查统计，2017年广东省林业产业总产值为8022.39亿元。其中森林资源培育业产值

688.10亿元，占8.58%；林木种苗与花卉业产值221.57亿元，占2.76%；野生动植物资源培育业产值36.40亿元，占0.45%；木竹材生产业产值95.11亿元，占1.19%；人造板制造业产值310.11亿元，占3.87%；木竹地板业产值378.50亿元，占4.72%；木竹藤制品业产值273.19亿元，占3.41%；木竹家具业产值2566.45亿元，占31.99%；木竹浆纸业产值1189.21亿元，占14.82%；森林食品药材和油料生产加工业产值316.30亿元，占3.94%；林产化工业产值114.27亿元，占1.42%；森林生态旅游业产值1664.94亿元，占20.75%；林业服务业(含林业系统非林产业)产值168.25亿元，占2.10%(广东省林业支柱产业情况统计详见表1)。

2017年，全省林业产业总产值8022.39亿元，较2016年(7695.78亿元)增长4.24%，比全省GDP增速低3.26个百分点，第一产业中除森林资源培育业外，其余行业产值增长率均低于全省GDP增速。其中森林资源培育业和木竹藤家具业增长率较上年度略有增加，野生动植物资源培育业、木竹材生产业和木竹浆纸业增长较快，其余行业增速及总体增速较上年度均放缓。特别是第二产业的人造板制造业首次出现负增长，以森林生态旅游业为主体的第三产业发展速度明显放缓(林业支柱产业产值变化情况详见表2)。

各市及省属单位林业产业产值统计 2017年广东省各市及省属单位林业产业产值如下：佛山市1250.71亿元，占15.59%；东莞市1126.34亿元，占14.04%；深圳市934.95亿元，占11.65%；广州市913.67亿元，占11.39%；中山市625.60亿元，占7.80%；肇庆市497.71亿元，占6.20%；湛江市375.60亿元，占4.68%；江门市370.74亿元，占4.62%；清远市243.50亿元，占3.04%；惠州市235.03亿元，占2.93%；韶关市214.21亿元，占2.67%；茂名市206.19亿元，占2.57%；珠海市200.77亿元，占2.50%；阳江市192.89亿元，占2.40%；梅州市139.17亿元，占1.73%；河源市138.60亿元，占1.73%；揭阳市90.45亿元，占1.13%；汕头市71.84亿元，占0.90%；云浮市70.47亿元，占0.88%；汕尾市65.06亿元，占0.81%；潮州市40.67亿元，占0.51%；雷州林业局12.83亿元，占0.16%；省直属林场5.35亿元，占0.07%；国家级自然保护区0.03亿元(广东省各市及省属单位林业产业产值统计详见表3)。

林业产业产值超过500亿元的地级市共有5个，分别是佛山市、东莞市、深圳市、广州市和中山市，与上年相同。上述5个地级市的木竹藤家具业、木竹浆纸业、人造板制造业企业规模化、品牌化发展已经比较成熟，产业集聚发展较好，产值多年位居全省前列。全省各市均拥有自己的优势产业，如广州市的森林生态旅游业、木竹藤家具业、人造板制造业、木竹地板业、野生动植物资源培育业等；东莞市的木竹藤家具业、木竹浆纸业、森林生态旅游业等；佛山市的木竹藤家具业、木竹地板业、人造板制造业、森林生态旅游业、林木种苗与花卉业等；深圳市的木竹藤家具业、森林生态旅游业、木竹地板业等；中山市的木竹藤家具业、木竹地板业、林木种苗与花卉业等；江门市的木竹藤家具业、木竹浆纸业、人造板制造业、森林生态旅游业、木竹藤制品业等；肇庆市的森林生态旅游业、人造板制造业、林产化工业、木竹藤制品业等；惠州市的森林生态旅游业、森林资源培育业、人造板制造业等；清远市的森林资源培育业、森林生态旅游业、油茶产业等；茂名市的森林资源培育业、野生动植物资源培育业等；梅州市的森林生态旅游业、油茶产业、森林资源培育业等；湛江市的木竹浆纸业、森林资源培育业、木竹材生产业等；韶关市的森林生态旅游业、人造板制造业、森林资源培育业等。

【木材消耗量与采伐量】 广东省是木材消耗大省，2017年全省木材加工企业(未含家具业和木地板业)木材消耗量为3024.6万立方米，而全省木材采伐量仅为722.2万立方米，供需矛盾突出，木材大部分依赖外部供应(广东省2017年木材消耗量与采伐量统计见表4)。

为应对木材资源供给不足的问题，应加强优质商品用材林基地建设，提高林地产出率，提升木材资源自给率；坚持“资源节约型、环境友好型”发展理念，提高行业精深加工水平，控制粗、初加工业，延长产业链，提高木材综合利用率；遵循低碳经济和绿色发展理念，鼓励木材加工企业循环利用废旧木质材料。

表 1　广东省林业支柱产业情况统计表

<table>
<tr><th rowspan="2">产业</th><th rowspan="2" colspan="2">行业</th><th rowspan="2">企业数量（家）</th><th colspan="2">规模指标</th><th rowspan="2">2017 年产值（亿元）</th><th rowspan="2" colspan="2">合计</th></tr>
<tr><th>经营面积/产量</th><th>单位</th></tr>
<tr><td rowspan="3">第一产业</td><td colspan="2">森林资源培育业</td><td>—</td><td>358.63</td><td>万公顷</td><td>688.10</td><td rowspan="3">946.07</td><td rowspan="13">8022.39</td></tr>
<tr><td colspan="2">林木种苗与花卉业</td><td>—</td><td>1.07</td><td>万公顷</td><td>221.57</td></tr>
<tr><td colspan="2">野生动植物资源培育业</td><td>93</td><td>—</td><td>—</td><td>36.40</td></tr>
<tr><td rowspan="8">第二产业</td><td rowspan="4">木竹材加工业</td><td>木竹材生产业</td><td>1269</td><td>—</td><td>—</td><td>95.11</td><td rowspan="7">5243.13</td></tr>
<tr><td>人造板制造业</td><td>406</td><td>1212.00</td><td>万立方米</td><td>310.11</td></tr>
<tr><td>木竹地板业</td><td>322</td><td>15492.28</td><td>万立方米</td><td>378.50</td></tr>
<tr><td>木竹藤制品业</td><td>1983</td><td>—</td><td>—</td><td>273.19</td></tr>
<tr><td colspan="2">木竹藤家具业</td><td>2052</td><td>—</td><td>—</td><td>2566.45</td></tr>
<tr><td colspan="2">木竹浆纸业</td><td>1108</td><td>—</td><td>—</td><td>1189.21</td></tr>
<tr><td colspan="2">森林食品药材和油料生产加工业</td><td>25</td><td>—</td><td>—</td><td>316.30</td></tr>
<tr><td colspan="2">林产化工业*</td><td>56</td><td>6.45</td><td>万吨</td><td>114.27</td><td rowspan="3">1833.19</td></tr>
<tr><td rowspan="3">第三产业</td><td colspan="2">森林生态旅游业</td><td>—</td><td>—</td><td>—</td><td>1664.94</td></tr>
<tr><td colspan="2">林业服务业(含林业系统非林产业)</td><td>—</td><td>—</td><td>—</td><td>168.25</td></tr>
<tr><td colspan="2">林产品市场流通业</td><td>492</td><td colspan="6">规模以上林产品流通市场交易额达 5730 亿元</td></tr>
</table>

注：*林产化工业产量仅统计松香。

表 2　广东省林业支柱产业产值变化统计表

<table>
<tr><th>产业</th><th colspan="2">行业</th><th>2016 年产值(亿元)</th><th>2017 年产值(亿元)</th><th>产值增长率(%)</th></tr>
<tr><td rowspan="3">第一产业</td><td colspan="2">森林资源培育业</td><td>636.54</td><td>688.10</td><td>8.10</td></tr>
<tr><td colspan="2">林木种苗与花卉业</td><td>212.44</td><td>221.57</td><td>4.30</td></tr>
<tr><td colspan="2">野生动植物资源培育业</td><td>34.13</td><td>36.40</td><td>6.64</td></tr>
<tr><td rowspan="8">第二产业</td><td rowspan="4">木竹材加工业</td><td>木竹材生产业</td><td>90.49</td><td>95.11</td><td>5.10</td></tr>
<tr><td>人造板制造业</td><td>318.06</td><td>310.11</td><td>-2.50</td></tr>
<tr><td>木竹地板业</td><td>374.40</td><td>378.50</td><td>1.09</td></tr>
<tr><td>木竹藤制品业</td><td>261.18</td><td>273.19</td><td>4.60</td></tr>
<tr><td colspan="2">木竹藤家具业</td><td>2445.63</td><td>2566.45</td><td>4.94</td></tr>
<tr><td colspan="2">木竹浆纸业</td><td>1120.17</td><td>1189.21</td><td>6.16</td></tr>
<tr><td colspan="2">森林食品药材和油料生产加工业</td><td>301.12</td><td>316.30</td><td>5.04</td></tr>
<tr><td colspan="2">林产化工业</td><td>111.70</td><td>114.27</td><td>2.30</td></tr>
<tr><td rowspan="3">第三产业</td><td colspan="2">森林生态旅游业</td><td>1625.92</td><td>1664.94</td><td>2.40</td></tr>
<tr><td colspan="2">林业服务业(含林业系统非林产业)</td><td>164.00</td><td>168.25</td><td>2.59</td></tr>
<tr><td colspan="2">林产品市场流通业</td><td>5680.00*</td><td>5730.00*</td><td>0.88</td></tr>
<tr><td colspan="3">总产值</td><td>7695.78</td><td>8022.39</td><td>4.24</td></tr>
</table>

注：*指规模以上林产品流通市场交易额。

表3 广东省各市及省属单位林业产业产值统计表

市/省属单位	2017年产值（亿元）	占全省百分比（%）	市/省属单位	2017年产值（亿元）	占全省百分比（%）
佛山市	1250.71	15.59	珠海市	200.77	2.50
东莞市	1126.34	14.04	阳江市	192.89	2.40
深圳市	934.95	11.65	梅州市	139.17	1.73
广州市	913.67	11.39	河源市	138.60	1.73
中山市	625.60	7.80	揭阳市	90.45	1.13
肇庆市	497.71	6.20	汕头市	71.84	0.90
湛江市	375.60	4.68	云浮市	70.47	0.88
江门市	370.74	4.62	汕尾市	65.06	0.81
清远市	243.50	3.04	潮州市	40.67	0.51
惠州市	235.03	2.93	雷州林业局	12.83	0.16
韶关市	214.21	2.67	省直属林场	5.35	0.07
茂名市	206.19	2.57	国家级自然保护区	0.03	0.00

表4 广东省2017年木材消耗量与采伐量统计表

单位：万立方米、万吨

产品分类	产量	木材消耗量①	木材采伐量
胶合板	295.3	590.6	722.2
纤维板	461.5	646.1	
刨花板	398.3	478.0	
其他人造板	56.9	138.3	
锯材	211.8	317.7	
木片	289.2	318.1	
单板	34.6	62.3	
木竹浆	135.3②	473.6	
合计	—	3024.6	

注：①表中所统计消耗木材加工企业包括人造板、锯材、木竹纸浆、木片、单板等企业，未含家具和木地板企业；②木竹浆产量单位为万吨。

【林下经济建设】 广东省林业厅一直把加快林下经济发展作为深化林改工作的重点，在全省各级政府的全力推进下，2017年，全省林下经济产值489.4亿元，经营面积198.8万公顷。2017年，广东省财政安排经费6000万元对林下经济扶贫示范县、省级林下经济示范基地以及特色经济林项目予以补助扶持。全省已建立林下经济扶贫示范县20个、国家级林下经济示范基地4个、省级林下经济示范县70个。

【森林资源培育业】 近年来，广东省森林资源培育业不断发展壮大，已形成产业化经营模式。森林资源培育业包括以桉树为主的速生丰产林，以松树为主的工业原料林，以水果、调料香料、木本粮油、森林食品、森林药材为主的特色经济林，以檀香、沉香为主的珍贵树林，油茶林及竹林。2017年森林资源培育业产值688.10亿元，较2016年(636.54亿元)增长8.10%。截至2017年底，全省林业用地共有1079.84万公顷(其中有林地954.18万公顷)，森林资源培育业经营面积358.63万公顷，其中：速生丰产林84.72万公顷，工业原料林75.54万公顷，油茶林17.15万公顷，特色经济林115.84万公顷(其中茶叶3.61万公顷)，珍贵树林8.32万公顷，竹林57.06万公顷(广东省2013~2017年森林资源培育业经营面积详见表5)。

2017年，森林资源培育业林种构成中，珍贵树林、特色经济林经营面积有一定上升，特别是茶叶种植，林农种植热情高，增长幅度较大。而速生丰产林、工业油料林、油茶和竹林的种植面积均出现负增长，与2016年相比有所减少。

桉树是优良的速生丰产树种，在增加国家木材产量、维护国家木材安全、保护森林资源方面有着突出贡献。桉树在华南地区大规模种植，是纸浆和人造板的主要原料，已形成完整的产业链。广东省以不足全省林地面积8%的桉树林，替代总量大于60%的年木材采伐量。全省以少量的桉树林通过集约经营提供大量木材，使天然林免遭砍伐，更好地保护森林资源。

表5　广东省2013～2017年森林资源培育业经营面积统计表

单位：万公顷

种类＼年度	2013年	2014年	2015年	2016年	2017年
速生丰产林	116.53	83.41	79.24	85.12	84.72
工业原料林	77.33	73.47	75.87	76.23	75.54
油茶林	15.87	15.40	17.14	18.67	17.15
特色经济林	100.00	103.00	103.70	107.62	115.84
珍贵树林	2.33	2.80	3.00	7.33	8.32
竹林	46.67	73.33	74.50	64.30	57.06
以上合计	358.74	351.41	353.45	359.27	358.63
全省有林地	984.90	988.36	995.36	993.16	954.18
全省林业用地	1096.70	1096.25	1095.95	1092.00	1079.84

近几年，广东省为充分发挥林业在维护生态平衡、维持生物多样性、提高生态承载力中的决定性作用，对发展桉树的原则是不再扩大种植面积，着力改造位于重要生态调节功能区内、予以保护和限制经营利用区域的桉树纯林。因此，桉树林的保有量从2012年开始逐年减少，2014～2017年桉树林面积分别为83.41万公顷、79.24万公顷、78.06万公顷、77.12万公顷。

2017年全省油茶种植面积17.15万公顷，较2016年(18.67万公顷)减少了8.14%，出现负增长。主要原因为：①良种选育方面，主要以引进外地品种为主，缺少本地优良品种选育，部分油茶林结果率、出油率低下，导致油茶林失管甚至改种；②成本方面，林地租赁价格高，肥料和人工成本上涨快，种植投资大，资金回收周期长，林农经营困难；③产业链方面，由于油茶缺乏精深加工，附加值不高，油茶果收购价长期低位徘徊，影响林农积极性。

【林木种苗与花卉业】　林木种苗与花卉业包括造林种苗、经济林种苗、绿化种苗及木本花卉。2017年林木种苗与花卉业产值221.57亿元，较2016年(212.44亿元)增长4.89%。林木种苗与花卉业育苗面积10643.4公顷，其中：一般造林苗圃1062.1公顷，经济林苗圃430.4公顷，绿化苗圃6000.5公顷，其他综合类苗圃3150.4公顷(广东省2013～2017年林木种苗与花卉业育苗面积详见表6)。

2017年，全省采收林木种子68.90吨，其中良种33.60吨，采收良种穗条4358万条(根)。种子采收总量较2016年(44.15吨)增加24.75吨，增长56.06%。增长的主要原因是：①政府部门出台林木良种培育补助优惠政策，建立了多个国家级林木种质资源库(基地)，保障了林木种质资源收集保存和可持续利用。②加强了各地种苗生产基地管理，加大投入种苗生产基地基础设施(如喷灌系统、道路和荫棚)建设，提高生产林木种子的生产能力。③全省稳步推进林业良种科研攻关工作，各地充分选育高产优质的品种进行生产，提高了林木种子产量。

2017年，全省出圃苗木5.56亿株，与2016年(5.71亿株)相比，苗木产量趋于平稳，主要原因如下：①2017年度全省四大林业重点生态工程中人工造林任务面积为26.85万公顷，较2016年(29.53万公顷)减少2.68万公顷，导致造林苗木市场需求量减少，大部分地区造林苗木产量趋于饱和。②受房地产市场影响，绿化工程项目减少，高端苗木及大苗市场需求量减少，导致高端苗木出现滞售。③近几年政府推动乡村绿化美化和森林城市群建设行动，全力打造乡村公共休闲绿地、乡村道路、河道(沟渠)绿化、庭院绿化等绿化工作，各地绿化苗木需求量有所增加，但总量不高。④部分苗圃生产地基础设施不完善，为了降低生产成本，采取粗放式管理，达不到现代化育苗水平，苗木质量标准化程度不高。

表6　广东省2013~2017年林木种苗与花卉业育苗面积统计表

单位：公顷

苗圃种类	2013年	2014年	2015年	2016年	2017年
一般造林苗圃	690.9	1090.9	1101.0	1078.9	1062.1
经济林苗圃	328.4	344.8	351.0	432.7	430.4
绿化苗圃	6194.4	6194.4	6070.0	6012.2	6000.5
综合类苗圃	3391.7	3391.7	3324.0	3105.3	3150.4
合计	10605.4	11021.8	10846.0	10629.1	10643.4

表7　广东省2013~2017年野生动植物资源培育业企业数量和产值统计表

年度	2013年	2014年	2015年	2016年	2017年
企业数量(家)	70	80	85	87	93
年产值(亿元)	24.95	32.49	33.46	34.13	36.40

【野生动植物资源培育业】　野生动植物资源培育业主要包括野生动物驯养繁殖及其产品加工利用、野生植物培育及其产品加工利用等方面。2017年，全省野生动植物资源培育利用的规模企业有93家，行业总产值为36.40亿元，较2016年(34.13亿元)增长6.65%。野生动植物资源经营利用在产业化发展中已初具规模，逐渐形成一批有特色的龙头企业(广东省2013~2017年野生动植物资源培育业企业数量和产值详见表7)。

野生动物驯养繁殖方面，主要驯养繁殖的野生动物种类有果子狸、鳄鱼、大鲵、黑熊、竹鼠、食蟹猴、蛇类、野猪等20多种野生动物。果子狸养殖主要分布在河源市和平县、江门市蓬江区等地，鳄鱼养殖主要分布在高州市、东莞市、佛山市三水区、四会市等地，大鲵养殖主要分布在广州市从化区、揭东县，黑熊养殖主要分布在广州市花都区，竹鼠养殖主要在分布英德市、德庆县、阳山县、和平县，食蟹猴养殖主要分布在广州市白云区和从化区，蛇类养殖分布较广，全省各地均有养殖，尤以广州附近、粤西、粤北等地为多，野猪养殖主要分布在新丰县、乳源县等地。

野生植物培育方面，主要培植的野生植物种类有铁皮石斛、金线莲、簕菜、无患子、五指毛桃、牛大力等。铁皮石斛种植地主要分布在韶关市、茂名市、潮州市，金线莲种植地主要分布在梅州市，簕菜种植地主要分布在恩平市，无患子种植地主要分布在韶关市翁源县，五指毛桃种植地主要分布在河源市各县，牛大力种植地主要分布在英德市、连州市、阳山县等地。

【木竹材生产业】　木竹材生产业包括原木、锯材、木片、竹材、单板、薄木生产。2017年，原木产量722.2万立方米，锯材产量211.8万立方米，木片产量289.2万立方米，竹材产量20402.1万根，单板产量34.6万立方米。木竹材生产业总产值95.11亿元，较2016年(90.49亿元)增长5.11%(广东省2013~2017年木竹材生产业企业数量和产量详见表8)。

2017年，由于木竹家具业、木竹浆纸业等行业的形势向好，原木、锯材、木片、竹材产品产量较2016年均有不同程度的增加。

【人造板制造业】　人造板制造业包括胶合板、纤维板(主要统计中密度纤维板)、刨花板、其他人造板(主要统计细木工板)。2017年广东省人造板制造业总产值310.11亿元，总产量1212.0万立方米，较2016年(1233.6万立方米)减少了1.75%。其中胶合板产量295.3万立方米，比上年减少0.87%；中密度纤维板产量461.5万立方米，比上年增加1.45%；刨花板产量398.3万立方米，比上年减少7.13%，而以细木工板为主的其他人造板产量56.9万立方米，比上年增加9.42%(广东省2013~2017年人造板产量对比详见表9)。

全省共有6个地级市人造板产量超过100万立方米，分别是佛山市170.2万立方米，韶关市144.1万立方米，东莞市126.3万立方米，广州市

表8 广东省2013~2017年木竹材生产业企业数量和产量统计表

单位：家、万立方米、万根

品种	企业数量	2013年产量	2014年产量	2015年产量	2016年产量	2017年产量
原木	164	717.3	748.9	711.7	693.4	722.2
锯材	732	136.1	168.4	172.2	188.7	211.8
木片	151	126.6	135.5	215.5	216.6	289.2
竹材*	—	13509.7	14474.7	12753.7	16931.1	20402.1
单板	135	31.0	32.6	33.0	33.0	34.6
薄木	87	—	—	—	—	—

注：竹材产量单位为万根。

表9 广东省2013~2017年人造板产量对比表

单位：万立方米

板种	2013年产量	2014年产量	2015年产量	2016年产量	2017年产量
胶合板	249.93	250.74	270.30	297.90	295.30
中密度纤维板	487.75	456.55	475.70	454.80	461.50
刨花板	280.22	383.92	389.70	428.90	398.30
其他人造板	53.19	53.19	53.20	52.00	56.90
合计	1071.09	1144.40	1188.90	1233.60	1212.00

113.0万立方米，江门市111.0万立方米，惠州市110.0万立方米，以上6市的人造板总产量占全省人造板总产量的62.97%(广东省2017年各市人造板产量详见表10)。

广东省人造板企业共计406家，平均生产规模3万立方米，规模偏小。其中胶合板企业244家，平均生产规模1.2万立方米；中密度纤维板企业57家，平均生产规模8.1万立方米；刨花板企业73家，平均生产规模5.4万立方米。数据显示，中密度纤维板企业生产规模较合理，刨花板企业及胶合板企业平均生产规模偏小，应加以合理调整(广东省2017年人造板企业数量和产量详见表11)。

2017年广东商品房销售面积增长，对人造板需求有所增加，但是受原材料供应不足、国际贸易保护主义等因素影响，人造板企业发展经营仍比较困难，全年产量和产值均有一定幅度下降。

【木竹地板业】 2017年广东省木竹地板业产值378.5亿元，产量为15681.6万平方米，较2016年(16091.5万平方米)减少2.55%。其中，实木地板产量2683.7万平方米，实木复合地板产量5963.7万平方米，强化木地板产量6975.3万平方米，竹材地板产量58.9万平方米(广东省2013~2017年木竹地板总产量详见表12、广东省2017年各市木竹地板产量详见表13)。

2017年，广东省木竹地板业受全球性贸易持续低迷、贸易保护主义思潮抬头、东南亚一些国家低价抢占国际市场、国内经济环境持续低迷等叠加因素的影响和制约，发展经营短期内比较困难，木竹地板业产量出现了负增长。

广东省上规模的品牌木地板生产企业包括：大自然家居(中国)有限公司、巴洛克木业(中山)有限公司、广东省宜华木业股份有限公司、广东富林木业科技有限公司、东莞市洪梅赛维纳地板厂、深圳市圣象木业有限公司、广东柏高智能家居有限公司、泉发木制品(深圳)有限公司等。

【木竹藤制品业】 木竹藤制品业主要产品类型包括木门窗、木线及木制装饰材料、木制包装箱、地台板、卡板、木塑材料等，2017年广东省木竹藤制品业产值为273.19亿元，企业数量1983家，总产值和企业数量较上年度均有一定程度增长(广东省2013~2017年木竹藤制品业企业数量详见表14)。

木竹藤制品业产值超过10亿元的市有5个，

表10 广东省2017年各市人造板产量表

单位：万立方米

地区＼板种	合计	中纤板产量	胶合板产量	刨花板产量	细木工板
全省	1212.0	461.5	295.3	398.3	56.9
佛山市	170.2	20.6	67.2	64.6	17.8
韶关市	144.1	42.0	3.3	97.0	1.8
东莞市	126.3	30.7	39.1	51.5	5.0
广州市	113.1	38.8	5.2	41.0	12.5
江门市	111.0	56.3	43.5	9.2	2.0
惠州市	110.0	17.1	39.4	68.1	1.0
肇庆市	101.2	76.4	12.8	4.0	8.0
湛江市	77.5	20.6	19.4	37.0	0.5
清远市	49.1	37.6	2.0	7.5	2.0
梅州市	35.6	6.0	28.1	1.5	0.0
云浮市	36.1	32.5	1.6	2.0	0.0
河源市	35.6	27.2	6.2	2.0	0.2
茂名市	33.2	26.2	4.0	1.5	1.5
阳江市	26.9	18.0	2.0	6.4	0.5
深圳市	13.6	0	12.0	0.0	1.6
中山市	11.6	5.5	1.6	3.5	1.0
汕尾市	6.5	6.0	0	0.0	0.5
揭阳市	6.4	0	4.4	1.5	0.5
汕头市	2.5	0	2.0	0.0	0.5
潮州市	1.5	0	1.5	0.0	0.0

表11 广东省2017年人造板企业数量和产量统计表

单位：家、万立方米

板种＼企业数量和产量＼规模	年产5万立方米以下		年产5万~10万立方米		年产10万立方米以上		合计	
	数量	产量	数量	产量	数量	产量	数量	产量
胶合板	235	231.3	8	49.6	1	14.4	244	295.3
中密度纤维板	12	51.8	31	177.8	14	231.9	57	461.5
刨花板	43	95.5	19	96.3	11	206.5	73	398.3
其他人造板	30	40.8	2	16.1	0	0.0	32	56.9
合计	320	419.4	60	339.8	26	452.8	406	1212.0

表12 广东省2013~2017年木竹地板总产量对比表

单位：万立方米

板种	2013年	2014年	2015年	2016年	2017年
实木地板	2800	2982	2700	2787.5	2683.7
实木复合地板	6188	6620	5905	6133.0	5963.7
强化木地板	7300	7665	6975	7103.0	6975.3
竹材地板	75	78	75	68.0	58.9
合计	16363	17345	15655	16091.5	15681.6

表 13　广东省 2017 年各市木竹地板产量表

单位：万平方米

地区＼板种	木竹地板总产量	实木地板	实木复合地板	强化木地板	竹材地板
全　省	15681.6	2683.7	5963.7	6975.3	58.9
佛山市	3614.0	498.5	1050.5	2065.0	0.0
深圳市	3334.5	638.5	1070.5	1623.5	2.0
中山市	2073.9	328.5	929.7	810.0	5.7
广州市	1833.8	175.5	1065.6	580.0	12.7
东莞市	1752.5	555.0	720.0	450.0	27.5
肇庆市	1147.3	2.0	8.5	1136.7	0.0
江门市	922.2	200.7	510.5	205.0	6.0
汕头市	760.0	235.0	520.0	5.0	0.0
珠海市	115.0	50.0	65.0	0.0	0.0
潮州市	100.0	0.0	0.0	100.0	0.0
茂名市	18.4	0.0	18.4	0.0	0.0
韶关市	10.0	0.00	5.00	0.00	5.0

表 14　广东省 2013～2017 年木竹藤制品业企业数量统计表

单位：家

产品类别	2013 年	2014 年	2015 年	2016 年	2017 年
木门窗	231	243	243	248	280
木线及木制装饰材料	107	112	115	115	247
木制包装箱、地台板、卡板	174	179	180	178	93
木竹藤生活用品、工艺品等	1163	1165	1168	1172	1256
卫生筷子	30	30	32	33	18
木塑产品	50	58	58	58	38
生物质固体成型燃料	30	36	36	36	51
合计	1785	1823	1832	1840	1983

分别是肇庆市 37.97 亿元、佛山市 33.90 亿元、广州市 24.84 亿元、深圳市 13.72 亿元、东莞市 11.82 亿元(广东省 2013～2017 年各市木竹藤制品业产值详见表 15)。

全省木竹藤制品企业大多数生产规模较小，其中木竹藤生活用品、工艺品的生产企业数量最多，共 1256 家，占行业的 63.34%。近年来，以产品出口为主的竹制品企业有所增加，代表性企业有：广宁县万众竹木业工艺制品有限公司、罗定市恒兆燕笼有限公司、蕉岭县鹏宇装饰材料有限公司和阳江市阳东区大森竹木工艺品加工厂等。

2016 年开始，随着竹缠绕复合材料深入研究、技术开发和成果成功转化，竹缠绕复合材料开始推广应用，2017 年 5 月，竹缠绕复合材料项目被国家发改委等 11 部委列入联合发布的《林业产业发展十三五规划》中的重点战略林产项目。竹缠绕复合材料是竹子应用领域的创新技术，广东省作为竹资源丰富地区，发展竹缠绕复合材料产业前景广阔。

【木竹藤家具业】　据广东省家具协会统计，2017 年广东省家具行业总产值 4220 亿元，较 2016 年(4010 亿元)增长 5.24%，其中规模以上企业主营业务收入 2193.94 亿元，占全国规模以上企业主营业务收入(9040 亿元)的 25%，广东家具行业依旧保持在国内的传统优势地位。全年出口 1341.8 亿元，比上年同期增长1.94%，占全国家具出口额的40%，较上年度略有下降，但持续保持在中国家具出口的龙头地位。其中全省木竹家具产值为2566.45亿元，较2016年(2445.63亿元)增长4.94%。规模企业销售总产值2193.94亿元，占家具行业总产值的51.99%；净增长额155.61亿元，占全行业净增长数的74.10%(2013~2017年木竹藤家具业产值变化详见表16)。

全省家具行业注重产品设计，提升产品价值，优质优价，特色鲜明，规模企业量价齐升。2017年全省家具行业规模企业总产量15017.59万件，较2016年(14587.82万件)增长2.95%，净增加429.77万件；家具产品平均单价略有上涨，为1460.91元/件，较2016年(1397.28元/件)上涨4.55%，但比全国平均单价(1126.36元/件)高出29.70%(2017年木竹家具规模企业数量详见表17)。

【木竹浆纸业】 2017年广东省木竹浆纸业总产量3464.59万吨，较2016年(3163.50万吨)增加9.52%。其中：木(竹)浆产量135.33万吨(居全国第五位)，较上年增加27.67%；机制纸和纸板产量2177.74万吨(居全国第一位)，较上年增加2.36%；纸制品产量1151.52万吨(居全国第一位)，较上年增加23.82%。广东省造纸行业现有生产企业1108家，其中制浆企业3家，机制纸和纸板企业250家，纸制品企业855家。机制纸和纸板仍以包装箱纸为主(广东省木竹浆纸业企业数量和产量详见表18)。

广东省木竹浆纸业产能集中度高。2017年，广东省机制纸和纸板企业产能超过10万吨的有48家。其中，产能100万吨以上企业5家，产量1122.3万吨，占全省总产量的51.54%；30万~100万吨企业17家；10万~30万吨企业26家。

木竹浆纸业继续加大企业转型升级力度，继2015年东莞市关停53家企业，2016年全省关停15条造纸生产线、淘汰落后产能9.66万吨之后，2017年淘汰落后产能9.22万吨，涉及5家造纸厂14条生产线。

广东省木竹浆纸业主要特点如下：

①产能分布比较集中，已逐步形成东莞包装纸产业基地、江门银州湖纸业基地、湛江林浆纸产业基地、广宁特色纸产业基地4个产业集群。

②木(竹)浆产量占比较低，约为机制纸和纸板生产所需木(竹)浆的6.21%，机制纸和纸板所需原料的93.79%依靠回收废纸(含进口)和进口商品木浆板，造纸行业效益受进口废纸和商品木浆板价格波动影响甚大。

③广东机制纸和纸板品种较多，包括包装纸、白纸板、箱纸板、瓦楞原纸、卫生纸、新闻纸，双胶纸、铜版纸、液体包装纸等，其中包装纸和纸板的产量最大，达1660.9万吨，占全省机制纸和纸板总产量的76.28%。

④广东省梅州市、河源市、云浮市、湛江市、肇庆市等地区，对桉树种植采取限制措施或引导退出，短时内会对纸浆生产产生不利影响。例如，2017年湛江晨鸣纸业公司满负荷生产需要绝干木片260万吨/年，在当地仅能收购到一半的木片，另外一半需从国外进口。

⑤广东自2012年提出建设全国绿色生态第一省以来，对生态环境建设提出了更高的要求，对造纸企业的环保标准要求更高，排污总量控制更严格。

【森林食品药材和油料生产加工业】 森林食品药材和油料生产加工业主要包括茶油、果品类(干、鲜果)、工业原料类、药材调料类、森林食品饮料类。2017年总产值316.30亿元，较2016年(301.12亿元)增长5.04%。(2013~2017年森林食品药材和油料生产加工业产值变化详见表19)。

全省典型的森林食品药材加工品种有：梅州市的板栗、柚子，南雄市的红菇，始兴县的木耳，仁化县的铁皮石斛、灵芝，高要市、德庆县和信宜市的肉桂，德庆县的首乌、巴戟，阳春市的春砂仁，清远市清新区的金银花，鹤山市的凉粉草，广宁县的竹笋，德庆县、五华县的野生巴戟，河源市的五指毛桃，恩平市的簕菜茶，紫金县的竹壳茶，龙门县的西溪笋，化州市的橘红，广州市从化区的蜂蜜，新兴县的凉果，江门市新会区的陈皮等。

油料加工主要是茶油加工，主要产品有：食用油、药用茶油以及化妆品等。2017年油茶籽产量12.52万吨，比上年减少14.71%。2017年茶油产量有所下降(2013~2017年茶油产量变化详见表20、2017年茶油加工企业规模和数量详见表21)。

全省规模较大的茶油加工企业24家，设计产能5.13万吨，主要分布在粤东的梅州市、河源市和粤北的韶关市、清远市，其中产能最大的是梅州市，为2.77万吨，占总设计产能的53.95%。由于全省优质高产新品种油茶的种植起步较晚，大部分新造油茶林未到丰产期，原材料不足，多数茶油加工企业未能达产，2017年总产量仅占设计产能的44.80%(广东省各地级市2017年茶油加工规模和产量详见表22)。

同时，广东仍有很多“农户家庭型”模式的茶油生产经营个体，生产规模小，加工技术落后。茶油加工行业规模化、集约化、产业化程度低，难以发挥出经济效益。

【林产化工业】 林产化工业包括松香、树脂、松节油、活性炭及其他林化产品。2017年广东省林产化工业共有56家企业，总产值114.27亿元，较上年111.70亿元增加2.30%。

2017年，以松香为代表的林产化工业发展持续低迷，松香产量呈缓慢下降态势，大部分企业未达产，全年松香产量6.45万吨，比上年减少2.86%。受国外业内恶性竞争的影响，松香出口已几年连续下降；松香进口明显增长，已经接近国内松香出口量；但去库存效果明显，库存压力基本缓解，供需基本平衡。(2013~2017年松香加工产量统计详见表23，2017年松香企业数量统计见表24)。

表15　广东省2013~2017年各市木竹藤制品业产值统计表

单位：亿元

地区	2013年	2014年	2015年	2016年	2017年
全省合计	195.00	234.00	245.7	261.18	273.19
肇庆市	25.71	31.00	34.00	36.30	37.97
佛山市	23.76	28.50	31.00	32.41	33.90
广州市	16.01	19.20	23.00	23.75	24.84
深圳市	6.67	8.20	10.30	13.12	13.72
东莞市	6.69	8.00	10.00	11.30	11.82
茂名市	2.86	3.40	6.18	6.52	6.82
揭阳市	—	—	4.43	4.43	4.63
珠海市	3.21	3.50	3.80	3.80	3.97
江门市	2.26	2.80	3.00	3.20	3.35
其他地区	107.83	129.40	119.99	126.35	132.16

表16　广东省2013~2017年家具行业产值统计表

单位：亿元

类别	2013年	2014年	2015年	2016年	2017年
家具行业总产值	3390.00	3630.00	3820.00	4010.00	4220.00
其中：木竹藤家具产值	1898.40	2178.00	2337.62	2445.63	2566.45

表17　广东省2017年木竹家具规模企业数量统计表

产值规模	年产值1亿元以下	年产值1亿~10亿元	年产值10亿元以上	合计
企业数量(家)	1986	48	18	2052

表 18　广东省 2014～2017 年木竹浆纸业企业数量和产量统计表

产品类别	2017 年企业数量（家）	2014 年产量（万吨）	2015 年产量（万吨）	2016 年产量（万吨）	2017 年产量（万吨）
木(竹)浆	12	112.30	115.00	106.00	135.33
机制纸和纸板	250	2070.40	2078.30	2127.50	2177.74
纸制品	869	1010.60	946.99	930.00	1151.52
合计	1131	3193.30	3140.29	3163.50	3464.59

表 19　广东省 2013～2017 年森林食品药材和油料生产加工业产值对比表

年度	2013 年	2014 年	2015 年	2016 年	2017 年
产值(亿元)	182.03	240.43	285.43	301.12	316.30

表 20　广东省 2013～2017 年茶油产量表

年度	2013 年	2014 年	2015 年	2016 年	2017 年
茶油产量(万吨)	1.67	1.71	3.00	2.94	2.50

表 21　广东省 2017 年茶油加工企业规模和数量统计表

规模 / 类别	年产 2000 吨以下	年产 2000～5000 吨	年产 5000 吨以上	合计
企业数量(家)	9	12	4	25
设计产量(吨)	3140	28200	20000	51340
占比(%)	6.12	54.93	38.96	100

表 22　广东省各地级市 2017 年茶油加工规模和产量统计表

地市	规模企业数量（家）	设计产量（吨）	2017 年实际产量(吨)		
			合计	规模企业	小作坊产量
全省	25	51340	25000	5500	19500
肇庆市	1	3000	2000	200	1800
清远市	2	3720	3500	2500	1000
梅州市	12	27700	10200	800	7700
韶关市	3	5000	2300	100	2200
汕头市	1	2000	300	300	—
云浮市	1	300	200	100	100
河源市	4	9320	6200	1200	5000
揭阳市	1	300	300	300	—

表 23　广东省 2013～2017 年松香加工产量统计表

年度	2013 年	2014 年	2015 年	2016 年	2017 年
产量(万吨)	5.62	7.50	6.40	6.64	6.45

表 24　广东省 2017 年松香加工企业数量和生产能力统计表

规模 / 统计	合计	1 万吨以上	1000 吨到 1 万吨	1000 吨以下
企业数量(家)	56	10	20	26
占比(%)	100	17.86	35.71	46.43

【森林生态旅游业】 全省开展森林生态旅游的主要载体有森林公园、湿地公园、自然保护区、植物园、树木园、野生动物园和其他森林生态旅游区。

2017年全省森林生态旅游业保持平稳发展，旅游总收入为1664.94亿元(含景区内餐饮、住宿、零售、交通、游乐、门票等)，较2016年(1625.92亿元)增加2.40%，低于林业产业整体增速1.8个百分点，增速放缓。2017年森林生态旅游业总产值超过100亿元的地级市有6个，分别是：广州市285.35亿元，深圳市139.09亿元，梅州市133.75亿元，佛山市127.67亿元，韶关市124.03亿元，东莞市107.23亿元(广东省2013～2017年森林生态旅游业产值详见表25)。

森林公园 2017年全省新建森林公园165个。截至2017年底，全省已设立县级以上森林公园709处(其中国家级27处、省级79处、市县级603处)，规划总面积115.01万公顷，占全省国土总面积的6.39%、林业用地面积的10.49%。其中301处县级以上森林公园免费开放。

湿地公园 2017年全省新建湿地公园34个。截至2017年底，全省已建成湿地公园224个，其中国家级湿地公园27个，面积51508.15公顷，省级湿地公园5个，面积1297.87公顷。2017年7月，广东省林业厅印发《广东省湿地公园管理暂行办法》，规范湿地公园建设和管理，促进湿地资源可持续利用。

自然保护区 全省已建立各种类型、不同级别的自然保护区290个，总面积为130.17万公顷，占全省国土面积的7.2%，占林业用地面积的11.4%。其中，国家级8个，省级50个，市、县级232个。

森林城市 2017年10月，江门市、佛山市被授予“国家森林城市”称号，截至2017年底，广东省已有广州、惠州、东莞、珠海、肇庆、佛山、江门7市先后成功创建国家森林城市，森林城市建设由单个向群体发展，由单一层次向高度融合拓展，统筹构建宜居、宜业、宜游的城市环境。

森林小镇 2017年省林业厅制订了《2017年广东省森林小镇省级核验工作方案》及《广东省森林小镇评价指标审查核验办法和标准(试行)》，组织认定了广州市增城区派潭镇、深圳市盐田区梅沙街道等首批38个镇(街道)为“广东省森林小镇”。

森林旅游示范县、森林体验基地、森林养生基地 2017年，国家林业局认定阳山县、始兴县为“全国森林旅游示范县”。此外，结合乡村振兴发展，广东省积极开展森林体验和森林康养探索与研究，探索与乡村田园综合体相结合的森林公园建设和森林旅游发展模式，带动乡村绿色发展。鼓励各地积极创建和申报全国森林体验基地和全国森林养生基地，发展集旅游、医疗、康养、教育、文化、扶贫于一体的林业综合服务，积极打造森林体验和森林养生产品，推动森林康养发展。2017年，中国林业产业联合会认定广东佛山顺峰山公园、中山市国有森林资源保护心、湛江市螺岗岭森林公园为“中国森林体验基地”；认定羚羊山森林公园为“中国森林养生基地”；认定南澳海岛国家森林公园为“中国慢生活休闲体验区”。

【林业服务业】 林业服务业含林业规划设计、林业工程监理、林业评估认证、林业产权交易、林业技术培训和其他服务。2017年产值168.25亿元，较上年度增长2.59%，其中，涉林服务业产值99.03亿元，林业系统非林产业产值69.22亿元。

截至2017年底，全省林业服务业各种类型单位共计1682个，其中研究和试验型单位725家，专业技术服务型单位560家，科技推广和应用服务业型单位397家。

林业技术服务单位主要集中在广州市及各地市、县城区内，由市至县呈现减少趋势，而乡镇需要林业技术指导的技术服务一线，林业技术服务力量相对薄弱。

【林产品市场流通业】 广东省林产品市场流通业领先全国市场。林产品市场流通业调查范围包括木材市场、人造板市场、家具市场和建材市场。2017年全省有大型专业木材、人造板市场有26家，大型家具市场有362家，专业建材市场有104家，全年销售额达5730亿元，较2016年(5680亿元)增长0.88%。其中，网商电商全年销售额约占

表 25　广东省 2013～2017 年森林生态旅游业产值汇总表

单位：亿元

地市	2013 年	2014 年	2015 年	2016 年	2017 年
全省合计	891.38	1112.22	1369.23	1625.92	1664.94
广州市	171.30	213.74	234.67	278.66	285.35
深圳市	53.19	66.37	114.39	135.83	139.09
梅州市	82.39	102.80	110.00	130.62	133.75
佛山市	83.97	104.77	105.00	124.68	127.67
韶关市	77.95	97.26	102.00	121.12	124.03
东莞市	57.40	71.62	88.19	104.72	107.23
清远市	36.26	45.24	67.90	80.63	82.57
河源市	31.01	38.69	66.02	78.40	80.30
江门市	30.02	37.46	63.41	75.30	77.10
惠州市	46.19	57.63	62.38	74.07	75.85
珠海市	27.26	34.01	56.61	67.22	68.83
茂名市	34.64	43.22	53.22	63.20	64.71
肇庆市	30.60	38.18	47.01	55.82	57.16
云浮市	28.42	35.46	43.66	51.84	53.08
汕头市	20.15	25.14	30.96	36.76	37.64
揭阳市	16.79	20.95	25.80	30.64	31.38
阳江市	16.16	20.16	24.83	29.48	30.19
潮州市	15.04	18.77	23.11	27.44	28.10
汕尾市	12.89	16.08	19.80	23.51	24.07
中山市	10.07	12.56	15.47	18.37	18.81
湛江市	9.68	12.08	14.87	17.66	18.08

表 26　广东省 2013～2017 年林产品流通市场规模和数量统计表

单位：家、万平方米、亿元

类别	项目	2013 年	2014 年	2015 年	2016 年	2017 年
木材人造板市场	市场数量	19	19	24	25	26
	市场面积	159.5	159.5	186.5	395.5	393.6
	销售额	712.0	748.0	764.0	835.3	842.7
家具市场	市场数量	360	361	362	362	362
	市场面积	1882.2	1870.4	1885.9	1885.9	1932.6
	销售额	2110.0	2260.0	2316.5	2350.0	2372.3
建材市场	市场数量	100	101	101	106	104
	市场面积	256.0	257.0	257.0	269.0	263.8
	销售额	2110.0	2300.0	2334.5	2493.2	2515.1

总销售额的 20%，约为 1146 亿元。近几年，涉林产业的电子商务发展迅速，势头良好(广东省 2013～2017 年林产品流通市场规模和数量统计详见表 26)。

流通市场总面积 2590 万平方米，前六位的是佛山市 1545.1 万平方米，广州市 369 万平方米，深圳市 139.7 万平方米，东莞市 147.5 万平方米，江门市 82 万平方米，中山市 72.7 万平方米。与

2016年全省流通市场面积相比，经营面积基本趋于稳定态势，但随着电子商务的不断崛起，流通市场经营面积有下行的压力。广东省2017年各市林产品市场流通业分布详见表27。

2017年全省农村涉林网络销售额同比增长远高于全社会网络零售的增速。农村涉林网店大幅增加，较2016年增长明显，带动了农村就业。发展农村电子商务已经成为创新林产品交易方式、增加林农收入非常有效的措施。例如，清远市阳山县采用“阿里巴巴+乡村店小二+地方电子商务公共服务平台”的方式，是比较成功的林业产业网络销售模式。农村涉林电子商务发展势头在2017年依然方兴未艾，但相比于城市电商，农村涉林电商发展仍有一定差距，如农村物流网点少、成本高等，电商生态环境仍有待改善。

林产品国际贸易方面，广东省一直努力推动传统优势产业转型发展、促进林产品进出口贸易，支持涉林企、事业单位开展与欧洲、北美和东南亚等国家的交流合作。

据海关统计数据，2017年广东省林木及制品进口数量及趋势如下：①原木进口增长显著。2017年广东原木进口量384.5万立方米，比上年增长12.02%，增加41.26万立方米；②锯材进口增幅大。累计锯材进口929.95万立方米，比上年增长19.06%，增加148.87万立方米；③家具进口增幅可观。2017年广东进口木质家具90.41万件，比上年增长45.71%，进口金额13028万美元，比上年增长39.84%；④密度板、优质刨花板、胶合板

表27　广东省2017年各市林产品市场流通业分布表

单位：家、万平方米

类别/地区	合计		木材市场、人造板市场		家具市场		建材市场	
	市场数量	市场面积	市场数量	市场面积	市场数量	市场面积	市场数量	市场面积
全省	495	2590.0	25	385.5	365	1942.9	104	269.0
佛山市	25	1545.1	6	243.1	13	1248.7	6	53.3
广州市	109	369.0	4	29.5	81	284.2	24	55.3
东莞市	38	147.5	4	66.0	28	61.0	7	20.5
深圳市	65	139.7	5	27.0	40	49.0	20	63.7
江门市	35	82.0	1	0.5	29	56.0	5	25.5
中山市	10	72.7	1	12.0	8	60.2	1	0.5
肇庆市	44	51.2	—	—	33	37.7	11	13.5
珠海市	20	26.9	1	0.5	13	17.7	6	8.7
惠州市	22	25.9	—	—	19	23.4	3	2.5
茂名市	16	20.2	—	—	12	16.7	4	3.5
湛江市	15	15.0	—	—	12	12.0	3	3.0
清远市	13	13.0	—	—	11	11.0	2	2.0
揭阳市	13	13.0	1	1.0	11	11.0	1	1.0
河源市	11	11.0	—	—	10	10.0	1	1.0
汕头市	11	11.0	—	—	9	9.0	2	2.0
潮州市	10	10.0	—	—	9	9.0	1	1.0
梅州市	9	9.0	1	1.0	6	6.0	2	2.0
韶关市	8	8.0	1	1.0	5	5.0	2	2.0
云浮市	8	8.0	—	—	7	7.0	1	1.0
阳江市	7	7.0	1	1.0	5	5.0	1	1.0
汕尾市	5	5.0	1	1.0	3	3.0	1	1.0

进口量有所下降。密度板进口 8.27 万立方米，比上年下降 13.07%，刨花板进口 21.34 万立方米，比上年下降 14.92%，胶合板进口 7.17 万立方米，比上年下降 12.86%。

2017 年广东省林产品出口数量及趋势如下：①胶合板出口量下降。胶合板和实木复合地板的出口量 42.93 万立方米，比上年下降 17.51%；②密度板出口量增加。密度板和强化木地板出口 12.67 万立方米，比上年增长 3.96%；③刨花板出口量增加。刨花板出口 2.56 万立方米，比上年增长 74.33%；④家具出口下降。木质家具出口 6230.86 万件，比上年下降 2.05%，出口金额 64.14 亿美元，比上年下降 7.94%。

【林业龙头企业培育】 截至 2017 年底，广东省共有国家林业重点龙头企业 21 家(详见表 28)，省级林业龙头企业 166 家(详见表 29)。其中，国家林业重点龙头企业新增 5 家，省级林业龙头企业新增 29 家，取消 11 家。

2017 年 12 月，根据《广东省林业龙头企业评选标准》(粤林函〔2008〕503 号)和《广东省林业厅关于开展 2017 年省林业龙头企业申报和复核工作的通知》(粤林函〔2017〕242 号)有关要求，经企业申请和县、市两级林业部门推荐和考核(复核)，省评审组实地考核和评审，省林业厅审核批准，认定“广州市绿化公司”等 29 家，同意 2014 年认定经复核达标的“广州市花木公司”等 51 家，取消“广东省林产工业公司”等 11 家。

表 28　国家林业重点龙头企业广东企业名单

序号	地区	企业名称	类型
1	湛江	廉江一品木业有限公司	加工类
2	韶关	广东五联木业集团有限公司	加工类
3	韶关	鸿伟木业仁化有限公司	加工类
4	汕头	广东宜华木业股份有限公司	加工类
5	梅州	广东新大地生物科技股份有限公司	加工类
6	梅州	广东鸿利丰生物科技有限公司	种植类
7	韶关	广东始兴县华洲木业有限公司	加工类
8	揭阳	广东揺龙农业科技发展有限公司	种植类
9	梅州	广东威华股份有限公司	加工类
10	梅州	广东雁南飞茶田有限公司	旅游类
11	揭阳	广东绿宝佳股份有限公司	种植类
12	茂名	广东瑞恒农林科技发展有限公司	种植类
13	梅州	广东长荣林业发展股份有限公司	种植类
14	揭阳	广东望天湖现代农业科技有限公司	旅游类
15	肇庆	广东肇林林业发展有限公司	种植类
16	韶关	韶关市明弘生态农业有限公司	种植类
17	中山	巴洛克木业(中山)有限公司	加工类
18	韶关	广东金友集团有限公司	种植类
19	潮州	新华海集团有限公司	种植类
20	韶关	仁化县奥达胶合板有限公司	加工类
21	梅州	梅州穗瑞农林发展有限公司	加工类

表 29　广东省林业龙头企业名单

序号	地区	企业名称	企业类型
1	广州	广州天适集团有限公司	种植类
2	广州	广东森霖造绿有限公司	服务类
3	广州	广州市园林建筑工程公司	服务类
4	广州	广州市绿化公司	服务类
5	广州	广州市百利文仪实业有限公司	加工类
6	广州	广东省岭南综合勘察设计院	服务类
7	广州	广州市花木公司	种植类
8	广州	广东国森林业有限公司	种植类
9	汕头	宜华生活科技股份有限公司	加工类
10	佛山	佛山市高明桂茶园花木种植有限公司	种植类
11	佛山	广东耀东华装装饰材料科技有限公司	加工类
12	佛山	广东联邦家私集团有限公司	加工类
13	韶关	新丰云天海温泉原始森林度假村有限公司	旅游类
14	韶关	广东富然农科有限公司	种植类
15	韶关	鸿伟木业(仁化)有限公司	加工类
16	韶关	韶能集团韶关南雄珠玑纸业有限公司	加工类
17	韶关	翁源县凯通纤维板有限公司	加工类
18	韶关	南雄市松林树脂有限公司	加工类
19	韶关	广东金友集团有限公司	种植类
20	韶关	仁化县奥达胶合板有限公司	加工类
21	韶关	广东宝华农业科技股份有限公司	种植类
22	韶关	广东碧春晖农业有限公司	种植类
23	韶关	翁源县坝仔胜龙名茶生产基地	种植类
24	韶关	始兴县车八岭茶业有限公司	种植类
25	韶关	南雄元升农业科技有限公司	种植类
26	韶关	广东始兴县华洲木业有限公司	加工类
27	韶关	仁化县鑫宇生态开发有限公司	种植类

（续表）

序号	地区	企业名称	企业类型
28	韶关	韶关市友丰生态园林开发有限公司	种植类
29	韶关	韶关市明弘生态农业有限公司	种植类
30	韶关	韶关市丹霞山旅游投资经营有限公司	旅游类
31	韶关	广东五联木业集团有限公司	加工类
32	河源	广东大一品农业科技有限公司	加工类
33	河源	龙川万泰油茶发展有限公司	加工类
34	河源	龙川县穗丰农业发展有限公司	种植类
35	河源	广东紫金瑞丰农科实业有限公司	种植类
36	河源	广东富阳生物科技有限公司	种植类
37	河源	广东融和生态农业集团有限公司	种植类
38	河源	河源市西罗茶油开发有限公司	种植类
39	河源	东源县绿保生物科技开发有限公司	种植类
40	河源	连平县绿色家园种养有限公司	种植类
41	河源	广东喜得丰生物科技开发有限公司	加工类
42	河源	东源县富源实业有限公司	加工类
43	河源	和平县康源农业技术开发有限公司	种植类
44	河源	河源市万绿谷实业发展有限公司	旅游类
45	河源	连平康之顺油茶科技有限公司	种植类
46	河源	嘉汉林业（河源）有限公司	加工类
47	河源	河源市泰华农林科技发展有限公司	加工类
48	河源	广东万绿湖旅游有限公司	旅游类
49	梅州	广东梅龙农林产权流转服务有限公司	服务类
50	梅州	广东桂岭蜂业科技股份公司	养殖类
51	梅州	大埔县单竹山绿雅农业生态开发有限公司	种植类
52	梅州	广东飞天马实业有限公司	种植类
53	梅州	广东本草源科技有限公司	种植类
54	梅州	大埔世源农业生态有限公司	种植类
55	梅州	广东神石生态农科股份有限公司	种植类
56	梅州	广东龙岗马山茶业股份有限公司	种植类
57	梅州	梅州市绿盛林业科技有限公司	种植类
58	梅州	广东天亿实业有限公司	种植类
59	梅州	广东长荣林业发展股份有限公司	种植类
60	梅州	兴宁树人木业有限公司	加工类
61	梅州	兴宁市林兴苗圃有限公司	种植类
62	梅州	广东祥旺农林科技有限公司	种植类
63	梅州	平远县鸿基生态园有限公司	种植类
64	梅州	梅州市天润生态农林发展有限公司	种植类
65	梅州	梅州天地杰农林发展有限公司	加工类
66	梅州	平远园山湖油茶农业开发有限公司	加工类

（续表）

序号	地区	企业名称	企业类型
67	梅州	五华县凯億达实业发展有限公司	种植类
68	梅州	广东兴源农林有限公司	种植类
69	梅州	蕉岭县洋臣木制品有限公司	加工类
70	梅州	广东瑞山高新农业生态园股份有限公司	旅游类
71	梅州	广东华鼎新维设计工程有限公司	种植类
72	梅州	亚太森博（梅州）林业开发有限责任公司	加工类
73	梅州	梅州市森海林业发展有限公司	种植类
74	梅州	广东徐梅农林发展有限公司	种植类
75	梅州	平远县荣源发展有限公司	种植类
76	梅州	广东茗丰茶业有限公司	种植类
77	梅州	梅州市泰来生物科技有限公司	加工类
78	梅州	蕉岭鹏宇装饰材料有限公司	加工类
79	梅州	五华县绿源生物科技有限公司	种植类
80	梅州	广东鸿基农林生物科技有限公司	种植类
81	梅州	广东万斛源生态农业有限公司	种植类
82	梅州	蕉岭县福泰生物科技有限公司	种植类
83	梅州	梅州市绿发园林有限公司	种植类
84	梅州	梅州市尚上升实业有限公司	种植类
85	梅州	平远威大地有限公司	种植类
86	梅州	梅州市中大南药发展有限公司	加工类
87	梅州	大埔县辉龙农业科技有限公司	种植类
88	梅州	大埔明达木制品有限公司	加工类
89	梅州	广东华清园生物科技有限公司	加工类
90	梅州	广东瑞和生物科技开发股份有限公司	种植类
91	梅州	广东银葛宝科技有限公司	种植类
92	梅州	梅州穗瑞农林发展有限公司	加工类
93	梅州	梅州市华狮龙农林科技投资开发有限公司	种植类
94	梅州	丰顺县林海实业有限公司	种植类
95	梅州	丰顺县龙丰农业综合开发有限公司	种植类
96	梅州	五华县琴江园农业发展有限公司	种植类
97	梅州	广东虎形山生物科技有限公司	种植类
98	梅州	广东泰源农科有限公司	加工类
99	梅州	广东鸿利丰生物科技有限公司	种植类
100	梅州	广东新大地生物科技股份有限公司	加工类
101	梅州	树人木业（大埔）有限公司	加工类
102	梅州	梅州市梅县区天草农业发展有限公司	种植类
103	梅州	梅州青草湖果业有限公司	种植类

(续表)

序号	地区	企业名称	企业类型
104	梅州	丰顺县福康农科有限公司	种植类
105	梅州	广东威华股份有限公司	加工类
106	梅州	梅州雁南飞茶田有限公司	旅游类
107	梅州	梅州市汇胜木制品有限公司	加工类
108	梅州	大埔县富华木业有限公司	加工类
109	惠州	博罗县罗浮山林场振基木器制品有限公司	加工类
110	惠州	广东惠邵实业发展有限公司	种植类
111	惠州	惠州市盛华农业开发有限公司	种植类
112	惠州	丰林亚创(惠州)人造板有限公司	加工类
113	惠州	广东绿湖园艺股份有限公司	种植类
114	惠州	惠州南油林业经济发展有限公司	种植类
115	惠州	惠州隆瀚生态农业股份有限公司	种植类
116	惠州	博罗县新宏兴纤维板有限公司	加工类
117	东莞	东莞光润家具股份有限公司	加工类
118	中山	巴洛克木业(中山)有限公司	加工类
119	中山	中山市东成家具有限公司	加工类
120	中山	中山市红古轩家具有限公司	加工类
121	江门	开平五联人造板有限公司	加工类
122	江门	江门健威家具装饰有限公司	加工类
123	阳江	阳东绿源人造板有限公司	加工类
124	湛江	廉江华森木业有限公司	加工类
125	湛江	廉江一品木业有限公司	加工类
126	湛江	湛江市山雨生态食品有限公司	养殖类
127	茂名	广东宏益鳄鱼产业有限公司	养殖类
128	茂名	茂名市天山林牧发展有限公司	种植类
129	茂名	茂名市惠生源生物科技有限公司	种植类
130	茂名	茂名市南药药业有限公司	种植类
131	茂名	广东瑞恒农林科技发展有限公司	种植类
132	茂名	茂名市新泰晟园艺有限公司	种植类
133	茂名	茂名市冠源药业发展有限公司	种植类
134	茂名	广东大合生物科技股份有限公司	种植类
135	茂名	化州化橘红药材发展有限公司	种植类
136	茂名	茂名市建国生态农业发展有限公司	种植类
137	茂名	大亚木业(茂名)有限公司	加工类
138	肇庆	广东康帝绿色生物科技有限公司	种植类
139	肇庆	德庆县银龙实业有限公司	加工类
140	肇庆	四会市汇隆木业有限公司	加工类
141	肇庆	怀集顺龙木业有限公司	加工类
142	肇庆	广东肇林林业发展有限公司	种植类

(续表)

序号	地区	企业名称	企业类型
143	肇庆	怀集宜美木业有限公司	加工类
144	肇庆	肇庆市龙珠岛檀香产业科技有限公司	种植类
145	肇庆	肇庆市国有林业总场	种植类
146	肇庆	广东鼎丰纸业有限公司	加工类
147	肇庆	广宁县万众竹木业工艺制品有限公司	加工类
148	清远	广东林中宝生物科技股份有限公司	种植类
149	清远	广东世纪家园旅游开发有限公司	旅游类
150	清远	广东山马农林发展有限公司	种植类
151	清远	金清远丰产林(纸材)基地有限公司	种植类
152	潮州	饶平县茂林农林开发有限公司	种植类
153	潮州	潮州市紫莲森林度假村有限公司	旅游类
154	潮州	潮州市建成农业综合开发有限公司	种植类
155	潮州	饶平粤材木业有限公司	加工类
156	潮州	新华海集团公司	种植类
157	潮州	饶平县华檀生态林业有限公司	种植类
158	潮州	潮州绿岛旅游度假区有限公司	旅游类
159	揭阳	广东望天湖现代农业科技有限公司	旅游类
160	揭阳	福家欢食品股份有限公司	种植类
161	揭阳	广东绿宝佳股份有限公司	种植类
162	揭阳	广东帝浓酒业有限公司	种植类
163	揭阳	广东播龙农业科技发展有限公司	种植类
164	云浮	广东大唐农林科技有限公司	种植类
165	云浮	罗定市浩良香料有限公司	种植类
166	云浮	罗定市恒兆蒸笼有限公司	加工类

【广东省林业产业大事记】

2月7日 “中国南海岛屿植物多样性研究及产业化”等10项林业类科研成果获得广东省科学技术奖。

3月7日 广东省林业厅和建设银行广东省分行在广州签署战略合作协议，共同发起成立“广东省林业产业基金”。

5月6日 广东有“棕榈藤资源高效培育及藤材提质增效技术”等5项林业科技成果获得第八届梁希林业科学技术奖。

5月23日 广东、新疆两省(区)林业厅开展林果产业合作交流活动，在省林业厅、深圳市林业局召开了新疆林果产业合作交流座谈会。

5月25日 “中国国家湿地公园创先联盟”在广州海洋国家湿地公园成立。

6月5日 中国首个国家森林城市群建设规划——《珠三角国家森林城市群建设规划(2016～2025年)》和《关于大力推进森林小镇建设的意见》经广东省人民政府审议通过，并公布实施。

6月19日 “广东古树名木APP”正式上线。广东古树名木平台拥有网页版、桌面版、苹果版APP、安卓版APP。

8月1～4日 广东省林业厅在广州举办全省深化集体林权制度改革业务工作培训班和林下经济与特色经济林业务工作培训班。

8月 广东康禾温泉国家森林公园、广东阴那山国家森林公园被国家林业局正式批准设立。广东省国家级森林公园达26个。

8月22日 以家具和红木文化为核心，广东佛山市顺德区乐从镇和中山大涌镇分别被国家住房城乡建设部认定为“全国特色小镇”。

9月18日 佛山市、江门市入围“国家森林城市”名单。

9月25日 阳山县、始兴县荣获“2017年全国森林旅游示范县”称号。

9月29日 广东省林业厅在广州举办《2017年度全省林业产业数据调查规划技术规范》培训班。

9月29日 广东省林业厅认定广州市增城区派潭镇等38个镇为“广东省森林小镇”。

10月 翁源县、龙川县等10个县被广东省林业厅认定为“2017年广东省林下经济扶贫示范县”，始兴县隘子镇祥源农副产品专业合作社等30个单位被广东省林业厅认定为“2017年广东省林下经济示范基地”。

11月7日 “广东油茶主要病虫害防控关键技术推广”等8项林业科技推广项目，经广东省农业技术推广奖评审委员会评审认定获得“2016年广东省农业技术推广奖”。

11月10日 2017年新疆特色林果产品(广州)交易会在广州琶州展馆开幕。

11月14日 《广东省森林经营规划(2016～2050年)》通过专家评审。

12月22日 广东省林业厅在广州召开2017年广东省林业龙头企业座谈会，并为29家新认定的广东省林业龙头企业举行授牌仪式。 (吴灿军)

广西壮族自治区林业产业

【概　述】 2017年，广西林业产业总产值5226亿元，居全国第三位；木材产量3059万立方米，占全国木材产量的45%以上，为维护国家木材安全作出了重要贡献；人造板产业是广西林产工业的核心产业，广西有人造板生产企业2000多家，2017年人造板产量3700万立方米，居全国第三位，其中：胶合板2195万立方米、纤维板774万立方米、刨花板214万立方米、其他人造板517万立方米；2017年广西规模以上林产加工企业350家，其中年产值亿元以上60家，造纸与木材加工业年产值2000亿元(2013年造纸与木材加工产业销售收入突破1000亿元，成为广西第九个千亿元产业)；重点林产加工园区建设成效显著，培育自治区级林业龙头企业153家，国家级林业龙头企业达16家；创建各级现代特色林业示范区123个；广西人工林、速丰林、经济林、珍稀树种林总面积以及松香、八角、肉桂、茴油、桂油等经济林产品产量均居全国第一，林业多项核心指标排在全国前列。

【木材加工与造纸产业】 木材加工与造纸产业是广西十大传统优势产业和千亿元产业之一，在广西国民经济中占有重要的地位。

产业规模 广西木材加工与造纸产业得到较快发展。钦州金桂林浆纸、斯道拉恩索北海林浆纸项目一期工程顺利竣工、二期项目建设也渐次开展。2017年，广西人造板产量达3700万立方米，居全国第三位。形成了以南宁、柳州、桂林、梧州、玉林、贵港等为核心的木材加工产业集群。以南宁、柳州、桂林为中心的板式家具制造基地，以南宁、贵港为中心的胶合板制造基地，以南宁、梧州、贺州为中心的纤维板生产基地，以崇左、贺州为中心的刨花板生产基地，以柳州、河池为中心的细木工板、指接板生产基地，以玉林容县为代表的异型胶合板生产基地，以桂林荔浦县为代表的中国木衣架生产基地等木材精深加工产业基地。

产业结构 行业加快结构调整，不断淘汰落后产能，人造板板种除传统的胶合板、纤维板、刨花板外，也延伸出了无醛板、生态板、超高密度板等产品，人造板二次加工及精深加工的比例不断上升，家具、木地板、木门产能不断扩大，林板家具一体化趋势增强。

产品品质 “高林”“丰林”“三威”等纤维板以产量大、质量优而享誉全国；高峰林场、广西华峰林业股份有限公司生产的中密度纤维板相继通过了世界上环保标准最为严苛的CARB认证，获得进入美国加州市场的通行证；“俏天下”“裕祥”“居美工艺”等木竹衣架品牌享誉全国，产品畅销海外；“志光”牌办公家具在广西各企事业单位以及政府机关均有极高的市场份额。

【林产化工产业】 广西重点发展以马尾松、湿地松商品松脂资源林培育并以此为原料的松香、松节油生产及其深加工的松脂产业；以八角、肉桂经济林培育并以此为原料的八角果、桂皮生产及其深加工产业，着力推进防城港香精香料产业园、昭平县林化深加工等项目建设。加大科技投入，研发出了一批技术含量高、产品附加值高、功能用途广的林化产业末端产品，形成了以梧州、玉林、贵港、防城港为中心的林产化工一体化产业集群，歧化松香、茴油、桂油等产品在全国市场占有重要份额。

原料基础 多年以来，广西先后实施退耕还林、珠防林、海防林、造林灭荒、石漠化综合治理等重点林业生态工程，通过良种良法、高产示范、定向培育等科学栽培方式，优先将特色林化树种纳入各相关生态工程补助范围，多途径、大面积种植松树、八角、肉桂、油桐等树种，使广西松树、八角、肉桂等种植面积位居全国前列，极大地促进了林化产业原料产量增长。各地因地制宜，科学经营，建设了一批林化产业原料林基地。梧州市利用现有荒山荒地、火烧迹地、采伐迹地和疏林地，采用“良种良法”营造高标准采脂示范林1万多亩，在全市现有马尾松中幼龄林集中区域应用立地与密度调控理论和技术建立各种类型的抚育示范样板5万亩，并通过帮助企业、林农落实有关优惠政策，发挥各自优势合作营建松脂原料林基地。宁明县作为马尾松优良树种——桐棉松的原产地，重点打造速生桐棉松基地，全县桐棉松种植面积达到90万亩以上。防城区兴办抚育施肥示范点，通过以点带面、以点促面的形式，每年建立八角、肉桂抚育施肥及病虫害防治示范点10余个，面积1万多亩。藤县大红八角科普示范基地自1999年建立以来，出色完成了八角示范种植、低产林改造、品种改良、育苗推广等各项示范任务，带动周边市、县、乡镇的八角种植，全县“龙淳”牌大红八角基地面积达36.1万亩。金秀县组建八角优良品种繁育基地，培育高产稳产八角示范林，并向全县推广种植，形成主要以罗香乡—长垌乡公路沿线为主，向周边乡镇辐射的八角林带，种植面积达38.4万亩。

科技支撑 广西建立了一批在全国较有影响力的林化工程技术中心，包括国家林业局八角肉桂工程技术研究中心(广西林科院)、广西松脂深加工工程技术研究中心(广西民族大学)、广西林产化学品开发与应用重点实验室(广西大学)、广西植物功能物质研究与利用重点实验室(广西植物研究所)等。广西林科院已与田林、那坡等县签订了包括油桐、八角等经济林丰产技术培训在内科技合作协议，科技在林化产业发展中的支撑作用不断提升。

中介组织 作为全国松香产业最重要的地区之一，中国林产工业协会松香分会在南宁设立了除北京之外唯一的秘书处，并与广西华讯松香网联合举办多次全国性的松香产业高峰论坛等活动。自治区专门成立了广西香精香料协会和广西八角流通联合会，指导广西香精香料产业发展。梧州、防城港、崇左等地结合林化产业发展需要设立了相应的中介组织。防城区的香料主产乡镇都成立了八角、肉桂流通协会，通过“上接订单，下联农户”的方式，组织农户进行定向培育八角、肉桂并集中收购，协调收购价和销售价，维护了林农的利益。

【示范区建设】 2015年开始，广西各地大力开展现代特色林业示范区建设。在多次征求意见和反复修改完善的基础上，2017年4月12日自治区示范区厅际联席会议审定印发了《广西现代特色林业示范区建设参考标准》，为各地创建工作有序开展提供了理论依据。经常组织工作组到各地实地调研，组织业务培训，指导各级示范区建设规划编制、具体建设方案的制订和实施，会同各市、县林业部门及示范区建设单位化解创建工作中遇到的困难和问题。各级林业部门整合特色经济林、林下经济、村屯绿化、产业园区、花卉苗木、森林旅游等林业专项资金，支持各地示范区创建。截至2017年底，通过广西各级现代特色林业示范区考评认定共123个，其中，自治区级林业示范区32个(五星级4个，四星级5个，三星级15个，入围8个)；县级林业示范区43个(包括入围22个)；乡级林业示范区48个(包括入围20个)，涵盖了花卉苗木类、珍贵树种与优势用材林类、特色经济林类、林下种养类、林产品精深加工、森林生态文化旅游六大产业，林业示范区的年产值超过50亿元，累计带动林农增收近10亿元。

创建机制 不少地方和单位相继成立了林业示范区创建工作机构，由林业示范区主管部门牵头，相关单位支持配合，建设运营主体参与，安排专门的工作人员和工作经费，制定并落实各项管理制度，为创建工作提供了坚实的组织保障。河池凤山核桃示范区成立了以县委书记、县长为组长的示范区建设领导小组，设置办公室、落实专职人员编制，设立专项工作经费并纳入每年的财政预算；将示范区的创建目标任务逐项分解细化，落实责任、工作措施、时间节点、工期安排、资金筹措、人员保障等；县委督查室会同示范区创建办等部门定期或不定期开展督促检查，对工作中存在的问题及时通报反馈并研究处理。林业示范区内建设、经营项目都实行市场化运作、企业化经营，示范区各经营主体具有独立的法人地位，自负盈亏，逐步形成政府引导、企业主体、社会力量参与的多元化建设投入机制。

产业组织化 通过引进龙头企业和农民合作社加入示范区建设，形成了“示范区＋龙头企业＋专业合作组织＋农户”等多元联合经营主体，带动周边群众通过出资、出地、出力等多种形式，参与示范区建设，实现增收致富。钦州宝鸭坪花木世界示范区成立花卉种植协会和桃花、杨梅种植专业合作社，抱团456户农户形成种植、经营、销售一体化的产业体系。北海市委、市政府出台了《加快罗汉松产业发展意见》，市、区两级财政投入资金5500多万元用于银海罗汉松产业示范区建设，引导企业、种植户投入生产资金5000多万元，新建了罗汉松种质资源圃、罗汉松电子商务平台和培训接待中心、文化展示中心、完善规模化种植示范区与罗汉松盆景花卉交易区，通过承包、租赁、入股等形式流转土地2500多亩，连片种上了罗汉松，成为全国最具规模的连片种植罗汉松基地。

优势主导产业 示范区通过“一主多辅”、一二三产业联动发展的产业模式，促进林业与种植业、畜牧业相辅相成，形成了集资源管护、种苗繁育、特色种植、品种示范、采收加工、休闲观光于一体的新兴多元化产业体系，大大促进了产业融合发展。特别是着力推进产品加工精深化，拓展新业务延长产业链，实现了主导和辅助产业的多次增值、多重收益，丰富企业和林农盈利。贺州姑婆山生态文化旅游示范区通过将分散经营的土地向业主集中流转，发展种植业专业合作社76家，带动农户种植葡萄、百香果、草莓、莲藕、马蹄等经济作物，解决2000多人就业，增加农民收入1600多万元，并以园区为依托，畜牧养殖向产业化、规模化发展，养殖瘦肉型猪2.4万头、温氏三黄鸡39万羽，带动农民创业人数300余人。

科技支撑 各地示范区以科技为引领，充分运用现代先进生产技术改造提升传统林业，引进国内外新品种新技术，与科研机构进行技术嫁接，大力开展良种繁育，不断提升林业质量和效益。柳州市兰亭林叙示范区联合广西生态工程职业技术学院生物技术研发中心等科研机构，聘请多名高级专业技术人才，嫁接推广先进实用技术4项，柳州市天姿园艺有限公司自主研发国兰新品种达到600多个，获得国家专利授权37项，科技成果转化率90%，良种覆盖率100%，兰花生产研发技术达到国内一流水平。凤山县核桃科研开发中心与广西大学林学院共同完成的“桂西北岩溶山区泡核桃早实丰产关键技术与应用”获广西科学技术进步三等奖；自主选育的“凤优1号”“凤优2号”已通过自治区林木良种审定委员会审定并在该县推广种植；示范区已建成优质核桃母本园、苗圃、土山区核桃高产栽培标准示范园和石山区核桃高产栽培标准示范园等。

【林业产业园区】 依托林业特色资源，加快培育林业产业示范园区，发挥示范引领作用。以林业产业园区为载体，集合各种发展要素，吸引社会资本，培育知名品牌，发展优势产业，积极推进经营集约化、产品系列化、产业一体化发展。广西已建及在建的林业产业园区有北部湾(合浦)林产加工循环经济园、崇左·龙赞东盟国际林业循环经济产业园、桂中现代林业科技产业园、广西山圩产业园等20多家。

基础设施建设 着重支持各产业园区科学编制高水平的建设规划，将园区逐步列入自治区统筹推进重大项目，落实园区建设用地指标，重点推进各园区及周边重大基础设施建设，不断优化园区招商引资环境。崇左市创新园区运营模式，运用政府平台公司与龙赞产业园运营商成立合资公司，以PPP模式开展基础设施建设，加快了园区建设力度。产业园自2015年5月正式启动后，到2017年已开发用地面积超3000亩，基础设施建设一期已完成投资3.2亿元，采用PPP模式逐步完善园区路网、标准厂房、职工宿舍、仓储物流中心、产品质检中心、信息网络平台等基础设施建设。园区“三横四纵”交通框架逐步形成，建成日供6.5万吨的自来水厂、9万吨污水处理厂、220KV变电站等基础设施并投入使用，排水排污管网连接贯通。各林业产业园区基础设施建设水平不断提高。

集聚效应 着力引进科技含量高、精深加工能力强、产品附加值高、示范带动强的木材加工龙头企业进入园区。围绕园区主导产业，发展上下游配套产业，加速产业集聚，林业产业园区专业化特征日益显现，产业集聚效应不断放大。广西山圩产业园利用区位优势和丰富的林木资源，从旋切单板的单一业态，到出口包装板、集装箱底板、普通家具板，再到生态板、高端家具、高端木地板基材等木业加工产品，拉长木材加工产业链，实现工业总产值70亿，“山圩速度”吸引大众眼球。

【森林旅游与森林康养】 广西森林旅游资源丰富，自然景观与人文景观交相辉映，静态景观与动态景观相互交融，丰富的森林旅游资源为广西森林旅游的开发与建设奠定了雄厚的物质和精神文化基础。

森林公园提质增量工程 广西共建立66个森林公园，森林公园中国家级森林公园22处、自治区级森林公园35处、市(县)级森林公园9处。同时，通过以创建A级景区为抓手，不断提升森林公园品质。2017年广西3A级以上旅游景区的森林公园达18处以上。柳州君武自治区森林公园被评为广西5星级乡村旅游区，龙胜温泉国家森林公园被评为中国森林氧吧，广西森林公园质量不断提升。

森林旅游行业管理 不断强化森林公园征占用林地、项目建设监督。加强森林公园总体规划编制工作。落实自然资源资产和生态环境保护责任审计整改工作，组织开展森林公园边界勘察，确定森林公园四至范围，将森林公园面积落实到林班、小班，完成森林公园范围界定并核定面积。同时，近年来每年举办广西森林旅游管理业务培训班，对各森林公园负责人、业务人员进行培训，优化行业管理力量。

产业融合发展 近年来与旅游部门签订合作协议，实施森林旅游“510工程”，即：重点建设10处森林公园、10处国家湿地公园、10处自然保护区生态旅游区、10处森林养生基地、10处花卉苗木观光基地。2017年，项目建设有序推进并初显成效。同时，不断加强旅游示范工作，通过创建森林生态旅游示范区等有关工作推动森林旅游发展。贺州西溪森林生态旅游示范区、大瑶山森林生态旅游示范区荣获“广西现代特色农业(核心)示范区”称号。贺州姑婆山国家森林公园、龙胜温泉国家森林公园、贺州西溪森林温泉康养森林基地、大明山国家级自然保护区森林康养基地、柳州君武森林景区森林康养基地等数家单位评为全国森林养生基地。贺州市、龙胜县、金秀瑶族自治县荣获全国森林旅游示范市县称号等。

“环绿城南宁森林旅游圈” 2017年3月份，赴广州、上海分别举办“环绿城南宁森林旅游圈”森林旅游精准招商项目推介会，现场签约意向投资金额达370亿元，共有46家企业先后到访，七坡林场与三立控股集团签订了总投资300亿元的合作框架协议，共同开发“森林七彩世界”一站式森林时尚旅游综合体，高峰林场森林特色小镇和七坡林场国家储备林PPP项目正式启动。各业主单位同时也加快了项目前期工作和项目建设进度。

森林旅游宣传推介 扩大森林旅游知名度、美誉度和影响力。积极参加每年的全国森林旅游节。近年来，以环绿城南宁森林旅游圈项目为主要载体，组织高峰林场等单位赴广州、上海举办森林旅游精准招商推介活动，签订多元合作意向。大力推进各有关森林旅游项目落地生根。

【花卉产业】 花卉产业是一项现代高效农业产业，广西花卉产业规模和产值均取得较快发展，花卉休闲文化旅游，花卉林下经济、花卉电子商务等新业态正逐渐兴起，广西的花卉产业领域不断拓展，规模和效益得到同步发展，2017年广西花卉种植面积超过85万亩，产值突破110亿元。积极做好第九届中国花卉博览会的参展工作，广西共选送花卉园艺产品150多件，花卉科技成果20余项。经过组委会专家的四次评选，广西展团再次取得如下优异奖项：①组织奖：广西展团荣获金奖；②设计布置奖：室外展园设计布置获特等奖，室内展区设计布置获金奖；③展品奖：选送的奇石、盆景、花卉等展品获奖79个，其中金奖6个、银奖18个、铜奖36个、优秀奖19个；④科技成果奖：获奖6个，其中银奖1个、铜奖4个、优秀奖1个。北京世园会已选定广西室内展区和室外展园区块，完成了室外展园的设计方案评审工作。

发展势头 广西花卉产业起步较晚，但发展势头良好。截至2017年底，广西花卉种植面积达85万亩，产值突破110亿元。广西的花卉种植区域主要集中在南宁、桂林、柳州、梧州、玉林、贵港和北海等中心城市。据不完全统计，广西有种植规模100亩以上的花卉种植企业、花卉大户2000多家，花卉交易市场100个，各类从业人员45万人。

特色花卉品牌 经过多年的培育，广西已形成了一批如桂林桂花、北海罗汉松、梧州宝巾花、兰花、茉莉花、玉兰、金花茶、岭南盆景等颇具特色的花卉品牌。“中国茉莉花之乡”横县茉莉花种植面积10万亩，年产鲜花8万吨，茉莉花产业综合产值达到45亿元，是中国乃至世界最大的茉莉花生产和花茶加工基地。“横县茉莉花”和“横县茉莉花茶”均被国家质量监督检验检疫总局批准为国家地理标志保护产品。桂林是国内著名的桂花之乡，2017年，桂林桂花种植面积达20万多亩，年销售收入3亿多元。广西是“茶族皇后”金花茶的故乡，金花茶在钦州、防城港及北海合浦的人工种植面积达10万多亩，通过对其进行深加工，形成了以金花茶萃取液、金花茶茶叶等为主导产品的金花茶深加工产业，年产值近20亿元。

花卉示范基地 近年来，广西按照“市场主导，政府引导、多元投入、特色兴区”的原则，加大政府扶持力度，通过培育壮大龙头企业，以创新为发展引擎，抓好示范区顶层设计规划，突出特色错位发展，打造出南宁“十里花卉长廊”、横县中华茉莉花产业示范区、广西台湾花卉产业园、柳州兰亭林叙、钦州宝鸭坪、桂林尧山等一批核心示范区。

花卉主题休闲旅游产业 依托广西丰富的花卉资源和发展优势，各地结合花卉的立地环境，引入旅游景区规划，将地方性花卉集中生产地按照观赏型、休闲型、参与型、商品性等类型进行提升打造，打造出横县中华茉莉园、玉林五彩田园、南宁美丽南方、南宁青秀山、贵港荷美覃塘、南丹歌娅思谷、忻城薰衣草庄园等一批各具特色的花卉旅游品牌。

【行业管理与服务】

区直林场人造板产业改革 明确了改革发展的战略思路，以祥盛公司为主体，全面启动了上市进程，争取2019年实现IPO；以国旭集团为主体，整合区直林场其他人造板企业，通过反向收购实现区直林场人造板企业整体登陆资本市场。持续推进整合重组，2017年，国旭集团完成了浩林、都庞岭2家公司统一经营管理；国旭集团与祥盛公司的同业竞争问题得到逐步解决。充分发挥集团优势，提升经营管理水平，国旭集团通过产品统一规划生产，统一市场销售，大宗物资集中采购，技术要素统一调配，推行物流运输、辅助工劳务和用电招标等措施，降低了经营成本；全面推行生产单耗、原料收购、物资采购、产品包装、物流运输及产品销售六大板块的增收节支活动，调动全员生产经营积极性。加速技改创新，国旭集团成功自主研发应用MDI胶、木质素胶生产无醛纤维板、刨花板；争取到自治区工信委1000万元技改项目扶持资金，取得较好效果；国旭集团实施的《环保防潮橱柜用纤维板的开发》项目获得第三届中国林业产业创新奖三等奖。

林业与金融资本融合 与建行广西分行在南宁签订全面战略合作协议，双方将创新林业产业与金融资本融合发展模式，共同发起设立总规模达100亿元的“广西林业产业发展投资基金”，并就深化和落实协议内容多次探讨，初步研究并草拟了《广西林业产业发展暨投融资建议方案》。与中信银行洽谈共同发起设立“广西森林旅游康养基金”业已完成前期工作。积极组织和指导广西重点林业产业企业申报全国林业产业投资基金项目，根据有关要求认真梳理提出一批符合条件的优质项目适时报请全国林业产业投资基金项目库。

林业产业行业管理和服务 2017年9~10月，着力推进林业产业重大项目建设，在南宁、柳州、玉林分别举办了2017年广西林业产业重大项目启动会(竣工会)，此次开竣工的林业产业重大项目包括广西高峰林场森林特色小镇、三门江林场精制油茶籽油建设等9个项目，总投资18.6亿元。大力培育林业龙头企业，2017年新认定广西现代林业龙头企业17家，全区达153家，推荐广西国有博白林场等6家企业为2017年广西申报国家林业重点龙头企业。做好全区林业产业“十三五”规划工作，完成了规划送审稿的专家咨询、评审工作。积极加强与自治区工信委的沟通对接，共同研究推动和支持林产工业园区、林业系列技改项目、创新中心建设、产业基金建立等项目建设。

招商引资 2017年3月14日和3月25日，分别在广州、上海共举办了4场以“生态经济、绿色发展”为主题的林业产业精准招商项目推介活动，现场签约意向投资金额达370亿元。2017年6月19~23日，分别在杭州、南京、济南、郑州市举办了4场投资合作项目交流洽谈活动。2017年6月27日，与贵港市政府在广东佛山共同举办林产品交易会，签约项目3个，签约资金5亿元。2017年7月5~9日，组团调研人员赴浙江、福建两省学习考察木竹材精深加工产业方面的先进经验，先后学习考察了浙江省安吉县优质竹加工示范基地，浙江省东阳中国木雕城，福建省仙游县重点红木家具生产基地和知名木雕根艺区。2017年9月6~9日，组团参加2017年甘肃农业展览会，考察了兰州水性科天科技产业园。2017年10月13~15日，组团参加第12届广西名特优农产品(西安)交易会，2017年11月24~28日组团参加第13届广西名特优农产品(桂林)交易会，展示了广西林业的新面貌和特色林产品，促进了广西名特优林产品的销售。2017年11月1~4日，组团参加第10届中国义乌森林产品博览会，促进了广西林业企业与义乌的交流合作。

产业合作交流 2017年11月17~20日，在南宁国际会展中心隆重举办2017中国－东盟博览会林木展，展览面积达25000平方米。①展会经贸成效显著。该届林木展进一步加大专业客商的邀请力度，一方面通过博览会数据库、东盟国家共办方和合作商协会邀请东盟国家林木业专业人士组团参会，另一方面通过加大投入，积极与大众及行业媒体合作开展宣传，邀请更多国内外专业客商到会采购，现场专业观众达到4万人次，现场签订采购订单和投资额超过3亿元，其中林业装备展区经贸效果明显，现场签单成交额超过3000万元。②表彰了一批先进单位和优秀产品。参照全国重点林业展会奖项设置与评奖指导意见(试行)，展会期间组委会组织专项评审小组依据申报材料进行现场评审，评定最佳组织奖10个、金奖产品10个、银奖产品10个。③形成了多方面的共识。展会期间，特别是在第七届林产品(南宁)国际贸易论坛上，中外企业家和学者就林产品国际贸易的总体形势，中国与东盟林木产品贸易的新情况与问题，中国与木质林产品主要贸易国共同推进产品质量、环保、信誉和木材来源合法性等热点问题进行了探讨并达成了诸多共识。 (罗小三)

海南省林业产业

【概　述】 海南省规划林地面积3165万亩。2017年底，全省森林面积3199万亩，森林覆盖率达62.1%。通过大力发展林下经济，做精做优花卉、乡土树种、野生动物、木本油料、林木种苗、特色林木、林浆纸一体化七大产业，实现生态效益、社会效益和经济效益的有机统一，林业总产值达602.8亿元。

2017年全省花卉种植面积达13.3万亩，花卉总产值41亿元，实现销售额29.3亿元，花卉企业780家，从业人员5.5万人。花卉品质不断提升，出口创汇能力显著增强，神马白菊、多头彩菊等走俏日韩市场，出口额达2101万美元。

油茶产业快速发展，认定油茶优良品种20个，良种推广种植面积不断扩大，全省油茶种植总面积9万多亩，2017年茶油产量达100吨，销售额6000万元。

木材加工行业完成产值92.2亿元。

全年森林旅游游客总人数达580.1万人次，累计总收入9.13亿元。

2017年，经野生动物行政主管部门批准的野生动物驯养繁殖场365家，产值5亿多元。

成立省林木品种审定委员会，认定油茶、沉香、兰花等良种35个，林木种苗产业产值约35亿元。

林下经济逐步壮大，全省林下经济从业人数达60.26万人，面积238.5万亩，产值137.49亿元。

【花卉产业】

政策文件　出台了《海南省人民政府办公厅关于印发海南省推进热带花卉产业发展实施方案的通知》(琼府办〔2017〕150号)。文件提出到2020年，全省花卉种植面积和产值比2015年翻一番，总面积达到25万亩，总产值达到70亿元，销售收入比2015年增长2倍，达到50亿元；到2025年再实现翻一番，种植面积达到50万亩，产值达到140亿元、销售收入达到100亿元的工作目标，还提出了推进热带花卉产业发展十项具体工作措施(简称“花十条”)。包括：培植新型经营主体、推进重点项目建设、促进产业融合发展、加快市场体系建设、实施区域品牌战略、强化科学技术支撑、加大财政税收支持、加大信贷保险支持、落实花卉设施用地、完善社会服务体系。“花十条”为林业部门和各林业企业未来发展指明了方向和道路。

技术培训　省林业厅于2017年11月17～18日在澄迈举办了推进花卉产业工作会议暨花卉产业技术培训班。各市县林业局负责人、林业科研院校专家以及花卉重点企业的负责人共计100余人参加培训。此次培训班明确了花卉产业工作方向，系统解读“花十条”政策，汇总了各地发展林业产业的经验，有力地推进了海南省花卉产业发展工作。会上还对2016海南省花卉协会28家先进企业及10名先进个人进行了表彰。培训班还具体讲解了《海南省花卉产业统计报表及方法》，为各企业做好花卉发展情况的统计工作提供了切实有效的方法，有助于摸清海南花卉产业的发展状况，为未来发展和决策提供坚实基础和依据。

发展规划　抓好顶层设计，编制了《海南省花卉产业发展规划》(2018～2025)。

专项资金　通过品牌农业发展专项资金安排了1000万用于花卉龙头企业品牌、林下经济示范基地、产品标准、产品营销推介等奖励。省财政安排了2140万元热带特色高效农业产业专项资金用于支持花卉产业项目，支持海口、五指山、临高、琼中、保亭、昌江花卉产业项目建设。

新培育了海南大湖桥园林股份有限公司、海南兆华园景有限公司、乐东普英洲花卉园艺有限公司、东方上彩现代农业有限公司4家花卉省级龙头企业，全省花卉行业共有10家省级龙头企业。

【油茶产业】

发展规划 抓好顶层设计，编制油茶产业发展规划。为加快林业供给侧结构性改革，推广木本油料植物种植。印发《海南省油茶产业发展规划(2017~2025)》(以下简称《规划》)，提出要从良种培育、产品研发以及品牌打造等多方面发力，促进油茶产业发展。《规划》提出了发展目标：到2025年，全省新种油茶30万亩，油茶总面积发展到36万亩(含高产示范林1万亩)，无性系良种覆盖率达到85%以上，“三品”认证油茶园面积达到70%以上。山柚油年产量6000吨，油茶产值25亿元，油茶综合加工产值25亿元，油茶产业总产值达到50亿元。2030年后，油茶产量达到1.2万吨，山柚油产值达到60亿元，茶油精深加工和茶枯、种壳、果皮等综合加工以及旅游、休闲度假等综合产值40亿元，油茶产业总产值将达100亿元。《规划》制定了产业发展重点，要求从完善油茶良种繁育体系、创建油茶高产示范园、创建高标准油茶林基地、打造加工龙头企业和知名品牌等方面着力，加快油茶良种培育推广，强化良种示范带动效益以及拉长产业链全面促进产业发展，产生更多的经济及社会效益。

专项资金 加大资金投入。通过省财政安排了360万元热带特色高效农业产业专项资金用于支持海口、琼海油茶产业项目建设。

【珍贵乡土树种种植】 2017年完成特色经济林种植面积7.2万亩，珍贵乡土树种种植0.8万亩；截至2017年底，全省珍贵乡土树种种植面积21.9万亩。主要种植树种为花梨和沉香。东方市、三亚市和乐东县种植珍贵乡土树种种植面积居全省各市县前列，其中，东方市花梨种植工作得到国家林业局肯定，被授予“花梨之乡”称号。存在问题：一是珍贵乡土树种虽然经济价值高，但是投资成本高、管护难度大、投资回收期长，客观上要求种植者具有一定的经济实力，比较适合企业做长线投资，并不适合分散农户用维持生计的有限土地种植。二是珍贵乡土树种种植需要遵循因地制宜、适地适树原则，需要综合考虑树木的立地环境因素，如东方市适合花梨种植，也较容易形成可用于深加工的珍贵芯材。

【苗木产业】 2017年培育苗木19054万株，其中：一年生苗10671万株，两年生苗708万株，三年生苗268万株，三年生以上的苗7407万株；2017年认定了油茶、沉香等18个优良品种。存在问题：一是种苗执法组织基础薄弱。海南省各级种苗行业管理部门执法力量薄弱，资金不足，执法条件几乎空缺。许可证、标签制度不能有效落实，苗木市场管理不到位，以次充好、无证生产、经营的现象在一些市县还有少部分存在。二是种苗许可证档案管理不善。部分市县档案管理流于形式，无专人负责，无专门档案柜，与其他资料随意存放，换发或当作废证件存档；个别生产企业的档案管理意识不强，种苗企业生产、销售档案管理混乱。三是新品种引用和苗木培育创新不足。技术支撑力量不足，缺少对乡土树种系统的研究以及优良品种的鉴定、引种、示范。个别珍贵乡土树种种子被早采、滥采，种源保护有待加强。

【木材加工业】 截至2017年12月底，木材加工行业完成产值约92.2亿元。其中：木、竹浆纸产值81.3亿元，主要有浆产量约140万吨，产值约41.3亿元；纸产量144万吨，产值约40亿元；锯材产值4.1亿元，产量约23万立方米；人造板产值2.5亿元，各类纤维板、胶合板等产量约10万立方米；木片产值2.8亿元，木片产量约28万吨；木、竹、藤制成品及其他产品产值1.5亿元。上述5项产业总值与上年(91.7亿元)对比，产值增长了0.5亿元，各类产品的产量产值基本保持平稳发展。主要做法：一是推动木材加工产业做大做强。2017年，针对海南省木材加工产业面临困难，开展了调研工作，支持企业做大做强，鼓励企业进行深、精加工，提高木材加工技术含量，延长产业链，鼓励利用采伐、造材、加工等三剩物，提高木材利用附加值。2017年相继投产的儋州同森木业有限公司、日昌木业有限公司、海南永盛木业有限公司等几家大型木材加工企业，技改投资额将近2亿元；二是加强对各市县木材经营加工管理的指导工作，针对海南省木材经营加工管理工作有所松懈的情况，以省林业厅的名义下发《关于进一步加强木材经营加工管理工作的通知》(琼林〔2017〕60号)文件，对长期停产、停业的小型加工企业进行清理整顿，规范木材加工管理。2017年海南省木材加工产业存在的主要问题是产品销路不好，一些木材经营加工企业因货款被大量拖欠，形成新的三角债，以致流动资金严重缺乏，被迫停产歇业等。

【林下经济产业】 2017年全省林下经济新增面积15.85万亩、产值10.68亿元，新增就业人数6812人。截至2017年底，全省林下经济从业人数达60.26万人，面积238.5万亩，产值137.49亿元。

领导重视，高位推动 省领导高度重视林下经济发展，将林下经济作为协调生态保护和经济发展的新模式、作为壮大林业经济和解放林业生产力的新载体、作为加快农民增收和实现农村社会文明的新途径。特别是将林下经济列入省委、省政府《关于打赢脱贫攻坚战的实施意见》《海南省“十三五”产业精准扶贫规划》中的重要工作来推进，并纳入海南“十三五”统筹财政资金扶持的十二大重点产业内容。

出台政策，制定规划 省政府办公厅印发《关于大力发展林下经济促进农民增收的实施意见》，提出科学编制规划、建设示范品牌基地、健全社会服务体系、加强市场建设、加大科技支撑、保证种苗供应、推进体制机制创新七大工作任务。实施了加大投入力度、强化税收政策扶持、加大金融支持力度、加快基础设施建设四大政策措施。并制定了全省林下经济发展规划。

财政投入，金融支持 从2014年开始，省财政每年安排1000万元支持林下经济品牌建设。各市县也加大对林下经济发展的投入，儋州市投入4000万元财政资金推进林下经济发展。各地积极开展林权抵押贷款，为林下经济发展提供资金保障，截至2017年底全省累计有14918户农民用林权证抵押贷款23.82亿元，累计抵押林地面积55.85万亩。

示范带动，龙头引领 注重树立先进典型，以点带面推进，先后推荐评定国家级和省级林下经济示范基地114家(其中国家级6个，省级108个)。积极引进和培育龙头企业，大力推广“龙头企业+专业合作组织+基地+农户”合作模式。截至2017年底，全省累计建成农民林业专业合作社952家，其中省级示范社15家、国家级示范社4家，入社成员总数超过1.9万户，社员出资总额约7.63亿元，带动农户约4.86万户。

主要成效 一是加快了农民增收。林下经济最主要的作用就是促进农民就业脱贫致富。定安县岭口镇17个经济社在林下套种散尾葵1000多亩，每亩年利润5000多元，总利润500多万元，直接带动200户农民增收，每年户均增收2.5万元。二是促进了产业调整。林下经济促进了产业链的延长，优化了一、二、三产业结构。儋州牧春农业生态有限公司，既带动周边林农林下种灵芝，又研究发展灵芝产品深加工，打造高端保健品牌，实现产供销研服一体化，成功把灵芝产品推向国内外市场。三是强化了生态保护。在生产经营实践中，老百姓逐渐认识到良好的森林环境是林下经济的天然屏障，是可持续生产的本源性基础，是发家致富的摇钱树，自觉加入到森林保护行列。保亭“呀诺达”雨林文化旅游区建设前，烧山垦荒、偷砍滥伐现象非常严重，造成植被破坏、山体裸露、水土流失。景区建成后，当地农民依靠旅游就业增收，减少了对森林资源的破坏，同时景区治理污染、绿化荒山、美化环境，走出了绿色可持续发展的路子。四是激活了农民创业。发展林下经济，促进了大量有知识有胆识的农民回乡创业。琼海市长坡镇谢盛宁，返乡回家利用300多亩的椰子林地饲养麻花鸡和文昌鸡，年出栏100多万只鸡，产值达2000万元，利润200多万元，解决当地58名农民就业。五是改变了乡村面貌。由于产业的扩展壮大，现在家家有产业，天天有活干，农民收入增加了，村组财政发展了，生态环境改善了，村容乡貌美观了，干群关系密切了，农村普遍出现了社会稳定、邻里和谐、生产互助的新景象。

【森林旅游产业】 2017年全省共设有各级森林公园28处，其中国家级森林公园9处，省级森林公园17处，市县级森林公园2处。森林公园拥有旅游步道316.1里，车船324台(艘)，床位1951张，餐位9730个，职工和导游总数分别约为4569人和57人，社会从业人员约4512人。全省当年投入森林公园建设资金约0.8亿元，其中国家及各级地方财政投入 0.086 亿元，自筹资金为 0.68 亿元，环境建设投入为 0.11 亿元。全省森林公园基础设施和旅游服务设施逐步完善，环境日趋美观，旅游条件和品质继续大幅提升。2017 年全年共接待国内外游客 580.1 万人次，其中海外旅游人数 10.24 万人次，森林公园总收入 9.13 亿元。

【野生动物驯养业】 2017 年全省野生动物驯养繁殖场共有 365 家，比上一年增加了 42 家，年产值 5 亿元。海南省的野生动物驯养繁育企业(个人)分布于全省 18 个市县，其中主要分布在海口市、文昌市、澄迈县、儋州市、万宁市、琼海市、屯昌县等市县。主要养殖有虎纹蛙、龟类、蛇类(眼镜蛇、滑鼠蛇、灰鼠蛇、蟒蛇)、食蟹猴、果子狸、原鸡、豪猪、竹鼠等野生动物。为大力推进野生动物驯养繁殖产业的发展，一是政府加强对人工驯养繁殖野生动物的市场指导，在政策、资金上给予支持，采取“以奖代补”和“贴息贷款”等形式扶持。二是重点扶持龙头企业来拉动周边的野生动物驯养繁殖产业的发展。三是扩大人工驯养繁殖野生动物及其产品的销售渠道，让其走向更广阔的市场，促进海南省林业产业经济发展。

(李雅超)

重庆市林业产业

【概　述】 2017 年，重庆市林业局紧紧围绕筑牢长江上游重要生态屏障，使重庆成为山清水秀美丽之地总目标，坚持生态优先、绿色发展，坚持生态产业化、产业生态化，扎实推进林业五大行动，全市林业改革发展各项工作取得新成效。

林业资源 2017 年共完成造林 225 万亩，其中人工造林 160 万亩，封山育林 65 万亩。全市共有林地面积 6699 万亩，森林面积 5611 万亩，森林覆盖率达 45.4%，比直辖之初提高 26.6 个百分点，居全国第 12 位、西部地区第 4 位；林木蓄积量 20534 万立方米；人均林地面积 2.22 亩，人均森林面积 1.86 亩，人均林木蓄积量 6.81 立方米。

生态保护 坚持保护优先，严守 6300 万亩林地、5600 万亩森林和 310 万亩湿地红线。加强自然保护区、湿地保护区、森林公园、湿地公园、国有林场、主城“四山”等重点区域林地管控。严格林地征占用管理，全年共审核审批建设项目使用林地 372 宗、面积 2368 公顷，收取森林植被恢复费 4.38 亿元。严格森林采伐限额管理、许可管理和分类管理，全面停止天然林商业性采伐，落实 4505 万亩公益林管护责任。认真开展中央环保督查涉及自然保护区管理问题的整改工作，从严审批涉及自然保护区的建设活动。市政府办公厅印发《重庆市湿地保护修复制度实施方案》，重庆市成为全国第一个出台落实国务院湿地保护修复制度细化方案的省份。加强森林防火工作，全年共计发生 12 起森林火灾，过火面积 32.8 公顷，受害森林面积 11.6 公顷，森林火灾受害率仅为 0.003‰，没有发生重特大森林火灾和人员伤亡事故。以治防松材线虫病为重点狠抓林业有害生物防控，主要林业有害生物发生面积 453 万亩，防治 439 万亩。基本完成古树名木普查外业调查和数据录入。

生态修复 围绕建设长江上游重要生态屏障，深入实施林业重点工程。全面摸清全市国土绿化现状，研究分析提升森林覆盖率的潜力空间，起草《全市国土绿化提升行动实施方案》，市政府第 192 次常务会议审议通过。加快实施新一轮退耕还林，完成 2016 年度 100 万亩任务，其中经济林占比达 65% 以上。强化石漠化综合治理，探索生态治理模式。巩固三峡后续植被恢复项目造林成果，积极开展补植补造。启动湿地生态效益补偿，制订《重庆市 2017 年湿地生态效益补偿试点方案》。印发《长江经济带重庆段森林和湿地生态系统保护与修复规划》，编制完成《重庆市森林质量精准提升工程总体规划》，启动长防林三期和森林质量精准提升工程。加快木材战略储备林基地建设。

生态服务 组织编写《直辖 20 周年生态文明建设林业公报》，完善《筑牢长江上游(重庆)重要生态屏障对策研究》报告。坚持空气负氧离子日测日报，全市 44 个固定监测点实现所有区县全覆盖，在建 81 个点的空气负离子自动检测网络初步投入使用。实施退耕还林、天保工程、岩溶地区石漠化综合治理等林业重点工程生态效益监测和森林抚育项目生态效益监测。组织开展国际森林日、世界湿地日等主题宣传活动。向市民免费开放 130 处森林旅游地，举行观鸟、植物及森林生态系统认知、森林瑜伽等各类森林康养活动，参与公众近千人。积极将森林体验养生新理念落实到森林公园的场馆和步道建设中。

生态文化 深入开展全民义务植树活动，公布义务植树点 52 个，560 万人次参加义务植树，累计植树 4810 万余株。组织开展市级领导植树活动，举办“2017 年妇女春季义务植树活动”、“国际森林日”植树活动、乡村振兴绿化行动等特色鲜明的植树活动，丰富活动内容及形式。指导区县创建国家森林城市、绿色新村。开展全国生态文化村、第三届中国森林氧吧遴选。开展“念好山水经 · 做好林文章”金点子征集活动。与市委宣传部等部门共同主办第四届梦想课堂 · 自然笔记大赛。

林业改革 承办全国国有林场改革工作经验交流会，召开全市国有林场改革推进会。完成全市37个区县和万盛经开区国有林场改革实施方案批复工作。起草《重庆市国有林场改革验收办法》《重庆市国有林场管理办法》并征求相关单位意见。启动国有林场森林经营方案编修订，编制《重庆市国有林场中长期发展规划》。推进国有林场森林管护社会购买服务，江津等23个区县国有林场森林资源管护实现社会购买服务。国有林场债务得到基本化解。国有森林资源面积增加8万亩。制订《重庆市完善集体林权制度实施方案》，召开全市深化集体林权制度改革现场经验交流会和6个集体林业综合改革试验示范区局长座谈会。开展集体林地"三权分置"机制、林地退出机制、林地赎买机制改革、公益林互调流转机制、股份合作机制改革、林权抵押贷款机制、森林保险改革等改革。森林保险实现公益林全覆盖，参保森林面积占全市森林面积的77.1%，保险金额413亿元，林地价值有效提升。制订《重庆市2017年探索林业碳汇项目开发交易试点工作方案》。出台《重庆市全面深化森林公安改革实施意见》。

林业可持续发展 深化"放管服"改革，全面清理林业行政审批事项和其他行政权力清单，厘清责任清单，实际保留审批事项18项，全部纳入市政府网审平台公开运行。加强行政审批标准化建设。组织修订《重庆市林业行政处罚裁量基准(试行)》和《重庆市林业行政处罚裁量实施标准(试行)》。深入开展"2017利剑行动"、检疫执法等专项行动，严厉打击破坏生态违法犯罪行为，全年共立各类森林和野生动物案件2815件，查破2745件，综合查处率为97.5%，打击处理违法犯罪嫌疑人3414人。召开全市林业科技创新大会，全面部署"十三五"林业科技创新发展重点任务。成立市林业局专家咨询委员会，启动林业科技扶贫行动。出台《关于深入实施创新驱动发展战略促进林业科学发展的实施意见》，印发《重庆市"十三五"林业科技创新发展实施方案》《重庆市林业科技扶贫实施方案(2017~2020年)》。积极推进种苗项目建设，实施完成《木本花卉收集与保存项目》《观赏牡丹项目》等项目共213个树种(品种)、24.61万株苗木的采购、栽植和配套基础设施建设。

【生态富民】 大力推进林业供给侧结构性改革，着力延伸林业产业经济链条，2017年林业产值突破1000亿元，增幅在20%以上。

重庆市林业局开展广泛深入的调查研究并多次征求意见，代市政府形成了《关于加快林业产业发展的意见(送审稿)》。同时，开展了全市林业产业发展规划修编以及森林旅游、林下经济、笋竹、森林康养等专项规划编制。

林业产业原料林基地建设 通过2017年中央财政林业贷款贴息补助和市级林业产业发展补助政策，重点支持了苗木花卉、笋竹、中药材栽培、木本油料林、速生杉木、珍贵用材林、特色经济林、林下经济以及蚕桑等生态产业项目，基地建设规模至少60万亩。实施2017年国家木材战略储备林基地建设，11区县及其14单位建设4万亩。此外，扎实笋竹原料林基地建设，2017年竹林累计达到390多万亩。

林业产业融合发展 一方面，林业产业品牌建设积极推进。联合市发改委、市农委申报了国家农产品品牌基地；指导推荐了3家企业申报国家级重点林业龙头企业；有5家森林康养基地获得"全国森林康养基地试点建设单位"称号(累计8家)，形成了市内外比较知名的森林旅游与康养基地如仙女山、四面山、山王坪、黄水、大巴山等近15家。另一方面，林业产业跨界融合发展起步良好。在"生态+""互联网+""金融+""文化+"等更大领域的跨界发展上开始出现新的产业业态。

对外合作与外资外贸工作 一是积极开展对外合作，2017年派员赴美国、加拿大等国，中国香港、台湾等地学习交流森林旅游、生态文明建设及湿地保护管理等内容，并与台湾签订了以森林旅游、森林康养和生态建设为合作内容的为期5年的《合作备忘录》。二是认真实施欧洲投资造林项目。完成欧投项目第一次提款8726万元，推进了特色经济林、中药材等基地建设，2017年完成经济林造林1972公顷，并开展了对技术人员和农民的经济林技术培训。三是启动参与特色林产品对外贸易筹备工作，与重庆检验检疫局、重庆市商务委员会一起正在制订重庆特色林产品出口贸易方案和政策。四是加快助推中国(巴南)西部木材贸易港建设前期工作。

组队参加国内林业重点展会　2017 年，重庆市组队参加了第十四届中国林产品交易会、第十届中国义乌国际森林产品博览会、第十三届海峡两岸林业博览会暨投资贸易洽谈会、2017 中国－东盟博览会、中国森林旅游节等全国性林业展会，展示并宣传了重庆林业企业及其特色产品。完成浙江大学重庆林业产业发展领导干部培训和全市林业产业发展培训。

争取财政金融支持　全年安排林业特色产业发展市级以上财政性资金 1.08 亿元，跟踪落实林业特色产业资金约 1.95 亿元。同时，争取金融性支持，与财政共同推进贴息贷款争取工作，联合市发展改革委与国开行重庆分行、农发行重庆分行分别出台贷款支持林业生态产业发展的文件，与建行重庆分行共同推进银行直接入股投资林业产业的基金项目申报，全年落实林业贴息贷款近 10.2 亿元，争取国家入库待选的林业产业投资基金项目 8 项，共申请拟融资超过 34 亿元，促成丰都和彭水的两行贷款成功，并获得政策性金融贷款 9.3 亿元。

【林业扶贫攻坚】　发挥林业潜质、功能和作用，着力林业助推扶贫工作。一是加强了制度建设。起草并制订《重庆市林业局脱贫攻坚问题整改工作方案》，明确提出了林业扶贫需要整改的两方面 3 个问题 4 项工作任务的相应举措；起草并印发了《深化林业脱贫攻坚实施意见》，明确了 8 个方面共 20 条扶持政策；落实了局领导分片联系贫困区县、局机关处室和直属单位对口联络深度贫困乡镇的林业助推扶贫机制；协助并出台了《关于支持 18 个深度贫困乡镇成立脱贫攻坚营造林专业合作社的指导意见（试行）》，明确了合作社的组建、权益、政策和保障等要求。二是策划了一批林业助推脱贫项目。狠抓了贫困区县林业助推脱贫政策对接，尽量做到项目精准和工作精细；深化了深度贫困乡镇林业精准扶持项目，明确 2017～2020 年市级以上可支持的项目资金约 4.55 亿元，乡镇平均可支持 2525 万元；狠抓森林旅游扶贫相关项目，与市财政局、市农委一道筛选出 2018 年度农旅融合试点项目涉及贫困区县 5 个，与市扶贫办、市旅游局一起推荐作为国家旅游扶贫项目试点涉及区县 4 个；狠抓林业融资扶贫项目，结合建设银行以“股权”等投融资方式申报 2017 年度林业特色产业发展基金项目 5 个约 23 亿元；协助农业开发银行生态建设贷款 9.3 亿元；支持贫困区县林业特色产业贴息资金 1450 多万元，并获得贴息贷款 5 亿元以上。三是参与国家生态扶贫规划，并将 14 个贫困区县作为争取对象纳入国家生态扶贫总体规划，共申报国家林业重点工程任务 470 多万亩；协助开展林业助推脱贫调研近 60 次，召开党组会、办公会、专题会和座谈会等 15 次，着力解决林业助推脱贫进展问题；协助推进了林业科技扶贫与培训、指导。四是完成年度林业助推脱贫任务。协助落实年度扶贫资金，实际安排给 14 个贫困区县的市级以上财政性林业资金 194935 万元，追加下达 2017 年市级补助资金 3040 万元；坚持林业重点生态工程向贫困区县倾斜，向 14 个贫困区县安排退耕还林建设计划 59.1 万亩（占全市 84.4%）、天然林保护工程公益林计划 26.8 万亩（占全市 78.8%）、长防林三期建设计划 2.4 万亩（占全市 60%），市级以上生态护林员资金由 2016 年的 6100 万元增加到 2017 年的 8622 万元，其组成人员全部分解到贫困地区；建档立卡贫困人口生态护林员由 2016 年的 12670 人增加到 2017 年的 17122 人。

【森林旅游业】　深入推进森林旅游和森林康养产业发展。积极发展以森林旅游、森林康养为主的“山上经济”和“气候经济”，为广大市民提供了避暑纳凉、健身运动、休闲养生、养老服务、自然体验等生态服务。指导 3 个国家级森林公园加快提档升级，促成巫山和南川新增为全国森林旅游示范区县，推进市和县两级森林人家建设；与市财政局、市农委一起推选了农旅融合示范项目，涉及 16 个区县。

森林康养产业　市政府召开了全市森林康养产业发展大会，启动了市级森林康养试点基地建设 10 个、并对全市森林康养资源进行了调查与评价。

森林公园规范化管理　修编、设立、调整森林公园十多个，新增市级森林公园 1 个，严格森林公园生态红线管控，组织开展山地公园建设的市外调研。

组织参训参展森林旅游活动 组织参加了全国森林旅游节、银川全国花卉博览会等展会，参展活动获得较好的评价，认真筹备北京世界园艺博览会。截至2017年，全市有全国森林旅游示范区县4个，建成市级以上森林公园89个、市级以上湿地公园26个、自然保护区53个，市级和区县级森林人家近3200家，全国森林康养基地试点建设单位8家。在市内外形成比较知名的森林旅游与康养基地有仙女山、武陵山、红池坝、黑山谷、四面山、茶山竹海、山王坪、金佛山、缙云山、摩围山、桃花源、黄水、大巴山等。特别是城口亢谷“大巴山森林人家”助推脱贫成效，受到了习近平总书记的高度肯定。全市全年森林旅游和康养人次超过8000万。 (高树坤)

四川省林业产业

【概　述】 2017 年，全省林业紧紧围绕“发展现代林业、建设生态文明”主题，以促农增收为目标、以供给侧结构性改革为主线，着力抓好产业扶贫、基地与重点县建设、产业融合发展、重点产业培育、经营主体培育、投融资机制创新、林业产业质量和效益提升，加快现代林业产业发展，推动林业经济大省向林业经济强省跨越。全省林业产业基地达到 1.05 亿亩，实现林业总产值 3402.1 亿元，农民人均林业收入达到 1280 元，同比增加 80 元。

【林业产业基地】 ①当年培育。2017 年，推进林业产业基地标准化、规模化和集约化建设，共培育林业产业基地 814 万亩。其中，新造 659 万亩、占 81%，低改或抚育 155 万亩、占 19%。在当年培育基地中，以核桃、油橄榄为主的木本油料林居多，占总面积的 58.9%(表 1)。

②基地总量。2017 年，全省林业产业基地总规模达到 10505.1 万亩，其中木质原料林基地 3630.6 万亩，占总基地面积的 34.6%，位居第一(表 2)。

③现代林业产业基地。2017 年，21 个市(州)的 137 个县(市、区)已建成现代林业产业基地 2761 万亩，其中木质原料林基地、竹林基地和木本油料基地面积位列前三，分别占总面积的 38.6%、27.3%和 21.1%(表 3)。

【林产加工】 2017 年，木竹人造板、木竹地板、家具、竹浆产能分别达到 1323 万立方米、2190 万平方米、3929 万件(套)、180 万吨，特色经济林产品加工能力达 170 万吨，林产品商品化率显著提升，成都平原区林板家具、川南竹产业、川东北特色经济林和川西生态旅游四大产业集群初步形成。

【林产品产量】

木竹产品 2017 年，全省次小薪材、楠竹较 2016 年大幅减少，杂竹材、鲜竹笋比 2016 年有所减少(表 4)。

经济林产品 2017 年，全省经济林果产品产量稳步增长，花椒、核桃、油橄榄分别以 33.3%、29.4%、50%增速增长，比 2016 年增长 30%以上(表 5、表 6)。

木竹加工产品 2017 年，全省木竹加工产品产量出现小幅收窄，木竹人造板、木竹地板和竹笋加工产量有所减少(表 7)。

表 1　2017 年全省林业产业基地当年培育情况表

培育种类	合计	木质原料林	竹林	特色干果	木本药材	木本油料	森林蔬菜	生物能源林	茶桑果
面积(万亩)	814	74.2	46.1	114.2	28.1	479.7	4.5	0.6	66.6
百分比(%)	100	9.1	5.7	14.1	3.5	58.9	0.6	0.1	8.1

表 2　2017 年全省林业产业基地构成表

培育种类	合计	木质原料林	竹林	特色干果	木本药材	木本油料	森林蔬菜	生物能源林	茶桑果
面积(万亩)	10505.1	3630.6	1752.7	757.8	330.8	1995.9	366	78.5	1521.9
百分比(%)	100	34.6	16.7	7.2	3.1	19.0	3.5	0.75	14.5

表 3　2017 年全省现代林业产业基地构成表

基地类型	合计	速生丰产用材林、珍贵树种用材林	纸浆竹林、材用竹林基地	笋用竹林、笋材两用竹林基地	木本油料	木本药材	木本调料	木本粮食	木本饮料	森林蔬菜	其他特色经济林基地
面积(万亩)	2761	1065	501	254	556	88	132	21	14	78	53

表4　2017年全省木竹产品产量表

木竹产品	原木（万立方米）	次小薪材（万吨）	楠竹（万根）	杂竹材(鲜)（万吨）	鲜竹笋（万吨）
产量	202.46	21.1	923.09	396.94	75
同比增长率(%)	-0.09	-79.1	-42.5	-3.9	-2.2

表5　2017年全省经济林产品产量表

经济林产品	特色干果(干)		木本药材（干）	木本油料				森林食品（干）
	小计	花椒		小计	核桃(干)	油橄榄果(鲜)	油茶籽(干)	
产量(万吨)	13.7	8.4	22.9	58.1	53.7	1.5	2.1	23.9
同比增长率(%)	8.7	33.3	106.3	29.4	29.4	50	0.0	117.3

表6　2017年全省主要经济林产品产量表

类别	产量(吨)	类别	产量(吨)
总计	8019053	五、森林食品	239276
一、水果	6653399	1. 竹笋干	122376
1. 苹果	658892	2. 食用菌(干重)	78665
2. 柑橘	3245034	3. 山野菜(干重)	13308
3. 梨	768368	4. 其他森林食品(干重)	24927
4. 葡萄	403862	六、森林药材	229147
5. 桃	481773	1. 银杏(白果)	21228
6. 杏	148084	2. 山杏仁(苦杏仁)	98
7. 荔枝	22038	3. 杜仲	20315
8. 龙眼	75511	4. 黄柏	13721
9. 猕猴桃	262009	5. 厚朴	42052
10. 其他水果	587828	6. 山茱萸	116
二、干果	79994	7. 枸杞	80
1. 板栗	49758	8. 沙棘	0
2. 枣(干重)	7468	9. 五味子	160
3. 柿子(干重)	6089	10. 其他森林药材	131377
4. 仁用杏(大扁杏等甜杏仁)	58	七、木本油料	580630
5. 榛子	0	1. 油茶籽	20852
6. 松子	10510	2. 核桃	537474
7. 其他干果	6111	3. 油橄榄	14675
三、林产饮料产品(干重)	137234	4. 油用牡丹籽	40
1. 毛茶	136216	5. 其他木本油料	7589
2. 其他林产饮料产品	1018	八、林产工业原料	10876
四、林产调料产品(干重)	84497	1. 生漆	458
1. 花椒	83633	2. 油桐籽	6972
2. 八角	150	3. 乌桕籽	1237
3. 桂皮	71	4. 五倍子	398
4. 其他林产调料产品	643	5. 棕片	1427
		6. 松脂	384
		7. 紫胶(原胶)	0
		8. 天然橡胶	0

表 7　2017 年全省木竹加工产品产量表

木竹加工产品	木竹人造板（万立方米）	木竹地板（万平方米）	竹浆生产及造纸（万吨）	竹笋加工（万吨）
产量	625.4	553.1	180	46.9
同比增长率(%)	-21.4	-19.1	17	97

【林业产值】

市县林业产值　2017 年，全省实现林业总产值 3402.1 亿元，比 2010 年增加 193.9%，排名全国第十。其中超过全省平均增速的有 12 个市(州)，超过 30 亿元的县级统计单位有 34 个，较 2016 年增加 5 个。新都、崇州、都江堰、峨眉山、温江、南部、沐川、朝天、青神 9 个县(市、区)林业总产值超过 50 亿元，其中新都区达到 133 亿元(详见表 8、表 9、表 10)。

表 8　2017 年市县林业总产值统计表

单位：个

总产值	合计	<5 亿元	5 亿~30 亿元	30 亿~100 亿元	≥100 亿元
市(州)	21	—	—	9	12
县级单位	183	47	102	33	1

表 9　2017 年林业总产值过百亿市(州)情况表

序号	林业总产值过百亿市(州)	产值(亿元)
1	成都市	748.2
2	泸州市	214.9
3	绵阳市	189.7
4	广元市	203.9
5	乐山市	240.0
6	南充市	174.2
7	眉山市	229.6
8	宜宾市	224.5
9	达州市	142.0
10	雅安市	137.5
11	巴中市	161.5
12	凉山州	133.7

产值增速　2017 年，全省林业总产值较 2016 年增长 11.2%，其中第一产业增长 11.6%，第二产业增长 4.4%，第三产业增长 17.5%。在 21 个市(州)中，超过全省平均增速的有 11 个市(州)。在 183 个县(市、区)中，增速超过 30%(含)的有 12 个县(市、区)。

表 10　2017 年市县林业总产值增长情况表

单位：个

增长率	合计	<11.2%	11.2%~30%	≥30%
市(州)	21	10	11	—
县(市、区)	183	87	85	12

注：11.2% 为 2017 年全省林业总产值平均增幅。

林业产值构成　2017 年，全省林业第一、第二、第三产业产值的构成比为 37.6∶29.3∶33.1。其中第三产业产值比重较 2016 年增加了 1.8 个百分点，表明以森林观光、休闲、度假、康养为主的生态旅游、仓储物流等服务业快速增长(表 11)。

表 11　2017 年全省林业总产值及构成表

统计指标	合计	第一产业	第二产业	第三产业
2017 年产值(亿元)	3402.1	1280.5	996.4	1125.2
2017 年构成百分比(%)	100	37.6	29.3	33.1
2016 年构成百分比(%)	100	37.5	31.2	31.3

【竹产业】　2017 年，全省竹林面积达到 1752 万亩，其中现代竹产业基地达到 755 万亩；20 个市(州)129 个县(市、区)有竹林分布，其中面积 20 万亩以上的 25 个，50 万亩以上的 6 个，100 万亩以上的 5 个。集中分布在泸州市、宜宾市、乐山市、雅安市、眉山市、成都市、达州市、广安市等地，这 8 个市有竹林 1401.8 万亩，占全省的 80%，初步形成了川南、青衣江、渠江、龙门山竹资源带。竹加工企业 328 家，其中规模以上企业 101 家，省级龙头企业 16 家，国家级龙头企业 2 家，以竹浆、竹人造板、竹家具、竹编、竹笋等为主的竹产品加工体系基本形成。竹浆生产企业 13 家，竹浆产能达到 180 万吨，居全国第一，实现总产值 80.3 亿元，消耗竹子 400 多万吨，涌现出了永丰、凤生、银鸽等龙头企业。竹浆生产生活用纸原纸企业 80 家，年生产原纸能力 140 万吨，竹浆生活用纸加工企业 300 余家，年加工纸能力 160 万吨。竹人造板产能达到 248 万立方米，竹家

具产能达到718万件(套)。清水笋、风味笋、笋干等加工能力达到55万吨，涌现出了富顺锦明、西充“竹娃娃”等一批加工企业。竹编、竹家具、竹车厢板、竹工艺品等新兴加工业逐步成长起来，产量大幅提升，青神竹编、纳溪竹韵家具等产品远销欧洲、日本、韩国、加拿大，井研华象公司、邛崃天台山竹业有限公司生产的竹车厢板成功进入中国高铁、动车和四川丰田、四川现代等汽车装饰领域。依托竹林资源、湿地、园区大力实施“生态旅游+”工程，探索竹林生态旅游与教育、文艺、康养、运动、竹产品展销的融合，建成国家和省级竹类森林公园、风景名胜区、森林康养基地18个，竹类专题博览馆、产业园区4个，省级竹林小镇2个，竹林人家20家，年接待游客2000余万人次，直接收入近60亿元。成都“望江楼公园”、宜宾“蜀南竹海”、青神“竹林湿地”(竹编园区)、大竹“五峰山森林公园”、沐川“川西竹海”、纳溪“大旺竹海”等远近闻名。

2017年，全省实现竹业总产值261亿元，其中10亿元以上的县(区)10个、2亿~9.9亿元的县(市、区)12个、1亿~2亿元的县(区)10个。竹农人均竹业收入突破800元，在一些地方，竹产业已成为县域经济和农民脱贫增收的重要支柱。青神县通过培育竹资源、发展竹编产业和竹旅游，实现竹业产值19.6亿元，成为四川省第一个“万亩林亿元钱”的竹业县，6000多名竹编农民人均收入过万元。叙永县水尾镇青杠村通过培育竹基地，农民人均销售竹材、竹笋收入达8200余元。

【核桃产业】 2017年，全省核桃种植范围已扩展到21个市(州)146个县(市、区)，累计种植面积1888万亩(占全国总面积的18.7%)，跃居全国第二位；核桃干果产量达53.7万吨，实现核桃产业产值187亿元，广元市朝天区通过发展核桃产业，农民人均林业收入超过6000元。

全省已选育经省审(认)定的优良品种72个，建成良种采穗圃8200亩，研发与推广核桃嫁接育苗、“春季枝接+夏季芽接”“保果灵”、专用肥料、生物农药、系列产品加工和多酚类物质提取等实用技术60余项。核桃就地粗加工基本实现全覆盖，累计建成核桃加工企业26个，年加工核桃7.5万吨，以核桃糖、核桃仁、核桃乳、核桃油为主的系列产品相继投放市场。

【花椒产业】

花椒基地规模和产量 截至2017年12月，四川省花椒栽植范围已扩展到21个市(州)142个县(市、区)，栽植面积达494.4万亩(红花椒143.6万亩，青花椒311.9万亩，藤椒38.2万亩，其他0.7万亩)，约占全国的19.8%，干果产量8.4万吨，约占全国的22%，综合产值达到62.7亿元，面积、产量均居全国第一。产业基地快速增长，花椒面积超过5万亩的县有21个。花椒已成为四川省山区林业经济发展的新增长点，助农增收的突破口，直接惠及农村人口1500余万。

科技支撑 全省已选育出花椒良种10个，研制了“四川花椒栽培适生区划图”；先后选育出抗性强、丰产性好、挥发油含量高的花椒良种10个，其中认定的花椒良种4个，审定的花椒良种4个；创新高效良种繁育体系；构建了四川花椒特色经济林丰产栽培经营管理技术体系，推广花椒“容器育苗”“以采代剪”“测土配方”“超声萃取”等实用技术22项。“四川花椒培育技术研究及推广”获四川省政府科技进步一等奖。

产品初加工和品牌建设 全省花椒加工企业、花椒专合社和家庭林场94家，研发出保鲜花椒、干制花椒、花椒油、花椒粉、花椒酱等花椒调味品，申请了多项花椒油生产工艺及技术设备国家专利，创立了“贡椒源”“幺麻子”“六月红”等驰名省内外花椒产品品牌，系列产品远销30余个国家。

助农增收效果明显 花椒多生长在中高山地区，投产早、见效快，是四大片区林业脱贫攻坚的特色优势产业。2016年，茂县、金阳、九龙等深度贫困县花椒平均亩产100千克(干果)，每亩毛收入8000元左右，成为贫困户脱贫的主导产业。2017年，平昌县六角村农民从花椒种植和务工上人均收入10286元。群众喜称花椒为“一年苗，二年条，三年四年把钱摇”的小康产业。

【油橄榄产业】 四川省自20世纪60年代引种油橄榄以来，先后从国内外引进优良品种186个，主栽品种有阿贝基娜、中泽6号、中泽8号、中泽

12号、西蒙1号、华欧1－6号、莱星、佛奥、科拉蒂等，栽培区主要为凉山、广元、达州、成都、绵阳、南充等市(州)，累计种植面积41.73万亩(占全国总面积的34%)，年产鲜果1.33万吨，初榨油1669吨，产值5.52亿元，栽培面积位列全国第二。从事油橄榄精深加工企业14家，产品以橄榄油为主，同时包括橄榄酒、橄榄茶、橄榄皂、化妆品、有机肥等，涌现出了凉山中泽、绵阳华欧、开江天源等传统知名企业和品牌，冕宁元升、成都聚峰谷、成都西中等一批后起之秀，且多家企业多个品牌的橄榄油频频在国际油橄榄大赛中获得殊荣。先后审(认)定油橄榄良种12个，建立国家级油橄榄种质资源库1个、良种基地4个(其中国家级1个)、省级油橄榄工程技术中心1个，制定省级地方标准5个；编写《四川油橄榄种植与发展》专著1部。

【油茶产业】 全省油茶面积47.7万亩，选育出油茶良种37个，年培育油茶良种苗木1000余万株，全省茶油产量744.5吨，茶籽产量4339吨，产值达1.6亿余元。自贡市荣县被确定为全国油茶科技示范基地。

【产业融合发展】 以新一轮现代林业重点县、现代农(林)业园区、现代林业产业园区建设为抓手，积极探索“新六产”“一三融合”“园区＋”“林业互联网＋”“生态旅游＋”“森林康养＋”等林业产业融合发展模式。全省搭建省级专业林产品电商平台1个，建设省级综合改革试验区1个，省级现代农(林)业示范园区16个，认定省级“林业双创示范基地”14个，评定林业生态旅游示范县12个、森林小镇32个、星级森林人家512个、森林康养基地147个、国家森林康养示范基地19处、森林康养新业态示范县14个、森林自然教育青少年实践示范基地32家、林业生态旅游的重点村1000个。

【林业产业扶贫】 2017年，四川省林业厅安排四大片区重点贫困县省级财政林业产业补助资金8300万元，占全省的54.2%。四大片区培育木质原料林、竹林、木本油料、木本调料、木本药材、森林蔬菜为重点林业产业扶贫基地115万亩。加强对40个重点县中18个贫困县的指导，大力推广“万亩林亿元钱”现代林业产业基地立体经营模式。持续培育金阳青花椒、茂县大红袍、黑水核桃、俄色雪域茶、雅江松茸等特色林产品品牌，带动深度贫困县产业发展。利用天府林产电子商务平台，在“一带一路”合作论坛期间，将甘孜道孚林业局的“森林藏乡猪”销售到德国驻华大使馆，开启了三州林产品走出去的成功先例。立足四大片区资源禀赋和区位优势，指导差异化发展，探索和推进以“股权量化、按股分红、收益保底”为主要内容的森林资源资产收益扶贫新机制，鼓励引导贫困户以林地资源加入专业合作社、家庭林场、龙头企业等新型经营主体，让贫困户的资源获得经济回报。编印了《四川林业产业脱贫攻坚文件汇编》，收集支持林业产业扶贫政策文件26个。编印《四川林业产业脱贫攻坚案例集》，总结和推广脱贫攻坚真实案例90个。

【重点县建设】 2017年，40个重点县累计建成产业基地3199万亩，其中2017年新增193万亩；现代基地1055万亩，其中2017年新增136万亩。实现林业总产值1152亿元，占全省的32%，同比增长17.6%；都江堰等10个现代林业示范县实现林业总产值475亿元，其中都江堰、纳溪、朝天区、沐川、南部和青神6个县(市、区)超过50亿元；金堂等30个现代林业重点县实现林业总产值677亿元，其中崇州等13个县(市、区)超过20亿元，崇州市和峨眉山市超过50亿元。各重点县通过近几年重点县建设和林业产业发展、林业重点项目建设等，有效促进了花椒、核桃等特色林业产业的快速发展。汉源县约有8万人从事种植、加工和生产等相关工作，带动农民长期稳定就业。朝天区通过发展核桃产业，农民人均林业收入达到6178元；沐川县通过发展竹产业，农民人均林业收入达到4820元；黑水县等深度贫困县通过重点县建设，农民人均林业收入超过1600元，比2015年重点县建设初期增长33%。重点县特色产业已成为当地贫困群众脱贫奔小康的主导产业。

【经营主体培育】 2017年，新增53家省级林业产业化重点龙头企业，全省林业产业化龙头企业达到238家。申报推荐第三批国家级林业产业化龙头企业8家，有7家企业被成功认定为第三批国家级林业产业化龙头企业。林业企业、林业专业合作组织、家庭林场、专业大户等林业新型经营主体突破1.5万个。

【森林康养产业】 **顶层设计** 2月，森林康养写入中共四川省委、四川省人民政府《关于以绿色发展理念引领农业供给侧结构性改革切实增强农业农村发展新动力的意见》(四川省委1号文件)鼓励大力发展。6月，以森林康养为主体的生态康养作为新业态写入了中共四川省委、四川省人民政府正式印发的《推进农业供给侧结构性改革加快由农业大省向农业强省跨越十大行动方案》(川委〔2017〕303号)，森林康养发展任务更加明确，格局更加优化，目标更加清晰。10月，林业厅牵头编制完成的《四川省大力发展生态康养产业实施方案(2018~2022)》在征求26家省级部门意见修订完善的基础上，经由中共四川省委农村工作委员会办公室正式印发。《方案》要求加快建成全国生态康养目的地和生态康养产业强省，提出加快生态康养基础构建，加强主体培育、提升生产动能，强化科研实证、开发产品服务，培育铸造本土品牌等四大路径。

普及推广 组织举办中国·四川第三届森林康养(冬季)年会。召开"全省森林康养产业发展推进会"，贯彻落实中央1号、省委1号等一系列重要文件、重要会议精神。组织召开中国·四川第二届森林自然教育大会、四川省"森林自然教育100+1计划"推进会。与四川省政府台湾事务办公室等单位联合组织的以"交流合作　共享共赢"为主题，以"互联网+康养产业发展"为交流重点内容的2017中国西部海峡两岸经贸合作交流会在成都举行。与省机关事务管理局等单位联合开展"森林康养节能有我"大型公益活动，与川报观察等联合发起了"森林康养360行动"，倡导市民积极参与森林康养，共享健康生活方式。

示范建设 启动"森林康养美林员与森林康养人家千万计划"。组织开展2017年省级和国家级森林康养示范基地申报，新评定84家森林康养基地(其中位于重点贫困地区的有37处)，新增森林康养步道900余千米。向中国林产联合会申报四川省19家森林康养基地为"全国家森林康养基地试点单位"。配合省农工委开展2017年度14个县创建森林康养新业态示范。申报洪雅县成为国家级"森林康养试点县"。出台《四川省森林康养人家评定办法》，启动森林康养人家申报评定，绵阳、泸州、广元、巴中等市(州)及汶川等县开展市级森林康养人家评定，全省首批森林康养人家达500家，其中：省级森林康养人家269家(其中重点贫困地区97个)。与省关工委联合确定命名"森林自然教育青少年实践示范基地"32家(位于重点贫困地区的有12个)，创建全国首家"森林图书馆"。

标规建设 主持制订并由省质量技术监督局正式发布《森林康养基地建设　康养林评价》(DB51/T 2411—2017)。年度评定康养林230余万亩。巴中、乐山、眉山、凉山等市(州)以及玉屏山森林康养基地完成森林康养规划。

社会参与 成立四川省森林康养产业联盟，成员已由首期19家企业发展到24家。与台湾森林保健协会达成友好合作，签署合作备忘录。全年投入森林康养产业发展的社会资本新增300亿元。全省实现重点贫困地区森林康养项目签约10个，计95.2亿元。

【林业生态旅游业】 2017年，林业生态旅游年接待游客3亿人次，直接收入884.4亿元，带动社会收入2301亿元。经省政府批准举办的花卉(果类)节会涵盖14个市(州)、45个县(市、区)的25种花15种果78场次。林业厅会同省旅发委、省扶贫移民局与广元市政府共同举办的第二届四川生态旅游博览会，推介生态旅游康养项目181个，总投资1024.17亿元，签约生态旅游项目17个，总投资35.12亿元。"四川林业生态旅游馆"亮相第五届四川农业博览会。创建全国森林旅游示范市1个：广元市。全国森林旅游示范县2个：九寨沟县和洪雅县。雅安、眉山、德阳、绵阳、广元、广安、巴中、宜宾、攀枝花等地申报的天全县等12个单位荣获全省林业生态旅游示范县称号。共发布42期花卉观赏指数和9期红叶观赏指数，有效引导了公众生态旅游出行。开展千村万景扶贫行动，以四大片区12个市(州)和88个县为重点，在全省8650多个贫困村中遴选1000个林业生态资源丰富、生态景观优美、原生文化底蕴深厚、道路通达、适宜发展林业生态旅游的重点村。全省森林公园达到137个，其中国家级43个、省级63个、市州级31个，森林公园总面积达到232.72万公顷，占全省国土面积的4.8%。中国森林旅游节上又对2017年新批准的5个国家森林公园进行了授牌。

（焦国政）

贵州省林业产业

【概　述】　2017年贵州省林业产业总产值达到2334.61亿元，较上年增长近40%。其中：一产733.49亿元(经济林种植与采集、营造林、种苗花卉、木竹采伐等)；二产305.94亿元(木竹加工、家具制造、非木质林产品加工等)；三产1295.18亿元(森林旅游与休闲服务、林业咨询服务等)。

贵州省以刺梨、核桃、油茶、花卉苗木、木本中药材、生态旅游等为主导产业，培育了一批国家级(5家)、省级(178家)林业重点龙头企业，产业链条进一步延伸，形成了集聚效应，林业产业发展活力增强，潜力巨大。

市场主体现状　全省有涉林中小企业10000余家，农民林业专业合作社2481个、家庭林场312个、专业大户2300多户。有国家级重点林业龙头企业5家、省级林业龙头企业178家。有国家级林业专业合作社示范社39家。

存在问题　2017年全省林业产业存在资源基础不牢、产业聚集度低、创新能力不强、附加值不高和综合竞争力较弱等主要问题。

表现为：从一产看，基地质量不高，林种树种单一，经营方式分散，林地产出率不高，集约化程度低。从二产看，粗加工比重大，精深加工比重小，产业链条不太牢固，产品附加值低。林业经营主体数量少，龙头企业不多，辐射带动能力弱。从三产看，发展模式趋同，形式单一，前沿高端产品少。基础设施薄弱，服务能力不强等。

【林业产业基地】

经果林基地　以核桃、刺梨、油茶、蓝莓、水果为主的经果林基地达到2258万亩。主要有油茶种植面积252万亩，刺梨种植面积207万亩，核桃种植面积504万亩，果树林面积583.29万亩等。

花卉苗木基地　花卉以蝴蝶兰、大花蕙兰、非洲菊，杜鹃、马蹄莲、小型盆景为主，观赏绿化苗木以桂花、樱花、紫薇等为主。全省花卉苗木基地面积约40万亩。

木本药材基地　以黄柏、厚朴、银杏、杜仲、红豆杉、钩藤为重点，全省木本中药材面积量298万亩。

用材林基地　以松、杉、柏为主的用材林基地2511万亩、蓄积量1.83亿立方米。

【林产加工业】

油茶加工　油茶加工企业约90家，设计生产能力年可加工油茶籽6万吨、产油1.5万吨。实际年油茶籽消耗量1.6万吨、产油0.5万吨。

刺梨加工　刺梨产业总产值31.3亿多元，刺梨加工企业30余家，年设计加工生产能力49万吨，实际年加工8万吨。

核桃加工　全省有6家核桃加工企业，另有小规模的核桃糖加工作坊(赫章县和花溪区青岩镇等地)10余家。以核桃为主要原料加工制作的核桃仁、油料、食品及生产的家具、工艺品等系列产品年增速15%以上。

竹加工　以竹为原料的加工企业(含作坊)有600多家，年产值亿元以上的企业3家。已形成竹浆板、竹地板、竹笋、建材、家具、工艺品、生活用品七大系列300多个品种。

木材加工　锯材产量93.7万立方米，木片、木粒加工产品17.33立方米，人造板102.17立方米，其他加工材4.99立方米。

林化产品加工　松香类产品产量1.39万吨，松节油类产品产量0.13万吨，栲胶类产品产量0.08万吨，木竹热解产品48.95万吨，木质生物质成型燃料3.61万吨。

【森林旅游和森林康养】　全省共建有各级森林公园95处(其中国家级森林公园28处、省级44处)。国家级生态公园1处，国家级林木花卉专类园1处。林业行业管理的自然保护区105处(其中国家级保护区8处、省级保护区7处)。湿地公园54处(其中国家级湿地公园45处、省级湿地公园4处)。森林康养基地60处，其中国家级20处、省级12处。2017年，全省森林旅游累计接待游客1.42亿人次，实现综合旅游收入558.87亿元。

【林业龙头企业】 截止到2017年，全国共公布两批国家级林业龙头企业，共294家，贵州省有5家。省级龙头企业178家名单如下：

第六批省级林业龙头企业认定名单(78家)

贵阳市(6家)

1. 贵州林业新技术发展中心
2. 贵州军辉生物工程有限公司
3. 修文县农业投资开发有限公司
4. 贵州红梦民族文化发展有限公司
5. 贵州省扎佐林场医院
6. 贵州景阳森林疗养院有限公司

遵义市(13家)

7. 贵州仙草生物科技有限公司
8. 贵州省湄潭县栗香茶业有限公司
9. 贵州省务川县照石坊农林(集团)有限公司
10. 贵州梦润鹌鹑有限公司
11. 贵州川友家具有限责任公司
12. 贵州习水县勤韵茶业有限公司
13. 贵州赤水竹韵贸易有限公司
14. 余庆大美绿化工程有限公司
15. 贵州众恒中药发展有限公司
16. 贵州习水林旅投资有限公司
17. 遵义林仙康茶旅有限公司
18. 贵州贝加尔乐器有限公司
19. 遵义神曲乐器制造有限责任公司

六盘水市(2家)

20. 六盘水茂霖苗圃农民专业合作社
21. 贵州鸿森茶业发展有限公司

安顺市(10家)

22. 安顺市平坝区飞虎山生态农业种植专业合作社
23. 安顺市平坝区乐平镇塘约村金土地专业合作社
24. 镇宁自治县金瀑农产品开发有限责任公司
25. 贵州六马蜂糖李种植农民专业合作社
26. 贵州高原蓝生态农业科技开发有限公司
27. 贵州天赐贵宝食品有限公司
28. 贵州思特技术有限公司
29. 普定县青源茶叶专业合作社
30. 普定县持恒林业科技发展有限公司
31. 贵州省普定县印象朵贝贡茶专业合作社

毕节市(3家)

32. 贵州百里杜鹃旅游开发投资公司
33. 毕节禹垚园林绿化有限公司
34. 威宁县乌蒙绿色产业有限责任公司

铜仁市(9家)

35. 贵州汇森源开发有限责任公司
36. 德江洋山河生物科技有限公司
37. 贵州祥驰农业开发有限公司
38. 德江县宗武苗圃有限公司
39. 印江土家族苗族自治县朝阳苗木有限责任公司
40. 贵州石阡佛顶山野生油茶油业有限公司
41. 贵州省松桃福农鑫农牧科技发展有限公司
42. 贵州大龙益寿植物油有限公司
43. 石阡县猫寨农林专业合作社

黔东南苗族侗族自治州(11家)

44. 贵州黔昌生态农林股份有限公司
45. 贵州剑河园方林业投资开发有限公司
46. 贵州凯欣产业投资股份有限公司
47. 贵州黎美农业科技开发有限公司
48. 贵州百里杜鹃瑞伟生态产业开发有限公司
49. 贵州省从江县鑫霖农业开发有限责任公司
50. 贵州省黄平县五洋生态园绿化工程有限责任公司
51. 贵州金佰瑞农业股份有限公司
52. 锦屏县东南木业有限公司
53. 天柱县白市镇地样养殖专业合作社
54. 剑河县仰阿莎旅游投资开发有限责任公司

黔南布依族苗族自治州(12家)

55. 贵州山王果健康实业有限公司
56. 贵州森林湖农业发展有限公司
57. 贵州黔宝食品有限公司
58. 长顺县金冠林木农民专业合作社
59. 贵州瓮安鑫产园茶业有限公司
60. 贵州省瓮安县贵山茶业有限责任公司

61. 贵州瑞茂旅游投资开发有限公司
62. 惠水合生农业生态发展有限公司
63. 贵州鸿瑞实业有限责任公司
64. 贵州美瑞特林木开发有限责任公司
65. 贵州群山木业有限公司
66. 贵州经典云雾茶业有限责任公司

黔西南布依族苗族自治州(12家)

67. 兴义市阁鲁吉亚家具厂
68. 贵州中科绿谷生物科技有限公司
69. 贵州光秀生态食品有限责任公司
70. 贵州省霖生木业有限公司
71. 贵州安龙金蕙花卉发展有限公司
72. 贵州省普安县普白珍稀资源开发有限公司
73. 贵州脑滋源生物科技有限责任公司
74. 兴仁县鑫盛种养殖农民专业合作社
75. 黔西南州贵鑫农产品开发有限公司
76. 贵州西南生物科技股份有限公司
77. 册亨县泰森农林业开发有限公司
78. 贵州华一农业股份有限公司

通过监测评价继续授予省级林业龙头企业称号企业名单(100家)

贵阳市(5家)

1. 贵州森林野生动物园股份有限公司
2. 贵州由由农业开发有限责任公司
3. 贵州合众家具有限公司
4. 贵州大自然科技股份有限公司
5. 贵阳单宁科技有限公司

遵义市(21家)

6. 贵州赤天化纸业股份有限公司
7. 贵州红赤水集团有限公司
8. 赤水市黔原笋业有限责任公司
9. 贵州新锦竹木制品有限公司
10. 贵州省赤水市金钗石斛产业开发有限公司
11. 贵州金泽地绿色产品开发有限责任公司
12. 贵州乾艺园林工程有限公司
13. 贵州湄潭兰馨茶业有限公司
14. 凤冈县富源茯苓有限责任公司
15. 贵州省凤冈县田坝魅力黔茶有限公司
16. 贵州省凤冈县浪竹有机茶业有限公司
17. 贵州凤冈县仙人岭锌硒有机茶业有限公司
18. 贵州山珍宝绿色科技开发有限公司
19. 遵义林源医药化工有限责任公司
20. 道真仡佬族苗族自治县博联茶业有限公司
21. 正安县顶箐方竹笋有限公司
22. 贵州省桐梓县康利绿色食品有限公司
23. 遵义市郎笑笑食品有限责任公司
24. 贵州海峰木业发展有限公司
25. 贵州三阁园林生态股份有限公司
26. 贵州苗夫都市园艺有限公司

六盘水市(5家)

27. 水城县茶叶发展有限公司
28. 六盘水金玲籽农业科技发展有限公司
29. 水城县玉舍乡俄脚村旭鑫种养殖专业合作社
30. 贵州天刺力食品科技有限责任公司
31. 六盘水神驰生物科技有限公司

安顺市(8家)

32. 安顺市西秀区黔中缘种养殖农民专业合作社
33. 安顺市西秀区钰霖种养殖农民专业合作社
34. 普定县绿源苗业开发有限公司
35. 普定县朵贝重华茶业有限责任公司
36. 普定县思源现代农业发展有限公司
37. 贵州省关岭自治县板贵花椒食品香料有限公司
38. 安顺鸿祥绿色产业有限责任公司
39. 贵州昌泰科技开发有限公司

毕节市(6家)

40. 大方县阳光林业综合开发有限责任公司
41. 纳雍县万寿玛瑙红樱桃有限公司
42. 黔西县金碧镇杨勇种植农民专业合作社
43. 贵州惠馨果业发展有限公司
44. 大方县九龙天麻开发有限公司
45. 贵州赫之林食品饮料有限公司

铜仁市(9家)

46. 贵州大龙健康油脂有限公司
47. 贵州玉屏千林林业投资有限公司
48. 贵州一航生态农牧科技开发有限公司
49. 思南乌江利民木业有限公司
50. 贵州天德农产品开发有限责任公司
51. 贵州德江县康奇药植开发有限责任公司

52. 德江县伊甸园农业发展有限公司
53. 贵州省石阡和记绿色食品开发有限公司
54. 贵州苗药生物技术有限公司

黔东南苗族侗族自治州(19家)

55. 贵州甘力木业有限公司
56. 贵州永盛木业有限责任公司
57. 贵州华宏木业有限公司
58. 贵州福林福木业工贸有限责任公司
59. 榕江县五榕木业有限责任公司
60. 贵州森泰实业有限公司
61. 贵州省黔香园油脂有限公司
62. 黎平县霞宇油脂有限公司
63. 贵州省从江县红枫木业有限公司
64. 从江县华丰木业有限责任公司
65. 贵州永恒丰木业有限公司
66. 从江县盛源木业有限公司
67. 锦屏县锦源木业有限公司
68. 贵州鸿辉木业技术有限公司
69. 锦屏县寰宇木业有限公司
70. 锦屏县胜利木业有限公司
71. 锦屏县森科林产品有限公司
72. 贵州恒生源农业开发有限公司
73. 贵州黔昌生态农林股份有限公司

黔南布依族苗族自治州(10家)

74. 贵州恒力源林业科技有限公司
75. 贵州御龙尊茶业有限公司
76. 贵州颖梵农业资源开发有限公司
77. 贵州青龙农林股份有限公司
78. 贵州高原农产资材开发有限公司
79. 贵州汇生林业开发有限公司
80. 贵定县黔星云雾贡茶产业有限公司
81. 长顺丹索亚刺梨庄园有限公司
82. 贵州景天园林工程有限公司
83. 贵定县三胜绿色产业开发基地

黔西南布依族苗族自治州(17家)

84. 兴仁县富益茶业有限公司
85. 贵州楚人典范农业科技发展有限公司
86. 册亨奇松林业发展有限责任公司
87. 安龙县西城秀树农林有限责任公司
88. 黔西南州鲲波生物资源开发有限公司
89. 贵州阳光农业科技有限公司
90. 贵州珠江源生态实业有限公司
91. 兴义市绿缘中药材种植农民专业合作社
92. 黔西南州绿缘动植物科技开发有限公司
93. 望谟县四海桐油福利加工厂
94. 贵州禾丰苑农林开发有限公司
95. 兴义市文辉中药材农民专业合作社
96. 贵州芳阳特产有限公司
97. 贞丰县顶鐔椒业有限公司
98. 贵州马岭河植物油有限公司
99. 黔西南州宏森木业有限公司
100. 贵州益发绿色产业开发有限公司

(沈永生)

云南省林业产业

【概　述】 云南全省分布高等植物18000余种，占全国总数的53.9%；陆生野生脊椎动物1400余种，占全国总数的52.8%；湿地鸟类162种，占全国湿地鸟类种类的70.13%。林地面积2607.11万公顷，占全省土地总面积的68%，居全国第二位；森林面积2273.56万公顷，居全国第二位，森林覆盖率达59.30%，居全国第五位；云南独特的地理环境、水文气候、光照条件等孕育了多姿多彩的自然景观和丰富的森林旅游资源，为森林旅游的发展提供了得天独厚的景观资源基础。

发展思路及目标 深入推进林业供给侧结构性改革，保障优质绿色林产品供给，大力发展生态富民林业产业。立足我省森林资源优势，加快发展特色经济林、森林生态旅游、林下经济等绿色富民产业，创新发展模式、转变发展方式、完善流通体系、发展精深加工，积极培育新的增长点，推进高效林业持续快速发展，为市场提供更多优质、高效、绿色、生态的林业产品，满足人民群众对林业生态产品的市场需求。突出抓好木本油料产业提质增效、林业生态旅游转型升级、林产品的加工贸易、龙头企业及林业专业合作组织培育扶持等工作，科学规划、积极推进"互联网+现代林业"，促进林业一、二、三产业融合发展，努力实现"林业强、林区美、林农富"的目标。大力推进林业供给侧结构性改革，围绕打造650亿元核桃产业目标，继续深入实施核桃基地提质增效工程，加强核桃高效经营、采收、精深加工技术研究，全面推广核桃烘焙先进技术，加快推进核桃交易平台建设，完善核桃产品综合标准化体系。稳步推进油茶、澳洲坚果、油橄榄等特色经济林建设。大力发展林下经济，巩固提升基地建设质量。继续开展林业产业省级龙头企业和林农专业合作社省级示范社的认定工作，加快发展林业新型经营主体。着力推进林业投融资机制创新，加快林业资源资本化、生态资本化进程，研究破解国有森林资源、公益林抵押担保权能问题，积极协调金融业部门，健全林业贴息贷款制度，大力推进林权抵押贷款工作，选择条件具备、积极性高、有贷款意愿的地区申报2个林业PPP项目，力争林权抵押贷款余额和林业贴息贷款计划稳中有升。加快推进现代林业重点县建设。积极推进林产品地理标志暨原产地认证申报，加大林产品品牌创建。

【木本油料产业】 截至2017年末，云南已成为全国核桃主产省。种植面积、干果产量均居全国之冠，全省核桃种植面积达4300万亩，投产面积2012.07万亩、产量116万吨、综合产值318亿元，全省90%以上的县种植核桃，其中种植规模较大的县达70个，种植总面积超过100万亩的有8个县，超过50万亩的有28个县。大理白族自治州12个县(市)有96%的乡镇、88%的行政村、50%以上的农户种植核桃。全省审认定核桃良种113个，2017年有效核桃良种76个；创建了核桃种质资源库，营建了采穗圃67个2548亩，年可供应穗条5176.7万条；确定了核桃定点采穗基地、定点育苗基地373个，育苗面积4739亩；全省核桃基地建设良种和采穗基地穗条使用率、合格苗使用率均达95%以上，全省核桃良种选育和扩繁工作迈上新台阶。截至2017年，已制定《核桃种质资源描述记载规范》《核桃品种选育技术规程》《核桃采穗圃营建技术规程》《核桃苗木繁育技术规程》《核桃栽培技术规程》《薄壳山核桃育苗技术规程》《薄壳山核桃栽培技术规程》等核桃育苗、栽培技术标准9项，地理标志产品标准3项；获得专利授权191项，30多项技术创新成果获国家、省科技进步二等奖。科技推广和培训力度加大，实用技术普及率提高。全省有推广机构121个，其中：省级1个、市(州)级16个、县级104个，建站率81%；全省从事林业技术推广工作的技术人员为

10464 人，共计培训人数达 756510 人次。全省已建各类示范基地 283 个，面积 54.82 万亩，辐射带动 150 万亩。其中：国家级核桃示范基地 8 个，“森林云南建设”示范基地 9 个，省级示范基地 56 个；漾濞、昌宁、大姚、楚雄、南华、凤庆、会泽、鲁甸 8 个县(市)先后荣获“中国名特优经济林核桃之乡”荣誉称号；大理被评为“中国核桃第一州(市)”。

自 1996 年澳洲坚果首次引入云南后，经过 21 年的不断发展，特别是“十一五”将澳洲坚果纳入木本油料产业发展规划后，全省澳洲坚果基地以年均 10 万亩的速度增长。截至 2017 年末，全省澳洲坚果种植面积突破 262 万亩，壳果产量 1.6 万吨，综合产值 4.8 亿元，均居全国之首，其中镇康、盈江等 5 个县种植面积超过 10 万亩，景洪、江城、昌宁等 8 个县市种植面积超过 5 万亩，培育了云澳达、迪思、结圆等为主体的澳洲坚果种植加工龙头企业，形成了“云澳达”“迪思”“云果”“澳真”等品牌，其中前两个被评为“云南省名牌产品”。

云南省引种油橄榄开始于 20 世纪初。1964 年周恩来总理在昆明海口林场亲自种下了油橄榄树，拉开了云南油橄榄产业发展的序幕，先后引进的 103 个品种(品系)，已初步选育出皮削利、软阿斯等适应性强、抗病好、产量较高的品种。2017 年，全省现有油橄榄种植企业 21 家、专业合作社 12 个，种植面积近 10 万亩，投产面积约 2.8 万亩，年产鲜果 600 多吨，产值 1500 多万元。昆明市、丽江市已经成立了油橄榄行业协会。

【珍贵用材林】 2016 年中央预算内林业基本建设投资计划项目(云林计财〔2016〕56 号)下达云南省，将培育国家特殊及珍稀林木 1 万亩(0.6 万亩新造、0.4 万亩改培)，建设国家储备林基地 4 万亩(3.1 万亩新造、0.9 万亩改培，全部为珍贵树种)。

2017 年，组织实施了 2016 年下达的中央预算内林业基本建设投资计划项目(云林计财〔2015〕55 号)，建设木材战略储备基地 4.8 万亩，全部为珍贵树种，其中新造 3.4 万亩、改培 1.4 万亩；培育国家特殊及珍稀林木 0.36 万亩，为珍贵树种新造林。

【林下经济】 随着集体林权制度改革的深入推进，云南省各地坚持“产业发展生态化，生态建设产业化”发展思路，开展了不同形式的林下经济活动，通过发展林下经济，提高林地利用率，拓宽林业发展空间，增进资源培育，增加林地产出效益，提升森林生态产品供给能力，林下经济发展逐步向产业经营转变。

通过开展林下种植、林下养殖、林果采摘及加工、森林资源采集及加工、生物质能源和森林景观利用，初步形成了以林下养殖、林下种植、林产品采集加工、森林生态旅游等为重点，涉及林药、林菌、林花、林果、林菜、林草、林禽、林畜、林虫、林景等领域的林下经济发展格局，林、农、牧等资源共享、优势互补、循环发展已形成气候。

滇中地区以野生菌、林下药材及木本油料产品的加工及流通为主；滇东北地区以林下药材种植为主，天麻、重楼等名贵药材种植已经形成规模；滇南地区多种植石斛、三七等林下药材；滇西北及滇西南地区依托丰富的旅游资源开展森林生态旅游。

截至 2017 年 12 月，全省林下经济发展面积近 6900 万亩，产值超 650 亿元。

【森林旅游业】 截至 2017 年底，全省已建 32 个国家级森林公园和 15 个省级森林公园，森林公园总面积达 15.12 万公顷，形成了西双版纳、磨盘山、来凤山、宝台山等一批保护与开发成效显著的森林旅游景区；省政府已批复建立普达措、丽江老君山、西双版纳、梅里雪山、普洱、高黎贡山、南滚河、大围山等 13 处国家公园；已建立红河哈尼梯田、洱源西湖、普洱五湖、普者黑喀斯特、蒙自长桥海、鹤庆东草海、盈江、石屏异龙湖、通海杞麓湖、晋宁南滇池、沾益西河、玉溪抚仙湖、保山青华海、泸西黄草洲、兰坪箐花甸、江川星云湖 16 处国家湿地公园。2016 年，全省共接待森林旅游游客 4045.03 万人次，实现旅游收入 80.59 亿元，直接带动其他产业产值 42.80 亿元。

【地方优势林产业与林产品】

保山市 全市林地面积 1473803.3 公顷，占国土总面积的77.30%。活立木蓄积量达11775.979万立方米。森林覆盖率64.73%。林木绿化率70.42%。至2017年底，全市林业总产值达124.62亿元，比2016年增加21.62亿元，农民从林业上获得的人均收入超过3450元，其中核桃收入达到1500元，林下经济收入达1415元，有力地推动了山区经济社会的发展和农民的增收致富。全市核桃面积达460万亩，产量11.9万吨，产值32.2亿元；油茶面积85.7万亩，茶籽产量0.44万吨，产值1346万元；石斛种植面积1278万平方米，产量4900吨，产值3.4亿元；澳洲坚果面积31.37万亩，产量2900吨，产值7526万元；高黎贡山糯橄榄面积20.82万亩，产量300吨，产值220万元；林下经济发展面积达487.39万亩，产量18万吨，产值31.53亿元。

楚雄彝族自治州 全州属中国Ⅰ类核桃生产区，生产的三台核桃和云南泡核桃属中国最优良的核桃品种。楚雄市、大姚县和南华县被国家林业局命名为“中国核桃之乡”；楚雄市、大姚县被国家林业局评为全国100个经济林(核桃)产业示范县；有6个县被省林业厅列为全省核桃产业基地县。2017年全州种植核桃578万亩，年产核桃8.8万吨、产值21亿元，已培植核桃加工企业24户，其中有16户企业被省林业厅认定为省级林业龙头企业，有5个产品获得云南省名牌产品，1个产品获得云南名牌农产品。全州有野生食用菌300多种，是云南省乃至全国野生菌资源最丰富的地区之一，有4个县被列为云南省“松茸基地县”，有3个乡被云南省林业厅和国家濒管办授予“松茸之乡”称号，有野生菌加工出口企业27户。2017年全州野生菌产量达3.02万吨、产值14.24亿元，其中松茸产量870吨、产值2.33亿元，牛肝菌产量1.17万吨、产值3.75亿元，鸡枞2108吨、产值1.97亿元，全州农民人均野生菌收入756元。除野生菌外，楚雄州还有野生药用植物资源近3000多种，习惯食用的森林蔬菜近100种，还有大量的杨梅、橄榄等野生杂果。2017年全州采集森林蔬菜6434吨、森林药材17097吨、食用野果4304吨。全年实现野生菌等林下经济产业产值42.76亿元。楚雄有可供采脂的云南松近、成、过熟林139万亩、9300多万株，理论年可采松脂26万吨以上，有松香、香料、紫胶等加工企业10户，2016年全州采集松脂2937吨，加工松香、松节油8.88万吨，全年实现松香加工工业产值10.09亿元。

丽江市 全市林业用地面积2523.2万亩，占国土面积的81.79%，森林覆盖率为68.48%，活立木总蓄积量11090.2万立方米。境内有以森林资源为支撑的玉龙雪山、泸沽湖省级自然保护区和老君山等风景名胜区。到2017年底，全市共完成林业产业特色经济林基地建设面积472万亩，其中：核桃350万亩、山核桃10万亩、花椒69万亩、青刺果8万亩、油橄榄8万亩，其他水果27万亩。全市共有野生动物驯养繁殖企业44户，繁殖品种有野猪、梅花鹿、猕猴、山鸡等。森林生态旅游已成为丽江旅游业的重要载体。玉龙雪山、泸沽湖、老君山等自然保护区已成为国内外知名的旅游品牌，门票收入达14.8亿元。到2017年底各级林业产业龙头企业：省级15户、市级91户、县级73户。有“堃”牌花椒、“森泽”牌油橄榄、“沁香”牌调味品、“得一”系列果脯、“乌木春”牌茶叶等品牌产品以及“鹅个好”“花痴鸟”“永玉她留土鸡”“女儿珍”“沈氏滇重楼”“边屯”“鼎誉”等商标。

大理白族自治州 核桃栽培历史悠久，不仅是中国南方优良核桃品种“漾濞核桃”的原产地、主产区和重要商品出口区，还是美国山核桃和新疆核桃适宜引种栽培区。大理以核桃为重点的林业产业迅猛发展，2017年，全州林业总产值达194.21亿元，其中核桃产值76.08亿元，果蔬、茶饮产业产值13.62亿元，林下资源产业产值14亿元，木材加工和木、竹、藤、棕、苇制造业年产值19.36亿元，森林生态旅游服务产业产值11.73亿元，野生动物繁殖与利用产值2.2亿元，林产化工产业产值0.2亿元，苗木花卉产业产值达6亿元，其他产值51.02亿元。2017年底，全州核桃种植面积达1015.53万亩，种植范围覆盖了全州88%的行政村和50%以上的农户，产值76.08亿元；红豆杉基地累计建成10万亩，产值5.5亿元；果梅基地累计发展到17.44万亩，产值1.50亿元。建成了永平县曲硐、漾濞县上街下街、巍山县永建、南涧县公郎、宾川县拉乌、祥云县刘厂6个西南最大的核桃加工交易市场。2017年，全州核桃加工户数26745户(500吨以下有26653户，500~1000吨有65户，1000吨以上有27户)，其中：核桃果、核桃仁等粗加工户数达26740户、年加工量10.8007万吨、年产量15.7553万吨、年产值41.4567万元、年增加值2.9亿元，核桃油、核桃乳、核桃工艺品等精加工户数达7户、年加工量1.5357万吨、年产量1.3028万吨、年产值4.0512万元、年增加值0.686亿元。全州相继涌现出了漾濞核桃有限公司、漾濞县核桃秀工艺品厂、洱源县洱宝实业公司、大理白族自治州怀宝经贸有限责任公司、南涧县红云核桃加工销售有限责任公司、永平县果亮农副产品有限责任公司、巍山县鑫森农业实业有限公司等一批核桃加工企业。加工的产品远销北京、上海、山东、福建、浙江、四川、香港、台湾等地和韩国、新加坡等国家和地区，部分还转销欧洲。营销量22.23万吨，营销额77.1亿元。

该州云龙、永平、漾濞、大理、鹤庆、洱源、剑川等县(市)和其他海拔在2000米左右适生地区积极发展人工红豆杉原料林基地建设，着力开发紫杉醇等系列产品和紫杉醇针剂临床医药产品，形成较为完整的紫杉醇及其药品的加工体系，积极招商引资，引进紫杉醇加工特别是紫杉醇原药和针剂生产的龙头企业，努力将人工红豆杉林药产业培植成又一个新兴的骨干产业。全州红豆杉基地累计建成10万亩，产值7亿元；果梅基地累计发展到17.44万亩，产值1.50亿元。

全州各地采拾(摘)的野生食用菌和森林野菜以质优、味香闻名遐迩，其中松茸、香菇、鸡枞、美味牛肝菌、干巴菌等珍贵野生菌尤为突出，远销韩国、日本、阿拉伯、东南亚等国家和地区。全州林下资源开发利用规模达174.8万亩，产量达65884.6吨，产值达14亿元。其中：野生食用菌产量15858.7吨，产值36870.9万元；森林蔬菜产量15529.4吨，产值8788万元；重楼、续断、石斛、三七、天麻、附子等林下中药材种植面积16.7万亩，产量27393.9吨，产值34259.6万元。

怒江傈僳族自治州 2017年，全州接待国内外游客216.42万人(次)，林业旅游收入47.48亿元。林下经济种植中药材：草果103万亩、云黄连11.48万亩、秦艽5.66万亩、重楼3.6万亩、云木香3.07万亩，续断1.2万亩、白芨10亩、防风500亩、百合200亩、石斛200亩、魔芋4100亩、天麻30亩、黑松露307亩、灵芝220亩、菌类200亩、羊肚菌330亩、茯苓200亩、楤木1万亩、青刺果4.5万亩。核桃种植209.42万亩，产量9724吨，产值13204万元。花椒种植11.07万亩，产量332500千克，产值1518万元。油茶种植2.46万亩，产量23800千克，产值19万元。漆树种植33.34万亩，漆籽产量261896千克，漆籽产值196.3万元。2017年，全州林业总产值达16.39亿元，林农人均纯收入2679.33元。

德宏傣族景颇族自治州 2017年末，全州林业用地面积1274.51万亩，占全州总面积的76.05%(其中有林地面积1122.4万亩)。按林地使用权划分：国有林360.32万亩，集体林245.52万亩，个人667.88万亩，其他0.79万亩；按属性划分：商品林913.29万亩，公益林361.22万亩(国家级公益林282.9万亩、省级公益林78.32万亩)。活立木总蓄积量8189.5万立方米，活立木年净生长量120万立方米，森林覆盖率68.78%，绿化率70.26%。

2017年全州林业总产值76.26亿元，比2016年的65.58亿元增加10.68亿元，增幅16.29%。其中第一产业46.95亿元，第二产业24.28亿元，第三产业5.03亿元。全州用材林面积712.88万亩中，天然用材林461.27万亩，西南桦等优质人工用材林241.64万亩，人工促进更新9.97万亩。其中：特色经济林种植面积达83.26万亩(澳洲坚果33.3万亩、核桃35.91万亩、油茶13.25万亩、云南皂荚0.8万亩)。林下资源草果、石斛、重楼等21.14万亩。竹林面积63.65万亩(63.3%是龙竹，34.8%为其他竹，1.9%是灌竹)。德宏是全国西南桦(154.23万亩)、石斛(1.6万亩)种植面积最大和竹种(360种)资源收集保存最多的地区，并荣获中国“坚果之乡”和“石斛之乡”荣誉称号。全州陆生野生动物繁育与利用产值7852万元。其中共有野生动物人工繁育单位168家，固定资产1.05亿元，从业人员621人，野生动物养殖存栏13.49万头(条、只)，养殖品种主要有蛇、竹鼠、豪猪、蓝孔雀、野猪、原鸡、雉鸡、梅花鹿、黑熊等17余种，产值达到4873万元，年销售额3126万元。德宏优化资源配置，组成不同地域、资源和区块的景观资源，支持培育了瑞丽市莫里瀑布热带风景区、盈江国家湿地公园、黑河老坡景区等一批森林旅游和知名景区景点，景点占地面积43.67万亩，接待人数73万余人，旅游收入1766万元。全州建立了畹町、章凤、芒市孔雀谷3个森林公园，2017年投入建设资金5490万元，总计接待了游客2.58万人次，门票收入17.2万元。全州有木材加工企业610户，其中：一般商品木材加工单位352户，竹材加工单位44户，家具加工单位131户，工艺品加工单位55户，剩余物加工单位28户。全年生产木地板条、锯材等木制品5.53万立方米，销售7.14万立方米；生产竹制品362吨，销售542吨。现价工业总产值10241.5万元，产品销售收入12448.2万元，利润总额2938.5万元。

（李伟平　陶德双　杨红朝）

西藏自治区林业产业

【概　述】 青藏高原是世界屋脊、亚洲水塔，是地区第三极，是中国重要的生态安全屏障、战略资源储备基地，是中华民族特色文化的重要保护地。西藏位于青藏高原西南部，土地总面积12284.36万公顷，其中林地面积1783.64万公顷，占土地总面积的14.52%；森林面积1471.56万公顷，占林地面积的82.50%，森林覆盖率11.98%。活立木蓄积量228812.16万立方米，其中森林蓄积量226207.05万立方米，占98.86%。

2017年西藏林业总产值32.16亿元。第一产业依然是全区林业产业发展重头，产值为28.35亿元，其中：林木育种和育苗产值4.27亿元，营造林产值15.37亿元，木材和主材采运产值1.96亿元，经济林产品的种植和采集产值6.71亿元，花卉及其他观赏植物种植产值0.04亿元；第二产业产值为0.95亿元，其中：木材加工和木、竹、藤、棕、苇制品制造产值0.71亿元，非木质林产品加工制造业0.24亿元；第三产业以林业旅游与休闲服务为主，产值为2.86亿元。

野生动物　西藏是野生动物资源大省，其中有野生脊椎动物795种，居全国第三位，大中型野生动物种群数量居全国前列。其中藏羚羊(20万只以上)、野牦牛(1万多头)数量占整个种群数量的70%以上；黑颈鹤(8000只左右)越冬数量占整个种群数量的80%。在现有野生动物中，被列为国家和自治区重点保护的有141种，其中：属国家一级重点保护的有滇金丝猴、野牦牛、藏羚羊、黑颈鹤等45种，国家二级重点保护的80种，自治区重点保护野生动物16种，“三有”(有益、有重要经济和科学研究价值)动物352种，被列入《濒危野生动植物种国际贸易公约》(CITES)附录的动物达140余种。

野生植物　西藏有记录的高等植物6600多种，其中：苔藓植物700余种，维管束植物(蕨类和种子植物)5800余种。受国家重点保护的珍稀植物有38种(其中国家一级保护植物有喜玛拉雅红豆杉、玉龙蕨等6种)。列入自治区重点保护的有四叶红景天、亚东冷杉等40种。另有214种被列入《濒危野生动植物种国际贸易公约》(CITES)附录内。

湿地资源　西藏湿地不仅是青藏高原的“物种基因库”和重要的氧气补给源，也是发源于此的河流流域生态系统的重要“平衡器”和“调节器”。2017年全区共有湿地自然保护区13处，总面积77.57万公顷，其中：国家级2处，面积18.92万公顷；自治区级6处，面积34.71万公顷；地市级3处，面积22.09万公顷；县级2处，面积1.85万公顷。国际重要湿地2处，面积11.73万公顷，国家湿地公园22处(含试点14处)，面积25.09万公顷。

沙产业　日喀则市、拉萨市部分区域及山南市西部区域是西藏主要的沙化土地分布区。三市积极探索沙化土地利用、发展沙化产业，白朗、曲水等县在本区域结合防沙治沙工程开展了兼具生态效益和经济效益的枸杞等经济作物种植。空港新区及贡嘎、仲巴、萨嘎、昂仁等县也开展了治沙实验区建设，为全区积累了比较丰富的沙产业发展经验。

【林业产业项目建设】 一是按照“生态建设产业化，产业建设生态化”的思路，突出区域产业特色，编制了《西藏自治区林业产业发展规划(2018～2025年)》，印发了《西藏自治区林业厅小康示范村产业发展实施方案(2017～2020年)》。二是完成林芝苹果种植基地2000亩，核桃种植基地3000亩，常绿苗木生产基地5000亩；昌都康巴蜜橘种植基地3500亩、干杏基地4000亩，林木良种繁育基地1万亩；山南林木良种繁育基地1万亩的建设任务；拉萨、日喀则等市(地)林木良种基地建设。开展“两江四河”沙化治理、生态林建设、苗木基地建设和经济林建设等项目，种植甘草、沙柳等特色经济林3000余亩，种植枸杞3000余亩，建设了万亩苗木基地。三是落实天然林商业性停伐补助资金34910万元，助力林木种苗基地、特色经济林基地、木本油料基地、林产品加工、森林生态旅游等林业产业项目建设。四是坚持政府主导、市场运作、群众参与的原则，积极协调亿利生态、蒙草抗旱等生态绿化公司开展"两江四河"沙化治理、生态林建设、苗木基地建设和经济林建设等项目。2017年完成投资17500万元，累计已建成生态林4.9万亩，经济林0.9万亩。日喀则完成枸杞建设0.3万亩，着手建设枸杞干果和枸杞芽茶深加工厂区。五是通过扶持培育林业专业经济合作社、经济林果和林下资源收购交易平台建设等创新农村林业经营体制，将西藏自治区林芝市米林县羌纳乡朗多村建成可复制、可推广，具有示范性、代表性的小康样板村。初步建成以自然湿地、森林氧吧、湖心岛观光、采摘种植园等为主体的生态度假村。六是加快建设美丽西藏和构筑国家重要生态安全屏障。根据自治区人民政府第74次常务会议精神，由西藏林升森工有限责任公司、昌都市国有林场和曲水县净鑫花卉苗木有限公司共同发起成立西藏国土生态绿化集团有限公司。于2017年7月5日完成了工商登记注册工作。8月18日，经自治区人民政府批准，国土绿化集团正式挂牌运行。

【林业产业扶贫】 坚持保护与建设并重，坚持产业富民，因地制宜，突出重点，精准施策，加快推进林业产业发展，建立林业产业建设机制，助推精准扶贫。一是围绕林业产业建设、集体林权制度改革，补足林业产品供给不足的短板，通过生态产业建设推进全区扶贫攻坚工作和促进农牧民脱贫增收。二是把林业产业放在自治区大产业范畴来统筹规划，与自治区"十三五"规划和林业、农牧、水利、扶贫等相关部门的"十三五"规划相衔接。结合自治区正在实施的生态搬迁、边境小康示范村的建设、高海拔地区的搬迁等工作，做到群众搬迁到哪里，林业产业配套到哪里。三是突出重点，优化结构，重点发展核桃、苹果、葡萄、干杏、蜜橘、沙棘、枸杞等市场前景好，对农民增收带动作用明显的特色林果业，加快基地建设，推动全区精准扶贫工作。四是根据西藏林业产业的区域特征，引导农牧民组建林业专业合作社，充分发挥专业合作组织在资源培育、经营管理、市场营销等方面的优势。培育、复制"企业+专业合作社+基地+农户"等产业化经营模式，建立长期稳定的购销合作关系，引导农牧民开展标准化和专业化种植养殖，助推全区精准扶贫工作。

【苗木产业】 西藏自治区苗圃集中于除那曲、阿里外的5个地级市域内，2017年五市共有各类苗圃238个，用地总面积1.93万亩，育苗面积1.55万亩，占全区苗圃用地总面积的81%。其中：国有苗圃64个，面积1.65万苗，占苗圃总面积85%，苗种苗品主要以针叶树苗木和插杆苗为主。在全区64个国有苗圃中：区林业厅直属的苗圃1个；地(市)林业局管辖的苗圃5个，58个为县林业局苗圃。区、地两级的苗圃在生产管理方面较为规范，苗木出圃量和圃存量处于合理区间。

【特色经济产业】 西藏经济林资源主要分布于海拔1500~4150米的38个县(区)。全区2017年种植各类经济林33.84万亩，年产林果总量4.47万吨，年产值12.92亿元。其中，核桃为主的木本油料经济林种植面积最大，达14.50万亩，年产量1.20万吨，产值4亿元，以山南市加查县、林芝市朗县、八宜区和米林县为主产区，其次在昌都市芒康县等有一定规模分布；苹果、康巴蜜橘、石榴、葡萄、桃、山杏及梨等经济林果也有不同程度的发展。

【林下经济产业】 西藏林下资源非常丰富，已知药用植物1000多种，占全国药用植物总数的1/3；可食用真菌415种，其中药用菌类238种，丝膜菌等已知有抗癌作用的真菌168种；还有各种可食用的野生蔬菜几十种。据不完全统计，全区林下中药材采集与种植的年产量约有2482.40吨，年产值约1.20亿元；以松茸为代表的野生食用菌和野菜年产量1200.60吨，年产值约6.65亿元。林下中药材年产量最大的为林芝市和昌都市，主要有天麻、灵芝、丹参、贝母等品种；林下食用菌年产量最大的也是林芝市和昌都市，主要有松茸、羊肚菌、青杠菌等。

【森林采伐】 全区“十三五”期间年森林采伐限额从“十二五”期间的210.13万立方米调减至44.30万立方米，调减幅度达到78.92%。根据中央的指示，全面保护天然林，扩大天然林保护范围，全面停止国有林场天然林商业性采伐，完善天然林保护政策，提高补助标准，巩固停伐成果。2017年全区未安排和下达商品材计划指标，只下达林区自用材、薪炭材计划指标。全区林木采伐执行蓄积量为185814立方米，其中自治区预留计划6687立方米，全部为商品材(尼泊尔“4·25”8.1级地震，全区灾后重建寺庙维修商品材)，自用材18682立方米，薪炭材160445立方米。全年未突破下达的林木采伐计划指标，年底共结余103839立方米。

【自然保护区】 西藏林业自然保护区始建于1985年，经过30多年的建设和发展，截至2017年底，全区林业自然保护区数量已达60处，总面积4206.74万公顷。其中国家级10处，面积3720.23万公顷；自治区级自然保护区8处，面积236.21万公顷；地(市)级自然保护区9处，面积177.75万公顷；县级自然保护区33处，面积72.55万公顷。已初步形成了全区林业系统自然保护区建设的系统网络。

【森林公园】 全区国家森林公园9处，面积约118.68万公顷。2017年全区森林公园品牌效应进一步增强，各级旅游局和旅游开发机构每年都在全国各省份循环开展旅游推介会，积极努力将全区优秀的旅游资源向全国各省份进行宣传和推介，森林旅游事业蓬勃发展，森林旅游发展空间进一步扩展。森林旅游接待游客155.87万人次，实现旅游收入达14433.9万元。特别是比日神山国家级森林公园因鲁朗特色小镇建成投入使用，游客数量和旅游收入呈井喷式增长。

(张海武　德吉央宗)

陕西省林业产业

【概　述】 2017年陕西林业产业总产值1236.18亿元，比上年增长12.7%。其中第一产业产值963.48亿元，第二产业产值136.06亿元，第三产业产值136.64亿元，分别比上年增长12.6%、5%、22%，三产比例78:11:11。

政策措施 一是制定了2017年核桃红枣经济林基地及精品示范园建设项目计划，印发了《陕西省林业厅　陕西省财政厅关于下达2017年核桃等经济林产业发展资金项目计划的通知》和《陕西省林业厅关于下达第二批林业产业发展资金项目计划的通知》，累计下达各市和贫困县建设项目资金1.35亿元。二是对照《陕西省林业产业发展"十三五"规划》，印发了《关于2017年度林业产业发展考核任务下达的通知》，细化各市林业产业产值目标和经济林建设任务。三是印发了《关于做好2017年国家级和省级林业重点龙头企业推荐工作的通知》，经过逐级推荐和专家评审，向国家林业局推荐上报了6家企业为"国家林业重点龙头企业"。四是按照逐级申报、现场核查和专家评审等程序，向国家林业局申报了5个"国家级核桃示范基地"。五是与国家林业局西北林业调查规划设计院合作，首次开展了林业产业对全省农民收入的影响力调查和评估，及时掌握了相关信息和资料，为陕西省今后林业产业的发展提供了有力的数据支撑。

特色经济林 扎实推进核桃等经济林产业建设，圆满完成目标任务。全年新造核桃等五大干杂果经济林72.09万亩，改造83.32万亩。其中核桃新建46.43万亩，改造52.22万亩；红枣新建2.55万亩，改造10.3万亩。围绕核桃、红枣产业和产业扶贫，深入57个县开展调研，形成了《陕北地区核桃产业发展情况的调研报告》《全省低产低效经济林提质增效的调研报告》，为省政府决策提供依据。

提质增效 加强合作，持续推进核桃等经济林提质增效工作。3月8日在洛南县召开的核桃产业提质增效推进会上，林业厅与商洛市人民政府签订了合作共建核桃产业发展示范市框架协议。6月23日，陕西省林业厅、商洛市人民政府和西北农林科技大学联合主办2017商洛核桃产业发展研讨会，拓宽了核桃产业今后发展思路，提出了转型升级、品牌创建和提质增效的措施。

省林业厅落实省委省政府领导批示，制订了全省低产低效经济林提质增效调研方案，对全省核桃、红枣、花椒、板栗、柿子、长柄扁桃、油用牡丹、文冠果等经济林的发展态势、可能面临的困难和低产低效原因做了专题调研，结合精准扶贫提出了建议。

产业扶贫 注重抓好贫困地区发展林业产业，多措并举破解农业不强、农民不富的难题。一是及时下达2017年度核桃等干杂果经济林产业发展项目资金7081万元，占项目总额52.5%。二是联合省财政、农业、扶贫办下发了《关于加快贫困地区林业产业发展若干意见》。三是开展技术培训激发内生动力。4月26～27日在子洲县举办了林业产业精准扶贫陕北地区核桃栽植管理技术培训会，18个县(区)280人参加，通过专家讲授、实践操作和经验交流，为全省核桃产业的发展起到了良好的宣传带动作用。7月16～17日组织了林业产业龙头企业培训座谈会，引导龙头企业按照"企业(合作社)+基地+贫困户"的模式助力全省林业生态脱贫攻坚任务。四是开展"特色功能性蜂蜜开发研究"科技攻关项目，带动林下中蜂养殖，助推贫困群众增收。五是树立典型，示范带动，编印了《陕西省林业产业扶贫经典案例100例》。

【森林旅游】 一是加强森林公园暨森林旅游行业管理，做好新建晋升和森林公园年度考核，加快总体规划编制。二是加强培训，增强管理能力。组织15处森林公园管理人员30余人，参加了全国森林旅游培训班。三是开展森林公园监督检查和森林公园征占用林地专项检查工作。下发了《关于开展全省森林公园专项检查的通知》，8～11 月，从规划、建设项目、资源保护、管理等方面，对全省森林公园开展专项检查。四是加强森林旅游宣传推介力度，联合丝博会执委会制作发行了省内首个以森林公园游览为特色的获奖旅游项目"秦岭绿卡"，包含多处森林公园的折扣门票；参加 2017 中国森林旅游节，在反映陕西省森林公园建设成就的同时，突出展示了资源保护、森林公园建设、林业产业发展成绩，宣传了"三秦森工"林产品品牌，收到了良好的效果，荣获优秀展示奖、协作奖。截至 2017 年，全省共建立各类森林公园 91 处，面积 35.7 万公顷，其中国家级 37 处，省级 54 处，2017 年全省森林旅游共接待游客 2513.6 万人次，经营收入实现 10.82 亿元。

【种苗花卉】 2017 年全省采收林木种子 220 万千克，育苗面积 85 万亩，产苗量 50 亿株，产值达到 120 亿元。不仅为经济林基地建设提供了优质的良种壮苗，也成为一些地方农民增收的重要来源。认真贯彻落实《中共陕西省委、陕西省政府办公厅关于加快现代特色苗木花卉产业发展的意见》(陕办〔2017〕13 号)部署，组织开展了陕西省苗木花卉示范县和示范园建设相关标准的起草工作。聘请西北农林科技大学专家教授，赴长安区、汉中、渭南等地深入苗木花卉生产企业开展实地调研，结合陕西省实际，依据相关规定和标准，起草了《陕西省苗木花卉产业省级示范园标准(试行)》初稿，征求各市意见又经修改完善后，印发执行。深入镇安等 9 县(区)的 16 家苗木花卉基地，开展了首批"苗木花卉产业省级示范园"实地核查工作。陕西省林业厅成立了"陕西省林业厅苗木花卉产业发展领导小组"，制定了苗木花卉产业发展规划，有力地促进了全省种苗花卉产业的发展。

【林下经济】 为了盘活农民承包到户的集体林资产，增加农民收入，在认真调研的基础上，编制了《陕西省林下经济发展规划》。利用省级财政林下经济发展资金，下达宝鸡市陈仓区等 33 个县(区)项目资金 1215 万元。在 2016 年创建省级林下经济示范基地活动基础上，2017 年继续开展林下经济示范基地创建工作，西安市临潼区骊源现代生态农业有限公司等 40 家单位被评为 2017 年陕西省林下经济示范基地。开展创建农民林业专业合作社示范社活动。4 个合作社被评为国家级示范社，28 个合作社被评为省级示范社。

【林业产业龙头企业】 一是印发了《关于做好 2017 年国家级和省级林业重点龙头企业推荐工作的通知》，经过逐级推荐和专家评审，向国家林业局上报了 6 家企业为"国家林业重点龙头企业"，力争使陕西省国家级林业重点龙头企业达到 12 家。二是分 3 个组深入 57 个县(市、区)，对全省 69 家省级林业产业龙头企业的生产和经营状况进行了全面监测考察，对照相关规定，依法依据取消了 4 家林业产业省级龙头企业称号。三是对 2017 年 42 个申报企业进行了全面核查和评审，批准认定宝鸡振华农业发展有限公司等 39 家企业为"2017 年林业产业省级龙头企业"。2017 年全省林业产业省级龙头企业达到 104 家。四是收集整理了 114 个涉林企业的生产经营、产业发展和招商项目，编印了《陕西林业产业发展招商引资项目册》，通过各类展会平台推介我省优势林业产业项目。五是组织 13 个林业龙头企业参加第 24 届杨凌农高会，并在"发展绿色富民产业，推进生态精准脱贫"林业展馆内展示特色林产品，获优秀展示组织奖。

【野生动物繁育利用】 经过持续保护，陕西省已成为全国野生动物资源较为丰富的省份，形成了"家丁兴旺"的发展态势。2017 年，全省拥有陆生脊椎野生动物近 700 种，占全国的近 30%。"秦岭四宝"种群数量和栖息地面积呈现"双增长"，人工大熊猫新产幼仔 4 只；延安最新监测调查原麝野外种群 800 余只，华北豹野外种群约 28 只。启动了旬邑马栏河朱鹮野化放归工作，新繁育朱鹮 621 只，超年度目标任务的 170%。由国家林业局保护司、陕西省林业厅、陕西省科学院联合主办了"中国·陕西林麝首次野化放归"活动，13 只林麝回归山林，人工繁殖林麝新增 3867 只，超年度目标任务的 222%，总量近 15000 只，继续保持全国第一。

【科技教育】 一是组织开展林业科技发展调研。多次举办林业科技重大项目研讨会，为全省林业科技发展建言献策。二是印发《加快实施创新驱动发展战略支撑林业现代化建设实施意见》，明确了陕西省林业科技创新能力建设方向和任务。三是积极筹备建立了省林业标委会，为陕西省林业标准化建设提供了组织保障。四是成立省厅第七届科学技术委员会，审核确定了陕西省林业重大科技攻关项目。五是与西北大学签订深化产学研合作协议，通过政产学研用深度融合，促进科技与经济融合，成果与产业对接。

开展林业科技项目申报和技术攻关。申报并获批立项国家级、省级科技项目 7 个，其中 2017 年国家级项目 2 个，省级项目 5 个。组织开展林业科研项目征集活动，共征集各类科研项目 177 个，其中省厅审定林业科研重大项目 7 个，林业科研一般项目计划 19 个。全年共完成林业科技成果评审 9 项，林业推广成果鉴定 10 项；完成省级科技成果登记 11 项。开展 2017 省林业科技进步奖和技术推广奖评审，征集并评定进步奖 13 项，推广奖 8 项。

【安康富硒茶产业】 2017 年，安康市茶园面积达 94.6 万亩，产茶 3.52 万吨，实现产值 60.9 亿元、综合产值达 151.62 亿元；5 年新增富硒茶体验店、实体店和茶楼 672 家，省级龙头企业达 17 家，市级规模以上统计企业达 86 家，SC 认证企业达 130 家；培育茶叶省级著名商标 29 件、知名商标 15 件，市、县(区)举办宣传推介活动百余场次。累计建成陕茶 1 号、紫阳群体种母穗园 19 个，良种茶苗自繁推广 5 亿株；建设茶园 34.18 万亩、茶叶园区 120 个，其中建成省级园区 10 个、市级园区 79 个，茶园已成为安康市全域旅游业中的重要项目和支点之一。同时，茶产业覆盖全市 315 个贫困村、3.9 万贫困户、12.3 万贫困人口，实现贫困户均增收 2650 元，为打赢安康脱贫攻坚战做出了重要贡献。

安康富硒茶品牌知名度和市场影响力不断提升。2017 年全市有茶叶加工厂 856 家，厂房面积 24.77 万平方米，年生产加工能力 5.18 万吨，茶叶加工清洁化、机械化、标准化程度明显提高。省级龙头企业由 3 家增加到 17 家、市级规模以上统计企业由 12 家增加到 61 家、产值达 100 亿元，SC 认证企业由 25 家增加到 110 家，分布全国营销网点和电商平台近千个，安康茶企市场营销能力和产品市场占有率明显提高。

近几年，安康市先后同中国农科院、中国茶研所、云南农大、安徽农大、西北农林科技大学、安康学院等开展院地和校(院)企合作，相继成立了安康富硒茶研究院、中国(安康)富硒产业研究院和安康富硒茶技术研究工程中心等，广泛深入开展科技研究、人才培训和技术推广，在做精绿茶、做大红茶、开发黑茶等方面取得突破。各茶企积极改进绿茶传统工艺，提高精细化程度，完善翠峰、毛尖、银针、龙珠等茶品形态。加快安康红茶、红碎茶开发，短短几年红茶实现了从无到有、由少变多、全面发展的态势。紫阳、平利、汉滨还加快了黑茶工艺研究，紫阳向阳茶厂成功研制出青砖茶并投入生产，改造传统陕青茶工艺为花香型取得成功，安康橘柑茶、柚子茶、花茶等产品屡进大雅之堂。先后争取国家、省、市立项涉茶科技项目 40 余项，申请发明专利 25 项，省级成果奖 3 项，市级科技成果奖 10 余项，出版涉茶文化丛书 15 套；新增涉茶商标 126 件达 163 个，创建省、市名牌产品 57 个，省级著名商标 29 个、知名商标 15 个，有 2 件“中国驰名商标”；新增 SC 认证企业 85 家达 130 家，有 7 家企业获得 ISO9000 质量体系认证、4 家企业获得 HACCPC 食品安全保证体系认证、7 家企业获得欧盟、日本等国际标准认证；先后荣获“国饮杯”“中绿杯”国家名茶大奖 67 项，其他国内名茶大赛金奖或特等奖、一等奖 67 项。陕茶 1 号先后获得国家林业局和农业部颁发的“植物新品种权证书”，“紫阳富硒茶”成功创建国家知名品牌示范区，并荣获“中国十大富硒品牌”“中国百强农产品品牌”等多项殊荣，品牌价值连续攀升。

【凤县花椒产业】 2017 年，凤县花椒鲜椒收购价从最初的 20 元每千克涨至 28 元每千克，干椒从最初的 120 元每千克，最高达到 160 元每千克，凤县当年花椒产量 4000 吨，产值 5.2 亿元，农民人均花椒收入 7000 元以上。

自 2002 年开始，凤县瞄准花椒产业这一特色，请专家考查，让行家论证，先后提出了“花椒大县”“椒畜富民”“生态名县”战略目标，将花椒产业确定为富民特色主导产业，作为农业产业发展和提高人民经济收入的重中之重来抓。政府先后出台花椒苗木扶持政策、花椒保险补贴政策、花椒烘干机补贴方案等。根据种植区域、地形、地貌、海拔高度等因素，将全县花椒种植划分为花椒种植核心区、种植适生区及芽菜生产区，分类指导花椒的核心区建设，适生区建设，芽菜种植区建设，科学规划，积极推动，激发不同区域群众种植花椒积极性。为确保花椒产业健康发展，2006年1月正式成立凤县花椒产业发展局(后更名凤县花椒果业管理局)，以指导全县花椒建园规划，生产技术实验示范，生产技术推广，技术培训、咨询服务，栽植管理、病虫害综合防治及防霜冻技术研究为主，服务全县花椒产业发展。为促进凤县花椒健康发展，每年椒果局都要制定技术培训计划，根据各镇村生产实际和管理需求，组织专业技术人员走村入户开展技术培训，不断提升群众的管理意识。近年来，春季花椒冻害发生频繁，经过多方努力，2012年2月由西北农林科技大学、宝鸡市市政府、凤县县政府三方合作，共同组建西北农林科技大学凤县花椒试验站，截至2017年，它是全国唯一的花椒试验示范站。主要以无刺、优良无性系花椒品种为载体，采用丰产树形和科学的栽培工艺，树立花椒丰产模式样本，生产无公害优质花椒。通过试验站的研究推广，传统的栽培工艺与现代高科技相结合，进一步提升花椒产业管理水平。为方便群众技术咨询，公布花椒技术专家联系方式，分发到各村组户，以方便群众咨询，更好地服务花椒管理工作。2010年凤县顺利通过了国家级花椒标准化示范区验收。通过对标准化花椒示范园实施绿色元公害防治，提高了花椒产量，扩大了绿色无公害椒品的供给，增强了花椒产品市场竞争力。截止2017年全县共有花椒示范村20个、县级千亩花椒现代科技示范园8个。

凤县大红袍花椒已取得国家地理标志保护产品和绿色食品认证。被国家林业局命名为“中国花椒之乡”，被陕西省名牌战略推进委员会认定为“陕西名牌”产品、被陕西工商行政管理局认定为“陕西著名商标”，2017年凤县大红袍花椒又被农业部列入重要农业文化遗产保护，凤县“中国花椒之乡”的品牌效应逐步显现。

凤县先后引进恒力农业、雨润椒业等5个龙头企业，研发花椒深加工产品5种，发展花椒批发、销售门店6个。先后出台新型农业经营主体土地流转减半补贴及奖励等办法、坚持项目优先申报，使用统一商标、对宣传包装费实行补贴等，增加新型农业经营主体发展花椒产业的扶持力度，增强主体内生动力。积极组织专业技术人员进行技术辅导，解决新型农业经营主体的生产难题，及时对接服务需求。积极引导新型农业经营主体参加各类会展活动，推介凤椒产品，同时掌握市场动向，加强同行间的学习和交流，开拓产品研发思路。

(郝媛媛)

甘肃省林业产业

【概　述】 甘肃具有发展林果产业的良好自然资源禀赋。全省林业部门管理着以苹果、核桃、花椒、葡萄、梨、枣、桃、杏、枸杞、樱桃等为主的林果产业，形成了具有甘肃地方特色的林果产业、种苗花卉、林下经济、木本油料、森林旅游和沙产业六大产业。截至2017年底，全省林果栽植面积2365万亩，其中挂果面积1273万亩，年产量558万吨，年产值453亿元；林下种植、林下养殖、林产品采集加工和森林景观利用等林下经济年产值达70.35亿元；油用牡丹栽植面积10.77万亩，其中2017年新增2.26万亩，全年产籽(花)115吨，实现产值324万元。种苗花卉、森林旅游和沙产业健康快速发展。

【林果产业】

发展现状　林果产业是甘肃省的传统优势产业，也是重点培植的支柱产业。甘肃省水、土、光、热资源丰富，果树生长所需要的光、热、水资源组合优势明显，具有发展经济林果栽培的特殊地理环境和明显适生优生的气候条件，也有悠久的栽培历史和深厚的群众基础。林果产业既是保护和改善生态环境的公益事业，又是惠及民生的朝阳产业，大力发展林果产业对甘肃省精准扶贫精准脱贫及促进生态安全屏障建设具有十分重要的意义。2017年新栽林果面积168万亩，提质增效面积841万亩，林果产量558.66万吨，产值453亿元，其中苹果产值达235亿元。

脱贫攻坚　甘肃地处内陆边远地区和连片贫困地区，贫困面大，贫困程度深，扶贫任务重，脱贫攻坚是当地重中之重的工作任务。鉴于林果产业具有进入门槛低、适宜贫困群众就业创业等特点，省委、省政府将林果产业作为全省脱贫攻坚六大产业之一进行重点扶持和发展，各级林业部门紧扣脱贫攻坚工作大局，将林果产业与贫困群众就业增收挂钩。省级林业、农牧部门联合制订下发了《甘肃省果品产业精准扶贫三年行动工作方案》，组织指导各地加快林果产业发展。各级林果产业扶持项目都重点吸纳一定比例的贫困群众参与，扩大林果面积和扶贫解困农户覆盖面，帮助贫困群众通过发展林果产业实现增收脱贫。秦安县是省林业厅对口帮扶的深度贫困县，省林业厅发挥行业优势，结合秦安县适宜种植水蜜桃、花椒等林果的有利条件，帮助做大做强林果产业，助力全县脱贫攻坚。

特色优势产业　立足各地自然条件、产业基础、市场区位、发展环境等因素，在深入调研论证基础上，先后制定《甘肃省千万亩优质林果基地建设发展规划》和《甘肃省林果基地建设发展规划(2016~2020年)》，按照“因地制宜、适地适树、突出特色、规模发展”的原则，引导各地发展特色优势林果等林业产业。2017年全省已初步建成了陇东优质苹果，陇南核桃、花椒、油橄榄，河西和沿黄灌区葡萄、枸杞、红枣等特色鲜明的优质林果基地，林药、林菌、林禽、林畜、林蜂、林草等多种模式的林下经济快速发展，林业绿色富民产业不断发展壮大。平凉市发挥全国苹果最佳适生区的有利条件，坚持每年以20万亩的速度扩大苹果基地面积，发展重点乡镇85个、千亩村1063个，2017年全市苹果种植面积达256万亩，先后有21万多人通过发展苹果产业实现稳定脱贫，苹果产业已成为当地群众增收的重要支柱产业。

新型经营主体　依托林业龙头企业、林业合作社、家庭林场、专业大户等在管理理念、生产技术、种植技术和储藏加工、销售渠道等方面的优势，推行“龙头企业+合作社(家庭林场)+基地+林农”的发展模式，引导林农以土地、劳务等要素入股加入林业合作社，建立与林业龙头企业在林果产业发展中的利益联结关系，在各类林业新型经营主体的带动下共同发展林果产业，走林农与林业龙头企业、合作社、家庭林场合作经营、互助共赢的产业发展路子。庆阳市宁县立足当地苹果产业发展优势，引进国家重点龙头企业海升集团助力当地苹果产业发展，按照“生产高端果品、面向高端市场”的目标定位，大力推广省水、省肥、省劳力栽植管护模式，果树栽植后当年开花、三年丰产、五年盛产，亩产多的达到5~8吨，比传统果园产量增加2~4吨，亩均收入明显增加，极大地带动了当地苹果产业发展和林农增收致富。

特色品牌 根据满足市场需求提档升级的发展方向和趋势，积极引进名优林果品种对原有老旧品种进行升级改造，提升林果产品品质。在此基础上，培育树立一批“省内一流、国内知名”的林果特色品牌，提升林果产品附加值和经营效益。鼓励和扶持企业争创驰(著)(知)名商标，申请地理产品标志认证，并通过展销会、博览会和推介会，以及网上交易、电子商务等多种营销渠道，提升林果品牌知名度和影响力。截至2017年全省已培育出平凉金果、静宁苹果、庆阳苹果、天水花牛苹果、秦安蜜桃、秦州大樱桃、武都大红袍花椒等一批林果产业特色优势品牌，全省林果产业品牌知名度和经济效益明显提升。“庆阳苹果”获得国家地理标志保护产品认证、入选中国果品区域公用品牌50强、中国百强农产品区域公用品牌，果品销往国内多个大中城市及东南亚、中东欧等“一带一路”沿线国家，取得了良好的经济效益和社会效益。

抓点示范 将抓点示范，以点带面作为加快林果产业发展的重要举措，通过各级财政扶持、部门帮扶、科技服务等形式，在各地培育树立一批经营面积大、市场前景看好、带动作用强、后劲优势明显的林果产业示范基地，引领和带动全省林果产业的高效快速发展。各级林业部门利用林果科研技术优势，采取结对共建等形式，为林果基地提供蓄水保墒、树型管理、防灾减灾等方面的服务指导，帮助建成示范基地。省级财政每年列支林果产业发展资金6000万元，重点用于扶持一批林果产业示范基地，为全省林果产业发展做出示范，发挥辐射效应。市县两级财政部门也结合各自实际，拿出一定资金用于扶持当地林果产业。陇南市武都区专门出台了扶持油橄榄、花椒等产业发展的奖补办法，每年自筹资金1200万元，通过以奖代补的方式，对新建和提质增效林果产业基地给予补助，2017年全区花椒基地面积稳定在100万亩左右，花椒产业收入占到当地农民人均纯收入的一半以上。

林权改革 在完成明晰产权、承包到户的集体林权制度主体改革任务后，省政府办公厅制定下发了《关于完善集体林权制度的实施意见》，进一步放活集体林经营权，为林果产业发展激发内生动力。通过推进林权流转，将细碎的林地化零为整，提供规模经营基础；开展林权抵押贷款和用林业贷款财政贴息资金进行贴息，为林果产业发展开辟有效的融资渠道，缓解发展缺资金的难题；积极培育各类林业新型经营主体，提升产业发展质量和效益。结合省委、省政府部署开展的农村“资源变资产、资金变股金、农民变股东”的“三变”改革，引导林农以林地、资金、劳务等入股参与产业发展，享受各类产业扶持政策，改变林农群众发展产业缺资金、单家独户信息不畅、难以抵御市场风险的业态，提升发展层次和经济、社会、生态效益。

【木本油料】 2017年争取省级财政木本油料发展资金1270万元在全省建设32个油用牡丹标准化种植基地和5个文冠果标准化种植基地。全省累计安排扶持资金3270万元，其中油用牡丹2930万元，文冠果340万元。全省油用牡丹栽植总面积达10.77万亩，2017年新增油用牡丹栽植面积2.26万亩，全年产籽(花)115.04吨，实现籽(花)产值324.02万元，截至2017年底已建立种植示范基地26300亩，其中油用牡丹22900亩，文冠果3400亩。2017年组织对2016年省级财政林业产业项目建设情况进行抽查并对2017年建设项目进展情况进行了实地踏查，对存在的问题及时发现、及时整改。

【林下经济】

发展现状 甘肃是西北乃至全国的重要生态安全屏障，全省共有林地面积1.56亿亩，其中集体林地面积5996万亩。2017年全省实现林下经济产值70.35亿元。其中林下种植种苗花卉、经济林果、中药材、食用菌等近600万亩，林下养殖禽类、畜类、蜜蜂、驯养繁殖野生动植物等1600多万头(只、箱)，兴办森林人家2662户，兴办各类林产品加工企业281个，农户累计利用承包林地营造生态经济兼用林458.75万亩。泾川、康县、静宁等7个县和静宁德美林果专业合作社等22个新型经营主体被国家林业局评为国家级林下经济示范基地。

领导高度重视 省委、省政府领导调研指导林业改革发展时，要求围绕精准扶贫精准脱贫工作大局，积极发展林下经济，让群众年年都有收益，助推林农增收致富。省林业厅逐年与市(州)林业部门签订林下经济发展目标责任书，将林下经济产值作为年度林业工作考核的重要内容，强化各级林业部门推进林下经济发展工作责任。

坚持科学规划 全省全面完成明晰产权、承包到户的集体林权制度改革任务后，深入贯彻国务院办公厅《关于加快林下经济发展的意见》精神，省委、省政府下发了《关于加快林下经济发展的意见》，省政府办公厅转发了省发改委、财政厅等16个部门《关于促进林下经济发展若干政策措施的意见》，提出了42条扶持林下经济发展的政策措施，省财政每年安排1000万元专项资金用于扶持林下经济发展。立足全省林下经济发展现状，在总结"十二五"发展成效基础上，制订出台了《甘肃省"十三五"林下经济发展规划》，督促指导市县制订当地十三五林下经济发展规划，分区域确定重点产业、发展模式和推进措施，确保林下经济有计划地快速发展。

深化林业改革 深入推进林权流转、林权抵押贷款、林业新型经营主体培育等农村林业改革重点工作，激发林下经济发展内生动力。鼓励和引导林农流转林权发展林下种养业和森林旅游业，促进林下经济的规模化高效经营。推进林权抵押贷款和果树经济林权属证抵押贷款，为林下经济发展提供有力的资金支持，对用于发展林下经济的贷款进行贴息，降低发展林下经济的融资成本。培育壮大林业合作社、家庭林场、林业大户和林业龙头企业等新型经营主体，安排承担中央和省级财政林下经济项目，增强项目示范带动效应，提升全省林下经济的整体发展水平和经营效益。

培育示范典型 通过领导抓点、财政扶持、对口帮扶、加强指导等方式，在全省培育和树立一批规模大、效益好、带动力强的林下经济发展典型。截至2017年，全省已有泾川、敦煌等7县(市)和22个林业新型经营主体被国家林业局认定为全国林下经济示范基地。通过宣传做法和推广示范基地的经验，引领拉动了全省林下经济的快速发展。泾川县高度重视林下经济发展工作，出台了加快林下经济发展的《指导意见》和《发展规划》，抓建林下中药材种植示范点18个，带动全县发展林下种植9.6万亩，建立林下养鸡示范点21个，实现全县林下养殖超过300万只(头)。

创新经营模式 因地制宜，因事因人施策分类指导，引导林农通过多种经营模式发展林下经济。支持农户"单干"，走自主经营路子。鼓励支持林农利用承包林地、撂荒地发展林下种养业，对符合条件的给予财政扶持，做好技术指导、提供市场信息等服务，帮助发展林下经济。鼓励大户"大包干"，走规模经营路子。引导和动员有实力、善经营的专业大户流转农户不愿经营或暂无能力经营的集体林地，规模经营发展林下经济。入股分红"合作干"，走合作经营路子。对不愿发展又不愿将林地出租的农户，通过入股组建合作社，由合作社统一经营，收益按比例分成，合作发展林下经济。龙头带动"跟着干"，走企业化经营路子。对未有效利用的集体林地、宜林荒山荒地整块规划，出租给林业龙头企业，按照"企业+基地+农户"的形式，通过企业化经营，带领林农共同发展。

【家庭林场】 随着农村林业改革的不断深入，获得林地承包经营权的广大林农领办家庭林场的积极性空前高涨，甘肃省林业部门因势利导，精心部署推进，率先在全国开展了家庭林场的认定登记和工商注册工作，着力将家庭林场培育成为现代农村经济发展的新型经营主体和骨干力量，使其在促进农村林业集约、规模、高效经营和繁荣农村经济中发挥重要作用。截至2017年底全省认定注册家庭林场896家。

精心组织推动 家庭林场是林业行业最具活力的新型经营主体之一。根据中央和省委、省政府培育发展家庭林场的部署要求，甘肃省级林业部门将培育发展家庭林场作为深化农村林业改革、完善农村基本经营制度、创新林业经营体制机制、发展适度规模经营和激发林业发展潜力的重要举措，列入重要议事日程。每年将家庭林场新增数量列为市(州)林业部门的考核指标之一，平时督促检查加强指导，年终严格考核兑现奖惩，强化家庭林场工作的组织领导。将家庭林场作为中央财政木本药材、草本药材和省级财政补助三类林下经济项目的实施主体，在项目安排中给予倾斜扶持。培育示范家庭林场，逐级培育一批效益好、规模大、带动能力强的示范家庭林场，引领家庭林场发展。充分利用新闻媒体做好宣传，重点宣传家庭林场培育发展的好典型、好做法、好经验，营造良好的发展氛围。张掖市林业局高度重视家庭林场培育发展工作，制订了《加快培育发展家庭林场的实施意见》，所辖六县(区)全部出台了《家庭林场发展规划》，明确了家庭林场的发展目标、工作重点、扶持政策和保障措施，有力地促进了家庭林场发展。

促进规范发展 中央和省委1号文件明确要求“鼓励发展家庭林场”。甘肃省级林业部门顺应家庭林场快速发展的形势，在全国率先探索开展家庭林场认定登记工作，通过深入调研，充分征求各级林业干部、家庭林场经营者、有关专家的意见建议，在国内先行出台了《甘肃省家庭林场认定登记管理办法》，明确了家庭林场的定义，申请者应具备的条件和应走程序、扶持政策等，并下放审批权限，规定由县级林业部门最终认定。还将加强培育和扩大数量作为重点任务，坚持农民自愿、因地制宜、分类指导的原则，鼓励发展多形式、多类型的家庭林场，做到成熟一家，认定登记一家。鼓励和支持大中专毕业生、新型职业农民、农村实用技术人才和返乡下乡创业人员兴办家庭林场，全省家庭林场如雨后春笋般发展起来。

培育市场主体 甘肃省级林业部门，会同省级工商部门联合制订出台了《关于做好家庭林场工商注册登记工作的通知》，明确了家庭林场的界定、注册登记机关、注册类型、林场命名、经营范围、经营场所和工商、林业部门服务管理职责等内容，鼓励和引导家庭林场按照自愿原则办理工商注册登记，取得市场主体资格。通过开展工商注册，家庭林场作为集体林业的新型经营主体，与国有林场共同构成和完善了现代林业经营体系。工商、林业部门密切沟通协作，建立登记管理信息共享机制，对认定登记和工商注册的家庭林场实行台账式管理，强化服务指导，完善运行机制，培育壮大家庭林场。引导家庭林场开展造林营林、特色林果、种苗花卉、林下种植、林下养殖、森林旅游、森林康养、特种养殖、野生动植物驯养繁殖、木本油料、沙区产业、林产品及林下产品采集、加工、贮藏、运输、销售等多种涉林经营活动，多渠道、多途径增加家庭林场经营收入。酒泉市充分利用国有宜林荒山荒坡面积大的优势，引导家庭林场通过出租等形式取得荒山荒坡经营权，植培枸杞、甘草、肉苁蓉、锁阳等，扩大经营范围和规模，提升生态、社会、经济效益。

强化服务管理 按照《甘肃省集体林权流转管理办法》等相关规定，积极引导集体林权通过出租、转包、互换、入股等多种形式向家庭林场流转，形成适度规模，规定家庭林场在同等条件下优先受让本集体经济组织成员转出的林权，为家庭林场发展提供必备的规模经营基础，促进家庭林场规模高效发展。建立和完善县有中心、乡(镇)有站、村有信息员的三级林业服务体系，为家庭林场发展提供政策咨询、登记注册、科学种培、市场信息发布等服务，做好家庭林场经营者培训，帮助办理森林保险、林权抵押贷款、林权流转等相关业务。临泽县将家庭林场与特色产业融合培育扶持，对连片发展50亩以上矮化密植枣园的家庭林场给予每亩1000元补助，对连片发展葡萄50亩以上的家庭林场每亩给予300元种苗补助。

【陇南市林果产业】 陇南市自然资源富集、生态环境良好，发展经济林果等特色产业有得天独厚的条件。多年来，围绕把陇南建设成为“全国绿色农特产品生产加工基地”目标，陇南市大力发展以核桃、花椒、油橄榄为主的特色富民产业，初步构成了“‘特中特’产业优势鲜明、‘独一份’产业势头强劲、‘错峰头’产业互为补充、‘好中优’产品尽显特色”的特色林果产业发展格局，为促进林业增效、农民增收、农村发展提供了有力保障。截至2017年底，全市经济林基地面积达到715万亩，实现总产值78.54亿元；核桃种植面积、产量位居全国第二，武都区花椒面积位居全国县(区)第一，油橄榄产量、产值居全国第一。

完善体制机制，加大投入促发展 始终坚持“绿水青山就是金山银山”发展理念，制定林果产业发展规划，组建国有独资的富民产业公司，加快推进农村“三变”改革，着力构建林业产业生产、加工、经营一体化的良性循环机制。市级财政设立1000万元特色产业发展基金，每年投入特色产业财政扶贫资金3000万元，协调配合各金融机构推出“椒红宝”“金橄榄”等信贷产品，带动了一批示范流域、示范园区建设，进一步加快了林果产业发展步伐。

坚持示范引领，强化管理提质量 陇南市根据林果产业面积基本实现全覆盖的阶段性特点，把打造高标准、高质量示范点作为提升林果产业发展的重要抓手，整合资源，把林果产业发展与示范园区建设、退耕还林、农村土地流转等结合起来，建成林果产业示范园256个。截止2017年，全市核桃总面积达到425万亩、产量10.7万吨；花椒面积达到230万亩、产量3.5万吨；油橄榄总面积达到60万亩、产鲜果3.8万吨。

注重多方协作，凝心聚力抓产业 陇南市始终坚持把培育壮大产业作为脱贫攻坚的主攻点和落脚点，充分发挥林业、农牧、科技部门的主力军作用，科学编制规划，精心组织技术服务；各级财政、扶贫、交通、水务等部门加强协作配合，加快产业基地基础设施建设，累计修建产业路1500多千米，上水工程200多处，集雨水窖3600余眼，灌溉渠道3.8万多米，输电线路1300多千米。注重人才培养，依托高校、科研机构、企业等主体，组织培训各类参与者，促进产量、产值连年增长，经济林果特色产业给农民人均增收达3200多元，特色林果成为群众稳定增收的“铁杆庄稼”。

突出科技支撑，良种繁育有突破 陇南市把科技资源作为特色林果产业提质增效的支撑，加强科技服务机构建设，成立了市经济林研究院、甘肃省特色经济林良种繁育工程研究中心和甘肃省核桃工程技术研究中心。依托祥宇油橄榄公司成立了“国家行业油橄榄和经济林工程技术中心”和“甘肃省油橄榄工程技术研究中心”。省级“核桃工程技术中心”已建成投入使用。聘请国际油橄榄知名专家和国内核桃、花椒专家学者18人担任产业开发技术顾问，与中国林科院、北京林业大学、兰州大学、甘肃省林科院等科研院校所建立了长期、稳定的合作关系。建成了核桃品种园、采穗圃、接穗储藏库、良种繁育圃和中国最大的油橄榄种质资源库，引进和选育核桃、花椒、油橄榄等林果良种223个。

精心培育龙头，产业经营上水平 陇南市注重发挥经营主体在资源配置中的基础作用，精心培育发展龙头企业、农民合作社、专业大户等经营主体，有效带动产业。华龙恒业被评为国家级重点龙头企业，祥宇油橄榄公司被评为国家级林业重点龙头企业、省级大型龙头企业。全市现有特色林果产业省级重点龙头企业5家、示范合作社10家、专业合作社330家。连续5年成功举办花椒、特色产品产销对接洽谈会，建成陇南特色农产品交易市场、陇东南苗木市场等一批物流仓储、专业市场，产业化经营水平得到进一步提升。

着力推行标准，持之以恒创品牌 陇南市始终把标准化管理作为维护林果产品品质的重要保障，制定了由省质监部门确认的种苗、林果产品生产质量标准，成县核桃、武都花椒、武都油橄榄被评为国家地理标志产品，无公害产地认证达到18项，有机食品认证6项，注册商标79件。“祥宇”牌橄榄油被国家工商总局评为“中国驰名商标”。核桃、油橄榄、花椒被评为甘肃省“十大名果”，先后获得了国际、国家和省级奖项40多个，祥宇橄榄油荣获纽约国际橄榄油大赛金奖，为陇南经济林果品进入国外市场奠定了基础。

【静宁县林果产业】 2017年，静宁县秉承绿色发展理念和经济生态融合发展思路，把造林绿化和果园建设作为工作的重中之重，完成生态造林5.6万亩，新植果园5万亩，栽植绿化苗木2000余万株，经济林苗木220万株，投入资金2900万元，林果业建设取得了明显的成效。

稳定果园面积 严格按照苹果大县向苹果强县、绿色果品向有机果品、传统果业向现代果业转变的“三个转变”发展思路和“巩固规模、适度扩张，加强管理、提升效益”的总体要求，坚持覆盖优生区、发展适生区、杜绝不宜区战略，在24乡镇72村完成新植果园5万亩，建成3处5000亩以上示范点和18处2000亩以上示范点，共栽植优质苹果苗木220万株，建成了威戎张齐、雷大柴岔、双岘页沟、界石崔岔、灵芝杨渠等一批质量好、标准高的精品工程，使全县苹果种植面积保持动态下的稳定。

推进品种结构调整 充分发挥果树果品研究所和静宁苹果产学研联盟的科研示范作用，广泛开展种质资源搜集评价、优质脱毒苗木扩繁研究，加快良种苗木繁育基地建设，建成了静宁县国家级苹果林木种质资源库，引进新品种110多个；城川红旗、德美、辰宇等苹果良种苗木繁育基地2000亩，培育适合静宁生态条件的新优品种和特性砧木，满足全县及周边地区果园建设需求。按照“早、中、晚熟合理搭配，鲜食、加工比例适当”原则，引进脱毒烟3、烟富8、烟富10等晚熟品种，合理搭配嘎拉、秦冠等授粉树种，积极发展蜜脆、红将军、黄元帅等早中熟品种，累计调运秦冠授粉树20万株，核桃30余万株，大接杏20多万株，文冠果12万株，早酥梨18万株，努力达到布局合理化、品种多样化、供需均衡化生产要求和目标。

加快提质增效 深入开展“果品质量提升年”活动，集成推广幼树早果丰产栽培技术和树型改良、黑膜覆盖、节水灌溉、枝干粉碎还田、病虫害综合防控、人工辅助授粉等挂果园提质增产技术，完成树型改良60万亩，配方施肥100万亩，果园覆黑膜50万亩，整型修剪60万亩。同时，建成了仁大李河、李店郭柴、治平胡家塬、城川吴庙等老果园重茬新植5000亩，深沟麦顶矮化密植园800亩；在城川、甘沟、威戎、李店、仁大、贾河、治平等乡镇完成郁闭园间伐改造2万亩，在老果园更新改造、科学间作和创新模式栽植等方面进行了积极探索，示范效应好、带动作用强。在24乡镇新建、续建五类示范园94处26万亩，其中新植示范园22处5.58万亩，幼园示范园21处6.4万亩，初挂园示范园21处4.5万亩，丰产示范园19处8.1万亩，带动全县果园标准化管理面积达到90万亩以上。

健全体系建设 采取集中办班与分散指导相结合、技术讲座与实际操作相结合、典型交流与园场观摩相结合和外出学习、骨干提升、普及培训等多种方式，大规模、多层次对果农培训，完善县有果办、乡(镇)有中心、村有骨干、户有技术员的四级技术服务网络，开展了以春季果园拉枝修剪、灌水施肥，新植果园栽植等为主要内容的技术培训180场次，发放技术手册1万余份，培训果农2万余人(次)，进一步提高了果园的管护水平。新建了中国静宁苹果网、静宁林果信息服务发布平台，完善“龙头企业+合作组织+基地+农户”等多种经营模式，积极参加了天津果蔬博览会，加快发展静宁苹果网上销售，促进线上、线下销售“两轮”驱动，多方位、多渠道拓宽市场份额，进一步提高静宁苹果的市场占有率和品牌影响力。

推进产业融合创新 坚持特色农业与文化旅游互促互进、整体提升，深入发掘苹果文化内涵，大力发展特色文化旅游，相继在余湾、仁大举行了苹果花节旅游节会，在界石铺开展梨花赏花节，通过静宁政府门户网站、静宁县林业局微信平台等现代传媒手段，开展了“苹果花开了，我在静宁等你”主题宣传活动，收到了良好的社会反响，苹果旅游业态已经形成。

(甘肃省林业厅造林产业处)

青海省林业产业

【概　述】 2017 年，青海林业产业全面落实省委省政府的统一部署，牢固树立“五大发展理念”，以“四个转变”推进“四个扎扎实实”落地生根，坚持生态林业与民生林业协调发展，加大生态与产业富民协同推进力度，产业发展与精准扶贫紧密结合，促进产业增效、农牧民增收目标实现，进一步为生态文明建设和全面建成小康社会提供了有力支撑。

截至 2017 年底，全省经济林面积达到 371.19 万亩，其中：沙棘 240.96 万亩，枸杞 69.97 万亩，核桃 24.29 万亩，树莓 10.54 万亩，藏茶 1.55 万亩，其他杂果类 23.88 万亩；完成中藏药材种植 14.6 万亩。全省各类苗圃面积达 16.26 万亩，其中：国有 2.35 万亩、集体 0.29 万亩、个体 13.62 万亩。种子生产基地 8.1 万亩，年均可提供各类苗木 6.1 亿株，各类林木种子 20 万千克。2017 年新增沙漠公园 4 处，省级湿地公园 1 处。启动了祁连山国家公园体制改制试点工作。

2017 年，林业产业产值达到 51.37 亿元，带动就业人数 42.14 万人，带动周边农户 16.32 万户，户均年增收 9700 元；带动周边农户人数 24.2 万人，人均增收 6850 元，支付劳动报酬约 10.7 亿元。突出支持有条件的建档立卡贫困户发展林产业，带动周边贫困户 2.15 万户，户均年增收 8440 元；带动周边贫困人数 4.72 万人，人均增收 3296 元，支付劳动报酬约 1.56 亿元。

2017 年 2 月，省政府办公厅印发《关于加快有机枸杞产业发展的实施意见》，林业厅编制《青海省“十三五”林业产业发展规划》《青海省藏茶产业发展规划》《青海省中藏药材保护和发展规划》和《青海省有机枸杞产业发展规划》等，不断推进“东部沙棘、西部枸杞、南部藏茶、河湟杂果”林产业规划和沙棘枸杞“百亿元产业”发展。2016 年至 2017 年，共实施枸杞标准化基地建设 6.91 万亩，其中提质增效 2.9 万亩，有机基地 2.36 万亩；沙棘标准化采摘基地 3100 亩；藏茶基地 4400 亩；杂果类经济林 1.67 万亩；种植中藏药材、食用菌等 20 万亩。启动梅花鹿、林麝、孔雀等特色经济型野生动物养殖项目 11 个，发展特色养殖业，梅花鹿等鹿类发展到 2607 头、孔雀 2400 羽、藏雪鸡 1482 只、林麝 300 只。推进发展林业生态旅游业，安排“林家乐”和“森林人家”项目 11 个。安排省财政支农枸杞标准化产业园区建设资金 3000 万元，支持都兰县诺木洪枸杞产业园、德令哈市绿色产业园基础设施建设等。利用辽援资金在湟中县建成“青海省中藏药材产业园区”。2017 年，全国有 25 家企业通过有机枸杞认证，其中青海占 16 家。

组建有机枸杞产业协会，完成经济林协会换届工作。制定了枸杞、藏茶、大宗中藏药材、樱桃、核桃种植培育技术规程等 18 个地方标准，在生产基地建设中严格按照相关标准实施，促进了林产业标准化建设。组建了由 152 名专家组成的林产业专家库，在林产业项目评审、论证、咨询等方面起到了支撑和保障作用。

强化对林业产业化龙头企业的引导和管理，建立全省林业产业化重点龙头企业管理台账和动态管理制度，根据林业产业发展和企业实际需要，提供政策、技术服务，扶持企业做优做大做强。培育和壮大林产业新型经营主体，组织认定 46 家林业产业化重点龙头企业，全省省级林业产业化重点龙头企业由 34 家发展到 80 家，其中国家级林业产业化重点龙头企业增加到 4 家；农(牧)民林业专业合作社发展到 1018 家。组织林业产业化重点龙头企业和合作社，参加国家林业局举办的中国森林旅游节、中国义乌国际森林产品博览会，宣传青海省林产业及枸杞品牌，青海省大漠红、诺蓝杞、三江雪、昆仑一号等 35 种产品获展会金奖，进一步扩大了青海林产品的品牌影响力。

2017 年，认真贯彻落实《国务院办公厅关于完善集体林权制度的意见》及全国深化集体林权制度改革现场经验交流会精神，出台《关于完善集体林权制度的实施意见》和《关于创新造林机制激发国土绿化新动能的办法》，与中国人民银行西宁中心支行 、省财政厅、省银监会等五部门联合印发了《青海省集体林权抵押贷款管理办法》，为林产业发展拓宽了融资渠道。

2016 年至 2017 年累计投入林业产业发展资金 3.1 亿元，其中：中央财政 4230 万元，省财政 14510 万元，林业贷款贴息 2179 万元，农牧担保公司信贷投资近 1 亿元。扩大森林保险范围，将经济林等纳入保险范围，两年保费支出 8408.45 万元，其中：中央财政 4177.7 万元，省财政 2569.45 万元，县级财政 1175.9 万元，自交保费 485.4 万元。2017 年全省经济林保险面积 14.56 万亩，林木种苗保险 7350 亩。

针对青海省林产业发展起步晚、规模小、不平衡和结构单一的问题，坚持把严格管理放在首位，推动高标准建设、高起点发展。开展林产业“项目管理质量年”“项目建设质量年”等活动。结合林业产业发展项目特点和青海省林业产业发展实际，修订林业产业项目管理办法，进一步严格林业产业项目申报、组织实施、“三级”验收、档案管理、资金分配和绩效评价等。

（才让旦周　强　毛）

宁夏回族自治区林业产业

【概　述】 2017 年，全区林业产业实现总产值 1871040 万元。其中第一产业 964848 万元、第二产业 477665 万元、第三产业 428527 万元。

第一产业中，湿地产业产值 32041 万元、林木育种和育苗产值 110039 万元、营造林产值 143426 万元、木材及采运 83 万元、经济林产品的种植及采集产值 687339 万元、花卉及其他观赏植物种植产值 23702 万元、陆生野生动物繁育与利用产值 259 万元。

第二产业中，木材加工产值 243 万元、家具制造 115 万元、非木质林产品加工制造业 476450 万元。

第三产业中，湿地产业产值 1205 万元、林业生产服务产值 63494 万元、林业旅游与休闲服务产值 360288 万元、林业生态服务产值 2021 万元、林业专业技术服务产值 182 万元、其他服务产值 18 万元。

此外，还有林下经济产业产值 9921 万元，主要为林药、林菜、林禽等模式所创造。

另外还有林业系统非林产业产值 2524 万元。

2017 年完成经济林新增面积 1.03 万公顷，其中，枸杞 0.33 万公顷、苹果 0.12 万公顷、红枣 0.03 万公顷、花卉 0.4 万公顷、小杂果及其他经济林 0.15 万公顷；全年低产低效改造提升完成 0.35 万公顷，新增育苗面积 0.12 万公顷，完成枸杞统防统治 0.33 万公顷；建设特色经济林产业示范基地 10 个，具体为：在吴忠孙家滩、沙坡头南山台子和中宁恩和镇，创建苹果示范园 4 个；在中卫南山台子、灵武狼皮子梁、灵武大泉林场，推进建设红枣高标准示范基地 3 个；引导发展设施果树，建立吴忠林场设施果树、大武口八大庄设施葡萄设施果树示范基地 2 个，创设青铜峡大青葡萄种植示范基地 1 个。宁夏创新财政支农方式，发挥市场的主体作用和自治区地方财政资金的引导作用，用足用活财政支农资金。2017 年下达特色经济林产业发展补助资金 1.2 亿元，其中：枸杞 1.1 亿元，切块各市县(区)资金——苹果 340 万元、红枣 190 万元、花卉 115 万元、设施果树及其他 215 万元，经营主体培育 140 万元。主动参与脱贫攻坚，积极争取国家林业局新增 1500 名建档立卡贫困户生态护林员指标，落实补助资金 1500 万元。结合林业重点工程，优先使用建档立卡贫困户的苗木和让其参与造林绿化，有效转移农村闲散劳动力，保障脱贫人口不返贫，并去过剩苗木，2017 年，累计使用当地苗圃良种壮苗近 3 亿株，苗农苗木收入达 10 亿元以上，劳务收入达 10 亿元。

【经济林产业】 截至 2017 年，全区经济林面积 20.7 万公顷，其中，红枣 5.3 万公顷、苹果 4.9 万公顷、枸杞 6 万公顷、设施果树及花卉 0.25 万公顷、鲜食葡萄、红梅杏及其他经济林 4.2 万公顷，年综合产值 55 多万亿元，直接带动 34 万农民从事林业产业，农民从林产品中获得收益。全区建立了以红枣、苹果、枸杞、葡萄、设施果树、花卉等林业特色优势产业示范园区和基地 80 多个。品牌影响力显著增强。一是推进林品品牌建设，协同农牧厅建立宁夏农业品牌目录，开展首届宁夏农产品区域公用品牌、知名农业企业品牌、特色优质农产品品牌评定工作，宁夏银湖农林牧开发有限公司、宁夏万齐农业发展集团 2 家企业荣获首届宁夏知名农业企业品牌，“南山阳光”“扁担沟”“中玺”“茹河”4 个品牌获得首届宁夏特色优质农产品品牌，使宁夏特色林果产业市场影响力逐步得到提升。二是积极培育国家级林业龙头企业，认真审核，组织宁苗集团、宁夏万齐农业等 4 家企业参评第三批国家级林业重点龙头企业。三是在宁夏红枣之乡——灵武市，成功举办以“创新、优质、发展”为主题的首届宁夏红枣评比大赛，评出 2017 年度“灵武长枣枣王”“同心圆枣枣王”“中宁圆枣枣王”“骏枣枣王”“灰枣枣王”5 个称号，成功举办“中卫市首届苹果采摘节暨2017年秋季苹果推介会”，展示了红枣、苹果品质优势和发展成果，丰富枣乡文化内涵，推动红枣、苹果产业迈上新台阶。四是积极参加国家林产品展示会，组织6家苹果、红枣企业参加由国家林业局、浙江省人民政府联合主办的“第10届中国义乌国际森林产品博览会”，利用综合类林产品展会平台，拓宽了产品营销渠道。

【枸杞产业】 2017年，枸杞产业以推进农业供给侧结构性改革为主线，推进枸杞质量安全体系建设，建立了枸杞产区病虫害气象预测预报体系，编制了《枸杞干果中农药最大残留限量标准》，制订了《宁夏枸杞品牌建设实施方案》《宁夏枸杞营销体系建设方案》。组织开展6场枸杞境内外宣传推进活动。中宁枸杞以161.56亿元品牌价值进入全国农业区域品牌价值十强，“宁夏枸杞”“中宁枸杞”被评为全国100个消费者最喜爱的优质农产品品牌。2017年打造枸杞标准化示范基地10个，全区3个基地获国家原生态原产地称号、7个基地获中国重要农业文化遗产称号。完成低产低效园改造1.8万亩。新发布《宁夏枸杞病虫害防治农药安全使用规范》《食品安全地方标准　枸杞》等地方标准14部，新制(修)订8部。建立“中宁枸杞”甄品溯源监管服务系统，对19家企业发放追溯码85.9万枚。全区拥有“宁夏枸杞”“中宁枸杞”两个区域公用品牌，“宁夏红”“百瑞源”等5个国家驰名商标、13个宁夏著名商标、60余个企业自主品牌、3个国家级重点龙头企业、16个自治区龙头企业。在北京举行了“宁夏枸杞品牌战略研究发布会暨宁夏枸杞品牌建设高峰论坛”，发布了《宁夏枸杞品牌战略》研究成果，向社会公开了6个宁夏枸杞优质基地和6个宁夏枸杞知名品牌；“宁夏枸杞”“中宁枸杞”被评为全国100个消费者最喜爱的农业品牌。组织区内枸杞龙头企业先后在法国、意大利、俄罗斯、英国、澳大利亚、新西兰等国家和广州、成都等国内大城市开展了多次宁夏枸杞专项推介活动，集中展览展示了宁夏枸杞九大类60余款产品，宁夏枸杞知名度不断提升。

【贺兰山东麓葡萄酒产业】 2017年2月15日，宁夏贺兰山东麓葡萄酒“品牌建设年”启动，自治区领导与会。宁夏以“品牌建设年”为抓手，牢固树立“五大发展”理念，坚持酒庄酒发展模式，以打造世界优质葡萄酒产区为目标，以市场为导向，着力在规模效益、品牌建设、市场拓展、产区监管上下功夫，不断完善葡萄酒产业体系、生产体系和经营体系，形成一、二、三产业全面融合发展新格局，走出一条更加符合宁夏实际的葡萄产业可持续发展之路。年内将在国内外举办两大展会、两场推介活动、三大主题活动，开展全方位的宣传活动，宁夏国际葡萄酒交易博览中心将联合产区近100家酒庄、300款以上葡萄酒抱团开发市场，在泉州、福州、漳州、厦门、成都、重庆、杭州等有市场基础的城市，建立贺兰山东麓葡萄酒展销展示中心和配送中心。同时，通过各种政策的激励，鼓励与全球知名葡萄酒贸易商合作，推动宁夏具有出口资质的酒庄出口葡萄酒。与此同时，推动葡萄酒与文化旅游深度整合、全面推进葡萄酒特色小镇建设、启动建设产区葡萄酒体验集散中心、开通葡萄酒旅游车厢、打造精品酒庄旅游路线、新增3万亩高标准基地、加快贺兰金山等4个试验示范区建设、强化科技创新和人才培养、推进全产业链全程化监管。

【林下经济】 林下经济发展势头强劲。引导各县(市、区)把发展林下经济作为深化集体林权制度改革的突破口，充分挖掘利用林地资源潜力，重点发展以林下种植、林下养殖、林产品采集加工、森林景观利用为主的林下经济。着力打造林下经济特色品牌，培育了“朝那鸡”“溜达鸡”“老瓜头”、蜂蜜“栖凤蜜语”等具有突出效益和示范带动作用的林下经济品牌产品，开辟了农民增收致富的新渠道。2017年新增林下经济4.2万亩，全区林下经济面积364.3万亩，涉及30.2万农户，林下产品形成九大系列、20多个品种，实现产值9921万元。

【林业改革】 在深入调研、认真总结吴忠市湿地产权确权试点的基础上，制订了《宁夏回族自治区自然资源统一确权登记(湿地产权确权)试点实施方案》，并报请国土资源部批复，在银川、石嘴山、固原、中卫全面启动湿地产权确权试点工作。深化集体林权制度改革，提请自治区出台了《关于完善集体林权制度的实施方案》。认真贯彻落实《国家林业局关于规范集体林权流转市场运行的意见》精神，加强林权流转管理，规范林权流转秩序，推广使用国家统一制定的《集体林权流转合同规范文本》。积极引导、鼓励各地推进林权流转，促进集体林地适度规模经营。在彭阳、西吉、隆德3个县开展集体林地“三权分置”改革试点，积极推进集体林地经营权流转。2017年全区集体林权流转面积0.5万亩，全区累计流转集体林地21.2万亩。

【新型林业经营主体培育】 紧抓国家鼓励大众创业、万众创新的契机和惠农政策，采取多种方式鼓励兴办家庭林场、股份合作制林场等新型林业经营主体，林业经营主体不断发展壮大。配合自治区农牧厅组织开展了自治区级农民林业合作社示范社评选。全区新型林业经营主体总数达到4595家，其中：专业大户2496个、林业企业261个、家庭林场275个、专业合作社1563个，经营林地面积116.15万亩，从业人数9.7万人。全区国家、自治区、市、县四级农民林业专业示范社创建体系已基本形成。加强与金融部门沟通联系，推动农业银行宁夏分行、黄河银行、宁夏银行落实履行合作协议，不断扩大金融服务林业范围，提升支持力度，持续增加林业信贷投资规模。全年实现林权抵押贷款4.2亿元。

【科技支撑与扶贫】 充分利用中央财政和自治区财政林业科技推广示范项目，重点支持红枣、苹果、枸杞、鲜食葡萄、设施果树、花卉等林业特色优势产业，促进提质增效、优化升级，推动供给侧结构性改革，以此辐射带动全区林业特色优势产业快速健康发展。加强项目资金管理，围绕国家和自治区重点工程建设，加大项目资金的争取力度，全年共落实项目资金18亿元，其中中央资金12.5亿元，自治区财政资金5.5亿元。组织申报中央财政项目11个，新储备中央财政林业科技项目10个，组织评审申报自治区财政林业科技项目20个。组织制定、审定《宁夏灌区农田防护林造林技术规程》等9项林业地方标准。组织引进杜仲、鲁蜡5号等9个优新树种，扩繁楸树优系、大金星山楂等3个树种，开展杂交构树等试验示范和核桃遗传资源调查编目工作。新建9个标准化林业站、5个科技推广站。加强林木种苗建设，良种使用率达到53.7%。突出枸杞产业、精准造林、荒漠化治理、特色林业发展等领域，重点推进林业共性关键技术攻关和吸收消化再创新，服务林业供给侧结构性改革。突出科技引领，认真组织实施《灵武长枣自由纺锤形及综合配套技术示范推广》和《设施葡萄高干水平棚架立体栽培技术试验示范》等中央及自治区科技推广项目，完成设施葡萄高干水平棚架立体栽培技术科技成果鉴定工作，以及《设施葡萄高干水平棚架立体栽培技术规程》和《大青葡萄栽培技术规程》2个地方标准的编制报批工作，进一步加快了经济林科技成果转化的应用。示范园区和基地的建设，让贫困户参与、分享产业链增值收益，实现稳定脱贫。

【技术培训】 技术培训重实效。一是组织全区红枣、苹果产业主产市(县、区)林业局主管领导，部分国有林场、企业负责人，产业专家等30余人，赴陕西省洛川、千阳、大荔、杨凌农业高新技术产业示范区和甘肃省静宁县，观摩学习红枣、苹果产业发展的最新模式、关键品种、主推技术、果品质量标准体系和安全生产规范。二是加强技术培训，召开全区林业特色优势产业和林下经济现场培训班，举办“全区苹果、红枣春季修剪培训班”“全区苹果、红枣夏季管理关键技术培训班”“全区完善集体林权制度改革培训班”，共举办各种形式培训班6场次，培训技术骨干近600余人(次)以上，发放培训手册、图说1000余份。

【果品质量安全】 一是会同国家林业局经济林产品质量检验检测中心(银川)，第三季度完成对灵武市、同心县、中宁县的50个鲜枣样和50个鲜枣土壤样监测工作，联合区农牧部门，开展了2017年水果产品质量安全例行监测和安全飞行监督抽查工作，全年抽样水果400个，年底完成检测后，出具2017年宁夏水果产品质量安全例行检测和飞行监督抽查总结分析报告。二是针对极端天气，认真做好6月份暴雨冰雹灾情调查工作和10月份低温冻害预防指导工作，积极组织专家技术指导服务组，分赴经果林受灾区进行灾害预防，有效应对和预防了极端天气对果树发展带来的不利影响和尽可能地减轻灾害损失。

【首届宁夏红枣大赛】 9月25～27日，由自治区林业厅、灵武市共同主办的宁夏首届红枣评比大赛暨灵武长枣2017秋季推介订货会在灵武市枣博园举办。来自全区10个红枣主产县(市)的52家企业、专业合作社和种植大户参加了评比大赛，共送来红枣样品88个，涵盖宁夏栽培的5个红枣优势特色品种，同时，还展示了8个红枣新品种。其中有地方特色品种灵武长枣、中宁圆枣和同心圆枣，还有深受市场和消费者认可、且具有一定种植规模的骏枣、灰枣两个引进品种。宁夏银湖农林牧综合开发有限公司选送的灵武长枣获得“灵武长枣枣王”称号，中宁县大井子红枣专业合作社刘中华选送的中宁圆枣获得“中宁圆枣枣王”称号，同心县成世种植家庭农场选送的同心圆枣获得“同心圆枣枣王”称号，宁夏中卫宝塔农林牧生态科技有限公司选送的骏枣获得“骏枣枣王”称号，中卫市永胜生态果品流通专业合作社选送的灰枣获得“灰枣枣王”称号。另有25个参赛样品分别获得各个红枣品种的二、三名。获奖红枣不仅得到了奖励，而且在自治区特色果品宣传、推介等活动中将优先考虑，对应基地同等条件下将优先享受自治区产业优惠政策。在灵武长枣2017年秋季推介订货会上，共有45家企业与灵武市签订了供销合同。

【宁夏宁苗园林集团有限公司】 宁夏宁苗生态园林(集团)股份有限公司，简称宁苗生态，成立于2003年，总部位于银川市，专注园林景观服务15年，累计在西北各地完成不同类型景观工程100余项，年均产值6亿元以上。公司先后荣获宁夏著名商标、宁夏十大林业产业突出贡献龙头企业、中国园林绿化企业综合实力100强、全国十佳优秀园林企业、第三批国家林业重点龙头企业等荣誉称号。宁苗生态以“西北生态建设引领者”为战略定位；以“心牵西北生态，共建美丽中国”为品牌诉求；以“西北本土化”为差异化特点；聚焦生态园林、生态修复、生态产业三大业务领域；下辖规划设计、工程施工、后期养护、生态苗木、项目运营、林业调查规划、花卉市场七大业务板块。业务布局以宁夏为起点辐射西北后至全国，为中国西北地区的生态化发展做出贡献。2017年，宁苗生态一举跨区域中标内蒙古额济纳旗6.29亿生态建设项目，成为宁夏园林行业首家承接大型PPP项目的生态产业集团。拥有一支200余人的精英团队。

【宁夏万齐农业发展集团】 宁夏万齐农业发展集团已被认定为国家农业科技示范园区，是一家致力于打造现代设施农业开发建设，现代林业新品种、新技术的推广、引进，农资产品的批发、零售，蔬菜种苗、园林绿化苗木的培育、销售，现代冷链物流，生态观光农业的开发应用、畜牧(草)业双向发展等多元化的现代大型农业集团。集团以“做精种养业、做强加工业、做活服务业、引农增效益、促民增收入”的农业发展宗旨，充分利用现代农业装备技术改造农业、用循环农业经济手段提升农田质量、用现代农产品加工设施提高附加值，用冷链物流及电子商务手段搞活流通、用“物联网＋”信息技术管理农业、用旅游的思路拓展农业的休闲观光功能，打造农业全产业链，实现了农业的一、二、三产业高度融合和协调发展。集团拥有四大支柱产业——万齐优质大米、万齐山地富硒苹果、万齐有机枸杞、万齐硒素菌菇产业。通过实施农产品全过程质量追溯系统的可控化管理，实现特色农产品的质量安全溯源。集团拥有职工总数289人，各类专业科技人才48名。企业总资产4.6亿元，年实现销售收入2.7亿元。企业拥有特色性种植基地11个，其中包括：5800亩南山台现代高效苹果种植基地、5000亩寺口子绿色有机枸杞种植基地及2700亩绿化苗木培育基地。可年产12.5万千克富硒苹果、600吨有机枸杞、2700万株果蔬种苗。截至2017年，万齐集团3700亩专业苗木培育基地，是西北最大的柳树、连翘苗木等绿化苗木种植基地。集团四星级设施观光农业项目——陶然水岸休闲农庄已成为宁夏品牌休闲观光农业示范园，是休闲度假、亲朋暇聚胜地；集团5000吨果蔬冷储物流中心可年收储流通各类蔬菜、瓜果12000吨。

【宁夏红枸杞商贸有限公司】 公司成立于1998年，是宁夏最早的一家以枸杞种植、收购、加工、国内外贸易为一体的综合性民营企业，第三批国家级林业产业化龙头企业，自治区级农业产业化龙头企业和自治区级林业产业化龙头企业，“全国500家最大私营企业”之一，“宁夏精品企业”等。公司注册资金1680万元，法人代表周佳奇，2015年公司与宁夏供销集团联合出资成立宁夏弘耘行生物科技有限公司，子公司注册资金3400万，占地208亩，固定资产1.8亿元。2017年，总公司有员工120人、管理人员32人、高级技术人员15人。公司占地35亩，其中标准化车间16000平方米、办公大楼2700平方米、附属用房300平方米。有枸杞鲜果烘干生产线7条，枸杞色选生产线2条，可年烘干枸杞鲜果10000吨，年生产枸杞果酒2000吨，枸杞果酒生产线一条转化枸杞鲜果12000吨。子公司宁夏弘耘行生物科技有限公司占地208亩，拥有标准化车间20栋，总面积64000平方米，公司吸驻枸杞加工户、商户60余家，新建天然气烘干车间3580平方米，安装天然气烘道28条，扩建改建色选车间1栋，面积2200平方米，新上枸杞色选机5台，年可烘干枸杞鲜果3000吨、二次烘干枸杞干15000吨，色选枸杞干果20000吨，可同时为厂区内70家商户提供加工服务。公司取得了国家绿色食品认证、HACCP认证、ISO9000质量认证、ISO14000环境认证、食品安全QS认证、欧盟EU出口认证、美国NOP出口认证、日本JAS出口认证，公司开发的“杞王”牌枸杞干果、“杞皇”牌枸杞果酒被国家质量监督检验总局授予国家原产地认证证书，同时“杞王”枸杞干果连续十届被评为宁夏著名商标。“杞皇”牌枸杞果酒被评为第八届、第九届、第十届宁夏著名商标。公司产品以“杞王”牌枸杞干果和“杞皇”牌枸杞果酒为主，年可烘干枸杞鲜果10000吨，年生产枸杞果酒2000吨，枸杞果酒生产线一条可转化枸杞鲜果12000吨。公司积极开拓市场，发展对外贸易，产品对内主要以广州、上海等大城市为网络销售中心，向周围中小城市辐射，对外产品主要出口美国、日本、欧盟、加拿大、以色列、印度、澳大利亚等20多个国家和地区。

【宁夏回族自治区林业产业大事记】

1月18日 全区林业工作会议在银川召开，会议传达学习2017年全国林业厅局长会议和全区农村工作会议精神，表彰奖励2016年度全区林业建设先进集体。

2月24日 2017年全区苹果红枣春季修剪现场培训班在利通区成功举办。

3月12日 由自治区林业厅、自治区绿化委员会办公室、银川市首府绿化委员会办公室共同组织的“3·12”植树节宣传活动，在银川市光明广场、南门广场、宁园世纪广场 、银川火车站广场等地分别开展。

4月8日 宁夏第35届“爱鸟周”和野生动物保护系列活动暨首届“牵着蜗牛去散步”湿地科学体验公益活动在阅海国家湿地公园欢乐岛举行。

4月7日 宁夏国有林场改革工作领导小组办公室召开全区国有林场改革工作推进会。

4月11日 南部山区国有林场改革工作推进会在固原市召开。

6月22日 自治区主席咸辉主持召开自治区划定并严守生态保护红线工作领导小组会议，听取全区生态保护红线划定工作汇报，研究审议自治区生态保护红线划定方案。

7月20~21日 宁夏农林科学院与宁夏枸杞产业发展中心在中宁县举办了全区枸杞病虫害安防控技术及现代农艺与农机配套技术培训班，并同期召开枸杞病虫害防治成果转化会、学术交流会和现场观摩会。

8月28日 自治区推进枸杞产业发展提升工作领导小组办公室组织召开加强枸杞质量安全提升工作专题会议。

9月18~19日 全区林业特色优势产业现场培训班召开。

9月25~27日 由自治区林业厅、灵武市共同主办的宁夏首届红枣评比大赛暨灵武长枣2017秋季推介订货会在灵武市枣博园举办。

11月29~30日 由自治区枸杞产业发展中心和自治区林业厅人事与老干部处主办，中卫市林业局协办的全区枸杞栽培实用技术培训班在中卫市举办。

12月12日　宁夏林业厅和宁夏农科院举办枸杞农机农艺融合观摩会暨社会化服务签约仪式。

12月13～14日　宁夏枸杞产业发展中心在银川市举办2017年度枸杞提质增效技术培训班。

12月20日　自治区召开推进枸杞产业健康发展专题会。

（李　国　马永福　周　珲　夏道芳　牛锦凤）

新疆维吾尔自治区林业产业

【概　述】 2017年，新疆紧扣乡村振兴战略和脱贫攻坚，聚焦"稳粮、优棉、促畜、强果、兴特色"的发展思路，以林业供给侧结构性改革为主线，大力促进实体经济发展，发展特色林果、林下经济、沙产业、森林旅游业及大田花卉等特色优势产业，以促进经济发展，助力果农增收致富。

基地建设　以"五项工作"为着力点，切实提高基地建设能力。一是加快推进以核桃红枣密植园疏密为主的低产低效果园改造。二是严格执行统防统治，认真做好有害生物综合防控工作。三是强化技术培训，提高科技支撑能力。按照《自治区"百千万培训行动计划——林果科技进万家"活动工作方案》要求，开展各类培训1544场，培训果农268648人(次)，同时，加大种植基地测土配方施肥、自动化农机、"智慧农业"有害生物防控和互联网销售平台的建设。四是积极落实示范园建设。五是优化树种和品种结构，按照区域化布局、产业化经营的要求，适度发展前景广阔、特色鲜明的优势品种。

林产品精深加工　一是积极开展林果企业、合作社调查摸底工作，调研走访林果企业、合作社、果品市场等651家，为精准助力林果企业、合作社发展，推进全区林果产品加工和市场销售等工作摸清了底数，奠定了基础。二是大力扶持精深加工龙头企业。已引进中粮集团、浙江留家坪生态林业有限公司及汇源果汁集团，带动了沙棘等新兴林果品种发展。

特色林业产业　统筹国家经果林质量精准提升示范项目、林果标准化示范基地建设项目、自治区林业发展财政补助专项及"三北"防护林建设、退耕还林等工程项目资金，整体推进全区特别是南疆34个县市(含22个深度贫困县市)优势特色林业产业发展。

林业产业投资基金项目　按照"政策引导、市场运作"的原则，结合产业扶持政策，强化政府对企业的服务力度，科学发挥金融的杠杆作用，有序推动项目健康发展。截至6月底，建行新疆维吾尔自治区分行已完成对新疆吐鲁番火洲果业股份有限公司放贷2000万元；对新疆果业有限公司直接授信2亿元。

工作亮点与成效　一是依托援疆机制，加大果品内地销售力度。近年来，积极"走出去"，开拓阿克苏、喀什等地果品一级二级营销批发市场，取得了一定的成效。

二是一、二、三产融合发展，延长产业链。为了延长林果产业链，实现增值增效目标。30%左右的南疆林果龙头企业一、二、三产融合发展开局良好。

三是与林产研发机构合作开发新产品、学习新技术。2017年，南疆地区20%以上的林业龙头企业与研发机构合作开发新产品、学习新技术。

四是推进园区配套建设和合理布局，打造产业集群。打造特色林果产业集群是优势产业做大做强的方向和趋势，近年来，南疆林果产业深加工集群在当地政府的引导下，正按照市场化运作酝酿和发展。

存在的主要问题　①林产品生产集约化、标准化、产业化程度低。林业产业中长线产品居多，成本投入大，回收产出慢，比较效益使农民的种植养培积极性一时难以激发。

②林产品加工业发展水平低，优品转化率不高。大多数企业生产规模小，加工技术落后，研发能力滞后，停留在简单的仓储、清洗、分级、包装阶段，生产周期短，以"卖原料"为主，林果加工环节缺乏必要的机械和制冷保鲜设备。

③林产品销售市场开拓能力不足。一是新疆地处中国西北边缘，远离国内主体市场，林产品物流成本高。二是获取市场信息渠道狭窄，在面向大市场时，企业同类产品之间低价竞争，不能合理规避和应对市场风险。三是林产品区域公共品

牌少，地方小品牌多而杂，没有形成规模效应，缺乏在全国具有一定竞争力的知名品牌。

④企业融资难。由于新疆林产品市场价格波动大，经效益评估，金融部门往往对林业企业惜贷。贷款难度大、流动资金不足，制约了企业的健康发展。

【特色林果业】 截至2017年底，全疆林果种植面积2188万亩(其中地方1856万亩、兵团332万亩)，面积居全国第五位，果品产量1143万吨(其中地方748万吨、兵团395万吨)，产值475.5亿元。全区基本形成了南疆环塔里木盆地林果主产区和吐哈盆地、伊犁河谷、天山北坡3个林果产业带，以红枣、核桃、杏、香梨、苹果、巴旦木、葡萄等为主的七大产业集群。来自林果业的收入占全疆农民人均收入的25%，南疆林果主产区已占到30%。

高位推动，为特色林业产业发展提供政策保障。自治区党委、自治区人民政府把特色林业作为实施新疆优势资源转换战略，调整产业结构、助力脱贫攻坚的重要措施强力推动，作出了一系列重大决策部署，出台了《自治区党委 自治区人民政府关于进一步加快林业发展的意见》《新疆林下经济发展规划(2017～2020年)》《关于加快特色林果业发展的意见》等指导文件。

启动实施南疆特色林果业提质增效助力脱贫攻坚行动。为有效解决当前林果业发展中存在的突出问题，全力推进林果业提质增效，自治区党委、人民政府先后组织召开了“自治区特色林果业南疆工作推进会”“南疆特色林果业提质增效、助力脱贫攻坚行动”动员会。自治区林业厅联合自治区党委农办、“访惠聚”办三部门联合下发了《关于推进南疆特色林果提质增效工作的通知》(新林发〔2018〕24号)。自治区林业厅、新疆农科院、新疆林科院、新疆农业大学等单位组成林果业提质增效和技术指导服务团队，开展为期一年的林果业全程技术服务指导。在乌什县、墨玉县和英吉沙县举行了“推进南疆特色林果业提质增效助力脱贫攻坚”专场活动，动员群众引良种，扩精种面积，加快脱贫致富。通过新疆人民广播电台《金土地》栏目，向全疆开展惠农政策答疑、林果种植技术专家现场讲解等。

【林下经济】 截至2017年底，全区林下经济种植面积1136.73万亩，年产值近11亿元，受益农户54.04万户。肉苁蓉、玫瑰、甘草等沙区特色经济植物种植面积达131万亩。和田玫瑰种植达4万亩，纯收入能达到3000元/亩。国家、集体、个人等多种所有制共同发展的现代种苗生产供应体系初步形成，以国家重点林木良种基地为核心的选、引、育、繁林木遗传育种系统初步建立，以苗木交易市场、协会为主的服务保障体系初步构建。

开展林下经济示范基地建设。2013年以来，全区先后有昌吉回族自治州、温宿县、莎车县、泽普县和叶城县被命名为国家级林下经济示范基地。英吉沙县、和田县、晨光生物科技集团莎车有限公司和喀什神恋有机食品有限责任公司被命名为国家林下经济服务精准扶贫及绿色产业示范基地。各示范基地落实国家林下经济示范基地补助资金4100万元，完成林药、林菌、林花、林粮等林下特色种植面积590万亩。

【森林旅游业】 新疆森林面积1.2亿亩，镶嵌在广袤戈壁沙漠中的森林品质优良，特色鲜明，备受旅游者青睐。随着森林公园基础设施和旅游接待条件不断改善，旅游经营能力不断增强，旅游服务体系建设日趋完善。森林旅游在大众体验、享受现代林业建设成果、促进当地社会稳定、农牧民增收等方面都发挥了重要作用。

截至2017年底，全区共建立各级森林公园64处，其中国家级24处，自治区级33处，县级7处，公园总面积166万公顷。全区森林公园拥有旅游车船486台(艘)，旅游床位数15197张，餐位19798个，旅游步道2316.96千米，“吃、住、行、游、购、娱”相配套的旅游服务体系建设日趋完善。森林旅游接待游客554万人次，收入3.98亿元。

由于基础设施建设滞后，发展资金短缺，管理经营人才匮乏，森林康养产业在新疆还非常脆弱。森林公园建设与森林旅游发展中法律保障体系不完善，也制约了建设与发展。

【花卉产业】 花卉产业成为点缀美丽新疆的平台。截至2017年底，全区花卉企业大约有2000家，花卉总面积已达30万亩，大田花卉平均产值能达到4000~5000元/亩，总产值15亿元。呈现鲜切花、盆栽植物、观赏苗木、草坪、食用、药用和工业用花卉等多品种共同发展态势。

深加工的精油、色素、花膏及其他产品80%左右销售到内地和出口国外企业。形成了以面向大中城市为主的鲜切花类、盆栽植物类和观赏苗木生产区域，以沿边地区为主的面向中亚、俄罗斯的出口花卉生产区域，以大田花卉为主的食用、药用和工业用花卉生产区域。花卉产业初具规模，区域布局初步形成，结构和功能逐步完善，产品具有一定市场竞争力。

花卉生产大多属于农民合作社、花农的自主行为，由于缺乏统一协调和政策扶持，各地州林业部门没有设立专门机构和专职人员，缺少专项发展经费和项目，没有利用现代传媒和信息进行宣传和促销，一定程度上制约了花卉产业发展。

【林木种苗业】 林木种苗业持续高速发展。2017年底，全区共有7273处苗圃，实际育苗面积55万多亩，其中新育苗面积9万多亩，苗木产量20.6亿株，种子采收量64万多千克，现有良种基地(包括国家重点林木良种基地和非国家重点林木良种基地)32个，基地总面积3.9万亩。林木种苗产业总体向好，局部呈现减量提质趋势。

大部分苗圃是个体或者合作社自发建立，面积、规模散小现象严重，苗龄、树种结构不合理。供需失衡、供大于求问题比较突出。

【沙产业】 沙产业成为沙区农牧民新的增收点。沙生特色经济植物种植和加工已初具规模。全区肉苁蓉、酿酒葡萄、沙棘、枸杞、玫瑰、甘草、黑加仑等沙区特色经济植物种植面积达131万亩。各种类型的沙区特色经济植物深加工企业达150多家，开发出了饮料、药品、保健品、化妆品、食品、饮料、果品等一大批沙产业产品，广大沙区积极探索发展新型沙产业。全区共有生产新型建设材料的企业11家，2017年年产沙砖80万立方米，56万吨，年产值达到3.3亿元。沙区特色旅游业快速发展，开发出楼兰、尼雅、高昌、罗布泊、魔鬼城等景区，国家林业局已批复新疆26个国家沙漠公园，全区沙漠旅游年接待游客已达192万人次，实现旅游收入3.42亿元。

不足之处：企业开发规模小，实力弱，无法起带动作用。肉苁蓉未被列入药食同源目录，只能作为药源药引提取部分有效成分，尚不能形成精细精深的完整产业链，获取更大更丰厚的经济效益。加上扶持政策有限，成品价格高昂。相对于新疆红枣、核桃等，对肉苁蓉宣传力度不够，市场认知度不足。

(天保办)

内蒙古大兴安岭重点国有林管理局林业产业

【概　述】 2017 年 2 月 20 日，内蒙古大兴安岭重点国有林管理局成立，新一届领导班子以国有林区改革为统领，牢牢把握稳中求进的工作总基调，主动适应体制调整变化的新要求，坚决守住发展、生态、民生三条底线，聚焦“围绕三新目标，坚持五个原则，推动五化发展”工作总目标，科学谋划、统筹推进、分类施策、精准发力，集中力量解决制约林区发展的突出问题，生态、改革、发展、民生各个方面发生深层次变革，取得了阶段性成果。

【生态建设】 在重点国有林区全面停伐的大背景下，内蒙古大兴安岭重点国有林区已经迈上了全面建设生态文明的快车道，面对新体制、新定位、新形势、新要求，坚持生态优先战略，把生态保护作为林区奋力前行的首要职责。对待生态建设要像保护眼睛一样保护生态环境，像对待生命一样善待生态环境，建设好“山水林田湖”生命共同体，确保森林资源总量持续增加、森林资源质量持续提高、生态产品生产能力持续提升、生态功能持续增强。累计完成人工更新造林近 2000 万亩，有林地面积、活立木总蓄积、森林覆盖率分别由开发初期的 636.51 万公顷、6.62 亿立方米、60.1%，提高到 2017 年的 827 万公顷、9.5 亿立方米和 77.44%。

【森林旅游业】 内蒙古大兴安岭重点国有林区生态环境优良，有着发展森林旅游业得天独厚的条件，把旅游业作为战略性产业来发展。一是在管理体制和运营模式上，采取规模化经营、公司化运作。通过组建“内蒙古大兴安岭旅游集团”实现“统一规划、统一品牌、统一营销、统筹经营”，从源头上解决“资源碎片、小而弱、多而散”的问题。二是在产业布局上，以林区 9 个国家级森林公园、12 个国家湿地公园、8 个国家级和省级自然保护区及面积 94 万公顷的北部原始林保护区为支撑，以打造南部、中部、北部三大旅游板块为重点，借助北部漠河，西部海拉尔、满洲里，南部阿尔山、扎兰屯，东部齐齐哈尔、东北部加格达奇 7 个进出林区的通道，以区带面、以面带点、以带穿线，形成“三区七向”的林区旅游发展格局。三是在产业项目上，重点建设九大旅游节点；打造 12 个特色小镇、12 个特色林场、5 条精品线路、18 个自驾车营地、2 条国家风景道、2 条国家步道、6 条森林(湿地)游步道、10 个森林康养基地、16 个森林食品供应基地；分步实施 47 个重点项目。

【林下经济产业】 内蒙古大兴安岭重点国有林区结合林区实际，按照规模化、集约化的思路，分类实施，分区打造，食用菌培植和绿色产品加工、经济林果种植、中草药种植、森林牲畜和特种动物养殖等示范基地基本形成，并依托基地逐渐培育龙头企业，以“公司 + 基地 + 林户”的产业发展模式已经确立。

食用菌培植 内蒙古大兴安岭重点国有林区以黑木耳、滑子菇为主要产品的食用菌产业，经过多年的发展，已经成为林区职工群众就业和致富增收的重要途径，2017 年有培植户 600 余户，受木质原料和发展场地的制约，培植规模保持在 1800 多万袋左右。其中，培植规模较大的有克一河、阿里河、吉文、库都尔等林业局。在食用菌产品加工方面，有 3 个食用菌加工企业，分别是克一河诺敏绿业有限公司、阿里河鲜卑鲜食品有限责任公司和莫尔道嘎白鹿岛科技食品有限公司。

经济林果种植 内蒙古大兴安岭重点国有林区以蓝莓、榛子、大果沙棘为主要品种的经济林果种植和种苗繁育已初具成效。2017 年林区已植造各种经济林果 45600 余亩，其中：蓝莓人工种植面积达 2200 余亩，榛子林 32000 余亩、沙棘林 10600 亩。同时，局所辖的苗圃每年可提供蓝莓种苗10万余株、大果沙棘种苗100万株，为扩大种植规模奠定了基础。

中草药培育　内蒙古大兴安岭重点国有林区的中草药种植业主要集中在绰源、图里河、吉文等林业局，品种有返魂草、芍药、防风、金莲花、北五味子等。2017年林区各类中草药种植面积已达3900余亩，有中草药家庭经营户129户，采用职工自主经营、自负盈亏的发展方式。截至2017年，林区中草药产业还处于资源培育期，后续的产业链条还处在准备和筹备阶段，但发展前景广阔。

森林牲畜养殖　内蒙古大兴安岭重点国有林区有着丰富的林草资源，又有马匹良种资源和改良扩繁基础，林区马匹养殖与加工产业市场前景看好。2017年林区有从事马匹养殖235户，分布在55个林场中，草场面积16015公顷，养殖马匹7000多匹；牛、羊37000余头(只)。

特种动物养殖　内蒙古大兴安岭重点国有林区"冷资源"优势明显，冬季气温达到零下40℃，具有得天独厚的北极狐养殖条件。林区发展特种动物养殖业主要是以家庭为单位，养殖品种有北极狐、狍子、鹿和野猪等，主要集中于金河、阿龙山、克一河、吉文、阿里河等林业局。2017年林区各类特种动物养殖规模达11000多头(只)，其中：北极狐种狐8500只、野猪2300头、鹿315只，从事特种动物养殖家庭经营户约有362户。

林下采集业　内蒙古大兴安岭重点国有林区林下自然资源丰富，品种多样，在采集季节，部分职工自主上山进行野生资源采集，采集的产品主要有野生蓝莓、红豆、松子、榛子、蘑菇和山野菜等，年可采集浆果、坚果2000吨以上，林下资源采集已成为林区职工特别是困难职工增收的一条重要途径。2017年各林业局出台了林下资源采集的管理措施和办法，但受气候等的影响，林区的林下资源产量不稳定。由于林区山高林密、野生动物多，森林环境复杂，林下资源采集还难于形成产业化。　　(许玉成)

吉林森工集团林业产业

【概　述】 2017年吉林森工集团债权债务叠加压力之大前所未有、改革重组任务之重前所未有、集中整治问题之多前所未有。直面困难，集团上下攻坚克难、解困前行、积极作为、扎实工作，保持了资金链稳定、生产经营稳定和职工队伍稳定。全年实现营业收入70.2亿元，比上年减少7.6%；归属母公司净利润-11.5亿元，同比减亏30.2%，遏制了利润下滑趋势；年末资产总额339.4亿元，净资产60.6亿元，资产负债率82.1%。

脱危解困 一是债务危机得到有效化解。坚持“救急”和“治本”相结合，通过吉盛资产管理公司给予过桥资金支持，集中归集、统筹调度使用内部资金，缓发职工工资、缓缴社保和公积金费用等措施，化解了多个资金链断裂危险点，维护了企业信用，为战略重组赢得了契机。在国家林业局和中国银监会等大力支持下，推动成立债权人委员会，争取各债权银行给予无还本续贷、固贷到期本金展期、贷款利率下浮10%等政策支持，有效缓解了债务压力。二是上市公司资产重组获得成功。通过发行1.79亿股份购买苏州园区园林绿化工程公司100%股权和泉阳泉饮品公司75.45%股权，重构主业，盈利能力进一步增强。三是扭亏增盈攻坚取得成效。按照省政府及省国资委的部署要求，从集团本级到二三级企业逐级制定三年扭亏增盈攻坚实施方案，明确目标任务，层层压实责任，扭亏增盈攻坚工作有序推进。全年减亏4.96亿元，完成了当期目标。四是风险防控专项整治扎实开展。围绕决策随意性、管理行政化、制度不健全、程序不规范等方面问题，结合监事会年度监督检查反馈意见，查出8类风险隐患、55项具体风险点，制定28项整治措施，对违规超标准发放奖金和违规购置车辆等44项问题进行整改。

产业转型 坚持“死一块、活一块”，以兴林强企富民为目标，围绕做强一个主业(以森林经营为主，森林康养旅游、森林食品和绿化苗木为辅的森林资源经营产业)、做大两个平台(上市公司和财务公司平台)，推进三大重组(房地产、人造板和地板板块重组)，扎实推进产业转型升级。一是努力夯实主业基础。完成更新造林3.9万亩、中幼林抚育110万亩、补植补造和改造培育38万亩、森林生态修复工程20.3万亩。临江局人工林采伐和各林业局中幼林抚育采伐试点扎实推进。制定加快绿化苗木产业发展意见，8个林业局建成绿化苗木基地4.75万亩。3个林业局建设域内国家储备林3万亩。制定实施加强林下经济管理指导意见，推行“林业局+合作社+职工”发展模式，林下经济发包实现收入1.89亿元，达到历史最高水平。利用林区停伐闲置土地谋划了24个森林康养旅游和森林食品转型项目，完成10个项目规划设计，长白山原始森林观光小火车项目通过专家论证并批准实施。二是不断强化平台功能。上市公司通过资本运作，园林绿化和矿泉水成为经营主业，解决了产业空心化和主业不突出的问题；财务公司协同集团相关部门搞好内部资金归集，适时增加信贷资金投放额度，有效发挥了金融服务平台作用。全年内部发放贷款110笔、114.6亿元。三是探索推进房地产、人造板和地板板块重组。制订房地产板块剥离重组方案，与多家国有和民营知名房地产企业对接，寻求通过市场化方式剥离。聘请广州证券对人造板板块开展资产调查，初步形成资本运作规划。研究通过资产整合分立对人造板和地板板块进行重组。

体制机制改革 集团上下达成唯有改革重组才能生存发展的共识，正能量不断凝聚，改革重组愿望强烈、氛围浓厚。一是股权重组迈出坚实步伐。报请省政府及省国资委同意，与中国青旅实业公司签订协议，达成整体战略重组合作意向。泉阳泉公司与中石化集团合作，实行长白山天泉矿泉水生产基地和营销公司交叉控股，探索了混合所有制改革的新路子。二是精简人员有序推进。形成集团出资企业组织机构调整方案和集团机关机构及职能设置方案。清理散小弱差股权和“空壳企业”32户。股份公司、金桥地板集团和人造板集团机关部门大幅压缩，管理人员精简50%以上。三是市场化选聘经理人试点扎实推进。制订市场化选聘经理人暂行办法，人造板集团9户子公司共聘用18名经理人，7人为市场化外部选聘。开发建设集团市场化聘用10名机关中层管理人员和3名子公司班子成员。所聘人员在企业经营管理中发挥了积极作用。四是供给侧结构性改革取得突出成效。人造板去产能7.1万立方米。房地产去库存10.2万平方米，人造板和地板分别去库存12.5万立方米和12万平方米，提前一年完成任务。盘活闲置资产活化资金5.5亿元，清回应收款项6.5亿元。争取省国资委同意，23.3亿元营造林支出计入人工林资产，增加了企业资本公积，资产负债率降低7个百分点。集团全口径期间费用同比减少3.32亿元，降低11.6%，其中，财务费用和管理费用在2016年同比下降7%和11%的基础上，分别再下降了4%和7%。五是“三供一业”移交稳步推进。11户企业23家“三供一业”单位与地方政府签订正式移交协议，争取财政资金5.9亿元。

拓展合作空间 按照省委省政府“三个五”发展战略要求，利用林区特有的资源禀赋，分步实施原始森林观光小火车、仙人桥温泉疗养、松江河森林康养中心等13个项目和天然矿泉水、林下山参、木耳和林蛙深加工等10个项目。广泛招商，已与中青实业集团达成股权战略合作协议，通过引资、引产、引智，推动大生态、大健康、大旅游产业发展。同北京城建集团、住总集团、首创集团、首农集团等知名企业进行了对接，在康养旅游、森林食品和家居装饰等领域达成合作意向。

（涂海萍　杨秋月）

中国龙江森林工业集团有限公司林业产业

【概　述】 2017年，龙江森工集团公司党委、龙江森工集团公司齐心协力，共克时艰，团结带领广大职工群众，深入贯彻党的十九大和省十二次党代会、全国林业厅局长会议精神，转变思想观念，激发内生动力，转换发展动能，狠抓生态保护、产业项目建设及企业管理，注重整体布局、重点推进，全系统经济在预期中运行，延续进中求稳、持续向好的发展态势，主要经济指标明显好于2016年，产业总产值和产业增加值(GDP)增速为近年来最高。

创新开放　创新资源经营模式，全面启动了森林经营试点；创新产业发展举措，实施了“486”产业规划布局，创建“互联网+”“营销平台”等新业态、新平台，全员营销实现销售额7.45亿元，其中平台线上交易5035万元；全民营销实现销售额56亿元。引资融资初现成效，全年招商引资52.2亿元，同比增长170%；与中林集团、农发行分别签署200亿元战略投资协议；与国家开发银行等23家金融机构签署了5个领域金融战略合作框架协议，授信额度235亿元；龙跃园区作为“一带一路”重点项目稳步推进；海林、绥阳局原料进口、木材精深加工产品出口跨境产业链已经形成。

深化改革　深入贯彻中央6号文件和省委36号文件精神，国有重点林区改革全面深化，并取得阶段性成效。遵循时间表和路线图，省重点国有林管理总局组建方案、中国龙江森工集团总公司重组改制方案编制完成并进入报批程序；“三江”林区23个林业局全部完成重点国有林管理局挂牌，稳妥推进内部政企分开，同步推进机构编制核定、改革成本测算和社会职能移交。伊春林区五营重点国有林管理局组建完毕；新青、铁力局改革试点及“南四局”企业办社会职能剥离，在伊春市委市政府指导下稳步推进。森工事业单位改革按照省里要求同步进行，检法机关整体移交、林业公安改革的主要工作基本完成，东北虎豹国家公园体制试点得到积极推进。

生态建设　天然林保护工程深入推进，生态资源得到有效恢复，进一步筑牢了林区可持续发展的根基。完成更新造林29.62万亩，是计划数的105%；森林抚育812万亩；义务植树351.5万株。严厉打击各类破坏森林资源违法犯罪活动，查办各类涉林案件4261起，查处率98.96%，行政处罚3994人，追究刑责407人，清理回收林地2503.42公顷。退耕还湿3000亩。加强护林防火、病虫害防治工作，全年未发生较大以上森林火灾。

产业转型　全林区产业总产值实现587.5亿元，同比增长10.1%，完成全年计划的102.9%；增加值完成249.5亿元，同比增长10.2%，完成全年计划的103.1%。三次产业结构由上年的37:28:35，调整为36:26:38。第一、二、三产业分别同比增长4.3%、4.6%、20.6%。伊春林区走出连续两年负增长的“低谷”，产业园区和绿色矿业有力地拉动了经济转型。森工84个重点产业项目完成投资20.97亿元，完成年度计划的40.89%；已建成项目27个，完成年计划投资项目41个，年项目完工率81%。与天邦集团1000万头生猪养殖合作项目试点在东方红局启动建设。林下经济规模不断扩大，总产值完成355.8亿元。绿色食品加工、森林生态旅游的产业支撑作用愈加明显，伊春全域旅游示范区建设全面推进，“三江”林区旅游产业收入达到37.4亿元，比上年增加17.6%，游客达到784万人次，比上年增加12.7%，亚布力、雪乡成为冰雪旅游龙头。牡丹江木材厂全面实现产业转型。“大众创业、万众创新”深入推进，“三江”林区新增创业主体177个，孵化基地21个；成功创业704人，创业带动就业3640人。

强化管理　坚持以管理倒逼改革，全面清产核资、全面审计和整章建制，打好强化管理、增收节支组合拳，管理水平显著提高，经济效益明显提升。推行办公自动化，启动了综合资源管理信息化平台建设，推动人、财、物管理的流程再造。简化了行政审批流程，“放管服”工作有效推进。实行“双随机、一公开”，强化执法监督和复议仲裁，依法行政得到明显加强。职工群众幸福感获得感进一步增强。按照过上“好日子”要求，加大民生投入力度，十件为民利民实事全部完成。新增就业3.28万人，困难群体就业1.19万人；为2500名龙煤分流职工解决了基本工资，并给予创业补贴。企业职工年均增长工资2772元，在岗职工年均工资达到3.5万元。完成了厂办大集体改制工作，涉及11.42万人、拟支付经济补偿金12.2亿元。全面启动森工系统机关事业单位职工养老保险；加大棚户区改革力度，加强基础设施建设，职工居住条件、居住环境进一步改善。发放各类救助资金2.45亿元；林区养老床位增加至3266张。

营林业　实现产值13.8亿元，产值增长24.1%，增加值增长24.9%。森林抚育量比2016年增加35万亩。

林产工业　林产工业与2016年持平，完成产值18.6亿元。

种植养殖业　实现产值79亿元，产值增长6.6%，增加值增长4.0%。水稻、玉米、大豆价格均比2016年有所升高，分别增长8%、67%、34%。养殖业产值增长14.1%，增加值增长11.3%。“两牛一猪”规模化标准化养殖场12个，其中肉牛养殖场4个，年出栏万头育肥猪养殖场2个、年出栏3000头育肥猪养殖场6个。牛、羊肉价格比上年分别增长33%和17%，猪肉价格与上年基本持平。

森林食品业　实现产值47.5亿元，产值增长7.1%，增加值增长7.8%。森林食品业产值和增加值分别比上年提高9.5个和9.6个百分点。食用菌栽培规模9亿袋，其中黑木耳栽培规模8.7亿袋，浆果人工栽培2.6万亩，坚果人工栽培0.76万亩，采集山野菜1.6万吨。绿色食品标识认证面积累计达到197.8万亩。

林药业　实现产值8.7亿元，产值增长13.8%，增加值增长15.6%。

旅游业　实现产值37.4亿元，产值增长14.5%，增加值增长14.6%。大海林、柴河、山河屯、亚布力旅游度假区旅游业，共完成旅游产值21.5亿元，占“三江”旅游产值的57.5%；接待旅游人次308.8万人，占“三江”接待总人次的39.4%。

建筑业　实现产值32.1亿元，产值增长6.1%，增加值增长4.1%。

绿色矿产业　实现产值1.9亿元，产值增长38.7%，增加值增长40.1%(为产值增长提供0.9%的拉动力)，主要是铁力钼矿产值拉动。

其他产业　实现产值149.9亿元，产值增长11.5%，增加值增长12.3%。　(张　强)

大兴安岭林业集团公司林业产业

【概　述】 2017年，完成中幼林抚育345.9万亩、补植补造31.3万亩、人工造林4万亩，塔河森林综合抚育试点得到国家林业局充分肯定。岭峰、盘中自然保护区晋升国家级，九曲十八弯、古里河等4个国家湿地公园试点通过验收。建立四级河长组织体系，505条河流确定河长1118人。深入开展保护森林资源“十三五”专项行动，查处资源林政案件404起，收回林地221.6公顷。

编制了全域旅游发展规划和实施意见，百泉谷景区试运营，漠河石林、龙江第一湾、南瓮河湿地等景区初步成型；旅游新媒体营销经验在全省推广，大兴安岭被评为2017中国十大最受欢迎旅游目的地，阿木尔被央视新媒体平台评为中国最美揽夏地第一名，大兴安岭接待游客量、旅游收入分别增长22.7%、23.9%。组建了绿色食品产业联盟，与国家绿色食品发展中心签订了合作协议，“呼中偃松子”成为国家地理标志保护产品。有机农作物、绿色食品种植分别达3.3万亩、53.5万亩。北药种植面积6万亩，中药材仓储物流基地开工建设，北天源公司建成全区首个GMP饮片加工车间。新林小柯勒河铜多金属矿成为全省两项重大找矿成果之一，松岭壮志钼铅锌矿46项审批手续办结38项。农夫山泉矿泉水项目主厂房竣工。组建了林业碳汇专家库，图强、西林吉碳汇造林项目分别通过碳量核证、项目审定。

韩家园林业局完成移交社会职能各项准备，企办教育改革方案上报国家林业局。神州北极木业公司扭亏为盈，古莲河煤矿利润实现1.72亿元、税金增长180%，新林后贝加尔公司租赁经营年增收节支500万元。实行林下资源有偿使用，各林业局总计增加收入1524万元。管护区经济初见成效，加格达奇林业局“三种一养”产业基本形成，前哨林场特色种养、生态旅游、冰泉水和饮料加工势头良好。集团公司经济效益止跌回升，减亏1.32亿元。

2017年，在国家林业局指导下，承办“5·6”大火30周年座谈会暨2017年全国春防工作总结会，完成内蒙古外援扑火任务，全年未发生人为火灾，75起火灾全部于24小时内扑灭。

【产业产值】 林业集团公司实现林业产业总产值为91.25亿元，完成计划的109.6%，同比增长11.1%。其中：第一产业完成42.53亿元，完成计划的116.8%，同比增长13.7%；第二产业完成15.34亿元，完成计划的134.6%，同比增长35%；第三产业完成33.39亿元，完成计划的104.2%，同比增长2.5%。三次产业结构比重为46.6∶16.77∶36.63。

森林经营业实现产值17.48亿元，同比增长13.7%。森林经营业收入增长的主要原因是2017年国家提高了国有林区森林管护费的补助标准，由上年的8元/亩提高到10元/亩，仅此一项就增加森林经营业收入2.3亿元。人工造林、补植补造、森林抚育全部完成生产计划，补植补造完成31.3万亩，人工造林完成4万亩，森林抚育共完成345.9万亩，其中：完成天保二期森林抚育任务275.9万亩，新增森林抚育任务70万亩。

共养殖食用菌9378万袋，完成计划的100%，比上年增加288袋；共采集北药2000吨，同比增长8.3%。采集野生浆果11322吨，其中采集蓝莓5111吨、红豆6211吨。

煤炭行业实现产值7.34亿元，同比增长165.1%。生产原煤220万吨，同比增长75.8%；销售原煤119.6万吨，同比增长75%。其中古莲河煤矿生产原煤181万吨，十八站欧浦煤矿原煤产量38.3万吨，同比分别增长84.5%和42.9%。古莲河煤矿原煤平均售价达到224元/吨，售价每吨比上年提高83元。

林产工业实现产值7233万元，完成计划的96.4%，同比下降3.7%。生产卫生筷子15600

箱，完成计划的97.5%，生产木结构建筑11883平方米，同比增长119.6%。发电量完成1.61亿度，同比下降10.5%。制热量完成438万吉焦，同比增长26.2%。非木质林产品加工中蓝莓饮料加工1010吨，蓝莓果酒加工323吨。

生态旅游业实现产值16.7亿元，同比增长9.0%。

【职工人数与工资】 林业集团公司年末人数54304人，其中在岗职工52364人，同比降低2.7%；离开本单位保留劳动关系的职工1940人。在岗职工工资总额21.3亿元，同比增长5.5%。在岗职工月平均工资3391元/人，同比增长8.0%。

【资源管理】 2017年，大兴安岭活立木总蓄积量5.85亿立方米，森林覆盖率84.21%，森林面积703.3万公顷，森林蓄积量5.68亿立方米，分别比2016年增长375.1万立方米、2.3个百分点、19.2万公顷、294.1万立方米。

制订印发了《森林综合抚育调查设计操作办法》(试行)；经国家林业局批准同意，在塔河林业局开展了十金公路(塔河段)森林综合抚育试点工程；印发了《大兴安岭地区发展管护区经济的指导意见(试行)》；铁路道口平改立、呼十公路等17个永久使用林地项目获得国家林业局批复，占地面积268.4公顷；林业集团公司批复临时和直接为林业生产服务项目79个，占地面积732.5公顷；印发了《关于进一步规范涉农林地承包合同的通知》；查处各类破坏森林资源林政案件404起，收回林地221.62公顷，没收非法捕捉的野生动物93只，没收野生兴安杜鹃枝条20500余枝，补种树木18736株，取缔非法收购野生兴安杜鹃点2家，处理违法犯罪人员416人，批评教育19人；完成了十八站、松岭林业局森林经营方案编制工作，为科学经营森林资源做出了规划设计；开展了新林、韩家园等8个单位的二类调查工作；落实管护面积1.17亿亩，安排管护人员1.78万人，设立了管护总队、管护大队、管护中队三级管护组织机构，层层签订了管护责任状，实现了管护范围全覆盖。

【营林生产】 2017年，完成345.9万亩森林抚育计划；完成补植补造和人工造林计划35.3万亩(其中人工造林4万亩，补植补造31.3万亩)；扩大西伯利亚红松、沙棘、榛子等经济树种栽植比例，其中西伯利亚红松植苗6739.8亩(22.02万株)，占人工造林和补植补造全年计划的1.9%；完成秋整地16万多亩；推进购买造林成果试点工作，共有3个林业局完成1.73万亩合同造林任务，占全年计划的42.5%；全面完成了基地年度建设任务，基地引种水曲柳1500株、胡桃楸1500株、夏栎1000株；结合大兴安岭实际，修订完成了《大兴安岭更新造林技术规程》；制订印发了《2017年全区营林队伍培训工作方案》，共举办森林抚育、苗木花卉技术、林业有害生物防治、营林生产质量管理、造林及补植补造技术等各类营林技术培训班103期，培训管理和作业人员19101人次，完成年初培训计划的106.1%；联合地区总工会和行署人社局共同举办了由韩家园林业局承办的2017年大兴安岭地区补植补造技能竞赛；制定了《2017年三县、林业局经济和社会发展营林工作责任目标考核细则》；全面完成了2017年全区86.15万株的义务植树任务；育苗新播计划为125.6亩，完成267.15亩，完成计划的212.7%；换床计划为165.8亩，完成397.6亩，完成计划的239.8%；上山苗计划为1945.72万株，完成1957.01万株，完成计划的100.6%；成苗生产计划为7112.33万株，完成7591.15万株，完成计划的106.8%。同时加大了西伯利亚红松等经济珍贵树种的培育力度，全区共计新播西伯利亚红松43.83亩，新增苗木167.25万株，已储备西伯利亚红松种子5000千克；新播樟子松、云杉的125.85亩，占常规新播数量的65.11%；提供经济树种上山造林苗木255.8万株，其中：西伯利亚红松32.0万株、沙棘41.5万株、榛子182.3万株；集团公司林业有害生物发生面积192.6万亩，预测发生面积195.1万亩，测报准确率98.7%；防治作业面积38.05万亩，无公害防治率99.64%；种苗产地检疫35.55万亩、复检外进苗木975.82万株、外进木材1483.27立方米，种苗产地检疫和复检率达到100%。移植花楸、山丁子、紫椴等珍稀及绿化树种3000多株。首次尝试进行药材生产，定植8亩地，用苗5万株，秋季产出丹参干品

423.8千克；播种丹参4亩地，用种子10千克，产出丹参小苗7万多株；在加格达奇国家森林公园完成国家林业局特殊及珍稀林木培育建设项目(项目总规模2000亩)。

【国际森林资源的利用和开发】 2017年累计境外生产商品材20.68万立方米，完成年度生产计划的82.7%，其中直接生产7.55万立方米，劳务生产13.13万立方米，加工锯材3.43万立方米。

4月和8月赴满洲里和二连浩特口岸，对俄罗斯进口木材售价、木材进出货情况、木材流向及用途等相关问题进行了实地考察调研；大兴安岭新林后贝加尔经济贸易有限公司木材产业项目在困境中积极寻求合作伙伴，经大力宣传与多方努力，成功地与河北德耀红木家具制造有限公司签订为期5年的租赁经营合同；黑龙江兴邦国际资源投资股份有限公司在俄罗斯后贝加尔边疆区莫戈恰区阿玛扎尔镇投资建设阿玛扎尔林浆一体化项目和北极星林业经贸合作区。项目拥有293万公顷的林地，额定年采伐量248万立方米。经贸合作区距中俄边境仅87千米，这是迄今为止中国纸浆企业“外产内销”最具有口岸物流成本优势的企业。

【碳汇管理】 共开发建设4个林业碳汇项目，其中图强林业局碳汇造林项目完成监测报告和核证报告；十八站林业局碳汇造林项目完成备案；松岭林业局和西林吉林业局碳汇造林项目在中国自愿减排交易信息平台公示；在全国已审定公示的83个林业碳汇项目中大兴安岭地区占有2个项目；下发了《关于全区林业碳汇产业发展组织机构建设情况的通报》(大碳组办发〔2017〕5号)。出台了《大兴安岭林业集团公司林业碳汇项目监测管理制度(试行)》和《大兴安岭林业集团公司林业碳汇项目开发建设管理制度(试行)》；组建了由林学、营林资源、湿地管理、林业经济、森林经理、发改、计划统计等相关专家组成的“大兴安岭地区林业碳汇产业专家库”；完成了《大兴安岭林业碳汇数据库建设方案》。

【野生动植物保护】 共出动人员3322人次，车辆1007台次，共清理粘网、猎套(夹)749件，检查集贸市场、山珍礼品店、宾馆饭店、花鸟鱼店等经营场所420户次，放飞活鸟36只，收缴野鸟17只，野猪幼崽4只，破获非法猎捕野生动物行政案件4起，行政处罚7人；开展了第二次全国重点保护野生动物资源调查——伊勒呼里山黑龙江陆生野生动物资源常规调查，完成调查样区15个，样区总面积1500平方千米；对10个林业局和5个国家级自然保护区的湿地资源进行了为期半年的全面排查；古里河、双河源、阿木尔和九曲十八湾四个国家湿地公园(试点)通过国家林业局验收，甘河湿地公园获国家林业局核准为国家湿地公园(试点)；受保护自然湿地面积增加到65.66万公顷，自然湿地保护率由2016年底的35.5%提高到42.91%；绰纳河国家级自然保护区湿地修复项目和双河源国家湿地公园保护与恢复工程项目纳入了《全国湿地保护“十三五”实施规划》；黑龙江盘中、岭峰自然保护区晋升为国家级自然保护区，新建黑龙江罕诺河、那都里河湿地类型地级自然保护区2处；《黑龙江南瓮河国家级自然保护区总体规划(2016～2025年)》和《黑龙江双河国家级自然保护区总体规划(2018～2027年)》获国家林业局批复；开展了林业自然保护区监督检查专项行动，采取自然保护区自查和林业集团公司核查的方式，重点排查采矿、采砂、工矿企业和保护区核心区缓冲区内旅游开发、水电开发等对生态环境影响较大的活动。

【绿色产业】 森林生态食品实现产值33.9亿元；完成全年计划101%，同比增长8.2%，主要有：绿色种植业实现12.75亿元、蓝莓产业实现7.34亿元、食用菌实现7.37亿元、养殖业实现4.8亿元、冷水鱼实现0.9亿元、山野菜实现0.30亿元等。森林生态食品增加值为13.4%。

蓝靛果忍冬建设示范基地11个，完成种植1237亩；有机食品认证89个，绿色食品认证21个，6名绿色食品检查员注册工作已完成；设计完成9个“大兴安岭+企业子品牌”双品牌标识，已经在产业联盟内授权使用；组建大兴安岭地区绿色产业联盟，2017年有联盟成员企业53家，核心企业10家，已选定核心企业10个产品入驻北极珍品汇电商平台；绿色食品产业项目共8项，其中，新开工项目4个，续建项目4个，固定资产计划投资6522万元；大兴安岭黑山猪入选第一批62个中国特色农产品优势区名单。

【全民创业】 实现增加值40.77亿元，增长10.3%，拉动GDP增长2个百分点；创业人数75385人，增长1.7%；人均收入30499元，增长8.1%；新登记注册小微企业户数为4647户。林产工业战线实现产值9509.1万元，完成年计划的126.7%；增加值实现3704万元，完成年计划的126.6%。

制发了《2017年大兴安岭地区全民创业实施方案》；制订《2017年度县区林业局全民创业工作主要责任指标考核实施办法》；考察哈齐牡佳等地市双创工作及其创业服务中心、孵化园设立运营情况，形成大兴安岭地区创业服务中心的建设方案，大兴安岭林木质量检测检验中心改建大兴安岭地区全民创业服务中心工程启动；食用菌养殖实现增加值2.8亿元，增长11.5%；蘑菇、灵芝、猴头等品种的养殖规模占食用菌养殖近三成；森林猪养殖出栏达4.8万头，比上年增加5997头，增长14.3%；牛出栏达5780头，比上年增加1280头；狐貉出栏达11万只，比上年增加5411只；冷水鱼养殖业比上年增加47.2万尾，特色动物养殖实现增加值2.9亿元，增长19.7%，拉动林下种养殖增长4.1个百分点；中草药种植面积达10.9万亩，比上年增加1.9万亩；蓝莓、红豆、偃松、榛子、蘑菇等山产品采集总量达到13134.5吨，比上年同期增加197.7吨，增长1.5%，实现增加值达2.4亿元，增长12.1%；野生蓝莓采摘量达4761.9吨，比上年增加87.9吨；建成全民创业示范基地182个，其中，蓝莓基地25个、食用菌基地94个、北药基地20个、特色养殖基地33个、苗木产业基地10个，建立了工业加工型、龙头带动型等不同类型的小企业创业孵化基地11个；合作社622户，其中农作物种植245户、棚室蔬菜5户、蓝莓合作社9户、食用菌85户、中草药68户、特色动物养殖180户、其他行业30户。

【森林旅游】 2017年，接待旅游者685万人次，实现旅游收入64亿元，同比分别增长22%和23%。

漠河县和大兴安岭分别入选"国家全域旅游示范区"创建名录，大兴安岭被国务院纳入《"十三五"旅游业发展规划》，被确定为首批"跨区域特色旅游功能区"和"国家旅游风景道"，被国家林业局纳入第一批"国家森林步道"；漠河被国家旅游局纳入首批"中国国际特色旅游目的地"创建名单。在省级层面，"神州北极·找北之旅"和"冰雪之冠·北极圣诞"已经被纳入黑龙江省五条夏季和冬季精品旅游线路，"哈尔滨——漠河极寒冰雪旅游带"被纳入全省冬季重点打造的"一区四带"总体布局；出台了《大兴安岭地区关于促进旅游业发展的指导意见》《大兴安岭地区旅游产业扶持办法》，制定《大兴安岭地区关于推进全域旅游发展的实施意见》，编制了《大兴安岭全域旅游发展三年行动方案》等；组建了"大北极旅游区"和"南部旅游功能区"两个工作推进组；编制了《大兴安岭地区全域旅游发展规划》，共编制等旅游发展规划27个；旅游指南等宣传书籍、微信群发等累计送达突破11.26亿人次；大兴安岭被评为"2017中国十大最受欢迎旅游目的地"，北极村冬季接待游客同比增长43.9%，龙江第一湾自驾游客与上年同比增长116.7%；在北极村举办了"2017第二十一届中国·三亚天涯海角国际婚庆节全球千对情侣爱情牵手跑(漠河站)"活动；硬件建设方面，改造和修建休憩节点6个，新建和完善旅游厕所39个，设立全景导览图22块，设立景区引导标识牌103块；推出了不同的旅游产品。夏季开发了"极地找北体验游、极地养生休闲游、森林穿越体验游、森林康养休闲游、森林漂流体验游、最美湿地体验游、兴安自驾体验游、文体活动休闲游"8条旅游精品线路。秋季开发了森林自驾、森林穿越、采摘体验、婚庆活动、风光摄影、校园足球赛等七大主题活动。

【畜牧业】 截至年末，肉类产量20823吨，同比增长5%；蛋类产量7410吨，同比增长4.8%；奶类产量3082吨，同比增长1%。畜牧业产值实现148633万元，比上年增长7.5%。

狐(貉)存栏48006只，同比增长2.9%，出栏187352只，同比下降1%。北极狐良种繁育取得新进展，博龙牧业从芬兰引进原种狐2000只；蓝狐人工授精技术日趋成熟，蓝狐窝产仔成活数最高达到7.2只，图强林业局蓝狐窝产仔成活数平均达到5.1只；牛存栏37448头，同比增长5.2%，出栏19149头，同比增长5%；生猪存栏117098头，同比增长0.7%，出栏143938头，同比增长6.5%；羊存栏162896只，与上年同期基本持平，出栏136317只，同比增长5.4%；禽存栏972318羽，同比增长2.2%，出栏1269808羽，同比增长3.9%；畜禽养殖示范基地达到60个，比上年增加5个；畜禽养殖专业大户达到120个，比上年增加6个；畜牧合作经济组织已发展到58个，新组建畜牧合作经济组织6个；畜禽规模化养殖场粪污处理配套设施比例为82.7%，比2016年提高11.9%；大兴安岭森林猪产品通过借船出海的方式进入京东商城，销售森林猪产品42吨，实现销售收入310万元；全系统畜牧兽医专业技术人员入户指导服务410余人次，现场咨询860余人次，免费发放技术资料15000余份。

【科学技术】　推进新注册成立并经省认定27家科技型企业，完成全年目标任务的128%；推进新形成销售收入500万元以上科技型企业11户，完成全年目标的110%。新吸纳大专以上人才60余人。共争取到国家、省科技项目和地区人才项目13个，资金448万元；下发了2017年度大兴安岭地区科技项目申报指南，征集各类科技项目77项；形成2017年度地本级科技计划草案并经行署、林业集团公司同意，安排科研经费500万元，实施了27个科技创新项目；众创空间公共实验室基本建设已经完成，待仪器设备到位后可为入孵企业产品提供检测服务；寻找适合地区发展的科技项目，共谋划6个项目；搭建大兴安岭绿色产业联盟，成立了大兴安岭中科林下经济产业服务中心(有限公司)；高新技术产值实现6.76亿元，工业增加值2.24亿元，同期分别增长14%和17%；推进北貌中药材种业公司、北极鄂伦春生物工程公司、兴安鹿业公司、百盛蓝莓公司4家企业与省科学院自然生态研究所、黑龙江中医药大学、哈尔滨医科大学等院所校进行技术合作，共同开展道地药材种子种苗繁育技术研究和六味菌丝茶、特医食品、黑木耳超微降脂代餐粉等产品研发。推进实施《大兴安岭地区企业研发经费投入后补助管理暂行办法》，安排经费50万元，对8户企业进行后补助。服务38家企业成功申领到省科技创新券，总金额380万元；新建成众享林产科技企业孵化器1个，面积12000平方米；由地区农林科学院承担的“西伯利亚红松引种造林技术推广项目”通过了国家林业局科技司组织的现场查定。

【公路养护】　开展了林业公路安全隐患排查，提出了2017年林业公路养护(桥梁维修)计划养护要求和标准，下达了林业公路养护费用为1379.5万元，养护里程3796.87千米；对2017年度林业公路养护计划进行了核审并作批复，2017年计划养护3796.87千米，其中一级养护2340.22千米、二级养护1200.85千米、岔线255.8千米；10个林业局和技术推广站对林业公路养护质量进行了检查验收；对10个林业局和直属防火支队设备管理内业建设、设备的使用状态及安全运行情况抽查计各类设备110混合台，对呼中林业局、新林林业局、韩家园林业局上报的460混合台报废设备进行了现场鉴定，在检查中严格执行设备报废标准，对报审的设备逐台鉴定，对不符合报废条件和标准的设备坚决不给予报废，通过严格检查总计报废设备420混合台。

【林业改革】　对丽雪公司人员情况、资产、债务、贷款及聘用合同情况进行了核实，形成了资产、负债的调查审计报告。与漠河县协商移交古莲河煤矿承担政府职能。北奇神药业公司股份制管理体制组建股份制公司实现产值20688万元，比上年同期的10832万元上升91%；实现销售收入17727万元，比上年同期的10873万元上升59.3%；上缴税金2186万元，比上年同期的1009万元上升117%。有9户小企业初步完成了改革任务。其中：十八站淞驿公司和华驿公司，漠河昊晟木业和森松木业公司，阿木尔吉盛木业公司变更为森林资源管护区，原企业人员分流到了管护区和环卫大队，企业生产设备进行了盘点封存，将通过招商推介等方式进行出租出售，盘活资产。塔河盘古养路大队与绣峰养路大队国有资产转让给了现经营者，职工转岗到林业局，企业改制后更名为塔河顺通公路养护有限公司与黑龙江建通建筑工程有限公司，塔河盘古木材加工厂资产、人员全部划归樟岭经营所管护区。新林后贝加尔公司与河北德耀红木家具有限公司签订租赁合同，实施了租赁经营。

(康文学)

新疆生产建设兵团林业产业

【概　述】 2017年，新疆生产建设兵团聚焦“两个一百年”奋斗目标，因地制宜，视情施策，高标准建园(含节水、新技术推广)11.5万亩，红枣密植园提干疏密改造面积66万亩，葡萄“厂”字形改造面积10.7万亩。

设施农业 兵团设施农业占地面积12.4万亩、共6.3万座。2017年新增设施5500座，实际完成6174座，超额完成预定任务。

果品生产 全年实现果品产量395万吨，比上年增产27.16万吨，再创历史新高。其中红枣产量约为181.73万吨，比上年增产8.6万吨；葡萄产量为79.43万吨；苹果产量为63.08万吨，同比增产14.1万吨。

主要特点 生产质量和产品质量意识全面提升。各师制订强化质量管理办法、措施、优惠补贴政策和质量追溯体系以及考核奖励机制，从生产过程入手，加强每个环节的质量要求，从生产源头抓起，减化肥减农药，增加有机肥投入。五师制定生产管理定期巡查、通报制，建立了“葡萄质量安全管理”微信公众平台，定期在平台发布督查情况和葡萄质量安全管理信息，并在平台曝光纳入黑名单的葡萄种植户和扰乱市场、违法经营的客商；南疆垦区各师全面开展红枣提干疏密，提质增效工程；一师制订下发了红枣质量安全追溯工作方案，重点对农残、重金属、理化指标进行抽样监测，抽样数增加到7000个；二师全面推广果园生草机械覆盖培肥地力技术，引进果园弥雾机、割草机、枝干粉碎机等作业机械和梨平衡施肥技术等；八师技改力度大，6万亩鲜食葡萄去冬今春改造面积达5.4万亩，成效显著。

存在的突出问题 ①生产水平及标准化管理参差不齐，生产标准有待修订和完善提升。②果品加工和龙头企业不能充分发挥调节市场的作用，融资困难。部分农业公司或合作组织，存在产权不明晰，政企不分，在运作过程中体制机制不健全，依然是行政管理模式，企业活力不足，缺乏开拓市场扩大销售的能力和动力，自身发展困难，难以形成龙头带动。③设施农业发展中项目资金偏少，团场主要靠贷款建设，负债率普遍偏高；发展相对盲目，生产上没有进行有效市场定位，种植作物“多、乱、杂”，缺少规模化、精品化生产，经营模式老旧，产销体系不健全，产品销售难的现象仍然存在。④人员少，行业分类多，工作任务繁重，对正处在加快转型升级阶段的兵团和作为兵团农业现代化发展的支柱性行业之一的园艺业，面对新形势下如何发挥好行业特殊作用，还有很多的工作要做，主要表现在对政策的学习、理解和把握上还不到位，部分工作思维定式和工作方法还维持原状。

【果树生产形势和市场分析】

果树生产 除五师“8·9”地震灾害外，南北疆各垦区均未发生重特大灾情。根据各师上报兵团的灾情报告统计，全年影响园艺业生产较大的灾害性天气过程有6次，主要灾害为沙尘、大风、高温、冰雹、地震等。重灾区为一师3团、5团；五师86团、91团；八师142团；十二师三坪、五一、头屯河农场；十四师47团、224团，共计果树受灾面积17.44万亩；设施受损1102座，拆除重建305座，主要为十二师三坪、五一农场和十四师47团、224团以及受“8·9”地震灾害较重的81团、83团和88团。灾情发生后，兵、师、团党委高度重视，及时开展了灾情核查和救灾工作，做好受灾人员安抚工作和加强受灾果园田间管理工作，努力降低损失。

果品市场 2017年果品市场比较好，一是销售比较畅通，上年库存的红枣，全部销售完毕。二是果品价格高于上年，苹果、葡萄、香梨每千克分别比上年高0.5元、0.5~0.8元和1元，推广“以主干结果”为主的果树栽培新模式，其果品售价比传统模式的高出2~3元，且备受客商的青睐，可见，大力推广“以主干结果”为主的果树栽培新技术，是深入推行供给侧结构改革的有效的模式之一。（新疆生产建设兵团园艺处）

林产品主产地及产量

PRINCIPAL PRODUCTION COUNTIES AND OUTPUT OF FOREST PRODUCTS

表 1-1　原木主产地产量

单位:万立方米

序号	原木主产地	产量
1	平谷区(京)	0.52
2	塞罕坝机械林场(冀)	9.51
3	围场满族蒙古族自治县(冀)	5.50
4	丰宁满族自治县(冀)	3.35
5	隆化县(冀)	2.08
6	承德县(冀)	1.98
7	遵化市(冀)	1.60
8	迁安市(冀)	1.40
9	平泉市(冀)	1.37
10	永清县(冀)	1.04
11	丰润区(冀)	0.95
12	乐亭县(冀)	0.94
13	滦　县(冀)	0.94
14	安次区(冀)	0.91
15	滦平县(冀)	0.80
16	香河县(冀)	0.75
17	景　县(冀)	0.67
18	霸州市(冀)	0.63
19	易　县(冀)	0.61
20	邢台县(冀)	0.60
21	冀州市(冀)	0.60
22	武邑县(冀)	0.53
23	兴隆县(冀)	0.51
24	忻府区(晋)	0.72
25	沁　县(晋)	0.61
26	阳曲县(晋)	0.56
27	科尔沁左翼后旗(内蒙古)	13.15
28	阿鲁科尔沁旗(内蒙古)	8.35
29	敖汉旗(内蒙古)	6.74
30	巴林左旗(内蒙古)	4.07
31	巴林右旗(内蒙古)	3.60
32	扎鲁特旗(内蒙古)	3.50
33	奈曼旗(内蒙古)	3.50
34	扎赉特旗(内蒙古)	3.50
35	磴口县(内蒙古)	2.64
36	翁牛特旗(内蒙古)	2.49
37	临河区(内蒙古)	2.10
38	库伦旗(内蒙古)	2.01
39	扎兰屯市(内蒙古)	1.80
40	宁城县(内蒙古)	1.79
41	松山区(内蒙古)	1.73
42	元宝山区(内蒙古)	1.38
43	科尔沁左翼中旗(内蒙古)	1.36
44	喀喇沁旗(内蒙古)	1.15
45	乌拉特前旗(内蒙古)	1.10
46	科尔沁区(内蒙古)	0.80
47	土默特右旗(内蒙古)	0.80
48	科尔沁右翼中旗(内蒙古)	0.70
49	五原县(内蒙古)	0.67
50	杭锦后旗(内蒙古)	0.67
51	克什克腾旗(内蒙古)	0.60
52	红山区(内蒙古)	0.54
53	清原满族自治县(辽)	26.00
54	桓仁满族自治县(辽)	19.46
55	宽甸满族自治县(辽)	14.00
56	新宾满族自治县(辽)	9.50
57	抚顺县(辽)	7.39
58	开原市(辽)	5.28
59	阜新蒙古族自治县(辽)	5.10
60	辽中区(辽)	3.74
61	建平县(辽)	2.95
62	凌源市(辽)	2.80
63	海城市(辽)	2.44
64	朝阳县(辽)	2.35
65	彰武县(辽)	2.10
66	西丰县(辽)	2.00
67	北票市(辽)	1.90
68	铁岭县(辽)	1.67
69	法库县(辽)	1.63
70	康平县(辽)	1.40
71	辽宁实验林场(辽)	1.37
72	绥中县(辽)	1.20
73	东洲区(辽)	1.20
74	辽阳县(辽)	1.15
75	喀喇沁左翼蒙古族自治县(辽)	1.10
76	建昌县(辽)	1.00
77	义　县(辽)	0.59
78	东港市(辽)	0.58
79	弓长岭区(辽)	0.50
80	农安县(吉)	15.70
81	前郭尔罗斯蒙古族自治县(吉)	14.50
82	榆树市(吉)	10.20
83	公主岭市(吉)	10.00
84	德惠市(吉)	6.00
85	东丰县(吉)	6.00
86	通化县(吉)	5.50
87	集安市(吉)	4.37
88	东辽县(吉)	4.28
89	丰满区(吉)	4.20
90	双辽市(吉)	4.00
91	大石头林业局(吉)	3.50
92	洮南市(吉)	3.19
93	敦化市(吉)	3.00
94	辉南县(吉)	3.00
95	和龙市(吉)	2.86
96	双阳区(吉)	2.32
97	龙井市(吉)	2.31
98	黄泥河林业局(吉)	2.19
99	大安市(吉)	1.99
100	蛟河市(吉)	1.93
101	洮北区(吉)	1.90
102	柳河县(吉)	1.89
103	磐石市(吉)	1.79
104	舒兰市(吉)	1.62
105	图们市(吉)	1.30
106	长岭县(吉)	1.27
107	九台区(吉)	1.00
108	珲春市(吉)	0.95
109	浑江区(吉)	0.90
110	珲春林业局(吉)	0.69
111	汪清县(吉)	0.62
112	和龙林业局(吉)	0.61
113	龙江县(黑)	4.80
114	双城区(黑)	4.04
115	宾县(黑)	3.76
116	肇东市(黑)	3.50
117	牡丹江市市本级(黑)	3.30
118	肇源县(黑)	3.10
119	北林区(黑)	3.10
120	鸡东县(黑)	2.33
121	阿城区(黑)	2.24
122	孟家岗林场(黑)	2.20
123	汤原县(黑)	2.19
124	桦南县(黑)	2.10
125	依安县(黑)	2.00
126	宝清县(黑)	2.00
127	克东县(黑)	1.87
128	虎林市(黑)	1.10
129	富锦市(黑)	1.00
130	明水县(黑)	1.00
131	兰西县(黑)	1.00
132	望奎县(黑)	0.91
133	依兰县(黑)	0.77
134	桦川县(黑)	0.76

（续表）

序号	原木主产地	产量
135	巴彦县（黑）	0.63
136	鸡西市市辖区（黑）	0.61
137	通河县（黑）	0.60
138	让胡路区（黑）	0.57
139	佳木斯市郊区（黑）	0.57
140	萝北县（黑）	0.54
141	拜泉县（黑）	0.50
142	邳州市（苏）	10.60
143	丰　县（苏）	8.00
144	宝应县（苏）	6.00
145	泗阳县（苏）	5.50
146	响水县（苏）	5.40
147	东海县（苏）	5.23
148	泗洪县（苏）	5.17
149	新沂市（苏）	5.04
150	六合区（苏）	4.92
151	东台市（苏）	4.50
152	邗江区（苏）	4.50
153	铜山区（苏）	4.13
154	淮安区（苏）	4.08
155	沛　县（苏）	3.69
156	赣榆区（苏）	3.66
157	睢宁县（苏）	3.03
158	大丰区（苏）	2.94
159	灌云县（苏）	2.80
160	沭阳县（苏）	2.77
161	金湖县（苏）	2.54
162	宿豫区（苏）	2.54
163	新北区（苏）	2.50
164	盱眙县（苏）	2.40
165	滨海县（苏）	2.19
166	淮阴区（苏）	1.94
167	涟水县（苏）	1.90
168	灌南县（苏）	1.89
169	洪泽区（苏）	1.85
170	宿城区（苏）	1.78
171	阜宁县（苏）	1.53
172	海州区（苏）	1.51
173	高邮市（苏）	1.50
174	宜兴市（苏）	1.47
175	射阳县（苏）	1.46
176	建湖县（苏）	1.35
177	江都区（苏）	1.10
178	贾汪区（苏）	1.03
179	句容市（苏）	0.94

（续表）

序号	原木主产地	产量
180	通州区（苏）	0.88
181	丹阳市（苏）	0.82
182	江宁区（苏）	0.74
183	扬中市（苏）	0.70
184	龙泉市（浙）	15.40
185	庆元县（浙）	8.00
186	淳安县（浙）	6.98
187	建德市（浙）	5.14
188	开化县（浙）	4.95
189	松阳县（浙）	3.64
190	遂昌县（浙）	3.60
191	临安区（浙）	3.28
192	天台县（浙）	2.71
193	仙居县（浙）	2.65
194	江山市（浙）	2.61
195	云和县（浙）	2.24
196	临海市（浙）	2.07
197	常山县（浙）	2.00
198	婺城区（浙）	1.84
199	安吉县（浙）	1.53
200	缙云县（浙）	1.40
201	浦江县（浙）	1.32
202	永嘉县（浙）	1.26
203	莲都区（浙）	1.03
204	诸暨市（浙）	1.00
205	磐安县（浙）	0.96
206	龙游县（浙）	0.95
207	永康市（浙）	0.91
208	泰顺县（浙）	0.79
209	义乌市（浙）	0.63
210	宁海县（浙）	0.53
211	潜山县（皖）	13.50
212	东至县（皖）	12.07
213	祁门县（皖）	10.29
214	泾　县（皖）	10.00
215	涡阳县（皖）	10.00
216	灵璧县（皖）	9.85
217	旌德县（皖）	8.71
218	贵池区（皖）	8.70
219	泗　县（皖）	8.53
220	太湖县（皖）	8.50
221	宣州区（皖）	8.20
222	颍上县（皖）	8.00
223	青阳县（皖）	7.42
224	太和县（皖）	7.00

（续表）

序号	原木主产地	产量
225	阜南县（皖）	6.97
226	五河县（皖）	6.30
227	砀山县（皖）	6.15
228	固镇县（皖）	5.20
229	黄山区（皖）	5.20
230	怀远县（皖）	5.00
231	怀宁县（皖）	4.74
232	裕安区（皖）	4.10
233	枞阳县（皖）	4.01
234	霍山县（皖）	4.00
235	霍邱县（皖）	3.86
236	石台县（皖）	3.70
237	宿松县（皖）	3.67
238	定远县（皖）	3.50
239	烈山区（皖）	3.38
240	颍泉区（皖）	3.20
241	来安县（皖）	3.03
242	界首市（皖）	2.93
243	濉溪县（皖）	2.90
244	绩溪县（皖）	2.58
245	南陵县（皖）	2.56
246	广德县（皖）	2.40
247	望江县（皖）	2.40
248	义安区（皖）	2.31
249	寿　县（皖）	2.20
250	桐城市（皖）	2.00
251	休宁县（皖）	1.90
252	利辛县（皖）	1.88
253	舒城县（皖）	1.80
254	颍州区（皖）	1.79
255	全椒县（皖）	1.79
256	宁国市（皖）	1.75
257	无为县（皖）	1.63
258	歙　县（皖）	1.47
259	淮上区（皖）	1.40
260	滁州市管店林业总场（皖）	1.30
261	长丰县（皖）	1.20
262	萧　县（皖）	1.20
263	凤台县（皖）	0.89
264	凤阳县（皖）	0.81
265	滁州市沙河集林业总场（皖）	0.80
266	庐江县（皖）	0.79
267	郎溪县（皖）	0.77
268	岳西县（皖）	0.74
269	和　县（皖）	0.68

(续表)

序号	原木主产地	产量
270	杜集区(皖)	0.57
271	肥西县(皖)	0.50
272	肥东县(皖)	0.50
273	芜湖县(皖)	0.50
274	大观区(皖)	0.50
275	崇义县(赣)	16.01
276	安福县(赣)	14.46
277	永丰县(赣)	14.10
278	大余县(赣)	9.57
279	新干县(赣)	8.90
280	信丰县(赣)	8.11
281	遂川县(赣)	8.00
282	永新县(赣)	7.70
283	吉水县(赣)	7.19
284	宜丰县(赣)	6.52
285	峡江县(赣)	6.03
286	泰和县(赣)	6.00
287	婺源县(赣)	5.70
288	瑞金市(赣)	5.38
289	德兴市(赣)	5.02
290	全南县(赣)	4.32
291	分宜县(赣)	3.84
292	万载县(赣)	3.13
293	吉安县(赣)	3.09
294	高安市(赣)	3.08
295	武宁县(赣)	2.95
296	上犹县(赣)	2.87
297	井冈山市(赣)	2.70
298	铜鼓县(赣)	2.68
299	彭泽县(赣)	2.68
300	万安县(赣)	2.50
301	奉新县(赣)	2.45
302	安远县(赣)	2.45
303	上高县(赣)	2.43
304	定南县(赣)	2.42
305	靖安县(赣)	2.17
306	德安县(赣)	1.66
307	青原区(赣)	1.60
308	于都县(赣)	1.44
309	永修县(赣)	1.41
310	鄱阳县(赣)	1.38
311	贵溪市(赣)	1.17
312	渝水区(赣)	1.14
313	黎川县(赣)	1.00
314	南康区(赣)	1.00

(续表)

序号	原木主产地	产量
315	乐平市(赣)	1.00
316	石城县(赣)	0.99
317	宁都县(赣)	0.87
318	龙南县(赣)	0.80
319	资溪县(赣)	0.77
320	樟树市(赣)	0.67
321	玉山县(赣)	0.65
322	临川区(赣)	0.60
323	宜黄县(赣)	0.57
324	柴桑区(赣)	0.53
325	袁州区(赣)	0.52
326	上饶县(赣)	0.52
327	蒙阴县(鲁)	15.40
328	高密市(鲁)	13.37
329	莘　县(鲁)	12.13
330	费　县(鲁)	11.35
331	邹城市(鲁)	8.02
332	临沭县(鲁)	7.06
333	莒南县(鲁)	6.60
334	长清区(鲁)	6.03
335	西海岸新区(鲁)	6.02
336	平原县(鲁)	5.98
337	昌乐县(鲁)	5.50
338	茌平县(鲁)	5.48
339	胶州市(鲁)	5.40
340	临清市(鲁)	5.20
341	济阳县(鲁)	4.67
342	成武县(鲁)	4.62
343	诸城市(鲁)	4.45
344	沂南县(鲁)	4.23
345	宁阳县(鲁)	3.96
346	平邑县(鲁)	3.80
347	乐陵市(鲁)	3.40
348	曲阜市(鲁)	3.29
349	郓城县(鲁)	3.20
350	高青县(鲁)	3.20
351	罗庄区(鲁)	3.17
352	邹平县(鲁)	3.14
353	沂水县(鲁)	3.00
354	齐河县(鲁)	3.00
355	新泰市(鲁)	2.92
356	莱城区(鲁)	2.60
357	平阴县(鲁)	2.50
358	章丘区(鲁)	2.50
359	肥城市(鲁)	2.45

(续表)

序号	原木主产地	产量
360	兖州区(鲁)	2.31
361	沂源县(鲁)	2.30
362	泗水县(鲁)	2.11
363	汶上县(鲁)	2.01
364	兰陵县(鲁)	2.00
365	昌邑市(鲁)	1.83
366	东昌府区(鲁)	1.67
367	临淄区(鲁)	1.65
368	台儿庄区(鲁)	1.56
369	高唐县(鲁)	1.47
370	陵城区(鲁)	1.46
371	博兴县(鲁)	1.41
372	寿光市(鲁)	1.40
373	德城区(鲁)	1.30
374	东阿县(鲁)	1.20
375	临朐县(鲁)	1.16
376	文登区(鲁)	1.15
377	微山县(鲁)	1.10
378	淄川区(鲁)	1.10
379	周村区(鲁)	1.03
380	宁津县(鲁)	1.03
381	岱岳区(鲁)	1.00
382	钢城区(鲁)	0.99
383	武城县(鲁)	0.94
384	嘉祥县(鲁)	0.90
385	莱西市(鲁)	0.87
386	即墨区(鲁)	0.87
387	潍坊市峡山区(鲁)	0.76
388	任城区(鲁)	0.70
389	岚山区(鲁)	0.62
390	潍城区(鲁)	0.60
391	阳谷县(鲁)	0.60
392	寒亭区(鲁)	0.59
393	博山区(鲁)	0.57
394	永城市(豫)	8.39
395	原阳县(豫)	4.90
396	固始县(豫)	4.80
397	内黄县(豫)	4.67
398	商水县(豫)	4.17
399	延津县(豫)	3.64
400	长垣县(豫)	3.60
401	嵩　县(豫)	3.50
402	灵宝市(豫)	3.30
403	洛宁县(豫)	3.10
404	鹿邑县(豫)	3.10

（续表）

序号	原木主产地	产量
405	辉县市(豫)	3.10
406	禹州市(豫)	3.03
407	商城县(豫)	3.00
408	太康县(豫)	3.00
409	邓州市(豫)	2.70
410	登封市(豫)	2.70
411	西峡县(豫)	2.64
412	建安区(豫)	2.48
413	卢氏县(豫)	2.24
414	正阳县(豫)	2.16
415	睢阳区(豫)	2.12
416	封丘县(豫)	2.10
417	潢川县(豫)	1.82
418	上蔡县(豫)	1.80
419	襄城县(豫)	1.80
420	伊川县(豫)	1.75
421	通许县(豫)	1.71
422	汝南县(豫)	1.65
423	罗山县(豫)	1.58
424	沁阳市(豫)	1.58
425	确山县(豫)	1.57
426	博爱县(豫)	1.57
427	兰考县(豫)	1.54
428	光山县(豫)	1.53
429	新安县(豫)	1.50
430	祥符区(豫)	1.50
431	修武县(豫)	1.48
432	汝阳县(豫)	1.36
433	遂平县(豫)	1.36
434	武陟县(豫)	1.28
435	南召县(豫)	1.20
436	社旗县(豫)	1.17
437	郏　县(豫)	1.16
438	林州市(豫)	1.15
439	项城市(豫)	1.15
440	民权县(豫)	1.15
441	获嘉县(豫)	1.10
442	宁陵县(豫)	1.10
443	桐柏县(豫)	1.08
444	汤阴县(豫)	1.02
445	息　县(豫)	1.01
446	宜阳县(豫)	0.99
447	驿城区(豫)	0.94
448	宝丰县(豫)	0.93
449	温　县(豫)	0.88

（续表）

序号	原木主产地	产量
450	郾城区(豫)	0.87
451	方城县(豫)	0.86
452	鲁山县(豫)	0.85
453	长葛市(豫)	0.84
454	卫辉市(豫)	0.83
455	安阳县(豫)	0.80
456	柘城县(豫)	0.74
457	新野县(豫)	0.69
458	舞钢市(豫)	0.69
459	孟州市(豫)	0.67
460	渑池县(豫)	0.61
461	栾川县(豫)	0.60
462	汝州市(豫)	0.60
463	平桥区(豫)	0.57
464	淮阳县(豫)	0.53
465	鄢陵县(豫)	0.53
466	叶　县(豫)	0.50
467	召陵区(豫)	0.50
468	仙桃市(鄂)	12.50
469	南漳县(鄂)	8.80
470	潜江市(鄂)	7.90
471	洪湖市(鄂)	7.80
472	赤壁市(鄂)	7.36
473	公安县(鄂)	6.96
474	监利县(鄂)	6.00
475	松滋市(鄂)	5.16
476	钟祥市(鄂)	4.77
477	枣阳市(鄂)	4.50
478	应城市(鄂)	4.00
479	宜城市(鄂)	4.00
480	远安县(鄂)	3.62
481	谷城县(鄂)	3.44
482	天门市(鄂)	3.40
483	咸安区(鄂)	3.18
484	沙市区(鄂)	3.12
485	沙洋县(鄂)	3.00
486	荆州区(鄂)	2.77
487	汉川市(鄂)	2.60
488	房　县(鄂)	2.55
489	江陵县(鄂)	2.50
490	利川市(鄂)	2.35
491	罗田县(鄂)	2.30
492	嘉鱼县(鄂)	2.20
493	蔡甸区(鄂)	2.02
494	大悟县(鄂)	2.00

（续表）

序号	原木主产地	产量
495	随　县(鄂)	1.83
496	枝江市(鄂)	1.79
497	兴山县(鄂)	1.68
498	秭归县(鄂)	1.50
499	广水市(鄂)	1.49
500	当阳市(鄂)	1.44
501	英山县(鄂)	1.24
502	曾都区(鄂)	1.12
503	蕲春县(鄂)	1.10
504	浠水县(鄂)	1.02
505	建始县(鄂)	0.97
506	鄂州市市辖区(鄂)	0.96
507	麻城市(鄂)	0.94
508	老河口市(鄂)	0.87
509	宜都市(鄂)	0.83
510	通山县(鄂)	0.76
511	樊城区(鄂)	0.75
512	黄梅县(鄂)	0.71
513	红安县(鄂)	0.65
514	来凤县(鄂)	0.63
515	屈家岭管理区(鄂)	0.60
516	随州市经济技术开发区(鄂)	0.60
517	襄城区(鄂)	0.58
518	团风县(鄂)	0.56
519	武穴市(鄂)	0.51
520	阳新县(鄂)	0.50
521	黄州区(鄂)	0.50
522	沅江市(湘)	13.23
523	江华瑶族自治县(湘)	8.74
524	洞口县(湘)	8.51
525	浏阳市(湘)	7.70
526	绥宁县(湘)	7.31
527	鼎城区(湘)	6.90
528	安化县(湘)	6.61
529	靖州苗族侗族自治县(湘)	6.23
530	武冈市(湘)	5.54
531	平江县(湘)	5.53
532	华容县(湘)	4.68
533	通道侗族自治县(湘)	4.61
534	溆浦县(湘)	4.33
535	城步苗族自治县(湘)	4.24
536	双牌县(湘)	4.20
537	会同县(湘)	4.09
538	蓝山县(湘)	3.90
539	芷江侗族自治县(湘)	3.59

(续表)

序号	原木主产地	产量
540	炎陵县(湘)	3.46
541	桂东县(湘)	3.19
542	资兴市(湘)	3.17
543	澧　县(湘)	3.08
544	桃源县(湘)	2.90
545	金洞林场(湘)	2.80
546	攸　县(湘)	2.28
547	汨罗市(湘)	2.15
548	新宁县(湘)	2.10
549	沅陵县(湘)	2.10
550	祁阳县(湘)	2.04
551	隆回县(湘)	2.03
552	道　县(湘)	1.80
553	新晃侗族自治县(湘)	1.80
554	临湘市(湘)	1.80
555	资阳区(湘)	1.80
556	南　县(湘)	1.80
557	永兴县(湘)	1.66
558	新化县(湘)	1.65
559	江永县(湘)	1.50
560	宜章县(湘)	1.45
561	辰溪县(湘)	1.43
562	汝城县(湘)	1.40
563	衡东县(湘)	1.36
564	新田县(湘)	1.34
565	常宁市(湘)	1.30
566	洪江市(湘)	1.22
567	湘潭市市辖区(湘)	1.21
568	桑植县(湘)	1.20
569	望城区(湘)	1.20
570	岳麓区(湘)	1.20
571	桂阳县(湘)	1.18
572	宁远县(湘)	1.10
573	嘉禾县(湘)	1.07
574	茶陵县(湘)	1.02
575	衡南县(湘)	0.92
576	鹤城区(湘)	0.90
577	北湖区(湘)	0.90
578	中方县(湘)	0.90
579	临武县(湘)	0.85
580	零陵区(湘)	0.80
581	安仁县(湘)	0.80
582	宁乡市(湘)	0.80
583	东安县(湘)	0.70
584	湘潭县(湘)	0.68

(续表)

序号	原木主产地	产量
585	株洲县(湘)	0.68
586	衡山县(湘)	0.61
587	祁东县(湘)	0.60
588	东源县(粤)	22.00
589	和平县(粤)	8.30
590	连山林场(粤)	0.84
591	兴宾区(桂)	83.00
592	武鸣区(桂)	73.78
593	博白县(桂)	70.60
594	横　县(桂)	65.30
595	八步区(桂)	65.16
596	灵山县(桂)	65.10
597	宁明县(桂)	64.29
598	桂平市(桂)	62.74
599	上思县(桂)	61.00
600	鹿寨县(桂)	60.12
601	田林县(桂)	58.00
602	武宣县(桂)	55.92
603	藤　县(桂)	54.14
604	苍梧县(桂)	50.00
605	陆川县(桂)	50.00
606	北流市(桂)	49.69
607	宜州区(桂)	48.74
608	环江毛南族自治县(桂)	44.83
609	扶绥县(桂)	43.44
610	容　县(桂)	42.90
611	浦北县(桂)	42.67
612	马山县(桂)	42.11
613	高峰林场(桂)	40.53
614	融安县(桂)	40.39
615	合浦县(桂)	38.85
616	田东县(桂)	38.68
617	融水苗族自治县(桂)	38.24
618	宾阳县(桂)	37.98
619	忻城县(桂)	36.27
620	昭平县(桂)	35.92
621	柳江区(桂)	34.76
622	钦北区(桂)	32.49
623	天峨县(桂)	32.20
624	西林县(桂)	31.81
625	罗城仫佬族自治县(桂)	31.80
626	柳城县(桂)	31.50
627	南丹县(桂)	30.74
628	钦南区(桂)	30.40
629	岑溪市(桂)	30.20

(续表)

序号	原木主产地	产量
630	平南县(桂)	27.70
631	广西林业集团有限公司(桂)	26.43
632	金秀瑶族自治县(桂)	26.11
633	象州县(桂)	25.74
634	覃塘区(桂)	25.00
635	田阳县(桂)	24.98
636	大桂山林场(桂)	23.89
637	良庆区(桂)	23.62
638	江州区(桂)	21.32
639	上林县(桂)	20.34
640	隆安县(桂)	20.10
641	良凤江国家森林公园(桂)	19.50
642	永福县(桂)	19.15
643	博白林场(桂)	18.60
644	兴宁区(桂)	18.17
645	巴马瑶族自治县(桂)	17.66
646	邕宁区(桂)	17.30
647	兴业县(桂)	15.38
648	贺州市平桂管理区(桂)	14.67
649	隆林各族自治县(桂)	14.17
650	合山市(桂)	14.14
651	玉林市福绵区(桂)	13.80
652	三门江林场(桂)	13.76
653	大新县(桂)	12.98
654	那坡县(桂)	12.35
655	青秀区(桂)	12.12
656	龙圩区(桂)	11.91
657	金城江区(桂)	11.77
658	钦廉林场(桂)	11.75
659	三江侗族自治县(桂)	11.40
660	凌云县(桂)	11.38
661	维都林场(桂)	11.18
662	天等县(桂)	9.60
663	派阳山林场(桂)	8.95
664	柳北区(桂)	8.81
665	蒙山县(桂)	8.62
666	黄冕林场(桂)	8.61
667	七坡林场(桂)	8.27
668	大化瑶族自治县(桂)	8.20
669	防城区(桂)	7.86
670	江南区(桂)	7.20
671	平乐县(桂)	7.15
672	东兰县(桂)	6.95
673	龙胜各族自治县(桂)	6.87
674	长洲区(桂)	6.86

（续表）

序号	原木主产地	产量
675	龙州县(桂)	6.70
676	荔浦县(桂)	6.60
677	全州县(桂)	6.56
678	靖西市(桂)	6.50
679	灌阳县(桂)	6.41
680	国家级南宁经济技术开发区(桂)	6.30
681	都安瑶族自治县(桂)	5.90
682	兴安县(桂)	5.81
683	乐业县(桂)	5.74
684	灵川县(桂)	5.50
685	钟山县(桂)	4.96
686	万秀区(桂)	4.70
687	西乡塘区(桂)	4.62
688	资源县(桂)	4.60
689	德保县(桂)	4.50
690	凭祥市(桂)	4.30
691	东门林场(桂)	4.27
692	恭城瑶族自治县(桂)	3.96
693	右江区(桂)	3.80
694	富川瑶族自治县(桂)	3.57
695	中国林科院热林中心(桂)	3.30
696	凤山县(桂)	3.15
697	玉州区(桂)	2.90
698	临桂区(桂)	2.50
699	柳南区(桂)	1.90
700	银海区(桂)	1.78
701	六万林场(桂)	1.63
702	东兴市(桂)	1.61
703	铁山港区(桂)	0.99
704	广西生态学院(桂)	0.97
705	涪陵区(渝)	2.95
706	江津区(渝)	2.00
707	丰都县(渝)	1.63
708	梁平区(渝)	1.24
709	綦江区(渝)	1.16
710	武隆区(渝)	0.54
711	雨城区(川)	11.20
712	夹江县(川)	8.50
713	沐川县(川)	7.72
714	峨眉山市(川)	6.56
715	洪雅县(川)	6.00
716	珙　县(川)	5.68
717	峨边彝族自治县(川)	5.36
718	东坡区(川)	4.90

（续表）

序号	原木主产地	产量
719	北川羌族自治县(川)	4.50
720	古蔺县(川)	4.30
721	叙永县(川)	4.18
722	乐山市市中区(川)	4.14
723	屏山县(川)	4.14
724	沙湾区(川)	4.10
725	荣　县(川)	4.03
726	犍为县(川)	3.64
727	平昌县(川)	3.55
728	宜宾县(川)	3.20
729	宣汉县(川)	3.09
730	旺苍县(川)	3.09
731	青神县(川)	3.01
732	剑阁县(川)	3.00
733	开江县(川)	2.80
734	芦山县(川)	2.70
735	安州区(川)	2.60
736	昭化区(川)	2.60
737	威远县(川)	2.49
738	江油市(川)	1.96
739	筠连县(川)	1.88
740	彭山区(川)	1.86
741	名山区(川)	1.80
742	仪陇县(川)	1.80
743	邛崃市(川)	1.77
744	苍溪县(川)	1.76
745	利州区(川)	1.68
746	射洪县(川)	1.60
747	五通桥区(川)	1.53
748	梓潼县(川)	1.41
749	朝天区(川)	1.40
750	天全县(川)	1.30
751	遂宁市市辖区(川)	1.29
752	丹棱县(川)	1.29
753	崇州市(川)	1.29
754	南江县(川)	1.26
755	石棉县(川)	1.20
756	巴州区(川)	1.12
757	彭州市(川)	0.98
758	会理县(川)	0.95
759	大竹县(川)	0.90
760	布拖县(川)	0.85
761	仁寿县(川)	0.84
762	南部县(川)	0.80
763	达川区(川)	0.70

（续表）

序号	原木主产地	产量
764	翠屏区(川)	0.69
765	游仙区(川)	0.68
766	雁江区(川)	0.67
767	通川区(川)	0.65
768	三台县(川)	0.60
769	邻水县(川)	0.60
770	盐源县(川)	0.57
771	大英县(川)	0.55
772	高　县(川)	0.53
773	册亨县(黔)	45.72
774	榕江县(黔)	28.50
775	从江县(黔)	18.09
776	黎平县(黔)	16.09
777	锦屏县(黔)	12.90
778	天柱县(黔)	4.94
779	台江县(黔)	2.24
780	普安县(黔)	1.89
781	都匀市(黔)	1.41
782	德江县(黔)	1.36
783	三都水族自治县(黔)	1.35
784	丹寨县(黔)	1.32
785	黄平县(黔)	1.02
786	镇远县(黔)	0.83
787	松桃苗族自治县(黔)	0.80
788	三穗县(黔)	0.71
789	岑巩县(黔)	0.63
790	玉屏侗族自治县(黔)	0.52
791	思南县(黔)	0.52
792	景谷傣族彝族自治县(滇)	72.22
793	勐腊县(滇)	31.27
794	景洪市(滇)	24.49
795	宁洱哈尼族彝族自治县(滇)	21.41
796	富宁县(滇)	19.50
797	腾冲市(滇)	17.31
798	新平彝族傣族自治县(滇)	11.44
799	临翔区(滇)	10.80
800	马关县(滇)	10.22
801	隆阳区(滇)	10.01
802	麻栗坡县(滇)	9.17
803	思茅区(滇)	9.12
804	师宗县(滇)	9.00
805	屏边苗族自治县(滇)	8.80
806	墨江哈尼族自治县(滇)	8.73
807	金平苗族瑶族傣族自治县(滇)	7.10

(续表)

序号	原木主产地	产量
808	镇沅彝族哈尼族拉祜族自治县(滇)	6.99
809	陆良县(滇)	6.86
810	盈江县(滇)	6.64
811	广南县(滇)	6.35
812	芒　市(滇)	6.32
813	瑞丽市(滇)	5.56
814	建水县(滇)	5.51
815	罗平县(滇)	5.00
816	弥勒市(滇)	4.70
817	云　县(滇)	4.69
818	威信县(滇)	4.36
819	蒙自市(滇)	4.25
820	元阳县(滇)	4.22
821	陇川县(滇)	4.21
822	通海县(滇)	3.14
823	砚山县(滇)	3.07
824	龙陵县(滇)	3.02
825	梁河县(滇)	2.69
826	丘北县(滇)	2.64
827	西畴县(滇)	2.63
828	澜沧拉祜族自治县(滇)	2.20
829	寻甸回族彝族自治县(滇)	2.12
830	景东彝族自治县(滇)	2.04
831	勐海县(滇)	2.03
832	沧源佤族自治县(滇)	2.00
833	昌宁县(滇)	1.92
834	永善县(滇)	1.76
835	镇康县(滇)	1.54
836	文山市(滇)	1.52
837	峨山彝族自治县(滇)	1.41
838	宁蒗彝族自治县(滇)	1.30
839	孟连傣族拉祜族佤族自治县(滇)	1.20
840	大关县(滇)	1.20
841	沾益区(滇)	1.16
842	香格里拉市(滇)	1.10
843	江城哈尼族彝族自治县(滇)	1.09
844	盐津县(滇)	1.08
845	马龙县(滇)	1.08
846	富源县(滇)	1.07
847	镇雄县(滇)	1.06
848	西盟佤族自治县(滇)	0.96
849	永胜县(滇)	0.84
850	维西傈僳族自治县(滇)	0.76
851	开远市(滇)	0.70

(续表)

序号	原木主产地	产量
852	绥江县(滇)	0.70
853	宜良县(滇)	0.70
854	施甸县(滇)	0.68
855	宣威市(滇)	0.65
856	祥云县(滇)	0.60
857	兰坪白族普米族自治县(滇)	0.60
858	水富县(滇)	0.54
859	昭阳区(滇)	0.52
860	双江拉祜族佤族布朗族傣族自治县(滇)	0.51
861	易门县(滇)	0.50
862	富民县(滇)	0.50
863	城固县(陕)	2.20
864	镇安县(陕)	2.03
865	陇　县(陕)	0.99
866	岚皋县(陕)	0.50
867	甘州区(甘)	0.85
868	临泽县(甘)	0.61
869	乌尔旗汉林业局(内蒙古森工)	3.46
870	临江林业局(吉林森工)	5.00
871	三岔子林业局(吉林森工)	4.12
872	松江河林业有限公司(吉林森工)	2.50
873	红石林业局(吉林森工)	1.26
874	湾沟林业局(吉林森工)	1.01
875	露水河林业局(吉林森工)	0.71
876	白石山林业局(吉林森工)	0.50
877	东京城林业局(龙江森工)	1.69

表 1-2　锯材主产地产量

单位:万立方米

序号	锯材主产地	产量
1	临漳县(冀)	87.00
2	青龙满族自治县(冀)	3.98
3	永年区(冀)	3.69
4	景　县(冀)	1.98
5	围场满族蒙古族自治县(冀)	1.50
6	正定县(冀)	1.30
7	隆化县(冀)	0.98
8	定州市(冀)	0.72
9	平山县(冀)	0.61
10	洪洞县(晋)	1.20
11	祁　县(晋)	0.72
12	沁　县(晋)	0.51
13	扎赉特旗(内蒙古)	3.00
14	库伦旗(内蒙古)	1.40
15	五原县(内蒙古)	1.20
16	扎兰屯市(内蒙古)	1.17
17	巴林右旗(内蒙古)	1.08
18	奈曼旗(内蒙古)	1.00
19	喀喇沁旗(内蒙古)	0.63
20	临河区(内蒙古)	0.60
21	乌拉特前旗(内蒙古)	0.60
22	桓仁满族自治县(辽)	52.51
23	顺城区(辽)	44.19
24	新宾满族自治县(辽)	11.55
25	大连市金州新区(辽)	5.34
26	清原满族自治县(辽)	5.20
27	振安区(辽)	5.00
28	宽甸满族自治县(辽)	5.00
29	新民市(辽)	3.40
30	东洲区(辽)	3.10
31	义　县(辽)	2.97
32	东港市(辽)	2.54
33	凌源市(辽)	1.60
34	辽中区(辽)	1.53
35	彰武县(辽)	1.40
36	龙城区(辽)	1.20
37	海城市(辽)	1.10
38	盖州市(辽)	0.58
39	二道区(吉)	13.00
40	敦化市(吉)	10.00
41	辉南县(吉)	9.50
42	东丰县(吉)	8.50
43	榆树市(吉)	7.30
44	公主岭市(吉)	4.51
45	通化县(吉)	3.23
46	和龙市(吉)	2.88
47	双阳区(吉)	2.32
48	农安县(吉)	1.50
49	梨树县(吉)	1.43
50	集安市(吉)	1.26
51	经济开发区(吉)	1.20
52	九台区(吉)	1.00
53	德惠市(吉)	1.00
54	二道江区(吉)	1.00
55	浑江区(吉)	0.93
56	洮南市(吉)	0.89
57	龙井市(吉)	0.67
58	珲春市(吉)	0.65
59	磐石市(吉)	0.64

（续表）

序号	锯材主产地	产量
60	舒兰市(吉)	0.57
61	柳河县(吉)	0.52
62	同江市(黑)	24.50
63	宁安市(黑)	20.70
64	汤原县(黑)	9.80
65	抚远县(黑)	5.00
66	双城区(黑)	1.42
67	大同区(黑)	1.04
68	爱辉区(黑)	1.00
69	鸡冠区(黑)	0.95
70	集贤县(黑)	0.90
71	拜泉县(黑)	0.70
72	明水县(黑)	0.70
73	肇州县(黑)	0.60
74	让胡路区(黑)	0.57
75	依安县(黑)	0.50
76	太仓市(苏)	100.00
77	丰　县(苏)	58.60
78	大丰区(苏)	40.84
79	浦口区(苏)	35.79
80	沭阳县(苏)	29.50
81	泗洪县(苏)	8.10
82	沛　县(苏)	6.00
83	吴中区(苏)	5.44
84	东台市(苏)	4.50
85	宝应县(苏)	4.00
86	常熟市(苏)	2.52
87	滨海县(苏)	2.50
88	通州区(苏)	2.13
89	睢宁县(苏)	2.12
90	江宁区(苏)	1.99
91	阜宁县(苏)	1.94
92	盐都区(苏)	1.92
93	洪泽区(苏)	1.85
94	泗阳县(苏)	1.55
95	涟水县(苏)	1.50
96	金湖县(苏)	1.50
97	宿豫区(苏)	1.38
98	建湖县(苏)	1.36
99	高邮市(苏)	1.00
100	射阳县(苏)	0.98
101	淮安区(苏)	0.90
102	仪征市(苏)	0.77
103	淮阴区(苏)	0.70
104	句容市(苏)	0.55

（续表）

序号	锯材主产地	产量
105	江山市(浙)	109.42
106	衢江区(浙)	35.00
107	安吉县(浙)	15.36
108	龙泉市(浙)	15.20
109	柯城区(浙)	11.00
110	临安区(浙)	7.29
111	诸暨市(浙)	7.00
112	镇海区(浙)	6.00
113	婺城区(浙)	4.86
114	苍南县(浙)	3.55
115	淳安县(浙)	3.50
116	新昌县(浙)	3.32
117	武义县(浙)	3.31
118	长兴县(浙)	3.10
119	临海市(浙)	2.95
120	莲都区(浙)	2.61
121	宁海县(浙)	2.42
122	建德市(浙)	2.40
123	遂昌县(浙)	2.07
124	仙居县(浙)	2.00
125	松阳县(浙)	1.98
126	余杭区(浙)	1.43
127	庆元县(浙)	1.34
128	兰溪市(浙)	1.26
129	永康市(浙)	1.23
130	天台县(浙)	1.05
131	磐安县(浙)	1.00
132	永嘉县(浙)	0.95
133	德清县(浙)	0.83
134	缙云县(浙)	0.83
135	常山县(浙)	0.80
136	浦江县(浙)	0.79
137	上虞区(浙)	0.79
138	萧山区(浙)	0.70
139	六安市叶集区(皖)	42.60
140	东至县(皖)	38.55
141	青阳县(皖)	13.06
142	天长市(皖)	12.65
143	全椒县(皖)	10.00
144	阜南县(皖)	9.40
145	贵池区(皖)	9.30
146	南陵县(皖)	9.02
147	灵璧县(皖)	8.25
148	霍邱县(皖)	8.03
149	潜山县(皖)	7.10

（续表）

序号	锯材主产地	产量
150	祁门县(皖)	7.10
151	定远县(皖)	6.50
152	颍州区(皖)	6.50
153	金安区(皖)	6.20
154	太和县(皖)	6.20
155	泾　县(皖)	5.50
156	望江县(皖)	5.42
157	宣州区(皖)	4.50
158	濉溪县(皖)	3.29
159	舒城县(皖)	2.90
160	太湖县(皖)	2.81
161	五河县(皖)	2.80
162	明光市(皖)	2.78
163	无为县(皖)	2.73
164	休宁县(皖)	2.69
165	泗　县(皖)	2.63
166	枞阳县(皖)	2.51
167	长丰县(皖)	2.43
168	怀宁县(皖)	2.31
169	埇桥区(皖)	2.21
170	界首市(皖)	2.00
171	宿松县(皖)	1.73
172	郎溪县(皖)	1.50
173	寿　县(皖)	1.24
174	和　县(皖)	1.15
175	桐城市(皖)	1.00
176	霍山县(皖)	1.00
177	琅琊区(皖)	0.75
178	庐江县(皖)	0.62
179	肥东县(皖)	0.60
180	南昌市市辖区(赣)	106.60
181	南康区(赣)	45.00
182	瑞昌市(赣)	44.70
183	章贡区(赣)	11.00
184	遂川县(赣)	7.50
185	新干县(赣)	7.20
186	浮梁县(赣)	3.71
187	婺源县(赣)	2.78
188	武宁县(赣)	2.27
189	信丰县(赣)	2.22
190	永新县(赣)	2.10
191	峡江县(赣)	2.10
192	泰和县(赣)	2.00
193	瑞金市(赣)	1.90
194	余江县(赣)	1.80

(续表)

序号	锯材主产地	产量
195	玉山县(赣)	1.74
196	贵溪市(赣)	1.61
197	安福县(赣)	1.60
198	分宜县(赣)	1.60
199	渝水区(赣)	1.60
200	彭泽县(赣)	1.50
201	兴国县(赣)	1.43
202	安远县(赣)	1.32
203	宜丰县(赣)	1.23
204	万载县(赣)	1.21
205	安源区(赣)	1.16
206	高安市(赣)	1.10
207	鄱阳县(赣)	0.90
208	乐平市(赣)	0.90
209	定南县(赣)	0.90
210	莲花县(赣)	0.86
211	全南县(赣)	0.80
212	德安县(赣)	0.80
213	信州区(赣)	0.78
214	上高县(赣)	0.72
215	崇义县(赣)	0.71
216	宜黄县(赣)	0.58
217	梁山县(鲁)	286.43
218	郓城县(鲁)	231.00
219	岚山区(鲁)	220.00
220	郯城县(鲁)	100.00
221	成武县(鲁)	61.76
222	诸城市(鲁)	33.65
223	章丘区(鲁)	22.00
224	河东区(鲁)	17.00
225	阳信县(鲁)	15.70
226	蒙阴县(鲁)	8.20
227	莱州市(鲁)	8.00
228	微山县(鲁)	7.56
229	东平县(鲁)	7.26
230	胶州市(鲁)	6.50
231	平原县(鲁)	5.98
232	嘉祥县(鲁)	5.00
233	高密市(鲁)	4.80
234	济阳县(鲁)	4.80
235	临沭县(鲁)	4.23
236	邹平县(鲁)	3.24
237	兰陵县(鲁)	3.00
238	新泰市(鲁)	2.55
239	寿光市(鲁)	2.35
240	东明县(鲁)	2.28
241	临邑县(鲁)	2.20
242	昌乐县(鲁)	2.10
243	历城区(鲁)	1.98
244	汶上县(鲁)	1.71
245	西海岸新区(鲁)	1.60
246	东昌府区(鲁)	1.50
247	肥城市(鲁)	1.50
248	安丘市(鲁)	1.36
249	五莲县(鲁)	1.20
250	莱城区(鲁)	1.19
251	沂南县(鲁)	1.11
252	莘　县(鲁)	1.09
253	鄄城县(鲁)	1.00
254	邹城市(鲁)	0.86
255	乐陵市(鲁)	0.85
256	高青县(鲁)	0.83
257	武城县(鲁)	0.66
258	莒南县(鲁)	0.65
259	博兴县(鲁)	0.62
260	潍城区(鲁)	0.56
261	睢阳区(豫)	12.70
262	西华县(豫)	10.00
263	梁园区(豫)	9.25
264	内黄县(豫)	5.20
265	镇平县(豫)	4.48
266	虞城县(豫)	4.00
267	淮阳县(豫)	4.00
268	睢　县(豫)	3.90
269	商水县(豫)	3.83
270	太康县(豫)	3.80
271	郾城区(豫)	3.29
272	山城区(豫)	3.10
273	淮滨县(豫)	3.10
274	台前县(豫)	3.00
275	内乡县(豫)	3.00
276	商城县(豫)	2.80
277	郸城县(豫)	2.80
278	嵩　县(豫)	2.80
279	民权县(豫)	2.78
280	卫辉市(豫)	2.67
281	桐柏县(豫)	2.67
282	固始县(豫)	2.02
283	宁陵县(豫)	1.98
284	柘城县(豫)	1.98
285	建安区(豫)	1.72
286	辉县市(豫)	1.60
287	通许县(豫)	1.60
288	确山县(豫)	1.49
289	安阳县(豫)	1.35
290	汝阳县(豫)	1.22
291	灵宝市(豫)	1.20
292	社旗县(豫)	1.10
293	鲁山县(豫)	1.10
294	长葛市(豫)	1.10
295	西峡县(豫)	1.07
296	宝丰县(豫)	1.06
297	长垣县(豫)	1.00
298	夏邑县(豫)	1.00
299	新密市(豫)	0.90
300	新野县(豫)	0.90
301	伊川县(豫)	0.90
302	叶　县(豫)	0.85
303	方城县(豫)	0.76
304	淇　县(豫)	0.67
305	汤阴县(豫)	0.61
306	荥阳市(豫)	0.56
307	潢川县(豫)	0.53
308	东西湖区(鄂)	35.30
309	石首市(鄂)	15.00
310	监利县(鄂)	10.00
311	襄州区(鄂)	9.95
312	谷城县(鄂)	9.89
313	枣阳市(鄂)	9.70
314	嘉鱼县(鄂)	8.60
315	松滋市(鄂)	6.86
316	仙桃市(鄂)	6.80
317	公安县(鄂)	4.28
318	钟祥市(鄂)	4.00
319	东宝区(鄂)	3.00
320	荆门市市辖区(鄂)	2.86
321	蔡甸区(鄂)	2.02
322	潜江市(鄂)	2.00
323	夷陵区(鄂)	1.66
324	罗田县(鄂)	1.32
325	沙市区(鄂)	1.28
326	恩施市(鄂)	1.20
327	赤壁市(鄂)	1.10
328	沙洋县(鄂)	1.00
329	老河口市(鄂)	0.87

（续表）

序号	锯材主产地	产量
330	襄城区(鄂)	0.72
331	浠水县(鄂)	0.68
332	咸丰县(鄂)	0.66
333	宜城市(鄂)	0.63
334	大悟县(鄂)	0.60
335	巴东县(鄂)	0.55
336	樊城区(鄂)	0.54
337	道　县(湘)	39.81
338	浏阳市(湘)	15.99
339	汉寿县(湘)	9.23
340	江华瑶族自治县(湘)	8.80
341	安化县(湘)	7.56
342	鼎城区(湘)	6.60
343	靖州苗族侗族自治县(湘)	6.30
344	武冈市(湘)	6.22
345	双峰县(湘)	4.80
346	北塔区(湘)	4.24
347	赫山区(湘)	4.00
348	澧　县(湘)	3.55
349	衡山县(湘)	3.53
350	绥宁县(湘)	3.35
351	湘潭市市辖区(湘)	3.29
352	蓝山县(湘)	3.26
353	永兴县(湘)	3.21
354	金洞林场(湘)	3.20
355	中方县(湘)	3.00
356	湘阴县(湘)	3.00
357	祁阳县(湘)	2.96
358	溆浦县(湘)	2.53
359	双牌县(湘)	2.50
360	洞口县(湘)	2.40
361	安仁县(湘)	2.40
362	麻阳苗族自治县(湘)	2.30
363	君山区(湘)	2.20
364	东安县(湘)	2.05
365	石峰区(湘)	1.84
366	炎陵县(湘)	1.80
367	武陵区(湘)	1.78
368	通道侗族自治县(湘)	1.75
369	祁东县(湘)	1.70
370	衡东县(湘)	1.70
371	珠晖区(湘)	1.50
372	安乡县(湘)	1.30
373	益阳市市辖区(湘)	1.30
374	资兴市(湘)	1.24
375	平江县(湘)	1.12
376	桃源县(湘)	1.10
377	洪江市(湘)	1.10
378	衡南县(湘)	1.10
379	新田县(湘)	1.06
380	宁乡市(湘)	1.00
381	资阳区(湘)	1.00
382	汝城县(湘)	1.00
383	新晃侗族自治县(湘)	0.90
384	城步苗族自治县(湘)	0.90
385	宁远县(湘)	0.90
386	嘉禾县(湘)	0.80
387	新宁县(湘)	0.80
388	临湘市(湘)	0.78
389	沅陵县(湘)	0.70
390	新化县(湘)	0.68
391	武陵源区(湘)	0.67
392	辰溪县(湘)	0.62
393	隆回县(湘)	0.61
394	常德市市辖区(湘)	0.60
395	沅江市(湘)	0.56
396	蒸湘区(湘)	0.52
397	东源县(粤)	18.00
398	和平县(粤)	2.00
399	扶绥县(桂)	364.66
400	柳江区(桂)	63.38
401	兴宾区(桂)	58.51
402	防城区(桂)	41.05
403	龙胜各族自治县(桂)	37.60
404	宁明县(桂)	36.88
405	江南区(桂)	29.10
406	八步区(桂)	27.95
407	玉州区(桂)	26.00
408	青秀区(桂)	23.78
409	苍梧县(桂)	23.00
410	南丹县(桂)	21.14
411	象山区(桂)	20.00
412	良庆区(桂)	19.92
413	田林县(桂)	18.50
414	上林县(桂)	17.45
415	兴业县(桂)	16.20
416	天峨县(桂)	15.60
417	钦南区(桂)	15.50
418	七星区(桂)	15.00
419	柳南区(桂)	14.00
420	宜州区(桂)	13.87
421	西林县(桂)	12.85
422	罗城仫佬族自治县(桂)	12.10
423	叠彩区(桂)	12.00
424	临桂区(桂)	12.00
425	钦北区(桂)	11.30
426	金秀瑶族自治县(桂)	11.27
427	资源县(桂)	10.00
428	博白县(桂)	9.80
429	贺州市平桂管理区(桂)	9.10
430	覃塘区(桂)	8.50
431	那坡县(桂)	8.24
432	鹿寨县(桂)	7.95
433	灵山县(桂)	7.80
434	大新县(桂)	7.70
435	兴宁区(桂)	7.24
436	灵川县(桂)	7.10
437	西乡塘区(桂)	6.22
438	兴安县(桂)	6.00
439	三江侗族自治县(桂)	5.53
440	岑溪市(桂)	5.50
441	隆林各族自治县(桂)	5.35
442	北流市(桂)	5.32
443	田东县(桂)	5.15
444	永福县(桂)	5.00
445	荔浦县(桂)	4.95
446	柳城县(桂)	4.90
447	乐业县(桂)	4.80
448	右江区(桂)	4.80
449	富川瑶族自治县(桂)	4.80
450	全州县(桂)	4.56
451	象州县(桂)	4.10
452	平乐县(桂)	3.98
453	陆川县(桂)	3.90
454	宾阳县(桂)	3.80
455	金城江区(桂)	3.70
456	田阳县(桂)	3.43
457	凌云县(桂)	3.35
458	浦北县(桂)	3.00
459	桂平市(桂)	2.77
460	德保县(桂)	2.50
461	平南县(桂)	2.40
462	融水苗族自治县(桂)	2.37
463	恭城瑶族自治县(桂)	2.00
464	秀峰区(桂)	2.00

(续表)

序号	锯材主产地	产量
465	武宣县(桂)	1.95
466	万秀区(桂)	1.53
467	昭平县(桂)	1.52
468	玉林市福绵区(桂)	1.50
469	钟山县(桂)	1.17
470	银海区(桂)	1.13
471	柳北区(桂)	1.06
472	藤　县(桂)	0.85
473	龙州县(桂)	0.80
474	雁山区(桂)	0.79
475	都安瑶族自治县(桂)	0.70
476	港口区(桂)	0.68
477	凭祥市(桂)	0.65
478	海城区(桂)	0.65
479	大化瑶族自治县(桂)	0.65
480	城中区(桂)	0.59
481	长洲区(桂)	0.51
482	九龙坡区(渝)	13.76
483	开州区(渝)	1.90
484	梁平区(渝)	1.02
485	武隆区(渝)	0.54
486	珙　县(川)	16.70
487	洪雅县(川)	9.10
488	雨城区(川)	7.02
489	威远县(川)	5.20
490	乐山市市中区(川)	5.03
491	夹江县(川)	5.00
492	梓潼县(川)	3.80
493	江油市(川)	3.60
494	遂宁市市辖区(川)	3.59
495	平昌县(川)	3.55
496	郫都区(川)	3.40
497	邛崃市(川)	2.71
498	叙永县(川)	2.52
499	利州区(川)	2.32
500	邻水县(川)	2.23
501	彭州市(川)	2.06
502	盐亭县(川)	2.05
503	崇州市(川)	1.97
504	射洪县(川)	1.92
505	沙湾区(川)	1.50
506	丹棱县(川)	1.27
507	昭化区(川)	1.20
508	中江县(川)	1.20
509	东坡区(川)	1.10

(续表)

序号	锯材主产地	产量
510	彭山区(川)	1.08
511	雁江区(川)	1.06
512	芦山县(川)	1.00
513	筠连县(川)	0.99
514	翠屏区(川)	0.95
515	宣汉县(川)	0.91
516	旺苍县(川)	0.90
517	蒲江县(川)	0.85
518	仪陇县(川)	0.85
519	达川区(川)	0.80
520	广安区(川)	0.73
521	仁和区(川)	0.63
522	通川区(川)	0.62
523	旌阳区(川)	0.60
524	剑阁县(川)	0.60
525	营山县(川)	0.60
526	万源市(川)	0.60
527	五通桥区(川)	0.57
528	都江堰市(川)	0.55
529	苍溪县(川)	0.54
530	册亨县(黔)	42.70
531	从江县(黔)	8.31
532	黎平县(黔)	3.58
533	台江县(黔)	2.86
534	凯里市(黔)	2.55
535	天柱县(黔)	1.42
536	都匀市(黔)	1.11
537	三都水族自治县(黔)	1.02
538	黄平县(黔)	0.85
539	思南县(黔)	0.77
540	锦屏县(黔)	0.76
541	勐腊县(滇)	15.54
542	思茅区(滇)	10.28
543	陆良县(滇)	6.70
544	马关县(滇)	5.10
545	龙陵县(滇)	5.00
546	盈江县(滇)	3.76
547	屏边苗族自治县(滇)	3.00
548	蒙自市(滇)	3.00
549	陇川县(滇)	2.84
550	富宁县(滇)	2.80
551	元阳县(滇)	2.46
552	凤庆县(滇)	2.35
553	广南县(滇)	2.02
554	腾冲市(滇)	2.00

(续表)

序号	锯材主产地	产量
555	寻甸回族彝族自治县(滇)	1.90
556	西畴县(滇)	1.85
557	芒　市(滇)	1.67
558	镇沅彝族哈尼族拉祜族自治县(滇)	1.44
559	峨山彝族自治县(滇)	1.42
560	威信县(滇)	1.28
561	孟连傣族拉祜族佤族自治县(滇)	1.10
562	宾川县(滇)	0.98
563	瑞丽市(滇)	0.97
564	墨江哈尼族自治县(滇)	0.90
565	宁蒗彝族自治县(滇)	0.90
566	隆阳区(滇)	0.84
567	沧源佤族自治县(滇)	0.80
568	晋宁区(滇)	0.80
569	宁洱哈尼族彝族自治县(滇)	0.76
570	镇康县(滇)	0.65
571	梁河县(滇)	0.65
572	勐海县(滇)	0.65
573	贡山独龙族怒族自治县(滇)	0.60
574	澜沧拉祜族自治县(滇)	0.58
575	景谷傣族彝族自治县(滇)	0.56
576	河口瑶族自治县(滇)	0.53
577	永善县(滇)	0.51
578	镇巴县(陕)	3.00
579	汉滨区(陕)	2.61
580	汉台区(陕)	1.50
581	陇　县(陕)	0.99

表 1-3　木片主产地产量

单位:万实积立方米

序号	木片主产地	产量
1	涿州市(冀)	3.36
2	景　县(冀)	2.56
3	曲阳县(冀)	1.70
4	冀州市(冀)	0.80
5	洪洞县(晋)	9.20
6	襄汾县(晋)	6.74
7	祁　县(晋)	0.72
8	扎赉特旗(内蒙古)	1.00
9	东港市(辽)	22.00
10	大连市金州新区(辽)	3.78
11	振安区(辽)	2.80
12	新宾满族自治县(辽)	2.40
13	海城市(辽)	1.05

（续表）

序号	木片主产地	产量
14	抚顺县(辽)	0.75
15	大安市(吉)	30.00
16	松原市市辖区(吉)	10.63
17	梨树县(吉)	3.31
18	白城市市辖区(吉)	2.68
19	榆树市(吉)	2.00
20	经济开发区(吉)	1.74
21	二道区(吉)	1.25
22	安图县(吉)	1.03
23	前郭尔罗斯蒙古族自治县(吉)	1.00
24	公主岭市(吉)	0.82
25	爱辉区(黑)	3.60
26	龙江县(黑)	3.31
27	青冈县(黑)	1.76
28	拜泉县(黑)	0.80
29	泗阳县(苏)	65.80
30	泗洪县(苏)	57.05
31	新沂市(苏)	4.90
32	宜兴市(苏)	4.36
33	金湖县(苏)	3.10
34	沛　县(苏)	2.00
35	滨海县(苏)	2.00
36	盐都区(苏)	1.88
37	睢宁县(苏)	0.78
38	高邮市(苏)	0.57
39	江山市(浙)	7.87
40	柯城区(浙)	5.00
41	临海市(浙)	3.15
42	长兴县(浙)	1.22
43	苍南县(浙)	1.13
44	常山县(浙)	1.00
45	淳安县(浙)	0.70
46	婺城区(浙)	0.70
47	浦江县(浙)	0.53
48	太和县(皖)	25.00
49	东至县(皖)	23.61
50	宣州区(皖)	10.20
51	无为县(皖)	8.50
52	潜山县(皖)	6.10
53	固镇县(皖)	6.00
54	泗　县(皖)	5.43
55	望江县(皖)	5.06
56	南陵县(皖)	4.65
57	六安市叶集区(皖)	4.10
58	霍山县(皖)	4.00

（续表）

序号	木片主产地	产量
59	阜南县(皖)	3.84
60	埇桥区(皖)	3.35
61	宿松县(皖)	3.33
62	濉溪县(皖)	3.28
63	枞阳县(皖)	2.75
64	太湖县(皖)	2.60
65	颍州区(皖)	2.17
66	明光市(皖)	2.10
67	涡阳县(皖)	2.00
68	五河县(皖)	2.00
69	贵池区(皖)	1.80
70	长丰县(皖)	1.76
71	青阳县(皖)	1.45
72	裕安区(皖)	1.40
73	萧　县(皖)	1.30
74	灵璧县(皖)	1.14
75	桐城市(皖)	1.10
76	颍东区(皖)	1.10
77	怀远县(皖)	1.00
78	淮上区(皖)	1.00
79	毛集实验区(皖)	0.80
80	南昌市市辖区(赣)	84.85
81	南康区(赣)	12.00
82	安福县(赣)	5.55
83	上高县(赣)	3.40
84	安源区(赣)	2.60
85	峡江县(赣)	1.72
86	贵溪市(赣)	1.70
87	瑞金市(赣)	0.64
88	石城县(赣)	0.64
89	新建区(赣)	0.60
90	余江县(赣)	0.60
91	费　县(鲁)	562.20
92	沂水县(鲁)	486.00
93	郓城县(鲁)	240.90
94	沂南县(鲁)	98.80
95	郯城县(鲁)	85.00
96	梁山县(鲁)	63.11
97	兰陵县(鲁)	38.00
98	嘉祥县(鲁)	15.40
99	河东区(鲁)	12.00
100	商河县(鲁)	10.70
101	东平县(鲁)	10.24
102	临朐县(鲁)	10.20
103	齐河县(鲁)	10.00

（续表）

序号	木片主产地	产量
104	新泰市(鲁)	8.25
105	东阿县(鲁)	8.07
106	泗水县(鲁)	7.88
107	蒙阴县(鲁)	7.50
108	成武县(鲁)	7.30
109	岚山区(鲁)	6.60
110	鄄城县(鲁)	6.00
111	济阳县(鲁)	5.00
112	微山县(鲁)	4.70
113	高唐县(鲁)	4.10
114	兖州区(鲁)	4.00
115	诸城市(鲁)	4.00
116	肥城市(鲁)	4.00
117	邹城市(鲁)	3.97
118	昌乐县(鲁)	3.20
119	莒南县(鲁)	3.00
120	峄城区(鲁)	2.95
121	章丘区(鲁)	2.70
122	陵城区(鲁)	2.30
123	寿光市(鲁)	2.05
124	莘　县(鲁)	1.70
125	临沭县(鲁)	1.60
126	惠民县(鲁)	1.50
127	临邑县(鲁)	1.30
128	安丘市(鲁)	1.23
129	西海岸新区(鲁)	0.89
130	乐陵市(鲁)	0.89
131	莱城区(鲁)	0.55
132	博兴县(鲁)	0.51
133	范　县(豫)	92.00
134	商水县(豫)	31.55
135	固始县(豫)	15.30
136	武陟县(豫)	12.00
137	西华县(豫)	12.00
138	梁园区(豫)	11.03
139	洛宁县(豫)	10.00
140	濮阳县(豫)	7.53
141	淮阳县(豫)	6.00
142	川汇区(豫)	5.74
143	建安区(豫)	5.55
144	项城市(豫)	5.00
145	南乐县(豫)	5.00
146	镇平县(豫)	4.79
147	台前县(豫)	4.00
148	内黄县(豫)	3.50

(续表)

序号	木片主产地	产量
149	太康县(豫)	3.00
150	社旗县(豫)	3.00
151	郸城县(豫)	1.90
152	安阳县(豫)	1.80
153	西峡县(豫)	1.68
154	淇　县(豫)	1.50
155	中牟县(豫)	1.23
156	温　县(豫)	1.20
157	虞城县(豫)	1.20
158	鹿邑县(豫)	1.20
159	民权县(豫)	1.14
160	灵宝市(豫)	1.09
161	淮滨县(豫)	1.00
162	伊川县(豫)	1.00
163	内乡县(豫)	1.00
164	通许县(豫)	0.96
165	新郑市(豫)	0.90
166	汝阳县(豫)	0.81
167	潢川县(豫)	0.76
168	沈丘县(豫)	0.62
169	松滋市(鄂)	20.38
170	天门市(鄂)	5.50
171	潜江市(鄂)	5.00
172	监利县(鄂)	3.00
173	枣阳市(鄂)	2.12
174	老河口市(鄂)	1.80
175	沙洋县(鄂)	1.60
176	武穴市(鄂)	1.59
177	罗田县(鄂)	1.35
178	嘉鱼县(鄂)	1.16
179	宜城市(鄂)	1.10
180	夷陵区(鄂)	1.04
181	仙桃市(鄂)	0.86
182	谷城县(鄂)	0.60
183	团风县(鄂)	0.57
184	襄城区(鄂)	0.52
185	沅江市(湘)	5.50
186	东安县(湘)	4.83
187	双峰县(湘)	4.10
188	汉寿县(湘)	3.00
189	衡山县(湘)	2.65
190	益阳市市辖区(湘)	1.50
191	祁东县(湘)	1.50
192	君山区(湘)	1.50
193	衡东县(湘)	1.20
194	岳阳县(湘)	1.00
195	湘阴县(湘)	1.00
196	珠晖区(湘)	0.80
197	武冈市(湘)	0.75
198	赫山区(湘)	0.70
199	靖州苗族侗族自治县(湘)	0.63
200	资阳区(湘)	0.60
201	通道侗族自治县(湘)	0.53
202	柳江区(桂)	69.72
203	防城区(桂)	44.82
204	覃塘区(桂)	42.00
205	西乡塘区(桂)	41.18
206	博白县(桂)	36.80
207	江南区(桂)	24.20
208	鹿寨县(桂)	21.99
209	武鸣区(桂)	20.60
210	青秀区(桂)	20.02
211	苍梧县(桂)	15.00
212	北流市(桂)	13.00
213	钦北区(桂)	11.60
214	良庆区(桂)	11.25
215	兴宁区(桂)	10.20
216	上思县(桂)	10.00
217	兴宾区(桂)	9.42
218	象州县(桂)	9.15
219	永福县(桂)	9.10
220	浦北县(桂)	8.00
221	忻城县(桂)	7.48
222	全州县(桂)	6.77
223	钦南区(桂)	6.30
224	叠彩区(桂)	6.00
225	象山区(桂)	6.00
226	宜州区(桂)	5.74
227	宾阳县(桂)	5.30
228	八步区(桂)	5.18
229	田林县(桂)	5.03
230	陆川县(桂)	5.00
231	鱼峰区(桂)	4.93
232	横　县(桂)	4.75
233	长洲区(桂)	4.33
234	岑溪市(桂)	4.30
235	灵山县(桂)	3.90
236	万秀区(桂)	3.50
237	七星区(桂)	3.00
238	隆安县(桂)	2.58
239	合山市(桂)	2.57
240	柳北区(桂)	2.10
241	蒙山县(桂)	2.10
242	大新县(桂)	2.02
243	江州区(桂)	1.85
244	兴安县(桂)	1.80
245	隆林各族自治县(桂)	1.76
246	灵川县(桂)	1.50
247	兴业县(桂)	1.50
248	资源县(桂)	1.40
249	右江区(桂)	1.40
250	扶绥县(桂)	1.37
251	大化瑶族自治县(桂)	1.36
252	临桂区(桂)	1.20
253	西林县(桂)	1.13
254	钟山县(桂)	1.05
255	德保县(桂)	1.00
256	秀峰区(桂)	1.00
257	桂平市(桂)	0.85
258	港口区(桂)	0.72
259	雁山区(桂)	0.66
260	武宣县(桂)	0.50
261	涪陵区(渝)	3.50
262	九龙坡区(渝)	2.40
263	梁平区(渝)	1.17
264	开州区(渝)	1.08
265	江津区(渝)	1.00
266	屏山县(川)	12.00
267	夹江县(川)	5.00
268	东坡区(川)	3.50
269	射洪县(川)	3.50
270	蓬溪县(川)	3.50
271	彭山区(川)	3.34
272	旺苍县(川)	2.86
273	乐山市市中区(川)	2.85
274	郫都区(川)	2.70
275	渠　县(川)	2.58
276	盐亭县(川)	2.01
277	剑阁县(川)	2.00
278	大邑县(川)	1.80
279	荣　县(川)	1.70
280	五通桥区(川)	1.60
281	江油市(川)	1.41
282	丹棱县(川)	1.26
283	邻水县(川)	1.25

（续表）

序号	木片主产地	产量
284	中江县（川）	1.10
285	昭化区（川）	1.00
286	金口河区（川）	1.00
287	蒲江县（川）	0.90
288	南溪区（川）	0.75
289	邛崃市（川）	0.73
290	天全县（川）	0.52
291	册亨县（黔）	5.50
292	陆良县（滇）	16.50
293	建水县（滇）	15.29
294	宁洱哈尼族彝族自治县（滇）	10.23
295	景谷傣族彝族自治县（滇）	5.96
296	城固县（陕）	0.73
297	兴平市（陕）	0.68

表 2-1　胶合板主产地产量

单位：万立方米

序号	胶合板主产地	产量
1	文安县（冀）	600.00
2	霸州市（冀）	29.00
3	邢台市高新技术开发区（冀）	17.76
4	正定县（冀）	6.30
5	青龙满族自治县（冀）	3.25
6	望都县（冀）	2.50
7	昌黎县（冀）	0.95
8	三河市（冀）	0.82
9	盐山县（冀）	0.65
10	涿州市（冀）	0.61
11	离石区（晋）	1.00
12	襄汾县（晋）	0.67
13	元宝山区（内蒙古）	15.00
14	巴林右旗（内蒙古）	2.20
15	临河区（内蒙古）	1.30
16	杭锦后旗（内蒙古）	1.24
17	扎赉特旗（内蒙古）	1.00
18	扎鲁特旗（内蒙古）	1.00
19	红山区（内蒙古）	0.65
20	建平县（辽）	12.10
21	北票市（辽）	10.50
22	新民市（辽）	9.20
23	顺城区（辽）	8.68
24	康平县（辽）	7.00
25	辽中区（辽）	4.00
26	彰武县（辽）	3.50
27	大连市金州新区（辽）	2.17

（续表）

序号	胶合板主产地	产量
28	喀喇沁左翼蒙古族自治县（辽）	1.00
29	黑山县（辽）	0.90
30	法库县（辽）	0.66
31	敦化市（吉）	30.00
32	大安市（吉）	22.30
33	延吉市（吉）	10.70
34	安图县（吉）	6.40
35	梨树县（吉）	4.22
36	农安县（吉）	4.20
37	二道区（吉）	2.00
38	长岭县（吉）	1.84
39	龙山区（吉）	1.50
40	前郭尔罗斯蒙古族自治县（吉）	1.30
41	舒兰市（吉）	1.11
42	公主岭市（吉）	0.62
43	牡丹江市市本级（黑）	223.70
44	宁安市（黑）	21.70
45	拜泉县（黑）	2.00
46	道里区（黑）	1.50
47	北林区（黑）	1.20
48	肇州县（黑）	1.10
49	松北区（黑）	1.00
50	五常市（黑）	0.80
51	克山县（黑）	0.80
52	沭阳县（苏）	1055.00
53	邳州市（苏）	1007.00
54	泗阳县（苏）	485.59
55	丰　县（苏）	178.00
56	灌南县（苏）	98.32
57	太仓市（苏）	87.75
58	铜山区（苏）	65.00
59	相城区（苏）	62.40
60	东海县（苏）	52.17
61	沛　县（苏）	40.00
62	赣榆区（苏）	38.09
63	东台市（苏）	34.18
64	泗洪县（苏）	30.00
65	盱眙县（苏）	29.10
66	昆山市（苏）	27.30
67	涟水县（苏）	22.20
68	张家港市（苏）	21.00
69	新沂市（苏）	12.23
70	灌云县（苏）	8.96
71	江宁区（苏）	8.96
72	高淳区（苏）	7.80

（续表）

序号	胶合板主产地	产量
73	宿豫区（苏）	6.81
74	江都区（苏）	6.71
75	睢宁县（苏）	6.53
76	海州区（苏）	5.86
77	六合区（苏）	5.65
78	吴中区（苏）	5.41
79	宿城区（苏）	5.32
80	启东市（苏）	4.03
81	金湖县（苏）	3.20
82	如东县（苏）	3.18
83	淮安区（苏）	2.39
84	清江浦区（苏）	2.00
85	姜堰区（苏）	1.83
86	建湖县（苏）	1.58
87	宜兴市（苏）	1.20
88	高邮市（苏）	1.20
89	阜宁县（苏）	0.94
90	响水县（苏）	0.92
91	贾汪区（苏）	0.79
92	射阳县（苏）	0.71
93	靖江市（苏）	0.59
94	通州区（苏）	0.58
95	大丰区（苏）	0.54
96	高港区（苏）	0.53
97	淮阴区（苏）	0.52
98	安吉县（浙）	47.42
99	南浔区（浙）	23.65
100	德清县（浙）	22.00
101	龙泉市（浙）	21.10
102	建德市（浙）	18.51
103	江山市（浙）	18.36
104	吴兴区（浙）	7.96
105	诸暨市（浙）	6.40
106	衢江区（浙）	5.60
107	庆元县（浙）	3.10
108	宁海县（浙）	2.94
109	长兴县（浙）	2.61
110	龙游县（浙）	2.50
111	上虞区（浙）	1.80
112	苍南县（浙）	1.44
113	常山县（浙）	1.30
114	莲都区（浙）	0.91
115	临海市（浙）	0.85
116	新昌县（浙）	0.80
117	永康市（浙）	0.61

(续表)

序号	胶合板主产地	产量
118	余姚市(浙)	0.60
119	柯城区(浙)	0.58
120	余杭区(浙)	0.51
121	镇海区(浙)	0.51
122	埇桥区(皖)	464.00
123	六安市叶集区(皖)	356.50
124	砀山县(皖)	125.54
125	泗　县(皖)	106.75
126	颍上县(皖)	79.80
127	萧　县(皖)	79.50
128	天长市(皖)	48.20
129	广德县(皖)	47.50
130	宣州区(皖)	42.65
131	怀宁县(皖)	23.54
132	蒙城县(皖)	22.00
133	颍州区(皖)	21.74
134	宁国市(皖)	16.78
135	太和县(皖)	12.80
136	固镇县(皖)	12.00
137	繁昌县(皖)	11.70
138	南谯区(皖)	10.96
139	青阳县(皖)	6.86
140	颍泉区(皖)	6.80
141	灵璧县(皖)	6.00
142	贵池区(皖)	5.40
143	潜山县(皖)	5.20
144	寿　县(皖)	5.00
145	霍山县(皖)	5.00
146	宿松县(皖)	4.71
147	琅琊区(皖)	4.00
148	定远县(皖)	4.00
149	长丰县(皖)	3.98
150	金寨县(皖)	2.78
151	界首市(皖)	2.20
152	义安区(皖)	2.20
153	东至县(皖)	2.15
154	临泉县(皖)	2.10
155	涡阳县(皖)	2.00
156	屯溪区(皖)	2.00
157	全椒县(皖)	1.75
158	禹会区(皖)	1.61
159	太湖县(皖)	1.52
160	郎溪县(皖)	1.50
161	无为县(皖)	1.48
162	明光市(皖)	1.30

(续表)

序号	胶合板主产地	产量
163	当涂县(皖)	1.20
164	烈山区(皖)	1.20
165	和　县(皖)	1.15
166	徽州区(皖)	1.15
167	田家庵区(皖)	0.70
168	裕安区(皖)	0.60
169	大观区(皖)	0.60
170	石台县(皖)	0.56
171	望江县(皖)	0.55
172	南陵县(皖)	0.54
173	宜丰县(赣)	45.99
174	南昌市市辖区(赣)	20.70
175	南康区(赣)	14.60
176	武宁县(赣)	8.80
177	新干县(赣)	8.00
178	安福县(赣)	7.18
179	万载县(赣)	6.34
180	峡江县(赣)	5.70
181	遂川县(赣)	5.10
182	东乡区(赣)	4.90
183	青原区(赣)	3.20
184	彭泽县(赣)	3.00
185	万安县(赣)	2.20
186	德兴市(赣)	2.10
187	泰和县(赣)	2.00
188	永丰县(赣)	1.80
189	贵溪市(赣)	1.62
190	崇义县(赣)	1.45
191	章贡区(赣)	1.30
192	南城县(赣)	1.10
193	上饶县(赣)	1.06
194	南昌县(赣)	1.00
195	瑞金市(赣)	0.96
196	石城县(赣)	0.94
197	分宜县(赣)	0.90
198	宁都县(赣)	0.79
199	宜黄县(赣)	0.72
200	吉州区(赣)	0.70
201	柴桑区(赣)	0.63
202	吉安县(赣)	0.59
203	井冈山市(赣)	0.56
204	上犹县(赣)	0.55
205	全南县(赣)	0.51
206	兰山区(鲁)	3000.00
207	费　县(鲁)	420.00

(续表)

序号	胶合板主产地	产量
208	沂水县(鲁)	312.00
209	郓城县(鲁)	256.00
210	寿光市(鲁)	213.60
211	梁山县(鲁)	194.80
212	临沂市高新技术产业开发区(鲁)	81.36
213	曲阜市(鲁)	77.45
214	嘉祥县(鲁)	56.80
215	东明县(鲁)	56.60
216	高密市(鲁)	54.00
217	昌乐县(鲁)	41.00
218	成武县(鲁)	34.15
219	茌平县(鲁)	33.34
220	高唐县(鲁)	32.60
221	兰陵县(鲁)	26.00
222	平邑县(鲁)	26.00
223	微山县(鲁)	23.97
224	东平县(鲁)	23.67
225	齐河县(鲁)	20.18
226	罗庄区(鲁)	20.00
227	安丘市(鲁)	17.91
228	台儿庄区(鲁)	16.40
229	新泰市(鲁)	15.80
230	阳信县(鲁)	15.70
231	郯城县(鲁)	15.00
232	商河县(鲁)	11.30
233	东阿县(鲁)	11.20
234	宁阳县(鲁)	8.36
235	鄄城县(鲁)	8.00
236	河东区(鲁)	7.90
237	蒙阴县(鲁)	7.80
238	潍城区(鲁)	6.15
239	鱼台县(鲁)	6.00
240	薛城区(鲁)	6.00
241	莘　县(鲁)	5.50
242	泗水县(鲁)	5.26
243	莒南县(鲁)	5.00
244	诸城市(鲁)	4.93
245	陵城区(鲁)	4.32
246	肥城市(鲁)	4.00
247	邹平县(鲁)	3.96
248	汶上县(鲁)	3.68
249	岱岳区(鲁)	2.50
250	桓台县(鲁)	2.28
251	宁津县(鲁)	1.80
252	博兴县(鲁)	1.65

（续表）

序号	胶合板主产地	产量
253	惠民县（鲁）	1.60
254	沂源县（鲁）	1.50
255	沂南县（鲁）	1.42
256	峄城区（鲁）	1.05
257	泰山区（鲁）	0.86
258	高青县（鲁）	0.70
259	历城区（鲁）	0.67
260	五莲县（鲁）	0.63
261	禹州市（豫）	85.00
262	兰考县（豫）	60.38
263	鄢陵县（豫）	44.40
264	建安区（豫）	32.47
265	柘城县（豫）	28.78
266	梁园区（豫）	27.09
267	永城市（豫）	23.81
268	夏邑县（豫）	23.00
269	范　县（豫）	15.00
270	邓州市（豫）	15.00
271	上蔡县（豫）	13.99
272	内乡县（豫）	12.00
273	固始县（豫）	11.20
274	宁陵县（豫）	10.80
275	睢阳区（豫）	9.97
276	正阳县（豫）	9.50
277	台前县（豫）	6.50
278	息　县（豫）	6.50
279	镇平县（豫）	6.27
280	原阳县（豫）	5.30
281	驿城区（豫）	5.30
282	西华县（豫）	5.00
283	郾城区（豫）	4.40
284	淮滨县（豫）	4.20
285	平舆县（豫）	4.02
286	郸城县（豫）	3.80
287	宛城区（豫）	3.79
288	罗山县（豫）	3.74
289	太康县（豫）	3.50
290	伊川县（豫）	3.30
291	武陟县（豫）	3.00
292	内黄县（豫）	3.00
293	嵩　县（豫）	3.00
294	商水县（豫）	2.86
295	汝南县（豫）	2.75
296	民权县（豫）	2.54
297	淇　县（豫）	2.48
298	延津县（豫）	2.40
299	洛宁县（豫）	1.65
300	登封市（豫）	1.53
301	新野县（豫）	1.50
302	博爱县（豫）	1.42
303	封丘县（豫）	1.30
304	沁阳市（豫）	1.27
305	瀍河回族区（豫）	1.10
306	叶　县（豫）	1.10
307	确山县（豫）	1.05
308	牧野区（豫）	0.97
309	遂平县（豫）	0.94
310	辉县市（豫）	0.90
311	汝阳县（豫）	0.80
312	卫辉市（豫）	0.76
313	川汇区（豫）	0.73
314	获嘉县（豫）	0.70
315	修武县（豫）	0.60
316	潢川县（豫）	0.52
317	老河口市（鄂）	27.45
318	东西湖区（鄂）	25.80
319	谷城县（鄂）	12.34
320	京山县（鄂）	12.20
321	仙桃市（鄂）	11.70
322	嘉鱼县（鄂）	10.00
323	潜江市（鄂）	10.00
324	利川市（鄂）	10.00
325	钟祥市（鄂）	8.80
326	曾都区（鄂）	7.31
327	当阳市（鄂）	5.51
328	襄州区（鄂）	5.00
329	石首市（鄂）	4.00
330	洪湖市（鄂）	3.58
331	咸安区（鄂）	3.15
332	应城市（鄂）	3.00
333	枣阳市（鄂）	2.40
334	沙洋县（鄂）	2.20
335	黄梅县（鄂）	1.96
336	公安县（鄂）	1.95
337	通山县（鄂）	1.37
338	建始县（鄂）	0.90
339	樊城区（鄂）	0.73
340	浠水县（鄂）	0.62
341	襄城区（鄂）	0.61
342	炎陵县（湘）	58.00
343	新田县（湘）	28.40
344	湘阴县（湘）	16.00
345	汉寿县（湘）	13.90
346	衡山县（湘）	13.18
347	永定区（湘）	9.50
348	芦淞区（湘）	9.30
349	双峰县（湘）	8.50
350	东安县（湘）	7.76
351	株洲县（湘）	7.50
352	珠晖区（湘）	6.80
353	鼎城区（湘）	5.90
354	沅江市（湘）	5.80
355	祁东县（湘）	5.70
356	常宁市（湘）	5.58
357	鹤城区（湘）	5.00
358	洞口县（湘）	3.80
359	武冈市（湘）	3.52
360	桃江县（湘）	3.50
361	石峰区（湘）	2.96
362	醴陵市（湘）	2.50
363	湘潭市市辖区（湘）	2.22
364	赫山区（湘）	2.00
365	益阳市市辖区（湘）	2.00
366	沅陵县（湘）	2.00
367	汨罗市（湘）	1.95
368	荷塘区（湘）	1.79
369	汝城县（湘）	1.68
370	绥宁县（湘）	1.60
371	衡东县（湘）	1.60
372	湘潭县（湘）	1.55
373	芷江侗族自治县（湘）	1.50
374	大祥区（湘）	1.50
375	洪江区（湘）	1.30
376	浏阳市（湘）	1.10
377	岳阳县（湘）	1.00
378	零陵区（湘）	0.90
379	湘乡市（湘）	0.89
380	娄星区（湘）	0.88
381	冷水江市（湘）	0.80
382	岳阳楼区（湘）	0.78
383	茶陵县（湘）	0.73
384	雨湖区（湘）	0.54
385	东源县（粤）	35.00
386	和平县（粤）	6.00
387	扶绥县（桂）	277.15

(续表)

序号	胶合板主产地	产量
388	覃塘区(桂)	122.00
389	柳北区(桂)	87.01
390	武鸣区(桂)	82.30
391	浦北县(桂)	65.00
392	容　县(桂)	63.90
393	柳江区(桂)	62.09
394	鹿寨县(桂)	60.14
395	国家级南宁经济技术开发区(桂)	60.00
396	岑溪市(桂)	53.81
397	博白县(桂)	48.20
398	横　县(桂)	41.05
399	西乡塘区(桂)	30.93
400	七星区(桂)	30.00
401	灵山县(桂)	29.43
402	凭祥市(桂)	29.30
403	玉州区(桂)	28.40
404	八步区(桂)	27.69
405	宜州区(桂)	27.19
406	兴宾区(桂)	26.70
407	临桂区(桂)	24.70
408	北流市(桂)	23.44
409	宾阳县(桂)	22.00
410	柳城县(桂)	21.80
411	合浦县(桂)	21.00
412	苍梧县(桂)	21.00
413	陆川县(桂)	20.40
414	象山区(桂)	20.00
415	田林县(桂)	19.63
416	龙胜各族自治县(桂)	18.05
417	灵川县(桂)	18.00
418	柳南区(桂)	17.66
419	藤　县(桂)	17.50
420	兴业县(桂)	17.00
421	钦北区(桂)	16.87
422	桂平市(桂)	16.59
423	平果县(桂)	15.67
424	金秀瑶族自治县(桂)	15.00
425	江州区(桂)	14.95
426	防城区(桂)	14.77
427	荔浦县(桂)	14.30
428	江南区(桂)	13.72
429	全州县(桂)	12.60
430	武宣县(桂)	12.54
431	玉林市福绵区(桂)	12.50
432	平乐县(桂)	12.18
433	环江毛南族自治县(桂)	12.07
434	贺州市平桂管理区(桂)	12.00
435	恭城瑶族自治县(桂)	12.00
436	钦南区(桂)	11.80
437	龙圩区(桂)	10.50
438	右江区(桂)	10.50
439	灌阳县(桂)	10.35
440	兴安县(桂)	10.00
441	宁明县(桂)	9.99
442	罗城仫佬族自治县(桂)	9.82
443	西林县(桂)	8.99
444	象州县(桂)	7.10
445	上林县(桂)	7.00
446	富川瑶族自治县(桂)	6.68
447	平南县(桂)	6.65
448	永福县(桂)	6.26
449	青秀区(桂)	5.92
450	六万林场(桂)	5.67
451	隆林各族自治县(桂)	5.00
452	港口区(桂)	5.00
453	上思县(桂)	5.00
454	叠彩区(桂)	5.00
455	田阳县(桂)	5.00
456	隆安县(桂)	4.68
457	鱼峰区(桂)	4.42
458	博白林场(桂)	4.42
459	凤山县(桂)	4.32
460	铁山港区(桂)	3.60
461	雅长林场(桂)	3.60
462	凌云县(桂)	3.51
463	长洲区(桂)	3.50
464	马山县(桂)	3.20
465	大化瑶族自治县(桂)	3.04
466	忻城县(桂)	3.00
467	兴宁区(桂)	3.00
468	城中区(桂)	2.96
469	钟山县(桂)	2.51
470	万秀区(桂)	2.36
471	田东县(桂)	2.31
472	东兴市(桂)	2.19
473	东兰县(桂)	2.12
474	南丹县(桂)	2.02
475	大桂山林场(桂)	1.87
476	昭平县(桂)	1.85
477	金城江区(桂)	1.80
478	天等县(桂)	1.50
479	大新县(桂)	1.45
480	银海区(桂)	1.24
481	巴马瑶族自治县(桂)	1.00
482	资源县(桂)	1.00
483	雁山区(桂)	0.95
484	靖西市(桂)	0.73
485	龙州县(桂)	0.72
486	天峨县(桂)	0.69
487	九龙坡区(渝)	10.47
488	永川区(渝)	8.20
489	大渡口区(渝)	4.07
490	开州区(渝)	2.15
491	丰都县(渝)	1.27
492	丹棱县(川)	16.84
493	洪雅县(川)	10.00
494	利州区(川)	9.38
495	射洪县(川)	8.40
496	荣　县(川)	7.20
497	万源市(川)	6.80
498	蓬安县(川)	5.00
499	乐山市市中区(川)	4.57
500	东坡区(川)	4.36
501	邻水县(川)	4.15
502	渠　县(川)	4.00
503	宣汉县(川)	3.20
504	广汉市(川)	2.92
505	旺苍县(川)	2.86
506	宜宾县(川)	2.78
507	江油市(川)	2.38
508	夹江县(川)	2.00
509	通川区(川)	1.50
510	江安县(川)	1.40
511	旌阳区(川)	1.20
512	自流井区(川)	1.20
513	屏山县(川)	1.10
514	剑阁县(川)	1.00
515	沙湾区(川)	0.95
516	郫都区(川)	0.87
517	高　县(川)	0.85
518	隆昌县(川)	0.80
519	翠屏区(川)	0.70
520	贡井区(川)	0.62
521	会东县(川)	0.55
522	册亨县(黔)	5.50

（续表）

序号	胶合板主产地	产量
523	凯里市(黔)	5.12
524	三穗县(黔)	3.00
525	岑巩县(黔)	2.72
526	广南县(滇)	19.64
527	昌宁县(滇)	16.80
528	景谷傣族彝族自治县(滇)	15.83
529	宁洱哈尼族彝族自治县(滇)	8.14
530	思茅区(滇)	3.99
531	马关县(滇)	3.58
532	富宁县(滇)	3.10
533	麒麟区(滇)	3.00
534	元阳县(滇)	2.50
535	寻甸回族彝族自治县(滇)	2.50
536	隆阳区(滇)	2.33
537	镇沅彝族哈尼族拉祜族自治县(滇)	1.95
538	卫国林业局(滇)	1.91
539	陆良县(滇)	1.48
540	云　县(滇)	1.42
541	西畴县(滇)	1.41
542	石林彝族自治县(滇)	1.20
543	芒　市(滇)	1.07
544	屏边苗族自治县(滇)	0.83
545	西山区(滇)	0.83
546	澜沧拉祜族自治县(滇)	0.72
547	昭阳区(滇)	0.70
548	巍山彝族回族自治县(滇)	0.65
549	双江拉祜族佤族布朗族傣族自治县(滇)	0.58
550	大理市(滇)	0.57
551	江城哈尼族彝族自治县(滇)	0.57
552	靖边县(陕)	3.25
553	乾　县(陕)	0.80
554	城固县(陕)	0.66

表 2-2　纤维板主产地产量

单位:万立方米

序号	纤维板主产地	产量
1	文安县(冀)	230.00
2	易　县(冀)	27.50
3	唐　县(冀)	17.00
4	邱　县(冀)	16.21
5	平泉市(冀)	15.40
6	正定县(冀)	15.00
7	深州市(冀)	7.32
8	辛集市(冀)	6.98
9	安平县(冀)	6.80
10	霸州市(冀)	3.64
11	涿州市(冀)	0.51
12	台安县(辽)	15.00
13	彰武县(辽)	9.00
14	桓仁满族自治县(辽)	5.50
15	清原满族自治县(辽)	4.80
16	新宾满族自治县(辽)	3.94
17	牡丹江市市本级(黑)	14.02
18	沭阳县(苏)	225.35
19	丹阳市(苏)	151.53
20	邳州市(苏)	51.00
21	灌南县(苏)	46.53
22	浦口区(苏)	39.89
23	新沂市(苏)	34.80
24	洪泽区(苏)	30.00
25	张家港市(苏)	22.50
26	泗洪县(苏)	20.00
27	沛　县(苏)	20.00
28	泗阳县(苏)	19.41
29	高邮市(苏)	18.40
30	吴江区(苏)	16.38
31	宿城区(苏)	15.70
32	赣榆区(苏)	15.00
33	滨海县(苏)	15.00
34	东海县(苏)	12.50
35	淮阴区(苏)	12.40
36	大丰区(苏)	11.90
37	睢宁县(苏)	6.29
38	宝应县(苏)	4.90
39	溧阳市(苏)	2.12
40	宿豫区(苏)	1.62
41	阜宁县(苏)	0.63
42	涟水县(苏)	0.60
43	江山市(浙)	14.10
44	常山县(浙)	10.00
45	仙居县(浙)	7.49
46	遂昌县(浙)	2.08
47	苍南县(浙)	1.99
48	上虞区(浙)	0.60
49	阜南县(皖)	41.00
50	怀宁县(皖)	28.84
51	贵池区(皖)	26.50
52	太和县(皖)	22.40
53	宁国市(皖)	18.85
54	寿　县(皖)	18.60
55	宣州区(皖)	17.49
56	泗　县(皖)	16.11
57	琅琊区(皖)	15.00
58	灵璧县(皖)	13.80
59	南谯区(皖)	12.00
60	埇桥区(皖)	12.00
61	东至县(皖)	11.60
62	定远县(皖)	11.00
63	蒙城县(皖)	10.00
64	桐城市(皖)	6.50
65	裕安区(皖)	6.20
66	金安区(皖)	5.36
67	颍泉区(皖)	4.20
68	怀远县(皖)	3.00
69	潜山县(皖)	2.20
70	太湖县(皖)	2.20
71	界首市(皖)	0.60
72	禹会区(皖)	0.54
73	南康区(赣)	26.30
74	吉安县(赣)	23.05
75	袁州区(赣)	17.10
76	临川区(赣)	14.60
77	信丰县(赣)	9.87
78	遂川县(赣)	8.80
79	永丰县(赣)	7.50
80	柴桑区(赣)	7.00
81	高安市(赣)	2.65
82	南昌县(赣)	1.00
83	安源区(赣)	0.65
84	余江县(赣)	0.60
85	兰山区(鲁)	500.00
86	邹城市(鲁)	217.80
87	费　县(鲁)	128.00
88	茌平县(鲁)	110.76
89	济宁市市辖区(鲁)	80.00
90	嘉祥县(鲁)	36.30
91	寿光市(鲁)	24.45
92	高唐县(鲁)	21.60
93	郯城县(鲁)	12.00
94	齐河县(鲁)	11.70
95	鱼台县(鲁)	11.00
96	肥城市(鲁)	10.00
97	汶上县(鲁)	6.48

(续表)

序号	纤维板主产地	产量
98	东平县(鲁)	5.94
99	任城区(鲁)	5.90
100	惠民县(鲁)	5.00
101	沂水县(鲁)	4.00
102	临清市(鲁)	4.00
103	薛城区(鲁)	3.80
104	鄄城县(鲁)	3.00
105	潍城区(鲁)	2.90
106	城阳区(鲁)	2.30
107	博兴县(鲁)	1.74
108	新泰市(鲁)	1.70
109	沂南县(鲁)	1.32
110	桓台县(鲁)	1.14
111	长葛市(豫)	147.50
112	范　县(豫)	32.00
113	濮阳县(豫)	32.00
114	扶沟县(豫)	21.40
115	汝南县(豫)	18.72
116	邓州市(豫)	17.20
117	兰考县(豫)	13.95
118	罗山县(豫)	12.21
119	夏邑县(豫)	12.00
120	新乡县(豫)	9.57
121	孟州市(豫)	9.00
122	睢阳区(豫)	6.60
123	西华县(豫)	6.00
124	固始县(豫)	5.36
125	商水县(豫)	4.09
126	郸城县(豫)	3.60
127	原阳县(豫)	3.50
128	内乡县(豫)	3.00
129	沈丘县(豫)	2.30
130	淇　县(豫)	1.97
131	新野县(豫)	1.10
132	监利县(鄂)	40.00
133	天门市(鄂)	35.50
134	石首市(鄂)	35.00
135	潜江市(鄂)	25.00
136	东宝区(鄂)	23.00
137	曾都区(鄂)	21.86
138	松滋市(鄂)	18.86
139	云梦县(鄂)	17.80
140	南漳县(鄂)	15.80
141	咸安区(鄂)	15.50
142	远安县(鄂)	13.83

(续表)

序号	纤维板主产地	产量
143	蕲春县(鄂)	13.72
144	枝江市(鄂)	13.00
145	赤壁市(鄂)	11.50
146	沙洋县(鄂)	8.50
147	沙市区(鄂)	8.00
148	仙桃市(鄂)	6.00
149	嘉鱼县(鄂)	5.60
150	枣阳市(鄂)	1.60
151	利川市(鄂)	1.00
152	应城市(鄂)	1.00
153	黄梅县(鄂)	0.71
154	红安县(鄂)	0.60
155	宜城市(鄂)	0.51
156	资阳区(湘)	19.50
157	湘阴县(湘)	16.50
158	汉寿县(湘)	8.89
159	华容县(湘)	6.50
160	资兴市(湘)	2.01
161	永定区(湘)	2.00
162	冷水滩区(湘)	1.12
163	祁东县(湘)	0.80
164	赫山区(湘)	0.80
165	高峰林场(桂)	51.49
166	藤　县(桂)	47.50
167	宾阳县(桂)	46.20
168	隆安县(桂)	45.83
169	扶绥县(桂)	45.75
170	合浦县(桂)	42.00
171	昭平县(桂)	36.72
172	横　县(桂)	29.27
173	岑溪市(桂)	28.43
174	覃塘区(桂)	28.00
175	博白县(桂)	28.00
176	右江区(桂)	21.50
177	凭祥市(桂)	20.00
178	上思县(桂)	20.00
179	永福县(桂)	18.71
180	博白林场(桂)	18.18
181	武宣县(桂)	16.99
182	宜州区(桂)	16.73
183	鹿寨县(桂)	15.42
184	柳城县(桂)	15.20
185	蒙山县(桂)	15.00
186	容　县(桂)	15.00
187	兴宁区(桂)	15.00

(续表)

序号	纤维板主产地	产量
188	钦北区(桂)	13.47
189	浦北县(桂)	12.00
190	象州县(桂)	10.90
191	东门林场(桂)	10.53
192	象山区(桂)	10.00
193	七星区(桂)	10.00
194	兴宾区(桂)	9.40
195	八步区(桂)	7.59
196	良庆区(桂)	7.40
197	兴业县(桂)	7.20
198	苍梧县(桂)	7.00
199	桂平市(桂)	6.43
200	柳北区(桂)	6.37
201	灵川县(桂)	5.00
202	钟山县(桂)	4.50
203	雅长林场(桂)	2.99
204	丰都县(渝)	9.08
205	万州区(渝)	5.00
206	开州区(渝)	1.51
207	彭山区(川)	43.00
208	双流区(川)	31.58
209	邛崃市(川)	31.00
210	梓潼县(川)	25.50
211	南部县(川)	20.00
212	仁寿县(川)	16.58
213	彭州市(川)	15.19
214	盐亭县(川)	15.00
215	新都区(川)	12.20
216	屏山县(川)	11.10
217	昭化区(川)	11.00
218	夹江县(川)	10.00
219	温江区(川)	7.50
220	大邑县(川)	6.85
221	北川羌族自治县(川)	6.00
222	资中县(川)	5.00
223	名山区(川)	4.50
224	三台县(川)	3.50
225	崇州市(川)	3.23
226	剑阁县(川)	2.76
227	江油市(川)	1.91
228	宣汉县(川)	1.80
229	达川区(川)	1.00
230	旌阳区(川)	0.60
231	叙永县(川)	0.51
232	宁洱哈尼族彝族自治县(滇)	17.25

（续表）

序号	纤维板主产地	产量
233	寻甸回族彝族自治县（滇）	12.50
234	临翔区（滇）	12.17
235	师宗县（滇）	11.00
236	腾冲市（滇）	6.21
237	思茅区（滇）	6.20
238	隆阳区（滇）	5.61
239	富宁县（滇）	3.00
240	卫国林业局（滇）	2.91
241	墨江哈尼族自治县（滇）	2.73
242	高陵区（陕）	46.30
243	白河县（陕）	1.58
244	勉　县（陕）	1.28
245	吉林森工人造板集团有限公司（吉林森工）	91.73

表 2-3　刨花板主产地产量

单位：万立方米

序号	刨花板主产地	产量
1	文安县（冀）	189.00
2	武邑县（冀）	21.00
3	正定县（冀）	17.00
4	吴桥县（冀）	6.52
5	望都县（冀）	6.01
6	临漳县（冀）	4.95
7	霸州市（冀）	2.97
8	邢台市高新技术开发区（冀）	2.17
9	三河市（冀）	0.71
10	夏　县（晋）	0.85
11	普兰店市（辽）	7.20
12	辽阳县（辽）	1.05
13	新宾满族自治县（辽）	1.05
14	公主岭市（吉）	1.14
15	桦甸市（吉）	0.69
16	宁安市（黑）	16.00
17	爱辉区（黑）	1.05
18	沭阳县（苏）	120.00
19	丹阳市（苏）	83.60
20	宿豫区（苏）	36.25
21	洪泽区（苏）	25.00
22	宿城区（苏）	18.00
23	张家港市（苏）	15.00
24	泗阳县（苏）	10.01
25	丰　县（苏）	4.69
26	常熟市（苏）	3.44
27	吴中区（苏）	1.61

（续表）

序号	刨花板主产地	产量
28	滨海县（苏）	1.10
29	宝应县（苏）	1.00
30	建湖县（苏）	0.98
31	阜宁县（苏）	0.83
32	淮阴区（苏）	0.55
33	吴兴区（浙）	3.79
34	鄞州区（浙）	2.95
35	江山市（浙）	1.40
36	六安市叶集区（皖）	34.50
37	太和县（皖）	22.00
38	埇桥区（皖）	17.80
39	砀山县（皖）	13.74
40	南谯区（皖）	12.29
41	全椒县（皖）	6.00
42	泗　县（皖）	4.18
43	石台县（皖）	2.20
44	潜山县（皖）	1.60
45	怀宁县（皖）	1.50
46	宿松县（皖）	1.25
47	东至县（皖）	1.00
48	望江县（皖）	0.94
49	界首市（皖）	0.80
50	南陵县（皖）	0.76
51	贵池区（皖）	0.60
52	琅琊区（皖）	0.60
53	南康区（赣）	30.50
54	万安县（赣）	10.20
55	余江县（赣）	0.60
56	费　县（鲁）	100.00
57	寿光市（鲁）	66.50
58	沂水县（鲁）	21.00
59	鄄城县（鲁）	18.00
60	郯城县（鲁）	11.00
61	济宁市市辖区（鲁）	10.00
62	茌平县（鲁）	9.79
63	山亭区（鲁）	8.80
64	岚山区（鲁）	4.60
65	郓城县（鲁）	4.21
66	诸城市（鲁）	2.01
67	鱼台县（鲁）	2.00
68	微山县（鲁）	1.99
69	东平县（鲁）	1.02
70	河东区（鲁）	1.00
71	沂南县（鲁）	0.87
72	东明县（鲁）	0.68

（续表）

序号	刨花板主产地	产量
73	潍城区（鲁）	0.57
74	汶上县（鲁）	0.55
75	肥城市（鲁）	0.53
76	柘城县（豫）	27.00
77	鄢陵县（豫）	22.00
78	睢　县（豫）	13.00
79	建安区（豫）	9.86
80	虞城县（豫）	9.00
81	睢阳区（豫）	8.30
82	西华县（豫）	8.00
83	兰考县（豫）	5.65
84	浚　县（豫）	2.00
85	沈丘县（豫）	1.80
86	长葛市（豫）	1.65
87	郸城县（豫）	1.50
88	祥符区（豫）	1.50
89	宁陵县（豫）	1.50
90	新安县（豫）	1.30
91	夏邑县（豫）	1.00
92	平桥区（豫）	1.00
93	新野县（豫）	0.90
94	民权县（豫）	0.68
95	东宝区（鄂）	22.00
96	监利县（鄂）	20.00
97	利川市（鄂）	10.00
98	枣阳市（鄂）	1.80
99	通山县（鄂）	1.37
100	石首市（鄂）	1.30
101	湘阴县（湘）	14.00
102	炎陵县（湘）	7.00
103	桃江县（湘）	6.00
104	祁阳县（湘）	1.69
105	汝城县（湘）	1.10
106	澧　县（湘）	0.96
107	覃塘区（桂）	35.00
108	高峰林场（桂）	32.73
109	派阳山林场（桂）	32.08
110	宁明县（桂）	32.05
111	横　县（桂）	14.24
112	八步区（桂）	12.05
113	融水苗族自治县（桂）	10.15
114	象山区（桂）	10.00
115	荔浦县（桂）	6.71
116	全州县（桂）	5.50
117	融安县（桂）	3.00

(续表)

序号	刨花板主产地	产量
118	柳南区(桂)	2.85
119	宾阳县(桂)	2.80
120	七星区(桂)	2.00
121	隆安县(桂)	1.60
122	雁山区(桂)	1.29
123	浦北县(桂)	1.00
124	永川区(渝)	21.80
125	沙坪坝区(渝)	4.27
126	巴南区(渝)	3.00
127	双流区(川)	14.40
128	三台县(川)	6.50
129	雁江区(川)	3.10
130	崇州市(川)	1.90
131	宣汉县(川)	1.60
132	江油市(川)	1.23
133	邛崃市(川)	1.10
134	隆昌县(川)	0.72
135	三穗县(黔)	0.60
136	五华区(滇)	10.00
137	昌宁县(滇)	7.08
138	鹤庆县(滇)	5.78
139	晋宁区(滇)	5.00
140	新平彝族傣族自治县(滇)	3.21
141	麒麟区(滇)	2.00
142	定边县(陕)	0.52
143	穆棱林业局(龙江森工)	1.63

表 2-4　细木工板(大芯板)主产地产量

单位:万立方米

序号	细木工板(大芯板)主产地	产量
1	文安县(冀)	200.00
2	邢台市高新技术开发区(冀)	3.20
3	三河市(冀)	1.38
4	青龙满族自治县(冀)	1.35
5	昌黎县(冀)	0.90
6	杭锦后旗(内蒙古)	0.70
7	翁牛特旗(内蒙古)	0.56
8	喀喇沁左翼蒙古族自治县(辽)	1.00
9	珲春市(吉)	25.00
10	洮北区(吉)	12.00
11	东辽县(吉)	4.16
12	公主岭市(吉)	3.83
13	农安县(吉)	1.20
14	延吉市(吉)	1.07
15	通化县(吉)	0.80

(续表)

序号	细木工板(大芯板)主产地	产量
16	五常市(黑)	4.20
17	香坊区(黑)	3.40
18	依安县(黑)	2.00
19	望奎县(黑)	1.15
20	明水县(黑)	1.01
21	沭阳县(苏)	80.00
22	宿豫区(苏)	2.16
23	丰　县(苏)	1.20
24	涟水县(苏)	0.80
25	江山市(浙)	62.96
26	南浔区(浙)	41.15
27	德清县(浙)	24.00
28	余杭区(浙)	11.30
29	庆元县(浙)	3.71
30	兰溪市(浙)	3.06
31	义乌市(浙)	2.00
32	开化县(浙)	1.50
33	上虞区(浙)	1.20
34	诸暨市(浙)	0.90
35	萧山区(浙)	0.58
36	砀山县(皖)	49.25
37	六安市叶集区(皖)	15.60
38	阜南县(皖)	8.19
39	潜山县(皖)	3.80
40	天长市(皖)	3.66
41	祁门县(皖)	1.63
42	临泉县(皖)	1.10
43	东至县(皖)	1.00
44	泾　县(皖)	0.70
45	太湖县(皖)	0.63
46	明光市(皖)	0.60
47	舒城县(皖)	0.57
48	遂川县(赣)	12.00
49	南昌市市辖区(赣)	11.00
50	南康区(赣)	10.70
51	新干县(赣)	8.00
52	铜鼓县(赣)	7.31
53	湾里区(赣)	6.50
54	武宁县(赣)	3.30
55	安福县(赣)	3.20
56	资溪县(赣)	2.80
57	万载县(赣)	2.74
58	乐平市(赣)	2.50
59	分宜县(赣)	2.50
60	婺源县(赣)	2.30

(续表)

序号	细木工板(大芯板)主产地	产量
61	瑞金市(赣)	1.81
62	泰和县(赣)	1.00
63	黎川县(赣)	1.00
64	广昌县(赣)	0.93
65	安源区(赣)	0.92
66	万安县(赣)	0.82
67	青原区(赣)	0.60
68	月湖区(赣)	0.60
69	吉州区(赣)	0.60
70	峡江县(赣)	0.53
71	永丰县(赣)	0.53
72	梁山县(鲁)	42.46
73	东明县(鲁)	18.30
74	济宁市市辖区(鲁)	10.00
75	鄄城县(鲁)	9.00
76	寿光市(鲁)	8.30
77	任城区(鲁)	4.50
78	莘　县(鲁)	3.00
79	成武县(鲁)	1.94
80	肥城市(鲁)	1.58
81	邹城市(鲁)	1.32
82	鱼台县(鲁)	1.00
83	东平县(鲁)	0.77
84	齐河县(鲁)	0.62
85	汶上县(鲁)	0.61
86	禹州市(豫)	72.71
87	南乐县(豫)	11.47
88	邓州市(豫)	6.30
89	新密市(豫)	3.00
90	义马市(豫)	2.30
91	鹿邑县(豫)	2.10
92	睢　县(豫)	2.00
93	瀍河回族区(豫)	1.60
94	嵩　县(豫)	1.20
95	内乡县(豫)	1.20
96	濮阳县(豫)	1.00
97	钟祥市(鄂)	4.80
98	湘阴县(湘)	25.00
99	湘潭县(湘)	17.32
100	桃江县(湘)	11.50
101	冷水滩区(湘)	6.56
102	鹤城区(湘)	6.50
103	汉寿县(湘)	5.01
104	衡山县(湘)	4.54
105	新化县(湘)	4.25

（续表）

序号	细木工板(大芯板)主产地	产量
106	中方县(湘)	4.10
107	北塔区(湘)	3.79
108	炎陵县(湘)	3.00
109	双峰县(湘)	3.00
110	武冈市(湘)	2.97
111	蓝山县(湘)	2.16
112	汝城县(湘)	2.10
113	零陵区(湘)	2.00
114	浏阳市(湘)	1.60
115	芦淞区(湘)	1.50
116	永定区(湘)	1.50
117	双牌县(湘)	1.50
118	岳阳楼区(湘)	1.38
119	祁东县(湘)	1.30
120	洞口县(湘)	1.20
121	资兴市(湘)	1.20
122	耒阳市(湘)	1.20
123	桃源县(湘)	1.10
124	江永县(湘)	1.04
125	雨湖区(湘)	1.02
126	祁阳县(湘)	0.93
127	资阳区(湘)	0.90
128	隆回县(湘)	0.87
129	新宁县(湘)	0.82
130	临武县(湘)	0.53
131	洪江市(湘)	0.51
132	融安县(桂)	101.00
133	横　县(桂)	19.72
134	环江毛南族自治县(桂)	8.25
135	全州县(桂)	6.50
136	叠彩区(桂)	6.00
137	象山区(桂)	5.00
138	八步区(桂)	3.90
139	江南区(桂)	3.50
140	隆安县(桂)	3.06
141	青秀区(桂)	2.50
142	博白县(桂)	2.20
143	资源县(桂)	2.00
144	南丹县(桂)	1.90
145	灌阳县(桂)	1.75
146	田阳县(桂)	1.70
147	陆川县(桂)	1.50
148	乐业县(桂)	1.45
149	昭平县(桂)	1.22
150	柳南区(桂)	1.00

（续表）

序号	细木工板(大芯板)主产地	产量
151	秀峰区(桂)	1.00
152	雁山区(桂)	0.89
153	夹江县(川)	3.00
154	芦山县(川)	2.00
155	沐川县(川)	2.00
156	筠连县(川)	1.87
157	遂宁市市辖区(川)	1.56
158	宣汉县(川)	1.10
159	江安县(川)	1.10
160	万源市(川)	0.60
161	沙湾区(川)	0.60
162	青神县(川)	0.58
163	榕江县(黔)	13.03
164	册亨县(黔)	2.20
165	三穗县(黔)	2.00
166	锦屏县(黔)	1.40
167	天柱县(黔)	0.61
168	富宁县(滇)	1.30
169	临翔区(滇)	1.08
170	威信县(滇)	1.04
171	罗平县(滇)	0.80
172	昭阳区(滇)	0.70
173	宁洱哈尼族彝族自治县(滇)	0.59
174	隆阳区(滇)	0.51
175	绥棱林业局(龙江森工)	1.31
176	翠峦林业局(龙江森工)	1.00
177	美溪林业局(龙江森工)	0.80

表 3-1　木地板主产地产量

单位:万平方米

序号	木地板主产地	产量
1	于洪区(辽)	400.00
2	溪湖区(辽)	300.00
3	抚顺县(辽)	264.60
4	新民市(辽)	191.00
5	新宾满族自治县(辽)	7.40
6	元宝区(辽)	2.80
7	宽城区(吉)	191.61
8	敦化市(吉)	150.00
9	新元木业公司(吉)	87.00
10	珲春森林山公司(吉)	75.00
11	昌邑区(吉)	50.00
12	延吉市(吉)	7.13
13	绿园区(吉)	2.00
14	公主岭市(吉)	1.81

（续表）

序号	木地板主产地	产量
15	临江市(吉)	0.70
16	绥芬河市(黑)	50.00
17	嘉荫县(黑)	45.00
18	五常市(黑)	35.00
19	道里区(黑)	5.00
20	茄子河区(黑)	1.10
21	新兴区(黑)	1.00
22	鸡冠区(黑)	0.60
23	丹阳市(苏)	6644.65
24	吴江区(苏)	822.00
25	宜兴市(苏)	686.50
26	沭阳县(苏)	525.00
27	邳州市(苏)	480.00
28	昆山市(苏)	290.00
29	相城区(苏)	261.00
30	江宁区(苏)	175.83
31	吴中区(苏)	174.00
32	赣榆区(苏)	162.05
33	金坛区(苏)	130.00
34	铜山区(苏)	120.00
35	太仓市(苏)	116.00
36	张家港市(苏)	116.00
37	溧水区(苏)	97.23
38	泗阳县(苏)	85.60
39	高淳区(苏)	82.00
40	东台市(苏)	72.69
41	启东市(苏)	66.00
42	滨海县(苏)	48.00
43	常熟市(苏)	31.90
44	大丰区(苏)	19.95
45	泗洪县(苏)	16.62
46	六合区(苏)	5.23
47	丰　县(苏)	5.20
48	邗江区(苏)	4.53
49	锡山区(苏)	3.60
50	南浔区(浙)	6751.53
51	吴兴区(浙)	327.70
52	德清县(浙)	301.00
53	海盐县(浙)	205.05
54	龙泉市(浙)	176.70
55	柯桥区(浙)	120.00
56	诸暨市(浙)	99.00
57	长兴县(浙)	90.00
58	萧山区(浙)	80.00
59	安吉县(浙)	45.82

(续表)

序号	木地板主产地	产量
60	越城区(浙)	42.60
61	上虞区(浙)	19.20
62	余杭区(浙)	15.80
63	鄞州区(浙)	15.09
64	衢江区(浙)	10.00
65	常山县(浙)	10.00
66	建德市(浙)	9.60
67	海曙区(浙)	9.57
68	开化县(浙)	7.00
69	奉化区(浙)	5.87
70	兰溪市(浙)	4.30
71	遂昌县(浙)	2.00
72	柯城区(浙)	1.90
73	永康市(浙)	1.63
74	江北区(浙)	1.60
75	镇海区(浙)	1.39
76	泰顺县(浙)	0.94
77	临安区(浙)	0.75
78	南谯区(皖)	3209.64
79	来安县(皖)	661.80
80	灵璧县(皖)	526.70
81	宿松县(皖)	498.41
82	阜南县(皖)	360.00
83	砀山县(皖)	359.48
84	琅琊区(皖)	350.00
85	怀宁县(皖)	312.00
86	埇桥区(皖)	198.00
87	广德县(皖)	140.00
88	定远县(皖)	92.40
89	宣州区(皖)	50.00
90	东至县(皖)	18.22
91	旌德县(皖)	4.80
92	青阳县(皖)	4.63
93	屯溪区(皖)	3.40
94	霍山县(皖)	3.00
95	岳西县(皖)	3.00
96	裕安区(皖)	2.70
97	贵池区(皖)	2.30
98	六安市叶集区(皖)	2.00
99	太湖县(皖)	1.92
100	潜山县(皖)	1.30
101	石台县(皖)	1.25
102	瑶海区(皖)	1.16
103	望江县(皖)	0.78

(续表)

序号	木地板主产地	产量
104	奉新县(赣)	2506.63
105	宜丰县(赣)	450.80
106	靖安县(赣)	342.90
107	铜鼓县(赣)	192.00
108	南昌市市辖区(赣)	130.00
109	永新县(赣)	120.00
110	乐平市(赣)	64.00
111	资溪县(赣)	50.13
112	高安市(赣)	39.00
113	渝水区(赣)	38.75
114	新干县(赣)	34.00
115	遂川县(赣)	15.00
116	玉山县(赣)	12.33
117	袁州区(赣)	12.00
118	安福县(赣)	7.30
119	泰和县(赣)	7.00
120	青原区(赣)	6.20
121	东乡区(赣)	6.00
122	宁都县(赣)	5.12
123	信州区(赣)	5.00
124	上高县(赣)	4.50
125	乐安县(赣)	4.00
126	广昌县(赣)	2.83
127	武宁县(赣)	2.76
128	临川区(赣)	2.60
129	婺源县(赣)	2.35
130	分宜县(赣)	2.00
131	上犹县(赣)	1.80
132	吉州区(赣)	1.80
133	永丰县(赣)	1.00
134	井冈山市(赣)	0.85
135	瑞金市(赣)	0.63
136	南城县(赣)	0.53
137	茌平县(鲁)	2411.84
138	任城区(鲁)	530.00
139	寿光市(鲁)	131.47
140	成武县(鲁)	103.55
141	邹平县(鲁)	99.00
142	梁山县(鲁)	98.47
143	邹城市(鲁)	84.23
144	费　县(鲁)	70.00
145	齐河县(鲁)	67.80
146	郯城县(鲁)	50.00
147	高唐县(鲁)	46.00

(续表)

序号	木地板主产地	产量
148	肥城市(鲁)	41.00
149	兖州区(鲁)	35.00
150	桓台县(鲁)	26.00
151	东平县(鲁)	13.89
152	东明县(鲁)	9.10
153	曲阜市(鲁)	1.00
154	胶州市(鲁)	1.00
155	邓州市(豫)	91.00
156	台前县(豫)	39.05
157	尉氏县(豫)	10.00
158	长葛市(豫)	9.80
159	固始县(豫)	3.20
160	宁陵县(豫)	3.13
161	嘉鱼县(鄂)	502.24
162	荆州区(鄂)	250.00
163	蔡甸区(鄂)	206.00
164	蕲春县(鄂)	199.30
165	东宝区(鄂)	150.00
166	云梦县(鄂)	68.00
167	利川市(鄂)	50.00
168	大悟县(鄂)	20.00
169	赤壁市(鄂)	11.00
170	咸丰县(鄂)	6.43
171	通山县(鄂)	3.60
172	房　县(鄂)	3.00
173	应城市(鄂)	0.80
174	珠晖区(湘)	236.00
175	望城区(湘)	40.00
176	澧　县(湘)	32.95
177	永定区(湘)	24.00
178	沅陵县(湘)	11.00
179	桃源县(湘)	10.50
180	武冈市(湘)	10.16
181	洪江区(湘)	10.00
182	汉寿县(湘)	5.00
183	开福区(湘)	5.00
184	湘阴县(湘)	5.00
185	溆浦县(湘)	4.00
186	洞口县(湘)	4.00
187	靖州苗族侗族自治县(湘)	3.70
188	益阳市市辖区(湘)	3.00
189	东安县(湘)	2.83
190	绥宁县(湘)	2.80
191	鹤城区(湘)	2.60

（续表）

序号	木地板主产地	产量
192	新化县（湘）	2.20
193	会同县（湘）	2.00
194	株洲县（湘）	1.80
195	衡东县（湘）	1.35
196	零陵区（湘）	0.90
197	麻阳苗族自治县（湘）	0.60
198	洪江市（湘）	0.60
199	邵东县（湘）	0.52
200	东源县（粤）	14.00
201	宾阳县（桂）	40.00
202	武鸣区（桂）	25.00
203	象山区（桂）	8.00
204	七星区（桂）	5.00
205	陆川县（桂）	2.80
206	叠彩区（桂）	1.00
207	涪陵区（渝）	8.30
208	青白江区（川）	128.30
209	双流区（川）	116.00
210	温江区（川）	79.23
211	新都区（川）	78.45
212	郫都区（川）	65.70
213	剑阁县（川）	16.05
214	南江县（川）	10.00
215	三台县（川）	4.00
216	高　县（川）	3.82
217	江油市（川）	2.13
218	昭化区（川）	1.50
219	蓬溪县（川）	1.20
220	盐亭县（川）	0.70
221	凯里市（黔）	4.13
222	碧江区（黔）	3.00
223	台江县（黔）	2.50
224	西山区（滇）	277.50
225	瑞丽市（滇）	33.70
226	盈江县（滇）	14.33
227	陇川县（滇）	6.00
228	梁河县（滇）	2.70
229	腾冲市（滇）	0.82
230	吉林森工集团金桥木业有限公司（吉林森工）	389.79
231	绥阳林业局（龙江森工）	30.00
232	穆棱林业局（龙江森工）	2.00
233	桃山林业局（龙江森工）	1.50
234	林口林业局（龙江森工）	1.07

表 3-2　单板（刨切、旋切、微薄板）主产地产量

单位：万立方米

序号	单板（刨切、旋切、微薄板）主产地	产量
1	文安县（冀）	65.00
2	望都县（冀）	6.01
3	奈曼旗（内蒙古）	2.00
4	松山区（内蒙古）	1.99
5	土默特右旗（内蒙古）	0.80
6	新宾满族自治县（辽）	1.90
7	辽阳县（辽）	1.06
8	新邱区（辽）	0.90
9	二道区（吉）	8.00
10	白城市市辖区（吉）	2.68
11	延吉市（吉）	1.01
12	前郭尔罗斯蒙古族自治县（吉）	0.85
13	集安市（吉）	0.65
14	敦化市（吉）	0.60
15	明水县（黑）	4.06
16	龙江县（黑）	3.20
17	甘南县（黑）	2.75
18	依安县（黑）	2.00
19	克山县（黑）	0.90
20	克东县（黑）	0.67
21	鸡东县（黑）	0.60
22	六安市叶集区（皖）	246.10
23	灵璧县（皖）	40.98
24	天长市（皖）	22.60
25	太和县（皖）	10.00
26	金安区（皖）	6.78
27	霍邱县（皖）	6.60
28	涡阳县（皖）	5.80
29	临泉县（皖）	2.30
30	潜山县（皖）	1.20
31	桐城市（皖）	1.00
32	全椒县（皖）	1.00
33	泾　县（皖）	0.90
34	南陵县（皖）	0.72
35	望江县（皖）	0.72
36	界首市（皖）	0.60
37	南昌市市辖区（赣）	11.40
38	南康区（赣）	5.20
39	余江县（赣）	1.60
40	东乡区（赣）	1.10
41	泰和县（赣）	1.00
42	瑞金市（赣）	0.98

（续表）

序号	单板（刨切、旋切、微薄板）主产地	产量
43	赣县区（赣）	0.60
44	费　县（鲁）	562.20
45	肥城市（鲁）	140.00
46	东平县（鲁）	10.24
47	鱼台县（鲁）	10.00
48	高唐县（鲁）	9.80
49	莘　县（鲁）	7.40
50	新泰市（鲁）	4.55
51	诸城市（鲁）	4.42
52	平邑县（鲁）	2.90
53	莒南县（鲁）	2.60
54	惠民县（鲁）	1.50
55	兖州区（鲁）	1.20
56	商水县（豫）	31.55
57	夏邑县（豫）	16.00
58	尉氏县（豫）	10.00
59	虞城县（豫）	8.00
60	淮滨县（豫）	5.00
61	项城市（豫）	3.50
62	内乡县（豫）	3.00
63	宛城区（豫）	2.98
64	新野县（豫）	2.00
65	洛宁县（豫）	1.68
66	鹿邑县（豫）	1.20
67	柘城县（豫）	1.13
68	偃师市（豫）	1.00
69	确山县（豫）	1.00
70	南召县（豫）	0.80
71	光山县（豫）	0.70
72	西峡县（豫）	0.61
73	潜江市（鄂）	10.00
74	南漳县（鄂）	1.66
75	仙桃市（鄂）	1.60
76	洪湖市（鄂）	1.20
77	襄城区（鄂）	0.64
78	益阳市市辖区（湘）	2.40
79	衡东县（湘）	1.30
80	祁东县（湘）	1.20
81	汝城县（湘）	1.09
82	汉寿县（湘）	1.00
83	赫山区（湘）	1.00
84	零陵区（湘）	0.80
85	桃江县（湘）	0.60
86	东源县（粤）	11.00

(续表)

序号	单板(刨切、旋切、微薄板)主产地	产量
87	和平县(粤)	0.80
88	武鸣区(桂)	117.57
89	防城区(桂)	67.67
90	兴宾区(桂)	50.30
91	宁明县(桂)	45.73
92	灵山县(桂)	44.80
93	北流市(桂)	38.30
94	岑溪市(桂)	37.42
95	博白县(桂)	36.80
96	玉州区(桂)	32.70
97	国家级南宁经济技术开发区(桂)	30.00
98	钦北区(桂)	25.93
99	苍梧县(桂)	25.00
100	武宣县(桂)	20.78
101	八步区(桂)	20.73
102	容　县(桂)	20.69
103	江南区(桂)	20.10
104	环江毛南族自治县(桂)	20.10
105	浦北县(桂)	20.00
106	上思县(桂)	17.00
107	陆川县(桂)	16.00
108	合山市(桂)	15.12
109	玉林市福绵区(桂)	15.00
110	隆安县(桂)	11.49
111	凭祥市(桂)	9.30
112	上林县(桂)	9.28
113	良庆区(桂)	7.50
114	田东县(桂)	7.46
115	马山县(桂)	7.30
116	临桂区(桂)	6.50
117	全州县(桂)	6.50
118	桂平市(桂)	6.22
119	六万林场(桂)	5.31
120	江州区(桂)	5.05
121	平南县(桂)	5.00
122	象山区(桂)	5.00
123	乐业县(桂)	4.68
124	港口区(桂)	4.66
125	柳南区(桂)	4.50
126	铁山港区(桂)	3.90
127	昭平县(桂)	2.52
128	七星区(桂)	2.00
129	资源县(桂)	2.00
130	兴安县(桂)	1.80
131	德保县(桂)	1.50
132	雁山区(桂)	1.10
133	黄冕林场(桂)	0.81
134	永川区(渝)	1.30
135	夹江县(川)	2.00
136	荣　县(川)	1.20
137	隆昌县(川)	0.72
138	建水县(滇)	15.62
139	宁洱哈尼族彝族自治县(滇)	2.58
140	腾冲市(滇)	0.97
141	孟连傣族拉祜族佤族自治县(滇)	0.80

表 3-3　木质家具主产地产量

单位:万件

序号	木质家具主产地	产量
1	香河县(冀)	200.00
2	武邑县(冀)	198.00
3	丰南区(冀)	66.00
4	滦南县(冀)	63.51
5	巨鹿县(冀)	56.00
6	邢台市高新技术开发区(冀)	45.00
7	文安县(冀)	12.00
8	威　县(冀)	11.30
9	围场满族蒙古族自治县(冀)	9.00
10	秦皇岛开发区(冀)	5.30
11	平山县(冀)	3.42
12	任丘市(冀)	2.50
13	临漳县(冀)	2.00
14	唐　县(冀)	2.00
15	望都县(冀)	1.80
16	涿州市(冀)	1.53
17	永年区(冀)	1.40
18	磁　县(冀)	1.01
19	魏　县(冀)	0.99
20	鸡泽县(冀)	0.96
21	高碑店市(冀)	0.80
22	大名县(冀)	0.60
23	任　县(冀)	0.60
24	桃城区(冀)	0.54
25	侯马市(晋)	1.14
26	南郊区(晋)	0.86
27	喀喇沁旗(内蒙古)	3.00
28	五原县(内蒙古)	1.30
29	于洪区(辽)	161.00

(续表)

序号	木质家具主产地	产量
30	太子河区(辽)	130.00
31	普兰店市(辽)	92.00
32	新宾满族自治县(辽)	13.60
33	喀喇沁左翼蒙古族自治县(辽)	4.00
34	银州区(辽)	4.00
35	建昌县(辽)	2.10
36	龙城区(辽)	1.52
37	盖州市(辽)	1.35
38	甘井子区(辽)	1.35
39	振兴区(辽)	1.00
40	本溪市经济开发区(辽)	1.00
41	桓仁满族自治县(辽)	0.80
42	兴城市(辽)	0.70
43	辉南县(吉)	160.00
44	双阳区(吉)	30.00
45	安图县(吉)	28.40
46	敦化市(吉)	5.00
47	二道区(吉)	3.30
48	蛟河市(吉)	2.80
49	新元木业公司(吉)	2.70
50	长春市净月经济开发区(吉)	1.45
51	南关区(吉)	1.40
52	昌邑区(吉)	1.10
53	绿园区(吉)	1.00
54	柳河县(吉)	1.00
55	图们市(吉)	0.60
56	香坊区(黑)	64.00
57	阿城区(黑)	13.20
58	巴彦县(黑)	11.50
59	五常市(黑)	6.00
60	克山县(黑)	4.00
61	南岗区(黑)	3.95
62	宾　县(黑)	3.40
63	克东县(黑)	3.10
64	方正县(黑)	1.90
65	兰西县(黑)	1.00
66	新兴区(黑)	1.00
67	缙云县(浙)	1384.00
68	安吉县(浙)	978.41
69	诸暨市(浙)	722.00
70	萧山区(浙)	315.00
71	莲都区(浙)	307.49
72	柯桥区(浙)	200.00
73	建德市(浙)	180.06
74	婺城区(浙)	159.55

（续表）

序号	木质家具主产地	产量
75	玉环市(浙)	113.65
76	青田县(浙)	103.65
77	余姚市(浙)	82.15
78	德清县(浙)	82.00
79	新昌县(浙)	79.80
80	浦江县(浙)	67.14
81	慈溪市(浙)	57.30
82	鄞州区(浙)	55.87
83	江山市(浙)	48.65
84	海盐县(浙)	48.23
85	南浔区(浙)	47.76
86	武义县(浙)	45.87
87	柯城区(浙)	42.98
88	海曙区(浙)	34.84
89	龙泉市(浙)	33.80
90	椒江区(浙)	32.80
91	开化县(浙)	31.00
92	临海市(浙)	27.19
93	余杭区(浙)	26.50
94	苍南县(浙)	24.27
95	江北区(浙)	20.00
96	温岭市(浙)	19.88
97	泰顺县(浙)	17.70
98	镇海区(浙)	16.22
99	遂昌县(浙)	15.33
100	越城区(浙)	15.00
101	临安区(浙)	15.00
102	龙游县(浙)	14.04
103	上虞区(浙)	13.52
104	仙居县(浙)	13.39
105	三门县(浙)	12.75
106	奉化区(浙)	12.43
107	象山县(浙)	12.00
108	兰溪市(浙)	8.33
109	天台县(浙)	7.56
110	义乌市(浙)	6.90
111	定海区(浙)	6.50
112	淳安县(浙)	6.28
113	衢江区(浙)	5.00
114	磐安县(浙)	4.95
115	云和县(浙)	3.07
116	路桥区(浙)	2.83
117	宁海县(浙)	2.75
118	长兴县(浙)	2.50
119	常山县(浙)	2.30

（续表）

序号	木质家具主产地	产量
120	永康市(浙)	1.32
121	秀洲区(浙)	1.30
122	松阳县(浙)	1.05
123	吴兴区(浙)	0.70
124	天长市(皖)	128.50
125	潜山县(皖)	120.00
126	界首市(皖)	80.00
127	明光市(皖)	68.00
128	临泉县(皖)	60.00
129	砀山县(皖)	30.00
130	蒙城县(皖)	23.00
131	固镇县(皖)	20.00
132	颍州区(皖)	18.00
133	东至县(皖)	16.65
134	五河县(皖)	10.00
135	宜秀区(皖)	10.00
136	裕安区(皖)	8.90
137	桐城市(皖)	7.50
138	颍泉区(皖)	4.70
139	徽州区(皖)	4.30
140	潘集区(皖)	4.02
141	金安区(皖)	4.00
142	岳西县(皖)	2.92
143	石台县(皖)	2.62
144	灵璧县(皖)	2.20
145	太和县(皖)	2.00
146	繁昌县(皖)	2.00
147	霍山县(皖)	2.00
148	全椒县(皖)	2.00
149	祁门县(皖)	1.50
150	淮上区(皖)	1.20
151	怀远县(皖)	1.00
152	涡阳县(皖)	1.00
153	旌德县(皖)	0.80
154	望江县(皖)	0.72
155	寿　县(皖)	0.60
156	余江县(赣)	300.00
157	泰和县(赣)	284.00
158	龙南县(赣)	185.92
159	吉水县(赣)	58.00
160	宜丰县(赣)	55.50
161	高安市(赣)	44.05
162	章贡区(赣)	42.00
163	瑞金市(赣)	41.00
164	南昌市市辖区(赣)	38.50

（续表）

序号	木质家具主产地	产量
165	贵溪市(赣)	30.12
166	永新县(赣)	28.00
167	广昌县(赣)	13.39
168	会昌县(赣)	12.70
169	信丰县(赣)	11.62
170	玉山县(赣)	10.21
171	永丰县(赣)	10.00
172	石城县(赣)	7.20
173	万载县(赣)	6.59
174	定南县(赣)	6.35
175	广丰区(赣)	5.50
176	上犹县(赣)	4.42
177	上高县(赣)	4.30
178	铜鼓县(赣)	4.00
179	青原区(赣)	4.00
180	寻乌县(赣)	3.60
181	于都县(赣)	3.50
182	南城县(赣)	3.20
183	安福县(赣)	3.00
184	赣县区(赣)	2.70
185	分宜县(赣)	2.60
186	万年县(赣)	2.60
187	全南县(赣)	2.50
188	樟树市(赣)	2.42
189	大余县(赣)	2.15
190	月湖区(赣)	2.00
191	婺源县(赣)	1.76
192	兴国县(赣)	1.64
193	乐平市(赣)	1.58
194	永修县(赣)	1.55
195	临川区(赣)	1.20
196	武宁县(赣)	1.07
197	信州区(赣)	1.00
198	新干县(赣)	0.90
199	德兴市(赣)	0.82
200	靖安县(赣)	0.80
201	诸城市(鲁)	1245.00
202	寿光市(鲁)	740.00
203	鄄城县(鲁)	580.00
204	乐陵市(鲁)	150.00
205	肥城市(鲁)	120.00
206	莱阳市(鲁)	81.00
207	成武县(鲁)	66.60
208	郯城县(鲁)	48.00
209	惠民县(鲁)	36.30

(续表)

序号	木质家具主产地	产量
210	沂南县(鲁)	33.50
211	桓台县(鲁)	26.60
212	鱼台县(鲁)	22.00
213	龙口市(鲁)	20.00
214	东平县(鲁)	18.00
215	河东区(鲁)	16.00
216	莒南县(鲁)	16.00
217	新泰市(鲁)	13.20
218	东明县(鲁)	12.00
219	曲阜市(鲁)	10.00
220	莘　县(鲁)	9.60
221	昌乐县(鲁)	7.80
222	沂源县(鲁)	7.10
223	蒙阴县(鲁)	5.30
224	罗庄区(鲁)	5.00
225	周村区(鲁)	4.90
226	岱岳区(鲁)	4.00
227	西海岸新区(鲁)	2.30
228	陵城区(鲁)	2.10
229	滨城区(鲁)	1.60
230	昌邑市(鲁)	1.20
231	章丘区(鲁)	1.10
232	峄城区(鲁)	1.10
233	五莲县(鲁)	1.00
234	淄川区(鲁)	1.00
235	尉氏县(豫)	100.00
236	清丰县(豫)	93.00
237	项城市(豫)	63.00
238	西华县(豫)	60.00
239	平桥区(豫)	50.00
240	夏邑县(豫)	50.00
241	镇平县(豫)	46.00
242	新安县(豫)	32.00
243	邓州市(豫)	31.00
244	辉县市(豫)	31.00
245	范　县(豫)	30.00
246	确山县(豫)	30.00
247	梁园区(豫)	27.00
248	宁陵县(豫)	25.20
249	渑池县(豫)	25.00
250	魏都区(豫)	23.00
251	淅川县(豫)	22.00
252	濮阳县(豫)	20.00
253	中牟县(豫)	15.00
254	虞城县(豫)	14.00

(续表)

序号	木质家具主产地	产量
255	西峡县(豫)	12.40
256	原阳县(豫)	10.00
257	登封市(豫)	10.00
258	太康县(豫)	10.00
259	荥阳市(豫)	9.98
260	商水县(豫)	9.21
261	台前县(豫)	9.20
262	卧龙区(豫)	9.00
263	郸城县(豫)	8.20
264	淮阳县(豫)	8.00
265	华龙区(豫)	8.00
266	博爱县(豫)	7.80
267	桐柏县(豫)	7.36
268	平舆县(豫)	7.35
269	宝丰县(豫)	6.40
270	睢阳区(豫)	6.20
271	南乐县(豫)	6.00
272	睢　县(豫)	5.80
273	汝阳县(豫)	5.32
274	洛龙区(豫)	5.25
275	殷都区(豫)	5.10
276	偃师市(豫)	5.00
277	方城县(豫)	4.70
278	获嘉县(豫)	4.50
279	汝州市(豫)	4.50
280	郾城区(豫)	4.27
281	永城市(豫)	4.20
282	固始县(豫)	4.20
283	凤泉区(豫)	4.01
284	山城区(豫)	3.68
285	长葛市(豫)	3.60
286	安阳县(豫)	3.60
287	杞　县(豫)	3.42
288	新野县(豫)	3.30
289	新密市(豫)	3.00
290	淮滨县(豫)	3.00
291	灵宝市(豫)	2.80
292	息　县(豫)	2.60
293	卫辉市(豫)	2.55
294	光山县(豫)	2.30
295	温　县(豫)	2.00
296	湖滨区(豫)	2.00
297	社旗县(豫)	1.50
298	柘城县(豫)	1.43
299	济源市(豫)	1.20

(续表)

序号	木质家具主产地	产量
300	鹿邑县(豫)	1.10
301	内乡县(豫)	1.00
302	新郑市(豫)	0.90
303	川汇区(豫)	0.80
304	洛宁县(豫)	0.72
305	舞钢市(豫)	0.65
306	孟津县(豫)	0.65
307	潜江市(鄂)	100.00
308	东宝区(鄂)	65.00
309	枣阳市(鄂)	60.00
310	汉川市(鄂)	35.00
311	黄州区(鄂)	30.00
312	鄂州市市辖区(鄂)	25.00
313	天门市(鄂)	19.00
314	老河口市(鄂)	18.00
315	洪湖市(鄂)	17.20
316	襄州区(鄂)	11.80
317	掇刀区(鄂)	10.00
318	英山县(鄂)	5.00
319	梁子湖区(鄂)	4.50
320	钟祥市(鄂)	4.50
321	远安县(鄂)	4.27
322	沙洋县(鄂)	4.00
323	兴山县(鄂)	3.60
324	红安县(鄂)	3.54
325	恩施市(鄂)	3.00
326	蔡甸区(鄂)	2.65
327	松滋市(鄂)	2.40
328	浠水县(鄂)	2.00
329	利川市(鄂)	2.00
330	宜城市(鄂)	1.80
331	咸丰县(鄂)	1.80
332	黄梅县(鄂)	1.80
333	随　县(鄂)	1.80
334	樊城区(鄂)	1.60
335	团风县(鄂)	1.50
336	咸安区(鄂)	1.44
337	建始县(鄂)	1.40
338	保康县(鄂)	1.36
339	沙市区(鄂)	1.30
340	应城市(鄂)	1.27
341	蕲春县(鄂)	1.20
342	巴东县(鄂)	1.15
343	长阳土家族自治县(鄂)	1.00
344	宜都市(鄂)	0.93

（续表）

序号	木质家具主产地	产量
345	当阳市（鄂）	0.90
346	大悟县（鄂）	0.90
347	襄城区（鄂）	0.85
348	江陵县（鄂）	0.60
349	涟源市（湘）	92.00
350	汝城县（湘）	71.00
351	鹤城区（湘）	60.00
352	桂阳县（湘）	57.71
353	临澧县（湘）	46.00
354	湘潭县（湘）	42.08
355	长沙县（湘）	40.00
356	安仁县（湘）	38.00
357	鼎城区（湘）	36.00
358	岳塘区（湘）	31.30
359	湘乡市（湘）	31.00
360	东安县（湘）	26.54
361	资阳区（湘）	20.00
362	新化县（湘）	18.50
363	桂东县（湘）	17.30
364	桃源县（湘）	17.00
365	宜章县（湘）	16.30
366	双峰县（湘）	16.00
367	资兴市（湘）	15.50
368	汨罗市（湘）	14.65
369	武陵区（湘）	14.00
370	中方县（湘）	12.50
371	益阳市市辖区（湘）	12.00
372	南　县（湘）	12.00
373	临武县（湘）	10.50
374	北湖区（湘）	10.45
375	开福区（湘）	10.00
376	邵东县（湘）	8.23
377	株洲县（湘）	7.80
378	衡山县（湘）	6.97
379	雨湖区（湘）	6.82
380	赫山区（湘）	6.50
381	衡阳县（湘）	6.20
382	醴陵市（湘）	6.20
383	石门县（湘）	6.00
384	珠晖区（湘）	6.00
385	澧　县（湘）	5.00
386	新宁县（湘）	4.40
387	汉寿县（湘）	3.60
388	绥宁县（湘）	3.30
389	桃江县（湘）	3.30

（续表）

序号	木质家具主产地	产量
390	永兴县（湘）	3.28
391	衡南县（湘）	3.20
392	永定区（湘）	3.20
393	北塔区（湘）	2.46
394	零陵区（湘）	2.40
395	攸　县（湘）	2.20
396	洞口县（湘）	2.20
397	宁乡市（湘）	2.12
398	津市市（湘）	2.00
399	耒阳市（湘）	1.95
400	永顺县（湘）	1.75
401	芦淞区（湘）	1.70
402	常德市市辖区（湘）	1.50
403	岳阳楼区（湘）	1.46
404	天心区（湘）	1.30
405	麻阳苗族自治县（湘）	1.30
406	苏仙区（湘）	0.83
407	安化县（湘）	0.70
408	隆回县（湘）	0.67
409	芷江侗族自治县（湘）	0.66
410	岳阳市市辖区（湘）	0.60
411	茶陵县（湘）	0.60
412	东兴市（桂）	49.95
413	象山区（桂）	30.00
414	平南县（桂）	30.00
415	玉州区（桂）	26.00
416	龙胜各族自治县（桂）	23.30
417	叠彩区（桂）	20.00
418	象州县（桂）	12.03
419	恭城瑶族自治县（桂）	12.00
420	临桂区（桂）	11.50
421	七星区（桂）	10.00
422	灵山县（桂）	9.50
423	兴安县（桂）	9.38
424	融水苗族自治县（桂）	9.24
425	覃塘区（桂）	7.80
426	陆川县（桂）	6.00
427	昭平县（桂）	5.25
428	都安瑶族自治县（桂）	5.00
429	桂平市（桂）	4.59
430	乐业县（桂）	3.61
431	浦北县（桂）	3.50
432	那坡县（桂）	3.19
433	鹿寨县（桂）	3.06
434	田阳县（桂）	2.84

（续表）

序号	木质家具主产地	产量
435	武宣县（桂）	2.50
436	永福县（桂）	2.41
437	雁山区（桂）	2.36
438	万秀区（桂）	2.30
439	博白县（桂）	2.20
440	江州区（桂）	2.05
441	龙圩区（桂）	2.00
442	柳城县（桂）	2.00
443	银海区（桂）	1.86
444	天等县（桂）	1.40
445	兴宾区（桂）	1.30
446	资源县（桂）	1.20
447	武鸣区（桂）	1.20
448	玉林市福绵区（桂）	1.20
449	融安县（桂）	0.70
450	城中区（桂）	0.70
451	良庆区（桂）	0.64
452	隆安县（桂）	0.60
453	南丹县（桂）	0.55
454	田林县（桂）	0.55
455	容　县（桂）	0.51
456	梁平区（渝）	15.45
457	永川区（渝）	12.00
458	铜梁区（渝）	5.50
459	大足区（渝）	2.80
460	江津区（渝）	2.00
461	巴南区（渝）	0.52
462	东坡区（川）	24.88
463	三台县（川）	24.10
464	万源市（川）	24.00
465	青神县（川）	23.00
466	平昌县（川）	22.00
467	盐亭县（川）	20.50
468	巴州区（川）	20.40
469	叙永县（川）	18.20
470	游仙区（川）	18.00
471	峨眉山市（川）	17.00
472	宣汉县（川）	14.60
473	广安区（川）	14.10
474	梓潼县（川）	12.80
475	岳池县（川）	12.10
476	大英县（川）	11.00
477	纳溪区（川）	10.00
478	仁寿县（川）	9.18
479	利州区（川）	8.55

(续表)

序号	木质家具主产地	产量
480	筠连县(川)	8.30
481	安岳县(川)	8.00
482	射洪县(川)	8.00
483	夹江县(川)	5.00
484	邻水县(川)	4.50
485	高　县(川)	4.22
486	渠　县(川)	4.10
487	长宁县(川)	4.00
488	江油市(川)	3.98
489	布拖县(川)	3.50
490	通江县(川)	3.20
491	剑阁县(川)	3.00
492	旺苍县(川)	3.00
493	宜宾县(川)	2.86
494	南江县(川)	2.80
495	雁江区(川)	2.80
496	南溪区(川)	2.70
497	荣　县(川)	2.60
498	罗江区(川)	2.50
499	广汉市(川)	2.25
500	营山县(川)	2.00
501	威远县(川)	2.00
502	达川区(川)	2.00
503	江安县(川)	1.95
504	雨城区(川)	1.80
505	苍溪县(川)	1.77
506	内江市市中区(川)	1.70
507	南部县(川)	1.60
508	雷波县(川)	1.60
509	珙　县(川)	1.60
510	北川羌族自治县(川)	1.30
511	犍为县(川)	1.25
512	攀枝花市东区(川)	1.20
513	沙湾区(川)	1.20
514	兴文县(川)	1.20
515	顺庆区(川)	1.00
516	通川区(川)	1.00
517	旌阳区(川)	1.00
518	喜德县(川)	0.90
519	洪雅县(川)	0.80
520	武胜县(川)	0.80
521	嘉陵区(川)	0.80
522	德昌县(川)	0.60
523	翠屏区(川)	0.53
524	普安县(黔)	8.40

(续表)

序号	木质家具主产地	产量
525	沿河土家族自治县(黔)	2.13
526	天柱县(黔)	1.67
527	锦屏县(黔)	1.50
528	思南县(黔)	1.50
529	镇远县(黔)	1.23
530	三穗县(黔)	1.05
531	册亨县(黔)	1.00
532	从江县(黔)	1.00
533	平塘县(黔)	0.97
534	富宁县(滇)	8.00
535	广南县(滇)	7.69
536	元阳县(滇)	5.00
537	昌宁县(滇)	4.99
538	镇沅彝族哈尼族拉祜族自治县(滇)	4.76
539	西畴县(滇)	4.70
540	开远市(滇)	4.00
541	腾冲市(滇)	3.07
542	麒麟区(滇)	3.00
543	易门县(滇)	2.90
544	寻甸回族彝族自治县(滇)	2.75
545	大理市(滇)	2.56
546	瑞丽市(滇)	2.17
547	澜沧拉祜族自治县(滇)	2.16
548	新平彝族傣族自治县(滇)	1.87
549	罗平县(滇)	1.52
550	宣威市(滇)	1.50
551	芒　市(滇)	1.28
552	马龙县(滇)	1.00
553	巧家县(滇)	0.80
554	剑川县(滇)	0.80
555	兰坪白族普米族自治县(滇)	0.70
556	五华区(滇)	0.65
557	大关县(滇)	0.65
558	江川区(滇)	0.52
559	渭滨区(陕)	3.20
560	旬邑县(陕)	2.74
561	蓝田县(陕)	2.00
562	蒲城县(陕)	1.30
563	商南县(陕)	1.19
564	南郑区(陕)	1.10
565	子洲县(陕)	1.00
566	秦都区(陕)	0.70
567	吉林森工集团股份公司(吉林森工)	19.00

表 3-4　卫生筷子主产地产量

单位:标准箱

序号	卫生筷子主产地	产量
1	绥芬河市(黑)	200000.00
2	余杭区(浙)	177000.00
3	泰顺县(浙)	130072.00
4	临安区(浙)	85000.00
5	龙泉市(浙)	5212.00
6	淳安县(浙)	5000.00
7	柯桥区(浙)	4000.00
8	龙游县(浙)	2075.00
9	奉化区(浙)	1200.00
10	安吉县(浙)	1000.00
11	潜山县(皖)	35230.00
12	东至县(皖)	32000.00
13	石台县(皖)	27200.00
14	霍山县(皖)	9000.00
15	南昌市市辖区(赣)	976000.00
16	铅山县(赣)	865000.00
17	贵溪市(赣)	453160.00
18	靖安县(赣)	312400.00
19	高安市(赣)	300000.00
20	新干县(赣)	177553.00
21	定南县(赣)	175000.00
22	婺源县(赣)	156000.00
23	武宁县(赣)	135500.00
24	上饶县(赣)	120000.00
25	全南县(赣)	100800.00
26	会昌县(赣)	56560.00
27	万安县(赣)	43000.00
28	安福县(赣)	32000.00
29	吉水县(赣)	29650.00
30	泰和县(赣)	29403.00
31	井冈山市(赣)	26850.00
32	遂川县(赣)	26000.00
33	万载县(赣)	19000.00
34	石城县(赣)	19000.00
35	安远县(赣)	17213.00
36	寻乌县(赣)	16000.00
37	芦溪县(赣)	12000.00
38	袁州区(赣)	9000.00
39	铜鼓县(赣)	9000.00
40	峡江县(赣)	7200.00
41	于都县(赣)	6800.00
42	崇仁县(赣)	6600.00
43	资溪县(赣)	4000.00
44	宜丰县(赣)	3850.00

（续表）

序号	卫生筷子主产地	产量
45	湾里区(赣)	3000.00
46	南城县(赣)	3000.00
47	月湖区(赣)	2000.00
48	奉新县(赣)	2000.00
49	广丰区(赣)	1900.00
50	东乡区(赣)	1500.00
51	分宜县(赣)	1300.00
52	上犹县(赣)	1200.00
53	瑞金市(赣)	1200.00
54	浠水县(鄂)	18000.00
55	来凤县(鄂)	5000.00
56	黄梅县(鄂)	1000.00
57	利川市(鄂)	1000.00
58	桃江县(湘)	1200000.00
59	新宁县(湘)	520000.00
60	大祥区(湘)	365000.00
61	蓝山县(湘)	170000.00
62	宁远县(湘)	160000.00
63	临湘市(湘)	80000.00
64	茶陵县(湘)	76000.00
65	绥宁县(湘)	72000.00
66	东安县(湘)	60000.00
67	赫山区(湘)	58000.00
68	衡南县(湘)	50000.00
69	洪江市(湘)	48600.00
70	攸　县(湘)	46000.00
71	耒阳市(湘)	36400.00
72	城步苗族自治县(湘)	35000.00
73	资兴市(湘)	31500.00
74	鼎城区(湘)	27000.00
75	祁东县(湘)	19000.00
76	零陵区(湘)	18000.00
77	衡阳县(湘)	10000.00
78	安化县(湘)	7270.00
79	新化县(湘)	7250.00
80	衡东县(湘)	5000.00
81	隆回县(湘)	3000.00
82	邵阳县(湘)	2300.00
83	溆浦县(湘)	1900.00
84	益阳市市辖区(湘)	1300.00
85	和平县(粤)	1000.00
86	叠彩区(桂)	2000.00
87	翠屏区(川)	150000.00
88	福泉市(黔)	10000.00
89	盘龙区(滇)	20000.00

（续表）

序号	卫生筷子主产地	产量
90	腾冲市(滇)	8620.00
91	瑞丽市(滇)	7500.00
92	新平彝族傣族自治县(滇)	1570.00

表 4-1　木浆主产地产量

单位:万吨

序号	木浆主产地	产量
1	婺城区(浙)	7.33
2	余杭区(浙)	6.50
3	潜山县(皖)	14.00
4	颍州区(皖)	8.00
5	兖州区(鲁)	120.00
6	桓台县(鲁)	28.00
7	费　县(鲁)	20.00
8	寿光市(鲁)	7.20
9	寒亭区(鲁)	6.67
10	新乡县(豫)	15.20
11	濮阳市高新区(豫)	14.50
12	武陟县(豫)	5.40
13	来凤县(鄂)	85.00
14	潜江市(鄂)	6.00
15	监利县(鄂)	5.00
16	南漳县(鄂)	1.10
17	岳阳楼区(湘)	68.00
18	沅江市(湘)	11.50
19	通道侗族自治县(湘)	6.00
20	绥宁县(湘)	2.90
21	益阳市市辖区(湘)	1.60
22	双峰县(湘)	1.00
23	钦南区(桂)	51.80
24	铁山港区(桂)	17.00
25	防城区(桂)	15.07
26	武宣县(桂)	10.00
27	田阳县(桂)	0.72
28	思南县(黔)	170.00
29	景谷傣族彝族自治县(滇)	23.91
30	麒麟区(滇)	2.50

表 4-2　木浆纸主产地产量

单位:万吨

序号	木浆纸主产地	产量
1	顺平县(冀)	1.00
2	德清县(浙)	181.00
3	鄞州区(浙)	25.81
4	柯桥区(浙)	20.00

（续表）

序号	木浆纸主产地	产量
5	安吉县(浙)	3.90
6	苍南县(浙)	3.16
7	镇海区(浙)	1.98
8	南昌市市辖区(赣)	55.61
9	信丰县(赣)	5.61
10	兖州区(鲁)	381.00
11	寿光市(鲁)	108.00
12	桓台县(鲁)	23.00
13	新泰市(鲁)	20.60
14	宁阳县(鲁)	17.61
15	临淄区(鲁)	14.22
16	龙口市(鲁)	14.00
17	东平县(鲁)	9.06
18	昌乐县(鲁)	6.20
19	费　县(鲁)	5.00
20	齐河县(鲁)	1.60
21	濮阳市高新区(豫)	31.00
22	台前县(豫)	13.80
23	新乡县(豫)	12.90
24	睢　县(豫)	6.00
25	武陟县(豫)	3.30
26	荆州区(鄂)	44.00
27	来凤县(鄂)	30.00
28	老河口市(鄂)	7.00
29	南漳县(鄂)	1.10
30	岳阳楼区(湘)	90.00
31	常德市市辖区(湘)	11.00
32	绥宁县(湘)	1.45
33	钦南区(桂)	71.60
34	鹿寨县(桂)	10.43
35	武宣县(桂)	10.00
36	龙圩区(桂)	2.30
37	景谷傣族彝族自治县(滇)	2.11

表 4-3　竹浆主产地产量

单位:万吨

序号	竹浆主产地	产量
1	余杭区(浙)	5.40
2	铅山县(赣)	34.00
3	宜丰县(赣)	10.00
4	汝城县(湘)	346.00
5	通道侗族自治县(湘)	2.00
6	东安县(湘)	2.00
7	田东县(桂)	2.35
8	永川区(渝)	18.00

(续表)

序号	竹浆主产地	产量
9	梁平区(渝)	2.86
10	沐川县(川)	30.00
11	叙永县(川)	6.13
12	纳溪区(川)	5.50
13	夹江县(川)	3.00
14	遂宁市市辖区(川)	3.00
15	沙湾区(川)	2.39
16	江安县(川)	2.23
17	高　县(川)	2.10
18	宜宾县(川)	0.60
19	新平彝族傣族自治县(滇)	6.89

表 4-4　竹浆纸主产地产量

单位:万吨

序号	竹浆纸主产地	产量
1	德清县(浙)	46.00
2	安吉县(浙)	4.20
3	临川区(赣)	30.00
4	章贡区(赣)	10.00
5	铅山县(赣)	1.08
6	恩施市(鄂)	1.00
7	新化县(湘)	0.65
8	东安县(湘)	0.60
9	万秀区(桂)	2.50
10	田东县(桂)	2.09
11	陆川县(桂)	1.20
12	南溪区(川)	22.20
13	犍为县(川)	21.70
14	沐川县(川)	13.00
15	青神县(川)	7.00
16	纳溪区(川)	6.50
17	东坡区(川)	5.80
18	达川区(川)	3.50
19	沙湾区(川)	1.59
20	夹江县(川)	1.00
21	宜宾县(川)	0.90
22	三穗县(黔)	50.00
23	新平彝族傣族自治县(滇)	2.76

表 4-5　其他纸主产地产量

单位:万吨

序号	其他纸主产地	产量
1	杜尔伯特蒙古族自治县(黑)	1.60
2	大同区(黑)	1.16
3	慈溪市(浙)	1103.40
4	海盐县(浙)	210.87
5	海曙区(浙)	73.15
6	温岭市(浙)	70.53
7	临安区(浙)	61.02
8	临海市(浙)	39.24
9	黄岩区(浙)	38.42
10	路桥区(浙)	34.95
11	椒江区(浙)	22.70
12	越城区(浙)	20.40
13	三门县(浙)	11.95
14	仙居县(浙)	9.75
15	缙云县(浙)	8.88
16	长兴县(浙)	8.88
17	玉环市(浙)	7.13
18	安吉县(浙)	5.90
19	苍南县(浙)	2.93
20	庆元县(浙)	2.57
21	江北区(浙)	2.00
22	天台县(浙)	1.97
23	松阳县(浙)	1.00
24	郎溪县(皖)	9.00
25	泾　县(皖)	3.60
26	霍山县(皖)	1.00
27	怀宁县(皖)	0.70
28	安福县(赣)	15.00
29	章贡区(赣)	9.60
30	奉新县(赣)	6.20
31	安远县(赣)	2.80
32	石城县(赣)	1.70
33	龙口市(鲁)	2.51
34	梁山县(鲁)	10.98
35	肥城市(鲁)	0.60
36	太康县(豫)	36.50
37	内乡县(豫)	12.00
38	淮阳县(豫)	1.80
39	淮滨县(豫)	1.20
40	温　县(豫)	0.92
41	秭归县(鄂)	4.37
42	大悟县(鄂)	1.00
43	柳南区(桂)	4.00
44	玉州区(桂)	0.88
45	贺州市平桂管理区(桂)	0.57
46	北流市(桂)	31.20
47	万秀区(桂)	20.00
48	象州县(桂)	13.73
49	田东县(桂)	11.88
50	田林县(桂)	8.13
51	柳城县(桂)	6.20
52	马山县(桂)	5.00
53	兴宾区(桂)	4.50
54	陆川县(桂)	3.50
55	宾阳县(桂)	2.80
56	广西林业集团有限公司(桂)	2.20
57	全州县(桂)	0.90
58	永川区(渝)	95.00
59	江津区(渝)	1.60
60	彭州市(川)	2.36
61	芒　市(滇)	0.64
62	江川区(滇)	0.61

表 5-1　毛竹主产地产量

单位:万根

序号	毛竹主产地	产量
1	丹徒区(苏)	4.50
2	江阴市(苏)	2.73
3	锡山区(苏)	1.30
4	惠山区(苏)	0.59
5	安吉县(浙)	2890.00
6	庆元县(浙)	2166.00
7	柯桥区(浙)	1700.00
8	龙泉市(浙)	1510.00
9	衢江区(浙)	1440.00
10	龙游县(浙)	800.00
11	遂昌县(浙)	786.13
12	余杭区(浙)	760.00
13	临安区(浙)	603.00
14	德清县(浙)	600.00
15	东阳市(浙)	558.00
16	诸暨市(浙)	556.00
17	奉化区(浙)	550.00
18	长兴县(浙)	500.00
19	淳安县(浙)	455.23
20	吴兴区(浙)	429.98
21	宁海县(浙)	400.00
22	泰顺县(浙)	301.52
23	柯城区(浙)	260.00
24	海曙区(浙)	256.12
25	余姚市(浙)	242.64
26	建德市(浙)	230.05
27	常山县(浙)	220.00

（续表）

序号	毛竹主产地	产量
28	上虞区（浙）	200.00
29	缙云县（浙）	184.50
30	萧山区（浙）	135.50
31	鄞州区（浙）	102.88
32	武义县（浙）	96.00
33	开化县（浙）	85.00
34	永嘉县（浙）	79.00
35	磐安县（浙）	72.77
36	松阳县（浙）	68.11
37	莲都区（浙）	60.28
38	越城区（浙）	57.20
39	婺城区（浙）	55.00
40	黄岩区（浙）	46.16
41	临海市（浙）	41.50
42	苍南县（浙）	31.31
43	仙居县（浙）	28.50
44	云和县（浙）	22.51
45	江北区（浙）	22.00
46	象山县（浙）	20.00
47	兰溪市（浙）	20.00
48	天台县（浙）	19.69
49	青田县（浙）	19.50
50	温岭市（浙）	14.60
51	永康市（浙）	8.00
52	镇海区（浙）	6.20
53	三门县（浙）	5.95
54	浦江县（浙）	4.95
55	北仑区（浙）	4.50
56	义乌市（浙）	3.00
57	慈溪市（浙）	0.90
58	广德县（皖）	4500.00
59	霍山县（皖）	1500.00
60	宁国市（皖）	959.00
61	泾　县（皖）	650.00
62	东至县（皖）	429.30
63	繁昌县（皖）	380.00
64	休宁县（皖）	350.00
65	宣州区（皖）	320.13
66	南陵县（皖）	315.00
67	金寨县（皖）	315.00
68	岳西县（皖）	263.35
69	舒城县（皖）	261.20
70	石台县（皖）	260.00
71	潜山县（皖）	250.00
72	祁门县（皖）	210.00
73	宿松县（皖）	175.80
74	歙　县（皖）	150.00
75	金安区（皖）	150.00
76	郎溪县（皖）	130.00
77	黄山区（皖）	120.00
78	太湖县（皖）	87.80
79	青阳县（皖）	65.40
80	绩溪县（皖）	59.00
81	旌德县（皖）	52.00
82	无为县（皖）	43.00
83	徽州区（皖）	38.00
84	义安区（皖）	25.50
85	庐江县（皖）	24.50
86	枞阳县（皖）	18.10
87	裕安区（皖）	12.30
88	全椒县（皖）	5.00
89	屯溪区（皖）	2.80
90	桐城市（皖）	1.50
91	南谯区（皖）	1.50
92	和　县（皖）	1.10
93	怀宁县（皖）	1.00
94	望江县（皖）	0.75
95	铜陵市郊区（皖）	0.60
96	宜丰县（赣）	1531.50
97	遂川县（赣）	1320.00
98	崇义县（赣）	900.00
99	贵溪市（赣）	856.97
100	乐安县（赣）	793.00
101	资溪县（赣）	658.57
102	黎川县（赣）	596.96
103	崇仁县（赣）	500.00
104	上饶县（赣）	476.00
105	井冈山市（赣）	466.63
106	武宁县（赣）	415.00
107	龙南县（赣）	397.27
108	青原区（赣）	378.00
109	芦溪县（赣）	340.00
110	瑞金市（赣）	335.00
111	铜鼓县（赣）	320.00
112	宜黄县（赣）	311.00
113	德兴市（赣）	309.00
114	婺源县（赣）	300.00
115	南丰县（赣）	290.00
116	奉新县（赣）	280.00
117	铅山县（赣）	265.00
118	安福县（赣）	257.40
119	广丰区（赣）	248.45
120	南城县（赣）	243.00
121	新干县（赣）	232.00
122	宁都县（赣）	216.30
123	会昌县（赣）	210.00
124	袁州区（赣）	200.00
125	广昌县（赣）	198.00
126	大余县（赣）	189.86
127	彭泽县（赣）	180.00
128	丰城市（赣）	180.00
129	余江县（赣）	180.00
130	靖安县（赣）	176.00
131	横峰县（赣）	140.00
132	峡江县（赣）	140.00
133	万载县（赣）	128.00
134	吉安县（赣）	121.00
135	分宜县（赣）	100.00
136	石城县（赣）	95.00
137	上犹县（赣）	82.40
138	泰和县（赣）	82.00
139	寻乌县（赣）	74.92
140	乐平市（赣）	73.70
141	上高县（赣）	66.75
142	永丰县（赣）	60.00
143	定南县（赣）	60.00
144	鄱阳县（赣）	57.00
145	信丰县（赣）	55.39
146	金溪县（赣）	52.70
147	于都县（赣）	51.20
148	兴国县（赣）	46.77
149	永新县（赣）	40.00
150	樟树市（赣）	33.00
151	玉山县（赣）	32.00
152	德安县（赣）	26.00
153	临川区（赣）	26.00
154	全南县（赣）	25.80
155	永修县（赣）	19.18
156	赣县区（赣）	19.00
157	万年县（赣）	10.90
158	安远县（赣）	10.78
159	新建区（赣）	10.00
160	高安市（赣）	9.99
161	瑞昌市（赣）	9.40
162	渝水区（赣）	6.50

(续表)

序号	毛竹主产地	产量
163	莲花县(赣)	5.20
164	湖口县(赣)	4.39
165	共青城市(赣)	3.00
166	东乡区(赣)	2.80
167	南康区(赣)	2.25
168	章贡区(赣)	2.00
169	安义县(赣)	2.00
170	新　县(豫)	52.54
171	固始县(豫)	20.00
172	唐河县(豫)	4.50
173	南召县(豫)	3.70
174	平桥区(豫)	3.68
175	光山县(豫)	1.90
176	赤壁市(鄂)	661.00
177	通山县(鄂)	518.00
178	咸安区(鄂)	354.00
179	鹤峰县(鄂)	78.00
180	宜都市(鄂)	60.40
181	远安县(鄂)	41.00
182	石首市(鄂)	35.00
183	黄梅县(鄂)	32.00
184	麻城市(鄂)	30.00
185	阳新县(鄂)	28.00
186	英山县(鄂)	15.90
187	通城县(鄂)	15.50
188	老河口市(鄂)	15.00
189	浠水县(鄂)	12.00
190	团风县(鄂)	11.13
191	嘉鱼县(鄂)	10.30
192	宜城市(鄂)	10.30
193	随　县(鄂)	10.00
194	武穴市(鄂)	10.00
195	蕲春县(鄂)	5.12
196	大悟县(鄂)	5.00
197	广水市(鄂)	3.90
198	恩施市(鄂)	3.50
199	咸丰县(鄂)	2.85
200	梁子湖区(鄂)	2.80
201	宣恩县(鄂)	2.02
202	鄂州市市辖区(鄂)	2.00
203	桃江县(湘)	3000.00
204	临湘市(湘)	2200.00
205	攸　县(湘)	1200.00
206	蓝山县(湘)	550.00
207	会同县(湘)	500.00

(续表)

序号	毛竹主产地	产量
208	岳阳县(湘)	500.00
209	新宁县(湘)	400.00
210	桑植县(湘)	400.00
211	桃源县(湘)	400.00
212	炎陵县(湘)	400.00
213	湘阴县(湘)	384.74
214	衡东县(湘)	360.00
215	新化县(湘)	350.00
216	绥宁县(湘)	310.00
217	鼎城区(湘)	295.00
218	祁东县(湘)	250.00
219	城步苗族自治县(湘)	200.00
220	浏阳市(湘)	189.00
221	天心区(湘)	189.00
222	常德市市辖区(湘)	160.00
223	麻阳苗族自治县(湘)	158.00
224	汝城县(湘)	149.20
225	零陵区(湘)	140.00
226	衡山县(湘)	126.68
227	耒阳市(湘)	124.20
228	赫山区(湘)	120.00
229	桂东县(湘)	120.00
230	双峰县(湘)	112.00
231	安化县(湘)	93.10
232	茶陵县(湘)	90.00
233	衡南县(湘)	80.00
234	常宁市(湘)	78.65
235	株洲县(湘)	70.00
236	武冈市(湘)	63.44
237	洪江区(湘)	61.00
238	鹤城区(湘)	60.00
239	苏仙区(湘)	55.00
240	汨罗市(湘)	51.30
241	资兴市(湘)	49.00
242	洪江市(湘)	48.00
243	隆回县(湘)	37.13
244	宁乡市(湘)	30.00
245	汉寿县(湘)	30.00
246	桂阳县(湘)	28.00
247	双牌县(湘)	25.00
248	永定区(湘)	24.50
249	岳麓区(湘)	23.00
250	益阳市市辖区(湘)	22.00
251	南岳区(湘)	21.00
252	资阳区(湘)	20.90

(续表)

序号	毛竹主产地	产量
253	衡阳县(湘)	20.00
254	洞口县(湘)	20.00
255	东安县(湘)	18.24
256	华容县(湘)	18.00
257	珠晖区(湘)	15.50
258	宜章县(湘)	15.30
259	永兴县(湘)	14.22
260	湘潭市市辖区(湘)	13.88
261	新田县(湘)	12.45
262	望城区(湘)	12.00
263	宁远县(湘)	12.00
264	中方县(湘)	12.00
265	通道侗族自治县(湘)	11.00
266	新晃侗族自治县(湘)	10.00
267	安仁县(湘)	9.00
268	北湖区(湘)	9.00
269	冷水江市(湘)	8.50
270	澧　县(湘)	8.00
271	溆浦县(湘)	8.00
272	湘潭县(湘)	7.38
273	湘乡市(湘)	6.55
274	涟源市(湘)	6.40
275	金洞林场(湘)	6.00
276	临武县(湘)	5.64
277	石门县(湘)	5.50
278	芷江侗族自治县(湘)	3.87
279	靖州苗族侗族自治县(湘)	3.80
280	邵阳县(湘)	3.50
281	大祥区(湘)	3.00
282	沅陵县(湘)	3.00
283	雨湖区(湘)	2.79
284	邵东县(湘)	2.10
285	蒸湘区(湘)	2.00
286	吉首市(湘)	1.60
287	江华瑶族自治县(湘)	1.30
288	醴陵市(湘)	1.15
289	芦淞区(湘)	1.02
290	石峰区(湘)	1.00
291	韶山市(湘)	0.90
292	临澧县(湘)	0.71
293	和平县(粤)	380.00
294	东源县(粤)	16.00
295	兴安县(桂)	2100.00
296	灵川县(桂)	1105.00
297	融水苗族自治县(桂)	989.00

（续表）

序号	毛竹主产地	产量
298	平乐县(桂)	835.02
299	资源县(桂)	800.00
300	灌阳县(桂)	684.38
301	三江侗族自治县(桂)	562.00
302	龙胜各族自治县(桂)	360.92
303	昭平县(桂)	332.05
304	临桂区(桂)	268.20
305	玉林市福绵区(桂)	140.00
306	宜州区(桂)	119.00
307	罗城仫佬族自治县(桂)	93.00
308	大化瑶族自治县(桂)	90.00
309	隆安县(桂)	87.00
310	黄冕林场(桂)	76.75
311	钟山县(桂)	75.60
312	贺州市平桂管理区(桂)	70.10
313	金秀瑶族自治县(桂)	60.00
314	藤　县(桂)	59.00
315	全州县(桂)	36.00
316	融安县(桂)	29.00
317	乐业县(桂)	27.16
318	天峨县(桂)	25.00
319	容　县(桂)	12.00
320	凤山县(桂)	11.34
321	富川瑶族自治县(桂)	10.80
322	灵山县(桂)	9.00
323	恭城瑶族自治县(桂)	5.20
324	长洲区(桂)	5.20
325	江南区(桂)	4.50
326	东兰县(桂)	4.50
327	金城江区(桂)	3.50
328	苍梧县(桂)	2.00
329	平果县(桂)	1.78
330	西林县(桂)	1.00
331	那坡县(桂)	0.72
332	梁平区(渝)	497.70
333	巴南区(渝)	146.54
334	江津区(渝)	22.00
335	黔江区(渝)	13.70
336	铜梁区(渝)	7.96
337	永川区(渝)	6.10
338	奉节县(渝)	2.50
339	大足区(渝)	2.00
340	盐边县(川)	165.00
341	长宁县(川)	132.00
342	仁寿县(川)	108.00

（续表）

序号	毛竹主产地	产量
343	平昌县(川)	59.60
344	会理县(川)	48.25
345	丹棱县(川)	36.80
346	乐至县(川)	31.20
347	纳溪区(川)	24.00
348	古蔺县(川)	20.00
349	筠连县(川)	18.00
350	宜宾县(川)	16.30
351	宣汉县(川)	13.50
352	珙　县(川)	12.45
353	江安县(川)	12.00
354	威远县(川)	11.00
355	达川区(川)	9.00
356	大竹县(川)	8.50
357	五通桥区(川)	7.20
358	北川羌族自治县(川)	4.50
359	都江堰市(川)	4.00
360	大邑县(川)	3.40
361	沙湾区(川)	3.20
362	邛崃市(川)	2.50
363	资中县(川)	2.00
364	崇州市(川)	1.90
365	中江县(川)	1.50
366	彭州市(川)	1.25
367	通川区(川)	1.00
368	高　县(川)	0.66
369	瓮安县(黔)	220.00
370	普安县(黔)	69.00
371	锦屏县(黔)	30.00
372	天柱县(黔)	19.00
373	岑巩县(黔)	15.80
374	松桃苗族自治县(黔)	14.00
375	德江县(黔)	13.10
376	江口县(黔)	12.50
377	思南县(黔)	12.00
378	黎平县(黔)	10.04
379	榕江县(黔)	10.00
380	平塘县(黔)	10.00
381	从江县(黔)	6.00
382	三穗县(黔)	6.00
383	镇远县(黔)	6.00
384	玉屏侗族自治县(黔)	2.12
385	碧江区(黔)	1.00
386	福泉市(黔)	1.00
387	盈江县(滇)	1221.47

（续表）

序号	毛竹主产地	产量
388	宁洱哈尼族彝族自治县(滇)	821.00
389	镇雄县(滇)	800.00
390	景谷傣族彝族自治县(滇)	629.30
391	富源县(滇)	315.72
392	勐海县(滇)	267.00
393	建水县(滇)	226.10
394	弥勒市(滇)	212.80
395	元阳县(滇)	206.00
396	华坪县(滇)	184.00
397	芒　市(滇)	150.89
398	昌宁县(滇)	147.00
399	永善县(滇)	139.00
400	马关县(滇)	135.20
401	永德县(滇)	123.57
402	石屏县(滇)	111.90
403	镇康县(滇)	97.89
404	澜沧拉祜族自治县(滇)	84.00
405	腾冲市(滇)	75.00
406	凤庆县(滇)	74.31
407	玉龙纳西族自治县(滇)	72.00
408	施甸县(滇)	67.29
409	澄江县(滇)	54.00
410	云　县(滇)	53.72
411	罗平县(滇)	52.00
412	隆阳区(滇)	51.40
413	勐腊县(滇)	51.26
414	陇川县(滇)	44.99
415	砚山县(滇)	36.00
416	瑞丽市(滇)	27.21
417	墨江哈尼族自治县(滇)	26.00
418	江城哈尼族彝族自治县(滇)	25.00
419	文山市(滇)	24.37
420	富宁县(滇)	22.00
421	梁河县(滇)	21.09
422	福贡县(滇)	20.74
423	龙陵县(滇)	20.45
424	镇沅彝族哈尼族拉祜族自治县(滇)	18.73
425	漾濞彝族自治县(滇)	16.86
426	西盟佤族自治县(滇)	13.15
427	石林彝族自治县(滇)	11.00
428	晋宁区(滇)	10.60
429	孟连傣族拉祜族佤族自治县(滇)	10.00
430	西畴县(滇)	4.75
431	宣威市(滇)	4.50

(续表)

序号	毛竹主产地	产量
432	马龙县(滇)	4.00
433	绥江县(滇)	3.00
434	景东彝族自治县(滇)	2.00
435	巧家县(滇)	2.00
436	兰坪白族普米族自治县(滇)	1.50
437	江川区(滇)	1.30
438	平利县(陕)	250.00
439	石泉县(陕)	75.00
440	汉阴县(陕)	57.00
441	洋　县(陕)	32.00
442	蓝田县(陕)	20.00

表 5-2　篙竹主产地产量

单位:万根

序号	篙竹主产地	产量
1	安吉县(浙)	330.00
2	德清县(浙)	98.00
3	吴兴区(浙)	94.88
4	长兴县(浙)	70.00
5	淳安县(浙)	60.53
6	上虞区(浙)	1.80
7	北仑区(浙)	1.20
8	郎溪县(皖)	150.00
9	石台县(皖)	100.00
10	六安市叶集区(皖)	87.00
11	繁昌县(皖)	55.00
12	休宁县(皖)	50.00
13	霍山县(皖)	20.00
14	东至县(皖)	3.15
15	潜山县(皖)	3.00
16	岳西县(皖)	3.00
17	武宁县(赣)	651.00
18	贵溪市(赣)	490.44
19	德兴市(赣)	230.00
20	崇义县(赣)	180.00
21	资溪县(赣)	158.14
22	泰和县(赣)	107.00
23	彭泽县(赣)	100.00
24	永丰县(赣)	78.00
25	大余县(赣)	73.02
26	吉水县(赣)	67.10
27	广昌县(赣)	53.00
28	崇仁县(赣)	42.40
29	瑞金市(赣)	39.50
30	瑞昌市(赣)	39.00

(续表)

序号	篙竹主产地	产量
31	定南县(赣)	32.15
32	遂川县(赣)	30.00
33	安福县(赣)	30.00
34	分宜县(赣)	20.00
35	新干县(赣)	13.00
36	渝水区(赣)	10.10
37	乐安县(赣)	10.00
38	会昌县(赣)	9.70
39	井冈山市(赣)	9.60
40	信丰县(赣)	6.58
41	兴国县(赣)	6.00
42	临川区(赣)	5.00
43	铅山县(赣)	2.20
44	峡江县(赣)	2.00
45	吉安县(赣)	1.50
46	潢川县(豫)	12.80
47	咸安区(鄂)	126.70
48	麻城市(鄂)	13.00
49	团风县(鄂)	10.00
50	宜城市(鄂)	8.60
51	宜都市(鄂)	3.50
52	松滋市(鄂)	2.40
53	临湘市(湘)	600.00
54	桃源县(湘)	210.00
55	蓝山县(湘)	190.00
56	绥宁县(湘)	130.00
57	新宁县(湘)	120.00
58	祁东县(湘)	107.00
59	岳阳县(湘)	100.00
60	鼎城区(湘)	87.00
61	资兴市(湘)	60.00
62	新化县(湘)	50.00
63	宁乡市(湘)	40.00
64	零陵区(湘)	20.00
65	茶陵县(湘)	19.00
66	安化县(湘)	12.00
67	南岳区(湘)	10.00
68	永兴县(湘)	9.48
69	城步苗族自治县(湘)	8.00
70	东安县(湘)	6.11
71	永定区(湘)	5.50
72	赫山区(湘)	3.00
73	洪江市(湘)	3.00
74	隆回县(湘)	2.95
75	衡南县(湘)	2.70

(续表)

序号	篙竹主产地	产量
76	武冈市(湘)	2.69
77	望城区(湘)	2.00
78	湘潭市市辖区(湘)	1.26
79	资阳区(湘)	1.00
80	和平县(粤)	91.00
81	博白县(桂)	4200.00
82	桂平市(桂)	2640.00
83	柳城县(桂)	2471.00
84	浦北县(桂)	1312.00
85	柳江区(桂)	1096.00
86	横　县(桂)	977.00
87	平乐县(桂)	846.34
88	融水苗族自治县(桂)	796.00
89	宾阳县(桂)	602.30
90	田东县(桂)	540.00
91	宜州区(桂)	483.00
92	贺州市平桂管理区(桂)	420.10
93	藤　县(桂)	411.50
94	防城区(桂)	406.00
95	万秀区(桂)	358.60
96	恭城瑶族自治县(桂)	282.00
97	龙州县(桂)	281.00
98	昭平县(桂)	271.07
99	钦南区(桂)	231.00
100	天峨县(桂)	189.00
101	三江侗族自治县(桂)	188.00
102	钟山县(桂)	159.00
103	苍梧县(桂)	148.00
104	北流市(桂)	117.00
105	田阳县(桂)	90.00
106	上林县(桂)	90.00
107	兴宾区(桂)	86.17
108	灌阳县(桂)	83.97
109	灵山县(桂)	78.12
110	右江区(桂)	60.00
111	都安瑶族自治县(桂)	60.00
112	乐业县(桂)	52.24
113	陆川县(桂)	50.00
114	龙胜各族自治县(桂)	40.88
115	长洲区(桂)	28.00
116	天等县(桂)	28.00
117	靖西市(桂)	27.00
118	兴业县(桂)	17.90
119	田林县(桂)	16.72
120	金秀瑶族自治县(桂)	15.00

（续表）

序号	篙竹主产地	产量
121	凤山县(桂)	14.65
122	岑溪市(桂)	10.80
123	那坡县(桂)	7.50
124	凌云县(桂)	7.00
125	钦北区(桂)	5.50
126	武宣县(桂)	1.50
127	黔江区(渝)	2.50
128	仪陇县(川)	60.00
129	资中县(川)	10.00
130	平塘县(黔)	6.00
131	水富县(滇)	145.00
132	汉滨区(陕)	24.25
133	小陇山林业实验局(甘)	1367.00

表 5-3　藤类主产地产量

单位:万吨

序号	藤类主产地	产量
1	潜山县(皖)	4.50
2	郎溪县(皖)	1.00
3	太湖县(皖)	0.60
4	石台县(皖)	0.58
5	广昌县(赣)	14.56
6	瑞金市(赣)	12.00
7	乐安县(赣)	8.00
8	寻乌县(赣)	2.10
9	贵溪市(赣)	1.80
10	青原区(赣)	0.80
11	鱼台县(鲁)	140.00
12	河东区(鲁)	0.70
13	淮滨县(豫)	50.00
14	渑池县(豫)	45.00
15	宁陵县(豫)	0.73
16	浠水县(鄂)	1.00
17	涟源市(湘)	3.40
18	冷水江市(湘)	2.00
19	株洲市市辖区(湘)	0.81
20	衡南县(湘)	0.60
21	祁东县(湘)	0.60
22	都安瑶族自治县(桂)	5.00
23	叠彩区(桂)	1.00
24	灵山县(桂)	0.80
25	思南县(黔)	2.60
26	文山市(滇)	42.00
27	罗平县(滇)	2.00
28	澜沧拉祜族自治县(滇)	1.50

（续表）

序号	藤类主产地	产量
29	南郑区(陕)	0.80
30	康　县(甘)	0.85

表 6-1　油茶籽主产地产量

单位:吨

序号	油茶籽主产地	产量
1	青田县(浙)	13500.00
2	淳安县(浙)	7810.00
3	莲都区(浙)	5600.00
4	常山县(浙)	5300.00
5	松阳县(浙)	3316.00
6	江山市(浙)	3001.00
7	遂昌县(浙)	2757.00
8	天台县(浙)	2670.00
9	衢江区(浙)	2500.00
10	缙云县(浙)	2484.00
11	建德市(浙)	1680.00
12	仙居县(浙)	1650.00
13	泰顺县(浙)	1450.00
14	龙泉市(浙)	1356.00
15	开化县(浙)	1200.00
16	婺城区(浙)	700.00
17	柯城区(浙)	540.00
18	龙游县(浙)	480.00
19	永嘉县(浙)	416.00
20	苍南县(浙)	407.00
21	三门县(浙)	406.00
22	新昌县(浙)	392.00
23	云和县(浙)	350.00
24	临海市(浙)	291.00
25	临安区(浙)	233.00
26	舒城县(皖)	19100.00
27	太湖县(皖)	15060.00
28	潜山县(皖)	4200.00
29	裕安区(皖)	2961.00
30	祁门县(皖)	2615.00
31	霍山县(皖)	2600.00
32	桐城市(皖)	2200.00
33	宿松县(皖)	1982.00
34	绩溪县(皖)	1625.00
35	休宁县(皖)	1560.00
36	凤阳县(皖)	1278.00
37	歙　县(皖)	1141.00
38	金寨县(皖)	1022.00
39	贵池区(皖)	760.00

（续表）

序号	油茶籽主产地	产量
40	徽州区(皖)	659.00
41	东至县(皖)	530.00
42	望江县(皖)	420.00
43	金安区(皖)	380.00
44	岳西县(皖)	371.50
45	庐江县(皖)	358.00
46	黄山区(皖)	350.00
47	旌德县(皖)	310.00
48	无为县(皖)	150.00
49	怀宁县(皖)	105.00
50	尤溪县(闽)	37450.00
51	永泰县(闽)	19270.00
52	清流县(闽)	12228.00
53	大田县(闽)	10820.00
54	福安市(闽)	9934.00
55	宁化县(闽)	8365.00
56	仙游县(闽)	6070.00
57	沙　县(闽)	5433.00
58	闽清县(闽)	4620.00
59	建宁县(闽)	4278.00
60	福鼎市(闽)	4089.00
61	浦城县(闽)	4000.00
62	将乐县(闽)	2565.00
63	长汀县(闽)	2325.00
64	柘荣县(闽)	2236.00
65	漳平市(闽)	2209.00
66	德化县(闽)	1905.00
67	明溪县(闽)	1509.00
68	永安市(闽)	1412.00
69	上杭县(闽)	1300.00
70	晋安区(闽)	1144.00
71	武平县(闽)	1033.00
72	泰宁县(闽)	870.00
73	霞浦县(闽)	826.00
74	寿宁县(闽)	800.00
75	涵江区(闽)	635.00
76	新罗区(闽)	580.00
77	连城县(闽)	576.00
78	罗源县(闽)	565.00
79	连江县(闽)	510.00
80	古田县(闽)	508.00
81	光泽县(闽)	440.00
82	延平区(闽)	435.00
83	华安县(闽)	376.00
84	邵武市(闽)	350.00

(续表)

序号	油茶籽主产地	产量
85	永春县(闽)	277.00
86	周宁县(闽)	221.00
87	永定区(闽)	217.00
88	长乐区(闽)	212.00
89	松溪县(闽)	160.00
90	城厢区(闽)	136.00
91	平和县(闽)	105.00
92	永丰县(赣)	32450.00
93	遂川县(赣)	27500.00
94	上饶县(赣)	22110.00
95	袁州区(赣)	16100.00
96	玉山县(赣)	13341.00
97	兴国县(赣)	12276.00
98	樟树市(赣)	12080.00
99	赣县区(赣)	9667.00
100	上高县(赣)	9600.00
101	高安市(赣)	8364.80
102	上犹县(赣)	8302.00
103	安福县(赣)	8000.00
104	万安县(赣)	8000.00
105	渝水区(赣)	7180.00
106	德兴市(赣)	7000.00
107	横峰县(赣)	6737.00
108	南康区(赣)	5600.00
109	武宁县(赣)	5600.00
110	井冈山市(赣)	5360.00
111	石城县(赣)	5042.00
112	于都县(赣)	4810.00
113	吉安县(赣)	4500.00
114	瑞昌市(赣)	4500.00
115	崇义县(赣)	4300.00
116	峡江县(赣)	4200.00
117	宜丰县(赣)	3700.00
118	泰和县(赣)	3560.00
119	广丰区(赣)	3550.00
120	宁都县(赣)	3478.00
121	万载县(赣)	3300.00
122	会昌县(赣)	3200.00
123	永新县(赣)	3200.00
124	芦溪县(赣)	3000.00
125	乐安县(赣)	2920.00
126	东乡区(赣)	2900.00
127	临川区(赣)	2900.00
128	广昌县(赣)	2880.00
129	崇仁县(赣)	2800.00
130	分宜县(赣)	2500.00
131	铅山县(赣)	2500.00
132	龙南县(赣)	2385.00
133	瑞金市(赣)	2340.00
134	新干县(赣)	1920.00
135	贵溪市(赣)	1858.00
136	全南县(赣)	1600.00
137	鄱阳县(赣)	1550.00
138	奉新县(赣)	1500.00
139	寻乌县(赣)	1463.00
140	金溪县(赣)	1310.00
141	安远县(赣)	1176.00
142	婺源县(赣)	1100.00
143	定南县(赣)	1070.00
144	铜鼓县(赣)	1000.00
145	永修县(赣)	995.00
146	信丰县(赣)	958.00
147	安义县(赣)	650.00
148	余江县(赣)	600.00
149	大余县(赣)	563.00
150	靖安县(赣)	420.00
151	湖口县(赣)	382.00
152	共青城市(赣)	351.00
153	万年县(赣)	350.00
154	南城县(赣)	346.00
155	德安县(赣)	300.00
156	月湖区(赣)	300.00
157	黎川县(赣)	293.00
158	安源区(赣)	220.00
159	莲花县(赣)	206.50
160	信州区(赣)	162.00
161	资溪县(赣)	120.00
162	商城县(豫)	12320.00
163	罗山县(豫)	990.00
164	光山县(豫)	600.00
165	桐柏县(豫)	530.00
166	通城县(鄂)	23515.00
167	枣阳市(鄂)	20000.00
168	通山县(鄂)	19740.00
169	麻城市(鄂)	13027.00
170	谷城县(鄂)	12531.00
171	阳新县(鄂)	10000.00
172	英山县(鄂)	7450.00
173	梁子湖区(鄂)	4437.00
174	恩施市(鄂)	3120.00
175	来凤县(鄂)	2965.00
176	咸安区(鄂)	2762.00
177	鄂州市市辖区(鄂)	2672.00
178	浠水县(鄂)	2400.00
179	嘉鱼县(鄂)	2200.00
180	广水市(鄂)	2150.00
181	红安县(鄂)	2028.00
182	蕲春县(鄂)	1750.00
183	随　县(鄂)	1325.00
184	罗田县(鄂)	1210.00
185	郧西县(鄂)	1000.00
186	曾都区(鄂)	944.00
187	松滋市(鄂)	930.00
188	长阳土家族自治县(鄂)	500.00
189	黄梅县(鄂)	406.00
190	钟祥市(鄂)	360.00
191	赤壁市(鄂)	348.00
192	京山县(鄂)	309.00
193	武穴市(鄂)	256.00
194	团风县(鄂)	245.00
195	随州市经济技术开发区(鄂)	140.00
196	夷陵区(鄂)	140.00
197	宣恩县(鄂)	116.00
198	宁乡市(湘)	100560.00
199	邵阳县(湘)	63000.00
200	衡东县(湘)	60156.00
201	浏阳市(湘)	53260.00
202	常宁市(湘)	45200.00
203	耒阳市(湘)	40000.00
204	醴陵市(湘)	36432.00
205	衡南县(湘)	33600.00
206	株洲县(湘)	33200.00
207	桃源县(湘)	31869.33
208	祁阳县(湘)	30630.00
209	攸　县(湘)	30000.00
210	永兴县(湘)	28444.00
211	道　县(湘)	28300.00
212	零陵区(湘)	22500.00
213	江华瑶族自治县(湘)	21230.00
214	平江县(湘)	21000.00
215	衡阳县(湘)	18811.00
216	赫山区(湘)	17000.00
217	中方县(湘)	15709.00
218	溆浦县(湘)	14820.00
219	桂阳县(湘)	14538.00

（续表）

序号	油茶籽主产地	产量
220	安仁县(湘)	12300.00
221	新化县(湘)	12185.00
222	茶陵县(湘)	12060.00
223	临澧县(湘)	12000.00
224	冷水滩区(湘)	11550.00
225	湘潭市市辖区(湘)	10583.00
226	苏仙区(湘)	10032.00
227	桂东县(湘)	9579.00
228	汉寿县(湘)	8984.00
229	蓝山县(湘)	7667.00
230	鼎城区(湘)	7570.00
231	汝城县(湘)	6900.00
232	湘潭县(湘)	6520.00
233	资兴市(湘)	6380.00
234	永顺县(湘)	6241.00
235	临湘市(湘)	6000.00
236	宁远县(湘)	5239.00
237	桃江县(湘)	5000.00
238	北湖区(湘)	4788.00
239	新田县(湘)	4480.00
240	邵东县(湘)	4100.00
241	天元区(湘)	3800.00
242	双峰县(湘)	3550.00
243	嘉禾县(湘)	3548.00
244	绥宁县(湘)	3400.00
245	辰溪县(湘)	3200.00
246	临武县(湘)	3200.00
247	湘乡市(湘)	3200.00
248	石门县(湘)	3100.00
249	沅陵县(湘)	2610.00
250	荷塘区(湘)	2600.00
251	津市市(湘)	2500.00
252	炎陵县(湘)	2486.00
253	城步苗族自治县(湘)	2469.00
254	洞口县(湘)	2434.00
255	江永县(湘)	2386.00
256	宜章县(湘)	2322.00
257	岳阳市市辖区(湘)	2150.00
258	花垣县(湘)	2000.00
259	桑植县(湘)	2000.00
260	岳麓区(湘)	2000.00
261	冷水江市(湘)	1980.00
262	武冈市(湘)	1752.00
263	娄星区(湘)	1680.00
264	芦淞区(湘)	1665.00
265	永定区(湘)	1300.00
266	靖州苗族侗族自治县(湘)	1121.00
267	隆回县(湘)	1100.00
268	澧　县(湘)	1064.00
269	大祥区(湘)	1061.00
270	洪江市(湘)	1060.00
271	泸溪县(湘)	1020.00
272	鹤城区(湘)	1000.00
273	韶山市(湘)	900.00
274	珠晖区(湘)	900.00
275	新宁县(湘)	800.00
276	芷江侗族自治县(湘)	370.00
277	吉首市(湘)	360.00
278	雨湖区(湘)	350.00
279	麻阳苗族自治县(湘)	320.00
280	祁东县(湘)	300.00
281	洪江区(湘)	263.00
282	望城区(湘)	242.00
283	金洞林场(湘)	150.00
284	南岳区(湘)	150.00
285	岳阳县(湘)	150.00
286	安化县(湘)	105.55
287	和平县(粤)	10100.00
288	东源县(粤)	1860.50
289	平乐县(桂)	19099.00
290	三江侗族自治县(桂)	18240.00
291	巴马瑶族自治县(桂)	16000.00
292	龙胜各族自治县(桂)	12101.00
293	右江区(桂)	11900.00
294	隆林各族自治县(桂)	9480.00
295	昭平县(桂)	9229.00
296	田林县(桂)	8936.00
297	田阳县(桂)	8598.00
298	钟山县(桂)	8401.00
299	凌云县(桂)	8342.00
300	田东县(桂)	7621.00
301	八步区(桂)	5916.00
302	融水苗族自治县(桂)	5084.00
303	凤山县(桂)	4850.00
304	融安县(桂)	3782.00
305	象州县(桂)	3645.00
306	荔浦县(桂)	3319.00
307	西林县(桂)	2994.00
308	金秀瑶族自治县(桂)	2785.00
309	浦北县(桂)	2658.00
310	那坡县(桂)	2595.00
311	罗城仫佬族自治县(桂)	2560.00
312	富川瑶族自治县(桂)	2095.00
313	环江毛南族自治县(桂)	1793.00
314	天峨县(桂)	1747.00
315	藤　县(桂)	1553.18
316	灌阳县(桂)	1304.00
317	乐业县(桂)	1263.00
318	灵川县(桂)	1143.00
319	贺州市平桂管理区(桂)	953.00
320	苍梧县(桂)	890.00
321	龙圩区(桂)	714.00
322	武宣县(桂)	635.00
323	蒙山县(桂)	425.80
324	南丹县(桂)	400.00
325	岑溪市(桂)	386.60
326	兴安县(桂)	360.00
327	靖西市(桂)	350.00
328	金城江区(桂)	300.00
329	大化瑶族自治县(桂)	299.00
330	维都林场(桂)	261.30
331	临桂区(桂)	260.00
332	桂平市(桂)	250.00
333	兴宾区(桂)	237.00
334	万秀区(桂)	210.00
335	陆川县(桂)	160.00
336	钦北区(桂)	131.10
337	涪陵区(渝)	719.00
338	梁平区(渝)	267.06
339	宜宾县(川)	1620.00
340	江油市(川)	560.00
341	隆昌县(川)	400.00
342	贡井区(川)	280.00
343	江安县(川)	246.00
344	威远县(川)	200.00
345	雨城区(川)	200.00
346	长宁县(川)	160.00
347	德昌县(川)	160.00
348	叙永县(川)	150.00
349	黎平县(黔)	13378.00
350	册亨县(黔)	7000.00
351	天柱县(黔)	5000.00
352	碧江区(黔)	3550.00
353	锦屏县(黔)	2000.00
354	松桃苗族自治县(黔)	2000.00

(续表)

序号	油茶籽主产地	产量
355	从江县(黔)	1675.00
356	江口县(黔)	1660.00
357	榕江县(黔)	1250.00
358	思南县(黔)	1200.00
359	平塘县(黔)	750.00
360	万山区(黔)	464.00
361	岑巩县(黔)	250.00
362	石阡县(黔)	200.00
363	三穗县(黔)	133.34
364	富宁县(滇)	5682.00
365	广南县(滇)	5278.00
366	盈江县(滇)	1125.00
367	江川区(滇)	510.00
368	腾冲市(滇)	342.40
369	建水县(滇)	253.00
370	梁河县(滇)	235.00
371	丘北县(滇)	214.00
372	元阳县(滇)	150.00
373	西畴县(滇)	136.00
374	砚山县(滇)	120.00
375	龙陵县(滇)	100.00
376	汉滨区(陕)	9538.00
377	南郑区(陕)	4800.00
378	汉阴县(陕)	1522.00
379	商南县(陕)	177.00
380	石泉县(陕)	100.00

表 6-2 核桃主产地产量

单位:吨

序号	核桃主产地	籽产量
1	怀柔区(京)	941.20
2	大兴区(京)	117.00
3	涉 县(冀)	20500.00
4	平山县(冀)	15150.00
5	武安市(冀)	14700.00
6	兴隆县(冀)	12935.00
7	临城县(冀)	12500.00
8	邢台县(冀)	9567.00
9	唐 县(冀)	8385.00
10	迁西县(冀)	8378.00
11	卢龙县(冀)	5561.00
12	遵化市(冀)	5034.00
13	阜平县(冀)	4797.00
14	内丘县(冀)	4457.00
15	定州市(冀)	4210.00

(续表)

序号	核桃主产地	籽产量
16	鹿泉区(冀)	3668.50
17	迁安市(冀)	3602.00
18	沙河市(冀)	3500.00
19	宽城满族自治县(冀)	2700.00
20	井陉县(冀)	2581.00
21	行唐县(冀)	2500.00
22	平乡县(冀)	2500.00
23	涞源县(冀)	2300.00
24	丰润区(冀)	2268.00
25	曲阳县(冀)	2152.00
26	涞水县(冀)	1700.00
27	深泽县(冀)	1675.00
28	景 县(冀)	1175.00
29	隆尧县(冀)	1000.00
30	海港区(冀)	957.00
31	青龙满族自治县(冀)	845.00
32	滦 县(冀)	768.00
33	临漳县(冀)	360.00
34	怀来县(冀)	320.00
35	顺平县(冀)	275.00
36	高碑店市(冀)	248.00
37	柏乡县(冀)	240.00
38	博野县(冀)	220.00
39	永年区(冀)	200.00
40	东光县(冀)	150.00
41	徐水区(冀)	141.00
42	任 县(冀)	122.00
43	复兴区(冀)	107.00
44	邢台市桥东区(冀)	106.00
45	井陉矿区(冀)	105.00
46	南宫市(冀)	104.00
47	冀州市(冀)	100.00
48	正定县(冀)	100.00
49	左权县(晋)	12200.00
50	孝义市(晋)	12000.00
51	交口县(晋)	9800.00
52	古 县(晋)	7800.00
53	浮山县(晋)	5140.00
54	原平市(晋)	4694.00
55	永和县(晋)	4250.00
56	黎城县(晋)	3720.00
57	陵川县(晋)	3639.60
58	洪洞县(晋)	3380.00
59	沁 县(晋)	2700.00
60	盂 县(晋)	2670.00

(续表)

序号	核桃主产地	籽产量
61	襄汾县(晋)	2250.00
62	平定县(晋)	2200.00
63	阳城县(晋)	1600.00
64	泽州县(晋)	1505.00
65	河津市(晋)	1500.00
66	介休市(晋)	1430.00
67	沁水县(晋)	1320.00
68	榆社县(晋)	1200.00
69	翼城县(晋)	1100.00
70	霍州市(晋)	906.00
71	大宁县(晋)	873.00
72	忻府区(晋)	730.40
73	闻喜县(晋)	710.00
74	阳泉市郊区(晋)	700.00
75	襄垣县(晋)	550.00
76	平陆县(晋)	380.00
77	高平市(晋)	306.00
78	安泽县(晋)	220.00
79	长治县(晋)	213.00
80	灵丘县(晋)	198.00
81	五台县(晋)	137.00
82	振安区(辽)	380.00
83	抚顺县(辽)	248.00
84	明山区(辽)	100.00
85	通化县(吉)	4369.20
86	东海县(苏)	750.00
87	临安区(浙)	12100.00
88	安吉县(浙)	420.00
89	宁国市(皖)	8728.00
90	绩溪县(皖)	4510.00
91	金寨县(皖)	745.00
92	霍山县(皖)	580.00
93	旌德县(皖)	550.00
94	广德县(皖)	500.00
95	青阳县(皖)	106.00
96	新泰市(鲁)	15790.00
97	东平县(鲁)	14202.00
98	肥城市(鲁)	13948.00
99	汶上县(鲁)	8100.00
100	安丘市(鲁)	7000.00
101	章丘区(鲁)	6200.00
102	宁阳县(鲁)	5344.00
103	沂源县(鲁)	4779.00
104	泗水县(鲁)	3588.00
105	邹城市(鲁)	2980.00

（续表）

序号	核桃主产地	籽产量
106	蒙阴县（鲁）	2000.00
107	岱岳区（鲁）	1286.00
108	临朐县（鲁）	1250.00
109	莱芜市雪野旅游区（鲁）	1050.10
110	栖霞市（鲁）	1050.00
111	山亭区（鲁）	1032.00
112	兰陵县（鲁）	966.00
113	莱城区（鲁）	890.00
114	临淄区（鲁）	838.00
115	诸城市（鲁）	531.00
116	桓台县（鲁）	520.00
117	淄川区（鲁）	400.00
118	五莲县（鲁）	360.00
119	邹平县（鲁）	355.00
120	枣庄市市中区（鲁）	339.00
121	济南市市中区（鲁）	321.90
122	莱阳市（鲁）	300.00
123	胶州市（鲁）	267.00
124	沂南县（鲁）	265.00
125	曲阜市（鲁）	220.00
126	寿光市（鲁）	200.00
127	成武县（鲁）	120.00
128	东明县（鲁）	120.00
129	郯城县（鲁）	118.00
130	高密市（鲁）	100.00
131	济阳县（鲁）	100.00
132	莱州市（鲁）	100.00
133	灵宝市（豫）	30000.00
134	卢氏县（豫）	22350.00
135	伊川县（豫）	10900.00
136	林州市（豫）	5344.00
137	济源市（豫）	5244.00
138	沁阳市（豫）	4463.00
139	新安县（豫）	4165.00
140	嵩　县（豫）	4050.00
141	瀍河回族区（豫）	4000.00
142	栾川县（豫）	3560.00
143	登封市（豫）	2000.00
144	叶　县（豫）	1800.00
145	新密市（豫）	1600.00
146	禹州市（豫）	1500.00
147	渑池县（豫）	1280.00
148	内乡县（豫）	1150.00
149	博爱县（豫）	1100.00
150	祥符区（豫）	856.00

（续表）

序号	核桃主产地	籽产量
151	卫辉市（豫）	720.00
152	郏　县（豫）	700.00
153	淇　县（豫）	518.00
154	舞钢市（豫）	505.00
155	湖滨区（豫）	480.00
156	方城县（豫）	330.00
157	洛宁县（豫）	330.00
158	确山县（豫）	300.00
159	驿城区（豫）	300.00
160	吉利区（豫）	254.00
161	新野县（豫）	230.00
162	台前县（豫）	220.00
163	商城县（豫）	180.00
164	商水县（豫）	160.00
165	淅川县（豫）	130.00
166	镇平县（豫）	130.00
167	夏邑县（豫）	105.00
168	兴山县（鄂）	9000.00
169	郧西县（鄂）	7089.00
170	秭归县（鄂）	4926.00
171	保康县（鄂）	4685.00
172	随　县（鄂）	2306.00
173	夷陵区（鄂）	2000.00
174	郧阳区（鄂）	1400.00
175	巴东县（鄂）	1391.30
176	恩施市（鄂）	1157.00
177	钟祥市（鄂）	1135.00
178	老河口市（鄂）	800.00
179	建始县（鄂）	524.00
180	长阳土家族自治县（鄂）	500.00
181	谷城县（鄂）	425.00
182	宣恩县（鄂）	384.00
183	神农架林区（鄂）	380.00
184	鹤峰县（鄂）	208.00
185	宜都市（鄂）	200.00
186	利川市（鄂）	150.00
187	宜城市（鄂）	132.00
188	靖州苗族侗族自治县（湘）	1003.00
189	永定区（湘）	802.00
190	通道侗族自治县（湘）	640.00
191	石门县（湘）	480.00
192	洪江市（湘）	292.00
193	沅陵县（湘）	165.00
194	永顺县（湘）	153.00
195	武冈市（湘）	125.00

（续表）

序号	核桃主产地	籽产量
196	凤山县（桂）	1060.00
197	天峨县（桂）	445.00
198	隆林各族自治县（桂）	286.00
199	田林县（桂）	124.00
200	奉节县（渝）	2680.00
201	黔江区（渝）	725.00
202	丰都县（渝）	443.00
203	盐源县（川）	50485.00
204	朝天区（川）	41039.00
205	会理县（川）	37500.00
206	金阳县（川）	33100.00
207	青川县（川）	31431.00
208	利州区（川）	30175.00
209	南江县（川）	17500.00
210	遂宁市市辖区（川）	16383.00
211	昭化区（川）	15000.00
212	德昌县（川）	12867.60
213	米易县（川）	10457.00
214	盐亭县（川）	9000.00
215	雁江区（川）	8500.00
216	雷波县（川）	7977.00
217	宁南县（川）	7883.00
218	苍溪县（川）	7840.00
219	甘洛县（川）	6000.00
220	木里藏族自治县（川）	4647.00
221	冕宁县（川）	4233.00
222	中江县（川）	3250.00
223	旌阳区（川）	3240.00
224	江油市（川）	3228.00
225	万源市（川）	3160.00
226	大英县（川）	3155.00
227	汉源县（川）	3049.00
228	美姑县（川）	3000.00
229	梓潼县（川）	2786.00
230	宣汉县（川）	2560.00
231	越西县（川）	2450.00
232	巴塘县（川）	2358.00
233	蓬安县（川）	2244.00
234	古蔺县（川）	2200.00
235	汶川县（川）	2165.00
236	仁寿县（川）	1982.00
237	昭觉县（川）	1980.00
238	巴州区（川）	1950.00
239	龙泉驿区（川）	1746.00
240	资中县（川）	1713.00

(续表)

序号	核桃主产地	籽产量
241	渠　县(川)	1650.00
242	喜德县(川)	1650.00
243	威远县(川)	1500.00
244	游仙区(川)	1210.00
245	西充县(川)	1200.00
246	犍为县(川)	1123.00
247	荣　县(川)	1100.00
248	嘉陵区(川)	1048.00
249	营山县(川)	1008.00
250	开江县(川)	1000.00
251	乐至县(川)	1000.00
252	北川羌族自治县(川)	920.00
253	普格县(川)	900.00
254	平昌县(川)	832.00
255	船山区(川)	675.00
256	布拖县(川)	650.00
257	仁和区(川)	550.00
258	邻水县(川)	500.00
259	筠连县(川)	490.00
260	丹巴县(川)	480.00
261	峨眉山市(川)	459.00
262	青白江区(川)	445.00
263	会东县(川)	402.00
264	隆昌县(川)	400.00
265	丹棱县(川)	392.00
266	金堂县(川)	380.00
267	九寨沟县(川)	301.00
268	内江市市中区(川)	300.00
269	彭州市(川)	270.00
270	达川区(川)	250.00
271	九龙县(川)	185.00
272	彭山区(川)	182.00
273	广汉市(川)	150.00
274	邛崃市(川)	142.00
275	安居区(川)	140.00
276	罗江区(川)	120.00
277	崇州市(川)	114.00
278	武胜县(川)	100.00
279	思南县(黔)	3200.00
280	松桃苗族自治县(黔)	1000.00
281	水城县(黔)	988.00
282	普安县(黔)	880.00
283	册亨县(黔)	750.00
284	罗甸县(黔)	480.00
285	德江县(黔)	325.00

(续表)

序号	核桃主产地	籽产量
286	印江土家族苗族自治县(黔)	245.00
287	锦屏县(黔)	159.00
288	凯里市(黔)	143.00
289	三都水族自治县(黔)	141.00
290	凤庆县(滇)	101599.00
291	昌宁县(滇)	61028.20
292	云龙县(滇)	53200.00
293	隆阳区(滇)	47902.00
294	巍山彝族回族自治县(滇)	41000.00
295	鲁甸县(滇)	39000.00
296	云　县(滇)	35997.00
297	会泽县(滇)	35000.00
298	师宗县(滇)	26300.00
299	永德县(滇)	24081.70
300	昭阳区(滇)	22723.68
301	镇康县(滇)	22047.00
302	洱源县(滇)	21400.00
303	临翔区(滇)	19650.00
304	禄劝彝族苗族自治县(滇)	17500.00
305	宾川县(滇)	15200.00
306	彝良县(滇)	14900.00
307	东川区(滇)	12235.00
308	景东彝族自治县(滇)	9748.90
309	玉龙纳西族自治县(滇)	9600.00
310	鹤庆县(滇)	9400.00
311	华坪县(滇)	8409.00
312	永胜县(滇)	8323.30
313	兰坪白族普米族自治县(滇)	7000.00
314	耿马傣族佤族自治县(滇)	6500.00
315	永善县(滇)	6371.00
316	龙陵县(滇)	4500.00
317	古城区(滇)	4250.00
318	腾冲市(滇)	4029.30
319	镇雄县(滇)	4000.00
320	弥勒市(滇)	3835.00
321	五华区(滇)	3480.00
322	石林彝族自治县(滇)	3210.00
323	沧源佤族自治县(滇)	3200.00
324	香格里拉市(滇)	3200.00
325	盈江县(滇)	2891.00
326	泸水市(滇)	2644.00
327	宁蒗彝族自治县(滇)	2594.50
328	富源县(滇)	2175.00
329	大关县(滇)	1100.00
330	寻甸回族彝族自治县(滇)	1039.00

(续表)

序号	核桃主产地	籽产量
331	易门县(滇)	1001.10
332	峨山彝族自治县(滇)	923.00
333	元江哈尼族彝族傣族自治县(滇)	872.00
334	贡山独龙族怒族自治县(滇)	692.40
335	新平彝族傣族自治县(滇)	662.85
336	宁洱哈尼族彝族自治县(滇)	626.00
337	梁河县(滇)	441.50
338	丘北县(滇)	413.00
339	西畴县(滇)	398.00
340	富宁县(滇)	390.00
341	文山市(滇)	365.00
342	晋宁区(滇)	331.00
343	芒　市(滇)	310.00
344	砚山县(滇)	301.00
345	江城哈尼族彝族自治县(滇)	294.00
346	绥江县(滇)	210.00
347	澜沧拉祜族自治县(滇)	183.00
348	江川区(滇)	157.50
349	瑞丽市(滇)	132.60
350	米林县(藏)	464.00
351	洛南县(陕)	35145.00
352	丹凤县(陕)	17920.00
353	蓝田县(陕)	14000.00
354	宜君县(陕)	12400.00
355	陇　县(陕)	10116.00
356	柞水县(陕)	9780.00
357	宁强县(陕)	7900.00
358	镇安县(陕)	7900.00
359	陈仓区(陕)	7085.00
360	平利县(陕)	6000.00
361	麟游县(陕)	5280.00
362	旬阳县(陕)	4500.00
363	凤　县(陕)	3800.00
364	略阳县(陕)	3408.00
365	千阳县(陕)	2460.00
366	汉阴县(陕)	2200.00
367	乾　县(陕)	1926.00
368	眉　县(陕)	1802.00
369	南郑区(陕)	1800.00
370	渭滨区(陕)	1293.00
371	宁陕县(陕)	1060.00
372	白河县(陕)	894.00
373	礼泉县(陕)	840.00
374	印台区(陕)	800.00

（续表）

序号	核桃主产地	籽产量
375	镇坪县(陕)	615.00
376	延长县(陕)	500.00
377	永寿县(陕)	437.00
378	佛坪县(陕)	400.00
379	韩城市林业局(陕)	400.00
380	石泉县(陕)	400.00
381	岚皋县(陕)	385.00

（续表）

序号	核桃主产地	籽产量
382	清水县(甘)	110000.00
383	成　县(甘)	24900.00
384	武都区(甘)	22170.00
385	崆峒区(甘)	3056.00
386	西和县(甘)	2600.00
387	宁　县(甘)	1787.00
388	正宁县(甘)	946.00

（续表）

序号	核桃主产地	籽产量
389	镇原县(甘)	714.00
390	武山县(甘)	640.00
391	庆城县(甘)	287.00
392	彭阳县(宁)	130.00
393	红石林业局(吉林森工)	360.00

表 6-3　其他木本粮油主产地产量

单位:吨

序号	其他木本粮油主产地	品种	籽产量
1	岑溪市(桂)	八角	36900.00
2	平乐县(桂)	八角	19099.00
3	金秀瑶族自治县(桂)	八角	9250.00
4	苍梧县(桂)	八角	8384.00
5	富宁县(滇)	八角	7370.00
6	防城区(桂)	八角	7213.00
7	凤山县(桂)	八角	5704.00
8	龙州县(桂)	八角	5426.00
9	田林县(桂)	八角	4623.00
10	文山市(滇)	八角	4104.00
11	上林县(桂)	八角	3186.00
12	宁明县(桂)	八角	3173.00
13	西畴县(滇)	八角	2852.00
14	巴马瑶族自治县(桂)	八角	2348.00
15	那坡县(桂)	八角	1650.00
16	昭平县(桂)	八角	1318.00
17	马关县(滇)	八角	1183.00
18	天等县(桂)	八角	831.00
19	江州区(桂)	八角	705.00
20	八步区(桂)	八角	615.00
21	万秀区(桂)	八角	562.00
22	北流市(桂)	八角	450.00
23	派阳山林场(桂)	八角	405.00
24	天峨县(桂)	八角	398.00
25	澜沧拉祜族自治县(滇)	八角	324.00
26	灵山县(桂)	八角	295.00
27	荔浦县(桂)	八角	287.00
28	三江侗族自治县(桂)	八角	255.00
29	隆安县(桂)	八角	166.00
30	西林县(桂)	八角	122.00
31	陆川县(桂)	八角	100.00
32	禄劝彝族苗族自治县(滇)	板栗	61500.00
33	迁西县(冀)	板栗	56668.00
34	罗田县(鄂)	板栗	45827.00

（续表）

序号	其他木本粮油主产地	品种	籽产量
35	宽城满族自治县(冀)	板栗	43000.00
36	商城县(豫)	板栗	33180.00
37	宽甸满族自治县(辽)	板栗	30000.00
38	遵化市(冀)	板栗	28172.00
39	青龙满族自治县(冀)	板栗	25000.00
40	德昌县(川)	板栗	21600.00
41	金寨县(皖)	板栗	20000.00
42	邢台县(冀)	板栗	18702.00
43	费　县(鲁)	板栗	17770.00
44	麻城市(鄂)	板栗	17000.00
45	沂南县(鲁)	板栗	14390.00
46	诸城市(鲁)	板栗	14230.00
47	五莲县(鲁)	板栗	12190.00
48	迁安市(冀)	板栗	11403.00
49	太湖县(皖)	板栗	10540.00
50	凤城市(辽)	板栗	10000.00
51	镇安县(陕)	板栗	10000.00
52	莒南县(鲁)	板栗	9360.00
53	怀柔区(京)	板栗	9257.10
54	桓仁满族自治县(辽)	板栗	9235.00
55	海港区(冀)	板栗	9145.00
56	平乐县(桂)	板栗	9096.00
57	浉河区(豫)	板栗	8400.00
58	文山市(滇)	板栗	8165.00
59	临朐县(鲁)	板栗	8100.00
60	嵩　县(豫)	板栗	7770.00
61	浠水县(鄂)	板栗	7400.00
62	振安区(辽)	板栗	7000.00
63	岱岳区(鲁)	板栗	6959.00
64	栾川县(豫)	板栗	6841.00
65	英山县(鄂)	板栗	6750.00
66	莱城区(鲁)	板栗	6240.00
67	沅陵县(湘)	板栗	5850.00
68	罗甸县(黔)	板栗	5800.00
69	蓝田县(陕)	板栗	5600.00

(续表)

序号	其他木本粮油主产地	品种	籽产量
70	柞水县(陕)	板栗	5033.00
71	耒阳市(湘)	板栗	5000.00
72	新化县(湘)	板栗	4965.00
73	内丘县(冀)	板栗	4960.00
74	田林县(桂)	板栗	4853.00
75	保康县(鄂)	板栗	4693.00
76	石林彝族自治县(滇)	板栗	4598.00
77	册亨县(黔)	板栗	4500.00
78	淳安县(浙)	板栗	4305.00
79	卢氏县(豫)	板栗	4120.00
80	旬阳县(陕)	板栗	4000.00
81	裕安区(皖)	板栗	3994.00
82	邹城市(鲁)	板栗	3926.00
83	上虞区(浙)	板栗	3867.00
84	寻甸回族彝族自治县(滇)	板栗	3738.30
85	广水市(鄂)	板栗	3680.00
86	遂昌县(浙)	板栗	3622.00
87	天峨县(桂)	板栗	3564.00
88	城步苗族自治县(湘)	板栗	3500.00
89	汉阴县(陕)	板栗	3500.00
90	莲都区(浙)	板栗	3476.00
91	永嘉县(浙)	板栗	3373.00
92	广德县(皖)	板栗	3200.00
93	沙河市(冀)	板栗	3100.00
94	松阳县(浙)	板栗	3037.00
95	赣榆区(苏)	板栗	3000.00
96	会同县(湘)	板栗	3000.00
97	霍山县(皖)	板栗	3000.00
98	鲁甸县(滇)	板栗	3000.00
99	建德市(浙)	板栗	2800.00
100	新泰市(鲁)	板栗	2703.00
101	巴马瑶族自治县(桂)	板栗	2685.00
102	长清区(鲁)	板栗	2650.00
103	罗山县(豫)	板栗	2621.00
104	兰陵县(鲁)	板栗	2600.00
105	平泉市(冀)	板栗	2550.00
106	泗水县(鲁)	板栗	2534.00
107	安吉县(浙)	板栗	2522.00
108	南谯区(皖)	板栗	2487.00
109	高安市(赣)	板栗	2416.93
110	承德县(冀)	板栗	2360.00
111	内乡县(豫)	板栗	2360.00
112	溧阳市(苏)	板栗	2340.00
113	宿松县(皖)	板栗	2323.00
114	和平县(粤)	板栗	2300.00
115	潜山县(皖)	板栗	2300.00
116	宜城市(鄂)	板栗	2300.00
117	明光市(皖)	板栗	2250.00
118	全椒县(皖)	板栗	2200.00
119	夷陵区(鄂)	板栗	2200.00
120	团风县(鄂)	板栗	2174.00
121	郧西县(鄂)	板栗	2165.00
122	祁阳县(湘)	板栗	2110.00
123	江华瑶族自治县(湘)	板栗	2097.00
124	石台县(皖)	板栗	2092.00
125	招远市(鲁)	板栗	2050.00
126	会理县(川)	板栗	2012.00
127	安丘市(鲁)	板栗	2000.00
128	龙游县(浙)	板栗	2000.00
129	蒙阴县(鲁)	板栗	1960.00
130	南江县(川)	板栗	1875.00
131	宜兴市(苏)	板栗	1860.00
132	鹤庆县(滇)	板栗	1855.00
133	武安市(冀)	板栗	1850.00
134	弥勒市(滇)	板栗	1836.10
135	谷城县(鄂)	板栗	1823.00
136	镇坪县(陕)	板栗	1807.00
137	北湖区(湘)	板栗	1786.00
138	鹤峰县(鄂)	板栗	1778.00
139	平山县(冀)	板栗	1750.00
140	丹凤县(陕)	板栗	1749.00
141	荔浦县(桂)	板栗	1728.00
142	宣威市(滇)	板栗	1680.00
143	略阳县(陕)	板栗	1636.00
144	金坛区(苏)	板栗	1610.00
145	石门县(湘)	板栗	1600.00
146	庆元县(浙)	板栗	1587.00
147	隆阳区(滇)	板栗	1581.00
148	达川区(川)	板栗	1500.00
149	莱阳市(鲁)	板栗	1500.00
150	零陵区(湘)	板栗	1500.00
151	石泉县(陕)	板栗	1500.00
152	武义县(浙)	板栗	1441.00
153	宁强县(陕)	板栗	1430.00
154	贵溪市(赣)	板栗	1427.00
155	万源市(川)	板栗	1420.00
156	元阳县(滇)	板栗	1380.00
157	抚顺县(辽)	板栗	1367.00
158	红安县(鄂)	板栗	1320.00
159	大祥区(湘)	板栗	1310.00

（续表）

序号	其他木本粮油主产地	品种	籽产量	序号	其他木本粮油主产地	品种	籽产量
160	曲阜市（鲁）	板栗	1300.00	205	枣阳市（鄂）	板栗	760.00
161	南郑区（陕）	板栗	1280.00	206	青阳县（皖）	板栗	755.00
162	峨山彝族自治县（滇）	板栗	1260.00	207	荣成市（鲁）	板栗	745.00
163	岳西县（皖）	板栗	1244.20	208	江油市（川）	板栗	730.00
164	歙　县（皖）	板栗	1241.00	209	阳新县（鄂）	板栗	709.00
165	永顺县（湘）	板栗	1241.00	210	宁国市（皖）	板栗	702.00
166	宣汉县（川）	板栗	1230.00	211	隆回县（湘）	板栗	700.00
167	新沂市（苏）	板栗	1200.00	212	米易县（川）	板栗	684.00
168	涪陵区（渝）	板栗	1189.00	213	丰宁满族自治县（冀）	板栗	670.00
169	灌阳县（桂）	板栗	1144.00	214	泾　县（皖）	板栗	660.00
170	林州市（豫）	板栗	1140.00	215	庐江县（皖）	板栗	645.00
171	浦口区（苏）	板栗	1119.00	216	洞口县（湘）	板栗	625.00
172	卢龙县（冀）	板栗	1114.00	217	三都水族自治县（黔）	板栗	623.00
173	易　县（冀）	板栗	1110.00	218	江川区（滇）	板栗	620.00
174	常宁市（湘）	板栗	1100.00	219	湘潭市市辖区（湘）	板栗	604.00
175	城固县（陕）	板栗	1100.00	220	师宗县（滇）	板栗	600.00
176	临城县（冀）	板栗	1100.00	221	余姚市（浙）	板栗	600.00
177	肥城市（鲁）	板栗	1092.00	222	陈仓区（陕）	板栗	550.00
178	巴东县（鄂）	板栗	1085.57	223	远安县（鄂）	板栗	540.00
179	邳州市（苏）	板栗	1054.00	224	临海市（浙）	板栗	530.00
180	六合区（苏）	板栗	1050.00	225	上高县（赣）	板栗	530.00
181	秭归县（鄂）	板栗	1032.00	226	灵山县（桂）	板栗	515.00
182	衢江区（浙）	板栗	1020.00	227	滁州市沙河集林业总场（皖）	板栗	500.00
183	仁和区（川）	板栗	1000.00	228	邻水县（川）	板栗	500.00
184	云和县（浙）	板栗	1000.00	229	平利县（陕）	板栗	500.00
185	莱芜市雪野旅游区（鲁）	板栗	980.41	230	邵阳县（湘）	板栗	500.00
186	华坪县（滇）	板栗	962.00	231	西海岸新区（鲁）	板栗	488.00
187	滦平县（冀）	板栗	960.00	232	三江侗族自治县（桂）	板栗	483.00
188	五华区（滇）	板栗	911.00	233	道　县（湘）	板栗	480.00
189	阜平县（冀）	板栗	900.00	234	佛坪县（陕）	板栗	480.00
190	仙居县（浙）	板栗	900.00	235	光山县（豫）	板栗	480.00
191	盱眙县（苏）	板栗	900.00	236	无为县（皖）	板栗	480.00
192	镇雄县（滇）	板栗	900.00	237	万载县（赣）	板栗	472.00
193	三台县（川）	板栗	880.00	238	汉源县（川）	板栗	469.00
194	贺州市平桂管理区（桂）	板栗	863.00	239	玉山县（赣）	板栗	467.00
195	易门县（滇）	板栗	862.70	240	鹰手营子矿区（冀）	板栗	462.00
196	固始县（豫）	板栗	850.00	241	腾冲市（滇）	板栗	447.40
197	神农架林区（鄂）	板栗	850.00	242	玉龙纳西族自治县（滇）	板栗	438.00
198	沭阳县（苏）	板栗	850.00	243	雷波县（川）	板栗	420.00
199	凤山县（桂）	板栗	846.00	244	万州区（渝）	板栗	420.00
200	资中县（川）	板栗	840.00	245	白河县（陕）	板栗	412.00
201	鄂州市市辖区（鄂）	板栗	832.00	246	昌宁县（滇）	板栗	402.90
202	临安区（浙）	板栗	820.00	247	德安县（赣）	板栗	400.00
203	衡山县（湘）	板栗	773.00	248	萧山区（浙）	板栗	400.00
204	龙南县（赣）	板栗	765.00	249	孝昌县（鄂）	板栗	400.00

(续表)

序号	其他木本粮油主产地	品种	籽产量
250	东海县(苏)	板栗	394.00
251	渭滨区(陕)	板栗	393.00
252	洛南县(陕)	板栗	391.00
253	黄梅县(鄂)	板栗	385.00
254	天台县(浙)	板栗	380.00
255	吴中区(苏)	板栗	371.00
256	胶州市(鲁)	板栗	370.00
257	蕲春县(鄂)	板栗	370.00
258	津市市(湘)	板栗	360.00
259	汝阳县(豫)	板栗	350.00
260	枣庄市市中区(鲁)	板栗	339.00
261	宣恩县(鄂)	板栗	333.00
262	临武县(湘)	板栗	330.00
263	兴山县(鄂)	板栗	323.00
264	普安县(黔)	板栗	321.00
265	环翠区(鲁)	板栗	319.13
266	荣　县(川)	板栗	311.00
267	滦　县(冀)	板栗	297.00
268	滁州市管店林业总场(皖)	板栗	280.00
269	郎溪县(皖)	板栗	280.00
270	炎陵县(湘)	板栗	280.00
271	建昌县(辽)	板栗	275.00
272	全南县(赣)	板栗	273.00
273	融水苗族自治县(桂)	板栗	273.00
274	叶　县(豫)	板栗	270.00
275	南陵县(皖)	板栗	264.00
276	镇平县(豫)	板栗	260.00
277	泰和县(赣)	板栗	255.00
278	宾川县(滇)	板栗	240.00
279	富宁县(滇)	板栗	238.00
280	三门县(浙)	板栗	230.00
281	绥宁县(湘)	板栗	230.00
282	澜沧拉祜族自治县(滇)	板栗	225.00
283	巴州区(川)	板栗	220.00
284	宁阳县(鲁)	板栗	215.50
285	靖州苗族侗族自治县(湘)	板栗	211.00
286	那坡县(桂)	板栗	210.00
287	大关县(滇)	板栗	200.00
288	东洲区(辽)	板栗	200.00
289	繁昌县(皖)	板栗	200.00
290	方城县(豫)	板栗	200.00
291	黄岩区(浙)	板栗	200.00
292	潢川县(豫)	板栗	200.00
293	利川市(鄂)	板栗	200.00
294	双峰县(湘)	板栗	200.00

(续表)

序号	其他木本粮油主产地	品种	籽产量
295	株洲县(湘)	板栗	200.00
296	洱源县(滇)	板栗	197.40
297	定南县(赣)	板栗	195.00
298	筠连县(川)	板栗	195.00
299	钟山县(桂)	板栗	195.00
300	德清县(浙)	板栗	190.00
301	茶陵县(湘)	板栗	189.00
302	东阳市(浙)	板栗	186.00
303	永兴县(湘)	板栗	185.00
304	余杭区(浙)	板栗	181.00
305	晋宁区(滇)	板栗	178.00
306	永胜县(滇)	板栗	170.00
307	昭平县(桂)	板栗	166.00
308	云　县(滇)	板栗	165.00
309	怀宁县(皖)	板栗	160.00
310	宜宾县(川)	板栗	160.00
311	龙泉市(浙)	板栗	156.00
312	盐源县(川)	板栗	152.00
313	镇远县(黔)	板栗	152.00
314	江口县(黔)	板栗	150.00
315	涞水县(冀)	板栗	150.00
316	冷水江市(湘)	板栗	150.00
317	平昌县(川)	板栗	150.00
318	石城县(赣)	板栗	150.00
319	遂平县(豫)	板栗	150.00
320	信州区(赣)	板栗	150.00
321	宁洱哈尼族彝族自治县(滇)	板栗	149.00
322	安化县(湘)	板栗	148.00
323	水城县(黔)	板栗	148.00
324	普格县(川)	板栗	140.00
325	沧源佤族自治县(滇)	板栗	130.00
326	东至县(皖)	板栗	125.00
327	丘北县(滇)	板栗	125.00
328	永善县(滇)	板栗	125.00
329	建水县(滇)	板栗	123.00
330	东安县(湘)	板栗	121.00
331	鼎城区(湘)	板栗	120.00
332	诸暨市(浙)	板栗	120.00
333	西畴县(滇)	板栗	117.00
334	溆浦县(湘)	板栗	115.00
335	内江市市中区(川)	板栗	105.00
336	舞钢市(豫)	板栗	105.00
337	咸安区(鄂)	板栗	105.00
338	巴南区(渝)	板栗	104.00
339	荷塘区(湘)	板栗	101.00

（续表）

序号	其他木本粮油主产地	品种	籽产量
340	八公山区(皖)	板栗	100.00
341	嘉禾县(湘)	板栗	100.00
342	芦溪县(赣)	板栗	100.00
343	沧　县(冀)	干枣	110240.00
344	献　县(冀)	干枣	48606.00
345	黄骅市(冀)	干枣	41382.00
346	太谷县(晋)	干枣	31200.00
347	泊头市(冀)	干枣	20313.00
348	神木市(陕)	干枣	18000.00
349	海兴县(冀)	干枣	13388.00
350	祁东县(湘)	干枣	11090.00
351	永和县(晋)	干枣	10000.00
352	威　县(冀)	干枣	8400.00
353	盐山县(冀)	干枣	8308.00
354	青　县(冀)	干枣	8231.00
355	怀来县(冀)	干枣	8000.00
356	南皮县(冀)	干枣	6592.00
357	山亭区(鲁)	干枣	6234.00
358	凌源市(辽)	干枣	6000.00
359	阜新蒙古族自治县(辽)	干枣	5000.00
360	盱眙县(苏)	干枣	4000.00
361	平陆县(晋)	干枣	2860.00
362	景泰县(甘)	干枣	2800.00
363	原平市(晋)	干枣	2734.00
364	临武县(湘)	干枣	2600.00
365	河间市(冀)	干枣	2497.00
366	平山县(冀)	干枣	2400.00
367	霍州市(晋)	干枣	2250.00
368	沂源县(鲁)	干枣	2247.00
369	襄汾县(晋)	干枣	2200.00
370	祁阳县(湘)	干枣	2180.00
371	孟村回族自治县(冀)	干枣	1943.00
372	濮阳市高新区(豫)	干枣	1900.00
373	莱城区(鲁)	干枣	1780.00
374	平乡县(冀)	干枣	1500.00
375	溆浦县(湘)	干枣	1380.00
376	兰陵县(鲁)	干枣	1127.00
377	博爱县(豫)	干枣	1000.00
378	高台县(甘)	干枣	1000.00
379	孟州市(豫)	干枣	800.00
380	河津市(晋)	干枣	750.00
381	茌平县(鲁)	干枣	723.00
382	白银区(甘)	干枣	700.00
383	贾汪区(苏)	干枣	697.00
384	任丘市(冀)	干枣	634.00

（续表）

序号	其他木本粮油主产地	品种	籽产量
385	凤阳县(皖)	干枣	630.00
386	宾川县(滇)	干枣	560.00
387	定襄县(晋)	干枣	549.00
388	郏　县(豫)	干枣	520.00
389	六合区(苏)	干枣	435.00
390	忻府区(晋)	干枣	431.40
391	大祥区(湘)	干枣	389.00
392	东阳市(浙)	干枣	362.00
393	北湖区(湘)	干枣	360.00
394	鄂州市市辖区(鄂)	干枣	353.00
395	巨鹿县(冀)	干枣	350.00
396	淮阴区(苏)	干枣	342.00
397	沧州市南大港管理区(冀)	干枣	324.00
398	曲沃县(晋)	干枣	323.00
399	吴中区(苏)	干枣	301.00
400	青龙满族自治县(冀)	干枣	294.00
401	嘉禾县(湘)	干枣	293.00
402	宜阳县(豫)	干枣	280.00
403	建昌县(辽)	干枣	275.00
404	江永县(湘)	干枣	256.00
405	新　县(豫)	干枣	254.00
406	沧州市临港经济技术开发区(冀)	干枣	240.00
407	耒阳市(湘)	干枣	240.00
408	湖滨区(豫)	干枣	220.00
409	罗城仫佬族自治县(桂)	干枣	217.00
410	汉阴县(陕)	干枣	210.00
411	东光县(冀)	干枣	209.00
412	通州区(苏)	干枣	203.00
413	宽城满族自治县(冀)	干枣	182.00
414	三江侗族自治县(桂)	干枣	175.00
415	子洲县(陕)	干枣	160.00
416	泗水县(鲁)	干枣	151.00
417	滨海县(苏)	干枣	150.00
418	盐都区(苏)	干枣	150.00
419	冷水滩区(湘)	干枣	148.00
420	泗洪县(苏)	干枣	138.00
421	济源市(豫)	干枣	130.00
422	新野县(豫)	干枣	130.00
423	珠晖区(湘)	干枣	130.00
424	禹州市(豫)	干枣	120.00
425	诸暨市(浙)	干枣	120.00
426	万州区(渝)	干枣	117.00
427	栾川县(豫)	干枣	103.00
428	建湖县(苏)	干枣	100.00
429	翼城县(晋)	干枣	100.00

(续表)

序号	其他木本粮油主产地	品种	籽产量
430	宽甸满族自治县(辽)	核桃楸	33000.00
431	清原满族自治县(辽)	核桃楸	26000.00
432	新宾满族自治县(辽)	核桃楸	18900.00
433	桓仁满族自治县(辽)	核桃楸	7824.00
434	凤城市(辽)	核桃楸	5000.00
435	歙　县(皖)	核桃楸	4553.00
436	磐石市(吉)	核桃楸	2000.00
437	清原满族自治县(辽)	红松籽	9850.00
438	新宾满族自治县(辽)	红松籽	4515.00
439	桓仁满族自治县(辽)	红松籽	3697.00
440	凤城市(辽)	红松籽	2960.00
441	通化县(吉)	红松籽	2153.40
442	靖宇县(吉)	红松籽	1200.00
443	红石林业局(吉林森工)	红松籽	1099.00
444	高新开发区(吉)	红松籽	620.00
445	振安区(辽)	红松籽	360.00
446	桦甸市(吉)	红松籽	315.00
447	东丰县(吉)	红松籽	166.00
448	雁江区(川)	花椒籽	55000.00
449	韩城市林业局(陕)	花椒籽	26000.00
450	天水市市辖区(甘)	花椒籽	25064.40
451	汝阳县(豫)	花椒籽	22610.00
452	武都区(甘)	花椒籽	22000.00
453	富平县(陕)	花椒籽	18000.00
454	盐源县(川)	花椒籽	12963.00
455	渠　县(川)	花椒籽	10500.00
456	金阳县(川)	花椒籽	9270.00
457	前锋区(川)	花椒籽	9102.00
458	康定市(川)	花椒籽	8750.00
459	岳池县(川)	花椒籽	5700.00
460	山亭区(鲁)	花椒籽	5485.00
461	芮城县(晋)	花椒籽	5180.00
462	积石山保安族东乡族撒拉族自治县(甘)	花椒籽	4550.00
463	巧家县(滇)	花椒籽	4543.00
464	莱城区(鲁)	花椒籽	4360.00
465	莱芜市雪野旅游区(鲁)	花椒籽	4103.10
466	凤　县(陕)	花椒籽	4000.00
467	平山县(冀)	花椒籽	3900.00
468	仁寿县(川)	花椒籽	3603.00
469	沿滩区(川)	花椒籽	3600.00
470	冕宁县(川)	花椒籽	3568.00
471	耀州区(陕)	花椒籽	3550.00
472	涉　县(冀)	花椒籽	3526.00
473	陈仓区(陕)	花椒籽	3400.00
474	清水县(甘)	花椒籽	3000.00
475	宜川县(陕)	花椒籽	2868.00
476	华坪县(滇)	花椒籽	2858.00
477	丰都县(渝)	花椒籽	2848.00
478	林州市(豫)	花椒籽	2842.00
479	淄川区(鲁)	花椒籽	2500.00
480	兰陵县(鲁)	花椒籽	2280.00
481	安居区(川)	花椒籽	2250.00
482	雷波县(川)	花椒籽	2145.00
483	玉龙纳西族自治县(滇)	花椒籽	2000.00
484	宁蒗彝族自治县(滇)	花椒籽	1880.00
485	涪陵区(渝)	花椒籽	1779.00
486	武安市(冀)	花椒籽	1700.00
487	达川区(川)	花椒籽	1600.00
488	河津市(晋)	花椒籽	1515.00
489	木里藏族自治县(川)	花椒籽	1503.00
490	德昌县(川)	花椒籽	1490.40
491	宣汉县(川)	花椒籽	1450.00
492	济源市(豫)	花椒籽	1210.00
493	盐亭县(川)	花椒籽	1200.00
494	延长县(陕)	花椒籽	1130.00
495	平昌县(川)	花椒籽	1120.00
496	永胜县(滇)	花椒籽	1118.00
497	西和县(甘)	花椒籽	1100.00
498	王益区(陕)	花椒籽	1080.00
499	会理县(川)	花椒籽	1008.00
500	美姑县(川)	花椒籽	1000.00
501	开州区(渝)	花椒籽	900.00
502	喜德县(川)	花椒籽	900.00
503	宝丰县(豫)	花椒籽	850.00
504	昭觉县(川)	花椒籽	850.00
505	巴南区(渝)	花椒籽	842.00
506	乡宁县(晋)	花椒籽	825.00
507	费　县(鲁)	花椒籽	820.00
508	米易县(川)	花椒籽	790.00
509	渑池县(豫)	花椒籽	786.00
510	嵩　县(豫)	花椒籽	770.00
511	古城区(滇)	花椒籽	750.00
512	会东县(川)	花椒籽	750.00
513	开江县(川)	花椒籽	750.00
514	会泽县(滇)	花椒籽	700.00
515	普格县(川)	花椒籽	700.00
516	澜沧拉祜族自治县(滇)	花椒籽	664.00
517	越西县(川)	花椒籽	620.00
518	富源县(滇)	花椒籽	607.00
519	宜阳县(豫)	花椒籽	542.00

（续表）

序号	其他木本粮油主产地	品种	籽产量
520	礼泉县(陕)	花椒籽	520.00
521	宁南县(川)	花椒籽	520.00
522	内乡县(豫)	花椒籽	500.00
523	阳城县(晋)	花椒籽	500.00
524	金川县(川)	花椒籽	480.00
525	历城区(鲁)	花椒籽	475.00
526	枣庄市市中区(鲁)	花椒籽	431.00
527	邻水县(川)	花椒籽	430.00
528	鹤庆县(滇)	花椒籽	390.00
529	泸定县(川)	花椒籽	380.00
530	元阳县(滇)	花椒籽	378.00
531	梁平区(渝)	花椒籽	368.37
532	老河口市(鄂)	花椒籽	358.00
533	禄劝彝族苗族自治县(滇)	花椒籽	350.00
534	香格里拉市(滇)	花椒籽	333.00
535	东川区(滇)	花椒籽	300.00
536	峨山彝族自治县(滇)	花椒籽	300.00
537	夹江县(川)	花椒籽	300.00
538	井陉县(冀)	花椒籽	300.00
539	临猗县(晋)	花椒籽	300.00
540	随　县(鄂)	花椒籽	300.00
541	襄汾县(晋)	花椒籽	300.00
542	丹巴县(川)	花椒籽	280.00
543	通江县(川)	花椒籽	280.00
544	昭化区(川)	花椒籽	280.00
545	罗江区(川)	花椒籽	270.00
546	营山县(川)	花椒籽	260.00
547	布拖县(川)	花椒籽	250.00
548	仁和区(川)	花椒籽	250.00
549	宜都市(鄂)	花椒籽	250.00
550	蓝田县(陕)	花椒籽	248.00
551	梓潼县(川)	花椒籽	230.00
552	朝天区(川)	花椒籽	226.00
553	仪陇县(川)	花椒籽	225.00
554	新泰市(鲁)	花椒籽	224.00
555	黑水县(川)	花椒籽	217.00
556	丹凤县(陕)	花椒籽	212.00
557	镇原县(甘)	花椒籽	210.00
558	太白县(陕)	花椒籽	208.00
559	理　县(川)	花椒籽	205.00
560	兰坪白族普米族自治县(滇)	花椒籽	200.00
561	蒙阴县(鲁)	花椒籽	200.00
562	铜川市新区(陕)	花椒籽	200.00
563	宁阳县(鲁)	花椒籽	185.00
564	西峰区(甘)	花椒籽	177.00
565	黄龙县(陕)	花椒籽	172.00
566	洛南县(陕)	花椒籽	171.00
567	隆阳区(滇)	花椒籽	168.20
568	九龙县(川)	花椒籽	165.00
569	江安县(川)	花椒籽	157.00
570	寻甸回族彝族自治县(滇)	花椒籽	156.90
571	大英县(川)	花椒籽	152.00
572	马龙县(滇)	花椒籽	150.00
573	眉　县(陕)	花椒籽	150.00
574	永川区(渝)	花椒籽	150.00
575	旬邑县(陕)	花椒籽	148.00
576	汉阴县(陕)	花椒籽	146.00
577	富民县(滇)	花椒籽	140.00
578	略阳县(陕)	花椒籽	129.00
579	旌阳区(川)	花椒籽	125.00
580	湖滨区(豫)	花椒籽	120.00
581	蓬溪县(川)	花椒籽	120.00
582	博爱县(豫)	花椒籽	110.00
583	沿河土家族自治县(黔)	花椒籽	106.00
584	东平县(鲁)	花椒籽	104.00
585	汶川县(川)	花椒籽	104.00
586	宽城满族自治县(冀)	花椒籽	100.00
587	孟津县(豫)	花椒籽	100.00
588	铜山区(苏)	花椒籽	100.00
589	漾濞彝族自治县(滇)	梅类	6700.00
590	永定区(湘)	梅类	1750.00
591	凤庆县(滇)	梅类	124.60
592	洛阳市伊洛工业园区(豫)	牡丹籽	35000.00
593	洛阳市龙门文化旅游园区(豫)	牡丹籽	5000.00
594	东阿县(鲁)	牡丹籽	1500.00
595	鄄城县(鲁)	牡丹籽	1000.00
596	郓城县(鲁)	牡丹籽	500.00
597	成武县(鲁)	牡丹籽	412.00
598	建始县(鄂)	牡丹籽	383.00
599	义安区(皖)	牡丹籽	300.00
600	东明县(鲁)	牡丹籽	240.00
601	嵩　县(豫)	牡丹籽	140.00
602	汶上县(鲁)	牡丹籽	110.00
603	颍泉区(皖)	牡丹籽	100.00
604	蔚　县(冀)	仁用杏	6600.00
605	涿鹿县(冀)	仁用杏	6416.00
606	喀喇沁旗(内蒙古)	仁用杏	4500.00
607	怀来县(冀)	仁用杏	4282.00
608	阜新蒙古族自治县(辽)	仁用杏	4000.00
609	怀安县(冀)	仁用杏	4000.00

(续表)

序号	其他木本粮油主产地	品种	籽产量
610	宣化区(冀)	仁用杏	3671.00
611	原平市(晋)	仁用杏	3180.00
612	下花园区(冀)	仁用杏	3000.00
613	浑源县(晋)	仁用杏	2580.00
614	凌源市(辽)	仁用杏	2370.00
615	丰宁满族自治县(冀)	仁用杏	2100.00
616	涞水县(冀)	仁用杏	2000.00
617	宁城县(内蒙古)	仁用杏	2000.00
618	榆阳区(陕)	仁用杏	1650.00
619	奈曼旗(内蒙古)	仁用杏	1500.00
620	龙城区(辽)	仁用杏	1406.00
621	天镇县(晋)	仁用杏	1260.60
622	平泉市(冀)	仁用杏	980.00
623	涞源县(冀)	仁用杏	930.00
624	子洲县(陕)	仁用杏	860.00
625	建昌县(辽)	仁用杏	825.00
626	高台县(甘)	仁用杏	720.00
627	康平县(辽)	仁用杏	700.00
628	阳原县(冀)	仁用杏	675.00
629	库伦旗(内蒙古)	仁用杏	600.00
630	双塔区(辽)	仁用杏	540.00
631	承德县(冀)	仁用杏	490.00
632	宽城满族自治县(冀)	仁用杏	450.00
633	襄垣县(晋)	仁用杏	400.00
634	万全区(冀)	仁用杏	320.00
635	元宝山区(内蒙古)	仁用杏	300.00
636	怀柔区(京)	仁用杏	279.70
637	定襄县(晋)	仁用杏	239.20
638	易　县(冀)	仁用杏	230.00
639	隆化县(冀)	仁用杏	205.00
640	博爱县(豫)	仁用杏	200.00
641	张家口市高新技术管理区(冀)	仁用杏	200.00
642	代　县(晋)	仁用杏	172.00
643	朝阳县(辽)	仁用杏	150.00
644	宜阳县(豫)	仁用杏	135.00
645	曲阳县(冀)	仁用杏	106.00
646	防城区(桂)	肉桂	13012.00
647	龙州县(桂)	肉桂	577.00
648	万秀区(桂)	肉桂	465.00
649	青铜峡市(宁)	沙枣	150.00
650	山丹县(甘)	沙枣	119.74
651	建平县(辽)	山杏	32000.00
652	吴起县(陕)	山杏	13297.80
653	朝阳县(辽)	山杏	12000.00
654	敖汉旗(内蒙古)	山杏	9700.00
655	榆社县(晋)	山杏	5440.00
656	承德县(冀)	山杏	5333.00
657	丰宁满族自治县(冀)	山杏	5200.00
658	北票市(辽)	山杏	5000.00
659	清水河县(内蒙古)	山杏	3476.10
660	平泉市(冀)	山杏	3000.00
661	巴林左旗(内蒙古)	山杏	2450.00
662	滦平县(冀)	山杏	2400.00
663	怀安县(冀)	山杏	1800.00
664	围场满族蒙古族自治县(冀)	山杏	1800.00
665	新　县(豫)	山杏	1730.00
666	子洲县(陕)	山杏	1450.00
667	凌源市(辽)	山杏	1430.00
668	红山区(内蒙古)	山杏	1400.00
669	翁牛特旗(内蒙古)	山杏	1100.00
670	澧　县(湘)	山杏	1000.00
671	奈曼旗(内蒙古)	山杏	1000.00
672	平遥县(晋)	山杏	1000.00
673	尚义县(冀)	山杏	1000.00
674	原州区(宁)	山杏	825.00
675	阿鲁科尔沁旗(内蒙古)	山杏	800.00
676	彭阳县(宁)	山杏	700.00
677	怀来县(冀)	山杏	650.00
678	库伦旗(内蒙古)	山杏	600.00
679	巴林右旗(内蒙古)	山杏	560.00
680	万全区(冀)	山杏	451.00
681	山丹县(甘)	山杏	179.61
682	鹰手营子矿区(冀)	山杏	135.00
683	洪洞县(晋)	山杏	100.00
684	富平县(陕)	柿饼	12000.00
685	淄川区(鲁)	柿饼	10000.00
686	沂南县(鲁)	柿饼	2200.00
687	弥渡县(滇)	松果	6930.00
688	宣恩县(鄂)	松果	1302.00
689	鹤庆县(滇)	松果	693.00
690	洱源县(滇)	松果	663.80
691	南郑区(陕)	松果	600.00
692	师宗县(滇)	松果	420.00
693	江川区(滇)	松果	81.00
694	阳曲县(晋)	松果	72.00
695	腾冲市(滇)	松果	34.60
696	漾濞彝族自治县(滇)	松果	18.00
697	峨山彝族自治县(滇)	松果	15.00
698	喀喇沁旗(内蒙古)	松果	12.00
699	诸暨市(浙)	香榧	2100.00

（续表）

序号	其他木本粮油主产地	品种	籽产量
700	东阳市（浙）	香榧	1595.00
701	宁海县（浙）	香榧	210.00
702	柯桥区（浙）	香榧	200.00
703	临安区（浙）	香榧	84.00
704	松阳县（浙）	香榧	78.00
705	建德市（浙）	香榧	64.00
706	奉化区（浙）	香榧	50.00
707	浦江县（浙）	香榧	50.00
708	淳安县（浙）	香榧	43.00
709	黄山区（皖）	香榧	40.00
710	黎川县（赣）	香榧	17.00
711	安吉县（浙）	香榧	15.00
712	徽州区（皖）	香榧	10.00
713	兰溪市（浙）	香榧	10.00
714	武都区（甘）	油橄榄	36000.00
715	开江县（川）	油橄榄	3700.00
716	青川县（川）	油橄榄	3510.00
717	金堂县（川）	油橄榄	2035.00
718	奉节县（渝）	油橄榄	1633.00
719	郧阳区（鄂）	油橄榄	1140.00
720	会理县（川）	油橄榄	800.00
721	利州区（川）	油橄榄	614.00
722	营山县（川）	油橄榄	510.00
723	冕宁县（川）	油橄榄	255.00
724	玉龙纳西族自治县（滇）	油橄榄	150.00
725	郧西县（鄂）	油橄榄	90.00
726	会东县（川）	油橄榄	30.00
727	德昌县（川）	油橄榄	25.00
728	永胜县（滇）	油橄榄	22.00
729	游仙区（川）	油橄榄	10.00
730	商州区（陕）	牡丹籽	1800.00
731	夏邑县（豫）	牡丹籽	1000.00
732	白河县（陕）	牡丹籽	750.00
733	孟津县（豫）	牡丹籽	600.00
734	柘城县（豫）	牡丹籽	445.00
735	襄垣县（晋）	牡丹籽	350.00
736	洛宁县（豫）	牡丹籽	263.00
737	洋　县（陕）	牡丹籽	250.00
738	侯马市（晋）	牡丹籽	225.00
739	永城市（豫）	牡丹籽	173.00
740	商南县（陕）	牡丹籽	150.00
741	宜川县（陕）	牡丹籽	141.00
742	鄂州市市辖区（鄂）	牡丹籽	120.00
743	长清区（鲁）	牡丹籽	95.00
744	汉阴县（陕）	牡丹籽	83.00

（续表）

序号	其他木本粮油主产地	品种	籽产量
745	临泉县（皖）	牡丹籽	80.00
746	阳城县（晋）	牡丹籽	75.00
747	嘉祥县（鲁）	牡丹籽	60.00
748	宜阳县（豫）	牡丹籽	60.00
749	奉节县（渝）	牡丹籽	55.00
750	莱州市（鲁）	牡丹籽	50.00
751	隆德县（宁）	牡丹籽	48.76
752	成　县（甘）	牡丹籽	45.00
753	南乐县（豫）	牡丹籽	40.00
754	颍东区（皖）	牡丹籽	40.00
755	古冶区（冀）	牡丹籽	38.00
756	沁阳市（豫）	牡丹籽	37.00
757	崇信县（甘）	牡丹籽	30.00
758	绛　县（晋）	牡丹籽	30.00
759	梁子湖区（鄂）	牡丹籽	27.60
760	商水县（豫）	牡丹籽	27.50
761	郧西县（鄂）	牡丹籽	25.00
762	栾川县（豫）	牡丹籽	23.00
763	高密市（鲁）	牡丹籽	20.00
764	石泉县（陕）	牡丹籽	20.00
765	游仙区（川）	牡丹籽	20.00
766	洪洞县（晋）	牡丹籽	15.00
767	黄龙山林业局（陕）	牡丹籽	15.00
768	松滋市（鄂）	牡丹籽	11.00
769	古　县（晋）	牡丹籽	10.00
770	彭泽县（赣）	牡丹籽	10.00
771	长阳土家族自治县（鄂）	牡丹籽	10.00
772	长治县（晋）	元宝枫	194.00
773	翁牛特旗（内蒙古）	元宝枫	24.00
774	铁岭县（辽）	榛子	13000.00
775	西丰县（辽）	榛子	13000.00
776	围场满族蒙古族自治县（冀）	榛子	10479.00
777	开原市（辽）	榛子	9460.00
778	海城市（辽）	榛子	8000.00
779	抚顺县（辽）	榛子	7181.00
780	弓长岭区（辽）	榛子	2000.00
781	桓仁满族自治县（辽）	榛子	1879.00
782	清原满族自治县（辽）	榛子	1800.00
783	东丰县（吉）	榛子	957.00
784	平泉市（冀）	榛子	550.00
785	通化县（吉）	榛子	498.10
786	新宾满族自治县（辽）	榛子	473.00
787	建昌县（辽）	榛子	220.00
788	铁岭市经济开发区（辽）	榛子	216.00
789	康平县（辽）	榛子	100.00

表 7-1　苹果主产地产量

单位:吨

序号	苹果主产地	产量
1	顺义区(京)	18898.00
2	昌平区(京)	17306.90
3	密云区(京)	11378.00
4	通州区(京)	7315.00
5	门头沟区(京)	4258.00
6	房山区(京)	3605.00
7	怀柔区(京)	1646.80
8	大兴区(京)	1181.00
9	围场满族蒙古族自治县(冀)	302971.00
10	深州市(冀)	245800.00
11	承德县(冀)	232104.00
12	乐亭县(冀)	160166.00
13	平泉市(冀)	140485.00
14	邢台县(冀)	126913.00
15	抚宁区(冀)	110969.00
16	辛集市(冀)	94130.00
17	兴隆县(冀)	80964.00
18	遵化市(冀)	78592.00
19	枣强县(冀)	76793.00
20	顺平县(冀)	75515.00
21	昌黎县(冀)	70950.00
22	深泽县(冀)	69614.00
23	三河市(冀)	61560.00
24	冀州市(冀)	60374.00
25	涿鹿县(冀)	54843.00
26	滦　县(冀)	50765.00
27	卢龙县(冀)	49739.00
28	临漳县(冀)	45333.00
29	井陉县(冀)	43778.00
30	武邑县(冀)	40008.00
31	滦南县(冀)	38916.00
32	故城县(冀)	38520.00
33	宽城满族自治县(冀)	36000.00
34	隆尧县(冀)	31036.00
35	丰润区(冀)	30000.00
36	内丘县(冀)	29512.00
37	定州市(冀)	29110.00
38	怀来县(冀)	28825.00
39	魏　县(冀)	27797.00
40	献　县(冀)	26030.00
41	新河县(冀)	25657.00
42	肥乡区(冀)	23000.00
43	邱　县(冀)	22500.00
44	迁安市(冀)	22470.00

(续表)

序号	苹果主产地	产量
45	肃宁县(冀)	21123.00
46	阜城县(冀)	20725.00
47	桃城区(冀)	20291.00
48	安平县(冀)	20252.00
49	平山县(冀)	20120.00
50	成安县(冀)	19900.00
51	青龙满族自治县(冀)	19000.00
52	行唐县(冀)	18000.00
53	南宫市(冀)	17919.00
54	饶阳县(冀)	17841.00
55	晋州市(冀)	17500.00
56	永清县(冀)	17000.00
57	安国市(冀)	16780.00
58	临城县(冀)	16689.00
59	曲周县(冀)	16521.00
60	鹿泉区(冀)	16318.00
61	武安市(冀)	15916.00
62	泊头市(冀)	15538.00
63	曲阳县(冀)	14800.00
64	景　县(冀)	14697.00
65	南皮县(冀)	14402.00
66	盐山县(冀)	13146.00
67	海港区(冀)	13037.00
68	馆陶县(冀)	12956.00
69	博野县(冀)	12000.00
70	隆化县(冀)	11732.00
71	巨鹿县(冀)	10306.00
72	宁晋县(冀)	10126.00
73	蠡　县(冀)	10000.00
74	迁西县(冀)	9438.00
75	望都县(冀)	9200.00
76	文安县(冀)	8927.00
77	大名县(冀)	8860.00
78	香河县(冀)	8500.00
79	易　县(冀)	8300.00
80	沙河市(冀)	8100.00
81	吴桥县(冀)	8042.00
82	徐水区(冀)	7882.00
83	海兴县(冀)	7650.00
84	清苑区(冀)	7310.00
85	威　县(冀)	7130.00
86	雄　县(冀)	7000.00
87	沧　县(冀)	6691.00
88	任丘市(冀)	6270.00
89	黄骅市(冀)	6076.00

(续表)

序号	苹果主产地	产量
90	固安县(冀)	6050.00
91	广平县(冀)	6000.00
92	古冶区(冀)	5762.00
93	任　县(冀)	5672.00
94	唐　县(冀)	5570.00
95	广阳区(冀)	5182.00
96	大城县(冀)	5100.00
97	临西县(冀)	5088.00
98	永年区(冀)	5022.00
99	平乡县(冀)	5000.00
100	满城区(冀)	4950.00
101	涞水县(冀)	4600.00
102	赤城县(冀)	4600.00
103	宣化区(冀)	4184.00
104	邯山区(冀)	4100.00
105	河间市(冀)	4081.00
106	丰南区(冀)	3943.00
107	崇礼区(冀)	3800.00
108	涞源县(冀)	3750.00
109	武强县(冀)	3712.00
110	井陉矿区(冀)	3700.00
111	青　县(冀)	3395.00
112	北戴河新区(冀)	3200.00
113	正定县(冀)	3112.00
114	安新县(冀)	2935.00
115	丰宁满族自治县(冀)	2900.00
116	柏乡县(冀)	2843.00
117	东光县(冀)	2500.00
118	秦皇岛开发区(冀)	2490.00
119	大厂回族自治县(冀)	2206.00
120	清河县(冀)	1795.00
121	曹妃甸区(冀)	1730.00
122	磁　县(冀)	1300.00
123	广宗县(冀)	1184.00
124	高碑店市(冀)	1125.00
125	运河区(冀)	1052.00
126	怀安县(冀)	1035.00
127	霸州市(冀)	1017.00
128	万荣县(晋)	537250.00
129	翼城县(晋)	180000.00
130	芮城县(晋)	153500.00
131	襄汾县(晋)	145530.00
132	平陆县(晋)	131500.00
133	曲沃县(晋)	36240.00
134	新绛县(晋)	32160.00

（续表）

序号	苹果主产地	产量
135	霍州市（晋）	31410.00
136	河津市（晋）	24015.00
137	高平市（晋）	23300.00
138	吉　县（晋）	22000.00
139	阳曲县（晋）	16260.00
140	闻喜县（晋）	15000.00
141	洪洞县（晋）	13000.00
142	浮山县（晋）	12000.00
143	定襄县（晋）	9800.00
144	原平市（晋）	7926.00
145	壶关县（晋）	7450.00
146	侯马市（晋）	7143.00
147	阳泉市郊区（晋）	5861.00
148	忻府区（晋）	4090.00
149	陵川县（晋）	2863.00
150	晋源区（晋）	2735.00
151	繁峙县（晋）	2385.00
152	黎城县（晋）	2040.00
153	长治市郊区（晋）	1750.00
154	盂　县（晋）	1705.00
155	五台县（晋）	1534.00
156	平定县（晋）	1186.00
157	宁城县（内蒙古）	35000.00
159	开鲁县（内蒙古）	20925.00
160	敖汉旗（内蒙古）	9900.00
161	林西县（内蒙古）	8600.00
162	土默特右旗（内蒙古）	8000.00
163	巴林左旗（内蒙古）	6200.00
164	元宝山区（内蒙古）	5150.00
165	准格尔旗（内蒙古）	3763.00
166	喀喇沁旗（内蒙古）	3000.00
167	集宁区（内蒙古）	2717.00
168	商都县（内蒙古）	2600.00
169	红山区（内蒙古）	2510.00
170	临河区（内蒙古）	2475.00
171	巴林右旗（内蒙古）	1798.00
172	杭锦旗（内蒙古）	1500.00
173	库伦旗（内蒙古）	1500.00
174	科尔沁左翼中旗（内蒙古）	1211.00
175	扎鲁特旗（内蒙古）	1080.00
176	绥中县（辽）	425000.00
177	盖州市（辽）	208750.00
178	普兰店市（辽）	171107.00
180	海城市（辽）	67000.00
181	喀喇沁左翼蒙古族自治县（辽）	61772.00

（续表）

序号	苹果主产地	产量
182	台安县（辽）	60000.00
184	东港市（辽）	49392.00
185	龙城区（辽）	40500.00
186	义　县（辽）	34400.00
187	建昌县（辽）	29200.00
188	建平县（辽）	28000.00
189	铁岭县（辽）	25000.00
190	宽甸满族自治县（辽）	25000.00
191	大连市长兴岛临港工业区（辽）	24969.00
192	辽中区（辽）	22500.00
193	连山区（辽）	21200.00
194	浑南区（辽）	21000.00
195	兴城市（辽）	18100.00
196	抚顺县（辽）	17151.00
197	大连市金州新区（辽）	13667.00
198	康平县（辽）	12600.00
199	旅顺口区（辽）	12000.00
200	北票市（辽）	12000.00
201	甘井子区（辽）	10000.00
202	阜新蒙古族自治县（辽）	10000.00
203	法库县（辽）	9000.00
204	岫岩满族自治县（辽）	8000.00
205	南票区（辽）	8000.00
206	沈北新区（辽）	7000.00
207	昌图县（辽）	6000.00
208	彰武县（辽）	6000.00
209	千山区（辽）	5493.00
210	清原满族自治县（辽）	5200.00
211	清河区（辽）	5100.00
212	苏家屯区（辽）	5075.00
213	文圣区（辽）	4436.00
214	北镇市（辽）	4000.00
215	于洪区（辽）	3780.00
216	太子河区（辽）	3300.00
217	盘山县（辽）	3216.00
218	振安区（辽）	1500.00
219	凌海市（辽）	1100.00
220	大洼县（辽）	1080.00
221	调兵山市（辽）	1000.00
222	大连市高新技术园区（辽）	1000.00
223	柳河县（吉）	31842.70
224	龙井市（吉）	30186.00
225	珲春市（吉）	24475.00
226	公主岭市（吉）	6237.00
227	辉南县（吉）	4600.00

（续表）

序号	苹果主产地	产量
228	磐石市（吉）	4589.00
229	洮南市（吉）	1150.00
230	东丰县（吉）	1104.00
231	前郭尔罗斯蒙古族自治县（吉）	1003.00
232	北安市（黑）	15000.00
233	宝清县（黑）	11800.00
234	林口县（黑）	5438.00
235	鸡冠区（黑）	3305.00
236	杜尔伯特蒙古族自治县（黑）	1133.00
237	丰　县（苏）	437000.00
238	沛　县（苏）	35910.00
239	沭阳县（苏）	26600.00
240	赣榆区（苏）	15620.00
241	睢宁县（苏）	12323.00
242	铜山区（苏）	10820.00
243	涟水县（苏）	10000.00
244	邳州市（苏）	7560.00
245	东海县（苏）	7350.00
246	滨海县（苏）	6000.00
247	阜宁县（苏）	3800.00
248	盐都区（苏）	2570.00
249	泗阳县（苏）	2050.00
250	新沂市（苏）	1750.00
251	砀山县（皖）	320760.00
252	灵璧县（皖）	16020.00
253	凤阳县（皖）	10500.00
254	栖霞市（鲁）	1868686.00
255	沂源县（鲁）	874330.00
256	蓬莱市（鲁）	674127.00
257	海阳市（鲁）	397860.00
258	荣成市（鲁）	335000.00
259	莱阳市（鲁）	269900.00
260	沂水县（鲁）	260550.00
261	文登区（鲁）	205280.00
262	龙口市（鲁）	198777.00
263	莱西市（鲁）	160372.00
264	新泰市（鲁）	102061.00
265	岱岳区（鲁）	65440.00
266	威海市经济技术开发区（鲁）	58905.00
267	环翠区（鲁）	54808.13
268	诸城市（鲁）	51323.00
269	平阴县（鲁）	49341.00
270	寿光市（鲁）	45600.00
271	胶州市（鲁）	45587.00
272	高青县（鲁）	45000.00

(续表)

序号	苹果主产地	产量
273	蒙阴县(鲁)	44000.00
274	威海市工业新区(鲁)	40576.92
275	西海岸新区(鲁)	39553.50
276	沂南县(鲁)	39140.00
277	乐陵市(鲁)	35200.00
278	费　县(鲁)	34200.00
279	惠民县(鲁)	33498.00
280	肥城市(鲁)	33229.00
281	寒亭区(鲁)	32094.00
282	岚山区(鲁)	28200.00
283	曲阜市(鲁)	27000.00
284	成武县(鲁)	26800.00
285	五莲县(鲁)	24500.00
286	鄄城县(鲁)	24500.00
287	福山区(鲁)	24433.00
288	邹城市(鲁)	23141.00
289	莱山区(鲁)	22043.00
290	临朐县(鲁)	16500.00
291	阳谷县(鲁)	16200.00
292	泗水县(鲁)	15750.00
293	高密市(鲁)	15728.00
294	莱城区(鲁)	15100.00
295	潍城区(鲁)	14700.00
296	烟台市市辖区(鲁)	14280.00
297	山亭区(鲁)	13100.00
298	泰安市高新区(鲁)	12440.00
299	嘉祥县(鲁)	12359.00
300	梁山县(鲁)	12295.00
301	莒南县(鲁)	11340.00
302	东阿县(鲁)	11220.00
303	安丘市(鲁)	10000.00
304	昌乐县(鲁)	9860.00
305	莘　县(鲁)	9818.90
306	即墨区(鲁)	9600.00
307	临清市(鲁)	9540.00
308	滨城区(鲁)	9205.00
309	东平县(鲁)	8351.00
310	东昌府区(鲁)	7290.00
311	宁阳县(鲁)	7204.00
312	阳信县(鲁)	7000.00
313	郓城县(鲁)	6100.00
314	泰山区(鲁)	5710.00
315	齐河县(鲁)	4965.00
316	武城县(鲁)	4755.00
317	沾化区(鲁)	4480.00

(续表)

序号	苹果主产地	产量
318	济阳县(鲁)	4275.00
319	商河县(鲁)	4178.00
320	博兴县(鲁)	4157.00
321	威海市高技术产业开发区(鲁)	3460.00
322	莱芜市雪野旅游区(鲁)	3098.60
323	高唐县(鲁)	3050.00
324	临淄区(鲁)	3016.00
325	邹平县(鲁)	3002.00
326	河东区(鲁)	2800.00
327	东明县(鲁)	2500.00
328	茌平县(鲁)	2433.00
329	德城区(鲁)	2360.00
330	坊子区(鲁)	2000.00
331	陵城区(鲁)	1878.00
332	兰陵县(鲁)	1800.00
333	长清区(鲁)	1750.00
334	潍坊市峡山区(鲁)	1620.00
335	汶上县(鲁)	1560.00
336	微山县(鲁)	1505.00
337	灵宝市(豫)	1020500.00
338	虞城县(豫)	600000.00
339	陕州区(豫)	450000.00
340	洛宁县(豫)	230000.00
341	南乐县(豫)	114307.00
342	永城市(豫)	59150.00
343	通许县(豫)	45100.00
344	民权县(豫)	39300.00
345	卢氏县(豫)	37000.00
346	梁园区(豫)	32926.00
347	孟州市(豫)	32625.00
348	汤阴县(豫)	30750.00
349	兰考县(豫)	23790.00
350	西华县(豫)	19980.00
351	湖滨区(豫)	19440.00
352	林州市(豫)	19420.00
353	武陟县(豫)	19000.00
354	睢阳区(豫)	18017.00
355	清丰县(豫)	14850.00
356	获嘉县(豫)	14561.00
357	宜阳县(豫)	14000.00
358	夏邑县(豫)	13500.00
359	濮阳市高新区(豫)	10000.00
360	封丘县(豫)	10000.00
361	孟津县(豫)	9000.00
362	济源市(豫)	7897.00

(续表)

序号	苹果主产地	产量
363	卫辉市(豫)	7855.00
364	柘城县(豫)	7120.00
365	濮阳县(豫)	6560.00
366	汝州市(豫)	6525.00
367	荥阳市(豫)	6305.10
368	杞　县(豫)	5000.00
369	龙安区(豫)	4614.00
370	台前县(豫)	3600.00
371	安阳县(豫)	3600.00
372	伊川县(豫)	3600.00
373	延津县(豫)	3500.00
374	扶沟县(豫)	3086.00
375	范　县(豫)	3000.00
376	沁阳市(豫)	2132.00
377	鹤山区(豫)	1680.00
378	凤泉区(豫)	1538.00
379	郸城县(豫)	1300.00
380	辉县市(豫)	1180.00
381	栾川县(豫)	1080.00
382	禹州市(豫)	1058.00
383	惠济区(豫)	1023.00
384	马村区(豫)	1012.00
385	登封市(豫)	1000.00
386	枣阳市(鄂)	7500.00
387	巴东县(鄂)	1851.00
388	谷城县(鄂)	1305.00
389	盐源县(川)	452545.00
390	汉源县(川)	48458.00
391	小金县(川)	45000.00
392	木里藏族自治县(川)	6074.90
393	金堂县(川)	3175.00
394	万源市(川)	3065.00
395	昭觉县(川)	2650.00
396	会理县(川)	2270.00
397	乡城县(川)	1993.00
398	叙永县(川)	1820.00
399	得荣县(川)	1249.00
400	理　县(川)	1246.00
401	苍溪县(川)	1200.00
402	南江县(川)	1120.00
403	宣汉县(川)	1005.00
404	普安县(黔)	6607.00
405	玉龙纳西族自治县(滇)	10530.00
406	蒙自市(滇)	8643.60
407	漾濞彝族自治县(滇)	7000.00

（续表）

序号	苹果主产地	产量
408	洱源县(滇)	5400.00
409	宁蒗彝族自治县(滇)	4500.00
410	富源县(滇)	3643.00
411	永胜县(滇)	3312.60
412	西山区(滇)	3100.00
413	鹤庆县(滇)	2160.00
414	安宁市(滇)	2000.00
415	香格里拉市(滇)	1062.90
416	云龙县(滇)	1031.00
417	弥勒市(滇)	1002.00
418	米林县(藏)	7576.00
419	洛川县(陕)	1385000.00
420	淳化县(陕)	640567.00
421	宜川县(陕)	475000.00
422	永寿县(陕)	460000.00
423	印台区(陕)	259743.00
424	延长县(陕)	230900.00
425	旬邑县(陕)	197522.00
426	礼泉县(陕)	195980.00
427	凤翔县(陕)	147780.00
428	韩城市林业局(陕)	130000.00
429	乾　县(陕)	94309.00
430	陈仓区(陕)	91145.00
431	铜川市新区(陕)	60000.00
432	凤　县(陕)	58000.00
433	武功县(陕)	50910.00
434	千阳县(陕)	38498.00
435	王益区(陕)	37243.00
436	秦都区(陕)	36628.00
437	陇　县(陕)	27093.00
438	米脂县(陕)	22483.00
439	安塞区(陕)	21000.00
440	子洲县(陕)	7200.00
441	泾阳县(陕)	6355.00
442	旬阳县(陕)	3000.00
443	靖边县(陕)	2340.00
444	麟游县(陕)	2132.00
445	眉　县(陕)	2132.00
446	丹凤县(陕)	1620.00
447	定边县(陕)	1528.00
448	略阳县(陕)	1469.00
449	商州区(陕)	1300.00
450	柞水县(陕)	1100.00
451	静宁县(甘)	750000.00

（续表）

序号	苹果主产地	产量
452	庄浪县(甘)	450000.00
453	泾川县(甘)	418462.00
455	庆城县(甘)	171431.00
456	西峰区(甘)	138345.00
457	清水县(甘)	126731.00
458	镇原县(甘)	120101.00
459	正宁县(甘)	115700.00
460	凉州区(甘)	108000.00
461	武山县(甘)	75333.00
462	会宁县(甘)	72000.00
463	崆峒区(甘)	66236.00
464	通渭县(甘)	60000.00
465	靖远县(甘)	53025.00
466	宁　县(甘)	33300.00
467	崇信县(甘)	25000.00
468	白银区(甘)	15000.00
469	环　县(甘)	13955.00
470	皋兰县(甘)	11257.00
471	甘州区(甘)	10650.00
472	迭部县(甘)	10200.00
473	华池县(甘)	10000.00
474	临夏县(甘)	7604.00
475	高台县(甘)	6560.00
476	榆中县(甘)	6200.00
477	金塔县(甘)	5804.00
478	陇西县(甘)	4699.00
479	西固区(甘)	4500.00
480	古浪县(甘)	2895.00
481	永登县(甘)	2607.00
482	平川区(甘)	2000.00
483	康　县(甘)	1258.00
484	临泽县(甘)	1022.00
485	敦煌市(甘)	1005.00
486	嘉峪关市(甘)	1000.00
487	中宁县(宁)	110050.00
488	利通区(宁)	93860.00
489	农垦事业管理局(宁)	19345.00
490	灵武市(宁)	18393.00
491	贺兰县(宁)	12000.00
492	海原县(宁)	9450.00
493	大武口区(宁)	6671.00
494	惠农区(宁)	6215.18
495	宁夏仁存渡护岸林场(宁)	1456.50
496	平罗县(宁)	1250.00

表 7-2　梨主产地产量

单位:吨

序号	梨主产地	产量
1	大兴区(京)	33190.00
2	顺义区(京)	22686.15
3	密云区(京)	18368.00
4	房山区(京)	13790.00
5	通州区(京)	13005.40
6	怀柔区(京)	2292.00
7	昌平区(京)	1622.20
8	门头沟区(京)	1435.00
9	晋州市(冀)	616532.00
10	泊头市(冀)	439338.00
11	深州市(冀)	412600.00
12	辛集市(冀)	339827.00
13	宁晋县(冀)	305018.00
14	阜城县(冀)	243644.00
15	魏　县(冀)	196205.00
16	定州市(冀)	103180.00
17	永清县(冀)	86800.00
18	肃宁县(冀)	65163.00
19	兴隆县(冀)	65057.00
20	曲阳县(冀)	63577.00
21	固安县(冀)	61000.00
22	遵化市(冀)	52825.00
23	滦　县(冀)	50136.00
24	青龙满族自治县(冀)	45005.00
25	冀州市(冀)	45000.00
26	南皮县(冀)	40561.00
27	迁安市(冀)	38734.00
28	临漳县(冀)	38180.00
29	馆陶县(冀)	37857.00
30	昌黎县(冀)	37100.00
31	滦平县(冀)	32850.00
32	滦南县(冀)	30539.00
33	乐亭县(冀)	27837.00
34	深泽县(冀)	27814.00
35	新河县(冀)	26912.00
36	迁西县(冀)	26288.00
37	隆尧县(冀)	22036.00
38	饶阳县(冀)	21446.00
39	抚宁区(冀)	20428.00
40	雄　县(冀)	20000.00
41	怀来县(冀)	19900.00
42	成安县(冀)	19800.00
43	安国市(冀)	18740.00
44	涿州市(冀)	17500.00

(续表)

序号	梨主产地	产量
45	丰润区(冀)	17199.00
46	承德县(冀)	17187.00
47	广阳区(冀)	16844.00
48	南宫市(冀)	16702.00
49	青　县(冀)	16014.00
50	广平县(冀)	15000.00
51	威　县(冀)	14520.00
52	高碑店市(冀)	14500.00
53	高阳县(冀)	14300.00
54	安次区(冀)	13317.00
55	蠡　县(冀)	12500.00
56	海兴县(冀)	12420.00
57	任丘市(冀)	12370.00
58	涿鹿县(冀)	12141.00
59	河间市(冀)	11822.00
60	隆化县(冀)	11800.00
61	博野县(冀)	11350.00
62	大名县(冀)	11200.00
63	文安县(冀)	11147.00
64	肥乡区(冀)	11000.00
65	景　县(冀)	10350.00
66	献　县(冀)	9969.00
67	大城县(冀)	9900.00
68	丰南区(冀)	7793.00
69	平乡县(冀)	7700.00
70	清苑区(冀)	7280.00
71	沧　县(冀)	7264.00
72	三河市(冀)	6920.00
73	临西县(冀)	6713.00
74	曲周县(冀)	6390.00
75	安平县(冀)	6360.00
76	丰宁满族自治县(冀)	5800.00
77	柏乡县(冀)	5684.00
78	故城县(冀)	5309.00
79	盐山县(冀)	5220.00
80	围场满族蒙古族自治县(冀)	5200.00
81	邯山区(冀)	5000.00
82	平泉市(冀)	4900.00
83	海港区(冀)	4819.00
84	武邑县(冀)	4805.00
85	古冶区(冀)	4485.00
86	枣强县(冀)	4327.00
87	平山县(冀)	4200.00
88	永年区(冀)	4000.00
89	黄骅市(冀)	3912.00
90	东光县(冀)	3900.00
91	吴桥县(冀)	3242.00
92	卢龙县(冀)	3196.00
93	邱　县(冀)	3000.00
94	巨鹿县(冀)	2787.00
95	徐水区(冀)	2770.00
96	南和县(冀)	2700.00
97	孟村回族自治县(冀)	2550.00
98	易　县(冀)	2230.00
99	秦皇岛开发区(冀)	2194.00
100	邢台县(冀)	2150.00
101	行唐县(冀)	2000.00
102	安新县(冀)	1995.00
103	鹿泉区(冀)	1992.00
104	霸州市(冀)	1805.00
105	正定县(冀)	1800.00
106	桃城区(冀)	1765.00
107	宽城满族自治县(冀)	1760.00
108	临城县(冀)	1600.00
109	武强县(冀)	1435.00
110	广宗县(冀)	1063.00
111	高平市(晋)	14000.00
112	定襄县(晋)	9900.00
113	襄汾县(晋)	6500.00
114	翼城县(晋)	6000.00
115	壶关县(晋)	5875.00
116	万荣县(晋)	4663.00
117	原平市(晋)	3740.00
118	忻府区(晋)	3456.60
119	平陆县(晋)	2450.00
120	闻喜县(晋)	2250.00
121	晋源区(晋)	2042.00
122	河津市(晋)	1786.00
123	临河区(内蒙古)	17642.00
124	宁城县(内蒙古)	17000.00
125	喀喇沁旗(内蒙古)	8000.00
126	开鲁县(内蒙古)	4481.00
127	巴林左旗(内蒙古)	2560.00
128	敖汉旗(内蒙古)	1800.00
129	奈曼旗(内蒙古)	1500.00
130	绥中县(辽)	338000.00
131	海城市(辽)	210000.00
132	千山区(辽)	117764.00
133	建平县(辽)	62000.00
134	建昌县(辽)	60500.00
135	阜新蒙古族自治县(辽)	50000.00
136	义　县(辽)	44500.00
137	北镇市(辽)	40400.00
138	北票市(辽)	35000.00
139	喀喇沁左翼蒙古族自治县(辽)	33000.00
140	抚顺县(辽)	27416.00
141	连山区(辽)	26800.00
142	彰武县(辽)	15000.00
143	宽甸满族自治县(辽)	15000.00
144	东港市(辽)	13260.00
145	苏家屯区(辽)	11102.00
146	兴城市(辽)	10050.00
147	岫岩满族自治县(辽)	10000.00
148	凤城市(辽)	10000.00
149	康平县(辽)	9000.00
150	清原满族自治县(辽)	8000.00
151	沈北新区(辽)	7500.00
152	龙城区(辽)	5000.00
153	盖州市(辽)	4890.00
154	大连市金州新区(辽)	3040.00
155	桓仁满族自治县(辽)	2671.00
156	文圣区(辽)	2543.00
157	普兰店市(辽)	2486.00
158	大洼县(辽)	2334.00
159	盘锦市辽河口生态经济区(辽)	2300.00
160	清河门区(辽)	2125.00
161	法库县(辽)	2000.00
162	浑南区(辽)	2000.00
163	太子河区(辽)	2000.00
164	东洲区(辽)	1909.00
165	甘井子区(辽)	1900.00
166	新邱区(辽)	1699.00
167	朝阳县(辽)	1600.00
168	双塔区(辽)	1600.00
169	鞍山市开发区(辽)	1466.00
170	调兵山市(辽)	1350.00
171	南票区(辽)	1310.00
172	清河区(辽)	1200.00
173	龙井市(吉)	28878.00
174	延吉市(吉)	17650.00
175	集安市(吉)	7350.00
176	公主岭市(吉)	6324.00
177	和龙市(吉)	5363.00
178	前郭尔罗斯蒙古族自治县(吉)	2125.00
179	磐石市(吉)	1103.00

（续表）

序号	梨主产地	产量
180	白城市市辖区（吉）	1020.00
181	牡丹江市市本级（黑）	17090.00
182	延寿县（黑）	5000.00
183	林口县（黑）	1961.00
184	宝清县（黑）	1700.00
185	鸡冠区（黑）	1064.00
186	崇明区（沪）	9079.80
187	奉贤区（沪）	7846.80
188	金山区（沪）	3397.00
189	松江区（沪）	2147.40
190	青浦区（沪）	1642.30
191	射阳县（苏）	163500.00
192	丰　县（苏）	118000.00
193	东海县（苏）	76721.00
194	阜宁县（苏）	35000.00
195	铜山区（苏）	34000.00
196	睢宁县（苏）	32981.00
197	如东县（苏）	26500.00
198	大丰区（苏）	25000.00
199	启东市（苏）	24400.00
200	滨海县（苏）	19800.00
201	亭湖区（苏）	16200.00
202	灌云县（苏）	13654.00
203	盐都区（苏）	12790.00
204	江阴市（苏）	12185.00
205	沛　县（苏）	10584.00
206	句容市（苏）	9568.00
207	涟水县（苏）	9000.00
208	宿豫区（苏）	8950.00
209	建湖县（苏）	7235.00
210	灌南县（苏）	7154.00
211	高淳区（苏）	6300.00
212	浦口区（苏）	5622.00
213	泗阳县（苏）	5600.00
214	泗洪县（苏）	5500.00
215	海安县（苏）	5388.00
216	溧水区（苏）	5197.00
217	宜兴市（苏）	5088.00
218	高邮市（苏）	5050.00
219	响水县（苏）	4829.00
220	沭阳县（苏）	4480.00
221	兴化市（苏）	4010.00
222	溧阳市（苏）	3820.00
223	盱眙县（苏）	3800.00
224	赣榆区（苏）	3235.00

（续表）

序号	梨主产地	产量
225	昆山市（苏）	3010.00
226	邳州市（苏）	2760.00
227	金坛区（苏）	2600.00
228	靖江市（苏）	2500.00
229	仪征市（苏）	2390.00
230	张家港市（苏）	2294.00
231	锡山区（苏）	2199.00
232	东台市（苏）	2155.00
233	宝应县（苏）	2112.00
234	江都区（苏）	1890.00
235	常熟市（苏）	1887.00
236	泰兴市（苏）	1800.00
237	江宁区（苏）	1715.00
238	新沂市（苏）	1630.00
239	吴江区（苏）	1435.00
240	六合区（苏）	1360.00
241	姜堰区（苏）	1344.00
242	淮安区（苏）	1300.00
243	宿城区（苏）	1300.00
244	丹徒区（苏）	1160.00
245	余姚市（浙）	30360.00
246	秀洲区（浙）	22833.00
247	天台县（浙）	18700.00
248	义乌市（浙）	15896.00
249	武义县（浙）	15781.00
250	余杭区（浙）	14354.00
251	龙游县（浙）	9850.00
252	金东区（浙）	9780.00
253	宁海县（浙）	7600.00
254	江北区（浙）	6650.00
255	临海市（浙）	6500.00
256	东阳市（浙）	6180.00
257	上虞区（浙）	5510.00
258	临安区（浙）	5500.00
259	淳安县（浙）	5471.00
260	永康市（浙）	5260.00
261	德清县（浙）	5132.00
262	仙居县（浙）	4500.00
263	海盐县（浙）	4140.00
264	鄞州区（浙）	4031.00
265	松阳县（浙）	3977.00
266	浦江县（浙）	3842.00
267	缙云县（浙）	3669.00
268	莲都区（浙）	3358.00
269	象山县（浙）	3303.00

（续表）

序号	梨主产地	产量
270	婺城区（浙）	3050.00
271	海曙区（浙）	3000.00
272	云和县（浙）	2953.00
273	温岭市（浙）	2615.00
274	安吉县（浙）	2588.00
275	三门县（浙）	2170.00
276	新昌县（浙）	1850.00
277	镇海区（浙）	1540.00
278	黄岩区（浙）	1340.00
279	诸暨市（浙）	1324.00
280	北仑区（浙）	1258.00
281	江山市（浙）	1200.00
282	玉环市（浙）	1035.00
283	定海区（浙）	1020.00
284	萧山区（浙）	1000.00
285	砀山县（皖）	1189700.00
286	灵璧县（皖）	50460.00
287	广德县（皖）	31000.00
288	五河县（皖）	25668.00
289	怀远县（皖）	18026.00
290	寿　县（皖）	8063.00
291	固镇县（皖）	7000.00
292	凤台县（皖）	5752.00
293	霍邱县（皖）	4995.00
294	凤阳县（皖）	4652.00
295	宣州区（皖）	3938.00
296	长丰县（皖）	3555.00
297	潘集区（皖）	3375.00
298	定远县（皖）	3210.00
299	裕安区（皖）	2116.00
300	八公山区（皖）	2000.00
301	宜秀区（皖）	1900.00
302	大通区（皖）	1875.00
303	淮上区（皖）	1560.00
304	东至县（皖）	1500.00
305	和　县（皖）	1400.00
306	歙　县（皖）	1158.00
307	颍泉区（皖）	1120.00
308	金溪县（赣）	34628.00
309	乐平市（赣）	9146.00
310	永修县（赣）	8151.00
311	武宁县（赣）	5631.00
312	黎川县（赣）	5476.00
313	丰城市（赣）	5000.00
314	新干县（赣）	4870.00

(续表)

序号	梨主产地	产量
315	高安市(赣)	4845.00
316	靖安县(赣)	4206.00
317	鄱阳县(赣)	4024.00
318	莲花县(赣)	3820.00
319	石城县(赣)	3732.00
320	东乡区(赣)	3500.00
321	德安县(赣)	2650.00
322	兴国县(赣)	2593.00
323	南丰县(赣)	2336.00
324	峡江县(赣)	2025.00
325	于都县(赣)	1980.00
326	宁都县(赣)	1635.00
327	永丰县(赣)	1491.00
328	奉新县(赣)	1347.00
329	定南县(赣)	1293.00
330	玉山县(赣)	1250.00
331	会昌县(赣)	1208.00
332	湘东区(赣)	1200.00
333	南城县(赣)	1100.00
334	铜鼓县(赣)	1000.00
335	广丰区(赣)	1000.00
336	分宜县(赣)	1000.00
337	阳信县(鲁)	237041.00
338	莱阳市(鲁)	106430.00
339	龙口市(鲁)	91867.00
340	莱西市(鲁)	38539.00
341	荣成市(鲁)	36800.00
342	齐河县(鲁)	29620.00
343	梁山县(鲁)	24840.00
344	栖霞市(鲁)	23767.00
345	费　县(鲁)	23000.00
346	海阳市(鲁)	20767.00
347	沂源县(鲁)	19432.00
348	岱岳区(鲁)	11289.00
349	环翠区(鲁)	10124.65
350	安丘市(鲁)	10000.00
351	东阿县(鲁)	9570.00
352	沂水县(鲁)	9500.00
353	莒南县(鲁)	8960.00
354	诸城市(鲁)	8922.00
355	宁阳县(鲁)	7806.50
356	邹城市(鲁)	7578.00
357	河东区(鲁)	7000.00
358	商河县(鲁)	6354.00
359	成武县(鲁)	5500.00

(续表)

序号	梨主产地	产量
360	泗水县(鲁)	5400.00
361	临清市(鲁)	5287.00
362	寿光市(鲁)	5250.00
363	威海市工业新区(鲁)	5180.00
364	新泰市(鲁)	5131.00
365	文登区(鲁)	4850.00
366	胶州市(鲁)	4730.00
367	嘉祥县(鲁)	4500.00
368	鄄城县(鲁)	4350.00
369	济阳县(鲁)	4275.00
370	岚山区(鲁)	3860.00
371	招远市(鲁)	3756.00
372	邹平县(鲁)	3560.00
373	高唐县(鲁)	3500.00
374	阳谷县(鲁)	3100.00
375	兰陵县(鲁)	3027.00
376	泰安市高新区(鲁)	3000.00
377	曲阜市(鲁)	2900.00
378	东昌府区(鲁)	2860.00
379	山亭区(鲁)	2772.00
380	惠民县(鲁)	2500.00
381	高密市(鲁)	2485.00
382	莱城区(鲁)	2360.00
383	长清区(鲁)	2200.00
384	滨城区(鲁)	2178.00
385	微山县(鲁)	2166.00
386	莘　县(鲁)	2104.00
387	兖州区(鲁)	2060.00
388	威海市经济技术开发区(鲁)	2025.00
389	天桥区(鲁)	2000.00
390	西海岸新区(鲁)	1995.10
391	沂南县(鲁)	1839.00
392	即墨区(鲁)	1800.00
393	郓城县(鲁)	1700.00
394	历城区(鲁)	1600.00
395	德城区(鲁)	1310.00
396	汶上县(鲁)	1300.00
397	淄川区(鲁)	1200.00
398	坊子区(鲁)	1200.00
399	临淄区(鲁)	1188.00
400	钢城区(鲁)	1000.00
401	临朐县(鲁)	1000.00
402	宁陵县(豫)	350000.00
403	永城市(豫)	136420.00
404	兰考县(豫)	78864.00

(续表)

序号	梨主产地	产量
405	虞城县(豫)	69500.00
406	方城县(豫)	45950.00
407	夏邑县(豫)	45000.00
408	柘城县(豫)	24300.00
409	孟津县(豫)	24000.00
410	梁园区(豫)	22723.00
411	唐河县(豫)	20500.00
412	社旗县(豫)	18400.00
413	洛宁县(豫)	16850.00
414	西华县(豫)	16200.00
415	商水县(豫)	12600.00
416	民权县(豫)	11290.00
417	确山县(豫)	9900.00
418	南乐县(豫)	9560.00
419	正阳县(豫)	9000.00
420	济源市(豫)	8840.00
421	鄢陵县(豫)	8000.00
422	清丰县(豫)	7500.00
423	太康县(豫)	7080.00
424	舞钢市(豫)	6320.00
425	汝州市(豫)	6075.00
426	鲁山县(豫)	6050.00
427	封丘县(豫)	6000.00
428	杞　县(豫)	5600.00
429	睢阳区(豫)	5473.00
430	上蔡县(豫)	5015.00
431	汤阴县(豫)	4560.00
432	长垣县(豫)	4500.00
433	获嘉县(豫)	4300.00
434	新野县(豫)	4200.00
435	息　县(豫)	4160.00
436	扶沟县(豫)	4112.00
437	栾川县(豫)	4100.00
438	卫辉市(豫)	4100.00
439	宜阳县(豫)	3980.00
440	郾城区(豫)	3810.00
441	汝南县(豫)	3619.00
442	延津县(豫)	3000.00
443	邓州市(豫)	2830.00
444	林州市(豫)	2820.00
445	通许县(豫)	2750.00
446	沁阳市(豫)	2546.00
447	濮阳县(豫)	2500.00
448	新密市(豫)	2250.00
449	登封市(豫)	2000.00

（续表）

序号	梨主产地	产量
450	驿城区(豫)	2000.00
451	新　县(豫)	1951.00
452	安阳县(豫)	1800.00
453	遂平县(豫)	1800.00
454	伊川县(豫)	1750.00
455	荥阳市(豫)	1710.00
456	博爱县(豫)	1500.00
457	襄城县(豫)	1408.00
458	郏　县(豫)	1300.00
459	郸城县(豫)	1250.00
460	濮阳市高新区(豫)	1200.00
461	召陵区(豫)	1125.00
462	湖滨区(豫)	1100.00
463	淇　县(豫)	1050.00
464	惠济区(豫)	1023.00
465	钟祥市(鄂)	118493.00
466	潜江市(鄂)	20000.00
467	老河口市(鄂)	15000.00
468	襄州区(鄂)	10716.00
469	沙洋县(鄂)	7200.00
470	蔡甸区(鄂)	7000.00
471	随　县(鄂)	5731.00
472	东宝区(鄂)	5100.00
473	宜城市(鄂)	5000.00
474	恩施市(鄂)	4954.00
475	宣恩县(鄂)	4250.00
476	鄂州市市辖区(鄂)	4200.00
477	谷城县(鄂)	3358.00
478	公安县(鄂)	3150.00
479	荆州区(鄂)	3048.00
480	云梦县(鄂)	2664.00
481	黄梅县(鄂)	2000.00
482	南漳县(鄂)	2000.00
483	监利县(鄂)	1850.00
484	广水市(鄂)	1850.00
485	汉川市(鄂)	1500.00
486	松滋市(鄂)	1430.00
487	建始县(鄂)	1400.00
488	巴东县(鄂)	1035.00
489	涟源市(湘)	52080.00
490	中方县(湘)	26000.00
491	天心区(湘)	20041.00
492	临武县(湘)	13200.00
493	花垣县(湘)	12000.00
494	资兴市(湘)	9560.00
495	靖州苗族侗族自治县(湘)	7733.00
496	株洲县(湘)	7500.00
497	宜章县(湘)	6720.00
498	绥宁县(湘)	6400.00
499	溆浦县(湘)	5560.00
500	平江县(湘)	4698.00
501	永顺县(湘)	4404.00
502	北湖区(湘)	4348.00
503	城步苗族自治县(湘)	4200.00
504	会同县(湘)	4000.00
505	新田县(湘)	3576.00
506	浏阳市(湘)	3000.00
507	珠晖区(湘)	3000.00
508	大祥区(湘)	2680.00
509	石门县(湘)	2500.00
510	嘉禾县(湘)	2360.00
511	南　县(湘)	2300.00
512	吉首市(湘)	2269.00
513	炎陵县(湘)	2251.00
514	武冈市(湘)	1892.00
515	汝城县(湘)	1799.00
516	衡阳县(湘)	1613.00
517	衡东县(湘)	1500.00
518	道　县(湘)	1400.00
519	新化县(湘)	1250.00
520	新宁县(湘)	1200.00
521	澧　县(湘)	1160.00
522	和平县(粤)	10000.00
523	灌阳县(桂)	101577.00
524	灵川县(桂)	27126.00
525	灵山县(桂)	16400.00
526	钦北区(桂)	15871.00
527	富川瑶族自治县(桂)	15640.00
528	柳江区(桂)	12658.00
529	兴宾区(桂)	8567.00
530	临桂区(桂)	7900.00
531	平乐县(桂)	7795.00
532	金城江区(桂)	3615.00
533	钟山县(桂)	3556.00
534	龙胜各族自治县(桂)	3497.00
535	宜州区(桂)	3380.00
536	天等县(桂)	2820.00
537	象州县(桂)	2375.00
538	隆林各族自治县(桂)	2291.00
539	大新县(桂)	2233.00
540	横　县(桂)	2223.00
541	恭城瑶族自治县(桂)	1428.00
542	荔浦县(桂)	1411.00
543	金秀瑶族自治县(桂)	1395.00
544	罗城仫佬族自治县(桂)	1390.00
545	右江区(桂)	1250.00
546	昭平县(桂)	1248.00
547	那坡县(桂)	1235.00
548	天峨县(桂)	1148.00
549	永川区(渝)	58000.00
550	南川区(渝)	23000.00
551	潼南区(渝)	22400.00
552	江津区(渝)	18000.00
553	巴南区(渝)	9939.00
554	涪陵区(渝)	9492.00
555	开州区(渝)	9450.00
556	铜梁区(渝)	7704.00
557	万州区(渝)	5750.00
558	沙坪坝区(渝)	5500.00
559	丰都县(渝)	2988.00
560	奉节县(渝)	2885.00
561	武隆区(渝)	2378.00
562	大足区(渝)	2000.00
563	梁平区(渝)	1678.70
564	九龙坡区(渝)	1200.00
565	汉源县(川)	117174.00
566	龙泉驿区(川)	29040.00
567	会理县(川)	18123.00
568	苍溪县(川)	18100.00
569	邻水县(川)	14880.00
570	翠屏区(川)	12828.00
571	宜宾县(川)	11960.00
572	彭州市(川)	10492.00
573	青白江区(川)	10000.00
574	金堂县(川)	8624.00
575	游仙区(川)	7600.00
576	宣汉县(川)	7375.00
577	新津县(川)	6540.00
578	高　县(川)	6530.00
579	顺庆区(川)	6402.00
580	南江县(川)	5600.00
581	双流区(川)	5063.00
582	罗江区(川)	5000.00
583	叙永县(川)	4050.00
584	宁南县(川)	3474.00

(续表)

序号	梨主产地	产量
585	巴州区(川)	3247.00
586	万源市(川)	2960.00
587	崇州市(川)	2811.00
588	平昌县(川)	2739.00
589	威远县(川)	2700.00
590	珙　县(川)	2550.00
591	江安县(川)	2490.00
592	昭觉县(川)	2240.00
593	古蔺县(川)	1800.00
594	雷波县(川)	1710.00
595	荣　县(川)	1600.00
596	嘉陵区(川)	1579.00
597	大邑县(川)	1548.00
598	仁寿县(川)	1372.00
599	江油市(川)	1360.00
600	盐亭县(川)	1350.00
601	乐至县(川)	1340.00
602	纳溪区(川)	1220.00
603	新都区(川)	1200.00
604	乌当区(黔)	19086.00
605	镇远县(黔)	16915.00
606	台江县(黔)	8400.00
607	三都水族自治县(黔)	6051.00
608	福泉市(黔)	6000.00
609	普安县(黔)	4328.00
610	江口县(黔)	4250.00
611	黎平县(黔)	4236.00
612	水城县(黔)	3514.00
613	锦屏县(黔)	2627.00
614	松桃苗族自治县(黔)	2200.00
615	黄平县(黔)	1620.00
616	册亨县(黔)	1500.00
617	花溪区(黔)	1103.00
618	泸西县(滇)	61000.00
619	永胜县(滇)	21156.80
620	师宗县(滇)	17790.00
621	石林彝族自治县(滇)	17725.00
622	开远市(滇)	16962.00
623	麒麟区(滇)	15000.00
624	红塔区(滇)	14000.00
625	蒙自市(滇)	12678.70
626	洱源县(滇)	9100.00
627	漾濞彝族自治县(滇)	8000.00
628	鹤庆县(滇)	5399.00
629	弥勒市(滇)	5237.00

(续表)

序号	梨主产地	产量
630	西山区(滇)	4500.00
631	文山市(滇)	4341.00
632	江川区(滇)	4150.00
633	玉龙纳西族自治县(滇)	3967.00
634	五华区(滇)	3544.00
635	云龙县(滇)	3421.00
636	广南县(滇)	3012.00
637	晋宁区(滇)	2251.00
638	云　县(滇)	1988.00
639	丘北县(滇)	1770.00
640	镇雄县(滇)	1561.00
641	凤庆县(滇)	1400.00
642	香格里拉市(滇)	1284.00
643	峨山彝族自治县(滇)	1230.00
644	沧源佤族自治县(滇)	1212.00
645	施甸县(滇)	1181.00
646	富宁县(滇)	1011.00
647	通海县(滇)	1000.00
648	乾　县(陕)	24701.00
649	延长县(陕)	21030.00
650	秦都区(陕)	7500.00
651	洋　县(陕)	6295.00
652	宜川县(陕)	5025.00
653	米脂县(陕)	4940.00
654	泾阳县(陕)	4555.00
655	南郑区(陕)	3600.00
656	子洲县(陕)	3100.00
657	陈仓区(陕)	3086.00
658	淳化县(陕)	1895.00
659	永寿县(陕)	1800.00
660	略阳县(陕)	1727.00
661	旬阳县(陕)	1600.00
662	凤翔县(陕)	1510.00
663	汉滨区(陕)	1364.00
664	商州区(陕)	1200.00
665	景泰县(甘)	80030.00
666	民乐县(甘)	52400.00
667	甘州区(甘)	35000.00
668	静宁县(甘)	15000.00
669	金塔县(甘)	11816.00
670	靖远县(甘)	11520.00
671	皋兰县(甘)	9594.00
672	高台县(甘)	8000.00
673	临夏县(甘)	7604.00
674	古浪县(甘)	5285.00

(续表)

序号	梨主产地	产量
675	陇西县(甘)	5133.00
676	敦煌市(甘)	4914.00
677	和政县(甘)	4500.00
678	崆峒区(甘)	3641.00
679	迭部县(甘)	3411.00
680	武山县(甘)	3166.00
681	临泽县(甘)	3124.00
682	嘉峪关市(甘)	3000.00
683	榆中县(甘)	3000.00
684	山丹县(甘)	2700.00
685	徽　县(甘)	2540.00
686	平川区(甘)	2500.00
687	积石山保安族东乡族撒拉族自治县(甘)	2100.00
688	永登县(甘)	1454.00
689	临夏市(甘)	1200.00
690	西峰区(甘)	1192.00
691	安定区(甘)	1000.00
692	海原县(宁)	4200.00
693	灵武市(宁)	2432.00
694	农垦事业管理局(宁)	2134.00

表 7-3　桃主产地产量

单位:吨

序号	桃主产地	产量
1	大兴区(京)	33644.00
2	顺义区(京)	5880.00
3	房山区(京)	5348.30
4	昌平区(京)	4170.80
5	密云区(京)	2710.20
6	海淀区(京)	1109.00
7	深州市(冀)	222100.00
8	满城区(冀)	93450.00
9	昌黎县(冀)	75850.00
10	临漳县(冀)	74400.00
11	滦南县(冀)	55517.00
12	遵化市(冀)	46917.00
13	辛集市(冀)	46713.00
14	永清县(冀)	39000.00
15	安次区(冀)	33623.00
16	滦　县(冀)	32086.00
17	丰润区(冀)	31003.00
18	晋州市(冀)	30000.00
19	固安县(冀)	29240.00
20	邯山区(冀)	26415.00

（续表）

序号	桃主产地	产量
21	定兴县（冀）	24100.00
22	唐　县（冀）	23250.00
23	卢龙县（冀）	21975.00
24	魏　县（冀）	21424.00
25	定州市（冀）	20060.00
26	迁安市（冀）	18542.40
27	山海关区（冀）	16800.00
28	饶阳县（冀）	15262.00
29	高碑店市（冀）	15000.00
30	怀来县（冀）	14550.00
31	兴隆县（冀）	14514.00
32	景　县（冀）	12870.00
33	邱　县（冀）	12000.00
34	正定县（冀）	11926.00
35	阜城县（冀）	10500.00
36	古冶区（冀）	10334.00
37	香河县（冀）	10296.00
38	邢台县（冀）	9459.00
39	广阳区（冀）	9353.00
40	威　县（冀）	9205.00
41	秦皇岛开发区（冀）	9045.00
42	易　县（冀）	8504.00
43	三河市（冀）	8460.00
44	博野县（冀）	7900.00
45	曹妃甸区（冀）	7754.00
46	平山县（冀）	6380.00
47	安平县（冀）	6100.00
48	泊头市（冀）	5578.00
49	沧　县（冀）	5400.00
50	广宗县（冀）	5354.00
51	河间市（冀）	5275.00
52	涞水县（冀）	5000.00
53	献　县（冀）	4800.00
54	任　县（冀）	4706.00
55	路北区（冀）	4156.00
56	大城县（冀）	4150.00
57	平乡县（冀）	4100.00
58	大名县（冀）	3950.00
59	曲阳县（冀）	3635.00
60	南宫市（冀）	3422.00
61	望都县（冀）	3100.00
62	冀州市（冀）	3100.00
63	肥乡区（冀）	3100.00
64	鹿泉区（冀）	3069.30
65	吴桥县（冀）	2992.00
66	任丘市（冀）	2902.00
67	肃宁县（冀）	2881.00
68	海港区（冀）	2620.00
69	雄　县（冀）	2500.00
70	南和县（冀）	2500.00
71	故城县（冀）	2430.00
72	巨鹿县（冀）	2250.00
73	永年区（冀）	2200.00
74	内丘县（冀）	2091.00
75	盐山县（冀）	2046.00
76	文安县（冀）	2030.00
77	清苑区（冀）	1860.00
78	北戴河区（冀）	1768.00
79	黄骅市（冀）	1763.00
80	枣强县（冀）	1633.00
81	行唐县（冀）	1600.00
82	孟村回族自治县（冀）	1588.00
83	邢台市桥东区（冀）	1500.00
84	迁西县（冀）	1466.00
85	青龙满族自治县（冀）	1400.00
86	深泽县（冀）	1332.00
87	阜平县（冀）	1250.00
88	丰宁满族自治县（冀）	1206.00
89	桃城区（冀）	1161.00
90	涿鹿县（冀）	1118.00
91	襄汾县（晋）	32000.00
92	万荣县（晋）	29980.00
93	新绛县（晋）	21600.00
94	翼城县（晋）	20000.00
95	河津市（晋）	10022.00
96	闻喜县（晋）	6800.00
97	侯马市（晋）	3930.00
98	晋源区（晋）	1495.00
99	曲沃县（晋）	1412.00
100	高平市（晋）	1400.00
101	洪洞县（晋）	1200.00
102	宽甸满族自治县（辽）	120000.00
103	普兰店市（辽）	111821.00
104	东港市（辽）	19091.00
105	建昌县（辽）	14300.00
106	盖州市（辽）	8815.00
107	连山区（辽）	5100.00
108	振安区（辽）	5000.00
109	甘井子区（辽）	4200.00
110	凤城市（辽）	4000.00
111	海城市（辽）	4000.00
112	大连市长兴岛临港工业区（辽）	3161.00
113	北镇市（辽）	2000.00
114	龙城区（辽）	1500.00
115	奉贤区（沪）	16504.40
116	金山区（沪）	11697.00
117	青浦区（沪）	3207.20
118	贾汪区（苏）	57850.00
119	铜山区（苏）	55000.00
120	新沂市（苏）	54800.00
121	赣榆区（苏）	53250.00
122	丰　县（苏）	41000.00
123	邳州市（苏）	38060.00
124	惠山区（苏）	30418.00
125	泗阳县（苏）	30000.00
126	句容市（苏）	28996.00
127	六合区（苏）	22450.00
128	沛　县（苏）	21160.00
129	泗洪县（苏）	21000.00
130	江阴市（苏）	14306.00
131	灌云县（苏）	13647.00
132	江宁区（苏）	10738.00
133	睢宁县（苏）	8236.00
134	阜宁县（苏）	8000.00
135	兴化市（苏）	6560.00
136	张家港市（苏）	6248.00
137	亭湖区（苏）	5500.00
138	大丰区（苏）	5400.00
139	滨湖区（苏）	4977.00
140	浦口区（苏）	4938.00
141	宝应县（苏）	4356.00
142	宜兴市（苏）	4264.00
143	盐都区（苏）	4020.00
144	锡山区（苏）	3984.00
145	高邮市（苏）	3970.00
146	金坛区（苏）	3650.00
147	建湖县（苏）	3490.00
148	盱眙县（苏）	3315.00
149	滨海县（苏）	3200.00
150	溧阳市（苏）	3090.00
151	吴中区（苏）	2560.00
152	靖江市（苏）	2500.00
153	泰兴市（苏）	2500.00
154	淮阴区（苏）	2453.00
155	姜堰区（苏）	2450.00

(续表)

序号	桃主产地	产量
156	通州区(苏)	2410.00
157	丹徒区(苏)	2380.00
158	昆山市(苏)	2271.00
159	宿豫区(苏)	2184.00
160	高淳区(苏)	2150.00
161	东海县(苏)	2145.00
162	溧水区(苏)	2132.00
163	仪征市(苏)	2110.00
164	江都区(苏)	2050.00
165	东台市(苏)	1900.00
166	高港区(苏)	1700.00
167	沭阳县(苏)	1580.00
168	响水县(苏)	1556.00
169	启东市(苏)	1430.00
170	如皋市(苏)	1300.00
171	太仓市(苏)	1283.00
172	润州区(苏)	1278.00
173	扬中市(苏)	1250.00
174	海门市(苏)	1238.00
175	灌南县(苏)	1173.00
176	奉化区(浙)	40000.00
177	缙云县(浙)	21726.00
178	临海市(浙)	21100.00
179	义乌市(浙)	16722.00
180	建德市(浙)	14445.00
181	宁海县(浙)	11000.00
182	秀洲区(浙)	10944.00
183	淳安县(浙)	10370.00
184	金东区(浙)	9672.00
185	仙居县(浙)	9500.00
186	余杭区(浙)	7767.00
187	德清县(浙)	5432.00
188	新昌县(浙)	4620.00
189	上虞区(浙)	4462.00
190	浦江县(浙)	4250.00
191	黄岩区(浙)	4193.00
192	海盐县(浙)	3195.00
193	松阳县(浙)	3183.00
194	余姚市(浙)	3000.00
195	路桥区(浙)	2660.00
196	象山县(浙)	2583.00
197	鄞州区(浙)	2047.00
198	三门县(浙)	2020.00
199	东阳市(浙)	2013.00
200	武义县(浙)	1671.00

(续表)

序号	桃主产地	产量
201	温岭市(浙)	1558.00
202	岱山县(浙)	1423.00
203	萧山区(浙)	1200.00
204	玉环市(浙)	1138.00
205	海曙区(浙)	1080.00
206	苍南县(浙)	1076.00
207	椒江区(浙)	1076.00
208	砀山县(皖)	548208.00
209	裕安区(皖)	78893.00
210	长丰县(皖)	47250.00
211	来安县(皖)	40900.00
212	定远县(皖)	36000.00
213	肥西县(皖)	28000.00
214	六安市叶集区(皖)	21420.00
215	霍邱县(皖)	16580.00
216	濉溪县(皖)	10638.00
217	五河县(皖)	9900.00
218	潘集区(皖)	9113.00
219	灵璧县(皖)	8800.00
220	当涂县(皖)	8055.00
221	颍泉区(皖)	7820.00
222	八公山区(皖)	7750.00
223	寿　县(皖)	6435.00
224	全椒县(皖)	6000.00
225	宣州区(皖)	5535.00
226	怀远县(皖)	5100.00
227	庐江县(皖)	4756.00
228	蒙城县(皖)	3700.00
229	巢湖市(皖)	3600.00
230	颍东区(皖)	3595.00
231	凤台县(皖)	3040.00
232	琅琊区(皖)	3000.00
233	凤阳县(皖)	2350.00
234	青阳县(皖)	2310.00
235	太湖县(皖)	2230.00
236	固镇县(皖)	2200.00
237	霍山县(皖)	2160.00
238	涡阳县(皖)	2100.00
239	芜湖县(皖)	1850.00
240	东至县(皖)	1700.00
241	大通区(皖)	1350.00
242	肥东县(皖)	1200.00
243	怀宁县(皖)	1100.00
244	桐城市(皖)	1000.00
245	乐平市(赣)	13818.00

(续表)

序号	桃主产地	产量
246	瑞昌市(赣)	4000.00
247	永修县(赣)	3590.00
248	龙南县(赣)	3579.00
249	临川区(赣)	3166.00
250	寻乌县(赣)	2244.00
251	宁都县(赣)	1704.00
252	高安市(赣)	1340.46
253	武宁县(赣)	1026.00
254	蒙阴县(鲁)	710000.00
255	沂源县(鲁)	213547.00
256	肥城市(鲁)	185507.00
257	沂水县(鲁)	148512.00
258	费　县(鲁)	135800.00
259	安丘市(鲁)	115000.00
260	临朐县(鲁)	80000.00
261	泗水县(鲁)	67905.00
262	山亭区(鲁)	58600.00
263	新泰市(鲁)	56871.00
264	诸城市(鲁)	56139.00
265	兰陵县(鲁)	49963.00
266	海阳市(鲁)	42689.00
267	高青县(鲁)	42000.00
268	惠民县(鲁)	40200.00
269	郯城县(鲁)	38070.00
270	胶州市(鲁)	34895.00
271	枣庄市市中区(鲁)	26954.00
272	历城区(鲁)	23100.00
273	岱岳区(鲁)	22362.00
274	栖霞市(鲁)	21300.00
275	五莲县(鲁)	20350.00
276	昌乐县(鲁)	19700.00
277	莱城区(鲁)	19300.00
278	寿光市(鲁)	18000.00
279	莱阳市(鲁)	17695.00
280	河东区(鲁)	17650.00
281	环翠区(鲁)	17348.10
282	莒南县(鲁)	16800.00
283	曲阜市(鲁)	16400.00
284	西海岸新区(鲁)	16158.00
285	济阳县(鲁)	14000.00
286	东平县(鲁)	12395.00
287	莱西市(鲁)	12120.00
288	荣成市(鲁)	11800.00
289	潍坊市峡山区(鲁)	9500.00
290	微山县(鲁)	9332.00

（续表）

序号	桃主产地	产量
291	岚山区(鲁)	8920.00
292	即墨区(鲁)	8200.00
293	成武县(鲁)	8000.00
294	兖州区(鲁)	7080.00
295	淄川区(鲁)	7000.00
296	薛城区(鲁)	6918.00
297	龙口市(鲁)	6688.00
298	招远市(鲁)	6420.00
299	泰山区(鲁)	6345.55
300	齐河县(鲁)	5660.00
301	长清区(鲁)	5600.00
302	宁阳县(鲁)	5598.00
303	峄城区(鲁)	5200.00
304	阳谷县(鲁)	5166.00
305	梁山县(鲁)	5068.00
306	城阳区(鲁)	4900.00
307	莱山区(鲁)	4638.00
308	武城县(鲁)	4185.00
309	临淄区(鲁)	4041.00
310	东昌府区(鲁)	3840.00
311	临清市(鲁)	3450.00
312	潍城区(鲁)	3000.00
313	高密市(鲁)	2750.00
314	文登区(鲁)	2550.00
315	茌平县(鲁)	2163.00
316	莘　县(鲁)	2136.00
317	平阴县(鲁)	2020.00
318	汶上县(鲁)	1980.00
319	高唐县(鲁)	1800.00
320	东明县(鲁)	1620.00
321	莱芜市雪野旅游区(鲁)	1480.60
322	临沂市高新技术产业开发区(鲁)	1200.00
323	陵城区(鲁)	1162.00
324	滨城区(鲁)	1033.00
325	永城市(豫)	26670.00
326	光山县(豫)	26000.00
327	唐河县(豫)	20660.00
328	太康县(豫)	18000.00
329	武陟县(豫)	16000.00
330	卫辉市(豫)	13220.00
331	博爱县(豫)	12025.00
332	濮阳市高新区(豫)	12000.00
333	扶沟县(豫)	10080.00
334	济源市(豫)	9000.00
335	洛宁县(豫)	9000.00
336	西华县(豫)	8700.00
337	项城市(豫)	8000.00
338	汤阴县(豫)	7800.00
339	辉县市(豫)	7500.00
340	孟州市(豫)	7429.00
341	汝州市(豫)	7200.00
342	嵩　县(豫)	7050.00
343	潢川县(豫)	6818.00
344	沁阳市(豫)	6593.00
345	民权县(豫)	6500.00
346	延津县(豫)	6300.00
347	新野县(豫)	6000.00
348	桐柏县(豫)	5700.00
349	杞　县(豫)	5600.00
350	商水县(豫)	5400.00
351	卢氏县(豫)	5300.00
352	湖滨区(豫)	5010.00
353	荥阳市(豫)	4930.00
354	通许县(豫)	3900.00
355	封丘县(豫)	3750.00
356	汝南县(豫)	3639.00
357	湛河区(豫)	3000.00
358	长垣县(豫)	3000.00
359	郏　县(豫)	2900.00
360	上蔡县(豫)	2565.00
361	邓州市(豫)	2548.00
362	社旗县(豫)	2520.00
363	郸城县(豫)	2500.00
364	襄城县(豫)	2387.00
365	渑池县(豫)	2335.00
366	息　县(豫)	2280.00
367	长葛市(豫)	2220.00
368	台前县(豫)	2200.00
369	安阳县(豫)	1900.00
370	林州市(豫)	1600.00
371	洛龙区(豫)	1598.00
372	汝阳县(豫)	1560.00
373	正阳县(豫)	1500.00
374	中原区(豫)	1500.00
375	叶　县(豫)	1400.00
376	川汇区(豫)	1372.00
377	新　县(豫)	1275.00
378	惠济区(豫)	1274.00
379	祥符区(豫)	1245.00
380	濮阳县(豫)	1200.00
381	固始县(豫)	1000.00
382	枣阳市(鄂)	456760.00
383	随　县(鄂)	43370.00
384	广水市(鄂)	35100.00
385	枝江市(鄂)	26215.00
386	老河口市(鄂)	25800.00
387	南漳县(鄂)	20000.00
388	襄州区(鄂)	18687.00
389	公安县(鄂)	17472.00
390	汉川市(鄂)	12000.00
391	钟祥市(鄂)	11392.00
392	蔡甸区(鄂)	6700.00
393	荆州区(鄂)	4173.00
394	江陵县(鄂)	4000.00
395	掇刀区(鄂)	4000.00
396	恩施市(鄂)	3429.00
397	鄂州市市辖区(鄂)	3160.00
398	巴东县(鄂)	3059.00
399	襄城区(鄂)	2200.00
400	云梦县(鄂)	2199.00
401	东宝区(鄂)	2100.00
402	孝昌县(鄂)	2000.00
403	武穴市(鄂)	1806.00
404	梁子湖区(鄂)	1732.00
405	嘉鱼县(鄂)	1695.00
406	曾都区(鄂)	1655.00
407	宜都市(鄂)	1600.00
408	通城县(鄂)	1550.00
409	鹤峰县(鄂)	1500.00
410	浠水县(鄂)	1452.00
411	沙市区(鄂)	1215.00
412	郧西县(鄂)	1052.00
413	谷城县(鄂)	1020.00
414	郧阳区(鄂)	1000.00
415	资兴市(湘)	7660.00
416	临澧县(湘)	5995.00
417	湘潭市市辖区(湘)	5848.00
418	永定区(湘)	5730.00
419	浏阳市(湘)	3341.00
420	祁阳县(湘)	2890.00
421	新田县(湘)	2799.00
422	道　县(湘)	2560.00
423	株洲县(湘)	2500.00
424	吉首市(湘)	2430.00

(续表)

序号	桃主产地	产量
425	麻阳苗族自治县(湘)	2400.00
426	衡山县(湘)	2280.00
427	澧　县(湘)	2150.00
428	湘乡市(湘)	2041.00
429	辰溪县(湘)	2000.00
430	衡东县(湘)	2000.00
431	华容县(湘)	1780.00
432	东安县(湘)	1684.00
433	洞口县(湘)	1620.00
434	永顺县(湘)	1466.00
435	嘉禾县(湘)	1247.00
436	北湖区(湘)	1172.00
437	靖州苗族侗族自治县(湘)	1167.00
438	祁东县(湘)	1070.00
439	宜章县(湘)	1028.00
440	绥宁县(湘)	1000.00
441	平乐县(桂)	46385.00
442	灵川县(桂)	44878.00
443	象州县(桂)	22552.00
444	灌阳县(桂)	13331.00
445	兴宾区(桂)	9304.00
446	忻城县(桂)	8953.00
447	天峨县(桂)	6903.00
448	兴安县(桂)	6000.00
449	柳城县(桂)	5255.00
450	钟山县(桂)	5152.00
451	罗城仫佬族自治县(桂)	3517.00
452	田林县(桂)	3508.00
453	八步区(桂)	3463.00
454	金秀瑶族自治县(桂)	3120.00
455	富川瑶族自治县(桂)	2695.00
456	龙胜各族自治县(桂)	2097.00
457	武宣县(桂)	1942.00
458	乐业县(桂)	1805.00
459	隆林各族自治县(桂)	1490.00
460	巴马瑶族自治县(桂)	1373.00
461	德保县(桂)	1101.00
462	奉节县(渝)	14797.00
463	潼南区(渝)	12700.00
464	南川区(渝)	9000.00
465	沙坪坝区(渝)	5000.00
466	巴南区(渝)	3782.00
467	大足区(渝)	3000.00
468	丰都县(渝)	2895.00
469	万州区(渝)	2750.00
470	铜梁区(渝)	2681.00
471	永川区(渝)	2500.00
472	龙泉驿区(川)	61290.00
473	金堂县(川)	39920.00
474	青白江区(川)	21000.00
475	汉源县(川)	17512.00
476	会理县(川)	9823.00
477	仪陇县(川)	9700.00
478	顺庆区(川)	8416.00
479	威远县(川)	5700.00
480	丹棱县(川)	5250.00
481	邻水县(川)	4600.00
482	南江县(川)	4200.00
483	巴州区(川)	3160.00
484	游仙区(川)	2390.00
485	大英县(川)	1800.00
486	嘉陵区(川)	1650.00
487	高　县(川)	1375.00
488	五通桥区(川)	1256.00
489	镇远县(黔)	31210.00
490	水城县(黔)	9825.00
491	印江土家族苗族自治县(黔)	5124.00
492	三都水族自治县(黔)	5093.00
493	乌当区(黔)	3521.00
494	松桃苗族自治县(黔)	2500.00
495	黄平县(黔)	2300.00
496	江口县(黔)	2210.00
497	福泉市(黔)	2000.00
498	碧江区(黔)	1912.00
499	台江县(黔)	1840.00
500	册亨县(黔)	1500.00
501	万山区(黔)	1500.00
502	普安县(黔)	1217.00
503	元江哈尼族彝族傣族自治县(滇)	20050.00
504	泸西县(滇)	15500.00
505	麒麟区(滇)	15000.00
506	永胜县(滇)	5337.60
507	五华区(滇)	5055.00
508	玉龙纳西族自治县(滇)	4563.00
509	文山市(滇)	4500.00
510	开远市(滇)	3300.00
511	师宗县(滇)	3118.00
512	富宁县(滇)	2811.00
513	西山区(滇)	2471.40
514	峨山彝族自治县(滇)	2060.00
515	凤庆县(滇)	1882.00
516	云　县(滇)	1707.00
517	鹤庆县(滇)	1540.00
518	易门县(滇)	1402.40
519	华坪县(滇)	1311.00
520	洱源县(滇)	1300.00
521	丘北县(滇)	1280.00
522	西畴县(滇)	1250.00
523	淳化县(陕)	23502.00
524	韩城市林业局(陕)	12600.00
525	眉　县(陕)	11950.00
526	周至县(陕)	10150.00
527	秦都区(陕)	9860.00
528	汉阴县(陕)	9250.00
529	旬阳县(陕)	8200.00
530	城固县(陕)	6960.00
531	汉台区(陕)	6000.00
532	永寿县(陕)	5591.00
533	泾阳县(陕)	4815.00
534	陇　县(陕)	3561.00
535	凤翔县(陕)	3360.00
536	陈仓区(陕)	3315.00
537	渭滨区(陕)	2851.00
538	千阳县(陕)	2389.00
539	王益区(陕)	2300.00
540	商州区(陕)	1800.00
541	略阳县(陕)	1457.00
542	靖边县(陕)	1120.00
543	白河县(陕)	1069.00
544	南郑区(陕)	1000.00
545	皋兰县(甘)	12055.00
546	敦煌市(甘)	9787.00
547	崆峒区(甘)	3114.00
548	甘州区(甘)	3000.00
549	宁　县(甘)	2210.00
550	榆中县(甘)	1390.00
551	庆城县(甘)	1379.00
552	西峰区(甘)	1360.00
553	临泽县(甘)	1342.00
554	玉门市(甘)	1000.00
555	利通区(宁)	3410.00

表 7-4　杏主产地产量

（续表）　（续表）

单位：吨

序号	杏主产地	产量
1	密云区(京)	4264.60
2	大兴区(京)	2647.00
3	怀柔区(京)	1596.30
4	房山区(京)	1537.00
5	昌平区(京)	1319.70
6	门头沟区(京)	1134.00
7	巨鹿县(冀)	81100.00
8	易　县(冀)	24349.00
9	顺平县(冀)	23705.00
10	满城区(冀)	18500.00
11	兴隆县(冀)	15433.00
12	遵化市(冀)	13627.00
13	永清县(冀)	11000.00
14	宣化区(冀)	8251.00
15	涞水县(冀)	7500.00
16	辛集市(冀)	7148.00
17	阜城县(冀)	5216.00
18	行唐县(冀)	4040.00
19	唐　县(冀)	3858.00
20	鹿泉区(冀)	3734.00
21	临漳县(冀)	3520.00
22	青龙满族自治县(冀)	3500.00
23	肥乡区(冀)	3100.00
24	丰润区(冀)	3000.00
25	沙河市(冀)	3000.00
26	承德县(冀)	2739.00
27	万全区(冀)	2300.00
28	清苑区(冀)	2200.00
29	怀来县(冀)	2164.00
30	平乡县(冀)	2000.00
31	迁西县(冀)	1868.00
32	南和县(冀)	1740.00
33	威　县(冀)	1668.00
34	南宫市(冀)	1646.00
35	深州市(冀)	1465.00
36	涞源县(冀)	1400.00
37	平山县(冀)	1400.00
38	魏　县(冀)	1353.00
39	迁安市(冀)	1260.00
40	武邑县(冀)	1255.00
41	内丘县(冀)	1181.00
42	广阳区(冀)	1172.00
43	任　县(冀)	1085.00
44	滦平县(冀)	1045.00
45	山阴县(晋)	15348.00
46	阳高县(晋)	8000.00
47	临　县(晋)	6596.00
48	万荣县(晋)	2900.00
49	河津市(晋)	2018.00
50	襄汾县(晋)	2000.00
51	晋源区(晋)	1820.00
52	天镇县(晋)	1389.30
53	高平市(晋)	1200.00
54	平遥县(晋)	1100.00
55	忻府区(晋)	1018.60
56	土默特右旗(内蒙古)	13500.00
57	临河区(内蒙古)	7590.00
58	凉城县(内蒙古)	3000.00
59	准格尔旗(内蒙古)	2140.00
60	扎兰屯市(内蒙古)	1060.00
61	南票区(辽)	5120.00
62	连山区(辽)	4200.00
63	龙城区(辽)	2500.00
64	浑南区(辽)	1800.00
65	海城市(辽)	1000.00
66	贾汪区(苏)	2914.00
67	铜山区(苏)	1000.00
68	东平县(鲁)	16468.00
69	邹平县(鲁)	14950.00
70	长清区(鲁)	12750.00
71	新泰市(鲁)	12613.00
72	邹城市(鲁)	9690.00
73	费　县(鲁)	8500.00
74	沂水县(鲁)	7890.00
75	淄川区(鲁)	6000.00
76	莱州市(鲁)	6000.00
77	肥城市(鲁)	5902.00
78	岱岳区(鲁)	4163.00
79	宁阳县(鲁)	4000.00
80	平阴县(鲁)	3440.00
81	曲阜市(鲁)	3120.00
82	临清市(鲁)	2680.00
83	微山县(鲁)	2660.00
84	诸城市(鲁)	2055.00
85	蓬莱市(鲁)	2012.00
86	梁山县(鲁)	1950.00
87	城阳区(鲁)	1900.00
88	招远市(鲁)	1800.00
89	泰安市高新区(鲁)	1740.00
90	历城区(鲁)	1700.00
91	沂南县(鲁)	1580.00
92	泰山区(鲁)	1550.00
93	临朐县(鲁)	1500.00
94	峄城区(鲁)	1450.00
95	山亭区(鲁)	1352.00
96	莱阳市(鲁)	1250.00
97	昌乐县(鲁)	1200.00
98	宜阳县(豫)	8500.00
99	内乡县(豫)	6500.00
100	林州市(豫)	5655.00
101	舞钢市(豫)	5250.00
102	南乐县(豫)	5245.00
103	汝州市(豫)	3950.00
104	新密市(豫)	3760.00
105	登封市(豫)	3500.00
106	洛阳市高新区(豫)	3375.00
107	渑池县(豫)	3175.00
108	鲁山县(豫)	3050.00
109	郏　县(豫)	2900.00
110	洛宁县(豫)	2810.00
111	栾川县(豫)	2790.00
112	济源市(豫)	2000.00
113	博爱县(豫)	1500.00
114	嵩　县(豫)	1440.00
115	鄢陵县(豫)	1230.00
116	获嘉县(豫)	1200.00
117	荥阳市(豫)	1150.00
118	延津县(豫)	1000.00
119	青白江区(川)	1900.00
120	蓝田县(陕)	15000.00
121	吴起县(陕)	12450.00
122	泾阳县(陕)	7126.00
123	安塞区(陕)	6920.00
124	志丹县(陕)	6358.00
125	礼泉县(陕)	4800.00
126	靖边县(陕)	4500.00
127	延长县(陕)	3520.00
128	汉滨区(陕)	2371.00
129	韩城市林业局(陕)	2200.00
130	子长县(陕)	1750.00
131	甘泉县(陕)	1624.00
132	宜川县(陕)	1605.00
133	米脂县(陕)	1130.00
134	商州区(陕)	1000.00

(续表)

序号	杏主产地	产量
135	镇原县(甘)	29309.00
136	天水市市辖区(甘)	20120.00
137	庆城县(甘)	9496.00
138	环　县(甘)	9350.00
139	敦煌市(甘)	8557.00
140	宁　县(甘)	6991.00
141	民乐县(甘)	6500.00
142	山丹县(甘)	4600.00
143	正宁县(甘)	4049.00
144	西峰区(甘)	2665.00
145	崆峒区(甘)	2520.00
146	榆中县(甘)	2100.00
147	甘州区(甘)	2000.00
148	玉门市(甘)	1900.00
149	高台县(甘)	1800.00
150	陇西县(甘)	1678.00
151	肃南裕固族自治县(甘)	1086.00
152	永登县(甘)	1012.00
153	彭阳县(宁)	7500.00

表 7-5　李主产地产量

单位:吨

序号	李主产地	产量
1	密云区(京)	4639.10
2	房山区(京)	1825.60
3	顺义区(京)	1758.20
4	昌平区(京)	742.10
5	怀柔区(京)	733.00
6	通州区(京)	547.90
7	易　县(冀)	17050.00
8	满城区(冀)	7820.00
9	围场满族蒙古族自治县(冀)	4644.00
10	迁西县(冀)	1665.00
11	涞水县(冀)	1500.00
12	晋州市(冀)	960.00
13	滦平县(冀)	938.00
14	张家口市高新技术管理区(冀)	600.00
15	涿州市(冀)	350.00
16	海港区(冀)	322.00
17	赤城县(冀)	235.00
18	献　县(冀)	225.00
19	丰宁满族自治县(冀)	210.00
20	霸州市(冀)	199.00
21	应　县(晋)	380.00
22	敖汉旗(内蒙古)	3600.00

(续表)

序号	李主产地	产量
23	开鲁县(内蒙古)	825.00
24	杭锦后旗(内蒙古)	765.00
25	五原县(内蒙古)	537.00
26	翁牛特旗(内蒙古)	500.00
27	松山区(内蒙古)	200.00
28	阿鲁科尔沁旗(内蒙古)	200.00
29	奈曼旗(内蒙古)	150.00
30	林西县(内蒙古)	140.00
31	乌拉特后旗(内蒙古)	112.00
32	盖州市(辽)	6830.00
33	连山区(辽)	5800.00
34	义　县(辽)	4000.00
35	调兵山市(辽)	2005.00
36	抚顺县(辽)	265.00
37	清河门区(辽)	100.00
38	洮南市(吉)	2010.00
39	辉南县(吉)	1850.00
40	农安县(吉)	1300.00
41	洮北区(吉)	1023.00
42	白城市市辖区(吉)	600.00
43	前郭尔罗斯蒙古族自治县(吉)	500.00
44	丰满区(吉)	440.00
45	磐石市(吉)	350.00
46	九台区(吉)	200.00
47	碾子山区(黑)	4977.00
48	甘南县(黑)	1080.00
49	五常市(黑)	430.00
50	依安县(黑)	400.00
51	让胡路区(黑)	370.00
52	龙江县(黑)	258.00
53	龙凤区(黑)	235.00
54	临安区(浙)	7500.00
55	建德市(浙)	7000.00
56	松阳县(浙)	4865.00
57	浦江县(浙)	3040.00
58	定海区(浙)	2000.00
59	新昌县(浙)	1870.00
60	淳安县(浙)	1714.00
61	莲都区(浙)	1543.00
62	缙云县(浙)	1061.00
63	武义县(浙)	1049.00
64	宁海县(浙)	800.00
65	遂昌县(浙)	772.00
66	永康市(浙)	650.00
67	龙泉市(浙)	583.00

(续表)

序号	李主产地	产量
68	余杭区(浙)	565.00
69	临海市(浙)	500.00
70	天台县(浙)	475.00
71	义乌市(浙)	453.00
72	萧山区(浙)	400.00
73	诸暨市(浙)	345.00
74	仙居县(浙)	300.00
75	安吉县(浙)	235.00
76	三门县(浙)	170.00
77	象山县(浙)	115.00
78	玉环市(浙)	108.00
79	凤阳县(皖)	2850.00
80	霍邱县(皖)	1350.00
81	石台县(皖)	1339.00
82	灵璧县(皖)	300.00
83	赣县区(赣)	1760.00
84	瑞金市(赣)	756.00
85	临朐县(鲁)	2000.00
86	新泰市(鲁)	1120.00
87	费　县(鲁)	280.00
88	肥城市(鲁)	150.00
89	岱岳区(鲁)	100.00
90	内乡县(豫)	25165.00
91	商水县(豫)	2880.00
92	利川市(鄂)	3000.00
93	长阳土家族自治县(鄂)	500.00
94	建始县(鄂)	480.00
95	阳新县(鄂)	265.00
96	襄城区(鄂)	150.00
97	新化县(湘)	58500.00
98	祁东县(湘)	8400.00
99	永定区(湘)	4900.00
100	中方县(湘)	4800.00
101	涟源市(湘)	3000.00
102	汝城县(湘)	1204.00
103	株洲县(湘)	1125.00
104	新宁县(湘)	900.00
105	临澧县(湘)	510.00
106	麻阳苗族自治县(湘)	500.00
107	鼎城区(湘)	310.00
108	邵阳县(湘)	300.00
109	衡山县(湘)	294.00
110	金洞林场(湘)	230.00
111	南岳区(湘)	180.00
112	灌阳县(桂)	62239.00

（续表）

序号	李主产地	产量
113	武宣县(桂)	30992.00
114	平乐县(桂)	30080.00
115	天峨县(桂)	8111.00
116	田林县(桂)	7829.00
117	金城江区(桂)	7515.00
118	象州县(桂)	1907.00
119	田东县(桂)	1750.00
120	龙胜各族自治县(桂)	1711.00
121	江州区(桂)	710.00
122	宾阳县(桂)	565.00
123	靖西市(桂)	561.00
124	融水苗族自治县(桂)	481.00
125	合山市(桂)	467.00
126	那坡县(桂)	170.00
127	南川区(渝)	20000.00
128	铜梁区(渝)	13156.00
129	梁平区(渝)	12579.77
130	大足区(渝)	10000.00
131	万州区(渝)	8865.00
132	奉节县(渝)	8000.00
133	江津区(渝)	5000.00
134	永川区(渝)	1500.00
135	丹棱县(川)	40500.00
136	宜宾县(川)	8240.00
137	江油市(川)	7550.00
138	江安县(川)	4250.00
139	万源市(川)	3480.00
140	苍溪县(川)	3000.00
141	古蔺县(川)	2930.00
142	理　县(川)	2832.00
143	珙　县(川)	2700.00
144	宣汉县(川)	2680.00
145	巴州区(川)	1956.00
146	开江县(川)	1700.00
147	剑阁县(川)	1000.00
148	达川区(川)	950.00
149	雷波县(川)	500.00
150	邻水县(川)	500.00
151	九寨沟县(川)	400.00
152	大竹县(川)	210.00
153	自流井区(川)	100.00
154	台江县(黔)	8040.00
155	沿河土家族自治县(黔)	6552.00
156	乌当区(黔)	2118.00
157	黄平县(黔)	1962.00
158	福泉市(黔)	500.00
159	元江哈尼族彝族傣族自治县(滇)	34700.00
160	绥江县(滇)	25068.00
161	砚山县(滇)	8000.00
162	元阳县(滇)	1483.00
163	石林彝族自治县(滇)	1420.00
164	永胜县(滇)	1201.00
165	大关县(滇)	1200.00
166	云　县(滇)	982.00
167	江川区(滇)	271.00
168	盈江县(滇)	237.90
169	通海县(滇)	210.00
170	华宁县(滇)	113.00
171	南郑区(陕)	780.00
172	岚皋县(陕)	610.00
173	镇坪县(陕)	150.00
174	石泉县(陕)	100.00
175	康　县(甘)	904.00
176	利通区(宁)	450.00

表 7-6　樱桃主产地产量

单位：吨

序号	樱桃主产地	产量
1	通州区(京)	5195.00
2	房山区(京)	1872.55
3	顺义区(京)	1493.70
4	昌平区(京)	1318.20
5	密云区(京)	917.70
6	海淀区(京)	478.43
7	门头沟区(京)	450.00
8	怀柔区(京)	130.70
9	山海关区(冀)	11000.00
10	迁西县(冀)	2587.00
11	望都县(冀)	2500.00
12	海港区(冀)	341.00
13	三河市(冀)	295.00
14	丰宁满族自治县(冀)	183.00
15	满城区(冀)	180.00
16	鸡泽县(冀)	173.00
17	高碑店市(冀)	135.00
18	井陉矿区(冀)	100.00
19	河津市(晋)	300.00
20	奈曼旗(内蒙古)	112.50
21	大连市花园口经济开发区(辽)	130.30
22	诸暨市(浙)	1960.00
23	余姚市(浙)	714.00
24	仙居县(浙)	600.00
25	天台县(浙)	120.00
26	长丰县(皖)	2586.00
27	琅琊区(皖)	800.00
28	肥西县(皖)	300.00
29	巢湖市(皖)	200.00
30	天长市(皖)	150.00
31	栖霞市(鲁)	52140.00
32	泰安市高新区(鲁)	49000.00
33	临朐县(鲁)	42000.00
34	福山区(鲁)	26922.00
35	肥城市(鲁)	23724.00
36	安丘市(鲁)	23000.00
37	新泰市(鲁)	16615.00
38	岱岳区(鲁)	7950.00
39	龙口市(鲁)	7919.00
40	沂南县(鲁)	6310.00
41	招远市(鲁)	5710.00
42	五莲县(鲁)	5200.00
43	泰山区(鲁)	4294.00
44	烟台市市辖区(鲁)	4000.00
45	莒南县(鲁)	3960.00
46	西海岸新区(鲁)	3401.50
47	文登区(鲁)	2280.00
48	城阳区(鲁)	2100.00
49	东平县(鲁)	2013.00
50	蒙阴县(鲁)	1820.00
51	荣成市(鲁)	1480.00
52	临清市(鲁)	1095.00
53	临淄区(鲁)	1075.00
54	莱芜市雪野旅游区(鲁)	994.70
55	费　县(鲁)	690.00
56	潍坊市峡山区(鲁)	310.00
57	高密市(鲁)	273.00
58	成武县(鲁)	160.00
59	阳谷县(鲁)	130.00
60	薛城区(鲁)	100.00
61	梁山县(鲁)	100.00
62	新密市(豫)	6900.00
63	新安县(豫)	4300.00
64	西工区(豫)	2600.00
65	台前县(豫)	2300.00
66	镇平县(豫)	864.00

(续表)

序号	樱桃主产地	产量
67	汤阴县(豫)	375.00
68	商水县(豫)	375.00
69	淮阳县(豫)	370.00
70	睢　县(豫)	300.00
71	长垣县(豫)	230.00
72	濮阳县(豫)	150.00
73	卫滨区(豫)	150.00
74	房　县(鄂)	1969.00
75	保康县(鄂)	1621.00
76	南漳县(鄂)	1600.00
77	郧阳区(鄂)	200.00
78	铜梁区(渝)	2335.00
79	大足区(渝)	2000.00
80	永川区(渝)	400.00
81	丹棱县(川)	3600.00
82	理　县(川)	1694.00
83	巴州区(川)	630.00
84	木里藏族自治县(川)	100.00
85	乌当区(黔)	1207.00
86	麒麟区(滇)	1200.00
87	永胜县(滇)	918.50
88	西山区(滇)	467.00
89	石林彝族自治县(滇)	150.00
90	元江哈尼族彝族傣族自治县(滇)	132.00
91	蓝田县(陕)	23500.00
92	铜川市新区(陕)	10072.00
93	灞桥区(陕)	5655.00
94	西乡县(陕)	3600.00
95	眉　县(陕)	2960.00
96	渭滨区(陕)	1854.00
97	淳化县(陕)	1795.00
98	韩城市林业局(陕)	710.00
99	洛南县(陕)	471.00
100	略阳县(陕)	336.00
101	武功县(陕)	300.00
103	成　县(甘)	12003.00
104	清水县(甘)	2000.00
105	武山县(甘)	600.00

表 7-7　猕猴桃主产地产量

单位:吨

序号	猕猴桃主产地	产量
1	桓仁满族自治县(辽)	225.00
2	新沂市(苏)	2240.00
3	江都区(苏)	1944.00
4	海门市(苏)	1842.00
5	金坛区(苏)	1350.00
6	赣榆区(苏)	900.00
7	射阳县(苏)	600.00
8	六合区(苏)	490.00
9	铜山区(苏)	280.00
10	宜兴市(苏)	260.00
11	东台市(苏)	240.00
12	姜堰区(苏)	192.00
13	亭湖区(苏)	180.00
14	泰兴市(苏)	150.00
15	常熟市(苏)	130.00
16	太仓市(苏)	112.00
17	通州区(苏)	105.00
18	睢宁县(苏)	101.00
19	江山市(浙)	19000.00
20	泰顺县(浙)	7985.00
21	上虞区(浙)	5350.00
22	仙居县(浙)	3600.00
23	常山县(浙)	2500.00
24	遂昌县(浙)	2089.00
25	诸暨市(浙)	2020.00
26	义乌市(浙)	1673.00
27	临海市(浙)	1510.00
28	黄岩区(浙)	1258.00
29	宁海县(浙)	1200.00
30	莲都区(浙)	1196.00
31	柯城区(浙)	1000.00
32	余姚市(浙)	900.00
33	天台县(浙)	800.00
34	三门县(浙)	770.00
35	余杭区(浙)	768.00
36	临安区(浙)	720.00
37	鄞州区(浙)	720.00
38	武义县(浙)	710.00
39	淳安县(浙)	599.00
40	柯桥区(浙)	500.00
41	温岭市(浙)	455.00
42	龙泉市(浙)	419.00
43	婺城区(浙)	390.00
44	海曙区(浙)	300.00
45	新昌县(浙)	250.00
46	萧山区(浙)	245.00
47	东阳市(浙)	228.00
48	越城区(浙)	198.00
49	庆元县(浙)	165.00
50	椒江区(浙)	160.00
51	永康市(浙)	160.00
52	路桥区(浙)	150.00
53	奉化区(浙)	150.00
54	海盐县(浙)	135.00
55	玉环市(浙)	127.00
56	浦江县(浙)	121.00
57	龙游县(浙)	110.00
58	缙云县(浙)	100.00
59	开化县(浙)	100.00
60	广德县(皖)	3573.00
61	歙　县(皖)	1682.00
62	霍邱县(皖)	1621.00
63	舒城县(皖)	1120.00
64	石台县(皖)	530.00
65	金寨县(皖)	407.00
66	太湖县(皖)	275.00
67	岳西县(皖)	231.00
68	五河县(皖)	203.00
69	庐江县(皖)	153.00
70	奉新县(赣)	32855.00
71	安远县(赣)	7260.00
72	寻乌县(赣)	1780.00
73	宁都县(赣)	1198.00
74	横峰县(赣)	670.00
75	东乡区(赣)	400.00
76	永新县(赣)	300.00
77	武宁县(赣)	185.00
78	上高县(赣)	180.00
79	瑞昌市(赣)	168.00
80	彭泽县(赣)	166.00
81	黎川县(赣)	164.00
82	临川区(赣)	135.00
83	信州区(赣)	125.00
84	靖安县(赣)	106.00
85	石城县(赣)	103.00
86	西海岸新区(鲁)	1386.00
87	肥城市(鲁)	840.00
88	祥符区(豫)	6723.00
89	内乡县(豫)	2760.00
90	栾川县(豫)	2410.00
91	卢氏县(豫)	1500.00
92	鲁山县(豫)	1139.00

（续表）

序号	猕猴桃主产地	产量
93	郸城县（豫）	650.00
94	汝南县（豫）	255.00
95	长葛市（豫）	195.00
96	平桥区（豫）	154.00
97	郾城区（豫）	129.00
98	新　县（豫）	100.00
99	洛龙区（豫）	100.00
100	建始县（鄂）	13500.00
101	老河口市（鄂）	5675.00
102	恩施市（鄂）	2305.00
103	巴东县（鄂）	2223.00
104	利川市（鄂）	2000.00
105	房　县（鄂）	946.00
106	广水市（鄂）	848.00
107	南漳县（鄂）	750.00
108	枝江市（鄂）	626.00
109	英山县（鄂）	618.00
110	松滋市（鄂）	610.00
111	通城县（鄂）	598.00
112	随　县（鄂）	573.00
113	长阳土家族自治县（鄂）	500.00
114	鄂州市市辖区（鄂）	380.00
115	谷城县（鄂）	360.00
116	郧阳区（鄂）	250.00
117	鹤峰县（鄂）	240.00
118	保康县（鄂）	231.00
119	兴山县（鄂）	119.00
120	秭归县（鄂）	100.00
121	永顺县（湘）	37175.00
122	花垣县（湘）	9000.00
123	临武县（湘）	5000.00
124	新宁县（湘）	3200.00
125	桑植县（湘）	1800.00
126	吉首市（湘）	1800.00
127	沅陵县（湘）	1149.00
128	永定区（湘）	1128.00
129	石门县（湘）	1000.00
130	新化县（湘）	650.00
131	武冈市（湘）	612.00
132	麻阳苗族自治县（湘）	350.00
133	绥宁县（湘）	290.00
134	祁东县（湘）	167.00
135	湘潭市市辖区（湘）	101.00
136	桂东县（湘）	100.00
137	兴安县（桂）	2145.00
138	乐业县（桂）	1675.00
139	临桂区（桂）	560.00
140	罗城仫佬族自治县（桂）	500.00
141	靖西市（桂）	340.00
142	龙胜各族自治县（桂）	210.00
143	万州区（渝）	3105.00
144	永川区（渝）	3000.00
145	江津区（渝）	2600.00
146	奉节县（渝）	2245.00
147	铜梁区（渝）	1788.00
148	丰都县（渝）	1037.00
149	开州区（渝）	420.00
150	武隆区（渝）	346.00
151	巴南区（渝）	178.00
152	梁平区（渝）	105.25
153	蒲江县（川）	90200.00
154	苍溪县（川）	53600.00
155	都江堰市（川）	35122.00
156	雨城区（川）	8000.00
157	丹棱县（川）	6250.00
158	大邑县（川）	5628.00
159	彭州市（川）	5566.00
160	邛崃市（川）	5025.00
161	南江县（川）	3250.00
162	宣汉县（川）	2730.00
163	巴州区（川）	2623.00
164	双流区（川）	2309.00
165	剑阁县（川）	1500.00
166	新津县（川）	1360.00
167	崇州市（川）	931.00
168	金堂县（川）	892.00
169	平昌县（川）	751.00
170	游仙区（川）	605.00
171	乐山市市中区（川）	451.00
172	旺苍县（川）	423.00
173	邻水县（川）	400.00
174	水城县（黔）	6423.00
175	凯里市（黔）	3647.00
176	江口县（黔）	1000.00
177	台江县（黔）	750.00
178	三都水族自治县（黔）	223.00
179	松桃苗族自治县（黔）	200.00
180	石阡县（黔）	185.00
181	乌当区（黔）	165.00
182	碧江区（黔）	150.00
183	思南县（黔）	150.00
184	师宗县（滇）	3536.00
185	屏边苗族自治县（滇）	645.00
186	永胜县（滇）	617.80
187	绥江县（滇）	286.00
188	施甸县（滇）	152.00
189	眉　县（陕）	475977.00
190	周至县（陕）	26526.00
191	城固县（陕）	25579.00
192	陈仓区（陕）	10689.00
193	渭滨区（陕）	7841.00
194	灞桥区（陕）	3998.00
195	汉滨区（陕）	792.00
196	南郑区（陕）	700.00
197	商南县（陕）	685.00
198	镇坪县（陕）	660.00
199	汉阴县（陕）	650.00
200	平利县（陕）	550.00
201	太白县（陕）	539.00
202	凤翔县（陕）	537.00
203	佛坪县（陕）	301.00
204	西乡县（陕）	200.00
205	略阳县（陕）	163.00
206	岚皋县（陕）	156.00
207	石泉县（陕）	100.00

表 7-8　鲜葡萄主产地产量

单位：吨

序号	鲜葡萄主产地	产量
1	通州区（京）	5530.10
2	威　县（冀）	78654.00
3	顺平县（冀）	34496.00
4	满城区（冀）	23530.00
5	河曲县（晋）	1362.00
6	忻府区（晋）	1303.10
7	海南区（内蒙古）	1600.00
8	大连市金州新区（辽）	6544.00
9	于洪区（辽）	1980.00
10	柳河县（吉）	7267.50
11	北安市（黑）	4000.00
12	延寿县（黑）	1800.00

(续表)

序号	鲜葡萄主产地	产量
13	东海县(苏)	456750.00
14	句容市(苏)	75174.00
15	邳州市(苏)	47500.00
16	江阴市(苏)	45949.00
17	如东县(苏)	42700.00
18	铜山区(苏)	35000.00
19	新沂市(苏)	16950.00
20	常熟市(苏)	13763.00
21	锡山区(苏)	13537.00
22	通州区(苏)	13056.00
23	高邮市(苏)	12099.00
24	盐都区(苏)	11800.00
25	沛　县(苏)	11088.00
26	东台市(苏)	8030.00
27	兴化市(苏)	7850.00
28	金坛区(苏)	7800.00
29	如皋市(苏)	7770.00
30	宜兴市(苏)	7613.00
31	昆山市(苏)	7306.00
32	灌云县(苏)	6750.00
33	亭湖区(苏)	6500.00
34	海门市(苏)	6471.00
35	太仓市(苏)	6260.00
36	六合区(苏)	6220.00
37	泗洪县(苏)	6000.00
38	涟水县(苏)	6000.00
39	泰兴市(苏)	6000.00
40	惠山区(苏)	5436.00
41	滨湖区(苏)	5270.00
42	张家港市(苏)	5130.00
43	淮阴区(苏)	4430.00
44	丹徒区(苏)	4422.00
45	射阳县(苏)	4215.00
46	江宁区(苏)	3915.00
47	海安县(苏)	3790.00
48	贾汪区(苏)	3709.00
49	睢宁县(苏)	3568.00
50	宝应县(苏)	3501.00
51	高淳区(苏)	3300.00
52	赣榆区(苏)	3150.00
53	灌南县(苏)	3124.00
54	靖江市(苏)	3100.00
55	江都区(苏)	3016.00
56	泗阳县(苏)	3000.00
57	浦口区(苏)	2790.00
58	溧阳市(苏)	2730.00
59	扬中市(苏)	2580.00
60	滨海县(苏)	2560.00
61	阜宁县(苏)	2500.00
62	姜堰区(苏)	2486.00
63	宿城区(苏)	2200.00
64	溧水区(苏)	2111.00
65	沭阳县(苏)	2080.00
66	启东市(苏)	2080.00
67	海州区(苏)	2025.00
68	丰　县(苏)	2000.00
69	大丰区(苏)	2000.00
70	仪征市(苏)	1730.00
71	广陵区(苏)	1655.00
72	建湖县(苏)	1641.00
73	吴中区(苏)	1612.00
74	港闸区(苏)	1450.00
75	高港区(苏)	1400.00
76	响水县(苏)	1261.00
77	金湖县(苏)	1250.00
78	丹阳市(苏)	1200.00
79	邗江区(苏)	1150.00
80	吴江区(苏)	1085.00
81	相城区(苏)	1011.00
82	海盐县(浙)	50400.00
83	临海市(浙)	10660.00
84	临安区(浙)	2300.00
85	衢江区(浙)	1800.00
86	江山市(浙)	1210.00
87	肥西县(皖)	16600.00
88	灵璧县(皖)	11250.00
89	舒城县(皖)	6870.00
90	和　县(皖)	4900.00
91	涡阳县(皖)	1400.00
92	新干县(赣)	4851.00
93	东昌府区(鲁)	12750.00
94	胶州市(鲁)	8536.00
95	沂南县(鲁)	7135.00
96	肥城市(鲁)	2900.00
97	邹平县(鲁)	1836.00
98	平阴县(鲁)	1541.00
99	岚山区(鲁)	1420.00
100	惠民县(鲁)	1300.00
101	长垣县(豫)	17000.00
102	兰考县(豫)	7537.00
103	商水县(豫)	6000.00
104	襄城县(豫)	2604.00
105	扶沟县(豫)	2520.00
106	睢阳区(豫)	1664.00
107	荥阳市(豫)	1610.00
108	荆州区(鄂)	13695.00
109	南漳县(鄂)	4500.00
110	蔡甸区(鄂)	3600.00
111	澧　县(湘)	37800.00
112	永定区(湘)	8800.00
113	鼎城区(湘)	3150.00
114	新宁县(湘)	3000.00
115	祁东县(湘)	2600.00
116	岳阳县(湘)	1500.00
117	威远县(川)	4800.00
118	巴州区(川)	2729.00
119	邻水县(川)	1200.00
120	宾川县(滇)	380567.00
121	鲁甸县(滇)	6000.00
122	汉滨区(陕)	4020.00
123	高台县(甘)	42900.00
124	红寺堡区(宁)	8500.00
125	西夏区(宁)	1180.00

表 7-9　山楂主产地产量

单位:吨

序号	山楂主产地	产量
1	密云区(京)	5199.30
2	遵化市(冀)	15526.00
3	桃城区(冀)	1123.00
4	博野县(冀)	1100.00
5	鹰手营子矿区(冀)	910.00
6	丰宁满族自治县(冀)	786.00
7	深泽县(冀)	200.00
8	双滦区(冀)	150.00
9	高碑店市(冀)	130.00
10	闻喜县(晋)	18660.00
11	临猗县(晋)	11000.00
12	泽州县(晋)	7680.00
13	河津市(晋)	7013.00
14	霍州市(晋)	4250.00
15	黎城县(晋)	883.00
16	夏　县(晋)	750.00
17	平遥县(晋)	520.00
18	曲沃县(晋)	250.00

（续表）

序号	山楂主产地	产量
19	陵川县（晋）	216.00
20	平定县（晋）	106.00
21	壶关县（晋）	100.00
22	义　县（辽）	12000.00
23	法库县（辽）	6000.00
24	清原满族自治县（辽）	1400.00
25	桓仁满族自治县（辽）	322.00
26	新宾满族自治县（辽）	136.00
27	辉南县（吉）	750.00
28	凤阳县（皖）	580.00
29	费　县（鲁）	63000.00
30	临朐县（鲁）	21000.00
31	新泰市（鲁）	16235.00
32	昌邑市（鲁）	12005.00
33	泗水县（鲁）	6750.00
34	泰山区（鲁）	1349.00
35	莱芜市雪野旅游区（鲁）	1120.30
36	泰安市高新区（鲁）	800.00
37	岱岳区（鲁）	781.00
38	肥城市（鲁）	400.00
39	东平县（鲁）	367.00
40	临淄区（鲁）	299.00
41	招远市（鲁）	183.00
42	河东区（鲁）	156.00
43	滨城区（鲁）	116.00
44	辉县市（豫）	43000.00
45	汝阳县（豫）	778.00
46	汤阴县（豫）	362.00
47	荥阳市（豫）	188.00

表 7-10　柚主产地产量

单位：吨

序号	柚主产地	产量
1	常山县（浙）	140000.00
2	苍南县（浙）	5520.00
3	定海区（浙）	1800.00
5	南康区（赣）	20267.00
6	广丰区（赣）	5000.00
7	余江县（赣）	3000.00
8	于都县（赣）	2800.00
9	新干县（赣）	2460.00
10	东乡区（赣）	532.00
13	公安县（鄂）	18900.00
14	宜都市（鄂）	18000.00

（续表）

序号	柚主产地	产量
15	恩施市（鄂）	12306.00
16	沙市区（鄂）	2060.00
17	巴东县（鄂）	1988.50
18	长阳土家族自治县（鄂）	300.00
19	澧　县（湘）	26500.00
20	津市市（湘）	9000.00
21	麻阳苗族自治县（湘）	4500.00
22	石门县（湘）	3200.00
23	鼎城区（湘）	2270.00
24	永顺县（湘）	1852.00
25	永定区（湘）	1850.00
26	耒阳市（湘）	1500.00
27	蒸湘区（湘）	782.00
28	南岳区（湘）	300.00
30	和平县（粤）	3800.00
31	平乐县（桂）	75545.00
32	天峨县（桂）	4279.00
33	苍梧县（桂）	1860.00
34	靖西市（桂）	1590.00
35	黄冕林场（桂）	732.00
36	龙胜各族自治县（桂）	612.00
37	宾阳县（桂）	365.00
38	青秀区（桂）	344.00
39	钦南区（桂）	245.00
40	那坡县（桂）	158.00
41	梁平区（渝）	77798.01
42	丰都县（渝）	43437.00
43	潼南区（渝）	18200.00
44	奉节县（渝）	450.00
45	梓潼县（川）	3800.00
46	丹棱县（川）	3000.00
47	巴州区（川）	2515.00
48	盐亭县（川）	2400.00
49	达川区（川）	1000.00
50	纳溪区（川）	566.00
51	邻水县（川）	400.00
52	岑巩县（黔）	4000.00
53	万山区（黔）	375.00
54	瑞丽市（滇）	8105.40
55	勐腊县（滇）	4036.30
56	孟连傣族拉祜族佤族自治县（滇）	1000.00
57	盈江县（滇）	127.80

表 7-11　柑橘主产地产量

单位：吨

序号	柑橘主产地	产量
1	吴江区（苏）	6798.00
2	吴中区（苏）	6080.00
3	张家港市（苏）	4266.00
4	滨湖区（苏）	2990.00
5	通州区（苏）	2326.00
6	丹徒区（苏）	1965.00
7	启东市（苏）	1625.00
8	海门市（苏）	1272.00
9	临海市（浙）	252655.00
10	象山县（浙）	105230.00
11	三门县（浙）	73426.00
12	宁海县（浙）	67170.00
13	黄岩区（浙）	65367.00
14	金东区（浙）	60420.00
15	淳安县（浙）	59748.00
16	柯城区（浙）	54557.00
17	莲都区（浙）	46819.00
18	建德市（浙）	40300.00
19	龙游县（浙）	34000.00
20	玉环市（浙）	33783.00
21	椒江区（浙）	25135.00
22	松阳县（浙）	21615.00
23	天台县（浙）	21100.00
24	江山市（浙）	19000.00
25	青田县（浙）	17416.00
26	仙居县（浙）	16400.00
27	庆元县（浙）	15900.00
28	鄞州区（浙）	15520.00
29	义乌市（浙）	14798.00
30	海盐县（浙）	12915.00
31	温岭市（浙）	12197.00
32	苍南县（浙）	12160.00
33	东阳市（浙）	12030.00
34	奉化区（浙）	10180.00
35	定海区（浙）	9860.00
36	婺城区（浙）	9580.00
37	北仑区（浙）	8867.00
38	武义县（浙）	6465.00
39	永康市（浙）	6450.00
40	海曙区（浙）	6223.00
41	镇海区（浙）	4278.00
42	岱山县（浙）	2876.00
43	路桥区（浙）	2610.00
44	江北区（浙）	2360.00

(续表)

序号	柑橘主产地	产量
45	新昌县(浙)	2150.00
46	缙云县(浙)	2131.00
47	龙泉市(浙)	1808.00
48	上虞区(浙)	1300.00
49	望江县(皖)	8200.00
50	歙　县(皖)	6770.00
51	太湖县(皖)	4452.00
52	宿松县(皖)	3850.00
53	东至县(皖)	1600.00
54	南丰县(赣)	1399982.00
55	安远县(赣)	188191.00
56	会昌县(赣)	175189.00
57	宁都县(赣)	127500.00
58	信丰县(赣)	111176.00
59	南城县(赣)	85500.00
60	寻乌县(赣)	84607.00
61	兴国县(赣)	67925.00
62	金溪县(赣)	60669.00
63	龙南县(赣)	60357.00
64	遂川县(赣)	59353.00
65	临川区(赣)	58103.00
66	永修县(赣)	50035.00
67	靖安县(赣)	43599.00
68	崇义县(赣)	40922.00
69	吉水县(赣)	26956.00
70	全南县(赣)	26009.00
71	黎川县(赣)	25140.00
72	新干县(赣)	17136.00
73	泰和县(赣)	14143.00
74	石城县(赣)	12032.00
75	樟树市(赣)	9341.00
76	湘东区(赣)	9200.00
77	峡江县(赣)	9000.00
78	乐平市(赣)	7310.00
79	定南县(赣)	7206.00
80	崇仁县(赣)	7065.00
81	南昌县(赣)	7000.00
82	渝水区(赣)	6078.90
83	高安市(赣)	6002.00
84	玉山县(赣)	5778.00
85	武宁县(赣)	5699.00
86	永丰县(赣)	5254.00
87	莲花县(赣)	4456.00
88	分宜县(赣)	3700.00
89	赣县区(赣)	3569.00

(续表)

序号	柑橘主产地	产量
90	东乡区(赣)	3100.00
91	奉新县(赣)	2665.00
92	井冈山市(赣)	2466.00
93	吉州区(赣)	2109.00
94	铜鼓县(赣)	2000.00
95	余江县(赣)	1800.00
96	德安县(赣)	1400.00
97	横峰县(赣)	1370.00
98	上饶县(赣)	1208.00
99	上高县(赣)	1020.00
100	淅川县(豫)	24050.00
101	获嘉县(豫)	13890.00
102	内乡县(豫)	6500.00
103	枝江市(鄂)	826200.00
104	夷陵区(鄂)	630000.00
105	当阳市(鄂)	407712.00
106	秭归县(鄂)	405443.00
107	宜都市(鄂)	350000.00
108	松滋市(鄂)	218500.00
109	宣恩县(鄂)	125800.00
110	兴山县(鄂)	71387.00
111	巴东县(鄂)	58038.00
112	南漳县(鄂)	50000.00
113	长阳土家族自治县(鄂)	50000.00
114	钟祥市(鄂)	44781.00
115	荆州区(鄂)	35900.00
116	阳新县(鄂)	29000.00
117	漳河新区(鄂)	28000.00
118	远安县(鄂)	25400.00
119	公安县(鄂)	25200.00
120	武穴市(鄂)	22274.00
121	鄂州市市辖区(鄂)	18700.00
122	恩施市(鄂)	15299.00
123	来凤县(鄂)	14000.00
124	浠水县(鄂)	13721.00
125	江陵县(鄂)	10000.00
126	枣阳市(鄂)	8460.00
127	宜城市(鄂)	8000.00
128	蔡甸区(鄂)	8000.00
129	通城县(鄂)	7025.00
130	监利县(鄂)	6000.00
131	随　县(鄂)	5582.00
132	沙洋县(鄂)	5400.00
133	房　县(鄂)	4302.00
134	利川市(鄂)	3600.00

(续表)

序号	柑橘主产地	产量
135	建始县(鄂)	3519.00
136	嘉鱼县(鄂)	3498.00
137	广水市(鄂)	3010.00
138	鹤峰县(鄂)	2600.00
139	谷城县(鄂)	2432.00
140	梁子湖区(鄂)	2186.00
141	黄梅县(鄂)	2000.00
142	石首市(鄂)	1700.00
143	东宝区(鄂)	1350.00
145	麻阳苗族自治县(湘)	478000.00
146	临武县(湘)	360000.00
147	石门县(湘)	250000.00
148	邵东县(湘)	172000.00
149	澧　县(湘)	151172.00
150	洪江市(湘)	138200.00
151	道　县(湘)	130797.00
152	洞口县(湘)	125000.00
153	江永县(湘)	119457.00
154	永顺县(湘)	112000.00
155	永定区(湘)	99000.00
156	资兴市(湘)	90780.00
157	安化县(湘)	70670.00
158	吉首市(湘)	69770.00
159	宜章县(湘)	69720.00
160	临澧县(湘)	63895.00
161	会同县(湘)	58571.00
162	津市市(湘)	54000.00
163	绥宁县(湘)	53150.00
164	中方县(湘)	53000.00
165	东安县(湘)	38654.00
166	辰溪县(湘)	32000.00
167	岳阳县(湘)	30000.00
168	冷水滩区(湘)	25707.00
169	桃源县(湘)	24500.00
170	永兴县(湘)	24096.00
171	靖州苗族侗族自治县(湘)	23722.00
172	涟源市(湘)	22000.00
173	鼎城区(湘)	19000.00
174	安仁县(湘)	19000.00
175	沅陵县(湘)	16565.00
176	华容县(湘)	15524.00
177	醴陵市(湘)	14500.00
178	衡阳县(湘)	14317.00
179	湘潭市市辖区(湘)	14100.00
180	花垣县(湘)	13950.00

（续表）

序号	柑橘主产地	产量
181	汝城县(湘)	13540.00
182	江华瑶族自治县(湘)	12765.00
183	鹤城区(湘)	10250.00
184	大祥区(湘)	9300.00
185	祁阳县(湘)	9280.00
186	溆浦县(湘)	9230.00
187	南　县(湘)	9030.00
188	邵阳县(湘)	9000.00
189	城步苗族自治县(湘)	8000.00
190	双峰县(湘)	8000.00
191	苏仙区(湘)	7650.00
192	耒阳市(湘)	7000.00
193	常宁市(湘)	6300.00
194	珠晖区(湘)	5500.00
195	湘乡市(湘)	5030.00
196	浏阳市(湘)	4783.00
197	株洲县(湘)	4500.00
198	雨湖区(湘)	3918.00
199	岳麓区(湘)	3500.00
200	衡山县(湘)	3265.00
201	嘉禾县(湘)	3200.00
202	岳阳楼区(湘)	3186.00
203	武冈市(湘)	2755.00
204	北湖区(湘)	2570.00
205	炎陵县(湘)	2477.00
206	新化县(湘)	2250.00
207	蒸湘区(湘)	2200.00
208	新宁县(湘)	2200.00
209	洪江区(湘)	2117.00
210	汨罗市(湘)	2050.00
211	衡东县(湘)	2000.00
212	冷水江市(湘)	1850.00
213	桂阳县(湘)	1712.00
214	桂东县(湘)	1341.00
215	金洞林场(湘)	1320.00
216	赫山区(湘)	1100.00
217	新田县(湘)	1094.00
218	恭城瑶族自治县(桂)	481799.00
219	富川瑶族自治县(桂)	462116.00
220	平乐县(桂)	401817.00
221	柳城县(桂)	336916.00
222	灵川县(桂)	283349.00
223	兴安县(桂)	212111.00
224	象州县(桂)	148600.00
225	灌阳县(桂)	146846.00
226	临桂区(桂)	125000.00
227	苍梧县(桂)	119828.00
228	龙胜各族自治县(桂)	86068.00
229	钟山县(桂)	72836.00
230	浦北县(桂)	69589.00
231	岑溪市(桂)	58456.00
232	金秀瑶族自治县(桂)	49049.00
233	上林县(桂)	45000.00
234	宜州区(桂)	40550.00
235	右江区(桂)	37500.00
236	昭平县(桂)	35419.00
237	扶绥县(桂)	32222.00
238	融水苗族自治县(桂)	31105.00
239	德保县(桂)	30658.00
240	龙州县(桂)	30510.00
241	罗城仫佬族自治县(桂)	26014.00
242	八步区(桂)	25742.00
243	大新县(桂)	22391.00
244	柳江区(桂)	18831.00
245	武宣县(桂)	16057.00
246	巴马瑶族自治县(桂)	14426.00
247	忻城县(桂)	11437.00
248	江州区(桂)	10951.00
249	桂平市(桂)	9316.00
250	宁明县(桂)	8435.00
251	金城江区(桂)	8324.00
252	天等县(桂)	7700.00
253	靖西市(桂)	7588.00
254	钦南区(桂)	6900.00
255	都安瑶族自治县(桂)	6767.00
256	东兴市(桂)	5109.00
257	横　县(桂)	4517.00
258	乐业县(桂)	4503.00
259	宾阳县(桂)	4150.00
260	江南区(桂)	3980.00
261	隆林各族自治县(桂)	3624.00
262	那坡县(桂)	3557.00
263	隆安县(桂)	3500.00
264	青秀区(桂)	3165.00
265	长洲区(桂)	3000.00
266	凌云县(桂)	2768.00
267	天峨县(桂)	2509.00
268	凤山县(桂)	2392.00
269	合山市(桂)	2000.00
270	万秀区(桂)	1025.00
271	开州区(渝)	234500.00
272	江津区(渝)	150600.00
273	永川区(渝)	77000.00
274	涪陵区(渝)	44297.00
275	巴南区(渝)	21971.00
276	铜梁区(渝)	19913.00
277	九龙坡区(渝)	12500.00
278	大足区(渝)	12000.00
279	武隆区(渝)	9107.00
280	沙坪坝区(渝)	5900.00
281	南川区(渝)	3600.00
282	梁平区(渝)	1522.28
283	蒲江县(川)	171727.00
284	金堂县(川)	165876.00
285	丹棱县(川)	102668.00
286	青神县(川)	70000.00
287	仁寿县(川)	69162.00
288	渠　县(川)	53000.00
289	宜宾县(川)	52357.00
290	江安县(川)	48965.00
291	威远县(川)	45000.00
292	翠屏区(川)	39698.00
293	嘉陵区(川)	38303.00
294	仪陇县(川)	34700.00
295	罗江区(川)	30000.00
296	新津县(川)	25270.00
297	顺庆区(川)	22142.00
298	青白江区(川)	18300.00
299	荣　县(川)	17853.00
300	巴州区(川)	15800.00
301	五通桥区(川)	13120.00
302	邛崃市(川)	10718.00
303	龙泉驿区(川)	10680.00
304	开江县(川)	10000.00
305	中江县(川)	9800.00
306	雷波县(川)	9500.00
307	乐山市市中区(川)	9391.00
308	新都区(川)	8300.00
309	叙永县(川)	7940.00
310	江油市(川)	7550.00
311	内江市市中区(川)	7500.00
312	汉源县(川)	7096.00
313	宁南县(川)	6949.00
314	南江县(川)	5850.00
315	高　县(川)	4650.00

(续表)

序号	柑橘主产地	产量
316	沿滩区(川)	4524.00
317	游仙区(川)	4215.00
318	古蔺县(川)	4100.00
319	纳溪区(川)	3803.00
320	平昌县(川)	3629.00
321	乐至县(川)	3500.00
322	雁江区(川)	3499.95
323	崇州市(川)	3081.00
324	广安区(川)	2900.00
325	洪雅县(川)	2400.00
326	武胜县(川)	2100.00
327	安居区(川)	2100.00
328	木里藏族自治县(川)	1840.60
329	大英县(川)	1700.00
330	自流井区(川)	1600.00
331	双流区(川)	1523.00
332	珙　县(川)	1364.00
333	会理县(川)	1355.00
334	苍溪县(川)	1200.00
335	万源市(川)	1190.00
336	黎平县(黔)	26986.00
337	印江土家族苗族自治县(黔)	26157.00
338	罗甸县(黔)	24000.00
339	三都水族自治县(黔)	10140.00
340	思南县(黔)	8215.00
341	锦屏县(黔)	7271.00
342	镇远县(黔)	5464.00
343	册亨县(黔)	5025.00
344	江口县(黔)	3360.00
345	松桃苗族自治县(黔)	3300.00
346	台江县(黔)	2960.00
347	乌当区(黔)	1389.00
348	德江县(黔)	1215.00
349	华宁县(滇)	245800.00
350	宾川县(滇)	92332.00
351	师宗县(滇)	28912.00
352	弥勒市(滇)	21530.00
353	永胜县(滇)	20502.70
354	元江哈尼族彝族傣族自治县(滇)	16480.00
355	广南县(滇)	12500.00
356	开远市(滇)	6360.00
357	思茅区(滇)	4940.00
358	华坪县(滇)	2269.00
359	易门县(滇)	2126.60
360	镇雄县(滇)	1933.00
361	富宁县(滇)	1902.00
362	西畴县(滇)	1692.00
363	文山市(滇)	1636.00
364	城固县(陕)	243165.00
365	汉台区(陕)	52000.00
366	汉滨区(陕)	49520.00
367	旬阳县(陕)	32000.00
368	汉阴县(陕)	9100.00
369	白河县(陕)	6100.00
370	南郑区(陕)	3500.00

表 7-12　枇杷主产地产量

单位:吨

序号	枇杷主产地	产量
1	青浦区(沪)	216.10
2	黄岩区(浙)	8435.20
3	象山县(浙)	8255.00
4	仙居县(浙)	6500.00
5	余杭区(浙)	5803.00
6	淳安县(浙)	5465.00
7	温岭市(浙)	4474.00
8	路桥区(浙)	3013.00
9	三门县(浙)	2590.00
10	德清县(浙)	2565.00
11	临海市(浙)	2350.00
12	婺城区(浙)	2320.00
13	宁海县(浙)	2200.00
14	衢江区(浙)	2000.00
15	莲都区(浙)	1829.00
16	建德市(浙)	1800.00
17	椒江区(浙)	1450.00
18	玉环市(浙)	955.00
19	江山市(浙)	900.00
20	义乌市(浙)	786.00
21	金东区(浙)	765.00
22	鄞州区(浙)	533.00
23	青田县(浙)	455.00
24	海曙区(浙)	376.00
25	松阳县(浙)	332.00
26	天台县(浙)	250.00
27	开化县(浙)	200.00
28	东阳市(浙)	170.00
29	定海区(浙)	170.00
30	缙云县(浙)	168.00
31	海盐县(浙)	125.00
32	秀洲区(浙)	124.00
33	武义县(浙)	102.00
34	歙　县(皖)	5097.00
35	宜秀区(皖)	520.00
36	临武县(湘)	3800.00
37	石门县(湘)	1500.00
38	永定区(湘)	1500.00
39	道　县(湘)	850.00
40	津市市(湘)	400.00
41	鼎城区(湘)	255.00
42	麻阳苗族自治县(湘)	170.00
43	和平县(粤)	850.00
44	大足区(渝)	20500.00
45	丰都县(渝)	3585.00
46	永川区(渝)	1700.00
47	铜梁区(渝)	1450.00
48	江北区(渝)	372.00
49	仁寿县(川)	9102.00
50	丹棱县(川)	6050.00
51	巴州区(川)	1330.00
52	三台县(川)	1200.00
53	雷波县(川)	990.00
54	纳溪区(川)	565.00
55	宣汉县(川)	550.00
56	达川区(川)	500.00
57	盐亭县(川)	160.00
58	江油市(川)	150.00
59	邻水县(川)	100.00
60	乌当区(黔)	2880.00
61	台江县(黔)	1200.00
62	蒙自市(滇)	37724.00
63	元阳县(滇)	881.00
64	屏边苗族自治县(滇)	585.60
65	大关县(滇)	310.00
66	开远市(滇)	280.00
67	永胜县(滇)	244.50
68	南郑区(陕)	140.00
69	白河县(陕)	100.00

表 7-13　鲜柿子主产地产量

单位:吨

序号	鲜柿子主产地	产量
1	房山区(京)	22296.50
2	密云区(京)	2815.60

（续表）

序号	鲜柿子主产地	产量
3	昌平区(京)	2231.70
4	易　县(冀)	214395.00
5	满城区(冀)	100470.00
6	顺平县(冀)	56376.00
7	涞水县(冀)	32400.00
8	唐　县(冀)	31776.00
9	徐水区(冀)	22299.00
10	遵化市(冀)	22177.00
11	平山县(冀)	18222.00
12	兴隆县(冀)	17830.00
13	邢台县(冀)	16946.00
14	迁安市(冀)	8635.00
15	曲阳县(冀)	5250.00
16	临城县(冀)	3400.00
17	丰润区(冀)	2433.00
18	三河市(冀)	2346.00
19	辛集市(冀)	1854.00
20	古冶区(冀)	1471.00
21	鹿泉区(冀)	1078.00
22	临猗县(晋)	48000.00
23	闻喜县(晋)	15000.00
24	稷山县(晋)	5500.00
25	阳城县(晋)	3380.00
26	泽州县(晋)	3169.30
27	定襄县(晋)	2261.00
28	新绛县(晋)	1800.00
29	东台市(苏)	11830.00
30	大丰区(苏)	8425.00
31	东海县(苏)	2430.00
32	滨海县(苏)	2200.00
33	天台县(浙)	7000.00
34	玉环市(浙)	4300.00
35	仙居县(浙)	1800.00
36	余姚市(浙)	1600.00
37	临海市(浙)	1099.00
38	灵璧县(皖)	4300.00
39	潘集区(皖)	1800.00
40	寿　县(皖)	1260.00
41	海阳市(鲁)	85000.00
42	长清区(鲁)	15600.00
43	临朐县(鲁)	11450.00
44	新泰市(鲁)	4312.00
45	东平县(鲁)	2646.00
46	梁山县(鲁)	2500.00
47	胶州市(鲁)	2466.00
48	沂南县(鲁)	2200.00
49	莱芜市雪野旅游区(鲁)	1160.10
50	薛城区(鲁)	1022.00
51	西华县(豫)	24380.00
52	灵宝市(豫)	19700.00
53	荥阳市(豫)	4925.00
54	鲁山县(豫)	3686.00
55	方城县(豫)	3550.00
56	祥符区(豫)	3200.00
57	渑池县(豫)	2590.00
58	确山县(豫)	1800.00
59	鄢陵县(豫)	1550.00
60	惠济区(豫)	1336.00
61	洛龙区(豫)	1220.00
62	杞　县(豫)	1000.00
63	罗田县(鄂)	8226.00
64	巴东县(鄂)	3834.00
65	随　县(鄂)	2986.00
66	天心区(湘)	4043.00
67	浏阳市(湘)	1000.00
68	和平县(粤)	3000.00
69	平乐县(桂)	351126.00
70	灌阳县(桂)	43445.00
71	八步区(桂)	6500.00
72	钦北区(桂)	3602.00
73	田林县(桂)	2768.00
74	天峨县(桂)	2490.00
75	龙胜各族自治县(桂)	1481.00
76	华宁县(滇)	18673.00
77	施甸县(滇)	3322.00
78	洱源县(滇)	1250.00
79	富平县(陕)	60000.00
80	永寿县(陕)	13500.00
81	洛南县(陕)	6859.00
82	白河县(陕)	6300.00
83	淳化县(陕)	3573.00
84	略阳县(陕)	3062.00
85	商南县(陕)	2874.00
86	汉滨区(陕)	2567.00
87	蓝田县(陕)	2500.00
88	眉　县(陕)	2448.00

表 7-14　荔枝主产地产量

单位:吨

序号	荔枝主产地	产量
1	钦北区(桂)	140121.00
2	灵山县(桂)	129300.00
3	北流市(桂)	90383.00
4	浦北县(桂)	75000.00
5	桂平市(桂)	63278.00
6	良庆区(桂)	13452.00
7	横　县(桂)	9400.00
8	合浦县(桂)	9253.00
9	钦南区(桂)	8115.00
10	岑溪市(桂)	4178.00
11	右江区(桂)	3440.00
12	苍梧县(桂)	3252.00
13	宁明县(桂)	2855.00
14	东兴市(桂)	2232.00
15	青秀区(桂)	2149.00
16	扶绥县(桂)	1682.00
17	隆安县(桂)	1485.00
18	兴宾区(桂)	1296.00
19	武宣县(桂)	916.00
20	德保县(桂)	752.00
21	宾阳县(桂)	730.00
22	玉州区(桂)	685.00
23	银海区(桂)	650.00
24	兴宁区(桂)	452.00
25	大新县(桂)	423.00
26	柳城县(桂)	405.00
27	钦廉林场(桂)	389.00
28	万秀区(桂)	356.00
29	田东县(桂)	324.00
30	陆川县(桂)	300.00
31	天等县(桂)	257.00
32	巴马瑶族自治县(桂)	194.00
33	柳江区(桂)	171.00
34	田阳县(桂)	160.00
35	上林县(桂)	150.00
36	江州区(桂)	146.00
37	靖西市(桂)	133.00
38	那坡县(桂)	124.00
39	宜宾县(川)	1586.00
40	翠屏区(川)	940.00
41	乐山市市中区(川)	295.00
42	江安县(川)	210.00
43	元江哈尼族彝族傣族自治县(滇)	5184.00

(续表)

序号	荔枝主产地	产量
44	屏边苗族自治县(滇)	2400.00
45	元阳县(滇)	1372.00
46	盈江县(滇)	171.50
47	思茅区(滇)	163.00
48	云　县(滇)	159.00
49	麻栗坡县(滇)	145.00

表 7-15　龙眼主产地产量

单位:吨

序号	龙眼主产地	产量
1	钦北区(桂)	45612.00
2	灵山县(桂)	44500.00
3	北流市(桂)	29496.00
4	武宣县(桂)	25455.00
5	大新县(桂)	23272.00
6	桂平市(桂)	19720.00
7	横　县(桂)	13623.00
8	合浦县(桂)	11593.00
9	兴宾区(桂)	11087.00
10	浦北县(桂)	10597.00
11	扶绥县(桂)	10256.00
12	江州区(桂)	9962.00
13	龙州县(桂)	9520.00
14	良庆区(桂)	9152.00
15	钦南区(桂)	8150.00
16	岑溪市(桂)	6558.00
17	象州县(桂)	6507.00
18	隆安县(桂)	6500.00
19	右江区(桂)	5250.00
20	青秀区(桂)	4442.00
21	八步区(桂)	4086.00
22	东兴市(桂)	3309.00
23	柳江区(桂)	3275.00
24	宁明县(桂)	2704.00
25	银海区(桂)	2701.00
26	田东县(桂)	2596.00
27	天等县(桂)	2262.00
28	宾阳县(桂)	2018.00
29	上林县(桂)	1780.00
30	苍梧县(桂)	1565.00
31	兴宁区(桂)	1515.00
32	金秀瑶族自治县(桂)	1425.00
33	巴马瑶族自治县(桂)	1158.00
34	合山市(桂)	834.00
35	德保县(桂)	722.00

(续表)

序号	龙眼主产地	产量
36	柳城县(桂)	699.00
37	柳北区(桂)	628.00
38	玉州区(桂)	511.00
39	柳南区(桂)	380.00
40	忻城县(桂)	284.00
41	万秀区(桂)	250.00
42	田阳县(桂)	230.00
43	天峨县(桂)	216.00
44	靖西市(桂)	178.00
45	陆川县(桂)	120.00
46	城中区(桂)	109.00
47	永川区(渝)	8600.00
48	丰都县(渝)	5104.00
49	涪陵区(渝)	3812.00
50	江津区(渝)	2000.00
51	宜宾县(川)	1869.00
52	高　县(川)	1830.00
53	江安县(川)	380.00
54	永胜县(滇)	6364.90
55	元江哈尼族彝族傣族自治县(滇)	4416.00
56	鹤庆县(滇)	1869.00
57	屏边苗族自治县(滇)	260.00
58	水富县(滇)	170.00
59	富宁县(滇)	133.00
60	华宁县(滇)	116.00

表 7-16　香蕉主产地产量

单位:吨

序号	香蕉主产地	产量
1	浦北县(桂)	79620.00
2	江州区(桂)	74156.00
3	钦北区(桂)	29741.00
4	合浦县(桂)	26337.00
5	钦南区(桂)	11006.00
6	苍梧县(桂)	3774.00
7	青秀区(桂)	3043.00
8	玉州区(桂)	2945.00
9	银海区(桂)	1867.00
10	宾阳县(桂)	1793.00
11	陆川县(桂)	1000.00
12	会理县(川)	8758.00
13	勐腊县(滇)	221922.00
14	瑞丽市(滇)	93057.20
15	孟连傣族拉祜族佤族自治县(滇)	50000.00

(续表)

序号	香蕉主产地	产量
16	元江哈尼族彝族傣族自治县(滇)	28910.00
17	元阳县(滇)	27627.00
18	盈江县(滇)	22295.30
19	麻栗坡县(滇)	21239.00
20	施甸县(滇)	10114.00
21	富宁县(滇)	6529.00
22	芒　市(滇)	3375.10
23	永胜县(滇)	2418.20
24	西盟佤族自治县(滇)	2262.00

表 7-17　草莓主产地产量

单位:吨

序号	草莓主产地	产量
1	丰宁满族自治县(冀)	287.00
2	河津市(晋)	800.00
3	克什克腾旗(内蒙古)	130.00
4	桓仁满族自治县(辽)	1879.00
5	太子河区(辽)	200.00
6	清原满族自治县(辽)	130.00
7	长白朝鲜族自治县(吉)	1200.00
8	辉南县(吉)	600.00
9	磐石市(吉)	280.00
10	镇海区(浙)	3819.00
11	诸暨市(浙)	2448.00
12	永康市(浙)	2400.00
13	定海区(浙)	720.00
14	北仑区(浙)	510.00
15	柯桥区(浙)	200.00
16	衢江区(浙)	150.00
17	固镇县(皖)	3000.00
18	霍山县(皖)	1500.00
19	潘集区(皖)	600.00
20	淮上区(皖)	500.00
21	怀远县(皖)	500.00
22	南谯区(皖)	450.00
23	涡阳县(皖)	400.00
24	义安区(皖)	150.00
25	泰安市高新区(鲁)	1845.00
26	西海岸新区(鲁)	1507.00
27	新泰市(鲁)	950.00
28	乳山市(鲁)	100.00
29	梁园区(豫)	7430.00
30	商水县(豫)	2925.00
31	太康县(豫)	2250.00

（续表）

序号	草莓主产地	产量
32	封丘县(豫)	1000.00
33	辉县市(豫)	850.00
34	濮阳县(豫)	700.00
35	淮阳县(豫)	500.00
36	卫滨区(豫)	350.00
37	睢　县(豫)	200.00
38	华龙区(豫)	180.00
39	管城回族区(豫)	107.00
40	汉川市(鄂)	3600.00
41	蔡甸区(鄂)	2700.00
42	随　县(鄂)	2310.00
43	南漳县(鄂)	800.00
44	房　县(鄂)	462.00
45	广水市(鄂)	450.00
46	郧阳区(鄂)	300.00
47	利川市(鄂)	120.00
48	临武县(湘)	4000.00
49	南　县(湘)	3100.00
50	鼎城区(湘)	463.00
51	永定区(湘)	320.00
52	石门县(湘)	250.00
53	安仁县(湘)	180.00
54	蒸湘区(湘)	159.00
55	澧　县(湘)	150.00
56	新宁县(湘)	120.00
57	合山市(桂)	100.00
58	大足区(渝)	2500.00
59	奉节县(渝)	700.00
60	永川区(渝)	355.00
61	巴州区(川)	255.00
62	凯里市(黔)	5242.80
63	西山区(滇)	877.80
64	永胜县(滇)	151.80
65	南郑区(陕)	280.00
66	略阳县(陕)	211.00

表 7-18　冬枣主产地产量

单位:吨

序号	冬枣主产地	产量
1	顺义区(京)	907.50
2	黄骅市(冀)	98311.00
3	泊头市(冀)	9172.00
4	海兴县(冀)	7500.00
5	献　县(冀)	3024.00
6	辛集市(冀)	1886.00
7	沧　县(冀)	1700.00
8	南和县(冀)	1444.00
9	河间市(冀)	850.00
10	青　县(冀)	800.00
11	沧州市临港经济技术开发区(冀)	600.00
12	沧州市南大港管理区(冀)	360.00
13	任丘市(冀)	321.00
14	丛台区(冀)	120.00
15	东光县(冀)	100.00
16	临猗县(晋)	287500.00
17	万荣县(晋)	655.00
18	青浦区(沪)	221.50
19	霍邱县(皖)	4020.00
20	颍泉区(皖)	1200.00
21	蒙城县(皖)	200.00
22	颍东区(皖)	130.00
23	沾化区(鲁)	279928.00
24	无棣县(鲁)	128673.00
25	滨城区(鲁)	1933.00
26	沂水县(鲁)	800.00
27	环翠区(鲁)	298.30
28	博兴县(鲁)	121.00
29	长垣县(豫)	3300.00
30	睢　县(豫)	400.00
31	祁东县(湘)	21450.00
32	衡东县(湘)	500.00
33	岳麓区(湘)	200.00
34	石门县(湘)	200.00
35	湘乡市(湘)	186.00

表 7-19　鲜红枣主产地产量

单位:吨

序号	鲜红枣主产地	产量
1	怀柔区(京)	1513.60
2	密云区(京)	1333.00
3	昌平区(京)	1087.80
4	房山区(京)	435.10
5	通州区(京)	390.40
6	沧　县(冀)	273900.00
7	行唐县(冀)	130000.00
8	阜平县(冀)	123100.00
9	献　县(冀)	118492.00
10	新河县(冀)	95203.00
11	曲阳县(冀)	76580.00
12	大城县(冀)	44050.00
13	泊头市(冀)	41611.00
14	海兴县(冀)	25969.00
15	唐　县(冀)	24075.00
16	盐山县(冀)	20770.00
17	青　县(冀)	19777.00
18	南皮县(冀)	16480.00
19	涿鹿县(冀)	6130.00
20	平山县(冀)	6000.00
21	鹿泉区(冀)	5676.00
22	河间市(冀)	5393.00
23	黄骅市(冀)	5143.00
24	孟村回族自治县(冀)	4858.00
25	井陉县(冀)	4175.00
26	曲周县(冀)	3595.00
27	平乡县(冀)	3200.00
28	南宫市(冀)	2106.00
29	沙河市(冀)	2100.00
30	临城县(冀)	2000.00
31	滦平县(冀)	1900.00
32	承德县(冀)	1659.00
33	广宗县(冀)	1551.00
34	邢台县(冀)	1523.00
35	丰润区(冀)	1500.00
36	遵化市(冀)	1400.00
37	兴隆县(冀)	1383.00
38	任丘市(冀)	1264.00
39	迁安市(冀)	1203.50
40	文安县(冀)	1195.00
41	广阳区(冀)	1002.00
42	易　县(冀)	970.00
43	迁西县(冀)	921.00
44	徐水区(冀)	700.00
45	平泉市(冀)	680.00
46	固安县(冀)	600.00
47	三河市(冀)	520.00
48	宣化区(冀)	500.00
49	沧州市南大港管理区(冀)	450.00
50	东光县(冀)	422.00
51	霸州市(冀)	391.00
52	大名县(冀)	350.00
53	涿州市(冀)	300.00
54	临西县(冀)	300.00
55	深泽县(冀)	237.00
56	高碑店市(冀)	225.00

(续表)

序号	鲜红枣主产地	产量
57	成安县(冀)	200.00
58	鸡泽县(冀)	194.00
59	双滦区(冀)	160.00
60	定兴县(冀)	150.00
61	清苑区(冀)	150.00
62	永年区(冀)	100.00
63	稷山县(晋)	48500.00
64	临　县(晋)	7800.00
65	尧都区(晋)	3990.00
66	夏　县(晋)	3514.50
67	保德县(晋)	2000.00
68	祁　县(晋)	1877.50
69	定襄县(晋)	1611.50
70	翼城县(晋)	1300.00
71	平定县(晋)	900.00
72	介休市(晋)	700.00
73	离石区(晋)	560.00
74	阳曲县(晋)	525.00
75	河曲县(晋)	415.00
76	小店区(晋)	350.00
77	潞城市(晋)	250.00
78	汾西县(晋)	200.00
79	壶关县(晋)	138.00
80	万柏林区(晋)	100.00
81	乌审旗(内蒙古)	100.00
82	朝阳县(辽)	100000.00
83	南票区(辽)	8000.00
84	浦江县(浙)	510.00
85	宁阳县(鲁)	42150.00
86	昌邑市(鲁)	15000.00
87	费　县(鲁)	8600.00
88	新泰市(鲁)	1590.00
89	长清区(鲁)	1500.00
90	胶州市(鲁)	1379.00
91	滨城区(鲁)	381.00
92	莱芜市雪野旅游区(鲁)	352.10
93	东平县(鲁)	293.00
94	灵宝市(豫)	20000.00
95	西华县(豫)	9160.00
96	范　县(豫)	380.00
97	平桥区(豫)	330.00
98	新密市(豫)	135.00
99	嵩　县(豫)	120.00
100	随　县(鄂)	3958.00
101	巴东县(鄂)	1835.75

(续表)

序号	鲜红枣主产地	产量
102	临武县(湘)	29000.00
103	衡阳县(湘)	360.00
104	雁峰区(湘)	100.00
105	龙胜各族自治县(桂)	107.00
106	江津区(渝)	450.00
107	铜梁区(渝)	289.50
108	清涧县(陕)	200000.00
109	佳　县(陕)	150000.00
110	延川县(陕)	90000.00
111	吴堡县(陕)	22000.00
112	延长县(陕)	7918.00
113	安塞区(陕)	7800.00
114	府谷县(陕)	3000.00
115	榆阳区(陕)	1300.00
116	淳化县(陕)	750.00
117	商南县(陕)	303.00
118	宝塔区(陕)	263.00
119	子长县(陕)	260.00
120	平川区(甘)	37500.00
121	凉州区(甘)	30000.00
122	瓜州县(甘)	22950.00
123	甘州区(甘)	13000.00
124	宁　县(甘)	6778.00
125	皋兰县(甘)	481.70
126	西峰区(甘)	250.00
127	环　县(甘)	102.00
128	古浪县(甘)	101.25
129	灵武市(宁)	23000.00
130	同心县(宁)	15000.00
131	中宁县(宁)	7840.00
132	沙坡头区(宁)	7500.00
133	贺兰县(宁)	6250.00
134	利通区(宁)	4710.00
135	西夏区(宁)	2800.00
136	农垦事业管理局(宁)	2130.00
137	平罗县(宁)	580.00
138	惠农区(宁)	366.66
139	大武口区(宁)	200.00

表 7-20　石榴主产地产量

单位:吨

序号	石榴主产地	产量
1	鹿泉区(冀)	320.00
2	怀远县(皖)	5200.00
3	凤台县(皖)	1238.00

(续表)

序号	石榴主产地	产量
4	灵璧县(皖)	900.00
5	凤阳县(皖)	600.00
6	颍泉区(皖)	517.00
7	峄城区(鲁)	8610.00
8	东平县(鲁)	5878.00
9	沂南县(鲁)	2600.00
10	新泰市(鲁)	1582.00
11	泰山区(鲁)	1565.00
12	薛城区(鲁)	1053.00
13	费　县(鲁)	880.00
14	宁阳县(鲁)	800.00
15	岱岳区(鲁)	736.00
16	梁山县(鲁)	360.00
17	肥城市(鲁)	325.00
18	成武县(鲁)	200.00
19	鱼台县(鲁)	100.00
20	荥阳市(豫)	19572.00
21	淅川县(豫)	3200.00
22	封丘县(豫)	2500.00
23	平桥区(豫)	2330.00
24	卫东区(豫)	1510.00
25	商水县(豫)	1050.00
26	新密市(豫)	320.00
27	孟津县(豫)	200.00
28	偃师市(豫)	140.00
29	内乡县(豫)	110.00
30	遂平县(豫)	100.00
31	公安县(鄂)	228.00
32	万州区(渝)	100.00
33	会理县(川)	43120.00
34	会东县(川)	2277.00
35	木里藏族自治县(川)	262.20
36	福泉市(黔)	100.00
37	蒙自市(滇)	214940.00
38	永胜县(滇)	51491.40
39	开远市(滇)	4428.00

表 7-21　蓝莓主产地产量

单位:吨

序号	蓝莓主产地	产量
1	凤城市(辽)	12000.00
2	靖宇县(吉)	60167.49
3	通化县(吉)	1481.30
4	抚松县(吉)	1025.54
5	龙井市(吉)	550.00

（续表）

序号	蓝莓主产地	产量
6	九台区（吉）	100.00
7	延寿县（黑）	4000.00
8	尚志市（黑）	380.00
9	讷河市（黑）	200.00
10	松江区（沪）	159.60
11	青浦区（沪）	138.90
12	临海市（浙）	1160.00
13	黄岩区（浙）	650.00
14	仙居县（浙）	320.00
15	诸暨市（浙）	274.00
16	江北区（浙）	270.00
17	玉环市（浙）	265.00
18	秀洲区（浙）	228.00
19	天台县（浙）	200.00
20	奉化区（浙）	180.00
21	庆元县（浙）	120.00
22	温岭市（浙）	104.00
23	宁海县（浙）	100.00
24	郎溪县（皖）	600.00
25	巢湖市（皖）	350.00
26	天长市（皖）	337.50
27	凤阳县（皖）	315.00
28	桐城市（皖）	225.00
29	南谯区（皖）	200.00
30	灵璧县（皖）	120.00
31	西海岸新区（鲁）	10185.60

（续表）

序号	蓝莓主产地	产量
32	荣成市（鲁）	450.00
33	新泰市（鲁）	420.00
34	肥城市（鲁）	210.00
35	钢城区（鲁）	200.00
36	招远市（鲁）	137.00
37	莱州市（鲁）	112.00
38	平桥区（豫）	420.00
39	伊川县（豫）	180.00
40	黄梅县（鄂）	1000.00
41	掇刀区（鄂）	550.00
42	梁子湖区（鄂）	500.00
43	涟源市（湘）	3000.00
44	安仁县（湘）	180.00
45	黄平县（黔）	860.00
46	丹寨县（黔）	700.00
47	澄江县（滇）	5250.00
48	麒麟区（滇）	3000.00
49	洱源县（滇）	120.00
50	江川区（滇）	110.00

表 7-22　红果主产地产量

单位：吨

序号	红果主产地	产量
1	怀柔区（京）	946.40
2	昌平区（京）	109.80
3	兴隆县（冀）	236687.00

（续表）

序号	红果主产地	产量（吨）
4	清河县（冀）	51350.00
5	承德县（冀）	12173.00
6	滦平县（冀）	7300.00
7	涞源县（冀）	3000.00
8	迁西县（冀）	1820.00
9	晋州市（冀）	1508.00
10	平泉市（冀）	1450.00
11	海港区（冀）	1308.00
12	涿鹿县（冀）	942.00
13	青龙满族自治县（冀）	840.00
14	迁安市（冀）	775.00
15	抚宁区（冀）	526.00
16	古冶区（冀）	429.00
17	万全区（冀）	380.00
18	徐水区（冀）	379.00
19	鹿泉区（冀）	308.00
20	广阳区（冀）	201.00
21	邱　县（冀）	200.00
22	清苑区（冀）	200.00
23	平山县（冀）	198.00
24	定州市（冀）	178.00
25	涞水县（冀）	150.00
26	乐亭县（冀）	140.00
27	绛　县（晋）	150000.00
28	松山区（内蒙古）	300.00

表 7-23　其他果品主产地产量

单位：吨

序号	其他果品主产地	品种	产量
1	芒　市（滇）	菠萝	7854.00
2	勐腊县（滇）	菠萝	5864.78
3	钦南区（桂）	菠萝	5630.00
4	银海区（桂）	菠萝	1012.00
5	陆川县（桂）	菠萝	800.00
6	孟连傣族拉祜族佤族自治县（滇）	菠萝	300.00
7	盈江县（滇）	菠萝	122.90
8	盈江县（滇）	番木瓜	202.30
9	宣化区（冀）	海棠	500.00
10	肃宁县（冀）	海棠	474.00
11	扎鲁特旗（内蒙古）	海棠	474.00
12	土默特右旗（内蒙古）	海棠	407.00
13	库伦旗（内蒙古）	海棠	320.00
14	奈曼旗（内蒙古）	海棠	300.00
15	清水河县（内蒙古）	海棠	289.00

（续表）

序号	其他果品主产地	品种	产量
16	赤城县（冀）	海棠	265.00
17	丰宁满族自治县（冀）	海棠	220.00
18	丰满区（吉）	海棠	154.00
19	松原市市辖区（吉）	海棠	113.00
20	沧　县（冀）	海棠	100.00
21	崇礼区（冀）	海棠	100.00
22	滦平县（冀）	海棠	100.00
23	北仑区（浙）	金柑	475.00
24	田东县（桂）	杧果	168656.00
25	田阳县（桂）	杧果	147620.00
26	华坪县（滇）	杧果	120510.00
27	元江哈尼族彝族傣族自治县（滇）	杧果	77900.00
28	永胜县（滇）	杧果	33727.90
29	永德县（滇）	杧果	24861.00
30	钦北区（桂）	杧果	13412.00
31	田林县（桂）	杧果	9250.00

（续表）

序号	其他果品主产地	品种	产量
32	景谷傣族彝族自治县(滇)	杧果	6500.00
33	元阳县(滇)	杧果	5480.00
34	钦南区(桂)	杧果	2610.00
35	会理县(川)	杧果	1712.00
36	云　县(滇)	杧果	1662.00
37	青秀区(桂)	杧果	940.00
38	银海区(桂)	杧果	914.00
39	江州区(桂)	杧果	847.00
40	宾阳县(桂)	杧果	586.00
41	施甸县(滇)	杧果	500.00
42	那坡县(桂)	杧果	447.00
43	玉州区(桂)	杧果	429.00
44	勐腊县(滇)	杧果	347.20
45	开远市(滇)	杧果	180.00
46	景东彝族自治县(滇)	杧果	100.00
47	漾濞彝族自治县(滇)	梅	6700.00
48	腾冲市(滇)	梅	1500.00
49	衢江区(浙)	梅	590.00
50	宁海县(浙)	梅	400.00
51	保康县(鄂)	梅	371.00
52	新干县(赣)	梅	360.00
53	古城区(滇)	梅	286.00
54	永胜县(滇)	梅	189.60
55	玉龙纳西族自治县(滇)	梅	170.20
56	赣县区(赣)	梅	170.00
57	辰溪县(湘)	梅	150.00
58	双阳区(吉)	梅	150.00
59	潼南区(渝)	柠檬	140000.00
60	安岳县(川)	柠檬	33600.00
61	安居区(川)	柠檬	15700.00
62	万州区(渝)	柠檬	7584.00
63	瑞丽市(滇)	柠檬	7312.10
64	大足区(渝)	柠檬	2000.00
65	大英县(川)	柠檬	780.00
66	武胜县(川)	柠檬	500.00
67	木里藏族自治县(川)	柠檬	444.80
68	新宁县(湘)	脐橙	320000.00
69	奉节县(渝)	脐橙	310649.00
70	邻水县(川)	脐橙	220000.00
71	石门县(湘)	脐橙	150000.00
72	瑞金市(赣)	脐橙	84300.00
73	于都县(赣)	脐橙	79002.00
74	安仁县(湘)	脐橙	45000.00
75	赣县区(赣)	脐橙	33210.00
76	南康区(赣)	脐橙	14844.00

（续表）

序号	其他果品主产地	品种	产量
77	定南县(赣)	脐橙	13679.00
78	富川瑶族自治县(桂)	脐橙	11430.00
79	上犹县(赣)	脐橙	7000.00
80	龙胜各族自治县(桂)	脐橙	6647.00
81	澧　县(湘)	脐橙	6300.00
82	永定区(湘)	脐橙	4100.00
83	和平县(粤)	脐橙	4000.00
84	靖西市(桂)	脐橙	1850.00
85	巴州区(川)	脐橙	1560.00
86	万州区(渝)	脐橙	1190.00
87	榕江县(黔)	脐橙	800.00
88	零陵区(湘)	脐橙	600.00
89	双峰县(湘)	脐橙	350.00
90	临武县(湘)	脐橙	120.00
91	元江哈尼族彝族傣族自治县(滇)	青枣	21208.00
92	濮阳县(豫)	青枣	7170.00
93	峄城区(鲁)	青枣	6134.00
94	宣州区(皖)	青枣	5797.00
95	永和县(晋)	青枣	2500.00
96	灌阳县(桂)	青枣	2199.00
97	阳新县(鄂)	青枣	1900.00
98	西固区(甘)	青枣	1000.00
99	衡山县(湘)	青枣	772.60
100	安次区(冀)	青枣	624.00
101	灵璧县(皖)	青枣	550.00
102	内丘县(冀)	青枣	491.00
103	卫辉市(豫)	青枣	410.00
104	南岳区(湘)	青枣	300.00
105	义乌市(浙)	青枣	250.00
106	仙居县(浙)	青枣	200.00
107	永胜县(滇)	青枣	195.80
108	沧　县(冀)	青枣	150.00
109	宾阳县(桂)	青枣	104.00
110	三门县(浙)	青枣	103.00
111	尚志市(黑)	树莓	22000.00
112	封丘县(豫)	树莓	10000.00
113	北安市(黑)	树莓	5000.00
114	凤城市(辽)	树莓	1500.00
115	新宁县(湘)	树莓	1500.00
116	献　县(冀)	树莓	1350.00
117	麻山区(黑)	树莓	400.00
118	涡阳县(皖)	树莓	210.00
119	景　县(冀)	树莓	187.00
120	凤阳县(皖)	树莓	130.00
121	天台县(浙)	树莓	100.00

（续表）

序号	其他果品主产地	品种	产量
122	钦北区（桂）	酸梅	1910.00
123	五原县（内蒙古）	甜瓜	40882.50
124	宜州区（桂）	甜瓜	29512.00
125	集贤县（黑）	甜瓜	27000.00
126	澧　县（湘）	甜瓜	10000.00
127	蔡甸区（鄂）	甜瓜	8550.00
128	肇州县（黑）	甜瓜	8000.00
129	凤阳县（皖）	甜瓜	6000.00
130	吉首市（湘）	甜瓜	3550.00
131	阳曲县（晋）	甜瓜	2475.00
132	商水县（豫）	甜瓜	1750.00
133	房　县（鄂）	甜瓜	1236.00
134	定海区（浙）	甜瓜	1050.00
135	淮阳县（豫）	甜瓜	900.00
136	鼎城区（湘）	甜瓜	820.00
137	华龙区（豫）	甜瓜	285.00
138	沧　县（冀）	甜瓜	150.00
139	郾城区（豫）	甜瓜	138.00
140	靖西市（桂）	甜瓜	110.00
141	景泰县（甘）	文冠果	10810.00
142	平川区（甘）	文冠果	250.00
143	威远县（川）	无花果	40500.00
144	荣成市（鲁）	无花果	23500.00
145	威海市经济技术开发区（鲁）	无花果	7170.00
146	秀洲区（浙）	无花果	1109.00
147	沾化区（鲁）	无花果	700.00
148	新宁县（湘）	无花果	500.00
149	荥阳市（豫）	无花果	385.00
150	宁阳县（鲁）	无花果	320.00
151	奉贤区（沪）	无花果	260.40
152	温岭市（浙）	无花果	210.00
153	封丘县（豫）	无花果	170.00
154	奉化区（浙）	无花果	150.00
155	武强县（冀）	无花果	150.00
156	宝山区（沪）	无花果	132.00
157	东兴区（川）	无花果	100.00
158	孟州市（豫）	香梨	1800.00
159	谢家集区（皖）	香梨	750.00
160	沧　县（冀）	香梨	100.00
161	尚志市（黑）	小浆果	12500.00
162	通化县（吉）	小浆果	2400.00
163	石泉县（陕）	小浆果	500.00
164	河间市（冀）	小浆果	364.00

表 8-1　母树林种子主产地产量

单位：千克

序号	母树林种子主产地	品种	产量
1	云　县（滇）	桉树	1000.00
2	陆川县（桂）	桉树	100.00
3	西海岸新区（鲁）	白皮松	245.00
4	小陇山林业实验局（甘）	白皮松	100.00
5	渑池县（豫）	柏树	17550.00
6	蒙阴县（鲁）	柏树	4300.00
7	民乐县（甘）	柏树	300.00
8	永定区（湘）	柏树	300.00
9	鼎城区（湘）	池杉	500.00
10	汝阳县（豫）	刺槐	1562000.00
11	宁　县（甘）	刺槐	12300.00
12	沁　县（晋）	刺槐	3845.00
13	凌海市（辽）	刺槐	2500.00
14	青铜峡市（宁）	刺槐	1500.00
15	蒙阴县（鲁）	刺槐	240.00
16	东至县（皖）	鹅掌楸	2000.00
17	黎平县（黔）	鹅掌楸	750.00
18	五峰土家族自治县（鄂）	鹅掌楸	500.00
19	祁东县（湘）	枫香	3200.00
20	桑植县（湘）	枫香	2000.00
21	南岳区（湘）	枫香	200.00
22	东至县（皖）	枫香	120.00
23	祁门县（皖）	枫香	110.00
24	石门县（湘）	柑橘	8000.00
25	仁寿县（川）	柑橘	583.00
26	南岳区（湘）	桂花	3000.00
27	冷水江市（湘）	桂花	1100.00
28	冷水滩区（湘）	国外松	2300.00
29	宁乡市（湘）	国外松	300.00
30	于都县（赣）	国外松	300.00
31	泾　县（皖）	国外松	110.00
32	全椒县（皖）	国外松	105.00
33	桑植县（湘）	荷木	5000.00
34	鲁甸县（滇）	核桃	1500000.00
35	文　县（甘）	核桃	622600.00
36	漾濞彝族自治县（滇）	核桃	300000.00
37	昌宁县（滇）	核桃	18000.00
38	内乡县（豫）	核桃	15000.00
39	施甸县（滇）	核桃	10000.00
40	平利县（陕）	核桃	1000.00
41	郏　县（豫）	核桃	700.00
42	宁安市（黑）	红松	1424000.00
43	汤原县（黑）	红松	1350000.00
44	本溪满族自治县（辽）	红松	680000.00

(续表)

序号	母树林种子主产地	品种	产量
45	新宾满族自治县(辽)	红松	429592.00
46	和龙林业局(吉)	红松	136000.00
47	密山市(黑)	红松	113262.00
48	东辽县(吉)	红松	100000.00
49	桦南县(黑)	红松	100000.00
50	辉南县(吉)	红松	83000.00
51	磐石市(吉)	红松	50000.00
52	八家子林业局(吉)	红松	41304.00
53	辽宁实验林场(辽)	红松	26000.00
54	临江市(吉)	红松	25000.00
55	露水河林业局(吉林森工)	红松	15000.00
56	山河实验林场(黑)	红松	10000.00
57	安图县(吉)	红松	8000.00
58	东洲区(辽)	红松	7000.00
59	海伦市(黑)	红松	5000.00
60	通河县(黑)	红松	5000.00
61	松江河林业有限公司(吉林森工)	红松	2300.00
62	集安市(吉)	红松	2060.00
63	红石林业局(吉林森工)	红松	1518.00
64	长白朝鲜族自治县(吉)	红松	800.00
65	通化县(吉)	红松	420.00
66	延寿县(黑)	红松	120.00
67	浦北县(桂)	红锥	1250.00
68	城固县(陕)	厚朴	60000.00
69	桂东县(湘)	厚朴	18150.00
70	南郑区(陕)	厚朴	5500.00
71	桑植县(湘)	厚朴	5000.00
72	新宾满族自治县(辽)	胡桃楸	470526.00
73	五常市(黑)	胡桃楸	7000.00
74	敦化林业局(吉)	胡桃楸	3500.00
75	略阳县(陕)	华山松	490000.00
76	利川市(鄂)	华山松	250000.00
77	南郑区(陕)	华山松	25000.00
78	永善县(滇)	华山松	23144.00
79	兰坪白族普米族自治县(滇)	华山松	8000.00
80	清水县(甘)	华山松	3400.00
81	会东县(川)	华山松	1722.00
82	万源市(川)	华山松	200.00
83	安福县(赣)	火柜松	280.00
84	婺源县(赣)	火柜松	100.00
85	婺源县(赣)	栲树	500.00
86	固始县(豫)	栎类	16000.00
87	南谯区(皖)	栎类	15000.00
88	东至县(皖)	栎类	11000.00
89	霍山县(皖)	栎类	10000.00

(续表)

序号	母树林种子主产地	品种	产量
90	舞钢市(豫)	栎类	2880.00
91	浠水县(鄂)	栎类	450.00
92	南岳区(湘)	柳杉	3000.00
93	洪雅县(川)	柳杉	1000.00
94	敦化林业局(吉)	落叶松	148132.00
95	库都尔林业局(内蒙古森工)	落叶松	3200.00
96	清原满族自治县(辽)	落叶松	3000.00
97	富锦市(黑)	落叶松	1200.00
98	克山县(黑)	落叶松	1000.00
99	呼玛县(黑)	落叶松	500.00
100	金河林业局(内蒙古森工)	落叶松	500.00
101	萝北县(黑)	落叶松	500.00
102	克东县(黑)	落叶松	300.00
103	长白朝鲜族自治县(吉)	落叶松	212.00
104	巴林左旗(内蒙古)	落叶松	200.00
105	尚义县(冀)	落叶松	200.00
106	密山市(黑)	落叶松	195.00
107	龙江县(黑)	落叶松	180.00
108	辽宁实验林场(辽)	落叶松	100.00
109	鼎城区(湘)	落羽杉	150.00
110	开州区(渝)	马尾松	145800.00
111	南郑区(陕)	马尾松	48000.00
112	城固县(陕)	马尾松	22000.00
113	祁东县(湘)	马尾松	14200.00
114	奉新县(赣)	马尾松	9000.00
115	南岳区(湘)	马尾松	5000.00
116	黔江区(渝)	马尾松	5000.00
117	桐柏县(豫)	马尾松	2215.00
118	汝城县(湘)	马尾松	2000.00
119	通道侗族自治县(湘)	马尾松	800.00
120	蓝山县(湘)	马尾松	650.00
121	桂平市(桂)	马尾松	200.00
122	江永县(湘)	马尾松	200.00
123	高　县(川)	马尾松	120.00
124	金洞林场(湘)	楠木	2000.00
125	库伦旗(内蒙古)	柠条	750000.00
126	米脂县(陕)	柠条	75000.00
127	同心县(宁)	柠条	70000.00
128	盐池县(宁)	柠条	50000.00
129	科尔沁左翼后旗(内蒙古)	柠条	20000.00
130	鄂托克前旗(内蒙古)	柠条	10000.00
131	西吉县(宁)	柠条	10000.00
132	五河县(皖)	女贞	750.00
133	南岳区(湘)	女贞	100.00
134	海阳市(鲁)	苹果	1300.00

（续表）

序号	母树林种子主产地	品种	产量
135	栖霞市(鲁)	苹果	1000.00
136	郏　县(豫)	苹果	110.00
137	郏　县(豫)	葡萄	2100.00
138	元阳县(滇)	桤木	78520.00
139	平昌县(川)	桤木	2000.00
140	巴州区(川)	桤木	1000.00
141	汨罗市(湘)	桤木	105.00
142	惠农区(宁)	沙枣	3000.00
143	元阳县(滇)	杉木	67520.00
144	祁东县(湘)	杉木	52800.00
145	城固县(陕)	杉木	10000.00
146	乐安县(赣)	杉木	5000.00
147	桑植县(湘)	杉木	5000.00
148	安福县(赣)	杉木	3300.00
149	马关县(滇)	杉木	2314.00
150	黎平县(黔)	杉木	2100.00
151	筠连县(川)	杉木	2000.00
152	五岔沟林业局(内蒙古)	杉木	2000.00
153	会同县(湘)	杉木	1500.00
154	阳新县(鄂)	杉木	1476.00
155	恩施市(鄂)	杉木	1000.00
156	龙陵县(滇)	杉木	1000.00
157	梁平区(渝)	杉木	868.30
158	融安县(桂)	杉木	800.00
159	峡江县(赣)	杉木	675.00
160	昌宁县(滇)	杉木	600.00
161	黄平县(黔)	杉木	600.00
162	青川县(川)	杉木	500.00
163	瑞金市(赣)	杉木	465.00
164	高　县(川)	杉木	400.00
165	祁门县(皖)	杉木	211.00
166	资兴市(湘)	杉木	200.00
167	商城县(豫)	杉木	175.00
168	永定区(湘)	杉木	130.00
169	南岳区(湘)	杉木	100.00
170	汨罗市(湘)	湿地松	4160.00
171	瑞金市(赣)	湿地松	513.00
172	新宾满族自治县(辽)	水曲柳	81138.00
173	五常市(黑)	水曲柳	180.00
174	鼎城区(湘)	水杉	200.00
175	景谷傣族彝族自治县(滇)	思茅松	350.00
176	永德县(滇)	思茅松	100.00
177	阿鲁科尔沁旗(内蒙古)	文冠果	45000.00
178	石门县(湘)	香椿	300.00
179	万源市(川)	香椿	200.00

（续表）

序号	母树林种子主产地	品种	产量
180	翠屏区(川)	香樟	205000.00
181	南岳区(湘)	香樟	20000.00
182	蓝山县(湘)	香樟	18000.00
183	冷水江市(湘)	香樟	6100.00
184	大足区(渝)	香樟	5000.00
185	赫山区(湘)	香樟	5000.00
186	巴州区(川)	香樟	1000.00
187	岳阳县(湘)	香樟	1000.00
188	科尔沁左翼后旗(内蒙古)	杏	20000.00
189	洮南市(吉)	杏	20000.00
190	略阳县(陕)	银杏	9820.00
191	婺城区(浙)	油茶	700000.00
192	梁平区(渝)	油茶	223783.56
193	雨城区(川)	油茶	200000.00
194	岑溪市(桂)	油茶	18800.00
195	耒阳市(湘)	油茶	10000.00
196	蓝山县(湘)	油茶	1200.00
197	新　县(豫)	油茶	1010.00
198	阜新蒙古族自治县(辽)	油松	85000.00
199	凌源市(辽)	油松	50000.00
200	库伦旗(内蒙古)	油松	40000.00
201	华池县(甘)	油松	25000.00
202	迭部县(甘)	油松	15960.00
203	南郑区(陕)	油松	8500.00
204	沁　县(晋)	油松	7990.00
205	平顺县(晋)	油松	4500.00
206	凌海市(辽)	油松	3500.00
207	合水林业总场(甘)	油松	2000.00
208	平泉市(冀)	油松	2000.00
209	辉县市(豫)	油松	1200.00
210	卢氏县(豫)	油松	1200.00
211	麟游县(陕)	油松	1092.00
212	陇　县(陕)	油松	556.00
213	宁城县(内蒙古)	油松	550.00
214	正宁林业总场(甘)	油松	240.00
215	韩城市林业局(陕)	油松	190.00
216	桥山林业局(陕)	油松	110.00
217	元阳县(滇)	云南松	12530.00
218	腾冲市(滇)	云南松	480.00
219	迭部县(甘)	云杉	3500.00
220	嫩江县(黑)	云杉	750.00
221	木栏围场国有林场(冀)	云杉	450.00
222	炉霍林业局(川)	云杉	100.00
223	彰武县(辽)	樟子松	4800.00
224	扎兰屯市(内蒙古)	樟子松	3500.00

(续表)

序号	母树林种子主产地	品种	产量
225	昌图县(辽)	樟子松	1200.00
226	嫩江县(黑)	樟子松	1050.00
227	克山县(黑)	樟子松	1000.00
228	库伦旗(内蒙古)	樟子松	1000.00
229	龙江县(黑)	樟子松	771.00
230	红花尔基林业局(内蒙古)	樟子松	525.00
231	巴彦县(黑)	樟子松	500.00
232	密山市(黑)	樟子松	165.00
233	庆元县(浙)	珍稀乡土树种	471.60
234	屯溪区(皖)	珍稀乡土树种	120.00

表 9-1　种子园种子主产地产量

单位:千克

序号	种子园种子主产地	品种	产量
1	惠民县(鲁)	白蜡	105000.00
2	惠农区(宁)	白蜡	3000.00
3	平罗县(宁)	白蜡	500.00
4	内乡县(豫)	柏树	75000.00
5	郧阳区(鄂)	柏树	10000.00
6	淅川县(豫)	柏树	310.00
7	石林彝族自治县(滇)	柏树	125.00
8	三台县(川)	柏树	100.00
9	东至县(皖)	檫树	8000.00
10	水富县(滇)	檫树	300.00
11	洪湖市(鄂)	池杉	6000.00
12	鼎城区(湘)	池杉	400.00
13	孝昌县(鄂)	池杉	100.00
14	龙井市(吉)	赤松	260.00
15	内乡县(豫)	刺槐	75000.00
16	淅川县(豫)	刺槐	7500.00
17	费　县(鲁)	刺槐	2000.00
18	吉　县(晋)	刺槐	1650.00
19	青铜峡市(宁)	刺槐	1500.00
20	广水市(鄂)	刺槐	1000.00
21	宁　县(甘)	刺槐	610.00
22	清水县(甘)	刺槐	200.00
23	南郑区(陕)	刺槐	100.00
24	冷水滩区(湘)	国外松	2180.00
25	孝昌县(鄂)	国外松	1000.00
26	宁乡市(湘)	国外松	300.00
27	内乡县(豫)	核桃	4200000.00
28	文　县(甘)	核桃	460000.00
29	东平县(鲁)	核桃	300000.00
30	汝阳县(豫)	核桃	185480.00
31	昌宁县(滇)	核桃	18000.00

(续表)

序号	种子园种子主产地	品种	产量
32	章丘区(鲁)	核桃	9000.00
33	南郑区(陕)	核桃	7800.00
34	华宁县(滇)	核桃	4500.00
35	师宗县(滇)	核桃	2630.00
36	广水市(鄂)	核桃	1500.00
37	仁寿县(川)	核桃	1273.00
38	青龙满族自治县(冀)	核桃	1000.00
39	郏　县(豫)	核桃	700.00
40	水富县(滇)	核桃	500.00
41	新宾满族自治县(辽)	红松	3675105.00
42	孟家岗林场(黑)	红松	92988.00
43	本溪满族自治县(辽)	红松	22300.00
44	露水河林业局(吉林森工)	红松	12813.00
45	临江市(吉)	红松	10000.00
46	红石林业局(吉林森工)	红松	3517.00
47	三岔子林业局(吉林森工)	红松	3200.00
48	林口县(黑)	红松	400.00
49	敦化林业局(吉)	红松	100.00
50	陆川县(桂)	红锥	300.00
51	新宾满族自治县(辽)	胡桃楸	4570125.00
52	平利县(陕)	华山松	150000.00
53	易门县(滇)	华山松	100000.00
54	麒麟区(滇)	华山松	20000.00
55	万源市(川)	华山松	500.00
56	泸西县(滇)	华山松	365.00
57	固始县(豫)	槐树	30000.00
58	安福县(赣)	火柜松	260.00
59	郧阳区(鄂)	栎树	200000.00
60	南郑区(陕)	栎树	18000.00
61	舞钢市(豫)	栎树	6700.00
62	明光市(皖)	栎树	2000.00
63	南谯区(皖)	栎树	600.00
64	南岳区(湘)	柳杉	200.00
65	赤城县(冀)	落叶松	3500.00
66	清原满族自治县(辽)	落叶松	3000.00
67	新宾满族自治县(辽)	落叶松	2116.00
68	富锦市(黑)	落叶松	1200.00
69	木栏围场国有林场(冀)	落叶松	660.00
70	龙江县(黑)	落叶松	510.00
71	海伦市(黑)	落叶松	500.00
72	宁城县(内蒙古)	落叶松	350.00
73	东洲区(辽)	落叶松	330.00
74	克山县(黑)	落叶松	250.00
75	静乐县(晋)	落叶松	205.00
76	小陇山林业实验局(甘)	落叶松	150.00

（续表）

序号	种子园种子主产地	品种	产量
77	巴林左旗(内蒙古)	落叶松	100.00
78	万源市(川)	落叶松	100.00
79	大悟县(鄂)	马尾松	20000.00
80	开州区(渝)	马尾松	13670.00
81	祁东县(湘)	马尾松	12500.00
82	霍山县(皖)	马尾松	12000.00
83	黔江区(渝)	马尾松	5000.00
84	桐柏县(豫)	马尾松	2215.00
85	瑞金市(赣)	马尾松	600.00
86	通道侗族自治县(湘)	马尾松	600.00
87	岑溪市(桂)	马尾松	500.00
88	南岳区(湘)	马尾松	400.00
89	都匀市(黔)	马尾松	160.00
90	赫山区(湘)	马尾松	150.00
91	湖北省太子山林场管理局(鄂)	马尾松	150.00
92	宁远县(湘)	马尾松	150.00
93	高　县(川)	马尾松	120.00
94	桂阳县(湘)	马尾松	100.00
95	万源市(川)	马尾松	100.00
96	奈曼旗(内蒙古)	柠条	200000.00
97	盐池县(宁)	柠条	50000.00
98	定西市巉口林业试验场(甘)	柠条	5250.00
99	原州区(宁)	柠条	4680.00
100	灵武市(宁)	柠条	1720.00
101	师宗县(滇)	苹果	4047.00
102	郏　县(豫)	苹果	110.00
103	贺州市平桂管理区(桂)	葡萄	1070000.00
104	泸溪县(湘)	葡萄	3000.00
105	郏　县(豫)	葡萄	2100.00
106	师宗县(滇)	葡萄	525.00
107	黎平县(黔)	杉木	80000.00
108	西畴县(滇)	杉木	6647.00
109	乐安县(赣)	杉木	5000.00
110	郧阳区(鄂)	杉木	5000.00
111	安福县(赣)	杉木	3200.00
112	岳阳县(湘)	杉木	3000.00
113	会同县(湘)	杉木	2700.00
114	马关县(滇)	杉木	2314.00
115	攸　县(湘)	杉木	2000.00
116	鄂州市市辖区(鄂)	杉木	1500.00
117	阳新县(鄂)	杉木	1476.00
118	信丰县(赣)	杉木	1325.00
119	龙泉市(浙)	杉木	1042.00
120	恩施市(鄂)	杉木	1000.00
121	筠连县(川)	杉木	1000.00

（续表）

序号	种子园种子主产地	品种	产量
122	顺昌县(闽)	杉木	810.00
123	融安县(桂)	杉木	800.00
124	昌宁县(滇)	杉木	600.00
125	高　县(川)	杉木	400.00
126	休宁县(皖)	杉木	350.00
127	青原区(赣)	杉木	325.00
128	崇义县(赣)	杉木	300.00
129	江华瑶族自治县(湘)	杉木	250.00
130	瑞金市(赣)	杉木	240.00
131	古蔺县(川)	杉木	220.00
132	屏边苗族自治县(滇)	杉木	220.00
133	靖州苗族侗族自治县(湘)	杉木	200.00
134	余江县(赣)	杉木	200.00
135	资兴市(湘)	杉木	200.00
136	宁远县(湘)	杉木	150.00
137	城步苗族自治县(湘)	杉木	101.00
138	泾　县(皖)	杉木	100.00
139	汨罗市(湘)	湿地松	4160.00
140	余杭区(浙)	湿地松	725.00
141	余江县(赣)	湿地松	600.00
142	泾　县(皖)	湿地松	350.00
143	瑞金市(赣)	湿地松	300.00
144	宁远县(湘)	湿地松	100.00
145	潜江市(鄂)	水杉	500.00
146	景谷傣族彝族自治县(滇)	思茅松	350.00
147	洮南市(吉)	杏	20000.00
148	赤城县(冀)	杏	15000.00
149	环　县(甘)	杏	5000.00
150	华池县(甘)	杏	2500.00
151	蓝田县(陕)	油松	40000.00
152	赤城县(冀)	油松	4500.00
153	平顺县(晋)	油松	4500.00
154	合水林业总场(甘)	油松	1000.00
155	陇　县(陕)	油松	919.00
156	桥山林业局(陕)	油松	700.00
157	平泉市(冀)	油松	500.00
158	卢氏县(豫)	油松	300.00
159	正宁林业总场(甘)	油松	260.00
160	宁城县(内蒙古)	油松	200.00
161	小陇山林业实验局(甘)	油松	145.00
162	卓资县(内蒙古)	榆树	85000.00
163	惠民县(鲁)	榆树	37000.00
164	商都县(内蒙古)	榆树	30000.00
165	察哈尔右翼前旗(内蒙古)	榆树	29000.00
166	兴和县(内蒙古)	榆树	25000.00

(续表)

序号	种子园种子主产地	品种	产量
167	四子王旗(内蒙古)	榆树	20000.00
168	察哈尔右翼后旗(内蒙古)	榆树	15000.00
169	丰镇市(内蒙古)	榆树	15000.00
170	集宁区(内蒙古)	榆树	3000.00
171	广南县(滇)	云南松	3362.84
172	玉龙纳西族自治县(滇)	云南松	487.30
173	普格县(川)	云南松	270.00
174	弥渡县(滇)	云南松	180.00

(续表)

序号	种子园种子主产地	品种	产量(吨)
175	乌鲁木齐南山林场(新)	云杉	110.00
176	炉霍林业局(川)	云杉	100.00
177	彰武县(辽)	樟子松	4800.00
178	呼玛县(黑)	樟子松	1000.00
179	克东县(黑)	樟子松	360.00
180	阿尔山市(内蒙古)	樟子松	300.00
181	克山县(黑)	樟子松	250.00
182	龙江县(黑)	樟子松	141.00

表 10-1　马尾松苗主产地产量

单位:万株

序号	马尾松苗主产地	产量
1	龙泉市(浙)	17.00
2	云和县(浙)	10.00
3	旌德县(皖)	100.00
4	瑞金市(赣)	600.00
5	分宜县(赣)	50.00
6	信丰县(赣)	20.00
7	德兴市(赣)	15.00
8	蕲春县(鄂)	500.00
9	鄂州市市辖区(鄂)	400.00
10	阳新县(鄂)	200.00
11	宜城市(鄂)	120.00
12	浠水县(鄂)	45.00
13	茶陵县(湘)	1800.00
14	蓝山县(湘)	1260.00
15	冷水江市(湘)	1050.00
16	湘乡市(湘)	360.00
17	汝城县(湘)	331.00
18	新化县(湘)	200.00
19	宁远县(湘)	200.00
20	洞口县(湘)	150.00
21	新宁县(湘)	150.00
22	会同县(湘)	90.00
23	东安县(湘)	90.00
24	永定区(湘)	85.00
25	武冈市(湘)	80.00
26	中方县(湘)	80.00
27	洪江市(湘)	72.00
28	资兴市(湘)	70.00
29	溆浦县(湘)	61.00
30	芷江侗族自治县(湘)	60.00
31	石门县(湘)	60.00
32	绥宁县(湘)	51.00
33	永兴县(湘)	48.00

(续表)

序号	马尾松苗主产地	产量
34	临武县(湘)	45.00
35	新晃侗族自治县(湘)	20.00
36	安化县(湘)	12.00
37	南丹县(桂)	501.00
38	西林县(桂)	375.00
39	平乐县(桂)	360.00
40	隆林各族自治县(桂)	201.00
41	田阳县(桂)	200.00
42	宜州区(桂)	120.00
43	巴马瑶族自治县(桂)	100.00
44	派阳山林场(桂)	80.00
45	田东县(桂)	80.00
46	田林县(桂)	64.00
47	陆川县(桂)	60.00
48	蒙山县(桂)	60.00
49	钦北区(桂)	56.00
50	藤　县(桂)	50.00
51	黄冕林场(桂)	41.61
52	龙圩区(桂)	41.50
53	博白林场(桂)	39.00
54	中国林科院热林中心(桂)	37.00
55	高峰林场(桂)	31.29
56	广西林业集团有限公司(桂)	20.00
57	岑溪市(桂)	20.00
58	六万林场(桂)	19.10
59	那坡县(桂)	15.00
60	昭平县(桂)	10.50
61	宣汉县(川)	100.00
62	罗甸县(黔)	388.70
63	德江县(黔)	300.00
64	印江土家族苗族自治县(黔)	300.00
65	碧江区(黔)	190.00
66	沿河土家族自治县(黔)	160.00
67	江口县(黔)	91.50

(续表)

序号	马尾松苗主产地	产量
68	黄平县(黔)	50.00
69	万山区(黔)	26.00
70	花溪区(黔)	20.00
71	建水县(滇)	49.00

表 10-2　落叶松苗主产地产量

单位:万株

序号	落叶松苗主产地	产量
1	丰宁满族自治县(冀)	6090.00
2	赤城县(冀)	2568.00
3	塞罕坝机械林场(冀)	75.00
4	涞源县(冀)	30.00
5	静乐县(晋)	4200.00
6	宁武县(晋)	2220.00
7	岢岚县(晋)	87.00
8	桦林背林场(晋)	40.00
9	牙克石市(内蒙古)	368.00
10	鄂温克族自治旗(内蒙古)	120.00
11	巴林林业局(内蒙古)	100.00
12	松山区(内蒙古)	66.00
13	免渡河林业局(内蒙古)	35.00
14	克什克腾旗(内蒙古)	28.00
15	武川县(内蒙古)	20.00
16	白狼林业局(内蒙古)	20.00
17	鄂伦春自治旗(内蒙古)	15.50
18	扎兰屯市(内蒙古)	10.00
19	清原满族自治县(辽)	3500.00
20	抚顺县(辽)	482.00
21	桓仁满族自治县(辽)	261.00
22	新宾满族自治县(辽)	63.00
23	辽宁实验林场(辽)	15.00
24	辉南县(吉)	1685.00
25	柳河县(吉)	500.00
26	东丰县(吉)	500.00

（续表）

序号	落叶松苗主产地	产量
27	通化县（吉）	120.00
28	蛟河市（吉）	100.00
29	白山市市辖区（吉）	95.00
30	长白朝鲜族自治县（吉）	70.00
31	东辽县（吉）	36.00
32	舒兰市（吉）	35.00
33	磐石市（吉）	31.80
34	天桥岭林业局（吉）	30.00
35	安图县（吉）	26.00
36	汪清县（吉）	15.00
37	敦化林业局（吉）	12.00
38	尚志市（黑）	6500.00
39	嫩江县（黑）	3295.00
40	佳木斯市郊区（黑）	1430.00
41	宝清县（黑）	1173.00
42	延寿县（黑）	1000.00
43	汤原县（黑）	900.00
44	孙吴县（黑）	792.74
45	嘉荫县（黑）	420.00
46	五大连池市（黑）	312.60
47	五常市（黑）	300.00
48	林口县（黑）	280.00
49	宁安市（黑）	220.00
50	克山县（黑）	175.00
51	鸡东县（黑）	151.00
52	尚志国有林场管理局（黑）	136.00
53	黑河市市辖区（黑）	121.00
54	龙江县（黑）	93.00
55	鹤岗市市辖区（黑）	78.00
56	密山市（黑）	71.00
57	桦南县（黑）	60.50
58	孟家岗林场（黑）	55.00
59	集贤县（黑）	40.00
60	呼玛县（黑）	40.00
61	讷河市（黑）	35.00
62	富锦市（黑）	35.00
63	济源市（豫）	20.00
64	建始县（鄂）	200.00
65	巴东县（鄂）	30.00
66	汉源县（川）	50.00
67	永善县（滇）	400.00
68	武都区（甘）	940.00
69	文　县（甘）	900.00
70	舟曲县（甘）	790.00
71	关山林业管理局（甘）	495.00
72	西和县（甘）	438.00
73	渭源县（甘）	120.00
74	岷江林业总场（甘）	96.00
75	华池林业总场（甘）	22.11
76	库都尔林业局（内蒙古森工）	162.51
77	金河林业局（内蒙古森工）	150.00
78	阿里河林业局（内蒙古森工）	127.70
79	甘河林业局（内蒙古森工）	108.00
80	乌尔旗汉林业局（内蒙古森工）	30.00
81	小陇山林业实验局（甘）	123.24

表 10-3　红松苗主产地产量

单位：万株

序号	红松苗主产地	产量
1	木栏围场国有林场（冀）	13.37
2	岫岩满族自治县（辽）	8503.00
3	清原满族自治县（辽）	8000.00
4	宽甸满族自治县（辽）	4350.00
5	新宾满族自治县（辽）	2623.00
6	本溪满族自治县（辽）	880.00
7	桓仁满族自治县（辽）	626.00
8	东港市（辽）	70.00
9	辽宁实验林场（辽）	35.00
10	振安区（辽）	25.00
11	抚顺县（辽）	23.27
12	通化县（吉）	6586.00
13	蛟河市（吉）	2971.00
14	抚松县（吉）	2736.65
15	集安市（吉）	1887.40
16	辉南县（吉）	1377.00
17	汪清林业局（吉）	1055.00
18	天桥岭林业局（吉）	735.00
19	长白朝鲜族自治县（吉）	705.00
20	珲春林业局（吉）	641.60
21	安图森林经营局（吉）	600.00
22	敦化林业局（吉）	539.00
23	和龙林业局（吉）	520.00
24	黄泥河林业局（吉）	400.00
25	敦化市（吉）	400.00
26	临江市（吉）	300.00
27	磐石市（吉）	290.00
28	珲春市（吉）	286.00
29	安图县（吉）	250.00
30	和龙市（吉）	210.00
31	东辽县（吉）	200.00
32	东丰县（吉）	200.00
33	吉林市市辖区（吉）	180.00
34	上营森林经营局（吉）	180.00
35	延吉市（吉）	150.00
36	龙井市（吉）	105.00
37	大石头林业局（吉）	100.00
38	靖宇县（吉）	80.52
39	丰满区（吉）	78.00
40	汪清县（吉）	53.00
41	舒兰市（吉）	50.00
42	白山市市辖区（吉）	13.70
43	汤原县（黑）	3420.00
44	延寿县（黑）	1000.00
45	孙吴县（黑）	400.19
46	桦南县（黑）	210.00
47	宁安市（黑）	160.00
48	庆安国有林场管理局（黑）	148.29
49	鸡东县（黑）	143.00
50	鹤岗市市辖区（黑）	132.00
51	尚志国有林场管理局（黑）	129.00
52	方正县（黑）	84.00
53	孟家岗林场（黑）	80.00
54	佳木斯市郊区（黑）	50.00
55	海伦市（黑）	40.00
56	木兰县（黑）	40.00
57	林口县（黑）	35.00
58	集贤县（黑）	35.00
59	萝北县（黑）	30.00
60	绥棱县（黑）	22.00
61	绥芬河市（黑）	17.00
62	海林市（黑）	15.00
63	密山市（黑）	10.00
64	阿里河林业局（内蒙古森工）	87.90
65	临江林业局（吉林森工）	1040.00
66	三岔子林业局（吉林森工）	1005.30
67	松江河林业有限公司（吉林森工）	712.00
68	露水河林业局（吉林森工）	611.30
69	白石山林业局（吉林森工）	583.58
70	红石林业局（吉林森工）	400.00
71	湾沟林业局（吉林森工）	100.00
72	泉阳林业局（吉林森工）	75.48

表 10-4 国外松苗主产地产量

单位:万株

序号	国外松苗主产地	产量
1	衢江区(浙)	14.00
2	南陵县(皖)	300.00
3	明光市(皖)	202.00
4	宿松县(皖)	140.00
5	怀宁县(皖)	92.00
6	泾　县(皖)	80.00
7	桐城市(皖)	40.00
8	望江县(皖)	33.00
9	定远县(皖)	10.00
10	信州区(赣)	1320.00
11	永丰县(赣)	1000.00
12	瑞金市(赣)	325.00
13	德兴市(赣)	140.00
14	红安县(鄂)	600.00
15	黄梅县(鄂)	500.00
16	南漳县(鄂)	350.00
17	广水市(鄂)	300.00
18	当阳市(鄂)	135.00
19	枣阳市(鄂)	122.50
20	曾都区(鄂)	120.00
21	荆门市市辖区(鄂)	50.00
22	罗田县(鄂)	30.00
23	茶陵县(湘)	3450.00
24	蓝山县(湘)	1125.00
25	衡山县(湘)	590.60
26	汨罗市(湘)	493.00
27	零陵区(湘)	450.00
28	岳阳县(湘)	250.00
29	新田县(湘)	219.00
30	双清区(湘)	150.00
31	临澧县(湘)	100.00
32	湘乡市(湘)	89.00
33	鼎城区(湘)	75.00
34	资兴市(湘)	60.00
35	东安县(湘)	56.80
36	冷水滩区(湘)	30.00
37	芷江侗族自治县(湘)	30.00
38	津市市(湘)	30.00
39	北塔区(湘)	26.00
40	永兴县(湘)	24.00
41	大祥区(湘)	20.00
42	钦北区(桂)	76.00

表 10-5 黑松苗主产地产量

单位:万株

序号	黑松苗主产地	产量
1	松山区(内蒙古)	474.00
2	普兰店市(辽)	35.00
3	东丰县(吉)	300.00
4	珲春市(吉)	20.00
5	图们市(吉)	11.00
6	莒南县(鲁)	3055.00
7	长清区(鲁)	900.00
8	泰山区(鲁)	600.00
9	莱城区(鲁)	538.00
10	新泰市(鲁)	520.00
11	岚山区(鲁)	430.00
12	荣成市(鲁)	370.00
13	西海岸新区(鲁)	333.61
14	蒙阴县(鲁)	300.00
15	莱西市(鲁)	257.00
16	宁阳县(鲁)	201.00
17	昌邑市(鲁)	120.00
18	牟平区(鲁)	110.00
19	沂源县(鲁)	99.45
20	文登区(鲁)	96.00
21	即墨区(鲁)	92.00
22	陵城区(鲁)	44.00
23	环翠区(鲁)	28.00
24	费　县(鲁)	25.00
25	威海市经济技术开发区(鲁)	15.00
26	肥城市(鲁)	12.30
27	潢川县(豫)	71.00

表 10-6 华山松苗主产地产量

单位:万株

序号	华山松苗主产地	产量
1	易　县(冀)	165.00
2	涿州市(冀)	20.00
3	阳城县(晋)	120.00
4	桓仁满族自治县(辽)	353.90
5	泰山区(鲁)	720.00
6	汉源县(川)	65.00
7	会东县(川)	50.20
8	富源县(滇)	920.00
9	昭阳区(滇)	260.00
10	临翔区(滇)	198.00
11	宁蒗彝族自治县(滇)	122.00
12	洱源县(滇)	109.00
13	永善县(滇)	100.00

(续表)

序号	华山松苗主产地	产量
14	易门县(滇)	100.00
15	罗平县(滇)	60.00
16	腾冲市(滇)	50.00
17	盘龙区(滇)	45.00
18	五华区(滇)	31.60
19	晋宁区(滇)	30.00
20	沾益区(滇)	30.00
21	施甸县(滇)	30.00
22	石林彝族自治县(滇)	26.00
23	富民县(滇)	20.00
24	龙陵县(滇)	15.00
25	玉龙纳西族自治县(滇)	13.00
26	双江拉祜族佤族布朗族傣族自治县(滇)	10.00
27	蓝田县(陕)	900.00
28	宁强县(陕)	400.00
29	陇　县(陕)	90.00
30	镇安县(陕)	76.00
31	留坝县(陕)	50.00
32	镇巴县(陕)	50.00
33	千阳县(陕)	40.00
34	勉　县(陕)	38.90
35	镇坪县(陕)	30.00
36	南郑区(陕)	28.00
37	商州区(陕)	20.00
38	武都区(甘)	980.00
39	文　县(甘)	260.00
40	西和县(甘)	200.00
41	正宁林业总场(甘)	190.00
42	两当县(甘)	189.90
43	华池林业总场(甘)	164.50
44	合水林业总场(甘)	115.60
45	湘乐林业总场(甘)	12.30

表 10-7 湿地松苗主产地产量

单位:万株

序号	湿地松苗主产地	产量
1	天台县(浙)	38.00
2	三门县(浙)	20.00
3	临海市(浙)	14.30
4	余杭区(浙)	10.00
5	枞阳县(皖)	120.00
6	宣州区(皖)	52.00
7	奉新县(赣)	3159.10
8	袁州区(赣)	600.00

（续表）

序号	湿地松苗主产地	产量
9	上高县（赣）	480.00
10	万年县（赣）	450.00
11	宁都县（赣）	365.00
12	临川区（赣）	185.00
13	安福县（赣）	160.00
14	吉安县（赣）	150.00
15	铅山县（赣）	140.00
16	万载县（赣）	80.00
17	信丰县（赣）	80.00
18	德安县（赣）	70.00
19	玉山县（赣）	60.00
20	于都县（赣）	50.00
21	芦溪县（赣）	50.00
22	全南县（赣）	46.10
23	广昌县（赣）	37.40
24	赣县区（赣）	30.00
25	瑞昌市（赣）	29.89
26	贵溪市（赣）	15.30
27	分宜县（赣）	15.00
28	东乡区（赣）	15.00
29	石城县（赣）	10.00
30	潢川县（豫）	125.00
31	浠水县（鄂）	480.00
32	京山县（鄂）	280.00
33	孝昌县（鄂）	150.00
34	宜城市（鄂）	90.00
35	英山县（鄂）	65.00
36	谷城县（鄂）	10.00
37	祁东县（湘）	595.00
38	宁远县（湘）	400.00
39	桃江县（湘）	220.00
40	新宁县（湘）	160.00
41	麻阳苗族自治县（湘）	50.00
42	临武县（湘）	45.00
43	洪江市（湘）	18.00
44	博白林场（桂）	56.00
45	开江县（川）	40.00
46	威远县（川）	15.00
47	开远市（滇）	200.00
48	砚山县（滇）	110.00
49	丘北县（滇）	100.00
50	沾益区（滇）	10.00

表 10-8　白皮松苗主产地产量

单位：万株

序号	白皮松苗主产地	产量
1	平谷区（京）	14.00
2	定州市（冀）	70.00
3	涿州市（冀）	15.00
4	三河市（冀）	14.00
5	定兴县（冀）	12.00
6	古　县（晋）	2329.00
7	吉　县（晋）	1210.00
8	霍州市（晋）	725.00
9	临猗县（晋）	658.00
10	襄汾县（晋）	455.00
11	曲沃县（晋）	190.00
12	翼城县（晋）	140.00
13	尧都区（晋）	89.00
14	夏　县（晋）	82.90
15	侯马市（晋）	80.00
16	洪洞县（晋）	60.00
17	原平市（晋）	52.00
18	古交市（晋）	50.00
19	祁　县（晋）	20.00
20	河津市（晋）	18.00
21	泽州县（晋）	16.50
22	长清区（鲁）	1250.00
23	泰山区（鲁）	1134.00
24	西海岸新区（鲁）	22.52
25	嵩　县（豫）	200.00
26	汝州市（豫）	97.00
27	鄢陵县（豫）	60.00
28	新安县（豫）	24.00
29	禹州市（豫）	22.50
30	洛宁县（豫）	20.00
31	济源市（豫）	18.00
32	长葛市（豫）	15.65
33	蓝田县（陕）	12550.00
34	武功县（陕）	1732.00
35	蒲城县（陕）	1500.00
36	韩城市林业局（陕）	1308.00
37	眉　县（陕）	1135.90
38	渭滨区（陕）	782.00
39	陇　县（陕）	560.00
40	佛坪县（陕）	126.80
41	周至县（陕）	90.00
42	千阳县（陕）	36.00
43	秦都区（陕）	30.00
44	勉　县（陕）	24.78

（续表）

序号	白皮松苗主产地	产量
45	洛南县（陕）	19.00
46	桥北林业局（陕）	10.26
47	两当县（甘）	1012.80
48	合水林业总场（甘）	172.60
49	正宁林业总场（甘）	141.00
50	成　县（甘）	100.00
51	华池林业总场（甘）	35.00
52	小陇山林业实验局（甘）	674.85

表 10-9　油松苗主产地产量

单位：万株

序号	油松苗主产地	产量
1	海淀区（京）	22.30
2	平谷区（京）	10.80
3	丰宁满族自治县（冀）	18070.00
4	平泉市（冀）	6500.00
5	围场满族蒙古族自治县（冀）	6350.00
6	赤城县（冀）	3866.00
7	滦平县（冀）	3100.00
8	蔚　县（冀）	2520.70
9	涞源县（冀）	1000.00
10	怀来县（冀）	929.20
11	木栏围场国有林场（冀）	693.39
12	阜平县（冀）	612.00
13	易　县（冀）	320.00
14	小五台国家级自然保护区（冀）	300.00
15	阳原县（冀）	270.00
16	定州市（冀）	230.00
17	双滦区（冀）	223.00
18	涿州市（冀）	150.00
19	满城区（冀）	100.00
20	博野县（冀）	50.00
21	定兴县（冀）	45.00
22	广阳区（冀）	35.00
23	三河市（冀）	33.40
24	河北省林业示范场（冀）	33.14
25	邢台县（冀）	21.00
26	滦平林场管理局（冀）	20.51
27	张家口市林场（冀）	20.00
28	抚宁区（冀）	16.90
29	塞罕坝机械林场（冀）	12.00
30	鹿泉区（冀）	11.30
31	鸡泽县（冀）	10.00
32	五台县（晋）	21800.00
33	静乐县（晋）	12800.00

(续表)

序号	油松苗主产地	产量
34	偏关县(晋)	3990.00
35	新荣区(晋)	3350.00
36	古　县(晋)	3329.00
37	沁源县(晋)	2250.00
38	吉　县(晋)	2230.00
39	宁武县(晋)	2208.00
40	代　县(晋)	1835.00
41	中阳县(晋)	1810.00
42	阳曲县(晋)	1751.00
43	忻府区(晋)	1664.00
44	沁　县(晋)	1644.00
45	平顺县(晋)	1428.00
46	岢岚县(晋)	850.00
47	阳高县(晋)	800.00
48	原平市(晋)	799.20
49	定襄县(晋)	720.00
50	大宁县(晋)	697.00
51	左权县(晋)	680.00
52	应　县(晋)	500.00
53	离石区(晋)	450.00
54	广灵县(晋)	360.00
55	交口县(晋)	320.00
56	平定县(晋)	300.00
57	保德县(晋)	300.00
58	河曲县(晋)	299.30
59	浑源县(晋)	270.00
60	灵丘县(晋)	200.00
61	南郊区(晋)	190.00
62	恒山林场(晋)	182.00
63	阳泉市郊区(晋)	180.00
64	壶关县(晋)	168.00
65	天镇县(晋)	156.00
66	神池县(晋)	150.00
67	古交市(晋)	150.00
68	翼城县(晋)	140.00
69	临　县(晋)	131.00
70	屯留县(晋)	130.00
71	曲沃县(晋)	120.00
72	霍州市(晋)	113.00
73	泽州县(晋)	75.00
74	襄汾县(晋)	75.00
75	尧都区(晋)	70.00
76	永和县(晋)	60.00
77	洪洞县(晋)	53.00
78	临猗县(晋)	43.00

(续表)

序号	油松苗主产地	产量
79	黎城县(晋)	41.00
80	阳城县(晋)	40.00
81	夏　县(晋)	28.80
82	祁　县(晋)	10.00
83	潞城市(晋)	10.00
84	伊金霍洛旗(内蒙古)	818.00
85	清水河县(内蒙古)	574.00
86	土默特右旗(内蒙古)	370.00
87	九原区(内蒙古)	266.00
88	乌审旗(内蒙古)	236.00
89	兴和县(内蒙古)	120.00
90	翁牛特旗(内蒙古)	109.00
91	敖汉旗(内蒙古)	89.00
92	阿鲁科尔沁旗(内蒙古)	70.00
93	东胜区(内蒙古)	50.00
94	红山区(内蒙古)	44.73
95	武川县(内蒙古)	40.00
96	卓资县(内蒙古)	35.30
97	赛罕区(内蒙古)	30.00
98	丰镇市(内蒙古)	20.00
99	鄂托克前旗(内蒙古)	19.00
100	凉城县(内蒙古)	18.00
101	察哈尔右翼中旗(内蒙古)	17.00
102	石拐区(内蒙古)	16.00
103	扎鲁特旗(内蒙古)	16.00
104	巴林左旗(内蒙古)	11.00
105	科尔沁左翼后旗(内蒙古)	10.00
106	阜新蒙古族自治县(辽)	1500.00
107	凌海市(辽)	800.00
108	绥中县(辽)	400.00
109	凌源市(辽)	225.00
110	本溪满族自治县(辽)	151.20
111	南票区(辽)	60.00
112	盖州市(辽)	60.00
113	喀喇沁左翼蒙古族自治县(辽)	43.00
114	长白朝鲜族自治县(吉)	60.00
115	莒南县(鲁)	551.00
116	鄢陵县(豫)	350.00
117	卢氏县(豫)	250.90
118	济源市(豫)	48.00
119	松滋市(鄂)	60.00
120	金川县(川)	10.00
121	麟游县(陕)	2648.00
122	安塞区(陕)	1706.20
123	千阳县(陕)	1398.00

(续表)

序号	油松苗主产地	产量
124	神木市(陕)	1253.00
125	横山区(陕)	1200.00
126	王益区(陕)	580.00
127	靖边县(陕)	468.00
128	宜君县(陕)	380.00
129	陇　县(陕)	360.00
130	宝塔区(陕)	346.00
131	黄龙山林业局(陕)	322.00
132	旬邑县(陕)	300.00
133	劳山林业局(陕)	289.80
134	永寿县(陕)	252.00
135	桥北林业局(陕)	222.19
136	甘泉县(陕)	190.00
137	定边县(陕)	130.00
138	乾　县(陕)	123.70
139	洛川县(陕)	117.06
140	米脂县(陕)	117.00
141	淳化县(陕)	90.00
142	延川县(陕)	72.00
143	南郑区(陕)	70.00
144	桥山林业局(陕)	62.70
145	丹凤县(陕)	60.00
146	子长县(陕)	60.00
147	洛南县(陕)	56.00
148	留坝县(陕)	40.00
149	子洲县(陕)	33.00
150	志丹县(陕)	32.00
151	宜川县(陕)	30.00
152	清涧县(陕)	28.00
153	太白林业局(陕)	21.12
154	镇坪县(陕)	15.00
155	长安区(陕)	14.00
156	蒲城县(陕)	10.70
157	合水林业总场(甘)	5868.30
158	华池林业总场(甘)	5192.80
159	临洮县(甘)	4540.00
160	合水县(甘)	2600.00
161	湘乐林业总场(甘)	1974.08
162	庄浪县(甘)	1800.00
163	迭部县(甘)	1764.00
164	庆城县(甘)	1720.00
165	清水县(甘)	1480.00
166	武都区(甘)	1260.00
167	岷　县(甘)	1200.00
168	舟曲县(甘)	950.00

（续表）

序号	油松苗主产地	产量
169	西峰区(甘)	780.75
170	关山林业管理局(甘)	651.00
171	渭源县(甘)	525.00
172	两当县(甘)	363.10
173	西和县(甘)	360.00
174	华池县(甘)	300.00
175	正宁林业总场(甘)	290.00
176	古浪县(甘)	220.50
177	崆峒区(甘)	175.00
178	临夏市(甘)	152.00
179	天祝藏族自治县(甘)	122.00
180	永昌县(甘)	23.87
181	静宁县(甘)	21.10
182	灵台县(甘)	20.00
183	甘州区(甘)	18.50
184	石羊河林业总场(甘)	15.10
185	会宁县(甘)	13.20
186	七里河区(甘)	10.50
187	泾源县(宁)	6000.00
188	隆德县(宁)	1600.00
189	彭阳县(宁)	390.00
190	西吉县(宁)	16.00
191	小陇山林业实验局(甘)	803.35
192	迭部林业局(甘)	104.57

表 10-10　樟子松苗主产地产量

单位：万株

序号	樟子松苗主产地	产量
1	丰宁满族自治县(冀)	3780.00
2	围场满族蒙古族自治县(冀)	3740.00
3	张北县(冀)	730.50
4	定州市(冀)	200.00
5	塞罕坝机械林场(冀)	143.00
6	御道口林场(冀)	120.00
7	康保县(冀)	104.50
8	木栏围场国有林场(冀)	73.52
9	怀来县(冀)	20.20
10	新荣区(晋)	1350.00
11	应　县(晋)	660.00
12	偏关县(晋)	375.00
13	代　县(晋)	280.00
14	南郊区(晋)	180.00
15	原平市(晋)	150.00
16	左云县(晋)	105.00
17	广灵县(晋)	90.00
18	忻府区(晋)	72.00
19	保德县(晋)	54.00
20	河曲县(晋)	32.50
21	神池县(晋)	30.00
22	岢岚县(晋)	10.00
23	伊金霍洛旗(内蒙古)	13617.00
24	乌审旗(内蒙古)	9039.00
25	扎鲁特旗(内蒙古)	7347.80
26	库伦旗(内蒙古)	2500.00
27	陈巴尔虎旗(内蒙古)	1318.00
28	兴和县(内蒙古)	956.00
29	科尔沁左翼后旗(内蒙古)	610.00
30	清水河县(内蒙古)	592.00
31	阿荣旗(内蒙古)	450.00
32	达拉特旗(内蒙古)	380.00
33	克什克腾旗(内蒙古)	316.00
34	阿尔山市(内蒙古)	300.00
35	牙克石市(内蒙古)	294.30
36	卓资县(内蒙古)	282.50
37	敖汉旗(内蒙古)	251.00
38	白狼林业局(内蒙古)	243.00
39	翁牛特旗(内蒙古)	208.00
40	科尔沁左翼中旗(内蒙古)	200.00
41	林西县(内蒙古)	192.70
42	鄂托克前旗(内蒙古)	176.00
43	海拉尔区(内蒙古)	164.00
44	丰镇市(内蒙古)	162.00
45	凉城县(内蒙古)	143.00
46	鄂托克旗(内蒙古)	140.00
47	察哈尔右翼中旗(内蒙古)	136.00
48	商都县(内蒙古)	136.00
49	巴林左旗(内蒙古)	131.00
50	巴林右旗(内蒙古)	124.00
51	九原区(内蒙古)	107.00
52	扎赉特旗(内蒙古)	100.00
53	固阳县(内蒙古)	94.00
54	奈曼旗(内蒙古)	61.00
55	赛罕区(内蒙古)	51.00
56	东胜区(内蒙古)	50.00
57	扎兰屯市(内蒙古)	50.00
58	松山区(内蒙古)	49.00
59	红山区(内蒙古)	46.19
60	察哈尔右翼后旗(内蒙古)	36.90
61	根河市(内蒙古)	30.00
62	鄂伦春自治旗(内蒙古)	23.00
63	集宁区(内蒙古)	20.70
64	武川县(内蒙古)	20.00
65	开鲁县(内蒙古)	20.00
66	阿拉善左旗(内蒙古)	15.86
67	石拐区(内蒙古)	15.00
68	新巴尔虎左旗(内蒙古)	10.50
69	彰武县(辽)	314.00
70	阜新蒙古族自治县(辽)	300.00
71	康平县(辽)	140.00
72	九台区(吉)	1600.00
73	桦甸市(吉)	900.00
74	东辽县(吉)	600.00
75	长白朝鲜族自治县(吉)	171.00
76	梨树县(吉)	154.00
77	辉南县(吉)	139.00
78	蛟河市(吉)	135.70
79	双阳区(吉)	68.50
80	临江市(吉)	64.00
81	伊通满族自治县(吉)	30.00
82	昌邑区(吉)	26.00
83	通化县(吉)	15.00
84	东丰县(吉)	10.00
85	尚志市(黑)	4500.00
86	嫩江县(黑)	2347.00
87	佳木斯市郊区(黑)	1768.00
88	讷河市(黑)	1465.50
89	汤原县(黑)	1050.00
90	克东县(黑)	1000.00
91	北安市(黑)	742.30
92	孙吴县(黑)	610.24
93	龙江县(黑)	609.60
94	逊克县(黑)	587.10
95	宝清县(黑)	540.00
96	杜尔伯特蒙古族自治县(黑)	468.00
97	林甸县(黑)	350.00
98	让胡路区(黑)	240.00
99	呼兰区(黑)	200.00
100	桦南县(黑)	182.00
101	黑河市市辖区(黑)	180.00
102	克山县(黑)	152.00
103	林口县(黑)	133.00
104	五大连池市(黑)	118.00
105	海伦市(黑)	100.00
106	尚志国有林场管理局(黑)	96.00
107	绥棱县(黑)	84.00

(续表)

序号	樟子松苗主产地	产量
108	孟家岗林场(黑)	60.00
109	大同区(黑)	50.00
110	密山市(黑)	47.00
111	富锦市(黑)	40.00
112	呼玛县(黑)	40.00
113	集贤县(黑)	18.00
114	甘南县(黑)	18.00
115	海林市(黑)	16.00
116	鸡东县(黑)	15.00
117	横山区(陕)	100000.00
118	榆阳区(陕)	5571.00
119	神木市(陕)	1674.00
120	定边县(陕)	468.00
121	延长县(陕)	278.00
122	安塞区(陕)	175.80
123	蒲城县(陕)	75.00
124	临洮县(甘)	531.00
125	岷　县(甘)	400.00
126	民勤县(甘)	259.00
127	华池林业总场(甘)	214.18
128	渭源县(甘)	150.00
129	天祝藏族自治县(甘)	141.00
130	庆城县(甘)	137.00
131	临泽县(甘)	120.70
132	榆中县(甘)	84.00
133	甘州区(甘)	75.10
134	嘉峪关市(甘)	69.30
135	金川区(甘)	57.00
136	石羊河林业总场(甘)	40.70
137	正宁林业总场(甘)	35.00
138	合水林业总场(甘)	27.82
139	关山林业管理局(甘)	25.00
140	永昌县(甘)	23.00
141	临夏市(甘)	15.00
142	古浪县(甘)	10.79
143	泾源县(宁)	3000.00
144	隆德县(宁)	1500.00
145	永宁县(宁)	551.00
146	盐池县(宁)	525.63
147	灵武市(宁)	93.54
148	贺兰县(宁)	40.20
149	青铜峡市(宁)	21.00
150	平罗县(宁)	19.74
151	库都尔林业局(内蒙古森工)	340.98
152	满归林业局(内蒙古森工)	240.00
153	乌尔旗汉林业局(内蒙古森工)	225.00
154	根河林业局(内蒙古森工)	70.00

表 10-11　杉木苗主产地产量

单位:万株

序号	杉木苗主产地	产量
1	崇明区(沪)	153.00
2	衢江区(浙)	37.00
3	龙泉市(浙)	32.00
4	遂昌县(浙)	21.24
5	云和县(浙)	20.00
6	青田县(浙)	15.00
7	黄山区(皖)	1200.00
8	祁门县(皖)	450.00
9	南陵县(皖)	400.00
10	休宁县(皖)	389.00
11	东至县(皖)	300.00
12	泾　县(皖)	230.00
13	霍山县(皖)	225.00
14	贵池区(皖)	208.00
15	宿松县(皖)	38.00
16	广德县(皖)	14.40
17	岳西县(皖)	10.00
18	安福县(赣)	9200.00
19	奉新县(赣)	2678.50
20	大余县(赣)	2628.30
21	永丰县(赣)	1800.00
22	崇义县(赣)	1600.00
23	上高县(赣)	1500.00
24	遂川县(赣)	1160.00
25	永新县(赣)	1104.00
26	万载县(赣)	900.00
27	信丰县(赣)	700.00
28	宜丰县(赣)	500.00
29	上犹县(赣)	493.10
30	瑞金市(赣)	462.00
31	金溪县(赣)	420.00
32	万年县(赣)	400.00
33	定南县(赣)	388.00
34	安远县(赣)	382.00
35	铅山县(赣)	330.00
36	全南县(赣)	330.00
37	德安县(赣)	310.00
38	宁都县(赣)	300.00
39	广昌县(赣)	290.60

(续表)

序号	杉木苗主产地	产量
40	临川区(赣)	270.00
41	德兴市(赣)	240.00
42	铜鼓县(赣)	202.08
43	井冈山市(赣)	198.00
44	新干县(赣)	192.00
45	婺源县(赣)	120.00
46	分宜县(赣)	110.00
47	于都县(赣)	90.00
48	赣县区(赣)	90.00
49	瑞昌市(赣)	75.10
50	峡江县(赣)	55.00
51	黎川县(赣)	55.00
52	玉山县(赣)	23.00
53	贵溪市(赣)	18.50
54	石城县(赣)	12.00
55	新　县(豫)	1498.00
56	罗山县(豫)	300.00
57	阳新县(鄂)	1885.00
58	房　县(鄂)	1000.00
59	南漳县(鄂)	800.00
60	红安县(鄂)	720.00
61	大悟县(鄂)	700.00
62	长阳土家族自治县(鄂)	300.00
63	枣阳市(鄂)	200.00
64	建始县(鄂)	135.00
65	宜都市(鄂)	80.00
66	郧阳区(鄂)	67.50
67	京山县(鄂)	60.00
68	谷城县(鄂)	42.00
69	桃江县(湘)	6700.00
70	通道侗族自治县(湘)	6600.00
71	茶陵县(湘)	6300.00
72	蓝山县(湘)	1320.00
73	攸　县(湘)	1200.00
74	资兴市(湘)	1000.00
75	绥宁县(湘)	935.00
76	汝城县(湘)	888.00
77	东安县(湘)	808.00
78	宁远县(湘)	600.00
79	城步苗族自治县(湘)	400.00
80	鼎城区(湘)	338.00
81	靖州苗族侗族自治县(湘)	326.00
82	冷水江市(湘)	300.00
83	会同县(湘)	300.00
84	衡山县(湘)	289.60

（续表）

序号	杉木苗主产地	产量
85	祁阳县(湘)	283.30
86	临澧县(湘)	280.00
87	洪江市(湘)	270.00
88	汨罗市(湘)	268.00
89	麻阳苗族自治县(湘)	250.00
90	岳阳县(湘)	240.00
91	零陵区(湘)	240.00
92	江永县(湘)	210.00
93	耒阳市(湘)	200.00
94	江华瑶族自治县(湘)	184.00
95	祁东县(湘)	168.00
96	安化县(湘)	163.00
97	永兴县(湘)	163.00
98	辰溪县(湘)	159.00
99	芷江侗族自治县(湘)	150.00
100	湘乡市(湘)	136.00
101	中方县(湘)	120.00
102	沅陵县(湘)	116.00
103	溆浦县(湘)	112.00
104	石门县(湘)	100.00
105	赫山区(湘)	100.00
106	永定区(湘)	100.00
107	新宁县(湘)	100.00
108	常宁市(湘)	80.00
109	株洲县(湘)	71.50
110	临武县(湘)	50.00
111	衡南县(湘)	48.00
112	津市市(湘)	30.00
113	株洲市市辖区(湘)	27.00
114	新晃侗族自治县(湘)	22.00
115	永顺县(湘)	15.00
116	桂东县(湘)	15.00
117	连山林场(粤)	50.00
118	田林县(桂)	4160.00
119	西林县(桂)	2505.00
120	融安县(桂)	1200.00
121	凤山县(桂)	1133.00
122	那坡县(桂)	1100.00
123	融水苗族自治县(桂)	1012.70
124	凌云县(桂)	820.00
125	龙胜各族自治县(桂)	573.00
126	兴安县(桂)	360.00
127	昭平县(桂)	320.00
128	资源县(桂)	300.00
129	隆林各族自治县(桂)	273.00

（续表）

序号	杉木苗主产地	产量
130	平乐县(桂)	240.00
131	武宣县(桂)	230.00
132	岑溪市(桂)	200.00
133	八步区(桂)	138.00
134	田东县(桂)	120.00
135	象州县(桂)	120.00
136	宜州区(桂)	120.00
137	巴马瑶族自治县(桂)	100.00
138	浦北县(桂)	100.00
139	广西林业集团有限公司(桂)	88.71
140	黄冕林场(桂)	79.94
141	蒙山县(桂)	60.00
142	维都林场(桂)	55.00
143	藤　县(桂)	50.00
144	高峰林场(桂)	44.27
145	龙圩区(桂)	34.50
146	派阳山林场(桂)	30.00
147	北流市(桂)	10.00
148	柳城县(桂)	10.00
149	梁平区(渝)	592.02
150	黔江区(渝)	96.00
151	叙永县(川)	1000.00
152	大竹县(川)	400.00
153	邻水县(川)	210.00
154	荣　县(川)	150.00
155	宣汉县(川)	100.00
156	汉源县(川)	52.00
157	开江县(川)	50.50
158	甘孜藏族自治州林业工程处(川)	22.50
159	达川区(川)	20.00
160	威远县(川)	15.00
161	高　县(川)	12.00
162	罗甸县(黔)	473.00
163	黎平县(黔)	465.57
164	印江土家族苗族自治县(黔)	450.00
165	册亨县(黔)	410.00
166	锦屏县(黔)	405.00
167	天柱县(黔)	400.00
168	江口县(黔)	357.00
169	榕江县(黔)	300.00
170	沿河土家族自治县(黔)	260.00
171	碧江区(黔)	120.00
172	万山区(黔)	111.50
173	从江县(黔)	109.00

（续表）

序号	杉木苗主产地	产量
174	德江县(黔)	60.00
175	思南县(黔)	50.00
176	台江县(黔)	29.60
177	马关县(滇)	3500.00
178	丘北县(滇)	1630.00
179	广南县(滇)	1375.00
180	威信县(滇)	1000.00
181	罗平县(滇)	800.00
182	元阳县(滇)	720.00
183	砚山县(滇)	520.00
184	腾冲市(滇)	500.00
185	麒麟区(滇)	500.00
186	富源县(滇)	420.00
187	耿马傣族佤族自治县(滇)	390.00
188	镇雄县(滇)	382.00
189	石屏县(滇)	302.00
190	盈江县(滇)	180.00
191	澜沧拉祜族自治县(滇)	140.00
192	盐津县(滇)	135.00
193	屏边苗族自治县(滇)	130.00
194	龙陵县(滇)	100.00
195	西盟佤族自治县(滇)	93.00
196	西畴县(滇)	65.00
197	泸西县(滇)	60.00
198	双江拉祜族佤族布朗族傣族自治县(滇)	60.00
199	麻栗坡县(滇)	50.00
200	昌宁县(滇)	28.00
201	通海县(滇)	20.00
202	陇川县(滇)	18.20
203	梁河县(滇)	18.00
204	施甸县(滇)	10.00
205	瑞丽市(滇)	10.00
206	石泉县(陕)	1000.00
207	汉滨区(陕)	300.00

表 10-12　云杉苗主产地产量

单位:万株

序号	云杉苗主产地	产量
1	海淀区(京)	63.48
2	木栏围场国有林场(冀)	583.02
3	围场满族蒙古族自治县(冀)	500.00
4	定州市(冀)	500.00
5	蔚　县(冀)	175.60
6	御道口林场(冀)	80.00

(续表)

序号	云杉苗主产地	产量
7	塞罕坝机械林场(冀)	39.00
8	涿州市(冀)	20.00
9	张北县(冀)	10.50
10	宁武县(晋)	2466.00
11	代　县(晋)	225.00
12	阳高县(晋)	55.00
13	定襄县(晋)	50.00
14	原平市(晋)	37.00
15	偏关县(晋)	36.00
16	左云县(晋)	25.00
17	襄汾县(晋)	25.00
18	岢岚县(晋)	15.00
19	白狼林业局(内蒙古)	1675.00
20	五岔沟林业局(内蒙古)	900.00
21	克什克腾旗(内蒙古)	618.00
22	陈巴尔虎旗(内蒙古)	483.00
23	牙克石市(内蒙古)	251.10
24	阿尔山市(内蒙古)	250.00
25	伊金霍洛旗(内蒙古)	139.00
26	兴和县(内蒙古)	120.00
27	阿荣旗(内蒙古)	120.00
28	清水河县(内蒙古)	82.00
29	鄂伦春自治旗(内蒙古)	66.60
30	乌审旗(内蒙古)	55.00
31	松山区(内蒙古)	51.00
32	扎鲁特旗(内蒙古)	48.00
33	卓资县(内蒙古)	35.30
34	翁牛特旗(内蒙古)	30.00
35	固阳县(内蒙古)	26.00
36	巴林林业局(内蒙古)	25.20
37	鄂温克族自治旗(内蒙古)	25.00
38	商都县(内蒙古)	25.00
39	巴林左旗(内蒙古)	23.00
40	九原区(内蒙古)	22.00
41	丰镇市(内蒙古)	21.00
42	凉城县(内蒙古)	18.00
43	察哈尔右翼中旗(内蒙古)	17.00
44	科尔沁左翼后旗(内蒙古)	15.00
45	敖汉旗(内蒙古)	14.00
46	赛罕区(内蒙古)	12.00
47	根河市(内蒙古)	10.00
48	土默特右旗(内蒙古)	10.00
49	桓仁满族自治县(辽)	584.70
50	振安区(辽)	150.00
51	长白朝鲜族自治县(吉)	2312.00

(续表)

序号	云杉苗主产地	产量
52	蛟河市(吉)	2146.00
53	九台区(吉)	1500.00
54	柳河县(吉)	1000.00
55	通化县(吉)	975.00
56	临江市(吉)	460.00
57	天桥岭林业局(吉)	430.00
58	汪清林业局(吉)	412.00
59	辉南县(吉)	395.00
60	抚松县(吉)	368.00
61	桦甸市(吉)	254.70
62	珲春市(吉)	165.00
63	珲春林业局(吉)	132.10
64	梨树县(吉)	122.00
65	敦化市(吉)	120.00
66	吉林市市辖区(吉)	120.00
67	双阳区(吉)	115.46
68	延吉市(吉)	90.00
69	大石头林业局(吉)	80.00
70	龙井市(吉)	59.90
71	敦化林业局(吉)	50.20
72	安图县(吉)	50.00
73	汪清县(吉)	42.00
74	洮南市(吉)	34.86
75	上营森林经营局(吉)	30.00
76	二道江区(吉)	29.00
77	丰满区(吉)	26.00
78	昌邑区(吉)	20.00
79	白城市市辖区(吉)	15.30
80	东丰县(吉)	15.00
81	靖宇县(吉)	11.54
82	尚志市(黑)	4000.00
83	孙吴县(黑)	3964.33
84	嫩江县(黑)	970.00
85	鹤岗市市辖区(黑)	800.00
86	延寿县(黑)	700.00
87	克东县(黑)	500.00
88	北安市(黑)	406.72
89	呼兰区(黑)	300.00
90	五大连池市(黑)	238.00
91	鸡东县(黑)	216.00
92	绥棱县(黑)	212.00
93	海伦市(黑)	200.00
94	让胡路区(黑)	160.00
95	黑河市市辖区(黑)	150.00
96	克山县(黑)	143.00

(续表)

序号	云杉苗主产地	产量
97	林口县(黑)	141.00
98	集贤县(黑)	135.00
99	讷河市(黑)	113.43
100	尚志国有林场管理局(黑)	96.00
101	汤原县(黑)	90.00
102	富锦市(黑)	60.00
103	方正县(黑)	45.00
104	呼玛县(黑)	40.00
105	庆安国有林场管理局(黑)	32.20
106	穆棱市(黑)	30.00
107	巴彦县(黑)	30.00
108	逊克县(黑)	25.00
109	双城区(黑)	23.00
110	佳木斯市郊区(黑)	20.00
111	海林市(黑)	15.00
112	肇东市(黑)	15.00
113	通河县(黑)	10.00
114	九寨沟县(川)	1200.00
115	金川县(川)	800.00
116	新龙林业局(川)	710.00
117	白玉林业局(川)	450.00
118	道孚林业局(川)	300.00
119	汉源县(川)	200.00
120	翁达林业局(川)	55.00
121	丹巴林业局(川)	29.00
122	炉霍县(川)	23.91
123	炉霍林业局(川)	15.00
124	小金林业局(川)	10.00
125	香格里拉市(滇)	889.49
126	宁蒗彝族自治县(滇)	120.00
127	维西傈僳族自治县(滇)	100.00
128	波密县(藏)	23.00
129	宁西林业局(陕)	90.00
130	安塞区(陕)	25.20
131	迭部县(甘)	15599.00
132	舟曲县(甘)	10000.00
133	临洮县(甘)	8043.00
134	天祝藏族自治县(甘)	7866.00
135	渭源县(甘)	1763.00
136	岷　县(甘)	1500.00
137	积石山保安族东乡族撒拉族自治县(甘)	1160.00
138	临潭县(甘)	890.00
139	榆中县(甘)	790.00
140	关山林业管理局(甘)	620.00

（续表）

序号	云杉苗主产地	产量
141	永昌县(甘)	413.00
142	夏河县(甘)	200.00
143	古浪县(甘)	193.50
144	武都区(甘)	185.00
145	岷江林业总场(甘)	175.00
146	临夏市(甘)	161.00
147	正宁林业总场(甘)	151.00
148	庄浪县(甘)	150.00
149	和政县(甘)	150.00
150	甘州区(甘)	108.40
151	民勤县(甘)	94.50
152	合作市(甘)	80.00
153	崆峒区(甘)	78.00
154	合水林业总场(甘)	71.00
155	会宁县(甘)	60.00
156	碌曲县(甘)	60.00
157	卓尼县(甘)	54.00
158	民乐县(甘)	52.42
159	肃南裕固族自治县(甘)	47.69
160	嘉峪关市(甘)	44.50
161	华池林业总场(甘)	38.59
162	山丹县(甘)	28.80
163	崇信县(甘)	20.00
164	临夏县(甘)	17.25
165	金川区(甘)	15.40
166	七里河区(甘)	13.45
167	石羊河林业总场(甘)	10.60
168	泾源县(宁)	37200.00
169	隆德县(宁)	11830.00
170	永宁县(宁)	858.00
171	彭阳县(宁)	292.00
172	西吉县(宁)	150.00
173	大武口区(宁)	12.00
174	米泉林场(新)	20.00
175	根河林业局(内蒙古森工)	240.00
176	库都尔林业局(内蒙古森工)	220.34
177	乌尔旗汉林业局(内蒙古森工)	215.00
178	阿尔山林业局(内蒙古森工)	153.50
179	阿里河林业局(内蒙古森工)	31.60
180	临江林业局(吉林森工)	407.00
181	三岔子林业局(吉林森工)	226.98
182	松江河林业有限公司(吉林森工)	123.00
183	露水河林业局(吉林森工)	109.62
184	红石林业局(吉林森工)	90.00
185	白石山林业局(吉林森工)	48.62
186	泉阳林业局(吉林森工)	22.80
187	洮河林业局(甘)	6189.04
188	迭部林业局(甘)	4601.03
189	舟曲(甘)	123.70
190	小陇山林业实验局(甘)	51.80

表 10-13　柏树苗主产地产量

单位:万株

序号	柏树苗主产地	产量
1	海淀区(京)	33.40
2	定州市(冀)	8474.00
3	青龙满族自治县(冀)	625.00
4	沧　县(冀)	300.00
5	迁西县(冀)	150.00
6	平顺县(晋)	2304.00
7	临　县(晋)	457.00
8	屯留县(晋)	358.00
9	定襄县(晋)	300.00
10	河曲县(晋)	284.20
11	南郊区(晋)	110.00
12	壶关县(晋)	80.00
13	祁　县(晋)	50.00
14	原平市(晋)	15.20
15	东港市(辽)	406.00
16	振安区(辽)	150.00
17	盖州市(辽)	75.00
18	淳安县(浙)	19.20
19	肥城市(鲁)	1520.00
20	岚山区(鲁)	1320.00
21	蒙阴县(鲁)	1200.00
22	高密市(鲁)	225.00
23	曲阜市(鲁)	150.00
24	即墨区(鲁)	92.00
25	兖州区(鲁)	45.00
26	淅川县(豫)	4500.00
27	偃师市(豫)	21.00
28	郧西县(鄂)	600.00
29	巴东县(鄂)	50.00
30	兴山县(鄂)	20.00
31	蔡甸区(鄂)	10.00
32	洞口县(湘)	216.00
33	东安县(湘)	160.00
34	涟源市(湘)	160.00
35	零陵区(湘)	100.00
36	隆回县(湘)	52.00
37	宁远县(湘)	50.00
38	双峰县(湘)	30.00
39	衡山县(湘)	28.96
40	祁东县(湘)	27.00
41	新晃侗族自治县(湘)	10.00
42	大足区(渝)	80.00
43	潼南区(渝)	57.00
44	邻水县(川)	460.00
45	宣汉县(川)	100.00
46	大英县(川)	20.00
47	金川县(川)	10.00
48	江口县(黔)	167.50
49	福泉市(黔)	112.00
50	玉屏侗族自治县(黔)	105.00
51	沿河土家族自治县(黔)	60.00
52	岑巩县(黔)	30.00
53	思南县(黔)	20.00
54	宣威市(滇)	900.00
55	麒麟区(滇)	400.00
56	罗平县(滇)	400.00
57	富源县(滇)	350.00
58	石林彝族自治县(滇)	85.00
59	古城区(滇)	85.00
60	易门县(滇)	70.00
61	砚山县(滇)	47.00
62	玉龙纳西族自治县(滇)	24.00
63	西畴县(滇)	20.00
64	晋宁区(滇)	18.00
65	施甸县(滇)	14.00
66	宝塔区(陕)	93.00
67	安塞区(陕)	46.20
68	定边县(陕)	38.00
69	高陵区(陕)	14.00
70	华池林业总场(甘)	280.77
71	天祝藏族自治县(甘)	130.00
72	崆峒区(甘)	95.00
73	环　县(甘)	88.00
74	民勤县(甘)	23.00
75	甘州区(甘)	19.90
76	永宁县(宁)	1158.00
77	灵武市(宁)	60.58

表 10-14　刺槐苗主产地产量

单位:万株

序号	刺槐苗主产地	产量
1	阜平县(冀)	750.00
2	博野县(冀)	140.00
3	曲阳县(冀)	120.00
4	易　县(冀)	100.00
5	安国市(冀)	70.00
6	吴桥县(冀)	40.00
7	桃城区(冀)	29.00
8	井陉矿区(冀)	12.00
9	涿州市(冀)	10.00
10	河津市(晋)	410.00
11	临　县(晋)	288.00
12	古　县(晋)	200.00
13	吉　县(晋)	190.00
14	黎城县(晋)	178.00
15	中阳县(晋)	160.00
16	南郊区(晋)	95.00
17	阳泉市郊区(晋)	80.00
18	平定县(晋)	80.00
19	壶关县(晋)	80.00
20	忻府区(晋)	64.00
21	阳城县(晋)	35.00
22	乡宁县(晋)	30.00
23	襄汾县(晋)	20.00
24	屯留县(晋)	15.00
25	鄂托克前旗(内蒙古)	13.00
26	凌海市(辽)	800.00
27	喀喇沁左翼蒙古族自治县(辽)	470.00
28	灯塔市(辽)	450.00
29	凌源市(辽)	390.00
30	普兰店市(辽)	380.00
31	绥中县(辽)	100.00
32	南票区(辽)	90.00
33	东洲区(辽)	63.00
34	盖州市(辽)	60.00
35	抚顺县(辽)	60.00
36	阜新蒙古族自治县(辽)	15.00
37	于洪区(辽)	15.00
38	太子河区(辽)	10.00
39	振安区(辽)	10.00
40	秀洲区(浙)	14.10
41	萧　县(皖)	110.00
42	西海岸新区(鲁)	131.10
43	长清区(鲁)	70.00
44	鄄城县(鲁)	50.00

(续表)

序号	刺槐苗主产地	产量
45	桓台县(鲁)	46.00
46	德城区(鲁)	33.00
47	宁阳县(鲁)	30.00
48	肥城市(鲁)	27.00
49	寒亭区(鲁)	25.00
50	费　县(鲁)	23.00
51	惠民县(鲁)	10.00
52	汝阳县(豫)	22650.00
53	卢氏县(豫)	188.20
54	洛宁县(豫)	180.00
55	湖滨区(豫)	48.00
56	宁陵县(豫)	45.00
57	淅川县(豫)	45.00
58	商水县(豫)	41.00
59	宜阳县(豫)	38.00
60	潢川县(豫)	29.00
61	汝州市(豫)	21.00
62	三门峡市市辖区(豫)	20.00
63	义马市(豫)	15.00
64	济源市(豫)	15.00
65	长葛市(豫)	11.71
66	鄂州市市辖区(鄂)	150.00
67	郧西县(鄂)	83.00
68	宜都市(鄂)	50.00
69	泸溪县(湘)	20.00
70	永寿县(陕)	440.00
71	子长县(陕)	300.00
72	麟游县(陕)	239.00
73	清涧县(陕)	220.00
74	淳化县(陕)	200.00
75	陇　县(陕)	150.00
76	武功县(陕)	148.00
77	靖边县(陕)	109.00
78	韩城市林业局(陕)	91.00
79	千阳县(陕)	72.00
80	宝塔区(陕)	60.00
81	安塞区(陕)	58.00
82	柞水县(陕)	47.00
83	镇巴县(陕)	40.00
84	宜君县(陕)	40.00
85	勉　县(陕)	22.00
86	石泉县(陕)	15.00
87	镇坪县(陕)	12.00
88	合水县(甘)	3350.00
89	临洮县(甘)	965.00

(续表)

序号	刺槐苗主产地	产量
90	会宁县(甘)	805.00
91	庄浪县(甘)	450.00
92	庆城县(甘)	384.00
93	合水林业总场(甘)	381.50
94	舟曲县(甘)	340.00
95	崇信县(甘)	300.00
96	静宁县(甘)	290.10
97	崆峒区(甘)	275.00
98	清水县(甘)	180.00
99	民勤县(甘)	149.50
100	华池林业总场(甘)	101.69
101	西和县(甘)	98.00
102	正宁县(甘)	89.00
103	正宁林业总场(甘)	63.70
104	西峰区(甘)	40.32
105	古浪县(甘)	38.60
106	石羊河林业总场(甘)	21.50
107	玉门市(甘)	20.00
108	嘉峪关市(甘)	19.60
109	湘乐林业总场(甘)	19.50
110	平川区(甘)	12.00
111	环　县(甘)	12.00
112	靖远县(甘)	11.50
113	彭阳县(宁)	2100.00
114	永宁县(宁)	1221.00
115	中宁县(宁)	304.65
116	红寺堡区(宁)	260.00
117	青铜峡市(宁)	150.00
118	同心县(宁)	73.60
119	利通区(宁)	70.00
120	贺兰县(宁)	65.00
121	金凤区(宁)	64.52
122	大武口区(宁)	60.50
123	盐池县(宁)	50.80
124	西夏区(宁)	46.00
125	平罗县(宁)	31.44
126	兴庆区(宁)	20.00
127	灵武市(宁)	19.02
128	惠农区(宁)	12.00
129	迭部林业局(甘)	14.59

表 10-15　柳树苗主产地产量

单位:万株

序号	柳树苗主产地	产量
1	定州市(冀)	900.00

（续表）

序号	柳树苗主产地	产量
2	昌黎县(冀)	500.00
3	丰宁满族自治县(冀)	305.00
4	阳原县(冀)	270.00
5	遵化市(冀)	239.00
6	博野县(冀)	180.00
7	涿州市(冀)	162.50
8	邢台县(冀)	106.00
9	沧　县(冀)	100.00
10	迁西县(冀)	75.00
11	吴桥县(冀)	70.00
12	围场满族蒙古族自治县(冀)	45.00
13	武邑县(冀)	41.00
14	阜城县(冀)	40.00
15	任　县(冀)	40.00
16	邯山区(冀)	38.00
17	阜平县(冀)	37.50
18	河间市(冀)	35.00
19	盐山县(冀)	32.00
20	蔚　县(冀)	32.00
21	平泉市(冀)	30.00
22	桃城区(冀)	25.00
23	大名县(冀)	25.00
24	晋州市(冀)	22.92
25	乐亭县(冀)	20.10
26	辛集市(冀)	20.00
27	高阳县(冀)	20.00
28	景　县(冀)	15.00
29	定兴县(冀)	15.00
30	开平区(冀)	15.00
31	魏　县(冀)	15.00
32	安平县(冀)	13.00
33	北戴河区(冀)	10.00
34	井陉矿区(冀)	10.00
35	海港区(冀)	10.00
36	代　县(晋)	370.00
37	原平市(晋)	338.20
38	忻府区(晋)	153.00
39	阳高县(晋)	150.00
40	应　县(晋)	120.00
41	定襄县(晋)	120.00
42	祁　县(晋)	100.00
43	潞城市(晋)	90.00
44	洪洞县(晋)	72.00
45	中阳县(晋)	61.00
46	浑源县(晋)	60.00
47	泽州县(晋)	60.00
48	黎城县(晋)	57.00
49	襄汾县(晋)	50.00
50	河津市(晋)	50.00
51	广灵县(晋)	45.00
52	屯留县(晋)	45.00
53	夏　县(晋)	43.00
54	壶关县(晋)	40.00
55	霍州市(晋)	39.10
56	河曲县(晋)	36.23
57	翼城县(晋)	36.00
58	阳曲县(晋)	32.00
59	临猗县(晋)	31.00
60	平定县(晋)	30.00
61	乡宁县(晋)	22.59
62	保德县(晋)	11.00
63	土默特右旗(内蒙古)	900.00
64	科尔沁区(内蒙古)	900.00
65	五原县(内蒙古)	750.00
66	阿尔山市(内蒙古)	350.00
67	库伦旗(内蒙古)	300.00
68	科尔沁左翼中旗(内蒙古)	300.00
69	阿荣旗(内蒙古)	240.00
70	翁牛特旗(内蒙古)	227.00
71	达拉特旗(内蒙古)	220.00
72	乌拉特前旗(内蒙古)	131.20
73	鄂伦春自治旗(内蒙古)	130.00
74	科尔沁左翼后旗(内蒙古)	128.00
75	杭锦后旗(内蒙古)	120.00
76	九原区(内蒙古)	120.00
77	开鲁县(内蒙古)	80.00
78	奈曼旗(内蒙古)	77.00
79	巴林右旗(内蒙古)	64.00
80	阿拉善左旗(内蒙古)	59.85
81	元宝山区(内蒙古)	57.00
82	清水河县(内蒙古)	52.00
83	固阳县(内蒙古)	31.00
84	扎赉特旗(内蒙古)	25.00
85	托克托县(内蒙古)	18.00
86	新巴尔虎右旗(内蒙古)	15.00
87	敖汉旗(内蒙古)	15.00
88	红山区(内蒙古)	12.70
89	阜新蒙古族自治县(辽)	1150.00
90	东港市(辽)	407.00
91	普兰店市(辽)	207.00
92	法库县(辽)	144.00
93	盘山县(辽)	139.00
94	灯塔市(辽)	130.00
95	康平县(辽)	75.00
96	振安区(辽)	40.00
97	义　县(辽)	29.00
98	于洪区(辽)	19.00
99	大洼县(辽)	18.90
100	调兵山市(辽)	13.50
101	东辽县(吉)	180.00
102	洮南市(吉)	162.00
103	辉南县(吉)	85.00
104	双辽市(吉)	70.00
105	梨树县(吉)	35.50
106	洮北区(吉)	10.00
107	呼兰区(黑)	900.00
108	林甸县(黑)	560.00
109	五常市(黑)	200.00
110	龙江县(黑)	93.00
111	北安市(黑)	82.00
112	克东县(黑)	35.00
113	巴彦县(黑)	30.00
114	五大连池市(黑)	22.30
115	大同区(黑)	15.10
116	讷河市(黑)	14.30
117	通河县(黑)	10.00
118	江北区(浙)	15.00
119	奉化区(浙)	10.00
120	肥东县(皖)	100.00
121	固镇县(皖)	100.00
122	凤阳县(皖)	64.00
123	怀远县(皖)	22.00
124	寿　县(皖)	20.00
125	灵璧县(皖)	20.00
126	五河县(皖)	12.00
127	惠民县(鲁)	3484.00
128	宁津县(鲁)	1100.00
129	诸城市(鲁)	1000.00
130	高青县(鲁)	900.00
131	高密市(鲁)	840.00
132	新泰市(鲁)	770.00
133	长清区(鲁)	750.00
134	陵城区(鲁)	734.00
135	宁阳县(鲁)	600.00
136	乐陵市(鲁)	503.00

(续表)

序号	柳树苗主产地	产量
137	茌平县(鲁)	403.62
138	即墨区(鲁)	266.00
139	莱城区(鲁)	220.00
140	齐河县(鲁)	210.00
141	兖州区(鲁)	200.00
142	东平县(鲁)	200.00
143	肥城市(鲁)	160.00
144	岱岳区(鲁)	144.00
145	河东区(鲁)	100.00
146	昌邑市(鲁)	94.00
147	寒亭区(鲁)	80.00
148	昌乐县(鲁)	68.00
149	鄄城县(鲁)	52.00
150	莱西市(鲁)	51.00
151	桓台县(鲁)	46.00
152	德城区(鲁)	44.00
153	滨城区(鲁)	36.00
154	环翠区(鲁)	35.00
155	嘉祥县(鲁)	20.00
156	安丘市(鲁)	17.30
157	山亭区(鲁)	12.00
158	濮阳县(豫)	393.00
159	汝南县(豫)	291.00
160	社旗县(豫)	250.00
161	汝州市(豫)	243.00
162	栾川县(豫)	220.00
163	杞　县(豫)	200.00
164	平舆县(豫)	153.00
165	邓州市(豫)	140.00
166	范　县(豫)	120.00
167	台前县(豫)	112.50
168	长葛市(豫)	72.64
169	商水县(豫)	71.25
170	清丰县(豫)	47.00
171	辉县市(豫)	35.00
172	淅川县(豫)	30.00
173	原阳县(豫)	28.00
174	上蔡县(豫)	24.00
175	郧阳区(鄂)	268.00
176	樊城区(鄂)	35.00
177	甘孜县(川)	45.00
178	炉霍县(川)	10.70
179	宣汉县(川)	10.00
180	力邱河林业局(川)	10.00

(续表)

序号	柳树苗主产地	产量
181	小金林业局(川)	10.00
182	曲水县(藏)	1168.00
183	林周县(藏)	10.00
184	眉　县(陕)	54.30
185	陇　县(陕)	32.00
186	高陵区(陕)	20.00
187	古浪县(甘)	2769.00
188	临洮县(甘)	1674.00
189	会宁县(甘)	503.00
190	甘州区(甘)	481.20
191	崆峒区(甘)	275.00
192	石羊河林业总场(甘)	219.60
193	临夏市(甘)	195.00
194	永昌县(甘)	185.46
195	高台县(甘)	146.10
196	临潭县(甘)	100.00
197	西固区(甘)	100.00
198	嘉峪关市(甘)	96.50
199	民勤县(甘)	81.00
200	合水林业总场(甘)	63.00
201	灵台县(甘)	60.00
202	敦煌市(甘)	56.60
203	西峰区(甘)	45.60
204	庄浪县(甘)	45.00
205	金川区(甘)	42.00
206	广河县(甘)	30.00
207	玉门市(甘)	30.00
208	瓜州县(甘)	30.00
209	靖远县(甘)	28.00
210	华池林业总场(甘)	27.32
211	清水县(甘)	24.00
212	平川区(甘)	24.00
213	永宁县(宁)	1100.00
214	中宁县(宁)	995.00
215	同心县(宁)	536.00
216	平罗县(宁)	396.70
217	青铜峡市(宁)	270.00
218	红寺堡区(宁)	215.00
219	灵武市(宁)	91.45
220	沙坡头区(宁)	58.40
221	利通区(宁)	27.00
222	大武口区(宁)	25.34
223	西夏区(宁)	16.00

表 10-16　杨树苗主产地产量

单位:万株

序号	杨树苗主产地	产量
1	涿州市(冀)	1250.00
2	辛集市(冀)	773.00
3	滦南县(冀)	720.00
4	魏　县(冀)	529.00
5	磁　县(冀)	450.00
6	丰宁满族自治县(冀)	435.00
7	曲周县(冀)	424.00
8	曲阳县(冀)	415.00
9	阜城县(冀)	400.00
10	怀来县(冀)	364.40
11	阳原县(冀)	360.00
12	河间市(冀)	357.00
13	香河县(冀)	330.00
14	广阳区(冀)	315.00
15	昌黎县(冀)	300.00
16	任丘市(冀)	283.20
17	武邑县(冀)	273.00
18	定州市(冀)	250.00
19	邢台县(冀)	246.00
20	迁西县(冀)	225.00
21	南皮县(冀)	225.00
22	文安县(冀)	168.00
23	肥乡区(冀)	150.00
24	永年区(冀)	150.00
25	定兴县(冀)	150.00
26	泊头市(冀)	142.73
27	高阳县(冀)	120.00
28	东光县(冀)	112.50
29	吴桥县(冀)	110.00
30	博野县(冀)	105.00
31	沧　县(冀)	100.00
32	围场满族蒙古族自治县(冀)	100.00
33	大厂回族自治县(冀)	95.00
34	雄　县(冀)	92.00
35	蠡　县(冀)	80.00
36	威　县(冀)	60.00
37	永清县(冀)	59.00
38	邯山区(冀)	52.55
39	晋州市(冀)	50.75
40	临漳县(冀)	50.00
41	景　县(冀)	45.00
42	大名县(冀)	41.00
43	蔚　县(冀)	38.40
44	开平区(冀)	35.00

（续表）

序号	杨树苗主产地	产量
45	容城县(冀)	30.00
46	青　县(冀)	30.00
47	桃城区(冀)	30.00
48	故城县(冀)	28.00
49	盐山县(冀)	28.00
50	易　县(冀)	25.00
51	任　县(冀)	25.00
52	孟村回族自治县(冀)	25.00
53	武强县(冀)	21.00
54	枣强县(冀)	20.00
55	鹿泉区(冀)	17.08
56	鸡泽县(冀)	17.00
57	三河市(冀)	15.00
58	平山县(冀)	15.00
59	安平县(冀)	12.00
60	安新县(冀)	12.00
61	献　县(冀)	11.00
62	复兴区(冀)	11.00
63	抚宁区(冀)	10.30
64	满城区(冀)	10.00
65	原平市(晋)	408.00
66	应　县(晋)	350.00
67	定襄县(晋)	280.00
68	黎城县(晋)	274.00
69	忻府区(晋)	270.00
70	代　县(晋)	270.00
71	洪洞县(晋)	236.00
72	襄汾县(晋)	200.00
73	夏　县(晋)	163.90
74	左权县(晋)	160.00
75	阳高县(晋)	150.00
76	河津市(晋)	150.00
77	稷山县(晋)	120.00
78	屯留县(晋)	120.00
79	沁　县(晋)	111.00
80	潞城市(晋)	90.00
81	离石区(晋)	90.00
82	南郊区(晋)	90.00
83	河曲县(晋)	86.40
84	侯马市(晋)	75.00
85	翼城县(晋)	74.00
86	临猗县(晋)	67.00
87	泽州县(晋)	65.80
88	祁　县(晋)	60.00
89	沁源县(晋)	54.00

（续表）

序号	杨树苗主产地	产量
90	平定县(晋)	40.00
91	霍州市(晋)	33.50
92	新荣区(晋)	30.00
93	广灵县(晋)	30.00
94	阳曲县(晋)	25.00
95	中阳县(晋)	20.00
96	壶关县(晋)	20.00
97	保德县(晋)	18.00
98	左云县(晋)	18.00
99	长治县(晋)	13.50
100	天镇县(晋)	11.00
101	土默特右旗(内蒙古)	5500.00
102	科尔沁区(内蒙古)	3000.00
103	商都县(内蒙古)	2500.00
104	开鲁县(内蒙古)	1416.00
105	科尔沁左翼中旗(内蒙古)	1260.00
106	兴和县(内蒙古)	1195.00
107	五原县(内蒙古)	975.00
108	察哈尔右翼前旗(内蒙古)	975.00
109	奈曼旗(内蒙古)	939.00
110	察哈尔右翼中旗(内蒙古)	842.00
111	杭锦后旗(内蒙古)	788.00
112	科尔沁左翼后旗(内蒙古)	680.00
113	集宁区(内蒙古)	503.30
114	阿荣旗(内蒙古)	450.00
115	临河区(内蒙古)	441.00
116	乌拉特前旗(内蒙古)	426.00
117	陈巴尔虎旗(内蒙古)	403.00
118	察哈尔右翼后旗(内蒙古)	370.00
119	达拉特旗(内蒙古)	368.00
120	九原区(内蒙古)	273.00
121	杭锦旗(内蒙古)	270.00
122	卓资县(内蒙古)	235.60
123	突泉县(内蒙古)	200.00
124	巴林右旗(内蒙古)	166.00
125	翁牛特旗(内蒙古)	144.00
126	伊金霍洛旗(内蒙古)	141.00
127	阿拉善左旗(内蒙古)	104.37
128	鄂伦春自治旗(内蒙古)	100.00
129	清水河县(内蒙古)	66.00
130	固阳县(内蒙古)	65.00
131	额尔古纳市(内蒙古)	60.00
132	凉城县(内蒙古)	53.50
133	海拉尔区(内蒙古)	50.00
134	鄂托克旗(内蒙古)	42.00

（续表）

序号	杨树苗主产地	产量
135	红山区(内蒙古)	35.15
136	四子王旗(内蒙古)	23.00
137	鄂托克前旗(内蒙古)	21.00
138	丰镇市(内蒙古)	17.00
139	巴林左旗(内蒙古)	12.00
140	敖汉旗(内蒙古)	12.00
141	阜新蒙古族自治县(辽)	1200.00
142	辽中区(辽)	1180.00
143	凌海市(辽)	800.00
144	喀喇沁左翼蒙古族自治县(辽)	494.00
145	康平县(辽)	400.00
146	法库县(辽)	240.00
147	建平县(辽)	220.00
148	凌源市(辽)	180.00
149	灯塔市(辽)	157.00
150	大洼县(辽)	74.70
151	普兰店市(辽)	49.00
152	义　县(辽)	44.00
153	太子河区(辽)	27.50
154	于洪区(辽)	19.00
155	绥中县(辽)	16.00
156	苏家屯区(辽)	15.00
157	老边区(辽)	14.00
158	大安市(吉)	2000.00
159	洮南市(吉)	808.00
160	农安县(吉)	500.00
161	双辽市(吉)	422.00
162	洮北区(吉)	410.00
163	前郭尔罗斯蒙古族自治县(吉)	400.00
164	白城市市辖区(吉)	214.53
165	磐石市(吉)	160.20
166	乾安县(吉)	150.00
167	梨树县(吉)	98.00
168	集安市(吉)	59.00
169	辉南县(吉)	57.00
170	双阳区(吉)	27.00
171	长白朝鲜族自治县(吉)	10.00
172	林甸县(黑)	2851.40
173	呼兰区(黑)	1350.00
174	阿城区(黑)	1146.00
175	让胡路区(黑)	1120.00
176	杜尔伯特蒙古族自治县(黑)	675.00
177	双城区(黑)	669.00
178	巴彦县(黑)	600.00
179	肇源县(黑)	518.00

(续表)

序号	杨树苗主产地	产量
180	五常市(黑)	510.00
181	明水县(黑)	320.00
182	肇东市(黑)	300.00
183	甘南县(黑)	265.00
184	肇州县(黑)	245.00
185	汤原县(黑)	242.80
186	克山县(黑)	196.00
187	兰西县(黑)	170.00
188	大同区(黑)	158.00
189	红岗区(黑)	156.00
190	龙江县(黑)	150.20
191	尚志市(黑)	130.00
192	北林区(黑)	124.70
193	北安市(黑)	85.00
194	木兰县(黑)	73.00
195	望奎县(黑)	70.00
196	道外区(黑)	65.00
197	集贤县(黑)	60.00
198	讷河市(黑)	52.70
199	绥滨县(黑)	38.00
200	克东县(黑)	30.00
201	鸡东县(黑)	24.20
202	龙凤区(黑)	20.00
203	孙吴县(黑)	19.00
204	庆安国有林场管理局(黑)	10.43
205	通河县(黑)	10.00
206	无为县(皖)	125.00
207	霍邱县(皖)	108.00
208	寿　县(皖)	86.00
209	灵璧县(皖)	65.00
210	芜湖县(皖)	60.00
211	天长市(皖)	60.00
212	淮上区(皖)	50.00
213	五河县(皖)	45.00
214	固镇县(皖)	40.00
215	怀远县(皖)	32.00
216	和　县(皖)	10.00
217	肥城市(鲁)	3100.00
218	新泰市(鲁)	2540.00
219	东平县(鲁)	2400.00
220	微山县(鲁)	2081.64
221	诸城市(鲁)	2000.00
222	惠民县(鲁)	1346.00
223	高密市(鲁)	1200.00
224	茌平县(鲁)	893.49
225	郓城县(鲁)	892.00
226	宁津县(鲁)	800.00
227	莒南县(鲁)	780.00
228	章丘区(鲁)	728.00
229	乐陵市(鲁)	712.00
230	宁阳县(鲁)	600.00
231	高青县(鲁)	550.00
232	嘉祥县(鲁)	540.00
233	岱岳区(鲁)	473.00
234	陵城区(鲁)	451.00
235	长清区(鲁)	380.00
236	蒙阴县(鲁)	340.00
237	桓台县(鲁)	310.00
238	莱城区(鲁)	300.00
239	莱西市(鲁)	242.00
240	薛城区(鲁)	208.00
241	临邑县(鲁)	200.00
242	沂南县(鲁)	200.00
243	梁山县(鲁)	161.00
244	汶上县(鲁)	140.00
245	兖州区(鲁)	115.00
246	费　县(鲁)	106.00
247	邹平县(鲁)	90.00
248	武城县(鲁)	90.00
249	安丘市(鲁)	87.60
250	莱阳市(鲁)	76.00
251	平阴县(鲁)	58.00
252	济南市市中区(鲁)	50.00
253	昌乐县(鲁)	43.00
254	西海岸新区(鲁)	31.41
255	鱼台县(鲁)	22.00
256	滨城区(鲁)	20.00
257	德城区(鲁)	16.00
258	峄城区(鲁)	15.00
259	山亭区(鲁)	10.00
260	寒亭区(鲁)	10.00
261	西华县(豫)	4310.00
262	获嘉县(豫)	1952.00
263	商水县(豫)	1013.00
264	卢氏县(豫)	861.80
265	尉氏县(豫)	750.00
266	台前县(豫)	644.20
267	民权县(豫)	410.00
268	范　县(豫)	387.60
269	虞城县(豫)	260.00
270	济源市(豫)	219.00
271	平舆县(豫)	200.00
272	濮阳县(豫)	196.50
273	潢川县(豫)	193.00
274	上蔡县(豫)	161.00
275	温　县(豫)	160.00
276	洛宁县(豫)	152.00
277	夏邑县(豫)	144.00
278	兰考县(豫)	140.00
279	罗山县(豫)	120.00
280	建安区(豫)	120.00
281	扶沟县(豫)	117.00
282	通许县(豫)	107.50
283	清丰县(豫)	105.00
284	原阳县(豫)	90.00
285	内黄县(豫)	90.00
286	博爱县(豫)	82.92
287	永城市(豫)	76.00
288	召陵区(豫)	67.50
289	叶　县(豫)	52.00
290	延津县(豫)	44.60
291	殷都区(豫)	37.50
292	濮阳市高新区(豫)	36.20
293	梁园区(豫)	32.70
294	义马市(豫)	22.00
295	杞　县(豫)	21.00
296	睢阳区(豫)	21.00
297	宜阳县(豫)	15.00
298	唐河县(豫)	11.50
299	南乐县(豫)	11.30
300	潜江市(鄂)	1800.00
301	洪湖市(鄂)	480.00
302	应城市(鄂)	270.00
303	石首市(鄂)	250.00
304	江陵县(鄂)	200.00
305	蔡甸区(鄂)	185.00
306	天门市(鄂)	180.00
307	襄城区(鄂)	80.00
308	云梦县(鄂)	78.00
309	枣阳市(鄂)	75.00
310	浠水县(鄂)	30.00
311	房　县(鄂)	30.00
312	蕲春县(鄂)	20.00
313	孝昌县(鄂)	18.00
314	松滋市(鄂)	16.00

（续表）

序号	杨树苗主产地	产量
315	当阳市(鄂)	15.00
316	湘阴县(湘)	45.00
317	华容县(湘)	45.00
318	武陵区(湘)	28.00
319	鼎城区(湘)	19.00
320	潼南区(渝)	93.00
321	巴南区(渝)	45.00
322	甘孜县(川)	35.00
323	大英县(川)	30.00
324	林周县(藏)	10.00
325	定边县(陕)	90.00
326	安塞区(陕)	68.00
327	陇　县(陕)	40.00
328	千阳县(陕)	37.50
329	桥北林业局(陕)	30.82
330	玉门市(甘)	1000.00
331	临泽县(甘)	780.20
332	会宁县(甘)	600.00
333	高台县(甘)	498.70
334	景泰县(甘)	400.00
335	甘州区(甘)	351.50
336	石羊河林业总场(甘)	236.80
337	民勤县(甘)	188.00
338	敦煌市(甘)	176.50
339	永昌县(甘)	164.51
340	渭源县(甘)	150.00
341	榆中县(甘)	71.00
342	瓜州县(甘)	68.00
343	天祝藏族自治县(甘)	58.00
344	临洮县(甘)	41.00
345	平川区(甘)	40.00
346	合水林业总场(甘)	32.80
347	靖远县(甘)	30.00
348	嘉峪关市(甘)	29.60
349	华池林业总场(甘)	19.31
350	山丹县(甘)	15.09
351	正宁林业总场(甘)	14.27
352	永宁县(宁)	2220.00
353	西吉县(宁)	600.00
354	平罗县(宁)	579.21
355	中宁县(宁)	452.89
356	青铜峡市(宁)	225.00
357	贺兰县(宁)	186.30
358	红寺堡区(宁)	130.00
359	沙坡头区(宁)	118.00

（续表）

序号	杨树苗主产地	产量
360	同心县(宁)	115.60
361	宁夏仁存渡护岸林场(宁)	107.28
362	惠农区(宁)	100.00
363	利通区(宁)	76.00
364	大武口区(宁)	70.30
365	灵武市(宁)	60.36
366	盐池县(宁)	57.67
367	灵武白芨滩国家级自然保护区(宁)	19.49
368	西夏区(宁)	14.00

表 10-17　白蜡苗主产地产量

单位:万株

序号	白蜡苗主产地	产量
1	定州市(冀)	1100.00
2	博野县(冀)	630.00
3	遵化市(冀)	482.00
4	广阳区(冀)	337.50
5	景　县(冀)	240.00
6	吴桥县(冀)	160.00
7	邢台市桥西区(冀)	150.00
8	沧　县(冀)	150.00
9	涿州市(冀)	130.00
10	雄　县(冀)	100.00
11	行唐县(冀)	94.95
12	邢台市高新技术开发区(冀)	90.00
13	黄骅市(冀)	87.00
14	安国市(冀)	80.00
15	抚宁区(冀)	66.50
16	盐山县(冀)	50.00
17	高阳县(冀)	50.00
18	三河市(冀)	46.30
19	桃城区(冀)	36.00
20	辛集市(冀)	32.00
21	沧州市南大港管理区(冀)	31.00
22	易　县(冀)	30.00
23	沧州市临港经济技术开发区(冀)	28.40
24	任　县(冀)	28.00
25	海兴县(冀)	28.00
26	晋州市(冀)	26.79
27	邢台县(冀)	25.00
28	徐水区(冀)	23.00
29	丛台区(冀)	21.00
30	故城县(冀)	21.00

（续表）

序号	白蜡苗主产地	产量
31	饶阳县(冀)	19.00
32	运河区(冀)	15.00
33	安平县(冀)	15.00
34	永清县(冀)	13.00
35	深泽县(冀)	12.00
36	侯马市(晋)	95.00
37	曲沃县(晋)	80.00
38	临猗县(晋)	66.00
39	平定县(晋)	15.00
40	祁　县(晋)	10.00
41	东港市(辽)	431.00
42	振安区(辽)	25.00
43	大洼县(辽)	22.20
44	灵璧县(皖)	210.00
45	怀远县(皖)	120.00
46	临泉县(皖)	75.00
47	南谯区(皖)	30.00
48	惠民县(鲁)	14360.00
49	东明县(鲁)	7900.00
50	寿光市(鲁)	4000.00
51	高青县(鲁)	2400.00
52	乐陵市(鲁)	1156.00
53	嘉祥县(鲁)	1020.00
54	曲阜市(鲁)	750.00
55	即墨区(鲁)	720.00
56	陵城区(鲁)	607.00
57	宁阳县(鲁)	520.00
58	梁山县(鲁)	460.00
59	岱岳区(鲁)	357.00
60	昌邑市(鲁)	355.00
61	临淄区(鲁)	280.00
62	胶州市(鲁)	279.00
63	昌乐县(鲁)	260.00
64	河东区(鲁)	210.00
65	鄄城县(鲁)	170.00
66	长清区(鲁)	130.00
67	高密市(鲁)	110.00
68	汶上县(鲁)	100.00
69	东平县(鲁)	99.00
70	荣成市(鲁)	80.00
71	周村区(鲁)	80.00
72	桓台县(鲁)	76.00
73	肥城市(鲁)	60.50
74	阳信县(鲁)	55.00
75	坊子区(鲁)	40.00

(续表)

序号	白蜡苗主产地	产量
76	牟平区(鲁)	40.00
77	文登区(鲁)	31.00
78	淄川区(鲁)	30.00
79	成武县(鲁)	27.00
80	德城区(鲁)	24.00
81	寒亭区(鲁)	21.00
82	费　县(鲁)	16.00
83	西海岸新区(鲁)	11.83
84	获嘉县(豫)	800.00
85	濮阳县(豫)	708.00
86	安阳县(豫)	240.00
87	济源市(豫)	220.00
88	夏邑县(豫)	214.00
89	鄢陵县(豫)	180.00
90	嵩　县(豫)	150.00
91	西华县(豫)	125.00
92	邓州市(豫)	121.00
93	台前县(豫)	114.00
94	项城市(豫)	95.00
95	永城市(豫)	88.00
96	湖滨区(豫)	78.00
97	长葛市(豫)	73.21
98	郾城区(豫)	57.56
99	温　县(豫)	45.00
100	登封市(豫)	45.00
101	驿城区(豫)	40.00
102	商水县(豫)	33.60
103	宜阳县(豫)	27.30
104	偃师市(豫)	27.00
105	华龙区(豫)	13.90
106	京山县(鄂)	150.00
107	武功县(陕)	32.00
108	合水县(甘)	500.00
109	庆城县(甘)	184.00
110	合水林业总场(甘)	142.75
111	华池林业总场(甘)	89.80
112	古浪县(甘)	56.71
113	临泽县(甘)	49.80
114	肃州区(甘)	30.00
115	金川区(甘)	23.40
116	石羊河林业总场(甘)	21.90
117	庄浪县(甘)	15.00
118	敦煌市(甘)	10.20
119	兴庆区(宁)	560.00
120	贺兰县(宁)	459.00
121	平罗县(宁)	257.25
122	大武口区(宁)	70.55
123	金凤区(宁)	16.91
124	利通区(宁)	16.00
125	呼图壁林场(新)	14.40

表 10-18　榆树苗主产地产量

单位:万株

序号	榆树苗主产地	产量
1	丰宁满族自治县(冀)	3150.00
2	阳原县(冀)	2100.00
3	博野县(冀)	1870.00
4	定州市(冀)	1100.00
5	肥乡区(冀)	500.00
6	康保县(冀)	105.00
7	沧　县(冀)	100.00
8	吴桥县(冀)	76.00
9	邢台县(冀)	49.00
10	盐山县(冀)	35.20
11	武邑县(冀)	31.00
12	桃城区(冀)	28.00
13	河间市(冀)	24.00
14	任　县(冀)	13.00
15	安平县(冀)	12.00
16	杭锦后旗(内蒙古)	1620.00
17	巴林右旗(内蒙古)	1078.00
18	土默特右旗(内蒙古)	1000.00
19	托克托县(内蒙古)	975.00
20	九原区(内蒙古)	667.00
21	化德县(内蒙古)	500.00
22	陈巴尔虎旗(内蒙古)	220.00
23	乌审旗(内蒙古)	200.00
24	固阳县(内蒙古)	186.00
25	清水河县(内蒙古)	119.00
26	武川县(内蒙古)	100.00
27	阿荣旗(内蒙古)	100.00
28	乌拉特后旗(内蒙古)	96.73
29	科尔沁左翼后旗(内蒙古)	80.00
30	海拉尔区(内蒙古)	70.00
31	鄂托克前旗(内蒙古)	67.00
32	鄂温克族自治旗(内蒙古)	60.00
33	乌拉特前旗(内蒙古)	52.50
34	阿拉善左旗(内蒙古)	37.14
35	林西县(内蒙古)	36.80
36	开鲁县(内蒙古)	33.00
37	翁牛特旗(内蒙古)	20.00
38	巴林左旗(内蒙古)	20.00
39	杭锦旗(内蒙古)	20.00
40	鄂托克旗(内蒙古)	13.00
41	阜新蒙古族自治县(辽)	1500.00
42	康平县(辽)	280.00
43	大洼县(辽)	74.20
44	灯塔市(辽)	64.00
45	法库县(辽)	48.00
46	于洪区(辽)	37.00
47	振安区(辽)	25.00
48	太子河区(辽)	20.00
49	苏家屯区(辽)	12.00
50	集安市(吉)	216.00
51	呼兰区(黑)	450.00
52	明水县(黑)	360.00
53	依安县(黑)	30.00
54	五大连池市(黑)	27.00
55	嘉定区(沪)	28.69
56	桐城市(皖)	15.00
57	昌邑市(鲁)	307.00
58	宁津县(鲁)	230.00
59	金乡县(鲁)	100.00
60	武城县(鲁)	20.00
61	乐陵市(鲁)	19.00
62	环翠区(鲁)	16.00
63	郾城区(豫)	301.22
64	南乐县(豫)	12.00
65	甘州区(甘)	378.30
66	民勤县(甘)	287.00
67	永昌县(甘)	86.55
68	山丹县(甘)	50.64
69	石羊河林业总场(甘)	41.20
70	积石山保安族东乡族撒拉族自治县(甘)	12.00
71	敦煌市(甘)	10.10
72	永宁县(宁)	1007.00
73	盐池县(宁)	116.40
74	灵武市(宁)	98.35
75	贺兰县(宁)	89.30
76	同心县(宁)	69.00
77	平罗县(宁)	58.56
78	灵武白芨滩国家级自然保护区(宁)	19.90
79	金凤区(宁)	17.08

表 10-19 楠木苗主产地产量

单位:万株

序号	楠木苗主产地	产量
1	建德市(浙)	103.20
2	衢江区(浙)	23.00
3	黄岩区(浙)	11.10
4	德安县(赣)	150.00
5	黎川县(赣)	100.00
6	贵溪市(赣)	65.70
7	宁都县(赣)	32.00
8	宜城市(鄂)	230.00
9	新宁县(湘)	300.00
10	茶陵县(湘)	234.00
11	蓝山县(湘)	225.00
12	金洞林场(湘)	180.00
13	涟源市(湘)	180.00
14	临武县(湘)	170.00
15	临澧县(湘)	150.00
16	桑植县(湘)	80.00
17	株洲县(湘)	21.30
18	双峰县(湘)	12.00
19	新化县(湘)	12.00
20	会同县(湘)	10.00
21	岑溪市(桂)	30.00
22	丹棱县(川)	60.00
23	大邑县(川)	22.50
24	思南县(黔)	180.00
25	江口县(黔)	65.50
26	黎平县(黔)	32.00
27	碧江区(黔)	11.00
28	石林彝族自治县(滇)	96.00

表 10-20 桉树苗主产地产量

单位:万株

序号	桉树苗主产地	产量
1	东门林场(桂)	3928.00
2	钦南区(桂)	3150.00
3	桂平市(桂)	2630.00
4	钦北区(桂)	1298.00
5	陆川县(桂)	1000.00
6	合浦县(桂)	937.00
7	灵山县(桂)	882.00
8	博白林场(桂)	653.00
9	覃塘区(桂)	600.00
10	田阳县(桂)	350.00
11	兴宾区(桂)	350.00
12	田林县(桂)	350.00

（续表）

序号	桉树苗主产地	产量
13	八步区(桂)	247.00
14	高峰林场(桂)	244.36
15	宜州区(桂)	155.00
16	田东县(桂)	150.00
17	良凤江国家森林公园(桂)	141.00
18	派阳山林场(桂)	125.00
19	广西林业集团有限公司(桂)	116.41
20	象州县(桂)	100.00
21	柳城县(桂)	100.00
22	钦廉林场(桂)	82.57
23	龙圩区(桂)	75.00
24	六万林场(桂)	75.00
25	武宣县(桂)	65.00
26	横　县(桂)	63.00
27	维都林场(桂)	60.00
28	江州区(桂)	54.00
29	北流市(桂)	50.20
30	岑溪市(桂)	50.00
31	三门江林场(桂)	50.00
32	合山市(桂)	40.00
33	黄冕林场(桂)	21.01
34	玉林市福绵区(桂)	21.00
35	铁山港区(桂)	20.50
36	蒙山县(桂)	17.00
37	万秀区(桂)	15.00
38	永川区(渝)	200.00
39	潼南区(渝)	199.00
40	荣　县(川)	150.00
41	梓潼县(川)	130.00
42	江油市(川)	60.00
43	南江县(川)	20.00
44	威远县(川)	10.00
45	景谷傣族彝族自治县(滇)	160.00
46	宁洱哈尼族彝族自治县(滇)	100.00
47	武功县(陕)	120.00

表 10-21 柠条苗主产地产量

单位:万株

序号	柠条苗主产地	产量
1	河曲县(晋)	2124.00
2	南郊区(晋)	110.00
3	伊金霍洛旗(内蒙古)	8880.00
4	鄂托克前旗(内蒙古)	2580.00
5	翁牛特旗(内蒙古)	2027.00
6	杭锦旗(内蒙古)	800.00

（续表）

序号	柠条苗主产地	产量
7	巴林右旗(内蒙古)	728.00
8	察哈尔右翼前旗(内蒙古)	666.00
9	鄂托克旗(内蒙古)	660.00
10	商都县(内蒙古)	600.00
11	兴和县(内蒙古)	480.00
12	科尔沁左翼中旗(内蒙古)	360.00
13	察哈尔右翼后旗(内蒙古)	308.60
14	阿拉善左旗(内蒙古)	233.00
15	达尔罕茂明安联合旗(内蒙古)	221.00
16	察哈尔右翼中旗(内蒙古)	214.00
17	卓资县(内蒙古)	188.40
18	科尔沁左翼后旗(内蒙古)	130.00
19	克什克腾旗(内蒙古)	120.00
20	丰镇市(内蒙古)	120.00
21	库伦旗(内蒙古)	100.00
22	奈曼旗(内蒙古)	30.00
23	四子王旗(内蒙古)	12.00
24	古浪县(甘)	407.65
25	民勤县(甘)	57.00
26	山丹县(甘)	36.75
27	盐池县(宁)	80.00
28	灵武市(宁)	27.85

表 10-22 香樟苗主产地产量

单位:万株

序号	香樟苗主产地	产量
1	崇明区(沪)	310.00
2	松江区(沪)	99.40
3	嘉定区(沪)	23.25
4	吴兴区(浙)	590.00
5	奉化区(浙)	300.00
6	秀洲区(浙)	264.70
7	余杭区(浙)	210.00
8	金东区(浙)	105.00
9	江北区(浙)	50.00
10	青田县(浙)	37.00
11	泰顺县(浙)	35.00
12	天台县(浙)	34.30
13	象山县(浙)	21.00
14	苍南县(浙)	20.00
15	三门县(浙)	16.50
16	鄞州区(浙)	15.80
17	海盐县(浙)	13.90
18	玉环市(浙)	12.00

(续表)

序号	香樟苗主产地	产量
19	永嘉县(浙)	11.00
20	慈溪市(浙)	10.00
21	衢江区(浙)	10.00
22	肥东县(皖)	1304.00
23	霍邱县(皖)	716.00
24	芜湖县(皖)	180.00
25	弋江区(皖)	150.00
26	寿　县(皖)	86.00
27	南陵县(皖)	80.00
28	巢湖市(皖)	70.00
29	潜山县(皖)	70.00
30	宿松县(皖)	50.00
31	天长市(皖)	15.00
32	和　县(皖)	10.00
33	会昌县(赣)	585.00
34	玉山县(赣)	400.00
35	樟树市(赣)	300.00
36	湖口县(赣)	240.00
37	东乡区(赣)	102.00
38	上饶县(赣)	95.00
39	德安县(赣)	63.00
40	彭泽县(赣)	18.30
41	龙南县(赣)	10.00
42	潢川县(豫)	310.00
43	邓州市(豫)	237.00
44	驿城区(豫)	25.00
45	阳新县(鄂)	540.00
46	大悟县(鄂)	450.00
47	天门市(鄂)	400.00
48	襄州区(鄂)	296.00
49	枣阳市(鄂)	220.00
50	蔡甸区(鄂)	130.00
51	松滋市(鄂)	120.00
52	谷城县(鄂)	66.00
53	蕲春县(鄂)	50.00
54	江陵县(鄂)	20.00
55	屈家岭管理区(鄂)	20.00
56	漳河新区(鄂)	20.00
57	樊城区(鄂)	20.00
58	黄梅县(鄂)	10.00
59	赫山区(湘)	450.00
60	衡山县(湘)	386.20
61	辰溪县(湘)	300.00
62	嘉禾县(湘)	300.00
63	涟源市(湘)	195.00

(续表)

序号	香樟苗主产地	产量
64	资阳区(湘)	150.00
65	汨罗市(湘)	130.00
66	临澧县(湘)	130.00
67	江华瑶族自治县(湘)	85.00
68	桂东县(湘)	60.00
69	大祥区(湘)	50.00
70	永定区(湘)	40.00
71	湘潭市市辖区(湘)	36.80
72	临武县(湘)	23.00
73	汉寿县(湘)	15.00
74	安仁县(湘)	15.00
75	巴南区(渝)	67.00
76	沙坪坝区(渝)	49.41
77	开州区(渝)	20.00
78	彭山区(川)	230.00
79	南溪区(川)	210.00
80	苍溪县(川)	160.00
81	邻水县(川)	115.00
82	丹棱县(川)	60.00
83	游仙区(川)	50.00
84	大英县(川)	45.00
85	沿滩区(川)	42.10
86	江油市(川)	40.00
87	宣汉县(川)	25.00
88	万源市(川)	23.00
89	荣　县(川)	20.00
90	古蔺县(川)	13.00
91	新都区(川)	12.00
92	犍为县(川)	10.00
93	水城县(黔)	10.50
94	石林彝族自治县(滇)	66.00
95	弥勒市(滇)	39.80
96	开远市(滇)	20.00
97	五华区(滇)	16.00
98	沧源佤族自治县(滇)	15.00
99	汉滨区(陕)	550.00
100	南郑区(陕)	110.00

表 10-23　女贞苗主产地产量

单位:万株

序号	女贞苗主产地	产量
1	定州市(冀)	19400.00
2	沧　县(冀)	250.00
3	深州市(冀)	175.00
4	阳泉市郊区(晋)	73.00

(续表)

序号	女贞苗主产地	产量
5	侯马市(晋)	32.00
6	崇明区(沪)	300.00
7	吴兴区(浙)	370.00
8	金东区(浙)	170.00
9	义乌市(浙)	120.50
10	缙云县(浙)	67.50
11	余杭区(浙)	56.00
12	镇海区(浙)	26.00
13	温岭市(浙)	18.83
14	建德市(浙)	15.00
15	奉化区(浙)	15.00
16	定海区(浙)	11.59
17	来安县(皖)	1012.00
18	肥东县(皖)	248.00
19	怀远县(皖)	220.00
20	南谯区(皖)	200.00
21	桐城市(皖)	120.00
22	明光市(皖)	71.70
23	弋江区(皖)	70.00
24	寿　县(皖)	36.00
25	淮上区(皖)	30.00
26	无为县(皖)	18.00
27	固镇县(皖)	15.00
28	宣州区(皖)	13.50
29	芜湖县(皖)	12.00
30	宜丰县(赣)	17.20
31	新泰市(鲁)	900.00
32	河东区(鲁)	700.00
33	诸城市(鲁)	125.00
34	岚山区(鲁)	75.00
35	昌邑市(鲁)	16.00
36	高密市(鲁)	12.00
37	薛城区(鲁)	12.00
38	武陟县(豫)	2952.00
39	济源市(豫)	522.00
40	内乡县(豫)	460.00
41	卧龙区(豫)	380.00
42	邓州市(豫)	245.00
43	新密市(豫)	142.00
44	宝丰县(豫)	106.00
45	卫辉市(豫)	83.60
46	方城县(豫)	64.00
47	濮阳县(豫)	63.00
48	宁陵县(豫)	33.00
49	荥阳市(豫)	27.20

（续表）

序号	女贞苗主产地	产量
50	义马市(豫)	22.00
51	惠济区(豫)	19.90
52	洛宁县(豫)	18.00
53	凤泉区(豫)	15.00
54	温　县(豫)	15.00
55	平桥区(豫)	15.00
56	偃师市(豫)	13.50
57	清丰县(豫)	13.00
58	兰考县(豫)	12.00
59	郾城区(豫)	11.76
60	蔡甸区(鄂)	800.00
61	江陵县(鄂)	80.00
62	谷城县(鄂)	42.00
63	松滋市(鄂)	30.00
64	枣阳市(鄂)	25.00
65	屈家岭管理区(鄂)	18.00
66	京山县(鄂)	16.00
67	宜城市(鄂)	10.00
68	汝城县(湘)	109.00
69	石门县(湘)	20.00
70	巴南区(渝)	111.35
71	邻水县(川)	1650.00
72	巴州区(川)	10.00
73	麒麟区(滇)	500.00
74	石林彝族自治县(滇)	90.00
75	盐津县(滇)	30.00
76	汉滨区(陕)	345.00
77	眉　县(陕)	229.30
78	南郑区(陕)	50.00

表 10-24　杜英苗主产地产量

单位：万株

序号	杜英苗主产地	产量
1	江北区(浙)	38.00
2	奉新县(赣)	855.30
3	信州区(赣)	200.00
4	上高县(赣)	132.00
5	东乡区(赣)	72.00
6	共青城市(赣)	25.50
7	信丰县(赣)	16.00
8	袁州区(赣)	15.00
9	玉山县(赣)	15.00
10	临川区(赣)	14.00
11	全南县(赣)	11.60
12	分宜县(赣)	10.20

（续表）

序号	杜英苗主产地	产量
13	宁都县(赣)	10.00
14	鄂州市市辖区(鄂)	150.00
15	襄城区(鄂)	38.00
16	蔡甸区(鄂)	17.00
17	汝城县(湘)	123.00
18	洞口县(湘)	85.00
19	涟源市(湘)	30.00
20	南岳区(湘)	21.00
21	永顺县(湘)	15.00
22	双峰县(湘)	10.00
23	石门县(湘)	10.00
24	巴南区(渝)	89.00

表 10-25　桂花苗主产地产量

单位：万株

序号	桂花苗主产地	产量
1	崇明区(沪)	300.00
2	松江区(沪)	37.40
3	嘉定区(沪)	16.13
4	奉化区(浙)	450.00
5	黄岩区(浙)	397.40
6	余杭区(浙)	320.00
7	义乌市(浙)	250.00
8	仙居县(浙)	240.00
9	金东区(浙)	160.00
10	永康市(浙)	149.87
11	缙云县(浙)	100.00
12	象山县(浙)	88.00
13	建德市(浙)	85.00
14	淳安县(浙)	78.00
15	三门县(浙)	30.00
16	秀洲区(浙)	29.08
17	定海区(浙)	27.70
18	常山县(浙)	22.00
19	海曙区(浙)	20.00
20	衢江区(浙)	17.00
21	遂昌县(浙)	14.78
22	泰顺县(浙)	14.00
23	临海市(浙)	12.00
24	青田县(浙)	11.00
25	旌德县(皖)	450.00
26	南谯区(皖)	405.00
27	霍邱县(皖)	240.00
28	舒城县(皖)	112.00
29	龙子湖区(皖)	100.00

（续表）

序号	桂花苗主产地	产量
30	宣州区(皖)	80.00
31	金安区(皖)	75.00
32	望江县(皖)	54.47
33	潜山县(皖)	52.00
34	徽州区(皖)	43.00
35	庐阳区(皖)	33.00
36	临泉县(皖)	30.00
37	霍山县(皖)	30.00
38	巢湖市(皖)	16.50
39	裕安区(皖)	15.60
40	包河区(皖)	15.00
41	太湖县(皖)	15.00
42	蒙城县(皖)	14.00
43	天长市(皖)	12.00
44	凤阳县(皖)	11.00
45	宿松县(皖)	10.00
46	芜湖县(皖)	10.00
47	乐平市(赣)	700.00
48	万年县(赣)	630.00
49	湖口县(赣)	500.00
50	上犹县(赣)	493.10
51	铜鼓县(赣)	460.16
52	渝水区(赣)	314.90
53	德安县(赣)	286.00
54	赣县区(赣)	260.00
55	东乡区(赣)	240.00
56	乐安县(赣)	195.00
57	共青城市(赣)	167.00
58	樟树市(赣)	160.00
59	分宜县(赣)	102.00
60	崇义县(赣)	96.00
61	广丰区(赣)	95.00
62	瑞金市(赣)	76.00
63	彭泽县(赣)	62.20
64	临川区(赣)	62.00
65	芦溪县(赣)	50.00
66	宁都县(赣)	50.00
67	上饶县(赣)	38.00
68	袁州区(赣)	37.50
69	石城县(赣)	12.00
70	龙南县(赣)	10.00
71	崂山区(鲁)	15.00
72	潢川县(豫)	5310.00
73	桐柏县(豫)	1710.00
74	卧龙区(豫)	80.00

(续表)

序号	桂花苗主产地	产量
75	方城县(豫)	47.00
76	平桥区(豫)	45.00
77	驿城区(豫)	40.00
78	夏邑县(豫)	23.00
79	汝州市(豫)	22.00
80	利川市(鄂)	43200.00
81	沙洋县(鄂)	15000.00
82	咸安区(鄂)	10800.00
83	沙市区(鄂)	8000.00
84	钟祥市(鄂)	900.00
85	襄州区(鄂)	210.00
86	天门市(鄂)	200.00
87	通城县(鄂)	190.00
88	鄂城区(鄂)	125.80
89	南漳县(鄂)	111.00
90	宜都市(鄂)	100.00
91	松滋市(鄂)	80.00
92	蕲春县(鄂)	80.00
93	阳新县(鄂)	46.00
94	房　县(鄂)	41.00
95	五峰土家族自治县(鄂)	38.00
96	红安县(鄂)	30.00
97	樊城区(鄂)	27.00
98	枣阳市(鄂)	20.00
99	兴山县(鄂)	20.00
100	郧阳区(鄂)	20.00
101	永定区(湘)	750.00
102	冷水江市(湘)	500.00
103	茶陵县(湘)	270.00
104	东安县(湘)	230.00
105	江华瑶族自治县(湘)	120.00
106	赫山区(湘)	120.00
107	涟源市(湘)	120.00
108	湘乡市(湘)	105.00
109	嘉禾县(湘)	96.00
110	苏仙区(湘)	70.00
111	雨湖区(湘)	65.00
112	洞口县(湘)	52.00
113	石门县(湘)	50.00
114	零陵区(湘)	50.00
115	蒸湘区(湘)	45.00
116	湘潭市市辖区(湘)	31.80
117	资阳区(湘)	25.00
118	桂东县(湘)	22.00
119	芷江侗族自治县(湘)	20.00
120	鹤城区(湘)	20.00
121	临武县(湘)	18.00
122	岳阳楼区(湘)	17.45
123	新晃侗族自治县(湘)	15.00
124	望城区(湘)	12.00
125	双峰县(湘)	10.00
126	平乐县(桂)	150.00
127	南丹县(桂)	78.00
128	靖西市(桂)	10.00
129	大足区(渝)	2500.00
130	奉节县(渝)	300.00
131	铜梁区(渝)	216.00
132	万州区(渝)	180.00
133	潼南区(渝)	136.00
134	巴南区(渝)	110.00
135	开州区(渝)	60.00
136	黔江区(渝)	45.00
137	邻水县(川)	370.00
138	苍溪县(川)	320.00
139	雨城区(川)	189.82
140	游仙区(川)	80.00
141	万源市(川)	28.00
142	乐山市市辖区(川)	25.00
143	新都区(川)	18.00
144	宣汉县(川)	12.00
145	资中县(川)	12.00
146	岑巩县(黔)	1690.00
147	瓮安县(黔)	113.56
148	凯里市(黔)	74.80
149	万山区(黔)	40.00
150	榕江县(黔)	15.00
151	花溪区(黔)	10.00
152	绥江县(滇)	53.50
153	石林彝族自治县(滇)	30.00
154	弥勒市(滇)	12.43
155	汉滨区(陕)	1420.00
156	宁强县(陕)	89.00
157	镇安县(陕)	19.27
158	白河县(陕)	15.00
159	石泉县(陕)	10.00

表 10-26　广玉兰苗主产地产量

单位:万株

序号	广玉兰苗主产地	产量
1	定州市(冀)	300.00
2	吴兴区(浙)	230.00
3	奉化区(浙)	140.00
4	临安区(浙)	75.00
5	金东区(浙)	12.00
6	余杭区(浙)	12.00
7	肥东县(皖)	436.00
8	无为县(皖)	62.00
9	南谯区(皖)	60.00
10	潜山县(皖)	50.00
11	弋江区(皖)	50.00
12	凤阳县(皖)	17.00
13	寿　县(皖)	10.00
14	天长市(皖)	10.00
15	固镇县(皖)	10.00
16	信州区(赣)	400.00
17	湖口县(赣)	150.00
18	贵溪市(赣)	24.60
19	彭泽县(赣)	10.10
20	东平县(鲁)	66.00
21	峄城区(鲁)	10.00
22	潢川县(豫)	3480.00
23	邓州市(豫)	107.00
24	镇平县(豫)	103.00
25	宝丰县(豫)	98.00
26	方城县(豫)	90.00
27	卧龙区(豫)	55.00
28	建安区(豫)	23.00
29	长葛市(豫)	13.74
30	沙洋县(鄂)	9750.00
31	天门市(鄂)	110.00
32	蔡甸区(鄂)	91.00
33	襄城区(鄂)	57.00
34	谷城县(鄂)	33.00
35	枣阳市(鄂)	22.00
36	应城市(鄂)	20.00
37	樊城区(鄂)	20.00
38	当阳市(鄂)	10.00
39	长沙县(湘)	100.00
40	洞口县(湘)	18.00
41	巴南区(渝)	67.00
42	水城县(黔)	12.60
43	南郑区(陕)	30.00
44	勉　县(陕)	12.12

表 10-27　雪松苗主产地产量

单位:万株

序号	雪松苗主产地	产量
1	定州市(冀)	300.00
2	邢台市高新技术开发区(冀)	35.00
3	涿州市(冀)	20.00
4	井陉矿区(冀)	10.00
5	襄汾县(晋)	75.00
6	夏　县(晋)	74.30
7	曲沃县(晋)	25.00
8	河津市(晋)	20.00
9	平陆县(晋)	20.00
10	临猗县(晋)	12.00
11	诸城市(鲁)	800.00
12	宁阳县(鲁)	520.00
13	莱城区(鲁)	480.00
14	坊子区(鲁)	60.00
15	肥城市(鲁)	47.00
16	昌邑市(鲁)	35.00
17	新泰市(鲁)	25.00
18	峄城区(鲁)	15.00
19	高密市(鲁)	12.00
20	汝南县(豫)	2654.00
21	确山县(豫)	463.00
22	潢川县(豫)	180.00
23	罗山县(豫)	60.00
24	宜阳县(豫)	37.80
25	鄢陵县(豫)	22.00
26	汝州市(豫)	22.00
27	义马市(豫)	20.00
28	林州市(豫)	19.80
29	蔡甸区(鄂)	10.00
30	巴南区(渝)	33.00
31	麒麟区(滇)	400.00
32	盘龙区(滇)	10.00
33	南郑区(陕)	14.00
34	庆城县(甘)	59.00

表 10-28　杏树苗主产地产量

单位:万株

序号	杏树苗主产地	产量
1	丰宁满族自治县(冀)	3870.00
2	蔚　县(冀)	595.00
3	阳原县(冀)	300.00
4	双滦区(冀)	253.00
5	平泉市(冀)	200.00
6	阜平县(冀)	120.00

(续表)

序号	杏树苗主产地	产量
7	涞源县(冀)	80.00
8	广阳区(冀)	75.00
9	怀来县(冀)	32.90
10	涿州市(冀)	12.00
11	黎城县(晋)	123.00
12	夏　县(晋)	105.70
13	阳高县(晋)	55.00
14	曲沃县(晋)	50.00
15	偏关县(晋)	45.00
16	原平市(晋)	28.00
17	尧都区(晋)	27.00
18	保德县(晋)	15.00
19	翁牛特旗(内蒙古)	782.00
20	清水河县(内蒙古)	124.00
21	库伦旗(内蒙古)	80.00
22	杭锦旗(内蒙古)	47.00
23	奈曼旗(内蒙古)	28.00
24	察哈尔右翼前旗(内蒙古)	24.20
25	乌审旗(内蒙古)	20.00
26	敖汉旗(内蒙古)	13.00
27	凌源市(辽)	687.00
28	喀喇沁左翼蒙古族自治县(辽)	660.00
29	义　县(辽)	415.00
30	建平县(辽)	300.00
31	法库县(辽)	265.00
32	南票区(辽)	60.00
33	洮南市(吉)	315.00
34	双阳区(吉)	155.50
35	新泰市(鲁)	500.00
36	舞钢市(豫)	45.00
37	清涧县(陕)	200.00
38	渭源县(甘)	1125.00
39	临夏市(甘)	285.00
40	临洮县(甘)	271.00
41	和政县(甘)	160.00
42	环　县(甘)	80.00
43	榆中县(甘)	46.00
44	甘州区(甘)	44.40
45	敦煌市(甘)	34.00

表 10-29　核桃苗主产地产量

单位:万株

序号	核桃苗主产地	产量
1	定州市(冀)	6900.00
2	遵化市(冀)	764.00

(续表)

序号	核桃苗主产地	产量
3	涉　县(冀)	698.00
4	青龙满族自治县(冀)	600.00
5	邢台县(冀)	190.00
6	井陉县(冀)	150.00
7	满城区(冀)	100.00
8	磁　县(冀)	80.00
9	曲阳县(冀)	75.00
10	内丘县(冀)	75.00
11	沧　县(冀)	50.00
12	平山县(冀)	46.00
13	涞源县(冀)	45.00
14	临漳县(冀)	30.00
15	阜平县(冀)	21.00
16	怀来县(冀)	10.00
17	古　县(晋)	940.00
18	临猗县(晋)	385.00
19	临　县(晋)	322.00
20	祁　县(晋)	200.00
21	黎城县(晋)	111.00
22	尧都区(晋)	100.00
23	洪洞县(晋)	85.00
24	左权县(晋)	80.00
25	中阳县(晋)	62.00
26	襄汾县(晋)	37.00
27	沁　县(晋)	31.00
28	霍州市(晋)	26.00
29	壶关县(晋)	20.00
30	乡宁县(晋)	20.00
31	浮山县(晋)	18.00
32	平定县(晋)	15.00
33	建昌县(辽)	90.00
34	绥中县(辽)	30.00
35	双阳区(吉)	11.60
36	双城区(黑)	25.00
37	临安区(浙)	70.00
38	建德市(浙)	50.00
39	青田县(浙)	17.10
40	颍泉区(皖)	150.00
41	肥东县(皖)	94.00
42	六安市叶集区(皖)	50.00
43	霍山县(皖)	30.00
44	长丰县(皖)	10.00
45	武宁县(赣)	60.00
46	东平县(鲁)	2000.00
47	肥城市(鲁)	1500.00

（续表）

序号	核桃苗主产地	产量
48	沂源县(鲁)	341.12
49	岱岳区(鲁)	336.00
50	长清区(鲁)	310.00
51	昌邑市(鲁)	242.00
52	宁阳县(鲁)	150.00
53	东阿县(鲁)	80.00
54	河东区(鲁)	80.00
55	山亭区(鲁)	50.00
56	莱城区(鲁)	41.00
57	新泰市(鲁)	40.00
58	峄城区(鲁)	25.00
59	卢氏县(豫)	1506.00
60	新安县(豫)	700.00
61	内乡县(豫)	270.00
62	凤泉区(豫)	183.00
63	新密市(豫)	180.00
64	建安区(豫)	125.00
65	登封市(豫)	120.00
66	洛宁县(豫)	109.00
67	灵宝市(豫)	99.70
68	清丰县(豫)	80.00
69	郏　县(豫)	53.00
70	嵩　县(豫)	50.00
71	宜阳县(豫)	32.00
72	平桥区(豫)	25.00
73	卫辉市(豫)	24.50
74	延津县(豫)	11.80
75	保康县(鄂)	375.00
76	房　县(鄂)	195.00
77	郧西县(鄂)	96.00
78	建始县(鄂)	50.00
79	恩施市(鄂)	48.00
80	郧阳区(鄂)	36.50
81	靖州苗族侗族自治县(湘)	23.00
82	城口县(渝)	127.00
83	武隆区(渝)	100.00
84	丰都县(渝)	15.00
85	潼南区(渝)	15.00
86	盐源县(川)	2581.00
87	苍溪县(川)	1850.00
88	中江县(川)	1600.00
89	冕宁县(川)	1272.00
90	雁江区(川)	960.00
91	南江县(川)	860.00
92	昭觉县(川)	800.00
93	汉源县(川)	760.00
94	甘洛县(川)	700.00
95	剑阁县(川)	600.00
96	会东县(川)	531.30
97	昭化区(川)	420.00
98	喜德县(川)	400.00
99	四川省大渡河造林局(川)	250.00
100	朝天区(川)	225.00
101	大竹县(川)	200.00
102	旺苍县(川)	176.00
103	江油市(川)	152.00
104	通江县(川)	143.00
105	仁寿县(川)	139.00
106	普格县(川)	120.00
107	会理县(川)	100.00
108	三台县(川)	86.00
109	万源市(川)	80.00
110	金堂县(川)	80.00
111	盐亭县(川)	70.00
112	宁南县(川)	52.00
113	蓬安县(川)	50.00
114	宣汉县(川)	45.00
115	青川县(川)	40.00
116	巴塘县(川)	35.00
117	仁和区(川)	30.00
118	游仙区(川)	30.00
119	南部县(川)	25.00
120	顺庆区(川)	22.00
121	北川羌族自治县(川)	20.00
122	东兴区(川)	16.70
123	乡城县(川)	15.00
124	广安区(川)	11.00
125	旌阳区(川)	10.00
126	普安县(黔)	150.00
127	福泉市(黔)	21.00
128	罗甸县(黔)	15.90
129	永平县(滇)	1023.80
130	景东彝族自治县(滇)	816.00
131	巧家县(滇)	400.00
132	砚山县(滇)	135.00
133	丘北县(滇)	130.00
134	临翔区(滇)	99.00
135	麒麟区(滇)	90.00
136	宁蒗彝族自治县(滇)	82.80
137	香格里拉市(滇)	79.28
138	新平彝族傣族自治县(滇)	75.00
139	兰坪白族普米族自治县(滇)	70.00
140	华宁县(滇)	59.00
141	昭阳区(滇)	45.00
142	镇雄县(滇)	35.00
143	双江拉祜族佤族布朗族傣族自治县(滇)	31.10
144	师宗县(滇)	30.00
145	玉龙纳西族自治县(滇)	24.13
146	古城区(滇)	20.00
147	峨山彝族自治县(滇)	18.00
148	东川区(滇)	15.00
149	宁洱哈尼族彝族自治县(滇)	12.00
150	晋宁区(滇)	12.00
151	罗平县(滇)	10.00
152	宾川县(滇)	10.00
153	贡山独龙族怒族自治县(滇)	10.00
154	波密县(藏)	20.00
155	商州区(陕)	700.00
156	眉　县(陕)	621.00
157	宁强县(陕)	210.00
158	镇坪县(陕)	176.00
159	陇　县(陕)	172.50
160	柞水县(陕)	152.00
161	王益区(陕)	150.00
162	洛南县(陕)	130.00
163	商南县(陕)	128.00
164	勉　县(陕)	118.60
165	淳化县(陕)	90.00
166	蓝田县(陕)	75.00
167	镇巴县(陕)	60.00
168	镇安县(陕)	55.50
169	千阳县(陕)	54.00
170	汉滨区(陕)	32.50
171	略阳县(陕)	30.00
172	白河县(陕)	25.00
173	富平县(陕)	16.62
174	丹凤县(陕)	16.00
175	积石山保安族东乡族撒拉族自治县(甘)	895.00
176	舟曲县(甘)	346.01
177	文　县(甘)	180.00
178	清水县(甘)	180.00
179	成　县(甘)	150.00
180	临洮县(甘)	107.00

（续表）

序号	核桃苗主产地	产量
181	崇信县（甘）	51.00
182	西和县（甘）	32.00

表 10-30　葡萄苗主产地产量

单位：万株

序号	葡萄苗主产地	产量
1	昌黎县（冀）	2700.00
2	怀来县（冀）	130.30
3	晋州市（冀）	90.50
4	永年区（冀）	80.00
5	滦南县（冀）	80.00
6	乐亭县（冀）	51.70
7	鸡泽县（冀）	10.00
8	南郊区（晋）	75.00
9	扎赉特旗（内蒙古）	40.00
10	东河区（内蒙古）	30.00
11	五常市（黑）	60.00
12	怀远县（皖）	40.00
13	坊子区（鲁）	120.00
14	建安区（豫）	92.00
15	汝州市（豫）	30.00
16	偃师市（豫）	30.00
17	铜梁区（渝）	400.00
18	蒲城县（陕）	18.00
19	永宁县（宁）	960.00
20	青铜峡市（宁）	450.00
21	农垦事业管理局（宁）	200.00

表 10-31　苹果树苗主产地产量

单位：万株

序号	苹果树苗主产地	产量
1	昌黎县（冀）	1500.00
2	滦平县（冀）	900.00
3	围场满族蒙古族自治县（冀）	500.00
4	蠡　县（冀）	450.00
5	徐水区（冀）	336.00
6	平泉市（冀）	285.00
7	遵化市（冀）	198.00
8	河间市（冀）	117.00
9	涞源县（冀）	48.00
10	内丘县（冀）	45.00
11	乐亭县（冀）	42.00
12	辛集市（冀）	23.00
13	深州市（冀）	23.00
14	怀来县（冀）	18.90
15	临漳县（冀）	15.00
16	阜平县（冀）	12.00
17	襄汾县（晋）	37.00
18	宁城县（内蒙古）	675.00
19	察哈尔右翼前旗（内蒙古）	96.80
20	开鲁县（内蒙古）	48.00
21	科尔沁左翼后旗（内蒙古）	44.00
22	兴和县（内蒙古）	41.00
23	巴林左旗（内蒙古）	40.00
24	奈曼旗（内蒙古）	32.00
25	林西县（内蒙古）	12.90
26	元宝山区（内蒙古）	10.00
27	盖州市（辽）	468.00
28	法库县（辽）	199.00
29	于洪区（辽）	30.00
30	抚顺县（辽）	10.00
31	东辽县（吉）	10.00
32	海阳市（鲁）	3105.00
33	栖霞市（鲁）	2786.00
34	河东区（鲁）	2700.00
35	莱山区（鲁）	200.00
36	坊子区（鲁）	100.00
37	惠民县（鲁）	60.00
38	费　县（鲁）	54.00
39	牟平区（鲁）	50.00
40	新泰市（鲁）	50.00
41	长清区（鲁）	32.00
42	宁阳县（鲁）	30.00
43	文登区（鲁）	21.00
44	陵城区（鲁）	14.00
45	茌平县（鲁）	10.65
46	威海市经济技术开发区（鲁）	10.00
47	环翠区（鲁）	10.00
48	武陟县（豫）	5025.00
49	洛宁县（豫）	353.00
50	延津县（豫）	53.90
51	灵宝市（豫）	50.00
52	西华县（豫）	32.00
53	夏邑县（豫）	30.00
54	昭阳区（滇）	1200.00
55	马龙县（滇）	1000.00
56	屏边苗族自治县（滇）	10.00
57	千阳县（陕）	2519.00
58	米脂县（陕）	200.00
59	洛川县（陕）	30.00
60	灵台县（甘）	720.00
61	合水县（甘）	500.00
62	庄浪县（甘）	300.00
63	静宁县（甘）	133.00
64	西峰区（甘）	40.80
65	清水县（甘）	36.00
66	榆中县（甘）	35.00
67	崇信县（甘）	27.00
68	沙坡头区（宁）	382.50
69	永宁县（宁）	129.50
70	青铜峡市（宁）	30.00
71	灵武市（宁）	16.10

表 10-32　桤木苗主产地产量

单位：万株

序号	桤木苗主产地	产量
1	瑞金市（赣）	365.00
2	铜鼓县（赣）	26.40
3	宜丰县（赣）	20.00
4	宣汉县（川）	550.00
5	新都区（川）	300.00
6	达川区（川）	250.00
7	巴州区（川）	240.00
8	平昌县（川）	100.00
9	梓潼县（川）	90.00
10	陆良县（滇）	450.00
11	麒麟区（滇）	400.00
12	元阳县（滇）	360.00
13	师宗县（滇）	300.00
14	石林彝族自治县（滇）	255.00
15	泸西县（滇）	210.00
16	腾冲市（滇）	200.00
17	富源县（滇）	165.00
18	广南县（滇）	140.00
19	施甸县（滇）	100.00
20	红塔区（滇）	100.00
21	梁河县（滇）	50.00
22	耿马傣族佤族自治县（滇）	30.00
23	安宁市（滇）	26.00
24	富民县（滇）	25.00
25	巍山彝族回族自治县（滇）	20.00
26	华宁县（滇）	16.00

表 10-33　枫香苗主产地产量

单位:万株

序号	枫香苗主产地	产量
1	青田县(浙)	98.90
2	建德市(浙)	48.00
3	云和县(浙)	45.40
4	吴兴区(浙)	45.00
5	淳安县(浙)	33.50
6	泰顺县(浙)	20.00
7	临安区(浙)	20.00
8	衢江区(浙)	18.00
9	天台县(浙)	15.50
10	苍南县(浙)	15.00
11	缙云县(浙)	12.00
12	江北区(浙)	12.00
13	临海市(浙)	12.00
14	黄岩区(浙)	11.00
15	桐城市(皖)	300.00
16	旌德县(皖)	120.00
17	青阳县(皖)	110.00
18	枞阳县(皖)	90.00
19	黄山区(皖)	72.00
20	东至县(皖)	50.00
21	徽州区(皖)	17.50
22	上高县(赣)	900.00
23	上犹县(赣)	493.10
24	崇义县(赣)	150.00
25	信丰县(赣)	122.00
26	铜鼓县(赣)	118.40
27	石城县(赣)	118.00
28	于都县(赣)	80.00
29	赣县区(赣)	80.00
30	宁都县(赣)	62.00
31	兴国县(赣)	60.00
32	德兴市(赣)	60.00
33	广丰区(赣)	32.00
34	袁州区(赣)	30.00
35	全南县(赣)	21.00
36	万载县(赣)	12.00
37	分宜县(赣)	10.50
38	鄂州市市辖区(鄂)	400.00
39	英山县(鄂)	240.00
40	红安县(鄂)	60.00
41	罗田县(鄂)	45.00
42	茶陵县(湘)	600.00
43	桃江县(湘)	160.00
44	宁远县(湘)	100.00
45	零陵区(湘)	50.00
46	东安县(湘)	40.00
47	永兴县(湘)	24.00
48	南岳区(湘)	15.00
49	绥宁县(湘)	15.00
50	江华瑶族自治县(湘)	10.00
51	双峰县(湘)	10.00
52	沅陵县(湘)	10.00
53	巴南区(渝)	56.00
54	石林彝族自治县(滇)	40.00

表 10-34　柑橘苗主产地产量

单位:万株

序号	柑橘苗主产地	产量
1	黄岩区(浙)	193.00
2	临海市(浙)	18.00
3	定海区(浙)	18.00
4	仙居县(浙)	15.00
5	常山县(浙)	12.00
6	三门县(浙)	10.00
7	长阳土家族自治县(鄂)	50.00
8	兴山县(鄂)	20.00
9	黄州区(鄂)	15.00
10	津市市(湘)	500.00
11	新宁县(湘)	450.00
12	石门县(湘)	300.00
13	芷江侗族自治县(湘)	40.00
14	桃源县(湘)	35.50
15	岳阳市市辖区(湘)	26.00
16	平乐县(桂)	120.00
17	靖西市(桂)	40.00
18	陆川县(桂)	24.00
19	铜梁区(渝)	703.00
20	雁江区(川)	921.80
21	苍溪县(川)	330.00
22	江安县(川)	150.00
23	巴州区(川)	35.00
24	大英县(川)	30.00
25	仁寿县(川)	20.10
26	罗江区(川)	12.00
27	印江土家族苗族自治县(黔)	300.00
28	松桃苗族自治县(黔)	268.88
29	思南县(黔)	100.00
30	罗甸县(黔)	35.20
31	华宁县(滇)	420.00
32	宾川县(滇)	80.00
33	昌宁县(滇)	18.00

表 10-35　栾树苗主产地产量

单位:万株

序号	栾树苗主产地	产量
1	安国市(冀)	700.00
2	博野县(冀)	480.00
3	遵化市(冀)	441.00
4	定州市(冀)	210.00
5	涿州市(冀)	70.00
6	高阳县(冀)	70.00
7	易　县(冀)	45.00
8	泊头市(冀)	38.60
9	邢台市高新技术开发区(冀)	36.20
10	肃宁县(冀)	32.20
11	桃城区(冀)	28.00
12	徐水区(冀)	24.70
13	蠡　县(冀)	21.60
14	河间市(冀)	16.00
15	邯山区(冀)	16.00
16	临漳县(冀)	15.00
17	文安县(冀)	12.00
18	夏　县(晋)	72.70
19	襄汾县(晋)	12.00
20	平陆县(晋)	10.00
21	祁　县(晋)	10.00
22	太和区(辽)	30.00
23	崇明区(沪)	20.00
24	秀洲区(浙)	82.90
25	金东区(浙)	20.00
26	衢江区(浙)	17.00
27	海盐县(浙)	13.70
28	奉化区(浙)	13.00
29	肥东县(皖)	581.00
30	来安县(皖)	276.00
31	灵璧县(皖)	250.00
32	临泉县(皖)	250.00
33	霍邱县(皖)	128.00
34	金安区(皖)	90.00
35	桐城市(皖)	45.00
36	南谯区(皖)	40.00
37	天长市(皖)	30.00
38	舒城县(皖)	24.60
39	怀远县(皖)	20.00

（续表）

序号	栾树苗主产地	产量
40	固镇县(皖)	20.00
41	旌德县(皖)	10.00
42	彭泽县(赣)	13.64
43	共青城市(赣)	10.70
44	兖州区(鲁)	300.00
45	嘉祥县(鲁)	210.00
46	宁阳县(鲁)	140.00
47	桓台县(鲁)	76.00
48	茌平县(鲁)	60.85
49	东平县(鲁)	33.00
50	寒亭区(鲁)	24.00
51	汶上县(鲁)	22.00
52	新安县(豫)	880.00
53	汝州市(豫)	396.00
54	邓州市(豫)	356.00
55	济源市(豫)	288.00
56	光山县(豫)	210.00
57	郾城区(豫)	105.00
58	嵩　县(豫)	100.00
59	宝丰县(豫)	64.50
60	濮阳县(豫)	56.00
61	温　县(豫)	55.00
62	洛宁县(豫)	45.00
63	新野县(豫)	40.00
64	清丰县(豫)	34.00
65	宁陵县(豫)	27.00
66	伊川县(豫)	21.80
67	林州市(豫)	20.30
68	淮阳县(豫)	20.00
69	登封市(豫)	20.00
70	湖滨区(豫)	17.00
71	南乐县(豫)	16.90
72	义马市(豫)	12.00
73	沙洋县(鄂)	75000.00
74	京山县(鄂)	1200.00
75	天门市(鄂)	300.00
76	宜都市(鄂)	280.00
77	襄州区(鄂)	210.00
78	鄂州市市辖区(鄂)	200.00
79	松滋市(鄂)	160.00
80	长阳土家族自治县(鄂)	150.00
81	浠水县(鄂)	120.00
82	荆州区(鄂)	100.00
83	枣阳市(鄂)	100.00
84	漳河新区(鄂)	50.00
85	谷城县(鄂)	50.00
86	钟祥市(鄂)	49.80
87	襄城区(鄂)	49.00
88	房　县(鄂)	46.00
89	建始县(鄂)	30.00
90	宜城市(鄂)	28.10
91	蔡甸区(鄂)	20.00
92	屈家岭管理区(鄂)	19.00
93	阳新县(鄂)	18.00
94	红安县(鄂)	12.00
95	樊城区(鄂)	12.00
96	应城市(鄂)	10.00
97	新宁县(湘)	60.00
98	东安县(湘)	35.60
99	汉寿县(湘)	16.00
100	嘉禾县(湘)	12.00
101	开州区(渝)	185.00
102	大足区(渝)	160.00
103	九龙坡区(渝)	29.00
104	江北区(渝)	25.00
105	彭山区(川)	120.00
106	大英县(川)	65.00
107	龙泉驿区(川)	20.00
108	古蔺县(川)	10.00
109	蒲城县(陕)	18.00
110	高陵区(陕)	16.00

表 10-36　银杏苗主产地产量

单位:万株

序号	银杏苗主产地	产量
1	平谷区(京)	12.00
2	定州市(冀)	450.00
3	涿州市(冀)	110.00
4	邢台县(冀)	26.00
5	高阳县(冀)	25.00
6	博野县(冀)	15.00
7	襄汾县(晋)	12.00
8	振安区(辽)	1150.00
9	东港市(辽)	422.00
10	元宝区(辽)	105.00
11	普兰店市(辽)	65.00
12	振兴区(辽)	10.00
13	于洪区(辽)	10.00
14	集安市(吉)	10.00
15	嘉定区(沪)	12.15
16	松江区(沪)	10.06
17	江北区(浙)	60.00
18	缙云县(浙)	20.00
19	三门县(浙)	17.00
20	余杭区(浙)	15.00
21	仙居县(浙)	15.00
22	灵璧县(皖)	520.00
23	肥东县(皖)	280.00
24	舒城县(皖)	14.40
25	岳西县(皖)	12.00
26	奉新县(赣)	945.60
27	长清区(鲁)	160.00
28	高密市(鲁)	150.00
29	昌乐县(鲁)	135.00
30	昌邑市(鲁)	126.00
31	荣成市(鲁)	118.00
32	宁阳县(鲁)	100.00
33	莱城区(鲁)	80.00
34	桓台县(鲁)	70.00
35	东平县(鲁)	66.00
36	兖州区(鲁)	50.00
37	河东区(鲁)	50.00
38	文登区(鲁)	30.00
39	莱西市(鲁)	17.00
40	寒亭区(鲁)	10.00
41	禹州市(豫)	71.46
42	郏　县(豫)	71.00
43	登封市(豫)	30.00
44	宜阳县(豫)	28.50
45	魏都区(豫)	16.20
46	惠济区(豫)	10.20
47	巴东县(鄂)	300.00
48	大悟县(鄂)	150.00
49	长阳土家族自治县(鄂)	100.00
50	襄城区(鄂)	82.00
51	襄州区(鄂)	67.00
52	枣阳市(鄂)	48.00
53	宜都市(鄂)	35.00
54	东宝区(鄂)	20.00
55	谷城县(鄂)	17.00
56	蔡甸区(鄂)	16.00
57	建始县(鄂)	13.30
58	宜城市(鄂)	12.60
59	漳河新区(鄂)	10.00
60	京山县(鄂)	10.00

(续表)

序号	银杏苗主产地	产量
61	永定区(湘)	20.00
62	韶山市(湘)	20.00
63	巴南区(渝)	45.00
64	沙坪坝区(渝)	34.77
65	潼南区(渝)	19.00
66	苍溪县(川)	650.00
67	彭山区(川)	120.00
68	安居区(川)	39.00
69	万源市(川)	36.00
70	开江县(川)	35.00
71	荣　县(川)	20.00
72	宣汉县(川)	15.00
73	岳池县(川)	11.00
74	龙泉驿区(川)	10.00
75	新都区(川)	10.00
76	巴州区(川)	10.00
77	凯里市(黔)	63.00
78	水城县(黔)	22.40
79	宁强县(陕)	5226.00
80	略阳县(陕)	600.00
81	勉　县(陕)	429.34
82	佛坪县(陕)	62.00
83	两当县(甘)	700.20

表 10-37　沙棘苗主产地产量

单位:万株

序号	沙棘苗主产地	产量
1	丰宁满族自治县(冀)	7500.00
2	围场满族蒙古族自治县(冀)	5000.00
3	张北县(冀)	2016.00
4	塞罕坝机械林场(冀)	15.00
5	偏关县(晋)	3600.00
6	代　县(晋)	200.00
7	桦林背林场(晋)	150.00
8	浑源县(晋)	120.00
9	翁牛特旗(内蒙古)	1035.00
10	托克托县(内蒙古)	900.00
11	武川县(内蒙古)	700.00
12	察哈尔右翼前旗(内蒙古)	666.00
13	商都县(内蒙古)	600.00
14	兴和县(内蒙古)	500.00
15	察哈尔右翼后旗(内蒙古)	308.60
16	库伦旗(内蒙古)	300.00
17	清水河县(内蒙古)	293.00
18	察哈尔右翼中旗(内蒙古)	214.00

(续表)

序号	沙棘苗主产地	产量
19	卓资县(内蒙古)	188.40
20	丰镇市(内蒙古)	95.00
21	东胜区(内蒙古)	80.00
22	敖汉旗(内蒙古)	71.00
23	鄂托克前旗(内蒙古)	30.00
24	四子王旗(内蒙古)	12.00
25	建平县(辽)	500.00
26	孙吴县(黑)	300.00
27	理塘县(川)	22.30
28	渭源县(甘)	1900.00
29	临泽县(甘)	410.00
30	临潭县(甘)	400.00
31	古浪县(甘)	214.29
32	华池林业总场(甘)	201.76
33	岷　县(甘)	21.00
34	库都尔林业局(内蒙古森工)	215.71

表 10-38　油茶苗主产地产量

单位:万株

序号	油茶苗主产地	产量
1	青田县(浙)	336.50
2	常山县(浙)	300.00
3	建德市(浙)	228.00
4	天台县(浙)	120.00
5	莲都区(浙)	111.80
6	云和县(浙)	100.00
7	舒城县(皖)	950.00
8	徽州区(皖)	448.00
9	望江县(皖)	300.00
10	宿松县(皖)	230.00
11	金寨县(皖)	225.00
12	绩溪县(皖)	113.00
13	信州区(赣)	4000.00
14	丰城市(赣)	3000.00
15	靖安县(赣)	320.00
16	宁都县(赣)	290.00
17	安福县(赣)	240.00
18	分宜县(赣)	220.00
19	临川区(赣)	192.00
20	德兴市(赣)	120.00
21	武宁县(赣)	60.00
22	瑞昌市(赣)	21.30
23	石城县(赣)	20.00
24	商城县(豫)	1010.00
25	罗山县(豫)	150.00

(续表)

序号	油茶苗主产地	产量
26	谷城县(鄂)	500.00
27	浠水县(鄂)	450.00
28	恩施市(鄂)	120.00
29	曾都区(鄂)	90.00
30	通城县(鄂)	80.00
31	京山县(鄂)	60.00
32	松滋市(鄂)	50.00
33	攸　县(湘)	60000.00
34	湘潭县(湘)	900.00
35	鼎城区(湘)	900.00
36	常宁市(湘)	780.00
37	道　县(湘)	200.00
38	醴陵市(湘)	150.00
39	耒阳市(湘)	150.00
40	新化县(湘)	135.00
41	临澧县(湘)	100.00
42	永顺县(湘)	75.00
43	澧　县(湘)	55.00
44	株洲县(湘)	50.00
45	东安县(湘)	50.00
46	株洲市市辖区(湘)	11.00
47	凤山县(桂)	1503.00
48	田林县(桂)	1260.00
49	右江区(桂)	500.00
50	岑溪市(桂)	275.00
51	巴马瑶族自治县(桂)	255.00
52	龙胜各族自治县(桂)	120.00
53	三门江林场(桂)	117.00
54	灌阳县(桂)	60.00
55	昭平县(桂)	50.00
56	田东县(桂)	42.00
57	德保县(桂)	15.50
58	江州区(桂)	10.00
59	南溪区(川)	200.00
60	长宁县(川)	124.80
61	叙永县(川)	100.00
62	玉屏侗族自治县(黔)	1151.00
63	松桃苗族自治县(黔)	438.00
64	石阡县(黔)	300.00
65	碧江区(黔)	298.00
66	册亨县(黔)	50.00
67	砚山县(滇)	350.00
68	建水县(滇)	150.00
69	东川区(滇)	60.00
70	广南县(滇)	52.53

（续表）

序号	油茶苗主产地	产量
71	盈江县(滇)	40.00
72	汉滨区(陕)	240.00
73	镇巴县(陕)	120.00

表 10-39　南方红豆杉苗主产地产量

序号	南方红豆杉苗主产地	产量(万株)
1	黄岩区(浙)	196.00
2	永嘉县(浙)	57.40
3	遂昌县(浙)	55.52
4	仙居县(浙)	48.00
5	天台县(浙)	39.00

（续表）

序号	南方红豆杉苗主产地	产量
6	温岭市(浙)	31.83
7	泰顺县(浙)	26.00
8	临安区(浙)	25.00
9	缙云县(浙)	17.00
10	余杭区(浙)	16.80
11	奉化区(浙)	15.00
12	象山县(浙)	10.00
13	奉新县(赣)	778.00
14	铜鼓县(赣)	219.52
15	宜丰县(赣)	170.00
16	袁州区(赣)	50.00

（续表）

序号	南方红豆杉苗主产地	产量
17	玉山县(赣)	33.50
18	广丰区(赣)	31.00
19	龙南县(赣)	12.00
20	汝城县(湘)	268.00
21	桂东县(湘)	230.00
22	新宁县(湘)	200.00
23	金洞林场(湘)	20.00
24	桑植县(湘)	20.00
25	新化县(湘)	12.00
26	昌宁县(滇)	54.70
27	石林彝族自治县(滇)	44.00

表 10-40　其他主要苗圃苗木主产地产量

单位:万株

序号	其他主要苗圃苗木主产地	品种	产量
1	宁津县(鲁)	槐树	3100.00
2	长治市郊区(晋)	槐树	2705.00
3	定州市(冀)	槐树	1106.00
4	曲沃县(晋)	槐树	160.00
5	泊头市(冀)	槐树	123.24
6	敦煌市(甘)	槐树	96.90
7	稷山县(晋)	槐树	81.00
8	沙坡头区(宁)	槐树	79.00
9	石林彝族自治县(滇)	槐树	60.00
10	屯留县(晋)	槐树	60.00
11	房　县(鄂)	槐树	40.00
12	新泰市(鲁)	槐树	35.00
13	肃州区(甘)	槐树	23.00
14	沧　县(冀)	槐树	20.00
15	同心县(宁)	槐树	17.30
16	清丰县(豫)	槐树	14.00
17	潢川县(豫)	合欢	280.00
18	定州市(冀)	合欢	160.00
19	来安县(皖)	合欢	110.00
20	汝州市(豫)	合欢	81.00
21	肥东县(皖)	合欢	78.00
22	商水县(豫)	合欢	63.00
23	东川区(滇)	合欢	60.00
24	遂平县(豫)	合欢	46.50
25	建安区(豫)	合欢	35.00
26	临海市(浙)	合欢	32.00
27	长葛市(豫)	合欢	30.79
28	南谯区(皖)	合欢	30.00
29	秀洲区(浙)	合欢	20.16
30	博野县(冀)	合欢	20.00

（续表）

序号	其他主要苗圃苗木主产地	品种	产量
31	沧　县(冀)	合欢	20.00
32	开远市(滇)	合欢	20.00
33	嘉禾县(湘)	合欢	15.00
34	鄄城县(鲁)	合欢	15.00
35	三门县(浙)	合欢	15.00
36	清丰县(豫)	合欢	11.00
37	旌德县(皖)	檫树	70.00
38	建德市(浙)	檫树	55.00
39	陈巴尔虎旗(内蒙古)	柽柳	196.00
40	乌拉特前旗(内蒙古)	柽柳	75.00
41	民勤县(甘)	柽柳	52.00
42	玉门市(甘)	柽柳	50.00
43	平罗县(宁)	柽柳	48.01
44	永昌县(甘)	柽柳	42.30
45	昌邑市(鲁)	柽柳	42.00
46	石羊河林业总场(甘)	柽柳	21.40
47	敦煌市(甘)	柽柳	14.30
48	江陵县(鄂)	池杉	50.00
49	松江区(沪)	池杉	20.50
50	秀洲区(浙)	池杉	15.86
51	红安县(鄂)	池杉	12.80
52	胶州市(鲁)	赤松	231.00
53	绥中县(辽)	赤松	130.00
54	新邵县(湘)	赤松	35.00
55	东辽县(吉)	刺楸	300.00
56	莱山区(鲁)	刺楸	44.00
57	黎城县(晋)	刺楸	10.00
58	偏关县(晋)	杜松	16.00
59	潢川县(豫)	鹅掌楸	101.00
60	商水县(豫)	鹅掌楸	42.00
61	项城市(豫)	鹅掌楸	26.00

(续表)

序号	其他主要苗圃苗木主产地	品种	产量
62	西海岸新区(鲁)	鹅掌楸	10.10
63	丰都县(渝)	鹅掌楸	10.00
64	中宁县(宁)	枸杞	9861.00
65	瓜州县(甘)	枸杞	4320.00
66	海原县(宁)	枸杞	2925.00
67	沙坡头区(宁)	枸杞	1100.00
68	托克托县(内蒙古)	枸杞	400.00
69	红寺堡区(宁)	枸杞	340.00
70	察哈尔右翼前旗(内蒙古)	枸杞	333.00
71	兴和县(内蒙古)	枸杞	325.00
72	商都县(内蒙古)	枸杞	300.00
73	景泰县(甘)	枸杞	285.00
74	惠农区(宁)	枸杞	200.00
75	察哈尔右翼后旗(内蒙古)	枸杞	154.30
76	察哈尔右翼中旗(内蒙古)	枸杞	107.00
77	康保县(冀)	枸杞	100.00
78	卓资县(内蒙古)	枸杞	94.20
79	阿拉善左旗(内蒙古)	枸杞	90.00
80	平罗县(宁)	枸杞	62.00
81	乌拉特前旗(内蒙古)	枸杞	45.00
82	丰镇市(内蒙古)	枸杞	40.00
83	民勤县(甘)	枸杞	40.00
84	金川区(甘)	枸杞	32.00
85	乌审旗(内蒙古)	枸杞	13.00
86	瑞金市(赣)	荷木	310.00
87	茶陵县(湘)	荷木	306.00
88	崇义县(赣)	荷木	240.00
89	信丰县(赣)	荷木	120.00
90	青田县(浙)	荷木	101.30
91	宜丰县(赣)	荷木	84.00
92	建德市(浙)	荷木	80.00
93	宁远县(湘)	荷木	80.00
94	铅山县(赣)	荷木	64.00
95	巴南区(渝)	荷木	56.00
96	广丰区(赣)	荷木	52.00
97	岑溪市(桂)	荷木	50.00
98	芦溪县(赣)	荷木	45.00
99	万载县(赣)	荷木	43.00
100	宁都县(赣)	荷木	42.00
101	开福区(湘)	荷木	20.00
102	蒙山县(桂)	荷木	20.00
103	铜鼓县(赣)	荷木	14.56
104	德兴市(赣)	荷木	12.00
105	安福县(赣)	荷木	11.00
106	衢江区(浙)	荷木	10.00

(续表)

序号	其他主要苗圃苗木主产地	品种	产量
107	灵武市(宁)	红枣	488.90
108	青铜峡市(宁)	红枣	300.00
109	沧　县(冀)	红枣	180.00
110	保德县(晋)	红枣	90.00
111	祁东县(湘)	红枣	67.00
112	沙坡头区(宁)	红枣	42.50
113	永宁县(宁)	红枣	37.50
114	黄骅市(冀)	红枣	29.60
115	阜平县(冀)	红枣	22.50
116	临泽县(甘)	红枣	22.00
117	祁　县(晋)	红枣	20.00
118	襄汾县(晋)	红枣	20.00
119	乐陵市(鲁)	红枣	12.00
120	罗江区(川)	红枣	10.00
121	黄冕林场(桂)	红锥	20.75
122	南丹县(桂)	红锥	13.00
123	五峰土家族自治县(鄂)	厚朴	150.00
124	宣汉县(川)	厚朴	80.00
125	新宁县(湘)	厚朴	60.00
126	长阳土家族自治县(鄂)	厚朴	50.00
127	建始县(鄂)	厚朴	30.00
128	江华瑶族自治县(湘)	厚朴	30.00
129	巴东县(鄂)	厚朴	10.00
130	延寿县(黑)	胡桃楸	300.00
131	五常市(黑)	胡桃楸	50.00
132	三岔子林业局(吉林森工)	胡桃楸	30.00
133	临江林业局(吉林森工)	胡桃楸	25.00
134	乌拉特前旗(内蒙古)	胡杨	144.00
135	敦煌市(甘)	胡杨	133.30
136	玉门市(甘)	胡杨	81.25
137	瓜州县(甘)	胡杨	60.00
138	五原县(内蒙古)	胡杨	55.50
139	额济纳旗(内蒙古)	胡杨	52.00
140	民勤县(甘)	胡杨	46.00
141	蒙城县(皖)	胡杨	22.00
142	石羊河林业总场(甘)	胡杨	16.00
143	牡丹江市市本级(黑)	桦树	4000.00
144	汤原县(黑)	桦树	58.00
145	庄浪县(甘)	桦树	45.00
146	龙井市(吉)	桦树	30.00
147	白山市市辖区(吉)	桦树	22.00
148	木栏围场国有林场(冀)	桦树	12.59
149	蛟河市(吉)	桦树	12.30
150	辽宁实验林场(辽)	桦树	12.00
151	讷河市(黑)	桦树	10.00

（续表）

序号	其他主要苗圃苗木主产地	品种	产量
152	塞罕坝机械林场（冀）	桦树	10.00
153	桓仁满族自治县（辽）	黄波罗	879.50
154	榆树市（吉）	黄波罗	110.00
155	白山市市辖区（吉）	黄波罗	60.00
156	梨树县（吉）	黄波罗	40.00
157	珲春林业局（吉）	黄波罗	30.80
158	通化县（吉）	黄波罗	25.00
159	扎赉特旗（内蒙古）	黄波罗	20.00
160	嵩　县（豫）	黄连木	45.00
161	霍邱县（皖）	黄连木	35.00
162	宜阳县（豫）	黄连木	23.30
163	殷都区（豫）	黄连木	21.50
164	弥勒市（滇）	黄连木	12.43
165	定州市（冀）	黄栌	430.00
166	汝阳县（豫）	黄栌	62.00
167	海淀区（京）	黄栌	12.20
168	罗山县（豫）	火柜松	30.00
169	吴兴区（浙）	金钱松	40.00
170	江北区（浙）	金钱松	18.00
171	霍山县（皖）	金钱松	15.00
172	建德市（浙）	金钱松	13.60
173	南谯区（皖）	栎类	400.00
174	涿州市（冀）	栎类	40.00
175	定远县（皖）	栎类	30.00
176	麻阳苗族自治县（湘）	栎类	15.00
177	利川市（鄂）	柳杉	5000.00
178	临翔区（滇）	柳杉	694.00
179	麒麟区（滇）	柳杉	500.00
180	福泉市（黔）	柳杉	378.00
181	罗平县（滇）	柳杉	200.00
182	峨边彝族自治县（川）	柳杉	150.00
183	富源县（滇）	柳杉	150.00
184	资源县（桂）	柳杉	100.00
185	荣　县（川）	柳杉	80.00
186	梁山县（鲁）	柳杉	76.00
187	侯马市（晋）	柳杉	50.00
188	叙永县（川）	柳杉	50.00
189	沾益区（滇）	柳杉	50.00
190	师宗县（滇）	柳杉	30.00
191	坊子区（鲁）	柳杉	20.00
192	镇雄县（滇）	柳杉	19.00
193	马龙县（滇）	柳杉	10.00
194	淮滨县（豫）	落羽杉	350.00
195	松江区（沪）	落羽杉	89.96
196	江陵县（鄂）	落羽杉	50.00

（续表）

序号	其他主要苗圃苗木主产地	品种	产量
197	河东区（鲁）	木瓜	6800.00
198	桐柏县（豫）	木瓜	2750.00
199	永平县（滇）	木瓜	604.00
200	长阳土家族自治县（鄂）	木瓜	300.00
201	舞钢市（豫）	木瓜	160.00
202	霍山县（皖）	木瓜	20.00
203	昌邑市（鲁）	木瓜	18.00
204	睢　县（豫）	泡桐	270.00
205	民权县（豫）	泡桐	100.00
206	郸城县（豫）	泡桐	80.00
207	共青城市（赣）	泡桐	78.00
208	长葛市（豫）	泡桐	57.85
209	项城市（豫）	泡桐	50.00
210	商水县（豫）	泡桐	48.00
211	洛宁县（豫）	泡桐	45.00
212	安国市（冀）	泡桐	34.00
213	夏　县（晋）	泡桐	27.20
214	杞　县（豫）	泡桐	21.00
215	南乐县（豫）	泡桐	16.60
216	梁园区（豫）	泡桐	15.40
217	淮阳县（豫）	泡桐	13.00
218	睢阳区（豫）	泡桐	12.00
219	博野县（冀）	千头椿	150.00
220	安国市（冀）	千头椿	34.00
221	河间市（冀）	千头椿	17.00
222	涿州市（冀）	千头椿	10.00
223	定州市（冀）	青桐	250.00
224	商水县（豫）	青桐	69.00
225	东港市（辽）	沙松	113.00
226	三岔子林业局（吉林森工）	沙松	39.75
227	临泽县（甘）	沙枣	1660.00
228	古浪县（甘）	沙枣	192.20
229	阿拉善左旗（内蒙古）	沙枣	166.20
230	杭锦旗（内蒙古）	沙枣	150.00
231	民勤县（甘）	沙枣	127.05
232	平罗县（宁）	沙枣	81.03
233	石羊河林业总场（甘）	沙枣	80.00
234	永宁县（宁）	沙枣	76.00
235	翁牛特旗（内蒙古）	沙枣	62.00
236	永昌县（甘）	沙枣	56.20
237	山丹县（甘）	沙枣	24.86
238	贺兰县（宁）	沙枣	20.00
239	惠农区（宁）	沙枣	20.00
240	灵武市（宁）	沙枣	11.94
241	甘州区（甘）	沙枣	11.00

(续表)

序号	其他主要苗圃苗木主产地	品种	产量
242	兴庆区(宁)	沙枣	10.00
243	宁津县(鲁)	石榴	710.00
244	荥阳市(豫)	石榴	610.00
245	烈山区(皖)	石榴	300.00
246	相山区(皖)	石榴	225.00
247	峄城区(鲁)	石榴	100.00
248	禹会区(皖)	石榴	90.00
249	礼泉县(陕)	石榴	60.00
250	宾川县(滇)	石榴	48.00
251	怀远县(皖)	石榴	36.00
252	汝州市(豫)	石榴	33.00
253	卫辉市(豫)	石榴	25.15
254	永平县(滇)	石榴	20.30
255	宜阳县(豫)	石榴	10.50
256	抚松县(吉)	水曲柳	1148.00
257	松江河林业有限公司(吉林森工)	水曲柳	570.00
258	延寿县(黑)	水曲柳	400.00
259	通化县(吉)	水曲柳	281.00
260	集安市(吉)	水曲柳	155.00
261	三岔子林业局(吉林森工)	水曲柳	106.80
262	露水河林业局(吉林森工)	水曲柳	71.25
263	汪清林业局(吉)	水曲柳	47.00
264	长白朝鲜族自治县(吉)	水曲柳	45.00
265	振安区(辽)	水曲柳	40.00
266	白石山林业局(吉林森工)	水曲柳	39.55
267	天桥岭林业局(吉)	水曲柳	30.00
268	尚志国有林场管理局(黑)	水曲柳	22.20
269	靖宇县(吉)	水曲柳	21.57
270	绥棱县(黑)	水曲柳	20.60
271	临江市(吉)	水曲柳	20.00
272	龙井市(吉)	水曲柳	16.13
273	临江林业局(吉林森工)	水曲柳	15.00
274	辉南县(吉)	水曲柳	10.00
275	萝北县(黑)	水曲柳	10.00
276	栾川县(豫)	水杉	1440.00
277	吴兴区(浙)	水杉	260.00
278	大竹县(川)	水杉	222.00
279	遂平县(豫)	水杉	150.00
280	潢川县(豫)	水杉	110.00
281	秀洲区(浙)	水杉	62.40
282	南陵县(皖)	水杉	60.00
283	荣　县(川)	水杉	50.00
284	天台县(浙)	水杉	20.50
285	仙居县(浙)	水杉	20.00
286	奉化区(浙)	水杉	15.00

(续表)

序号	其他主要苗圃苗木主产地	品种	产量
287	沅江市(湘)	水杉	15.00
288	枣阳市(鄂)	水杉	15.00
289	云梦县(鄂)	水杉	12.00
290	澜沧拉祜族自治县(滇)	思茅松	154.00
291	孟连傣族拉祜族佤族自治县(滇)	思茅松	80.00
292	景谷傣族彝族自治县(滇)	思茅松	70.00
293	景东彝族自治县(滇)	思茅松	60.00
294	宁洱哈尼族彝族自治县(滇)	思茅松	15.00
295	西盟佤族自治县(滇)	思茅松	15.00
296	翁牛特旗(内蒙古)	文冠果	658.00
297	建平县(辽)	文冠果	200.00
298	林西县(内蒙古)	文冠果	109.00
299	鄂托克前旗(内蒙古)	文冠果	104.00
300	凌源市(辽)	文冠果	90.00
301	开鲁县(内蒙古)	文冠果	80.00
302	襄汾县(晋)	文冠果	50.00
303	红山区(内蒙古)	文冠果	47.97
304	平泉市(冀)	文冠果	31.00
305	巴林左旗(内蒙古)	文冠果	21.00
306	定西市巉口林业试验场(甘)	文冠果	14.00
307	敖汉旗(内蒙古)	文冠果	13.00
308	原平市(晋)	文冠果	12.00
309	富　县(陕)	文冠果	10.00
310	大竹县(川)	香椿	306.00
311	郧西县(鄂)	香椿	264.00
312	宁强县(陕)	香椿	250.00
313	新泰市(鲁)	香椿	200.00
314	白河县(陕)	香椿	160.00
315	潼南区(渝)	香椿	140.00
316	遂平县(豫)	香椿	120.60
317	大英县(川)	香椿	115.00
318	金安区(皖)	香椿	100.00
319	武宣县(桂)	香椿	70.00
320	西畴县(滇)	香椿	55.00
321	筠连县(川)	香椿	50.00
322	商水县(豫)	香椿	45.00
323	南丹县(桂)	香椿	39.00
324	沧源佤族自治县(滇)	香椿	30.00
325	乐山市市辖区(川)	香椿	25.00
326	渠　县(川)	香椿	25.00
327	荣　县(川)	香椿	20.00
328	襄城县(豫)	香椿	20.00
329	岳池县(川)	香椿	16.00
330	井陉矿区(冀)	香椿	15.00
331	九龙坡区(渝)	香椿	11.00

（续表）

序号	其他主要苗圃苗木主产地	品种	产量
332	禹州市（豫）	香椿	10.00
333	榆中县（甘）	香梨	29.00
334	定州市（冀）	小檗	15000.00
335	新泰市（鲁）	小檗	900.00
336	薛城区（鲁）	小檗	300.00
337	坊子区（鲁）	小檗	180.00
338	商水县（豫）	小檗	160.00
339	高密市（鲁）	小檗	120.00
340	阳泉市郊区（晋）	小檗	73.00
341	蒲城县（陕）	小檗	38.00
342	榆中县（甘）	小檗	11.00
343	左权县（晋）	小檗	10.00
344	通化县（吉）	小浆果	396.00
345	红山区（内蒙古）	银杉	55.45
346	定州市（冀）	元宝枫	350.00
347	汝州市（豫）	元宝枫	337.00
348	永昌县（甘）	元宝枫	99.60
349	邓州市（豫）	元宝枫	91.00
350	平阴县（鲁）	元宝枫	60.00
351	涿州市（冀）	元宝枫	50.00
352	南乐县（豫）	元宝枫	30.00
353	平谷区（京）	元宝枫	12.30
354	勉　县（陕）	元宝枫	10.04
355	富源县（滇）	云南松	200.00

（续表）

序号	其他主要苗圃苗木主产地	品种	产量
356	昆明市高新技术开发区（滇）	云南松	200.00
357	巍山彝族回族自治县（滇）	云南松	30.00
358	永平县（滇）	云南松	30.00
359	雅长林场（桂）	云南松	28.60
360	香格里拉市（滇）	云南松	12.00
361	五华区（滇）	云南松	11.80
362	腾冲市（滇）	云南松	10.00
363	岚皋县（陕）	珍稀乡土	1503.00
364	通化县（吉）	珍稀乡土	987.00
365	小陇山林业实验局（甘）	珍稀乡土	933.65
366	宜都市（鄂）	珍稀乡土	850.00
367	桃江县（湘）	珍稀乡土	700.00
368	新　县（豫）	珍稀乡土	298.00
369	南郑区（陕）	珍稀乡土	280.00
370	江油市（川）	珍稀乡土	271.00
371	锦屏县（黔）	珍稀乡土	239.62
372	嵩　县（豫）	珍稀乡土	120.00
373	淮阳县（豫）	珍稀乡土	40.00
374	巴州区（川）	珍稀乡土	30.00
375	灵台县（甘）	珍稀乡土	30.00
376	威海市经济技术开发区（鲁）	珍稀乡土	30.00
377	库伦旗（内蒙古）	珍稀乡土	20.00
378	永顺县（湘）	珍稀乡土	15.00
379	振安区（辽）	紫杉	90.00

表 11-1　松香主产地产量

单位：吨

序号	松香主产地	产量
1	雨花台区（苏）	9600.00
2	开化县（浙）	1500.00
3	怀宁县（皖）	700.00
4	祁门县（皖）	387.00
5	郎溪县（皖）	150.00
6	桐城市（皖）	150.00
7	泾　县（皖）	120.00
8	吉安县（赣）	10800.00
9	吉水县（赣）	8563.00
10	崇仁县（赣）	8200.00
11	南昌市市辖区（赣）	8200.00
12	遂川县（赣）	8000.00
13	安福县（赣）	6000.00
14	会昌县（赣）	5170.00
15	峡江县（赣）	4712.00
16	乐安县（赣）	4600.00
17	安远县（赣）	4056.00

（续表）

序号	松香主产地	产量
18	万安县（赣）	4000.00
19	永丰县（赣）	3200.00
20	泰和县（赣）	2800.00
21	永新县（赣）	2548.00
22	瑞金市（赣）	2470.00
23	新干县（赣）	2331.00
24	奉新县（赣）	1872.00
25	贵溪市（赣）	1500.00
26	鄱阳县（赣）	1088.00
27	吉州区（赣）	944.00
28	金溪县（赣）	868.00
29	安义县（赣）	800.00
30	于都县（赣）	690.00
31	石城县（赣）	401.00
32	宜丰县（赣）	355.00
33	上高县（赣）	250.00
34	赣县区（赣）	188.00
35	乐平市（赣）	163.40

（续表）

序号	松香主产地	产量
36	余江县（赣）	150.00
37	德兴市（赣）	150.00
38	婺源县（赣）	140.00
39	内乡县（豫）	300.00
40	当阳市（鄂）	12400.00
41	京山县（鄂）	780.00
42	谷城县（鄂）	135.00
43	随　县（鄂）	130.00
44	蓝山县（湘）	60750.00
45	石峰区（湘）	8400.00
46	道　县（湘）	3843.00
47	宜章县（湘）	1840.00
48	永兴县（湘）	1428.00
49	浏阳市（湘）	500.00
50	绥宁县（湘）	498.00
51	衡东县（湘）	350.00
52	东安县（湘）	325.00
53	衡山县（湘）	304.19

(续表)

序号	松香主产地	产量
54	芦淞区(湘)	158.00
55	辰溪县(湘)	150.00
56	和平县(粤)	250.00
57	宁明县(桂)	242579.00
58	北流市(桂)	102099.00
59	兴安县(桂)	24100.00
60	象州县(桂)	23867.00
61	钦北区(桂)	15079.00
62	金秀瑶族自治县(桂)	11867.00
63	融水苗族自治县(桂)	9659.00
64	昭平县(桂)	9380.00
65	隆安县(桂)	7116.00
66	苍梧县(桂)	6850.00
67	良庆区(桂)	5200.00
68	全州县(桂)	4800.00
69	岑溪市(桂)	4200.00
70	恭城瑶族自治县(桂)	4110.00
71	江州区(桂)	2935.00
72	右江区(桂)	2000.00
73	柳北区(桂)	1612.00
74	永福县(桂)	820.00
75	青秀区(桂)	523.00
76	桂平市(桂)	420.00
77	忻城县(桂)	150.00
78	台江县(黔)	4700.00
79	黄平县(黔)	700.00
80	平塘县(黔)	600.00
81	黎平县(黔)	421.00
82	镇沅彝族哈尼族拉祜族自治县(滇)	18300.00
83	宁洱哈尼族彝族自治县(滇)	13530.00
84	思茅区(滇)	8757.00
85	宣威市(滇)	6400.00
86	双江拉祜族佤族布朗族傣族自治县(滇)	4873.00
87	新平彝族傣族自治县(滇)	3575.00
88	易门县(滇)	1620.00
89	江城哈尼族彝族自治县(滇)	844.00
90	砚山县(滇)	525.00
91	云　县(滇)	384.30
92	临翔区(滇)	225.00
93	隆阳区(滇)	221.30
94	施甸县(滇)	210.00

表 11-2　松节油主产地产量

单位:吨

序号	松节油主产地	产量
1	开化县(浙)	5000.00
2	祁门县(皖)	76.00
3	郎溪县(皖)	50.00
4	滁州市管店林业总场(皖)	40.00
5	泾　县(皖)	35.00
6	怀宁县(皖)	21.00
7	吉水县(赣)	28456.00
8	遂川县(赣)	5200.00
9	吉安县(赣)	2549.00
10	崇仁县(赣)	2300.00
11	宁都县(赣)	1995.00
12	泰和县(赣)	1100.00
13	万安县(赣)	900.00
14	安远县(赣)	823.00
15	永丰县(赣)	760.00
16	峡江县(赣)	700.00
17	安福县(赣)	600.00
18	会昌县(赣)	517.00
19	永新县(赣)	509.00
20	吉州区(赣)	508.00
21	新干县(赣)	464.00
22	奉新县(赣)	462.00
23	贵溪市(赣)	300.00
24	鄱阳县(赣)	247.00
25	永修县(赣)	186.00
26	金溪县(赣)	132.00
27	于都县(赣)	125.00
28	宜丰县(赣)	102.00
29	乐平市(赣)	68.60
30	井冈山市(赣)	65.00
31	德兴市(赣)	50.00
32	赣县区(赣)	38.00
33	京山县(鄂)	60.00
34	随　县(鄂)	45.00
35	道　县(湘)	780.00
36	宜章县(湘)	460.00
37	永兴县(湘)	300.00
38	浏阳市(湘)	100.00
39	炎陵县(湘)	100.00
40	武冈市(湘)	48.00
41	衡东县(湘)	40.00
42	衡山县(湘)	32.10
43	汉寿县(湘)	30.00
44	湘阴县(湘)	30.00

(续表)

序号	松节油主产地	产量
45	宁明县(桂)	30293.00
46	北流市(桂)	14267.00
47	武鸣区(桂)	9682.00
48	昭平县(桂)	4025.00
49	钦北区(桂)	1903.00
50	苍梧县(桂)	1861.00
51	融水苗族自治县(桂)	1665.00
52	灵山县(桂)	1500.00
53	隆安县(桂)	930.00
54	永福县(桂)	816.00
55	柳北区(桂)	692.00
56	兴安县(桂)	560.00
57	金秀瑶族自治县(桂)	300.00
58	江州区(桂)	294.00
59	右江区(桂)	200.00
60	忻城县(桂)	60.00
61	平塘县(黔)	300.00
62	镇沅彝族哈尼族拉祜族自治县(滇)	3660.00
63	宁洱哈尼族彝族自治县(滇)	2825.00
64	易门县(滇)	2317.00
65	双江拉祜族佤族布朗族傣族自治县(滇)	886.00
66	砚山县(滇)	105.00
67	云　县(滇)	87.40
68	墨江哈尼族自治县(滇)	77.98
69	临翔区(滇)	65.00

表 11-3　松脂主产地产量

单位:吨

序号	松脂主产地	产量
1	全椒县(皖)	3000.00
2	霍山县(皖)	2000.00
3	望江县(皖)	1250.00
4	怀宁县(皖)	750.00
5	明光市(皖)	520.00
6	祁门县(皖)	510.00
7	宣州区(皖)	474.00
8	太湖县(皖)	470.00
9	泾　县(皖)	230.00
10	旌德县(皖)	150.00
11	潜山县(皖)	120.00
12	南陵县(皖)	51.00
13	定远县(皖)	40.00

（续表）

序号	松脂主产地	产量
14	尤溪县(闽)	15369.00
15	大田县(闽)	11907.00
16	宁化县(闽)	11718.00
17	清流县(闽)	8834.00
18	连城县(闽)	7781.00
19	明溪县(闽)	6587.00
20	永定区(闽)	4944.00
21	将乐县(闽)	4887.00
22	建宁县(闽)	4596.00
23	建阳区(闽)	4060.00
24	德化县(闽)	3495.00
25	漳平市(闽)	3271.00
26	上杭县(闽)	3066.00
27	沙　县(闽)	2811.00
28	武平县(闽)	2706.00
29	永泰县(闽)	1964.00
30	邵武市(闽)	1772.00
31	永安市(闽)	1270.00
32	三元区(闽)	998.00
33	松溪县(闽)	800.00
34	新罗区(闽)	740.00
35	仙游县(闽)	713.00
36	泰宁县(闽)	448.00
37	光泽县(闽)	128.00
38	福鼎市(闽)	119.00
39	浦城县(闽)	84.00
40	顺昌县(闽)	53.00
41	福清市(闽)	28.00
42	吉安县(赣)	15000.00
43	万安县(赣)	6200.00
44	泰和县(赣)	4200.00
45	乐平市(赣)	3503.00
46	永新县(赣)	2800.00
47	新干县(赣)	2650.00
48	瑞金市(赣)	2460.00
49	贵溪市(赣)	2000.00
50	于都县(赣)	990.00
51	兴国县(赣)	300.00
52	赣县区(赣)	226.00
53	临川区(赣)	200.00
54	万载县(赣)	186.00
55	分宜县(赣)	120.00
56	全南县(赣)	20.00
57	袁州区(赣)	10.00
58	南漳县(鄂)	10000.00

（续表）

序号	松脂主产地	产量
59	谷城县(鄂)	203.00
60	长阳土家族自治县(鄂)	100.00
61	保康县(鄂)	80.00
62	东宝区(鄂)	75.00
63	沙洋县(鄂)	51.00
64	松滋市(鄂)	50.00
65	江华瑶族自治县(湘)	12992.00
66	耒阳市(湘)	5000.00
67	宜章县(湘)	3080.00
68	冷水滩区(湘)	1870.00
69	衡阳县(湘)	1486.00
70	新宁县(湘)	1280.00
71	浏阳市(湘)	700.00
72	沅陵县(湘)	510.00
73	芷江侗族自治县(湘)	452.00
74	东安县(湘)	325.00
75	祁东县(湘)	320.00
76	新田县(湘)	143.00
77	宁远县(湘)	90.00
78	鼎城区(湘)	76.00
79	新化县(湘)	30.00
80	永定区(湘)	20.00
81	洪江市(湘)	18.00
82	汨罗市(湘)	12.00
83	藤　县(桂)	37566.00
84	苍梧县(桂)	35023.00
85	钦北区(桂)	32114.00
86	防城区(桂)	23075.00
87	钦南区(桂)	15119.00
88	灵川县(桂)	13984.00
89	昭平县(桂)	13762.00
90	覃塘区(桂)	13100.00
91	凭祥市(桂)	11526.00
92	象州县(桂)	10511.00
93	宜州区(桂)	9358.00
94	宾阳县(桂)	7680.00
95	平乐县(桂)	7450.00
96	万秀区(桂)	7020.00
97	八步区(桂)	6648.00
98	长洲区(桂)	5000.00
99	横　县(桂)	4952.00
100	浦北县(桂)	4610.00
101	兴宾区(桂)	4305.00
102	兴安县(桂)	4100.00
103	资源县(桂)	4000.00

（续表）

序号	松脂主产地	产量
104	江州区(桂)	3962.00
105	灌阳县(桂)	3858.00
106	恭城瑶族自治县(桂)	3796.00
107	西林县(桂)	3427.00
108	武宣县(桂)	1878.00
109	中国林科院热林中心(桂)	1279.00
110	北流市(桂)	1200.00
111	田阳县(桂)	879.00
112	天等县(桂)	847.00
113	融安县(桂)	675.00
114	永福县(桂)	598.00
115	龙胜各族自治县(桂)	535.00
116	城中区(桂)	500.00
117	陆川县(桂)	500.00
118	罗城仫佬族自治县(桂)	486.00
119	合山市(桂)	265.00
120	玉林市福绵区(桂)	260.00
121	靖西市(桂)	250.00
122	田林县(桂)	236.00
123	凌云县(桂)	52.00
124	乐业县(桂)	21.00
125	南江县(川)	220.00
126	开江县(川)	109.00
127	万源市(川)	10.00
128	黎平县(黔)	5710.00
129	锦屏县(黔)	960.00
130	册亨县(黔)	125.00
131	景谷傣族彝族自治县(滇)	25000.00
132	镇沅彝族哈尼族拉祜族自治县(滇)	8261.00
133	双江拉祜族佤族布朗族傣族自治县(滇)	6540.00
134	澜沧拉祜族自治县(滇)	4101.00
135	宁洱哈尼族彝族自治县(滇)	3473.00
136	江城哈尼族彝族自治县(滇)	990.00
137	墨江哈尼族自治县(滇)	703.77
138	临翔区(滇)	320.00
139	师宗县(滇)	300.00
140	龙陵县(滇)	250.00
141	新平彝族傣族自治县(滇)	202.00
142	云　县(滇)	145.00
143	梁河县(滇)	120.00
144	昌宁县(滇)	63.90
145	镇康县(滇)	56.00
146	凤庆县(滇)	15.70

表 11-4　活性炭主产地产量

单位:吨

序号	活性炭主产地	产量
1	平泉市(冀)	46200.00
2	祁　县(晋)	1280.00
3	宁城县(内蒙古)	2600.00
4	婺城区(浙)	7050.00
5	淳安县(浙)	6035.00
6	龙游县(浙)	5830.00
7	开化县(浙)	5000.00
8	德清县(浙)	4550.00
9	松阳县(浙)	4475.00
10	龙泉市(浙)	3466.00
11	遂昌县(浙)	1600.00
12	长兴县(浙)	1000.00
13	浦江县(浙)	65.00
14	旌德县(皖)	1900.00
15	霍山县(皖)	100.00
16	裕安区(皖)	17.00
17	南城县(赣)	10000.00
18	宜黄县(赣)	8000.00
19	崇义县(赣)	6610.00
20	靖安县(赣)	6300.00
21	南康区(赣)	4800.00
22	铜鼓县(赣)	3000.00
23	玉山县(赣)	1050.00
24	渝水区(赣)	714.00
25	芦溪县(赣)	598.00
26	余江县(赣)	530.00
27	上犹县(赣)	129.00
28	嘉祥县(鲁)	7800.00
29	广水市(鄂)	50.00
30	桂东县(湘)	2000.00
31	靖州苗族侗族自治县(湘)	1700.00
32	中方县(湘)	1500.00
33	安仁县(湘)	1000.00
34	绥宁县(湘)	790.00
35	溆浦县(湘)	320.00
36	安化县(湘)	300.00
37	东安县(湘)	160.00
38	融水苗族自治县(桂)	5791.00
39	锦屏县(黔)	2200.00
40	碧江区(黔)	250.00

表 11-5　木炭主产地产量

单位:吨

序号	木炭主产地	产量
1	江山市(浙)	17280.00
2	临安区(浙)	300.00
3	长兴县(浙)	180.00
4	淳安县(浙)	55.00
5	南谯区(皖)	120000.00
6	太湖县(皖)	4600.00
7	滁州市管店林业总场(皖)	350.00
8	裕安区(皖)	288.00
9	郎溪县(皖)	220.00
10	和　县(皖)	200.00
11	泾　县(皖)	180.00
12	舒城县(皖)	100.00
13	霍山县(皖)	100.00
14	宿松县(皖)	27.00
15	分宜县(赣)	5500.00
16	遂川县(赣)	4000.00
17	上高县(赣)	3000.00
18	泰和县(赣)	1446.00
19	金溪县(赣)	1132.00
20	全南县(赣)	1006.10
21	瑞金市(赣)	800.00
22	于都县(赣)	443.00
23	崇义县(赣)	400.00
24	万安县(赣)	400.00
25	上饶县(赣)	125.00
26	井冈山市(赣)	63.00
27	武宁县(赣)	50.00
28	南城县(赣)	18.00
29	大余县(赣)	17.00
30	高安市(赣)	15.00
31	嘉祥县(鲁)	5000.00
32	商城县(豫)	3500.00
33	桐柏县(豫)	800.00
34	永城市(豫)	260.00
35	固始县(豫)	70.00
36	建始县(鄂)	503.00
37	随　县(鄂)	300.00
38	恩施市(鄂)	130.00
39	炎陵县(湘)	35000.00
40	江华瑶族自治县(湘)	19815.00
41	资兴市(湘)	5150.00
42	绥宁县(湘)	4800.00

(续表)

序号	木炭主产地	产量
43	武冈市(湘)	3472.00
44	会同县(湘)	3000.00
45	衡东县(湘)	2000.00
46	澧　县(湘)	1000.00
47	东安县(湘)	668.00
48	溆浦县(湘)	520.00
49	安化县(湘)	300.00
50	新化县(湘)	300.00
51	汝城县(湘)	190.00
52	桂东县(湘)	180.00
53	祁东县(湘)	132.00
54	娄星区(湘)	100.00
55	永兴县(湘)	61.00
56	株洲县(湘)	20.00
57	永定区(湘)	10.00
58	永顺县(湘)	10.00
59	和平县(粤)	400.00
60	灌阳县(桂)	4050.00
61	乐业县(桂)	2100.00
62	隆林各族自治县(桂)	1200.00
63	武宣县(桂)	582.00
64	北流市(桂)	53.00
65	陆川县(桂)	50.00
66	靖西市(桂)	30.00
67	黔江区(渝)	2090.00
68	平昌县(川)	8400.00
69	筠连县(川)	200.00
70	罗甸县(黔)	2500.00
71	三穗县(黔)	700.00
72	锦屏县(黔)	450.00
73	思南县(黔)	360.00
74	镇远县(黔)	350.00
75	榕江县(黔)	260.00
76	碧江区(黔)	50.00
77	景洪市(滇)	10410.00
78	宁洱哈尼族彝族自治县(滇)	2150.00
79	勐腊县(滇)	788.00
80	元阳县(滇)	462.00
81	西畴县(滇)	237.00
82	兰坪白族普米族自治县(滇)	50.00
83	陇川县(滇)	50.00

表 11-6 其他林化产品主产地产量

单位:吨

序号	其他林化产品主产地	品种	产量
1	乐山市市辖区(川)	白蜡	50.00
2	五河县(皖)	白蜡	30.00
3	翠屏区(川)	芳樟醇	4300.00
4	金溪县(赣)	芳樟醇	1859.00
5	防城区(桂)	桂油	559.00
6	那坡县(桂)	桂油	436.00
7	梓潼县(川)	桂油	100.00
8	桂平市(桂)	桂油	72.00
9	珙　县(川)	桂油	30.00
10	万秀区(桂)	合成龙脑	200.00
11	万秀区(桂)	合成樟脑	1500.00
12	渝水区(赣)	合成樟脑	116.30
13	新晃侗族自治县(湘)	合成樟脑	35.00
14	那坡县(桂)	茴油	2450.00
15	防城区(桂)	茴油	172.00
16	天等县(桂)	茴油	83.00
17	上林县(桂)	聚合松香	18004.00
18	会昌县(赣)	聚合松香	1750.00
19	渝水区(赣)	聚合松香	204.00
20	道　县(湘)	聚酯树脂	6281.00
21	通道侗族自治县(湘)	聚酯树脂	1000.00
22	广西林业集团有限公司(桂)	栲胶	1898.80
23	右江区(桂)	栲胶	1525.00
24	青龙满族自治县(冀)	栲胶	1242.00
25	栾川县(豫)	栲胶	1100.00
26	金秀瑶族自治县(桂)	歧化松香	11600.00
27	苍梧县(桂)	歧化松香	4163.00
28	宁洱哈尼族彝族自治县(滇)	歧化松香	2000.00
29	墨江哈尼族自治县(滇)	歧化松香	968.00
30	平利县(陕)	生漆及其制品	1000.00
31	鲁甸县(滇)	生漆及其制品	675.00
32	城固县(陕)	生漆及其制品	294.00
33	石泉县(陕)	生漆及其制品	100.00
34	镇雄县(滇)	生漆及其制品	100.00
35	商南县(陕)	生漆及其制品	98.00
36	浦城县(闽)	生漆及其制品	86.00
37	南江县(川)	生漆及其制品	73.00
38	政和县(闽)	生漆及其制品	69.00
39	南郑区(陕)	生漆及其制品	50.00
40	大关县(滇)	生漆及其制品	43.00
41	松滋市(鄂)	生漆及其制品	43.00
42	巴东县(鄂)	生漆及其制品	20.00
43	恩施市(鄂)	生漆及其制品	20.00
44	长阳土家族自治县(鄂)	生漆及其制品	20.00
45	永福县(桂)	生漆及其制品	12.00
46	内乡县(豫)	栓皮	5000.00
47	霍山县(皖)	栓皮	1000.00
48	长阳土家族自治县(鄂)	栓皮	1000.00
49	西峡县(豫)	栓皮	981.00
50	北川羌族自治县(川)	栓皮	320.00
51	镇坪县(陕)	栓皮	300.00
52	房　县(鄂)	栓皮	250.00
53	商南县(陕)	栓皮	135.00
54	西安林产化学工厂(陕)	栓皮	40.00
55	万秀区(桂)	松油醇	1200.00
56	勐腊县(滇)	橡胶及其制品	170172.00
57	元阳县(滇)	橡胶及其制品	313.00
58	大悟县(鄂)	熏衣草	60.00
59	苍梧县(桂)	脂松香	11677.00
60	浦城县(闽)	紫胶	3851.00
61	墨江哈尼族自治县(滇)	紫胶	529.00
62	云　县(滇)	紫胶	351.00
63	双江拉祜族佤族布朗族傣族自治县(滇)	紫胶	83.00
64	昌宁县(滇)	紫胶	64.40
65	龙陵县(滇)	紫胶	32.00
66	宁洱哈尼族彝族自治县(滇)	紫胶	22.00

表 12-1 野菜主产地产量

单位:吨

序号	野菜主产地	产量
1	承德县(冀)	500.00
2	围场满族蒙古族自治县(冀)	360.00
3	丰宁满族自治县(冀)	220.00
4	平泉市(冀)	106.00
5	阿荣旗(内蒙古)	1200.00
6	宽甸满族自治县(辽)	35000.00
7	清原满族自治县(辽)	21000.00
8	新宾满族自治县(辽)	9555.00
9	桓仁满族自治县(辽)	5000.00
10	凤城市(辽)	3000.00
11	岫岩满族自治县(辽)	1000.00
12	振安区(辽)	880.00
13	东洲区(辽)	697.00
14	东港市(辽)	455.00
15	清河区(辽)	450.00
16	抚顺县(辽)	279.00
17	普兰店市(辽)	110.00
18	蛟河市(吉)	2484.00
19	通化县(吉)	1064.30
20	浑江区(吉)	433.00
21	集安市(吉)	404.80
22	东丰县(吉)	277.00
23	延吉市(吉)	220.00

(续表)

(续表)

序号	野菜主产地	产量
24	长白朝鲜族自治县(吉)	146.00
25	临江市(吉)	120.00
26	东辽县(吉)	100.00
27	尚志市(黑)	5000.00
28	萝北县(黑)	5000.00
29	北安市(黑)	2160.00
30	宁安市(黑)	1693.00
31	阿城区(黑)	1218.00
32	五常市(黑)	800.00
33	延寿县(黑)	700.00
34	依兰县(黑)	238.00
35	鸡西市市辖区(黑)	200.00
36	密山市(黑)	137.90
37	孙吴县(黑)	100.00
38	高淳区(苏)	1500.00
39	淳安县(浙)	1986.00
40	苍南县(浙)	350.00
41	天台县(浙)	240.00
42	舒城县(皖)	3300.00
43	霍邱县(皖)	3000.00
44	霍山县(皖)	2000.00
45	太湖县(皖)	1350.00
46	繁昌县(皖)	800.00
47	明光市(皖)	260.00
48	定远县(皖)	220.00
49	祁门县(皖)	220.00
50	南谯区(皖)	200.00
51	旌德县(皖)	160.00
52	潜山县(皖)	120.00
53	歙　县(皖)	108.00
54	青阳县(皖)	100.00
55	宁都县(赣)	1980.00
56	南城县(赣)	210.00
57	石城县(赣)	186.00
58	瑞昌市(赣)	100.00
59	奉新县(赣)	100.00
60	桐柏县(豫)	14130.00
61	卢氏县(豫)	9200.00
62	罗山县(豫)	4100.00
63	新安县(豫)	685.00
64	洛阳市伊洛工业园区(豫)	650.00
65	辉县市(豫)	400.00
66	新　县(豫)	355.00
67	舞钢市(豫)	350.00
68	栾川县(豫)	230.00

(续表)

序号	野菜主产地	产量
69	商城县(豫)	178.00
70	叶　县(豫)	100.00
71	咸丰县(鄂)	1548.00
72	宜都市(鄂)	800.00
73	谷城县(鄂)	780.00
74	罗田县(鄂)	722.00
75	房　县(鄂)	668.00
76	郧阳区(鄂)	530.00
77	夷陵区(鄂)	400.00
78	广水市(鄂)	355.00
79	利川市(鄂)	300.00
80	鹤峰县(鄂)	250.00
81	远安县(鄂)	230.00
82	阳新县(鄂)	139.00
83	沅陵县(湘)	10220.00
84	北湖区(湘)	1868.00
85	常宁市(湘)	1500.00
86	桑植县(湘)	1300.00
87	江华瑶族自治县(湘)	855.00
88	新化县(湘)	650.00
89	汉寿县(湘)	510.00
90	醴陵市(湘)	510.00
91	鹤城区(湘)	450.00
92	临澧县(湘)	270.00
93	石门县(湘)	230.00
94	城步苗族自治县(湘)	200.00
95	安化县(湘)	200.00
96	炎陵县(湘)	199.00
97	赫山区(湘)	140.00
98	新宁县(湘)	120.00
99	吉首市(湘)	116.00
100	新晃侗族自治县(湘)	110.00
101	汝城县(湘)	103.00
102	麻阳苗族自治县(湘)	100.00
103	南川区(渝)	500.00
104	雷波县(川)	2500.00
105	宣汉县(川)	1885.00
106	冕宁县(川)	1562.10
107	青川县(川)	960.00
108	万源市(川)	930.00
109	宜宾县(川)	890.00
110	游仙区(川)	800.00
111	金口河区(川)	390.00
112	邻水县(川)	240.00
113	平昌县(川)	233.00

(续表)

序号	野菜主产地	产量
114	芦山县(川)	200.00
115	会理县(川)	150.00
116	台江县(黔)	3755.00
117	三穗县(黔)	340.00
118	锦屏县(黔)	150.00
119	松桃苗族自治县(黔)	100.00
120	龙陵县(滇)	4760.00
121	麒麟区(滇)	1500.00
122	盈江县(滇)	1247.00
123	罗平县(滇)	700.00
124	大理市(滇)	607.00
125	昌宁县(滇)	539.30
126	洱源县(滇)	434.00
127	贡山独龙族怒族自治县(滇)	399.80
128	陇川县(滇)	395.00
129	绥江县(滇)	320.00
130	江川区(滇)	305.00
131	富宁县(滇)	231.00
132	腾冲市(滇)	219.00
133	孟连傣族拉祜族佤族自治县(滇)	200.00
134	景谷傣族彝族自治县(滇)	175.00
135	元阳县(滇)	150.00
136	施甸县(滇)	150.00
137	寻甸回族彝族自治县(滇)	100.00
138	勉　县(陕)	2000.00
139	西乡县(陕)	1985.00
140	南郑区(陕)	1500.00
141	略阳县(陕)	710.00
142	镇巴县(陕)	701.00
143	城固县(陕)	450.00
144	平利县(陕)	150.00
145	洋　县(陕)	100.00
146	岷　县(甘)	7502.00
147	文　县(甘)	3200.00
148	清水县(甘)	540.00
149	徽　县(甘)	123.00
150	三岔子林业局(吉林森工)	359.50
151	临江林业局(吉林森工)	220.00
152	红石林业局(吉林森工)	147.00

表 12-2　食用菌类主产地产量

单位:吨

序号	食用菌类主产地	产量
1	青龙满族自治县(冀)	50000.00
2	迁西县(冀)	2000.00

（续表）

序号	食用菌类主产地	产量
3	承德县(冀)	1800.00
4	平泉市(冀)	300.00
5	围场满族蒙古族自治县(冀)	210.00
6	丰宁满族自治县(冀)	152.00
7	左权县(晋)	4300.00
8	洪洞县(晋)	1040.00
9	陵川县(晋)	328.10
10	宁城县(内蒙古)	22640.00
11	敖汉旗(内蒙古)	2090.00
12	喀喇沁旗(内蒙古)	1100.00
13	巴林左旗(内蒙古)	636.00
14	库伦旗(内蒙古)	500.00
15	扎兰屯市(内蒙古)	400.00
16	克什克腾旗(内蒙古)	320.00
17	武川县(内蒙古)	239.00
18	奈曼旗(内蒙古)	225.00
19	宽甸满族自治县(辽)	64000.00
20	东港市(辽)	22100.00
21	清原满族自治县(辽)	15000.00
22	兴城市(辽)	8200.00
23	桓仁满族自治县(辽)	5012.00
24	海城市(辽)	2950.00
25	新宾满族自治县(辽)	1680.00
26	大洼县(辽)	1621.00
27	凤城市(辽)	1200.00
28	振安区(辽)	300.00
29	普兰店市(辽)	210.00
30	盘山县(辽)	130.00
31	松原市市辖区(吉)	3937.00
32	通化县(吉)	3740.30
33	东丰县(吉)	3134.00
34	和龙市(吉)	3110.00
35	珲春市(吉)	2135.60
36	天桥岭林业局(吉)	1960.00
37	大兴沟林业局(吉)	1002.50
38	东辽县(吉)	1000.00
39	龙井市(吉)	960.00
40	敦化林业局(吉)	520.00
41	白河林业局(吉)	504.00
42	长白朝鲜族自治县(吉)	389.00
43	东昌区(吉)	300.00
44	浑江区(吉)	108.00
45	磐石市(吉)	100.00
46	牡丹江市市本级(黑)	198606.00
47	尚志市(黑)	55075.00
48	林口县(黑)	41096.00
49	宁安市(黑)	20741.00
50	汤原县(黑)	8000.00
51	嘉荫县(黑)	4000.00
52	梨树区(黑)	2200.00
53	五常市(黑)	1700.00
54	密山市(黑)	1200.00
55	孙吴县(黑)	1130.35
56	桦南县(黑)	800.00
57	宝清县(黑)	750.00
58	北安市(黑)	621.00
59	阿城区(黑)	522.22
60	饶河县(黑)	500.00
61	绥芬河市(黑)	500.00
62	龙凤区(黑)	492.00
63	转山实验林场(黑)	337.50
64	逊克县(黑)	319.00
65	鹤岗市市辖区(黑)	314.50
66	尚志国有林场管理局(黑)	287.00
67	双城区(黑)	264.00
68	五大连池市(黑)	235.00
69	茄子河区(黑)	220.00
70	鸡西市市辖区(黑)	200.00
71	同江市(黑)	180.00
72	依兰县(黑)	178.00
73	延寿县(黑)	160.00
74	鸡东县(黑)	150.00
75	恒山区(黑)	120.00
76	嫩江县(黑)	110.00
77	仪征市(苏)	17750.00
78	丹阳市(苏)	15141.00
79	丹徒区(苏)	13056.00
80	高淳区(苏)	5500.00
81	溧水区(苏)	4006.00
82	东台市(苏)	115.00
83	龙泉市(浙)	17312.00
84	开化县(浙)	15020.00
85	庆元县(浙)	7927.00
86	云和县(浙)	6102.00
87	淳安县(浙)	5995.00
88	奉化区(浙)	5900.00
89	温岭市(浙)	5516.00
90	莲都区(浙)	5146.00
91	缙云县(浙)	4258.00
92	江山市(浙)	4084.00
93	苍南县(浙)	3250.00
94	永康市(浙)	3242.00
95	松阳县(浙)	3002.00
96	武义县(浙)	1549.00
97	遂昌县(浙)	964.00
98	常山县(浙)	250.00
99	建德市(浙)	232.00
100	天台县(浙)	202.00
101	黄岩区(浙)	186.00
102	芜湖县(皖)	24700.00
103	南陵县(皖)	6500.00
104	潜山县(皖)	5600.00
105	舒城县(皖)	5210.00
106	霍邱县(皖)	3300.00
107	泗　县(皖)	3187.00
108	桐城市(皖)	2800.00
109	宿松县(皖)	1320.00
110	东至县(皖)	1167.00
111	祁门县(皖)	949.00
112	旌德县(皖)	850.00
113	泾　县(皖)	800.00
114	五河县(皖)	750.00
115	太湖县(皖)	560.00
116	霍山县(皖)	500.00
117	金寨县(皖)	415.00
118	石台县(皖)	334.00
119	明光市(皖)	310.00
120	定远县(皖)	190.00
121	徽州区(皖)	163.00
122	滁州市沙河集林业总场(皖)	150.00
123	南谯区(皖)	150.00
124	休宁县(皖)	107.00
125	金溪县(赣)	4137.00
126	渝水区(赣)	4032.00
127	袁州区(赣)	2550.00
128	铜鼓县(赣)	2230.00
129	黎川县(赣)	2075.00
130	武宁县(赣)	1959.00
131	万载县(赣)	1554.00
132	永丰县(赣)	1200.00
133	定南县(赣)	1015.00
134	靖安县(赣)	836.00
135	宁都县(赣)	789.00
136	信丰县(赣)	763.00
137	临川区(赣)	610.00

(续表)

序号	食用菌类主产地	产量
138	安远县(赣)	519.00
139	上犹县(赣)	469.50
140	赣县区(赣)	461.00
141	奉新县(赣)	450.00
142	瑞金市(赣)	420.00
143	芦溪县(赣)	356.00
144	于都县(赣)	268.00
145	樟树市(赣)	238.00
146	婺源县(赣)	230.00
147	南城县(赣)	200.00
148	新干县(赣)	195.00
149	会昌县(赣)	178.00
150	石城县(赣)	160.00
151	寻乌县(赣)	151.00
152	玉山县(赣)	137.00
153	瑞昌市(赣)	129.00
154	全南县(赣)	125.90
155	崇仁县(赣)	105.00
156	龙南县(赣)	100.70
157	分宜县(赣)	100.00
158	沂水县(鲁)	5300.00
159	宁阳县(鲁)	3600.00
160	肥城市(鲁)	1500.00
161	乐陵市(鲁)	1500.00
162	沂南县(鲁)	1400.00
163	兰陵县(鲁)	1100.00
164	诸城市(鲁)	356.00
165	章丘区(鲁)	338.00
166	兖州区(鲁)	200.00
167	东平县(鲁)	100.00
168	西峡县(豫)	250000.00
169	卢氏县(豫)	60000.00
170	灵宝市(豫)	60000.00
171	夏邑县(豫)	21000.00
172	西华县(豫)	11500.00
173	淮阳县(豫)	9050.00
174	淅川县(豫)	5500.00
175	桐柏县(豫)	5490.00
176	罗山县(豫)	3500.00
177	辉县市(豫)	2800.00
178	方城县(豫)	2440.00
179	内乡县(豫)	1750.00
180	洛宁县(豫)	1200.00
181	舞钢市(豫)	950.00
182	叶　县(豫)	550.00

(续表)

序号	食用菌类主产地	产量
183	新野县(豫)	500.00
184	睢　县(豫)	320.00
185	商城县(豫)	320.00
186	平桥区(豫)	300.00
187	栾川县(豫)	265.00
188	老城区(豫)	125.50
189	宜阳县(豫)	118.00
190	确山县(豫)	110.00
191	郏　县(豫)	100.00
192	随　县(鄂)	60500.00
193	远安县(鄂)	59000.00
194	南漳县(鄂)	8678.00
195	钟祥市(鄂)	8500.00
196	东宝区(鄂)	7200.00
197	阳新县(鄂)	7000.00
198	保康县(鄂)	6561.00
199	房　县(鄂)	6420.00
200	谷城县(鄂)	3568.00
201	广水市(鄂)	2010.00
202	松滋市(鄂)	1800.00
203	建始县(鄂)	1255.30
204	郧阳区(鄂)	1148.00
205	兴山县(鄂)	1047.00
206	咸丰县(鄂)	965.00
207	罗田县(鄂)	789.00
208	老河口市(鄂)	600.00
209	夷陵区(鄂)	537.00
210	鹤峰县(鄂)	380.00
211	当阳市(鄂)	225.00
212	恩施市(鄂)	214.00
213	宜都市(鄂)	200.00
214	麻城市(鄂)	120.00
215	浏阳市(湘)	7115.00
216	新化县(湘)	5000.00
217	衡山县(湘)	4250.29
218	炎陵县(湘)	4141.00
219	江华瑶族自治县(湘)	2709.00
220	衡阳县(湘)	2400.00
221	道　县(湘)	2095.00
222	沅陵县(湘)	2016.00
223	临湘市(湘)	2000.00
224	祁阳县(湘)	1950.00
225	靖州苗族侗族自治县(湘)	1793.00
226	常宁市(湘)	1500.00
227	邵东县(湘)	1200.00

(续表)

序号	食用菌类主产地	产量
228	赫山区(湘)	1200.00
229	衡南县(湘)	1100.00
230	鹤城区(湘)	1000.00
231	临武县(湘)	910.00
232	北湖区(湘)	820.00
233	永兴县(湘)	766.00
234	安化县(湘)	700.00
235	汝城县(湘)	690.00
236	资兴市(湘)	635.00
237	涟源市(湘)	450.00
238	桑植县(湘)	450.00
239	绥宁县(湘)	420.00
240	冷水滩区(湘)	363.00
241	石门县(湘)	300.00
242	津市市(湘)	300.00
243	城步苗族自治县(湘)	260.00
244	洞口县(湘)	200.00
245	永定区(湘)	170.00
246	江永县(湘)	150.00
247	新宁县(湘)	150.00
248	桂东县(湘)	130.00
249	平江县(湘)	109.00
250	麻阳苗族自治县(湘)	100.00
251	龙胜各族自治县(桂)	3422.00
252	兴安县(桂)	2652.00
253	昭平县(桂)	1860.00
254	田林县(桂)	1324.00
255	钦南区(桂)	1185.00
256	苍梧县(桂)	885.00
257	融水苗族自治县(桂)	560.00
258	三江侗族自治县(桂)	303.00
259	金城江区(桂)	222.00
260	融安县(桂)	218.00
261	南川区(渝)	2500.00
262	铜梁区(渝)	1500.00
263	城口县(渝)	600.00
264	开州区(渝)	180.00
265	武隆区(渝)	109.00
266	青川县(川)	17000.00
267	朝天区(川)	9783.00
268	利州区(川)	4600.00
269	顺庆区(川)	4555.00
270	通江县(川)	4450.00
271	彭州市(川)	3060.00
272	旺苍县(川)	2755.00

（续表）

序号	食用菌类主产地	产量
273	营山县(川)	2300.00
274	江油市(川)	2250.00
275	南江县(川)	1850.00
276	会理县(川)	1740.00
277	长宁县(川)	1400.00
278	德昌县(川)	1300.00
279	剑阁县(川)	1100.00
280	宣汉县(川)	1010.00
281	三台县(川)	1000.00
282	昭化区(川)	980.00
283	小金县(川)	980.00
284	苍溪县(川)	980.00
285	乐至县(川)	910.00
286	木里藏族自治县(川)	691.70
287	宜宾县(川)	610.00
288	梓潼县(川)	600.00
289	万源市(川)	600.00
290	纳溪区(川)	560.00
291	开江县(川)	530.00
292	冕宁县(川)	526.64
293	邻水县(川)	520.00
294	盐源县(川)	520.00
295	自流井区(川)	470.00
296	渠　县(川)	383.00
297	乡城县(川)	369.00
298	隆昌县(川)	330.00
299	金川县(川)	220.00
300	江安县(川)	213.80
301	丹巴县(川)	195.00
302	五通桥区(川)	180.00
303	普格县(川)	160.40
304	巴塘县(川)	135.40
305	九龙县(川)	130.00
306	会东县(川)	121.00
307	游仙区(川)	100.00
308	印江土家族苗族自治县(黔)	58245.00
309	台江县(黔)	2500.00
310	凯里市(黔)	1300.00
311	榕江县(黔)	490.00
312	三穗县(黔)	255.00
313	锦屏县(黔)	252.00
314	黎平县(黔)	135.00
315	碧江区(黔)	102.00
316	松桃苗族自治县(黔)	100.00
317	永胜县(滇)	32310.00

（续表）

序号	食用菌类主产地	产量
318	镇沅彝族哈尼族拉祜族自治县(滇)	9806.00
319	弥勒市(滇)	3500.00
320	鹤庆县(滇)	3374.00
321	麒麟区(滇)	3300.00
322	南涧彝族自治县(滇)	2600.00
323	鲁甸县(滇)	2400.00
324	芒　市(滇)	1730.20
325	腾冲市(滇)	1728.53
326	景谷傣族彝族自治县(滇)	1599.50
327	弥渡县(滇)	1241.00
328	巍山彝族回族自治县(滇)	1200.00
329	施甸县(滇)	1100.00
330	陆良县(滇)	1060.36
331	香格里拉市(滇)	1009.93
332	永平县(滇)	1000.00
333	思茅区(滇)	900.00
334	漾濞彝族自治县(滇)	878.00
335	易门县(滇)	765.80
336	玉龙纳西族自治县(滇)	710.00
337	大理市(滇)	691.00
338	富宁县(滇)	638.00
339	兰坪白族普米族自治县(滇)	600.00
340	马龙县(滇)	500.00
341	景洪市(滇)	498.00
342	洱源县(滇)	463.00
343	隆阳区(滇)	456.00
344	晋宁区(滇)	409.50
345	峨山彝族自治县(滇)	396.00
346	广南县(滇)	386.60
347	绥江县(滇)	360.00
348	江城哈尼族彝族自治县(滇)	316.60
349	石屏县(滇)	300.00
350	宁洱哈尼族彝族自治县(滇)	297.50
351	陇川县(滇)	242.00
352	景东彝族自治县(滇)	200.00
353	江川区(滇)	184.00
354	昌宁县(滇)	180.50
355	罗平县(滇)	180.00
356	贡山独龙族怒族自治县(滇)	156.00
357	孟连傣族拉祜族佤族自治县(滇)	150.00
358	盈江县(滇)	132.00
359	龙陵县(滇)	127.00
360	云　县(滇)	123.00
361	石林彝族自治县(滇)	120.00

（续表）

序号	食用菌类主产地	产量
362	波密县(藏)	124.81
363	西乡县(陕)	6162.00
364	镇巴县(陕)	4344.00
365	略阳县(陕)	3896.00
366	汉阴县(陕)	3704.00
367	留坝县(陕)	3125.00
368	南郑区(陕)	3000.00
369	城固县(陕)	2300.00
370	韩城市林业局(陕)	2100.00
371	商州区(陕)	1800.00
372	陈仓区(陕)	750.00
373	镇安县(陕)	750.00
374	洋　县(陕)	685.00
375	长青林业局(陕)	650.00
376	洛南县(陕)	510.00
377	勉　县(陕)	420.00
378	佛坪县(陕)	410.00
379	岚皋县(陕)	360.00
380	柞水县(陕)	320.00
381	旬阳县(陕)	260.00
382	太白林业局(陕)	151.79
383	石泉县(陕)	100.00
384	迭部县(甘)	3120.00
385	康　县(甘)	470.00
386	徽　县(甘)	392.00
387	青铜峡市(宁)	7500.00
388	临江林业局(吉林森工)	110.00
389	三岔子林业局(吉林森工)	102.00

表 12-3　竹笋主产地产量

单位:吨

序号	竹笋主产地	产量
1	金山区(沪)	2500.00
2	溧水区(苏)	305.00
3	宜兴市(苏)	240.00
4	高淳区(苏)	100.00
5	余杭区(浙)	79500.00
6	德清县(浙)	77500.00
7	遂昌县(浙)	77436.00
8	衢江区(浙)	60000.00
9	龙泉市(浙)	59611.00
10	奉化区(浙)	47446.00
11	安吉县(浙)	44500.00
12	余姚市(浙)	39740.00
13	长兴县(浙)	37650.00

(续表)

序号	竹笋主产地	产量
14	宁海县(浙)	28370.00
15	临安区(浙)	22280.00
16	建德市(浙)	22060.00
17	松阳县(浙)	21790.00
18	临海市(浙)	19410.00
19	淳安县(浙)	17877.00
20	莲都区(浙)	13517.00
21	庆元县(浙)	12530.00
22	越城区(浙)	12180.00
23	诸暨市(浙)	12000.00
24	海曙区(浙)	8410.00
25	天台县(浙)	8400.00
26	新昌县(浙)	8128.00
27	仙居县(浙)	7400.00
28	常山县(浙)	7000.00
29	义乌市(浙)	6806.00
30	象山县(浙)	5000.00
31	黄岩区(浙)	3750.00
32	江北区(浙)	3620.00
33	三门县(浙)	3040.00
34	武义县(浙)	2099.00
35	萧山区(浙)	1993.00
36	开化县(浙)	1780.00
37	苍南县(浙)	1096.00
38	缙云县(浙)	918.00
39	北仑区(浙)	860.00
40	浦江县(浙)	735.00
41	江山市(浙)	661.00
42	永康市(浙)	490.00
43	云和县(浙)	405.00
44	海盐县(浙)	395.00
45	定海区(浙)	220.00
46	温岭市(浙)	210.00
47	广德县(皖)	67000.00
48	旌德县(皖)	7000.00
49	舒城县(皖)	2560.00
50	繁昌县(皖)	2300.00
51	宁国市(皖)	1732.00
52	绩溪县(皖)	1330.00
53	歙　县(皖)	1116.00
54	祁门县(皖)	1100.00
55	泾　县(皖)	1000.00
56	南陵县(皖)	950.00
57	滁州市沙河集林业总场(皖)	720.00
58	太湖县(皖)	616.00

(续表)

序号	竹笋主产地	产量
59	霍山县(皖)	500.00
60	休宁县(皖)	477.00
61	青阳县(皖)	400.00
62	芜湖县(皖)	400.00
63	义安区(皖)	300.00
64	石台县(皖)	235.00
65	宿松县(皖)	167.00
66	徽州区(皖)	125.00
67	潜山县(皖)	120.00
68	东至县(皖)	105.00
69	郎溪县(皖)	100.00
70	沙　县(闽)	26147.00
71	南靖县(闽)	19535.00
72	尤溪县(闽)	16966.00
73	永泰县(闽)	16012.00
74	新罗区(闽)	9150.00
75	泰宁县(闽)	7689.00
76	建瓯市(闽)	7500.00
77	将乐县(闽)	7495.00
78	宁化县(闽)	6207.00
79	永安市(闽)	5200.00
80	闽清县(闽)	5075.00
81	明溪县(闽)	4756.00
82	福安市(闽)	4738.00
83	大田县(闽)	4382.00
84	华安县(闽)	4357.00
85	永定区(闽)	4169.00
86	古田县(闽)	3980.00
87	漳平市(闽)	3789.00
88	延平区(闽)	3537.00
89	连城县(闽)	3500.00
90	清流县(闽)	3460.00
91	建宁县(闽)	3200.00
92	三元区(闽)	2725.00
93	梅列区(闽)	2644.00
94	顺昌县(闽)	2312.00
95	长汀县(闽)	2210.00
96	武平县(闽)	2150.00
97	芗城区(闽)	2059.00
98	龙海市(闽)	1849.00
99	漳浦县(闽)	1740.00
100	蕉城区(闽)	1537.00
101	屏南县(闽)	1492.00
102	寿宁县(闽)	1413.00
103	上杭县(闽)	1403.00

(续表)

序号	竹笋主产地	产量
104	德化县(闽)	1247.00
105	福鼎市(闽)	1151.00
106	仙游县(闽)	1143.00
107	浦城县(闽)	1000.00
108	霞浦县(闽)	980.00
109	永春县(闽)	955.00
110	周宁县(闽)	908.00
111	建阳区(闽)	879.00
112	晋安区(闽)	841.00
113	武夷山市(闽)	750.00
114	长泰县(闽)	519.00
115	柘荣县(闽)	463.00
116	邵武市(闽)	460.00
117	平和县(闽)	450.00
118	涵江区(闽)	437.00
119	罗源县(闽)	407.00
120	光泽县(闽)	380.00
121	安溪县(闽)	212.00
122	松溪县(闽)	140.00
123	万年县(赣)	185000.00
124	崇义县(赣)	33000.00
125	铜鼓县(赣)	33000.00
126	宜丰县(赣)	27300.00
127	德兴市(赣)	12456.00
128	崇仁县(赣)	11550.00
129	袁州区(赣)	8000.00
130	全南县(赣)	6030.00
131	金溪县(赣)	4811.00
132	资溪县(赣)	3800.00
133	渝水区(赣)	3740.00
134	瑞金市(赣)	3450.00
135	黎川县(赣)	3250.00
136	武宁县(赣)	2630.00
137	万载县(赣)	2500.00
138	宁都县(赣)	2409.00
139	芦溪县(赣)	1640.00
140	广丰区(赣)	1325.00
141	井冈山市(赣)	1228.00
142	靖安县(赣)	1210.00
143	兴国县(赣)	500.00
144	南城县(赣)	470.00
145	永丰县(赣)	450.00
146	大余县(赣)	450.00
147	赣县区(赣)	430.00
148	会昌县(赣)	320.00

（续表）

序号	竹笋主产地	产量
149	分宜县(赣)	300.00
150	临川区(赣)	280.00
151	余江县(赣)	200.00
152	石城县(赣)	197.00
153	德安县(赣)	170.00
154	瑞昌市(赣)	160.00
155	于都县(赣)	140.00
156	新干县(赣)	130.00
157	定南县(赣)	130.00
158	安远县(赣)	110.00
159	万安县(赣)	108.00
160	玉山县(赣)	100.00
161	新　县(豫)	888.00
162	商城县(豫)	165.00
163	固始县(豫)	100.00
164	梁子湖区(鄂)	5000.00
165	远安县(鄂)	3000.00
166	钟祥市(鄂)	1800.00
167	广水市(鄂)	1750.00
168	黄梅县(鄂)	1600.00
169	阳新县(鄂)	859.00
170	房　县(鄂)	635.00
171	夷陵区(鄂)	475.00
172	武穴市(鄂)	368.00
173	当阳市(鄂)	229.00
174	保康县(鄂)	175.00
175	长阳土家族自治县(鄂)	150.00
176	罗田县(鄂)	132.00
177	赤壁市(鄂)	118.10
178	京山县(鄂)	100.00
179	宜都市(鄂)	100.00
180	桃江县(湘)	56000.00
181	城步苗族自治县(湘)	13200.00
182	零陵区(湘)	13000.00
183	新化县(湘)	12000.00
184	衡山县(湘)	8854.78
185	炎陵县(湘)	7150.00
186	苏仙区(湘)	6420.00
187	赫山区(湘)	6000.00
188	新宁县(湘)	6000.00
189	资兴市(湘)	5850.00
190	桑植县(湘)	5000.00
191	沅陵县(湘)	4520.00
192	耒阳市(湘)	4500.00
193	会同县(湘)	4000.00
194	涟源市(湘)	3120.00
195	汝城县(湘)	2670.00
196	北湖区(湘)	2486.00
197	安化县(湘)	2000.00
198	鹤城区(湘)	1500.00
199	常宁市(湘)	1400.00
200	鼎城区(湘)	1350.00
201	永兴县(湘)	1316.00
202	洪江市(湘)	1280.00
203	株洲县(湘)	1200.00
204	临湘市(湘)	1200.00
205	通道侗族自治县(湘)	900.00
206	冷水滩区(湘)	872.00
207	绥宁县(湘)	780.00
208	祁阳县(湘)	780.00
209	溆浦县(湘)	680.00
210	南岳区(湘)	620.00
211	宁远县(湘)	500.00
212	醴陵市(湘)	490.00
213	宁乡市(湘)	400.00
214	平江县(湘)	373.00
215	临武县(湘)	355.00
216	芷江侗族自治县(湘)	334.00
217	望城区(湘)	300.00
218	洞口县(湘)	300.00
219	石门县(湘)	230.00
220	辰溪县(湘)	225.00
221	衡阳县(湘)	200.00
222	永定区(湘)	190.00
223	桂东县(湘)	184.00
224	道　县(湘)	176.00
225	东安县(湘)	156.00
226	麻阳苗族自治县(湘)	150.00
227	中方县(湘)	140.00
228	蓝山县(湘)	134.00
229	金洞林场(湘)	105.00
230	和平县(粤)	5300.00
231	田林县(桂)	4800.00
232	龙州县(桂)	4050.00
233	田阳县(桂)	2350.00
234	融水苗族自治县(桂)	2185.00
235	金秀瑶族自治县(桂)	1235.00
236	北流市(桂)	830.00
237	平乐县(桂)	657.00
238	防城区(桂)	598.00
239	桂平市(桂)	460.00
240	隆林各族自治县(桂)	389.00
241	兴安县(桂)	389.00
242	昭平县(桂)	369.00
243	苍梧县(桂)	363.00
244	龙胜各族自治县(桂)	359.00
245	岑溪市(桂)	250.00
246	横　县(桂)	248.00
247	钦南区(桂)	190.00
248	恭城瑶族自治县(桂)	157.00
249	灵山县(桂)	152.00
250	天等县(桂)	143.00
251	都安瑶族自治县(桂)	138.00
252	大新县(桂)	135.00
253	陆川县(桂)	120.00
254	灵川县(桂)	118.00
255	大足区(渝)	90000.00
256	南川区(渝)	20000.00
257	永川区(渝)	10000.00
258	武隆区(渝)	7930.00
259	铜梁区(渝)	3800.00
260	城口县(渝)	400.00
261	梁平区(渝)	272.46
262	巴南区(渝)	115.00
263	开州区(渝)	108.00
264	雁江区(川)	300000.00
265	叙永县(川)	116000.00
266	长宁县(川)	68702.00
267	隆昌县(川)	25000.00
268	兴文县(川)	16920.00
269	雷波县(川)	16200.00
270	江安县(川)	15229.00
271	沐川县(川)	15200.00
272	威远县(川)	12000.00
273	内江市市中区(川)	10200.00
274	荣　县(川)	9707.90
275	高　县(川)	9666.00
276	筠连县(川)	8920.00
277	珙　县(川)	8750.00
278	资中县(川)	8000.00
279	西充县(川)	8000.00
280	纳溪区(川)	6000.00
281	仁寿县(川)	5657.00
282	南溪区(川)	5000.00
283	宜宾县(川)	4600.00

(续表)

序号	竹笋主产地	产量
284	乐山市市中区(川)	4600.00
285	南部县(川)	4250.00
286	洪雅县(川)	3900.00
287	万源市(川)	3780.00
288	翠屏区(川)	3420.00
289	都江堰市(川)	3000.00
290	芦山县(川)	2500.00
291	古蔺县(川)	1120.00
292	江油市(川)	960.00
293	沿滩区(川)	914.00
294	金口河区(川)	757.00
295	米易县(川)	610.00
296	青神县(川)	607.00
297	巴州区(川)	600.00
298	夹江县(川)	500.00
299	邻水县(川)	300.00
300	中江县(川)	300.00
301	汶川县(川)	257.00
302	自流井区(川)	242.00
303	彭州市(川)	235.00
304	南江县(川)	200.00
305	东兴区(川)	200.00
306	北川羌族自治县(川)	150.00
307	利州区(川)	125.00
308	平昌县(川)	105.00
309	罗甸县(黔)	2632.00
310	碧江区(黔)	1475.00
311	榕江县(黔)	800.00
312	黎平县(黔)	760.00
313	松桃苗族自治县(黔)	500.00
314	印江土家族苗族自治县(黔)	332.00
315	锦屏县(黔)	210.00
316	镇远县(黔)	138.00
317	黄平县(黔)	121.00
318	大关县(滇)	8100.00
319	镇雄县(滇)	7000.00
320	绥江县(滇)	6850.00
321	陇川县(滇)	6174.00
322	元阳县(滇)	3530.00
323	威信县(滇)	3376.00
324	永善县(滇)	2552.00
325	孟连傣族拉祜族佤族自治县(滇)	2000.00
326	盈江县(滇)	867.20
327	隆阳区(滇)	727.70
328	新平彝族傣族自治县(滇)	727.40
329	芒　市(滇)	379.20
330	勐海县(滇)	300.00
331	贡山独龙族怒族自治县(滇)	285.50
332	梁河县(滇)	249.00
333	江城哈尼族彝族自治县(滇)	211.30
334	罗平县(滇)	170.00
335	鹤庆县(滇)	169.90
336	镇沅彝族哈尼族拉祜族自治县(滇)	149.50
337	施甸县(滇)	147.00
338	富宁县(滇)	146.00
339	勐腊县(滇)	120.25
340	昌宁县(滇)	104.00
341	沧源佤族自治县(滇)	100.00
342	南郑区(陕)	2200.00
343	镇巴县(陕)	1354.00
344	平利县(陕)	410.00
345	城固县(陕)	219.00
346	汉阴县(陕)	201.00
347	石泉县(陕)	200.00
348	宁强县(陕)	200.00
349	旬阳县(陕)	168.00

表 12-4　蕨菜主产地产量

单位:吨

序号	蕨菜主产地	产量
1	围场满族蒙古族自治县(冀)	1800.00
2	丰宁满族自治县(冀)	138.00
3	赤城县(冀)	86.00
4	扎兰屯市(内蒙古)	700.00
5	阿荣旗(内蒙古)	600.00
6	克什克腾旗(内蒙古)	80.00
7	巴林右旗(内蒙古)	45.00
8	阿鲁科尔沁旗(内蒙古)	15.00
9	新宾满族自治县(辽)	1575.00
10	东港市(辽)	366.00
11	盖州市(辽)	60.00
12	蛟河市(吉)	238.00
13	天桥岭林业局(吉)	215.00
14	长白朝鲜族自治县(吉)	155.00
15	舒兰市(吉)	82.00
16	安图森林经营局(吉)	54.00
17	宝清县(黑)	10000.00
18	逊克县(黑)	5000.00
19	嘉荫县(黑)	1200.00
20	萝北县(黑)	900.00
21	北安市(黑)	850.00
22	饶河县(黑)	500.00
23	延寿县(黑)	220.00
24	鹤岗市市辖区(黑)	202.00
25	爱辉区(黑)	200.00
26	梨树区(黑)	160.00
27	桦南县(黑)	140.00
28	嫩江县(黑)	110.00
29	孙吴县(黑)	100.00
30	同江市(黑)	24.00
31	汤原县(黑)	24.00
32	集贤县(黑)	20.00
33	恒山区(黑)	18.00
34	淳安县(浙)	108.00
35	天台县(浙)	90.00
36	太湖县(皖)	610.00
37	南谯区(皖)	500.00
38	祁门县(皖)	423.00
39	霍山县(皖)	100.00
40	凤阳县(皖)	100.00
41	泾　县(皖)	100.00
42	潜山县(皖)	52.00
43	怀宁县(皖)	35.00
44	绩溪县(皖)	30.00
45	万载县(赣)	226.00
46	靖安县(赣)	210.00
47	武宁县(赣)	59.00
48	遂川县(赣)	30.00
49	西工区(豫)	1563.00
50	南召县(豫)	400.00
51	新　县(豫)	108.00
52	固始县(豫)	50.00
53	内乡县(豫)	35.00
54	平桥区(豫)	30.00
55	阳新县(鄂)	1700.00
56	咸丰县(鄂)	295.00
57	五峰土家族自治县(鄂)	260.00
58	谷城县(鄂)	250.00
59	梁子湖区(鄂)	150.00
60	耒阳市(湘)	21000.00
61	新宁县(湘)	12000.00
62	株洲县(湘)	6000.00
63	沅陵县(湘)	3010.00
64	醴陵市(湘)	500.00

（续表）

序号	蕨菜主产地	产量
65	新化县(湘)	500.00
66	资兴市(湘)	500.00
67	安化县(湘)	350.00
68	湘乡市(湘)	313.00
69	鹤城区(湘)	245.00
70	会同县(湘)	210.00
71	城步苗族自治县(湘)	210.00
72	蒸湘区(湘)	202.00
73	涟源市(湘)	190.00
74	溆浦县(湘)	168.00
75	洪江市(湘)	152.00
76	石门县(湘)	150.00
77	金洞林场(湘)	78.00
78	赫山区(湘)	60.00
79	珠晖区(湘)	55.00
80	宁远县(湘)	50.00
81	中方县(湘)	45.00
82	汝城县(湘)	42.00
83	吉首市(湘)	38.00
84	新晃侗族自治县(湘)	36.00
85	江永县(湘)	35.00
86	永兴县(湘)	16.00
87	宣汉县(川)	1285.00
88	芦山县(川)	300.00
89	南溪区(川)	200.00
90	宜宾县(川)	91.00
91	德昌县(川)	81.60
92	布拖县(川)	80.00
93	邻水县(川)	70.00
94	喜德县(川)	46.00
95	平昌县(川)	33.00
96	珙　县(川)	32.00
97	榕江县(黔)	1000.00
98	黎平县(黔)	560.00
99	锦屏县(黔)	230.00
100	福泉市(黔)	100.00
101	黄平县(黔)	95.00
102	罗甸县(黔)	50.00
103	瓮安县(黔)	15.00
104	宣威市(滇)	15300.00
105	孟连傣族拉祜族佤族自治县(滇)	2000.00
106	麒麟区(滇)	2000.00
107	陇川县(滇)	1053.00
108	云龙县(滇)	950.00
109	弥渡县(滇)	920.00
110	隆阳区(滇)	716.30
111	双江拉祜族佤族布朗族傣族自治县(滇)	577.00
112	大关县(滇)	501.00
113	兰坪白族普米族自治县(滇)	480.00
114	江川区(滇)	400.00
115	剑川县(滇)	373.00
116	鹤庆县(滇)	270.70
117	云　县(滇)	260.00
118	盈江县(滇)	253.90
119	易门县(滇)	228.40
120	元阳县(滇)	150.00
121	永胜县(滇)	150.00
122	陆良县(滇)	132.00
123	腾冲市(滇)	118.30
124	永平县(滇)	100.00
125	洱源县(滇)	98.00
126	石林彝族自治县(滇)	92.00
127	昌宁县(滇)	86.00
128	漾濞彝族自治县(滇)	80.00
129	贡山独龙族怒族自治县(滇)	80.00
130	施甸县(滇)	55.00
131	马龙县(滇)	50.00
132	芒　市(滇)	38.80
133	镇康县(滇)	32.00
134	镇沅彝族哈尼族拉祜族自治县(滇)	25.20
135	华宁县(滇)	20.00
136	安宁市(滇)	20.00
137	建水县(滇)	18.50
138	砚山县(滇)	15.00
139	临翔区(滇)	15.00
140	福贡县(滇)	14.60
141	广南县(滇)	14.00
142	富宁县(滇)	14.00
143	宁洱哈尼族彝族自治县(滇)	10.00
144	南涧彝族自治县(滇)	10.00
145	察隅县(藏)	40.00
146	平利县(陕)	120.00
147	宁强县(陕)	42.00
148	洋　县(陕)	15.00
149	佛坪县(陕)	12.00
150	岷　县(甘)	9640.60
151	迭部县(甘)	9638.00
152	文　县(甘)	1600.00
153	临潭县(甘)	10.00
154	三岔子林业局(吉林森工)	212.00

表 12-5　香椿主产地产量

单位:吨

序号	香椿主产地	产量
1	河津市(晋)	90.00
2	忻府区(晋)	55.00
3	东河区(内蒙古)	18.00
4	新昌县(浙)	35.00
5	太和县(皖)	5000.00
6	舒城县(皖)	1200.00
7	五河县(皖)	60.00
8	泾　县(皖)	40.00
9	临泉县(皖)	23.00
10	祁门县(皖)	15.00
11	繁昌县(皖)	15.00
12	宿松县(皖)	10.00
13	新泰市(鲁)	17130.00
14	章丘区(鲁)	2608.00
15	邹平县(鲁)	1834.00
16	沂南县(鲁)	1800.00
17	长清区(鲁)	900.00
18	岱岳区(鲁)	410.00
19	平阴县(鲁)	401.00
20	东平县(鲁)	400.00
21	乐陵市(鲁)	370.00
22	武城县(鲁)	105.00
23	梁山县(鲁)	10.00
24	登封市(豫)	1000.00
25	偃师市(豫)	710.00
26	辉县市(豫)	450.00
27	孟津县(豫)	200.00
28	遂平县(豫)	160.00
29	新　县(豫)	121.00
30	林州市(豫)	90.00
31	栾川县(豫)	30.00
32	嵩　县(豫)	30.00
33	淅川县(豫)	20.50
34	宜都市(鄂)	500.00
35	来凤县(鄂)	300.00
36	谷城县(鄂)	235.00
37	钟祥市(鄂)	200.00
38	长阳土家族自治县(鄂)	200.00
39	五峰土家族自治县(鄂)	200.00

(续表)

序号	香椿主产地	产量
40	南漳县(鄂)	185.00
41	鄂州市市辖区(鄂)	62.00
42	鹤峰县(鄂)	60.00
43	郧阳区(鄂)	30.00
44	浠水县(鄂)	30.00
45	广水市(鄂)	20.00
46	随　县(鄂)	12.00
47	兴山县(鄂)	10.00
48	沅陵县(湘)	580.00
49	石门县(湘)	320.00
50	城步苗族自治县(湘)	125.00
51	永定区(湘)	110.00
52	桑植县(湘)	80.00
53	辰溪县(湘)	37.50
54	临武县(湘)	31.00
55	东安县(湘)	30.00
56	永兴县(湘)	15.00
57	梁平区(渝)	907.76
58	大竹县(川)	7400.00
59	雁江区(川)	2810.00
60	达川区(川)	900.00
61	渠　县(川)	670.00
62	游仙区(川)	150.00
63	越西县(川)	70.00
64	梓潼县(川)	55.00
65	宣汉县(川)	50.00
66	平昌县(川)	40.00
67	邻水县(川)	40.00
68	广安区(川)	36.00
69	岳池县(川)	30.00
70	雷波县(川)	15.00
71	金口河区(川)	10.00

(续表)

序号	香椿主产地	产量
72	平塘县(黔)	20.00
73	瓮安县(黔)	11.00
74	鲁甸县(滇)	1125.00
75	腾冲市(滇)	495.00
76	镇沅彝族哈尼族拉祜族自治县(滇)	483.50
77	陆良县(滇)	148.65
78	弥勒市(滇)	132.00
79	龙陵县(滇)	129.20
80	洱源县(滇)	126.00
81	石林彝族自治县(滇)	80.00
82	罗平县(滇)	65.00
83	东川区(滇)	60.00
84	陇川县(滇)	44.00
85	鹤庆县(滇)	32.40
86	盈江县(滇)	32.40
87	芒　市(滇)	25.10
88	施甸县(滇)	24.00
89	江川区(滇)	22.00
90	华宁县(滇)	20.00
91	兰坪白族普米族自治县(滇)	20.00
92	沧源佤族自治县(滇)	20.00
93	昌宁县(滇)	18.30
94	隆阳区(滇)	18.20
95	元阳县(滇)	18.00
96	巍山彝族回族自治县(滇)	16.00
97	马龙县(滇)	10.00
98	南涧彝族自治县(滇)	10.00
99	永平县(滇)	10.00
100	南郑区(陕)	300.00
101	洋　县(陕)	160.00
102	宁强县(陕)	120.00

(续表)

序号	香椿主产地	产量
103	长安区(陕)	80.00
104	蓝田县(陕)	20.00
105	略阳县(陕)	16.00
106	康　县(甘)	664.83

表 12-6　黄花菜主产地产量

序号	黄花菜主产地	产量
1	围场满族蒙古族自治县(冀)	90.00
2	赤城县(冀)	56.00
3	丰宁满族自治县(冀)	42.00
4	北安市(黑)	420.00
5	嫩江县(黑)	24.00
6	爱辉区(黑)	18.00
7	桦南县(黑)	12.00
8	逊克县(黑)	10.00
9	太湖县(皖)	220.00
10	新泰市(鲁)	16665.00
11	东平县(鲁)	150.00
12	淮阳县(豫)	34.00
13	随　县(鄂)	30.00
14	邵东县(湘)	3400.00
15	耒阳市(湘)	3000.00
16	祁东县(湘)	2850.00
17	资兴市(湘)	480.00
18	永兴县(湘)	16.00
19	石门县(湘)	11.00
20	醴陵市(湘)	10.60
21	巴州区(川)	234.00
22	邻水县(川)	22.00
23	江油市(川)	10.00
24	宁　县(甘)	3859.00
25	文　县(甘)	120.00
26	华池县(甘)	10.00

表 12-7　其他主要森林蔬菜主产地产量

单位:吨

序号	其他主要森林蔬菜主产地	品种	产量
1	霍山县(皖)	百合	35000.00
2	盐亭县(川)	百合	2900.00
3	沅陵县(湘)	百合	660.00
4	新宁县(湘)	百合	600.00
5	铜梁区(渝)	百合	200.00
6	长阳土家族自治县(鄂)	百合	100.00
7	江油市(川)	百合	30.00
8	石门县(湘)	百合	30.00
9	耒阳市(湘)	百合	22.00

(续表)

序号	其他主要森林蔬菜主产地	品种	产量
10	安化县(湘)	百合	16.00
11	东川区(滇)	百合	16.00
12	元阳县(滇)	百合	13.00
13	巴州区(川)	百合	8.00
14	平昌县(川)	百合	8.00
15	娄星区(湘)	百合	4.00
16	施甸县(滇)	百合	3.50
17	分宜县(赣)	百合	3.00
18	那坡县(桂)	百合	2.50
19	兰坪白族普米族自治县(滇)	百合	2.00

（续表）

序号	其他主要森林蔬菜主产地	品种	产量
20	迭部县(甘)	龙芽木	4800.00
21	饶河县(黑)	龙芽木	100.00
22	安图森林经营局(吉)	龙芽木	80.00
23	天桥岭林业局(吉)	龙芽木	40.00
24	明山区(辽)	龙芽木	30.00
25	桦甸市(吉)	龙芽木	8.00
26	逊克县(黑)	龙芽木	5.00
27	白山市市辖区(吉)	龙芽木	2.60
28	爱辉区(黑)	龙芽木	2.50
29	本溪市经济开发区(辽)	龙芽木	2.00

表 12-8 茶叶主产地产量

单位:吨

序号	茶叶主产地	产量
1	宜兴市(苏)	6029.00
2	溧阳市(苏)	2200.00
3	金坛区(苏)	809.00
4	溧水区(苏)	561.00
5	仪征市(苏)	525.00
6	江宁区(苏)	495.00
7	高淳区(苏)	360.00
8	丹徒区(苏)	338.00
9	吴中区(苏)	292.00
10	赣榆区(苏)	210.00
11	滨湖区(苏)	164.00
12	浦口区(苏)	150.00
13	锡山区(苏)	142.00
14	松阳县(浙)	14170.00
15	武义县(浙)	12788.00
16	遂昌县(浙)	10963.00
17	余杭区(浙)	8750.00
18	余姚市(浙)	7010.00
19	宁海县(浙)	6221.00
20	新昌县(浙)	5120.00
21	淳安县(浙)	4507.00
22	开化县(浙)	4500.00
23	泰顺县(浙)	3220.00
24	建德市(浙)	2763.00
25	天台县(浙)	2644.00
26	奉化区(浙)	2500.00
27	兰溪市(浙)	2406.00
28	临安区(浙)	2252.00
29	龙泉市(浙)	2112.00
30	长兴县(浙)	2000.00
31	莲都区(浙)	1936.00
32	婺城区(浙)	1800.00
33	德清县(浙)	1685.00
34	海曙区(浙)	1300.00
35	临海市(浙)	1300.00
36	吴兴区(浙)	1215.00
37	义乌市(浙)	1209.00
38	常山县(浙)	1200.00
39	龙游县(浙)	1185.00
40	鄞州区(浙)	1149.00
41	云和县(浙)	1135.00
42	苍南县(浙)	876.00
43	江山市(浙)	862.00
44	越城区(浙)	784.00
45	仙居县(浙)	720.00
46	三门县(浙)	538.00
47	北仑区(浙)	498.00
48	庆元县(浙)	469.00
49	萧山区(浙)	386.00
50	青田县(浙)	341.00
51	象山县(浙)	150.00
52	上虞区(浙)	144.00
53	宣州区(皖)	22800.00
54	郎溪县(皖)	20000.00
55	歙　县(皖)	11800.00
56	金寨县(皖)	7585.00
57	霍山县(皖)	7200.00
58	裕安区(皖)	7029.00
59	祁门县(皖)	6345.00
60	东至县(皖)	3520.00
61	舒城县(皖)	3200.00
62	石台县(皖)	3013.00
63	宁国市(皖)	2836.00
64	广德县(皖)	2800.00
65	潜山县(皖)	2500.00
66	泾　县(皖)	2500.00
67	太湖县(皖)	2421.00
68	庐江县(皖)	1628.00
69	徽州区(皖)	1483.00
70	绩溪县(皖)	1000.00
71	桐城市(皖)	750.00
72	屯溪区(皖)	650.00
73	宿松县(皖)	577.00
74	南陵县(皖)	460.00
75	枞阳县(皖)	350.00
76	青阳县(皖)	310.00
77	旌德县(皖)	300.00
78	金安区(皖)	218.00
79	无为县(皖)	187.00
80	望江县(皖)	135.00
81	含山县(皖)	120.00
82	婺源县(赣)	12000.00
83	遂川县(赣)	4552.00
84	高安市(赣)	1450.00
85	铜鼓县(赣)	1250.00
86	万安县(赣)	932.00
87	崇义县(赣)	873.00
88	泰和县(赣)	860.00
89	湘东区(赣)	740.00
90	广丰区(赣)	719.25
91	上饶县(赣)	694.00
92	玉山县(赣)	658.00
93	于都县(赣)	554.00
94	兴国县(赣)	474.00
95	永丰县(赣)	400.00
96	靖安县(赣)	378.00
97	会昌县(赣)	305.00
98	崇仁县(赣)	300.00
99	樟树市(赣)	287.00
100	永修县(赣)	230.00
101	湖口县(赣)	203.00
102	武宁县(赣)	201.90
103	鄱阳县(赣)	180.00
104	南昌县(赣)	180.00
105	定南县(赣)	178.00
106	铅山县(赣)	155.00
107	上高县(赣)	150.00
108	彭泽县(赣)	146.00
109	寻乌县(赣)	115.00
110	全南县(赣)	111.00

(续表)

序号	茶叶主产地	产量
111	宁都县(赣)	103.00
112	西海岸新区(鲁)	2201.40
113	莒南县(鲁)	2060.00
114	诸城市(鲁)	1230.00
115	崂山区(鲁)	1050.00
116	五莲县(鲁)	550.00
117	临沭县(鲁)	390.00
118	新泰市(鲁)	293.00
119	泰山区(鲁)	237.00
120	长清区(鲁)	100.00
121	浉河区(豫)	8950.00
122	光山县(豫)	5000.00
123	新　县(豫)	2011.00
124	商城县(豫)	1476.00
125	潢川县(豫)	1332.00
126	罗山县(豫)	773.00
127	固始县(豫)	760.00
128	桐柏县(豫)	575.00
129	内乡县(豫)	210.00
130	西峡县(豫)	183.00
131	确山县(豫)	100.00
132	鹤峰县(鄂)	28000.00
133	英山县(鄂)	27400.00
134	恩施市(鄂)	18769.00
135	宜都市(鄂)	17050.00
136	夷陵区(鄂)	15840.00
137	来凤县(鄂)	15000.00
138	咸丰县(鄂)	9136.00
139	宣恩县(鄂)	9000.00
140	随　县(鄂)	6500.00
141	保康县(鄂)	6417.00
142	谷城县(鄂)	5980.00
143	秭归县(鄂)	4180.00
144	长阳土家族自治县(鄂)	3300.00
145	远安县(鄂)	2500.00
146	五峰土家族自治县(鄂)	2450.00
147	广水市(鄂)	1875.00
148	红安县(鄂)	1685.00
149	建始县(鄂)	1678.00
150	南漳县(鄂)	1410.00
151	麻城市(鄂)	1310.00
152	郧阳区(鄂)	1237.00
153	兴山县(鄂)	1101.00
154	嘉鱼县(鄂)	1050.00
155	罗田县(鄂)	809.00

(续表)

序号	茶叶主产地	产量
156	神农架林区(鄂)	750.00
157	巴东县(鄂)	550.00
158	黄梅县(鄂)	500.00
159	孝昌县(鄂)	450.00
160	天门市(鄂)	400.00
161	阳新县(鄂)	360.00
162	浠水县(鄂)	350.00
163	枣阳市(鄂)	312.00
164	京山县(鄂)	290.00
165	大悟县(鄂)	200.00
166	应城市(鄂)	149.00
167	钟祥市(鄂)	144.00
168	郧西县(鄂)	125.00
169	曾都区(鄂)	103.00
170	临湘市(湘)	15200.00
171	石门县(湘)	15000.00
172	安化县(湘)	12883.00
173	衡山县(湘)	7910.40
174	平江县(湘)	3990.00
175	桃源县(湘)	3500.00
176	湘潭市市辖区(湘)	2651.00
177	桃江县(湘)	2300.00
178	汨罗市(湘)	1930.00
179	浏阳市(湘)	1844.00
180	新化县(湘)	1600.00
181	湘乡市(湘)	1418.00
182	资兴市(湘)	1385.00
183	邵东县(湘)	1200.00
184	湘潭县(湘)	1018.50
185	赫山区(湘)	960.00
186	江华瑶族自治县(湘)	950.00
187	汝城县(湘)	860.00
188	沅陵县(湘)	770.00
189	武冈市(湘)	727.00
190	桂东县(湘)	642.00
191	会同县(湘)	581.00
192	醴陵市(湘)	580.00
193	常宁市(湘)	500.00
194	蓝山县(湘)	451.00
195	城步苗族自治县(湘)	450.00
196	炎陵县(湘)	416.00
197	祁阳县(湘)	410.00
198	澧　县(湘)	368.00
199	涟源市(湘)	360.00
200	桑植县(湘)	350.00

(续表)

序号	茶叶主产地	产量
201	宜章县(湘)	306.00
202	新宁县(湘)	300.00
203	苏仙区(湘)	289.00
204	鼎城区(湘)	285.00
205	吉首市(湘)	205.00
206	中方县(湘)	160.00
207	华容县(湘)	160.00
208	溆浦县(湘)	158.00
209	津市市(湘)	150.00
210	临澧县(湘)	135.00
211	江永县(湘)	116.00
212	耒阳市(湘)	115.00
213	绥宁县(湘)	115.00
214	岳阳县(湘)	100.00
215	三江侗族自治县(桂)	13156.00
216	灵山县(桂)	8900.00
217	昭平县(桂)	8454.00
218	乐业县(桂)	3455.00
219	西林县(桂)	3265.00
220	横　县(桂)	3174.00
221	大新县(桂)	2076.00
222	苍梧县(桂)	1825.00
223	浦北县(桂)	1658.00
224	平乐县(桂)	1399.00
225	龙胜各族自治县(桂)	732.00
226	恭城瑶族自治县(桂)	714.00
227	融水苗族自治县(桂)	640.00
228	桂平市(桂)	470.00
229	金秀瑶族自治县(桂)	445.00
230	天等县(桂)	420.00
231	隆林各族自治县(桂)	382.00
232	兴安县(桂)	320.00
233	武宣县(桂)	272.00
234	柳城县(桂)	256.00
235	那坡县(桂)	223.00
236	钟山县(桂)	154.00
237	灵川县(桂)	124.00
238	永川区(渝)	7000.00
239	巴南区(渝)	4126.00
240	南川区(渝)	3734.00
241	黔江区(渝)	640.00
242	铜梁区(渝)	600.00
243	奉节县(渝)	413.00
244	万州区(渝)	171.00
245	蒲江县(川)	13000.00

（续表）

序号	茶叶主产地	产量
246	邛崃市(川)	6570.00
247	高　县(川)	2731.00
248	筠连县(川)	2650.00
249	威远县(川)	2450.00
250	乐山市市中区(川)	2010.00
251	纳溪区(川)	2000.00
252	宜宾县(川)	1996.00
253	翠屏区(川)	1950.00
254	都江堰市(川)	1700.00
255	旺苍县(川)	1688.00
256	荣　县(川)	1574.00
257	通江县(川)	1500.00
258	万源市(川)	1500.00
259	青川县(川)	1015.00
260	北川羌族自治县(川)	820.00
261	雷波县(川)	767.00
262	开江县(川)	750.00
263	宣汉县(川)	575.00
264	崇州市(川)	442.00
265	青神县(川)	371.00
266	渠　县(川)	300.00
267	平昌县(川)	262.00
268	大邑县(川)	222.00
269	南江县(川)	187.00
270	江安县(川)	150.00
271	仁寿县(川)	138.00
272	汶川县(川)	124.00
273	石阡县(黔)	25684.00
274	瓮安县(黔)	13500.00
275	黎平县(黔)	12500.00
276	松桃苗族自治县(黔)	8800.00
277	江口县(黔)	5750.00
278	普安县(黔)	5500.00
279	沿河土家族自治县(黔)	3346.00
280	丹寨县(黔)	1833.00
281	台江县(黔)	1500.00
282	印江土家族苗族自治县(黔)	1450.00
283	罗甸县(黔)	1270.00
284	思南县(黔)	930.00
285	德江县(黔)	525.00
286	岑巩县(黔)	200.00
287	镇远县(黔)	195.00
288	凤庆县(滇)	37188.00
289	勐海县(滇)	27468.00
290	昌宁县(滇)	25282.40

（续表）

序号	茶叶主产地	产量
291	云　县(滇)	20530.00
292	澜沧拉祜族自治县(滇)	18788.00
293	思茅区(滇)	15769.00
294	永德县(滇)	15507.00
295	江城哈尼族彝族自治县(滇)	14054.00
296	双江拉祜族佤族布朗族傣族自治县(滇)	11805.00
297	宁洱哈尼族彝族自治县(滇)	11022.00
298	南涧彝族自治县(滇)	11000.00
299	广南县(滇)	9702.00
300	沧源佤族自治县(滇)	9000.00
301	龙陵县(滇)	7445.00
302	镇沅彝族哈尼族拉祜族自治县(滇)	4798.00
303	芒　市(滇)	4747.50
304	勐腊县(滇)	4565.00
305	盈江县(滇)	3595.40
306	梁河县(滇)	3214.00
307	西盟佤族自治县(滇)	3187.00
308	孟连傣族拉祜族佤族自治县(滇)	3080.00
309	元江哈尼族彝族傣族自治县(滇)	2044.00
310	陇川县(滇)	1803.00
311	墨江哈尼族自治县(滇)	1400.43
312	元阳县(滇)	1130.00
313	华坪县(滇)	886.00
314	富宁县(滇)	605.00
315	麻栗坡县(滇)	588.00
316	西畴县(滇)	346.00
317	瑞丽市(滇)	331.30
318	峨山彝族自治县(滇)	106.00
319	平利县(陕)	11500.00
320	勉　县(陕)	10350.00
321	西乡县(陕)	9765.00
322	南郑区(陕)	6300.00
323	汉滨区(陕)	4481.00
324	城固县(陕)	4100.00
325	镇巴县(陕)	3580.00
326	岚皋县(陕)	3530.00
327	商南县(陕)	2301.00
328	白河县(陕)	1012.00
329	石泉县(陕)	700.00
330	文　县(甘)	4222.00
331	康　县(甘)	733.00
332	武都区(甘)	100.50

表 12-9　矿泉水主产地产量

单位:吨

序号	矿泉水主产地	产量
1	青龙满族自治县(冀)	20000.00
2	库伦旗(内蒙古)	1000.00
3	靖宇县(吉)	1600000.00
4	长白朝鲜族自治县(吉)	101002.00
5	辉南县(吉)	13500.00
6	密山市(黑)	2010.00
7	逊克县(黑)	1500.00
8	霍山县(皖)	250000.00
9	于都县(赣)	22000.00
10	瑞金市(赣)	12100.00
11	分宜县(赣)	10000.00
12	岱岳区(鲁)	4500.00
13	沂水县(鲁)	2000.00
14	新　县(豫)	8166.00
15	利川市(鄂)	10000.00
16	随　县(鄂)	3500.00
17	长阳土家族自治县(鄂)	3000.00
18	浠水县(鄂)	3000.00
19	枣阳市(鄂)	1830.00
20	城步苗族自治县(湘)	900200.00
21	新晃侗族自治县(湘)	200000.00
22	临武县(湘)	100000.00
23	耒阳市(湘)	73500.00
24	新宁县(湘)	30000.00
25	通道侗族自治县(湘)	30000.00
26	隆回县(湘)	24000.00
27	醴陵市(湘)	20000.00
28	宁乡市(湘)	20000.00
29	韶山市(湘)	13200.00
30	湘乡市(湘)	11302.00
31	中方县(湘)	10800.00
32	桑植县(湘)	8000.00
33	邵东县(湘)	7000.00
34	华容县(湘)	3000.00
35	沅陵县(湘)	2850.00
36	石门县(湘)	2200.00
37	汨罗市(湘)	1450.00
38	安化县(湘)	1400.00
39	巴马瑶族自治县(桂)	3080000.00
40	中国林科院热林中心(桂)	16000.00
41	北流市(桂)	14200.00
42	六万林场(桂)	4356.95
43	锦屏县(黔)	16000000.00
44	黄平县(黔)	20000.00

(续表)

序号	矿泉水主产地	产量
45	天柱县(黔)	16000.00
46	江川区(滇)	5000.00
47	漾濞彝族自治县(滇)	3000.00
48	香格里拉市(滇)	2050.00
49	腾冲市(滇)	1500.00
50	宁强县(陕)	20000.00
51	吉林森工集团泉阳泉饮品有限公司(吉林森工)	573473.00

表 12-10　其他主要森林饮料主产地产量

单位:吨

序号	其他主要森林饮料主产地	品种	产量
1	平塘县(黔)	刺梨	13000.00
2	罗甸县(黔)	刺梨	125.00
3	南郑区(陕)	刺梨	12.00
4	利川市(鄂)	刺梨	10.00
5	辉南县(吉)	刺五加	1530.00
6	五常市(黑)	刺五加	250.00
7	桓仁满族自治县(辽)	刺五加	30.00
8	新化县(湘)	刺五加	30.00
9	新宾满族自治县(辽)	刺五加	19.00
10	横峰县(赣)	葛根	60000.00
11	德兴市(赣)	葛根	9000.00
12	元阳县(滇)	葛根	5860.00
13	桑植县(湘)	葛根	4000.00
14	霍山县(皖)	葛根	1500.00
15	石门县(湘)	葛根	1500.00
16	冷水江市(湘)	葛根	920.00
17	江山市(浙)	葛根	750.00
18	宜都市(鄂)	葛根	400.00
19	新宁县(湘)	葛根	300.00
20	永定区(湘)	葛根	210.00
21	罗江区(川)	葛根	200.00
22	浠水县(鄂)	葛根	200.00
23	双江拉祜族佤族布朗族傣族自治县(滇)	葛根	91.00
24	东至县(皖)	葛根	60.00
25	余江县(赣)	葛根	60.00
26	安化县(湘)	葛根	25.00
27	田阳县(桂)	葛根	20.00
28	彭泽县(赣)	葛根	15.00
29	祁东县(湘)	葛根	14.00
30	潜山县(皖)	葛根	12.00
31	思茅区(滇)	咖啡	25368.00
32	芒　市(滇)	咖啡	18981.10
33	镇康县(滇)	咖啡	9458.00
34	宁洱哈尼族彝族自治县(滇)	咖啡	8974.00
35	江城哈尼族彝族自治县(滇)	咖啡	8637.00
36	盈江县(滇)	咖啡	8416.90
37	澜沧拉祜族自治县(滇)	咖啡	6776.00
38	孟连傣族拉祜族佤族自治县(滇)	咖啡	6700.00
39	镇沅彝族哈尼族拉祜族自治县(滇)	咖啡	1857.00
40	云　县(滇)	咖啡	1569.00
41	墨江哈尼族自治县(滇)	咖啡	625.48
42	西盟佤族自治县(滇)	咖啡	547.00
43	陇川县(滇)	咖啡	290.00
44	双江拉祜族佤族布朗族傣族自治县(滇)	咖啡	286.00
45	勐海县(滇)	咖啡	284.00
46	凤庆县(滇)	咖啡	231.00
47	勐腊县(滇)	咖啡	155.36
48	抚松县(吉)	蓝靛果酒	4200.00
49	北安市(黑)	蓝靛果酒	2200.00
50	通化县(吉)	蓝靛果酒	573.80
51	平房区(黑)	蓝靛果酒	434.16
52	三穗县(黔)	蓝靛果酒	100.00
53	呼玛县(黑)	蓝靛果酒	10.00
54	永寿县(陕)	苹果汁	420000.00
55	牟平区(鲁)	苹果汁	93200.00
56	东明县(鲁)	苹果汁	40000.00
57	宁　县(甘)	苹果汁	21750.00
58	围场满族蒙古族自治县(冀)	苹果汁	17000.00
59	灵宝市(豫)	苹果汁	13000.00
60	中宁县(宁)	苹果汁	11000.00
61	青铜峡市(宁)	苹果汁	10000.00
62	利通区(宁)	苹果汁	8300.00
63	科尔沁区(内蒙古)	苹果汁	8000.00
64	祁　县(晋)	苹果汁	6850.00
65	乐陵市(鲁)	苹果汁	5500.00
66	林西县(内蒙古)	苹果汁	3000.00
67	济源市(豫)	苹果汁	2900.00
68	扎兰屯市(内蒙古)	苹果汁	2500.00
69	宁城县(内蒙古)	苹果汁	500.00
70	辉南县(吉)	苹果汁	300.00
71	双城区(黑)	苹果汁	150.00
72	卓资县(内蒙古)	沙棘	100000.00
73	建平县(辽)	沙棘	18000.00
74	敖汉旗(内蒙古)	沙棘	9880.00
75	东胜区(内蒙古)	沙棘	3720.00
76	孙吴县(黑)	沙棘	3500.00

（续表）

序号	其他主要森林饮料主产地	品种	产量
77	围场满族蒙古族自治县（冀）	沙棘	3245.00
78	隆德县（宁）	沙棘	2000.00
79	延寿县（黑）	沙棘	1800.00
80	林西县（内蒙古）	沙棘	1500.00
81	宁城县（内蒙古）	沙棘	700.00
82	清水县（甘）	沙棘	630.00
83	华池县（甘）	沙棘	500.00
84	民乐县（甘）	沙棘	300.00
85	阳曲县（晋）	沙棘	150.00
86	克什克腾旗（内蒙古）	沙棘	66.00
87	古交市（晋）	沙棘	50.00
88	漾濞彝族自治县（滇）	余甘子	150.00

表 12-11　主要森林饲料主产地产量

单位：吨

序号	主要森林饲料主产地	品种	产量
1	鄂托克旗（内蒙古）	阔叶维生素粉	16000.00
2	利川市（鄂）	阔叶维生素粉	10000.00
3	随　县（鄂）	阔叶维生素粉	1300.00
4	石门县（湘）	阔叶维生素粉	550.00
5	昌宁县（滇）	嫩树枝叶	650000.00
6	丰镇市（内蒙古）	嫩树枝叶	100000.00
7	新宾满族自治县（辽）	嫩树枝叶	39060.00
8	四子王旗（内蒙古）	嫩树枝叶	35000.00
9	奉节县（渝）	嫩树枝叶	30000.00
10	科尔沁左翼后旗（内蒙古）	嫩树枝叶	24375.00
11	东平县（鲁）	嫩树枝叶	15000.00
12	察哈尔右翼中旗（内蒙古）	嫩树枝叶	14200.00
13	元阳县（滇）	嫩树枝叶	11850.00
14	察哈尔右翼前旗（内蒙古）	嫩树枝叶	10000.00
15	霍山县（皖）	嫩树枝叶	10000.00
16	彭泽县（赣）	嫩树枝叶	7000.00
17	嵩　县（豫）	嫩树枝叶	6500.00
18	萝北县（黑）	嫩树枝叶	5000.00
19	瑞金市（赣）	嫩树枝叶	3950.00
20	耒阳市（湘）	嫩树枝叶	3650.00
21	察哈尔右翼后旗（内蒙古）	嫩树枝叶	2100.00
22	沅陵县（湘）	嫩树枝叶	1975.00
23	石门县（湘）	嫩树枝叶	1200.00
24	五峰土家族自治县（鄂）	嫩树枝叶	1200.00
25	丰都县（渝）	嫩树枝叶	1059.00
26	库伦旗（内蒙古）	嫩树枝叶	1000.00
27	通道侗族自治县（湘）	嫩树枝叶	1000.00
28	新化县（湘）	嫩树枝叶	1000.00
29	长阳土家族自治县（鄂）	嫩树枝叶	1000.00
30	岳西县（皖）	嫩树枝叶	600.00
31	宁　县（甘）	嫩树枝叶	400.00
32	广水市（鄂）	嫩树枝叶	300.00
33	黄平县（黔）	嫩树枝叶	300.00
34	内乡县（豫）	嫩树枝叶	300.00
35	鄂州市市辖区（鄂）	嫩树枝叶	200.00
36	田阳县（桂）	嫩树枝叶	150.00
37	浠水县（鄂）	嫩树枝叶	120.00
38	五寨县（晋）	嫩树枝叶	112.00
39	华宁县（滇）	嫩树枝叶	100.00
40	麒麟区（滇）	桑叶	200000.00
41	黔江区（渝）	桑叶	189000.00
42	高　县（川）	桑叶	185000.00
43	昌宁县（滇）	桑叶	138390.00
44	石泉县（陕）	桑叶	100000.00
45	武宣县（桂）	桑叶	36365.00
46	临安区（浙）	桑叶	30000.00
47	营山县（川）	桑叶	29565.00
48	那坡县（桂）	桑叶	27263.00
49	融水苗族自治县（桂）	桑叶	22800.00
50	昭平县（桂）	桑叶	21650.00
51	青龙满族自治县（冀）	桑叶	20000.00
52	肥西县（皖）	桑叶	18000.00
53	莒南县（鲁）	桑叶	13800.00
54	奉节县（渝）	桑叶	13000.00
55	鲁甸县（滇）	桑叶	12000.00
56	岳西县（皖）	桑叶	10500.00
57	巴州区（川）	桑叶	8000.00
58	株洲县（湘）	桑叶	6600.00
59	东平县（鲁）	桑叶	6538.00
60	威远县（川）	桑叶	5500.00
61	都安瑶族自治县（桂）	桑叶	5220.00
62	米易县（川）	桑叶	5000.00
63	砚山县（滇）	桑叶	5000.00
64	岱岳区（鲁）	桑叶	4898.00
65	丹棱县（川）	桑叶	3750.00
66	隆林各族自治县（桂）	桑叶	3300.00
67	南溪区（川）	桑叶	3000.00
68	云　县（滇）	桑叶	3000.00
69	南漳县（鄂）	桑叶	2850.00
70	潜山县（皖）	桑叶	2800.00
71	铜梁区（渝）	桑叶	2500.00
72	苍梧县（桂）	桑叶	2350.00

(续表)

序号	主要森林饲料主产地	品种	产量
73	乐安县(赣)	桑叶	2000.00
74	义乌市(浙)	桑叶	1822.00
75	开州区(渝)	桑叶	1536.00
76	霍山县(皖)	桑叶	1393.00
77	祁东县(湘)	桑叶	1380.00
78	元阳县(滇)	桑叶	1100.00
79	开江县(川)	桑叶	1000.00
80	桐城市(皖)	桑叶	1000.00
81	施甸县(滇)	桑叶	980.00
82	平利县(陕)	桑叶	800.00
83	宜丰县(赣)	桑叶	800.00
84	蓝山县(湘)	桑叶	795.00
85	蒙阴县(鲁)	桑叶	720.00
86	建德市(浙)	桑叶	700.00
87	南郑区(陕)	桑叶	700.00
88	汉滨区(陕)	桑叶	692.00
89	新泰市(鲁)	桑叶	563.00
90	鼎城区(湘)	桑叶	500.00
91	利川市(鄂)	桑叶	500.00
92	零陵区(湘)	桑叶	500.00
93	凤阳县(皖)	桑叶	450.00
94	遂川县(赣)	桑叶	320.00
95	章丘区(鲁)	桑叶	320.00
96	五河县(皖)	桑叶	300.00
97	沅陵县(湘)	桑叶	300.00
98	顺庆区(川)	桑叶	243.00
99	徽　县(甘)	桑叶	230.00
100	阳新县(鄂)	桑叶	205.00
101	固始县(豫)	桑叶	200.00
102	新干县(赣)	桑叶	180.00
103	宁阳县(鲁)	桑叶	150.00
104	嵩　县(豫)	桑叶	150.00
105	芜湖县(皖)	桑叶	150.00
106	新宁县(湘)	桑叶	150.00
107	渠　县(川)	桑叶	122.00
108	江安县(川)	桑叶	120.00
109	仁寿县(川)	桑叶	116.00
110	米脂县(陕)	紫穗槐	75000.00
111	横山区(陕)	紫穗槐	53000.00
112	围场满族蒙古族自治县(冀)	紫穗槐	1800.00
113	青铜峡市(宁)	紫穗槐	500.00
114	冷水滩区(湘)	紫穗槐	200.00
115	长阳土家族自治县(鄂)	紫穗槐	200.00

表 13-1　蝴蝶兰主产地产量

序号	蝴蝶兰主产地	花卉类别	单位	生产量
1	南岳区(湘)	城市绿化苗	万株	100.00
2	开远市(滇)	城市绿化苗	万株	100.00
3	建安区(豫)	城市绿化苗	万株	12.00
4	丹凤县(陕)	城市绿化苗	万株	6.00
5	大洼县(辽)	观赏苗木	万株	63.00
6	灵宝市(豫)	观赏苗木	万株	48.00
7	丹凤县(陕)	观赏苗木	万株	6.00
8	高青县(鲁)	观叶植物	万盆	340.00
9	顺义区(京)	观叶植物	万盆	125.00
10	莱州市(鲁)	花卉用种苗	千苗	100.00
11	天桥区(鲁)	盆花	万盆	893.00
12	青州市(鲁)	盆花	万盆	620.00
13	濮阳市高新区(豫)	盆花	万盆	400.00
14	临洮县(甘)	盆花	万盆	160.00
15	兴庆区(宁)	盆花	万盆	88.00
16	青浦区(沪)	盆花	万盆	80.00
17	长清区(鲁)	盆花	万盆	80.00
18	颍泉区(皖)	盆花	万盆	62.50
19	延庆区(京)	盆花	万盆	40.00
20	丰宁满族自治县(冀)	盆花	万盆	40.00
21	莱阳市(鲁)	盆花	万盆	35.00
22	阜新蒙古族自治县(辽)	盆花	万盆	30.00
23	濮阳县(豫)	盆花	万盆	30.00
24	浦东新区(沪)	盆花	万盆	21.00
25	莱州市(鲁)	盆花	万盆	20.00
26	奉贤区(沪)	盆花	万盆	10.04
27	凤阳县(皖)	盆花	万盆	10.00
28	韩城市林业局(陕)	盆花	万盆	10.00
29	路北区(冀)	盆花	万盆	8.00
30	涿州市(冀)	盆花	万盆	5.00
31	齐河县(鲁)	盆花	万盆	4.80
32	东洲区(辽)	盆花	万盆	4.60
33	北京市大东流苗圃(京)	盆花	万盆	2.86
34	阳信县(鲁)	盆花	万盆	2.50
35	迁安市(冀)	盆花	万盆	2.00
36	坊子区(鲁)	盆花	万盆	2.00
37	岳阳楼区(湘)	盆花	万盆	1.59
38	大城县(冀)	盆花	万盆	1.00
39	西安区(吉)	盆花	万盆	0.60
40	汶上县(鲁)	盆花	万盆	0.60
41	包河区(皖)	盆景	万盆	60.00
42	环翠区(鲁)	盆景	万盆	55.00
43	兖州区(鲁)	盆景	万盆	40.00
44	长丰县(皖)	盆景	万盆	4.00
45	翠屏区(川)	盆景	万盆	2.40

（续表）

序号	蝴蝶兰主产地	花卉类别	单位	生产量
46	湖滨区（豫）	盆景	万盆	2.00
47	长清区（鲁）	鲜切花	万支	50.00
48	万州区（渝）	鲜切花	万支	35.00
49	迁西县（冀）	鲜切花	万支	20.00
50	祥符区（豫）	鲜切花	万支	4.00
51	桃城区（冀）	鲜切花	万支	1.02

表 13-2　吊兰主产地产量

序号	吊兰主产地	花卉类别	单位	生产量
1	蒲城县（陕）	城市绿化苗	万株	6.00
2	会同县（湘）	城市绿化苗	万株	4.50
3	黄州区（鄂）	城市绿化苗	万株	3.50
4	龙南县（赣）	观赏苗木	万株	100.00
5	丰润区（冀）	观赏苗木	万株	52.00
6	渭滨区（陕）	观赏苗木	万株	36.00
7	薛城区（鲁）	观赏苗木	万株	30.00
8	开平区（冀）	观赏苗木	万株	20.00
9	遂川县（赣）	观赏苗木	万株	7.50
10	武宣县（桂）	观赏苗木	万株	6.00
11	灵璧县（皖）	观赏苗木	万株	2.00
12	应　县（晋）	观赏苗木	万株	0.80
13	义乌市（浙）	观叶植物	万盆	80.00
14	太康县（豫）	观叶植物	万盆	9.80
15	辛集市（冀）	观叶植物	万盆	6.00
16	孟村回族自治县（冀）	观叶植物	万盆	3.00
17	龙安区（豫）	观叶植物	万盆	3.00
18	商水县（豫）	观叶植物	万盆	2.00
19	项城市（豫）	观叶植物	万盆	2.00
20	忻府区（晋）	观叶植物	万盆	1.55
21	固始县（豫）	观叶植物	万盆	1.30
22	景　县（冀）	观叶植物	万盆	0.80
23	龙南县（赣）	花卉用种苗	千苗	400.00
24	清苑区（冀）	盆花	万盆	250.00
25	凤阳县（皖）	盆花	万盆	100.00
26	濮阳县（豫）	盆花	万盆	100.00
27	青州市（鲁）	盆花	万盆	68.00
28	石家庄市桥西区（冀）	盆花	万盆	39.00
29	兴庆区（宁）	盆花	万盆	33.60
30	涿州市（冀）	盆花	万盆	25.00
31	运河区（冀）	盆花	万盆	20.00
32	山海关区（冀）	盆花	万盆	20.00
33	鹤城区（湘）	盆花	万盆	20.00
34	南溪区（川）	盆花	万盆	20.00
35	隆尧县（冀）	盆花	万盆	14.00
36	章丘区（鲁）	盆花	万盆	14.00

（续表）

序号	吊兰主产地	花卉类别	单位	生产量
37	黄骅市（冀）	盆花	万盆	10.00
38	会宁县（甘）	盆花	万盆	10.00
39	献　县（冀）	盆花	万盆	9.50
40	桃城区（冀）	盆花	万盆	9.00
41	郧西县（鄂）	盆花	万盆	7.00
42	岳阳楼区（湘）	盆花	万盆	6.20
43	大城县（冀）	盆花	万盆	5.50
44	青　县（冀）	盆花	万盆	5.00
45	颍泉区（皖）	盆花	万盆	5.00
46	建安区（豫）	盆花	万盆	5.00
47	嵩　县（豫）	盆花	万盆	5.00
48	阳新县（鄂）	盆花	万盆	5.00
49	旌阳区（川）	盆花	万盆	5.00
50	潢川县（豫）	盆花	万盆	4.50
51	西华县（豫）	盆花	万盆	4.50
52	魏　县（冀）	盆花	万盆	4.00
53	唐　县（冀）	盆花	万盆	4.00
54	雁山区（桂）	盆花	万盆	4.00
55	迁安市（冀）	盆花	万盆	3.60
56	任丘市（冀）	盆花	万盆	3.21
57	东洲区（辽）	盆花	万盆	3.20
58	新华区（豫）	盆花	万盆	3.00
59	桐柏县（豫）	盆花	万盆	3.00
60	定兴县（冀）	盆花	万盆	2.00
61	黔江区（渝）	盆花	万盆	2.00
62	晋州市（冀）	盆花	万盆	1.90
63	株洲县（湘）	盆花	万盆	1.80
64	盐山县（冀）	盆花	万盆	1.70
65	峄城区（鲁）	盆花	万盆	1.50
66	南乐县（豫）	盆花	万盆	1.50
67	公安县（鄂）	盆花	万盆	1.50
68	维都林场（桂）	盆花	万盆	1.40
69	武强县（冀）	盆花	万盆	1.20
70	海兴县（冀）	盆花	万盆	1.10
71	丰润区（冀）	盆花	万盆	1.00
72	陵城区（鲁）	盆花	万盆	1.00
73	鹤峰县（鄂）	盆花	万盆	0.60
74	蓝山县（湘）	盆景	万盆	150.00
75	鄂州市市辖区（鄂）	盆景	万盆	65.70
76	襄城县（豫）	盆景	万盆	58.00
77	环翠区（鲁）	盆景	万盆	40.00
78	会理县（川）	盆景	万盆	10.10
79	招远市（鲁）	盆景	万盆	5.00
80	临洮县（甘）	盆景	万盆	3.00
81	榆中县（甘）	盆景	万盆	2.00

(续表)

序号	吊兰主产地	花卉类别	单位	生产量
82	昌乐县(鲁)	盆景	万盆	1.00
83	平利县(陕)	盆景	万盆	0.65
84	武安市(冀)	鲜切花	万支	120.00
85	会宁县(甘)	鲜切花	万支	2.00
86	息　县(豫)	鲜切花	万支	1.60
87	丰润区(冀)	鲜切叶	万支	9.00

表 13-3　君子兰主产地产量

序号	君子兰主产地	花卉类别	单位	生产量
1	袁州区(赣)	城市绿化苗	万株	30.00
2	宁城县(内蒙古)	观赏苗木	万株	3.00
3	西峰区(甘)	观赏苗木	万株	1.62
4	固始县(豫)	观叶植物	万盆	4.50
5	商水县(豫)	观叶植物	万盆	1.00
6	太子河区(辽)	盆花	万盆	550.00
7	濮阳县(豫)	盆花	万盆	80.00
8	东平县(鲁)	盆花	万盆	15.00
9	武城县(鲁)	盆花	万盆	15.00
10	青州市(鲁)	盆花	万盆	10.00
11	岳阳楼区(湘)	盆花	万盆	6.71
12	石家庄市桥西区(冀)	盆花	万盆	6.00
13	滦南县(冀)	盆花	万盆	5.00
14	隆化县(冀)	盆花	万盆	3.00
15	义乌市(浙)	盆花	万盆	3.00
16	凤阳县(皖)	盆花	万盆	3.00
17	迁安市(冀)	盆花	万盆	2.00
18	涿州市(冀)	盆花	万盆	2.00
19	大城县(冀)	盆花	万盆	2.00
20	定兴县(冀)	盆花	万盆	2.00
21	丰宁满族自治县(冀)	盆花	万盆	2.00
22	株洲县(湘)	盆花	万盆	1.60
23	任丘市(冀)	盆花	万盆	1.45
24	西安区(吉)	盆花	万盆	1.20
25	洞口县(湘)	盆花	万盆	1.20
26	碧江区(黔)	盆花	万盆	0.70
27	西峰区(甘)	盆花	万盆	0.52
28	颍泉区(皖)	盆景	万盆	54.70
29	太康县(豫)	盆景	万盆	5.00
30	奉节县(渝)	盆景	万盆	1.00

表 13-4　玉兰类主产地产量

序号	玉兰主产地	花卉类别	单位	生产量
1	潢川县(豫)	城市绿化苗	万株	1310.00
2	麒麟区(滇)	城市绿化苗	万株	500.00
3	新　县(豫)	城市绿化苗	万株	119.00

(续表)

序号	玉兰主产地	花卉类别	单位	生产量
4	上蔡县(豫)	城市绿化苗	万株	70.00
5	邵东县(湘)	城市绿化苗	万株	50.00
6	东平县(鲁)	城市绿化苗	万株	30.00
7	桐城市(皖)	城市绿化苗	万株	20.00
8	临川区(赣)	城市绿化苗	万株	15.00
9	建安区(豫)	城市绿化苗	万株	15.00
10	山亭区(鲁)	城市绿化苗	万株	4.00
11	玉山县(赣)	城市绿化苗	万株	1.00
12	碧江区(黔)	城市绿化苗	万株	0.90
13	五峰土家族自治县(鄂)	观赏苗木	万株	360.00
14	潜江市(鄂)	观赏苗木	万株	200.00
15	兖州区(鲁)	观赏苗木	万株	170.00
16	宁阳县(鲁)	观赏苗木	万株	150.00
17	内乡县(豫)	观赏苗木	万株	120.00
18	周至县(陕)	观赏苗木	万株	90.90
19	汝南县(豫)	观赏苗木	万株	38.00
20	濮阳县(豫)	观赏苗木	万株	30.00
21	长葛市(豫)	观赏苗木	万株	29.25
22	霸州市(冀)	观赏苗木	万株	20.00
23	芜湖县(皖)	观赏苗木	万株	20.00
24	凤阳县(皖)	观赏苗木	万株	20.00
25	新泰市(鲁)	观赏苗木	万株	18.00
26	岚山区(鲁)	观赏苗木	万株	15.00
27	沂水县(鲁)	观赏苗木	万株	15.00
28	肥西县(皖)	观赏苗木	万株	10.00
29	阳新县(鄂)	观赏苗木	万株	8.00
30	涿州市(冀)	观赏苗木	万株	7.00
31	蒙阴县(鲁)	观赏苗木	万株	6.00
32	蔡甸区(鄂)	观赏苗木	万株	6.00
33	大厂回族自治县(冀)	观赏苗木	万株	5.00
34	东安县(湘)	观赏苗木	万株	5.00
35	鹿泉区(冀)	观赏苗木	万株	4.10
36	淮阳县(豫)	观赏苗木	万株	3.00
37	涞水县(冀)	观赏苗木	万株	2.00
38	灵璧县(皖)	观赏苗木	万株	2.00
39	巴州区(川)	观赏苗木	万株	2.00
40	宝丰县(豫)	观赏苗木	万株	1.20
41	潢川县(豫)	盆花	万盆	4.20
42	巴州区(川)	盆景	万盆	23.00
43	巴州区(川)	鲜切花	万支	8.00

表 13-5　牡丹主产地产量

序号	牡丹主产地	花卉类别	单位	生产量
1	麒麟区(滇)	城市绿化苗	万株	600.00
2	蒲城县(陕)	城市绿化苗	万株	300.00

（续表）

序号	牡丹主产地	花卉类别	单位	生产量
3	偃师市(豫)	城市绿化苗	万株	2.00
4	成武县(鲁)	观赏苗木	万株	15000.00
5	老城区(豫)	观赏苗木	万株	4000.00
6	保康县(鄂)	观赏苗木	万株	1605.53
7	河间市(冀)	观赏苗木	万株	382.80
8	临夏市(甘)	观赏苗木	万株	74.00
9	范　县(豫)	观赏苗木	万株	60.00
10	宁　县(甘)	观赏苗木	万株	60.00
11	魏　县(冀)	观赏苗木	万株	34.00
12	沿河土家族自治县(黔)	观赏苗木	万株	22.00
13	仁寿县(川)	观赏苗木	万株	21.00
14	大城县(冀)	观赏苗木	万株	20.00
15	铜川市新区(陕)	观赏苗木	万株	6.00
16	义安区(皖)	观赏苗木	万株	5.00
17	三门县(浙)	观赏苗木	万株	3.00
18	宜川县(陕)	观赏苗木	万株	2.00
19	青铜峡市(宁)	观赏苗木	万株	2.00
20	海港区(冀)	观赏苗木	万株	1.00
21	延庆区(京)	花卉用种苗	千苗	3200.00
22	白山市市辖区(吉)	花卉用种苗	千苗	10.00
23	新安县(豫)	盆花	万盆	420.00
24	南关区(吉)	盆花	万盆	150.00
25	颍泉区(皖)	盆花	万盆	15.00
26	惠济区(豫)	盆花	万盆	11.20
27	义安区(皖)	盆花	万盆	10.00
28	鼎城区(湘)	盆花	万盆	5.00
29	沁阳市(豫)	盆花	万盆	1.50
30	洛阳市高新区(豫)	盆花	万盆	1.20
31	嵩　县(豫)	盆花	万盆	0.80
32	巴州区(川)	盆景	万盆	5.00
33	鄄城县(鲁)	食用及药用花卉	吨	1000.00
34	铜梁区(渝)	食用及药用花卉	千克	300.00
35	榆中县(甘)	鲜切花	万支	484.70
36	临洮县(甘)	鲜切花	万支	45.00
37	徽　县(甘)	鲜切花	万支	37.94
38	三台县(川)	鲜切花	万支	30.00
39	海城市(辽)	鲜切花	万支	29.72
40	隆尧县(冀)	鲜切花	万支	15.00
41	平山县(冀)	鲜切花	万支	13.00
42	涿州市(冀)	鲜切花	万支	10.00
43	巴州区(川)	鲜切花	万支	10.00
44	柏乡县(冀)	鲜切花	万支	8.50
45	西峰区(甘)	鲜切花	万支	3.33

表 13-6　榆叶梅主产地产量

序号	榆叶梅主产地	花卉类别	单位	生产量
1	九台区(吉)	城市绿化苗	万株	180.00
2	海拉尔区(内蒙古)	城市绿化苗	万株	60.00
3	康保县(冀)	城市绿化苗	万株	5.00
4	青铜峡市(宁)	城市绿化苗	万株	5.00
5	大同区(黑)	城市绿化苗	万株	4.66
6	敦煌市(甘)	城市绿化苗	万株	4.00
7	崆峒区(甘)	城市绿化苗	万株	3.00
8	永昌县(甘)	城市绿化苗	万株	2.00
9	应　县(晋)	城市绿化苗	万株	0.80
10	双辽市(吉)	城市绿化苗	万株	0.55
11	平泉市(冀)	观赏苗木	万株	180.00
12	永清县(冀)	观赏苗木	万株	160.00
13	丰宁满族自治县(冀)	观赏苗木	万株	52.00
14	临夏市(甘)	观赏苗木	万株	20.00
15	固安县(冀)	观赏苗木	万株	17.00
16	闻喜县(晋)	观赏苗木	万株	16.00
17	新泰市(鲁)	观赏苗木	万株	14.00
18	陵城区(鲁)	观赏苗木	万株	13.00
19	安平县(冀)	观赏苗木	万株	12.00
20	大城县(冀)	观赏苗木	万株	10.00
21	双滦区(冀)	观赏苗木	万株	10.00
22	嘉峪关市(甘)	观赏苗木	万株	9.00
23	忻府区(晋)	观赏苗木	万株	8.10
24	陵城区(鲁)	观赏苗木	万株	8.00
25	大厂回族自治县(冀)	观赏苗木	万株	6.00
26	涿州市(冀)	观赏苗木	万株	5.00
27	曲阳县(冀)	观赏苗木	万株	5.00
28	晋州市(冀)	观赏苗木	万株	4.80
29	滦平县(冀)	观赏苗木	万株	4.00
30	迁安市(冀)	观赏苗木	万株	4.00
31	乐亭县(冀)	观赏苗木	万株	3.60
32	涞水县(冀)	观赏苗木	万株	1.00
33	隆化县(冀)	观赏苗木	万株	1.00
34	围场满族蒙古族自治县(冀)	观赏苗木	万株	1.00
35	翁牛特旗(内蒙古)	观赏苗木	万株	1.00
36	平罗县(宁)	观赏苗木	万株	0.80
37	满城区(冀)	观赏苗木	万株	0.63
38	肃南裕固族自治县(甘)	观叶植物	万盆	100.00
39	商水县(豫)	观叶植物	万盆	1.50
40	瓜州县(甘)	盆花	万盆	0.60

表 13-7　波斯菊主产地产量

序号	波斯菊主产地	花卉类别	单位	生产量
1	零陵区(湘)	城市绿化苗	万株	500.00
2	大余县(赣)	城市绿化苗	万株	358.00

（续表）

序号	波斯菊主产地	花卉类别	单位	生产量
3	天心区(湘)	城市绿化苗	万株	200.00
4	新宁县(湘)	城市绿化苗	万株	200.00
5	南岗区(黑)	城市绿化苗	万株	25.00
6	青铜峡市(宁)	城市绿化苗	万株	10.00
7	新晃侗族自治县(湘)	城市绿化苗	万株	0.80
8	丰润区(冀)	观赏苗木	万株	16.00
9	三门县(浙)	观赏苗木	万株	10.00
10	五原县(内蒙古)	观赏苗木	万株	2.00
11	老河口市(鄂)	观叶植物	万盆	100.00
12	霸州市(冀)	观叶植物	万盆	10.00
13	金城江区(桂)	观叶植物	万盆	10.00
14	襄汾县(晋)	观叶植物	万盆	8.00
15	西夏区(宁)	花卉用种苗	千苗	460.00
16	合水县(甘)	花卉用种苗	千苗	200.00
17	平罗县(宁)	花卉用种子	千克	100.00
18	邵东县(湘)	盆花	万盆	500.00
19	大洼县(辽)	盆花	万盆	164.00
20	武胜县(川)	盆花	万盆	100.00
21	永清县(冀)	盆花	万盆	20.00
22	仙桃市(鄂)	盆花	万盆	6.00
23	海港区(冀)	盆花	万盆	5.00
24	禹会区(皖)	盆花	万盆	3.00
25	嘉陵区(川)	盆花	万盆	2.80
26	枣强县(冀)	盆花	万盆	1.60
27	衡山县(湘)	盆花	万盆	1.41
28	甘孜州林业工程处(川)	盆花	万盆	1.00
29	望城区(湘)	盆花	万盆	0.60
30	迁西县(冀)	鲜切花	万支	150.00
31	曲阜市(鲁)	鲜切花	万支	60.00
32	丰润区(冀)	鲜切花	万支	10.00
33	望都县(冀)	鲜切花	万支	2.00
34	肃宁县(冀)	鲜切花	万支	1.00
35	容城县(冀)	鲜切花	万支	1.00

表 13-8　万寿菊主产地产量

序号	万寿菊主产地	花卉类别	单位	生产量
1	麒麟区(滇)	城市绿化苗	万株	5000.00
2	大武口区(宁)	城市绿化苗	万株	160.00
3	元宝山区(内蒙古)	城市绿化苗	万株	60.00
4	海拉尔区(内蒙古)	城市绿化苗	万株	40.00
5	木兰县(黑)	城市绿化苗	万株	17.00
6	青铜峡市(宁)	城市绿化苗	万株	10.00
7	临泽县(甘)	城市绿化苗	万株	3.50
8	洮南市(吉)	城市绿化苗	万株	3.30

（续表）

序号	万寿菊主产地	花卉类别	单位	生产量
9	延庆区(京)	工业及其他用途花卉	吨	8400.00
10	民乐县(甘)	工业及其他用途花卉	吨	400.00
11	石林彝族自治县(滇)	工业及其他用途花卉	千克	3312.00
12	松山区(内蒙古)	工业及其他用途花卉	千克	200.00
13	东昌府区(鲁)	观赏苗木	万株	130.00
14	呼兰区(黑)	观赏苗木	万株	10.00
15	洪洞县(晋)	观赏苗木	万株	4.00
16	嘉峪关市(甘)	观赏苗木	万株	2.00
17	卫辉市(豫)	观赏苗木	万株	1.20
18	顺义区(京)	观叶植物	万盆	200.00
19	大厂回族自治县(冀)	观叶植物	万盆	2.00
20	新安县(豫)	盆花	万盆	315.00
21	兴庆区(宁)	盆花	万盆	230.00
22	莒南县(鲁)	盆花	万盆	170.00
23	甘井子区(辽)	盆花	万盆	100.00
24	商水县(豫)	盆花	万盆	100.00
25	三河市(冀)	盆花	万盆	95.00
26	义乌市(浙)	盆花	万盆	60.00
27	南和县(冀)	盆花	万盆	50.00
28	新泰市(鲁)	盆花	万盆	32.00
29	延庆区(京)	盆花	万盆	30.00
30	遵化市(冀)	盆花	万盆	30.00
31	石家庄市桥西区(冀)	盆花	万盆	22.00
32	涿州市(冀)	盆花	万盆	20.00
33	彭山区(川)	盆花	万盆	20.00
34	隆尧县(冀)	盆花	万盆	15.00
35	平罗县(宁)	盆花	万盆	12.00
36	忻府区(晋)	盆花	万盆	10.00
37	敦煌市(甘)	盆花	万盆	10.00
38	金凤区(宁)	盆花	万盆	10.00
39	魏　县(冀)	盆花	万盆	8.00
40	广阳区(冀)	盆花	万盆	7.36
41	沧源佤族自治县(滇)	盆花	万盆	5.00
42	平川区(甘)	盆花	万盆	5.00
43	阿克塞哈萨克族自治县(甘)	盆花	万盆	5.00
44	隆德县(宁)	盆花	万盆	5.00
45	东洲区(辽)	盆花	万盆	3.10
46	张北县(冀)	盆花	万盆	3.00
47	满城区(冀)	盆花	万盆	2.50
48	凤阳县(皖)	盆花	万盆	2.00
49	肥西县(皖)	盆花	万盆	2.00

（续表）

序号	万寿菊主产地	花卉类别	单位	生产量
50	临武县(湘)	盆花	万盆	1.60
51	瓜州县(甘)	盆花	万盆	1.10
52	邱　县(冀)	盆花	万盆	1.00
53	芜湖县(皖)	盆花	万盆	1.00
54	景　县(冀)	盆花	万盆	0.70
55	湖滨区(豫)	盆景	万盆	10.00
56	内乡县(豫)	食用及药用花卉	千克	320.00
57	奉节县(渝)	食用及药用花卉	千克	60.00
58	万全区(冀)	鲜切花	万支	150.00
59	长葛市(豫)	鲜切花	万支	80.00
60	三台县(川)	鲜切花	万支	20.00
61	抚宁区(冀)	鲜切花	万支	2.02

表 13-9　雏菊主产地产量

序号	雏菊主产地	花卉类别	单位	生产量
1	建安区(豫)	城市绿化苗	万株	230.00
2	汉寿县(湘)	城市绿化苗	万株	20.00
3	洞口县(湘)	城市绿化苗	万株	2.00
4	林西县(内蒙古)	观赏苗木	万株	50.00
5	贡井区(川)	观赏苗木	万株	20.00
6	义安区(皖)	观赏苗木	万株	10.00
7	金城江区(桂)	观赏苗木	万株	10.00
8	广昌县(赣)	观赏苗木	万株	8.40
9	南溪区(川)	观赏苗木	万株	5.00
10	三门县(浙)	观赏苗木	万株	3.00
11	龙安区(豫)	观赏苗木	万株	1.00
12	顺义区(京)	观叶植物	万盆	50.00
13	金城江区(桂)	观叶植物	万盆	10.00
14	襄汾县(晋)	观叶植物	万盆	9.00
15	新安县(豫)	盆花	万盆	375.00
16	武陟县(豫)	盆花	万盆	300.00
17	凤阳县(皖)	盆花	万盆	100.00
18	濮阳县(豫)	盆花	万盆	80.00
19	襄城县(豫)	盆花	万盆	52.00
20	石家庄市桥西区(冀)	盆花	万盆	35.00
21	遵化市(冀)	盆花	万盆	30.00
22	广昌县(赣)	盆花	万盆	29.09
23	天心区(湘)	盆花	万盆	20.00
24	武城县(鲁)	盆花	万盆	15.00
25	隆尧县(冀)	盆花	万盆	12.00
26	北戴河区(冀)	盆花	万盆	10.00
27	西华县(豫)	盆花	万盆	8.00
28	泊头市(冀)	盆花	万盆	7.40
29	成安县(冀)	盆花	万盆	5.00
30	涿州市(冀)	盆花	万盆	5.00

（续表）

序号	雏菊主产地	花卉类别	单位	生产量
31	旌阳区(川)	盆花	万盆	4.00
32	万全区(冀)	盆花	万盆	3.00
33	浑源县(晋)	盆花	万盆	3.00
34	湘乡市(湘)	盆花	万盆	2.30
35	肥城市(鲁)	盆花	万盆	2.10
36	公安县(鄂)	盆花	万盆	1.30
37	汶上县(鲁)	盆花	万盆	0.80
38	郯城县(鲁)	鲜切花	万支	3000.00
39	广昌县(赣)	鲜切花	万支	200.00
40	建安区(豫)	鲜切花	万支	200.00
41	安国市(冀)	鲜切花	万支	15.00
42	东洲区(辽)	鲜切花	万支	7.20
43	高碑店市(冀)	鲜切花	万支	4.00

表 13-10　非洲菊主产地产量

序号	非洲菊主产地	花卉类别	单位	生产量
1	通城县(鄂)	城市绿化苗	万株	50.00
2	青铜峡市(宁)	城市绿化苗	万株	10.00
3	郯城县(鲁)	观赏苗木	万株	4160.00
4	椒江区(浙)	观赏苗木	万株	132.00
5	金城江区(桂)	观叶植物	万盆	20.00
6	霸州市(冀)	观叶植物	万盆	10.00
7	港口区(桂)	盆花	万盆	690.00
8	武胜县(川)	盆花	万盆	100.00
9	滦南县(冀)	盆花	万盆	59.00
10	兰陵县(鲁)	盆花	万盆	14.00
11	南和县(冀)	盆花	万盆	10.00
12	永清县(冀)	盆花	万盆	10.00
13	临洮县(甘)	盆花	万盆	10.00
14	颍泉区(皖)	盆花	万盆	6.00
15	峄城区(鲁)	盆花	万盆	2.00
16	奉贤区(沪)	鲜切花	万支	17214.00
17	河东区(鲁)	鲜切花	万支	17000.00
18	濮阳市高新区(豫)	鲜切花	万支	15000.00
19	兰山区(鲁)	鲜切花	万支	6000.00
20	古冶区(冀)	鲜切花	万支	4202.00
21	石林彝族自治县(滇)	鲜切花	万支	3712.00
22	临沭县(鲁)	鲜切花	万支	2000.00
23	费　县(鲁)	鲜切花	万支	1584.00
24	海盐县(浙)	鲜切花	万支	1200.00
25	浦东新区(沪)	鲜切花	万支	690.00
26	台安县(辽)	鲜切花	万支	500.00
27	凌源市(辽)	鲜切花	万支	450.00
28	乐平市(赣)	鲜切花	万支	272.00
29	漳河新区(鄂)	鲜切花	万支	235.00

(续表)

序号	非洲菊主产地	花卉类别	单位	生产量
30	沂水县(鲁)	鲜切花	万支	150.00
31	德安县(赣)	鲜切花	万支	100.00
32	通州区(京)	鲜切花	万支	67.00
33	金山区(沪)	鲜切花	万支	63.00
34	永清县(冀)	鲜切花	万支	60.00
35	天桥区(鲁)	鲜切花	万支	60.00
36	蒙阴县(鲁)	鲜切花	万支	60.00
37	迁西县(冀)	鲜切花	万支	50.00
38	柞水县(陕)	鲜切花	万支	50.00
39	彭山区(川)	鲜切花	万支	20.00
40	松江区(沪)	鲜切花	万支	16.20
41	路北区(冀)	鲜切花	万支	15.00
42	平泉市(冀)	鲜切花	万支	15.00
43	新干县(赣)	鲜切花	万支	13.00
44	江川区(滇)	鲜切花	万支	10.00
45	平谷区(京)	鲜切花	万支	9.00
46	长丰县(皖)	鲜切花	万支	5.15
47	嘉定区(沪)	鲜切花	万支	4.50
48	南乐县(豫)	鲜切花	万支	1.10
49	鄂州市市辖区(鄂)	鲜切叶	万支	710.00

表 13-11 菊花主产地产量

序号	菊花主产地	花卉类别	单位	生产量
1	邵东县(湘)	城市绿化苗	万株	200.00
2	甘州区(甘)	城市绿化苗	万株	55.00
3	望花区(辽)	城市绿化苗	万株	50.00
4	新晃侗族自治县(湘)	城市绿化苗	万株	20.00
5	蒲城县(陕)	城市绿化苗	万株	20.00
6	北流市(桂)	城市绿化苗	万株	15.00
7	桐城市(皖)	城市绿化苗	万株	8.00
8	宁远县(湘)	城市绿化苗	万株	5.00
9	会同县(湘)	城市绿化苗	万株	3.00
10	兴庆区(宁)	观赏苗木	万株	3225.00
11	东平县(鲁)	观赏苗木	万株	1000.00
12	梁园区(豫)	观赏苗木	万株	460.00
13	安丘市(鲁)	观赏苗木	万株	122.70
14	武陵源区(湘)	观赏苗木	万株	100.00
15	卢氏县(豫)	观赏苗木	万株	60.00
16	大城县(冀)	观赏苗木	万株	20.00
17	三门县(浙)	观赏苗木	万株	20.00
18	义安区(皖)	观赏苗木	万株	10.00
19	金川区(甘)	观赏苗木	万株	7.00
20	魏　县(冀)	观赏苗木	万株	6.00
21	临夏市(甘)	观赏苗木	万株	5.70
22	岚山区(鲁)	观赏苗木	万株	5.00

(续表)

序号	菊花主产地	花卉类别	单位	生产量
23	山丹县(甘)	观赏苗木	万株	2.00
24	万荣县(晋)	观赏苗木	万株	1.00
25	蒲城县(陕)	观赏苗木	万株	1.00
26	肥乡区(冀)	观叶植物	万盆	500.00
27	赫山区(湘)	观叶植物	万盆	250.00
28	金城江区(桂)	观叶植物	万盆	20.00
29	顺义区(京)	观叶植物	万盆	5.00
30	杞　县(豫)	观叶植物	万盆	1.40
31	新安县(豫)	盆花	万盆	650.00
32	睢阳区(豫)	盆花	万盆	378.00
33	延庆区(京)	盆花	万盆	210.00
34	商水县(豫)	盆花	万盆	205.00
35	鼎城区(湘)	盆花	万盆	190.00
36	蔡甸区(鄂)	盆花	万盆	150.00
37	濮阳县(豫)	盆花	万盆	110.00
38	左云县(晋)	盆花	万盆	100.00
39	禹王台区(豫)	盆花	万盆	82.00
40	薛城区(鲁)	盆花	万盆	61.00
41	新泰市(鲁)	盆花	万盆	60.00
42	顺河回族区(豫)	盆花	万盆	60.00
43	三河市(冀)	盆花	万盆	56.00
44	颍泉区(皖)	盆花	万盆	45.00
45	襄城县(豫)	盆花	万盆	41.00
46	青州市(鲁)	盆花	万盆	35.00
47	石家庄市桥西区(冀)	盆花	万盆	32.00
48	内乡县(豫)	盆花	万盆	30.00
49	潍城区(鲁)	盆花	万盆	28.00
50	蒙城县(皖)	盆花	万盆	25.00
51	路北区(冀)	盆花	万盆	20.00
52	运河区(冀)	盆花	万盆	20.00
53	沂水县(鲁)	盆花	万盆	20.00
54	郧西县(鄂)	盆花	万盆	20.00
55	辛集市(冀)	盆花	万盆	19.00
56	祁东县(湘)	盆花	万盆	16.10
57	隆尧县(冀)	盆花	万盆	15.00
58	鄄城县(鲁)	盆花	万盆	15.00
59	彭山区(川)	盆花	万盆	12.00
60	北戴河区(冀)	盆花	万盆	11.00
61	寿　县(皖)	盆花	万盆	10.00
62	沂南县(鲁)	盆花	万盆	10.00
63	枣强县(冀)	盆花	万盆	9.63
64	化德县(内蒙古)	盆花	万盆	8.00
65	宁阳县(鲁)	盆花	万盆	7.00
66	潢川县(豫)	盆花	万盆	6.50
67	河间市(冀)	盆花	万盆	6.30

（续表）

序号	菊花主产地	花卉类别	单位	生产量
68	成武县(鲁)	盆花	万盆	6.00
69	临洮县(甘)	盆花	万盆	6.00
70	曲周县(冀)	盆花	万盆	5.86
71	南宫市(冀)	盆花	万盆	5.50
72	滦南县(冀)	盆花	万盆	5.00
73	青　县(冀)	盆花	万盆	5.00
74	肥西县(皖)	盆花	万盆	5.00
75	洞口县(湘)	盆花	万盆	5.00
76	平山县(冀)	盆花	万盆	4.00
77	阳新县(鄂)	盆花	万盆	4.00
78	旌阳区(川)	盆花	万盆	4.00
79	祥符区(豫)	盆花	万盆	3.50
80	云梦县(鄂)	盆花	万盆	3.50
81	鸡泽县(冀)	盆花	万盆	3.00
82	承德县(冀)	盆花	万盆	3.00
83	嵩　县(豫)	盆花	万盆	3.00
84	东安县(湘)	盆花	万盆	3.00
85	崆峒区(甘)	盆花	万盆	3.00
86	襄城区(鄂)	盆花	万盆	2.50
87	任丘市(冀)	盆花	万盆	2.40
88	方城县(豫)	盆花	万盆	2.30
89	宝丰县(豫)	盆花	万盆	2.10
90	侯马市(晋)	盆花	万盆	2.00
91	淮上区(皖)	盆花	万盆	2.00
92	固镇县(皖)	盆花	万盆	2.00
93	陵城区(鲁)	盆花	万盆	2.00
94	阳新县(鄂)	盆花	万盆	2.00
95	株洲县(湘)	盆花	万盆	2.00
96	津市市(湘)	盆花	万盆	2.00
97	安平县(冀)	盆花	万盆	1.90
98	大城县(冀)	盆花	万盆	1.90
99	丰宁满族自治县(冀)	盆花	万盆	1.70
100	武陵区(湘)	盆花	万盆	1.60
101	西安区(吉)	盆花	万盆	1.50
102	新华区(豫)	盆花	万盆	1.50
103	南乐县(豫)	盆花	万盆	1.50
104	北京市大东流苗圃（京）	盆花	万盆	1.44
105	肥城市(鲁)	盆花	万盆	1.40
106	饶阳县(冀)	盆花	万盆	1.35
107	三门县(浙)	盆花	万盆	1.20
108	鹤峰县(鄂)	盆花	万盆	1.20
109	迁安市(冀)	盆花	万盆	1.00
110	禹会区(皖)	盆花	万盆	1.00
111	芜湖县(皖)	盆花	万盆	1.00
112	费　县(鲁)	盆花	万盆	1.00

（续表）

序号	菊花主产地	花卉类别	单位	生产量
113	鼓楼区(豫)	盆花	万盆	1.00
114	黔江区(渝)	盆花	万盆	1.00
115	芷江侗族自治县(湘)	盆花	万盆	0.80
116	故城县(冀)	盆花	万盆	0.60
117	灵璧县(皖)	盆景	万盆	18.00
118	长丰县(皖)	盆景	万盆	6.00
119	广昌县(赣)	盆景	万盆	4.00
120	茌平县(鲁)	盆景	万盆	3.50
121	黄骅市(冀)	盆景	万盆	2.00
122	常宁市(湘)	盆景	万盆	1.20
123	延庆区(京)	食用及药用花卉	吨	262.50
124	永年区(冀)	食用及药用花卉	千克	80.00
125	松江区(沪)	鲜切花	万支	2411.20
126	柯桥区(浙)	鲜切花	万支	1800.00
127	太子河区(辽)	鲜切花	万支	1750.00
128	奉贤区(沪)	鲜切花	万支	1217.00
129	卫滨区(豫)	鲜切花	万支	1000.00
130	延庆区(京)	鲜切花	万支	520.00
131	衢江区(浙)	鲜切花	万支	400.00
132	椒江区(浙)	鲜切花	万支	300.00
133	宁阳县(鲁)	鲜切花	万支	300.00
134	金山区(沪)	鲜切花	万支	250.00
135	崇明区(沪)	鲜切花	万支	249.00
136	阳宗海(滇)	鲜切花	万支	200.00
137	东洲区(辽)	鲜切花	万支	171.00
138	安国市(冀)	鲜切花	万支	150.00
139	青浦区(沪)	鲜切花	万支	149.00
140	阳新县(鄂)	鲜切花	万支	100.00
141	宣汉县(川)	鲜切花	万支	88.90
142	迁安市(冀)	鲜切花	万支	80.00
143	招远市(鲁)	鲜切花	万支	80.00
144	灞桥区(陕)	鲜切花	万支	80.00
145	宝山区(沪)	鲜切花	万支	76.15
146	银海区(桂)	鲜切花	万支	53.00
147	大英县(川)	鲜切花	万支	40.00
148	通州区(京)	鲜切花	万支	37.80
149	建安区(豫)	鲜切花	万支	35.00
150	广昌县(赣)	鲜切花	万支	26.60
151	永清县(冀)	鲜切花	万支	20.00
152	嘉定区(沪)	鲜切花	万支	18.10
153	广阳区(冀)	鲜切花	万支	15.34
154	涿州市(冀)	鲜切花	万支	15.00
155	遵化市(冀)	鲜切花	万支	14.00
156	灵璧县(皖)	鲜切花	万支	12.00
157	隆尧县(冀)	鲜切花	万支	11.00

(续表)

序号	菊花主产地	花卉类别	单位	生产量
158	淮上区(皖)	鲜切花	万支	10.00
159	敦煌市(甘)	鲜切花	万支	8.00
160	徽　县(甘)	鲜切花	万支	6.51
161	碧江区(黔)	鲜切花	万支	6.20
162	长治市城区(晋)	鲜切花	万支	6.00
163	沙市区(鄂)	鲜切花	万支	6.00
164	涞水县(冀)	鲜切花	万支	5.00
165	满城区(冀)	鲜切花	万支	5.00
166	建始县(鄂)	鲜切花	万支	5.00
167	唐　县(冀)	鲜切花	万支	3.00
168	西峰区(甘)	鲜切花	万支	2.47
169	蠡　县(冀)	鲜切花	万支	2.00
170	禹会区(皖)	鲜切花	万支	2.00
171	顺义区(京)	鲜切花	万支	1.20
172	安新县(冀)	鲜切花	万支	1.20
173	荣　县(川)	鲜切花	万支	0.90
174	滦平县(冀)	鲜切花	万支	0.70
175	海兴县(冀)	鲜切花	万支	0.60
176	榆中县(甘)	鲜切叶	万支	2442.48
177	兴庆区(宁)	鲜切叶	万支	579.60

表 13-12　月季类主产地产量

序号	月季类主产地	花卉类别	单位	生产量
1	潢川县(豫)	城市绿化苗	万株	980.00
2	青州市(鲁)	城市绿化苗	万株	680.00
3	东平县(鲁)	城市绿化苗	万株	500.00
4	麒麟区(滇)	城市绿化苗	万株	500.00
5	邓州市(豫)	城市绿化苗	万株	65.00
6	龙安区(豫)	城市绿化苗	万株	40.00
7	袁州区(赣)	城市绿化苗	万株	20.00
8	蒲城县(陕)	城市绿化苗	万株	16.00
9	韩城市林业局(陕)	城市绿化苗	万株	10.00
10	文　县(甘)	城市绿化苗	万株	5.00
11	利通区(宁)	城市绿化苗	万株	5.00
12	邵阳县(湘)	城市绿化苗	万株	4.50
13	利通区(宁)	城市绿化苗	万株	4.00
14	卧龙区(豫)	观赏苗木	万株	11100.00
15	固安县(冀)	观赏苗木	万株	590.00
16	周至县(陕)	观赏苗木	万株	423.90
17	安丘市(鲁)	观赏苗木	万株	276.00
18	武邑县(冀)	观赏苗木	万株	250.00
19	莱州市(鲁)	观赏苗木	万株	200.00
20	千阳县(陕)	观赏苗木	万株	109.00
21	卢氏县(豫)	观赏苗木	万株	60.00
22	临夏市(甘)	观赏苗木	万株	55.00

(续表)

序号	月季类主产地	花卉类别	单位	生产量
23	霍山县(皖)	观赏苗木	万株	50.00
24	陵城区(鲁)	观赏苗木	万株	34.00
25	大城县(冀)	观赏苗木	万株	30.00
26	双峰县(湘)	观赏苗木	万株	30.00
27	社旗县(豫)	观赏苗木	万株	28.00
28	巴州区(川)	观赏苗木	万株	25.00
29	吴桥县(冀)	观赏苗木	万株	22.00
30	三门县(浙)	观赏苗木	万株	20.00
31	肥西县(皖)	观赏苗木	万株	20.00
32	西峡县(豫)	观赏苗木	万株	16.20
33	迁安市(冀)	观赏苗木	万株	15.00
34	金川区(甘)	观赏苗木	万株	15.00
35	辛集市(冀)	观赏苗木	万株	14.00
36	孟村回族自治县(冀)	观赏苗木	万株	13.00
37	兖州区(鲁)	观赏苗木	万株	12.00
38	夏邑县(豫)	观赏苗木	万株	12.00
39	泸溪县(湘)	观赏苗木	万株	10.00
40	青　县(冀)	观赏苗木	万株	9.00
41	永年区(冀)	观赏苗木	万株	5.00
42	新泰市(鲁)	观赏苗木	万株	5.00
43	殷都区(豫)	观赏苗木	万株	5.00
44	大厂回族自治县(冀)	观赏苗木	万株	3.00
45	灵璧县(皖)	观赏苗木	万株	3.00
46	嘉峪关市(甘)	观赏苗木	万株	3.00
47	卫辉市(豫)	观赏苗木	万株	2.40
48	淮阳县(豫)	观赏苗木	万株	2.00
49	东安县(湘)	观赏苗木	万株	2.00
50	平罗县(宁)	观赏苗木	万株	2.00
51	大名县(冀)	观赏苗木	万株	1.00
52	宜川县(陕)	观赏苗木	万株	1.00
53	阜城县(冀)	观赏苗木	万株	0.70
54	太子河区(辽)	观叶植物	万盆	800.00
55	顺义区(京)	观叶植物	万盆	64.00
56	渠　县(川)	观叶植物	万盆	5.00
57	云梦县(鄂)	观叶植物	万盆	2.00
58	定襄县(晋)	花卉用种苗	千苗	200.00
59	田阳县(桂)	盆花	万盆	2000.00
60	通州区(京)	盆花	万盆	141.80
61	凤阳县(皖)	盆花	万盆	100.00
62	新野县(豫)	盆花	万盆	81.00
63	阜新蒙古族自治县(辽)	盆花	万盆	80.00
64	延庆区(京)	盆花	万盆	65.00
65	长治市郊区(晋)	盆花	万盆	60.00
66	辉南县(吉)	盆花	万盆	58.00
67	义乌市(浙)	盆花	万盆	50.00

（续表）

序号	月季类主产地	花卉类别	单位	生产量
68	睢　县(豫)	盆花	万盆	50.00
69	郧西县(鄂)	盆花	万盆	35.00
70	襄城县(豫)	盆花	万盆	28.00
71	馆陶县(冀)	盆花	万盆	25.00
72	隆尧县(冀)	盆花	万盆	23.00
73	浦东新区(沪)	盆花	万盆	21.70
74	沙河市(冀)	盆花	万盆	21.00
75	商水县(豫)	盆花	万盆	20.00
76	薛城区(鲁)	盆花	万盆	18.00
77	兰陵县(鲁)	盆花	万盆	16.00
78	魏　县(冀)	盆花	万盆	13.00
79	石家庄市桥西区(冀)	盆花	万盆	12.00
80	灵璧县(皖)	盆花	万盆	12.00
81	寿　县(皖)	盆花	万盆	11.00
82	惠济区(豫)	盆花	万盆	10.33
83	河间市(冀)	盆花	万盆	10.00
84	鼎城区(湘)	盆花	万盆	10.00
85	新宾满族自治县(辽)	盆花	万盆	9.50
86	吴桥县(冀)	盆花	万盆	9.00
87	鸡泽县(冀)	盆花	万盆	7.30
88	卫辉市(豫)	盆花	万盆	6.80
89	宁阳县(鲁)	盆花	万盆	6.00
90	潢川县(豫)	盆花	万盆	5.00
91	临武县(湘)	盆花	万盆	4.90
92	潢川县(豫)	盆花	万盆	4.60
93	桐柏县(豫)	盆花	万盆	4.20
94	枣强县(冀)	盆花	万盆	3.80
95	息　县(豫)	盆花	万盆	3.60
96	方城县(豫)	盆花	万盆	3.00
97	滦平县(冀)	盆花	万盆	2.00
98	丰宁满族自治县(冀)	盆花	万盆	2.00
99	安平县(冀)	盆花	万盆	1.98
100	盐山县(冀)	盆花	万盆	1.90
101	饶阳县(冀)	盆花	万盆	1.50
102	通城县(鄂)	盆花	万盆	1.50
103	平川区(甘)	盆花	万盆	1.50
104	三门县(浙)	盆花	万盆	1.30
105	平山县(冀)	盆花	万盆	1.00
106	迁安市(冀)	盆花	万盆	1.00
107	长治市城区(晋)	盆花	万盆	1.00
108	九龙坡区(渝)	盆花	万盆	1.00
109	西峰区(甘)	盆花	万盆	0.97
110	故城县(冀)	盆花	万盆	0.60
111	敦煌市(甘)	盆花	万盆	0.58
112	奉贤区(沪)	盆景	万盆	43.00

（续表）

序号	月季类主产地	花卉类别	单位	生产量
113	巴州区(川)	盆景	万盆	29.00
114	广昌县(赣)	盆景	万盆	3.01
115	荣成市(鲁)	盆景	万盆	3.00
116	开平区(冀)	盆景	万盆	1.00
117	洪洞县(晋)	食用及药用花卉	千克	5.00
118	阳宗海(滇)	鲜切花	万支	28000.00
119	苏仙区(湘)	鲜切花	万支	6850.00
120	南召县(豫)	鲜切花	万支	5000.00
121	望都县(冀)	鲜切花	万支	1390.00
122	宁阳县(鲁)	鲜切花	万支	450.00
123	江川区(滇)	鲜切花	万支	450.00
124	宛城区(豫)	鲜切花	万支	396.00
125	环翠区(鲁)	鲜切花	万支	351.00
126	新野县(豫)	鲜切花	万支	280.00
127	阳新县(鄂)	鲜切花	万支	150.00
128	榆中县(甘)	鲜切花	万支	143.40
129	三河市(冀)	鲜切花	万支	122.00
130	安国市(冀)	鲜切花	万支	100.00
131	巴州区(川)	鲜切花	万支	65.00
132	石台县(皖)	鲜切花	万支	50.00
133	定南县(赣)	鲜切花	万支	44.20
134	长清区(鲁)	鲜切花	万支	40.00
135	大英县(川)	鲜切花	万支	40.00
136	柞水县(陕)	鲜切花	万支	40.00
137	宣汉县(川)	鲜切花	万支	38.30
138	遵化市(冀)	鲜切花	万支	30.00
139	涿州市(冀)	鲜切花	万支	30.00
140	贡井区(川)	鲜切花	万支	30.00
141	彭山区(川)	鲜切花	万支	25.00
142	涿州市(冀)	鲜切花	万支	20.00
143	西华县(豫)	鲜切花	万支	18.00
144	章丘区(鲁)	鲜切花	万支	16.00
145	唐　县(冀)	鲜切花	万支	15.00
146	灞桥区(陕)	鲜切花	万支	14.62
147	东洲区(辽)	鲜切花	万支	14.00
148	灵璧县(皖)	鲜切花	万支	13.00
149	柯城区(浙)	鲜切花	万支	12.00
150	怀柔区(京)	鲜切花	万支	11.00
151	满城区(冀)	鲜切花	万支	10.00
152	怀远县(皖)	鲜切花	万支	10.00
153	衡山县(湘)	鲜切花	万支	8.90
154	涞水县(冀)	鲜切花	万支	8.00
155	曲阳县(冀)	鲜切花	万支	8.00
156	郧西县(鄂)	鲜切花	万支	8.00
157	雁山区(桂)	鲜切花	万支	8.00

(续表)

序号	月季类主产地	花卉类别	单位	生产量
158	徽　县(甘)	鲜切花	万支	6.51
159	河间市(冀)	鲜切花	万支	6.00
160	高碑店市(冀)	鲜切花	万支	5.00
161	芜湖县(皖)	鲜切花	万支	5.00
162	南皮县(冀)	鲜切花	万支	4.02
163	肃宁县(冀)	鲜切花	万支	2.30
164	西峰区(甘)	鲜切花	万支	2.19
165	容城县(冀)	鲜切花	万支	2.00
166	丹棱县(川)	鲜切花	万支	1.50
167	定兴县(冀)	鲜切花	万支	1.00
168	荣　县(川)	鲜切花	万支	1.00
169	平川区(甘)	鲜切花	万支	1.00
170	海兴县(冀)	鲜切花	万支	0.80
171	永年区(冀)	鲜切花	万支	0.70
172	睢阳区(豫)	鲜切叶	万支	26.00
173	灵璧县(皖)	鲜切叶	万支	3.50
174	洛南县(陕)	鲜切叶	万支	3.10

表 13-13　桂花主产地产量

序号	桂花主产地	花卉类别	单位	生产量
1	宁乡市(湘)	城市绿化苗	万株	220000.00
2	通道侗族自治县(湘)	城市绿化苗	万株	80000.00
3	龙圩区(桂)	城市绿化苗	万株	70000.00
4	南漳县(鄂)	城市绿化苗	万株	36500.00
5	苏仙区(湘)	城市绿化苗	万株	7891.00
6	雁江区(川)	城市绿化苗	万株	5100.00
7	临桂区(桂)	城市绿化苗	万株	1800.00
8	颍州区(皖)	城市绿化苗	万株	1600.00
9	岳阳县(湘)	城市绿化苗	万株	1000.00
10	麒麟区(滇)	城市绿化苗	万株	700.00
11	新宁县(湘)	城市绿化苗	万株	500.00
12	辰溪县(湘)	城市绿化苗	万株	500.00
13	达川区(川)	城市绿化苗	万株	500.00
14	袁州区(赣)	城市绿化苗	万株	300.00
15	德安县(赣)	城市绿化苗	万株	286.00
16	铜梁区(渝)	城市绿化苗	万株	216.00
17	盐亭县(川)	城市绿化苗	万株	210.00
18	无为县(皖)	城市绿化苗	万株	200.00
19	洪江市(湘)	城市绿化苗	万株	160.00
20	宁远县(湘)	城市绿化苗	万株	150.00
21	社旗县(豫)	城市绿化苗	万株	146.00
22	湘乡市(湘)	城市绿化苗	万株	131.00
23	邓州市(豫)	城市绿化苗	万株	130.00
24	万年县(赣)	城市绿化苗	万株	120.00
25	桑植县(湘)	城市绿化苗	万株	120.00

(续表)

序号	桂花主产地	花卉类别	单位	生产量
26	宜阳县(豫)	城市绿化苗	万株	119.20
27	肥西县(皖)	城市绿化苗	万株	100.00
28	攸　县(湘)	城市绿化苗	万株	100.00
29	汝南县(豫)	城市绿化苗	万株	83.00
30	桐城市(皖)	城市绿化苗	万株	80.00
31	栾川县(豫)	城市绿化苗	万株	68.00
32	建始县(鄂)	城市绿化苗	万株	65.00
33	开州区(渝)	城市绿化苗	万株	60.00
34	南郑区(陕)	城市绿化苗	万株	60.00
35	邵阳县(湘)	城市绿化苗	万株	58.00
36	金城江区(桂)	城市绿化苗	万株	54.50
37	黎平县(黔)	城市绿化苗	万株	54.21
38	济源市(豫)	城市绿化苗	万株	53.00
39	松桃苗族自治县(黔)	城市绿化苗	万株	51.68
40	宁强县(陕)	城市绿化苗	万株	50.00
41	望江县(皖)	城市绿化苗	万株	40.00
42	玉山县(赣)	城市绿化苗	万株	33.50
43	铜陵市郊区(皖)	城市绿化苗	万株	31.00
44	南康区(赣)	城市绿化苗	万株	30.50
45	永福县(桂)	城市绿化苗	万株	28.00
46	大竹县(川)	城市绿化苗	万株	28.00
47	泾　县(皖)	城市绿化苗	万株	25.00
48	鹤峰县(鄂)	城市绿化苗	万株	25.00
49	资阳区(湘)	城市绿化苗	万株	23.00
50	诸暨市(浙)	城市绿化苗	万株	20.00
51	龙南县(赣)	城市绿化苗	万株	20.00
52	中方县(湘)	城市绿化苗	万株	20.00
53	衢江区(浙)	城市绿化苗	万株	17.00
54	渠　县(川)	城市绿化苗	万株	17.00
55	新　县(豫)	城市绿化苗	万株	16.00
56	彭山区(川)	城市绿化苗	万株	16.00
57	仙桃市(鄂)	城市绿化苗	万株	15.40
58	黄山区(皖)	城市绿化苗	万株	15.00
59	仪陇县(川)	城市绿化苗	万株	15.00
60	蒙城县(皖)	城市绿化苗	万株	13.00
61	永定区(湘)	城市绿化苗	万株	12.00
62	资中县(川)	城市绿化苗	万株	12.00
63	黄平县(黔)	城市绿化苗	万株	12.00
64	新晃侗族自治县(湘)	城市绿化苗	万株	11.00
65	淮上区(皖)	城市绿化苗	万株	10.00
66	颍泉区(皖)	城市绿化苗	万株	10.00
67	大英县(川)	城市绿化苗	万株	10.00
68	普安县(黔)	城市绿化苗	万株	9.80
69	安化县(湘)	城市绿化苗	万株	9.20
70	瑞金市(赣)	城市绿化苗	万株	9.00

（续表）

序号	桂花主产地	花卉类别	单位	生产量
71	德兴市（赣）	城市绿化苗	万株	8.65
72	广昌县（赣）	城市绿化苗	万株	8.00
73	思南县（黔）	城市绿化苗	万株	8.00
74	芷江侗族自治县（湘）	城市绿化苗	万株	7.50
75	阳新县（鄂）	城市绿化苗	万株	6.00
76	津市市（湘）	城市绿化苗	万株	6.00
77	洞口县（湘）	城市绿化苗	万株	5.50
78	黄梅县（鄂）	城市绿化苗	万株	5.00
79	花垣县（湘）	城市绿化苗	万株	5.00
80	福泉市（黔）	城市绿化苗	万株	5.00
81	株洲县（湘）	城市绿化苗	万株	4.00
82	息　县（豫）	城市绿化苗	万株	3.50
83	邻水县（川）	城市绿化苗	万株	3.20
84	保康县（鄂）	城市绿化苗	万株	3.00
85	韶山市（湘）	城市绿化苗	万株	3.00
86	宾阳县（桂）	城市绿化苗	万株	3.00
87	江津区（渝）	城市绿化苗	万株	3.00
88	沾益区（滇）	城市绿化苗	万株	3.00
89	旌阳区（川）	城市绿化苗	万株	2.50
90	黎川县（赣）	城市绿化苗	万株	2.35
91	富源县（滇）	城市绿化苗	万株	2.10
92	黔江区（渝）	城市绿化苗	万株	2.00
93	嵩　县（豫）	城市绿化苗	万株	1.20
94	湛河区（豫）	城市绿化苗	万株	1.00
95	钦廉林场（桂）	城市绿化苗	万株	1.00
96	华容县（湘）	城市绿化苗	万株	0.80
97	醴陵市（湘）	城市绿化苗	万株	0.80
98	贺州市平桂管理区（桂）	城市绿化苗	万株	0.60
99	石鼓区（湘）	工业及其他用途花卉	千克	6000.00
100	上犹县（赣）	观赏苗木	万株	2173950.00
101	平乐县（桂）	观赏苗木	万株	520000.00
102	珠晖区（湘）	观赏苗木	万株	500000.00
103	北湖区（湘）	观赏苗木	万株	6000.00
104	湘潭县（湘）	观赏苗木	万株	2520.00
105	内乡县（豫）	观赏苗木	万株	270.00
106	泰顺县（浙）	观赏苗木	万株	200.00
107	潜江市（鄂）	观赏苗木	万株	200.00
108	雨城区（川）	观赏苗木	万株	189.82
109	桂东县（湘）	观赏苗木	万株	140.00
110	襄州区（鄂）	观赏苗木	万株	130.00
111	雨花区（湘）	观赏苗木	万株	130.00
112	常山县（浙）	观赏苗木	万株	100.00
113	凤阳县（皖）	观赏苗木	万株	100.00
114	龙南县（赣）	观赏苗木	万株	100.00

（续表）

序号	桂花主产地	花卉类别	单位	生产量
115	光山县（豫）	观赏苗木	万株	100.00
116	淮滨县（豫）	观赏苗木	万株	100.00
117	邵东县（湘）	观赏苗木	万株	100.00
118	南溪区（川）	观赏苗木	万株	100.00
119	汝城县（湘）	观赏苗木	万株	88.00
120	新干县（赣）	观赏苗木	万株	72.00
121	襄城县（豫）	观赏苗木	万株	61.00
122	平桥区（豫）	观赏苗木	万株	60.00
123	雁山区（桂）	观赏苗木	万株	60.00
124	庆元县（浙）	观赏苗木	万株	55.00
125	巴州区（川）	观赏苗木	万株	55.00
126	新化县（湘）	观赏苗木	万株	50.00
127	桂平市（桂）	观赏苗木	万株	45.28
128	桐柏县（豫）	观赏苗木	万株	30.50
129	即墨区（鲁）	观赏苗木	万株	30.00
130	东宝区（鄂）	观赏苗木	万株	30.00
131	广安区（川）	观赏苗木	万株	30.00
132	广昌县（赣）	观赏苗木	万株	26.00
133	芦淞区（湘）	观赏苗木	万株	25.00
134	永顺县（湘）	观赏苗木	万株	25.00
135	含山县（皖）	观赏苗木	万株	20.00
136	临泉县（皖）	观赏苗木	万株	20.00
137	漳河新区（鄂）	观赏苗木	万株	20.00
138	双峰县（湘）	观赏苗木	万株	20.00
139	沿河土家族自治县（黔）	观赏苗木	万株	20.00
140	云梦县（鄂）	观赏苗木	万株	19.70
141	道　县（湘）	观赏苗木	万株	17.00
142	阳新县（鄂）	观赏苗木	万株	16.00
143	赣县区（赣）	观赏苗木	万株	15.00
144	奉节县（渝）	观赏苗木	万株	15.00
145	三门县（浙）	观赏苗木	万株	13.00
146	西海岸新区（鲁）	观赏苗木	万株	12.84
147	京山县（鄂）	观赏苗木	万株	10.50
148	薛城区（鲁）	观赏苗木	万株	10.00
149	确山县（豫）	观赏苗木	万株	10.00
150	桂阳县（湘）	观赏苗木	万株	10.00
151	岳池县（川）	观赏苗木	万株	10.00
152	瑞丽市（滇）	观赏苗木	万株	10.00
153	广德县（皖）	观赏苗木	万株	7.30
154	长葛市（豫）	观赏苗木	万株	7.00
155	方城县（豫）	观赏苗木	万株	7.00
156	蔡甸区（鄂）	观赏苗木	万株	6.50
157	芜湖县（皖）	观赏苗木	万株	6.00
158	雨湖区（湘）	观赏苗木	万株	6.00
159	淅川县（豫）	观赏苗木	万株	5.70

(续表)

序号	桂花主产地	花卉类别	单位	生产量
160	乐平市(赣)	观赏苗木	万株	5.00
161	武宣县(桂)	观赏苗木	万株	5.00
162	周至县(陕)	观赏苗木	万株	3.70
163	北塔区(湘)	观赏苗木	万株	3.50
164	会理县(川)	观赏苗木	万株	3.50
165	镇平县(豫)	观赏苗木	万株	3.10
166	昌乐县(鲁)	观赏苗木	万株	3.00
167	施甸县(滇)	观赏苗木	万株	3.00
168	霍山县(皖)	观赏苗木	万株	2.00
169	川汇区(豫)	观赏苗木	万株	2.00
170	项城市(豫)	观赏苗木	万株	2.00
171	陆川县(桂)	观赏苗木	万株	2.00
172	金安区(皖)	观赏苗木	万株	1.64
173	珙　县(川)	观赏苗木	万株	1.20
174	费　县(鲁)	观赏苗木	万株	1.10
175	章贡区(赣)	观赏苗木	万株	1.00
176	黄州区(鄂)	观赏苗木	万株	1.00
177	广汉市(川)	观赏苗木	万株	1.00
178	卫辉市(豫)	观赏苗木	万株	0.80
179	龙安区(豫)	观赏苗木	万株	0.80
180	北塔区(湘)	观赏苗木	万株	0.68
181	项城市(豫)	观叶植物	万盆	1.00
182	平利县(陕)	观叶植物	万盆	0.80
183	龙南县(赣)	花卉用种苗	千苗	1000.00
184	通川区(川)	花卉用种苗	千苗	1.00
185	兴国县(赣)	盆花	万盆	4000.00
186	即墨区(鲁)	盆花	万盆	12.00
187	安国市(冀)	盆花	万盆	10.00
188	莒南县(鲁)	盆花	万盆	10.00
189	费　县(鲁)	盆花	万盆	10.00
190	岳阳楼区(湘)	盆花	万盆	0.80
191	港口区(桂)	盆景	万盆	390.00
192	青州市(鲁)	盆景	万盆	152.00
193	巴州区(川)	盆景	万盆	26.00
194	招远市(鲁)	盆景	万盆	10.00
195	灵璧县(皖)	盆景	万盆	9.00
196	兖州区(鲁)	盆景	万盆	8.00
197	常宁市(湘)	盆景	万盆	5.80
198	益阳市市辖区(湘)	盆景	万盆	5.00
199	赤壁市(鄂)	食用及药用花卉	千克	132.95
200	大悟县(鄂)	食用及药用花卉	千克	100.00
201	巴州区(川)	鲜切花	万支	141.00
202	芜湖县(皖)	鲜切叶	万支	15.00

表 13-14　杜鹃花主产地产量

序号	杜鹃花主产地	花卉类别	单位	生产量
1	东源县(粤)	城市绿化苗	万株	450.00
2	腾冲市(滇)	城市绿化苗	万株	408.00
3	洪江市(湘)	城市绿化苗	万株	400.00
4	袁州区(赣)	城市绿化苗	万株	300.00
5	邵东县(湘)	城市绿化苗	万株	300.00
6	新宁县(湘)	城市绿化苗	万株	150.00
7	宁远县(湘)	城市绿化苗	万株	50.00
8	中方县(湘)	城市绿化苗	万株	20.00
9	芷江侗族自治县(湘)	城市绿化苗	万株	5.00
10	新晃侗族自治县(湘)	城市绿化苗	万株	0.60
11	新化县(湘)	观赏苗木	万株	250.00
12	永顺县(湘)	观赏苗木	万株	45.00
13	霍山县(皖)	观赏苗木	万株	30.00
14	益阳市市辖区(湘)	观赏苗木	万株	20.00
15	会理县(川)	观赏苗木	万株	3.50
16	武宣县(桂)	观赏苗木	万株	3.00
17	大关县(滇)	观赏苗木	万株	2.10
18	金城江区(桂)	观赏苗木	万株	2.00
19	岚山区(鲁)	观赏苗木	万株	1.30
20	沁阳市(豫)	观赏苗木	万株	0.68
21	北湖区(湘)	观叶植物	万盆	20000.00
22	安福县(赣)	观叶植物	万盆	5000.00
23	赣县区(赣)	观叶植物	万盆	19.00
24	襄汾县(晋)	观叶植物	万盆	12.00
25	章贡区(赣)	观叶植物	万盆	2.00
26	龙南县(赣)	花卉用种苗	千苗	300.00
27	兴国县(赣)	盆花	万盆	80610.00
28	新津县(川)	盆花	万盆	788.00
29	振兴区(辽)	盆花	万盆	90.00
30	贡井区(川)	盆花	万盆	30.00
31	涿州市(冀)	盆花	万盆	25.00
32	泰顺县(浙)	盆花	万盆	18.40
33	鼎城区(湘)	盆花	万盆	16.00
34	邱　县(冀)	盆花	万盆	10.00
35	蔡甸区(鄂)	盆花	万盆	9.50
36	永清县(冀)	盆花	万盆	8.00
37	岳阳楼区(湘)	盆花	万盆	6.23
38	蒙阴县(鲁)	盆花	万盆	6.00
39	阳新县(鄂)	盆花	万盆	6.00
40	隆尧县(冀)	盆花	万盆	5.00
41	雁山区(桂)	盆花	万盆	5.00
42	旺苍县(川)	盆花	万盆	5.00
43	丰宁满族自治县(冀)	盆花	万盆	4.00
44	西安区(吉)	盆花	万盆	3.10
45	桃城区(冀)	盆花	万盆	2.40

（续表）

序号	杜鹃花主产地	花卉类别	单位	生产量
46	薛城区(鲁)	盆花	万盆	2.00
47	晋州市(冀)	盆花	万盆	1.70
48	北仑区(浙)	盆花	万盆	1.50
49	丰润区(冀)	盆花	万盆	1.00
50	沂南县(鲁)	盆花	万盆	1.00
51	嵩　县(豫)	盆花	万盆	1.00
52	樊城区(鄂)	盆花	万盆	1.00
53	云梦县(鄂)	盆花	万盆	1.00
54	黔江区(渝)	盆花	万盆	1.00
55	鹤峰县(鄂)	盆花	万盆	0.70
56	迁西县(冀)	盆花	万盆	0.60
57	巴州区(川)	盆景	万盆	6.00
58	奉节县(渝)	盆景	万盆	1.00
59	北湖区(湘)	鲜切花	万支	5000.00
60	宣汉县(川)	鲜切花	万支	45.60
61	道　县(湘)	鲜切花	万支	2.00

表 13-15　茶花主产地产量

序号	茶花主产地	花卉类别	单位	生产量
1	高　县(川)	城市绿化苗	万株	580.00
2	北仑区(浙)	城市绿化苗	万株	410.00
3	麒麟区(滇)	城市绿化苗	万株	100.00
4	宁远县(湘)	城市绿化苗	万株	40.00
5	象山县(浙)	城市绿化苗	万株	29.00
6	瑞金市(赣)	城市绿化苗	万株	12.00
7	仙桃市(鄂)	城市绿化苗	万株	11.20
8	新宁县(湘)	城市绿化苗	万株	10.00
9	德安县(赣)	城市绿化苗	万株	7.00
10	袁州区(赣)	城市绿化苗	万株	5.00
11	津市市(湘)	城市绿化苗	万株	5.00
12	临武县(湘)	城市绿化苗	万株	4.50
13	阳新县(鄂)	城市绿化苗	万株	3.00
14	衢江区(浙)	城市绿化苗	万株	2.80
15	玉山县(赣)	城市绿化苗	万株	2.50
16	万秀区(桂)	城市绿化苗	万株	2.50
17	洞口县(湘)	城市绿化苗	万株	2.10
18	宾阳县(桂)	城市绿化苗	万株	2.00
19	望城区(湘)	城市绿化苗	万株	1.20
20	邵阳县(湘)	城市绿化苗	万株	1.10
21	岳阳县(湘)	城市绿化苗	万株	1.00
22	彭山区(川)	城市绿化苗	万株	1.00
23	黎川县(赣)	城市绿化苗	万株	0.90
24	腾冲市(滇)	城市绿化苗	万株	0.80
25	芷江侗族自治县(湘)	城市绿化苗	万株	0.65
26	黄州区(鄂)	城市绿化苗	万株	0.60

（续表）

序号	茶花主产地	花卉类别	单位	生产量
27	平利县(陕)	城市绿化苗	万株	0.60
28	婺城区(浙)	观赏苗木	万株	1650.00
29	龙南县(赣)	观赏苗木	万株	50.00
30	新化县(湘)	观赏苗木	万株	50.00
31	雁山区(桂)	观赏苗木	万株	40.00
32	翠屏区(川)	观赏苗木	万株	23.00
33	中方县(湘)	观赏苗木	万株	22.00
34	广昌县(赣)	观赏苗木	万株	19.20
35	阳新县(鄂)	观赏苗木	万株	18.00
36	新干县(赣)	观赏苗木	万株	13.00
37	石城县(赣)	观赏苗木	万株	10.00
38	东安县(湘)	观赏苗木	万株	10.00
39	南溪区(川)	观赏苗木	万株	10.00
40	屈家岭管理区(鄂)	观赏苗木	万株	9.00
41	三门县(浙)	观赏苗木	万株	6.00
42	武宣县(桂)	观赏苗木	万株	5.00
43	巴州区(川)	观赏苗木	万株	4.00
44	雨城区(川)	观赏苗木	万株	3.67
45	仁寿县(川)	观赏苗木	万株	3.60
46	乐平市(赣)	观赏苗木	万株	3.00
47	珙　县(川)	观赏苗木	万株	2.40
48	碧江区(黔)	观赏苗木	万株	2.40
49	双峰县(湘)	观赏苗木	万株	2.00
50	金城江区(桂)	观赏苗木	万株	1.50
51	确山县(豫)	观赏苗木	万株	1.00
52	沅陵县(湘)	观赏苗木	万株	0.70
53	安化县(湘)	观赏苗木	万株	0.70
54	冷水滩区(湘)	观叶植物	万盆	1.00
55	金洞林场(湘)	观叶植物	万盆	1.00
56	金城江区(桂)	观叶植物	万盆	1.00
57	秀峰区(桂)	花卉用种苗	千苗	450.00
58	龙南县(赣)	花卉用种苗	千苗	150.00
59	广昌县(赣)	盆花	万盆	32.50
60	英山县(鄂)	盆花	万盆	20.00
61	即墨区(鲁)	盆花	万盆	12.00
62	沙洋县(鄂)	盆花	万盆	10.00
63	南溪区(川)	盆花	万盆	10.00
64	阳新县(鄂)	盆花	万盆	6.00
65	荣成市(鲁)	盆花	万盆	2.20
66	西安区(吉)	盆花	万盆	1.80
67	岳阳楼区(湘)	盆花	万盆	1.50
68	公安县(鄂)	盆花	万盆	1.10
69	凤阳县(皖)	盆花	万盆	1.00
70	章丘区(鲁)	盆花	万盆	1.00
71	云梦县(鄂)	盆花	万盆	1.00

(续表)

序号	茶花主产地	花卉类别	单位	生产量
72	黔江区(渝)	盆花	万盆	1.00
73	维都林场(桂)	盆花	万盆	0.91
74	筠连县(川)	盆景	万盆	59.00
75	巴州区(川)	盆景	万盆	15.00
76	灵璧县(皖)	盆景	万盆	4.00
77	当阳市(鄂)	盆景	万盆	2.60
78	鹤城区(湘)	盆景	万盆	1.50
79	云　县(滇)	盆景	万盆	1.20
80	常宁市(湘)	盆景	万盆	0.60
81	巴州区(川)	鲜切花	万支	32.00
82	贡井区(川)	鲜切花	万支	17.00
83	金洞林场(湘)	鲜切花	万支	1.80
84	道　县(湘)	鲜切叶	万支	1.00

表 13-16　玫瑰主产地产量

序号	玫瑰主产地	花卉类别	单位	生产量
1	麒麟区(滇)	城市绿化苗	万株	3000.00
2	东平县(鲁)	城市绿化苗	万株	350.00
3	永城市(豫)	城市绿化苗	万株	230.10
4	阳新县(鄂)	城市绿化苗	万株	131.00
5	望城区(湘)	城市绿化苗	万株	120.00
6	广安区(川)	城市绿化苗	万株	90.00
7	大武口区(宁)	城市绿化苗	万株	20.00
8	龙安区(豫)	城市绿化苗	万株	15.00
9	芷江侗族自治县(湘)	城市绿化苗	万株	10.00
10	永昌县(甘)	城市绿化苗	万株	9.80
11	宁远县(湘)	城市绿化苗	万株	1.00
12	辽中区(辽)	干花	万支	2670.00
13	景泰县(甘)	工业及其他用途花卉	千克	3200.00
14	兰考县(豫)	工业及其他用途花卉	千克	3000.00
15	莱州市(鲁)	观赏苗木	万株	600.00
16	潼南区(渝)	观赏苗木	万株	400.00
17	兴庆区(宁)	观赏苗木	万株	327.00
18	张北县(冀)	观赏苗木	万株	270.00
19	抚宁区(冀)	观赏苗木	万株	130.00
20	扶绥县(桂)	观赏苗木	万株	100.00
21	淅川县(豫)	观赏苗木	万株	60.00
22	沿河土家族自治县(黔)	观赏苗木	万株	60.00
23	丰宁满族自治县(冀)	观赏苗木	万株	56.00
24	迁安市(冀)	观赏苗木	万株	20.00
25	嘉峪关市(甘)	观赏苗木	万株	14.10
26	沿滩区(川)	观赏苗木	万株	11.10
27	复兴区(冀)	观赏苗木	万株	10.00

(续表)

序号	玫瑰主产地	花卉类别	单位	生产量
28	青铜峡市(宁)	观赏苗木	万株	10.00
29	三门县(浙)	观赏苗木	万株	9.00
30	西海岸新区(鲁)	观赏苗木	万株	5.50
31	东安县(湘)	观赏苗木	万株	5.00
32	射洪县(川)	观赏苗木	万株	2.00
33	施甸县(滇)	观赏苗木	万株	2.00
34	西峰区(甘)	观赏苗木	万株	1.02
35	海港区(冀)	观赏苗木	万株	1.00
36	围场满族蒙古族自治县(冀)	观赏苗木	万株	1.00
37	内江市市中区(川)	观赏苗木	万株	1.00
38	沿滩区(川)	观叶植物	万盆	0.62
39	霍山县(皖)	花卉用种苗	千苗	50.00
40	开远市(滇)	盆花	万盆	200.00
41	范　县(豫)	盆花	万盆	90.00
42	迁安市(冀)	盆花	万盆	80.00
43	定州市(冀)	盆花	万盆	30.00
44	郧西县(鄂)	盆花	万盆	20.00
45	兴庆区(宁)	盆花	万盆	20.00
46	武城县(鲁)	盆花	万盆	15.00
47	辰溪县(湘)	盆花	万盆	10.00
48	隆尧县(冀)	盆花	万盆	5.00
49	合山市(桂)	盆花	万盆	3.80
50	魏　县(冀)	盆花	万盆	2.00
51	瓜州县(甘)	盆花	万盆	1.30
52	盐山县(冀)	盆花	万盆	1.10
53	邱　县(冀)	盆花	万盆	1.00
54	平山县(冀)	盆花	万盆	1.00
55	建始县(鄂)	盆花	万盆	1.00
56	大城县(冀)	盆花	万盆	0.80
57	宾阳县(桂)	盆花	万盆	0.55
58	常宁市(湘)	盆景	万盆	0.85
59	成武县(鲁)	食用及药用花卉	千克	150000.00
60	邢台县(冀)	食用及药用花卉	千克	120000.00
61	延庆区(京)	食用及药用花卉	千克	90000.00
62	澄江县(滇)	食用及药用花卉	千克	50000.00
63	梁山县(鲁)	食用及药用花卉	千克	34500.00
64	鄄城县(鲁)	食用及药用花卉	千克	10000.00
65	五华区(滇)	食用及药用花卉	千克	8100.00
66	晋宁区(滇)	鲜切花	万支	218930.00
67	博爱县(豫)	鲜切花	万支	30000.00
68	石林彝族自治县(滇)	鲜切花	万支	9212.00
69	港口区(桂)	鲜切花	万支	5700.00
70	富民县(滇)	鲜切花	万支	5000.00
71	巴林左旗(内蒙古)	鲜切花	万支	2600.00
72	凌源市(辽)	鲜切花	万支	1650.00

（续表）

序号	玫瑰主产地	花卉类别	单位	生产量
73	榆中县(甘)	鲜切花	万支	1344.30
74	台安县(辽)	鲜切花	万支	800.00
75	清丰县(豫)	鲜切花	万支	700.00
76	苍南县(浙)	鲜切花	万支	670.00
77	乐平市(赣)	鲜切花	万支	406.00
78	台前县(豫)	鲜切花	万支	330.00
79	永胜县(滇)	鲜切花	万支	300.00
80	东洲区(辽)	鲜切花	万支	230.00
81	长丰县(皖)	鲜切花	万支	200.00
82	五华区(滇)	鲜切花	万支	172.50
83	平山县(冀)	鲜切花	万支	170.00
84	梁平区(渝)	鲜切花	万支	159.18
85	平谷区(京)	鲜切花	万支	156.50
86	永清县(冀)	鲜切花	万支	150.00
87	辉南县(吉)	鲜切花	万支	145.00
88	惠民县(鲁)	鲜切花	万支	144.00
89	古冶区(冀)	鲜切花	万支	120.00
90	吉安县(赣)	鲜切花	万支	120.00
91	建安区(豫)	鲜切花	万支	120.00
92	安国市(冀)	鲜切花	万支	100.00
93	振安区(辽)	鲜切花	万支	100.00
94	朝阳县(辽)	鲜切花	万支	100.00
95	喀喇沁左翼蒙古族自治县(辽)	鲜切花	万支	100.00
96	郾城区(豫)	鲜切花	万支	89.36
97	龙南县(赣)	鲜切花	万支	89.00
98	遵化市(冀)	鲜切花	万支	80.00
99	宣汉县(川)	鲜切花	万支	74.80
100	金山区(沪)	鲜切花	万支	62.00
101	献　县(冀)	鲜切花	万支	60.00
102	包河区(皖)	鲜切花	万支	60.00
103	江口县(黔)	鲜切花	万支	60.00
104	江川区(滇)	鲜切花	万支	60.00
105	岚山区(鲁)	鲜切花	万支	56.00
106	招远市(鲁)	鲜切花	万支	50.00
107	柞水县(陕)	鲜切花	万支	50.00
108	徽　县(甘)	鲜切花	万支	46.70
109	卫东区(豫)	鲜切花	万支	43.10
110	大英县(川)	鲜切花	万支	40.00
111	仁寿县(川)	鲜切花	万支	38.00
112	平桥区(豫)	鲜切花	万支	35.10
113	会理县(川)	鲜切花	万支	32.40
114	清苑区(冀)	鲜切花	万支	30.00
115	隆尧县(冀)	鲜切花	万支	30.00
116	管城回族区(豫)	鲜切花	万支	30.00
117	祁东县(湘)	鲜切花	万支	29.00

（续表）

序号	玫瑰主产地	花卉类别	单位	生产量
118	广昌县(赣)	鲜切花	万支	26.00
119	章丘区(鲁)	鲜切花	万支	26.00
120	肥东县(皖)	鲜切花	万支	25.00
121	临漳县(冀)	鲜切花	万支	23.00
122	石城县(赣)	鲜切花	万支	22.00
123	武功县(陕)	鲜切花	万支	19.00
124	临邑县(鲁)	鲜切花	万支	18.00
125	万载县(赣)	鲜切花	万支	15.00
126	西华县(豫)	鲜切花	万支	12.00
127	沂南县(鲁)	鲜切花	万支	10.00
128	沙洋县(鄂)	鲜切花	万支	10.00
129	游仙区(川)	鲜切花	万支	10.00
130	北镇市(辽)	鲜切花	万支	9.00
131	双滦区(冀)	鲜切花	万支	8.00
132	隆化县(冀)	鲜切花	万支	8.00
133	长治市城区(晋)	鲜切花	万支	8.00
134	南丰县(赣)	鲜切花	万支	8.00
135	郧西县(鄂)	鲜切花	万支	7.00
136	宜州区(桂)	鲜切花	万支	7.00
137	建始县(鄂)	鲜切花	万支	6.80
138	邱　县(冀)	鲜切花	万支	6.00
139	红山区(内蒙古)	鲜切花	万支	6.00
140	衡山县(湘)	鲜切花	万支	5.31
141	松山区(内蒙古)	鲜切花	万支	5.00
142	彭山区(川)	鲜切花	万支	5.00
143	满城区(冀)	鲜切花	万支	4.80
144	泰安市泰山景区(鲁)	鲜切花	万支	4.20
145	西峰区(甘)	鲜切花	万支	3.80
146	丹棱县(川)	鲜切花	万支	3.50
147	碧江区(黔)	鲜切花	万支	3.10
148	灵璧县(皖)	鲜切花	万支	3.00
149	容城县(冀)	鲜切花	万支	2.50
150	蔡甸区(鄂)	鲜切花	万支	1.80
151	应　县(晋)	鲜切花	万支	0.80
152	荣　县(川)	鲜切花	万支	0.80
153	高安市(赣)	鲜切花	万支	0.58
154	兴庆区(宁)	鲜切叶	万支	26.00
155	灵璧县(皖)	鲜切叶	万支	4.00

表 13-17　百合主产地产量

序号	百合主产地	花卉类别	单位	生产量
1	麒麟区(滇)	城市绿化苗	万株	100.00
2	江津区(渝)	城市绿化苗	万株	1.02
3	仙桃市(鄂)	干花	万支	2.00
4	江油市(川)	观赏苗木	万株	270.00

(续表)

序号	百合主产地	花卉类别	单位	生产量
5	三门县(浙)	观赏苗木	万株	22.00
6	开平区(冀)	观赏苗木	万株	20.00
7	丰润区(冀)	观赏苗木	万株	15.00
8	魏　县(冀)	观赏苗木	万株	3.00
9	西海岸新区(鲁)	观赏苗木	万株	2.50
10	南郑区(陕)	花卉用种球	千粒	320.00
11	延庆区(京)	花卉用种球	千粒	120.00
12	北京市大东流苗圃(京)	花卉用种球	千粒	3.14
13	广昌县(赣)	盆花	万盆	123.20
14	青州市(鲁)	盆花	万盆	58.00
15	凤阳县(皖)	盆花	万盆	50.00
16	濮阳县(豫)	盆花	万盆	40.00
17	滦南县(冀)	盆花	万盆	15.00
18	薛城区(鲁)	盆花	万盆	12.00
19	宁城县(内蒙古)	盆花	万盆	10.00
20	桃城区(冀)	盆花	万盆	5.00
21	秀峰区(桂)	盆花	万盆	5.00
22	二道区(吉)	盆花	万盆	3.00
23	颍泉区(皖)	盆花	万盆	3.00
24	大城县(冀)	盆花	万盆	2.10
25	平山县(冀)	盆花	万盆	2.00
26	丰润区(冀)	盆花	万盆	2.00
27	岳阳楼区(湘)	盆花	万盆	1.20
28	三门县(浙)	盆花	万盆	1.00
29	隆德县(宁)	食用及药用花卉	千克	42.00
30	凌源市(辽)	鲜切花	万支	46500.00
31	峨山彝族自治县(滇)	鲜切花	万支	7639.00
32	港口区(桂)	鲜切花	万支	6400.00
33	阳宗海(滇)	鲜切花	万支	5500.00
34	江川区(滇)	鲜切花	万支	1350.00
35	太子河区(辽)	鲜切花	万支	900.00
36	晋宁区(滇)	鲜切花	万支	850.00
37	石屏县(滇)	鲜切花	万支	680.00
38	万载县(赣)	鲜切花	万支	590.50
39	五华区(滇)	鲜切花	万支	342.50
40	乐平市(赣)	鲜切花	万支	276.00
41	石林彝族自治县(滇)	鲜切花	万支	200.00
42	东洲区(辽)	鲜切花	万支	178.00
43	安国市(冀)	鲜切花	万支	150.00
44	平泉市(冀)	鲜切花	万支	150.00
45	获嘉县(豫)	鲜切花	万支	130.00
46	漳河新区(鄂)	鲜切花	万支	120.00
47	振安区(辽)	鲜切花	万支	100.00

(续表)

序号	百合主产地	花卉类别	单位	生产量
48	吉安县(赣)	鲜切花	万支	100.00
49	沙洋县(鄂)	鲜切花	万支	100.00
50	金山区(沪)	鲜切花	万支	82.00
51	迁安市(冀)	鲜切花	万支	80.00
52	长垣县(豫)	鲜切花	万支	66.00
53	迁西县(冀)	鲜切花	万支	60.00
54	永清县(冀)	鲜切花	万支	50.00
55	招远市(鲁)	鲜切花	万支	50.00
56	宣汉县(川)	鲜切花	万支	42.20
57	天桥区(鲁)	鲜切花	万支	40.00
58	会理县(川)	鲜切花	万支	32.40
59	柞水县(陕)	鲜切花	万支	30.00
60	隆德县(宁)	鲜切花	万支	28.00
61	休宁县(皖)	鲜切花	万支	22.00
62	三河市(冀)	鲜切花	万支	15.00
63	丰润区(冀)	鲜切花	万支	15.00
64	青浦区(沪)	鲜切花	万支	15.00
65	龙南县(赣)	鲜切花	万支	12.50
66	路北区(冀)	鲜切花	万支	12.00
67	章丘区(鲁)	鲜切花	万支	10.00
68	双滦区(冀)	鲜切花	万支	8.00
69	长治市城区(晋)	鲜切花	万支	7.00
70	建始县(鄂)	鲜切花	万支	6.00
71	宜州区(桂)	鲜切花	万支	4.00
72	广昌县(赣)	鲜切花	万支	3.80
73	怀柔区(京)	鲜切花	万支	3.50
74	临洮县(甘)	鲜切花	万支	3.00
75	平山县(冀)	鲜切花	万支	2.00
76	西华县(豫)	鲜切花	万支	2.00
77	北票市(辽)	鲜切花	万支	1.90
78	东乡区(赣)	鲜切花	万支	1.90
79	蔡甸区(鄂)	鲜切花	万支	1.30
80	平谷区(京)	鲜切花	万支	1.00
81	桃城区(冀)	鲜切花	万支	1.00
82	南丰县(赣)	鲜切花	万支	1.00
83	碧江区(黔)	鲜切花	万支	1.00
84	南乐县(豫)	鲜切花	万支	0.90
85	良庆区(桂)	鲜切花	万支	0.80
86	肃宁县(冀)	鲜切花	万支	0.60
87	兴庆区(宁)	鲜切叶	万支	40.80
88	宁城县(内蒙古)	鲜切叶	万支	5.00
89	临漳县(冀)	鲜切叶	万支	4.90

表 13-18　康乃馨主产地产量

序号	康乃馨主产地	花卉类别	单位	生产量
1	麒麟区(滇)	城市绿化苗	万株	1000.00
2	袁州区(赣)	城市绿化苗	万株	15.00
3	普安县(黔)	观赏苗木	万株	3.00
4	濮阳县(豫)	盆花	万盆	100.00
5	柯城区(浙)	盆花	万盆	48.20
6	襄城区(鄂)	盆花	万盆	4.30
7	旌阳区(川)	盆花	万盆	3.00
8	晋宁区(滇)	鲜切花	万支	105220.00
9	石林彝族自治县(滇)	鲜切花	万支	35210.00
10	江川区(滇)	鲜切花	万支	23570.00
11	港口区(桂)	鲜切花	万支	4500.00
12	榆中县(甘)	鲜切花	万支	1391.30
13	德安县(赣)	鲜切花	万支	500.00
14	乐平市(赣)	鲜切花	万支	315.00
15	凌源市(辽)	鲜切花	万支	300.00
16	青浦区(沪)	鲜切花	万支	204.00
17	永清县(冀)	鲜切花	万支	110.00
18	吉安县(赣)	鲜切花	万支	100.00
19	迁安市(冀)	鲜切花	万支	80.00
20	金山区(沪)	鲜切花	万支	75.00
21	大武口区(宁)	鲜切花	万支	60.00
22	天桥区(鲁)	鲜切花	万支	40.00
23	隆德县(宁)	鲜切花	万支	36.00
24	会理县(川)	鲜切花	万支	32.40
25	沙市区(鄂)	鲜切花	万支	25.00
26	颍泉区(皖)	鲜切花	万支	21.00
27	招远市(鲁)	鲜切花	万支	20.00
28	广昌县(赣)	鲜切花	万支	19.00
29	龙南县(赣)	鲜切花	万支	12.20
30	临漳县(冀)	鲜切花	万支	12.00
31	安国市(冀)	鲜切花	万支	10.00
32	洞口县(湘)	鲜切花	万支	6.00
33	建始县(鄂)	鲜切花	万支	5.00
34	唐　县(冀)	鲜切花	万支	4.00
35	宜州区(桂)	鲜切花	万支	4.00
36	路北区(冀)	鲜切花	万支	3.00
37	碧江区(黔)	鲜切花	万支	1.95
38	东乡区(赣)	鲜切花	万支	0.80
39	兴庆区(宁)	鲜切叶	万支	5168.00
40	西华县(豫)	鲜切叶	万支	2.00
41	海兴县(冀)	鲜切叶	万支	0.60

表 13-19　鸡冠花主产地产量

序号	鸡冠花主产地	花卉类别	单位	生产量
1	大余县(赣)	城市绿化苗	万株	650.00
2	大武口区(宁)	城市绿化苗	万株	100.00
3	丰满区(吉)	城市绿化苗	万株	40.00
4	青铜峡市(宁)	城市绿化苗	万株	10.00
5	洮南市(吉)	城市绿化苗	万株	1.40
6	蒲城县(陕)	城市绿化苗	万株	0.60
7	洪洞县(晋)	干花	万支	3.00
8	梁平区(渝)	观赏苗木	万株	1973.40
9	泊头市(冀)	观赏苗木	万株	19.15
10	三门县(浙)	观赏苗木	万株	3.00
11	敦煌市(甘)	观赏苗木	万株	1.10
12	顺义区(京)	观叶植物	万盆	70.00
13	义乌市(浙)	盆花	万盆	20.00
14	忻府区(晋)	盆花	万盆	17.15
15	石家庄市桥西区(冀)	盆花	万盆	12.00
16	平罗县(宁)	盆花	万盆	12.00
17	涿州市(冀)	盆花	万盆	10.00
18	会宁县(甘)	盆花	万盆	10.00
19	北戴河区(冀)	盆花	万盆	9.00
20	金凤区(宁)	盆花	万盆	8.00
21	鼎城区(湘)	盆花	万盆	7.00
22	高碑店市(冀)	盆花	万盆	4.00
23	丰宁满族自治县(冀)	盆花	万盆	3.60
24	潢川县(豫)	盆花	万盆	3.60
25	古冶区(冀)	盆花	万盆	3.38
26	望都县(冀)	盆花	万盆	2.00
27	涞水县(冀)	盆花	万盆	2.00
28	浑源县(晋)	盆花	万盆	2.00
29	满城区(冀)	盆花	万盆	1.50
30	晋州市(冀)	盆花	万盆	1.50
31	陵城区(鲁)	盆花	万盆	0.60
32	会宁县(甘)	鲜切花	万支	3.00
33	宜都市(鄂)	穴盘苗	万株	350.00

表 13-20　紫叶李主产地产量

序号	紫叶李主产地	花卉类别	单位	生产量
1	潢川县(豫)	城市绿化苗	万株	268.00
2	坊子区(鲁)	城市绿化苗	万株	90.00
3	东平县(鲁)	城市绿化苗	万株	50.00
4	龙安区(豫)	城市绿化苗	万株	30.90
5	光山县(豫)	城市绿化苗	万株	30.00
6	肥西县(皖)	城市绿化苗	万株	20.00
7	颍泉区(皖)	城市绿化苗	万株	10.00
8	关山林业管理局(甘)	城市绿化苗	万株	8.00
9	偃师市(豫)	城市绿化苗	万株	7.00

(续表)

序号	紫叶李主产地	花卉类别	单位	生产量
10	崆峒区(甘)	城市绿化苗	万株	3.50
11	蒲城县(陕)	城市绿化苗	万株	3.00
12	株洲县(湘)	城市绿化苗	万株	2.60
13	玉山县(赣)	城市绿化苗	万株	2.00
14	旌阳区(川)	城市绿化苗	万株	2.00
15	大竹县(川)	城市绿化苗	万株	2.00
16	平罗县(宁)	城市绿化苗	万株	2.00
17	西华县(豫)	城市绿化苗	万株	1.40
18	丹凤县(陕)	城市绿化苗	万株	1.10
19	威海市经济技术开发区(鲁)	城市绿化苗	万株	1.00
20	黔江区(渝)	城市绿化苗	万株	1.00
21	周至县(陕)	观赏苗木	万株	4125.90
22	望都县(冀)	观赏苗木	万株	1510.00
23	呼兰区(黑)	观赏苗木	万株	500.00
24	鄢陵县(豫)	观赏苗木	万株	350.00
25	博野县(冀)	观赏苗木	万株	264.00
26	永清县(冀)	观赏苗木	万株	210.00
27	宁阳县(鲁)	观赏苗木	万株	150.00
28	平泉市(冀)	观赏苗木	万株	75.00
29	桃城区(冀)	观赏苗木	万株	60.00
30	濮阳县(豫)	观赏苗木	万株	60.00
31	广阳区(冀)	观赏苗木	万株	52.50
32	景　县(冀)	观赏苗木	万株	45.00
33	丰宁满族自治县(冀)	观赏苗木	万株	43.00
34	乐亭县(冀)	观赏苗木	万株	42.20
35	长丰县(皖)	观赏苗木	万株	40.00
36	淄川区(鲁)	观赏苗木	万株	40.00
37	茌平县(鲁)	观赏苗木	万株	38.30
38	肥城市(鲁)	观赏苗木	万株	37.00
39	武城县(鲁)	观赏苗木	万株	34.00
40	肃宁县(冀)	观赏苗木	万株	30.00
41	开平区(冀)	观赏苗木	万株	30.00
42	确山县(豫)	观赏苗木	万株	25.20
43	陵城区(鲁)	观赏苗木	万株	23.00
44	长葛市(豫)	观赏苗木	万株	23.00
45	固安县(冀)	观赏苗木	万株	20.00
46	兖州区(鲁)	观赏苗木	万株	20.00
47	南宫市(冀)	观赏苗木	万株	16.90
48	唐　县(冀)	观赏苗木	万株	15.00
49	巴州区(川)	观赏苗木	万株	15.00
50	闻喜县(晋)	观赏苗木	万株	14.30
51	辛集市(冀)	观赏苗木	万株	12.00
52	安平县(冀)	观赏苗木	万株	10.80
53	霸州市(冀)	观赏苗木	万株	10.00
54	曲阳县(冀)	观赏苗木	万株	10.00

(续表)

序号	紫叶李主产地	花卉类别	单位	生产量
55	新泰市(鲁)	观赏苗木	万株	10.00
56	晋州市(冀)	观赏苗木	万株	7.00
57	迁安市(冀)	观赏苗木	万株	5.00
58	大城县(冀)	观赏苗木	万株	5.00
59	南和县(冀)	观赏苗木	万株	5.00
60	芜湖县(皖)	观赏苗木	万株	5.00
61	三门县(浙)	观赏苗木	万株	4.00
62	岳池县(川)	观赏苗木	万株	3.60
63	涿州市(冀)	观赏苗木	万株	3.00
64	涞水县(冀)	观赏苗木	万株	3.00
65	殷都区(豫)	观赏苗木	万株	3.00
66	故城县(冀)	观赏苗木	万株	2.90
67	汤阴县(豫)	观赏苗木	万株	2.70
68	长治县(晋)	观赏苗木	万株	2.20
69	隆化县(冀)	观赏苗木	万株	2.00
70	德城区(鲁)	观赏苗木	万株	2.00
71	阜城县(冀)	观赏苗木	万株	1.21
72	阳信县(鲁)	观赏苗木	万株	1.20
73	滦平县(冀)	观赏苗木	万株	1.00
74	巴州区(川)	盆景	万盆	4.00
75	西华县(豫)	鲜切花	万支	6.00

表 13-21　碧桃主产地产量

序号	碧桃主产地	花卉类别	单位	生产量
1	坊子区(鲁)	城市绿化苗	万株	60.00
2	郸城县(豫)	城市绿化苗	万株	18.00
3	夏邑县(豫)	城市绿化苗	万株	15.00
4	仙桃市(鄂)	城市绿化苗	万株	6.00
5	定襄县(晋)	城市绿化苗	万株	5.00
6	嵩　县(豫)	城市绿化苗	万株	2.00
7	津市市(湘)	城市绿化苗	万株	2.00
8	金凤区(宁)	城市绿化苗	万株	1.23
9	旌阳区(川)	城市绿化苗	万株	1.00
10	碧江区(黔)	城市绿化苗	万株	0.80
11	龙安区(豫)	工业及其他用途花卉	千克	2.00
12	北湖区(湘)	观赏苗木	万株	1200.00
13	兖州区(鲁)	观赏苗木	万株	300.00
14	永清县(冀)	观赏苗木	万株	230.00
15	周至县(陕)	观赏苗木	万株	113.00
16	桃城区(冀)	观赏苗木	万株	60.00
17	清苑区(冀)	观赏苗木	万株	50.00
18	肃宁县(冀)	观赏苗木	万株	42.00
19	迁西县(冀)	观赏苗木	万株	30.00
20	大城县(冀)	观赏苗木	万株	20.00

（续表）

序号	碧桃主产地	花卉类别	单位	生产量
21	冀州市(冀)	观赏苗木	万株	20.00
22	开平区(冀)	观赏苗木	万株	15.00
23	固安县(冀)	观赏苗木	万株	13.00
24	辛集市(冀)	观赏苗木	万株	13.00
25	闻喜县(晋)	观赏苗木	万株	13.00
26	乐亭县(冀)	观赏苗木	万株	10.00
27	迁安市(冀)	观赏苗木	万株	10.00
28	霸州市(冀)	观赏苗木	万株	10.00
29	薛城区(鲁)	观赏苗木	万株	10.00
30	博野县(冀)	观赏苗木	万株	9.60
31	嘉峪关市(甘)	观赏苗木	万株	9.40
32	青　县(冀)	观赏苗木	万株	7.00
33	晋州市(冀)	观赏苗木	万株	5.00
34	涿州市(冀)	观赏苗木	万株	5.00
35	肥西县(皖)	观赏苗木	万株	5.00
36	芜湖县(皖)	观赏苗木	万株	5.00
37	新泰市(鲁)	观赏苗木	万株	5.00
38	茌平县(鲁)	观赏苗木	万株	4.43
39	鹿泉区(冀)	观赏苗木	万株	4.40
40	安新县(冀)	观赏苗木	万株	4.00
41	三门县(浙)	观赏苗木	万株	4.00
42	鹤山区(豫)	观赏苗木	万株	3.40
43	任丘市(冀)	观赏苗木	万株	2.52
44	淇滨区(豫)	观赏苗木	万株	2.20
45	满城区(冀)	观赏苗木	万株	2.00
46	陵城区(鲁)	观赏苗木	万株	2.00
47	故城县(冀)	观赏苗木	万株	1.30
48	平罗县(宁)	观赏苗木	万株	1.20
49	容城县(冀)	观赏苗木	万株	1.10
50	新华区(冀)	观赏苗木	万株	1.00
51	固镇县(皖)	观赏苗木	万株	1.00
52	内江市市中区(川)	观赏苗木	万株	1.00
53	川汇区(豫)	观赏苗木	万株	0.60
54	襄汾县(晋)	观叶植物	万盆	5.00

表 13-22　丁香类主产地产量

序号	丁香类主产地	花卉类别	单位	生产量
1	延寿县(黑)	城市绿化苗	万株	100.00
2	大武口区(宁)	城市绿化苗	万株	100.00
3	潢川县(豫)	城市绿化苗	万株	73.00
4	海拉尔区(内蒙古)	城市绿化苗	万株	40.00
5	望奎县(黑)	城市绿化苗	万株	30.00
6	前郭尔罗斯蒙古族自治县(吉)	城市绿化苗	万株	16.00
7	大同区(黑)	城市绿化苗	万株	14.91
8	北安市(黑)	城市绿化苗	万株	12.00

（续表）

序号	丁香主产地	花卉类别	单位	生产量
9	利通区(宁)	城市绿化苗	万株	10.00
10	泾源县(宁)	城市绿化苗	万株	4.50
11	敦煌市(甘)	城市绿化苗	万株	3.00
12	崆峒区(甘)	城市绿化苗	万株	2.30
13	蒲城县(陕)	城市绿化苗	万株	1.50
14	双辽市(吉)	城市绿化苗	万株	1.42
15	应　县(晋)	城市绿化苗	万株	0.80
16	涉　县(冀)	城市绿化苗	万株	0.58
17	龙安区(豫)	工业及其他用途花卉	千克	1.00
18	呼兰区(黑)	观赏苗木	万株	1350.00
19	闻喜县(晋)	观赏苗木	万株	300.00
20	张北县(冀)	观赏苗木	万株	230.00
21	丰宁满族自治县(冀)	观赏苗木	万株	150.00
22	平泉市(冀)	观赏苗木	万株	110.00
23	周至县(陕)	观赏苗木	万株	104.00
24	乐亭县(冀)	观赏苗木	万株	97.00
25	五常市(黑)	观赏苗木	万株	50.00
26	让胡路区(黑)	观赏苗木	万株	36.00
27	忻府区(晋)	观赏苗木	万株	22.40
28	博野县(冀)	观赏苗木	万株	13.20
29	延庆区(京)	观赏苗木	万株	12.00
30	临夏市(甘)	观赏苗木	万株	12.00
31	翁牛特旗(内蒙古)	观赏苗木	万株	11.00
32	涿州市(冀)	观赏苗木	万株	10.00
33	双滦区(冀)	观赏苗木	万株	10.00
34	嘉峪关市(甘)	观赏苗木	万株	9.00
35	赤城县(冀)	观赏苗木	万株	4.50
36	迁安市(冀)	观赏苗木	万株	3.00
37	滦平县(冀)	观赏苗木	万株	2.00
38	南乐县(豫)	观赏苗木	万株	2.00
39	平罗县(宁)	观赏苗木	万株	2.00
40	围场满族蒙古族自治县(冀)	观赏苗木	万株	1.00
41	二道区(吉)	观赏苗木	万株	1.00
42	平川区(甘)	观赏苗木	万株	1.00
43	肃南裕固族自治县(甘)	观叶植物	万盆	160.00
44	宁城县(内蒙古)	花卉用种苗	千苗	312.90
45	阳新县(鄂)	盆花	万盆	35.00
46	岳阳楼区(湘)	盆花	万盆	1.10
47	衡山县(湘)	盆花	万盆	0.61

表 13-23　樱花主产地产量

序号	樱花主产地	花卉类别	单位	生产量
1	麒麟区(滇)	城市绿化苗	万株	500.00
2	西海岸新区(鲁)	城市绿化苗	万株	372.19

(续表)

序号	樱花主产地	花卉类别	单位	生产量
3	栾川县(豫)	城市绿化苗	万株	248.00
4	袁州区(赣)	城市绿化苗	万株	200.00
5	枣阳市(鄂)	城市绿化苗	万株	200.00
6	汝南县(豫)	城市绿化苗	万株	175.00
7	潢川县(豫)	城市绿化苗	万株	118.00
8	上蔡县(豫)	城市绿化苗	万株	67.00
9	东平县(鲁)	城市绿化苗	万株	66.00
10	坊子区(鲁)	城市绿化苗	万株	50.00
11	攸　县(湘)	城市绿化苗	万株	50.00
12	永城市(豫)	城市绿化苗	万株	29.30
13	袁州区(赣)	城市绿化苗	万株	20.00
14	水城县(黔)	城市绿化苗	万株	19.60
15	龙安区(豫)	城市绿化苗	万株	13.20
16	德安县(赣)	城市绿化苗	万株	12.00
17	玉山县(赣)	城市绿化苗	万株	12.00
18	肥西县(皖)	城市绿化苗	万株	10.00
19	威海市经济技术开发区(鲁)	城市绿化苗	万株	10.00
20	中方县(湘)	城市绿化苗	万株	10.00
21	阳新县(鄂)	城市绿化苗	万株	6.50
22	偃师市(豫)	城市绿化苗	万株	5.00
23	铜梁区(渝)	城市绿化苗	万株	4.30
24	象山县(浙)	城市绿化苗	万株	4.00
25	株洲县(湘)	城市绿化苗	万株	4.00
26	沾益区(滇)	城市绿化苗	万株	4.00
27	旌阳区(川)	城市绿化苗	万株	3.00
28	江川区(滇)	城市绿化苗	万株	2.70
29	宁远县(湘)	城市绿化苗	万株	2.00
30	平罗县(宁)	城市绿化苗	万株	2.00
31	望江县(皖)	城市绿化苗	万株	1.50
32	固安县(冀)	城市绿化苗	万株	1.00
33	旌德县(皖)	城市绿化苗	万株	1.00
34	双峰县(湘)	城市绿化苗	万株	1.00
35	宾阳县(桂)	城市绿化苗	万株	1.00
36	周至县(陕)	观赏苗木	万株	416.50
37	宁阳县(鲁)	观赏苗木	万株	300.00
38	兖州区(鲁)	观赏苗木	万株	200.00
39	长清区(鲁)	观赏苗木	万株	150.00
40	鄢陵县(豫)	观赏苗木	万株	100.00
41	梁山县(鲁)	观赏苗木	万株	90.00
42	蒙阴县(鲁)	观赏苗木	万株	52.00
43	凤阳县(皖)	观赏苗木	万株	50.00
44	岚山区(鲁)	观赏苗木	万株	48.00
45	长葛市(豫)	观赏苗木	万株	36.00
46	巴州区(川)	观赏苗木	万株	35.00
47	肥城市(鲁)	观赏苗木	万株	27.00

(续表)

序号	樱花主产地	花卉类别	单位	生产量
48	淄川区(鲁)	观赏苗木	万株	20.00
49	博野县(冀)	观赏苗木	万株	16.50
50	霸州市(冀)	观赏苗木	万株	15.00
51	三门县(浙)	观赏苗木	万株	15.00
52	肃宁县(冀)	观赏苗木	万株	12.00
53	义安区(皖)	观赏苗木	万株	10.00
54	新泰市(鲁)	观赏苗木	万株	10.00
55	陵城区(鲁)	观赏苗木	万株	7.00
56	汤阴县(豫)	观赏苗木	万株	6.70
57	含山县(皖)	观赏苗木	万株	6.00
58	茌平县(鲁)	观赏苗木	万株	5.20
59	迁安市(冀)	观赏苗木	万株	5.00
60	山海关区(冀)	观赏苗木	万株	5.00
61	广德县(皖)	观赏苗木	万株	5.00
62	东安县(湘)	观赏苗木	万株	5.00
63	陇　县(陕)	观赏苗木	万株	5.00
64	衢江区(浙)	观赏苗木	万株	4.00
65	泸溪县(湘)	观赏苗木	万株	4.00
66	翠屏区(川)	观赏苗木	万株	3.20
67	闻喜县(晋)	观赏苗木	万株	2.80
68	鹤山区(豫)	观赏苗木	万株	2.40
69	常宁市(湘)	观赏苗木	万株	2.24
70	施甸县(滇)	观赏苗木	万株	2.20
71	涞水县(冀)	观赏苗木	万株	2.00
72	峰峰矿区(冀)	观赏苗木	万株	2.00
73	涿州市(冀)	观赏苗木	万株	2.00
74	霍山县(皖)	观赏苗木	万株	2.00
75	平桥区(豫)	观赏苗木	万株	2.00
76	云梦县(鄂)	观赏苗木	万株	2.00
77	故城县(冀)	观赏苗木	万株	1.80
78	仁寿县(川)	观赏苗木	万株	1.60
79	费　县(鲁)	观赏苗木	万株	1.50
80	新华区(冀)	观赏苗木	万株	1.20
81	兴国县(赣)	观叶植物	万盆	875.00
82	南郑区(陕)	花卉用种苗	千苗	900.00
83	华宁县(滇)	花卉用种苗	千苗	550.00
84	巴州区(川)	盆景	万盆	5.00
85	巴州区(川)	鲜切花	万支	13.00

表 13-24　海棠花主产地产量

序号	海棠花主产地	花卉类别	单位	生产量
1	麒麟区(滇)	城市绿化苗	万株	600.00
2	东平县(鲁)	城市绿化苗	万株	133.00
3	周村区(鲁)	城市绿化苗	万株	50.00
4	建安区(豫)	城市绿化苗	万株	22.00

（续表）

序号	海棠花主产地	花卉类别	单位	生产量
5	龙安区(豫)	城市绿化苗	万株	21.20
6	栾川县(豫)	城市绿化苗	万株	21.00
7	磁　县(冀)	城市绿化苗	万株	10.00
8	山亭区(鲁)	城市绿化苗	万株	10.00
9	肥西县(皖)	城市绿化苗	万株	5.00
10	铜梁区(渝)	城市绿化苗	万株	2.50
11	洮南市(吉)	城市绿化苗	万株	2.40
12	北安市(黑)	城市绿化苗	万株	1.70
13	淮上区(皖)	城市绿化苗	万株	1.00
14	长清区(鲁)	观赏苗木	万株	450.00
15	宁阳县(鲁)	观赏苗木	万株	311.00
16	兖州区(鲁)	观赏苗木	万株	200.00
17	茌平县(鲁)	观赏苗木	万株	169.62
18	梁山县(鲁)	观赏苗木	万株	130.00
19	永清县(冀)	观赏苗木	万株	105.00
20	大城县(冀)	观赏苗木	万株	100.00
21	成武县(鲁)	观赏苗木	万株	60.00
22	盐亭县(川)	观赏苗木	万株	60.00
23	陵城区(鲁)	观赏苗木	万株	57.00
24	桃城区(冀)	观赏苗木	万株	50.00
25	景　县(冀)	观赏苗木	万株	38.60
26	商河县(鲁)	观赏苗木	万株	33.70
27	绛　县(晋)	观赏苗木	万株	25.00
28	薛城区(鲁)	观赏苗木	万株	20.00
29	永年区(冀)	观赏苗木	万株	15.00
30	罗庄区(鲁)	观赏苗木	万株	15.00
31	永清县(冀)	观赏苗木	万株	10.00
32	蒙城县(皖)	观赏苗木	万株	10.00
33	确山县(豫)	观赏苗木	万株	10.00
34	九龙坡区(渝)	观赏苗木	万株	8.20
35	川汇区(豫)	观赏苗木	万株	8.10
36	固安县(冀)	观赏苗木	万株	7.00
37	义安区(皖)	观赏苗木	万株	5.00
38	沂南县(鲁)	观赏苗木	万株	5.00
39	鹤山区(豫)	观赏苗木	万株	3.50
40	新华区(冀)	观赏苗木	万株	3.00
41	德城区(鲁)	观赏苗木	万株	3.00
42	平罗县(宁)	观赏苗木	万株	2.50
43	故城县(冀)	观赏苗木	万株	2.40
44	峰峰矿区(冀)	观赏苗木	万株	2.00
45	盐山县(冀)	观赏苗木	万株	1.60
46	淇滨区(豫)	观赏苗木	万株	1.35
47	雨城区(川)	观赏苗木	万株	1.16
48	海港区(冀)	观赏苗木	万株	0.81
49	顺义区(京)	观叶植物	万盆	200.00

（续表）

序号	海棠花主产地	花卉类别	单位	生产量
50	南和县(冀)	观叶植物	万盆	5.00
51	郯城县(鲁)	盆花	万盆	6000.00
52	莒南县(鲁)	盆花	万盆	220.00
53	开远市(滇)	盆花	万盆	100.00
54	延庆区(京)	盆花	万盆	46.00
55	海港区(冀)	盆花	万盆	13.53
56	辛集市(冀)	盆花	万盆	12.00
57	武城县(鲁)	盆花	万盆	12.00
58	蒙阴县(鲁)	盆花	万盆	10.00
59	石家庄市桥西区(冀)	盆花	万盆	8.00
60	桃城区(冀)	盆花	万盆	6.00
61	遵化市(冀)	盆花	万盆	5.00
62	洛南县(陕)	盆花	万盆	4.90
63	丰宁满族自治县(冀)	盆花	万盆	4.00
64	涞水县(冀)	盆花	万盆	3.00
65	岳阳楼区(湘)	盆花	万盆	2.39
66	晋州市(冀)	盆花	万盆	2.10
67	隆德县(宁)	盆花	万盆	1.50
68	平山县(冀)	盆花	万盆	1.00
69	容城县(冀)	盆花	万盆	1.00
70	蠡　县(冀)	盆花	万盆	1.00
71	新华区(豫)	盆花	万盆	1.00
72	方城县(豫)	盆花	万盆	0.90
73	沂南县(鲁)	盆花	万盆	0.80
74	鹤峰县(鄂)	盆花	万盆	0.80
75	三门县(浙)	盆花	万盆	0.60
76	襄城县(豫)	盆景	万盆	35.00
77	禹会区(皖)	鲜切花	万支	6.00

表 13-25　连翘主产地产量

序号	连翘主产地	花卉类别	单位	生产量
1	九台区(吉)	城市绿化苗	万株	150.00
2	丹凤县(陕)	城市绿化苗	万株	100.00
3	西夏区(宁)	城市绿化苗	万株	6.00
4	敦煌市(甘)	城市绿化苗	万株	4.00
5	崆峒区(甘)	城市绿化苗	万株	2.50
6	大同区(黑)	城市绿化苗	万株	1.67
7	应　县(晋)	城市绿化苗	万株	1.50
8	围场满族蒙古族自治县(冀)	城市绿化苗	万株	1.00
9	商州区(陕)	观赏苗木	万株	200.00
10	丰宁满族自治县(冀)	观赏苗木	万株	125.00
11	固安县(冀)	观赏苗木	万株	100.00
12	平泉市(冀)	观赏苗木	万株	80.00
13	乐亭县(冀)	观赏苗木	万株	64.00
14	薛城区(鲁)	观赏苗木	万株	35.00

(续表)

序号	连翘主产地	花卉类别	单位	生产量
15	吴桥县(冀)	观赏苗木	万株	28.00
16	涉　县(冀)	观赏苗木	万株	23.00
17	迁安市(冀)	观赏苗木	万株	20.00
18	涿州市(冀)	观赏苗木	万株	15.00
19	延庆区(京)	观赏苗木	万株	12.00
20	大城县(冀)	观赏苗木	万株	10.00
21	双滦区(冀)	观赏苗木	万株	10.00
22	龙安区(豫)	观赏苗木	万株	10.00
23	临夏市(甘)	观赏苗木	万株	6.00
24	青铜峡市(宁)	观赏苗木	万株	5.00
25	北戴河区(冀)	观赏苗木	万株	3.00
26	殷都区(豫)	观赏苗木	万株	3.00
27	平罗县(宁)	观赏苗木	万株	1.80
28	魏　县(冀)	观赏苗木	万株	1.00
29	滦平县(冀)	观赏苗木	万株	1.00
30	平川区(甘)	观赏苗木	万株	1.00
31	定襄县(晋)	花卉用种苗	千苗	50.00
32	开远市(滇)	盆花	万盆	300.00
33	铜梁区(渝)	食用及药用花卉	千克	20.00

表 13-26　木槿主产地产量

序号	木槿主产地	花卉类别	单位	生产量
1	枣阳市(鄂)	城市绿化苗	万株	100.00
2	济源市(豫)	城市绿化苗	万株	44.00
3	宜阳县(豫)	城市绿化苗	万株	21.60
4	颍泉区(皖)	城市绿化苗	万株	15.20
5	袁州区(赣)	城市绿化苗	万株	15.00
6	建安区(豫)	城市绿化苗	万株	8.00
7	威海市经济技术开发区(鲁)	城市绿化苗	万株	4.00
8	蒲城县(陕)	城市绿化苗	万株	3.00
9	威　县(冀)	城市绿化苗	万株	2.00
10	万荣县(晋)	城市绿化苗	万株	0.80
11	周至县(陕)	观赏苗木	万株	1014.10
12	东平县(鲁)	观赏苗木	万株	300.00
13	鄢陵县(豫)	观赏苗木	万株	300.00
14	濮阳县(豫)	观赏苗木	万株	50.00
15	长垣县(豫)	观赏苗木	万株	50.00
16	肃宁县(冀)	观赏苗木	万株	25.00
17	霸州市(冀)	观赏苗木	万株	22.00
18	陵城区(鲁)	观赏苗木	万株	20.00
19	迁安市(冀)	观赏苗木	万株	10.00
20	大城县(冀)	观赏苗木	万株	10.00
21	三门县(浙)	观赏苗木	万株	6.00
22	涿州市(冀)	观赏苗木	万株	5.00
23	乐亭县(冀)	观赏苗木	万株	5.00

(续表)

序号	木槿主产地	花卉类别	单位	生产量
24	梁山县(鲁)	观赏苗木	万株	5.00
25	德城区(鲁)	观赏苗木	万株	4.00
26	龙安区(豫)	观赏苗木	万株	4.00
27	定兴县(冀)	观赏苗木	万株	3.00
28	涞水县(冀)	观赏苗木	万株	3.00
29	新泰市(鲁)	观赏苗木	万株	3.00
30	故城县(冀)	观赏苗木	万株	2.20
31	井陉矿区(冀)	观赏苗木	万株	2.00
32	肥西县(皖)	观赏苗木	万株	2.00
33	东安县(湘)	观赏苗木	万株	2.00
34	平桥区(豫)	观赏苗木	万株	1.50
35	卫辉市(豫)	观赏苗木	万株	1.40
36	鸡泽县(冀)	观赏苗木	万株	1.20
37	长治县(晋)	观赏苗木	万株	0.70
38	阳信县(鲁)	观赏苗木	万株	0.70
39	磁　县(冀)	观叶植物	万盆	1.00
40	宜都市(鄂)	穴盘苗	万株	100.00

表 13-27　黄杨类主产地产量

序号	黄杨类主产地	花卉类别	单位	生产量
1	潢川县(豫)	城市绿化苗	万株	980.00
2	新泰市(鲁)	城市绿化苗	万株	920.00
3	东平县(鲁)	城市绿化苗	万株	500.00
4	上蔡县(豫)	城市绿化苗	万株	174.00
5	偃师市(豫)	城市绿化苗	万株	132.00
6	宜阳县(豫)	城市绿化苗	万株	67.50
7	管城回族区(豫)	城市绿化苗	万株	40.00
8	兰考县(豫)	城市绿化苗	万株	22.00
9	蒲城县(陕)	城市绿化苗	万株	12.00
10	寿　县(皖)	城市绿化苗	万株	9.00
11	崆峒区(甘)	城市绿化苗	万株	3.00
12	望都县(冀)	观赏苗木	万株	1490.00
13	固安县(冀)	观赏苗木	万株	700.00
14	馆陶县(冀)	观赏苗木	万株	525.50
15	兴庆区(宁)	观赏苗木	万株	318.00
16	涿州市(冀)	观赏苗木	万株	150.00
17	霸州市(冀)	观赏苗木	万株	140.00
18	南皮县(冀)	观赏苗木	万株	126.30
19	内乡县(豫)	观赏苗木	万株	70.00
20	平山县(冀)	观赏苗木	万株	69.50
21	吴桥县(冀)	观赏苗木	万株	50.00
22	运河区(冀)	观赏苗木	万株	50.00
23	河间市(冀)	观赏苗木	万株	45.70
24	兖州区(鲁)	观赏苗木	万株	40.00
25	迁安市(冀)	观赏苗木	万株	33.00

序号	黄杨类主产地	花卉类别	单位	生产量
26	海港区(冀)	观赏苗木	万株	32.80
27	确山县(豫)	观赏苗木	万株	30.00
28	辛集市(冀)	观赏苗木	万株	26.00
29	北戴河区(冀)	观赏苗木	万株	14.00
30	鹿泉区(冀)	观赏苗木	万株	12.10
31	孟村回族自治县(冀)	观赏苗木	万株	12.00
32	巴州区(川)	观赏苗木	万株	12.00
33	隆尧县(冀)	观赏苗木	万株	10.00
34	盐山县(冀)	观赏苗木	万株	9.50
35	青　县(冀)	观赏苗木	万株	9.00
36	卫辉市(豫)	观赏苗木	万株	8.80
37	鸡泽县(冀)	观赏苗木	万株	8.00
38	三门县(浙)	观赏苗木	万株	8.00
39	山海关区(冀)	观赏苗木	万株	6.00
40	平桥区(豫)	观赏苗木	万株	6.00
41	涞水县(冀)	观赏苗木	万株	5.00
42	德城区(鲁)	观赏苗木	万株	3.00
43	故城县(冀)	观赏苗木	万株	2.60
44	饶阳县(冀)	观赏苗木	万株	2.10
45	周至县(陕)	观赏苗木	万株	1.50
46	夏邑县(豫)	观叶植物	万盆	26.00
47	翠屏区(川)	盆景	万盆	52.20
48	灵璧县(皖)	盆景	万盆	7.00
49	巴州区(川)	盆景	万盆	5.00
50	三门县(浙)	盆景	万盆	0.80

表 13-28　紫薇主产地产量

序号	紫薇主产地	花卉类别	单位	生产量
1	潢川县(豫)	城市绿化苗	万株	780.00
2	新　县(豫)	城市绿化苗	万株	408.00
3	长沙县(湘)	城市绿化苗	万株	400.00
4	邓州市(豫)	城市绿化苗	万株	170.00
5	临川区(赣)	城市绿化苗	万株	121.00
6	万年县(赣)	城市绿化苗	万株	120.00
7	新宁县(湘)	城市绿化苗	万株	100.00
8	保康县(鄂)	城市绿化苗	万株	93.20
9	梁平区(渝)	城市绿化苗	万株	65.78
10	望江县(皖)	城市绿化苗	万株	65.00
11	无为县(皖)	城市绿化苗	万株	60.00
12	德安县(赣)	城市绿化苗	万株	55.00
13	肥西县(皖)	城市绿化苗	万株	50.00
14	安仁县(湘)	城市绿化苗	万株	50.00
15	宜阳县(豫)	城市绿化苗	万株	40.50
16	坊子区(鲁)	城市绿化苗	万株	30.00
17	建始县(鄂)	城市绿化苗	万株	30.00
18	邵东县(湘)	城市绿化苗	万株	30.00

(续表)

序号	紫薇主产地	花卉类别	单位	生产量
19	桃源县(湘)	城市绿化苗	万株	25.00
20	思南县(黔)	城市绿化苗	万株	22.00
21	济源市(豫)	城市绿化苗	万株	21.00
22	高　县(川)	城市绿化苗	万株	21.00
23	松桃苗族自治县(黔)	城市绿化苗	万株	20.61
24	中方县(湘)	城市绿化苗	万株	20.00
25	彭山区(川)	城市绿化苗	万株	20.00
26	威海市经济技术开发区(鲁)	城市绿化苗	万株	15.00
27	资阳区(湘)	城市绿化苗	万株	12.00
28	龙南县(赣)	城市绿化苗	万株	10.00
29	玉山县(赣)	城市绿化苗	万株	10.00
30	浦北县(桂)	城市绿化苗	万株	10.00
31	瑞金市(赣)	城市绿化苗	万株	9.80
32	水城县(黔)	城市绿化苗	万株	8.40
33	扶绥县(桂)	城市绿化苗	万株	8.00
34	双清区(湘)	城市绿化苗	万株	6.00
35	黎平县(黔)	城市绿化苗	万株	5.40
36	宁远县(湘)	城市绿化苗	万株	5.00
37	碧江区(黔)	城市绿化苗	万株	4.10
38	象山县(浙)	城市绿化苗	万株	4.00
39	邵阳县(湘)	城市绿化苗	万株	3.30
40	东兴区(川)	城市绿化苗	万株	3.00
41	黎川县(赣)	城市绿化苗	万株	2.90
42	宾阳县(桂)	城市绿化苗	万株	2.60
43	山亭区(鲁)	城市绿化苗	万株	2.00
44	元阳县(滇)	城市绿化苗	万株	1.60
45	颍泉区(皖)	城市绿化苗	万株	1.50
46	黄州区(鄂)	城市绿化苗	万株	1.50
47	蒲城县(陕)	城市绿化苗	万株	1.00
48	通城县(鄂)	城市绿化苗	万株	0.90
49	潜江市(鄂)	观赏苗木	万株	300.00
50	铜梁区(渝)	观赏苗木	万株	203.00
51	婺城区(浙)	观赏苗木	万株	200.00
52	兖州区(鲁)	观赏苗木	万株	200.00
53	社旗县(豫)	观赏苗木	万株	180.00
54	汝南县(豫)	观赏苗木	万株	165.00
55	港口区(桂)	观赏苗木	万株	100.00
56	即墨区(鲁)	观赏苗木	万株	90.00
57	襄州区(鄂)	观赏苗木	万株	59.00
58	庆元县(浙)	观赏苗木	万株	45.00
59	霸州市(冀)	观赏苗木	万株	30.00
60	大城县(冀)	观赏苗木	万株	30.00
61	霍山县(皖)	观赏苗木	万株	30.00
62	确山县(豫)	观赏苗木	万株	30.00
63	沿河土家族自治县(黔)	观赏苗木	万株	30.00

(续表)

序号	紫薇主产地	花卉类别	单位	生产量
64	平桥区(豫)	观赏苗木	万株	25.00
65	巴州区(川)	观赏苗木	万株	25.00
66	固安县(冀)	观赏苗木	万株	20.00
67	资阳区(湘)	观赏苗木	万株	20.00
68	大竹县(川)	观赏苗木	万株	20.00
69	长葛市(豫)	观赏苗木	万株	19.00
70	桐柏县(豫)	观赏苗木	万株	15.80
71	广德县(皖)	观赏苗木	万株	15.20
72	东安县(湘)	观赏苗木	万株	15.00
73	永顺县(湘)	观赏苗木	万株	15.00
74	阳新县(鄂)	观赏苗木	万株	13.00
75	衢江区(浙)	观赏苗木	万株	11.00
76	奉节县(渝)	观赏苗木	万株	10.00
77	遂川县(赣)	观赏苗木	万株	8.00
78	梁山县(鲁)	观赏苗木	万株	7.00
79	北塔区(湘)	观赏苗木	万株	6.20
80	殷都区(豫)	观赏苗木	万株	5.00
81	漳河新区(鄂)	观赏苗木	万株	5.00
82	成武县(鲁)	观赏苗木	万株	4.50
83	陵城区(鲁)	观赏苗木	万株	4.00
84	永兴县(湘)	观赏苗木	万株	3.20
85	项城市(豫)	观赏苗木	万株	3.00
86	施甸县(滇)	观赏苗木	万株	3.00
87	安化县(湘)	观赏苗木	万株	2.72
88	淅川县(豫)	观赏苗木	万株	2.20
89	云梦县(鄂)	观赏苗木	万株	2.00
90	公安县(鄂)	观赏苗木	万株	1.30
91	故城县(冀)	观赏苗木	万株	1.20
92	迁安市(冀)	观赏苗木	万株	1.00
93	灵璧县(皖)	观赏苗木	万株	1.00
94	九龙坡区(渝)	观赏苗木	万株	1.00
95	普安县(黔)	观赏苗木	万株	1.00
96	长治县(晋)	观赏苗木	万株	0.60
97	苏仙区(湘)	观叶植物	万盆	7200.00
98	南郑区(陕)	花卉用种苗	千苗	1300.00
99	龙南县(赣)	花卉用种苗	千苗	300.00
100	合山市(桂)	花卉用种苗	千苗	60.00
101	义安区(皖)	盆花	万盆	10.00
102	兖州区(鲁)	盆景	万盆	700.00
103	巴州区(川)	盆景	万盆	8.00

表 13-29　矮牵牛主产地产量

序号	矮牵牛主产地	花卉类别	单位	生产量
1	二道江区(吉)	城市绿化苗	万株	1466.40
2	甘州区(甘)	城市绿化苗	万株	210.00

(续表)

序号	矮牵牛主产地	花卉类别	单位	生产量
3	大武口区(宁)	城市绿化苗	万株	120.00
4	望花区(辽)	城市绿化苗	万株	100.00
5	沙市区(鄂)	城市绿化苗	万株	25.00
6	通河县(黑)	城市绿化苗	万株	20.00
7	木兰县(黑)	城市绿化苗	万株	17.00
8	山丹县(甘)	城市绿化苗	万株	13.00
9	青铜峡市(宁)	城市绿化苗	万株	10.00
10	临泽县(甘)	城市绿化苗	万株	3.50
11	洮南市(吉)	城市绿化苗	万株	3.00
12	应　县(晋)	城市绿化苗	万株	2.00
13	袁州区(赣)	城市绿化苗	万株	2.00
14	龙凤区(黑)	城市绿化苗	万株	1.20
15	永城市(豫)	干花	万支	15.50
16	延寿县(黑)	观赏苗木	万株	600.00
17	乌兰浩特市(内蒙古)	观赏苗木	万株	125.00
18	武川县(内蒙古)	观赏苗木	万株	50.00
19	嘉峪关市(甘)	观赏苗木	万株	31.00
20	贡井区(川)	观赏苗木	万株	30.00
21	丰润区(冀)	观赏苗木	万株	25.00
22	金川区(甘)	观赏苗木	万株	16.00
23	林西县(内蒙古)	观赏苗木	万株	10.00
24	顺义区(京)	观叶植物	万盆	500.00
25	蓝山县(湘)	观叶植物	万盆	75.00
26	襄汾县(晋)	观叶植物	万盆	10.00
27	大厂回族自治县(冀)	观叶植物	万盆	5.00
28	五原县(内蒙古)	观叶植物	万盆	5.00
29	呼玛县(黑)	花卉用种苗	千苗	1200.00
30	松江区(沪)	花卉用种苗	千苗	458.00
31	保德县(晋)	花卉用种苗	千苗	200.00
32	莒南县(鲁)	盆花	万盆	270.00
33	兴庆区(宁)	盆花	万盆	188.00
34	三河市(冀)	盆花	万盆	172.00
35	延庆区(京)	盆花	万盆	120.00
36	西夏区(宁)	盆花	万盆	120.00
37	石家庄市桥西区(冀)	盆花	万盆	48.00
38	忻府区(晋)	盆花	万盆	30.00
39	北戴河区(冀)	盆花	万盆	23.00
40	涿州市(冀)	盆花	万盆	20.00
41	东平县(鲁)	盆花	万盆	20.00
42	敦煌市(甘)	盆花	万盆	20.00
43	惠农区(宁)	盆花	万盆	20.00
44	张北县(冀)	盆花	万盆	18.00
45	金凤区(宁)	盆花	万盆	18.00
46	松原市市辖区(吉)	盆花	万盆	16.12
47	椒江区(浙)	盆花	万盆	16.00

（续表）

序号	矮牵牛主产地	花卉类别	单位	生产量
48	龙口市（鲁）	盆花	万盆	16.00
49	路北区（冀）	盆花	万盆	15.00
50	永清县（冀）	盆花	万盆	15.00
51	遵化市（冀）	盆花	万盆	14.00
52	平罗县（宁）	盆花	万盆	12.00
53	隆德县（宁）	盆花	万盆	11.00
54	平泉市（冀）	盆花	万盆	10.00
55	义乌市（浙）	盆花	万盆	10.00
56	凤阳县（皖）	盆花	万盆	10.00
57	会宁县（甘）	盆花	万盆	10.00
58	广阳区（冀）	盆花	万盆	7.16
59	瓜州县（甘）	盆花	万盆	5.00
60	阿克塞哈萨克族自治县（甘）	盆花	万盆	5.00
61	平川区（甘）	盆花	万盆	5.00
62	满城区（冀）	盆花	万盆	4.28
63	山海关区（冀）	盆花	万盆	4.20
64	武川县（内蒙古）	盆花	万盆	4.00
65	海港区（冀）	盆花	万盆	3.00
66	滦平县（冀）	盆花	万盆	3.00
67	浑源县（晋）	盆花	万盆	3.00
68	芜湖县（皖）	盆花	万盆	2.00
69	淮上区（皖）	盆花	万盆	2.00
70	临漳县（冀）	盆花	万盆	1.90
71	嵩　县（豫）	盆花	万盆	1.20
72	魏　县（冀）	盆花	万盆	1.00
73	涞水县（冀）	盆花	万盆	1.00
74	商水县（豫）	盆花	万盆	0.80
75	桃城区（冀）	盆花	万盆	0.60
76	迁西县（冀）	鲜切花	万支	20.00
77	丰润区（冀）	鲜切花	万支	12.00
78	南岗区（黑）	鲜切花	万支	5.00

表 13-30　一串红主产地产量

序号	一串红主产地	花卉类别	单位	生产量
1	大武口区（宁）	城市绿化苗	万株	80.00
2	海拉尔区（内蒙古）	城市绿化苗	万株	20.00
3	木兰县（黑）	城市绿化苗	万株	16.00
4	洮南市（吉）	城市绿化苗	万株	3.40
5	鹤峰县（鄂）	城市绿化苗	万株	2.00
6	山丹县（甘）	城市绿化苗	万株	2.00
7	蚌山区（皖）	观赏苗木	万株	100.00
8	龙子湖区（皖）	观赏苗木	万株	100.00
9	饶阳县（冀）	观赏苗木	万株	1.20
10	大名县（冀）	观赏苗木	万株	0.60
11	顺义区（京）	观叶植物	万盆	200.00

（续表）

序号	一串红主产地	花卉类别	单位	生产量
12	赫山区（湘）	观叶植物	万盆	100.00
13	龙南县（赣）	花卉用种苗	千苗	500.00
14	阿城区（黑）	花卉用种苗	千苗	66.00
15	阜新蒙古族自治县（辽）	盆花	万盆	400.00
16	集宁区（内蒙古）	盆花	万盆	231.00
17	兴庆区（宁）	盆花	万盆	161.60
18	延庆区（京）	盆花	万盆	150.00
19	彭山区（川）	盆花	万盆	120.00
20	商都县（内蒙古）	盆花	万盆	100.00
21	凤阳县（皖）	盆花	万盆	100.00
22	蔡甸区（鄂）	盆花	万盆	100.00
23	东昌府区（鲁）	盆花	万盆	96.50
24	莒南县（鲁）	盆花	万盆	90.00
25	卓资县（内蒙古）	盆花	万盆	87.50
26	新泰市（鲁）	盆花	万盆	62.00
27	左云县（晋）	盆花	万盆	50.00
28	义乌市（浙）	盆花	万盆	50.00
29	石家庄市桥西区（冀）	盆花	万盆	34.00
30	丰镇市（内蒙古）	盆花	万盆	32.00
31	路北区（冀）	盆花	万盆	20.00
32	古冶区（冀）	盆花	万盆	20.00
33	涿州市（冀）	盆花	万盆	20.00
34	淮上区（皖）	盆花	万盆	20.00
35	南岗区（黑）	盆花	万盆	15.00
36	察哈尔右翼后旗（内蒙古）	盆花	万盆	12.50
37	北戴河区（冀）	盆花	万盆	12.00
38	鼎城区（湘）	盆花	万盆	12.00
39	平罗县（宁）	盆花	万盆	12.00
40	海港区（冀）	盆花	万盆	11.00
41	辛集市（冀）	盆花	万盆	11.00
42	遵化市（冀）	盆花	万盆	10.00
43	平泉市（冀）	盆花	万盆	10.00
44	忻府区（晋）	盆花	万盆	10.00
45	东平县（鲁）	盆花	万盆	10.00
46	金凤区（宁）	盆花	万盆	10.00
47	广阳区（冀）	盆花	万盆	8.35
48	隆尧县（冀）	盆花	万盆	8.00
49	宁阳县（鲁）	盆花	万盆	8.00
50	寿　县（皖）	盆花	万盆	6.00
51	平桥区（豫）	盆花	万盆	6.00
52	吴桥县（冀）	盆花	万盆	5.00
53	丰宁满族自治县（冀）	盆花	万盆	5.00
54	平川区（甘）	盆花	万盆	5.00
55	滦平县（冀）	盆花	万盆	4.00
56	灵璧县（皖）	盆花	万盆	4.00

(续表)

序号	一串红主产地	花卉类别	单位	生产量
57	沂南县(鲁)	盆花	万盆	4.00
58	满城区(冀)	盆花	万盆	3.50
59	承德县(冀)	盆花	万盆	3.00
60	张北县(冀)	盆花	万盆	3.00
61	东洲区(辽)	盆花	万盆	3.00
62	费　县(鲁)	盆花	万盆	3.00
63	鹰手营子矿区(冀)	盆花	万盆	2.00
64	崆峒区(甘)	盆花	万盆	2.00
65	敦煌市(甘)	盆花	万盆	2.00
66	云梦县(鄂)	盆花	万盆	1.50
67	景　县(冀)	盆花	万盆	1.30
68	晋州市(冀)	盆花	万盆	1.20
69	望都县(冀)	盆花	万盆	1.20
70	商水县(豫)	盆花	万盆	1.20
71	迁安市(冀)	盆花	万盆	1.00
72	涞水县(冀)	盆花	万盆	1.00
73	长治市城区(晋)	盆花	万盆	1.00
74	肥西县(皖)	盆花	万盆	1.00
75	枣强县(冀)	盆花	万盆	0.90
76	安平县(冀)	盆花	万盆	0.72
77	洪洞县(晋)	盆景	万盆	8.00
78	长丰县(皖)	盆景	万盆	6.32
79	宝丰县(豫)	盆景	万盆	0.80
80	芜湖县(皖)	鲜切花	万支	10.00
81	建始县(鄂)	鲜切花	万支	5.00
82	桃城区(冀)	鲜切花	万支	1.00
83	禹会区(皖)	鲜切叶	万支	1.50

表 13-31　红檵木主产地产量

序号	红檵木主产地	花卉类别	单位	生产量
1	北仑区(浙)	城市绿化苗	万株	2500.00
2	洪江市(湘)	城市绿化苗	万株	310.00
3	袁州区(赣)	城市绿化苗	万株	300.00
4	零陵区(湘)	城市绿化苗	万株	200.00
5	潢川县(豫)	城市绿化苗	万株	105.00
6	岳阳县(湘)	城市绿化苗	万株	100.00
7	颍泉区(皖)	城市绿化苗	万株	62.00
8	中方县(湘)	城市绿化苗	万株	23.00
9	建始县(鄂)	城市绿化苗	万株	20.00
10	鹤峰县(鄂)	城市绿化苗	万株	20.00
11	株洲县(湘)	城市绿化苗	万株	13.60
12	新晃侗族自治县(湘)	城市绿化苗	万株	10.00
13	武陵区(湘)	城市绿化苗	万株	8.90
14	芷江侗族自治县(湘)	城市绿化苗	万株	6.80
15	阳新县(鄂)	城市绿化苗	万株	6.50

(续表)

序号	红檵木主产地	花卉类别	单位	生产量
16	津市市(湘)	城市绿化苗	万株	6.00
17	英山县(鄂)	城市绿化苗	万株	5.20
18	花垣县(湘)	城市绿化苗	万株	5.00
19	碧江区(黔)	城市绿化苗	万株	4.60
20	旌阳区(川)	城市绿化苗	万株	4.00
21	黔江区(渝)	城市绿化苗	万株	2.00
22	沅陵县(湘)	城市绿化苗	万株	1.70
23	铜梁区(渝)	城市绿化苗	万株	1.50
24	铅山县(赣)	观赏苗木	万株	9900.00
25	泰顺县(浙)	观赏苗木	万株	114.00
26	高　县(川)	观赏苗木	万株	95.00
27	南郑区(陕)	观赏苗木	万株	70.00
28	庆元县(浙)	观赏苗木	万株	35.00
29	巴州区(川)	观赏苗木	万株	35.00
30	万山区(黔)	观赏苗木	万株	30.00
31	三门县(浙)	观赏苗木	万株	25.00
32	永顺县(湘)	观赏苗木	万株	25.00
33	金城江区(桂)	观赏苗木	万株	10.00
34	田东县(桂)	观赏苗木	万株	5.50
35	东安县(湘)	观赏苗木	万株	5.00
36	永兴县(湘)	观赏苗木	万株	4.00
37	常宁市(湘)	观赏苗木	万株	3.75
38	云梦县(鄂)	观赏苗木	万株	2.00
39	辰溪县(湘)	观叶植物	万盆	100.00
40	双峰县(湘)	观叶植物	万盆	30.00
41	九龙坡区(渝)	观叶植物	万盆	5.00
42	龙南县(赣)	花卉用种苗	千苗	1500.00
43	宾阳县(桂)	盆花	万盆	0.55
44	巴州区(川)	盆景	万盆	15.50
45	巴州区(川)	鲜切叶	万支	15.00
46	宜都市(鄂)	穴盘苗	万株	120.00

表 13-32　红掌主产地产量

序号	红掌主产地	花卉类别	单位	生产量
1	颍州区(皖)	城市绿化苗	万株	450.00
2	丹凤县(陕)	城市绿化苗	万株	1.50
3	敦煌市(甘)	观赏苗木	万株	1.00
4	长治县(晋)	观叶植物	万盆	1.20
5	延庆区(京)	花卉用种苗	千苗	1200.00
6	青州市(鲁)	盆花	万盆	220.00
7	北京市大东流苗圃（京）	盆花	万盆	89.71
8	长清区(鲁)	盆花	万盆	85.00
9	三河市(冀)	盆花	万盆	73.00
10	颍泉区(皖)	盆花	万盆	70.00
11	清丰县(豫)	盆花	万盆	65.00

（续表）

序号	红掌主产地	花卉类别	单位	生产量
12	顺义区(京)	盆花	万盆	60.00
13	新华区(冀)	盆花	万盆	35.00
14	义乌市(浙)	盆花	万盆	20.00
15	延庆区(京)	盆花	万盆	12.00
16	永清县(冀)	盆花	万盆	10.00
17	鄄城县(鲁)	盆花	万盆	6.00
18	石家庄市桥西区(冀)	盆花	万盆	5.00
19	桃城区(冀)	盆花	万盆	4.00
20	虞城县(豫)	盆花	万盆	4.00
21	定兴县(冀)	盆花	万盆	2.00
22	陵城区(鲁)	盆花	万盆	1.50
23	丰宁满族自治县(冀)	盆花	万盆	1.10
24	坊子区(鲁)	盆花	万盆	1.00
25	隆德县(宁)	盆花	万盆	1.00
26	三门县(浙)	盆花	万盆	0.60
27	鹤峰县(鄂)	盆花	万盆	0.60
28	松江区(沪)	盆景	万盆	4409.00
29	港口区(桂)	盆景	万盆	268.00
30	兖州区(鲁)	盆景	万盆	20.00
31	祁　县(晋)	盆景	万盆	7.00
32	湖滨区(豫)	盆景	万盆	5.00
33	灵璧县(皖)	盆景	万盆	2.00
34	甘井子区(辽)	鲜切花	万支	250.00
35	万州区(渝)	鲜切花	万支	1.30
36	南乐县(豫)	鲜切花	万支	1.00
37	祥符区(豫)	鲜切叶	万支	2.00

表 13-33　富贵竹主产地产量

序号	富贵竹主产地	花卉类别	单位	生产量
1	新宁县(湘)	城市绿化苗	万株	15.00
2	袁州区(赣)	城市绿化苗	万株	2.00
3	丰润区(冀)	观赏苗木	万株	12.00
4	武宣县(桂)	观赏苗木	万株	6.00
5	盐山县(冀)	观赏苗木	万株	3.70
6	射洪县(川)	观赏苗木	万株	2.00
7	沁阳市(豫)	观赏苗木	万株	0.60
8	颍泉区(皖)	观叶植物	万盆	55.00
9	安国市(冀)	观叶植物	万盆	30.00
10	永清县(冀)	观叶植物	万盆	10.00
11	鹤城区(湘)	观叶植物	万盆	10.00
12	宁城县(内蒙古)	观叶植物	万盆	5.00
13	孟村回族自治县(冀)	观叶植物	万盆	2.00
14	涿州市(冀)	观叶植物	万盆	2.00
15	洞口县(湘)	观叶植物	万盆	1.50
16	龙南县(赣)	花卉用种苗	千苗	300.00
17	濮阳县(豫)	盆花	万盆	40.00
18	广昌县(赣)	盆花	万盆	28.00
19	青　县(冀)	盆花	万盆	5.00
20	大城县(冀)	盆花	万盆	2.20
21	建安区(豫)	盆花	万盆	2.00
22	岳阳楼区(湘)	盆花	万盆	1.97
23	峄城区(鲁)	盆花	万盆	1.00
24	港口区(桂)	盆景	万盆	1300.00
25	巴州区(川)	盆景	万盆	43.00
26	会理县(川)	盆景	万盆	10.10
27	灵璧县(皖)	盆景	万盆	3.50
28	宝丰县(豫)	盆景	万盆	1.80
29	广昌县(赣)	鲜切花	万支	611.11
30	西华县(豫)	鲜切花	万支	8.00
31	永丰县(赣)	鲜切花	万支	4.00
32	遵化市(冀)	鲜切叶	万支	22.00
33	灵璧县(皖)	鲜切叶	万支	6.00
34	巴州区(川)	鲜切叶	万支	5.00
35	息　县(豫)	鲜切叶	万支	2.40

表 13-34　草花主产地产量

序号	草花主产地	花卉类别	单位	生产量
1	青州市(鲁)	城市绿化苗	万株	31000.00
2	阳高县(晋)	城市绿化苗	万株	2000.00
3	辉南县(吉)	城市绿化苗	万株	1670.00
4	松江区(沪)	城市绿化苗	万株	1459.50
5	奈曼旗(内蒙古)	城市绿化苗	万株	200.00
6	利通区(宁)	城市绿化苗	万株	87.00
7	颍泉区(皖)	城市绿化苗	万株	10.00
8	应　县(晋)	城市绿化苗	万株	4.00
9	龙凤区(黑)	城市绿化苗	万株	2.00
10	黄州区(鄂)	城市绿化苗	万株	1.50
11	兴庆区(宁)	观赏苗木	万株	4171.00
12	武胜县(川)	观赏苗木	万株	800.00
13	韩城市林业局(陕)	观赏苗木	万株	610.00
14	临河区(内蒙古)	观赏苗木	万株	350.00
15	新化县(湘)	观赏苗木	万株	250.00
16	南　县(湘)	观赏苗木	万株	79.80
17	金川区(甘)	观赏苗木	万株	20.00
18	五原县(内蒙古)	观赏苗木	万株	15.00
19	芜湖县(皖)	观赏苗木	万株	10.00
20	田东县(桂)	观赏苗木	万株	6.16
21	顺义区(京)	观叶植物	万盆	5762.00
22	清原满族自治县(辽)	观叶植物	万盆	2600.00
23	襄汾县(晋)	观叶植物	万盆	72.00

(续表)

序号	草花主产地	花卉类别	单位	生产量
24	侯马市(晋)	观叶植物	万盆	20.00
25	仙桃市(鄂)	观叶植物	万盆	15.00
26	应　县(晋)	观叶植物	万盆	2.00
27	广汉市(川)	观叶植物	万盆	2.00
28	临洮县(甘)	花卉用种苗	千苗	340.00
29	顺义区(京)	盆花	万盆	5762.00
30	浦东新区(沪)	盆花	万盆	1867.80
31	定州市(冀)	盆花	万盆	1000.00
32	青浦区(沪)	盆花	万盆	711.30
33	延庆区(京)	盆花	万盆	500.00
34	东平县(鲁)	盆花	万盆	500.00
35	莒南县(鲁)	盆花	万盆	380.00
36	小店区(晋)	盆花	万盆	236.00
37	秀洲区(浙)	盆花	万盆	120.00
38	义安区(皖)	盆花	万盆	80.00
39	西夏区(宁)	盆花	万盆	80.00
40	义乌市(浙)	盆花	万盆	60.00
41	石家庄市桥西区(冀)	盆花	万盆	55.00
42	北戴河区(冀)	盆花	万盆	39.00
43	宝山区(沪)	盆花	万盆	30.00
44	昭化区(川)	盆花	万盆	24.00
45	北京市大东流苗圃(京)	盆花	万盆	20.77
46	沂水县(鲁)	盆花	万盆	20.00
47	贡井区(川)	盆花	万盆	20.00
48	章丘区(鲁)	盆花	万盆	18.00
49	山海关区(冀)	盆花	万盆	10.30
50	淮上区(皖)	盆花	万盆	10.00
51	渭滨区(陕)	盆花	万盆	10.00
52	长葛市(豫)	盆花	万盆	8.00
53	魏　县(冀)	盆花	万盆	6.00
54	嵩　县(豫)	盆花	万盆	6.00
55	双滦区(冀)	盆花	万盆	5.00
56	津市市(湘)	盆花	万盆	5.00
57	绥芬河市(黑)	盆花	万盆	2.00
58	蜀山区(皖)	盆花	万盆	2.00
59	开平区(冀)	盆花	万盆	1.00
60	巴马瑶族自治县(桂)	盆花	万盆	0.75
61	益阳市市辖区(湘)	盆景	万盆	30.00
62	金安区(皖)	盆景	万盆	1.65
63	北湖区(湘)	鲜切花	万支	4000.00
64	青浦区(沪)	鲜切花	万支	990.00
65	成安县(冀)	鲜切花	万支	130.00
66	涉　县(冀)	穴盘苗	万株	49.00

表 13-35　法桐主产地产量

序号	法桐主产地	花卉类别	单位	生产量
1	辉县市(豫)	城市绿化苗	万株	5000.00
2	济源市(豫)	城市绿化苗	万株	4000.00
3	新泰市(鲁)	城市绿化苗	万株	1320.00
4	永清县(冀)	城市绿化苗	万株	280.00
5	汝南县(豫)	城市绿化苗	万株	258.00
6	东平县(鲁)	城市绿化苗	万株	160.00
7	郸城县(豫)	城市绿化苗	万株	160.00
8	淮滨县(豫)	城市绿化苗	万株	100.00
9	龙安区(豫)	城市绿化苗	万株	67.80
10	潢川县(豫)	城市绿化苗	万株	52.00
11	夏邑县(豫)	城市绿化苗	万株	50.00
12	上蔡县(豫)	城市绿化苗	万株	45.00
13	建安区(豫)	城市绿化苗	万株	25.00
14	杞　县(豫)	城市绿化苗	万株	16.00
15	嵩　县(豫)	城市绿化苗	万株	10.00
16	瑞金市(赣)	城市绿化苗	万株	5.00
17	龙南县(赣)	城市绿化苗	万株	5.00
18	平乡县(冀)	城市绿化苗	万株	4.00
19	深州市(冀)	城市绿化苗	万株	3.00
20	威海市经济技术开发区(鲁)	城市绿化苗	万株	2.50
21	西华县(豫)	城市绿化苗	万株	2.00
22	仙桃市(鄂)	城市绿化苗	万株	1.60
23	尉氏县(豫)	城市绿化苗	万株	1.00
24	章丘区(鲁)	观赏苗木	万株	20000.00
25	清苑区(冀)	观赏苗木	万株	500.00
26	民权县(豫)	观赏苗木	万株	380.00
27	肥乡区(冀)	观赏苗木	万株	300.00
28	馆陶县(冀)	观赏苗木	万株	260.50
29	鄢陵县(豫)	观赏苗木	万株	260.00
30	涿州市(冀)	观赏苗木	万株	200.00
31	安阳县(豫)	观赏苗木	万株	150.00
32	成安县(冀)	观赏苗木	万株	120.00
33	磁　县(冀)	观赏苗木	万株	60.00
34	陵城区(鲁)	观赏苗木	万株	52.00
35	长葛市(豫)	观赏苗木	万株	41.60
36	开平区(冀)	观赏苗木	万株	35.00
37	周至县(陕)	观赏苗木	万株	29.00
38	沙河市(冀)	观赏苗木	万株	23.00
39	鹿泉区(冀)	观赏苗木	万株	22.70
40	乐亭县(冀)	观赏苗木	万株	22.60
41	临漳县(冀)	观赏苗木	万株	19.20
42	辛集市(冀)	观赏苗木	万株	18.00
43	鹤山区(豫)	观赏苗木	万株	13.00
44	永年区(冀)	观赏苗木	万株	11.00
45	曲阳县(冀)	观赏苗木	万株	10.00

（续表）

序号	法桐主产地	花卉类别	单位	生产量
46	大城县（冀）	观赏苗木	万株	10.00
47	凤阳县（皖）	观赏苗木	万株	10.00
48	川汇区（豫）	观赏苗木	万株	9.60
49	汤阴县（豫）	观赏苗木	万株	9.10
50	固安县（冀）	观赏苗木	万株	6.00
51	安新县（冀）	观赏苗木	万株	6.00
52	涞水县（冀）	观赏苗木	万株	5.00
53	武强县（冀）	观赏苗木	万株	5.00
54	项城市（豫）	观赏苗木	万株	4.00
55	淮阳县（豫）	观赏苗木	万株	3.50
56	井陉矿区（冀）	观赏苗木	万株	3.00
57	大厂回族自治县（冀）	观赏苗木	万株	3.00
58	确山县（豫）	观赏苗木	万株	3.00
59	魏　县（冀）	观赏苗木	万株	2.00

表 13-36　红叶小檗主产地产量

序号	红叶小檗主产地	花卉类别	单位	生产量
1	华池县（甘）	城市绿化苗	万株	50000.00
2	潢川县（豫）	城市绿化苗	万株	750.00
3	宜阳县（豫）	城市绿化苗	万株	192.00
4	沂水县（鲁）	城市绿化苗	万株	53.00
5	枣阳市（鄂）	城市绿化苗	万株	15.00
6	龙安区（豫）	城市绿化苗	万株	10.00
7	蒲城县（陕）	城市绿化苗	万株	1.00
8	邹平县（鲁）	观赏苗木	万株	500.00
9	鄢陵县（豫）	观赏苗木	万株	450.00
10	兴庆区（宁）	观赏苗木	万株	369.00
11	易　县（冀）	观赏苗木	万株	200.00
12	周至县（陕）	观赏苗木	万株	163.00
13	清苑区（冀）	观赏苗木	万株	160.00
14	涿州市（冀）	观赏苗木	万株	120.00
15	濮阳县（豫）	观赏苗木	万株	65.00
16	薛城区（鲁）	观赏苗木	万株	60.00
17	平泉市（冀）	观赏苗木	万株	50.00
18	鹤山区（豫）	观赏苗木	万株	46.00
19	范　县（豫）	观赏苗木	万株	40.00
20	乐亭县（冀）	观赏苗木	万株	36.70
21	迁安市（冀）	观赏苗木	万株	20.00
22	辛集市（冀）	观赏苗木	万株	17.00
23	迁西县（冀）	观赏苗木	万株	15.00
24	北戴河区（冀）	观赏苗木	万株	11.00
25	川汇区（豫）	观赏苗木	万株	9.00
26	高碑店市（冀）	观赏苗木	万株	5.00
27	曲阳县（冀）	观赏苗木	万株	5.00
28	大厂回族自治县（冀）	观赏苗木	万株	4.00

（续表）

序号	红叶小檗主产地	花卉类别	单位	生产量
29	武强县（冀）	观赏苗木	万株	4.00
30	忻府区（晋）	观赏苗木	万株	2.20
31	井陉矿区（冀）	观赏苗木	万株	2.00
32	涞水县（冀）	观赏苗木	万株	2.00
33	南乐县（豫）	观赏苗木	万株	1.00
34	定襄县（晋）	花卉用种苗	千苗	300.00

表 13-37　桧柏主产地产量

序号	桧柏主产地	花卉类别	单位	生产量
1	潢川县（豫）	城市绿化苗	万株	103.00
2	忻府区（晋）	城市绿化苗	万株	25.50
3	龙安区（豫）	城市绿化苗	万株	25.00
4	西夏区（宁）	城市绿化苗	万株	24.00
5	永清县（冀）	城市绿化苗	万株	10.00
6	金凤区（宁）	城市绿化苗	万株	2.22
7	仙桃市（鄂）	城市绿化苗	万株	2.00
8	蒲城县（陕）	城市绿化苗	万株	1.00
9	望都县（冀）	观赏苗木	万株	1249.80
10	易　县（冀）	观赏苗木	万株	500.00
11	平泉市（冀）	观赏苗木	万株	100.00
12	薛城区（鲁）	观赏苗木	万株	65.00
13	涉　县（冀）	观赏苗木	万株	62.00
14	薛城区（鲁）	观赏苗木	万株	61.00
15	兖州区（鲁）	观赏苗木	万株	45.00
16	承德县（冀）	观赏苗木	万株	30.00
17	鹤山区（豫）	观赏苗木	万株	24.00
18	大城县（冀）	观赏苗木	万株	20.00
19	长治县（晋）	观赏苗木	万株	9.60
20	涞水县（冀）	观赏苗木	万株	6.00
21	汤阴县（豫）	观赏苗木	万株	6.00
22	芜湖县（皖）	观赏苗木	万株	5.00
23	井陉矿区（冀）	观赏苗木	万株	3.00
24	迁安市（冀）	观赏苗木	万株	2.00
25	青铜峡市（宁）	观赏苗木	万株	2.00
26	卫辉市（豫）	观赏苗木	万株	1.80
27	满城区（冀）	观赏苗木	万株	1.00

表 13-38　红叶石楠主产地产量

序号	红叶石楠主产地	花卉类别	单位	生产量
1	北仑区（浙）	城市绿化苗	万株	7200.00
2	麒麟区（滇）	城市绿化苗	万株	2000.00
3	潢川县（豫）	城市绿化苗	万株	1050.00
4	岳阳县（湘）	城市绿化苗	万株	1000.00
5	颍州区（皖）	城市绿化苗	万株	650.00
6	掇刀区（鄂）	城市绿化苗	万株	620.00

(续表)

序号	红叶石楠主产地	花卉类别	单位	生产量
7	西海岸新区(鲁)	城市绿化苗	万株	565.00
8	零陵区(湘)	城市绿化苗	万株	500.00
9	五河县(皖)	城市绿化苗	万株	300.00
10	袁州区(赣)	城市绿化苗	万株	300.00
11	洪江市(湘)	城市绿化苗	万株	300.00
12	宜阳县(豫)	城市绿化苗	万株	189.00
13	赫山区(湘)	城市绿化苗	万株	135.00
14	偃师市(豫)	城市绿化苗	万株	120.00
15	颍泉区(皖)	城市绿化苗	万株	100.00
16	桐城市(皖)	城市绿化苗	万株	100.00
17	栾川县(豫)	城市绿化苗	万株	99.00
18	汝南县(豫)	城市绿化苗	万株	96.00
19	郸城县(豫)	城市绿化苗	万株	95.00
20	泾　县(皖)	城市绿化苗	万株	90.00
21	龙安区(豫)	城市绿化苗	万株	70.00
22	邵阳县(湘)	城市绿化苗	万株	66.00
23	德安县(赣)	城市绿化苗	万株	60.00
24	建安区(豫)	城市绿化苗	万株	55.00
25	枣阳市(鄂)	城市绿化苗	万株	50.00
26	达川区(川)	城市绿化苗	万株	50.00
27	铜梁区(渝)	城市绿化苗	万株	44.70
28	叶　县(豫)	城市绿化苗	万株	41.00
29	宁强县(陕)	城市绿化苗	万株	36.00
30	管城回族区(豫)	城市绿化苗	万株	32.00
31	宁远县(湘)	城市绿化苗	万株	20.00
32	万山区(黔)	城市绿化苗	万株	20.00
33	仙桃市(鄂)	城市绿化苗	万株	16.00
34	中方县(湘)	城市绿化苗	万株	15.00
35	蒲城县(陕)	城市绿化苗	万株	15.00
36	鹤峰县(鄂)	城市绿化苗	万株	13.00
37	蓝田县(陕)	城市绿化苗	万株	13.00
38	水城县(黔)	城市绿化苗	万株	10.50
39	肥西县(皖)	城市绿化苗	万株	10.00
40	津市市(湘)	城市绿化苗	万株	10.00
41	资阳区(湘)	城市绿化苗	万株	8.00
42	威海市经济技术开发区(鲁)	城市绿化苗	万株	7.00
43	丹凤县(陕)	城市绿化苗	万株	6.50
44	芷江侗族自治县(湘)	城市绿化苗	万株	6.00
45	英山县(鄂)	城市绿化苗	万株	5.20
46	黎川县(赣)	城市绿化苗	万株	5.10
47	广昌县(赣)	城市绿化苗	万株	5.00
48	临川区(赣)	城市绿化苗	万株	5.00
49	洞口县(湘)	城市绿化苗	万株	5.00
50	黔江区(渝)	城市绿化苗	万株	5.00
51	湛河区(豫)	城市绿化苗	万株	4.90
52	旌阳区(川)	城市绿化苗	万株	4.00
53	江津区(渝)	城市绿化苗	万株	3.80
54	沙市区(鄂)	城市绿化苗	万株	3.50
55	江川区(滇)	城市绿化苗	万株	3.50
56	彭山区(川)	城市绿化苗	万株	3.00
57	福泉市(黔)	城市绿化苗	万株	3.00
58	西华县(豫)	城市绿化苗	万株	2.50
59	华容县(湘)	城市绿化苗	万株	2.40
60	碧江区(黔)	城市绿化苗	万株	2.30
61	韶山市(湘)	城市绿化苗	万株	2.20
62	雨湖区(湘)	城市绿化苗	万株	2.00
63	山阳区(豫)	城市绿化苗	万株	1.20
64	株洲县(湘)	城市绿化苗	万株	1.20
65	宛城区(豫)	城市绿化苗	万株	1.05
66	汶上县(鲁)	城市绿化苗	万株	0.60
67	北湖区(湘)	观赏苗木	万株	14500.00
68	安福县(赣)	观赏苗木	万株	9000.00
69	鄂州市市辖区(鄂)	观赏苗木	万株	432.10
70	鄢陵县(豫)	观赏苗木	万株	390.00
71	邵东县(湘)	观赏苗木	万株	300.00
72	桂东县(湘)	观赏苗木	万株	300.00
73	柯城区(浙)	观赏苗木	万株	273.00
74	衢江区(浙)	观赏苗木	万株	220.00
75	长葛市(豫)	观赏苗木	万株	162.50
76	陕州区(豫)	观赏苗木	万株	160.00
77	光山县(豫)	观赏苗木	万株	156.00
78	凤阳县(皖)	观赏苗木	万株	150.00
79	周至县(陕)	观赏苗木	万株	141.30
80	郧西县(鄂)	观赏苗木	万株	95.00
81	新干县(赣)	观赏苗木	万株	70.00
82	平桥区(豫)	观赏苗木	万株	70.00
83	高　县(川)	观赏苗木	万株	59.00
84	濮阳县(豫)	观赏苗木	万株	50.00
85	漳河新区(鄂)	观赏苗木	万株	50.00
86	永顺县(湘)	观赏苗木	万株	50.00
87	庆元县(浙)	观赏苗木	万株	33.00
88	含山县(皖)	观赏苗木	万株	30.00
89	祥符区(豫)	观赏苗木	万株	30.00
90	项城市(豫)	观赏苗木	万株	30.00
91	鹤山区(豫)	观赏苗木	万株	29.60
92	阳新县(鄂)	观赏苗木	万株	23.00
93	鄄城县(鲁)	观赏苗木	万株	20.00
94	确山县(豫)	观赏苗木	万株	20.00
95	东宝区(鄂)	观赏苗木	万株	20.00
96	范　县(豫)	观赏苗木	万株	17.60

（续表）

序号	红叶石楠主产地	花卉类别	单位	生产量
97	巴州区（川）	观赏苗木	万株	15.00
98	三门县（浙）	观赏苗木	万株	10.00
99	淇滨区（豫）	观赏苗木	万株	8.50
100	太康县（豫）	观赏苗木	万株	7.00
101	云梦县（鄂）	观赏苗木	万株	6.00
102	大城县（冀）	观赏苗木	万株	5.00
103	陇　县（陕）	观赏苗木	万株	4.00
104	陵城区（鲁）	观赏苗木	万株	3.00
105	镇平县（豫）	观赏苗木	万株	2.30
106	鸡泽县（冀）	观赏苗木	万株	2.00
107	魏　县（冀）	观赏苗木	万株	2.00
108	公安县（鄂）	观赏苗木	万株	1.56
109	乐平市（赣）	观赏苗木	万株	1.00
110	双峰县（湘）	观叶植物	万盆	20.00
111	川汇区（豫）	观叶植物	万盆	12.00
112	翠屏区（川）	观叶植物	万盆	5.20
113	平利县（陕）	观叶植物	万盆	0.80
114	龙南县（赣）	花卉用种苗	千苗	600.00
115	南郑区（陕）	花卉用种苗	千苗	40.00
116	开远市（滇）	盆花	万盆	300.00
117	义安区（皖）	盆花	万盆	50.00
118	岳阳楼区（湘）	盆花	万盆	2.37
119	云梦县（鄂）	盆花	万盆	2.00
120	巴州区（川）	盆景	万盆	5.00
121	宣汉县（川）	鲜切花	万支	25.10
122	巴州区（川）	鲜切叶	万支	25.00

表 13-39　罗汉松主产地产量

序号	罗汉松主产地	花卉类别	单位	生产量
1	长沙县（湘）	城市绿化苗	万株	500.00
2	银海区（桂）	城市绿化苗	万株	128.00
3	潢川县（豫）	城市绿化苗	万株	66.00
4	海城区（桂）	城市绿化苗	万株	30.00
5	中方县（湘）	城市绿化苗	万株	26.00
6	浦北县（桂）	城市绿化苗	万株	20.00
7	临川区（赣）	城市绿化苗	万株	12.00
8	袁州区（赣）	城市绿化苗	万株	10.00
9	黎平县（黔）	城市绿化苗	万株	8.73
10	宁远县（湘）	城市绿化苗	万株	5.00
11	玉山县（赣）	城市绿化苗	万株	4.00
12	北仑区（浙）	城市绿化苗	万株	3.00
13	资阳区（湘）	城市绿化苗	万株	3.00
14	双峰县（湘）	城市绿化苗	万株	2.00
15	陆川县（桂）	城市绿化苗	万株	2.00
16	钦廉林场（桂）	城市绿化苗	万株	1.00

（续表）

序号	罗汉松主产地	花卉类别	单位	生产量
17	龙南县（赣）	观赏苗木	万株	50.00
18	三门县（浙）	观赏苗木	万株	10.00
19	安化县（湘）	观赏苗木	万株	1.10
20	常宁市（湘）	观赏苗木	万株	0.60
21	义乌市（浙）	观叶植物	万盆	2.00
22	阳新县（鄂）	盆花	万盆	5.00
23	岳阳楼区（湘）	盆花	万盆	1.16
24	港口区（桂）	盆景	万盆	400.00
25	大余县（赣）	盆景	万盆	28.97
26	海曙区（浙）	盆景	万盆	5.00
27	巴州区（川）	盆景	万盆	5.00
28	渠　县（川）	盆景	万盆	3.00
29	阳新县（鄂）	盆景	万盆	1.00

表 13-40　红枫主产地产量

序号	红枫主产地	花卉类别	单位	生产量
1	麒麟区（滇）	城市绿化苗	万株	300.00
2	东平县（鲁）	城市绿化苗	万株	200.00
3	宜阳县（豫）	城市绿化苗	万株	124.20
4	达川区（川）	城市绿化苗	万株	100.00
5	上蔡县（豫）	城市绿化苗	万株	53.00
6	潢川县（豫）	城市绿化苗	万株	25.00
7	袁州区（赣）	城市绿化苗	万株	20.00
8	北仑区（浙）	城市绿化苗	万株	16.00
9	新　县（豫）	城市绿化苗	万株	12.00
10	诸暨市（浙）	城市绿化苗	万株	10.00
11	龙南县（赣）	城市绿化苗	万株	10.00
12	宁远县（湘）	城市绿化苗	万株	10.00
13	颍州区（皖）	城市绿化苗	万株	6.00
14	山亭区（鲁）	城市绿化苗	万株	5.00
15	泾　县（皖）	城市绿化苗	万株	3.50
16	桐城市（皖）	城市绿化苗	万株	2.00
17	仙桃市（鄂）	城市绿化苗	万株	2.00
18	碧江区（黔）	城市绿化苗	万株	1.80
19	旌阳区（川）	城市绿化苗	万株	1.50
20	江川区（滇）	城市绿化苗	万株	1.50
21	衢江区（浙）	城市绿化苗	万株	1.20
22	湛河区（豫）	城市绿化苗	万株	1.10
23	铜梁区（渝）	城市绿化苗	万株	1.10
24	颍泉区（皖）	城市绿化苗	万株	0.90
25	凤阳县（皖）	观赏苗木	万株	100.00
26	周至县（陕）	观赏苗木	万株	72.20
27	南郑区（陕）	观赏苗木	万株	40.00
28	龙南县（赣）	观赏苗木	万株	35.00
29	肃宁县（冀）	观赏苗木	万株	28.00

(续表)

序号	红枫主产地	花卉类别	单位	生产量
30	翠屏区(川)	观赏苗木	万株	21.60
31	大城县(冀)	观赏苗木	万株	20.00
32	龙安区(豫)	观赏苗木	万株	11.00
33	三门县(浙)	观赏苗木	万株	5.00
34	巴州区(川)	观赏苗木	万株	5.00
35	大竹县(川)	观赏苗木	万株	5.00
36	雨城区(川)	观赏苗木	万株	4.20
37	长葛市(豫)	观赏苗木	万株	4.00
38	阳新县(鄂)	观赏苗木	万株	4.00
39	安平县(冀)	观赏苗木	万株	3.60
40	峰峰矿区(冀)	观赏苗木	万株	3.00
41	安化县(湘)	观赏苗木	万株	0.80
42	奉节县(渝)	观叶植物	万盆	10.00
43	双峰县(湘)	观叶植物	万盆	2.00
44	龙南县(赣)	花卉用种苗	千苗	100.00
45	黄州区(鄂)	盆花	万盆	1.00
46	海曙区(浙)	盆景	万盆	5.00
47	巴州区(川)	盆景	万盆	3.00

表 13-41　仙客来主产地产量

序号	仙客来主产地	花卉类别	单位	生产量
1	东平县(鲁)	观赏苗木	万株	300.00
2	洪洞县(晋)	观赏苗木	万株	2.00
3	霸州市(冀)	观叶植物	万盆	55.00
4	安丘市(鲁)	观叶植物	万盆	42.00
5	大厂回族自治县(冀)	观叶植物	万盆	3.00
6	莱州市(鲁)	花卉用种苗	千苗	800.00
7	青州市(鲁)	盆花	万盆	140.00
8	浦东新区(沪)	盆花	万盆	80.00
9	颍泉区(皖)	盆花	万盆	75.00
10	即墨区(鲁)	盆花	万盆	30.00
11	石家庄市桥西区(冀)	盆花	万盆	15.00
12	薛城区(鲁)	盆花	万盆	15.00
13	鹿泉区(冀)	盆花	万盆	10.50
14	丰宁满族自治县(冀)	盆花	万盆	10.00
15	义乌市(浙)	盆花	万盆	10.00
16	东平县(鲁)	盆花	万盆	10.00
17	莱州市(鲁)	盆花	万盆	10.00
18	鄄城县(鲁)	盆花	万盆	10.00
19	滦平县(冀)	盆花	万盆	6.00
20	涿州市(冀)	盆花	万盆	5.00
21	滦南县(冀)	盆花	万盆	5.00
22	永清县(冀)	盆花	万盆	5.00
23	旌阳区(川)	盆花	万盆	4.00
24	定兴县(冀)	盆花	万盆	3.00

(续表)

序号	仙客来主产地	花卉类别	单位	生产量
25	潍城区(鲁)	盆花	万盆	3.00
26	宁东林业局(陕)	盆花	万盆	2.50
27	迁安市(冀)	盆花	万盆	2.33
28	忻府区(晋)	盆花	万盆	2.30
29	承德县(冀)	盆花	万盆	2.00
30	湖滨区(豫)	盆花	万盆	2.00
31	竞秀区(冀)	盆花	万盆	1.30
32	峄城区(鲁)	盆花	万盆	1.00
33	海港区(冀)	盆花	万盆	0.65
34	翠屏区(川)	盆景	万盆	2.20

表 13-42　其他花卉主产地产量

序号	其他花卉主产地	品种	花卉类别	单位	生产量
1	袁州区(赣)	巴西铁	城市绿化苗	万株	3.00
2	小店区(晋)	巴西铁	观赏苗木	万株	18.00
3	安国市(冀)	巴西铁	盆花	万盆	20.00
4	嵩　县(豫)	巴西铁	盆花	万盆	1.00
5	遵化市(冀)	巴西铁	鲜切叶	万支	14.00
6	龙口市(鲁)	白碧桃	观赏苗木	万株	9.00
7	滦平县(冀)	白碧桃	观赏苗木	万株	1.00
8	旌德县(皖)	白芨	城市绿化苗	万株	0.90
9	铜梁区(渝)	白芨	食用及药用花卉	千克	800.00
10	汉寿县(湘)	白鹃梅	观赏苗木	万株	90.00
11	元宝山区(内蒙古)	百日草	城市绿化苗	万株	15.00
12	顺义区(京)	百日草	观叶植物	万盆	100.00
13	保德县(晋)	百日草	花卉用种苗	千苗	500.00
14	龙南县(赣)	百日草	花卉用种苗	千苗	230.00
15	平罗县(宁)	百日草	花卉用种子	千克	150.00
16	涿州市(冀)	百日草	盆花	万盆	20.00
17	北戴河区(冀)	百日草	盆花	万盆	8.00
18	平泉市(冀)	百日草	盆花	万盆	5.00
19	忻府区(晋)	百日草	盆花	万盆	4.00
20	高碑店市(冀)	百日草	盆花	万盆	2.00
21	淮上区(皖)	百日草	盆花	万盆	2.00
22	旌阳区(川)	百日草	盆花	万盆	2.00
23	临泉县(皖)	百子莲	观赏苗木	万株	20.00
24	石城县(赣)	百子莲	观赏苗木	万株	12.00
25	临泉县(皖)	百子莲	观叶植物	万盆	56.00
26	蜀山区(皖)	百子莲	盆花	万盆	1.40
27	卫辉市(豫)	薄荷	观赏苗木	万株	1.50
28	襄汾县(晋)	薄荷	观叶植物	万盆	5.00
29	临泉县(皖)	薄荷	花卉用种苗	万苗	6000.00
30	卫辉市(豫)	薄荷	盆花	万盆	2.50
31	临泉县(皖)	薄荷	食用及药用花卉	吨	20.00
32	零陵区(湘)	彩叶草	城市绿化苗	万株	200.00

（续表）

序号	其他花卉主产地	品种	花卉类别	单位	生产量
33	赫山区（湘）	彩叶草	城市绿化苗	万株	130.00
34	金城江区（桂）	彩叶草	观赏苗木	万株	2.00
35	顺义区（京）	彩叶草	观叶植物	万盆	100.00
36	贡井区（川）	彩叶草	观叶植物	万盆	13.80
37	永清县（冀）	彩叶草	观叶植物	万盆	10.00
38	肥东县（皖）	彩叶草	盆花	万盆	22.00
39	涿州市（冀）	彩叶草	盆花	万盆	20.00
40	永清县（冀）	彩叶草	盆花	万盆	15.00
41	义乌市（浙）	彩叶草	盆花	万盆	10.00
42	忻府区（晋）	彩叶草	盆花	万盆	5.00
43	旌阳区（川）	彩叶草	盆花	万盆	5.00
44	凤阳县（皖）	彩叶草	盆花	万盆	2.00
45	嵩　县（豫）	彩叶草	盆花	万盆	1.50
46	涞水县（冀）	彩叶草	盆花	万盆	1.00
47	满城区（冀）	彩叶草	盆花	万盆	1.00
48	陵城区（鲁）	彩叶草	盆花	万盆	1.00
49	商水县（豫）	彩叶草	盆花	万盆	0.80
50	隆尧县（冀）	草芙蓉	鲜切花	万支	8.00
51	象山县（浙）	茶梅	城市绿化苗	万株	400.00
52	义乌市（浙）	茶梅	城市绿化苗	万株	30.00
53	袁州区（赣）	茶梅	城市绿化苗	万株	6.00
54	德安县（赣）	茶梅	城市绿化苗	万株	4.00
55	仙桃市（鄂）	茶梅	城市绿化苗	万株	1.50
56	阳新县（鄂）	茶梅	城市绿化苗	万株	1.00
57	南郑区（陕）	茶梅	观赏苗木	万株	20.00
58	三门县（浙）	茶梅	观赏苗木	万株	10.00
59	永顺县（湘）	茶梅	观赏苗木	万株	1.20
60	阳新县（鄂）	茶梅	盆花	万盆	4.00
61	潢川县（豫）	茶梅	盆花	万盆	2.50
62	岳阳楼区（湘）	茶梅	盆花	万盆	1.90
63	三门县（浙）	茶梅	盆花	万盆	0.70
64	当阳市（鄂）	茶梅	盆景	万盆	2.20
65	金安区（皖）	茶梅	鲜切花	万支	3.15
66	黄州区（鄂）	常春藤类	城市绿化苗	万株	0.60
67	成武县（鲁）	常春藤类	观赏苗木	万株	100.00
68	薛城区（鲁）	常春藤类	观赏苗木	万株	60.00
69	新泰市（鲁）	常春藤类	观赏苗木	万株	10.00
70	包河区（皖）	常春藤类	观叶植物	万盆	20.00
71	永清县（冀）	常春藤类	观叶植物	万盆	5.00
72	金城江区（桂）	常春藤类	观叶植物	万盆	1.00
73	青州市（鲁）	常春藤类	盆花	万盆	62.00
74	定州市（冀）	常春藤类	盆花	万盆	30.00
75	义乌市（浙）	常春藤类	盆花	万盆	25.00
76	凤阳县（皖）	常春藤类	盆花	万盆	20.00
77	颍泉区（皖）	常春藤类	盆花	万盆	5.00

（续表）

序号	其他花卉主产地	品种	花卉类别	单位	生产量
78	忻府区（晋）	常春藤类	盆花	万盆	3.00
79	嵩　县（豫）	常春藤类	盆花	万盆	1.50
80	故城县（冀）	常春藤类	盆景	万盆	0.70
81	夏邑县（豫）	赤楠	城市绿化苗	万株	50.00
82	龙南县（赣）	赤楠	观赏苗木	万株	50.00
83	鼎城区（湘）	赤楠	观赏苗木	万株	3.00
84	龙南县（赣）	赤楠	花卉用种苗	千苗	400.00
85	建安区（豫）	垂丝海棠	城市绿化苗	万株	30.00
86	潢川县（豫）	垂丝海棠	城市绿化苗	万株	25.00
87	仙桃市（鄂）	垂丝海棠	城市绿化苗	万株	12.60
88	袁州区（赣）	垂丝海棠	城市绿化苗	万株	10.00
89	建安区（豫）	垂丝海棠	城市绿化苗	万株	10.00
90	江川区（滇）	垂丝海棠	城市绿化苗	万株	3.50
91	袁州区（赣）	垂丝海棠	城市绿化苗	万株	2.00
92	沾益区（滇）	垂丝海棠	城市绿化苗	万株	2.00
93	湛河区（豫）	垂丝海棠	城市绿化苗	万株	0.95
94	大足区（渝）	垂丝海棠	观赏苗木	万株	250.00
95	长丰县（皖）	垂丝海棠	观赏苗木	万株	90.00
96	凤阳县（皖）	垂丝海棠	观赏苗木	万株	80.00
97	长清区（鲁）	垂丝海棠	观赏苗木	万株	80.00
98	长葛市（豫）	垂丝海棠	观赏苗木	万株	67.50
99	鄢陵县（豫）	垂丝海棠	观赏苗木	万株	33.00
100	迁西县（冀）	垂丝海棠	观赏苗木	万株	26.00
101	肥西县（皖）	垂丝海棠	观赏苗木	万株	5.00
102	大城县（冀）	垂丝海棠	观赏苗木	万株	2.00
103	雨城区（川）	垂丝海棠	观赏苗木	万株	1.12
104	安国市（冀）	垂丝海棠	观赏苗木	万株	1.00
105	内江市市中区（川）	垂丝海棠	观赏苗木	万株	0.70
106	冀州市（冀）	垂丝海棠	观叶植物	万盆	15.00
107	潢川县（豫）	垂丝海棠	盆花	万盆	3.60
108	费　县（鲁）	垂丝海棠	盆花	万盆	2.00
109	黄州区（鄂）	垂丝海棠	盆花	万盆	1.00
110	巴州区（川）	垂丝海棠	盆景	万盆	10.00
111	肥城市（鲁）	垂枝桃	观赏苗木	万株	14.20
112	永清县（冀）	春羽	观叶植物	万盆	5.00
113	洞口县（湘）	葱兰	城市绿化苗	万株	5.60
114	新化县（湘）	葱兰	观赏苗木	万株	200.00
115	三门县（浙）	葱兰	观赏苗木	万株	4.00
116	赫山区（湘）	葱兰	观叶植物	万盆	350.00
117	凤阳县（皖）	葱兰	盆花	万盆	20.00
118	襄城区（鄂）	葱兰	盆花	万盆	2.50
119	潢川县（豫）	翠柏	城市绿化苗	万株	24.00
120	涉　县（冀）	翠柏	城市绿化苗	万株	0.51
121	濮阳县（豫）	翠柏	观赏苗木	万株	15.00
122	芜湖县（皖）	翠柏	观赏苗木	万株	10.00

(续表)

序号	其他花卉主产地	品种	花卉类别	单位	生产量
123	鼎城区(湘)	翠柏	观赏苗木	万株	2.50
124	潢川县(豫)	翠柏	盆景	万盆	2.20
125	洮北区(吉)	大丽花	城市绿化苗	万株	400.00
126	海拉尔区(内蒙古)	大丽花	城市绿化苗	万株	40.00
127	三门县(浙)	大丽花	观赏苗木	万株	4.00
128	顺义区(京)	大丽花	观叶植物	万盆	50.00
129	伊金霍洛旗(内蒙古)	大丽花	盆花	万盆	150.00
130	新泰市(鲁)	大丽花	盆花	万盆	25.00
131	义乌市(浙)	大丽花	盆花	万盆	20.00
132	临洮县(甘)	大丽花	盆花	万盆	15.00
133	会宁县(甘)	大丽花	盆花	万盆	10.00
134	永清县(冀)	大丽花	盆花	万盆	6.00
135	嵩　县(豫)	大丽花	盆花	万盆	5.00
136	潢川县(豫)	大丽花	盆花	万盆	4.00
137	旌阳区(川)	大丽花	盆花	万盆	2.00
138	隆德县(宁)	大丽花	盆花	万盆	1.00
139	商水县(豫)	大丽花	盆花	万盆	0.90
140	贡井区(川)	大丽花	鲜切花	万支	20.00
141	徽　县(甘)	大丽花	鲜切花	万支	4.46
142	青州市(鲁)	大岩桐	盆花	万盆	88.00
143	迁西县(冀)	大岩桐	鲜切花	万支	20.00
144	嵩　县(豫)	淡竹	城市绿化苗	万株	5.00
145	袁州区(赣)	倒挂金钟	城市绿化苗	万株	2.00
146	鹤山区(豫)	倒挂金钟	观赏苗木	万株	3.60
147	西峰区(甘)	倒挂金钟	观赏苗木	万株	1.39
148	襄汾县(晋)	倒挂金钟	观叶植物	万盆	5.00
149	蠡　县(冀)	倒挂金钟	盆花	万盆	10.00
150	凤阳县(皖)	倒挂金钟	盆花	万盆	10.00
151	滦南县(冀)	倒挂金钟	盆花	万盆	2.00
152	临洮县(甘)	倒挂金钟	盆花	万盆	2.00
153	平山县(冀)	倒挂金钟	盆花	万盆	1.00
154	麒麟区(滇)	灯盏花	城市绿化苗	万株	1000.00
155	五华区(滇)	灯盏花	食用及药用花卉	吨	25.20
156	五原县(内蒙古)	地肤	观赏苗木	万株	5.00
157	平泉市(冀)	地肤	盆花	万盆	5.00
158	金凤区(宁)	地肤	盆花	万盆	3.00
159	商水县(豫)	地肤	盆花	万盆	0.80
160	大武口区(宁)	地锦	城市绿化苗	万株	2.00
161	桃城区(冀)	地锦	观赏苗木	万株	30.00
162	涿州市(冀)	地锦	观赏苗木	万株	10.00
163	隆尧县(冀)	地石榴	观赏苗木	万株	10.00
164	凤阳县(皖)	地石榴	盆花	万盆	20.00
165	涿州市(冀)	棣棠	观赏苗木	万株	5.00
166	西华县(豫)	吊金钱	盆花	万盆	1.00
167	平泉市(冀)	东陵八仙花	观赏苗木	万株	60.00

(续表)

序号	其他花卉主产地	品种	花卉类别	单位	生产量
168	济源市(豫)	杜仲	城市绿化苗	万株	35.00
169	嵩　县(豫)	杜仲	城市绿化苗	万株	5.00
170	江津区(渝)	杜仲	城市绿化苗	万株	5.00
171	袁州区(赣)	杜仲	城市绿化苗	万株	2.00
172	莲花县(赣)	杜仲	观赏苗木	万株	9200.00
173	迁安市(冀)	杜仲	观赏苗木	万株	1.00
174	灵宝市(豫)	杜仲	食用及药用花卉	吨	13.00
175	屈家岭管理区(鄂)	对节白蜡	盆景	万盆	5.00
176	贡井区(川)	多花蔷薇	观赏苗木	万株	27.80
177	涿州市(冀)	多花蔷薇	观赏苗木	万株	10.00
178	三门县(浙)	多花蔷薇	观赏苗木	万株	10.00
179	射洪县(川)	多花蔷薇	观赏苗木	万株	5.00
180	北戴河区(冀)	多花蔷薇	观赏苗木	万株	2.00
181	金城江区(桂)	多花蔷薇	观叶植物	万盆	1.00
182	潢川县(豫)	多花蔷薇	盆花	万盆	3.00
183	岳阳楼区(湘)	多花蔷薇	盆花	万盆	1.10
184	北安市(黑)	俄罗斯花楸	城市绿化苗	万株	3.00
185	顺义区(京)	凤梨类	观叶植物	万盆	58.00
186	长清区(鲁)	凤梨类	观叶植物	万盆	40.00
187	新华区(冀)	凤梨类	观叶植物	万盆	12.00
188	永清县(冀)	凤梨类	观叶植物	万盆	8.00
189	石泉县(陕)	凤梨类	观叶植物	万盆	1.00
190	青州市(鲁)	凤梨类	盆花	万盆	450.00
191	松江区(沪)	凤梨类	盆花	万盆	195.00
192	义乌市(浙)	凤梨类	盆花	万盆	30.00
193	诸城市(鲁)	凤梨类	盆花	万盆	30.00
194	涿州市(冀)	凤梨类	盆花	万盆	25.00
195	青浦区(沪)	凤梨类	盆花	万盆	23.00
196	武城县(鲁)	凤梨类	盆花	万盆	20.00
197	奉贤区(沪)	凤梨类	盆花	万盆	18.74
198	东洲区(辽)	凤梨类	盆花	万盆	9.50
199	鄄城县(鲁)	凤梨类	盆花	万盆	8.00
200	北京市大东流苗圃(京)	凤梨类	盆花	万盆	2.95
201	虞城县(豫)	凤梨类	盆花	万盆	2.20
202	丰宁满族自治县(冀)	凤梨类	盆花	万盆	2.00
203	忻府区(晋)	凤梨类	盆花	万盆	2.00
204	北仑区(浙)	凤梨类	盆花	万盆	1.50
205	兖州区(鲁)	凤梨类	盆景	万盆	40.00
206	翠屏区(川)	凤梨类	盆景	万盆	2.60
207	颍泉区(皖)	凤梨类	盆景	万盆	2.00
208	袁州区(赣)	凤尾竹	城市绿化苗	万株	2.00
209	武宣县(桂)	凤尾竹	观赏苗木	万株	3.00
210	襄汾县(晋)	凤尾竹	观叶植物	万盆	3.00
211	濮阳县(豫)	凤尾竹	盆花	万盆	80.00
212	黄州区(鄂)	凤尾竹	盆花	万盆	1.00

（续表）

序号	其他花卉主产地	品种	花卉类别	单位	生产量
213	巴州区(川)	凤尾竹	盆景	万盆	6.00
214	永兴县(湘)	凤尾竹	鲜切花	万支	1.60
215	巴州区(川)	凤尾竹	鲜切叶	万支	5.00
216	贡井区(川)	凤仙花	观赏苗木	万株	30.00
217	丰润区(冀)	凤仙花	观赏苗木	万株	10.00
218	顺义区(京)	凤仙花	观叶植物	万盆	300.00
219	延庆区(京)	凤仙花	盆花	万盆	70.00
220	新安县(豫)	凤仙花	盆花	万盆	42.00
221	凤阳县(皖)	凤仙花	盆花	万盆	30.00
222	海港区(冀)	凤仙花	盆花	万盆	11.00
223	北戴河区(冀)	凤仙花	盆花	万盆	7.00
224	东洲区(辽)	凤仙花	盆花	万盆	4.00
225	滦平县(冀)	凤仙花	盆花	万盆	2.00
226	平山县(冀)	凤仙花	盆花	万盆	1.00
227	鹿泉区(冀)	凤仙花	盆花	万盆	0.60
228	隆尧县(冀)	凤仙花	鲜切花	万支	10.00
229	丰润区(冀)	凤仙花	鲜切叶	万支	10.00
230	霍州市(晋)	扶郎花	盆花	万盆	22.00
231	泽州县(晋)	扶郎花	鲜切花	万支	30.00
232	瑞金市(赣)	扶桑	城市绿化苗	万株	7.20
233	涞水县(冀)	扶桑	城市绿化苗	万株	1.00
234	宝塔区(陕)	扶桑	盆花	万盆	2000.00
235	红岗区(黑)	扶桑	盆花	万盆	70.00
236	陵城区(鲁)	扶桑	盆花	万盆	1.00
237	桦甸市(吉)	福禄考	城市绿化苗	万株	100.00
238	台安县(辽)	福禄考	观赏苗木	万株	5000.00
239	双城区(黑)	福禄考	观赏苗木	万株	93.00
240	三门县(浙)	福禄考	观赏苗木	万株	8.00
241	嘉峪关市(甘)	福禄考	观赏苗木	万株	1.00
242	襄汾县(晋)	福禄考	观叶植物	万盆	3.00
243	五常市(黑)	福禄考	花卉用种苗	千苗	15.00
244	易　县(冀)	福禄考	盆花	万盆	100.00
245	延庆区(京)	福禄考	盆花	万盆	26.00
246	涿州市(冀)	福禄考	盆花	万盆	20.00
247	临洮县(甘)	福禄考	盆花	万盆	20.00
248	忻府区(晋)	福禄考	盆花	万盆	7.20
249	鹤峰县(鄂)	珙桐	城市绿化苗	万株	4.00
250	雨城区(川)	珙桐	观赏苗木	万株	160.03
251	翠屏区(川)	珙桐	观赏苗木	万株	1.10
252	息　县(豫)	狗芽根	观赏苗木	万株	7.60
253	凤阳县(皖)	狗芽根	观赏苗木	万株	2.00
254	北仑区(浙)	枸骨	城市绿化苗	万株	650.00
255	新　县(豫)	枸骨	城市绿化苗	万株	7.00
256	建安区(豫)	枸骨	城市绿化苗	万株	6.00
257	旌德县(皖)	枸骨	城市绿化苗	万株	4.00

（续表）

序号	其他花卉主产地	品种	花卉类别	单位	生产量
258	袁州区(赣)	枸骨	城市绿化苗	万株	3.00
259	川汇区(豫)	枸骨	观赏苗木	万株	3.60
260	双峰县(湘)	枸骨	观叶植物	万盆	1.00
261	松江区(沪)	观叶芋类	观叶植物	万盆	171.00
262	青州市(鲁)	观叶芋类	观叶植物	万盆	161.00
263	义乌市(浙)	观叶芋类	观叶植物	万盆	57.00
264	顺义区(京)	观叶芋类	观叶植物	万盆	36.00
265	涿州市(冀)	观叶芋类	观叶植物	万盆	25.00
266	永清县(冀)	观叶芋类	观叶植物	万盆	6.00
267	淮上区(皖)	观叶芋类	观叶植物	万盆	1.00
268	青浦区(沪)	观叶芋类	盆花	万盆	46.00
269	通州区(京)	观叶芋类	盆花	万盆	20.00
270	奉贤区(沪)	观叶芋类	盆花	万盆	11.24
271	碧江区(黔)	观叶芋类	盆花	万盆	2.60
272	嵩　县(豫)	观叶芋类	盆花	万盆	2.00
273	定南县(赣)	观叶芋类	盆景	万盆	9.50
274	兖州区(鲁)	观叶芋类	盆景	万盆	6.00
275	龙口市(鲁)	光叶蔷薇	鲜切花	万支	13.00
276	襄汾县(晋)	龟背竹	观叶植物	万盆	10.00
277	涿州市(冀)	龟背竹	观叶植物	万盆	2.00
278	石家庄市桥西区(冀)	龟背竹	盆花	万盆	5.00
279	迁安市(冀)	龟背竹	盆花	万盆	2.00
280	会理县(川)	龟背竹	盆景	万盆	10.10
281	永清县(冀)	龟背竹	鲜切花	万支	30.00
282	肃宁县(冀)	龟背竹	鲜切叶	万支	0.80
283	无为县(皖)	海桐	城市绿化苗	万株	40.00
284	颍泉区(皖)	海桐	城市绿化苗	万株	38.00
285	袁州区(赣)	海桐	城市绿化苗	万株	10.00
286	仙桃市(鄂)	海桐	城市绿化苗	万株	2.60
287	旌阳区(川)	海桐	城市绿化苗	万株	2.00
288	江南区(桂)	海桐	观赏苗木	万株	20.00
289	巴州区(川)	海桐	观赏苗木	万株	12.00
290	三门县(浙)	海桐	观赏苗木	万株	9.00
291	内江市市中区(川)	海桐	观赏苗木	万株	1.00
292	巴州区(川)	海桐	盆景	万盆	3.00
293	麒麟区(滇)	含笑	城市绿化苗	万株	700.00
294	临川区(赣)	含笑	城市绿化苗	万株	61.00
295	新宁县(湘)	含笑	城市绿化苗	万株	60.00
296	潢川县(豫)	含笑	城市绿化苗	万株	58.00
297	昆明市经济技术开发区(滇)	含笑	城市绿化苗	万株	10.86
298	袁州区(赣)	含笑	城市绿化苗	万株	5.00
299	仙桃市(鄂)	含笑	城市绿化苗	万株	2.30
300	义乌市(浙)	含笑	城市绿化苗	万株	2.00
301	洞口县(湘)	含笑	城市绿化苗	万株	1.20

(续表)

序号	其他花卉主产地	品种	花卉类别	单位	生产量
302	阳新县(鄂)	含笑	城市绿化苗	万株	1.10
303	旌阳区(川)	含笑	城市绿化苗	万株	1.00
304	北湖区(湘)	含笑	观赏苗木	万株	1250.00
305	龙南县(赣)	含笑	观赏苗木	万株	25.00
306	阳新县(鄂)	含笑	观赏苗木	万株	17.00
307	三门县(浙)	含笑	观赏苗木	万株	5.00
308	蔡甸区(鄂)	含笑	观赏苗木	万株	4.00
309	常宁市(湘)	含笑	观赏苗木	万株	0.70
310	碧江区(黔)	含笑	观赏苗木	万株	0.60
311	龙南县(赣)	含笑	花卉用种苗	千苗	100.00
312	南郑区(陕)	含笑	花卉用种苗	千苗	30.00
313	开远市(滇)	含笑	盆花	万盆	100.00
314	涿州市(冀)	含笑	盆花	万盆	1.00
315	巴州区(川)	含笑	鲜切花	万支	50.00
316	岳阳楼区(湘)	含羞草	盆花	万盆	4.51
317	鼎城区(湘)	含羞草	盆花	万盆	2.30
318	西华县(豫)	含羞草	盆花	万盆	2.00
319	涿州市(冀)	含羞草	盆花	万盆	1.00
320	晋州市(冀)	含羞草	盆花	万盆	0.70
321	隆尧县(冀)	含羞草	鲜切花	万支	8.00
322	桃城区(冀)	荷包牡丹	观赏苗木	万株	20.00
323	万州区(渝)	荷兰菊	工业及其他用途花卉	吨	220.00
324	顺义区(京)	荷兰菊	观叶植物	万盆	80.00
325	霸州市(冀)	荷兰菊	观叶植物	万盆	10.00
326	涿州市(冀)	荷兰菊	盆花	万盆	80.00
327	青州市(鲁)	荷兰菊	盆花	万盆	30.00
328	台安县(辽)	荷兰菊	鲜切花	万支	500.00
329	青铜峡市(宁)	黑心菊	城市绿化苗	万株	10.00
330	顺义区(京)	黑心菊	观叶植物	万盆	80.00
331	临洮县(甘)	黑心菊	盆花	万盆	10.00
332	隆德县(宁)	黑心菊	盆花	万盆	3.00
333	潢川县(豫)	红碧桃	城市绿化苗	万株	155.00
334	东平县(鲁)	红碧桃	城市绿化苗	万株	133.00
335	枣阳市(鄂)	红碧桃	城市绿化苗	万株	18.00
336	肥城市(鲁)	红碧桃	观赏苗木	万株	23.00
337	涿州市(冀)	红碧桃	观赏苗木	万株	5.00
338	迁安市(冀)	红碧桃	观赏苗木	万株	2.00
339	涞水县(冀)	红碧桃	观赏苗木	万株	1.00
340	合山市(桂)	红碧桃	花卉用种苗	千苗	600.00
341	铅山县(赣)	红花	观赏苗木	万株	14000.00
342	宣汉县(川)	红花	鲜切花	万支	15.20
343	九台区(吉)	红瑞木	城市绿化苗	万株	140.00
344	北安市(黑)	红瑞木	城市绿化苗	万株	12.00
345	大武口区(宁)	红瑞木	城市绿化苗	万株	1.00

(续表)

序号	其他花卉主产地	品种	花卉类别	单位	生产量
346	固安县(冀)	红瑞木	观赏苗木	万株	80.00
347	平泉市(冀)	红瑞木	观赏苗木	万株	35.00
348	丰宁满族自治县(冀)	红瑞木	观赏苗木	万株	32.00
349	奈曼旗(内蒙古)	红瑞木	观赏苗木	万株	20.00
350	延庆区(京)	红瑞木	观赏苗木	万株	10.00
351	涿州市(冀)	红瑞木	观赏苗木	万株	5.00
352	北戴河区(冀)	红瑞木	观赏苗木	万株	4.00
353	井陉矿区(冀)	红瑞木	观赏苗木	万株	2.00
354	平罗县(宁)	红瑞木	观赏苗木	万株	2.00
355	涿州市(冀)	红叶小檗球	观赏苗木	万株	2.00
356	新宁县(湘)	厚朴	城市绿化苗	万株	500.00
357	宁强县(陕)	厚朴	城市绿化苗	万株	20.00
358	北湖区(湘)	厚朴	观赏苗木	万株	2560.00
359	邻水县(川)	厚朴	盆花	万盆	1.60
360	邻水县(川)	厚朴	鲜切花	万支	2.60
361	九台区(吉)	黄刺玫	城市绿化苗	万株	90.00
362	大武口区(宁)	黄刺玫	城市绿化苗	万株	20.00
363	扎兰屯市(内蒙古)	黄刺玫	干花	万支	0.76
364	冀州市(冀)	黄刺玫	观赏苗木	万株	30.00
365	宁　县(甘)	黄刺玫	观赏苗木	万株	20.00
366	涿州市(冀)	黄刺玫	观赏苗木	万株	5.00
367	青铜峡市(宁)	黄刺玫	观赏苗木	万株	5.00
368	迁安市(冀)	黄刺玫	观赏苗木	万株	3.00
369	泾源县(宁)	黄刺玫	观赏苗木	万株	2.80
370	平罗县(宁)	黄刺玫	观赏苗木	万株	2.00
371	呼玛县(黑)	黄刺玫	花卉用种子	千克	100.00
372	颍泉区(皖)	黄秋葵	食用及药用花卉	千克	1500.00
373	兖州区(鲁)	惠兰	盆景	万盆	1.00
374	潢川县(豫)	火棘	城市绿化苗	万株	110.00
375	黔江区(渝)	火棘	城市绿化苗	万株	10.00
376	芜湖县(皖)	火棘	观赏苗木	万株	5.00
377	鼎城区(湘)	火棘	观赏苗木	万株	5.00
378	潢川县(豫)	火棘	盆花	万盆	4.20
379	商水县(豫)	藿香蓟	盆花	万盆	2.00
380	岳阳楼区(湘)	藿香	盆花	万盆	2.13
381	北仑区(浙)	鸡爪槭	城市绿化苗	万株	30.00
382	旌德县(皖)	鸡爪槭	城市绿化苗	万株	1.10
383	沂水县(鲁)	鸡爪槭	观赏苗木	万株	14.00
384	内江市市中区(川)	鸡爪槭	观赏苗木	万株	1.70
385	泸溪县(湘)	夹竹桃类	城市绿化苗	万株	5.00
386	元阳县(滇)	夹竹桃类	城市绿化苗	万株	2.50
387	港口区(桂)	夹竹桃类	观赏苗木	万株	3952.00
388	三门县(浙)	夹竹桃类	观赏苗木	万株	10.00
389	武宣县(桂)	夹竹桃类	观赏苗木	万株	3.50
390	迁安市(冀)	夹竹桃类	观赏苗木	万株	1.00

（续表）

序号	其他花卉主产地	品种	花卉类别	单位	生产量
391	宣汉县(川)	夹竹桃类	鲜切花	万支	21.90
392	延庆区(京)	假龙头	盆花	万盆	3.00
393	蜀山区(皖)	假龙头	盆花	万盆	1.30
394	泸溪县(湘)	金弹子	城市绿化苗	万株	30.00
395	高　县(川)	金弹子	盆景	万盆	180.00
396	碧江区(黔)	金弹子	盆景	万盆	0.70
397	宜都市(鄂)	金弹子	穴盘苗	万株	2.00
398	顺义区(京)	金光菊	观叶植物	万盆	80.00
399	魏　县(冀)	金光菊	盆花	万盆	6.00
400	云梦县(鄂)	金光菊	盆花	万盆	1.50
401	贡井区(川)	金鸡菊	观赏苗木	万株	20.00
402	山丹县(甘)	金鸡菊	花卉用种苗	千苗	18.14
403	涿州市(冀)	金鸡菊	盆花	万盆	50.00
404	北戴河区(冀)	金鸡菊	盆花	万盆	5.00
405	邱　县(冀)	金鸡菊	盆花	万盆	1.50
406	商河县(鲁)	金鸡菊	鲜切花	万支	65.00
407	邱　县(冀)	金鸡菊	鲜切花	万支	6.00
408	肃宁县(冀)	金鸡菊	鲜切花	万支	1.20
409	大武口区(宁)	金银木	城市绿化苗	万株	12.00
410	丰宁满族自治县(冀)	金银木	观赏苗木	万株	45.00
411	延庆区(京)	金银木	观赏苗木	万株	26.00
412	大城县(冀)	金银木	观赏苗木	万株	10.00
413	涿州市(冀)	金银木	观赏苗木	万株	5.00
414	青铜峡市(宁)	金银木	观赏苗木	万株	3.00
415	平罗县(宁)	金银木	观赏苗木	万株	1.20
416	迁安市(冀)	金银木	观赏苗木	万株	1.00
417	九台区(吉)	锦带花	城市绿化苗	万株	160.00
418	潢川县(豫)	锦带花	城市绿化苗	万株	145.00
419	固安县(冀)	锦带花	城市绿化苗	万株	80.00
420	大武口区(宁)	锦带花	城市绿化苗	万株	1.00
421	丰宁满族自治县(冀)	锦带花	观赏苗木	万株	150.00
422	呼兰区(黑)	锦带花	观赏苗木	万株	10.00
423	涿州市(冀)	锦带花	观赏苗木	万株	8.00
424	双滦区(冀)	锦带花	观赏苗木	万株	5.00
425	青铜峡市(宁)	锦带花	观赏苗木	万株	5.00
426	海港区(冀)	锦带花	观赏苗木	万株	1.00
427	九台区(吉)	景天	城市绿化苗	万株	150.00
428	大武口区(宁)	景天	城市绿化苗	万株	120.00
429	海港区(冀)	景天	城市绿化苗	万株	51.00
430	青铜峡市(宁)	景天	城市绿化苗	万株	10.00
431	应　县(晋)	景天	城市绿化苗	万株	2.50
432	台安县(辽)	景天	观赏苗木	万株	4000.00
433	兴庆区(宁)	景天	观赏苗木	万株	753.50
434	涿州市(冀)	景天	观赏苗木	万株	180.00
435	丛台区(冀)	景天	观赏苗木	万株	15.00

（续表）

序号	其他花卉主产地	品种	花卉类别	单位	生产量
436	阜新蒙古族自治县(辽)	景天	盆花	万盆	80.00
437	满城区(冀)	景天	盆花	万盆	10.20
438	北戴河区(冀)	景天	盆花	万盆	10.00
439	忻府区(晋)	景天	盆花	万盆	1.00
440	枣强县(冀)	景天	盆花	万盆	0.70
441	延庆区(京)	景天	盆景	万盆	80.00
442	巴州区(川)	九重葛	盆景	万盆	11.00
443	嵩　县(豫)	九重葛	盆景	万盆	1.00
444	石家庄市桥西区(冀)	韭菜莲	盆花	万盆	13.00
445	涿州市(冀)	桔梗	观赏苗木	万株	2.00
446	开远市(滇)	桔梗	盆花	万盆	200.00
447	延庆区(京)	桔梗	盆花	万盆	2.00
448	江川区(滇)	桔梗	鲜切花	万支	1650.00
449	石林彝族自治县(滇)	桔梗	鲜切花	万支	482.00
450	黄平县(黔)	桔梗	鲜切花	万支	38.80
451	北湖区(湘)	苦竹	观叶植物	万盆	8900.00
452	潢川县(豫)	蜡梅	城市绿化苗	万株	135.00
453	达川区(川)	蜡梅	城市绿化苗	万株	100.00
454	保康县(鄂)	蜡梅	城市绿化苗	万株	38.40
455	思南县(黔)	蜡梅	城市绿化苗	万株	3.00
456	鄢陵县(豫)	蜡梅	观赏苗木	万株	280.00
457	巴州区(川)	蜡梅	观赏苗木	万株	5.00
458	龙安区(豫)	蜡梅	观赏苗木	万株	4.00
459	三门县(浙)	蜡梅	观赏苗木	万株	3.00
460	铜梁区(渝)	蜡梅	观赏苗木	万株	2.80
461	翠屏区(川)	蜡梅	观叶植物	万盆	5.20
462	浚　县(豫)	蜡梅	盆花	万盆	4.00
463	潢川县(豫)	蜡梅	盆花	万盆	2.80
464	凤阳县(皖)	蜡梅	盆花	万盆	1.00
465	巴州区(川)	蜡梅	盆景	万盆	3.00
466	嘉定区(沪)	蜡梅	鲜切花	万支	86.75
467	巴州区(川)	蜡梅	鲜切花	万支	55.00
468	宣汉县(川)	蜡梅	鲜切花	万支	38.80
469	彭山区(川)	蜡梅	鲜切花	万支	3.00
470	丹棱县(川)	蜡梅	鲜切花	万支	2.80
471	麒麟区(滇)	兰草	城市绿化苗	万株	1000.00
472	南岳区(湘)	兰草	城市绿化苗	万株	25.00
473	双峰县(湘)	兰草	观赏苗木	万株	100.00
474	金城江区(桂)	兰草	观赏苗木	万株	15.00
475	建安区(豫)	兰草	观赏苗木	万株	12.00
476	金城江区(桂)	兰草	观叶植物	万盆	10.00
477	雅长林场(桂)	兰草	观叶植物	万盆	5.00
478	松江区(沪)	兰草	盆花	万盆	149.50
479	义乌市(浙)	兰草	盆花	万盆	20.00
480	鼎城区(湘)	兰草	盆花	万盆	11.00

(续表)

序号	其他花卉主产地	品种	花卉类别	单位	生产量
481	兰溪市(浙)	兰草	盆花	万盆	8.60
482	平乐县(桂)	兰草	盆景	万盆	9520.00
483	奉节县(渝)	兰草	盆景	万盆	1.50
484	宣汉县(川)	兰草	鲜切花	万支	55.90
485	三门县(浙)	铃兰	观赏苗木	万株	2.00
486	涿州市(冀)	凌霄花类	观赏苗木	万株	2.00
487	栾川县(豫)	流苏	城市绿化苗	万株	187.00
488	周村区(鲁)	流苏	城市绿化苗	万株	10.00
489	沂南县(鲁)	流苏	观赏苗木	万株	4.00
490	凤阳县(皖)	流苏	观赏苗木	万株	1.00
491	北京市大东流苗圃(京)	流苏	观赏苗木	万株	0.84
492	新泰市(鲁)	龙柏	城市绿化苗	万株	1120.00
493	潢川县(豫)	龙柏	城市绿化苗	万株	390.00
494	威海市经济技术开发区(鲁)	龙柏	城市绿化苗	万株	112.00
495	坊子区(鲁)	龙柏	城市绿化苗	万株	90.00
496	宜阳县(豫)	龙柏	城市绿化苗	万株	85.90
497	龙安区(豫)	龙柏	城市绿化苗	万株	19.00
498	袁州区(赣)	龙柏	城市绿化苗	万株	2.00
499	宁远县(湘)	龙柏	城市绿化苗	万株	2.00
500	仙桃市(鄂)	龙柏	城市绿化苗	万株	1.30
501	蒲城县(陕)	龙柏	城市绿化苗	万株	1.00
502	陵城区(鲁)	龙柏	观赏苗木	万株	30.00
503	芜湖县(皖)	龙柏	观赏苗木	万株	5.00
504	常宁市(湘)	龙柏	观赏苗木	万株	3.60
505	涿州市(冀)	龙柏	观赏苗木	万株	2.00
506	灵璧县(皖)	龙柏	盆景	万盆	3.00
507	灵璧县(皖)	龙柏	鲜切叶	万支	5.00
508	岳阳楼区(湘)	龙舌兰牡丹	盆花	万盆	2.19
509	兴文县(川)	罗汉竹	工业及其他用途花卉	千克	14.00
510	鼎城区(湘)	罗汉竹	观赏苗木	万株	0.80
511	巴州区(川)	罗汉竹	盆景	万盆	3.00
512	巴州区(川)	罗汉竹	鲜切叶	万支	8.00
513	涿州市(冀)	落地生根	盆花	万盆	3.00
514	迁安市(冀)	麻叶绣线菊类	观赏苗木	万株	10.00
515	涿州市(冀)	马蔺	观赏苗木	万株	50.00
516	滦南县(冀)	马蔺	盆花	万盆	8.00
517	东洲区(辽)	马蔺	盆花	万盆	6.80
518	延庆区(京)	马蹄井	花卉用种球	千粒	100.00
519	滦南县(冀)	马蹄井	盆花	万盆	2.00
520	丰宁满族自治县(冀)	马蹄井	盆花	万盆	1.00
521	浦东新区(沪)	马蹄井	鲜切花	万支	90.00
522	路北区(冀)	马蹄井	鲜切花	万支	3.00

(续表)

序号	其他花卉主产地	品种	花卉类别	单位	生产量
523	麒麟区(滇)	麦冬	城市绿化苗	万株	3000.00
524	旌阳区(川)	麦冬	城市绿化苗	万株	10.00
525	鹿泉区(冀)	麦冬	观赏苗木	万株	0.60
526	辛集市(冀)	麦冬	观叶植物	万盆	11.00
527	鸡泽县(冀)	麦冬	盆花	万盆	40.00
528	雁江区(川)	麦冬	盆花	万盆	0.80
529	铜梁区(渝)	麦冬	食用及药用花卉	千克	2.90
530	施甸县(滇)	满天星	观赏苗木	万株	1.00
531	长治县(晋)	满天星	观叶植物	万盆	2.10
532	岳阳楼区(湘)	满天星	盆花	万盆	12.76
533	鼎城区(湘)	满天星	盆花	万盆	1.20
534	临武县(湘)	满天星	盆花	万盆	1.00
535	乐平市(赣)	满天星	鲜切花	万支	228.00
536	吉安县(赣)	满天星	鲜切花	万支	100.00
537	晋宁区(滇)	满天星	鲜切花	万支	60.00
538	三河市(冀)	满天星	鲜切花	万支	48.00
539	沙市区(鄂)	满天星	鲜切花	万支	35.00
540	龙南县(赣)	满天星	鲜切花	万支	25.00
541	迁安市(冀)	满天星	鲜切花	万支	20.00
542	章丘区(鲁)	满天星	鲜切花	万支	12.00
543	颍泉区(皖)	满天星	鲜切花	万支	10.00
544	鹿泉区(冀)	满天星	鲜切花	万支	6.20
545	东洲区(辽)	满天星	鲜切花	万支	6.10
546	定兴县(冀)	满天星	鲜切花	万支	3.00
547	灵璧县(皖)	满天星	鲜切花	万支	2.00
548	西华县(豫)	满天星	鲜切花	万支	2.00
549	碧江区(黔)	满天星	鲜切花	万支	1.85
550	迁西县(冀)	满天星	鲜切叶	万支	40.00
551	潍坊市市辖区(鲁)	毛宝巾	盆景	万盆	5.00
552	新宁县(湘)	毛竹	城市绿化苗	万株	100.00
553	平利县(陕)	毛竹	城市绿化苗	万株	1.60
554	宁远县(湘)	毛竹	城市绿化苗	万株	1.00
555	岳阳楼区(湘)	毛竹	盆花	万盆	6.59
556	潢川县(豫)	梅花	城市绿化苗	万株	120.00
557	旌德县(皖)	梅花	城市绿化苗	万株	1.40
558	旌阳区(川)	梅花	城市绿化苗	万株	1.00
559	莱州市(鲁)	梅花	观赏苗木	万株	8.00
560	三门县(浙)	梅花	观赏苗木	万株	6.00
561	淮阳县(豫)	梅花	观赏苗木	万株	4.20
562	寿　县(皖)	梅花	观赏苗木	万株	3.00
563	巴州区(川)	梅花	观赏苗木	万株	3.00
564	川汇区(豫)	梅花	观赏苗木	万株	2.10
565	翠屏区(川)	梅花	观赏苗木	万株	2.10
566	东安县(湘)	梅花	观赏苗木	万株	2.00
567	卢氏县(豫)	梅花	观赏苗木	万株	1.40

（续表）

序号	其他花卉主产地	品种	花卉类别	单位	生产量
568	莱州市(鲁)	梅花	盆花	万盆	50.00
569	鼎城区(湘)	梅花	盆花	万盆	7.00
570	岳阳楼区(湘)	梅花	盆花	万盆	3.95
571	潢川县(豫)	梅花	盆花	万盆	2.40
572	河间市(冀)	梅花	盆花	万盆	2.00
573	巴州区(川)	梅花	盆景	万盆	6.00
574	灵璧县(皖)	梅花	盆景	万盆	3.00
575	宣汉县(川)	梅花	鲜切花	万支	43.60
576	巴州区(川)	梅花	鲜切花	万支	31.00
577	平桥区(豫)	梅花	鲜切花	万支	5.00
578	广阳区(冀)	美国红栌	观赏苗木	万株	30.09
579	唐　县(冀)	美国红栌	观赏苗木	万株	10.00
580	迁安市(冀)	美国红栌	观赏苗木	万株	8.00
581	涿州市(冀)	美国红栌	观赏苗木	万株	5.00
582	麒麟区(滇)	米兰	城市绿化苗	万株	500.00
583	肥乡区(冀)	米兰	观叶植物	万盆	300.00
584	阳新县(鄂)	米兰	盆花	万盆	11.50
585	西安区(吉)	米兰	盆花	万盆	0.60
586	会理县(川)	米兰	盆景	万盆	10.10
587	巴州区(川)	米兰	鲜切花	万支	15.00
588	新晃侗族自治县(湘)	茉莉花	城市绿化苗	万株	1.20
589	鄄城县(鲁)	茉莉花	观赏苗木	万株	10.00
590	巴州区(川)	茉莉花	观赏苗木	万株	3.00
591	衡南县(湘)	茉莉花	花卉用种苗	千苗	10000.00
592	襄城县(豫)	茉莉花	盆花	万盆	33.00
593	运河区(冀)	茉莉花	盆花	万盆	20.00
594	涿州市(冀)	茉莉花	盆花	万盆	10.00
595	安国市(冀)	茉莉花	盆花	万盆	10.00
596	合山市(桂)	茉莉花	盆花	万盆	1.10
597	新华区(豫)	茉莉花	盆花	万盆	1.00
598	碧江区(黔)	茉莉花	盆花	万盆	0.90
599	芷江侗族自治县(湘)	茉莉花	盆花	万盆	0.80
600	汶上县(鲁)	茉莉花	盆花	万盆	0.60
601	巴州区(川)	茉莉花	盆景	万盆	25.00
602	兖州区(鲁)	茉莉花	盆景	万盆	2.00
603	昌乐县(鲁)	茉莉花	盆景	万盆	0.70
604	宣汉县(川)	茉莉花	鲜切花	万支	26.60
605	三台县(川)	茉莉花	鲜切花	万支	10.00
606	袁州区(赣)	木芙蓉	城市绿化苗	万株	10.00
607	巴州区(川)	木芙蓉	观赏苗木	万株	25.00
608	三门县(浙)	木芙蓉	观赏苗木	万株	4.00
609	巴州区(川)	木芙蓉	盆景	万盆	3.00
610	巴州区(川)	木芙蓉	鲜切花	万支	16.00
611	巴州区(川)	木通类	盆景	万盆	44.00
612	阜新蒙古族自治县(辽)	木犀草	盆花	万盆	150.00

（续表）

序号	其他花卉主产地	品种	花卉类别	单位	生产量
613	潢川县(豫)	南天竹	城市绿化苗	万株	150.00
614	旌德县(皖)	南天竹	城市绿化苗	万株	2.60
615	鄢陵县(豫)	南天竹	观赏苗木	万株	600.00
616	巴州区(川)	南天竹	观赏苗木	万株	11.00
617	濮阳县(豫)	南天竹	盆花	万盆	40.00
618	巴州区(川)	南天竹	盆景	万盆	6.00
619	巴州区(川)	南天竹	鲜切叶	万支	21.00
620	麒麟区(滇)	葡萄	城市绿化苗	万株	2000.00
621	九台区(吉)	葡萄	城市绿化苗	万株	80.00
622	依安县(黑)	葡萄	城市绿化苗	万株	1.00
623	青铜峡市(宁)	葡萄	观赏苗木	万株	20.00
624	辛集市(冀)	葡萄	观赏苗木	万株	17.00
625	南郑区(陕)	七叶树	城市绿化苗	万株	30.00
626	潢川县(豫)	七叶树	城市绿化苗	万株	14.00
627	宁强县(陕)	七叶树	城市绿化苗	万株	5.00
628	西峡县(豫)	七叶树	观赏苗木	万株	368.20
629	周至县(陕)	七叶树	观赏苗木	万株	152.50
630	长垣县(豫)	七叶树	观赏苗木	万株	15.00
631	确山县(豫)	七叶树	观赏苗木	万株	10.00
632	涿州市(冀)	七叶树	观赏苗木	万株	2.00
633	元宝山区(内蒙古)	千日红	城市绿化苗	万株	65.00
634	宁远县(湘)	千日红	城市绿化苗	万株	5.00
635	延寿县(黑)	千日红	观赏苗木	万株	500.00
636	三门县(浙)	千日红	观赏苗木	万株	5.00
637	顺义区(京)	千日红	观叶植物	万盆	50.00
638	隆尧县(冀)	千日红	盆花	万盆	8.00
639	石城县(赣)	千日红	盆花	万盆	3.60
640	潢川县(豫)	青枫	城市绿化苗	万株	40.00
641	袁州区(赣)	青枫	城市绿化苗	万株	8.00
642	旌德县(皖)	青枫	城市绿化苗	万株	1.80
643	兖州区(鲁)	青枫	观赏苗木	万株	120.00
644	巴州区(川)	青枫	盆景	万盆	5.00
645	田东县(桂)	秋风	城市绿化苗	万株	4.52
646	银海区(桂)	秋风	城市绿化苗	万株	4.30
647	宾阳县(桂)	秋风	城市绿化苗	万株	1.50
648	万秀区(桂)	秋风	城市绿化苗	万株	1.50
649	金城江区(桂)	秋风	观赏苗木	万株	2.00
650	武宣县(桂)	秋风	观赏苗木	万株	2.00
651	孟津县(豫)	秋牡丹	观赏苗木	万株	100.00
652	汝南县(豫)	楸树	观赏苗木	万株	268.00
653	淮阳县(豫)	楸树	观赏苗木	万株	16.00
654	川汇区(豫)	楸树	观赏苗木	万株	12.00
655	确山县(豫)	楸树	观赏苗木	万株	10.00
656	涿州市(冀)	楸树	观赏苗木	万株	2.00
657	山海关区(冀)	楸树	观赏苗木	万株	1.00

(续表)

序号	其他花卉主产地	品种	花卉类别	单位	生产量
658	涿州市(冀)	球根海棠	盆花	万盆	10.00
659	峄城区(鲁)	球根海棠	盆花	万盆	1.00
660	衡山县(湘)	球根海棠	盆花	万盆	0.61
661	巴州区(川)	球根海棠	盆景	万盆	3.00
662	九台区(吉)	忍冬类	城市绿化苗	万株	90.00
663	颍泉区(皖)	忍冬类	城市绿化苗	万株	20.80
664	双辽市(吉)	忍冬类	城市绿化苗	万株	1.30
665	丰宁满族自治县(冀)	忍冬类	观赏苗木	万株	60.00
666	长治县(晋)	忍冬类	观赏苗木	万株	3.70
667	涿州市(冀)	忍冬类	观赏苗木	万株	2.00
668	麒麟区(滇)	榕树(小叶榕)	城市绿化苗	万株	500.00
669	达川区(川)	榕树(小叶榕)	城市绿化苗	万株	150.00
670	自流井区(川)	榕树(小叶榕)	城市绿化苗	万株	50.00
671	龙南县(赣)	榕树(小叶榕)	城市绿化苗	万株	20.00
672	扶绥县(桂)	榕树(小叶榕)	城市绿化苗	万株	6.00
673	南康区(赣)	榕树(小叶榕)	城市绿化苗	万株	3.80
674	万秀区(桂)	榕树(小叶榕)	城市绿化苗	万株	2.30
675	元阳县(滇)	榕树(小叶榕)	城市绿化苗	万株	2.00
676	港口区(桂)	榕树(小叶榕)	观赏苗木	万株	300.00
677	龙南县(赣)	榕树(小叶榕)	观赏苗木	万株	40.00
678	翠屏区(川)	榕树(小叶榕)	观赏苗木	万株	6.20
679	巴州区(川)	榕树(小叶榕)	观赏苗木	万株	5.00
680	田东县(桂)	榕树(小叶榕)	观赏苗木	万株	3.00
681	陆川县(桂)	榕树(小叶榕)	观赏苗木	万株	2.00
682	龙南县(赣)	榕树(小叶榕)	花卉用种苗	千苗	100.00
683	涿州市(冀)	榕树(小叶榕)	盆花	万盆	10.00
684	东洲区(辽)	榕树(小叶榕)	盆花	万盆	2.70
685	桂平市(桂)	榕树(小叶榕)	盆景	万盆	17.06

(续表)

序号	其他花卉主产地	品种	花卉类别	单位	生产量
686	巴州区(川)	榕树(小叶榕)	盆景	万盆	5.00
687	大余县(赣)	瑞香	城市绿化苗	万株	2187.00
688	潢川县(豫)	瑞香	盆花	万盆	2.80
689	涿州市(冀)	箬竹	观赏苗木	万株	1.00
690	三门县(浙)	三色堇	观赏苗木	万株	16.00
691	嘉峪关市(甘)	三色堇	观赏苗木	万株	2.00
692	松江区(沪)	三色堇	花卉用种苗	千苗	8600.00
693	浦东新区(沪)	三色堇	盆花	万盆	230.00
694	甘井子区(辽)	三色堇	盆花	万盆	100.00
695	义乌市(浙)	三色堇	盆花	万盆	80.00
696	新安县(豫)	三色堇	盆花	万盆	52.00
697	延庆区(京)	三色堇	盆花	万盆	50.00
698	濮阳县(豫)	三色堇	盆花	万盆	50.00
699	彭山区(川)	三色堇	盆花	万盆	25.00
700	北戴河区(冀)	三色堇	盆花	万盆	18.00
701	遵化市(冀)	三色堇	盆花	万盆	15.00
702	东洲区(辽)	三色堇	盆花	万盆	4.60
703	商水县(豫)	三色堇	盆花	万盆	3.80
704	金凤区(宁)	三色堇	盆花	万盆	3.00
705	芜湖县(皖)	三色堇	盆花	万盆	1.00
706	东洲区(辽)	三色堇	鲜切花	万支	7.10
707	宜都市(鄂)	三色堇	穴盘苗	万株	500.00
708	涿州市(冀)	散尾葵	盆花	万盆	10.00
709	贡井区(川)	散尾葵	鲜切叶	万支	20.00
710	碧江区(黔)	散尾葵	鲜切叶	万支	0.90
711	麒麟区(滇)	山茶花	城市绿化苗	万株	500.00
712	宁远县(湘)	山茶花	城市绿化苗	万株	20.00
713	会同县(湘)	山茶花	城市绿化苗	万株	2.00
714	大竹县(川)	山茶花	观赏苗木	万株	25.00
715	巴州区(川)	山茶花	观赏苗木	万株	8.00
716	卫东区(豫)	山茶花	盆花	万盆	19.00
717	光山县(豫)	山茶花	盆花	万盆	10.00
718	鼎城区(湘)	山茶花	盆花	万盆	5.00
719	武陵区(湘)	山茶花	盆花	万盆	2.40
720	鹤峰县(鄂)	山茶花	盆花	万盆	1.50
721	衡山县(湘)	山茶花	盆花	万盆	0.77
722	港口区(桂)	山茶花	盆景	万盆	369.00
723	巴州区(川)	山茶花	盆景	万盆	8.00
724	巴州区(川)	山茶花	鲜切花	万支	35.00
725	泰顺县(浙)	山茶花	鲜切叶	万支	9.97
726	石城县(赣)	山茶花	鲜切叶	万支	8.00
727	鄂托克前旗(内蒙古)	山桃	城市绿化苗	万株	200.00
728	萝北县(黑)	山桃	城市绿化苗	万株	6.00
729	丰宁满族自治县(冀)	山桃	观赏苗木	万株	185.00

（续表）

序号	其他花卉主产地	品种	花卉类别	单位	生产量
730	博野县（冀）	山桃	观赏苗木	万株	30.00
731	承德县（冀）	山桃	观赏苗木	万株	25.00
732	固安县（冀）	山桃	观赏苗木	万株	10.00
733	青铜峡市（宁）	山桃	观赏苗木	万株	10.00
734	北塔区（湘）	山桃	观赏苗木	万株	7.20
735	平罗县（宁）	山桃	观赏苗木	万株	7.00
736	涿州市（冀）	山桃	观赏苗木	万株	1.00
737	满城区（冀）	山桃	观赏苗木	万株	0.60
738	巴州区（川）	山桃	盆景	万盆	10.00
739	青铜峡市（宁）	芍药	城市绿化苗	万株	1.00
740	范　县（豫）	芍药	观赏苗木	万株	470.00
741	宁　县（甘）	芍药	观赏苗木	万株	30.00
742	涿州市（冀）	芍药	观赏苗木	万株	10.00
743	岳池县（川）	芍药	观赏苗木	万株	5.00
744	宜川县（陕）	芍药	观赏苗木	万株	1.00
745	西峰区（甘）	芍药	观赏苗木	万株	0.92
746	隆尧县（冀）	芍药	盆花	万盆	12.00
747	临洮县（甘）	芍药	盆花	万盆	10.00
748	潢川县（豫）	芍药	盆花	万盆	3.50
749	邢台县（冀）	芍药	盆花	万盆	2.30
750	成武县（鲁）	芍药	食用及药用花卉	吨	23.00
751	颍泉区（皖）	芍药	食用及药用花卉	千克	500.00
752	铜梁区（渝）	芍药	食用及药用花卉	千克	300.00
753	中江县（川）	芍药	鲜切花	万支	500.00
754	临洮县（甘）	芍药	鲜切花	万支	180.00
755	巴州区（川）	芍药	鲜切花	万支	32.00
756	阜南县（皖）	芍药	鲜切花	万支	19.79
757	深泽县（冀）	芍药	鲜切花	万支	1.50
758	西峰区（甘）	芍药	鲜切花	万支	0.90
759	武安市（冀）	射干	鲜切叶	万支	110.00
760	肥西县（皖）	麝香百合类	观赏苗木	万株	2.00
761	隆尧县（冀）	石刁柏	盆景	万盆	4.60
762	新宁县（湘）	石斛兰	城市绿化苗	万株	500.00
763	金城江区（桂）	石斛兰	观赏苗木	万株	10.00
764	金城江区（桂）	石斛兰	观叶植物	万盆	116.70
765	北京市大东流苗圃（京）	石斛兰	盆花	万盆	3.32
766	五华区（滇）	石斛兰	食用及药用花卉	吨	45.27
767	庆元县（浙）	石斛兰	食用及药用花卉	千克	7030.00
768	涿州市（冀）	石莲花	盆花	万盆	4.00
769	颍泉区（皖）	石榴	城市绿化苗	万株	1.00
770	岳阳县（湘）	石榴	城市绿化苗	万株	1.00
771	福泉市（黔）	石榴	城市绿化苗	万株	1.00
772	周至县（陕）	石榴	观赏苗木	万株	85.10
773	陵城区（鲁）	石榴	观赏苗木	万株	32.00
774	涿州市（冀）	石榴	观赏苗木	万株	2.00

（续表）

序号	其他花卉主产地	品种	花卉类别	单位	生产量
775	巴州区（川）	石榴	观赏苗木	万株	1.00
776	巴州区（川）	石榴	盆景	万盆	2.00
777	巴州区（川）	石榴	鲜切花	万支	12.00
778	武陵区（湘）	石蒜	观赏苗木	万株	1.30
779	卫辉市（豫）	石蒜	盆花	万盆	1.80
780	九台区（吉）	石竹	城市绿化苗	万株	90.00
781	涿州市（冀）	石竹	观赏苗木	万株	50.00
782	三门县（浙）	石竹	观赏苗木	万株	10.00
783	肥西县（皖）	石竹	观赏苗木	万株	5.00
784	嘉峪关市（甘）	石竹	观赏苗木	万株	4.00
785	新安县（豫）	石竹	盆花	万盆	210.00
786	蔡甸区（鄂）	石竹	盆花	万盆	80.00
787	西夏区（宁）	石竹	盆花	万盆	28.00
788	延庆区（京）	石竹	盆花	万盆	18.00
789	利通区（宁）	石竹	盆花	万盆	4.00
790	湘乡市（湘）	石竹	盆花	万盆	2.05
791	成武县（鲁）	石竹	盆花	万盆	0.70
792	祁东县（湘）	石竹	鲜切花	万支	12.40
793	沙市区（鄂）	石竹	鲜切花	万支	6.00
794	隆尧县（冀）	石竹	鲜切叶	万支	4.00
795	宜都市（鄂）	石竹	穴盘苗	万株	850.00
796	老河口市（鄂）	矢车菊	观赏苗木	万株	150.00
797	武陵区（湘）	矢车菊	观赏苗木	万株	2.30
798	金城江区（桂）	矢车菊	观叶植物	万盆	5.00
799	会同县（湘）	矢车菊	观叶植物	万盆	1.00
800	三河市（冀）	矢车菊	盆花	万盆	114.00
801	宣汉县（川）	矢车菊	鲜切花	万支	16.20
802	麒麟区（滇）	水仙	城市绿化苗	万株	300.00
803	崇明区（沪）	水仙	花卉用种球	千粒	300.00
804	永清县（冀）	水仙	花卉用种球	千粒	10.00
805	凤阳县（皖）	水仙	盆花	万盆	100.00
806	涿州市（冀）	水仙	盆花	万盆	5.00
807	东洲区（辽）	水仙	盆花	万盆	2.80
808	滦南县（冀）	水仙	盆花	万盆	2.00
809	大城县（冀）	水仙	盆花	万盆	2.00
810	陵城区（鲁）	水仙	盆花	万盆	1.00
811	新华区（豫）	水仙	盆花	万盆	1.00
812	西安区（吉）	水仙	盆花	万盆	0.60
813	涿州市（冀）	丝兰	观赏苗木	万株	25.00
814	栾川县（豫）	丝绵木	城市绿化苗	万株	20.00
815	霸州市（冀）	丝绵木	观赏苗木	万株	55.00
816	馆陶县（冀）	丝绵木	观赏苗木	万株	35.00
817	丰宁满族自治县（冀）	丝绵木	观赏苗木	万株	35.00
818	邱　县（冀）	丝绵木	观赏苗木	万株	30.00
819	陵城区（鲁）	丝绵木	观赏苗木	万株	15.00

(续表)

序号	其他花卉主产地	品种	花卉类别	单位	生产量
820	周至县(陕)	丝绵木	观赏苗木	万株	10.20
821	大城县(冀)	丝绵木	观赏苗木	万株	10.00
822	曲阜市(鲁)	丝绵木	观赏苗木	万株	10.00
823	建安区(豫)	丝绵木	观赏苗木	万株	3.00
824	北京市大东流苗圃（京	丝绵木	观赏苗木	万株	1.84
825	故城县(冀)	丝绵木	观赏苗木	万株	1.50
826	汤阴县(豫)	丝绵木	观赏苗木	万株	1.10
827	枣强县(冀)	丝绵木	观赏苗木	万株	0.55
828	宣汉县(川)	四季竹	鲜切花	万支	38.60
829	涿州市(冀)	太平花	观赏苗木	万株	1.00
830	九台区(吉)	唐菖蒲	城市绿化苗	万株	110.00
831	凌源市(辽)	唐菖蒲	鲜切花	万支	23100.00
832	崇明区(沪)	唐菖蒲	鲜切花	万支	530.20
833	青浦区(沪)	唐菖蒲	鲜切花	万支	362.00
834	晋宁区(滇)	唐菖蒲	鲜切花	万支	250.00
835	管城回族区(豫)	唐菖蒲	鲜切花	万支	101.00
836	通州区(京)	唐菖蒲	鲜切花	万支	67.00
837	遵化市(冀)	唐菖蒲	鲜切花	万支	20.00
838	红岗区(黑)	唐菖蒲	鲜切花	万支	20.00
839	平泉市(冀)	唐菖蒲	鲜切花	万支	11.00
840	迁安市(冀)	唐菖蒲	鲜切花	万支	10.00
841	沂南县(鲁)	唐菖蒲	鲜切花	万支	5.00
842	徽　县(甘)	唐菖蒲	鲜切花	万支	3.70
843	隆德县(宁)	唐菖蒲	鲜切花	万支	3.00
844	临洮县(甘)	唐菖蒲	鲜切花	万支	2.00
845	蔡甸区(鄂)	唐菖蒲	鲜切花	万支	1.00
846	江川区(滇)	唐菖蒲	鲜切叶	万支	20.00
847	迁西县(冀)	唐菖蒲	鲜切叶	万支	10.00
848	邹平县(鲁)	藤本月季	观赏苗木	万株	500.00
849	宁　县(甘)	藤本月季	观赏苗木	万株	40.00
850	迁安市(冀)	藤本月季	观赏苗木	万株	14.00
851	包河区(皖)	藤本月季	观赏苗木	万株	10.00
852	莱州市(鲁)	藤本月季	盆花	万盆	50.00
853	成武县(鲁)	藤本月季	盆花	万盆	3.00
854	义安区(皖)	藤类	观赏苗木	万株	5.00
855	大城县(冀)	藤类	观叶植物	万盆	5.30
856	大城县(冀)	藤类	盆花	万盆	1.00
857	兖州区(鲁)	藤类	盆景	万盆	27.00
858	霸州市(冀)	藤萝	观赏苗木	万株	30.00
859	敦煌市(甘)	藤萝	观叶植物	万盆	4.20
860	阜南县(皖)	藤萝	盆花	万盆	19.87
861	维都林场(桂)	藤萝	盆花	万盆	4.00
862	海兴县(冀)	藤萝	盆花	万盆	0.90
863	襄城县(豫)	藤萝	盆景	万盆	42.00
864	颍泉区(皖)	天蓝绣球	盆花	万盆	20.00

(续表)

序号	其他花卉主产地	品种	花卉类别	单位	生产量
865	兴庆区(宁)	天蓝绣球	鲜切叶	万支	44.40
866	九台区(吉)	天目琼花	城市绿化苗	万株	80.00
867	涿州市(冀)	天目琼花	观赏苗木	万株	5.00
868	贡井区(川)	天人菊	鲜切花	万支	20.00
869	松江区(沪)	贴梗海棠	观赏苗木	万株	13.80
870	唐　县(冀)	贴梗海棠	观赏苗木	万株	10.00
871	南郑区(陕)	贴梗海棠	观赏苗木	万株	6.00
872	巴州区(川)	贴梗海棠	观赏苗木	万株	4.00
873	涿州市(冀)	贴梗海棠	观赏苗木	万株	1.00
874	内江市市中区(川)	贴梗海棠	观赏苗木	万株	1.00
875	巴州区(川)	贴梗海棠	盆景	万盆	10.00
876	巴州区(川)	贴梗海棠	鲜切花	万支	5.20
877	涿州市(冀)	晚香玉	盆花	万盆	3.00
878	深州市(冀)	卫矛类	城市绿化苗	万株	266.00
879	九台区(吉)	卫矛类	城市绿化苗	万株	90.00
880	龙安区(豫)	卫矛类	城市绿化苗	万株	10.00
881	围场满族蒙古族自治县(冀)	卫矛类	城市绿化苗	万株	2.00
882	应　县(晋)	卫矛类	城市绿化苗	万株	1.20
883	固安县(冀)	卫矛类	观赏苗木	万株	1100.00
884	易　县(冀)	卫矛类	观赏苗木	万株	350.00
885	满城区(冀)	卫矛类	观赏苗木	万株	150.00
886	乐亭县(冀)	卫矛类	观赏苗木	万株	65.00
887	涿州市(冀)	卫矛类	观赏苗木	万株	30.00
888	鹤山区(豫)	卫矛类	观赏苗木	万株	30.00
889	北戴河区(冀)	卫矛类	观赏苗木	万株	20.00
890	曲阳县(冀)	卫矛类	观赏苗木	万株	20.00
891	榆树市(吉)	卫矛类	观赏苗木	万株	20.00
892	忻府区(晋)	卫矛类	观赏苗木	万株	16.80
893	迁安市(冀)	卫矛类	观赏苗木	万株	15.00
894	海港区(冀)	卫矛类	观赏苗木	万株	14.40
895	沂水县(鲁)	卫矛类	观赏苗木	万株	12.00
896	鹿泉区(冀)	卫矛类	观赏苗木	万株	8.00
897	翁牛特旗(内蒙古)	卫矛类	观赏苗木	万株	7.00
898	盐山县(冀)	卫矛类	观赏苗木	万株	4.20
899	高碑店市(冀)	卫矛类	观赏苗木	万株	4.00
900	涞水县(冀)	卫矛类	观赏苗木	万株	2.00
901	故城县(冀)	卫矛类	观赏苗木	万株	2.00
902	汤阴县(豫)	卫矛类	观赏苗木	万株	2.00
903	邱　县(冀)	文冠果	观赏苗木	万株	8.50
904	库伦旗(内蒙古)	文冠果	观赏苗木	万株	3.00
905	北京市大东流苗圃(京)	文冠果	观赏苗木	万株	2.02
906	思茅区(滇)	文殊兰	鲜切花	万支	30.00
907	新宁县(湘)	五针松	城市绿化苗	万株	60.00
908	兖州区(鲁)	五针松	观赏苗木	万株	7.00

（续表）

序号	其他花卉主产地	品种	花卉类别	单位	生产量
909	北仑区（浙）	五针松	盆景	万盆	5.00
910	广昌县（赣）	勿忘草	鲜切花	万支	526.00
911	江川区（滇）	勿忘草	鲜切花	万支	280.00
912	吉安县（赣）	勿忘草	鲜切花	万支	100.00
913	潢川县（豫）	西府海棠	城市绿化苗	万株	70.00
914	应　县（晋）	西府海棠	城市绿化苗	万株	1.20
915	博野县（冀）	西府海棠	观赏苗木	万株	290.00
916	鄢陵县（豫）	西府海棠	观赏苗木	万株	130.00
917	长丰县（皖）	西府海棠	观赏苗木	万株	60.00
918	淄川区（鲁）	西府海棠	观赏苗木	万株	50.00
919	曲阳县（冀）	西府海棠	观赏苗木	万株	46.00
920	丰宁满族自治县（冀）	西府海棠	观赏苗木	万株	42.00
921	辛集市（冀）	西府海棠	观赏苗木	万株	26.00
922	肃宁县（冀）	西府海棠	观赏苗木	万株	25.00
923	涿州市（冀）	西府海棠	观赏苗木	万株	15.00
924	西海岸新区（鲁）	西府海棠	观赏苗木	万株	10.60
925	满城区（冀）	西府海棠	观赏苗木	万株	10.00
926	阳信县（鲁）	西府海棠	观赏苗木	万株	8.20
927	鸡泽县（冀）	西府海棠	观赏苗木	万株	8.00
928	安平县（冀）	西府海棠	观赏苗木	万株	7.60
929	迁安市（冀）	西府海棠	观赏苗木	万株	7.00
930	长葛市（豫）	西府海棠	观赏苗木	万株	5.20
931	大厂回族自治县（冀）	西府海棠	观赏苗木	万株	3.00
932	武强县（冀）	西府海棠	观赏苗木	万株	2.00
933	滦平县（冀）	西府海棠	观赏苗木	万株	2.00
934	鹿泉区（冀）	西府海棠	观赏苗木	万株	1.00
935	新泰市（鲁）	西府海棠	盆花	万盆	18.00
936	甘州区（甘）	现代月季	城市绿化苗	万株	62.00
937	威海市经济技术开发区（鲁）	现代月季	城市绿化苗	万株	2.00
938	莱州市（鲁）	现代月季	观赏苗木	万株	100.00
939	武陟县（豫）	现代月季	观赏苗木	万株	80.00
940	辛集市（冀）	现代月季	观叶植物	万盆	8.00
941	颍泉区（皖）	现代月季	盆花	万盆	65.00
942	遵化市（冀）	现代月季	盆花	万盆	20.00
943	临洮县（甘）	现代月季	盆花	万盆	15.00
944	东洲区（辽）	现代月季	盆花	万盆	7.80
945	山海关区（冀）	现代月季	盆花	万盆	7.00
946	忻府区（晋）	现代月季	盆花	万盆	2.50
947	樊城区（鄂）	现代月季	盆花	万盆	2.00
948	抚宁区（冀）	现代月季	盆花	万盆	1.53
949	三台县（川）	现代月季	盆花	万盆	1.35
950	西安区（吉）	现代月季	盆花	万盆	1.30
951	榆中县（甘）	现代月季	盆景	万盆	2.27
952	通州区（京）	现代月季	鲜切花	万支	570.25

（续表）

序号	其他花卉主产地	品种	花卉类别	单位	生产量
953	长葛市（豫）	现代月季	鲜切花	万支	320.00
954	武陵区（湘）	现代月季	鲜切花	万支	5.70
955	蠡　县（冀）	现代月季	鲜切花	万支	2.50
956	涿州市（冀）	小苍兰	盆花	万盆	2.00
957	海拉尔区（内蒙古）	小丽花	城市绿化苗	万株	40.00
958	临泽县（甘）	小丽花	城市绿化苗	万株	3.50
959	延庆区（京）	小丽花	盆花	万盆	25.00
960	三台县（川）	小雀舌兰	盆花	万盆	2.00
961	九台区（吉）	杏	城市绿化苗	万株	130.00
962	威海市经济技术开发区（鲁）	杏	城市绿化苗	万株	1.50
963	呼兰区（黑）	杏	观赏苗木	万株	5.00
964	平罗县（宁）	杏	观赏苗木	万株	2.30
965	九台区（吉）	绣球花	城市绿化苗	万株	160.00
966	威海市经济技术开发区（鲁）	绣球花	城市绿化苗	万株	2.00
967	武陵区（湘）	绣球花	观赏苗木	万株	1.40
968	义乌市（浙）	绣球花	盆花	万盆	5.00
969	颍东区（皖）	绣球花	盆花	万盆	5.00
970	宜都市（鄂）	绣球花	穴盘苗	万株	50.00
971	九台区（吉）	萱草	城市绿化苗	万株	1300.00
972	桦甸市（吉）	萱草	城市绿化苗	万株	100.00
973	海港区（冀）	萱草	城市绿化苗	万株	12.50
974	威海市经济技术开发区（鲁）	萱草	城市绿化苗	万株	10.00
975	台安县（辽）	萱草	观赏苗木	万株	2000.00
976	周至县（陕）	萱草	观赏苗木	万株	70.00
977	鹿泉区（冀）	萱草	观赏苗木	万株	18.50
978	二道区（吉）	萱草	观赏苗木	万株	3.00
979	龙子湖区（皖）	萱草	观叶植物	万盆	100.00
980	蚌山区（皖）	萱草	观叶植物	万盆	100.00
981	海港区（冀）	萱草	花卉用种苗	千苗	25.00
982	望都县（冀）	萱草	盆花	万盆	10254.00
983	易　县（冀）	萱草	盆花	万盆	550.00
984	涿州市（冀）	萱草	盆花	万盆	200.00
985	延庆区（京）	萱草	盆花	万盆	42.00
986	满城区（冀）	萱草	盆花	万盆	1.20
987	涿州市（冀）	雁来红	盆花	万盆	2.00
988	田东县（桂）	羊蹄甲类	城市绿化苗	万株	4.65
989	宾阳县（桂）	羊蹄甲类	城市绿化苗	万株	2.60
990	桂平市（桂）	羊蹄甲类	城市绿化苗	万株	1.00
991	翠屏区（川）	羊蹄甲类	观赏苗木	万株	1.30
992	腾冲市（滇）	叶子花	城市绿化苗	万株	300.00
993	昆明市经济技术开发区（滇）	叶子花	城市绿化苗	万株	1.20

(续表)

序号	其他花卉主产地	品种	花卉类别	单位	生产量
994	泸水市(滇)	叶子花	观赏苗木	万株	6.70
995	开远市(滇)	叶子花	盆花	万盆	100.00
996	涿州市(冀)	叶子花	盆花	万盆	15.00
997	榆中县(甘)	叶子花	盆景	万盆	8.00
998	肥乡区(冀)	夜来香	观叶植物	万盆	200.00
999	石家庄市桥西区(冀)	夜来香	盆花	万盆	8.00
1000	腾冲市(滇)	一品红	城市绿化苗	万株	110.00
1001	会理县(川)	一品红	观赏苗木	万株	3.50
1002	金城江区(桂)	一品红	观叶植物	万盆	2.00
1003	顺义区(京)	一品红	花卉用种苗	千苗	2370.00
1004	平利县(陕)	一品红	花卉用种苗	千苗	2.10
1005	新安县(豫)	一品红	盆花	万盆	375.00
1006	临武县(湘)	一品红	盆花	万盆	205.00
1007	青州市(鲁)	一品红	盆花	万盆	81.00
1008	浦东新区(沪)	一品红	盆花	万盆	35.00
1009	三河市(冀)	一品红	盆花	万盆	21.00
1010	辛集市(冀)	一品红	盆花	万盆	11.00
1011	涿州市(冀)	一品红	盆花	万盆	10.00
1012	隆化县(冀)	一品红	盆花	万盆	7.00
1013	宁阳县(鲁)	一品红	盆花	万盆	7.00
1014	灵璧县(皖)	一品红	盆花	万盆	6.00
1015	蠡　县(冀)	一品红	盆花	万盆	5.00
1016	义乌市(浙)	一品红	盆花	万盆	5.00
1017	临洮县(甘)	一品红	盆花	万盆	5.00
1018	坊子区(鲁)	一品红	盆花	万盆	3.50
1019	鹰手营子矿区(冀)	一品红	盆花	万盆	3.00
1020	承德县(冀)	一品红	盆花	万盆	2.00
1021	云梦县(鄂)	一品红	盆花	万盆	2.00
1022	崆峒区(甘)	一品红	盆花	万盆	2.00
1023	迁安市(冀)	一品红	盆花	万盆	1.00
1024	晋州市(冀)	一品红	盆花	万盆	0.90
1025	永兴县(湘)	一品红	盆景	万盆	3.30
1026	大英县(川)	一品红	鲜切花	万支	30.00
1027	腾冲市(滇)	樱桃	城市绿化苗	万株	55.00
1028	宾阳县(桂)	樱桃	城市绿化苗	万株	1.00
1029	丰宁满族自治县(冀)	樱桃	观赏苗木	万株	350.00
1030	山海关区(冀)	樱桃	观赏苗木	万株	6.20
1031	西海岸新区(鲁)	樱桃	观赏苗木	万株	1.80
1032	固安县(冀)	迎春	观赏苗木	万株	190.00
1033	龙安区(豫)	迎春	观赏苗木	万株	10.00
1034	新泰市(鲁)	迎春	观赏苗木	万株	8.00
1035	三门县(浙)	迎春	观赏苗木	万株	7.00
1036	鹿泉区(冀)	迎春	观赏苗木	万株	5.80
1037	大城县(冀)	迎春	观赏苗木	万株	5.00
1038	涿州市(冀)	迎春	观赏苗木	万株	3.00

(续表)

序号	其他花卉主产地	品种	花卉类别	单位	生产量
1039	迁安市(冀)	迎春	观赏苗木	万株	2.00
1040	魏　县(冀)	迎春	观赏苗木	万株	2.00
1041	彭山区(川)	迎春	盆花	万盆	25.00
1042	潢川县(豫)	迎春	盆花	万盆	4.00
1043	南乐县(豫)	鱼尾葵	鲜切叶	万支	1.00
1044	青州市(鲁)	羽叶甘蓝	城市绿化苗	万株	60.00
1045	洮南市(吉)	羽叶甘蓝	城市绿化苗	万株	2.00
1046	武陵区(湘)	羽叶甘蓝	观叶植物	万盆	2.30
1047	莒南县(鲁)	羽叶甘蓝	盆花	万盆	180.00
1048	新安县(豫)	羽叶甘蓝	盆花	万盆	105.00
1049	阜新蒙古族自治县(辽)	羽叶甘蓝	盆花	万盆	60.00
1050	沙市区(鄂)	羽叶甘蓝	盆花	万盆	35.00
1051	义乌市(浙)	羽叶甘蓝	盆花	万盆	10.00
1052	北戴河区(冀)	羽叶甘蓝	盆花	万盆	8.00
1053	商水县(豫)	羽叶甘蓝	盆花	万盆	0.80
1054	九台区(吉)	玉簪类	城市绿化苗	万株	140.00
1055	涿州市(冀)	玉簪类	观赏苗木	万株	220.00
1056	二道区(吉)	玉簪类	观赏苗木	万株	2.00
1057	延庆区(京)	玉簪类	盆花	万盆	36.00
1058	碧江区(黔)	玉簪类	盆花	万盆	1.90
1059	蜀山区(皖)	玉簪类	盆花	万盆	0.97
1060	麒麟区(滇)	郁金香	城市绿化苗	万株	300.00
1061	渠　县(川)	郁金香	观叶植物	万盆	41.00
1062	五常市(黑)	郁金香	花卉用种苗	千苗	10.00
1063	松江区(沪)	郁金香	花卉用种球	千粒	900.00
1064	濮阳县(豫)	郁金香	盆花	万盆	150.00
1065	旌阳区(川)	郁金香	盆花	万盆	4.00
1066	峄城区(鲁)	郁金香	盆花	万盆	2.50
1067	永清县(冀)	郁金香	鲜切花	万支	120.00
1068	沙洋县(鄂)	郁金香	鲜切花	万支	100.00
1069	吉安县(赣)	郁金香	鲜切花	万支	50.00
1070	颍泉区(皖)	郁金香	鲜切花	万支	40.00
1071	乐平市(赣)	郁金香	鲜切花	万支	7.00
1072	宜州区(桂)	郁金香	鲜切花	万支	3.00
1073	蔡甸区(鄂)	郁金香	鲜切花	万支	1.00
1074	茌平县(鲁)	郁金香	鲜切叶	万支	180.00
1075	蒲城县(陕)	鸢尾类	城市绿化苗	万株	20.00
1076	海港区(冀)	鸢尾类	城市绿化苗	万株	12.75
1077	旌阳区(川)	鸢尾类	城市绿化苗	万株	12.00
1078	龙安区(豫)	鸢尾类	城市绿化苗	万株	9.00
1079	台安县(辽)	鸢尾类	观赏苗木	万株	4000.00
1080	惠济区(豫)	鸢尾类	观赏苗木	万株	12.00
1081	临武县(湘)	鸢尾类	观赏苗木	万株	1.80
1082	海港区(冀)	鸢尾类	花卉用种苗	千苗	15.00
1083	山丹县(甘)	鸢尾类	花卉用种苗	千苗	4.50

（续表）

序号	其他花卉主产地	品种	花卉类别	单位	生产量
1084	望都县(冀)	鸢尾类	盆花	万盆	2100.00
1085	易　县(冀)	鸢尾类	盆花	万盆	400.00
1086	涿州市(冀)	鸢尾类	盆花	万盆	220.00
1087	濮阳县(豫)	鸢尾类	盆花	万盆	40.00
1088	三台县(川)	鸢尾类	盆花	万盆	1.00
1089	怀柔区(京)	鸢尾类	鲜切花	万支	0.53
1090	宜阳县(豫)	元宝枫	城市绿化苗	万株	171.00
1091	栾川县(豫)	元宝枫	城市绿化苗	万株	120.00
1092	库伦旗(内蒙古)	元宝枫	城市绿化苗	万株	2.00
1093	丰宁满族自治县(冀)	元宝枫	观赏苗木	万株	35.00
1094	碧江区(黔)	元宝枫	观赏苗木	万株	0.90
1095	金川区(甘)	月见草	观赏苗木	万株	12.00
1096	古交市(晋)	云杉	城市绿化苗	万株	10000.00
1097	香格里拉市(滇)	云杉	城市绿化苗	万株	889.49
1098	阿鲁科尔沁旗(内蒙古)	云杉	城市绿化苗	万株	320.00
1099	九台区(吉)	云杉	城市绿化苗	万株	290.00
1100	关山林业管理局(甘)	云杉	城市绿化苗	万株	22.00
1101	新宾满族自治县(辽)	云杉	城市绿化苗	万株	13.00
1102	忻府区(晋)	云杉	城市绿化苗	万株	6.50
1103	西夏区(宁)	云杉	城市绿化苗	万株	4.00
1104	双辽市(吉)	云杉	城市绿化苗	万株	2.32
1105	北京市天竺苗圃(京)	云杉	城市绿化苗	万株	1.10
1106	泾源县(宁)	云杉	观赏苗木	万株	17000.00
1107	丰宁满族自治县(冀)	云杉	观赏苗木	万株	620.00
1108	清原满族自治县(辽)	云杉	观赏苗木	万株	500.00
1109	承德县(冀)	云杉	观赏苗木	万株	10.00
1110	陇　县(陕)	云杉	观赏苗木	万株	6.00
1111	青铜峡市(宁)	云杉	观赏苗木	万株	5.00
1112	隆化县(冀)	云杉	观赏苗木	万株	4.00
1113	涞水县(冀)	云杉	观赏苗木	万株	2.00
1114	龙安区(豫)	云杉	观赏苗木	万株	1.00
1115	长葛市(豫)	杂种香水月季	盆花	万盆	1.00
1116	涿州市(冀)	早园竹	观赏苗木	万株	1.00
1117	满城区(冀)	早园竹	观赏苗木	万株	1.00
1118	巴州区(川)	皂角	观赏苗木	万株	2.00
1119	鼎城区(湘)	长春花	盆花	万盆	22.00
1120	涿州市(冀)	长春花	盆花	万盆	5.00
1121	洪洞县(晋)	长寿花	观赏苗木	万株	1.50
1122	兴庆区(宁)	长寿花	盆花	万盆	188.00
1123	青州市(鲁)	长寿花	盆花	万盆	155.00
1124	丰宁满族自治县(冀)	长寿花	盆花	万盆	10.00
1125	涿州市(冀)	长寿花	盆花	万盆	5.00
1126	金凤区(宁)	长寿花	盆花	万盆	1.00
1127	曲周县(冀)	长寿花	鲜切花	万支	6.02
1128	西华县(豫)	长寿花	鲜切花	万支	3.00
1129	旺苍县(川)	栀子花	城市绿化苗	万株	10.00
1130	仙桃市(鄂)	栀子花	城市绿化苗	万株	5.20
1131	岳阳县(湘)	栀子花	城市绿化苗	万株	5.00
1132	武陵区(湘)	栀子花	城市绿化苗	万株	1.60
1133	双峰县(湘)	栀子花	观赏苗木	万株	200.00
1134	三门县(浙)	栀子花	观赏苗木	万株	15.00
1135	邻水县(川)	栀子花	观赏苗木	万株	8.20
1136	永顺县(湘)	栀子花	观赏苗木	万株	5.00
1137	黄州区(鄂)	栀子花	观赏苗木	万株	2.50
1138	巴州区(川)	栀子花	观赏苗木	万株	2.00
1139	万山区(黔)	栀子花	观赏苗木	万株	2.00
1140	义乌市(浙)	栀子花	盆花	万盆	20.00
1141	襄城区(鄂)	栀子花	盆花	万盆	5.10
1142	鹤峰县(鄂)	栀子花	盆花	万盆	3.00
1143	唐　县(冀)	栀子花	盆花	万盆	2.50
1144	涿州市(冀)	栀子花	盆花	万盆	1.00
1145	丰宁满族自治县(冀)	栀子花	盆花	万盆	0.60
1146	巴州区(川)	栀子花	盆景	万盆	22.00
1147	兖州区(鲁)	栀子花	盆景	万盆	2.00
1148	平桥区(豫)	栀子花	食用及药用花卉	吨	300.00
1149	铜梁区(渝)	栀子花	食用及药用花卉	千克	1.60
1150	巴州区(川)	栀子花	鲜切花	万支	60.00
1151	彭山区(川)	栀子花	鲜切花	万支	40.00
1152	黔江区(渝)	栀子花	鲜切花	万支	10.00
1153	彭山区(川)	栀子花	鲜切叶	万支	15.00
1154	新化县(湘)	中华蚊母	观赏苗木	万株	50.00
1155	建始县(鄂)	中华蚊母	盆景	万盆	0.80
1156	宜都市(鄂)	中华蚊母	穴盘苗	万株	100.00
1157	宜阳县(豫)	竹柳	城市绿化苗	万株	216.00
1158	丹凤县(陕)	竹柳	城市绿化苗	万株	120.00
1159	新宁县(湘)	竹柳	城市绿化苗	万株	100.00
1160	范　县(豫)	竹柳	城市绿化苗	万株	85.00
1161	泾　县(皖)	竹柳	城市绿化苗	万株	12.00
1162	忻府区(晋)	竹柳	城市绿化苗	万株	3.50
1163	肥乡区(冀)	竹柳	观赏苗木	万株	510.00
1164	汝南县(豫)	竹柳	观赏苗木	万株	198.00
1165	赤城县(冀)	竹柳	观赏苗木	万株	150.00
1166	馆陶县(冀)	竹柳	观赏苗木	万株	120.00
1167	大城县(冀)	竹柳	观赏苗木	万株	50.00
1168	蔚　县(冀)	竹柳	观赏苗木	万株	48.00
1169	辛集市(冀)	竹柳	观赏苗木	万株	39.00
1170	乐亭县(冀)	竹柳	观赏苗木	万株	19.90
1171	晋州市(冀)	竹柳	观赏苗木	万株	12.50
1172	巴州区(川)	竹柳	观赏苗木	万株	10.00

(续表)

序号	其他花卉主产地	品种	花卉类别	单位	生产量
1173	泸溪县(湘)	竹柳	观赏苗木	万株	6.00
1174	鸡泽县(冀)	竹柳	观赏苗木	万株	5.80
1175	任丘市(冀)	竹柳	观赏苗木	万株	4.60
1176	海港区(冀)	竹柳	观赏苗木	万株	2.60
1177	陇　县(陕)	竹柳	观赏苗木	万株	2.50
1178	鹿泉区(冀)	竹柳	观赏苗木	万株	2.20
1179	卫辉市(豫)	竹柳	观赏苗木	万株	0.60
1180	阳新县(鄂)	竹柳	盆花	万盆	4.00
1181	九台区(吉)	紫萼玉簪	城市绿化苗	万株	140.00
1182	桦甸市(吉)	紫萼玉簪	城市绿化苗	万株	100.00
1183	襄汾县(晋)	紫花地丁	观叶植物	万盆	3.00
1184	栾川县(豫)	紫荆	城市绿化苗	万株	440.00
1185	潢川县(豫)	紫荆	城市绿化苗	万株	60.00
1186	平罗县(宁)	紫荆	城市绿化苗	万株	2.00
1187	威海市经济技术开发区(鲁)	紫荆	城市绿化苗	万株	1.00
1188	固安县(冀)	紫荆	观赏苗木	万株	80.00
1189	陵城区(鲁)	紫荆	观赏苗木	万株	47.00
1190	巴州区(川)	紫荆	观赏苗木	万株	15.00
1191	三门县(浙)	紫荆	观赏苗木	万株	10.00
1192	龙安区(豫)	紫荆	观赏苗木	万株	5.00
1193	新泰市(鲁)	紫荆	观赏苗木	万株	4.00
1194	涿州市(冀)	紫荆	观赏苗木	万株	1.00
1195	巴州区(川)	紫荆	盆景	万盆	8.00
1196	浦东新区(沪)	紫罗兰	盆花	万盆	200.00
1197	泊头市(冀)	紫罗兰	盆花	万盆	6.89
1198	襄城区(鄂)	紫罗兰	盆花	万盆	3.40
1199	衡山县(湘)	紫罗兰	盆花	万盆	0.89
1200	武宣县(桂)	紫茉莉	观赏苗木	万株	3.00
1201	临武县(湘)	紫茉莉	盆花	万盆	2.00
1202	桐城市(皖)	紫薇类	城市绿化苗	万株	20.00
1203	泾　县(皖)	紫薇类	城市绿化苗	万株	6.00
1204	广昌县(赣)	紫薇类	城市绿化苗	万株	5.51
1205	花垣县(湘)	紫薇类	城市绿化苗	万株	5.00
1206	江川区(滇)	紫薇类	城市绿化苗	万株	3.20
1207	万秀区(桂)	紫薇类	城市绿化苗	万株	2.10
1208	黔江区(渝)	紫薇类	城市绿化苗	万株	2.00
1209	南漳县(鄂)	紫薇类	观赏苗木	万株	6660.00
1210	东平县(鲁)	紫薇类	观赏苗木	万株	200.00
1211	肥城市(鲁)	紫薇类	观赏苗木	万株	122.00
1212	长丰县(皖)	紫薇类	观赏苗木	万株	105.08
1213	凤阳县(皖)	紫薇类	观赏苗木	万株	100.00
1214	桃城区(冀)	紫薇类	观赏苗木	万株	40.00
1215	新田县(湘)	紫薇类	观赏苗木	万株	25.00
1216	永清县(冀)	紫薇类	观赏苗木	万株	20.00

(续表)

序号	其他花卉主产地	品种	花卉类别	单位	生产量
1217	蒙阴县(鲁)	紫薇类	观赏苗木	万株	13.00
1218	新泰市(鲁)	紫薇类	观赏苗木	万株	13.00
1219	唐　县(冀)	紫薇类	观赏苗木	万株	10.00
1220	义安区(皖)	紫薇类	观赏苗木	万株	10.00
1221	三门县(浙)	紫薇类	观赏苗木	万株	8.00
1222	北戴河区(冀)	紫薇类	观赏苗木	万株	4.00
1223	泸溪县(湘)	紫薇类	观赏苗木	万株	4.00
1224	涿州市(冀)	紫薇类	观赏苗木	万株	3.00
1225	泸溪县(湘)	紫薇类	观赏苗木	万株	3.00
1226	樊城区(鄂)	紫薇类	观赏苗木	万株	2.00
1227	涞水县(冀)	紫薇类	观赏苗木	万株	1.00
1228	双峰县(湘)	紫薇类	观赏苗木	万株	1.00
1229	天心区(湘)	紫薇类	观叶植物	万盆	48.00
1230	蔡甸区(鄂)	紫薇类	盆花	万盆	7.00
1231	定襄县(晋)	紫叶矮樱	城市绿化苗	万株	5.00
1232	永昌县(甘)	紫叶矮樱	城市绿化苗	万株	3.20
1233	永城市(豫)	紫叶矮樱	干花	万支	21.00
1234	兴庆区(宁)	紫叶矮樱	观赏苗木	万株	615.00
1235	金川区(甘)	紫叶矮樱	观赏苗木	万株	26.00
1236	永清县(冀)	紫叶矮樱	观赏苗木	万株	25.00
1237	青铜峡市(宁)	紫叶矮樱	观赏苗木	万株	20.00
1238	嘉峪关市(甘)	紫叶矮樱	观赏苗木	万株	3.00
1239	忻府区(晋)	紫叶矮樱	观赏苗木	万株	2.40
1240	平罗县(宁)	紫叶矮樱	观赏苗木	万株	2.30
1241	涿州市(冀)	紫叶矮樱	观赏苗木	万株	2.00
1242	龙安区(豫)	紫叶矮樱	观赏苗木	万株	2.00
1243	九台区(吉)	紫叶稠李	城市绿化苗	万株	140.00
1244	桦甸市(吉)	紫叶稠李	城市绿化苗	万株	5.00
1245	依安县(黑)	紫叶稠李	城市绿化苗	万株	3.00
1246	北安市(黑)	紫叶稠李	城市绿化苗	万株	3.00
1247	东丰县(吉)	紫叶稠李	观赏苗木	万株	50.00
1248	曲阳县(冀)	紫叶稠李	观赏苗木	万株	8.00
1249	呼兰区(黑)	紫叶稠李	观赏苗木	万株	5.00
1250	太康县(豫)	紫叶稠李	观赏苗木	万株	5.00
1251	涿州市(冀)	紫叶稠李	观赏苗木	万株	2.00
1252	围场满族蒙古族自治县(冀)	紫叶稠李	观赏苗木	万株	1.00
1253	二道区(吉)	紫叶稠李	观赏苗木	万株	1.00
1254	威海市经济技术开发区(鲁)	紫叶桃	城市绿化苗	万株	1.00
1255	旌阳区(川)	紫叶桃	城市绿化苗	万株	1.00
1256	株洲县(湘)	紫叶桃	城市绿化苗	万株	0.60
1257	泸溪县(湘)	紫叶桃	观赏苗木	万株	3.00
1258	故城县(冀)	紫叶桃	观赏苗木	万株	2.70
1259	新宁县(湘)	紫竹	城市绿化苗	万株	50.00
1260	南郑区(陕)	紫竹	花卉用种苗	千苗	1200.00

表 13-43　草坪主产地产量

单位:万平方米

序号	草坪主产地	产量
1	顺义区(京)	165.00
2	怀柔区(京)	10.00
3	路北区(冀)	238.00
4	香河县(冀)	50.00
5	定州市(冀)	23.50
6	曲周县(冀)	6.08
7	任　县(冀)	2.50
8	三河市(冀)	1.00
9	围场满族蒙古族自治县(冀)	1.00
10	北戴河区(冀)	0.80
11	涉　县(冀)	0.56
12	古交市(晋)	20.00
13	定襄县(晋)	2.00
14	尧都区(晋)	1.30
15	海城市(辽)	6.80
16	铁岭市经济开发区(辽)	5.00
17	阜新蒙古族自治县(辽)	0.80
18	白山市市辖区(吉)	9.00
19	延吉市(吉)	2.60
20	依安县(黑)	2.00
21	呼兰区(黑)	1.00
22	奉贤区(沪)	442.00
23	金山区(沪)	340.00
24	浦东新区(沪)	132.50
25	青浦区(沪)	53.30
26	松江区(沪)	33.50
27	如皋市(苏)	2000.00
28	宜兴市(苏)	1821.60
29	句容市(苏)	1279.50
30	常熟市(苏)	1231.00
31	沭阳县(苏)	800.00
32	泰兴市(苏)	407.30
33	锡山区(苏)	312.20
34	泗阳县(苏)	200.10
35	泗洪县(苏)	110.00
36	太仓市(苏)	73.37
37	大丰区(苏)	50.00
38	扬中市(苏)	50.00
39	浦口区(苏)	50.00
40	溧阳市(苏)	46.70
41	溧水区(苏)	42.59
42	靖江市(苏)	40.00
43	丹阳市(苏)	35.00
44	淮安区(苏)	30.00
45	盐都区(苏)	17.00
46	惠山区(苏)	16.00
47	阜宁县(苏)	14.00
48	滨海县(苏)	10.00
49	响水县(苏)	9.00
50	如东县(苏)	5.15
51	新沂市(苏)	1.43
52	宝应县(苏)	0.83
53	余杭区(浙)	1750.00
54	奉化区(浙)	210.00
55	婺城区(浙)	150.00
56	诸暨市(浙)	150.00
57	萧山区(浙)	136.00
58	金东区(浙)	70.00
59	武义县(浙)	46.00
60	衢江区(浙)	40.00
61	江北区(浙)	25.00
62	莲都区(浙)	22.00
63	天台县(浙)	16.00
64	常山县(浙)	15.00
65	临安区(浙)	10.35
66	海盐县(浙)	9.50
67	义乌市(浙)	9.30
68	慈溪市(浙)	4.90
69	定海区(浙)	4.67
70	龙游县(浙)	3.40
71	临海市(浙)	1.30
72	象山县(浙)	1.10
73	余姚市(浙)	1.00
74	长兴县(浙)	0.90
75	柯桥区(浙)	0.80
76	南谯区(皖)	4000.00
77	阜南县(皖)	300.00
78	义安区(皖)	182.00
79	芜湖县(皖)	65.00
80	肥东县(皖)	33.00
81	淮上区(皖)	25.00
82	定远县(皖)	20.00
83	毛集实验区(皖)	20.00
84	望江县(皖)	20.00
85	太湖县(皖)	17.50
86	南陵县(皖)	15.00
87	霍邱县(皖)	13.34
88	裕安区(皖)	13.10
89	庐江县(皖)	12.30
90	肥西县(皖)	12.00
91	全椒县(皖)	10.00
92	庐阳区(皖)	5.50
93	界首市(皖)	5.00
94	霍山县(皖)	5.00
95	禹会区(皖)	3.50
96	潜山县(皖)	2.00
97	屯溪区(皖)	2.00
98	颍上县(皖)	1.33
99	桐城市(皖)	1.20
100	龙子湖区(皖)	1.00
101	蚌山区(皖)	1.00
102	石台县(皖)	1.00
103	横峰县(赣)	200.00
104	奉新县(赣)	110.00
105	永修县(赣)	100.00
106	吉水县(赣)	76.00
107	上高县(赣)	75.00
108	乐平市(赣)	73.20
109	新干县(赣)	63.00
110	宁都县(赣)	50.00
111	南丰县(赣)	26.00
112	分宜县(赣)	22.00
113	广昌县(赣)	21.65
114	彭泽县(赣)	19.98
115	赣县区(赣)	19.00
116	德兴市(赣)	18.00
117	吉安县(赣)	15.00
118	渝水区(赣)	14.03
119	瑞金市(赣)	13.00
120	南城县(赣)	12.00
121	高安市(赣)	10.60
122	袁州区(赣)	10.00
123	靖安县(赣)	9.80
124	南昌县(赣)	8.80
125	石城县(赣)	8.00
126	金溪县(赣)	6.40
127	安源区(赣)	6.10
128	东乡区(赣)	4.60
129	芦溪县(赣)	4.50
130	余江县(赣)	4.40
131	铅山县(赣)	3.60
132	龙南县(赣)	3.50
133	玉山县(赣)	3.00
134	泰和县(赣)	2.00

(续表)

（续表）

序号	草坪主产地	产量
135	上饶县（赣）	1.40
136	于都县（赣）	1.20
137	会昌县（赣）	1.04
138	永丰县（赣）	1.00
139	大余县（赣）	0.95
140	龙口市（鲁）	75.00
141	胶州市（鲁）	40.00
142	宁阳县（鲁）	39.00
143	历城区（鲁）	35.00
144	莱州市（鲁）	35.00
145	成武县（鲁）	12.00
146	泰安市高新区（鲁）	8.00
147	长清区（鲁）	5.40
148	桓台县（鲁）	4.08
149	临朐县（鲁）	4.00
150	章丘区（鲁）	2.00
151	曲阜市（鲁）	1.00
152	鄢陵县（豫）	69.82
153	潢川县（豫）	28.00
154	新　县（豫）	18.00
155	嵩　县（豫）	15.00
156	建安区（豫）	15.00
157	卧龙区（豫）	4.00
158	光山县（豫）	2.00
159	唐河县（豫）	1.70
160	获嘉县（豫）	1.60
161	淮滨县（豫）	1.00
162	松滋市（鄂）	126.88
163	黄梅县（鄂）	100.00
164	谷城县（鄂）	67.00
165	漳河新区（鄂）	66.70
166	仙桃市（鄂）	15.00
167	广水市（鄂）	15.00
168	团风县（鄂）	15.00
169	汉川市（鄂）	12.00
170	黄州区（鄂）	10.20
171	恩施市（鄂）	8.30
172	孝昌县（鄂）	8.00
173	蔡甸区（鄂）	7.00
174	阳新县（鄂）	5.20
175	大悟县（鄂）	5.00
176	随　县（鄂）	3.50
177	浠水县（鄂）	3.00
178	洪湖市（鄂）	2.50
179	当阳市（鄂）	2.40

（续表）

序号	草坪主产地	产量
180	宜都市（鄂）	2.00
181	武穴市（鄂）	2.00
182	红安县（鄂）	0.60
183	苏仙区（湘）	1530.00
184	岳阳县（湘）	1150.00
185	辰溪县（湘）	200.00
186	鼎城区（湘）	170.00
187	汝城县（湘）	161.00
188	珠晖区（湘）	120.00
189	资兴市（湘）	84.00
190	荷塘区（湘）	76.60
191	湘潭市市辖区（湘）	75.00
192	湘潭县（湘）	69.30
193	芷江侗族自治县（湘）	54.00
194	东安县（湘）	50.00
195	长沙县（湘）	50.00
196	新宁县（湘）	20.00
197	资阳区（湘）	18.00
198	桂阳县（湘）	15.00
199	北湖区（湘）	14.00
200	涟源市（湘）	13.10
201	石峰区（湘）	12.30
202	石门县（湘）	12.00
203	通道侗族自治县（湘）	12.00
204	攸　县（湘）	9.50
205	新化县（湘）	8.00
206	汉寿县（湘）	8.00
207	中方县（湘）	5.00
208	永兴县（湘）	5.00
209	邵东县（湘）	5.00
210	赫山区（湘）	4.20
211	衡阳县（湘）	3.50
212	宁远县（湘）	3.34
213	祁东县（湘）	3.20
214	华容县（湘）	3.00
215	武陵区（湘）	2.60
216	蓝山县（湘）	2.20
217	常宁市（湘）	2.00
218	武冈市（湘）	1.34
219	隆回县（湘）	1.20
220	湘阴县（湘）	1.10
221	靖州苗族侗族自治县（湘）	1.00
222	石鼓区（湘）	1.00
223	吉首市（湘）	0.76
224	衡南县（湘）	0.70

（续表）

序号	草坪主产地	产量
225	隆安县（桂）	667.00
226	宾阳县（桂）	540.00
227	江南区（桂）	136.00
228	合浦县（桂）	78.00
229	海城区（桂）	25.00
230	陆川县（桂）	16.00
231	钦南区（桂）	12.00
232	雁山区（桂）	5.00
233	兴安县（桂）	4.50
234	玉州区（桂）	4.30
235	灵山县（桂）	4.00
236	兴宁区（桂）	3.30
237	万秀区（桂）	2.30
238	北流市（桂）	1.20
239	藤　县（桂）	1.00
240	苍梧县（桂）	0.92
241	桂平市（桂）	0.54
242	永川区（渝）	25.10
243	巫山县（渝）	10.00
244	南川区（渝）	6.00
245	黔江区（渝）	3.30
246	万州区（渝）	1.00
247	郫都区（川）	360.50
248	青白江区（川）	137.80
249	彭州市（川）	19.80
250	广汉市（川）	10.00
251	都江堰市（川）	7.45
252	江油市（川）	5.50
253	盐亭县（川）	5.30
254	仁寿县（川）	3.72
255	五通桥区（川）	3.33
256	万源市（川）	3.00
257	巴州区（川）	2.27
258	翠屏区（川）	2.20
259	西充县（川）	2.00
260	三台县（川）	1.00
261	仪陇县（川）	1.00
262	顺庆区（川）	0.86
263	高　县（川）	0.75
264	三穗县（黔）	15.00
265	黎平县（黔）	1.33
266	黄平县（黔）	1.00
267	腾冲市（滇）	25.00
268	兰坪白族普米族自治县（滇）	2.00
269	施甸县（滇）	2.00

（续表）

序号	草坪主产地	产量
270	景洪市（滇）	1.14
271	泸西县（滇）	0.70
272	宣威市（滇）	0.63
273	周至县（陕）	347.00
274	蒲城县（陕）	8.00
275	韩城市林业局（陕）	1.30
276	汉台区（陕）	1.10
277	甘州区（甘）	3.35

表 14-1　木雕主产地产值

单位：万元

序号	木雕主产地	产值
1	涞水县（冀）	7320.00
2	青龙满族自治县（冀）	300.00
3	武强县（冀）	260.00
4	顺平县（冀）	245.00
5	涞源县（冀）	50.00
6	围场满族蒙古族自治县（冀）	12.00
7	古交市（晋）	50.00
8	新宾满族自治县（辽）	36750.00
9	桓仁满族自治县（辽）	400.00
10	辉南县（吉）	13000.00
11	临江市（吉）	150.00
12	蛟河市（吉）	100.00
13	敦化市（吉）	50.00
14	通河县（黑）	1500.00
15	五常市（黑）	90.00
16	萝北县（黑）	20.00
17	仙居县（浙）	250727.00
18	开化县（浙）	22000.00
19	椒江区（浙）	14741.00
20	三门县（浙）	13652.00
21	临海市（浙）	11008.00
22	温岭市（浙）	7052.00
23	新昌县（浙）	6977.00
24	黄岩区（浙）	6038.00
25	德清县（浙）	3820.00
26	浦江县（浙）	3190.00
27	诸暨市（浙）	2500.00
28	淳安县（浙）	1780.00
29	义乌市（浙）	1000.00
30	常山县（浙）	200.00
31	庆元县（浙）	109.00
32	余杭区（浙）	65.00
33	衢江区（浙）	25.00

（续表）

序号	木雕主产地	产值
34	灵璧县（皖）	79000.00
35	六安市叶集区（皖）	900.00
36	霍山县（皖）	500.00
37	绩溪县（皖）	380.00
38	潜山县（皖）	200.00
39	石台县（皖）	180.00
40	五河县（皖）	100.00
41	岳西县（皖）	10.00
42	余江县（赣）	75000.00
43	广丰区（赣）	74987.00
44	安源区（赣）	5599.00
45	婺源县（赣）	5500.00
46	南昌市市辖区（赣）	2000.00
47	安福县（赣）	2000.00
48	铅山县（赣）	1180.00
49	高安市（赣）	1018.00
50	南康区（赣）	650.00
51	上高县（赣）	600.00
52	临川区（赣）	500.00
53	永丰县（赣）	500.00
54	遂川县（赣）	240.00
55	兴国县（赣）	150.00
56	莲花县（赣）	62.00
57	分宜县（赣）	60.00
58	坊子区（鲁）	6525.00
59	沂源县（鲁）	5000.00
60	峄城区（鲁）	300.00
61	鄄城县（鲁）	300.00
62	濮阳市高新区（豫）	12000.00
63	洛宁县（豫）	7000.00
64	范　县（豫）	3500.00
65	新　县（豫）	1238.00
66	博爱县（豫）	800.00
67	光山县（豫）	500.00
68	管城回族区（豫）	413.00
69	西峡县（豫）	245.25
70	桐柏县（豫）	136.00
71	灵宝市（豫）	110.00
72	宝丰县（豫）	60.00
73	老城区（豫）	12.00
74	谷城县（鄂）	6137.00
75	保康县（鄂）	4600.00
76	老河口市（鄂）	4500.00
77	南漳县（鄂）	4000.00
78	钟祥市（鄂）	3500.00

（续表）

序号	木雕主产地	产值
79	来凤县（鄂）	2200.00
80	利川市（鄂）	1500.00
81	阳新县（鄂）	1150.00
82	建始县（鄂）	805.00
83	恩施市（鄂）	300.00
84	长阳土家族自治县（鄂）	100.00
85	京山县（鄂）	100.00
86	随　县（鄂）	54.00
87	宜都市（鄂）	50.00
88	大悟县（鄂）	15.00
89	衡东县（湘）	11000.00
90	永兴县（湘）	6703.00
91	资兴市（湘）	3345.00
92	洞口县（湘）	3000.00
93	长沙县（湘）	3000.00
94	益阳市市辖区（湘）	2600.00
95	蓝山县（湘）	2560.00
96	祁东县（湘）	2500.00
97	珠晖区（湘）	2500.00
98	南岳区（湘）	2000.00
99	湘潭县（湘）	1953.00
100	临武县（湘）	1600.00
101	武陵区（湘）	1360.00
102	北湖区（湘）	1200.00
103	新宁县（湘）	1200.00
104	汨罗市（湘）	1050.00
105	沅陵县（湘）	1020.00
106	衡山县（湘）	885.40
107	醴陵市（湘）	600.00
108	会同县（湘）	600.00
109	湘乡市（湘）	582.00
110	鹤城区（湘）	500.00
111	零陵区（湘）	500.00
112	桑植县（湘）	380.00
113	新晃侗族自治县（湘）	300.00
114	芷江侗族自治县（湘）	240.00
115	桃源县（湘）	230.00
116	永顺县（湘）	203.00
117	永定区（湘）	200.00
118	隆回县（湘）	180.00
119	宁远县（湘）	160.00
120	新化县（湘）	150.00
121	桃江县（湘）	120.00
122	麻阳苗族自治县（湘）	120.00
123	靖州苗族侗族自治县（湘）	110.00

(续表)

序号	木雕主产地	产值
124	通道侗族自治县(湘)	100.00
125	赫山区(湘)	80.00
126	洪江市(湘)	72.00
127	道　县(湘)	68.00
128	岳阳县(湘)	20.00
129	湘潭市市辖区(湘)	16.00
130	东安县(湘)	12.00
131	苏仙区(湘)	10.00
132	和平县(粤)	1000.00
133	东源县(粤)	570.00
134	陆川县(桂)	1500.00
135	博白县(桂)	1002.00
136	昭平县(桂)	855.00
137	北流市(桂)	300.00
138	钦北区(桂)	254.00
139	万秀区(桂)	250.00
140	金城江区(桂)	200.00
141	武宣县(桂)	150.00
142	平乐县(桂)	120.00
143	凌云县(桂)	50.00
144	海城区(桂)	15.00
145	黔江区(渝)	3430.00
146	大足区(渝)	850.00
147	梁平区(渝)	657.80
148	奉节县(渝)	600.00
149	丰都县(渝)	24.00
150	芦山县(川)	26400.00
151	纳溪区(川)	2000.00
152	江油市(川)	615.00
153	都江堰市(川)	360.00
154	翠屏区(川)	360.00
155	高　县(川)	230.00
156	北川羌族自治县(川)	130.00
157	江安县(川)	100.00
158	宜宾县(川)	100.00
159	平昌县(川)	40.00
160	黄平县(黔)	200.00
161	榕江县(黔)	180.00
162	锦屏县(黔)	150.00
163	思南县(黔)	100.00
164	镇远县(黔)	100.00
165	碧江区(黔)	100.00
166	普安县(黔)	47.00
167	册亨县(黔)	25.00
168	腾冲市(滇)	8320.00

(续表)

序号	木雕主产地	产值
169	镇沅彝族哈尼族拉祜族自治县(滇)	5936.00
170	墨江哈尼族自治县(滇)	3494.00
171	罗平县(滇)	2264.00
172	瑞丽市(滇)	662.70
173	麒麟区(滇)	400.00
174	施甸县(滇)	400.00
175	宣威市(滇)	321.00
176	石林彝族自治县(滇)	300.00
177	易门县(滇)	273.00
178	洱源县(滇)	200.00
179	寻甸回族彝族自治县(滇)	200.00
180	镇康县(滇)	155.00
181	云　县(滇)	100.00
182	华宁县(滇)	100.00
183	巧家县(滇)	100.00
184	昌宁县(滇)	98.00
185	江川区(滇)	60.00
186	陇川县(滇)	60.00
187	孟连傣族拉祜族佤族自治县(滇)	30.00
188	西盟佤族自治县(滇)	12.00
189	文　县(甘)	360.00

表 14-2　竹雕主产地产值

单位:万元

序号	竹雕主产地	产值
1	泰顺县(浙)	13688.00
2	余杭区(浙)	13500.00
3	德清县(浙)	2632.00
4	象山县(浙)	900.00
5	临安区(浙)	150.00
6	衢江区(浙)	15.00
7	徽州区(皖)	8850.00
8	石台县(皖)	190.00
9	潜山县(皖)	80.00
10	泾　县(皖)	40.00
11	东乡区(赣)	7160.00
12	玉山县(赣)	4100.00
13	安福县(赣)	500.00
14	婺源县(赣)	390.00
15	井冈山市(赣)	360.00
16	乐安县(赣)	259.00
17	遂川县(赣)	165.00
18	瑞金市(赣)	138.00
19	宝丰县(豫)	20.00

(续表)

序号	竹雕主产地	产值
20	北湖区(湘)	2386.00
21	衡山县(湘)	2318.40
22	桃江县(湘)	1700.00
23	资兴市(湘)	1650.00
24	资阳区(湘)	800.00
25	新田县(湘)	663.00
26	石门县(湘)	450.00
27	武陵区(湘)	330.00
28	醴陵市(湘)	300.00
29	桑植县(湘)	280.00
30	祁东县(湘)	143.00
31	岳阳楼区(湘)	113.00
32	会同县(湘)	100.00
33	赫山区(湘)	75.00
34	汨罗市(湘)	61.18
35	新宁县(湘)	50.00
36	汉寿县(湘)	50.00
37	武宣县(桂)	25.00
38	大足区(渝)	650.00
39	纳溪区(川)	1000.00
40	长宁县(川)	800.00
41	江安县(川)	350.00
42	翠屏区(川)	88.00
43	玉屏侗族自治县(黔)	600.00
44	墨江哈尼族自治县(滇)	1428.00
45	腾冲市(滇)	103.00

表 14-3　竹编主产地产值

单位:万元

序号	竹编主产地	产值
1	德清县(浙)	9800.00
2	兰溪市(浙)	9493.00
3	缙云县(浙)	3224.00
4	淳安县(浙)	3116.00
5	路桥区(浙)	2332.00
6	黄岩区(浙)	1666.00
7	三门县(浙)	759.00
8	常山县(浙)	300.00
9	临安区(浙)	250.00
10	衢江区(浙)	52.00
11	浦江县(浙)	22.00
12	舒城县(皖)	29350.00
13	太湖县(皖)	3800.00
14	岳西县(皖)	3000.00
15	郎溪县(皖)	2780.00

（续表）

序号	竹编主产地	产值
16	庐江县(皖)	2351.00
17	霍山县(皖)	1500.00
18	凤阳县(皖)	1500.00
19	六安市叶集区(皖)	1310.00
20	广德县(皖)	500.00
21	潜山县(皖)	210.00
22	祁门县(皖)	210.00
23	石台县(皖)	120.00
24	界首市(皖)	101.00
25	明光市(皖)	100.00
26	全椒县(皖)	30.00
27	望江县(皖)	18.00
28	泾　县(皖)	15.00
29	义安区(皖)	10.00
30	南陵县(皖)	10.00
31	铜鼓县(赣)	15950.00
32	广昌县(赣)	6000.00
33	万载县(赣)	4225.00
34	泰和县(赣)	4090.00
35	东乡区(赣)	2300.00
36	浮梁县(赣)	2007.00
37	玉山县(赣)	650.00
38	定南县(赣)	300.00
39	瑞昌市(赣)	280.00
40	贵溪市(赣)	260.00
41	崇仁县(赣)	235.00
42	铅山县(赣)	230.00
43	安源区(赣)	230.00
44	靖安县(赣)	192.00
45	石城县(赣)	168.00
46	新建区(赣)	100.00
47	宁都县(赣)	92.00
48	赣县区(赣)	67.00
49	横峰县(赣)	50.00
50	寻乌县(赣)	33.00
51	彭泽县(赣)	20.00
52	新干县(赣)	12.56
53	分宜县(赣)	12.00
54	坊子区(鲁)	11250.00
55	临沭县(鲁)	500.00
56	尉氏县(豫)	21000.00
57	新　县(豫)	2306.00
58	新野县(豫)	1720.00
59	博爱县(豫)	1200.00
60	商城县(豫)	600.00
61	嵩　县(豫)	500.00
62	光山县(豫)	300.00
63	卫辉市(豫)	53.00
64	汝阳县(豫)	50.00
65	赤壁市(鄂)	12700.00
66	鄂州市市辖区(鄂)	1725.00
67	阳新县(鄂)	1250.00
68	汉川市(鄂)	470.00
69	宜都市(鄂)	350.00
70	红安县(鄂)	120.00
71	利川市(鄂)	120.00
72	长阳土家族自治县(鄂)	100.00
73	石首市(鄂)	100.00
74	随　县(鄂)	18.50
75	雨湖区(湘)	24250.00
76	益阳市市辖区(湘)	15000.00
77	资兴市(湘)	6885.00
78	澧　县(湘)	6861.00
79	衡东县(湘)	5500.00
80	永兴县(湘)	5445.00
81	湘潭县(湘)	4830.00
82	北湖区(湘)	3560.00
83	湘阴县(湘)	3500.00
84	中方县(湘)	2600.00
85	珠晖区(湘)	2500.00
86	溆浦县(湘)	1960.00
87	会同县(湘)	1800.00
88	雨花区(湘)	1100.00
89	双峰县(湘)	1000.00
90	安仁县(湘)	800.00
91	娄星区(湘)	800.00
92	常德市市辖区(湘)	740.00
93	宜章县(湘)	630.00
94	衡山县(湘)	531.20
95	临武县(湘)	520.00
96	安化县(湘)	500.00
97	冷水江市(湘)	385.00
98	醴陵市(湘)	320.00
99	汨罗市(湘)	310.00
100	永顺县(湘)	305.00
101	桃江县(湘)	230.00
102	沅陵县(湘)	210.00
103	冷水滩区(湘)	200.00
104	鼎城区(湘)	190.00
105	汝城县(湘)	187.00
106	新化县(湘)	150.00
107	桑植县(湘)	120.00
108	石门县(湘)	100.00
109	新晃侗族自治县(湘)	100.00
110	新宁县(湘)	100.00
111	岳阳县(湘)	90.00
112	芷江侗族自治县(湘)	80.00
113	麻阳苗族自治县(湘)	50.00
114	桂东县(湘)	44.00
115	宁远县(湘)	40.00
116	株洲县(湘)	28.00
117	道　县(湘)	26.00
118	永定区(湘)	20.00
119	东安县(湘)	20.00
120	洪江市(湘)	20.00
121	湘乡市(湘)	19.00
122	望城区(湘)	12.00
123	和平县(粤)	600.00
124	博白县(桂)	122160.00
125	平南县(桂)	6000.00
126	都安瑶族自治县(桂)	5000.00
127	北流市(桂)	4500.00
128	陆川县(桂)	2000.00
129	灵山县(桂)	800.00
130	隆安县(桂)	680.00
131	靖西市(桂)	625.00
132	环江毛南族自治县(桂)	358.00
133	合浦县(桂)	350.00
134	东兰县(桂)	200.00
135	万秀区(桂)	150.00
136	田阳县(桂)	150.00
137	武宣县(桂)	65.00
138	凌云县(桂)	50.00
139	乐业县(桂)	29.00
140	武鸣区(桂)	12.00
141	容　县(桂)	10.00
142	梁平区(渝)	4223.08
143	黔江区(渝)	3070.00
144	铜梁区(渝)	2466.00
145	大足区(渝)	500.00
146	奉节县(渝)	238.00
147	开州区(渝)	45.36
148	江津区(渝)	20.00
149	西充县(川)	47200.00
150	青神县(川)	45000.00

(续表)

序号	竹编主产地	产值
151	东坡区(川)	29592.50
152	江油市(川)	5590.00
153	渠　县(川)	3995.00
154	兴文县(川)	2484.00
155	达川区(川)	2400.00
156	仁寿县(川)	1682.00
157	雨城区(川)	1130.00
158	叙永县(川)	1000.00
159	安居区(川)	750.00
160	沐川县(川)	680.00
161	武胜县(川)	600.00
162	南江县(川)	420.00
163	平昌县(川)	350.00
164	仪陇县(川)	210.00
165	长宁县(川)	200.00
166	江安县(川)	200.00
167	三台县(川)	198.00
168	南部县(川)	116.00
169	剑阁县(川)	100.00
170	安岳县(川)	80.00
171	高　县(川)	60.00
172	梓潼县(川)	35.00
173	都江堰市(川)	20.00
174	米易县(川)	20.00
175	大竹县(川)	15.00
176	万源市(川)	10.00
177	榕江县(黔)	1705.00
178	碧江区(黔)	1500.00
179	普安县(黔)	782.00
180	三穗县(黔)	700.00
181	锦屏县(黔)	215.00
182	思南县(黔)	100.00
183	镇远县(黔)	100.00
184	黎平县(黔)	85.00
185	平塘县(黔)	12.00
186	墨江哈尼族自治县(滇)	2741.00
187	宣威市(滇)	1050.00
188	罗平县(滇)	1007.00
189	石屏县(滇)	880.00
190	富宁县(滇)	800.00
191	鲁甸县(滇)	500.00
192	澜沧拉祜族自治县(滇)	500.00
193	隆阳区(滇)	303.00
194	昌宁县(滇)	216.00
195	腾冲市(滇)	202.00
196	马龙县(滇)	119.00
197	华坪县(滇)	107.00
198	西畴县(滇)	100.00
199	石林彝族自治县(滇)	100.00
200	施甸县(滇)	100.00
201	镇康县(滇)	94.00
202	贡山独龙族怒族自治县(滇)	80.00
203	华宁县(滇)	50.00
204	大关县(滇)	31.00
205	云　县(滇)	30.00
206	永平县(滇)	20.00
207	元阳县(滇)	20.00
208	孟连傣族拉祜族佤族自治县(滇)	15.00
209	剑川县(滇)	13.00
210	巧家县(滇)	10.00
211	墨脱县(藏)	10.00
212	南郑区(陕)	750.00
213	平利县(陕)	200.00

表 14-4　藤编主产地产值

单位:万元

序号	藤编主产地	产值
1	临江市(吉)	320.00
2	五常市(黑)	140.00
3	德清县(浙)	2835.00
4	诸暨市(浙)	1500.00
5	黄岩区(浙)	861.00
6	阜南县(皖)	300000.00
7	霍邱县(皖)	239599.00
8	颍东区(皖)	5800.00
9	桐城市(皖)	2500.00
10	六安市叶集区(皖)	2100.00
11	太湖县(皖)	1150.00
12	凤阳县(皖)	1000.00
13	明光市(皖)	960.00
14	岳西县(皖)	200.00
15	潜山县(皖)	120.00
16	石台县(皖)	50.00
17	南陵县(皖)	20.00
18	南昌市市辖区(赣)	81158.00
19	泰和县(赣)	8504.00
20	广昌县(赣)	5260.00
21	乐安县(赣)	2950.00
22	南康区(赣)	1200.00
23	宜丰县(赣)	705.60
24	定南县(赣)	375.00
25	寻乌县(赣)	336.00
26	石城县(赣)	274.00
27	上犹县(赣)	268.00
28	安源区(赣)	200.00
29	宁都县(赣)	180.00
30	贵溪市(赣)	144.00
31	赣县区(赣)	118.00
32	横峰县(赣)	50.00
33	瑞金市(赣)	31.00
34	东乡区(赣)	19.00
35	分宜县(赣)	10.00
36	微山县(鲁)	102000.00
37	鱼台县(鲁)	60000.00
38	沂源县(鲁)	5000.00
39	梁山县(鲁)	4172.00
40	东平县(鲁)	1200.00
41	河东区(鲁)	800.00
42	任城区(鲁)	120.00
43	固始县(豫)	29100.00
44	尉氏县(豫)	7800.00
45	宁陵县(豫)	6316.00
46	新　县(豫)	1826.00
47	渑池县(豫)	1800.00
48	新野县(豫)	800.00
49	方城县(豫)	650.00
50	淮滨县(豫)	500.00
51	嵩　县(豫)	220.00
52	镇平县(豫)	70.00
53	卫辉市(豫)	51.00
54	汝阳县(豫)	45.00
55	枣阳市(鄂)	18000.00
56	襄州区(鄂)	10100.00
57	广水市(鄂)	9560.00
58	保康县(鄂)	1566.70
59	郧西县(鄂)	700.00
60	红安县(鄂)	75.00
61	长阳土家族自治县(鄂)	50.00
62	溆浦县(湘)	1320.00
63	双峰县(湘)	1200.00
64	永兴县(湘)	1067.00
65	娄星区(湘)	880.00
66	汨罗市(湘)	369.00
67	祁东县(湘)	286.00
68	衡山县(湘)	193.24

（续表）

序号	藤编主产地	产值
69	鼎城区（湘）	180.00
70	资兴市（湘）	130.00
71	新化县（湘）	120.00
72	冷水江市（湘）	110.00
73	会同县（湘）	100.00
74	新宁县（湘）	100.00
75	宁远县（湘）	60.00
76	道　县（湘）	40.00
77	芷江侗族自治县（湘）	30.00
78	安化县（湘）	20.00
79	东源县（粤）	533.50
80	平南县（桂）	12000.00
81	浦北县（桂）	10590.00
82	都安瑶族自治县（桂）	9275.00
83	岑溪市（桂）	2180.00
84	灵山县（桂）	700.00
85	田阳县（桂）	250.00
86	陆川县（桂）	100.00
87	武宣县（桂）	50.00
88	大足区（渝）	300.00
89	盐边县（川）	1560.00
90	江油市（川）	310.00
91	平昌县（川）	248.00
92	万源市（川）	10.00
93	思南县（黔）	50.00
94	腾冲市（滇）	750.00
95	澜沧拉祜族自治县（滇）	650.00
96	隆阳区（滇）	495.00
97	富宁县（滇）	258.00
98	镇康县（滇）	249.00
99	沧源佤族自治县（滇）	200.00
100	施甸县（滇）	50.00
101	昌宁县（滇）	19.00
102	孟连傣族拉祜族佤族自治县（滇）	15.00
103	南郑区（陕）	4500.00
104	汉台区（陕）	3500.00
105	平利县（陕）	150.00
106	青铜峡市（宁）	30.00

表 14-5　棕编主产地产值

单位：万元

序号	棕编主产地	产值
1	淳安县（浙）	13.00
2	太湖县（皖）	873.00
3	怀宁县（皖）	370.00
4	祁门县（皖）	168.00
5	石台县（皖）	80.00
6	潜山县（皖）	30.00
7	宁都县（赣）	5300.00
8	赣县区（赣）	387.00
9	寻乌县（赣）	208.00
10	石城县（赣）	183.00
11	安源区（赣）	120.00
12	新野县（豫）	430.00
13	汝阳县（豫）	51.00
14	宜都市（鄂）	180.00
15	长阳土家族自治县（鄂）	50.00
16	阳新县（鄂）	50.00
17	醴陵市（湘）	300.00
18	资兴市（湘）	295.00
19	溆浦县（湘）	230.00
20	衡山县（湘）	141.00
21	沅陵县（湘）	87.00
22	新晃侗族自治县（湘）	82.00
23	临武县（湘）	75.00
24	祁东县（湘）	41.10
25	安化县（湘）	20.00
26	岳阳县（湘）	15.00
27	汝城县（湘）	15.00
28	乐业县（桂）	33.00
29	凌云县（桂）	30.00
30	武宣县（桂）	20.00
31	黔江区（渝）	905.00
32	大足区（渝）	50.00
33	江油市（川）	583.00
34	平昌县（川）	180.00
35	三穗县（黔）	500.00
36	思南县（黔）	20.00
37	陆良县（滇）	3521.00
38	腾冲市（滇）	160.00
39	石林彝族自治县（滇）	25.00
40	云　县（滇）	15.00
41	南郑区（陕）	450.00

表 15-1　2017 年驯化野生动物与利用

单位：只（头、条）

序号	主产地	动物种类	驯养数量
1	宜宾县（川）	猕猴	14000
2	平南县（桂）	猕猴	6000
3	新野县（豫）	猕猴	5100
4	永福县（桂）	猕猴	3500
5	雨城区（川）	猕猴	3260
6	呈贡区（滇）	猕猴	1313
7	松滋市（鄂）	猕猴	1000
8	祁门县（皖）	猕猴	810
9	南郑区（陕）	猕猴	365
10	元江哈尼族彝族傣族自治县（滇）	猕猴	360
11	金山区（沪）	猕猴	268
12	宁蒗彝族自治县（滇）	猕猴	220
13	北戴河区（冀）	猕猴	209
14	正定县（冀）	猕猴	130
15	曾都区（鄂）	猕猴	100
16	五华区（滇）	猕猴	75
17	镇海区（浙）	猕猴	70
18	西海岸新区（鲁）	猕猴	61
19	芝罘区（鲁）	猕猴	61
20	内乡县（豫）	猕猴	60
21	蓝田县（陕）	猕猴	50
22	浏阳市（湘）	猕猴	40
23	婺城区（浙）	猕猴	38
24	奉贤区（沪）	猕猴	20
25	雨湖区（湘）	猕猴	20
26	安丘市（鲁）	猕猴	14
27	浑南区（辽）	猕猴	13

(续表)

序号	主产地	动物种类	驯养数量
28	青铜峡市(宁)	猕猴	11
29	翠屏区(川)	猕猴	10
30	浦东新区(沪)	猕猴	10
31	平南县(桂)	食蟹猴	30000
32	呈贡区(滇)	食蟹猴	5786
33	永福县(桂)	食蟹猴	4500
34	武鸣区(桂)	食蟹猴	2000
35	浦东新区(沪)	食蟹猴	1192
36	元江哈尼族彝族傣族自治县(滇)	食蟹猴	800
37	奉贤区(沪)	食蟹猴	40
38	齐河县(鲁)	松鼠猴	16
39	湘潭县(湘)	松鼠猴	12
40	浑南区(辽)	松鼠猴	11
41	呈贡区(滇)	松鼠猴	10
42	兰山区(鲁)	松鼠猴	10
43	龙井市(吉)	狗熊	956
44	延吉市(吉)	狗熊	514
45	勉　县(陕)	狗熊	206
46	和龙市(吉)	狗熊	115
47	同江市(黑)	狗熊	50
48	鄂州市市辖区(鄂)	狗熊	20
49	浑南区(辽)	小熊猫	11
50	西海岸新区(鲁)	小熊猫	8
51	翠屏区(川)	小熊猫	4
52	巢湖市(皖)	小熊猫	3
53	呈贡区(滇)	小熊猫	2
54	婺城区(浙)	小熊猫	2
55	大理市(滇)	棕熊	467
56	浑南区(辽)	棕熊	13
57	雨湖区(湘)	棕熊	5
58	巢湖市(皖)	棕熊	4
59	齐河县(鲁)	棕熊	3
60	万州区(渝)	棕熊	3
61	婺城区(浙)	棕熊	3
62	颍上县(皖)	棕熊	2
63	五华区(滇)	浣熊	28
64	浑南区(辽)	浣熊	13
65	雁江区(川)	黑熊	1128
66	蒙自市(滇)	黑熊	1058
67	陇川县(滇)	黑熊	551
68	资溪县(赣)	黑熊	368
69	桓仁满族自治县(辽)	黑熊	170
70	敦化市(吉)	黑熊	150
71	渭滨区(陕)	黑熊	112
72	安图森林经营局(吉)	黑熊	79

(续表)

序号	主产地	动物种类	驯养数量
73	珲春市(吉)	黑熊	60
74	铁岭市经济开发区(辽)	黑熊	50
75	齐河县(鲁)	北极熊	4
76	巴林左旗(内蒙古)	马鹿	5600
77	建昌县(辽)	马鹿	1000
78	清原满族自治县(辽)	马鹿	600
79	绥中县(辽)	马鹿	600
80	阿城区(黑)	马鹿	594
81	方正县(黑)	马鹿	289
82	扎兰屯市(内蒙古)	马鹿	271
83	克什克腾旗(内蒙古)	马鹿	235
84	阿鲁科尔沁旗(内蒙古)	马鹿	200
85	永济市(晋)	马鹿	200
86	爱辉区(黑)	马鹿	150
87	建始县(鄂)	马鹿	150
88	元宝山区(内蒙古)	马鹿	150
89	渭源县(甘)	马鹿	135
90	乌鲁木齐南山林场(新)	马鹿	135
91	新宾满族自治县(辽)	马鹿	131
92	围场满族蒙古族自治县(冀)	马鹿	115
93	青铜峡市(宁)	马鹿	100
94	承德县(冀)	马鹿	80
95	鄂温克族自治旗(内蒙古)	马鹿	71
96	合水林业总场(甘)	马鹿	64
97	得耳布尔林业局(内蒙古森工)	马鹿	60
98	林西县(内蒙古)	马鹿	60
99	乌苏林场(新)	马鹿	58
100	根河林业局(内蒙古森工)	马鹿	53
101	芒　市(滇)	马鹿	53
102	奇台林场(新)	马鹿	50
103	松山区(内蒙古)	马鹿	50
104	永川区(渝)	马鹿	33
105	旌阳区(川)	马鹿	30
106	木栏围场国有林场(冀)	马鹿	30
107	额尔古纳市(内蒙古)	马鹿	18
108	北戴河区(冀)	马鹿	10
109	关山林业管理局(甘)	马鹿	10
110	黑河市市辖区(黑)	马鹿	10
111	西丰县(辽)	梅花鹿	112000
112	双阳区(吉)	梅花鹿	72700
113	通化县(吉)	梅花鹿	51588
114	朝阳区(吉)	梅花鹿	11000
115	新宁县(湘)	梅花鹿	10000
116	屈家岭管理区(鄂)	梅花鹿	4450
117	江油市(川)	梅花鹿	3550

（续表）

序号	主产地	动物种类	驯养数量
118	磐石市（吉）	梅花鹿	3240
119	辉南县（吉）	梅花鹿	3000
120	九台区（吉）	梅花鹿	2600
121	龙山区（吉）	梅花鹿	2600
122	丰满区（吉）	梅花鹿	2200
123	绥中县（辽）	梅花鹿	2100
124	东丰县（吉）	梅花鹿	2040
125	东港市（辽）	梅花鹿	2000
126	隆阳区（滇）	梅花鹿	2000
127	潜山县（皖）	梅花鹿	1800
128	迁西县（冀）	梅花鹿	1500
129	蛟河市（吉）	梅花鹿	1200
130	清原满族自治县（辽）	梅花鹿	1200
131	广丰区（赣）	梅花鹿	1180
132	白河林业局（吉）	梅花鹿	1000
133	德惠市（吉）	梅花鹿	1000
134	临江市（吉）	梅花鹿	1000
135	大洼县（辽）	梅花鹿	900
136	武义县（浙）	梅花鹿	880
137	集安市（吉）	梅花鹿	850
138	新宾满族自治县（辽）	梅花鹿	840
139	彭泽县（赣）	梅花鹿	800
140	寿光市（鲁）	梅花鹿	800
141	莱山区（鲁）	梅花鹿	720
142	桓仁满族自治县（辽）	梅花鹿	647
143	珲春市（吉）	梅花鹿	625
144	京山县（鄂）	梅花鹿	610
145	北票市（辽）	梅花鹿	605
146	铁岭市经济开发区（辽）	梅花鹿	600
147	安宁市（滇）	梅花鹿	578
148	金东区（浙）	梅花鹿	570
149	江津区（渝）	梅花鹿	560
150	白狼林业局（内蒙古）	梅花鹿	550
151	蔡甸区（鄂）	梅花鹿	537
152	吉林市市辖区（吉）	梅花鹿	512
153	景东彝族自治县（滇）	梅花鹿	510
154	巴东县（鄂）	梅花鹿	500
155	朝阳县（辽）	梅花鹿	500
156	佳木斯市郊区（黑）	梅花鹿	500
157	射洪县（川）	梅花鹿	500
158	石门县（湘）	梅花鹿	500
159	湘潭县（湘）	梅花鹿	500
160	五常市（黑）	梅花鹿	480
161	易门县（滇）	梅花鹿	460
162	永川区（渝）	梅花鹿	445

（续表）

序号	主产地	动物种类	驯养数量
163	湖北省太子山林场管理局（鄂）	梅花鹿	439
164	北湖区（湘）	梅花鹿	426
165	晋宁区（滇）	梅花鹿	420
166	围场满族蒙古族自治县（冀）	梅花鹿	402
167	昌邑区（吉）	梅花鹿	400
168	马龙县（滇）	梅花鹿	400
169	郧西县（鄂）	梅花鹿	400
170	汤原县（黑）	梅花鹿	360
171	钦北区（桂）	梅花鹿	350
172	遂宁市市辖区（川）	梅花鹿	350
173	五大连池市（黑）	梅花鹿	350
174	栾川县（豫）	梅花鹿	340
175	沙坡头区（宁）	梅花鹿	326
176	沂南县（鲁）	梅花鹿	320
177	土默特右旗（内蒙古）	梅花鹿	316
178	奉化区（浙）	梅花鹿	310
179	金凤区（宁）	梅花鹿	302
180	盖州市（辽）	梅花鹿	300
181	饶河县（黑）	梅花鹿	300
182	舒兰市（吉）	梅花鹿	300
183	岳塘区（湘）	梅花鹿	289
184	绛　县（晋）	梅花鹿	280
185	梓潼县（川）	梅花鹿	280
186	民乐县（甘）	梅花鹿	270
187	扎兰屯市（内蒙古）	梅花鹿	270
188	双城区（黑）	梅花鹿	260
189	定南县（赣）	梅花鹿	239
190	抚松县（吉）	梅花鹿	237
191	浦东新区（沪）	梅花鹿	233
192	嫩江县（黑）	梅花鹿	230
193	平利县（陕）	梅花鹿	230
194	沂源县（鲁）	梅花鹿	230
195	西夏区（宁）	梅花鹿	229
196	白河县（陕）	梅花鹿	225
197	上营森林经营局（吉）	梅花鹿	222
198	常山县（浙）	梅花鹿	220
199	大英县（川）	梅花鹿	220
200	兰溪市（浙）	梅花鹿	220
201	拜泉县（黑）	梅花鹿	214
202	宁东林业局（陕）	梅花鹿	214
203	泾源县（宁）	梅花鹿	205
204	勃利县（黑）	梅花鹿	200
205	光山县（豫）	梅花鹿	200
206	恒山区（黑）	梅花鹿	200
207	木栏围场国有林场（冀）	梅花鹿	200

(续表)

序号	主产地	动物种类	驯养数量
208	让胡路区(黑)	梅花鹿	200
209	江城哈尼族彝族自治县(滇)	梅花鹿	186
210	资兴市(湘)	梅花鹿	186
211	石林彝族自治县(滇)	梅花鹿	180
212	西吉县(宁)	梅花鹿	180
213	玉龙纳西族自治县(滇)	梅花鹿	180
214	永康市(浙)	梅花鹿	170
215	露水河林业局(吉林森工)	梅花鹿	169
216	玉山县(赣)	梅花鹿	169
217	长白朝鲜族自治县(吉)	梅花鹿	160
218	镇海区(浙)	梅花鹿	160
219	宜章县(湘)	梅花鹿	156
220	良凤江国家森林公园(桂)	梅花鹿	155
221	柳河县(吉)	梅花鹿	150
222	通川区(川)	梅花鹿	150
223	靖宇县(吉)	梅花鹿	143
224	金山区(沪)	梅花鹿	136
225	渭源县(甘)	梅花鹿	136
226	泽州县(晋)	梅花鹿	133
227	禹州市(豫)	梅花鹿	127
228	大余县(赣)	梅花鹿	120
229	奉贤区(沪)	梅花鹿	120
230	临安区(浙)	梅花鹿	120
231	内乡县(豫)	梅花鹿	120
232	颍上县(皖)	梅花鹿	114
233	昭阳区(滇)	梅花鹿	111
234	宾川县(滇)	梅花鹿	110
235	龙游县(浙)	梅花鹿	110
236	凤阳县(皖)	梅花鹿	108
237	绩溪县(皖)	梅花鹿	107
238	徽州区(皖)	梅花鹿	106
239	华坪县(滇)	梅花鹿	105
240	桂东县(湘)	梅花鹿	102
241	利辛县(皖)	梅花鹿	102
242	保康县(鄂)	梅花鹿	100
243	吉安县(赣)	梅花鹿	100
244	青铜峡市(宁)	梅花鹿	100
245	瑞丽市(滇)	梅花鹿	100
246	秀洲区(浙)	梅花鹿	100
247	盂　县(晋)	梅花鹿	100
248	袁州区(赣)	梅花鹿	100
249	北仑区(浙)	梅花鹿	98
250	澄江县(滇)	梅花鹿	96
251	黄岩区(浙)	梅花鹿	95
252	本溪满族自治县(辽)	梅花鹿	90

(续表)

序号	主产地	动物种类	驯养数量
253	缙云县(浙)	梅花鹿	90
254	开化县(浙)	梅花鹿	90
255	仁和区(川)	梅花鹿	90
256	盈江县(滇)	梅花鹿	90
257	北戴河区(冀)	梅花鹿	86
258	松阳县(浙)	梅花鹿	86
259	柯城区(浙)	梅花鹿	85
260	克什克腾旗(内蒙古)	梅花鹿	85
261	呼玛县(黑)	梅花鹿	84
262	杭锦后旗(内蒙古)	梅花鹿	80
263	绥江县(滇)	梅花鹿	80
264	天桥岭林业局(吉)	梅花鹿	80
265	望花区(辽)	梅花鹿	80
266	义安区(皖)	梅花鹿	80
267	彰武县(辽)	梅花鹿	80
268	南川区(渝)	梅花鹿	76
269	西峡县(豫)	梅花鹿	76
270	鹰手营子矿区(冀)	梅花鹿	75
271	乐安县(赣)	梅花鹿	72
272	湘乐林业总场(甘)	梅花鹿	70
273	芦山县(川)	梅花鹿	68
274	宁　县(甘)	梅花鹿	66
275	甘州区(甘)	梅花鹿	65
276	建德市(浙)	梅花鹿	65
277	宜良县(滇)	梅花鹿	65
278	临河区(内蒙古)	梅花鹿	63
279	昌乐县(鲁)	梅花鹿	60
280	大悟县(鄂)	梅花鹿	60
281	沿河土家族自治县(黔)	梅花鹿	60
282	长葛市(豫)	梅花鹿	60
283	古城区(滇)	梅花鹿	56
284	永胜县(滇)	梅花鹿	56
285	芜湖县(皖)	梅花鹿	55
286	新平彝族傣族自治县(滇)	梅花鹿	54
287	旺苍县(川)	梅花鹿	51
288	八家子林业局(吉)	梅花鹿	50
289	关山林业管理局(甘)	梅花鹿	50
290	鹤岗市市辖区(黑)	梅花鹿	50
291	浑南区(辽)	梅花鹿	50
292	略阳县(陕)	梅花鹿	50
293	依安县(黑)	梅花鹿	50
294	宝山区(沪)	梅花鹿	49
295	密山市(黑)	梅花鹿	48
296	元江哈尼族彝族傣族自治县(滇)	梅花鹿	48
297	科尔沁左翼中旗(内蒙古)	梅花鹿	47

（续表）

序号	主产地	动物种类	驯养数量
298	苍南县(浙)	梅花鹿	46
299	望江县(皖)	梅花鹿	46
300	汉源县(川)	梅花鹿	44
301	乌拉特后旗(内蒙古)	梅花鹿	44
302	喀喇沁旗(内蒙古)	梅花鹿	42
303	嘉峪关市(甘)	梅花鹿	40
304	舒城县(皖)	梅花鹿	40
305	义乌市(浙)	梅花鹿	40
306	榆树市(吉)	梅花鹿	40
307	中宁县(宁)	梅花鹿	40
308	朝天区(川)	梅花鹿	38
309	祥云县(滇)	梅花鹿	38
310	寿　县(皖)	梅花鹿	32
311	宁蒗彝族自治县(滇)	梅花鹿	31
312	浑源县(晋)	梅花鹿	30
313	隆回县(湘)	梅花鹿	30
314	淇　县(豫)	梅花鹿	30
315	三台县(川)	梅花鹿	30
316	永清县(冀)	梅花鹿	30
317	自流井区(川)	梅花鹿	30
318	额尔古纳市(内蒙古)	梅花鹿	27
319	太湖县(皖)	梅花鹿	26
320	二道江区(吉)	梅花鹿	25
321	内蒙古柴河林业局(内蒙古)	梅花鹿	25
322	宁城县(内蒙古)	梅花鹿	25
323	黄山区(皖)	梅花鹿	24
324	汶川县(川)	梅花鹿	23
325	江永县(湘)	梅花鹿	22
326	仁寿县(川)	梅花鹿	22
327	巢湖市(皖)	梅花鹿	21
328	奉节县(渝)	梅花鹿	20
329	古交市(晋)	梅花鹿	20
330	普安县(黔)	梅花鹿	20
331	万年县(赣)	梅花鹿	20
332	乌拉特前旗(内蒙古)	梅花鹿	20
333	西海岸新区(鲁)	梅花鹿	20
334	吉利区(豫)	梅花鹿	18
335	峨山彝族自治县(滇)	梅花鹿	16
336	磐安县(浙)	梅花鹿	15
337	正宁林业总场(甘)	梅花鹿	15
338	呈贡区(滇)	梅花鹿	12
339	丰都县(渝)	梅花鹿	12
340	井冈山市(赣)	梅花鹿	12
341	弥勒市(滇)	梅花鹿	12
342	五华区(滇)	梅花鹿	12

（续表）

序号	主产地	动物种类	驯养数量
343	婺城区(浙)	梅花鹿	12
344	翠屏区(川)	梅花鹿	10
345	贵溪市(赣)	梅花鹿	10
346	施甸县(滇)	梅花鹿	10
347	托克托县(内蒙古)	梅花鹿	10
348	敦化市(吉)	驯鹿	867
349	根河林业局(内蒙古森工)	驯鹿	145
350	额尔古纳市(内蒙古)	驯鹿	50
351	浦江县(浙)	驯鹿	40
352	应城市(鄂)	驯鹿	20
353	额尔古纳市(内蒙古)	驼鹿	60
354	临安区(浙)	麋鹿	120
355	围场满族蒙古族自治县(冀)	麋鹿	20
356	木栏围场国有林场(冀)	麋鹿	17
357	浑南区(辽)	麋鹿	14
358	定海区(浙)	河麂	2335
359	颍上县(皖)	河麂	1193
360	贵溪市(赣)	河麂	520
361	北湖区(湘)	河麂	196
362	衡南县(湘)	河麂	180
363	巢湖市(皖)	河麂	175
364	澄江县(滇)	河麂	100
365	施甸县(滇)	河麂	83
366	吴兴区(浙)	河麂	63
367	常宁市(湘)	河麂	40
368	柞水县(陕)	河麂	36
369	缙云县(浙)	河麂	30
370	苍南县(浙)	河麂	25
371	渑池县(豫)	野猪	27590
372	栾川县(豫)	野猪	13000
373	承德县(冀)	野猪	12500
374	分宜县(赣)	野猪	12000
375	巴东县(鄂)	野猪	8552
376	平桥区(豫)	野猪	8000
377	汝城县(湘)	野猪	7384
378	临翔区(滇)	野猪	6500
379	巴州区(川)	野猪	5000
380	迁西县(冀)	野猪	5000
381	饶河县(黑)	野猪	5000
382	汤原县(黑)	野猪	5000
383	东至县(皖)	野猪	4700
384	清原满族自治县(辽)	野猪	4000
385	万安县(赣)	野猪	4000
386	梓潼县(川)	野猪	4000
387	武鸣区(桂)	野猪	3650

(续表)

序号	主产地	动物种类	驯养数量
388	蒙山县(桂)	野猪	3600
389	祁东县(湘)	野猪	3500
390	无为县(皖)	野猪	3500
391	昌宁县(滇)	野猪	3331
392	香格里拉市(滇)	野猪	3272
393	芦山县(川)	野猪	3000
394	五常市(黑)	野猪	3000
395	新宁县(湘)	野猪	3000
396	泾　县(皖)	野猪	2726
397	澜沧拉祜族自治县(滇)	野猪	2595
398	湘潭县(湘)	野猪	2418
399	淅川县(豫)	野猪	2200
400	恭城瑶族自治县(桂)	野猪	2000
401	洮北区(吉)	野猪	2000
402	武胜县(川)	野猪	2000
403	思茅区(滇)	野猪	1800
404	沂源县(鲁)	野猪	1800
405	镇坪县(陕)	野猪	1720
406	鄂伦春自治旗(内蒙古)	野猪	1652
407	内乡县(豫)	野猪	1500
408	平塘县(黔)	野猪	1500
409	洮南市(吉)	野猪	1500
410	新平彝族傣族自治县(滇)	野猪	1493
411	大石头林业局(吉)	野猪	1474
412	逊克县(黑)	野猪	1400
413	腾冲市(滇)	野猪	1370
414	友谊县(黑)	野猪	1370
415	乐安县(赣)	野猪	1325
416	广南县(滇)	野猪	1300
417	保康县(鄂)	野猪	1250
418	南川区(渝)	野猪	1200
419	宜良县(滇)	野猪	1160
420	扎兰屯市(内蒙古)	野猪	1110
421	黄泥河林业局(吉)	野猪	1100
422	双江拉祜族佤族布朗族傣族自治县(滇)	野猪	1100
423	扎鲁特旗(内蒙古)	野猪	1100
424	内蒙古柴河林业局(内蒙古)	野猪	1099
425	巴林右旗(内蒙古)	野猪	1000
426	宝清县(黑)	野猪	1000
427	峨边彝族自治县(川)	野猪	1000
428	鹤岗市市辖区(黑)	野猪	1000
429	金洞林场(湘)	野猪	1000
430	喜德县(川)	野猪	1000
431	宜都市(鄂)	野猪	1000
432	勃利县(黑)	野猪	870
433	辉南县(吉)	野猪	870
434	东宝区(鄂)	野猪	860
435	桑植县(湘)	野猪	830
436	贵溪市(赣)	野猪	825
437	北川羌族自治县(川)	野猪	800
438	富民县(滇)	野猪	800
439	遂川县(赣)	野猪	800
440	盐边县(川)	野猪	800
441	讷河市(黑)	野猪	759
442	铅山县(赣)	野猪	750
443	爱辉区(黑)	野猪	740
444	彭山区(川)	野猪	700
445	宾川县(滇)	野猪	692
446	全州县(桂)	野猪	680
447	麻栗坡县(滇)	野猪	659
448	临安区(浙)	野猪	650
449	沅陵县(湘)	野猪	643
450	盐亭县(川)	野猪	631
451	阿鲁科尔沁旗(内蒙古)	野猪	620
452	白河县(陕)	野猪	620
453	克什克腾旗(内蒙古)	野猪	600
454	平利县(陕)	野猪	600
455	沙坡头区(宁)	野猪	600
456	双峰县(湘)	野猪	600
457	景谷傣族彝族自治县(滇)	野猪	598
458	芒　市(滇)	野猪	581
459	嫩江县(黑)	野猪	570
460	北安市(黑)	野猪	558
461	宁城县(内蒙古)	野猪	550
462	七台河市市辖区(黑)	野猪	530
463	弥勒市(滇)	野猪	512
464	大悟县(鄂)	野猪	500
465	福泉市(黔)	野猪	500
466	赫山区(湘)	野猪	500
467	会昌县(赣)	野猪	500
468	浏阳市(湘)	野猪	500
469	南部县(川)	野猪	500
470	上高县(赣)	野猪	500
471	万源市(川)	野猪	500
472	汪清县(吉)	野猪	500
473	五大连池市(黑)	野猪	500
474	咸丰县(鄂)	野猪	500
475	游仙区(川)	野猪	500
476	云龙县(滇)	野猪	500

（续表）

序号	主产地	动物种类	驯养数量
477	露水河林业局（吉林森工）	野猪	496
478	宾阳县（桂）	野猪	480
479	沿河土家族自治县（黔）	野猪	470
480	集贤县（黑）	野猪	450
481	建德市（浙）	野猪	410
482	南郑区（陕）	野猪	410
483	巴林左旗（内蒙古）	野猪	400
484	佛坪县（陕）	野猪	400
485	鹤庆县（滇）	野猪	400
486	嘉荫县（黑）	野猪	400
487	马龙县（滇）	野猪	400
488	元宝山区（内蒙古）	野猪	400
489	新宾满族自治县（辽）	野猪	399
490	江永县（湘）	野猪	370
491	江华瑶族自治县（湘）	野猪	360
492	盈江县（滇）	野猪	356
493	上饶县（赣）	野猪	354
494	奈曼旗（内蒙古）	野猪	326
495	开州区（渝）	野猪	320
496	石林彝族自治县（滇）	野猪	320
497	苏仙区（湘）	野猪	310
498	庄河市（辽）	野猪	310
499	祥云县（滇）	野猪	301
500	白狼林业局（内蒙古）	野猪	300
501	谷城县（鄂）	野猪	300
502	和平县（粤）	野猪	300
503	金秀瑶族自治县（桂）	野猪	300
504	耒阳市（湘）	野猪	300
505	临江市（吉）	野猪	300
506	南票区（辽）	野猪	300
507	黔江区（渝）	野猪	300
508	容　县（桂）	野猪	300
509	松山区（内蒙古）	野猪	300
510	天桥岭林业局（吉）	野猪	300
511	寻甸回族彝族自治县（滇）	野猪	300
512	余江县（赣）	野猪	300
513	雨城区（川）	野猪	300
514	碧江区（黔）	野猪	280
515	宁蒗彝族自治县（滇）	野猪	280
516	巍山彝族回族自治县（滇）	野猪	280
517	额尔古纳市（内蒙古）	野猪	267
518	界首市（皖）	野猪	263
519	西畴县（滇）	野猪	260
520	牙克石市（内蒙古）	野猪	260
521	巢湖市（皖）	野猪	250
522	房　县（鄂）	野猪	250
523	汶川县（川）	野猪	236
524	敦化林业局（吉）	野猪	230
525	舒兰市（吉）	野猪	230
526	随　县（鄂）	野猪	230
527	黄山区（皖）	野猪	226
528	玉山县（赣）	野猪	210
529	甘河林业局（内蒙古森工）	野猪	205
530	恩施市（鄂）	野猪	200
531	凤泉区（豫）	野猪	200
532	高　县（川）	野猪	200
533	九寨沟县（川）	野猪	200
534	民乐县（甘）	野猪	200
535	宁安市（黑）	野猪	200
536	韶山市（湘）	野猪	200
537	师宗县（滇）	野猪	200
538	五岔沟林业局（内蒙古）	野猪	200
539	新安县（豫）	野猪	200
540	玉龙纳西族自治县（滇）	野猪	200
541	枣阳市（鄂）	野猪	200
542	扎赉特旗（内蒙古）	野猪	200
543	浑江区（吉）	野猪	190
544	建水县（滇）	野猪	182
545	凤阳县（皖）	野猪	180
546	兴国县（赣）	野猪	180
547	砚山县（滇）	野猪	165
548	翠屏区（川）	野猪	160
549	冷水滩区（湘）	野猪	160
550	梁河县（滇）	野猪	160
551	大余县（赣）	野猪	151
552	白河林业局（吉）	野猪	150
553	定南县（赣）	野猪	150
554	盖州市（辽）	野猪	150
555	麻山区（黑）	野猪	150
556	孟连傣族拉祜族佤族自治县（滇）	野猪	150
557	绩溪县（皖）	野猪	146
558	新化县（湘）	野猪	145
559	华坪县（滇）	野猪	140
560	龙陵县（滇）	野猪	136
561	开鲁县（内蒙古）	野猪	130
562	宁　县（甘）	野猪	130
563	霍邱县（皖）	野猪	120
564	江川区（滇）	野猪	120
565	柳河县（吉）	野猪	120
566	石屏县（滇）	野猪	120

(续表)

序号	主产地	动物种类	驯养数量
567	闻喜县(晋)	野猪	120
568	兴宾区(桂)	野猪	120
569	施甸县(滇)	野猪	118
570	土默特右旗(内蒙古)	野猪	112
571	建昌县(辽)	野猪	110
572	瑞丽市(滇)	野猪	110
573	三门县(浙)	野猪	104
574	湘乡市(湘)	野猪	102
575	巴林林业局(内蒙古)	野猪	100
576	大关县(滇)	野猪	100
577	科尔沁区(内蒙古)	野猪	100
578	灵宝市(豫)	野猪	100
579	宁远县(湘)	野猪	100
580	随州市市辖区(鄂)	野猪	100
581	桃江县(湘)	野猪	100
582	新晃侗族自治县(湘)	野猪	100
583	义安区(皖)	野猪	100
584	长阳土家族自治县(鄂)	野猪	100
585	左权县(晋)	野猪	100
586	原阳县(豫)	野猪	90
587	长白朝鲜族自治县(吉)	野猪	90
588	中宁县(宁)	野猪	90
589	永胜县(滇)	野猪	84
590	奉节县(渝)	野猪	80
591	横峰县(赣)	野猪	80
592	利州区(川)	野猪	80
593	略阳县(陕)	野猪	75
594	邻水县(川)	野猪	72
595	靖宇县(吉)	野猪	71
596	前郭尔罗斯蒙古族自治县(吉)	野猪	70
597	沾益区(滇)	野猪	70
598	青川县(川)	野猪	68
599	彭泽县(赣)	野猪	60
600	永宁县(宁)	野猪	60
601	镇康县(滇)	野猪	60
602	铜鼓县(赣)	野猪	53
603	喀喇沁左翼蒙古族自治县(辽)	野猪	50
604	太湖县(皖)	野猪	50
605	博白县(桂)	野猪	47
606	钟祥市(鄂)	野猪	45
607	海城区(桂)	野猪	40
608	易门县(滇)	野猪	39
609	北戴河区(冀)	野猪	37
610	禹州市(豫)	野猪	37
611	喀喇沁旗(内蒙古)	野猪	35

(续表)

序号	主产地	动物种类	驯养数量
612	鄂温克族自治旗(内蒙古)	野猪	32
613	宁武县(晋)	野猪	29
614	围场满族蒙古族自治县(冀)	野猪	24
615	汉源县(川)	野猪	21
616	苍南县(浙)	野猪	20
617	霍山县(皖)	野猪	20
618	江城哈尼族彝族自治县(滇)	野猪	20
619	林西县(内蒙古)	野猪	20
620	阳曲县(晋)	野猪	20
621	大武口区(宁)	野猪	15
622	永年区(冀)	野猪	15
623	名山区(川)	野猪	14
624	五华区(滇)	野猪	10
625	武隆区(渝)	豪猪	10800
626	会昌县(赣)	豪猪	7500
627	桃源县(湘)	豪猪	5000
628	东至县(皖)	豪猪	3600
629	安宁市(滇)	豪猪	3000
630	全州县(桂)	豪猪	2470
631	咸丰县(鄂)	豪猪	2450
632	永川区(渝)	豪猪	2100
633	芦山县(川)	豪猪	2000
634	茶陵县(湘)	豪猪	1900
635	景谷傣族彝族自治县(滇)	豪猪	1725
636	德兴市(赣)	豪猪	1704
637	黔江区(渝)	豪猪	1700
638	施甸县(滇)	豪猪	1698
639	万安县(赣)	豪猪	1600
640	洞口县(湘)	豪猪	1500
641	景东彝族自治县(滇)	豪猪	1500
642	鹤城区(湘)	豪猪	1467
643	元江哈尼族彝族傣族自治县(滇)	豪猪	1350
644	南川区(渝)	豪猪	1340
645	友谊县(黑)	豪猪	1300
646	吴兴区(浙)	豪猪	1240
647	龙陵县(滇)	豪猪	1184
648	芒　市(滇)	豪猪	1138
649	建始县(鄂)	豪猪	1100
650	靖州苗族侗族自治县(湘)	豪猪	1000
651	内江市市中区(川)	豪猪	1000
652	平昌县(川)	豪猪	1000
653	台江县(黔)	豪猪	1000
654	阳新县(鄂)	豪猪	1000
655	铅山县(赣)	豪猪	945
656	邻水县(川)	豪猪	893

（续表）

序号	主产地	动物种类	驯养数量
657	常宁市(湘)	豪猪	860
658	江华瑶族自治县(湘)	豪猪	830
659	赫山区(湘)	豪猪	800
660	昌宁县(滇)	豪猪	776
661	瑞丽市(滇)	豪猪	745
662	威远县(川)	豪猪	736
663	澜沧拉祜族自治县(滇)	豪猪	707
664	鹤庆县(滇)	豪猪	600
665	腾冲市(滇)	豪猪	600
666	江南区(桂)	豪猪	592
667	名山区(川)	豪猪	580
668	麻栗坡县(滇)	豪猪	576
669	东源县(粤)	豪猪	500
670	凌云县(桂)	豪猪	500
671	田阳县(桂)	豪猪	500
672	柞水县(陕)	豪猪	496
673	霍山县(皖)	豪猪	464
674	安福县(赣)	豪猪	450
675	肥西县(皖)	豪猪	440
676	江山市(浙)	豪猪	400
677	麻阳苗族自治县(湘)	豪猪	400
678	通城县(鄂)	豪猪	400
679	威信县(滇)	豪猪	400
680	芜湖县(皖)	豪猪	400
681	祥云县(滇)	豪猪	400
682	兴国县(赣)	豪猪	400
683	桂平市(桂)	豪猪	380
684	盈江县(滇)	豪猪	379
685	勉　县(陕)	豪猪	367
686	恩施市(鄂)	豪猪	350
687	宁远县(湘)	豪猪	350
688	梁河县(滇)	豪猪	334
689	辰溪县(湘)	豪猪	328
690	桑植县(湘)	豪猪	320
691	香格里拉市(滇)	豪猪	306
692	和平县(粤)	豪猪	300
693	洪江市(湘)	豪猪	300
694	隆阳区(滇)	豪猪	300
695	镇康县(滇)	豪猪	276
696	华坪县(滇)	豪猪	270
697	新化县(湘)	豪猪	260
698	丹寨县(黔)	豪猪	250
699	雨城区(川)	豪猪	240
700	陇川县(滇)	豪猪	211
701	屈家岭管理区(鄂)	豪猪	200

（续表）

序号	主产地	动物种类	驯养数量
702	融安县(桂)	豪猪	200
703	寿　县(皖)	豪猪	200
704	永胜县(滇)	豪猪	200
705	玉屏侗族自治县(黔)	豪猪	200
706	仁和区(川)	豪猪	174
707	宁乡市(湘)	豪猪	170
708	易门县(滇)	豪猪	168
709	钦北区(桂)	豪猪	160
710	泾　县(皖)	豪猪	150
711	开州区(渝)	豪猪	150
712	盐亭县(川)	豪猪	150
713	沿河土家族自治县(黔)	豪猪	145
714	三都水族自治县(黔)	豪猪	140
715	新晃侗族自治县(湘)	豪猪	140
716	建水县(滇)	豪猪	138
717	崇仁县(赣)	豪猪	132
718	宾川县(滇)	豪猪	129
719	上饶县(赣)	豪猪	125
720	凤庆县(滇)	豪猪	120
721	兴安县(桂)	豪猪	120
722	兴山县(鄂)	豪猪	120
723	砚山县(滇)	豪猪	110
724	苍南县(浙)	豪猪	100
725	大足区(渝)	豪猪	100
726	定南县(赣)	豪猪	100
727	恭城瑶族自治县(桂)	豪猪	100
728	横峰县(赣)	豪猪	100
729	衡东县(湘)	豪猪	100
730	吉安县(赣)	豪猪	100
731	黎川县(赣)	豪猪	100
732	遂川县(赣)	豪猪	100
733	太湖县(皖)	豪猪	100
734	桃江县(湘)	豪猪	100
735	寻甸回族彝族自治县(滇)	豪猪	100
736	霍邱县(皖)	豪猪	96
737	陆良县(滇)	豪猪	96
738	大关县(滇)	豪猪	90
739	巴马瑶族自治县(桂)	豪猪	80
740	宁蒗彝族自治县(滇)	豪猪	80
741	芷江侗族自治县(湘)	豪猪	70
742	新平彝族傣族自治县(滇)	豪猪	68
743	万年县(赣)	豪猪	60
744	富民县(滇)	豪猪	50
745	孟连傣族拉祜族佤族自治县(滇)	豪猪	50
746	西山区(滇)	豪猪	50

(续表)

序号	主产地	动物种类	驯养数量
747	元阳县(滇)	豪猪	50
748	株洲县(湘)	豪猪	50
749	界首市(皖)	豪猪	40
750	铜鼓县(赣)	豪猪	40
751	湘潭县(湘)	豪猪	40
752	沙湾区(川)	豪猪	37
753	青川县(川)	豪猪	34
754	蔡甸区(鄂)	豪猪	30
755	奉节县(渝)	豪猪	30
756	江城哈尼族彝族自治县(滇)	豪猪	30
757	明光市(皖)	豪猪	30
758	永善县(滇)	豪猪	22
759	丰都县(渝)	豪猪	21
760	江川区(滇)	豪猪	20
761	定远县(皖)	豪猪	19
762	五华区(滇)	豪猪	19
763	泸水市(滇)	豪猪	17
764	岳西县(皖)	猔猪	105
765	大洼县(辽)	银狐	171000
766	杜尔伯特蒙古族自治县(黑)	银狐	138065
767	让胡路区(黑)	银狐	30942
768	东港市(辽)	银狐	15450
769	南票区(辽)	银狐	10000
770	前郭尔罗斯蒙古族自治县(吉)	银狐	2000
771	承德县(冀)	银狐	1200
772	昌邑区(吉)	银狐	700
773	民乐县(甘)	银狐	500
774	惠民县(鲁)	银狐	200
775	枣强县(冀)	狐狸	25000
776	东平县(鲁)	狐狸	20000
777	林甸县(黑)	狐狸	18870
778	双城区(黑)	狐狸	17100
779	梁山县(鲁)	狐狸	14173
780	郓城县(鲁)	狐狸	9000
781	嫩江县(黑)	狐狸	4370
782	松山区(内蒙古)	狐狸	4000
783	武穴市(鄂)	狐狸	4000
784	钟祥市(鄂)	狐狸	4000
785	灯塔市(辽)	狐狸	2500
786	甘州区(甘)	狐狸	1900
787	逊克县(黑)	狐狸	1100
788	肥城市(鲁)	狐狸	550
789	昌乐县(鲁)	狐狸	500
790	敦化市(吉)	狐狸	500
791	磐石市(吉)	狐狸	500

(续表)

序号	主产地	动物种类	驯养数量
792	大武口区(宁)	狐狸	460
793	临江市(吉)	狐狸	450
794	绥中县(辽)	狐狸	400
795	贺兰县(宁)	狐狸	386
796	岳西县(皖)	狐狸	300
797	利辛县(皖)	狐狸	203
798	西海岸新区(鲁)	狐狸	200
799	临泽县(甘)	狐狸	120
800	双塔区(辽)	狐狸	60
801	辽阳县(辽)	北极狐	50000
802	武穴市(鄂)	北极狐	3000
803	贺兰县(宁)	北极狐	842
804	永宁县(宁)	北极狐	726
805	鄂温克族自治旗(内蒙古)	北极狐	150
806	西夏区(宁)	北极狐	40
807	诸城市(鲁)	水貂	8800000
808	尚志市(黑)	水貂	200000
809	东平县(鲁)	水貂	120000
810	昌乐县(鲁)	水貂	70000
811	喀喇沁旗(内蒙古)	水貂	63000
812	东港市(辽)	水貂	62400
813	尚志国有林场管理局(黑)	水貂	35000
814	灯塔市(辽)	水貂	34100
815	孟家岗林场(黑)	水貂	30500
816	枣强县(冀)	水貂	30000
817	新宾满族自治县(辽)	水貂	21500
818	普兰店市(辽)	水貂	21000
819	抚远县(黑)	水貂	20000
820	梁山县(鲁)	水貂	7700
821	西海岸新区(鲁)	水貂	5000
822	昌邑区(吉)	水貂	3000
823	峄城区(鲁)	水貂	1200
824	利辛县(皖)	水貂	1006
825	莱西市(鲁)	水貂	280
826	让胡路区(黑)	水貂	273
827	曲沃县(晋)	果子狸	15500
828	万安县(赣)	果子狸	8000
829	和平县(粤)	果子狸	4550
830	全州县(桂)	果子狸	3270
831	隆阳区(滇)	果子狸	3130
832	安宁市(滇)	果子狸	3000
833	平利县(陕)	果子狸	2800
834	恭城瑶族自治县(桂)	果子狸	2000
835	桃源县(湘)	果子狸	2000
836	栾川县(豫)	果子狸	1550

（续表）

序号	主产地	动物种类	驯养数量
837	鹤城区（湘）	果子狸	1470
838	佛坪县（陕）	果子狸	1400
839	襄州区（鄂）	果子狸	1100
840	江南区（桂）	果子狸	1000
841	容　县（桂）	果子狸	800
842	藤　县（桂）	果子狸	746
843	奉节县（渝）	果子狸	620
844	江安县（川）	果子狸	600
845	西峡县（豫）	果子狸	561
846	平南县（桂）	果子狸	400
847	铜鼓县（赣）	果子狸	400
848	沅陵县（湘）	果子狸	386
849	东乡区（赣）	果子狸	380
850	保康县（鄂）	果子狸	300
851	石林彝族自治县（滇）	果子狸	300
852	江华瑶族自治县（湘）	果子狸	220
853	昌宁县（滇）	果子狸	211
854	白河县（陕）	果子狸	205
855	苍南县（浙）	果子狸	200
856	定南县（赣）	果子狸	200
857	通道侗族自治县（湘）	果子狸	200
858	万州区（渝）	果子狸	200
859	青川县（川）	果子狸	191
860	黄山区（皖）	果子狸	126
861	铅山县（赣）	果子狸	125
862	翠屏区（川）	果子狸	120
863	麻阳苗族自治县（湘）	果子狸	120
864	内乡县（豫）	果子狸	120
865	寻甸回族彝族自治县（滇）	果子狸	110
866	蒙山县（桂）	果子狸	100
867	黔江区（渝）	果子狸	100
868	富民县（滇）	果子狸	80
869	贵溪市（赣）	果子狸	65
870	桂平市（桂）	果子狸	60
871	耒阳市（湘）	果子狸	60
872	鹤峰县（鄂）	果子狸	50
873	龙陵县（滇）	果子狸	47
874	开州区（渝）	果子狸	45
875	麻栗坡县（滇）	果子狸	30
876	雨城区（川）	果子狸	20
877	芷江侗族自治县（湘）	果子狸	20
878	盈江县（滇）	果子狸	16
879	芦山县（川）	果子狸	14
880	巴彦县（黑）	貉	305500
881	东平县（鲁）	貉	100000

（续表）

序号	主产地	动物种类	驯养数量
882	杜尔伯特蒙古族自治县（黑）	貉	98845
883	郓城县（鲁）	貉	50000
884	饶河县（黑）	貉	30000
885	大洼县（辽）	貉	23000
886	林甸县（黑）	貉	12740
887	枣强县（冀）	貉	12000
888	兴城市（辽）	貉	8000
889	东辽县（吉）	貉	7000
890	梁山县（鲁）	貉	5017
891	栾川县（豫）	貉	3800
892	喀喇沁左翼蒙古族自治县（辽）	貉	3000
893	舒兰市（吉）	貉	2500
894	望奎县（黑）	貉	2000
895	让胡路区（黑）	貉	1900
896	贺兰县（宁）	貉	1268
897	逊克县（黑）	貉	1082
898	鹤岗市市辖区（黑）	貉	1000
899	大武口区（宁）	貉	680
900	五常市（黑）	貉	500
901	峄城区（鲁）	貉	400
902	扎兰屯市（内蒙古）	貉	150
903	绥中县（辽）	貉	100
904	白山市市辖区（吉）	狍子	500
905	克什克腾旗（内蒙古）	狍子	345
906	松山区（内蒙古）	狍子	200
907	围场满族蒙古族自治县（冀）	狍子	124
908	临泽县（甘）	狍子	80
909	内蒙古柴河林业局（内蒙古）	狍子	73
910	额尔古纳市（内蒙古）	狍子	63
911	汤原县（黑）	狍子	55
912	西山区（滇）	狍子	41
913	莱西市（鲁）	狍子	39
914	密山市（黑）	狍子	30
915	青龙满族自治县（冀）	狍子	20
916	林西县（内蒙古）	狍子	12
917	鄂伦春自治旗（内蒙古）	狍子	10
918	阳曲县（晋）	狍子	10
919	沂源县（鲁）	金钱豹	4
920	西海岸新区（鲁）	金钱豹	3
921	浑南区（辽）	狼	23
922	辉县市（豫）	狼	12
923	巢湖市（皖）	狼	3
924	西海岸新区（鲁）	狼	3
925	翠屏区（川）	狼	2
926	额尔古纳市（内蒙古）	狼	2

(续表)

序号	主产地	动物种类	驯养数量
927	山阳区(豫)	狼	2
928	莱西市(鲁)	狼	1
929	婺城区(浙)	狼	1
930	北戴河区(冀)	老虎	33
931	永川区(渝)	老虎	30
932	浑南区(辽)	老虎	22
933	大悟县(鄂)	老虎	20
934	翠屏区(川)	老虎	10
935	天心区(湘)	老虎	10
936	义安区(皖)	老虎	10
937	西海岸新区(鲁)	老虎	9
938	项城市(豫)	老虎	9
939	辉县市(豫)	老虎	7
940	莱西市(鲁)	老虎	6
941	齐河县(鲁)	老虎	4
942	沂源县(鲁)	老虎	3
943	雨湖区(湘)	老虎	2
944	万州区(渝)	老虎	1
945	婺城区(浙)	老虎	1
946	永川区(渝)	狮子	15
947	鄂州市市辖区(鄂)	狮子	10
948	西海岸新区(鲁)	狮子	7
949	义安区(皖)	狮子	4
950	莱西市(鲁)	狮子	3
951	肥城市(鲁)	狮子	2
952	万州区(渝)	狮子	2
953	沂源县(鲁)	狮子	1
954	浑南区(辽)	海狮	3
955	西海岸新区(鲁)	河马	3
956	翠屏区(川)	河马	1
957	浑南区(辽)	河马	1
958	万州区(渝)	河马	1
959	颍上县(皖)	河马	1
960	北湖区(湘)	海狸鼠	7000
961	永福县(桂)	海狸鼠	5000
962	安仁县(湘)	海狸鼠	4000
963	兴国县(赣)	海狸鼠	3000
964	遂川县(赣)	海狸鼠	1200
965	台江县(黔)	海狸鼠	500
966	灌阳县(桂)	海狸鼠	300
967	宁远县(湘)	海狸鼠	300
968	三都水族自治县(黔)	海狸鼠	45
969	婺城区(浙)	海狸鼠	10
970	栾川县(豫)	复齿鼯鼠	240
971	师宗县(滇)	仓鼠	100

(续表)

序号	主产地	动物种类	驯养数量
972	恭城瑶族自治县(桂)	竹鼠	100000
973	汨罗市(湘)	竹鼠	71000
974	平乐县(桂)	竹鼠	39000
975	巴马瑶族自治县(桂)	竹鼠	23000
976	全州县(桂)	竹鼠	21150
977	新宁县(湘)	竹鼠	15000
978	兴国县(赣)	竹鼠	15000
979	澜沧拉祜族自治县(滇)	竹鼠	14606
980	灌阳县(桂)	竹鼠	14200
981	顺庆区(川)	竹鼠	12000
982	榕江县(黔)	竹鼠	11500
983	芒　市(滇)	竹鼠	11022
984	宜宾县(川)	竹鼠	11000
985	瑞丽市(滇)	竹鼠	9855
986	孟连傣族拉祜族佤族自治县(滇)	竹鼠	9800
987	龙陵县(滇)	竹鼠	9586
988	江永县(湘)	竹鼠	7700
989	施甸县(滇)	竹鼠	6747
990	花垣县(湘)	竹鼠	6500
991	洞口县(湘)	竹鼠	6000
992	辰溪县(湘)	竹鼠	5100
993	邵东县(湘)	竹鼠	5000
994	兴宾区(桂)	竹鼠	4500
995	定南县(赣)	竹鼠	4300
996	碧江区(黔)	竹鼠	4100
997	平利县(陕)	竹鼠	4000
998	钦北区(桂)	竹鼠	3770
999	麻栗坡县(滇)	竹鼠	3246
1000	峨山彝族自治县(滇)	竹鼠	3200
1001	南川区(渝)	竹鼠	3200
1002	昌宁县(滇)	竹鼠	3097
1003	建水县(滇)	竹鼠	3075
1004	黄平县(黔)	竹鼠	3000
1005	内江市市中区(川)	竹鼠	3000
1006	平昌县(川)	竹鼠	3000
1007	松滋市(鄂)	竹鼠	3000
1008	弥勒市(滇)	竹鼠	2960
1009	宁乡市(湘)	竹鼠	2890
1010	永福县(桂)	竹鼠	2800
1011	漾濞彝族自治县(滇)	竹鼠	2500
1012	大关县(滇)	竹鼠	2470
1013	镇康县(滇)	竹鼠	2396
1014	会昌县(赣)	竹鼠	2200
1015	江华瑶族自治县(湘)	竹鼠	2200
1016	开州区(渝)	竹鼠	2100

（续表）

序号	主产地	动物种类	驯养数量
1017	大足区（渝）	竹鼠	2000
1018	桂东县（湘）	竹鼠	2000
1019	元阳县（滇）	竹鼠	2000
1020	陇川县（滇）	竹鼠	1670
1021	湘潭县（湘）	竹鼠	1505
1022	龙圩区（桂）	竹鼠	1500
1023	田阳县（桂）	竹鼠	1500
1024	梁河县（滇）	竹鼠	1450
1025	樟树市（赣）	竹鼠	1350
1026	隆阳区（滇）	竹鼠	1200
1027	南康区（赣）	竹鼠	1200
1028	玉屏侗族自治县（黔）	竹鼠	1200
1029	大余县（赣）	竹鼠	1160
1030	和平县（粤）	竹鼠	1100
1031	广南县（滇）	竹鼠	1000
1032	澧　县（湘）	竹鼠	1000
1033	泸水市（滇）	竹鼠	1000
1034	石门县（湘）	竹鼠	1000
1035	思茅区（滇）	竹鼠	1000
1036	绥江县（滇）	竹鼠	1000
1037	凤庆县（滇）	竹鼠	930
1038	富民县（滇）	竹鼠	900
1039	娄星区（湘）	竹鼠	900
1040	宁远县（湘）	竹鼠	900
1041	罗平县（滇）	竹鼠	899
1042	南江县（川）	竹鼠	820
1043	三都水族自治县（黔）	竹鼠	720
1044	横峰县（赣）	竹鼠	700
1045	铅山县（赣）	竹鼠	670
1046	洪江市（湘）	竹鼠	600
1047	靖西市（桂）	竹鼠	600
1048	上高县（赣）	竹鼠	600
1049	砚山县（滇）	竹鼠	600
1050	石林彝族自治县（滇）	竹鼠	520
1051	东源县（粤）	竹鼠	500
1052	福泉市（黔）	竹鼠	500
1053	江州区（桂）	竹鼠	500
1054	景东彝族自治县（滇）	竹鼠	500
1055	南溪区（川）	竹鼠	500
1056	永兴县（湘）	竹鼠	500
1057	新化县（湘）	竹鼠	480
1058	雨城区（川）	竹鼠	480
1059	桃江县（湘）	竹鼠	400
1060	钦南区（桂）	竹鼠	300
1061	遂川县（赣）	竹鼠	300

（续表）

序号	主产地	动物种类	驯养数量
1062	荥经县（川）	竹鼠	290
1063	易门县（滇）	竹鼠	268
1064	永善县（滇）	竹鼠	255
1065	贵溪市（赣）	竹鼠	240
1066	翠屏区（川）	竹鼠	200
1067	华容县（湘）	竹鼠	200
1068	建始县（鄂）	竹鼠	200
1069	巧家县（滇）	竹鼠	200
1070	双清区（湘）	竹鼠	200
1071	黎川县（赣）	竹鼠	170
1072	双江拉祜族佤族布朗族傣族自治县（滇）	竹鼠	167
1073	荣　县（川）	竹鼠	120
1074	常宁市（湘）	竹鼠	100
1075	崇义县（赣）	竹鼠	100
1076	宣州区（皖）	竹鼠	100
1077	株洲县（湘）	竹鼠	100
1078	隆安县（桂）	中华竹鼠	21000
1079	汝城县（湘）	中华竹鼠	19685
1080	武鸣区（桂）	中华竹鼠	6800
1081	宾阳县（桂）	中华竹鼠	6600
1082	勐海县（滇）	中华竹鼠	6000
1083	台江县（黔）	中华竹鼠	6000
1084	陆川县（桂）	中华竹鼠	3000
1085	盈江县（滇）	中华竹鼠	2252
1086	安宁市（滇）	中华竹鼠	2100
1087	新晃侗族自治县（湘）	中华竹鼠	1750
1088	乐安县（赣）	中华竹鼠	1500
1089	防城区（桂）	中华竹鼠	1400
1090	崇仁县（赣）	中华竹鼠	1200
1091	桂平市（桂）	中华竹鼠	1080
1092	沅陵县（湘）	中华竹鼠	1071
1093	大足区（渝）	中华竹鼠	1000
1094	金秀瑶族自治县（桂）	中华竹鼠	1000
1095	武穴市（鄂）	中华竹鼠	1000
1096	信丰县（赣）	中华竹鼠	1000
1097	鹤城区（湘）	中华竹鼠	970
1098	友谊县（黑）	中华竹鼠	800
1099	芷江侗族自治县（湘）	中华竹鼠	620
1100	祥云县（滇）	中华竹鼠	560
1101	麻阳苗族自治县（湘）	中华竹鼠	550
1102	三都水族自治县（黔）	中华竹鼠	540
1103	衡东县（湘）	中华竹鼠	500
1104	藤　县（桂）	中华竹鼠	400
1105	丘北县（滇）	中华竹鼠	360
1106	苏仙区（湘）	中华竹鼠	250

(续表)

序号	主产地	动物种类	驯养数量
1107	遂川县(赣)	中华竹鼠	100
1108	翠屏区(川)	豚鼠	38000
1109	富宁县(滇)	豚鼠	26038
1110	顺庆区(川)	豚鼠	8000
1111	贵溪市(赣)	豚鼠	800
1112	奉节县(渝)	豚鼠	500
1113	栾川县(豫)	麝鼠	1650
1114	渭滨区(陕)	麝鼠	800
1115	安仁县(湘)	红颊竹鼠	500
1116	三都水族自治县(黔)	红颊竹鼠	70
1117	大余县(赣)	鳄龟	43250
1118	钟祥市(鄂)	鳄龟	160
1119	奉化区(浙)	鳄龟	101
1120	婺城区(浙)	鳄龟	8
1121	西海岸新区(鲁)	鳄龟	3
1122	奉新县(赣)	巴西龟	123
1123	兖州区(鲁)	巴西龟	20
1124	浑南区(辽)	巴西龟	2
1125	吴兴区(浙)	黄缘闭壳龟	112400
1126	南浔区(浙)	黄缘闭壳龟	920
1127	三门县(浙)	黄缘闭壳龟	50
1128	耒阳市(湘)	中华鳖	800
1129	吴兴区(浙)	暹罗鳄	32500
1130	浦东新区(沪)	暹罗鳄	300
1131	寿　县(皖)	暹罗鳄	142
1132	安阳县(豫)	暹罗鳄	100
1133	贵溪市(赣)	暹罗鳄	40
1134	仁和区(川)	暹罗鳄	11
1135	禹州市(豫)	暹罗鳄	10
1136	吴兴区(浙)	湾鳄	4000
1137	婺城区(浙)	湾鳄	10
1138	武鸣区(桂)	尼罗鳄	4500
1139	舒兰市(吉)	林蛙	80020000
1140	集安市(吉)	林蛙	62999000
1141	西丰县(辽)	林蛙	35000000
1142	抚顺县(辽)	林蛙	27000000
1143	清原满族自治县(辽)	林蛙	27000000
1144	安图县(吉)	林蛙	20340000
1145	红石林业局(吉林森工)	林蛙	10340000
1146	通化县(吉)	林蛙	9608372
1147	蛟河市(吉)	林蛙	7550000
1148	敦化市(吉)	林蛙	6500000
1149	嫩江县(黑)	林蛙	6000000
1150	安图森林经营局(吉)	林蛙	5900000
1151	凤城市(辽)	林蛙	5800000

(续表)

序号	主产地	动物种类	驯养数量
1152	敦化林业局(吉)	林蛙	5213000
1153	尚志市(黑)	林蛙	5000000
1154	白山市市辖区(吉)	林蛙	3900000
1155	拜泉县(黑)	林蛙	3000000
1156	珲春林业局(吉)	林蛙	2760000
1157	抚松县(吉)	林蛙	1881000
1158	白河林业局(吉)	林蛙	1760000
1159	天桥岭林业局(吉)	林蛙	1600000
1160	大兴沟林业局(吉)	林蛙	1500000
1161	饶河县(黑)	林蛙	1500000
1162	和龙市(吉)	林蛙	1100000
1163	汪清林业局(吉)	林蛙	1010000
1164	浑江区(吉)	林蛙	853655
1165	露水河林业局(吉林森工)	林蛙	720000
1166	宁安市(黑)	林蛙	474960
1167	安丘市(鲁)	林蛙	400000
1168	新宁县(湘)	林蛙	300000
1169	鹤岗市市辖区(黑)	林蛙	250000
1170	喀喇沁旗(内蒙古)	林蛙	200400
1171	黑河市市辖区(黑)	林蛙	70000
1172	铁岭县(辽)	林蛙	65000
1173	二道江区(吉)	林蛙	50000
1174	浠水县(鄂)	林蛙	40000
1175	扎兰屯市(内蒙古)	林蛙	35000
1176	鄂伦春自治旗(内蒙古)	林蛙	30000
1177	金乡县(鲁)	林蛙	20000
1178	明光市(皖)	林蛙	20000
1179	盐亭县(川)	林蛙	15000
1180	汶川县(川)	林蛙	13500
1181	保康县(鄂)	林蛙	12000
1182	石门县(湘)	棘胸蛙	3000000
1183	鹤峰县(鄂)	棘胸蛙	383000
1184	浏阳市(湘)	棘胸蛙	200000
1185	江川区(滇)	棘胸蛙	185000
1186	永福县(桂)	棘胸蛙	158000
1187	泰顺县(浙)	棘胸蛙	110000
1188	沙湾区(川)	棘胸蛙	100000
1189	万年县(赣)	棘胸蛙	100000
1190	咸丰县(鄂)	棘胸蛙	79000
1191	雨城区(川)	棘胸蛙	70200
1192	松阳县(浙)	棘胸蛙	64000
1193	开化县(浙)	棘胸蛙	60000
1194	江永县(湘)	棘胸蛙	56000
1195	苍梧县(桂)	棘胸蛙	50000
1196	宁国市(皖)	棘胸蛙	50000

（续表）

序号	主产地	动物种类	驯养数量
1197	绩溪县（皖）	棘胸蛙	45000
1198	靖州苗族侗族自治县（湘）	棘胸蛙	45000
1199	缙云县（浙）	棘胸蛙	42440
1200	芦山县（川）	棘胸蛙	41000
1201	大余县（赣）	棘胸蛙	35043
1202	绥江县（滇）	棘胸蛙	32000
1203	铅山县（赣）	棘胸蛙	31300
1204	沅陵县（湘）	棘胸蛙	31000
1205	金秀瑶族自治县（桂）	棘胸蛙	30000
1206	石台县（皖）	棘胸蛙	30000
1207	歙　县（皖）	棘胸蛙	30000
1208	贵溪市（赣）	棘胸蛙	24000
1209	龙游县（浙）	棘胸蛙	24000
1210	新晃侗族自治县（湘）	棘胸蛙	22000
1211	安化县（湘）	棘胸蛙	20000
1212	衡东县（湘）	棘胸蛙	20000
1213	苏仙区（湘）	棘胸蛙	20000
1214	宣州区（皖）	棘胸蛙	20000
1215	泾　县（皖）	棘胸蛙	18345
1216	黄山区（皖）	棘胸蛙	15000
1217	黎川县（赣）	棘胸蛙	15000
1218	宁蒗彝族自治县（滇）	棘胸蛙	14360
1219	奉新县（赣）	棘胸蛙	14200
1220	三门县（浙）	棘胸蛙	14050
1221	定南县（赣）	棘胸蛙	13000
1222	磐安县（浙）	棘胸蛙	13000
1223	宁远县（湘）	棘胸蛙	11000
1224	临安区（浙）	棘胸蛙	8500
1225	龙陵县（滇）	棘胸蛙	8200
1226	略阳县（陕）	棘胸蛙	8000
1227	徽州区（皖）	棘胸蛙	5700
1228	上饶县（赣）	棘胸蛙	5200
1229	祥云县（滇）	棘胸蛙	3500
1230	苍南县（浙）	棘胸蛙	2200
1231	北湖区（湘）	棘胸蛙	2000
1232	永胜县（滇）	棘胸蛙	1500
1233	名山区（川）	棘胸蛙	1000
1234	全州县（桂）	棘胸蛙	1000
1235	南川区（渝）	虎纹蛙	1800000
1236	潼南区（渝）	虎纹蛙	1070000
1237	万州区（渝）	虎纹蛙	1000000
1238	襄城区（鄂）	虎纹蛙	950000
1239	丰都县（渝）	虎纹蛙	600000
1240	岑溪市（桂）	虎纹蛙	500000
1241	平南县（桂）	虎纹蛙	200000

（续表）

序号	主产地	动物种类	驯养数量
1242	仙桃市（鄂）	虎纹蛙	165000
1243	渭滨区（陕）	虎纹蛙	75000
1244	新干县（赣）	虎纹蛙	42000
1245	旌阳区（川）	虎纹蛙	30000
1246	永兴县（湘）	虎纹蛙	21840
1247	金东区（浙）	虎纹蛙	20000
1248	耒阳市（湘）	虎纹蛙	20000
1249	平桥区（豫）	虎纹蛙	15000
1250	象山县（浙）	虎纹蛙	12000
1251	大足区（渝）	虎纹蛙	10000
1252	龙圩区（桂）	虎纹蛙	9600
1253	瑞昌市（赣）	虎纹蛙	8600
1254	黔江区（渝）	虎纹蛙	4000
1255	青浦区（沪）	虎纹蛙	2000
1256	椒江区（浙）	虎纹蛙	1800
1257	开州区（渝）	虎纹蛙	1650
1258	望江县（皖）	虎纹蛙	1200
1259	五常市（黑）	黑龙江林蛙	2000000
1260	汤原县（黑）	黑龙江林蛙	300000
1261	阿荣旗（内蒙古）	黑龙江林蛙	1000
1262	潜江市（鄂）	黑斑蛙	100000000
1263	松滋市（鄂）	黑斑蛙	60800000
1264	洪湖市（鄂）	黑斑蛙	12930000
1265	纳溪区（川）	黑斑蛙	12250000
1266	监利县（鄂）	黑斑蛙	7000000
1267	凤阳县（皖）	黑斑蛙	5700000
1268	桃江县（湘）	黑斑蛙	5500000
1269	武穴市（鄂）	黑斑蛙	4600000
1270	荆州区（鄂）	黑斑蛙	4500000
1271	全州县（桂）	黑斑蛙	3900000
1272	钟祥市（鄂）	黑斑蛙	3700000
1273	南　县（湘）	黑斑蛙	3340000
1274	京山县（鄂）	黑斑蛙	3000000
1275	宁乡市（湘）	黑斑蛙	2810000
1276	宣州区（皖）	黑斑蛙	2780000
1277	花垣县（湘）	黑斑蛙	2500000
1278	沙洋县（鄂）	黑斑蛙	2235000
1279	宁远县（湘）	黑斑蛙	2200000
1280	东安县（湘）	黑斑蛙	2100000
1281	霍山县（皖）	黑斑蛙	2000000
1282	浏阳市（湘）	黑斑蛙	2000000
1283	麻城市（鄂）	黑斑蛙	2000000
1284	宜宾县（川）	黑斑蛙	1680000
1285	广水市（鄂）	黑斑蛙	1600000
1286	新化县（湘）	黑斑蛙	1458600

(续表)

序号	主产地	动物种类	驯养数量
1287	横峰县(赣)	黑斑蛙	1200000
1288	宿松县(皖)	黑斑蛙	1200000
1289	铜鼓县(赣)	黑斑蛙	1100000
1290	石门县(湘)	黑斑蛙	1050000
1291	共青城市(赣)	黑斑蛙	1000000
1292	雨湖区(湘)	黑斑蛙	1000000
1293	邵阳县(湘)	黑斑蛙	900000
1294	荣　县(川)	黑斑蛙	850000
1295	望江县(皖)	黑斑蛙	814000
1296	赫山区(湘)	黑斑蛙	800000
1297	临泉县(皖)	黑斑蛙	800000
1298	郎溪县(皖)	黑斑蛙	770000
1299	鱼台县(鲁)	黑斑蛙	600000
1300	东兴区(川)	黑斑蛙	510800
1301	五河县(皖)	黑斑蛙	500000
1302	漾濞彝族自治县(滇)	黑斑蛙	450000
1303	邻水县(川)	黑斑蛙	411000
1304	江安县(川)	黑斑蛙	400000
1305	袁州区(赣)	黑斑蛙	400000
1306	株洲县(湘)	黑斑蛙	400000
1307	宜秀区(皖)	黑斑蛙	325000
1308	安居区(川)	黑斑蛙	200000
1309	彭山区(川)	黑斑蛙	200000
1310	三台县(川)	黑斑蛙	200000
1311	谢家集区(皖)	黑斑蛙	200000
1312	高　县(川)	黑斑蛙	180000
1313	太湖县(皖)	黑斑蛙	160000
1314	灌阳县(桂)	黑斑蛙	140000
1315	洞口县(湘)	黑斑蛙	130000
1316	湘潭市市辖区(湘)	黑斑蛙	100000
1317	兰溪市(浙)	黑斑蛙	63000
1318	新晃侗族自治县(湘)	黑斑蛙	50000
1319	华容县(湘)	黑斑蛙	40000
1320	韶山市(湘)	黑斑蛙	21000
1321	平利县(陕)	黑斑蛙	20000
1322	咸丰县(鄂)	黑斑蛙	20000
1323	潼南区(渝)	黑斑蛙	18000
1324	苏仙区(湘)	黑斑蛙	15000
1325	霍邱县(皖)	黑斑蛙	10000
1326	绩溪县(皖)	黑斑蛙	10000
1327	南溪区(川)	黑斑蛙	10000
1328	芜湖县(皖)	黑斑蛙	10000
1329	芷江侗族自治县(湘)	黑斑蛙	8600
1330	崇仁县(赣)	黑斑蛙	5000
1331	寿　县(皖)	黑斑蛙	4000

(续表)

序号	主产地	动物种类	驯养数量
1332	开州区(渝)	黑斑蛙	3900
1333	娄星区(湘)	黑斑蛙	2000
1334	黔江区(渝)	黑斑蛙	1000
1335	浦江县(浙)	猪蛙	10000
1336	新宾满族自治县(辽)	中国林蛙	481026000
1337	宽甸满族自治县(辽)	中国林蛙	145000000
1338	磐石市(吉)	中国林蛙	141880000
1339	振安区(辽)	中国林蛙	5000000
1340	东港市(辽)	中国林蛙	3057000
1341	长白朝鲜族自治县(吉)	中国林蛙	2758325
1342	辉南县(吉)	中国林蛙	2590000
1343	山河实验林场(黑)	中国林蛙	1000000
1344	临沭县(鲁)	中国林蛙	300000
1345	桓仁满族自治县(辽)	中国林蛙	50000
1346	鸡东县(黑)	中国林蛙	20000
1347	额尔古纳市(内蒙古)	中国林蛙	11200
1348	桂东县(湘)	中国林蛙	10000
1349	凌云县(桂)	石蛙	1300000
1350	建德市(浙)	石蛙	448600
1351	龙泉市(浙)	石蛙	154000
1352	盈江县(滇)	石蛙	37400
1353	安化县(湘)	石蛙	20000
1354	淳安县(浙)	石蛙	18800
1355	新平彝族傣族自治县(滇)	石蛙	18000
1356	南部县(川)	石蛙	10000
1357	普安县(黔)	石蛙	10000
1358	双江拉祜族佤族布朗族傣族自治县(滇)	石蛙	10000
1359	柯城区(浙)	石蛙	5000
1360	麻阳苗族自治县(湘)	石蛙	3500
1361	江山市(浙)	石蛙	3000
1362	蒙山县(桂)	石蛙	2000
1363	黔江区(渝)	石蛙	2000
1364	桃江县(湘)	石蛙	2000
1365	东安县(湘)	石蛙	1200
1366	荥经县(川)	石蛙	1000
1367	永川区(渝)	石蛙	1000
1368	柯城区(浙)	蛇	240000
1369	浦北县(桂)	蛇	122000
1370	灵山县(桂)	蛇	118830
1371	零陵区(湘)	蛇	100000
1372	钦北区(桂)	蛇	81750
1373	秀洲区(浙)	蛇	54080
1374	岳池县(川)	蛇	50000
1375	瑞丽市(滇)	蛇	46754
1376	祁门县(皖)	蛇	32210

（续表）

序号	主产地	动物种类	驯养数量
1377	靖西市(桂)	蛇	28100
1378	沿滩区(川)	蛇	27430
1379	武陵区(湘)	蛇	26600
1380	襄州区(鄂)	蛇	23000
1381	咸丰县(鄂)	蛇	21400
1382	三台县(川)	蛇	21000
1383	北流市(桂)	蛇	20700
1384	藤　县(桂)	蛇	19500
1385	顺庆区(川)	蛇	16800
1386	南川区(渝)	蛇	16000
1387	桃江县(湘)	蛇	15800
1388	新干县(赣)	蛇	15700
1389	全州县(桂)	蛇	14800
1390	砚山县(滇)	蛇	14700
1391	黎川县(赣)	蛇	14100
1392	掇刀区(鄂)	蛇	13500
1393	洞口县(湘)	蛇	13000
1394	碧江区(黔)	蛇	12600
1395	桃源县(湘)	蛇	12000
1396	万安县(赣)	蛇	12000
1397	兴国县(赣)	蛇	12000
1398	蓝山县(湘)	蛇	11800
1399	江安县(川)	蛇	11000
1400	盐边县(川)	蛇	11000
1401	安化县(湘)	蛇	10000
1402	昌邑区(吉)	蛇	10000
1403	大足区(渝)	蛇	10000
1404	陇川县(滇)	蛇	10000
1405	遂宁市市辖区(川)	蛇	10000
1406	合浦县(桂)	蛇	8380
1407	房　县(鄂)	蛇	8100
1408	岑溪市(桂)	蛇	8000
1409	望城区(湘)	蛇	8000
1410	信丰县(赣)	蛇	8000
1411	沅陵县(湘)	蛇	7980
1412	瑞金市(赣)	蛇	7900
1413	翠屏区(川)	蛇	7800
1414	江南区(桂)	蛇	7000
1415	南部县(川)	蛇	7000
1416	富民县(滇)	蛇	6500
1417	谷城县(鄂)	蛇	6500
1418	苏仙区(湘)	蛇	6500
1419	防城区(桂)	蛇	6000
1420	贵溪市(赣)	蛇	5900
1421	南　县(湘)	蛇	5300
1422	巴马瑶族自治县(桂)	蛇	5100
1423	吉州区(赣)	蛇	5100
1424	东兴区(川)	蛇	5000
1425	江州区(桂)	蛇	5000
1426	开化县(浙)	蛇	5000
1427	平昌县(川)	蛇	5000
1428	余江县(赣)	蛇	5000
1429	湘潭县(湘)	蛇	4808
1430	江永县(湘)	蛇	4800
1431	德安县(赣)	蛇	4000
1432	东源县(粤)	蛇	4000
1433	内江市市中区(川)	蛇	4000
1434	潜山县(皖)	蛇	4000
1435	盈江县(滇)	蛇	4000
1436	泸溪县(湘)	蛇	3500
1437	武义县(浙)	蛇	3200
1438	吉水县(赣)	蛇	3189
1439	玉山县(赣)	蛇	3100
1440	苍梧县(桂)	蛇	3000
1441	崇仁县(赣)	蛇	3000
1442	江山市(浙)	蛇	3000
1443	兰溪市(浙)	蛇	3000
1444	普安县(黔)	蛇	3000
1445	黎城县(晋)	蛇	2500
1446	沿河土家族自治县(黔)	蛇	2200
1447	南溪区(川)	蛇	2160
1448	建始县(鄂)	蛇	2100
1449	巴东县(鄂)	蛇	2000
1450	北仑区(浙)	蛇	2000
1451	苍南县(浙)	蛇	2000
1452	恩施市(鄂)	蛇	2000
1453	凤庆县(滇)	蛇	2000
1454	广水市(鄂)	蛇	2000
1455	乐安县(赣)	蛇	2000
1456	邵东县(湘)	蛇	2000
1457	西峡县(豫)	蛇	2000
1458	玉环市(浙)	蛇	2000
1459	上饶县(赣)	蛇	1800
1460	永康市(浙)	蛇	1750
1461	共青城市(赣)	蛇	1500
1462	邻水县(川)	蛇	1500
1463	蒙山县(桂)	蛇	1500
1464	芝罘区(鲁)	蛇	1400
1465	南郑区(陕)	蛇	1200
1466	彭山区(川)	蛇	1200

(续表)

序号	主产地	动物种类	驯养数量
1467	永修县(赣)	蛇	1080
1468	徽州区(皖)	蛇	1030
1469	东宝区(鄂)	蛇	1000
1470	丰都县(渝)	蛇	1000
1471	福泉市(黔)	蛇	1000
1472	沙湾区(川)	蛇	1000
1473	韶山市(湘)	蛇	1000
1474	武胜县(川)	蛇	1000
1475	阳新县(鄂)	蛇	1000
1476	宜城市(鄂)	蛇	1000
1477	桑植县(湘)	蛇	520
1478	鹤峰县(鄂)	蛇	500
1479	双峰县(湘)	蛇	500
1480	松阳县(浙)	蛇	500
1481	靖州苗族侗族自治县(湘)	蛇	450
1482	歙　县(皖)	蛇	400
1483	原阳县(豫)	蛇	400
1484	株洲县(湘)	蛇	400
1485	湘潭市市辖区(湘)	蛇	328
1486	洪江市(湘)	蛇	300
1487	仪陇县(川)	蛇	300
1488	芦山县(川)	蛇	250
1489	永兴县(湘)	蛇	200
1490	那坡县(桂)	蛇	100
1491	翠屏区(川)	蟒蛇	2
1492	万州区(渝)	蟒蛇	2
1493	巢湖市(皖)	蟒蛇	1
1494	婺城区(浙)	蟒蛇	1
1495	奉节县(渝)	黑眉蛇	2800
1496	耒阳市(湘)	黑眉蛇	2000
1497	青川县(川)	黑眉蛇	1756
1498	万州区(渝)	黑眉蛇	1500
1499	雨城区(川)	黑眉蛇	400
1500	宁国市(皖)	黑眉蛇	150
1501	德清县(浙)	菜蛇	5821740
1502	钦南区(桂)	菜蛇	100000
1503	新化县(湘)	菜蛇	22500
1504	石门县(湘)	菜蛇	20000
1505	田阳县(桂)	菜蛇	16000
1506	祁东县(湘)	菜蛇	13000
1507	渝水区(赣)	菜蛇	10000
1508	威远县(川)	菜蛇	6972
1509	龙泉市(浙)	菜蛇	4538
1510	阳新县(鄂)	菜蛇	2000
1511	宜秀区(皖)	菜蛇	1700

(续表)

序号	主产地	动物种类	驯养数量
1512	平南县(桂)	眼镜蛇	63000
1513	钦南区(桂)	眼镜蛇	45500
1514	宾阳县(桂)	眼镜蛇	28900
1515	江南区(桂)	眼镜蛇	16000
1516	武鸣区(桂)	眼镜蛇	12800
1517	平乐县(桂)	眼镜蛇	12000
1518	陆川县(桂)	眼镜蛇	10000
1519	容　县(桂)	眼镜蛇	9000
1520	藤　县(桂)	眼镜蛇	9000
1521	岑溪市(桂)	眼镜蛇	8000
1522	隆安县(桂)	眼镜蛇	7000
1523	奉节县(渝)	眼镜蛇	6600
1524	潼南区(渝)	眼镜蛇	6500
1525	武穴市(鄂)	眼镜蛇	6500
1526	天台县(浙)	眼镜蛇	5872
1527	上犹县(赣)	眼镜蛇	5500
1528	江华瑶族自治县(湘)	眼镜蛇	5000
1529	三都水族自治县(黔)	眼镜蛇	4760
1530	普安县(黔)	眼镜蛇	3500
1531	崇仁县(赣)	眼镜蛇	3000
1532	灌阳县(桂)	眼镜蛇	3000
1533	丰都县(渝)	眼镜蛇	2500
1534	雨城区(川)	眼镜蛇	2360
1535	桂平市(桂)	眼镜蛇	2100
1536	防城区(桂)	眼镜蛇	2000
1537	华容县(湘)	眼镜蛇	2000
1538	新晃侗族自治县(湘)	眼镜蛇	1500
1539	玉屏侗族自治县(黔)	眼镜蛇	1500
1540	宿松县(皖)	眼镜蛇	1300
1541	遂川县(赣)	眼镜蛇	1000
1542	万州区(渝)	眼镜蛇	1000
1543	博白县(桂)	眼镜蛇	910
1544	金秀瑶族自治县(桂)	眼镜蛇	900
1545	富民县(滇)	眼镜蛇	800
1546	泾　县(皖)	眼镜蛇	555
1547	邻水县(川)	眼镜蛇	400
1548	友谊县(黑)	眼镜蛇	300
1549	金东区(浙)	眼镜蛇	200
1550	宣州区(皖)	眼镜蛇	120
1551	宁远县(湘)	眼镜蛇	100
1552	永清县(冀)	眼镜蛇	100
1553	株洲县(湘)	眼镜蛇	100
1554	威远县(川)	乌梢蛇	26000
1555	通城县(鄂)	乌梢蛇	8000
1556	雨城区(川)	乌梢蛇	5400

（续表）

序号	主产地	动物种类	驯养数量
1557	大足区(渝)	乌梢蛇	5000
1558	钟祥市(鄂)	乌梢蛇	4600
1559	奉节县(渝)	乌梢蛇	4000
1560	耒阳市(湘)	乌梢蛇	4000
1561	长阳土家族自治县(鄂)	乌梢蛇	3400
1562	浠水县(鄂)	乌梢蛇	2000
1563	盐亭县(川)	乌梢蛇	2000
1564	青川县(川)	乌梢蛇	1829
1565	武隆区(渝)	乌梢蛇	1500
1566	临安区(浙)	乌梢蛇	1200
1567	南浔区(浙)	乌梢蛇	1200
1568	祥云县(滇)	乌梢蛇	1100
1569	大悟县(鄂)	乌梢蛇	1000
1570	义乌市(浙)	乌梢蛇	1000
1571	松阳县(浙)	乌梢蛇	500
1572	怀宁县(皖)	乌梢蛇	460
1573	宁国市(皖)	乌梢蛇	380
1574	缙云县(浙)	乌梢蛇	300
1575	宣州区(皖)	乌梢蛇	259
1576	友谊县(黑)	乌梢蛇	200
1577	永清县(冀)	乌梢蛇	100
1578	襄城区(鄂)	王锦蛇	70000
1579	通城县(鄂)	王锦蛇	60000
1580	大观区(皖)	王锦蛇	40000
1581	监利县(鄂)	王锦蛇	25000
1582	宁乡市(湘)	王锦蛇	20500
1583	陆川县(桂)	王锦蛇	20000
1584	鹤城区(湘)	王锦蛇	16000
1585	洪江区(湘)	王锦蛇	16000
1586	麻城市(鄂)	王锦蛇	14000
1587	秭归县(鄂)	王锦蛇	10754
1588	上高县(赣)	王锦蛇	10700
1589	奉节县(渝)	王锦蛇	9000
1590	资兴市(湘)	王锦蛇	8000
1591	武隆区(渝)	王锦蛇	7500
1592	耒阳市(湘)	王锦蛇	6000
1593	武穴市(鄂)	王锦蛇	5800
1594	芷江侗族自治县(湘)	王锦蛇	5200
1595	保康县(鄂)	王锦蛇	5000
1596	太湖县(皖)	王锦蛇	4200
1597	白河县(陕)	王锦蛇	3500
1598	雨城区(川)	王锦蛇	3500
1599	崇仁县(赣)	王锦蛇	3100
1600	宣州区(皖)	王锦蛇	2994
1601	青川县(川)	王锦蛇	2813

（续表）

序号	主产地	动物种类	驯养数量
1602	凤阳县(皖)	王锦蛇	2027
1603	横峰县(赣)	王锦蛇	2000
1604	黔江区(渝)	王锦蛇	2000
1605	全州县(桂)	王锦蛇	2000
1606	平桥区(豫)	王锦蛇	1900
1607	江华瑶族自治县(湘)	王锦蛇	1800
1608	永修县(赣)	王锦蛇	1600
1609	宁远县(湘)	王锦蛇	1400
1610	开州区(渝)	王锦蛇	1100
1611	望江县(皖)	王锦蛇	1100
1612	灌阳县(桂)	王锦蛇	1000
1613	寿　县(皖)	王锦蛇	1000
1614	义乌市(浙)	王锦蛇	1000
1615	宁国市(皖)	王锦蛇	950
1616	长阳土家族自治县(鄂)	王锦蛇	900
1617	新晃侗族自治县(湘)	王锦蛇	820
1618	衡东县(湘)	王锦蛇	800
1619	缙云县(浙)	王锦蛇	650
1620	朝天区(川)	王锦蛇	500
1621	丘北县(滇)	王锦蛇	500
1622	松阳县(浙)	王锦蛇	500
1623	祥云县(滇)	王锦蛇	500
1624	怀宁县(皖)	王锦蛇	400
1625	遂川县(赣)	王锦蛇	400
1626	泾　县(皖)	王锦蛇	380
1627	郎溪县(皖)	王锦蛇	230
1628	枣庄市市中区(鲁)	王锦蛇	230
1629	临猗县(晋)	王锦蛇	200
1630	施甸县(滇)	王锦蛇	200
1631	定海区(浙)	王锦蛇	100
1632	友谊县(黑)	王锦蛇	100
1633	宾阳县(桂)	水律蛇	49900
1634	平南县(桂)	水律蛇	45000
1635	陆川县(桂)	水律蛇	30000
1636	隆安县(桂)	水律蛇	11000
1637	浏阳市(湘)	水律蛇	10000
1638	宁远县(湘)	水律蛇	10000
1639	容　县(桂)	水律蛇	9000
1640	武穴市(鄂)	水律蛇	7000
1641	江华瑶族自治县(湘)	水律蛇	6000
1642	荆州区(鄂)	水律蛇	3000
1643	普安县(黔)	水律蛇	2500
1644	金秀瑶族自治县(桂)	水律蛇	2200
1645	防城区(桂)	水律蛇	2000
1646	海城区(桂)	水律蛇	2000

(续表)

序号	主产地	动物种类	驯养数量
1647	三都水族自治县(黔)	水律蛇	1090
1648	灌阳县(桂)	水律蛇	1000
1649	博白县(桂)	水律蛇	850
1650	株洲县(湘)	水律蛇	300
1651	京山县(鄂)	蓝孔雀	22000
1652	德安县(赣)	蓝孔雀	8000
1653	江川区(滇)	蓝孔雀	8000
1654	武穴市(鄂)	蓝孔雀	8000
1655	无为县(皖)	蓝孔雀	6000
1656	五河县(皖)	蓝孔雀	5300
1657	宁国市(皖)	蓝孔雀	4784
1658	桐城市(皖)	蓝孔雀	4700
1659	衡东县(湘)	蓝孔雀	3000
1660	黄山区(皖)	蓝孔雀	3000
1661	铅山县(赣)	蓝孔雀	2640
1662	谷城县(鄂)	蓝孔雀	2600
1663	平桥区(豫)	蓝孔雀	2400
1664	寻甸回族彝族自治县(滇)	蓝孔雀	2300
1665	苍南县(浙)	蓝孔雀	2200
1666	旺苍县(川)	蓝孔雀	2150
1667	益阳市市辖区(湘)	蓝孔雀	2000
1668	柞水县(陕)	蓝孔雀	1536
1669	芜湖县(皖)	蓝孔雀	1400
1670	远安县(鄂)	蓝孔雀	1400
1671	瑞丽市(滇)	蓝孔雀	1391
1672	广丰区(赣)	蓝孔雀	1250
1673	盐亭县(川)	蓝孔雀	1200
1674	西海岸新区(鲁)	蓝孔雀	1078
1675	湘潭县(湘)	蓝孔雀	1004
1676	梁河县(滇)	蓝孔雀	1001
1677	肥西县(皖)	蓝孔雀	950
1678	玉环市(浙)	蓝孔雀	900
1679	奉化区(浙)	蓝孔雀	860
1680	永年区(冀)	蓝孔雀	850
1681	兰溪市(浙)	蓝孔雀	820
1682	泸溪县(湘)	蓝孔雀	800
1683	寿　县(皖)	蓝孔雀	800
1684	全州县(桂)	蓝孔雀	726
1685	安丘市(鲁)	蓝孔雀	680
1686	崇仁县(赣)	蓝孔雀	600
1687	黔江区(渝)	蓝孔雀	600
1688	青铜峡市(宁)	蓝孔雀	600
1689	北戴河区(冀)	蓝孔雀	597
1690	磐安县(浙)	蓝孔雀	580
1691	潜山县(皖)	蓝孔雀	580
1692	新平彝族傣族自治县(滇)	蓝孔雀	520
1693	永顺县(湘)	蓝孔雀	500
1694	月湖区(赣)	蓝孔雀	500
1695	永清县(冀)	蓝孔雀	468
1696	光山县(豫)	蓝孔雀	450
1697	勉　县(陕)	蓝孔雀	450
1698	吴兴区(浙)	蓝孔雀	413
1699	瑞昌市(赣)	蓝孔雀	400
1700	偃师市(豫)	蓝孔雀	350
1701	宜秀区(皖)	蓝孔雀	350
1702	武陵区(湘)	蓝孔雀	330
1703	上饶县(赣)	蓝孔雀	320
1704	阳谷县(鲁)	蓝孔雀	320
1705	宣州区(皖)	蓝孔雀	305
1706	白河县(陕)	蓝孔雀	300
1707	东安县(湘)	蓝孔雀	300
1708	横峰县(赣)	蓝孔雀	300
1709	吉州区(赣)	蓝孔雀	300
1710	望江县(皖)	蓝孔雀	300
1711	新晃侗族自治县(湘)	蓝孔雀	300
1712	钟祥市(鄂)	蓝孔雀	300
1713	汉源县(川)	蓝孔雀	280
1714	巢湖市(皖)	蓝孔雀	270
1715	贵溪市(赣)	蓝孔雀	255
1716	洪湖市(鄂)	蓝孔雀	250
1717	襄城区(鄂)	蓝孔雀	220
1718	建水县(滇)	蓝孔雀	210
1719	五华区(滇)	蓝孔雀	203
1720	浏阳市(湘)	蓝孔雀	200
1721	麻栗坡县(滇)	蓝孔雀	200
1722	内江市市中区(川)	蓝孔雀	200
1723	义乌市(浙)	蓝孔雀	200
1724	泽州县(晋)	蓝孔雀	160
1725	薛城区(鲁)	蓝孔雀	130
1726	定南县(赣)	蓝孔雀	120
1727	江永县(湘)	蓝孔雀	120
1728	缙云县(浙)	蓝孔雀	120
1729	开州区(渝)	蓝孔雀	120
1730	鼎城区(湘)	蓝孔雀	100
1731	掇刀区(鄂)	蓝孔雀	100
1732	郎溪县(皖)	蓝孔雀	100
1733	利辛县(皖)	蓝孔雀	100
1734	栾川县(豫)	蓝孔雀	100
1735	三门县(浙)	蓝孔雀	100
1736	兴山县(鄂)	蓝孔雀	94

（续表）

序号	主产地	动物种类	驯养数量
1737	齐河县(鲁)	蓝孔雀	91
1738	碧江区(黔)	蓝孔雀	80
1739	罗平县(滇)	蓝孔雀	72
1740	万州区(渝)	蓝孔雀	69
1741	金东区(浙)	蓝孔雀	60
1742	仁和区(川)	蓝孔雀	54
1743	昌邑市(鲁)	蓝孔雀	50
1744	界首市(皖)	蓝孔雀	50
1745	麻城市(鄂)	蓝孔雀	50
1746	满城区(冀)	蓝孔雀	50
1747	兴国县(赣)	蓝孔雀	50
1748	芷江侗族自治县(湘)	蓝孔雀	50
1749	禹州市(豫)	蓝孔雀	48
1750	河津市(晋)	蓝孔雀	40
1751	宛城区(豫)	蓝孔雀	40
1752	湘乡市(湘)	蓝孔雀	34
1753	渭源县(甘)	蓝孔雀	30
1754	颍上县(皖)	蓝孔雀	30
1755	芦山县(川)	蓝孔雀	26
1756	枣庄市市中区(鲁)	蓝孔雀	23
1757	芝罘区(鲁)	蓝孔雀	23
1758	名山区(川)	蓝孔雀	20
1759	山阳区(豫)	蓝孔雀	11
1760	浑南区(辽)	蓝孔雀	10
1761	婺城区(浙)	蓝孔雀	10
1762	蓝山县(湘)	孔雀	5600
1763	宜黄县(赣)	孔雀	3512
1764	西吉县(宁)	孔雀	3200
1765	石林彝族自治县(滇)	孔雀	3020
1766	永康市(浙)	孔雀	3000
1767	随　县(鄂)	孔雀	2100
1768	丰都县(渝)	孔雀	2000
1769	淅川县(豫)	孔雀	2000
1770	金东区(浙)	孔雀	1400
1771	奉贤区(沪)	孔雀	1100
1772	澄江县(滇)	孔雀	1000
1773	徽州区(皖)	孔雀	1000
1774	宜都市(鄂)	孔雀	800
1775	普安县(黔)	孔雀	750
1776	荣　县(川)	孔雀	509
1777	大悟县(鄂)	孔雀	500
1778	沙洋县(鄂)	孔雀	500
1779	余江县(赣)	孔雀	500
1780	柯城区(浙)	孔雀	460
1781	芒　市(滇)	孔雀	430
1782	泰顺县(浙)	孔雀	400
1783	鼓楼区(豫)	孔雀	350
1784	安宁市(滇)	孔雀	300
1785	让胡路区(黑)	孔雀	270
1786	屈家岭管理区(鄂)	孔雀	250
1787	兰考县(豫)	孔雀	200
1788	望城区(湘)	孔雀	200
1789	永川区(渝)	孔雀	200
1790	枣阳市(鄂)	孔雀	200
1791	宁乡市(湘)	孔雀	180
1792	东河区(内蒙古)	孔雀	151
1793	成武县(鲁)	孔雀	100
1794	临泽县(甘)	孔雀	100
1795	阳曲县(晋)	孔雀	100
1796	永济市(晋)	孔雀	100
1797	路桥区(浙)	孔雀	70
1798	椒江区(浙)	孔雀	60
1799	勐海县(滇)	孔雀	50
1800	元阳县(滇)	孔雀	50
1801	翠屏区(川)	孔雀	40
1802	杭锦后旗(内蒙古)	孔雀	30
1803	辉县市(豫)	孔雀	30
1804	资兴市(湘)	孔雀	30
1805	鄂州市市辖区(鄂)	孔雀	20
1806	西海岸新区(鲁)	孔雀	18
1807	湘乡市(湘)	孔雀	14
1808	沂源县(鲁)	孔雀	13
1809	大武口区(宁)	孔雀	10
1810	雨城区(川)	禾雀	110
1811	永顺县(湘)	白孔雀	1000
1812	五华区(滇)	白孔雀	14
1813	永年区(冀)	白孔雀	6
1814	浑南区(辽)	白孔雀	4
1815	山阳区(豫)	白孔雀	4
1816	托克托县(内蒙古)	白孔雀	1
1817	枣强县(冀)	兔	76000
1818	让胡路区(黑)	兔	41433
1819	承德县(冀)	兔	5500
1820	敦化市(吉)	兔	3000
1821	黎川县(赣)	兔	3000
1822	钦南区(桂)	兔	3000
1823	新安县(豫)	兔	1200
1824	南江县(川)	兔	800
1825	泾源县(宁)	兔	700
1826	苍南县(浙)	兔	400

(续表)

序号	主产地	动物种类	驯养数量
1827	三门县(浙)	兔	400
1828	科尔沁左翼中旗(内蒙古)	兔	300
1829	咸丰县(鄂)	兔	280
1830	古交市(晋)	兔	200
1831	镇平县(豫)	兔	200
1832	五岔沟林业局(内蒙古)	兔	120
1833	临猗县(晋)	兔	40
1834	西吉县(宁)	蒙古兔	1000
1835	额尔古纳市(内蒙古)	蒙古兔	15
1836	迁西县(冀)	草兔	1300
1837	夹江县(川)	鸵鸟	1200
1838	三台县(川)	鸵鸟	1200
1839	满城区(冀)	鸵鸟	1050
1840	临海市(浙)	鸵鸟	1020
1841	华宁县(滇)	鸵鸟	550
1842	晋宁区(滇)	鸵鸟	300
1843	屈家岭管理区(鄂)	鸵鸟	200
1844	临安区(浙)	鸵鸟	180
1845	石林彝族自治县(滇)	鸵鸟	120
1846	碧江区(黔)	鸵鸟	100
1847	射洪县(川)	鸵鸟	100
1848	易门县(滇)	鸵鸟	100
1849	凤阳县(皖)	鸵鸟	86
1850	三门县(浙)	鸵鸟	75
1851	翠屏区(川)	鸵鸟	60
1852	松山区(内蒙古)	鸵鸟	60
1853	汉台区(陕)	鸵鸟	50
1854	兰山区(鲁)	鸵鸟	50
1855	黎城县(晋)	鸵鸟	50
1856	临泽县(甘)	鸵鸟	30
1857	普安县(黔)	鸵鸟	30
1858	永川区(渝)	鸵鸟	20
1859	湘乡市(湘)	鸵鸟	15
1860	昭阳区(滇)	鸵鸟	13
1861	浑南区(辽)	鸵鸟	11
1862	阳曲县(晋)	鸵鸟	10
1863	友谊县(黑)	鸵鸟	10
1864	让胡路区(黑)	非洲鸵鸟	1270
1865	富民县(滇)	非洲鸵鸟	800
1866	广丰区(赣)	非洲鸵鸟	520
1867	遂宁市市辖区(川)	非洲鸵鸟	250
1868	青铜峡市(宁)	非洲鸵鸟	100
1869	祥云县(滇)	非洲鸵鸟	100
1870	平南县(桂)	非洲鸵鸟	70
1871	成武县(鲁)	非洲鸵鸟	50

(续表)

序号	主产地	动物种类	驯养数量
1872	宛城区(豫)	非洲鸵鸟	30
1873	乌拉特前旗(内蒙古)	非洲鸵鸟	20
1874	浦东新区(沪)	非洲鸵鸟	17
1875	昭阳区(滇)	非洲鸵鸟	10
1876	淳安县(浙)	蜈蚣	21000
1877	兖州区(鲁)	蝎子	400000
1878	侯马市(晋)	蝎子	50000
1879	内江市市中区(川)	蝎子	30000
1880	柯城区(浙)	石鸡	150000
1881	旌德县(皖)	石鸡	100000
1882	乌拉特后旗(内蒙古)	石鸡	40000
1883	东辽县(吉)	石鸡	10000
1884	金洞林场(湘)	山鸡	55000
1885	巴东县(鄂)	山鸡	15000
1886	绥江县(滇)	山鸡	14000
1887	松山区(内蒙古)	山鸡	5000
1888	通城县(鄂)	山鸡	5000
1889	安宁市(滇)	山鸡	4000
1890	宁城县(内蒙古)	山鸡	3000
1891	钟祥市(鄂)	山鸡	2700
1892	江山市(浙)	山鸡	2500
1893	房　县(鄂)	山鸡	1500
1894	克什克腾旗(内蒙古)	山鸡	1200
1895	元宝山区(内蒙古)	山鸡	1000
1896	中宁县(宁)	山鸡	1000
1897	沙湾区(川)	山鸡	740
1898	围场满族蒙古族自治县(冀)	山鸡	700
1899	昌邑区(吉)	山鸡	500
1900	湘乡市(湘)	山鸡	202
1901	浑源县(晋)	山鸡	200
1902	乌拉特前旗(内蒙古)	山鸡	200
1903	湘潭县(湘)	山鸡	132
1904	额尔古纳市(内蒙古)	山鸡	113
1905	鼓楼区(豫)	山鸡	100
1906	扎鲁特旗(内蒙古)	沙鸡	600
1907	额尔古纳市(内蒙古)	沙鸡	123
1908	承德县(冀)	七彩山鸡	175000
1909	大英县(川)	七彩山鸡	120000
1910	黄山区(皖)	七彩山鸡	120000
1911	平利县(陕)	七彩山鸡	62200
1912	榕江县(黔)	七彩山鸡	40000
1913	颍州区(皖)	七彩山鸡	35000
1914	奉节县(渝)	七彩山鸡	32000
1915	丹寨县(黔)	七彩山鸡	30000
1916	富宁县(滇)	七彩山鸡	27530

（续表）

序号	主产地	动物种类	驯养数量
1917	昭阳区（滇）	七彩山鸡	16780
1918	旌阳区（川）	七彩山鸡	15200
1919	瑞金市（赣）	七彩山鸡	15000
1920	颍上县（皖）	七彩山鸡	14650
1921	武隆区（渝）	七彩山鸡	12600
1922	沾益区（滇）	七彩山鸡	12400
1923	建昌县（辽）	七彩山鸡	11000
1924	鹤庆县（滇）	七彩山鸡	10500
1925	云龙县（滇）	七彩山鸡	10000
1926	芜湖县（皖）	七彩山鸡	8500
1927	渭滨区（陕）	七彩山鸡	6200
1928	洪湖市（鄂）	七彩山鸡	6000
1929	徽州区（皖）	七彩山鸡	5400
1930	光山县（豫）	七彩山鸡	4500
1931	南江县（川）	七彩山鸡	4200
1932	耒阳市（湘）	七彩山鸡	4000
1933	茶陵县（湘）	七彩山鸡	3000
1934	鼎城区（湘）	七彩山鸡	3000
1935	富民县（滇）	七彩山鸡	3000
1936	迁西县（冀）	七彩山鸡	3000
1937	永定区（湘）	七彩山鸡	3000
1938	建水县（滇）	七彩山鸡	2300
1939	邻水县（川）	七彩山鸡	2160
1940	罗平县（滇）	七彩山鸡	2100
1941	丰都县（渝）	七彩山鸡	2000
1942	思茅区（滇）	七彩山鸡	2000
1943	桐城市（皖）	七彩山鸡	2000
1944	西峡县（豫）	七彩山鸡	2000
1945	玉龙纳西族自治县（滇）	七彩山鸡	2000
1946	舟曲县（甘）	七彩山鸡	2000
1947	舒城县（皖）	七彩山鸡	1700
1948	平桥区（豫）	七彩山鸡	1600
1949	界首市（皖）	七彩山鸡	1500
1950	湘潭县（湘）	七彩山鸡	1500
1951	宾川县（滇）	七彩山鸡	1300
1952	名山区（川）	七彩山鸡	1100
1953	枣阳市（鄂）	七彩山鸡	750
1954	渭源县（甘）	七彩山鸡	700
1955	阳谷县（鲁）	七彩山鸡	700
1956	雨城区（川）	七彩山鸡	680
1957	成武县（鲁）	七彩山鸡	500
1958	巧家县（滇）	七彩山鸡	500
1959	漾濞彝族自治县（滇）	七彩山鸡	500
1960	贺兰县（宁）	七彩山鸡	432
1961	仁和区（川）	七彩山鸡	300

（续表）

序号	主产地	动物种类	驯养数量
1962	西山区（滇）	七彩山鸡	300
1963	绩溪县（皖）	七彩山鸡	250
1964	江川区（滇）	七彩山鸡	200
1965	彭山区（川）	七彩山鸡	200
1966	麻栗坡县（滇）	七彩山鸡	150
1967	永善县（滇）	七彩山鸡	135
1968	霍山县（皖）	七彩山鸡	120
1969	昌邑市（鲁）	七彩山鸡	100
1970	华池县（甘）	七彩山鸡	100
1971	伊金霍洛旗（内蒙古）	火鸡	3800
1972	柞水县（陕）	火鸡	3578
1973	松山区（内蒙古）	火鸡	3000
1974	青铜峡市（宁）	火鸡	500
1975	吴兴区（浙）	火鸡	210
1976	临泽县（甘）	火鸡	60
1977	鼓楼区（豫）	火鸡	30
1978	薛城区（鲁）	火鸡	30
1979	峄城区（鲁）	火鸡	30
1980	阳曲县（晋）	火鸡	20
1981	浑南区（辽）	火鸡	13
1982	安丘市（鲁）	火鸡	10
1983	通化县（吉）	红腹锦鸡	20000
1984	九寨沟县（川）	红腹锦鸡	2000
1985	永顺县（湘）	红腹锦鸡	1500
1986	贺兰县（宁）	红腹锦鸡	1405
1987	安丘市（鲁）	红腹锦鸡	930
1988	青铜峡市（宁）	红腹锦鸡	700
1989	瑞昌市（赣）	红腹锦鸡	690
1990	奉贤区（沪）	红腹锦鸡	412
1991	白河县（陕）	红腹锦鸡	300
1992	文　县（甘）	红腹锦鸡	300
1993	屈家岭管理区（鄂）	红腹锦鸡	250
1994	五河县（皖）	红腹锦鸡	250
1995	湘潭县（湘）	红腹锦鸡	234
1996	渭源县（甘）	红腹锦鸡	150
1997	内江市市中区（川）	红腹锦鸡	100
1998	宁国市（皖）	红腹锦鸡	87
1999	鼎城区（湘）	红腹锦鸡	60
2000	昌邑市（鲁）	红腹锦鸡	50
2001	永清县（冀）	红腹锦鸡	50
2002	浦东新区（沪）	红腹锦鸡	46
2003	惠民县（鲁）	红腹锦鸡	30
2004	宣威市（滇）	贵妃鸡	43100
2005	平桥区（豫）	贵妃鸡	7000
2006	开州区（渝）	贵妃鸡	1860

(续表)

序号	主产地	动物种类	驯养数量
2007	雨城区(川)	贵妃鸡	365
2008	渭源县(甘)	贵妃鸡	300
2009	永宁县(宁)	白腹锦鸡	3000
2010	永顺县(湘)	白腹锦鸡	1000
2011	安丘市(鲁)	白腹锦鸡	245
2012	奉贤区(沪)	白腹锦鸡	150
2013	宁国市(皖)	白腹锦鸡	42
2014	惠民县(鲁)	白腹锦鸡	30
2015	永清县(冀)	白腹锦鸡	20
2016	承德县(冀)	珠鸡	6000
2017	贺兰县(宁)	珠鸡	3295
2018	洮南市(吉)	珠鸡	3000
2019	青铜峡市(宁)	珠鸡	1200
2020	中宁县(宁)	珠鸡	1000
2021	峄城区(鲁)	珠鸡	700
2022	合作市(甘)	珠鸡	500
2023	禹州市(豫)	珠鸡	386
2024	北戴河区(冀)	珠鸡	318
2025	雨城区(川)	珠鸡	270
2026	科尔沁左翼中旗(内蒙古)	珠鸡	260
2027	吴兴区(浙)	珠鸡	200
2028	大武口区(宁)	珠鸡	100
2029	屈家岭管理区(鄂)	珠鸡	100
2030	万州区(渝)	珠鸡	100
2031	克什克腾旗(内蒙古)	珠鸡	40
2032	临猗县(晋)	珠鸡	20
2033	永胜县(滇)	雉鸡	5400
2034	靖州苗族侗族自治县(湘)	雉鸡	4500
2035	黔江区(渝)	雉鸡	2700
2036	宣州区(皖)	雉鸡	2500
2037	鹤峰县(鄂)	雉鸡	1500
2038	椒江区(浙)	雉鸡	1100
2039	雨城区(川)	雉鸡	780
2040	华宁县(滇)	雉鸡	700
2041	路桥区(浙)	雉鸡	650
2042	额尔古纳市(内蒙古)	雉鸡	320
2043	湘潭县(湘)	野鸡	34206
2044	五大连池市(黑)	野鸡	30000
2045	北安市(黑)	野鸡	21000
2046	栾川县(豫)	野鸡	20100
2047	南川区(渝)	野鸡	18000
2048	弥勒市(滇)	野鸡	12000
2049	浑江区(吉)	野鸡	10550
2050	爱辉区(黑)	野鸡	10000
2051	乌拉特后旗(内蒙古)	野鸡	10000

(续表)

序号	主产地	动物种类	驯养数量
2052	开州区(渝)	野鸡	9950
2053	新平彝族傣族自治县(滇)	野鸡	8000
2054	梓潼县(川)	野鸡	8000
2055	洞口县(湘)	野鸡	5000
2056	赫山区(湘)	野鸡	5000
2057	淅川县(豫)	野鸡	4600
2058	兴安县(桂)	野鸡	4520
2059	内江市市中区(川)	野鸡	4500
2060	北湖区(湘)	野鸡	4200
2061	翠屏区(川)	野鸡	3600
2062	永川区(渝)	野鸡	3000
2063	巴马瑶族自治县(桂)	野鸡	2700
2064	兴山县(鄂)	野鸡	2600
2065	安宁市(滇)	野鸡	2500
2066	临泽县(甘)	野鸡	2100
2067	瑞丽市(滇)	野鸡	2000
2068	双峰县(湘)	野鸡	2000
2069	万州区(渝)	野鸡	2000
2070	余江县(赣)	野鸡	2000
2071	长阳土家族自治县(鄂)	野鸡	2000
2072	大关县(滇)	野鸡	1700
2073	兴国县(赣)	野鸡	1500
2074	岳西县(皖)	野鸡	1500
2075	南江县(川)	野鸡	1400
2076	利辛县(皖)	野鸡	1000
2077	林西县(内蒙古)	野鸡	1000
2078	顺庆区(川)	野鸡	1000
2079	喜德县(川)	野鸡	1000
2080	舞钢市(豫)	野鸡	850
2081	易门县(滇)	野鸡	800
2082	宁蒗彝族自治县(滇)	野鸡	612
2083	江永县(湘)	野鸡	600
2084	万年县(赣)	野鸡	600
2085	永善县(滇)	野鸡	550
2086	福泉市(黔)	野鸡	500
2087	缙云县(浙)	野鸡	500
2088	娄星区(湘)	野鸡	400
2089	株洲县(湘)	野鸡	400
2090	左权县(晋)	野鸡	382
2091	井冈山市(赣)	野鸡	356
2092	香格里拉市(滇)	野鸡	307
2093	杭锦后旗(内蒙古)	野鸡	300
2094	兰考县(豫)	野鸡	300
2095	马龙县(滇)	野鸡	300
2096	阳曲县(晋)	野鸡	300

（续表）

序号	主产地	动物种类	驯养数量
2097	若尔盖县(川)	野鸡	200
2098	科尔沁左翼中旗(内蒙古)	野鸡	185
2099	扎鲁特旗(内蒙古)	野鸡	150
2100	浏阳市(湘)	野鸡	100
2101	仪陇县(川)	野鸡	100
2102	玉龙纳西族自治县(滇)	野鸡	100
2103	监利县(鄂)	斑嘴鸭	800000
2104	永修县(赣)	斑嘴鸭	23200
2105	望江县(皖)	斑嘴鸭	21160
2106	鼎城区(湘)	斑嘴鸭	7000
2107	茶陵县(湘)	斑嘴鸭	4000
2108	太湖县(皖)	斑嘴鸭	3000
2109	鹤城区(湘)	斑嘴鸭	2000
2110	郎溪县(皖)	斑嘴鸭	1500
2111	兰溪市(浙)	斑嘴鸭	800
2112	永宁县(宁)	斑嘴鸭	800
2113	巢湖市(皖)	斑嘴鸭	460
2114	乐安县(赣)	斑嘴鸭	450
2115	来安县(皖)	斑嘴鸭	180
2116	吴兴区(浙)	斑嘴鸭	100
2117	铅山县(赣)	绿头野鸭	36000
2118	汝城县(湘)	绿头野鸭	20000
2119	安新县(冀)	绿头野鸭	8000
2120	宜秀区(皖)	绿头野鸭	4920
2121	光山县(豫)	绿头野鸭	4000
2122	昌邑区(吉)	绿头野鸭	2000
2123	永宁县(宁)	绿头野鸭	800
2124	太湖县(皖)	绿头野鸭	200
2125	海盐县(浙)	绿头鸭	296500
2126	洪湖市(鄂)	绿头鸭	120000
2127	贵溪市(赣)	绿头鸭	45000
2128	奉化区(浙)	绿头鸭	26000
2129	辽阳县(辽)	绿头鸭	10000
2130	郎溪县(皖)	绿头鸭	5200
2131	望江县(皖)	绿头鸭	2250
2132	桐城市(皖)	绿头鸭	2000
2133	明光市(皖)	绿头鸭	1500
2134	安新县(冀)	绿头鸭	1000
2135	华容县(湘)	绿头鸭	1000
2136	贺兰县(宁)	绿头鸭	877
2137	永宁县(宁)	绿头鸭	800
2138	威远县(川)	绿头鸭	500
2139	苍南县(浙)	绿头鸭	400
2140	宣州区(皖)	绿头鸭	320
2141	霍邱县(皖)	绿头鸭	300

（续表）

序号	主产地	动物种类	驯养数量
2142	禹州市(豫)	绿头鸭	280
2143	吴兴区(浙)	绿头鸭	240
2144	利辛县(皖)	绿头鸭	201
2145	科尔沁左翼中旗(内蒙古)	绿头鸭	200
2146	昌邑市(鲁)	绿头鸭	100
2147	龙游县(浙)	灰天鹅	6000
2148	五河县(皖)	灰天鹅	4500
2149	芜湖县(皖)	灰天鹅	2000
2150	椒江区(浙)	灰天鹅	1200
2151	望江县(皖)	灰天鹅	350
2152	洪江市(湘)	灰天鹅	300
2153	江津区(渝)	灰天鹅	180
2154	吴兴区(浙)	黑天鹅	489
2155	岳塘区(湘)	黑天鹅	300
2156	光山县(豫)	黑天鹅	240
2157	永川区(渝)	黑天鹅	220
2158	青铜峡市(宁)	黑天鹅	200
2159	奉贤区(沪)	黑天鹅	150
2160	丘北县(滇)	黑天鹅	123
2161	望江县(皖)	黑天鹅	80
2162	惠民县(鲁)	黑天鹅	63
2163	齐河县(鲁)	黑天鹅	40
2164	江川区(滇)	黑天鹅	30
2165	浑南区(辽)	黑天鹅	24
2166	婺城区(浙)	黑天鹅	19
2167	北戴河区(冀)	黑天鹅	14
2168	湘潭县(湘)	黑天鹅	12
2169	兰考县(豫)	黑天鹅	10
2170	吴兴区(浙)	黑颈天鹅	40
2171	宝山区(沪)	黑颈天鹅	4
2172	城步苗族自治县(湘)	白天鹅	3000
2173	丰都县(渝)	白天鹅	2000
2174	广丰区(赣)	白天鹅	550
2175	内江市市中区(川)	白天鹅	180
2176	丘北县(滇)	白天鹅	122
2177	阳谷县(鲁)	白天鹅	100
2178	颍上县(皖)	白天鹅	38
2179	宝山区(沪)	白天鹅	13
2180	惠民县(鲁)	白天鹅	10
2181	望江县(皖)	疣鼻天鹅	20
2182	浑南区(辽)	疣鼻天鹅	9
2183	宝山区(沪)	疣鼻天鹅	6
2184	临泉县(皖)	鹌鹑	60000
2185	兴国县(赣)	鹌鹑	10000
2186	浠水县(鄂)	鹌鹑	2000

(续表)

序号	主产地	动物种类	驯养数量
2187	新安县(豫)	鹌鹑	1500
2188	桐城市(皖)	鹌鹑	1200
2189	钦南区(桂)	鹌鹑	1000
2190	奉贤区(沪)	鸳鸯	310
2191	湘潭县(湘)	鸳鸯	266
2192	安福县(赣)	鸳鸯	80
2193	吴兴区(浙)	鸳鸯	60
2194	浦东新区(沪)	鸳鸯	40
2195	浑南区(辽)	鸳鸯	23
2196	安丘市(鲁)	鸳鸯	20
2197	辉县市(豫)	鸳鸯	20
2198	颍上县(皖)	鸳鸯	10
2199	赫山区(湘)	鹧鸪	20000
2200	栾川县(豫)	鹧鸪	17000
2201	罗平县(滇)	鹧鸪	5000
2202	贺兰县(宁)	鹧鸪	4502
2203	建水县(滇)	鹧鸪	3000
2204	中宁县(宁)	鹧鸪	2000
2205	昌邑市(鲁)	鹧鸪	1000
2206	禹州市(豫)	鹧鸪	502
2207	青川县(川)	鹧鸪	107
2208	青川县(川)	中华大蟾蜍	124000
2209	霍邱县(皖)	中华大蟾蜍	60000
2210	宣州区(皖)	中华大蟾蜍	50000
2211	明光市(皖)	中华大蟾蜍	12000
2212	昌邑区(吉)	中华大蟾蜍	10000
2213	雨城区(川)	中华大蟾蜍	8000
2214	沙湾区(川)	中华大蟾蜍	6000
2215	邻水县(川)	中华大蟾蜍	5060
2216	崇义县(赣)	中华大蟾蜍	5000
2217	兖州区(鲁)	中华大蟾蜍	5000
2218	贵溪市(赣)	中华大蟾蜍	4000
2219	盐亭县(川)	中华大蟾蜍	2000
2220	万州区(渝)	中华大蟾蜍	1000
2221	荣　县(川)	中华大蟾蜍	400
2222	吴兴区(浙)	太阳锥尾鹦鹉	93
2223	宝山区(沪)	太阳锥尾鹦鹉	57
2224	陆川县(桂)	牡丹鹦鹉	500
2225	湘乡市(湘)	金刚鹦鹉	22
2226	颍上县(皖)	金刚鹦鹉	10
2227	松滋市(鄂)	虎皮鹦鹉	332
2228	浑南区(辽)	虎皮鹦鹉	17
2229	吴兴区(浙)	和尚鹦鹉	205
2230	开州区(渝)	和尚鹦鹉	120
2231	通城县(鄂)	非洲鹦鹉	1100

(续表)

序号	主产地	动物种类	驯养数量
2232	贵溪市(赣)	凤头鹦鹉	1000
2233	灌阳县(桂)	非洲鹦鹉	400
2234	定海区(浙)	非洲鹦鹉	100
2235	浦东新区(沪)	洪式环企鹅	4
2236	齐河县(鲁)	麦式环企鹅	10
2237	湘潭县(湘)	白冠长尾雉	83
2238	宝山区(沪)	白冠长尾雉	4
2239	浑南区(辽)	白鹳	9
2240	巢湖市(皖)	白鹳	2
2241	吴兴区(浙)	白眉山鹧鸪	218
2242	蓝山县(湘)	白鹇	16000
2243	平乐县(桂)	白鹇	3000
2244	大余县(赣)	白鹇	2336
2245	桂平市(桂)	白鹇	500
2246	湘潭县(湘)	白鹇	202
2247	北戴河区(冀)	白鹇	162
2248	宁国市(皖)	白鹇	134
2249	宁蒗彝族自治县(滇)	白鹇	30
2250	奉贤区(沪)	白鹇	12
2251	永清县(冀)	白鹇	10
2252	宁阳县(鲁)	白腰文鸟	16000
2253	临泉县(皖)	白雉	30000
2254	潜山县(皖)	斑头雁	3500
2255	定远县(皖)	斑头雁	2215
2256	丘北县(滇)	斑头雁	400
2257	霍邱县(皖)	斑头雁	300
2258	黔江区(渝)	斑头雁	200
2259	江川区(滇)	斑头雁	150
2260	来安县(皖)	斑头雁	80
2261	浑南区(辽)	斑头雁	22
2262	随州市市辖区(鄂)	刺猬	3500
2263	梁山县(鲁)	刺猬	280
2264	福泉市(黔)	刺猬	200
2265	甘州区(甘)	刺猬	120
2266	麻栗坡县(滇)	刺猬	60
2267	安化县(湘)	刺猬	50
2268	丰都县(渝)	刺猬	36
2269	光山县(豫)	大美洲驼	500
2270	钟祥市(鄂)	大美洲驼	50
2271	渑池县(豫)	大雁	32050
2272	永修县(赣)	大雁	18500
2273	拜泉县(黑)	大雁	10000
2274	彭泽县(赣)	大雁	10000
2275	茶陵县(湘)	大雁	6000
2276	望江县(皖)	大雁	3330

（续表）

序号	主产地	动物种类	驯养数量
2277	东辽县(吉)	大雁	3000
2278	松山区(内蒙古)	大雁	3000
2279	桐城市(皖)	大雁	3000
2280	洮南市(吉)	大雁	2300
2281	昌邑区(吉)	大雁	2000
2282	黄山区(皖)	大雁	2000
2283	科尔沁左翼中旗(内蒙古)	大雁	1750
2284	丰都县(渝)	大雁	1600
2285	凤阳县(皖)	大雁	1400
2286	鼎城区(湘)	大雁	1300
2287	临安区(浙)	大雁	1200
2288	安阳县(豫)	大雁	1000
2289	宜秀区(皖)	大雁	930
2290	和平县(粤)	大雁	600
2291	光山县(豫)	大雁	500
2292	苍南县(浙)	大雁	400
2293	建德市(浙)	大雁	360
2294	双城区(黑)	大雁	310
2295	沂源县(鲁)	大雁	302
2296	西海岸新区(鲁)	大雁	202
2297	远安县(鄂)	大雁	200
2298	山亭区(鲁)	大雁	180
2299	永康市(浙)	大雁	150
2300	林西县(内蒙古)	大雁	120
2301	额尔古纳市(内蒙古)	大雁	103
2302	安新县(冀)	大雁	100
2303	栾川县(豫)	大雁	100
2304	内江市市中区(川)	大雁	50
2305	湘潭县(湘)	大雁	42
2306	昭阳区(滇)	大雁	40
2307	颍上县(皖)	大雁	21
2308	让胡路区(黑)	鸸鹋	300
2309	光山县(豫)	鸸鹋	100
2310	全州县(桂)	鸸鹋	98
2311	团风县(鄂)	环颈雉	100000
2312	泾　县(皖)	环颈雉	50505
2313	保康县(鄂)	环颈雉	38600
2314	奉新县(赣)	环颈雉	18100
2315	宁乡市(湘)	环颈雉	17200
2316	江华瑶族自治县(湘)	环颈雉	15000
2317	郎溪县(皖)	环颈雉	11000
2318	山亭区(鲁)	环颈雉	10700
2319	京山县(鄂)	环颈雉	10000
2320	三门县(浙)	环颈雉	9715
2321	秭归县(鄂)	环颈雉	9000

（续表）

序号	主产地	动物种类	驯养数量
2322	广水市(鄂)	环颈雉	8000
2323	石台县(皖)	环颈雉	8000
2324	威远县(川)	环颈雉	6550
2325	香格里拉市(滇)	环颈雉	5681
2326	月湖区(赣)	环颈雉	5000
2327	崇仁县(赣)	环颈雉	4600
2328	安仁县(湘)	环颈雉	4000
2329	共青城市(赣)	环颈雉	4000
2330	谷城县(鄂)	环颈雉	4000
2331	衡东县(湘)	环颈雉	4000
2332	明光市(皖)	环颈雉	4000
2333	上高县(赣)	环颈雉	4000
2334	颍上县(皖)	环颈雉	4000
2335	镇海区(浙)	环颈雉	3750
2336	灌阳县(桂)	环颈雉	3600
2337	苍南县(浙)	环颈雉	3500
2338	新化县(湘)	环颈雉	3200
2339	南部县(川)	环颈雉	3000
2340	青川县(川)	环颈雉	2860
2341	贺兰县(宁)	环颈雉	2615
2342	安丘市(鲁)	环颈雉	2450
2343	龙陵县(滇)	环颈雉	2170
2344	建水县(滇)	环颈雉	2000
2345	江安县(川)	环颈雉	2000
2346	朝天区(川)	环颈雉	1900
2347	罗平县(滇)	环颈雉	1800
2348	南郑区(陕)	环颈雉	1600
2349	横峰县(赣)	环颈雉	1300
2350	西海岸新区(鲁)	环颈雉	1300
2351	峄城区(鲁)	环颈雉	1200
2352	芦山县(川)	环颈雉	1130
2353	青铜峡市(宁)	环颈雉	1000
2354	西吉县(宁)	环颈雉	1000
2355	麻栗坡县(滇)	环颈雉	860
2356	武鸣区(桂)	环颈雉	800
2357	禹州市(豫)	环颈雉	756
2358	湘潭县(湘)	环颈雉	506
2359	定南县(赣)	环颈雉	500
2360	光山县(豫)	环颈雉	500
2361	吴兴区(浙)	环颈雉	500
2362	雨湖区(湘)	环颈雉	500
2363	芷江侗族自治县(湘)	环颈雉	500
2364	崇义县(赣)	环颈雉	450
2365	宁国市(皖)	环颈雉	417
2366	寿　县(皖)	环颈雉	400

(续表)

序号	主产地	动物种类	驯养数量
2367	宜宾县(川)	环颈雉	380
2368	安福县(赣)	环颈雉	300
2369	中宁县(宁)	环颈雉	300
2370	北戴河区(冀)	环颈雉	202
2371	古交市(晋)	环颈雉	200
2372	友谊县(黑)	环颈雉	100
2373	定远县(皖)	环颈雉	57
2374	施甸县(滇)	环颈雉	30
2375	沂源县(鲁)	环颈雉	12
2376	椒江区(浙)	灰雁	3000
2377	宁蒗彝族自治县(滇)	灰雁	1030
2378	丘北县(滇)	灰雁	1000
2379	兰溪市(浙)	灰雁	292
2380	贺兰县(宁)	灰雁	100
2381	华坪县(滇)	灰雁	100
2382	吴兴区(浙)	灰雁	10
2383	北戴河区(冀)	火烈鸟	64
2384	宝山区(沪)	火烈鸟	15
2385	吴兴区(浙)	火烈鸟	10
2386	宁国市(皖)	尖吻蝮	3000
2387	芷江侗族自治县(湘)	尖吻蝮	1300
2388	平南县(桂)	尖吻蝮	700
2389	宣州区(皖)	尖吻蝮	617
2390	万州区(渝)	尖吻蝮	500
2391	丘北县(滇)	尖吻蝮	300
2392	松阳县(浙)	尖吻蝮	300

(续表)

序号	主产地	动物种类	驯养数量(只、头、条)
2393	泾　县(皖)	尖吻蝮	150
2394	凤　县(陕)	林麝	9756
2395	青川县(川)	林麝	623
2396	汉源县(川)	林麝	489
2397	宝兴县(川)	林麝	445
2398	房　县(鄂)	林麝	432
2399	镇坪县(陕)	林麝	418
2400	陇　县(陕)	林麝	400
2401	勉　县(陕)	林麝	322
2402	灵宝市(豫)	林麝	300
2403	眉　县(陕)	林麝	253
2404	南川区(渝)	林麝	250
2405	略阳县(陕)	林麝	223
2406	洋　县(陕)	林麝	210
2407	泸水市(滇)	林麝	105
2408	玉龙纳西族自治县(滇)	林麝	100
2409	朝天区(川)	林麝	88
2410	丰镇市(内蒙古)	林麝	52
2411	白山市市辖区(吉)	林麝	36
2412	平利县(陕)	林麝	30
2413	汶川县(川)	林麝	20
2414	吉利区(豫)	林麝	10
2415	雨城区(川)	七彩文鸟	388
2416	婺城区(浙)	羊驼	4
2417	吴兴区(浙)	羊驼	3

表 16-1　人参主产地产量

单位:吨

序号	人参主产地	产量
1	新宾满族自治县(辽)	1134.00
2	清河区(辽)	30.00
3	桓仁满族自治县(辽)	15.00
4	通化县(吉)	12189.14
5	长白朝鲜族自治县(吉)	6520.00
6	集安市(吉)	2555.30
7	辉南县(吉)	1100.00
8	柳河县(吉)	1019.00
9	靖宇县(吉)	754.00
10	珲春市(吉)	520.10
11	蛟河市(吉)	400.00
12	大石头林业局(吉)	399.00
13	抚松县(吉)	242.00
14	和龙市(吉)	200.00
15	东昌区(吉)	187.00

(续表)

序号	人参主产地	产量
16	二道江区(吉)	114.20
17	敦化市(吉)	80.00
18	临江市(吉)	20.00
19	东丰县(吉)	20.00
20	黄泥河林业局(吉)	12.00
21	庆安国有林场管理局(黑)	4500.00
22	饶河县(黑)	2000.00
23	爱辉区(黑)	2000.00
24	逊克县(黑)	555.00
25	海伦市(黑)	454.50
26	绥棱县(黑)	376.20
27	尚志市(黑)	200.00
28	齐齐哈尔市市辖区(黑)	100.00
29	鸡东县(黑)	100.00
30	泉阳林业局(吉林森工)	1571.00
31	临江林业局(吉林森工)	406.00

(续表)

序号	人参主产地	产量
32	露水河林业局(吉林森工)	330.00
33	三岔子林业局(吉林森工)	51.00
34	红石林业局(吉林森工)	15.00

表 16-2　杜仲主产地产量

单位:吨

序号	杜仲主产地	产量
1	新昌县(浙)	410.00
2	祁门县(皖)	820.00
3	怀宁县(皖)	36.00
4	芦溪县(赣)	908.00
5	德兴市(赣)	570.00
6	遂川县(赣)	500.00
7	临川区(赣)	435.00
8	武宁县(赣)	231.00
9	湖口县(赣)	208.00

（续表）

序号	杜仲主产地	产量
10	安福县（赣）	62.00
11	广丰区（赣）	21.00
12	上饶县（赣）	15.00
13	上犹县（赣）	12.00
14	永新县（赣）	12.00
15	袁州区（赣）	10.00
16	永丰县（赣）	10.00
17	禹州市（豫）	95.00
18	嵩　县（豫）	60.00
19	鲁山县（豫）	35.00
20	宝丰县（豫）	32.00
21	桐柏县（豫）	31.60
22	汝州市（豫）	10.00
23	夷陵区（鄂）	430.00
24	南漳县（鄂）	350.00
25	巴东县（鄂）	182.00
26	京山县（鄂）	61.00
27	通城县（鄂）	45.00
28	松滋市（鄂）	43.00
29	谷城县（鄂）	25.00
30	涟源市（湘）	1000.00
31	石门县（湘）	350.00
32	新化县（湘）	300.00
33	蓝山县（湘）	163.00
34	苏仙区（湘）	150.00
35	冷水江市（湘）	135.00
36	永顺县（湘）	130.00
37	安化县（湘）	125.00
38	桂东县（湘）	56.00
39	祁阳县（湘）	48.00
40	洞口县（湘）	48.00
41	麻阳苗族自治县（湘）	45.00
42	资兴市（湘）	40.00
43	醴陵市（湘）	30.00
44	北塔区（湘）	21.00
45	永定区（湘）	20.00
46	耒阳市（湘）	20.00
47	湘潭市市辖区（湘）	15.00
48	武陵源区（湘）	12.00
49	湘乡市（湘）	10.00
50	隆林各族自治县（桂）	120.00
51	兴安县（桂）	20.00
52	南川区（渝）	2400.00
53	开州区（渝）	1250.00
54	武隆区（渝）	765.00

（续表）

序号	杜仲主产地	产量
55	丰都县（渝）	150.00
56	奉节县（渝）	80.00
57	大足区（渝）	50.00
58	彭州市（川）	625.00
59	高　县（川）	448.00
60	沐川县（川）	400.00
61	宜宾县（川）	351.00
62	叙永县（川）	130.00
63	蓬安县（川）	50.00
64	越西县（川）	43.00
65	顺庆区（川）	29.00
66	犍为县（川）	21.00
67	珙　县（川）	15.00
68	武胜县（川）	10.00
69	印江土家族苗族自治县（黔）	150.00
70	碧江区（黔）	56.00
71	江口县（黔）	50.00
72	罗甸县（黔）	35.00
73	德江县（黔）	22.00
74	三都水族自治县（黔）	15.00
75	台江县（黔）	10.00
76	水富县（滇）	30.00
77	城固县（陕）	1980.00
78	西乡县（陕）	934.00
79	宁强县（陕）	500.00
80	千阳县（陕）	250.00
81	洋　县（陕）	20.00

表 16-3　五味子主产地产量

单位：吨

序号	五味子主产地	产量
1	桓仁满族自治县（辽）	750.00
2	清原满族自治县（辽）	500.00
3	抚顺县（辽）	211.00
4	东港市（辽）	72.00
5	辽阳县（辽）	30.00
6	靖宇县（吉）	2338.00
7	集安市（吉）	2112.40
8	通化县（吉）	386.77
9	浑江区（吉）	256.00
10	和龙市（吉）	150.00
11	白河林业局（吉）	140.00
12	汪清县（吉）	64.00
13	临江市（吉）	45.00
14	二道江区（吉）	43.00

（续表）

序号	五味子主产地	产量
15	黄泥河林业局（吉）	33.00
16	长白朝鲜族自治县（吉）	25.00
17	柳河县（吉）	23.10
18	尚志市（黑）	700.00
19	佳木斯市郊区（黑）	300.00
20	桦南县（黑）	230.00
21	汤原县（黑）	100.00
22	双城区（黑）	55.00
23	牡丹江市市本级（黑）	50.00
24	林口县（黑）	50.00
25	逊克县（黑）	50.00
26	延寿县（黑）	40.00
27	集贤县（黑）	15.00
28	木兰县（黑）	11.50
29	建始县（鄂）	60.00
30	商南县（陕）	206.00
31	蓝田县（陕）	60.00
32	三岔子林业局（吉林森工）	59.00

表 16-4　黄柏主产地产量

单位：吨

序号	黄柏主产地	产量
1	本溪市经济开发区（辽）	10.00
2	辉南县（吉）	30.00
3	临川区（赣）	20.00
4	恩施市（鄂）	1739.00
5	宣恩县（鄂）	75.00
6	夷陵区（鄂）	51.00
7	桑植县（湘）	450.00
8	冷水江市（湘）	100.00
9	澧　县（湘）	98.00
10	永顺县（湘）	81.00
11	桂东县（湘）	79.00
12	蓝山县（湘）	78.00
13	石门县（湘）	70.00
14	祁阳县（湘）	36.00
15	资兴市（湘）	25.00
16	武陵源区（湘）	20.00
17	安化县（湘）	16.00
18	常宁市（湘）	15.00
19	道　县（湘）	10.00
20	奉节县（渝）	8400.00
21	武隆区（渝）	3090.00
22	南川区（渝）	2400.00
23	潼南区（渝）	1590.00

(续表)

序号	黄柏主产地	产量
24	开州区(渝)	350.00
25	涪陵区(渝)	225.00
26	宝兴县(川)	4000.00
27	彭州市(川)	780.00
28	高　县(川)	543.00
29	宜宾县(川)	446.00
30	叙永县(川)	126.00
31	汶川县(川)	90.00
32	雨城区(川)	65.00
33	长宁县(川)	50.00
34	邻水县(川)	50.00
35	犍为县(川)	37.00
36	蓬安县(川)	35.00
37	珙　县(川)	25.00
38	南溪区(川)	15.00
39	越西县(川)	14.00
40	玉屏侗族自治县(黔)	41.00
41	印江土家族苗族自治县(黔)	36.00
42	三都水族自治县(黔)	30.00
43	德江县(黔)	16.00
44	大关县(滇)	1200.00
45	水富县(滇)	30.00
46	西乡县(陕)	345.00

表 16-5　金银花主产地产量

单位:吨

序号	金银花主产地	产量
1	平乡县(冀)	700.00
2	鸡泽县(冀)	27.00
3	侯马市(晋)	22.50
4	阳城县(晋)	22.00
5	阳曲县(晋)	15.00
6	广德县(皖)	2500.00
7	涡阳县(皖)	450.00
8	寿　县(皖)	120.00
9	天长市(皖)	15.00
10	南谯区(皖)	10.00
11	临川区(赣)	650.00
12	高安市(赣)	510.00
13	万安县(赣)	123.00
14	永丰县(赣)	90.00
15	武宁县(赣)	63.00
16	玉山县(赣)	50.00
17	赣县区(赣)	43.00
18	靖安县(赣)	40.00

(续表)

序号	金银花主产地	产量
19	余江县(赣)	30.00
20	袁州区(赣)	20.00
21	上犹县(赣)	11.00
22	平邑县(鲁)	56000.00
23	新泰市(鲁)	1500.00
24	鄄城县(鲁)	200.00
25	沂水县(鲁)	87.00
26	茌平县(鲁)	82.50
27	齐河县(鲁)	60.00
28	无棣县(鲁)	50.00
29	东平县(鲁)	50.00
30	临沭县(鲁)	30.00
31	商河县(鲁)	21.00
32	肥城市(鲁)	16.00
33	武城县(鲁)	12.00
34	河东区(鲁)	10.00
35	南乐县(豫)	900.00
36	睢　县(豫)	650.00
37	淅川县(豫)	320.00
38	商水县(豫)	280.00
39	嵩　县(豫)	200.00
40	登封市(豫)	187.50
41	辉县市(豫)	25.00
42	梁园区(豫)	23.00
43	建始县(鄂)	464.00
44	通城县(鄂)	38.00
45	鄂州市市辖区(鄂)	10.00
46	隆回县(湘)	30000.00
47	涟源市(湘)	4800.00
48	洪江市(湘)	1000.00
49	石门县(湘)	500.00
50	岳阳县(湘)	400.00
51	永兴县(湘)	234.00
52	益阳市市辖区(湘)	150.00
53	汨罗市(湘)	135.00
54	宜章县(湘)	120.00
55	桑植县(湘)	120.00
56	冷水江市(湘)	100.00
57	芷江侗族自治县(湘)	86.00
58	洞口县(湘)	50.00
59	耒阳市(湘)	40.00
60	城步苗族自治县(湘)	40.00
61	麻阳苗族自治县(湘)	40.00
62	汝城县(湘)	36.00
63	邵阳县(湘)	18.00

(续表)

序号	金银花主产地	产量
64	和平县(粤)	10.00
65	隆林各族自治县(桂)	930.00
66	昭平县(桂)	56.00
67	田林县(桂)	35.00
68	永川区(渝)	110.00
69	奉节县(渝)	40.00
70	铜梁区(渝)	30.00
71	沐川县(川)	1000.00
72	剑阁县(川)	500.00
73	三都水族自治县(黔)	13.00
74	天柱县(黔)	10.00
75	盘龙区(滇)	230.00
76	云龙县(滇)	100.00
77	蒲城县(陕)	530.00
78	蓝田县(陕)	30.00

表 16-6　厚朴主产地产量

单位:吨

序号	厚朴主产地	产量
1	衢江区(浙)	420.00
2	歙　县(皖)	15.00
3	芦溪县(赣)	872.00
4	遂川县(赣)	350.00
5	武宁县(赣)	100.00
6	上饶县(赣)	30.00
7	广丰区(赣)	20.00
8	乐安县(赣)	16.00
9	安福县(赣)	11.40
10	恩施市(鄂)	790.00
11	巴东县(鄂)	179.00
12	宣恩县(鄂)	55.00
13	夷陵区(鄂)	55.00
14	松滋市(鄂)	47.00
15	道　县(湘)	5569.00
16	新化县(湘)	700.00
17	蓝山县(湘)	383.00
18	安化县(湘)	332.00
19	芷江侗族自治县(湘)	320.00
20	桑植县(湘)	300.00
21	桂东县(湘)	293.00
22	宁远县(湘)	160.00
23	永兴县(湘)	145.00
24	冷水江市(湘)	91.00
25	石门县(湘)	60.00
26	洞口县(湘)	56.00

（续表）

序号	厚朴主产地	产量
27	麻阳苗族自治县(湘)	35.00
28	隆回县(湘)	17.00
29	湘潭市市辖区(湘)	15.00
30	资兴市(湘)	15.00
31	常宁市(湘)	11.00
32	八步区(桂)	90.00
33	开州区(渝)	1950.00
34	丰都县(渝)	180.00
35	奉节县(渝)	120.00
36	南川区(渝)	54.00
37	三台县(川)	3880.00
38	彭州市(川)	765.00
39	汶川县(川)	195.00
40	叙永县(川)	80.00
41	邻水县(川)	50.00
42	江口县(黔)	531.00
43	印江土家族苗族自治县(黔)	124.00
44	石阡县(黔)	100.00
45	德江县(黔)	11.00
46	思南县(黔)	10.00
47	城固县(陕)	2600.00
48	西乡县(陕)	2156.00
49	宁强县(陕)	1200.00

表 16-7　蜂蜜主产地产量

单位:吨

序号	蜂蜜主产地	产量
1	靖宇县(吉)	236.25
2	蛟河市(吉)	99.00
3	逊克县(黑)	186.90
4	延寿县(黑)	140.00
5	集贤县(黑)	75.00
6	常山县(浙)	55.00
7	淳安县(浙)	37.96
8	贵池区(皖)	20.00
9	霍山县(皖)	10.00
10	宁都县(赣)	96.00
11	淮滨县(豫)	150.00
12	红安县(鄂)	22.50
13	宜章县(湘)	1620.00
14	中方县(湘)	360.00
15	桑植县(湘)	150.00
16	株洲县(湘)	12.00
17	新晃侗族自治县(湘)	10.00
18	北流市(桂)	50.00

（续表）

序号	蜂蜜主产地	产量
19	腾冲市(滇)	420.00
20	澜沧拉祜族自治县(滇)	110.00
21	贡山独龙族怒族自治县(滇)	95.00
22	凤庆县(滇)	90.00
23	勐海县(滇)	85.00
24	墨江哈尼族自治县(滇)	57.00
25	大关县(滇)	50.00
26	孟连傣族拉祜族佤族自治县(滇)	50.00
27	麒麟区(滇)	30.00
28	南郑区(陕)	400.00
29	文　县(甘)	200.00
30	岷　县(甘)	75.00

表 16-8　板蓝根主产地产量

单位:吨

序号	板蓝根主产地	产量
1	围场满族蒙古族自治县(冀)	10.00
2	潞城市(晋)	70.00
3	阳曲县(晋)	35.00
4	洮南市(吉)	248.00
5	红岗区(黑)	1200.00
6	让胡路区(黑)	410.00
7	龙江县(黑)	282.00
8	逊克县(黑)	50.50
9	龙凤区(黑)	10.00
10	太和县(皖)	2000.00
11	临泉县(皖)	600.00
12	龙南县(赣)	270.00
13	湖口县(赣)	122.00
14	峡江县(赣)	60.00
15	彭泽县(赣)	37.00
16	寻乌县(赣)	17.00
17	邓州市(豫)	500.00
18	太康县(豫)	50.00
19	利川市(鄂)	1000.00
20	汝城县(湘)	61.00
21	和平县(粤)	1250.00
22	那坡县(桂)	1067.00
23	宣威市(滇)	5400.00
24	元阳县(滇)	861.00
25	永寿县(陕)	215.80
26	麟游县(陕)	105.00
27	民乐县(甘)	29000.00
28	徽　县(甘)	1065.00
29	榆中县(甘)	590.00

（续表）

序号	板蓝根主产地	产量
30	崆峒区(甘)	430.00
31	七里河区(甘)	20.00
32	舟曲县(甘)	17.00
33	西吉县(宁)	50.00

表 16-9　桔梗主产地产量

单位:吨

序号	桔梗主产地	产量
1	隆化县(冀)	400.00
2	围场满族蒙古族自治县(冀)	50.00
3	平泉市(冀)	26.00
4	松山区(内蒙古)	200.00
5	扎兰屯市(内蒙古)	180.00
6	喀喇沁左翼蒙古族自治县(辽)	648.00
7	凌源市(辽)	22.00
8	振安区(辽)	20.00
9	舒兰市(吉)	700.00
10	拜泉县(黑)	180.00
11	龙江县(黑)	35.00
12	太和县(皖)	3000.00
13	砀山县(皖)	20.23
14	武宁县(赣)	45.00
15	沂源县(鲁)	5000.00
16	博山区(鲁)	300.00
17	梁山县(鲁)	274.00
18	临朐县(鲁)	20.00
19	开州区(渝)	2353.00
20	奉节县(渝)	790.00
21	昭化区(川)	68.00
22	黄平县(黔)	16.00
23	玉龙纳西族自治县(滇)	4740.00
24	香格里拉市(滇)	501.00
25	洛南县(陕)	3200.00
26	成　县(甘)	20000.00

表 16-10　丹参主产地产量

单位:吨

序号	丹参主产地	产量
1	平陆县(晋)	30.00
2	鸡东县(黑)	100.00
3	密山市(黑)	69.00
4	桐城市(皖)	750.00
5	临泉县(皖)	200.00
6	彭泽县(赣)	146.00
7	临川区(赣)	58.00

(续表)

序号	丹参主产地	产量
8	新泰市(鲁)	22500.00
9	平邑县(鲁)	5200.00
10	沂源县(鲁)	5000.00
11	东平县(鲁)	1000.00
12	梁山县(鲁)	609.00
13	沂水县(鲁)	547.00
14	乳山市(鲁)	400.00
15	肥城市(鲁)	266.00
16	长清区(鲁)	260.00
17	宁阳县(鲁)	39.90
18	泰安市泰山景区(鲁)	30.00
19	汶上县(鲁)	25.00
20	方城县(豫)	1500.00
21	孟津县(豫)	1500.00
22	义马市(豫)	300.00
23	辉县市(豫)	40.00
24	商水县(豫)	25.00
25	仙桃市(鄂)	3460.00
26	奉节县(渝)	4000.00
27	剑阁县(川)	1500.00
28	罗江区(川)	15.00
29	蒲城县(陕)	360.00
30	麟游县(陕)	36.00

表 16-11　天麻主产地产量

单位:吨

序号	天麻主产地	产量
1	东港市(辽)	10.00
2	辉南县(吉)	880.00
3	抚松县(吉)	53.00
4	通化县(吉)	41.75
5	靖宇县(吉)	20.00
6	二道江区(吉)	13.00
7	白河林业局(吉)	10.00
8	岳西县(皖)	3497.20
9	商水县(豫)	30.00
10	汝阳县(豫)	11.50
11	罗田县(鄂)	1200.00
12	英山县(鄂)	310.00
13	大悟县(鄂)	10.00
14	靖州苗族侗族自治县(湘)	1950.00
15	洪江市(湘)	360.00
16	苏仙区(湘)	20.00
17	城口县(渝)	480.00
18	奉节县(渝)	50.00

(续表)

序号	天麻主产地	产量
19	瓮安县(黔)	11.00
20	彝良县(滇)	11000.00
21	永胜县(滇)	1257.40
22	大关县(滇)	700.00
23	腾冲市(滇)	400.00
24	香格里拉市(滇)	300.00
25	泸西县(滇)	200.00
26	永善县(滇)	111.00
27	弥渡县(滇)	60.00
28	通海县(滇)	50.00
29	鹤庆县(滇)	17.50
30	江川区(滇)	12.00
31	宁强县(陕)	10000.00
32	商南县(陕)	149.00
33	蓝田县(陕)	25.00
34	三岔子林业局(吉林森工)	15.00

表 16-12　党参主产地产量

单位:吨

序号	党参主产地	产量
1	围场满族蒙古族自治县(冀)	100.00
2	松山区(内蒙古)	10.00
3	清原满族自治县(辽)	680.00
4	舒兰市(吉)	300.00
5	辉南县(吉)	175.00
6	峡江县(赣)	13.00
7	新化县(湘)	120.00
8	奉节县(渝)	9600.00
9	开州区(渝)	980.00
10	城口县(渝)	560.00
11	会理县(川)	134.00
12	木里藏族自治县(川)	67.00
13	永善县(滇)	346.00
14	东川区(滇)	100.00
15	盘龙区(滇)	13.00
16	兰坪白族普米族自治县(滇)	10.00
17	岷　县(甘)	56245.00
18	民乐县(甘)	1568.00
19	徽　县(甘)	855.00
20	榆中县(甘)	565.00
21	崆峒区(甘)	200.00
22	古浪县(甘)	130.00
23	舟曲县(甘)	12.00

表 16-13　石斛主产地产量

单位:吨

序号	石斛主产地	产量
1	义乌市(浙)	271.00
2	柯桥区(浙)	100.00
3	黄岩区(浙)	61.70
4	温岭市(浙)	52.00
5	临海市(浙)	50.00
6	萧山区(浙)	48.00
7	象山县(浙)	32.00
8	诸暨市(浙)	30.00
9	兰溪市(浙)	20.00
10	天台县(浙)	17.00
11	余杭区(浙)	10.50
12	浦江县(浙)	10.00
13	庆元县(浙)	7.00
14	苍南县(浙)	5.00
15	宁国市(皖)	22.50
16	霍山县(皖)	10.00
17	余江县(赣)	20.00
18	京山县(鄂)	30.00
19	桂平市(桂)	2000.00
20	金堂县(川)	380.00
21	夹江县(川)	50.00
22	平塘县(黔)	113.00
23	沿河土家族自治县(黔)	5.00
24	龙陵县(滇)	3200.00
25	芒　市(滇)	1913.70
26	瑞丽市(滇)	1786.40
27	腾冲市(滇)	1080.60
28	镇沅彝族哈尼族拉祜族自治县(滇)	788.30
29	盘龙区(滇)	400.00
30	陇川县(滇)	383.00
31	泸水市(滇)	373.00
32	勐腊县(滇)	336.89
33	勐海县(滇)	333.00
34	宁洱哈尼族彝族自治县(滇)	278.00
35	施甸县(滇)	230.00
36	盈江县(滇)	192.30
37	景谷傣族彝族自治县(滇)	125.00
38	泸西县(滇)	110.00
39	沧源佤族自治县(滇)	100.00
40	双江拉祜族佤族布朗族傣族自治县(滇)	75.00
41	孟连傣族拉祜族佤族自治县(滇)	65.60

（续表）

序号	石斛主产地	产量
42	富民县（滇）	44.00
43	昌宁县（滇）	36.00
44	西畴县（滇）	30.00
45	景洪市（滇）	28.00
46	石林彝族自治县（滇）	13.00
47	江川区（滇）	8.00
48	墨江哈尼族自治县（滇）	6.96

表 16-14　百合主产地产量

单位：吨

序号	百合主产地	产量
1	三门县（浙）	280.00
2	广德县（皖）	4000.00
3	旌德县（皖）	610.00
4	郎溪县（皖）	200.00
5	临川区（赣）	10.00
6	利川市（鄂）	10000.00
7	宜都市（鄂）	10.00
8	隆回县（湘）	35000.00
9	沅陵县（湘）	660.00
10	永定区（湘）	300.00
11	新化县（湘）	300.00
12	汉寿县（湘）	100.00
13	桃源县（湘）	70.00
14	会同县（湘）	50.00
15	武陵源区（湘）	25.00
16	安化县（湘）	6.00
17	芷江侗族自治县（湘）	6.00
18	江津区（渝）	500.00
19	铜梁区（渝）	200.00
20	奉节县（渝）	5.00
21	昭化区（川）	150.00
22	会理县（川）	134.00
23	天柱县（黔）	40.00
24	宣威市（滇）	21200.00
25	元阳县（滇）	533.00
26	江川区（滇）	12.00
27	华宁县（滇）	5.00
28	兰坪白族普米族自治县（滇）	5.00

表 16-15　枸杞子主产地产量

单位：吨

序号	枸杞子主产地	产量
1	青龙满族自治县（冀）	1883.00
2	隆化县（冀）	50.00
3	平泉市（冀）	8.00
4	托克托县（内蒙古）	120.00
5	磴口县（内蒙古）	82.00
6	临河区（内蒙古）	53.00
7	李井滩示范区（内蒙古）	10.00
8	达拉特旗（内蒙古）	5.00
9	辽阳县（辽）	28.00
10	武宁县（赣）	10.00
11	渑池县（豫）	120.00
12	禹州市（豫）	102.00
13	建始县（鄂）	1000.00
14	巴东县（鄂）	15.00
15	綦江区（渝）	200.00
16	奉节县（渝）	20.00
17	德江县（黔）	6.00
18	高台县（甘）	3880.00
19	敦煌市（甘）	2217.00
20	永昌县（甘）	1000.00
21	民乐县（甘）	550.00
22	中宁县（宁）	241000.00
23	西夏区（宁）	4620.00
24	惠农区（宁）	2400.00
25	金凤区（宁）	58.00
26	盐池县（宁）	45.00

表 16-16　黄芪主产地产量

单位：吨

序号	黄芪主产地	产量
1	围场满族蒙古族自治县（冀）	100.00
2	隆化县（冀）	60.00
3	广灵县（晋）	1000.00
4	应　县（晋）	400.00
5	浑源县（晋）	170.00
6	万荣县（晋）	55.00
7	平陆县（晋）	10.00
8	乌拉特前旗（内蒙古）	5000.00
9	固阳县（内蒙古）	3500.00
10	武川县（内蒙古）	1120.00
11	克什克腾旗（内蒙古）	286.00
12	清水河县（内蒙古）	75.00
13	达尔罕茂明安联合旗（内蒙古）	45.00
14	喀喇沁左翼蒙古族自治县（辽）	412.00
15	舒兰市（吉）	110.00
16	前郭尔罗斯蒙古族自治县（吉）	40.00
17	佳木斯市郊区（黑）	585.00
18	逊克县（黑）	504.00
19	双城区（黑）	363.25
20	宝清县（黑）	330.00
21	爱辉区（黑）	80.00
22	孙吴县（黑）	30.00
23	萝北县（黑）	20.00
24	抚远县（黑）	20.00
25	海林市（黑）	18.00
26	峡江县（赣）	50.00
27	沂源县（鲁）	3000.00
28	鄂州市市辖区（鄂）	20.00
29	木里藏族自治县（川）	18.19
30	东川区（滇）	200.00
31	子洲县（陕）	1200.00
32	麟游县（陕）	650.00
33	岷　县（甘）	107610.00
34	民乐县（甘）	24726.00
35	徽　县（甘）	2013.00
36	榆中县（甘）	930.00
37	崆峒区（甘）	230.00
38	西吉县（宁）	150.00

表 16-17　白芨主产地产量

单位：吨

序号	白芨主产地	产量
1	诸暨市（浙）	10.00
2	广德县（皖）	1200.00
3	旌德县（皖）	130.00
4	东至县（皖）	70.00
5	祁门县（皖）	10.00
6	新宁县（湘）	3000.00
7	汉寿县（湘）	80.00
8	奉节县（渝）	20.00
9	南部县（川）	1000.00
10	木里藏族自治县（川）	27.00
11	黄平县（黔）	60.00
12	天柱县（黔）	40.00
13	景谷傣族彝族自治县（滇）	8213.00
14	宣威市（滇）	6500.00
15	景洪市（滇）	600.00
16	泸西县（滇）	510.00
17	玉龙纳西族自治县（滇）	143.00
18	宁洱哈尼族彝族自治县（滇）	107.00
19	马龙县（滇）	100.00
20	麒麟区（滇）	100.00

(续表)

序号	白芨主产地	产量
21	镇沅彝族哈尼族拉祜族自治县(滇)	82.00
22	永胜县(滇)	63.30
23	云龙县(滇)	40.00
24	施甸县(滇)	30.00
25	云　县(滇)	28.00
26	宁蒗彝族自治县(滇)	10.00

表 16-18　黄精主产地产量

单位:吨

序号	黄精主产地	产量
1	淳安县(浙)	308.00
2	广德县(皖)	1500.00
3	旌德县(皖)	540.00
4	祁门县(皖)	88.00
5	贵池区(皖)	20.00
6	东至县(皖)	20.00
7	隆回县(湘)	1000.00
8	平江县(湘)	657.00
9	新化县(湘)	500.00
10	祁东县(湘)	276.00
11	辰溪县(湘)	100.00
12	鹤城区(湘)	50.00
13	泸溪县(湘)	30.00
14	株洲县(湘)	18.00
15	奉节县(渝)	80.00
16	南部县(川)	100.00
17	筠连县(川)	20.00
18	都江堰市(川)	20.00
19	腾冲市(滇)	176.00
20	麒麟区(滇)	150.00
21	云　县(滇)	150.00
22	昌宁县(滇)	72.00
23	沧源佤族自治县(滇)	50.00
24	马龙县(滇)	50.00
25	西畴县(滇)	46.00
26	龙陵县(滇)	39.00
27	施甸县(滇)	30.00

表 16-19　白果主产地产量

单位:吨

序号	白果主产地	产量
1	龙城区(辽)	1406.00
2	振安区(辽)	10.00
3	高港区(苏)	40000.00
4	泰兴市(苏)	18000.00
5	东台市(苏)	9898.00
6	邳州市(苏)	5200.00
7	姜堰区(苏)	3425.00
8	海安县(苏)	2400.00
9	大丰区(苏)	1680.00
10	靖江市(苏)	1400.00
11	广陵区(苏)	1200.00
12	新沂市(苏)	1180.00
13	兴化市(苏)	1025.00
14	睢宁县(苏)	540.00
15	射阳县(苏)	360.00
16	赣榆区(苏)	300.00
17	响水县(苏)	240.00
18	吴中区(苏)	199.00
19	盱眙县(苏)	160.00
20	六合区(苏)	135.00
21	海门市(苏)	129.00
22	仪征市(苏)	100.00
23	安吉县(浙)	70.00
24	绩溪县(皖)	90.00
25	来安县(皖)	30.00
26	怀宁县(皖)	26.00
27	望江县(皖)	12.00
28	歙　县(皖)	10.00
29	信丰县(赣)	37.00
30	上饶县(赣)	15.00
31	袁州区(赣)	10.00
32	宁阳县(鲁)	15.60
33	宜阳县(豫)	380.00
34	嵩　县(豫)	240.00
35	禹州市(豫)	85.00
36	孝昌县(鄂)	10000.00
37	南漳县(鄂)	2000.00
38	建始县(鄂)	924.00
39	京山县(鄂)	800.00
40	恩施市(鄂)	675.00
41	黄梅县(鄂)	100.00
42	咸丰县(鄂)	86.00
43	宣恩县(鄂)	68.00
44	大悟县(鄂)	50.00
45	通城县(鄂)	36.00
46	远安县(鄂)	20.00
47	衡阳县(湘)	270.00
48	澧　县(湘)	30.00
49	衡南县(湘)	13.00
50	南川区(渝)	240.00
51	丰都县(渝)	186.00
52	奉节县(渝)	10.00
53	都江堰市(川)	892.00
54	邻水县(川)	82.00
55	威远县(川)	30.00
56	仪陇县(川)	15.00
57	瓮安县(黔)	120.00
58	德江县(黔)	36.00
59	思南县(黔)	20.00
60	沿河土家族自治县(黔)	10.00
61	西乡县(陕)	632.00

表 16-20　其他中药材主产地产量

单位:吨

序号	其他中药材主产地	品种	产量
1	社旗县(豫)	艾叶	9800.00
2	老河口市(鄂)	艾叶	3000.00
3	嵩　县(豫)	艾叶	2870.00
4	利川市(鄂)	艾叶	1500.00
5	大悟县(鄂)	艾叶	1000.00
6	云溪区(湘)	艾叶	1000.00
7	商南县(陕)	艾叶	510.00
8	襄城区(鄂)	艾叶	480.00
9	开州区(渝)	艾叶	308.00
10	西吉县(宁)	艾叶	200.00
11	鄂州市市辖区(鄂)	艾叶	100.00
12	泸溪县(湘)	艾叶	100.00
13	南谯区(皖)	艾叶	100.00
14	祁门县(皖)	艾叶	58.00
15	汝阳县(豫)	艾叶	58.00

（续表）

序号	其他中药材主产地	品种	产量
16	镇平县(豫)	艾叶	51.00
17	通城县(鄂)	艾叶	50.00
18	罗甸县(黔)	艾叶	45.00
19	赣县区(赣)	艾叶	23.00
20	淮滨县(豫)	艾叶	15.00
21	和平县(粤)	巴戟天	230.00
22	藤　县(桂)	巴戟天	5.00
23	东乡区(赣)	白花蛇	1600.00
24	大悟县(鄂)	白花蛇	460.00
25	彭泽县(赣)	白花蛇	25.00
26	新晃侗族自治县(湘)	白茅根	12.00
27	邓州市(豫)	白芍	5000.00
28	涡阳县(皖)	白芍	4300.00
29	虞城县(豫)	白芍	4100.00
30	颍东区(皖)	白芍	3500.00
31	仙桃市(鄂)	白芍	2560.00
32	孙吴县(黑)	白芍	1500.00
33	城口县(渝)	白芍	1107.00
34	夏邑县(豫)	白芍	450.00
35	孟津县(豫)	白芍	400.00
36	新泰市(鲁)	白芍	400.00
37	零陵区(湘)	白芍	350.00
38	柘城县(豫)	白芍	350.00
39	睢　县(豫)	白芍	120.00
40	永城市(豫)	白芍	80.00
41	芜湖县(皖)	白芍	45.00
42	湖口县(赣)	白芍	43.00
43	鄂州市市辖区(鄂)	白芍	30.00
44	彭泽县(赣)	白芍	23.50
45	呼玛县(黑)	白芍	10.00
46	安国市(冀)	白术	13333.00
47	灵宝市(豫)	白术	2200.00
48	利川市(鄂)	白术	2000.00
49	临泉县(皖)	白术	2000.00
50	磐安县(浙)	白术	1200.00
51	龙泉市(浙)	白术	743.00
52	宁国市(皖)	白术	504.00
53	淳安县(浙)	白术	140.00
54	天台县(浙)	白术	132.00
55	东川区(滇)	白术	120.00
56	盘龙区(滇)	白术	100.00
57	砀山县(皖)	白术	66.27
58	建始县(鄂)	白术	33.00
59	桑植县(湘)	白术	30.00
60	彭泽县(赣)	白术	23.00
61	祁东县(湘)	白术	17.00
62	临川区(赣)	白术	10.00
63	安国市(冀)	白芷	12500.00
64	南部县(川)	白芷	4000.00
65	开州区(渝)	白芷	1023.00
66	鄄城县(鲁)	白芷	300.00
67	太康县(豫)	白芷	200.00
68	茶陵县(湘)	白芷	190.00
69	大足区(渝)	白芷	100.00
70	鄂州市市辖区(鄂)	白芷	50.00
71	那坡县(桂)	百部	120.00
72	耒阳市(湘)	百两金	0.60
73	耒阳市(湘)	败酱草	1200.00
74	仙桃市(鄂)	半夏	8250.00
75	潜江市(鄂)	半夏	5000.00
76	武胜县(川)	半夏	500.00
77	天门市(鄂)	半夏	180.00
78	沙洋县(鄂)	半夏	120.00
79	麻阳苗族自治县(湘)	半夏	50.00
80	砀山县(皖)	半夏	38.36
81	鄂州市市辖区(鄂)	半夏	12.00
82	峡江县(赣)	薄荷	70.00
83	大足区(渝)	薄荷	50.00
84	靖安县(赣)	薄荷	26.00
85	五河县(皖)	薄荷	10.00
86	奉节县(渝)	贝母	7000.00
87	磐安县(浙)	贝母	2650.00
88	通化县(吉)	贝母	2227.00
89	定海区(浙)	贝母	1860.00
90	逊克县(黑)	贝母	450.00
91	辉南县(吉)	贝母	430.00
92	城口县(渝)	贝母	369.90
93	建始县(鄂)	贝母	351.00
94	苍南县(浙)	贝母	90.00
95	黄岩区(浙)	贝母	24.00
96	三岔子林业局(吉林森工)	贝母	10.00
97	株洲县(湘)	冰片	20.00
98	新宁县(湘)	苍耳子	300.00
99	孙吴县(黑)	苍耳子	170.00
100	耒阳市(湘)	苍耳子	20.00
101	京山县(鄂)	苍术	2000.00
102	城口县(渝)	苍术	1230.00
103	南漳县(鄂)	苍术	850.00
104	郧西县(鄂)	苍术	600.00
105	扎兰屯市(内蒙古)	苍术	500.00

(续表)

序号	其他中药材主产地	品种	产量
106	隆化县(冀)	苍术	200.00
107	海林市(黑)	苍术	120.00
108	罗田县(鄂)	苍术	80.00
109	龙江县(黑)	苍术	53.00
110	阿荣旗(内蒙古)	苍术	50.00
111	呼玛县(黑)	苍术	12.00
112	木里藏族自治县(川)	苍术	10.00
113	腾冲市(滇)	草果	27155.00
114	贡山独龙族怒族自治县(滇)	草果	3374.90
115	屏边苗族自治县(滇)	草果	2436.70
116	龙陵县(滇)	草果	1500.00
117	元阳县(滇)	草果	1352.00
118	耿马傣族佤族自治县(滇)	草果	1159.00
119	云　县(滇)	草果	223.00
120	澜沧拉祜族自治县(滇)	草果	149.16
121	沧源佤族自治县(滇)	草果	20.00
122	宁阳县(鲁)	侧柏	49.95
123	大悟县(鄂)	侧柏	5.00
124	辉县市(豫)	侧柏叶	150.00
125	徽　县(甘)	柴胡	3764.00
126	利川市(鄂)	柴胡	2000.00
127	闻喜县(晋)	柴胡	620.00
128	民乐县(甘)	柴胡	492.00
129	南漳县(鄂)	柴胡	400.00
130	涉　县(冀)	柴胡	256.00
131	榆中县(甘)	柴胡	250.00
132	岷　县(甘)	柴胡	190.00
133	辉县市(豫)	柴胡	150.00
134	文　县(甘)	柴胡	150.00
135	舒兰市(吉)	柴胡	135.00
136	迭部县(甘)	柴胡	127.00
137	甘洛县(川)	柴胡	117.00
138	潞城市(晋)	柴胡	100.00
139	隆化县(冀)	柴胡	60.00
140	阳曲县(晋)	柴胡	60.00
141	九台区(吉)	柴胡	36.00
142	舟曲县(甘)	柴胡	22.00
143	麟游县(陕)	柴胡	21.00
144	龙凤区(黑)	柴胡	11.00
145	围场满族蒙古族自治县(冀)	柴胡	10.00
146	辉南县(吉)	车前子	170.00
147	青铜峡市(宁)	车前子	50.00
148	渝水区(赣)	车前子	24.00
149	利川市(鄂)	陈皮	500.00
150	仁寿县(川)	陈皮	48.00

(续表)

序号	其他中药材主产地	品种	产量
151	奉节县(渝)	陈皮	10.00
152	东川区(滇)	赤芍	2000.00
153	宝清县(黑)	赤芍	625.00
154	通化县(吉)	赤芍	540.00
155	海伦市(黑)	赤芍	195.00
156	扎兰屯市(内蒙古)	赤芍	190.88
157	龙江县(黑)	赤芍	110.00
158	喀喇沁左翼蒙古族自治县(辽)	赤芍	72.50
159	梨树区(黑)	赤芍	40.00
160	阿荣旗(内蒙古)	赤芍	20.00
161	奉节县(渝)	赤小豆	10.00
162	鱼台县(鲁)	虫草	50.00
163	九台区(吉)	虫草	25.00
164	炉霍县(川)	虫草	3.00
165	甘孜县(川)	虫草	1.70
166	木里藏族自治县(川)	虫草	1.07
167	大悟县(鄂)	臭椿	3.00
168	开州区(渝)	川芎	181.00
169	武胜县(川)	川芎	100.00
170	香格里拉市(滇)	川芎	58.30
171	辉南县(吉)	穿山甲	280.00
172	延寿县(黑)	穿山龙	350.00
173	辉南县(吉)	穿山龙	340.00
174	鹰手营子矿区(冀)	穿山龙	5.00
175	本溪市经济开发区(辽)	穿山龙	3.00
176	新宾满族自治县(辽)	刺五加	6111.00
177	清原满族自治县(辽)	刺五加	900.00
178	转山实验林场(黑)	刺五加	900.00
179	桦南县(黑)	刺五加	300.00
180	海伦市(黑)	刺五加	187.50
181	辉南县(吉)	刺五加	180.00
182	饶河县(黑)	刺五加	100.00
183	抚顺县(辽)	刺五加	77.00
184	东港市(辽)	刺五加	65.00
185	桓仁满族自治县(辽)	刺五加	40.00
186	九台区(吉)	刺五加	36.00
187	本溪市经济开发区(辽)	刺五加	20.00
188	平山区(辽)	刺五加	20.00
189	振安区(辽)	刺五加	20.00
190	延寿县(黑)	刺五加	15.00
191	阿城区(黑)	刺五加	11.42
192	耒阳市(湘)	大红藤	6.00
193	奉节县(渝)	大黄	40000.00
194	开州区(渝)	大黄	9050.00
195	岷　县(甘)	大黄	331.00

（续表）

序号	其他中药材主产地	品种	产量
196	民乐县(甘)	大黄	108.90
197	迭部县(甘)	大黄	52.00
198	舟曲县(甘)	大黄	25.00
199	白玉林业局(川)	大黄	10.00
200	白玉县(川)	大黄	10.00
201	施甸县(滇)	大黄	10.00
202	耒阳市(湘)	大青叶	200.00
203	永修县(赣)	大青叶	65.00
204	宁阳县(鲁)	大枣	903.00
205	临川区(赣)	大枣	130.00
206	武宣县(桂)	大枣	54.00
207	嵩　县(豫)	大枣	30.00
208	奉节县(渝)	大枣	20.00
209	南陵县(皖)	丹皮	3800.00
210	涡阳县(皖)	丹皮	3000.00
211	建始县(鄂)	丹皮	681.00
212	商南县(陕)	丹皮	124.00
213	泾　县(皖)	丹皮	90.00
214	砀山县(皖)	丹皮	76.92
215	奉节县(渝)	丹皮	10.00
216	岷　县(甘)	当归	93015.00
217	民乐县(甘)	当归	9310.00
218	和政县(甘)	当归	5200.00
219	宁蒗彝族自治县(滇)	当归	1000.00
220	徽　县(甘)	当归	844.00
221	盐亭县(川)	当归	672.00
222	文　县(甘)	当归	300.00
223	宾川县(滇)	当归	200.00
224	鹤庆县(滇)	当归	164.00
225	昌宁县(滇)	当归	161.00
226	东川区(滇)	当归	80.00
227	香格里拉市(滇)	当归	49.90
228	盘龙区(滇)	当归	22.00
229	永胜县(滇)	当归	19.10
230	古浪县(甘)	当归	16.50
231	武宁县(赣)	当归	15.00
232	舟曲县(甘)	当归	12.00
233	沾益区(滇)	当归	10.00
234	盖州市(辽)	地龙	180.00
235	城口县(渝)	独活	7000.00
236	宝清县(黑)	防风	3813.00
237	民乐县(甘)	防风	1204.00
238	清原满族自治县(辽)	防风	580.00
239	洮南市(吉)	防风	300.00
240	桦南县(黑)	防风	280.00

（续表）

序号	其他中药材主产地	品种	产量
241	逊克县(黑)	防风	154.00
242	前郭尔罗斯蒙古族自治县(吉)	防风	80.00
243	岷　县(甘)	防风	73.20
244	孙吴县(黑)	防风	50.00
245	龙江县(黑)	防风	17.00
246	阿城区(黑)	防风	16.24
247	盘龙区(滇)	防风	12.00
248	上高县(赣)	防己	1200.00
249	彭泽县(赣)	防己	12.00
250	耒阳市(湘)	枫香	12.00
251	大悟县(鄂)	枫香	6.00
252	沧源佤族自治县(滇)	佛手	50.00
253	昌宁县(滇)	佛手	10.10
254	靖州苗族侗族自治县(湘)	茯苓	62000.00
255	岳西县(皖)	茯苓	11415.00
256	昭化区(川)	茯苓	2100.00
257	岑溪市(桂)	茯苓	1900.00
258	成　县(甘)	茯苓	1500.00
259	宁洱哈尼族彝族自治县(滇)	茯苓	1500.00
260	昌宁县(滇)	茯苓	1381.00
261	桑植县(湘)	茯苓	300.00
262	砚山县(滇)	茯苓	160.00
263	墨江哈尼族自治县(滇)	茯苓	128.68
264	旌德县(皖)	茯苓	120.00
265	潜山县(皖)	茯苓	70.00
266	武宁县(赣)	茯苓	60.00
267	云　县(滇)	茯苓	51.00
268	永胜县(滇)	茯苓	42.90
269	新晃侗族自治县(湘)	茯苓	20.00
270	高安市(赣)	茯苓	19.00
271	木里藏族自治县(川)	茯苓	11.69
272	耒阳市(湘)	浮萍	300.00
273	玉龙纳西族自治县(滇)	附子	20144.00
274	宾川县(滇)	附子	7000.00
275	云龙县(滇)	附子	1500.00
276	香格里拉市(滇)	附子	1073.40
277	永胜县(滇)	附子	544.30
278	华坪县(滇)	附子	150.00
279	宁蒗彝族自治县(滇)	附子	100.00
280	盘龙区(滇)	附子	45.00
281	兰坪白族普米族自治县(滇)	附子	10.00
282	德兴市(赣)	覆盆子	273000.00
283	广德县(皖)	覆盆子	2000.00
284	淳安县(浙)	覆盆子	318.00
285	天门市(鄂)	覆盆子	180.00

(续表)

序号	其他中药材主产地	品种	产量
286	平塘县(黔)	覆盆子	153.00
287	旌德县(皖)	覆盆子	110.00
288	黄山区(皖)	覆盆子	45.00
289	绩溪县(皖)	覆盆子	40.00
290	休宁县(皖)	覆盆子	35.00
291	黄岩区(浙)	覆盆子	14.00
292	民乐县(甘)	甘草	2800.00
293	杭锦旗(内蒙古)	甘草	2000.00
294	榆中县(甘)	甘草	1660.00
295	宝清县(黑)	甘草	1125.00
296	磴口县(内蒙古)	甘草	234.00
297	子洲县(陕)	甘草	200.00
298	峡江县(赣)	甘草	80.00
299	阿克塞哈萨克族自治县(甘)	甘草	60.00
300	靖安县(赣)	甘草	26.00
301	洮南市(吉)	甘草	21.00
302	达拉特旗(内蒙古)	甘草	11.00
303	托克托县(内蒙古)	甘草	10.00
304	永胜县(滇)	干姜	1093.90
305	上饶县(赣)	干姜	530.00
306	茶陵县(湘)	干姜	500.00
307	赣县区(赣)	干姜	216.00
308	玉山县(赣)	干姜	204.00
309	武宁县(赣)	干姜	175.00
310	靖安县(赣)	干姜	140.00
311	高安市(赣)	干姜	78.52
312	城口县(渝)	藁本	3000.00
313	昭化区(川)	葛根	5000.00
314	宣威市(滇)	葛根	3200.00
315	云　县(滇)	葛根	1507.00
316	耒阳市(湘)	葛根	600.00
317	宜城市(鄂)	葛根	325.00
318	罗江区(川)	葛根	300.00
319	桑植县(湘)	葛根	300.00
320	和平县(粤)	葛根	250.00
321	旌德县(皖)	葛根	220.00
322	彭泽县(赣)	葛根	220.00
323	常山县(浙)	葛根	150.00
324	金堂县(川)	葛根	85.00
325	新化县(湘)	葛根	50.00
326	建始县(鄂)	葛根	48.00
327	奉节县(渝)	葛根	20.00
328	会同县(湘)	葛根	20.00
329	施甸县(滇)	葛根	20.00
330	南谯区(皖)	葛根	15.00

(续表)

序号	其他中药材主产地	品种	产量
331	丹寨县(黔)	钩藤	1125.00
332	天柱县(黔)	钩藤	108.00
333	三都水族自治县(黔)	钩藤	18.00
334	耒阳市(湘)	谷精草	4.00
335	安国市(冀)	瓜蒌	20650.00
336	苍溪县(川)	瓜蒌	3200.00
337	南谯区(皖)	瓜蒌	500.00
338	昭化区(川)	瓜蒌	300.00
339	潜山县(皖)	瓜蒌	90.00
340	固镇县(皖)	瓜蒌	30.00
341	宁阳县(鲁)	瓜蒌	24.00
342	桂平市(桂)	桂枝	5230.00
343	那坡县(桂)	桂枝	200.00
344	武宁县(赣)	桂枝	10.00
345	大悟县(鄂)	合欢花	1.00
346	盘龙区(滇)	何首乌	60.00
347	武陵源区(湘)	何首乌	40.00
348	汝城县(湘)	何首乌	20.00
349	奉节县(渝)	何首乌	10.00
350	昌宁县(滇)	何首乌	7.20
351	陆川县(桂)	何首乌	5.00
352	大足区(渝)	荷叶	10.00
353	淮阳县(豫)	黑芝麻	500.00
354	商水县(豫)	黑芝麻	10.00
355	隆阳区(滇)	红花	525.00
356	永胜县(滇)	红花	216.70
357	昌宁县(滇)	红花	41.80
358	商南县(陕)	黄姜	879.00
359	建始县(鄂)	黄姜	15.00
360	安化县(湘)	黄姜	10.00
361	会理县(川)	黄荆	134.00
362	耒阳市(湘)	黄荆	40.00
363	开州区(渝)	黄连	7150.00
364	汶川县(川)	黄连	740.00
365	珙　县(川)	黄连	220.00
366	建始县(鄂)	黄连	99.00
367	桑植县(湘)	黄连	12.00
368	平邑县(鲁)	黄芩	5100.00
369	蒲城县(陕)	黄芩	1300.00
370	洛南县(陕)	黄芩	1171.00
371	闻喜县(晋)	黄芩	720.00
372	赤城县(冀)	黄芩	526.00
373	子洲县(陕)	黄芩	320.00
374	喀喇沁左翼蒙古族自治县(辽)	黄芩	257.10
375	隆化县(冀)	黄芩	130.00

（续表）

序号	其他中药材主产地	品种	产量
376	麟游县（陕）	黄芩	111.00
377	沂水县（鲁）	黄芩	65.00
378	平泉市（冀）	黄芩	50.00
379	凌源市（辽）	黄芩	36.00
380	阳曲县（晋）	黄芩	25.00
381	绛　县（晋）	黄芩	15.00
382	潞城市（晋）	黄芩	15.00
383	围场满族蒙古族自治县（冀）	黄芩	10.00
384	资中县（川）	姜黄	1400.00
385	奉节县（渝）	僵蚕	5.00
386	南谯区（皖）	金钱草	20.00
387	石林彝族自治县（滇）	金钱草	5.60
388	鼎城区（湘）	金樱子	28.00
389	涉　县（冀）	荆芥	620.00
390	大悟县（鄂）	韭菜子	2.00
391	温　县（豫）	菊花	3000.00
392	淳安县（浙）	菊花	850.00
393	天门市（鄂）	菊花	850.00
394	罗田县（鄂）	菊花	500.00
395	东平县（鲁）	菊花	490.00
396	武宁县（赣）	菊花	322.00
397	太康县（豫）	菊花	300.00
398	商南县（陕）	菊花	216.00
399	大悟县（鄂）	菊花	200.00
400	桐城市（皖）	菊花	150.00
401	永兴县（湘）	菊花	145.00
402	南谯区（皖）	菊花	100.00
403	高安市（赣）	菊花	75.00
404	德安县（赣）	菊花	60.00
405	永丰县（赣）	菊花	55.00
406	绩溪县（皖）	菊花	40.00
407	袁州区（赣）	菊花	40.00
408	耒阳市（湘）	菊花	20.00
409	永年区（冀）	菊花	18.00
410	靖安县（赣）	菊花	15.30
411	潜山县（皖）	菊花	12.00
412	淮滨县（豫）	菊花	10.00
413	景宁畲族自治县（浙）	菊花	10.00
414	辉县市（豫）	决明子	150.00
415	袁州区（赣）	决明子	20.00
416	龙江县（黑）	决明子	17.00
417	沙洋县（鄂）	决明子	15.00
418	赤城县（冀）	苦参	5000.00
419	库伦旗（内蒙古）	苦参	2000.00
420	喀喇沁左翼蒙古族自治县（辽）	苦参	1230.00

（续表）

序号	其他中药材主产地	品种	产量
421	桂阳县（湘）	苦参	1000.00
422	成　县（甘）	苦参	500.00
423	科尔沁左翼后旗（内蒙古）	苦参	330.00
424	西畴县（滇）	苦参	230.00
425	凌源市（辽）	苦参	93.50
426	隆化县（冀）	苦参	70.00
427	围场满族蒙古族自治县（冀）	苦参	10.00
428	大关县（滇）	苦楝皮	2.30
429	和政县（甘）	款冬花	75.00
430	耒阳市（湘）	阔叶十大功劳	4.00
431	黎城县（晋）	连翘	7500.00
432	沁源县（晋）	连翘	4000.00
433	涉　县（冀）	连翘	2600.00
434	阳城县（晋）	连翘	1300.00
435	安泽县（晋）	连翘	1000.00
436	嵩　县（豫）	连翘	900.00
437	古　县（晋）	连翘	750.00
438	翼城县（晋）	连翘	550.00
439	左权县（晋）	连翘	400.00
440	商南县（陕）	连翘	372.00
441	渑池县（豫）	连翘	359.00
442	闻喜县（晋）	连翘	350.00
443	洛南县（陕）	连翘	300.00
444	沁　县（晋）	连翘	110.00
445	奉节县（渝）	连翘	20.00
446	长子县（晋）	连翘	18.00
447	高平市（晋）	连翘	13.25
448	耒阳市（湘）	楝	5.00
449	旌德县（皖）	灵芝	600.00
450	抚松县（吉）	灵芝	138.00
451	寻乌县（赣）	灵芝	90.00
452	永丰县（赣）	灵芝	50.00
453	武宁县（赣）	灵芝	36.50
454	册亨县（黔）	灵芝	32.00
455	黄岩区（浙）	灵芝	28.00
456	信丰县（赣）	灵芝	25.00
457	靖宇县（吉）	灵芝	16.43
458	天柱县（黔）	灵芝	12.00
459	安远县（赣）	灵芝	10.00
460	察隅县（藏）	灵芝	10.00
461	通化县（吉）	灵芝	7.80
462	德安县（赣）	灵芝	6.00
463	瓮安县（黔）	灵芝	6.00
464	东源县（粤）	灵芝	5.00
465	含山县（皖）	凌霄花	4.00

(续表)

序号	其他中药材主产地	品种	产量
466	云　县(滇)	龙胆草	2107.00
467	清原满族自治县(辽)	龙胆草	850.00
468	云龙县(滇)	龙胆草	50.00
469	临翔区(滇)	龙胆草	15.00
470	辉南县(吉)	龙胆草	10.00
471	北流市(桂)	龙眼肉	29496.00
472	陆川县(桂)	龙眼肉	20.00
473	耒阳市(湘)	芦根	300.00
474	新宁县(湘)	鹿茸	50.00
475	辉南县(吉)	鹿茸	2.50
476	蛟河市(吉)	鹿茸	2.00
477	潜山县(皖)	鹿茸	2.00
478	新宾满族自治县(辽)	鹿茸	1.40
479	鄂托克前旗(内蒙古)	麻黄	2460.00
480	达拉特旗(内蒙古)	麻黄	708.00
481	林西县(内蒙古)	麻黄	70.00
482	耒阳市(湘)	马勃	2.00
483	耒阳市(湘)	马齿苋	2000.00
484	奉节县(渝)	马齿苋	40.00
485	南谯区(皖)	马齿苋	20.00
486	兴国县(赣)	马齿苋	12.00
487	袁州区(赣)	马齿苋	5.00
488	襄城区(鄂)	麦冬	7400.00
489	南谯区(皖)	麦冬	50.00
490	湖口县(赣)	麦冬	46.00
491	麻阳苗族自治县(湘)	麦冬	15.00
492	潼南区(渝)	玫瑰花	750.00
493	东平县(鲁)	玫瑰花	665.00
494	丘北县(滇)	玫瑰花	460.00
495	茌平县(鲁)	玫瑰花	150.00
496	肥城市(鲁)	玫瑰花	135.00
497	虞城县(豫)	玫瑰花	20.00
498	宁阳县(鲁)	玫瑰花	13.20
499	谷城县(鄂)	木瓜	12328.00
500	桐柏县(豫)	木瓜	2555.00
501	綦江区(渝)	木瓜	650.00
502	城口县(渝)	木瓜	620.00
503	建始县(鄂)	木瓜	595.00
504	宝丰县(豫)	木瓜	32.00
505	武陵源区(湘)	木瓜	30.00
506	仪陇县(川)	木瓜	21.00
507	奉节县(渝)	木瓜	10.00
508	常山县(浙)	木槿	300.00
509	辉南县(吉)	木通	56.00
510	桑植县(湘)	木通	20.00

(续表)

序号	其他中药材主产地	品种	产量
511	文　县(甘)	木香	20000.00
512	玉龙纳西族自治县(滇)	木香	13645.00
513	城口县(渝)	木香	7000.00
514	开州区(渝)	木香	6882.00
515	奉节县(渝)	木香	2800.00
516	嵩明县(滇)	木香	400.00
517	香格里拉市(滇)	木香	352.30
518	永胜县(滇)	木香	88.20
519	昌宁县(滇)	木香	11.00
520	耒阳市(湘)	南蛇藤	100.00
521	耒阳市(湘)	南天竹	6.00
522	迭部县(甘)	牛蒡子	121.00
523	宁阳县(鲁)	牛蒡子	48.40
524	耒阳市(湘)	牛蒡子	20.00
525	榆中县(甘)	牛黄	480.00
526	奉节县(渝)	牛膝	6800.00
527	城口县(渝)	牛膝	3600.00
528	瓮安县(黔)	女贞子	2.50
529	新宾满族自治县(辽)	蒲公英	4935.00
530	辉南县(吉)	蒲公英	3800.00
531	靖宇县(吉)	蒲公英	3463.20
532	清原满族自治县(辽)	蒲公英	630.00
533	长清区(鲁)	蒲公英	200.00
534	南谯区(皖)	蒲公英	50.00
535	耒阳市(湘)	蒲公英	40.00
536	襄城区(鄂)	蒲公英	40.00
537	集贤县(黑)	蒲公英	20.00
538	耒阳市(湘)	千金藤	10.00
539	奉节县(渝)	前胡	8000.00
540	昭化区(川)	前胡	650.00
541	淳安县(浙)	前胡	525.00
542	淮滨县(豫)	芡实	300.00
543	东至县(皖)	芡实	100.00
544	固始县(豫)	芡实	30.00
545	迭部县(甘)	羌活	1760.00
546	金川县(川)	羌活	24.00
547	玉龙纳西族自治县(滇)	秦艽	6813.00
548	云龙县(滇)	秦艽	600.00
549	香格里拉市(滇)	秦艽	207.00
550	永胜县(滇)	秦艽	35.90
551	金川县(川)	秦艽	30.00
552	宁蒗彝族自治县(滇)	秦艽	23.00
553	迭部县(甘)	秦艽	20.00
554	兰坪白族普米族自治县(滇)	秦艽	20.00
555	祁东县(湘)	青蒿	560.00

（续表）

序号	其他中药材主产地	品种	产量
556	耒阳市（湘）	青蒿	500.00
557	南谯区（皖）	青蒿	200.00
558	会理县（川）	青蒿	119.00
559	冷水滩区（湘）	青蒿	100.00
560	奉节县（渝）	青蒿	10.00
561	耒阳市（湘）	青葙子	8.00
562	高台县（甘）	肉苁蓉	1300.00
563	阿拉善右旗（内蒙古）	肉苁蓉	825.00
564	磴口县（内蒙古）	肉苁蓉	332.00
565	木里藏族自治县（川）	肉苁蓉	171.04
566	阿拉善左旗（内蒙古）	肉苁蓉	150.00
567	桂平市（桂）	肉桂	7530.00
568	屏边苗族自治县（滇）	肉桂	158.90
569	武宁县（赣）	肉桂	10.00
570	蒙自市（滇）	三七	3912.60
571	泸西县（滇）	三七	3100.00
572	腾冲市（滇）	三七	2406.00
573	石屏县（滇）	三七	1550.00
574	麻栗坡县（滇）	三七	527.00
575	麒麟区（滇）	三七	200.00
576	江川区（滇）	三七	180.00
577	弥勒市（滇）	三七	167.00
578	昌宁县（滇）	三七	57.90
579	隆阳区（滇）	三七	50.00
580	云龙县（滇）	三七	12.00
581	永胜县（滇）	三七	10.30
582	古城区（滇）	三七	8.50
583	石林彝族自治县（滇）	三七	8.00
584	华宁县（滇）	三七	7.00
585	墨江哈尼族自治县（滇）	三七	6.96
586	奉节县（渝）	桑白皮	20.00
587	巢湖市（皖）	桑椹	300.00
588	阳新县（鄂）	桑椹	200.00
589	潜山县（皖）	桑椹	15.00
590	奉节县（渝）	桑椹	10.00
591	兴国县（赣）	桑椹	10.00
592	天柱县（黔）	桑椹	5.50
593	奉节县（渝）	桑叶	200.00
594	东平县（鲁）	桑叶	100.00
595	耒阳市（湘）	桑叶	80.00
596	裕安区（皖）	桑叶	16.00
597	双峰县（湘）	桑叶	15.00
598	双峰县（湘）	桑枝	35.00
599	安国市（冀）	沙参	11200.00
600	通化县（吉）	沙参	839.55
601	会理县（川）	沙参	154.00
602	逊克县（黑）	沙参	117.00
603	桓仁满族自治县（辽）	沙参	50.00
604	勐腊县（滇）	砂仁	1664.56
605	屏边苗族自治县（滇）	砂仁	411.00
606	孟连傣族拉祜族佤族自治县（滇）	砂仁	380.00
607	翠屏区（川）	砂仁	31.00
608	墨江哈尼族自治县（滇）	砂仁	30.46
609	澜沧拉祜族自治县（滇）	砂仁	25.05
610	景谷傣族彝族自治县（滇）	砂仁	22.90
611	靖西市（桂）	山豆根	1150.00
612	耒阳市（湘）	山鸡椒	4.00
613	安国市（冀）	山药	30510.00
614	温　县（豫）	山药	22000.00
615	淮阳县（豫）	山药	8300.00
616	东平县（鲁）	山药	1200.00
617	鄄城县（鲁）	山药	1200.00
618	桓仁满族自治县（辽）	山药	800.00
619	贡山独龙族怒族自治县（滇）	山药	245.70
620	建始县（鄂）	山药	225.00
621	商南县（陕）	山药	217.00
622	华坪县（滇）	山药	200.00
623	泾　县（皖）	山药	75.00
624	鲁山县（豫）	山萸肉	1150.00
625	黎城县（晋）	山萸肉	38.00
626	内乡县（豫）	山萸肉	15.00
627	汝阳县（豫）	山萸肉	11.00
628	湘乡市（湘）	山萸肉	10.30
629	嵩　县（豫）	山楂	2200.00
630	辉县市（豫）	山楂	820.00
631	平泉市（冀）	山楂	479.00
632	阳城县（晋）	山楂	370.00
633	东平县（鲁）	山楂	367.00
634	辉南县（吉）	山楂	220.00
635	宁阳县（鲁）	山楂	127.50
636	盖州市（辽）	山楂	105.00
637	南谯区（皖）	山楂	50.00
638	隆化县（冀）	山楂	30.00
639	奉节县（渝）	山楂	20.00
640	涉　县（冀）	射干	100.00
641	长清区（鲁）	射干	80.00
642	奉节县（渝）	射干	50.00
643	双峰县（湘）	射干	15.00
644	奉节县（渝）	伸筋草	5.00
645	汝城县（湘）	升麻	420.00

(续表)

序号	其他中药材主产地	品种	产量
646	蒲城县(陕)	生地	1200.00
647	永寿县(陕)	生地	400.00
648	兴国县(赣)	生姜	900.00
649	会理县(川)	生姜	134.00
650	耒阳市(湘)	生姜	100.00
651	通道侗族自治县(湘)	生姜	100.00
652	天柱县(黔)	生姜	90.00
653	苏仙区(湘)	生姜	80.00
654	潜山县(皖)	生姜	70.00
655	会同县(湘)	生姜	50.00
656	瑞金市(赣)	生姜	14.00
657	乐安县(赣)	生姜	12.00
658	怀远县(皖)	石榴	300.00
659	南谯区(皖)	石榴	25.00
660	奉节县(渝)	石榴	20.00
661	会理县(川)	石榴皮	283.00
662	怀远县(皖)	石榴皮	15.00
663	铜梁区(渝)	使君子	350.00
664	大悟县(鄂)	松香	100.00
665	株洲县(湘)	松香	30.00
666	辉南县(吉)	苏子	130.00
667	宁阳县(鲁)	酸枣仁	600.00
668	平泉市(冀)	酸枣仁	47.00
669	阿拉善左旗(内蒙古)	锁阳	270.00
670	阿拉善右旗(内蒙古)	锁阳	125.00
671	宣州区(皖)	太子参	5400.00
672	广德县(皖)	太子参	2000.00
673	分宜县(赣)	太子参	230.00
674	渝水区(赣)	太子参	40.00
675	三穗县(黔)	太子参	30.00
676	天柱县(黔)	太子参	21.00
677	瓮安县(黔)	太子参	12.00
678	攸　县(湘)	太子参	6.00
679	平泉市(冀)	桃仁	100.00
680	永胜县(滇)	天冬	148.40
681	华宁县(滇)	天冬	7.00
682	盘龙区(滇)	天冬	5.00
683	耒阳市(湘)	通脱木	3.00
684	北流市(桂)	土沉香	40.00
685	英山县(鄂)	土茯苓	800.00
686	耒阳市(湘)	土茯苓	300.00
687	鼎城区(湘)	土茯苓	19.00
688	逊克县(黑)	菟丝子	398.40
689	平罗县(宁)	菟丝子	230.00
690	萝北县(黑)	菟丝子	60.00

(续表)

序号	其他中药材主产地	品种	产量
691	青铜峡市(宁)	菟丝子	30.00
692	民乐县(甘)	王不留行	1065.60
693	达川区(川)	乌梅	15000.00
694	永胜县(滇)	乌梅	50.00
695	隆阳区(滇)	乌头	65.00
696	天台县(浙)	乌药	16.00
697	郎溪县(皖)	吴茱萸	100.00
698	汨罗市(湘)	吴茱萸	95.00
699	沅江市(湘)	吴茱萸	24.00
700	花垣县(湘)	吴茱萸	20.00
701	黄岩区(浙)	吴茱萸	20.00
702	临川区(赣)	吴茱萸	20.00
703	耒阳市(湘)	梧桐	2.00
704	京山县(鄂)	蜈蚣	5.00
705	大悟县(鄂)	蜈蚣	1.00
706	内乡县(豫)	蜈蚣	0.55
707	建始县(鄂)	五倍子	1066.00
708	桑植县(湘)	五倍子	350.00
709	永定区(湘)	五倍子	350.00
710	夷陵区(鄂)	五倍子	200.00
711	西乡县(陕)	五倍子	75.00
712	邻水县(川)	五倍子	42.00
713	三都水族自治县(黔)	五倍子	35.00
714	奉节县(渝)	五倍子	20.00
715	石门县(湘)	五倍子	20.00
716	宁强县(陕)	五倍子	12.00
717	瓮安县(黔)	五倍子	10.00
718	新宾满族自治县(辽)	细辛	1675.00
719	通化县(吉)	细辛	1336.20
720	清原满族自治县(辽)	细辛	820.00
721	桓仁满族自治县(辽)	细辛	400.00
722	迭部县(甘)	细辛	222.00
723	东港市(辽)	细辛	10.00
724	桐柏县(豫)	夏枯草	7483.00
725	昭化区(川)	夏枯草	1950.00
726	耒阳市(湘)	夏枯草	80.00
727	新宁县(湘)	仙鹤草	50.00
728	耒阳市(湘)	香叶树	4.00
729	耒阳市(湘)	香橼	6.00
730	会理县(川)	小茴香	184.00
731	嵩　县(豫)	辛夷	25.00
732	岳西县(皖)	辛夷	2.00
733	丰宁满族自治县(冀)	杏仁	5200.00
734	平泉市(冀)	杏仁	3000.00
735	北票市(辽)	杏仁	1850.00

（续表）

序号	其他中药材主产地	品种	产量(吨)
736	龙城区(辽)	杏仁	1400.00
737	双滦区(冀)	杏仁	370.00
738	环　县(甘)	杏仁	100.00
739	三台县(川)	杏仁	46.00
740	华池县(甘)	杏仁	15.00
741	围场满族蒙古族自治县(冀)	杏仁	10.00
742	玉龙纳西族自治县(滇)	续断	1917.00
743	宁蒗彝族自治县(滇)	续断	1200.00
744	永胜县(滇)	续断	1185.90
745	腾冲市(滇)	续断	750.00
746	兰坪白族普米族自治县(滇)	续断	500.00
747	宾川县(滇)	续断	350.00
748	隆阳区(滇)	续断	220.00
749	木里藏族自治县(川)	续断	164.00
750	昌宁县(滇)	续断	151.00
751	云　县(滇)	续断	30.00
752	华宁县(滇)	续断	12.00
753	城口县(渝)	玄参	7500.00
754	磐安县(浙)	玄参	1040.00
755	建始县(鄂)	玄参	179.00
756	双峰县(湘)	玄参	100.00
757	兴国县(赣)	玄参	5.00
758	甘孜县(川)	雪莲花	10.00
759	磐安县(浙)	延胡索	805.00
760	耒阳市(湘)	盐肤木	200.00
761	新宁县(湘)	盐肤木	50.00
762	奉节县(渝)	盐肤木	10.00
763	耒阳市(湘)	羊踯躅	1.00
764	耒阳市(湘)	夜明砂	4.00
765	义乌市(浙)	益母草	200.00
766	兴国县(赣)	益母草	5.00
767	新宾满族自治县(辽)	淫羊藿	2709.00
768	桓仁满族自治县(辽)	淫羊藿	400.00
769	宁强县(陕)	淫羊藿	45.00
770	麟游县(陕)	淫羊藿	40.00
771	奉节县(渝)	淫羊藿	20.00
772	白山市市辖区(吉)	淫羊藿	16.00
773	天柱县(黔)	淫羊藿	11.00
774	安化县(湘)	玉竹	5417.00
775	涟源市(湘)	玉竹	2580.00
776	汉寿县(湘)	玉竹	1600.00
777	祁东县(湘)	玉竹	1200.00
778	宽甸满族自治县(辽)	玉竹	1000.00
779	清原满族自治县(辽)	玉竹	820.00
780	东港市(辽)	玉竹	343.00
781	会理县(川)	玉竹	214.00
782	舒兰市(吉)	玉竹	200.00
783	苏仙区(湘)	玉竹	65.00
784	敦化林业局(吉)	玉竹	43.00
785	闻喜县(晋)	远志	320.00
786	宛城区(豫)	月季	900.00
787	宁阳县(鲁)	月季	202.60
788	孟津县(豫)	皂刺	1000.00
789	洛阳市伊洛工业园区(豫)	皂角	300.00
790	侯马市(晋)	皂角	18.70
791	峡江县(赣)	泽泻	120.00
792	商水县(豫)	知母	1.50
793	乡城县(川)	知母	0.60
794	长阳土家族自治县(鄂)	栀子	10000.00
795	翠屏区(川)	栀子	3100.00
796	宾阳县(桂)	栀子	300.00
797	南溪区(川)	栀子	63.00
798	奉节县(渝)	栀子	51.00
799	珙　县(川)	栀子	50.00
800	新干县(赣)	栀子	50.00
801	双峰县(湘)	栀子	20.00
802	冷水江市(湘)	栀子	10.00
803	沅江市(湘)	枳实	800.00
804	商南县(陕)	猪苓	348.00
805	辉南县(吉)	猪苓	340.00
806	蓝田县(陕)	猪苓	250.00
807	留坝县(陕)	猪苓	180.00
808	汉西林业局(陕)	猪苓	18.00
809	耒阳市(湘)	竹叶	80.00
810	耒阳市(湘)	紫花地丁	60.00
811	耒阳市(湘)	紫金牛	1.00
812	安国市(冀)	紫苏	10000.00
813	桦南县(黑)	紫苏	400.00
814	耒阳市(湘)	紫苏	200.00

表 17-1　2017 年主要森林旅游资源与利用

序号	县(旗、市、区、局、场)	森林公园及自然保护区（名称）	级别选项（国家、省、地、县）	实际接待人数（万人次）	旅游总收入（万元）	其中：门票收入（万元）
1	海淀区(京)	凤凰岭风景区	国家	100.00	1800.00	1800.00
2	北京市西山林场（京）	西山国家森林公园	国家	215.00	591.40	504.61
3	北京市十三陵林场(京)	蟒山国家森林公园	国家	23.94	421.00	400.00
4	平山县(冀)	天桂山风景名胜区	国家	47.62	3324.00	1828.00
5	平山县(冀)	河北驼梁自然保护区	国家	81.06	5686.00	3126.00
6	迁西县(冀)	达峪林场	国家	61.50	37500.00	30000.00
7	山海关区(冀)	山海关区国家级森林公园	国家	17.75	542.00	
8	北戴河区(冀)	秦皇岛野生动物园	国家	84.00	7000.00	7000.00
9	武安市(冀)	武安青崖寨国家级自然保护区	国家	68.00	4800.00	
10	邢台县(冀)	英谈历史文化古村	国家	12.00	43.00	43.00
11	邢台县(冀)	紫金山旅游区	国家	29.00	909.00	909.00
12	邢台县(冀)	前南峪森林公园	国家	39.00	1573.00	1573.00
13	邢台县(冀)	九龙峡旅游区	国家	31.00	961.00	961.00
14	邢台县(冀)	云梦山旅游区	国家	17.00	537.00	537.00
15	邢台县(冀)	天梯山旅游区	国家	18.00	558.00	558.00
16	邢台县(冀)	大峡谷旅游区	国家	18.00	558.00	558.00
17	邢台县(冀)	天河山旅游区	国家	26.00	830.00	830.00
18	临城县(冀)	崆山白云洞景区	国家	10.00	540.00	540.00
19	内丘县(冀)	太子岩景区	国家	18.00	718.00	
20	柏乡县(冀)	柏乡汉牡丹园	国家	5.50	420.00	420.00
21	涞水县(冀)	野三坡国家森林公园	国家	385.00	15580.00	
22	阜平县(冀)	天生桥国家森林公园	国家	15.50	4340.00	1550.00
23	唐　县(冀)	古北岳国家森林公园	国家	1.00	30.00	
24	涞源县(冀)	白石山国家级森林公园	国家	57.00	34210.00	22824.00
25	易　县(冀)	易州森林公园	国家	45.00	1350.00	30.00
26	曲阳县(冀)	虎山风景区	国家	3.10	452.00	305.00
27	蔚　县(冀)	小五台山自然保护区	国家	2.40	1980.00	172.80
28	怀来县(冀)	河北怀来国家森林公园	国家	10.00	700.00	200.00
29	涿鹿县(冀)	黄羊山森林公园	国家	1.00	10.00	
30	赤城县(冀)	黑龙山森林公园	国家	2.00	30.00	8.00
31	兴隆县(冀)	六里坪国家森林公园	国家	0.51	26.00	26.00
32	平泉市(冀)	辽河源国家森林公园	国家	1.09	45.00	45.00
33	滦平县(冀)	河北白草洼省级自然保护区	国家	5.00	250.00	250.00
34	丰宁满族自治县(冀)	河北丰宁海留图国家级湿地公园	国家	14.30	4683.00	1716.00
35	丰宁满族自治县(冀)	白云古洞景区	国家	12.50	1000.00	625.00
36	围场满族蒙古族自治县(冀)	塞罕坝国家森林公园	国家	70.00	9800.00	9800.00
37	塞罕坝机械林场(冀)	塞罕坝国家森林公园	国家	36.90	5509.50	4456.00
38	木栏围场国有林场(冀)	河北省木兰围场国家森林公园	国家	0.91	9.13	9.13
39	雾灵山国家级自然保护区(冀)	河北雾灵山国家级自然保护区	国家	19.30	2258.80	1887.00
40	古交市(晋)	山西省金牛森林公园	国家	30.00	1.00	
41	浑源县(晋)	恒山国家森林公园	国家	76.40	44296.00	6328.00
42	长治市郊区(晋)	老顶山国家森林公园	国家	32.00	858.00	
43	壶关县(晋)	太行峡谷国家森林公园	国家	260.00	62400.00	30000.00

（续表）

序号	县（旗、市、区、局、场）	森林公园及自然保护区（名称）	级别选项（国家、省、地、县）	实际接待人数（万人次）	旅游总收入（万元）	其中：门票收入（万元）
44	沁源县（晋）	沁源县灵空山国家级自然保护区	国家	30.00	1000.00	170.00
45	沁水县（晋）	历山自然保护区	国家	21.00	525.00	75.00
46	阳城县（晋）	蟒河自然保护区	国家	60.00	6100.00	2850.00
47	左权县（晋）	龙泉国家森林公园	国家	91.71	1214.00	199.00
48	永济市（晋）	五老峰国家森林公园	国家	29.00	723.00	200.00
49	忻府区（晋）	禹王洞国家森林公园	国家	1.50	18.00	18.00
50	代　县（晋）	代县赵杲观国家森林公园	国家	0.40	12.00	12.00
51	武川县（内蒙古）	哈达门森林公园	国家	3.68	297.00	
52	石拐区（内蒙古）	五当召景区	国家	15.00		600.00
53	元宝山区（内蒙古）	兴隆国家森林公园	国家	2.50	1200.00	
54	阿鲁科尔沁旗（内蒙古）	高格斯台罕乌拉自然保护区	国家	5.00	3000.00	
55	巴林左旗（内蒙古）	召庙景区	国家	3.65	1000.00	
56	巴林右旗（内蒙古）	赛罕乌拉国家级自然保护区	国家	0.90	1785.00	30.00
57	克什克腾旗（内蒙古）	克旗达里诺尔自然保护区	国家	9.00	11500.00	
58	克什克腾旗（内蒙古）	世界地质公园青山景区	国家	5.00	9000.00	
59	克什克腾旗（内蒙古）	黄岗梁国家森林公园	国家	11.00	13000.00	
60	克什克腾旗（内蒙古）	桦木沟生态旅游	国家	20.00	12000.00	
61	克什克腾旗（内蒙古）	世界地质公园阿斯哈图石林景区	国家	4.00	8000.00	
62	克什克腾旗（内蒙古）	白音敖包自然保护区	国家	8.00	10500.00	
63	翁牛特旗（内蒙古）	花果营子林场勃隆克沙漠旅游区	国家	29.00	5400.00	
64	喀喇沁旗（内蒙古）	马鞍山国家森林公园	国家	4.00	4000.00	94.00
65	喀喇沁旗（内蒙古）	旺业甸国家森林公园	国家	11.00	8000.00	
66	宁城县（内蒙古）	黑里河自然保护区	国家	22.00	13300.00	1700.00
67	宁城县（内蒙古）	藏龙谷景区	国家	5.00	3100.00	240.00
68	宁城县（内蒙古）	大坝沟旅游景区	国家	8.00	5000.00	400.00
69	宁城县（内蒙古）	杜鹃山庄景区	国家	4.00	2000.00	120.00
70	敖汉旗（内蒙古）	大黑山国家级自然保护区	国家	2.10	1660.00	480.00
71	科尔沁左翼后旗（内蒙古）	内蒙古大青沟国家级自然保护区	国家	28.00	22000.00	702.00
72	库伦旗（内蒙古）	内蒙古敖伦森林公园	国家	3.00	20.00	
73	库伦旗（内蒙古）	库伦旗银沙湾沙漠公园	国家	12.60	12000.00	650.00
74	奈曼旗（内蒙古）	内蒙古奈曼宝古图国家沙漠公园	国家	50.00	100.00	
75	奈曼旗（内蒙古）	孟家段国家湿地公园	国家	20.00	150.00	
76	东胜区（内蒙古）	九成功旅游区	国家	77.52	6978.08	
77	达拉特旗（内蒙古）	响沙湾生态旅游区	国家	12.05	6182.00	4320.00
78	达拉特旗（内蒙古）	恩格贝森林旅游区	国家	6.06	3040.00	1900.00
79	鄂托克前旗（内蒙古）	大汗行宫生态旅游区	国家	1.60	190.00	
80	鄂托克前旗（内蒙古）	上海庙欢乐大草原旅游景区	国家	9.00	500.00	
81	鄂托克前旗（内蒙古）	大沙头生态文化旅游区	国家	27.00	700.00	
82	杭锦旗（内蒙古）	鄂尔多斯草原旅游区	国家	25.00	3000.00	
83	杭锦旗（内蒙古）	杭锦旗七星湖旅游区	国家	15.00	6400.00	
84	海拉尔区（内蒙古）	海拉尔西山国家森林公园	国家	21.00	200.00	200.00
85	巴林林业局（内蒙古）	巴林喇嘛山国家森林公园	国家	3.30	140.10	130.60
86	磴口县（内蒙古）	纳林套海湿地自然保护区	国家	20.00	300.00	180.00

(续表)

序号	县(旗、市、区、局、场)	森林公园及自然保护区(名称)	级别选项(国家、省、地、县)	实际接待人数(万人次)	旅游总收入(万元)	其中:门票收入(万元)
87	杭锦后旗(内蒙古)	河套森林公园	国家	1.50	350.00	50.00
88	凉城县(内蒙古)	二龙什台森林公园	国家	5.00	800.00	250.00
89	五岔沟林业局(内蒙古)	好森沟国家森林公园	国家	95.00	850.00	710.00
90	扎赉特旗(内蒙古)	绰尔托欣河湿地公园	国家	2.00	25.00	
91	扎赉特旗(内蒙古)	神山森林公园	国家	2.50	20.00	
92	阿拉善左旗(内蒙古)	内蒙古贺兰山国家森林公园	国家	9.31	861.02	395.57
93	额济纳旗(内蒙古)	内蒙古额济纳胡杨林国家级自然保护区	国家	15.00	2700.00	2700.00
94	浑南区(辽)	棋盘山风景区	国家	250.00	75000.00	
95	辽中区(辽)	辽中蒲河国家湿地公园	国家	23.90	230.00	
96	康平县(辽)	康平县辽河湿地公园	国家	30.00	1500.00	
97	康平县(辽)	康平县金沙滩沙漠公园	国家	50.00	2500.00	
98	法库县(辽)	五龙山自然保护区	国家	8.00	760.00	360.00
99	甘井子区(辽)	大连金龙寺国家森林公园	国家	16.00	213.00	213.00
100	甘井子区(辽)	大连西郊国家森林公园	国家	142.80	18173.00	
101	旅顺口区(辽)	二〇三国家森林公园	国家	29.00	510.00	479.00
102	大连市金州新区(辽)	大赫山国家森林公园	国家	35.00	700.00	350.00
103	普兰店市(辽)	大连市普兰店国家森林公园	国家	19.00	760.00	330.00
104	庄河市(辽)	辽宁仙人洞国家森林公园	国家	33.20	4067.80	3475.50
105	庄河市(辽)	大连天门山国家森林公园	国家	10.00	1100.00	120.00
106	抚顺县(辽)	天女山风景区	国家	120.00	6538.00	3600.00
107	抚顺县(辽)	三块石森林公园	国家	110.50	6000.00	3315.00
108	新宾满族自治县(辽)	县岗山森林公园	国家	12.50	1260.00	840.00
109	新宾满族自治县(辽)	猴石森林公园	国家	36.00	3600.00	2310.00
110	新宾满族自治县(辽)	和睦森林公园	国家	26.00	2940.00	1260.00
111	清原满族自治县(辽)	红河峡谷国家级森林公园	国家	60.00	32400.00	21500.00
112	南芬区(辽)	大冰沟森林公园	国家	1.50	30.00	30.00
113	宽甸满族自治县(辽)	青山沟森林公园	国家	4.70	1200.00	689.00
114	凤城市(辽)	凤凰山风景名胜区	国家	51.00	11000.00	4080.00
115	北镇市(辽)	闾山自然保护区	国家	110.00	22000.00	
116	盖州市(辽)	盖州市森林公园	国家	40.16	6024.00	2008.00
117	阜新蒙古族自治县(辽)	海棠山国家级自然保护区	国家	620.00	2610.00	500.00
118	西丰县(辽)	冰砬山森林公园	国家	3.00	620.00	8.00
119	双塔区(辽)	凤凰山风景区	国家	8.00	1600.00	
120	龙城区(辽)	朝阳鸟化石国家地质公园	国家	15.00	650.00	190.00
121	朝阳县(辽)	怒鲁尔虎山国家级自然保护区	国家	21.00	680.00	630.00
122	建平县(辽)	牛河梁红山文化保护区	国家	100.00		40.00
123	喀喇沁左翼蒙古族自治县(辽)	辽宁楼子山国家级自然保护区	国家	4.00	200.00	
124	凌源市(辽)	青龙河自然保护区	国家	30.00	10780.00	
125	绥中县(辽)	绥中长城森林公园	国家	3.00	66.00	
126	建昌县(辽)	白狼山国家级自然保护区	国家	6.00	1210.00	242.00
127	双阳区(吉)	吊水壶国家森林公园	国家	3.00	200.00	190.00
128	九台区(吉)	庙旅游区香山	国家	350.00	4200.00	
129	长春市净月经济开发区(吉)	长春净月潭国家森林公园	国家	170.00	8800.00	8800.00

（续表）

序号	县(旗、市、区、局、场)	森林公园及自然保护区（名称）	级别选项（国家、省、地、县）	实际接待人数（万人次）	旅游总收入（万元）	其中：门票收入（万元）
130	高新开发区(吉)	长春北湖国家湿地公园	国家	82.00	161.00	0.00
131	吉林市市辖区(吉)	吉林朱雀山森林公园	国家	17.93	540.00	495.00
132	蛟河市(吉)	吉林拉法山国家森林公园	国家	23.70	42218.00	1218.00
133	桦甸市(吉)	肇大鸡山国家森林公园	国家	0.57	8.22	8.22
134	磐石市(吉)	莲花山森林公园	国家	20.00	2000.00	600.00
135	通化县(吉)	吉林通化石湖森林公园	国家	0.54	10.00	
136	集安市(吉)	集安市五女峰国家森林公园	国家	16.00	2600.00	638.00
137	临江市(吉)	吉林临江五道沟国家湿地公园	国家	10.00	500.00	50.00
138	临江市(吉)	吉林国家森林公园	国家	15.00	2000.00	200.00
139	大安市(吉)	嫩江湿地公园	国家	110.00	1000.00	
140	大安市(吉)	大安市牛心套保国家湿地公园	国家	0.30	330.00	
141	黄泥河林业局(吉)	老白山原始生态风景区	国家	3.40	300.00	18.00
142	大石头林业局(吉)	大石头亚光湖国家湿地公园	国家	8.00	100.00	17.92
143	长白山林业局(吉)	吉林长白山国家级自然保护区	国家	223.00	52000.00	45000.00
144	方正县(黑)	方正县双子山森林公园	国家	30.30	806.00	600.00
145	延寿县(黑)	延寿县长寿山森林公园	国家	1.30	81.00	46.00
146	阿城区(黑)	金龙山国家级森林公园	国家	17.30	789.00	625.00
147	五常市(黑)	龙凤国家森林公园	国家	3.00	160.00	40.00
148	丹清河实验林场(黑)	丹清河国家森林公园	国家	3.50	307.00	20.00
149	虎林市(黑)	乌苏里江国家级森林公园	国家	5.50	480.00	25.00
150	鹤岗市市辖区(黑)	鹤岗国家森林公园	国家	8.80	205.80	
151	萝北县(黑)	龙江三峡	国家	0.80	185.00	185.00
152	绥滨县(黑)	黑龙江绥滨月牙湖国家湿地公园	国家	3.20	130.00	96.00
153	集贤县(黑)	七星山国家级森林公园	国家	6.00	106.00	
154	大同区(黑)	红旗林场	国家	3.10	78.00	
155	嘉荫县(黑)	茅兰沟国家级森林公园	国家	13.00	3044.00	810.00
156	同江市(黑)	街津山国家森林公园	国家	9.95	479.00	320.00
157	富锦市(黑)	五顶山	国家	5.90	119.00	6.00
158	勃利县(黑)	西大圈森林公园	国家	4.00	40.00	27.00
159	宁安市(黑)	宁安市火山口森林公园	国家	15.00	2500.00	1200.00
160	孙吴县(黑)	胜山要塞国家森林公园	国家	1.00	540.00	30.00
161	五大连池市管委会(黑)	五大连池国家森林公园	国家	20.00	7130.00	1008.00
162	庆安国有林场管理局(黑)	望龙山国家森林公园	国家	7.30	82.00	
163	绥芬河市(黑)	绥芬河国家森林公园	国家	0.40	20.00	2.00
164	奉贤区(沪)	上海海湾国家森林公园	国家	60.00	2500.00	2500.00
165	余杭区(浙)	杭州径山山沟沟森林公园	国家	135.00	6850.00	
166	淳安县(浙)	千岛湖国家森林公园	国家	781.40	72.90	7.50
167	建德市(浙)	富春江森林公园	国家	180.00	58000.00	
168	鄞州区(浙)	天童森林国家公园	国家	3.30	180.00	30.00
169	宁海县(浙)	双峰国家森林公园	国家	200.00	1000.00	
170	永嘉县(浙)	龙湾潭森林公园	国家	12.00	510.00	510.00
171	苍南县(浙)	玉苍山国家森林公园	国家	26.00	5000.00	384.00
172	泰顺县(浙)	乌岩岭国家级自然保护区	国家	120.00	300.00	200.00

(续表)

序号	县(旗、市、区、局、场)	森林公园及自然保护区(名称)	级别选项(国家、省、地、县)	实际接待人数(万人次)	旅游总收入(万元)	其中:门票收入(万元)
173	长兴县(浙)	仙山湖国家湿地公园	国家	37.00	1533.50	1235.00
174	衢江区(浙)	紫微山国家森林公园	国家	40.00	7000.00	2000.00
175	常山县(浙)	浙江三衢国家森林公园	国家	22.00	2000.00	675.00
176	开化县(浙)	古田山自然保护区	国家	23.01	400.08	400.08
177	开化县(浙)	钱江源森林公园	国家	37.63	878.90	658.71
178	龙游县(浙)	浙江大竹海国家森林公园	国家	254.00	54570.00	
179	江山市(浙)	仙霞国家森林公园	国家	25.80	3686.60	794.00
180	天台县(浙)	华顶国家森林公园	国家	25.00	5400.00	900.00
181	仙居县(浙)	仙居国家森林公园	国家	513.25	721083.00	
182	温岭市(浙)	大溪国家森林公园	国家	54.00	9520.00	2100.00
183	松阳县(浙)	松阳卯山国家森林公园	国家	1.30	3700.00	
184	庆元县(浙)	百山祖自然保护区	国家	5.38	1049.10	223.33
185	包河区(皖)	滨湖森林公园	国家	100.00	8000.00	0.00
186	长丰县(皖)	中国非物质文化遗产园	国家	6.00	6000.00	1200.00
187	肥西县(皖)	安徽三河国家级湿地公园	国家	50.00	200.00	
188	肥西县(皖)	官亭国家级生态公园	国家	30.00	50.00	
189	肥西县(皖)	紫蓬山国家森林公园	国家	50.00	200.00	
190	庐江县(皖)	冶父山国家森林公园	国家	69.85	15692.00	1362.00
191	繁昌县(皖)	马仁国家森林公园	国家	100.00	27500.00	16000.00
192	无为县(皖)	天井山国家森林公园	国家	0.50	35.00	
193	五河县(皖)	沱湖湿地公园	国家	10.00	1000.00	
194	大通区(皖)	上窑森林公园	国家	50.00	30.00	
195	八公山区(皖)	八公山区国家森林公园	国家	90.00	3700.00	3600.00
196	寿　县(皖)	八公山国家森林公园(寿县景区)	国家	150.00	12700.00	7500.00
197	含山县(皖)	太湖山国家森林公园	国家	16.00	1900.00	
198	和　县(皖)	鸡笼山国家森林公园	国家	22.00	40000.00	
199	枞阳县(皖)	安徽浮山国家森林公园	国家	40.00	550.00	480.00
200	宜秀区(皖)	大龙山森林公园	国家	2.80	29.00	23.00
201	潜山县(皖)	天柱山国家森林公园	国家	730.00	613200.00	15320.00
202	太湖县(皖)	花亭湖国家湿地公园	国家	500.00	90000.00	15000.00
203	宿松县(皖)	石莲洞国家森林公园	国家	9.00	2300.00	
204	岳西县(皖)	鹞落坪国家自然保护区	国家	3.00	450.00	
205	黄山区(皖)	安徽太平湖国家湿地公园	国家	100.00	10000.00	5500.00
206	黄山区(皖)	安徽黄山国家森林公园	国家	4.00	100.00	
207	休宁县(皖)	齐云山国家风景区	国家	15.10	62916.00	
208	祁门县(皖)	黄山市祁门县牯牛降自然保护区	国家	61.00	33550.00	6100.00
209	全椒县(皖)	神山国家森林公园	国家	50.00	30000.00	40.00
210	凤阳县(皖)	韭山国家森林公园	国家	100.00	15000.00	7000.00
211	滁州市管店林业总场(皖)	老嘉山森林公园	国家	10.00	2600.00	
212	滁州市沙河集林业总场(皖)	皇甫山森林公园	国家	7.50	2820.00	
213	金寨县(皖)	天马国家级自然保护区	国家	80.00	62000.00	6000.00
214	东至县(皖)	安徽池州升金湖国家级自然保护区	国家	19.00	1400.00	
215	东至县(皖)	东至县大历山风景区	国家	22.00	2000.00	30.00

（续表）

序号	县(旗、市、区、局、场)	森林公园及自然保护区（名称）	级别选项（国家、省、地、县）	实际接待人数（万人次）	旅游总收入（万元）	其中：门票收入（万元）
216	石台县(皖)	安徽牯牛降国家级自然保护区石台管理区	国家	220.00	16000.00	
217	宣州区(皖)	敬亭山	国家	226.53	444.00	317.00
218	宣州区(皖)	安徽扬子鳄	国家	13.60	382.00	337.00
219	广德县(皖)	横山国家森林公园	国家	100.00	13500.00	
220	泾　县(皖)	泾县水西国家森林公园	国家	65.00	1500.00	
221	旌德县(皖)	马家溪森林公园	国家	4.70	260.00	
222	永修县(赣)	柘林湖国家森林公园	国家	35.00	12250.00	
223	彭泽县(赣)	江西彭泽国家森林公园	国家	35.00	5000.00	1200.00
224	彭泽县(赣)	桃红岭梅花鹿自然保护区	国家	3.00	15.00	
225	贵溪市(赣)	江西贵溪国家森林公园	国家	7.20	2030.00	
226	章贡区(赣)	峰山森林公园	国家	100.00	70000.00	
227	赣县区(赣)	江西大湖江湿地公园	国家	6.00	3000.00	
228	信丰县(赣)	金盆山森林公园	国家	80.05	25.61	8.54
229	大余县(赣)	梅关国家森林公园	国家	4.00		15780.00
230	上犹县(赣)	五指峰森林公园	国家	36.00	28.00	
231	崇义县(赣)	江西阳明山国家森林公园	国家	207.40	43200.00	201.04
232	龙南县(赣)	九连山森林公园	国家	13.00	4550.00	390.00
233	宁都县(赣)	翠微峰森林公园	国家	31.00	6820.00	
234	石城县(赣)	赣江源自然保护区	国家	93.00	18600.00	9620.00
235	瑞金市(赣)	赣江源国家级自然保护区	国家	3.12	70.20	
236	万安县(赣)	万安县国家森林公园	国家	20.00	7000.00	
237	安福县(赣)	安福武功山风景名胜区	国家	300.00	60600.00	36000.00
238	宜丰县(赣)	官山自然保护区	国家	2.60	1090.00	
239	靖安县(赣)	三爪仑国家森林公园	国家	757.00	265200.00	50229.68
240	铜鼓县(赣)	天柱峰国家森林公园	国家	56.20	8890.00	7600.00
241	樟树市(赣)	阁皂山森林公园	国家	70.60	13000.00	
242	上饶县(赣)	五府山国家森林公园	国家	48.00	11280.00	
243	广丰区(赣)	铜钹山自然保护区	国家	22.83	15083.00	
244	广丰区(赣)	上饶市铜钹山国家级森林公园	国家	37.16	52683.00	
245	玉山县(赣)	怀玉山国家森林公园	国家	14.49	24160.00	
246	铅山县(赣)	武夷山自然保护区	国家	0.77	8.60	
247	铅山县(赣)	鹅湖山国家森林公园	国家	21.00	1290.00	410.00
248	鄱阳县(赣)	鄱阳湖湿地公园	国家	237.00	71700.00	
249	婺源县(赣)	灵岩洞自然保护区	国家	12.00	1000.00	280.00
250	西海岸新区(鲁)	青岛珠山国家森林公园	国家	23.40	426.20	426.20
251	崂山区(鲁)	崂山国家森林公园	国家	356.60	77000.00	
252	淄川区(鲁)	峨庄古村落森林公园	国家	42.00	3545.00	915.00
253	沂源县(鲁)	沂源县鲁山森林公园	国家	20.00	240.00	240.00
254	峄城区(鲁)	峄城古石榴国家森林公园	国家	130.00	21000.00	8000.00
255	台儿庄区(鲁)	台儿庄运河国家湿地公园	国家	70.00	30000.00	4200.00
256	山亭区(鲁)	枣庄市抱犊崮国家森林公园	国家	20.36	725.02	375.43
257	长岛县(鲁)	山东长岛国家级自然保护区	国家	385.00	435000.00	16500.00
258	龙口市(鲁)	南山国家森林公园	国家	20.00	20000.00	2000.00

(续表)

序号	县(旗、市、区、局、场)	森林公园及自然保护区(名称)	级别选项(国家、省、地、县)	实际接待人数(万人次)	旅游总收入(万元)	其中:门票收入(万元)
259	招远市(鲁)	罗山国家森林公园	国家	35.00	3000.00	1750.00
260	诸城市(鲁)	密州森林公园	国家	55.62	6235.00	1732.00
261	安丘市(鲁)	留山古火山国家森林公园	国家	80.00	2500.00	400.00
262	曲阜市(鲁)	尼山国家森林公园	国家	150.00	6500.00	680.00
263	东平县(鲁)	东平县腊山国家森林公园	国家	100.00	10000.00	8000.00
264	新泰市(鲁)	莲花山森林公园	国家	45.00	19000.00	520.00
265	肥城市(鲁)	牛山森林公园	国家	10.00	60.00	20.00
266	环翠区(鲁)	双岛国家森林公园	国家	392.00	24334.00	15211.00
267	荣成市(鲁)	伟德山国家森林公园	国家	3.40	109.00	42.00
268	五莲县(鲁)	五莲山旅游风景区	国家	100.00	12000.00	
269	钢城区(鲁)	棋山幽峡国家森林公园	国家	30.00	1500.00	
270	莱芜市雪野旅游区(鲁)	龙山森林公园	国家	7.00	380.00	90.00
271	莱芜市雪野旅游区(鲁)	华山森林公园	国家	1.00	5.00	
272	罗庄区(鲁)	临沂国家武河湿地公园	国家	50.00	8000.00	
273	沂南县(鲁)	孟良崮森林公园	国家	3.50	150.00	80.00
274	郯城县(鲁)	山东郯城国家银杏公园	国家	50.00	120.00	80.00
275	莒南县(鲁)	莒南县天马岛旅游区	国家	32.00	4200.00	3840.00
276	蒙阴县(鲁)	孟良崮战役纪念馆	国家	600.00	1000.00	
277	无棣县(鲁)	黄河岛湿地公园	国家	3.00	58.00	58.00
278	邹平县(鲁)	鹤伴山国家森林公园	国家	10.00		100.00
279	东明县(鲁)	东明县黄河国家湿地公园	国家	35.00	5600.00	
280	登封市(豫)	嵩山国家地质公园	国家	1353.00	1107000.00	560000.00
281	新安县(豫)	新安县郁山国家森林公园	国家	17.00	245.00	
282	新安县(豫)	新安县黄河湿地保护区	国家	16.00	140.00	
283	栾川县(豫)	龙峪湾	国家	21.00	3350.00	145.00
284	嵩　县(豫)	天池山景区	国家	34.48	22070.00	1284.89
285	嵩　县(豫)	白云山森林公园	国家	50.00	50230.00	5366.65
286	洛宁县(豫)	神灵寨森林公园	国家	20.00	1280.00	740.00
287	鲁山县(豫)	尧山自然保护区	国家	63.00	14906.00	235.00
288	舞钢市(豫)	石漫滩国家森林公园	国家	30.00	6600.00	
289	新城区(豫)	白龟湖湿地公园	国家	12.00	1100.00	
290	殷都区(豫)	漳河峡谷国家湿地公园	国家	1.60	35.00	
291	林州市(豫)	五龙洞国家森林公园	国家	5.30	73.30	52.00
292	淇　县(豫)	河南云梦山国家森林公园	国家	377.40	2780.00	2000.00
293	修武县(豫)	河南云台山国家级森林公园	国家	130.00	14570.00	
294	博爱县(豫)	河南太行山猕猴国家级自然保护区	国家	49.50	4950.00	3960.00
295	南乐县(豫)	南乐县马颊河国家公园	国家	25.00	2200.00	
296	濮阳市高新区(豫)	濮上生态园区	国家	44.00	2300.00	
297	鄢陵县(豫)	中原花木博览园	国家	167.40	1200.00	320.00
298	禹州市(豫)	鸠山大鸿寨森林公园	国家	251.00	16380.00	12550.00
299	三门峡市市辖区(豫)	亚武山国家森林公园	国家	1.50	55.00	15.00
300	陕州区(豫)	甘山国家森林公园	国家	709.00	61143.00	42557.00
301	西峡县(豫)	西峡寺山森林公园	国家	12.30	337.00	60.00

（续表）

序号	县(旗、市、区、局、场)	森林公园及自然保护区（名称）	级别选项（国家、省、地、县）	实际接待人数（万人次）	旅游总收入（万元）	其中：门票收入（万元）
302	内乡县(豫)	宝天曼生物圈保护区	国家	13.60	1700.00	780.00
303	梁园区(豫)	黄河故道国家级森林公园	国家	4.60	666.00	145.00
304	柘城县(豫)	柘城榕湖湿地公园	国家	80.00	1755.00	
305	罗山县(豫)	董寨国家自然保护区	国家	12.67	2636.00	800.00
306	光山县(豫)	大苏山国家森林公园	国家	220.00	8800.00	1100.00
307	新　县(豫)	连康山国家森林公园	国家	384.00	1166.00	500.00
308	商城县(豫)	河南大别山国家级自然保护区	国家	40.00	9800.00	10100.00
309	商城县(豫)	河南商城黄柏山国家级森林公园	国家	45.00	10100.00	1600.00
310	淮阳县(豫)	河南淮阳龙湖国家湿地公园	国家	130.00	11900.00	5000.00
311	确山县(豫)	薄山森林公园	国家	20.00	40.00	40.00
312	蔡甸区(鄂)	武汉市蔡甸区嵩阳森林公园	国家	43.00	3526.00	1290.00
313	蔡甸区(鄂)	武汉市蔡甸区九真森林公园	国家	63.00	9280.00	3780.00
314	阳新县(鄂)	阳新王英仙岛湖风景旅游区	国家	23.40	15000.00	
315	郧阳区(鄂)	湖北苍浪山	国家	30.00	265.80	
316	郧西县(鄂)	汉江瀑布群森林公园	国家	38.00	16500.00	2920.00
317	五峰土家族自治县(鄂)	柴埠溪国家森林公园	国家	7.74	738.19	619.20
318	五峰土家族自治县(鄂)	五峰后河国家级自然保护区	国家	2.01	185.55	201.00
319	宜都市(鄂)	天龙湾国家湿地公园	国家	10.00	600.00	450.00
320	当阳市(鄂)	玉泉寺国家森林公园	国家	81.00	870.00	202.00
321	樊城区(鄂)	湖北省长寿岛湿地公园	国家	2.00	890.00	
322	襄州区(鄂)	鹿门寺国家森林公园	国家	6.20	565.00	124.00
323	谷城县(鄂)	谷城南河自然保护区	国家	6.00	800.00	
324	谷城县(鄂)	薤山国家级森林公园	国家	35.00	2151.00	410.00
325	谷城县(鄂)	谷城汉江国家湿地公园	国家	6.00	2000.00	
326	保康县(鄂)	湖北省保康县尧治河生态公园	国家	27.00	1600.00	1100.00
327	保康县(鄂)	湖北省保康县五道峡自然保护区	国家	30.00	3140.00	2400.00
328	枣阳市(鄂)	白竹园寺	国家	20.50	1050.00	820.00
329	京山县(鄂)	惠亭湖湿地公园	国家	100.00	10000.00	
330	京山县(鄂)	湖北京山大洪山景区	国家	200.00	35000.00	1800.00
331	京山县(鄂)	湖北京山虎爪山森林公园及自然保护区	国家	100.00	10000.00	
332	沙洋县(鄂)	潘集湖国家湿地公园	国家	10.00	50.00	20.00
333	钟祥市(鄂)	大口国家森林公园	国家	16.00	8350.00	640.00
334	松滋市(鄂)	洈水国家森林公园	国家	52.40	9.98	
335	红安县(鄂)	金沙湖湿地公园	国家	170.00	3350.00	
336	红安县(鄂)	天台山国家级森林公园	国家	220.00	4600.00	360.00
337	罗田县(鄂)	大别山国家森林公园	国家	550.00	372173.00	
338	浠水县(鄂)	浠水县三角山旅游度假区	国家	20.00	1200.00	700.00
339	通城县(鄂)	通城县大溪湿地公园	国家	25.00	710.00	
340	赤壁市(鄂)	陆水湖国家湿地公园	国家	14.38	112000.00	
341	随州市市辖区(鄂)	大洪山风景名胜区	国家	20.00	1800.00	1179.33
342	广水市(鄂)	中华山国家森林公园	国家	10.00	120.00	50.00
343	咸丰县(鄂)	坪坝营国家森林公园	国家	575.00		9800.00
344	仙桃市(鄂)	仙桃市沙湖湿地公园	国家	20.00	3500.00	2000.00

(续表)

序号	县(旗、市、区、局、场)	森林公园及自然保护区(名称)	级别选项(国家、省、地、县)	实际接待人数(万人次)	旅游总收入(万元)	其中:门票收入(万元)
345	潜江市(鄂)	湖北省返湾湖国家湿地公园	国家	80.00	2500.00	
346	湖北省太子山林场管理局(鄂)	湖北省太子山国家森林公园	国家	10.67	1960.00	120.00
347	岳麓区(湘)	岳麓山风景区	国家	30.00	300.00	
348	望城区(湘)	黑麋峰森林公园	国家	60.00	1200.00	80.00
349	宁乡市(湘)	湖南省宁乡市香山国家森林公园	国家	15.00	1100.00	
350	浏阳市(湘)	大围山国家森林公园	国家	1540.10	263140.00	39471.00
351	攸　县(湘)	攸县酒埠江国家森林公园	国家	11.45	6292.00	826.00
352	茶陵县(湘)	茶陵县云阳国家森林公园	国家	61.00	173.00	
353	炎陵县(湘)	神农谷国家森林公园	国家	500.00	3120.00	1352.00
354	韶山市(湘)	滴水洞景区	国家	100.00	45600.00	2200.00
355	南岳区(湘)	南岳衡山国家级自然保护区	国家	880.00	698600.00	38500.00
356	衡阳县(湘)	湖南省衡阳县岣嵝峰国家级森林公园	国家	40.00	7200.00	1600.00
357	衡南县(湘)	岐山森林公园	国家	36.80	1400.00	
358	祁东县(湘)	四明山国家森林公园	国家	5.70	960.00	
359	耒阳市(湘)	耒水国家湿地公园	国家	2.00	200.00	
360	常宁市(湘)	天堂山森林公园	国家	29.00	3500.00	
361	邵阳县(湘)	天子湖国家湿地公园	国家	3.20	11.00	
362	绥宁县(湘)	黄桑自然保护区	国家	19.00	988.00	
363	新宁县(湘)	舜皇山国家自然保护区	国家	20.00	3000.00	
364	城步苗族自治县(湘)	南山牧场	国家	12.00	1600.00	900.00
365	城步苗族自治县(湘)	两江峡谷国家森林公园	国家	6.00	500.00	
366	武冈市(湘)	云山国家森林公园	国家	50.00	700.00	200.00
367	岳阳县(湘)	大云山森林公园	国家	22.00	1360.00	270.00
368	平江县(湘)	幕阜山森林公园	国家	20.00	420.00	195.00
369	临湘市(湘)	临湘市五尖山国家森林公园	国家	178.80	1265.70	148.60
370	鼎城区(湘)	湖南省常德花岩溪国家森林公园	国家	10.50	3200.00	230.00
371	安乡县(湘)	黄山头国家森林公园	国家	120.00	1000.00	442.00
372	汉寿县(湘)	汉寿竹海国家森林公园	国家	45.93	6.89	
373	桃源县(湘)	乌云界国家级自然保护区	国家	30.00	630.00	240.00
374	石门县(湘)	夹山国家森林公园	国家	200.00	50000.00	
375	石门县(湘)	湖南壶瓶山国家级自然保护区	国家	100.00	20000.00	
376	津市市(湘)	嘉山森林公园	国家	20.00	2000.00	
377	津市市(湘)	毛里湖湿地公园	国家	16.00	1200.00	
378	永定区(湘)	天门山国家森林公园	国家	670.00	25000.00	20000.00
379	永定区(湘)	天泉山森林公园	国家	10.00	50.00	0.00
380	武陵源区(湘)	张家界国家森林公园	国家	600.00	316546.00	54657.00
381	桃江县(湘)	桃花江国家森林公园	国家	100.00	2860.00	170.00
382	安化县(湘)	六步溪国家自然保护区	国家	26.00	5500.00	
383	苏仙区(湘)	苏仙岭－万华岩风景名胜区	国家	85.00	1453.00	689.00
384	苏仙区(湘)	飞天山国家地址公园	国家	33.50	1348.00	1056.00
385	宜章县(湘)	莽山国家森林公园	国家	15.29	19381.00	1223.00
386	嘉禾县(湘)	嘉禾国家森林公园	国家	4.00	1135.00	
387	临武县(湘)	西瑶绿谷国家森林公园	国家	31.26	16363.00	

（续表）

序号	县(旗、市、区、局、场)	森林公园及自然保护区（名称）	级别选项（国家、省、地、县）	实际接待人数（万人次）	旅游总收入（万元）	其中：门票收入（万元）
388	汝城县(湘)	九龙江森林公园	国家	23.91	18920.00	
389	桂东县(湘)	湖南省八面山自然保护区	国家	33.00	10890.00	2970.00
390	东安县(湘)	舜皇山国家级森林公园	国家	15.00	2526.80	320.00
391	道　县(湘)	道县月岩森林公园	国家	2.10	4600.00	
392	宁远县(湘)	九疑山国家森林公园	国家	56.00	36000.00	2600.00
393	蓝山县(湘)	湘江源国家森林公园	国家	15.00	9000.00	
394	新田县(湘)	福音山国家森林公园	国家	93.17	23580.00	
395	金洞林场(湘)	金洞国家森林公园	国家	9.00	2600.00	1800.00
396	洪江区(湘)	洪江区嵩云山国家森林公园	国家	69.00	400.00	
397	鹤城区(湘)	怀化市中坡国家森林公园	国家	100.00	2000.00	
398	沅陵县(湘)	沅陵国家森林公园	国家	9.10	4530.00	
399	沅陵县(湘)	借母溪保护区	国家	8.20	4170.00	
400	溆浦县(湘)	湖南溆浦思蒙国家湿地公园	国家	95.00	14800.00	
401	溆浦县(湘)	湖南溆浦国家森林公园	国家	260.00	22700.00	490.00
402	会同县(湘)	鹰嘴界自然保护区	国家	30.00	7000.00	
403	靖州苗族侗族自治县(湘)	湖南靖州国家森林公园	国家	10.50	10741.00	
404	靖州苗族侗族自治县(湘)	五龙潭国家湿地公园	国家	5.35	6082.00	
405	新化县(湘)	新化县大熊山国家森林公园	国家	45.00	4000.00	150.00
406	涟源市(湘)	涟源市龙山林场	国家	65.20	14728.00	
407	泸溪县(湘)	天桥山	国家	120.00	90000.00	
408	灌阳县(桂)	千家洞国家级自然保护区	国家	37.70	40600.00	
409	龙胜各族自治县(桂)	龙胜温泉国家森林公园	国家	113.69	62530.00	
410	资源县(桂)	八角寨国家森林公园	国家	80.00	8.50	5000.00
411	苍梧县(桂)	飞龙湖国家森林公园	国家	0.13	11.00	
412	岑溪市(桂)	岑溪市天龙顶山地公园	国家	41.00	2210.00	2110.00
413	合浦县(桂)	红树林保护区	国家	44.00	25000.00	
414	桂平市(桂)	广西龙潭国家森林公园	国家	15.60	570.00	423.00
415	德保县(桂)	德保县红叶森林公园	国家	40.50	4.06	145.00
416	八步区(桂)	大桂山国家森林公园	国家	10.40		253.00
417	金秀瑶族自治县(桂)	大瑶山国家级自然保护区	国家	95.89	59999.00	
418	江州区(桂)	板利自然保护区	国家	0.16	35.00	10.00
419	良凤江国家森林公园(桂)	良凤江国家森林公园	国家	26.03	1421.00	224.00
420	三门江林场(桂)	三门江国家森林公园	国家	14.90	479.00	
421	沙坪坝区(渝)	歌乐山国家森林公园	国家	52.20	307.31	
422	巴南区(渝)	桥口坝国家森林公园	国家	31.00	973.00	96.00
423	黔江区(渝)	黔江国家森林公园	国家	504.00	140568.00	
424	江津区(渝)	四面山风景名胜区	国家	80.00	20200.00	3100.00
425	江津区(渝)	大圆洞国家森林公园	国家	10.00	600.00	
426	永川区(渝)	茶山竹海国家森林公园	国家	67.50	11000.00	860.00
427	铜梁区(渝)	毓青山国家森林公园	国家	3.80	81.00	
428	大足区(渝)	玉龙山国家级森林公园	国家	50.00	3500.00	
429	梁平区(渝)	东山国家森公园	国家	23.68	36.83	
430	城口县(渝)	九重山国家森林公园	国家	0.90	450.00	

(续表)

序号	县(旗、市、区、局、场)	森林公园及自然保护区(名称)	级别选项(国家、省、地、县)	实际接待人数(万人次)	旅游总收入(万元)	其中:门票收入(万元)
431	武隆区(渝)	仙女山森林公园	国家	422.00	122400.00	41500.00
432	开州区(渝)	重庆雪宝山国家级森林公园	国家	7.20	1080.00	
433	开州区(渝)	重庆汉丰湖湿地公园	国家	25.00	3750.00	
434	纳溪区(川)	泸州市纳溪区普照山景区	国家	30.00	35000.00	
435	纳溪区(川)	纳溪天仙硐风景名胜区	国家	62.00	48800.00	
436	纳溪区(川)	纳溪区凤凰湖风景区	国家	40.00	42100.00	
437	盐亭县(川)	高山森林公园	国家	108.00	2600.00	
438	梓潼县(川)	七曲山国家森林公园	国家	182.30	16561.00	8733.00
439	利州区(川)	天曌山	国家	30.00	5000.00	1500.00
440	利州区(川)	南河湿地	国家	50.00	3000.00	
441	旺苍县(川)	旺苍县米仓山国家级自然保护区	国家	119.00	23503.00	180.00
442	青川县(川)	唐家河自然保护区	国家	43.81	36980.00	3380.00
443	剑阁县(川)	剑门关国家森林公园	国家	477.00	106688.00	7400.00
444	苍溪县(川)	苍溪国家森林公园	国家	82.30	19316.00	
445	大英县(川)	东方生态旅游度假区	国家	40.00	20000.00	
446	沐川县(川)	四川沐川国家森林公园	国家	162.00	88000.00	
447	广安区(川)	邓小平故居	国家	48.00	27984.00	
448	邻水县(川)	天易谷	国家	85.00	30000.00	13000.00
449	达川区(川)	四川省铁山国家级森林公园	国家	20.00	3500.00	
450	宣汉县(川)	百里峡自然保护区	国家	20.90	3020.00	
451	宣汉县(川)	四川宣汉国家森林公园	国家	40.01	11200.00	126.80
452	大竹县(川)	五峰山国家级森林公园	国家	81.00	5800.00	1530.00
453	渠　县(川)	四川省大坡森林公园	国家	27.20	4736.00	1495.00
454	万源市(川)	花萼山自然保护区	国家	12.00	250.00	
455	石棉县(川)	贡嘎山国家级自然保护区	国家	3.20	3200.00	
456	石棉县(川)	栗子坪国家级自然保护区	国家	36.00	36000.00	
457	夹金山林业局(川)	夹金山国家森林公园	国家	8.90	662.00	121.00
458	巴州区(川)	天马山国家森林公园	国家	13.67	2605.00	106.00
459	通江县(川)	空山国家森林公园	国家	110.00	44000.00	
460	南江县(川)	米仓山国家森林公园	国家	85.60	36706.00	7182.00
461	平昌县(川)	镇龙山国家森林公园	国家	33.60	24052.00	
462	平昌县(川)	驷马河国家湿地公园	国家	22.70	11455.00	
463	小金县(川)	夹金山国家级森林公园	国家	2.00	10.00	
464	巴塘县(川)	措普国家森林公园	国家	6.32	6000.00	
465	力邱河林业局(川)	四川荷花海国家森林公园	国家	3.00	180.00	
466	普格县(川)	螺髻山自然保护区	国家	26.80	4032.00	3412.00
467	水城县(黔)	玉舍国家级森林公园	国家	200.00	135162.00	120.96
468	碧江区(黔)	九龙洞国家级风景名胜区	国家	4.00	114230.00	360.00
469	江口县(黔)	贵州梵净山国家级自然保护区	国家	350.00	688907.00	
470	思南县(黔)	贵州思南白鹭湖国家湿地公园	国家	15.00	2000.00	
471	沿河土家族自治县(黔)	贵州沿河乌江国家湿地公园	国家	59.80	17940.00	
472	沿河土家族自治县(黔)	贵州麻阳河国家级自然保护区	国家	209.30	62790.00	
473	黄平县(黔)	贵州㵲阳湖国家森林公园	国家	20.00	20.00	

（续表）

序号	县（旗、市、区、局、场）	森林公园及自然保护区（名称）	级别选项（国家、省、地、县）	实际接待人数（万人次）	旅游总收入（万元）	其中：门票收入（万元）
474	台江县（黔）	台江县国家级森林公园	国家	2.46	1360.14	
475	都匀市（黔）	都匀市斗篷山国家级风景名胜区	国家	20.00	120.00	50.00
476	福泉市（黔）	贵州福泉国家森林公园	国家	10.00	16900.00	
477	瓮安县（黔）	朱家山国家森林公园	国家	60.11	538.07	17.16
478	茂兰国家级自然保护区（黔）	贵州茂兰国家级自然保护区	国家	10.52	4206.24	252.37
479	西山区（滇）	西山国家级风景名胜区	国家	111.00	2630.00	1314.00
480	西山区（滇）	棋盘山国家森林公园	国家	4.85	133.20	48.50
481	滇池旅游度假区（滇）	捞渔河湿地公园	国家	160.00	962.54	237.44
482	陆良县（滇）	五峰山国家森林公园	国家	15.50	1780.00	775.00
483	罗平县（滇）	鲁布革森林公园	国家	13.50	6800.00	
484	沾益区（滇）	珠江源森林公园	国家	86.00	54000.00	42000.00
485	江川区（滇）	江川区星云湖国家湿地公园	国家	20.00	800.00	
486	易门县（滇）	龙泉国家森林公园	国家	28.35	14.12	9.30
487	新平彝族傣族自治县（滇）	磨盘山森林公园	国家	7.64	359.00	190.00
488	思茅区（滇）	太阳河国家森林公园	国家	47.00	4803.00	1220.00
489	澜沧拉祜族自治县（滇）	澜沧国家森林公园	国家	110.00	92658.00	
490	沧源佤族自治县（滇）	南滚河国家级自然保护区	国家	4.00	400.00	30.00
491	石屏县（滇）	石屏县异龙湖湿地公园	国家	201.00	1000.00	
492	广南县（滇）	世外桃源景区	国家	17.32	14722.00	1350.00
493	景洪市（滇）	西双版纳原始森林公园	国家	110.00	8640.41	
494	大理市（滇）	大理苍山洱海国家级自然保护区	国家	48.53	57785.00	12712.00
495	漾濞彝族自治县（滇）	石门关景区	国家	24.00	2700.00	
496	祥云县（滇）	清华洞国家级森林公园	国家	15.00	750.00	450.00
497	宾川县（滇）	鸡足山风景名胜区	国家	102.96	8350.85	3283.81
498	弥渡县（滇）	东山国家森林公园	国家	0.70	3.98	3.98
499	巍山彝族回族自治县（滇）	巍宝山森林公园	国家	16.00	275.96	228.00
500	永平县（滇）	云南宝台山国家森林公园	国家	3.16	55.00	
501	香格里拉市（滇）	普达措国家森林公园	国家	142.38	27898.00	27898.00
502	巴宜区（藏）	措木及日风景区	国家	12.00	2100.00	2000.00
503	工布江达县（藏）	巴松湖国家森林公园	国家	107.81	46000.00	2547.54
504	墨脱县（藏）	雅鲁藏布大峡谷国家级自然保护区	国家	11.14	8312.24	
505	灞桥区（陕）	洪庆山国家森林公园	国家	2.80	336.00	
506	长安区（陕）	终南山森林公园	国家	11.30	800.00	620.00
507	蓝田县（陕）	王顺山国家森林公园	国家	40.50	160.00	
508	周至县（陕）	厚畛子黑河国家森林公园	国家	42.50	456.00	130.00
509	印台区（陕）	玉华宫森林公园	国家	90.10	54400.00	866.00
510	眉　县（陕）	太白山国家森林公园	国家	96.70	14700.00	5800.00
511	旬邑县（陕）	石门山国家森林公园	国家	6.00	800.00	180.00
512	志丹县（陕）	陕西志丹九吾山大峡谷	国家	0.68	20.00	18.00
513	劳山林业局（陕）	劳山国家森林公园	国家	9.10	227.00	37.00
514	桥山林业局（陕）	黄陵国家森林公园	国家	55.00	3600.00	
515	黄龙山林业局（陕）	陕西黄龙山国家森林公园	国家	10.00	1000.00	
516	汉台区（陕）	汉中天台国家森林公园	国家	6.00	4650.00	125.00

(续表)

序号	县(旗、市、区、局、场)	森林公园及自然保护区(名称)	级别选项(国家、省、地、县)	实际接待人数(万人次)	旅游总收入(万元)	其中:门票收入(万元)
517	南郑区(陕)	黎坪国家森林公园	国家	90.50	45250.00	5430.00
518	洋　县(陕)	陕西省朱鹮国家自然保护区	国家	110.00	660.00	150.00
519	洋　县(陕)	陕西省长青国家自然保护区	国家	22.00	4140.00	2010.00
520	西乡县(陕)	陕西米仓山自然保护区	国家	2.50	425.00	
521	略阳县(陕)	五龙洞国家森林公园	国家	5.00	1650.00	160.00
522	留坝县(陕)	陕西紫柏山国家级森林公园	国家	16.00	1300.00	400.00
523	榆阳区(陕)	榆林沙漠国家森林公园	国家	5.00	500.00	
524	汉阴县(陕)	汉阴凤凰山国家森林公园	国家	40.00	20826.00	
525	岚皋县(陕)	南宫山国家森林公园	国家	89.00	11466.00	8900.00
526	平利县(陕)	陕西省平利县千家坪森林公园	国家	16.00	5200.00	
527	丹凤县(陕)	丹凤丹江湿地公园	国家	2186.00	3520.00	
528	商南县(陕)	金丝峡国家森林公园	国家	68.28	6522.00	4565.40
529	镇安县(陕)	木王国家森林公园	国家	15.00	1260.00	
530	柞水县(陕)	牛背梁国家森林公园	国家	87.00	18798.00	9247.00
531	太白林业局(陕)	黄柏塬保护区	国家	0.66	178.00	20.00
532	七里河区(甘)	兰州石佛沟国家森林公园	国家	19.00	454.00	60.00
533	甘州区(甘)	甘州区黑河湿地自然保护区	国家	10.00	10.00	0.00
534	庄浪县(甘)	云崖寺国家森林公园	国家	5.00	100.00	60.00
535	庆城县(甘)	周祖陵森林公园	国家	66.13	741.00	496.00
536	华池林业总场(甘)	子午岭国家森林公园大凤川景区	国家	0.05	0.20	
537	渭源县(甘)	渭河源国家森林公园	国家	5.00	10.00	10.00
538	成　县(甘)	成县鸡峰山森林公园	国家	20.00	1200.00	800.00
539	文　县(甘)	文县国家级森林公园	国家	15.00	60.00	60.00
540	岷江林业总场(甘)	甘肃官鹅沟国家森林公园	国家	16.00	2000.00	2000.00
541	和政县(甘)	松鸣岩森林公园	国家	36.10	145.60	42.00
542	舟曲县(甘)	甘肃省舟曲县大峡沟国家级森林公园	国家	5.00	150.00	
543	金凤区(宁)	阅海国家湿地公园	国家	28.00	783.00	254.00
544	西吉县(宁)	火石寨国家森林公园	国家	1.30	100.00	100.00
545	哈密林场(新)	哈密天山国家森林公园	国家	10.00	26.01	6.08
546	吉木萨尔林场(新)	新疆车师古道国家森林公园	国家	1.50	12.00	12.00
547	奇台林场(新)	新疆江布拉克国家森林公园	国家	72.62	2185.00	1450.00
548	米泉林场(新)	新疆乌鲁木齐天山国家森林公园	国家	3.00	79.00	65.00
549	沙湾林场(新)	新疆鹿角湾国家森林公园	国家	0.10	6.00	
550	乌苏林场(新)	乌苏佛山国家森林公园	国家	11.30	426.80	326.20
551	阿里河林业局(内蒙古森工)	阿里河国家森林公园	国家	0.21	1.10	0.90
552	根河林业局(内蒙古森工)	根河源国家湿地公园	国家	5.00	1043.80	105.70
553	满归林业局(内蒙古森工)	伊克萨玛国家森林公园	国家	3.10	930.00	3.00
554	松江河林业有限公司(吉林森工)	松江河国家级森林公园	国家	3.80	1163.00	
555	泉阳林业局(吉林森工)	泉阳泉国家级森林公园	国家	0.56	3000.00	
556	露水河林业局(吉林森工)	露水河国家森林公园	国家	0.60	680.00	48.00
557	白石山林业局(吉林森工)	吉林白石山国家森林公园	国家	1.20	800.00	
558	红石林业局(吉林森工)	红石国家森林公园	国家	10.35	1882.00	622.00
559	迭部林业局(甘)	腊子口国家森林公园	国家	0.75	10.70	

（续表）

序号	县(旗、市、区、局、场)	森林公园及自然保护区（名称）	级别选项（国家、省、地、县）	实际接待人数（万人次）	旅游总收入（万元）	其中：门票收入（万元）
560	洮河林业局(甘)	冶力关森林公园	国家	2.03	428.25	159.11
561	小陇山林业实验局(甘)	小陇山国家森林公园	国家	1.68	82.20	34.73
562	小陇山林业实验局(甘)	麦积国家森林公园	国家	3.66	1184.57	683.17
563	井陉矿区(冀)	清凉湾湿地公园	省	11.00	400.00	
564	井陉县(冀)	南寺掌自然保护区	省	40.00	2000.00	1600.00
565	遵化市(冀)	鹫峰山省级森林公园	省	6.20	185.00	132.00
566	迁安市(冀)	白羊峪旅游区	省	21.00	5342.00	200.00
567	迁安市(冀)	徐流口省级森林公园	省	21.00	2176.00	
568	迁安市(冀)	山叶省级森林公园	省	40.00	5189.00	400.00
569	涉　县(冀)	涉县省级林业旅游	省	123.60	6180.00	5000.00
570	唐　县(冀)	后七峪省级森林公园	省	0.30	8.00	
571	安新县(冀)	白洋淀自然保护区	省	80.00	9850.00	4200.00
572	下花园区(冀)	石佛山森林公园	省	6.00	60.00	
573	宣化区(冀)	桑干河大峡谷森林公园	省	3.00	10.00	
574	张北县(冀)	张北县坝头森林公园	省	22.40	700.00	448.00
575	张北县(冀)	张北县桦皮岭森林公园	省	17.00	1000.00	340.00
576	张北县(冀)	河北仙娜都森林公园	省	12.00	700.00	360.00
577	蔚　县(冀)	空中草原森林公园	省	2.40	1320.00	144.00
578	怀安县(冀)	熊耳山森林公园	省	1.00	20.00	
579	万全区(冀)	雾柳山庄森林公园	省	1.00	30.00	
580	涿鹿县(冀)	水谷峪森林公园	省	0.50	3.00	
581	涿鹿县(冀)	灵山森林公园	省	1.00	10.00	
582	赤城县(冀)	泉林森林公园	省	5.10	260.00	
583	赤城县(冀)	金阁山森林公园	省	2.00	10.00	
584	崇礼区(冀)	和平省级森林公园	省	250.00	147000.00	
585	浑源县(晋)	山西恒山自然保护区	省	15.00	20.00	
586	恒山林场(晋)	恒山国家森林公园	省	110.00		6301.00
587	阳泉市郊区(晋)	翠枫山自然保护区	省	6.10	2415.00	2000.00
588	屯留县(晋)	老爷山森林公园	省	7.50	150.00	150.00
589	绛　县(晋)	山西省东华山森林公园	省	5.00	150.00	30.00
590	古　县(晋)	山西三合森林公园	省	70.40	1764.00	69.50
591	中阳县(晋)	柏洼山森林公园	省	1.20	3.00	3.00
592	东河区(内蒙古)	包头市南海湿地自然保护区	省	30.00	120.00	95.00
593	松山区(内蒙古)	老府林场乌梁苏森林公园	省	1.10	770.00	
594	阿鲁科尔沁旗(内蒙古)	沙日温都保护区	省	2.00	1500.00	
595	巴林右旗(内蒙古)	南山森林公园	省	1.83	183.00	
596	翁牛特旗(内蒙古)	松树山自然保护区	省	0.06	38.00	
597	科尔沁左翼中旗(内蒙古)	乌斯吐自然保护区	省	0.77	241.00	
598	科尔沁左翼后旗(内蒙古)	科左后旗乌旦塔拉自然保护区	省	20.00	9000.00	
599	兴和县(内蒙古)	苏木山森林公园	省	20.00	4000.00	1000.00
600	康平县(辽)	康平县万亩松	省	50.00	2500.00	
601	康平县(辽)	康平县卧龙湖湿地保护区	省	170.00	8500.00	
602	甘井子区(辽)	大连大黑石省级森林公园	省	40.00	1560.00	

(续表)

序号	县(旗、市、区、局、场)	森林公园及自然保护区(名称)	级别选项(国家、省、地、县)	实际接待人数(万人次)	旅游总收入(万元)	其中:门票收入(万元)
603	瓦房店市(辽)	大连龙门汤森林公园	省	82.00	35000.00	3.00
604	海城市(辽)	白云山省级保护区	省	1.50	300.00	300.00
605	清原满族自治县(辽)	辽宁浑河源省级保护区	省	30.00	520.00	180.00
606	溪湖区(辽)	溪湖区东风湖	省	10.00	1300.00	1100.00
607	桓仁满族自治县(辽)	枫林谷森林公园	省	17.10	856.40	632.70
608	宽甸满族自治县(辽)	天华山森林公园	省	5.00	240.00	170.00
609	宽甸满族自治县(辽)	花脖山森林公园	省	1.10	31.80	27.80
610	宽甸满族自治县(辽)	黄椅山森林公园	省	3.00	142.00	45.80
611	宽甸满族自治县(辽)	天桥沟森林公园	省	28.00	1000.00	400.00
612	凌海市(辽)	翠岩山	省	20.00	150.00	75.00
613	凌海市(辽)	岩井寺	省	20.00	150.00	75.00
614	阜新蒙古族自治县(辽)	关山省级自然保护区	省	2.50	2.00	0.50
615	阜新蒙古族自治县(辽)	老鹰窝山省级自然保护区	省	9.60	26.00	8.00
616	辽阳县(辽)	辽阳核伙沟森林公园	省	6.00	1000.00	180.00
617	开原市(辽)	龙潭寺	省	11.00	502.00	310.00
618	朝阳县(辽)	清风岭自然保护区	省	20.00	530.00	500.00
619	建平县(辽)	天秀山森林公园	省	115.00		50.00
620	喀喇沁左翼蒙古族自治县(辽)	辽宁省龙凤山森林公园	省	26.00	15350.00	400.00
621	凌源市(辽)	牛河梁省级森林公园	省	8.00	1220.00	
622	连山区(辽)	灵山寺森林公园	省	14.50	1825.00	280.00
623	绥中县(辽)	绥中县妙峰森林公园	省	3.00	60.00	2.00
624	辽宁实验林场(辽)	浑河源省级森林公园	省	0.40	60.00	8.00
625	吉林市市辖区(吉)	吉林鹭岛桦林湾森林公园	省	6.00	750.00	
626	双辽市(吉)	吉林双辽一马树森林公园	省	8.20	370.00	111.00
627	上营森林经营局(吉)	吉林鹭岛桦林湾森林公园	省	7.00	650.00	
628	通河县(黑)	铧子山森林公园	省	220.00	200.00	80.00
629	阿城区(黑)	哈尔滨北方森林动物园	省	11.00	823.00	730.00
630	碾子山区(黑)	蛇洞山省级森林公园	省	83.30	14700.00	
631	密山市(黑)	铁西森林公园	省	12.00	4448.00	
632	密山市(黑)	蜂蜜山森林公园	省	8.40	5.80	
633	富锦市(黑)	荷兰郸	省	2.50	85.00	
634	黑河市市辖区(黑)	爱辉省级森林公园	省	3.20	95.00	25.00
635	逊克县(黑)	东山省级森林公园	省	1.60	55.20	
636	建德市(浙)	新安江森林公园	省	46.00	15600.00	
637	海曙区(浙)	中坡山森林公园	省	10.00	370.00	
638	北仑区(浙)	北仑瑞岩森林保护区	省	2.00	60.00	50.00
639	象山县(浙)	象山南田岛森林公园	省	5.40		286.00
640	宁海县(浙)	南溪温泉森林公园	省	65.00	10265.00	8000.00
641	永嘉县(浙)	四海山森林公园	省	2.00	155.00	26.00
642	长兴县(浙)	八都岕古银杏森林公园	省	73.08	4100.00	
643	义乌市(浙)	华溪森林公园	省	221.20	221.20	221.20
644	义乌市(浙)	德胜岩森林公园	省	24.60	3500.00	
645	椒江区(浙)	大陈岛	省	131.00	28878.00	

（续表）

序号	县(旗、市、区、局、场)	森林公园及自然保护区（名称）	级别选项（国家、省、地、县）	实际接待人数（万人次）	旅游总收入（万元）	其中：门票收入（万元）
646	黄岩区(浙)	黄山富山大裂谷	省	4.40	633.00	115.00
647	玉环市(浙)	大鹿岛森林公园	省	64.48	2479.89	853.64
648	云和县(浙)	仙人洞次森林自然保护小区	省	388.56	163902.00	
649	南陵县(皖)	丫山花海石林风景区	省	40.00	5600.00	4500.00
650	南陵县(皖)	小格里森林公园	省	5.00	60.00	50.00
651	五河县(皖)	大巩山森林公园	省	5.00	50.00	0.00
652	谢家集区(皖)	卧龙山省级森林公园	省	0.07	40.00	
653	凤台县(皖)	凤台县茅仙洞省级森林公园	省	7.60	860.00	600.00
654	当涂县(皖)	大青山森林公园	省	50.00	15000.00	
655	宜秀区(皖)	巨石山森林公园	省	26.30	5463.00	192.00
656	太湖县(皖)	太湖九井溪森林公园	省	50.00	150.00	
657	岳西县(皖)	岳西县彩虹瀑布	省	21.00	1414.00	1160.00
658	桐城市(皖)	安徽省龙眠山省级森林公园	省	1.50	700.00	20.00
659	桐城市(皖)	安庆沿江湿地珍稀水禽自然保护区	省	12.00	800.00	30.00
660	黄山区(皖)	黄山樵山省级森林公园	省	1.00	100.00	
661	来安县(皖)	白鹭岛国际旅游度假村	省	58.00	68875.00	
662	明光市(皖)	女山湖湿地自然保护区	省	2.70	950.00	263.00
663	颍州区(皖)	颍州西湖景区	省	11.50	912.00	167.00
664	颍上县(皖)	八里河自然保护区	省	80.00	58000.00	
665	砀山县(皖)	黄河湿地自然保护区	省	69.50	18205.00	
666	裕安区(皖)	龙井沟	省	32.80	25960.00	
667	舒城县(皖)	万佛山自然保护区	省	3.70	2516.00	74.00
668	霍山县(皖)	南岳山森林公园	省	100.00	500.00	
669	霍山县(皖)	佛子岭自然保护区	省	500.00	55000.00	
670	贵池区(皖)	九华天池	省	20.00	3000.00	1600.00
671	广德县(皖)	卢村笄竹海森林公园	省	600.00	30700.00	
672	泾　县(皖)	泾县江南第一漂	省	18.00	2800.00	1000.00
673	泾　县(皖)	泾县水墨汀溪景区	省	35.00	5000.00	1800.00
674	泾　县(皖)	泾县月亮湾景区	省	18.00	2200.00	
675	绩溪县(皖)	障山省级森林公园	省	45.00	1500.00	1000.00
676	乐平市(赣)	洪岩森林公园	省	7.20	7653.00	866.00
677	柴桑区(赣)	中华贤母园	省	45.00	51.00	
678	永修县(赣)	云居山省级自然保护区	省	6.00	2100.00	
679	彭泽县(赣)	彭泽兆吉沟风景区	省	50.00	40.00	
680	瑞昌市(赣)	瑞昌市青山林场	省	4.50	260.00	
681	渝水区(赣)	百丈峰森林公园	省	5.00	600.00	
682	分宜县(赣)	分宜县大砻下森林公园	省	8.00	68.00	
683	余江县(赣)	江西白鸡峰省级森林公园	省	10.00	1000.00	
684	龙南县(赣)	武当山森林公园	省	50.00	19255.00	2500.00
685	于都县(赣)	于都县屏山省级森林公园	省	15.00	2400.00	600.00
686	于都县(赣)	于都县罗田岩省级森林公园	省	13.00	260.00	
687	兴国县(赣)	均福山森林公园	省	5.00	200.00	0.00
688	石城县(赣)	通天寨森林公园	省	118.00	18100.00	6012.00

(续表)

序号	县(旗、市、区、局、场)	森林公园及自然保护区(名称)	级别选项(国家、省、地、县)	实际接待人数(万人次)	旅游总收入(万元)	其中:门票收入(万元)
689	瑞金市(赣)	罗汉岩省级森林公园	省	14.20	730.00	30.00
690	吉州区(赣)	江西省君华省级森林公园	省	25.00	160.00	
691	永丰县(赣)	永丰县水浆自然保护区	省	1.00	500.00	
692	上高县(赣)	上高县九峰森林公园	省	2.20	1.45	
693	上高县(赣)	上高县镜山森林公园	省	3.20	3000.00	
694	宜丰县(赣)	宜丰 罗峰尖 森林公园	省	2.40	470.00	
695	宜丰县(赣)	宜丰县仙隐洞森林公园	省	1.00	200.00	
696	宜丰县(赣)	宜丰县马形山森林公园	省	0.90	230.00	
697	宜丰县(赣)	宜丰县南屏公园	省	7.00	1100.00	
698	宜丰县(赣)	宜丰县禅文化园	省	6.00	850.00	
699	临川区(赣)	江西金山岭省级森林公园	省	11.00	30.00	
700	乐安县(赣)	江西老虎脑省级自然保护区	省	7.80	98.00	98.00
701	广丰区(赣)	江西省大南省级森林公园	省	3.72	5263.00	
702	广丰区(赣)	江西六石岩省级森林公园	省	14.66	19982.00	
703	广丰区(赣)	江西广丰三山省级森林公园	省	3.85	5430.00	
704	广丰区(赣)	江西龙华山省级森林公园	省	10.65	14059.00	
705	玉山县(赣)	江西玉山信江源省级自然保护区	省	8.42	12650.00	
706	婺源县(赣)	大鄣山自然保护区	省	32.00	270.00	95.00
707	婺源县(赣)	鸳鸯湖保护区	省	4.50	250.00	75.00
708	婺源县(赣)	理田园自然保护区	省	2.00	120.00	
709	婺源县(赣)	珍珠山自然保护区	省	1.00	60.00	
710	长清区(鲁)	五峰山森林公园	省	14.70	789.50	83.00
711	长清区(鲁)	卧龙峪森林公园	省	10.40	172.00	17.50
712	沂源县(鲁)	沂源县织女洞森林公园	省	12.00	150.00	120.00
713	山亭区(鲁)	龙门观森林公园	省	3.00	8.00	
714	山亭区(鲁)	长红枣森林公园	省	5.60	5.00	5.00
715	山亭区(鲁)	石佛寺森林公园	省	2.40	113.00	
716	山亭区(鲁)	藤花峪森林公园	省	2.60	96.00	
717	烟台市市辖区(鲁)	烟台防护林省级自然保护区开发区段	省	9.00	13050.00	
718	福山区(鲁)	山合卢寺森林公园	省	40.00	4900.00	
719	昌乐县(鲁)	昌乐仙月湖湿地公园	省	9.00	380.00	
720	诸城市(鲁)	绿园森林公园	省	0.90	120.00	
721	寿光市(鲁)	寿光渤海森林公园	省	50.00	550.00	200.00
722	微山县(鲁)	南四湖省级自然保护区	省	432.16	249600.00	
723	新泰市(鲁)	新汶森林公园	省	27.00	4500.00	510.00
724	新泰市(鲁)	太平山自然保护区	省	10.00	3550.00	
725	新泰市(鲁)	九顶皇山旅游公园	省	10.00	850.00	150.00
726	新泰市(鲁)	朝阳洞森林公园	省	15.00	1350.00	305.00
727	肥城市(鲁)	肥城云蒙山	省	1.60	6.00	6.00
728	肥城市(鲁)	肥城剪云山	省	2.00	16.00	10.00
729	泰安市泰山景区(鲁)	泰山省级自然保护区	省	546.80	115800.00	40700.00
730	五莲县(鲁)	大青山旅游风景区	省	60.00	8000.00	
731	沂水县(鲁)	沂水雪山彩虹谷景区	省	105.00	6825.00	5460.00

（续表）

序号	县(旗、市、区、局、场)	森林公园及自然保护区（名称）	级别选项（国家、省、地、县）	实际接待人数（万人次）	旅游总收入（万元）	其中：门票收入（万元）
732	费　县(鲁)	费县塔山森林公园	省	120.00	10500.00	8600.00
733	蒙阴县(鲁)	岱崮地貌国家地质公园	省	220.00	1000.00	
734	蒙阴县(鲁)	中山寺旅游度假村	省	100.00	400.00	
735	临邑县(鲁)	红坛寺省级森林公园	省	2.00	100.00	20.00
736	乐陵市(鲁)	山东乐陵金丝小枣森林公园	省	8.00	1600.00	240.00
737	惠民县(鲁)	惠民县孙子故里森林公园	省	4.00	5.00	
738	荥阳市(豫)	桃花峪森林公园	省	58.00	1350.00	780.00
739	荥阳市(豫)	环翠峪森林公园	省	45.00	1200.00	580.00
740	荥阳市(豫)	郑州黄河湿地森林公园	省	70.00	850.00	
741	新密市(豫)	神仙洞省级森林公园	省	176.00	7900.00	4500.00
742	孟津县(豫)	小浪底森林公园	省	15.00	1500.00	40.00
743	汝阳县(豫)	西泰山景区	省	150.00	22600.00	
744	汝阳县(豫)	大虎岭森林公园	省	5.20	200.00	
745	偃师市(豫)	河南省双龙山省级森林公园	省	10.00	20.00	5.00
746	叶　县(豫)	望夫石森林公园	省	3.50	70.00	
747	龙安区(豫)	龙泉镇省级森林公园	省	6.00	100.00	30.00
748	内黄县(豫)	二帝陵森林公园	省	133.00	6700.00	2870.00
749	林州市(豫)	蒿地掌森林公园	省	1.30	39.50	
750	林州市(豫)	白泉森林公园	省	16.00	50.00	
751	浚　县(豫)	大丕山风景名胜区	省	230.00	13.90	60.00
752	淇　县(豫)	黄洞森林公园	省	62.00	95.00	
753	凤泉区(豫)	河南省新乡凤凰山省级森林公园	省	15.00	75.00	
754	延津县(豫)	黄河古道森林公园	省	24.00	2325.00	720.00
755	焦作市市辖区(豫)	焦作市森林公园	省	4.50	67.50	67.50
756	中站区(豫)	焦作市中站区龙翔省级森林公园	省	4.02	350.00	
757	南乐县(豫)	南乐县昌乐森林公园	省	15.00	1280.00	
758	范　县(豫)	毛楼生态旅游区	省	158.00	12100.00	
759	襄城县(豫)	紫云山风景区	省	11.00		355.00
760	禹州市(豫)	禹州森林植物园	省	218.00	3680.00	
761	义马市(豫)	河南省清风山省级森林公园	省	1.80	60.00	
762	卧龙区(豫)	独山森林公园	省	10.00	90.00	90.00
763	方城县(豫)	方城县七峰山省级森林公园	省	9.00	1500.00	1100.00
764	镇平县(豫)	菩提寺森林公园	省	20.00	1000.00	378.00
765	桐柏县(豫)	桐柏山淮源风景名胜区	省	84.50	7620.00	53.00
766	固始县(豫)	安山森林公园	省	11.00	550.00	220.00
767	淮滨县(豫)	淮滨淮南湿地	省	2.00	100.00	60.00
768	川汇区(豫)	川汇区生态园	省	23.45	1369.00	
769	确山县(豫)	乐山森林公园	省	40.00	1160.00	600.00
770	蔡甸区(鄂)	索子长河湿地公园	省	24.00	4992.00	432.00
771	蔡甸区(鄂)	湖北省沉湖湿地自然保护区	省	81.00	11178.00	
772	蔡甸区(鄂)	湖北省后官湖湿地公园	省	160.00	34650.00	
773	西塞山区(鄂)	黄荆山森林公园	省	8.00	30.00	
774	下陆区(鄂)	东方山森林公园	省	45.00	2000.00	300.00

(续表)

序号	县(旗、市、区、局、场)	森林公园及自然保护区(名称)	级别选项(国家、省、地、县)	实际接待人数(万人次)	旅游总收入(万元)	其中:门票收入(万元)
775	阳新县(鄂)	阳新县莲花湖湿地公园	省	6.50	520.00	
776	阳新县(鄂)	阳新网湖湿地公园	省	6.50	650.00	
777	阳新县(鄂)	阳新县七峰山生态旅游区	省	2.50	50.00	
778	郧西县(鄂)	五龙河自然保护区	省	32.00	14000.00	2530.00
779	房　县(鄂)	湖北野人谷省级自然保护区	省	36.00	25000.00	3000.00
780	宜都市(鄂)	梁山自然保护小区	省	4.00	150.00	80.00
781	宜都市(鄂)	宋山森林公园	省	10.00	500.00	300.00
782	当阳市(鄂)	青龙湖国家湿地公园	省	10.50	420.00	52.00
783	谷城县(鄂)	承恩寺森林公园	省	20.00	30.00	
784	保康县(鄂)	湖北省保康县官山森林公园	省	2.25	700.00	
785	鄂州市市辖区(鄂)	沼山森林公园	省	580.00	80045.00	23200.00
786	沙洋县(鄂)	沙洋县长湖湿地公园	省	12.00	200.00	
787	大悟县(鄂)	泉水寨森林公园	省	10.00	100.00	
788	公安县(鄂)	公安县黄山头森林公园	省	2.30	420.00	41.50
789	石首市(鄂)	南岳山森林公园	省	50.00	150.00	
790	团风县(鄂)	大崎山自然保护区	省	3.00	4800.00	1440.00
791	红安县(鄂)	倒水河省级湿地公园	省	250.00	1250.00	
792	英山县(鄂)	英山县桃花冲风景区	省	45.00	21500.00	1150.00
793	英山县(鄂)	英山县大别山主峰风景区	省	86.00	34500.00	1150.00
794	浠水县(鄂)	浠水县白莲镇斗方山风景区	省	10.00	600.00	260.00
795	武穴市(鄂)	横岗山森林公园	省	5.20	145.00	
796	通城县(鄂)	通城县锡山森林公园	省	15.00	400.00	
797	通城县(鄂)	通城县岳姑山自然保护区	省	30.00	7000.00	
798	通山县(鄂)	大幕山森林公园	省	238.00	51326.00	
799	曾都区(鄂)	湖北随州银杏省级森林公园	省	26.50	2000.00	920.00
800	广水市(鄂)	大贵寺森林公园	省	20.00	300.00	50.00
801	随　县(鄂)	随县太白顶风景名胜区	省	7.00	2000.00	
802	恩施市(鄂)	铜盆水林场	省	10.00	1000.00	500.00
803	仙桃市(鄂)	赵西院森林公园	省	36.00	11000.00	5400.00
804	湘潭县(湘)	齐白石森林公园	省	4.60	285.60	
805	蒸湘区(湘)	雨母山风景名胜自然保护区	省	42.60	8912.00	
806	衡南县(湘)	衡南县江口鸟洲管理区	省	2.00	0.90	
807	衡东县(湘)	湖南衡东天光山	省	20.00	2000.00	
808	耒阳市(湘)	长坪红豆杉	省	0.50	18.00	
809	耒阳市(湘)	蔡伦竹海	省	8.00	950.00	
810	常宁市(湘)	常宁市大义山自然保护区	省	11.00	50.00	
811	隆回县(湘)	隆回县望云山森林公园	省	5.00	600.00	
812	隆回县(湘)	隆回县白马山森林公园	省	7.50	870.00	
813	岳阳楼区(湘)	麻布山森林公园	省	25.00	1750.00	
814	华容县(湘)	湖南桃花山省级森林公园	省	4.50	325.00	
815	湘阴县(湘)	横岭湖	省	5.00	3000.00	1000.00
816	平江县(湘)	福寿山森林公园	省	15.00	360.00	135.00
817	平江县(湘)	连云山森林公园	省	5.00	30.00	

（续表）

序号	县(旗、市、区、局、场)	森林公园及自然保护区（名称）	级别选项（国家、省、地、县）	实际接待人数（万人次）	旅游总收入（万元）	其中：门票收入（万元）
818	汨罗市(湘)	神鼎山森林公园	省	12.00	650.00	
819	澧　县(湘)	湖南省天供山森林公园	省	5.60	78.80	58.60
820	桃源县(湘)	沅水湿地公园	省	5.00	50.00	
821	武陵源区(湘)	天子山自然保护区	省	38.00	9964.00	1785.00
822	武陵源区(湘)	索溪峪自然保护区	省	1123.00	417567.00	73258.00
823	武陵源区(湘)	杨家界自然保护区	省	245.00	85465.00	15116.00
824	益阳市市辖区(湘)	北峰山森林公园	省	0.80	600.00	100.00
825	安化县(湘)	柘溪森林公园	省	80.00	39500.00	4350.00
826	安化县(湘)	雪峰湖国家湿地公园	省	38.00	7950.00	
827	苏仙区(湘)	王仙岭生态园	省	30.50	653.00	456.00
828	永兴县(湘)	湖南永兴丹霞国家森林公园	省	13.80	14.30	10.58
829	冷水滩区(湘)	四明山省级森林公园	省	9.20	920.00	
830	鹤城区(湘)	怀化市凉山森林公园	省	150.00	9000.00	6000.00
831	中方县(湘)	康龙自然保护区	省	16.00	2600.00	
832	辰溪县(湘)	仙人岩林场	省	1.00	50.00	
833	辰溪县(湘)	燕子洞	省	1.00	150.00	
834	新晃侗族自治县(湘)	黄家垄森林公园	省	12.00	220.00	60.00
835	芷江侗族自治县(湘)	三道坑自然保护区	省	210.00	25532.00	
836	娄星区(湘)	洪家山森林公园	省	80.00	150.00	
837	冷水江市(湘)	紫云峰森林公园	省	1.65	300.00	
838	涟源市(湘)	涟源市包围山	省	8.80	246.00	
839	连山林场(粤)	广东鹰扬关森林公园	省	3.00	42.90	22.00
840	隆安县(桂)	广西龙虎山自然保护区	省	56.00	28638.00	28638.00
841	马山县(桂)	马山县弄拉自然保护区	省	120.00	2350.00	
842	藤　县(桂)	藤县石表山森林生态文化旅游核心示范区	省	80.00	9000.00	8000.00
843	钦北区(桂)	广西钦州市八寨沟旅游区	省	100.32	52147.00	5078.00
844	浦北县(桂)	广西五皇山自治区森林公园	省	5.00	75.00	30.00
845	桂平市(桂)	大坪山动植物自然保护区	省	2.80	30.00	8.00
846	北流市(桂)	大容山自然保护区	省	18.50	996.00	400.00
847	六万林场(桂)	广西六万大山森林公园	省	18.60	626.04	306.33
848	派阳山林场(桂)	广西派阳山自治区级森林公园	省	12.00	61.85	16.00
849	江北区(渝)	重庆市铁山坪森林公园	省	139.00	169.00	
850	沙坪坝区(渝)	重庆市太寺垭森林公园	省	6.00	230.00	150.00
851	九龙坡区(渝)	重庆市中梁云岭森林公园	省	13.00	22.00	
852	九龙坡区(渝)	白市驿白鹭自然保护区	省	4.00	5.00	
853	九龙坡区(渝)	重庆市白塔坪森林公园	省	40.00	300.00	
854	九龙坡区(渝)	重庆市白市驿城市花卉森林公园	省	77.00	60.00	
855	巴南区(渝)	重庆南泉森林公园	省	7.20	342.20	
856	巴南区(渝)	重庆东温泉森林公园	省	7.60	795.00	
857	江津区(渝)	重庆市滚子坪森林公园	省	8.00	120.00	0.00
858	江津区(渝)	重庆市云雾坪森林公园	省	15.00	700.00	
859	江津区(渝)	重庆市临峰山森林公园	省	13.00	530.00	
860	永川区(渝)	重庆市代家店森林公园	省	42.50	1860.00	

(续表)

序号	县(旗、市、区、局、场)	森林公园及自然保护区(名称)	级别选项(国家、省、地、县)	实际接待人数(万人次)	旅游总收入(万元)	其中:门票收入(万元)
861	永川区(渝)	重庆市黄瓜山森林公园	省	184.00	10750.00	
862	永川区(渝)	重庆市石笋山森林公园	省	30.00	1900.00	0.00
863	永川区(渝)	重庆市桃花源森林公园	省	3.50	386.50	3.50
864	潼南区(渝)	重庆市马鞍山国家森林公园	省	10.10	807.10	
865	铜梁区(渝)	重庆市西温泉森林公园	省	36.00	500.00	
866	大足区(渝)	宝林寺森林公园	省	5.00	250.00	
867	梁平区(渝)	百里竹海	省	39.47	4736.16	197.34
868	开州区(渝)	重庆市龙头嘴森林公园内	省	5.00	2500.00	
869	开州区(渝)	重庆南山市级森林公园	省	6.40	1280.00	
870	自流井区(川)	飞龙峡森林公园	省	92.60	20000.00	600.00
871	荣　县(川)	荣县高石梯森林公园	省	25.44	489.66	33.56
872	荣　县(川)	荣县金花桫椤自然保护区	省	0.17	2.90	
873	叙永县(川)	叙永县玉皇观森林公园	省	50.00	500.00	
874	古蔺县(川)	红龙湖森林公园	省	11.19	125.53	
875	古蔺县(川)	黄荆自然保护区	省	66.53	66985.53	6449.90
876	旌阳区(川)	崴螺山森林公园	省	18.70	1702.00	
877	三台县(川)	三台县凤凰山森林公园	省	270.00	363.90	
878	江油市(川)	江油市观雾山森林公园	省	5.00	875.00	
879	朝天区(川)	四川水磨沟自然保护区	省	3.00	841.00	93.00
880	剑阁县(川)	四川省翠云廊古柏自然保护区	省	300.00	45724.00	2600.00
881	苍溪县(川)	四川九龙山自然保护区	省	21.30	3048.00	
882	船山区(川)	灵泉寺省级森林公园	省	92.45	22852.00	3344.00
883	射洪县(川)	平安森林公园	省	50.00	32384.00	
884	东兴区(川)	长江森林公园	省	0.57	1.60	
885	威远县(川)	四川省茨菇塘森林公园	省	9.00	800.00	
886	峨边彝族自治县(川)	峨边彝族自治县黑竹沟风景区	省	55.03	58769.00	2412.17
887	仁寿县(川)	黑龙滩森林公园	省	170.00	32135.00	
888	丹棱县(川)	九龙山森林公园	省	13.55	3717.86	218.35
889	翠屏区(川)	四川省七星山森林公园	省	9.34	1168.00	
890	宜宾县(川)	宜宾永兴荷莲省级湿地公园	省	9.10	5641.00	888.00
891	宜宾县(川)	石城山森林省级公园	省	19.30	10818.00	2612.00
892	南溪区(川)	云太湖湿地公园	省	20.00	3000.00	
893	江安县(川)	连天山森林公园	省	3.33	212.40	
894	江安县(川)	青峰寺森林公园	省	4.98	318.54	
895	高　县(川)	高县七仙湖森林湿地公园	省	18.00	2160.00	
896	武胜县(川)	龙女湖湿地公园	省	15.00	300.00	
897	邻水县(川)	罗家洞森林公园	省	45.00	18000.00	
898	邻水县(川)	白龙峡	省	32.00	11000.00	7000.00
899	通川区(川)	四川省千口岭森林公园	省	20.00	3000.00	
900	通川区(川)	四川省犀牛山森林公园	省	360.00	42500.00	
901	达川区(川)	达县真佛山风景区	省	6.00	60.00	
902	达川区(川)	达县雷音铺森林公园	省	11.00	2000.00	
903	万源市(川)	四川省东林山森林公园	省	8.00	100.00	

（续表）

序号	县(旗、市、区、局、场)	森林公园及自然保护区（名称）	级别选项（国家、省、地、县）	实际接待人数（万人次）	旅游总收入（万元）	其中：门票收入（万元）
904	万源市(川)	四川省黑宝山森林公园	省	15.00	300.00	
905	雨城区(川)	四川省周公山森林公园	省	54.09	6700.58	
906	平昌县(川)	四川驷马自然保护区	省	18.77	9633.00	
907	安岳县(川)	四川省千佛寨森林公园	省	7.00	410.00	
908	汶川县(川)	汶川草坡自然保护区	省	83.00	6180.00	
909	理　县(川)	理县毕棚沟风景区	省	64.00	1900.00	
910	马林林业局(川)	四川省梭磨河森林公园	省	2.00	52.00	
911	丹巴县(川)	莫斯卡自然保护区	省	15.00	1.99	
912	得荣县(川)	下拥自然保护区	省	1.00	1400.00	
913	木里藏族自治县(川)	鸭咀自然保护区	省	5.00	2415.00	
914	盐源县(川)	泸沽湖湿地自然保护区	省	28.00	17629.00	
915	金阳县(川)	金阳百草坡自然保护区	省	3.30	810.00	
916	冕宁县(川)	四川省冕宁县灵山森林公园	省	23.65	1374.20	1045.00
917	思南县(黔)	思南县万圣山森林公园	省	10.00	1500.00	
918	沿河土家族自治县(黔)	贵州沿河乌江森林公园	省	29.90	8970.00	
919	凯里市(黔)	凯里罗汉山省级森林公园	省	46.80	454.00	
920	凯里市(黔)	凯里石仙山省级森林公园	省	11.20	16.50	
921	锦屏县(黔)	锦屏县春蕾林场	省	48.00	480.00	
922	丹寨县(黔)	丹寨县龙泉山省级森林公园	省	24.19	2320.00	
923	罗甸县(黔)	罗甸县翠滩省级森林公园	省	80.60	1015.00	
924	宣威市(滇)	珠江源自然保护区	省	65.00	3200.00	560.00
925	腾冲市(滇)	北海湿地保护区	省	40.00	1520.00	1100.00
926	玉龙纳西族自治县(滇)	玉龙山自然保护区	省	441.60		57408.00
927	宁蒗彝族自治县(滇)	云南省省级泸沽湖自然保护区	省	106.50	138000.00	83870.00
928	屏边苗族自治县(滇)	屏边大围山风景名胜区	省	5.70	383.52	132.02
929	元阳县(滇)	元阳观音山省级自然保护区	省	48.00	31300.00	10825.00
930	丘北县(滇)	云南丘北普者黑省级自然保护区	省	425.00	97330.00	
931	芒　市(滇)	孔雀谷森林公园	省	1.80		
932	灞桥区(陕)	白鹿塬森林公园	省	2.20	587.00	
933	长安区(陕)	太兴山森林公园	省	3.00	155.00	85.00
934	长安区(陕)	西安祥峪森林公园	省	6.90	225.00	145.00
935	长安区(陕)	沣峪森林公园	省	7.30	140.00	90.00
936	宜君县(陕)	太安自然保护区	省	8.50	3900.00	
937	眉　县(陕)	红河谷森林公园	省	64.40	3900.00	3300.00
938	千阳县(陕)	陕西千湖湿地省级自然保护区	省	9.00	800.00	105.00
939	凤　县(陕)	陕西紫柏山省级森林公园	省	0.10	12.90	7.20
940	淳化县(陕)	淳化县仲山森林公园	省	405.00	4614.00	2.00
941	富平县(陕)	金粟山森林公园	省	26.00	57.00	57.00
942	汉台区(陕)	陕西省省级褒河森林公园	省	8.00	1000.00	56.00
943	宁强县(陕)	宁强县汉水源森林公园	省	4.50	320.00	
944	佛坪县(陕)	佛坪县熊猫谷景区	省	44.00	3388.00	1320.00
945	榆阳区(陕)	榆林沙地森林公园	省	20.00	2000.00	
946	汉滨区(陕)	陕西省凤凰山森林公园	省	10.30	782.00	

(续表)

序号	县(旗、市、区、局、场)	森林公园及自然保护区(名称)	级别选项(国家、省、地、县)	实际接待人数(万人次)	旅游总收入(万元)	其中:门票收入(万元)
947	岚皋县(陕)	千层河省级森林公园	省	16.00	2184.00	800.00
948	平利县(陕)	女娲山森林公园	省	5.00	1834.00	
949	洛南县(陕)	陕西省玉虚洞	省	0.65	85.00	32.00
950	汉西林业局(陕)	陕西省雷神谷森林公园	省	0.02	2.00	
951	宁东林业局(陕)	陕西省宁东森林公园	省	1.20	95.00	
952	山丹县(甘)	焉支山森林公园	省	20.00	1000.00	200.00
953	崇信县(甘)	崇信五龙山省级森林公园	省	3.00	300.00	156.00
954	庄浪县(甘)	朝那湫省级森林公园	省	1.00	20.00	20.00
955	环　县(甘)	兴隆山森林公园	省	8.00	15.00	
956	华池县(甘)	双塔森林公园	省	5.00	300.00	
957	合水林业总场(甘)	连家砭省级森林公园	省	0.12	2.00	
958	正宁林业总场(甘)	调令关森林公园	省	8.20	70.50	0.00
959	临夏市(甘)	临夏市南龙山森林公园	省	3.73	36.00	
960	卓尼县(甘)	九洞山省级森林公园	省	5.01	10.50	
961	舟曲县(甘)	舟曲县拉尕山省级森林公园	省	5.00	500.00	
962	迭部县(甘)	扎尕那	省	12.00	185.00	62.00
963	青铜峡市(宁)	青铜峡市库区自然保护区	省	150.00	5000.00	3000.00
964	泾源县(宁)	凉殿峡景区	省	28.00	18000.00	1960.00
965	泾源县(宁)	老龙潭景区	省	11.00	6200.00	
966	木垒林场(新)	新疆大龙王森林公园	省	3.50	28.00	8.00
967	湾沟林业局(吉林森工)	黑松谷	省	0.16	80.00	
968	泉阳林业局(吉林森工)	吉林泉阳省级湿地公园	省	0.21	1300.00	
969	卫国林业局(滇)	卫国小黑江公园	省	0.75	0.76	
970	小陇山林业实验局(甘)	云屏三峡森林公园	省	0.02	0.14	0.14
971	小陇山林业实验局(甘)	三黄谷森林公园	省	0.12	1.02	0.40
972	小陇山林业实验局(甘)	太阳山森林公园	省	0.25	2.30	2.30
973	小陇山林业实验局(甘)	卧牛山森林公园	省	2.00	34.61	8.80
974	井陉矿区(冀)	清凉山风景区	地	12.00	520.00	340.00
975	阿鲁科尔沁旗(内蒙古)	根皮庙	地	5.00	4050.00	
976	巴林左旗(内蒙古)	石房子	地	0.10	20.00	
977	林西县(内蒙古)	林西县三椤山旅游区	地	0.12	240.00	
978	林西县(内蒙古)	大冷山森林公园	地	2.10	4131.00	
979	林西县(内蒙古)	林西县九佛旅游区	地	0.20	389.00	
980	克什克腾旗(内蒙古)	黄岗梁野生动物狩猎场	地	16.00	16000.00	
981	奈曼旗(内蒙古)	奈曼旗青龙山洼旅游区	地	30.00	60.00	
982	察哈尔右翼中旗(内蒙古)	辉腾锡勒草原旅游景区	地	60.00	9000.00	3000.00
983	振安区(辽)	丹东市五龙山森林公园	地	4.00	1540.00	240.00
984	朝阳县(辽)	槐树洞景区	地	7.00	180.00	140.00
985	萨尔图区(黑)	黑鱼湖自然保护区	地	8.90	1411.00	
986	江北区(浙)	绿野山庄	地	10.00	1000.00	400.00
987	镇海区(浙)	九龙湖森林公园	地	171.61	14200.38	1006.18
988	黄岩区(浙)	浙江省台州市布袋山区	地	6.50	1244.00	32.00
989	禹会区(皖)	蚌埠花卉科技产业园	地	2.60	60.00	30.00

（续表）

序号	县（旗、市、区、局、场）	森林公园及自然保护区（名称）	级别选项（国家、省、地、县）	实际接待人数（万人次）	旅游总收入（万元）	其中：门票收入（万元）
990	怀远县（皖）	四方湖湿地自然保护区	地	5.00	300.00	
991	分宜县（赣）	分宜县洞村森林公园	地	15.00	2000.00	950.00
992	长清区（鲁）	莲台山森林公园	地	10.80	657.00	24.00
993	长清区（鲁）	双泉庵森林公园	地	6.80	487.00	
994	淄川区（鲁）	孟子山森林公园	地	6.00	37.00	10.00
995	淄川区（鲁）	卧虎山森林公园	地	1.20	40.00	10.00
996	淄川区（鲁）	三龙山森林公园	地	3.50	235.00	90.00
997	淄川区（鲁）	马鞍山森林公园	地	15.00	368.00	120.00
998	淄川区（鲁）	雁山森林公园	地	0.70	47.70	
999	沂源县（鲁）	沂源县凤凰山森林公园	地	6.00	10.00	10.00
1000	沂源县（鲁）	沂源县杏花村森林公园	地	10.00	30.00	
1001	山亭区（鲁）	鸡冠崮市级森林公园	地	1.00	2.00	
1002	坊子区（鲁）	九龙涧森林公园	地	1.00	30.00	30.00
1003	新泰市（鲁）	和圣园森林公园	地	20.00	1727.00	300.00
1004	新泰市（鲁）	白马寺森林公园	地	6.00	450.00	37.00
1005	新泰市（鲁）	青云山森林公园	地	14.00	1000.00	
1006	新泰市（鲁）	墨石山森林公园	地	24.00	4550.00	320.00
1007	莱芜市雪野旅游区（鲁）	马鞍山森林公园	地	1.70	7.00	
1008	沂南县（鲁）	五彩山森林公园	地	10.00	450.00	
1009	沂水县（鲁）	圣水坊	地	15.00	483.00	
1010	沂水县（鲁）	灵泉寺	地	12.00	520.00	485.00
1011	阳谷县（鲁）	景阳冈旅游区	地	72.00	3200.00	
1012	惠济区（豫）	郑州黄河风景名胜区	地	79.00	3855.00	1200.00
1013	老城区（豫）	上清宫深林公园	地	130.00	887.00	617.00
1014	殷都区（豫）	塔山森林公园	地	0.25	12.20	5.00
1015	殷都区（豫）	珠泉森林公园	地	0.10	10.00	
1016	龙安区（豫）	马投涧镇凤凰岗级森林公园	地	6.00	50.00	30.00
1017	林州市（豫）	柏尖山森林公园	地	3.50	400.00	
1018	林州市（豫）	天平山森林公园	地	8.00	268.00	260.00
1019	林州市（豫）	水河森林公园	地	5.00	80.00	
1020	华龙区（豫）	戚城公园	地	1.70	50.00	
1021	阳新县（鄂）	阳新县父子山登山健身步道	地	3.60	550.00	
1022	陆川县（桂）	广西陆川龙珠湖风景名胜区	地	120.00	6000.00	1000.00
1023	陆川县（桂）	广西陆川谢鲁山庄	地	120.00	5000.00	1000.00
1024	嘉陵区（川）	太和鹭鸟自然保护区	地	103.00	2785.00	
1025	宣汉县（川）	笔架山风景区	地	33.70	2430.00	
1026	木里藏族自治县（川）	巴丁娜姆自然保护区	地	0.50	241.00	
1027	木里藏族自治县（川）	恰朗多吉自然保护区	地	2.00	971.00	
1028	黎平县（黔）	黎平县肇兴东寨	地	220.74	141302.00	100.00
1029	黎平县（黔）	黎平县太平山自然保护区	地	30.10	1200.00	
1030	麒麟区（滇）	沿江水乡	地	120.00	10000.00	500.00
1031	弥渡县（滇）	太极山自然保护区	地	6.50	30.00	
1032	剑川县（滇）	剑川县石宝山	地	87.92	125373.00	378.88

(续表)

序号	县(旗、市、区、局、场)	森林公园及自然保护区(名称)	级别选项(国家、省、地、县)	实际接待人数(万人次)	旅游总收入(万元)	其中:门票收入(万元)
1033	淳化县(陕)	淳化县爷台山自然保护区	地	303.00	2280.00	
1034	迁安市(冀)	成山景区	县	0.72	35.00	
1035	迁安市(冀)	皇姑寺景区	县	1.80	44.00	31.00
1036	迁安市(冀)	灵山景区	县	2.10	46.00	30.00
1037	迁安市(冀)	挂云山景区	县	7.51	1105.00	253.00
1038	迁安市(冀)	迁安塔寺峪景区	县	23.21	2219.00	552.00
1039	迁安市(冀)	红峪山庄	县	1.29	119.00	28.00
1040	邢台县(冀)	张果老山	县	11.00	117.00	117.00
1041	内丘县(冀)	寒山景区	县	11.00	514.00	
1042	顺平县(冀)	顺平县龙潭湖风景区	县	2.80	103.00	
1043	固阳县(内蒙古)	大青山国家级自然保护区	县	5.50	3748.80	
1044	红山区(内蒙古)	南山生态园	县	24.00	40.00	
1045	红山区(内蒙古)	红山国家森林公园	县	30.00	60.00	
1046	松山区(内蒙古)	松山区东山皇家漫甸	县	0.90	630.00	
1047	阿鲁科尔沁旗(内蒙古)	阿日宝力高沙地	县	2.00	1500.00	
1048	阿鲁科尔沁旗(内蒙古)	巴彦花水库	县	3.00	2000.00	
1049	鄂托克旗(内蒙古)	湿地公园	县	0.80	80.00	
1050	鄂托克旗(内蒙古)	阿尔寨石窟寺旅游景区	县	0.20	40.00	
1051	鄂伦春自治旗(内蒙古)	嘎仙沟森林公园	县	2.80	114.00	114.00
1052	卓资县(内蒙古)	红召九龙湾	县	10.00	1000.00	500.00
1053	彰武县(辽)	那木斯莱湿地保护区	县	0.50		1.00
1054	大洼县(辽)	红海滩湿地旅游度假区	县	46.00	52000.00	3800.00
1055	调兵山市(辽)	调兵山风景区	县	20.00		60.00
1056	朝阳县(辽)	苏营子湿地	县	10.00	260.00	
1057	南票区(辽)	九龙公园	县	10.00	30.00	0.00
1058	建昌县(辽)	龙潭大峡谷	县	7.00	1100.00	60.00
1059	绿园区(吉)	长春市绿园区关东文化园	县	10.00	500.00	500.00
1060	莲花山开发区(吉)	长春莲花山生态旅游度假区滑雪场	县	7.00	744.00	705.00
1061	桦甸市(吉)	白桦林景区	县	3.00	30.00	30.00
1062	舒兰市(吉)	九龙山森林公园	县	80.00	1500.00	
1063	东丰县(吉)	江城公园	县	5.00	200.00	100.00
1064	白城市市辖区(吉)	查干浩特旅游度假区	县	11.00	610.00	20.00
1065	道里区(黑)	长岭湖	县	4.00	700.00	
1066	宝清县(黑)	圣洁摇篮山滑雪场	县	8.00	800.00	640.00
1067	宝清县(黑)	梨树山庄	县	6.00	500.00	150.00
1068	建德市(浙)	绿荷塘森林公园	县	6.00	900.00	
1069	常山县(浙)	常山不老泉市级森林公园	县	8.20	872.00	
1070	三门县(浙)	湫水山森林公园	县	18.00	4850.00	
1071	三门县(浙)	大岙坑自然景观保护小区	县	8.00	2900.00	
1072	三门县(浙)	瑞云山自然景观保护小区	县	2.80	580.00	
1073	岳西县(皖)	映山红大观园	县	27.00	3800.00	705.00
1074	祁门县(皖)	牯牛降九龙池景区	县	54.00	27000.00	3240.00
1075	天长市(皖)	釜山生态旅游度假村	县	7.00	500.00	

（续表）

序号	县(旗、市、区、局、场)	森林公园及自然保护区(名称)	级别选项(国家、省、地、县)	实际接待人数(万人次)	旅游总收入(万元)	其中:门票收入(万元)
1076	天长市(皖)	红草湖湿地公园	县	10.00	500.00	
1077	裕安区(皖)	九公寨	县	12.60	11.70	
1078	东至县(皖)	东至县马坑紫石塔自然保护区	县	3.00	220.00	
1079	湘东区(赣)	萍乡市碧湖潭森林公园	县	8.00	480.00	
1080	永修县(赣)	燕山龙源峡景区	县	4.00	1400.00	
1081	彭泽县(赣)	彭泽绿发生态农业观光园	县	5.00	350.00	100.00
1082	彭泽县(赣)	彭泽凤凰颈生态旅游区	县	2.00	60.00	40.00
1083	共青城市(赣)	共青城市富华山景区	县	0.40	320.00	
1084	分宜县(赣)	分宜县石门寨森林公园	县	8.00	7.00	
1085	定南县(赣)	国营定南县云台山林场	县	0.16	4.00	
1086	峡江县(赣)	江西玉笥山县级自然保护区	县	42.50	13000.00	10812.00
1087	袁州区(赣)	袁山公园	县	36.50	365.00	
1088	宜丰县(赣)	宜丰县黄檗山风景区	县	1.50	480.00	
1089	宜丰县(赣)	宜丰县洞山风景区	县	3.60	1280.00	
1090	资溪县(赣)	资溪县大觉山景区	县	245.38	149684.00	
1091	东乡区(赣)	东乡佛岭县级自然保护区	县	200.00	15280.00	1200.00
1092	婺源县(赣)	文公山自然保护区	县	1.00	60.00	20.00
1093	济南市市中区(鲁)	玉龙山森林公园	县	1.00	20.00	
1094	济南市市中区(鲁)	红山尖森林公园	县	1.00	20.00	
1095	济南市市中区(鲁)	石崮森林公园	县	1.00	50.00	25.00
1096	诸城市(鲁)	大山森林公园	县	5.00	580.00	
1097	荣成市(鲁)	石岛山市级森林公园	县	62.50	6919.50	410.00
1098	莱芜市雪野旅游区(鲁)	吕祖泉生态旅游区	县	10.80	1040.00	409.70
1099	阳信县(鲁)	阳信县万亩梨园	县	8.00	1800.00	
1100	新安县(豫)	新安县翠屏山森林公园	县	8.00	35.00	
1101	新安县(豫)	新安县世纪生态园	县	24.00	55.00	
1102	新安县(豫)	新安县城北森林公园	县	13.00	55.00	
1103	汝阳县(豫)	龙隐景区	县	50.00	1602.00	
1104	洛阳市伊洛工业园区(豫)	万安山森林公园	县	20.00		200.00
1105	宝丰县(豫)	尖山坡	县	2.50	305.00	
1106	郏　县(豫)	眼明寺森林公园	县	10.10	1492.00	
1107	殷都区(豫)	浩宇农庄	县	0.07	60.00	
1108	殷都区(豫)	山海农庄	县	0.80	20.00	
1109	殷都区(豫)	秀水山庄	县	0.50	13.00	
1110	龙安区(豫)	长春观	县	7.00	500.00	50.00
1111	华龙区(豫)	东北庄生态园	县	4.69	245.00	
1112	禹州市(豫)	吴道子故里景区	县	39.00	526.00	
1113	禹州市(豫)	浅井逍遥观景区	县	68.00	1231.00	680.00
1114	禹州市(豫)	无梁周定王陵旅游景区	县	65.00	1080.00	650.00
1115	长葛市(豫)	鑫亮源生态园	县	2.00	350.00	150.00
1116	长葛市(豫)	葛天源	县	5.00	700.00	350.00
1117	灵宝市(豫)	灵宝市亚武山	县	6.70	86.00	46.00
1118	西峡县(豫)	龙潭沟风景区	县	25.10	1200.00	803.00

(续表)

序号	县(旗、市、区、局、场)	森林公园及自然保护区(名称)	级别选项(国家、省、地、县)	实际接待人数(万人次)	旅游总收入(万元)	其中:门票收入(万元)
1119	西峡县(豫)	老界岭风景区	县	39.90	12100.00	4311.68
1120	内乡县(豫)	二龙山景区	县	27.60	2760.00	1780.00
1121	内乡县(豫)	云路山景区	县	15.30	1030.00	680.00
1122	新野县(豫)	新野县白河滩湿地公园	县	190.00	2000.00	
1123	宁陵县(豫)	宁陵县万顷梨园	县	14.00	1720.00	
1124	虞城县(豫)	虞城县森林公园	县	38.00	300.00	
1125	虞城县(豫)	黄河故道森林公园	县	15.00	200.00	
1126	西华县(豫)	黄桥观花及休闲旅游区	县	7.00	570.00	200.00
1127	商水县(豫)	商水县和畅生态园	县	0.30	30.00	
1128	商水县(豫)	商水县白鹭公园	县	1.50	160.00	
1129	商水县(豫)	陆捷生态园	县	0.80	120.00	
1130	商水县(豫)	商水县银杏博览园	县	0.50	50.00	
1131	西塞山区(鄂)	西塞山公园	县	1.50	15.00	15.00
1132	宜都市(鄂)	三峡九凤谷生态旅游度假区	县	15.00	1500.00	800.00
1133	东宝区(鄂)	圣景山风景区	县	50.00	53000.00	220.00
1134	孝昌县(鄂)	观音湖生态旅游度假区	县	5.00	500.00	
1135	大悟县(鄂)	娘娘顶自然保护小区	县	5.00	30.00	
1136	大悟县(鄂)	五岳山自然保护小区	县	5.00	3.00	
1137	大悟县(鄂)	仙居顶自然保护小区	县	5.00	3.00	
1138	大悟县(鄂)	李园林场	县	4.00	3.00	
1139	云梦县(鄂)	台湖自然保护小区	县	16.00	950.00	
1140	恩施市(鄂)	梭步石林	县	50.00	750.00	300.00
1141	恩施市(鄂)	沐抚大峡谷	县	100.00	75000.00	12000.00
1142	利川市(鄂)	福宝山山森林公园	县	20.00	1000.00	600.00
1143	利川市(鄂)	甘溪山森林公园	县	10.00	30.00	0.00
1144	巴东县(鄂)	巴山森林公园	县	2.10	609.00	21.00
1145	宣恩县(鄂)	伍家台	县	85.50	9540.00	
1146	雨花区(湘)	石燕湖	县	95.00	4000.00	2500.00
1147	株洲县(湘)	凤凰山国有林场	县	1.20	120.00	
1148	邵阳县(湘)	河伯岭自然保护区	县	5.00	22.00	
1149	汨罗市(湘)	八景洞风景名胜区	县	1.15	400.00	
1150	赫山区(湘)	四方山旅游基地	县	1.80	180.00	
1151	赫山区(湘)	梓山公园	县	12.00	1200.00	
1152	赫山区(湘)	会龙山公园	县	10.00	500.00	
1153	赫山区(湘)	先锋岭苗木生态园	县	8.00	800.00	
1154	道　县(湘)	道县两河口森林公园	县	2.00	2665.00	
1155	道　县(湘)	道县宜山岭森林公园	县	1.00	1300.00	
1156	溆浦县(湘)	米粮洞自然保护区	县	6.00	800.00	
1157	溆浦县(湘)	圣人山自然保护区	县	7.00	800.00	
1158	新化县(湘)	新化县古台山森林公园	县	6.50	700.00	
1159	花垣县(湘)	古苗河自然保护区	县	10.00	50.00	12.00
1160	横　县(桂)	广西九龙瀑布群国家森林公园	县	6.07	217.00	180.00

（续表）

序号	县（旗、市、区、局、场）	森林公园及自然保护区（名称）	级别选项（国家、省、地、县）	实际接待人数（万人次）	旅游总收入（万元）	其中：门票收入（万元）
1161	陆川县（桂）	陆川县东山休闲养生旅游区	县	50.00	1000.00	30.00
1162	梁平区（渝）	滑石古寨	县	48.09	2368.08	
1163	广汉市（川）	鸭子河湿地自然保护区	县	4.79	580.00	383.00
1164	游仙区（川）	渔父村森林公园	县	5.03	326.00	
1165	游仙区（川）	游仙水禽湿地自然保护区	县	36.00	5660.00	0.00
1166	夹江县（川）	夹江县千佛岩景区	县	10.00	200.00	20.00
1167	营山县（川）	太蓬山森林公园	县	8.30	581.00	166.00
1168	彭山区（川）	寿星谷景区	县	30.00	500.00	100.00
1169	翠屏区（川）	宜宾市翠屏区	县	23.60	1020.00	
1170	高　县（川）	乡村生态旅游区	县	192.00	57600.00	
1171	武胜县（川）	印山公园	县	20.00	500.00	
1172	邻水县（川）	清水谷度假中心	县	22.00	2500.00	
1173	邻水县（川）	铜锣山生态旅游中心	县	22.00	8200.00	
1174	普格县（川）	大漕河温泉瀑布	县	4.50	1248.00	1230.00
1175	松桃苗族自治县（黔）	松桃县桃花源自然保护区	县	50.00	30.00	
1176	马龙县（滇）	马龙县香炉山	县	2.00	120.00	40.00
1177	马龙县（滇）	马过河凤龙湾	县	2.00	60.00	20.00
1178	江川区（滇）	江川区碧云寺森林旅游区	县	10.00	500.00	60.00
1179	江川区（滇）	江川区白山寺森林公园	县	6.00	350.00	
1180	江川区（滇）	江川区李家山古滇国墓葬遗址森林旅游区	县	1.00	10.00	
1181	华宁县（滇）	通红甸乡温泉度假村	县	1.00	200.00	
1182	华宁县（滇）	华宁县象鼻山温泉度假村	县	3.00	700.00	
1183	新平彝族傣族自治县（滇）	哀牢山县级自然保护区	县	12.75	1912.50	
1184	腾冲市（滇）	云峰山森林公园	县	8.00	1120.30	146.30
1185	腾冲市（滇）	银杏村森林公园	县	40.00	5200.00	850.00
1186	腾冲市（滇）	火山森林公园	县	55.00	2120.00	1765.00
1187	腾冲市（滇）	樱花谷森林公园	县	2.10	82.30	82.30
1188	昌宁县（滇）	云南昌宁澜沧江县级自然保护区	县	8.00	5845.00	
1189	西盟佤族自治县（滇）	西盟县勐梭龙潭	县	2.06	82.00	82.00
1190	石屏县（滇）	石屏县秀山公园	县	20.00	150.00	100.00
1191	漾濞彝族自治县（滇）	马鹿塘大花园	县	15.00	1500.00	
1192	漾濞彝族自治县（滇）	脉地大花园	县	12.00	1200.00	
1193	安宁市（滇）	青龙峡	县	20.00	1000.00	600.00
1194	安宁市（滇）	水神桥旅游区	县	10.00	45.00	
1195	甘泉县（陕）	劳山森林公园	县	3.00	420.00	110.00
1196	甘泉县（陕）	甘泉大峡谷	县	6.00	980.00	420.00
1197	洛川县（陕）	厢寺川森林公园	县	100.00	200.00	80.00
1198	西乡县（陕）	午子山	县	23.20	1352.00	418.00
1199	商州区（陕）	商洛市商州区江山森林公园	县	15.00	1000.00	350.00
1200	洛南县（陕）	洛南县老君山	县	14.70	4520.00	680.00
1201	泾源县（宁）	胭脂峡旅游景区	县	7.00	2600.00	

表 18-1　蜂蜜主产地产量

(续表)

序号	蜂蜜主产地	养蜂户数(户)	蜜蜂饲养数量(群)	蜂蜜产量(千克)
1	海淀区(京)	12	574	13000.00
2	门头沟区(京)	406	20300	609000.00
3	房山区(京)	1008	33149	446310.00
4	通州区(京)	19	985	34370.00
5	顺义区(京)	138	20000	110000.00
6	大兴区(京)	37	3535	145000.00
7	怀柔区(京)	180	14500	200000.00
8	延庆区(京)	120	9000	70000.00
9	平山县(冀)	521	3120	77020.00
10	青龙满族自治县(冀)	20		1800.00
11	大名县(冀)	95		2000.00
12	永年区(冀)	4		8600.00
13	阜平县(冀)	430	30000	3000000.00
14	丰宁满族自治县(冀)	105	3150	14770.00
15	围场满族蒙古族自治县(冀)	5	11	1000.00
16	古交市(晋)	8	1	12000.00
17	泽州县(晋)		2000	50000.00
18	祁　县(晋)	46	53	3500.00
19	平陆县(晋)	7		610.00
20	忻府区(晋)	105		103538.00
21	宁城县(内蒙古)	200		15000.00
22	库伦旗(内蒙古)	2	2	2000.00
23	奈曼旗(内蒙古)	10	10	2000.00
24	乌审旗(内蒙古)	132	18200	29000.00
25	扎兰屯市(内蒙古)	6		20000.00
26	康平县(辽)	200	1500	10000.00
27	抚顺县(辽)	68	1780	1605.00
28	新宾满族自治县(辽)	483	9030	37485.00
29	清原满族自治县(辽)	280	15000	160000.00
30	桓仁满族自治县(辽)	50		1670.00
31	盖州市(辽)	30	1740	34800.00
32	铁岭市经济开发区(辽)	10		5000.00
33	北票市(辽)	290		200000.00
34	凌源市(辽)	830	57000	3600000.00
35	丰满区(吉)	9	380	2000.00
36	蛟河市(吉)	112	6942	993500.00
37	舒兰市(吉)	50	2011	70385.00
38	磐石市(吉)	19	1610	50000.00
39	东丰县(吉)	5	10	800.00
40	东辽县(吉)	20	800	30000.00
41	辉南县(吉)	170	6800	7800.00
42	集安市(吉)	69		60083.00
43	白山市市辖区(吉)	80	5000	6200.00
44	长白朝鲜族自治县(吉)	142	7970	6910.00
45	临江市(吉)	45		60000.00
46	洮南市(吉)	110		300000.00
47	敦化市(吉)	10		1460000.00
48	和龙市(吉)	300	15000	300000.00
49	汪清县(吉)	3	245	6850.00
50	安图县(吉)	20		4229000.00
51	黄泥河林业局(吉)	44	3070	95000.00
52	和龙林业局(吉)	43	3550	124250.00
53	汪清林业局(吉)	150	2100	180000.00
54	大兴沟林业局(吉)	12		36000.00
55	天桥岭林业局(吉)	70	3402	119000.00
56	白河林业局(吉)	50		50000.00
57	方正县(黑)	189	20950	186855.00
58	巴彦县(黑)	18		57000.00
59	木兰县(黑)	51	230	250000.00
60	通河县(黑)	15	100000	4000000.00
61	延寿县(黑)		18000	47000.00
62	阿城区(黑)		2147	8729.00
63	尚志市(黑)	1700	1800	1500000.00
64	五常市(黑)	150		7000.00
65	丹清河实验林场(黑)	3	450	22000.00
66	依安县(黑)	20		1500.00
67	鸡东县(黑)	236	11000	240000.00
68	鹤岗市市辖区(黑)	75	7200	360000.00
69	萝北县(黑)	25		45000.00
70	集贤县(黑)	20	1000	150000.00
71	饶河县(黑)	200	48000	2000000.00
72	嘉荫县(黑)	200	12000	750000.00
73	孟家岗林场(黑)	7		1925.00
74	汤原县(黑)	50	1500	22143.00
75	同江市(黑)	8		6800.00
76	勃利县(黑)	18	4	18000.00
77	七台河市市辖区(黑)	2	2	5000.00
78	宁安市(黑)	1350	4300	359050.00
79	黑河市市辖区(黑)	85		45833.00
80	嫩江县(黑)	40		8500.00
81	逊克县(黑)	52		186857.00
82	孙吴县(黑)	50		250000.00
83	北安市(黑)	2	2	15000.00
84	明水县(黑)	5		1000.00
85	绥棱县(黑)	18		38430.00
86	海伦市(黑)	7	730	14000.00
87	呼玛县(黑)	3	6	30000.00
88	绥芬河市(黑)	11		11000.00

（续表）

序号	蜂蜜主产地	养蜂户数（户）	蜜蜂饲养数量（群）	蜂蜜产量（千克）
89	萧山区（浙）	96	12620	550000.00
90	淳安县（浙）	20		37960.00
91	象山县（浙）	100	12513	1060800.00
92	宁海县（浙）	900	9000	3000000.00
93	慈溪市（浙）	425	71600	1373000.00
94	秀洲区（浙）	16		34300.00
95	长兴县（浙）	265	29160	2725740.00
96	兰溪市（浙）	1200		9520000.00
97	义乌市（浙）	112	8575	392175.00
98	常山县（浙）	37		600000.00
99	芜湖县（皖）	50	6000	480000.00
100	五河县（皖）	20	20	20000.00
101	枞阳县（皖）	102	7500	270000.00
102	潜山县（皖）	162	290	15200.00
103	岳西县（皖）	177	960	2065.00
104	桐城市（皖）	250	15400	1200000.00
105	休宁县（皖）	210		15750.00
106	祁门县（皖）	125	2713	1346.00
107	凤阳县（皖）	90	8000	150000.00
108	颍州区（皖）	15		1800.00
109	临泉县（皖）	350	3500	42000.00
110	舒城县（皖）	150		187500.00
111	霍山县（皖）	600		9000.00
112	东至县（皖）	49		5200.00
113	石台县（皖）	500		10500.00
114	泾　县（皖）	20		2000.00
115	绩溪县（皖）	2550	98000	20060000.00
116	旌德县（皖）	20	240	12000.00
117	莲花县（赣）	292		58105.00
118	芦溪县（赣）	46	124	86000.00
119	德安县（赣）	10		600.00
120	分宜县（赣）	1000		3000.00
121	余江县（赣）	95		1200.00
122	赣县区（赣）	105	105	9800.00
123	崇义县（赣）	860	920	2300.00
124	龙南县（赣）	62	2860	143000.00
125	定南县（赣）	30		5000.00
126	宁都县（赣）	30		48000.00
127	于都县（赣）	195	3900	40000.00
128	兴国县（赣）	268	4221	81000.00
129	石城县（赣）	28	710	5600.00
130	南康区（赣）	340	1800	18000.00
131	吉安县（赣）	30		1200.00
132	新干县（赣）	113	2188	67095.00

（续表）

序号	蜂蜜主产地	养蜂户数（户）	蜜蜂饲养数量（群）	蜂蜜产量（千克）
133	永丰县（赣）	200	6000	30000.00
134	遂川县（赣）	1000	10000	55000.00
135	永新县（赣）	6		14930.00
136	上高县（赣）	53	12	9000.00
137	宜丰县（赣）	1019		1500.00
138	乐安县（赣）	55	80	51800.00
139	上饶县（赣）	6030	65500	50300.00
140	玉山县（赣）	1120	1667	33340.00
141	德兴市（赣）	456	8454	16900.00
142	沂源县（鲁）	300	37000	39000.00
143	汶上县（鲁）	25	10	3200.00
144	梁山县（鲁）	23	325	18500.00
145	兖州区（鲁）	16	700	35000.00
146	宁阳县（鲁）	650	420	6010.00
147	东平县（鲁）	20	20	3000.00
148	新泰市（鲁）	145		4720.00
149	肥城市（鲁）	85	2125	30281.00
150	蒙阴县（鲁）	150		109000.00
151	新密市（豫）	1000		110000.00
152	栾川县（豫）	550	11000	112000.00
153	宜阳县（豫）	15	27	120.00
154	偃师市（豫）	60	8000	200000.00
155	洛阳市伊洛工业园区（豫）	17	2000	360900.00
156	殷都区（豫）	59	102	6200.00
157	林州市（豫）	130	130	250000.00
158	南乐县（豫）	48	1860	68000.00
159	西峡县（豫）	1421	10105	91124.00
160	镇平县（豫）	83	129	2011.00
161	唐河县（豫）	16		4100.00
162	新野县（豫）	18		1000.00
163	桐柏县（豫）	78	3450	81050.00
164	邓州市（豫）	140	6850	82150.00
165	淮滨县（豫）	150	50	5600.00
166	遂平县（豫）	12		5000.00
167	阳新县（鄂）	111		2649.00
168	兴山县（鄂）	43	200	182000.00
169	长阳土家族自治县（鄂）	315	2450	10000.00
170	五峰土家族自治县（鄂）	30002	15000	53102.00
171	宜都市（鄂）	80	500	2000.00
172	当阳市（鄂）	18	34	13038.00
173	枝江市（鄂）	12	15000	30000.00
174	襄城区（鄂）	27	730	1000.00
175	谷城县（鄂）	580		174000.00
176	保康县（鄂）	2000	25200	420000.00

(续表)

序号	蜂蜜主产地	养蜂户数(户)	蜜蜂饲养数量(群)	蜂蜜产量(千克)
177	老河口市(鄂)	25		16000.00
178	鄂州市市辖区(鄂)	30		2000.00
179	东宝区(鄂)	156	8170	1549000.00
180	孝昌县(鄂)	20		3000.00
181	大悟县(鄂)	150	9	160000.00
182	云梦县(鄂)	600	9000	520000.00
183	石首市(鄂)	50	50	3500.00
184	红安县(鄂)	260	380	4200.00
185	英山县(鄂)	830		11500.00
186	浠水县(鄂)	10	100	2000.00
187	随　县(鄂)	420	33290	2950000.00
188	恩施市(鄂)	2000	10000	50000.00
189	建始县(鄂)	50	30000	90000.00
190	巴东县(鄂)	4963	450	37330.00
191	来凤县(鄂)	85		4500.00
192	神农架林区(鄂)	5000	4000	100000.00
193	长沙县(湘)	130	2956	56000.00
194	宁乡市(湘)	560	114	3890.00
195	浏阳市(湘)	4760	178000	1650000.00
196	株洲县(湘)	36	620	12000.00
197	攸　县(湘)	152		3040.00
198	茶陵县(湘)	2789		1212200.00
199	炎陵县(湘)	78		10000.00
200	湘潭市市辖区(湘)	448		90000.00
201	湘潭县(湘)	222		2252.00
202	湘乡市(湘)	182		22504.00
203	韶山市(湘)	22		21000.00
204	衡南县(湘)	6		1050.00
205	祁东县(湘)	58	300	53000.00
206	耒阳市(湘)	12	36	400.00
207	常宁市(湘)	28	1000	40000.00
208	双清区(湘)	1	10	100.00
209	邵阳县(湘)	66	3600	12500.00
210	隆回县(湘)	160		2030.00
211	洞口县(湘)	80		10000.00
212	绥宁县(湘)	56	680	1600.00
213	新宁县(湘)	420	7500	120000.00
214	城步苗族自治县(湘)	23		11900.00
215	岳阳县(湘)	300		300000.00
216	鼎城区(湘)	145	18500	840000.00
217	澧　县(湘)	981	100000	200000.00
218	石门县(湘)		60000	1100000.00
219	津市市(湘)	10	10	5000.00
220	桑植县(湘)	2000		10000.00

(续表)

序号	蜂蜜主产地	养蜂户数(户)	蜜蜂饲养数量(群)	蜂蜜产量(千克)
221	安化县(湘)	293	3542	30458.00
222	北湖区(湘)	2400		56200.00
223	永兴县(湘)	224	1740	3860.00
224	临武县(湘)	72	1125	3310.00
225	汝城县(湘)	12	904	5364.00
226	资兴市(湘)	3150	32820	205200.00
227	零陵区(湘)	50	2000	1500.00
228	冷水滩区(湘)	8	8	520.00
229	宁远县(湘)	21	1060	11000.00
230	蓝山县(湘)	22	350	1750.00
231	金洞林场(湘)	17	700	3500.00
232	辰溪县(湘)	30	400	4000.00
233	会同县(湘)	50		5000.00
234	麻阳苗族自治县(湘)	33		28000.00
235	芷江侗族自治县(湘)	610	2400	2481.00
236	通道侗族自治县(湘)	6		100.00
237	新化县(湘)	158	16500	23500.00
238	花垣县(湘)	50		500.00
239	和平县(粤)	450	20000	40000.00
240	东源县(粤)	49	500	2600.00
241	万秀区(桂)	35	23000	730000.00
242	长洲区(桂)	70	600	2500.00
243	龙圩区(桂)	230	11300	135720.00
244	苍梧县(桂)		20000	195000.00
245	藤　县(桂)	2000	10000	15000.00
246	蒙山县(桂)	681	8900	1000000.00
247	岑溪市(桂)	256	256	18260.00
248	合浦县(桂)	634		91000.00
249	钦南区(桂)	20		20000.00
250	钦北区(桂)	180	10023	45123.00
251	灵山县(桂)	3000	50000	200000.00
252	玉州区(桂)	98		59375.00
253	陆川县(桂)	1500	18000	25000.00
254	北流市(桂)	200	2000	40000.00
255	田阳县(桂)	620	620	18750.00
256	靖西市(桂)	855	1250	6000.00
257	隆林各族自治县(桂)	217	721	2051.00
258	昭平县(桂)	2100	48150	619000.00
259	钟山县(桂)	20	1048	6274.00
260	兴宾区(桂)	20	10	80000.00
261	武宣县(桂)	15	15	2250.00
262	黄冕林场(桂)	11		170.00
263	万州区(渝)	476	28000	5000000.00
264	江津区(渝)	500	12000	175000.00
265	永川区(渝)	230	7000	98100.00

(续表)

序号	蜂蜜主产地	养蜂户数（户）	蜜蜂饲养数量（群）	蜂蜜产量（千克）
266	大足区(渝)	3000	300800	800000.00
267	城口县(渝)	120000	56781	460350.00
268	丰都县(渝)	2313	8802	70005.00
269	武隆区(渝)	22630	41490	414900.00
270	开州区(渝)	1329	31684	171778.00
271	奉节县(渝)	5000	15000	25000.00
272	荣　县(川)	12	12	1200.00
273	古蔺县(川)	600	6000	45000.00
274	三台县(川)	5	50	2000.00
275	北川羌族自治县(川)	335	950	5500.00
276	旺苍县(川)	500		12500.00
277	峨边彝族自治县(川)	104	2400	8500.00
278	南部县(川)	365		7300.00
279	仪陇县(川)	17	210	1900.00
280	仁寿县(川)	202	3043	21933.00
281	筠连县(川)	20	50	50000.00
282	前锋区(川)	44		3300.00
283	邻水县(川)	30	75	9000.00
284	通川区(川)	15	320	1600.00
285	万源市(川)	4300	32000	360000.00
286	雨城区(川)	118	400	300000.00
287	夹金山林业局(川)	140	1073	9887.00
288	南江县(川)	1046		172000.00
289	平昌县(川)	650	1700	2100.00
290	汶川县(川)	16	496	2976.00
291	马林林业局(川)		8	1380.00
292	沿河土家族自治县(黔)	300	0	15000.00
293	普安县(黔)	480	1300	6000.00
294	凯里市(黔)	66	1520	8663.00
295	黄平县(黔)	3610	12000	16000.00
296	天柱县(黔)	34	2460	12300.00
297	锦屏县(黔)	465	6500	24000.00
298	台江县(黔)	2366	6415	28135.00
299	黎平县(黔)	72	870	4900.00
300	都匀市(黔)	16		500.00
301	福泉市(黔)	50	450	1600.00
302	五华区(滇)	200	5000	300000.00
303	西山区(滇)	523	2092	8363.00
304	晋宁区(滇)	2	2960	12100.00
305	马龙县(滇)	300	1500	7500.00
306	罗平县(滇)	22		180000.00
307	江川区(滇)	32	45	5750.00
308	通海县(滇)	50	550	980.00
309	华宁县(滇)	17	11000	110000.00
310	新平彝族傣族自治县(滇)	2400	45800	114500.00

(续表)

序号	蜂蜜主产地	养蜂户数（户）	蜜蜂饲养数量（群）	蜂蜜产量（千克）
311	施甸县(滇)	652	6866	58000.00
312	龙陵县(滇)	4580	35000	50202.00
313	昌宁县(滇)	254	3058	36700.00
314	鲁甸县(滇)	9000	27000	140000.00
315	大关县(滇)	30	3500	38000.00
316	绥江县(滇)	129	14560	29630.00
317	永胜县(滇)	5042	22000	260000.00
318	镇沅彝族哈尼族拉祜族自治县(滇)	216	863	90600.00
319	勐海县(滇)	4700		85000.00
320	漾濞彝族自治县(滇)	3500		60000.00
321	巍山彝族回族自治县(滇)	110	1250	2000.00
322	永平县(滇)	3500		35000.00
323	剑川县(滇)	509		104728.00
324	泸水市(滇)	1000	20000	35400.00
325	贡山独龙族怒族自治县(滇)	6000		95000.00
326	兰坪白族普米族自治县(滇)	980		10000.00
327	维西傈僳族自治县(滇)	100		379375.00
328	陇　县(陕)	1581	6806	46000.00
329	麟游县(陕)	532	2710	1492000.00
330	凤　县(陕)	2200	36971	349000.00
331	永寿县(陕)	1600		5000000.00
332	子长县(陕)	9	375	13125.00
333	志丹县(陕)	1000	2000	10000.00
334	甘泉县(陕)	35	1300	2400.00
335	黄龙县(陕)	1625	80230	1200000.00
336	劳山林业局(陕)	23	485	2425.00
337	桥山林业局(陕)	10		870.00
338	黄龙山林业局(陕)	42	1300	10300.00
339	南郑区(陕)	1250		280000.00
340	宁强县(陕)	2600	30000	240000.00
341	略阳县(陕)	2398	31584	280378.00
342	留坝县(陕)	160		48000.00
343	佛坪县(陕)	900	19000	237500.00
344	横山区(陕)	35	2000	25000.00
345	定边县(陕)		850	5100.00
346	绥德县(陕)	117		310650.00
347	石泉县(陕)	730		29280.00
348	岚皋县(陕)	5900	66000	350000.00
349	镇坪县(陕)	1800	35000	262500.00
350	商州区(陕)	500		2800.00
351	商南县(陕)	5043	10085	95888.00
352	韩城市林业局(陕)	68		1700.00
353	汉西林业局(陕)	8	804	4200.00
354	宁西林业局(陕)	4	1245	8905.00

(续表)

序号	蜂蜜主产地	养蜂户数(户)	蜜蜂饲养数量(群)	蜂蜜产量(千克)
355	宁东林业局(陕)	81	1725	10500.00
356	太白林业局(陕)	142	4139	48197.88
357	龙草坪林业局(陕)	26	635	3500.00
358	景泰县(甘)	35	4000	50000.00
359	甘州区(甘)	15	45	1100.00
360	环　县(甘)	25	162	1300.00
361	华池县(甘)	300	630	3000.00
362	合水县(甘)	220	450	1800.00
363	宁　县(甘)	60	1500	60000.00
364	成　县(甘)	500	2	30000.00
365	两当县(甘)	1749	35220	91200.00
366	岷江林业总场(甘)	12	210	4000.00

(续表)

序号	蜂蜜主产地	养蜂户数(户)	蜜蜂饲养数量(群)	蜂蜜产量(千克)
367	临潭县(甘)	1000	2000	8000.00
368	舟曲县(甘)	150	3200	8600.00
369	西夏区(宁)	14	16	5600.00
370	盐池县(宁)	110	13200	600000.00
371	青铜峡市(宁)	20	20	900.00
372	原州区(宁)	5	210	3150.00
373	西吉县(宁)	2000	26000	40000.00
374	泾源县(宁)	1515	30000	160000.00
375	彭阳县(宁)	2400	12000	72000.00
376	甘河林业局(内蒙古森工)	2	41	2050.00
377	小陇山林业实验局(甘)	12	3033	140000.00

表 18-2　蜂王浆主产地产量

单位:千克

序号	蜂王浆主产地	产量
1	门头沟区(京)	22300.00
2	房山区(京)	4327.00
3	通州区(京)	3900.00
4	怀柔区(京)	2000.00
5	大兴区(京)	1510.00
6	顺义区(京)	1000.00
7	延庆区(京)	1000.00
8	海淀区(京)	185.00
9	平泉市(冀)	800.00
10	平山县(冀)	232.00
11	青龙满族自治县(冀)	80.00
12	泽州县(晋)	300.00
13	库伦旗(内蒙古)	100.00
14	铁岭市经济开发区(辽)	1000.00
15	凌源市(辽)	960.00
16	盖州市(辽)	870.00
17	抚顺县(辽)	715.00
18	康平县(辽)	500.00
19	磐石市(吉)	5600.00
20	敦化市(吉)	1500.00
21	辉南县(吉)	1200.00
22	长白朝鲜族自治县(吉)	1152.00
23	蛟河市(吉)	1000.00
24	临江市(吉)	500.00
25	舒兰市(吉)	402.00
26	丰满区(吉)	50.00
27	通河县(黑)	100000.00
28	宝清县(黑)	25000.00

(续表)

序号	蜂王浆主产地	产量
29	鸡东县(黑)	4000.00
30	丹清河实验林场(黑)	2300.00
31	勃利县(黑)	1500.00
32	虎林市(黑)	800.00
33	绥棱县(黑)	640.50
34	呼玛县(黑)	300.00
35	孟家岗林场(黑)	288.00
36	五常市(黑)	220.00
37	萝北县(黑)	200.00
38	汤原县(黑)	180.00
39	七台河市市辖区(黑)	30.00
40	依安县(黑)	20.00
41	嫩江县(黑)	20.00
42	兰溪市(浙)	969000.00
43	松阳县(浙)	250000.00
44	长兴县(浙)	123600.00
45	诸暨市(浙)	107550.00
46	婺城区(浙)	95700.00
47	萧山区(浙)	69000.00
48	临安区(浙)	54789.00
49	永康市(浙)	35200.00
50	慈溪市(浙)	29500.00
51	义乌市(浙)	20026.00
52	柯桥区(浙)	9815.00
53	三门县(浙)	9800.00
54	秀洲区(浙)	5390.00
55	常山县(浙)	5000.00
56	北仑区(浙)	2497.00
57	枞阳县(皖)	200000.00

(续表)

序号	蜂王浆主产地	产量
58	芜湖县(皖)	48000.00
59	凤阳县(皖)	20000.00
60	桐城市(皖)	13000.00
61	绩溪县(皖)	8100.00
62	东至县(皖)	750.00
63	旌德县(皖)	700.00
64	五河县(皖)	200.00
65	休宁县(皖)	50.00
66	婺源县(赣)	128450.00
67	会昌县(赣)	12600.00
68	德兴市(赣)	5210.00
69	东乡区(赣)	5000.00
70	上高县(赣)	4500.00
71	兴国县(赣)	1700.00
72	永丰县(赣)	1000.00
73	遂川县(赣)	1000.00
74	南康区(赣)	550.00
75	余江县(赣)	500.00
76	分宜县(赣)	400.00
77	乐安县(赣)	140.00
78	德安县(赣)	100.00
79	吉安县(赣)	100.00
80	沂源县(鲁)	29500.00
81	肥城市(鲁)	6056.00
82	蒙阴县(鲁)	5200.00
83	高青县(鲁)	1400.00
84	东平县(鲁)	1200.00
85	宁阳县(鲁)	1120.00
86	汶上县(鲁)	600.00

（续表）

序号	蜂王浆主产地	产量
87	乐陵市(鲁)	450.00
88	新泰市(鲁)	290.00
89	兖州区(鲁)	225.00
90	鱼台县(鲁)	50.00
91	桐柏县(豫)	13400.00
92	南乐县(豫)	4680.00
93	淮滨县(豫)	1200.00
94	偃师市(豫)	700.00
95	栾川县(豫)	230.00
96	宜阳县(豫)	24.00
97	尉氏县(豫)	20.00
98	东宝区(鄂)	151000.00
99	随　县(鄂)	42000.00
100	保康县(鄂)	9049.00
101	京山县(鄂)	3000.00
102	襄城区(鄂)	680.00
103	当阳市(鄂)	502.00
104	谷城县(鄂)	400.00
105	红安县(鄂)	360.00
106	巴东县(鄂)	180.00
107	来凤县(鄂)	120.00
108	浠水县(鄂)	80.00
109	广水市(鄂)	60.00
110	鼎城区(湘)	64000.00
111	浏阳市(湘)	48000.00
112	洪江市(湘)	37100.00
113	新宁县(湘)	10000.00
114	新化县(湘)	6355.00
115	北湖区(湘)	5080.00
116	茶陵县(湘)	3030.00
117	资兴市(湘)	1850.00
118	衡南县(湘)	1100.00
119	祁东县(湘)	1000.00
120	澧　县(湘)	500.00
121	麻阳苗族自治县(湘)	330.00
122	城步苗族自治县(湘)	260.00
123	宁乡市(湘)	198.00
124	耒阳市(湘)	100.00
125	隆回县(湘)	60.00
126	东安县(湘)	30.00
127	望城区(湘)	20.00
128	龙圩区(桂)	1035.00
129	蒙山县(桂)	730.00
130	北流市(桂)	700.00
131	开州区(渝)	22423.00

（续表）

序号	蜂王浆主产地	产量
132	丰都县(渝)	12620.00
133	大足区(渝)	7000.00
134	梁平区(渝)	1493.21
135	江津区(渝)	25.00
136	古蔺县(川)	1200.00
137	邻水县(川)	1000.00
138	雨城区(川)	1000.00
139	仪陇县(川)	220.00
140	福泉市(黔)	500.00
141	永胜县(滇)	2100.00
142	石林彝族自治县(滇)	200.00
143	五华区(滇)	100.00
144	定边县(陕)	1010.00
145	南郑区(陕)	600.00
146	商州区(陕)	500.00
147	韩城市林业局(陕)	50.00
148	迭部县(甘)	59400.00
149	舟曲县(甘)	3500.00
150	成　县(甘)	2000.00
151	景泰县(甘)	500.00
152	甘河林业局(内蒙古森工)	41.00
153	吉林森工集团股份公司(吉林森工)	316.00
154	白水江林业局(甘)	500.00
155	小陇山林业实验局(甘)	300.00

表 18-3　蜂胶主产地产量

单位:千克

序号	蜂胶主产地	产量
1	房山区(京)	3253.00
2	门头沟区(京)	1000.00
3	顺义区(京)	400.00
4	大兴区(京)	125.00
5	怀柔区(京)	100.00
6	青龙满族自治县(冀)	160.00
7	平泉市(冀)	100.00
8	永年区(冀)	36.00
9	平山县(冀)	17.00
10	泽州县(晋)	100.00
11	宁城县(内蒙古)	2500.00
12	抚顺县(辽)	1698.00
13	盖州市(辽)	103.00
14	磐石市(吉)	1700.00
15	汪清林业局(吉)	500.00
16	长白朝鲜族自治县(吉)	466.00

（续表）

序号	蜂胶主产地	产量
17	辉南县(吉)	200.00
18	逊克县(黑)	17043.00
19	鸡东县(黑)	1800.00
20	通河县(黑)	1000.00
21	虎林市(黑)	400.00
22	汤原县(黑)	90.00
23	嘉荫县(黑)	30.00
24	丹清河实验林场(黑)	18.00
25	孟家岗林场(黑)	14.00
26	慈溪市(浙)	5000.00
27	婺城区(浙)	3290.00
28	诸暨市(浙)	2250.00
29	长兴县(浙)	2056.00
30	萧山区(浙)	395.00
31	永康市(浙)	360.00
32	义乌市(浙)	294.50
33	秀洲区(浙)	76.00
34	柯桥区(浙)	66.00
35	东至县(皖)	11600.00
36	桐城市(皖)	10000.00
37	绩溪县(皖)	10000.00
38	芜湖县(皖)	720.00
39	旌德县(皖)	40.00
40	上高县(赣)	4500.00
41	乐安县(赣)	12.00
42	沂源县(鲁)	1600.00
43	汶上县(鲁)	500.00
44	东平县(鲁)	400.00
45	高青县(鲁)	310.00
46	乐陵市(鲁)	85.00
47	兖州区(鲁)	35.00
48	南乐县(豫)	5840.00
49	桐柏县(豫)	1000.00
50	淮滨县(豫)	850.00
51	尉氏县(豫)	10.00
52	东宝区(鄂)	9500.00
53	保康县(鄂)	8891.00
54	谷城县(鄂)	700.00
55	随　县(鄂)	500.00
56	巴东县(鄂)	40.00
57	京山县(鄂)	10.00
58	洪江市(湘)	13680.00
59	新化县(湘)	8032.00
60	鼎城区(湘)	5000.00
61	沅陵县(湘)	4570.00

(续表)

序号	蜂胶主产地	产量
62	湘潭市市辖区(湘)	4560.00
63	资兴市(湘)	3280.00
64	北湖区(湘)	2400.00
65	浏阳市(湘)	2000.00
66	澧　县(湘)	900.00
67	宁乡市(湘)	421.00
68	韶山市(湘)	370.00
69	通道侗族自治县(湘)	42.00
70	陆川县(桂)	3000.00
71	龙圩区(桂)	2750.00
72	蒙山县(桂)	500.00
73	丰都县(渝)	2420.00
74	大足区(渝)	2000.00
75	梁平区(渝)	64.07
76	翠屏区(川)	15030.00
77	雨城区(川)	700.00
78	邻水县(川)	600.00
79	万源市(川)	200.00
80	古蔺县(川)	100.00
81	三台县(川)	100.00
82	福泉市(黔)	400.00
83	宾川县(滇)	150.00
84	永胜县(滇)	100.00
85	南郑区(陕)	10000.00
86	韩城市林业局(陕)	40.00
87	舟曲县(甘)	2600.00
88	景泰县(甘)	500.00
89	泾源县(宁)	1000.00
90	盐池县(宁)	120.00

表 18-4　蜂花粉主产地产量

单位:千克

序号	蜂花粉主产地	产量
1	门头沟区(京)	8630.00
2	房山区(京)	5786.50
3	顺义区(京)	4000.00
4	大兴区(京)	3400.00
5	怀柔区(京)	3000.00
6	延庆区(京)	2500.00
7	海淀区(京)	200.00
8	平泉市(冀)	2000.00
9	永年区(冀)	698.00
10	泽州县(晋)	650.00
11	宁城县(内蒙古)	10000.00
12	库伦旗(内蒙古)	50.00

(续表)

序号	蜂花粉主产地	产量
13	凌源市(辽)	96000.00
14	北票市(辽)	8000.00
15	盖州市(辽)	1740.00
16	抚顺县(辽)	669.00
17	磐石市(吉)	10600.00
18	蛟河市(吉)	6000.00
19	辉南县(吉)	650.00
20	舒兰市(吉)	330.00
21	白山市市辖区(吉)	60.00
22	临江市(吉)	60.00
23	长白朝鲜族自治县(吉)	21.00
24	通河县(黑)	200000.00
25	宝清县(黑)	175000.00
26	鸡东县(黑)	2000.00
27	绥棱县(黑)	1922.00
28	虎林市(黑)	1500.00
29	萝北县(黑)	1000.00
30	汤原县(黑)	450.00
31	孟家岗林场(黑)	385.00
32	七台河市市辖区(黑)	200.00
33	嫩江县(黑)	65.00
34	兰溪市(浙)	307000.00
35	长兴县(浙)	226467.00
36	宁海县(浙)	150000.00
37	婺城区(浙)	111650.00
38	萧山区(浙)	40000.00
39	义乌市(浙)	29450.00
40	慈溪市(浙)	28300.00
41	永康市(浙)	18200.00
42	柯桥区(浙)	12274.00
43	秀洲区(浙)	5040.00
44	诸暨市(浙)	4155.00
45	桐城市(皖)	150000.00
46	芜湖县(皖)	30000.00
47	凤阳县(皖)	20000.00
48	绩溪县(皖)	20000.00
49	岳西县(皖)	7000.00
50	旌德县(皖)	1250.00
51	东至县(皖)	450.00
52	永丰县(赣)	10000.00
53	乐安县(赣)	10.00
54	沂源县(鲁)	21000.00
55	兖州区(鲁)	1750.00
56	汶上县(鲁)	1300.00
57	乐陵市(鲁)	400.00

(续表)

序号	蜂花粉主产地	产量
58	新泰市(鲁)	310.00
59	淮滨县(豫)	7500.00
60	淅川县(豫)	80.00
61	尉氏县(豫)	66.00
62	随　县(鄂)	68000.00
63	保康县(鄂)	21116.00
64	谷城县(鄂)	300.00
65	广水市(鄂)	200.00
66	来凤县(鄂)	110.00
67	巴东县(鄂)	50.00
68	京山县(鄂)	10.00
69	浏阳市(湘)	92000.00
70	北湖区(湘)	76800.00
71	新化县(湘)	13320.00
72	澧　县(湘)	10000.00
73	新宁县(湘)	5000.00
74	鼎城区(湘)	4400.00
75	麻阳苗族自治县(湘)	1000.00
76	宁乡市(湘)	198.00
77	临武县(湘)	95.00
78	常宁市(湘)	71.00
79	蒙山县(桂)	2500.00
80	陆川县(桂)	200.00
81	开州区(渝)	30497.00
82	丰都县(渝)	29820.00
83	万州区(渝)	20000.00
84	大足区(渝)	20000.00
85	梁平区(渝)	7426.56
86	江津区(渝)	300.00
87	雨城区(川)	2000.00
88	邻水县(川)	1200.00
89	仪陇县(川)	480.00
90	孟连傣族拉祜族佤族自治县(滇)	3800.00
91	永胜县(滇)	2500.00
92	华宁县(滇)	1600.00
93	五华区(滇)	100.00
94	南郑区(陕)	4000.00
95	韩城市林业局(陕)	60.00
96	景泰县(甘)	2500.00
97	盐池县(宁)	7000.00
98	青铜峡市(宁)	300.00
99	甘河林业局(内蒙古森工)	82.00
100	吉林森工集团股份公司(吉林森工)	73.00

林产品进出口

FOREIGN TRADS STATISTICS OF FOREST PRODUCTS

原木出口量值表

国家/地区	出口数量(立方米)	出口金额(美元)
44034920 奥克曼木(奥克榄)原木		
合计	4867	1202736
越南	4867	1202736
44034980 热带红木原木		
合计	59	38455
越南	59	38455
44034990 其他热带木原木		
合计	81374	26377397
越南	66359	22152679
孟加拉国	14935	4207726
巴基斯坦	80	16992
44039930 红木原木,但编码44034980所列热带红木除外		
合计	39	116976
中国香港	39	116976
44039990 未列名非针叶木原木		
合计	6152	2419794
越南	5961	2383653
孟加拉国	191	36141

原木进口量值表

国家/地区	进口数量(立方米)	进口金额(美元)
44031100 用油漆、着色剂、杂酚油或其他防腐剂处理的针叶木原木		
合计	255716	46037331
新西兰	252016	45599858
美国	3469	400833
加拿大	210	26390
日本	21	10250
44031200 用油漆、着色剂、杂酚油或其他防腐剂处理的非针叶木原木		
合计	3354	660503
新西兰	3326	591245
美国	19	59587
台澎金马关税区	9	9671
44032110 红松和樟子松原木,截面尺寸≥15cm		
合计	3684985	416947140
俄罗斯	3277002	371153274
乌克兰	119079	12565592

(续表)

国家/地区	进口数量(立方米)	进口金额(美元)
白俄罗斯	102637	11332461
立陶宛	74711	9180982
拉脱维亚	41696	5069203
波兰	25100	2503301
丹麦	21205	2280185
爱沙尼亚	17968	2187993
西班牙	1775	195250
美国	953	158311
德国	824	101592
中国①	1061	96399
比利时	785	95511
加拿大	88	14818
捷克	85	10130
格鲁吉亚	16	2138
44032120 辐射松原木,截面尺寸≥15cm		
合计	16156670	2104172736
新西兰	13278585	1764330254
澳大利亚	2713455	321591859
智利	90762	9615379
南非	56865	6765958
西班牙	16653	1831830
加拿大	254	30653
乌克兰	96	6803
44032130 落叶松原木,截面尺寸≥15cm		
合计	1992301	230535371
俄罗斯	1958498	225800971
新西兰	23507	3282811
丹麦	2688	392541
加拿大	1381	349460
朝鲜	2270	244436
波兰	2386	235277
美国	1568	227530
日本	3	2345
44032140 花旗松原木,截面尺寸≥15cm		
合计	1770162	306008620
美国	963729	179302053
加拿大	427593	74384876
新西兰	362818	50089697
法国	13713	1926900
丹麦	1479	198658
澳大利亚	824	105136

(续表)

国家/地区	进口数量(立方米)	进口金额(美元)
日本	6	1300
44032190 其他松木原木,截面尺寸≥15cm		
合计	2916390	395154426
美国	1852819	252651536
乌拉圭	436467	52866690
澳大利亚	333338	43367383
俄罗斯	101924	17278390
加拿大	88859	15762596
巴西	45951	5296092
南非	20446	2562191
新西兰	15058	2314196
朝鲜	13667	1514296
哥斯达黎加	1526	536457
丹麦	2404	283777
危地马拉	633	253910
法国	1275	173569
罗马尼亚	732	96587
萨尔瓦多	190	76345
爱沙尼亚	444	50223
巴拿马	250	22568
乌克兰	90	14917
委内瑞拉	184	14720
洪都拉斯	93	10103
白俄罗斯	32	3988
日本	8	3892
44032210 红松和樟子松原木,截面尺寸<15cm		
合计	47229	4320678
俄罗斯	29035	2911818
乌克兰	14354	1021383
白俄罗斯	3807	383949
拉脱维亚	27	2819
爱沙尼亚	6	709
44032220 辐射松原木,截面尺寸<15cm		
合计	1102205	121946126
澳大利亚	855021	92089531
新西兰	232735	28303818
西班牙	9069	997590
南非	4654	487201
智利	630	61183
乌克兰	96	6803

① 数据不含香港、澳门和台湾。

（续表）

国家/地区	进口数量（立方米）	进口金额（美元）
44032230 落叶松原木，截面尺寸＜15cm		
合计	393403	39653544
俄罗斯	391942	39470304
新西兰	1461	181664
中国	0	1576
44032240 花旗松原木，截面尺寸＜15cm		
合计	73839	11254899
加拿大	46822	7249957
美国	13700	2316283
新西兰	13264	1684456
俄罗斯	53	4203
44032290 其他松木原木，截面尺寸＜15cm		
合计	42131	5091927
澳大利亚	17673	2118841
南非	17000	1940387
美国	2413	403144
新西兰	1556	193535
俄罗斯	1175	169677
日本	702	85938
巴西	724	73409
乌拉圭	481	48636
加拿大	267	41557
哥斯达黎加	139	16688
台澎金马关税区	1	115
44032300 冷杉和云杉原木，截面尺寸≥15cm		
合计	4471451	641825901
俄罗斯	2416638	308827209
美国	782880	144187017
加拿大	751672	121592780
爱沙尼亚	122434	15835457
法国	72877	9997477
丹麦	63787	7704721
捷克	48448	6547066
拉脱维亚	42524	5542165
立陶宛	34121	4517725
澳大利亚	34505	4102188
白俄罗斯	33242	3989266
罗马尼亚	19895	2976929
日本	11577	1531812
斯洛文尼亚	9420	1246610
波兰	9193	959684
挪威	4328	608018
新西兰	4161	541210
乌克兰	3745	437862
朝鲜	2358	288430
卢森堡	1569	186600
德国	944	93115
智利	949	87601
格鲁吉亚	184	24959
44032400 冷杉和云杉原木，截面尺寸＜15cm		
合计	704290	80012002
俄罗斯	662492	74178379
加拿大	20237	3007503
日本	9187	1201267
爱沙尼亚	7061	810111
美国	3678	578795
白俄罗斯	737	85238
德国	145	65938
澳大利亚	479	55686
乌克兰	190	19363
拉脱维亚	51	5625
新西兰	30	3793
丹麦	3	304
44032500 其他针叶木原木，截面尺寸≥15cm		
合计	4202514	678274438
加拿大	1714542	283536434
美国	1266109	230487581
日本	510949	67286721
澳大利亚	300255	40611131
乌拉圭	312804	37115008
哥斯达黎加	26622	7895647
新西兰	39760	5567707
危地马拉	5809	1654281
俄罗斯	7670	1265342
萨尔瓦多	1759	518341
挪威	2547	405188
台澎金马关税区	803	366553
缅甸	4517	293863
丹麦	1339	225122
厄瓜多尔	864	202679
捷克	1581	177548
巴西	1622	166304
越南	443	102808
爱沙尼亚	786	98108
斯洛文尼亚	898	90949
老挝	121	68092
墨西哥	142	43814
智利	209	41114
罗马尼亚	192	23954
德国	90	19876
南非	78	9955
菲律宾	3	318
44032600 其他针叶木原木，截面尺寸＜15cm		
合计	423317	57519490
日本	213177	26853755
加拿大	130645	19407303
美国	29569	5187323
澳大利亚	37271	4501282
乌拉圭	8340	998682
新西兰	4067	515387
萨尔瓦多	162	46333
爱沙尼亚	47	5740
越南	30	2823
菲律宾	9	862
44034100 深红色红柳桉木、浅红色红柳桉木及巴栲红柳桉木原木		
合计	16072	3264387
马来西亚	13602	2880489
澳大利亚	696	96826
乌拉圭	586	95312
安哥拉	581	93089
巴西	511	54746
刚果（布）	78	41401
泰国	18	2524
44034910 柚木原木		
合计	20966	11731815
哥斯达黎加	8170	4747640
缅甸	1808	1731716
巴西	3552	1718514
巴拿马	1577	878215
马来西亚	1922	641377
巴布亚新几内亚	1238	456929
厄瓜多尔	893	369411
越南	234	225219
委内瑞拉	320	188483
台澎金马关税区	147	174810
加纳	285	157667
泰国	110	119091
所罗门群岛	292	115208
尼日利亚	205	109223
科特迪瓦	35	18497
刚果（布）	53	18452

(续表)

国家/地区	进口数量（立方米）	进口金额（美元）
老挝	14	14439
哥伦比亚	24	12237
喀麦隆	18	10582
马里	17	10401
纳米比亚	32	8960
苏里南	20	4744
44034920 奥克曼木(奥克榄)原木		
合计	994540	259732758
刚果(布)	505093	137424456
赤道几内亚	489447	122308302
44034930 龙脑香木(克隆木)原木		
合计	3126	977074
马来西亚	3092	955337
越南	16	17383
柬埔寨	18	4354
44034940 山樟木(香木)原木		
合计	14069	3709516
马来西亚	14044	3694250
台澎金马关税区	25	15266
44034950 印加木(波罗格)原木		
合计	245374	108604607
巴布亚新几内亚	241503	106024287
马来西亚	3448	2346807
所罗门群岛	400	222443
加纳	17	8500
印度尼西亚	6	2570
44034960 大干巴豆木(门格里斯或康派斯)原木		
合计	12072	3316250
巴布亚新几内亚	8431	2607255
马来西亚	3641	708995
44034970 异翅香木原木		
合计	41998	8469526
巴布亚新几内亚	41998	8469526
44034980 热带红木原木		
合计	822510	643813298
尼日利亚	438470	320630245
冈比亚	129389	96302744
加纳	85267	61966148
塞拉利昂	44899	33354052
马里	42267	31515759
印度尼西亚	13575	23953676
老挝	6391	14038960
贝宁	18318	13689523

(续表)

国家/地区	进口数量（立方米）	进口金额（美元）
巴拿马	4132	12294689
莫桑比克	13013	8288052
尼加拉瓜	1908	5291147
刚果(布)	9414	4951868
刚果(金)	6195	4024818
印度	147	3943388
瓦努阿图	5711	3937009
哥斯达黎加	890	2891595
马来西亚	428	815845
缅甸	225	333784
塞内加尔	374	270088
所罗门群岛	286	172417
墨西哥	61	169338
几内亚	215	160365
越南	85	115081
赞比亚	103	112938
喀麦隆	155	86211
危地马拉	62	75142
巴布亚新几内亚	98	69829
菲律宾	114	68793
萨尔瓦多	26	67600
赤道几内亚	106	61260
新加坡	71	50443
布基纳法索	68	47743
巴拉圭	20	45722
泰国	23	13885
台澎金马关税区	3	2277
中国香港	1	864
44034990 其他热带木原木		
合计	5418913	1518591041
所罗门群岛	1718140	326965953
巴布亚新几内亚	1288815	257513586
莫桑比克	459993	253404665
喀麦隆	487602	138952044
赤道几内亚	518999	131205166
赞比亚	88857	124862511
刚果(布)	233875	74725366
圭亚那	142811	28744341
利比里亚	100917	24249737
苏里南	76625	20611514
刚果(金)	25309	20455417
中非	59837	20160223
安哥拉	43759	19780080
加纳	39577	17724733

(续表)

国家/地区	进口数量（立方米）	进口金额（美元）
马来西亚	25141	7763536
厄瓜多尔	28611	6610058
巴拿马	8721	5555144
墨西哥	5516	4368627
澳大利亚	9411	4020390
台澎金马关税区	8163	3782925
加蓬	5465	3777917
柬埔寨	5253	3346993
尼日利亚	6190	3339109
哥伦比亚	3797	2107382
坦桑尼亚	2747	1826936
巴拉圭	1404	1666372
瓦努阿图	2294	1657210
老挝	2689	1350835
秘鲁	2750	1321013
玻利维亚	1537	1074428
阿根廷	1185	954619
菲律宾	1983	823051
新加坡	3835	776536
尼加拉瓜	487	740323
越南	2317	574580
印度尼西亚	604	298327
乌拉圭	1389	212978
南非	347	194210
巴西	307	190243
缅甸	281	169037
伯利兹	239	156627
哥斯达黎加	206	93615
冈比亚	203	93205
危地马拉	248	80876
马达加斯加	105	65879
纳米比亚	89	53374
智利	40	53174
葡萄牙	92	45978
萨尔瓦多	44	30769
法国	27	22772
南苏丹	50	20000
科特迪瓦	10	8657
苏丹	20	8000
44039100 栎木(橡木)原木		
合计	1203811	398758070
美国	350313	136965294
法国	352139	107450620
俄罗斯	178397	60392635

（续表）

国家/地区	进口数量（立方米）	进口金额（美元）
德国	85656	25785775
比利时	79700	24117345
加拿大	58108	17730554
塞尔维亚	16813	4782285
罗马尼亚	16227	4475637
斯洛文尼亚	11822	3393355
朝鲜	15950	2808956
斯洛伐克	7364	1851812
保加利亚	5460	1573099
卢森堡	4773	1491108
丹麦	5012	1401510
捷克	4143	1125711
荷兰	3345	1071903
西班牙	2239	612146
克罗地亚	1989	540104
瑞士	819	241026
韩国	923	238833
奥地利	714	234828
瑞典	563	164428
波黑	271	92647
匈牙利	369	82411
日本	235	53558
立陶宛	25	23311
缅甸	300	19536
波兰	76	16684
乌克兰	30	8425
中国	11	7020
澳大利亚	25	5053
白俄罗斯	0	461
44039300 水青冈木（山毛榉木）原木，截面尺寸≥15cm		
合计	786708	135457516
德国	471251	70751391
法国	82622	16954001
比利时	58348	12598488
丹麦	48927	10391953
瑞士	36689	7576031
卢森堡	30852	6392316
捷克	15387	2893915
斯洛伐克	13213	2500034
瑞典	7439	1570398
斯洛文尼亚	6026	1098024

（续表）

国家/地区	进口数量（立方米）	进口金额（美元）
波兰	6966	938321
罗马尼亚	4117	708717
巴布亚新几内亚	1117	359795
塞尔维亚	1422	288143
荷兰	750	135168
西班牙	638	112982
克罗地亚	530	109873
保加利亚	369	71513
所罗门群岛	44	6265
日本	1	188
44039400 水青冈木（山毛榉木）原木，截面尺寸＜15cm		
合计	7083	1379327
德国	3184	616708
瑞士	1907	367783
丹麦	1050	211257
瑞典	705	135895
比利时	193	38201
法国	24	4755
罗马尼亚	20	4728
44039500 桦木原木，截面尺寸≥15cm		
合计	1880435	240322808
俄罗斯	1543061	192316181
拉脱维亚	243739	35501589
爱沙尼亚	87590	11520583
立陶宛	2703	445401
挪威	1991	283670
美国	369	114820
朝鲜	461	61011
法国	248	48250
波兰	273	31303
44039600 桦木原木，截面尺寸＜15cm		
合计	36289	4115417
俄罗斯	26518	3006604
爱沙尼亚	5597	623984
拉脱维亚	4174	484829
44039700 杨木原木		
合计	577412	61041073
俄罗斯	495624	51296641
爱沙尼亚	21012	2192025
新西兰	18243	2094413
比利时	12888	1777747

（续表）

国家/地区	进口数量（立方米）	进口金额（美元）
美国	12294	1520748
加拿大	7825	982298
拉脱维亚	3646	380136
法国	1908	247084
德国	1673	219859
白俄罗斯	813	86821
丹麦	490	53990
乌克兰	376	41217
塞尔维亚	103	38474
荷兰	299	24269
克罗地亚	32	20025
日本	15	14781
保加利亚	23	14303
罗马尼亚	20	13468
斯洛文尼亚	49	7384
前南马其顿①	18	6480
卢森堡	30	3966
西班牙	28	3894
匈牙利	3	1050
44039800 桉木原木		
合计	885530	109727326
澳大利亚	524533	59962447
巴布亚新几内亚	117377	20485790
巴西	80628	8123828
乌拉圭	42385	6437973
新西兰	51919	5527003
所罗门群岛	28968	4018235
智利	25454	2865925
南非	7588	1101051
安哥拉	5215	692863
西班牙	447	283087
美国	443	93926
阿根廷	255	42050
葡萄牙	94	39806
俄罗斯	197	32505
赞比亚	10	18750
台澎金马关税区	17	2087
44039930 红木原木，但编码 44034980 所列热带红木除外		
合计	158551	260769153
老挝	90094	131524905
越南	33461	49785384

① 2019 年更改国名为“北马其顿共和国”。

(续表)

国家/地区	进口数量(立方米)	进口金额(美元)
印度	1210	42644733
缅甸	11134	16915860
尼日利亚	10462	7909509
柬埔寨	3011	4622703
莫桑比克	2061	1340569
马来西亚	669	1208491
刚果(布)	1744	1061329
刚果(金)	1741	929479
墨西哥	249	453548
加纳	584	424462
巴布亚新几内亚	510	371272
冈比亚	408	303349
泰国	203	281180
印度尼西亚	142	221347
塞拉利昂	280	200988
加蓬	196	116182
喀麦隆	50	115676
危地马拉	44	74002
巴拿马	21	67980
马里	68	49106
瓦努阿图	85	46750
东帝汶	18	30628
纳米比亚	54	29400
尼加拉瓜	16	20441
南非	18	10080
赞比亚	18	9800
44039940 泡桐木原木		
合计	2	507
日本	2	507
44039950 水曲柳原木		
合计	120582	39864394
俄罗斯	120582	39864394
44039960 北美硬阔叶木原木[包括樱桃木、黑胡桃木、槭木(枫木)]		
合计	861511	390200580
美国	773389	366123809
加拿大	74494	20708527
法国	6566	1560292
斯洛伐克	2443	531043
罗马尼亚	985	306387
塞尔维亚	838	255022
比利时	1109	237046
墨西哥	217	114958
德国	414	107643

(续表)

国家/地区	进口数量(立方米)	进口金额(美元)
瑞士	296	89814
丹麦	234	54582
新西兰	295	32100
意大利	24	28504
匈牙利	102	22714
立陶宛	65	19090
越南	40	9049
44039980 其他温带非针叶木原木		
合计	200383	43466902
俄罗斯	54356	11133431
罗马尼亚	39499	6524947
塞尔维亚	25967	6486447
日本	3872	4813659
拉脱维亚	16839	2694318
美国	6322	1916073
保加利亚	6797	1674712
爱沙尼亚	8785	1073033
乌拉圭	6726	1044369
智利	6444	1023882
朝鲜	6361	1013426
法国	2875	705743
列支敦士登	2606	599003
立陶宛	2078	447940
加拿大	1615	383706
克罗地亚	1775	357575
巴西	1693	274382
斯洛伐克	1035	244265
意大利	124	232956
丹麦	823	178119
挪威	871	106760
比利时	698	106468
所罗门群岛	488	71614
澳大利亚	340	63820
新西兰	410	47341
卢森堡	223	44016
瑞士	149	42987
德国	189	42029
波黑	147	38769
西班牙	23	16793
斯洛文尼亚	55	16026
肯尼亚	92	14260
越南	19	7416
波兰	12	6992
缅甸	25	6815

(续表)

国家/地区	进口数量(立方米)	进口金额(美元)
台澎金马关税区	9	6684
葡萄牙	41	6126
44039990 未列名非针叶木原木		
合计	2705526	516356226
巴布亚新几内亚	1181440	199183880
所罗门群岛	1033120	150705926
莫桑比克	55728	29722278
尼日利亚	35338	19556150
澳大利亚	84507	16784439
赤道几内亚	47940	15432731
巴拿马	21600	12104186
刚果(布)	25861	8429756
厄瓜多尔	21956	5378866
墨西哥	7305	5065300
乌拉圭	27060	4279856
美国	31633	3691070
安哥拉	10439	3679925
赞比亚	3727	3455244
苏里南	10391	3033594
加纳	6858	2956991
喀麦隆	12033	2828218
台澎金马关税区	4264	2809684
马来西亚	13808	2627628
刚果(金)	2129	1892989
秘鲁	3340	1855447
菲律宾	2373	1603100
危地马拉	2861	1509332
哥伦比亚	2521	1434318
老挝	3087	1377771
印度尼西亚	3415	1342445
圭亚那	3035	1296395
坦桑尼亚	1840	1279847
智利	8853	949440
中非	1895	933592
玻利维亚	999	890093
越南	2261	780851
哥斯达黎加	2060	728788
巴西	5353	605958
爱沙尼亚	5214	597433
塞尔维亚	2028	504537
利比里亚	440	406719
几内亚	353	333424
新加坡	1950	304115
缅甸	1541	295777

（续表）

国家/地区	进口数量（立方米）	进口金额（美元）
瓦努阿图	253	291894
南非	1830	285808
尼加拉瓜	459	279858
日本	860	277546
萨尔瓦多	672	254743
朝鲜	2011	240641
冈比亚	370	204533
阿根廷	377	199948
几内亚比绍	243	190726
法国	707	175606
罗马尼亚	909	168361
斐济	82	127633
德国	716	127522
毛里求斯	2	92340
比利时	327	75667
西班牙	177	73665
保加利亚	396	71369
新西兰	675	68196
加拿大	502	67926
柬埔寨	114	56568
俄罗斯	216	54217
意大利	70	51126
巴拉圭	119	45086
丹麦	164	37151
斯洛伐克	66	30414
塞拉利昂	44	23046
克罗地亚	117	22826
斯洛文尼亚	102	21108
纳米比亚	37	19965
拉脱维亚	125	18324
科特迪瓦	21	14800
立陶宛	58	12157
中国	24	9374
印度	75	7595
加蓬	7	5457
波兰	4	2590
泰国	39	2347

锯材出口量值表

国家/地区	出口数量（立方米）	出口金额（美元）
44069100 已浸渍针叶木铁道及电车道枕木		
合计	4224	2318725
牙买加	2416	1307562

（续表）

国家/地区	出口数量（立方米）	出口金额（美元）
安哥拉	527	428250
巴基斯坦	493	244876
马来西亚	233	141898
坦桑尼亚	175	76884
越南	112	54779
日本	149	42430
乌干达	28	10482
肯尼亚	34	7414
菲律宾	2	2050
台澎金马关税区	55	2000
新加坡	0	100
44069200 已浸渍非针叶木铁道及电车道枕木		
合计	132	44097
埃及	31	17994
中国香港	25	6527
日本	27	5980
澳大利亚	19	5126
菲律宾	15	4600
伊拉克	2	1373
巴基斯坦	2	945
埃塞俄比亚	10	905
吉布提	0	300
安哥拉	1	291
苏丹	0	52
马来西亚	0	4
44071110 红松和樟子松木材，经纵锯、纵切、刨切或旋切，厚＞6mm		
合计	39642	22616555
日本	35897	20222331
韩国	1795	1269087
泰国	726	528811
美国	439	305593
澳大利亚	181	112559
台澎金马关税区	197	96391
孟加拉国	330	42900
西班牙	17	18010
密克罗尼西亚联邦	37	12500
荷兰	15	4756
朝鲜	0	1174
中国香港	2	1168
加拿大	5	1122
安哥拉	1	153
44071120 辐射松木材，经纵锯、纵切、刨切或旋切，厚＞6mm		

（续表）

国家/地区	出口数量（立方米）	出口金额（美元）
合计	38402	23754294
日本	19027	11822563
韩国	15717	10326551
台澎金马关税区	1262	755133
文莱	1108	285077
澳大利亚	358	202694
印度	196	110428
柬埔寨	322	69290
美国	66	42098
加拿大	44	36125
斯里兰卡	104	33968
马尔代夫	100	28728
荷兰	40	23191
古巴	26	7401
埃塞俄比亚	25	6630
新喀里多尼亚	2	1970
瑞士	1	1320
墨西哥	4	1127
44071130 花旗松木材，经纵锯、纵切、刨切或旋切，厚＞6mm		
合计	1607	959648
日本	874	760339
埃塞俄比亚	578	151221
吉布提	137	39738
毛里塔尼亚	18	8350
44071190 其他松木木材，经纵锯、纵切、刨切或旋切，厚＞6mm		
合计	6998	2499256
日本	2312	1096861
文莱	2345	669881
印度尼西亚	1138	451165
马尔代夫	335	168932
韩国	72	37850
台澎金马关税区	76	29375
美国	38	20478
马里	31	10576
突尼斯	18	4859
菲律宾	18	3960
瓦努阿图	15	3403
特立尼达和多巴哥	600	1128
澳大利亚	0	788
44071200 冷杉及云杉木材，经纵锯、纵切、刨切或旋切，厚＞6mm		
合计	5722	4419575

(续表)

国家/地区	出口数量(立方米)	出口金额(美元)
日本	4823	3606936
墨西哥	294	503839
韩国	335	223908
纳米比亚	134	47152
科特迪瓦	115	33421
越南	19	3697
菲律宾	1	468
泰国	1	154
44071900 其他针叶木木材,经纵锯、纵切、刨切或旋切,厚>6mm		
合计	22064	16788492
日本	12584	10453272
韩国	5897	4348580
美国	914	624741
巴基斯坦	1368	544735
台澎金马关税区	343	322382
德国	163	308242
中国香港	411	88225
马来西亚	204	52040
巴巴多斯	4	14384
马尔代夫	141	13671
塞内加尔	19	7892
科特迪瓦	3	6876
越南	9	2509
汤加	4	693
黎巴嫩	0	250
44072200 苏里南肉豆蔻木、细孔绿心樟及美洲轻木木材,经纵锯、纵切、刨切或旋切,厚>6mm		
合计	26	50159
新加坡	20	26447
卡塔尔	6	23712
44072500 深红色红柳桉木、浅红色红柳桉木及巴栲红柳桉木木材,厚>6mm		
合计	1175	376062
中国香港	1161	367760
斯里兰卡	14	8302
44072600 纵锯切刨或旋切的白黄柳桉木等木材,厚>6mm		
合计	187	69868
中国香港	175	64438
柬埔寨	12	5430
44072700 纵锯切刨或旋切的沙比利木材,厚>6mm		

(续表)

国家/地区	出口数量(立方米)	出口金额(美元)
合计	131	60375
马来西亚	80	44998
越南	49	12816
苏丹	2	2561
44072910 经纵锯切刨切或旋切的柚木木材,厚>6mm		
合计	7866	8456190
印度	3895	4441827
台澎金马关税区	889	822892
泰国	750	774425
巴基斯坦	943	696418
美国	104	450472
比利时	328	279264
马来西亚	296	259118
意大利	200	225653
新加坡	54	92359
韩国	33	88497
印度尼西亚	31	69200
中国香港	169	62659
西班牙	29	60194
土耳其	69	56770
日本	58	52213
柬埔寨	11	13582
南非	5	4250
中国澳门	1	4125
澳大利亚	1	2272
44072920 纵锯切刨或旋切非洲桃花心木木材,厚>6mm		
合计	67	140116
韩国	35	118650
西班牙	2	1487
印度尼西亚	30	19979
44072930 波罗格木木材,经纵锯、纵切、刨切或旋切,厚>6mm		
合计	197	117217
马尔代夫	135	83216
新加坡	61	30523
韩国	1	3478
44072940 热带红木木材,经纵锯、纵切、刨切或旋切,厚>6mm		
合计	1	7500
美国	1	7500
44072990 未列名热带木木材,经纵锯、纵切、刨切或旋切,厚>6mm		

(续表)

国家/地区	出口数量(立方米)	出口金额(美元)
合计	729	247910
越南	276	93381
台澎金马关税区	297	76902
中国香港	118	34788
印度尼西亚	26	31397
韩国	5	6162
日本	7	5280
44079100 栎木(橡木)木材,经纵锯、纵切、刨切或旋切,厚>6mm		
合计	7290	9729889
日本	2957	3809560
德国	1819	2931025
韩国	1437	1886291
比利时	431	446414
英国	182	305319
丹麦	79	103847
马来西亚	93	48578
加拿大	115	38783
柬埔寨	72	37415
法国	32	32826
越南	22	29078
爱尔兰	18	22614
印度尼西亚	10	15946
黎巴嫩	16	14341
以色列	3	4192
留尼汪	2	1798
菲律宾	1	1062
澳大利亚	1	800
44079300 槭木(枫木)木材,经纵锯、纵切、刨切或旋切,厚>6mm		
合计	1269	806379
印度尼西亚	586	368502
韩国	433	277004
越南	87	71876
柬埔寨	98	56134
日本	65	32863
44079400 樱桃木木材,经纵锯、纵切、刨切或旋切,厚>6mm		
合计	11	17651
日本	11	17651
44079500 白蜡木木材,经纵锯、纵切、刨切或旋切,厚>6mm		
合计	4514	5303881
日本	4213	5013502

（续表）

国家/地区	出口数量（立方米）	出口金额（美元）
韩国	301	290379
44079600 桦木木材，经纵锯、纵切、刨切或旋切，厚＞6mm		
合计	4594	2084034
日本	4308	1707250
韩国	286	376644
美国	0	140
44079700 杨木木材，经纵锯、纵切、刨切或旋切，厚＞6mm		
合计	261	191855
日本	121	162745
台澎金马关税区	135	25678
美国	3	2480
刚果（金）	2	952
44079910 红木木材，但编码 44072940 所列热带红木木材除外，厚＞6mm		
合计	14	14815
韩国	6	8696
印度尼西亚	6	4639
日本	2	1480
44079920 泡桐木木材，经纵锯、纵切、刨切或旋切，厚＞6mm		
合计	114750	79412117
美国	42306	31609007
日本	34047	24743119
台澎金马关税区	5268	4585119
韩国	6782	3059556
澳大利亚	3247	2503403
德国	3231	1873055
越南	2916	1603486
阿联酋	1236	1333980
西班牙	2492	1137857
马来西亚	1783	853370
法国	1140	748876
意大利	1550	731332
斯洛文尼亚	1321	594997
尼加拉瓜	1013	476228
荷兰	528	339494
加拿大	535	334288
捷克	667	293759
泰国	394	272440
柬埔寨	498	220253
俄罗斯	339	188971
瑞士	274	185930

（续表）

国家/地区	出口数量（立方米）	出口金额（美元）
比利时	299	161478
印度尼西亚	329	152859
波兰	219	144185
哥斯达黎加	265	121882
突尼斯	117	115863
墨西哥	248	115077
海地	172	109360
哥伦比亚	205	104175
留尼汪	181	101942
希腊	202	83713
南非	171	83596
孟加拉国	176	81506
阿尔巴尼亚	172	78704
牙买加	53	58782
洪都拉斯	119	55236
英国	81	53823
危地马拉	77	37770
罗马尼亚	29	30996
葡萄牙	24	10323
爱沙尼亚	9	7928
萨尔瓦多	8	4088
阿根廷	12	3536
巴西	3	1903
拉脱维亚	2	1637
立陶宛	1	1009
冰岛	2	804
挪威	1	705
中国香港	6	492
新加坡	0	225
44079930 经纵锯切、刨或旋切的北美硬阔叶材，厚＞6mm		
合计	8852	9824382
德国	3616	4387834
日本	1704	1958555
韩国	1056	1145933
美国	764	856679
意大利	575	622556
柬埔寨	618	398083
印度尼西亚	137	162316
越南	174	113974
波兰	82	89691
泰国	19	44933
文莱	72	22319
以色列	29	7536

（续表）

国家/地区	出口数量（立方米）	出口金额（美元）
加拿大	3	6712
阿联酋	1	4785
英国	1	2172
马来西亚	1	244
俄罗斯	0	60
44079980 纵锯切刨或旋切其他温带非针叶木材，厚＞6mm		
合计	10317	10509012
日本	8499	8138048
韩国	1731	2236358
美国	83	128491
塞浦路斯	4	6115
44079990 其他纵锯切、刨或旋切的非叶木木材，厚＞6mm		
合计	4598	3624980
韩国	1234	1266820
台澎金马关税区	672	611998
日本	874	568082
美国	606	542795
瑞典	120	162263
尼泊尔	215	122209
越南	201	84280
牙买加	204	80427
印度尼西亚	36	61626
尼日尔	112	40343
丹麦	38	22074
孟加拉国	110	15000
佛得角	40	12294
加拿大	8	11000
马尔代夫	98	10383
斯里兰卡	15	5282
阿联酋	11	3800
比利时	3	3530
新西兰	1	526
澳大利亚	0	146
德国	0	102

锯材进口量值表

国家/地区	进口数量（立方米）	进口金额（美元）
44061100 未浸渍针叶木铁道及电车道枕木		
合计	7395	1036787
俄罗斯	7395	1036687
马来西亚	0	100

(续表)

国家/地区	进口数量(立方米)	进口金额(美元)
44069100 已浸渍针叶木铁道及电车道枕木		
合计	1252	540303
朝鲜	788	126492
美国	464	413811
44069200 已浸渍非针叶木铁道及电车道枕木		
合计	40	3180
加拿大	40	3180
44071110 红松和樟子松木材,经纵锯、纵切、刨切或旋切,厚>6mm		
合计	9592926	1794385302
俄罗斯	8823802	1634718840
芬兰	371650	76227270
瑞典	127262	29326786
乌克兰	86118	15928202
德国	65911	13631239
拉脱维亚	33070	6836393
白俄罗斯	21958	4286149
爱沙尼亚	15542	3568954
立陶宛	12321	2791205
巴西	10380	2228984
波兰	7663	1602881
奥地利	5776	1153638
罗马尼亚	6032	1026473
荷兰	1318	230794
美国	967	157852
捷克	719	157338
英国	635	121668
加拿大	574	107341
挪威	349	79960
哈萨克斯坦	282	54115
日本	250	50401
乌拉圭	265	47649
丹麦	50	34412
中国	11	12434
蒙古	21	4087
澳大利亚	0	237
44071120 辐射松木材,经纵锯、纵切、刨切或旋切,厚>6mm		
合计	1209110	296837185
智利	691501	169023828
新西兰	422660	106727790
西班牙	33684	7974582
澳大利亚	38249	7928116

(续表)

国家/地区	进口数量(立方米)	进口金额(美元)
巴西	14205	3059670
阿根廷	5803	1246255
乌克兰	1110	251453
越南	342	194109
立陶宛	674	131352
荷兰	52	93441
乌拉圭	198	65173
俄罗斯	366	58586
美国	109	42493
日本	35	11091
罗马尼亚	57	9634
南非	13	9420
爱沙尼亚	27	7684
乌干达	25	2508
44071130 花旗松木材,经纵锯、纵切、刨切或旋切,厚>6mm		
合计	240808	45469734
加拿大	194108	37347867
美国	32854	6402479
日本	11617	1189455
英国	937	179279
法国	753	152111
台澎金马关税区	32	105544
俄罗斯	220	38529
韩国	179	34984
德国	108	19275
澳大利亚	0	211
44071190 其他松木木材,经纵锯、纵切、刨切或旋切,厚>6mm		
合计	2822377	501808581
俄罗斯	1737390	277779017
美国	417333	77526677
加拿大	220692	53243360
巴西	217923	43837325
阿根廷	59295	12813382
乌拉圭	60674	11313231
芬兰	28206	6695985
瑞典	26244	6036611
澳大利亚	3591	1824088
朝鲜	11478	1449820
波兰	3158	1411727
乌克兰	6559	1329619
德国	6060	1309967
委内瑞拉	7314	1208438

(续表)

国家/地区	进口数量(立方米)	进口金额(美元)
拉脱维亚	2559	849220
新西兰	2507	815444
立陶宛	2301	510280
智利	1860	490099
爱沙尼亚	1085	274365
英国	1334	266499
罗马尼亚	1044	206681
日本	1832	182720
奥地利	866	162001
西班牙	574	122892
捷克	86	59049
法国	307	56344
韩国	35	17163
白俄罗斯	47	10636
越南	23	5601
中国	0	340
44071200 冷杉及云杉木材,经纵锯、纵切、刨切或旋切,厚>6mm		
合计	9550337	1909765616
俄罗斯	3692286	697738132
加拿大	3402588	640325479
芬兰	1274501	300886715
瑞典	727009	164471434
德国	126554	26605440
奥地利	88841	21173924
爱沙尼亚	54537	12168798
拉脱维亚	48022	10385683
丹麦	23181	6716533
日本	11389	4672155
罗马尼亚	22345	4320979
美国	13186	4274601
立陶宛	11543	2466519
韩国	4425	2253162
捷克	10453	2084944
乌克兰	9334	1968475
朝鲜	7809	1204378
斯洛文尼亚	3346	781222
白俄罗斯	3746	742850
挪威	3067	718492
波兰	2842	698346
克罗地亚	2455	691255
瑞士	925	510312
比利时	1717	434258
波黑	1460	388124

（续表）

国家/地区	进口数量（立方米）	进口金额（美元）
台澎金马关税区	409	327556
英国	1066	218537
印度尼西亚	68	191141
荷兰	647	159862
阿根廷	433	99568
意大利	68	68554
法国	62	14428
马来西亚	22	1960
西班牙	1	1800
44071900 其他针叶木木材，经纵锯、纵切、刨切或旋切，厚＞6mm		
合计	1630254	328576612
加拿大	1182032	231902542
美国	156605	34093211
巴西	80184	17392294
日本	44221	8968570
芬兰	32356	6873332
瑞典	28907	6660619
乌拉圭	25286	5485584
俄罗斯	28362	5292193
阿根廷	16756	3737794
乌克兰	10942	1705767
波兰	2297	1201492
拉脱维亚	3313	835170
新西兰	1420	688673
德国	3685	670440
罗马尼亚	3048	480309
澳大利亚	1264	476530
爱沙尼亚	1636	452423
委内瑞拉	1911	317976
英国	1576	300594
越南	1653	246102
老挝	456	204857
立陶宛	959	185504
奥地利	803	145296
台澎金马关税区	172	82676
西班牙	13	29430
韩国	147	28381
捷克	41	27864
中国	22	25236
智利	91	22810
汤加	70	21064
意大利	9	11309
肯尼亚	1	5949

（续表）

国家/地区	进口数量（立方米）	进口金额（美元）
马来西亚	16	4552
坦桑尼亚	0	69
44072100 美洲桃花心木木材，经纵锯、纵切、刨切或旋切，厚＞6mm		
合计	18435	9833089
印度尼西亚	17084	9101653
菲律宾	1000	461836
巴西	281	234495
汤加	70	35105
44072200 苏里南肉豆蔻木、细孔绿心樟及美洲轻木木材，经纵锯、纵切、刨切或旋切，厚＞6mm		
合计	18521	12063434
厄瓜多尔	15144	10577770
巴布亚新几内亚	3307	1472359
哥斯达黎加	70	11300
印度尼西亚	0	1345
德国	0	660
44072500 深红色红柳桉木、浅红色红柳桉木及巴栲红柳桉木木材，厚＞6mm		
合计	13158	5506124
马来西亚	6731	2392987
印度尼西亚	4341	2206387
乌拉圭	1217	637128
安哥拉	500	100074
澳大利亚	89	65701
巴西	280	57512
德国	0	45757
台澎金马关税区	0	508
坦桑尼亚	0	70
44072600 纵锯切刨或旋切的白黄柳桉木等木材，厚＞6mm		
合计	16052	5461510
马来西亚	10693	3055249
印度尼西亚	3977	1815152
台澎金马关税区	813	294444
澳大利亚	268	147468
意大利	69	115929
巴西	150	25605
越南	82	6552
韩国	0	1111
44072700 纵锯切刨或旋切的沙比利木材，厚＞6mm		
合计	79857	51007218

（续表）

国家/地区	进口数量（立方米）	进口金额（美元）
喀麦隆	34524	21995605
刚果（布）	31205	20111928
中非	8299	4999452
加蓬	3691	2435624
安哥拉	1330	948001
刚果（金）	617	389565
莫桑比克	119	89656
台澎金马关税区	55	31182
尼日利亚	17	6205
44072800 纵锯切刨或旋切的伊罗科木木材，厚＞6mm		
合计	4	1930
加蓬	4	1930
44072910 经纵锯切刨切或旋切的柚木木材，厚＞6mm		
合计	26549	18849990
印度尼西亚	6407	4781548
老挝	7998	4717109
巴西	4770	2974336
缅甸	1087	1788395
科特迪瓦	2171	1561074
委内瑞拉	1399	1026304
贝宁	1732	1012320
汤加	175	286106
台澎金马关税区	119	169825
厄瓜多尔	220	143658
哥斯达黎加	122	112391
越南	18	51958
巴布亚新几内亚	109	44097
特立尼达和多巴哥	43	43376
巴拿马	72	41787
赞比亚	34	26672
尼日利亚	24	15938
多哥	20	14343
泰国	7	13816
美国	1	9610
意大利	2	6555
马来西亚	16	5678
柬埔寨	2	2844
俄罗斯	1	250
44072920 纵锯切刨或旋切非洲桃花心木木材，厚＞6mm		
合计	9466	5349889
加蓬	6519	3311014

(续表)

国家/地区	进口数量（立方米）	进口金额（美元）
印度尼西亚	1857	974826
台澎金马关税区	268	537367
科特迪瓦	266	169320
喀麦隆	249	137351
刚果(金)	126	97942
冈比亚	87	55060
刚果(布)	38	30100
新加坡	27	13462
西班牙	8	11686
尼日利亚	17	8500
日本	4	2962
德国	0	228
瑞士	0	71
44072930 波罗格木木材,经纵锯、纵切、刨切或旋切,厚>6mm		
合计	143625	122916641
印度尼西亚	139069	119246826
马来西亚	1679	1484158
巴布亚新几内亚	1559	1061780
所罗门群岛	900	811295
老挝	361	261001
台澎金马关税区	25	24625
马达加斯加	22	15447
美国	10	11509
44072940 热带红木木材,经纵锯、纵切、刨切或旋切,厚>6mm		
合计	106085	144241155
印度尼西亚	54140	99196754
尼日利亚	25857	20815309
贝宁	15851	13154775
塞拉利昂	2687	2113123
马里	2012	1655522
印度	212	1505834
冈比亚	1721	1379624
加纳	1570	1292162
老挝	431	894718
巴拿马	103	319606
喀麦隆	38	299917
巴布亚新几内亚	381	284462
尼加拉瓜	80	284346
加蓬	489	268051
马来西亚	131	250236
缅甸	119	179668
东帝汶	56	112488

(续表)

国家/地区	进口数量（立方米）	进口金额（美元）
所罗门群岛	46	55382
赞比亚	75	52642
日本	10	26331
莫桑比克	31	24109
马达加斯加	1	20818
玻利维亚	2	19050
塞内加尔	17	13641
赤道几内亚	21	12086
刚果(布)	1	6420
越南	3	4003
刚果(金)	0	78
44072990 未列名热带木木材,经纵锯、纵切、刨切或旋切,厚>6mm		
合计	6551532	2185579094
泰国	4634489	1454534550
加蓬	388735	214342563
越南	501901	157424913
马来西亚	249073	92845807
喀麦隆	132475	48137368
秘鲁	54732	44204260
菲律宾	296729	42536347
印度尼西亚	77219	27501681
莫桑比克	24281	15235751
巴西	23874	14701741
柬埔寨	39485	12046641
缅甸	33549	10704992
刚果(布)	16733	8190271
加纳	13006	5731136
坦桑尼亚	5620	5296077
台澎金马关税区	9010	4885778
斯里兰卡	11096	3424542
尼日利亚	6187	3282935
玻利维亚	3628	3145281
赞比亚	3144	2618099
塞拉利昂	5093	2548879
巴拉圭	2045	1853603
贝宁	3369	1821157
哥伦比亚	2061	1100525
安哥拉	2213	1090847
科特迪瓦	1910	940559
几内亚	1316	935775
苏里南	1957	862498
中非	1079	750798
赤道几内亚	1537	644809

(续表)

国家/地区	进口数量（立方米）	进口金额（美元）
厄瓜多尔	1147	409168
阿根廷	231	342502
意大利	292	285461
美国	249	169283
澳大利亚	444	151815
老挝	316	138625
所罗门群岛	139	73271
刚果(金)	101	70010
利比里亚	161	67199
印度	60	66516
巴布亚新几内亚	147	64746
巴拿马	82	62349
日本	10	59383
墨西哥	58	53111
圭亚那	153	47720
新加坡	69	35105
埃塞俄比亚	132	31662
韩国	30	31074
斐济	77	27657
中国香港	33	17657
纳米比亚	18	16249
俄罗斯	32	9392
西班牙	4	4129
德国	0	2734
法国	1	1949
尼加拉瓜	0	144
44079100 栎木(橡木)木材,经纵锯、纵切、刨切或旋切,厚>6mm		
合计	1626749	992603776
美国	1315181	829466893
俄罗斯	192494	90626069
法国	45983	26362712
加拿大	36530	24752898
德国	10043	5102746
越南	3846	4236153
乌克兰	6981	3325440
克罗地亚	3812	2331825
意大利	2326	1417643
瑞典	1507	668446
斯洛文尼亚	1470	629494
波黑	1162	615898
日本	687	401057
朝鲜	929	372414
奥地利	542	332424

（续表）

国家/地区	进口数量（立方米）	进口金额（美元）
比利时	441	295776
罗马尼亚	401	239395
斯洛伐克	215	223828
塞尔维亚	383	221054
捷克	450	202746
匈牙利	228	191249
立陶宛	326	144245
保加利亚	203	115312
土耳其	93	74532
韩国	159	55337
马来西亚	102	45250
澳大利亚	62	38795
西班牙	60	36393
巴西	35	31965
波兰	60	25562
瑞士	28	11497
台澎金马关税区	10	6259
英国	0	2469
44079200 水青冈木（山毛榉木）木材，经纵锯、纵切、刨切或旋切，厚＞6mm		
合计	701463	274025335
罗马尼亚	270051	100526638
德国	165550	65279538
克罗地亚	58852	23701508
波黑	57133	23645842
塞尔维亚	36047	15342836
法国	36126	14894284
波兰	26523	9900433
意大利	17678	7194689
奥地利	11087	4748133
乌克兰	12485	4599728
丹麦	2204	966529
斯洛伐克	2190	942378
匈牙利	2138	821002
黑山	915	382241
斯洛文尼亚	766	330544
保加利亚	394	165369
希腊	218	105494
比利时	234	90286
日本	74	80681
前南马其顿	160	72483
加拿大	128	61901
美国	141	49182
俄罗斯	151	43033

（续表）

国家/地区	进口数量（立方米）	进口金额（美元）
捷克	80	26050
澳大利亚	34	15232
西班牙	29	15119
土耳其	13	9526
荷兰	28	8477
韩国	34	6179
44079300 槭木（枫木）木材，经纵锯、纵切、刨切或旋切，厚＞6mm		
合计	86898	46887717
美国	59229	32419326
加拿大	20883	10758293
乌克兰	4537	1862831
德国	285	606259
罗马尼亚	359	292952
俄罗斯	1091	274990
日本	59	146841
克罗地亚	26	136731
挪威	23	109258
法国	212	102824
韩国	50	45832
奥地利	52	43160
瑞士	3	41235
塞尔维亚	60	22493
波黑	13	9900
匈牙利	10	5381
意大利	0	5313
台澎金马关税区	6	4098
44079400 樱桃木木材，经纵锯、纵切、刨切或旋切，厚＞6mm		
合计	194343	136703380
美国	185230	130530486
加拿大	7899	5312119
智利	903	593923
台澎金马关税区	83	149287
意大利	97	56917
法国	84	33303
日本	29	17896
巴西	18	9238
澳大利亚	0	211
44079500 白蜡木木材，经纵锯、纵切、刨切或旋切，厚＞6mm		
合计	486975	272583220
美国	341119	206397130
俄罗斯	97060	41257290

（续表）

国家/地区	进口数量（立方米）	进口金额（美元）
加拿大	20239	12548921
德国	7676	3339241
乌克兰	6716	2720318
法国	4684	2102194
克罗地亚	3901	1512258
意大利	1057	590876
奥地利	1354	566237
罗马尼亚	962	469213
塞尔维亚	474	247412
越南	428	193886
匈牙利	293	126328
波黑	234	115268
斯洛文尼亚	167	101783
台澎金马关税区	114	82128
葡萄牙	187	77354
日本	99	48980
爱沙尼亚	122	45755
捷克	62	28593
波兰	27	12055
44079600 桦木木材，经纵锯、纵切、刨切或旋切，厚＞6mm		
合计	628596	128207784
俄罗斯	578720	111086223
拉脱维亚	19417	5801595
爱沙尼亚	10403	4362148
立陶宛	10833	3133049
芬兰	4813	2060778
白俄罗斯	1680	573131
日本	67	386302
瑞典	1060	340537
乌克兰	823	231022
美国	295	109256
哈萨克斯坦	380	75464
丹麦	60	27344
意大利	16	13778
加拿大	29	6957
喀麦隆	0	200
44079700 杨木木材，经纵锯、纵切、刨切或旋切，厚＞6mm		
合计	66959	13173258
俄罗斯	48860	6946351
美国	12333	4918217
加拿大	918	471253
拉脱维亚	2749	447056

(续表)

国家/地区	进口数量(立方米)	进口金额(美元)
乌克兰	1090	157600
罗马尼亚	575	110272
克罗地亚	291	93512
立陶宛	82	12936
塞尔维亚	36	9018
爱沙尼亚	25	7043
44079910 红木木材,但编码 44072940 所列热带红木木材除外,厚>6mm		
合计	42126	65351355
老挝	36249	56900744
越南	1929	2922682
缅甸	1025	1569659
柬埔寨	824	1332626
印度尼西亚	685	913929
尼日利亚	911	725473
喀麦隆	114	531532
塞拉利昂	182	132382
印度	20	104906
泰国	60	95270
莫桑比克	2	29187
刚果(布)	12	22032
马来西亚	40	19471
贝宁	20	16168
加纳	17	13969
加蓬	19	10659
美国	14	8418
瑞士	3	1399
日本	0	710
德国	0	119
巴西	0	20
44079920 泡桐木木材,经纵锯、纵切、刨切或旋切,厚>6mm		
合计	3	140
美国	0	39
日本	3	101
44079930 经纵锯切、刨或旋切的北美硬阔叶材,厚>6mm		
合计	587868	354716888
美国	573437	341537646
加拿大	13522	12925010
立陶宛	507	81084
日本	100	69761
罗马尼亚	80	34070
韩国	11	20911

(续表)

国家/地区	进口数量(立方米)	进口金额(美元)
拉脱维亚	124	17997
意大利	23	11430
克罗地亚	35	10468
乌克兰	29	5020
玻利维亚	0	1393
德国	0	1363
西班牙	0	587
中国	0	148
44079980 纵锯切刨或旋切其他温带非针叶木材,厚>6mm		
合计	454387	138176136
俄罗斯	377964	107308059
美国	36261	16436932
拉脱维亚	16512	4898405
爱沙尼亚	4075	1550302
克罗地亚	3240	1439643
立陶宛	5061	1380943
乌拉圭	2292	1281883
日本	1388	668846
德国	1191	567080
乌克兰	1917	557988
澳大利亚	745	298901
台澎金马关税区	431	275313
印度尼西亚	90	222708
罗马尼亚	613	212056
加拿大	400	160063
智利	240	154687
意大利	137	122716
保加利亚	393	118746
波兰	338	101958
缅甸	220	81039
芬兰	195	74083
玻利维亚	139	69055
巴西	137	44376
奥地利	57	42577
瑞典	72	30367
韩国	80	28814
朝鲜	124	26505
白俄罗斯	75	22091
44079990 其他纵锯切、刨或旋切的非叶木木材,厚>6mm		
合计	487077	205364533
泰国	185474	67612918
美国	58989	23454598

(续表)

国家/地区	进口数量(立方米)	进口金额(美元)
越南	36413	14934639
乌拉圭	21374	12000756
澳大利亚	19394	10929486
加蓬	17937	10399530
马来西亚	23781	9800730
秘鲁	10819	8014782
巴西	14484	7646153
玻利维亚	6358	5211882
印度尼西亚	9484	4346138
菲律宾	29931	3947596
莫桑比克	4716	2804206
尼日利亚	3341	2159910
巴拉圭	2501	2124581
坦桑尼亚	1884	1643762
日本	2753	1458107
喀麦隆	2130	1456300
克罗地亚	3378	1449010
意大利	1423	1395778
德国	2387	1372591
加纳	2482	1033313
台澎金马关税区	1771	1012181
刚果(布)	1918	880809
波兰	1512	778933
智利	1561	762316
加拿大	2378	698031
乌克兰	2220	617807
奥地利	926	532207
俄罗斯	1509	485893
拉脱维亚	1571	481322
厄瓜多尔	1413	466867
老挝	1865	448835
柬埔寨	550	422227
安哥拉	1837	414300
贝宁	682	282923
缅甸	809	269449
芬兰	444	181983
韩国	298	161896
圭亚那	171	150344
斯里兰卡	494	148799
赞比亚	178	141578
苏里南	247	136508
哥伦比亚	186	134574
科特迪瓦	209	100423
津巴布韦	286	80497

（续表）

国家/地区	进口数量（立方米）	进口金额（美元）
危地马拉	122	77289
阿根廷	64	54526
中国	71	38549
委内瑞拉	123	37604
巴布亚新几内亚	37	27597
西班牙	11	27126
印度	13	26438
爱沙尼亚	37	13479
捷克	16	13179
马达加斯加	18	12043
罗马尼亚	28	11613
立陶宛	18	8103
利比里亚	20	7100
法国	1	5197
新西兰	3	4337
白俄罗斯	13	3329
希腊	5	3260
匈牙利	5	2691
所罗门群岛	4	2325
挪威	0	1280

人造板出口量值表

国家/地区	出口数量（千克）	出口金额（美元）
44081011 用胶合板等制的针叶木饰面用单板，厚≤6mm		
合计	31512	19739
柬埔寨	8412	10873
越南	23100	8866
44081019 其他针叶木饰面用单板，厚≤6mm		
合计	732081	3053187
菲律宾	583100	2163114
巴基斯坦	40760	241541
荷兰	21600	191064
韩国	34250	139510
瑞典	16380	95513
印度尼西亚	10510	76828
越南	9318	52956
美国	4962	44659
埃塞俄比亚	3176	18489
德国	1192	15513
科威特	3609	10093
柬埔寨	3224	3907
44081020 针叶木制胶合板用单板，厚≤6mm		

（续表）

国家/地区	出口数量（千克）	出口金额（美元）
合计	1068987	755968
越南	819107	623288
缅甸	233380	119723
泰国	15000	11651
中国香港	1500	1306
44081090 其他针叶木木材，经纵锯、刨切或旋切，厚≤6mm		
合计	4305488	17204636
德国	1134964	5458117
日本	1174226	4557012
墨西哥	415291	1625522
英国	276126	1357890
法国	214377	878448
美国	249232	858731
越南	167316	551434
比利时	82400	465653
阿根廷	80467	392378
韩国	60583	240914
泰国	63824	225400
台澎金马关税区	32346	111546
菲律宾	21627	85510
柬埔寨	162264	85068
斯洛文尼亚	12050	68015
土耳其	9933	58157
突尼斯	22157	57053
西班牙	8495	49045
安哥拉	105000	35818
葡萄牙	8410	33529
中国香港	500	4500
阿尔及利亚	3100	2760
新加坡	500	1000
瑞士	188	583
意大利	87	458
克罗地亚	20	81
哥伦比亚	5	10
捷克	0	4
44083111 用胶合板等制饰面单板，红柳安木制，厚≤6mm		
合计	24564	78629
马达加斯加	23429	72866
科威特	1135	5763
44083119 其他饰面用单板，红柳安木制，厚≤6mm		
合计	154049	618836

（续表）

国家/地区	出口数量（千克）	出口金额（美元）
越南	153030	615660
莫桑比克	1000	2076
印度尼西亚	19	1100
44083120 制胶合板用单板，红柳安木制，厚≤6mm		
合计	1530	1218
尼日利亚	1300	1116
日本	230	102
44083190 其他纵锯切刨或旋切的红柳安木木材，厚≤6mm		
合计	123009	43516
台澎金马关税区	96009	30961
埃及	27000	12555
44083911 用胶合板等多层板制的饰面用单板，其他热带木制，厚≤6mm		
合计	2054188	9706754
西班牙	332515	1524097
加拿大	124785	1207528
韩国	223930	1204794
台澎金马关税区	212050	1034205
越南	140618	798893
葡萄牙	81080	487120
美国	29790	436319
俄罗斯	86225	409934
埃及	269965	372296
马来西亚	43675	299608
印度	104293	241326
芬兰	57363	197060
巴林	27481	133124
泰国	17624	129447
阿根廷	19630	118516
哥伦比亚	17440	118193
土耳其	40075	90540
意大利	16403	87634
孟加拉国	40015	86884
伊朗	45700	83339
斯里兰卡	15115	72940
澳大利亚	8730	70659
菲律宾	4352	61487
日本	9025	58997
巴西	11065	56986
波兰	8345	47864
阿联酋	8606	41766
尼日利亚	5225	38365

(续表)

国家/地区	出口数量（千克）	出口金额（美元）
柬埔寨	20010	36714
德国	3237	31221
吉尔吉斯斯坦	4550	27469
墨西哥	10722	25597
印度尼西亚	3902	22416
巴基斯坦	4295	17667
厄瓜多尔	3133	15966
中国香港	2340	13794
乌克兰	541	3708
英国	292	1837
缅甸	46	444
44083919 其他饰面用单板，其他热带木制，厚≤6mm		
合计	1987320	2852146
日本	149963	1419032
台澎金马关税区	1482854	728881
新加坡	17700	198240
意大利	135255	156814
印度尼西亚	33422	91524
印度	75500	67272
马来西亚	16029	40796
韩国	10400	33025
中国香港	6262	31899
孟加拉国	26400	24990
德国	499	18400
希腊	4392	10391
斯里兰卡	24500	9300
阿联酋	1617	8824
南非	416	5046
越南	721	4022
苏丹	600	1627
美国	360	944
尼日利亚	280	609
加拿大	150	510
44083920 制胶合板用单板，其他热带木制，厚≤6mm		
合计	6946655	9913998
菲律宾	3060860	3359021
美国	793059	1928128
墨西哥	707780	1512764
台澎金马关税区	1393334	1502217
以色列	195960	521245
越南	328905	395394
韩国	188967	226761

(续表)

国家/地区	出口数量（千克）	出口金额（美元）
加拿大	54400	145825
印度尼西亚	68340	141904
马来西亚	125100	114445
澳大利亚	21910	48195
葡萄牙	8040	18099
44083990 其他经纵锯、刨切或旋切的木材，其他热带木制，厚≤6mm		
合计	9611	83438
越南	5580	47988
以色列	1735	24016
日本	2040	9721
智利	221	1533
中国香港	35	180
44089011 用胶合板等多层板制的其他木制饰面用单板，厚≤6mm		
合计	3374159	15696708
俄罗斯	896668	4345287
美国	396246	2946201
越南	207572	996655
意大利	137808	941396
新加坡	99068	653769
韩国	97431	588298
阿联酋	101297	478525
哥伦比亚	72078	453025
巴西	98940	427372
台澎金马关税区	198863	366386
斯里兰卡	211421	315822
墨西哥	67640	299718
波兰	46488	292329
埃及	242841	284301
澳大利亚	31756	258290
葡萄牙	44431	218785
西班牙	37595	218680
印度	35825	192050
泰国	27727	189254
马来西亚	115898	163165
加拿大	17636	145159
阿根廷	19890	100971
立陶宛	10513	64068
沙特阿拉伯	9040	62428
印度尼西亚	16141	56616
巴基斯坦	8235	55397
奥地利	8369	49964
秘鲁	10710	49271

(续表)

国家/地区	出口数量（千克）	出口金额（美元）
厄瓜多尔	7822	49255
孟加拉国	5612	41340
菲律宾	5716	40551
约旦	7115	39849
阿尔巴尼亚	11322	37777
摩洛哥	8860	37697
巴林	5601	37140
日本	4174	36547
朝鲜	11800	32718
智利	3320	24266
巴拿马	3542	22428
德国	8080	20131
马尔代夫	12017	19458
缅甸	5506	13742
伊朗	890	10767
卡塔尔	1300	5195
危地马拉	994	4058
斯洛文尼亚	682	3434
多米尼加	570	3197
斐济	300	1400
匈牙利	261	1283
克罗地亚	245	1000
法国	300	255
赞比亚	3	38
44089012 温带非针叶木制饰面用单板，厚≤6mm		
合计	7877906	21744864
日本	3472251	8585599
越南	998723	4708412
马来西亚	1852159	3277005
韩国	481932	1243063
印度尼西亚	361998	1214301
伊朗	205617	1000172
台澎金马关税区	86679	345808
美国	44047	306732
柬埔寨	138420	212083
墨西哥	82646	211000
德国	29719	187317
泰国	16450	97038
意大利	25050	87305
荷兰	17350	83963
瑞典	12620	62417
坦桑尼亚	21060	33696
斯里兰卡	5335	27778

（续表）

国家/地区	出口数量（千克）	出口金额（美元）
摩尔多瓦	16900	23404
阿联酋	3650	16695
匈牙利	3290	14669
斯洛文尼亚	1560	5203
喀麦隆	440	670
新加坡	10	534
44089013 竹制饰面用单板，厚≤6mm		
合计	8747	73561
巴西	2450	22067
以色列	2080	21050
波兰	2650	16555
台澎金马关税区	580	8143
日本	440	4026
澳大利亚	398	720
美国	19	707
英国	130	293
44089019 其他木制饰面用单板，厚≤6mm		
合计	105659283	162310124
印度	38257699	42774174
越南	20692077	31510488
马来西亚	5298390	11440705
台澎金马关税区	4656419	8622715
埃及	6713155	8574376
泰国	3164121	7811543
韩国	2156943	5695000
哈萨克斯坦	1205752	4553738
印度尼西亚	2080280	3828267
菲律宾	5207103	3463138
美国	1261904	3218188
新加坡	671311	2950763
日本	1138151	2894828
西班牙	2123489	2449856
墨西哥	1237628	2408107
柬埔寨	1381287	2322429
俄罗斯	393781	2057784
澳大利亚	830542	1700383
巴基斯坦	1078976	1506111
阿联酋	873427	1480755
斯里兰卡	1122920	1361667
意大利	298796	1185578
秘鲁	262556	913624
伊朗	466226	891296
孟加拉国	384849	666350
南非	269055	484330

（续表）

国家/地区	出口数量（千克）	出口金额（美元）
以色列	214410	447174
荷兰	55191	426220
沙特阿拉伯	109194	339633
葡萄牙	85247	328659
波兰	50126	308817
巴西	105745	251773
卡塔尔	68850	221008
斐济	105300	218400
英国	78993	203069
阿尔巴尼亚	84831	195408
智利	141670	181657
吉尔吉斯斯坦	41650	180117
比利时	91049	165903
巴拿马	45339	154078
洪都拉斯	176800	153964
希腊	33291	136559
加拿大	91873	129219
尼日利亚	118300	128675
乌兹别克斯坦	57264	122795
斯洛文尼亚	37870	110943
叙利亚	37932	103538
哥伦比亚	69170	96775
中国香港	16323	84767
土耳其	43655	82360
缅甸	51000	78223
德国	25491	71186
危地马拉	29150	70820
尼泊尔	51500	62611
肯尼亚	31445	57949
塞浦路斯	9098	51649
保加利亚	10120	50505
厄瓜多尔	58970	49882
摩洛哥	63105	40080
乌克兰	9139	38479
阿曼	7341	38219
法国	3845	31929
黎巴嫩	10848	29947
加蓬	36607	23899
老挝	28200	16920
格鲁吉亚	17150	16761
委内瑞拉	4600	15430
立陶宛	2780	10750
坦桑尼亚	16545	10283
突尼斯	500	2015

（续表）

国家/地区	出口数量（千克）	出口金额（美元）
吉布提	309	1941
巴布亚新几内亚	1500	1591
斯洛伐克	1800	1051
塞尔维亚	1330	300
44089021 温带非针叶木制胶合板用单板，厚≤6mm		
合计	3488961	3408008
越南	1050194	1615246
印度	566890	471545
日本	524875	336516
埃及	588150	302971
印度尼西亚	137041	270767
柬埔寨	367740	194712
台澎金马关税区	99181	44957
美国	63000	43680
马来西亚	10300	37225
肯尼亚	14400	30000
洪都拉斯	38000	29689
缅甸	14900	17010
莫桑比克	14200	13615
澳大利亚	90	75
44089029 其他木制胶合板用单板，厚≤6mm		
合计	91155318	87634091
印度	18547588	27578236
韩国	18829570	22146914
菲律宾	22388582	9897670
越南	6290040	7454351
台澎金马关税区	13791624	6525105
马来西亚	1882213	3662231
柬埔寨	3532335	2370157
泰国	1351500	1896544
埃及	1701809	1715216
巴基斯坦	775280	1530309
印度尼西亚	467720	502987
墨西哥	162587	380061
斯里兰卡	238848	363852
美国	412450	355909
以色列	101540	253003
巴西	61350	155217
洪都拉斯	133000	103451
孟加拉国	44600	101750
尼泊尔	55000	90190
日本	80340	89991
马拉维	46600	70770

(续表)

国家/地区	出口数量(千克)	出口金额(美元)
伊拉克	68170	57474
阿联酋	21999	49046
巴林	7200	41997
新加坡	8823	39704
厄瓜多尔	25000	39000
哥伦比亚	24900	32970
缅甸	38000	27506
西班牙	13945	26591
肯尼亚	7240	26000
阿尔巴尼亚	10320	15720
智利	13000	15600
德国	8895	10927
尼日利亚	10000	5689
中国香港	1850	1088
沙特阿拉伯	1400	865
44089091 温带非针叶木制经纵刨旋切的木材,厚≤6mm		
合计	15602311	33712952
越南	3739931	7380761
墨西哥	2124446	4723624
土耳其	1387769	3848321
泰国	1641355	3755806
日本	889969	2241196
印度尼西亚	1022196	2227308
美国	1080038	2077063
德国	558601	1291643
马来西亚	467010	1054914
巴基斯坦	462371	945922
台澎金马关税区	756770	944757
伊朗	306526	697107
缅甸	401134	658193
秘鲁	236611	589036
印度	211295	429369
厄瓜多尔	82350	208509
韩国	35315	189617
捷克	72609	179689
斯洛文尼亚	76947	166162
法国	19864	46763
安哥拉	17625	30090
英国	9500	20320
加拿大	815	2602
保加利亚	960	2288
中国香港	200	1020
塞浦路斯	80	600

(续表)

国家/地区	出口数量(千克)	出口金额(美元)
荷兰	24	272
44089099 未列名木制经纵锯、刨切或旋切的木材,厚≤6mm		
合计	8666417	16430108
印度	4078297	5349412
越南	2368244	5141401
德国	695213	2510885
日本	218541	673712
墨西哥	365671	641808
美国	267525	433509
泰国	159468	348306
巴基斯坦	184039	335161
台澎金马关税区	36996	177846
捷克	50476	152470
委内瑞拉	50476	152470
菲律宾	50021	145127
韩国	50327	140745
马来西亚	16545	63415
秘鲁	23400	43601
澳大利亚	21870	33410
阿尔及利亚	3950	26705
厄瓜多尔	11960	18663
巴西	3237	15538
保加利亚	6144	10733
埃及	1450	3526
卡塔尔	724	2960
智利	790	2450
中国香港	78	2150
土耳其	578	1801
瑞士	104	1445
意大利	112	432
法国	113	222
南非	40	150
英国	28	55
44101100 木制碎料板		
合计	89631576	40435325
阿联酋	10244263	4063043
韩国	10396832	3328543
沙特阿拉伯	8171101	3008658
马来西亚	5501564	2663891
台澎金马关税区	4287862	2113930
日本	1939122	2053862
菲律宾	4670155	1833636
埃及	1002060	1798566

(续表)

国家/地区	出口数量(千克)	出口金额(美元)
卡塔尔	3898075	1676656
澳大利亚	1648881	1602582
美国	1687306	1509733
越南	1779758	1235293
智利	2462423	824556
阿曼	1703858	796207
新加坡	1069211	619459
中国香港	1272351	606310
尼日利亚	1560543	593307
印度	1007594	584811
缅甸	1718754	583868
墨西哥	1509532	579966
印度尼西亚	1561123	561080
葡萄牙	863324	544608
巴林	1492300	540122
肯尼亚	1687296	520717
泰国	1018869	508427
蒙古	4083810	421093
埃塞俄比亚	1195332	396063
斯里兰卡	838217	307908
哥伦比亚	577010	302743
加拿大	326827	301090
吉布提	622763	292462
俄罗斯	775970	256659
尼泊尔	532925	236865
危地马拉	582413	234791
南非	574330	223182
哥斯达黎加	522251	204976
孟加拉国	449112	185077
巴拿马	332640	147074
斐济	319610	129057
柬埔寨	308658	120604
土耳其	77289	117529
厄瓜多尔	77100	110988
哈萨克斯坦	165430	102076
科威特	293950	97942
马达加斯加	259054	95075
英国	163926	93465
叙利亚	163000	84240
多米尼加	196175	82820
安哥拉	101920	81312
几内亚	11844	67567
科特迪瓦	146467	64172
巴基斯坦	96133	63972

（续表）

国家/地区	出口数量（千克）	出口金额（美元）
新西兰	106012	63296
留尼汪	104801	61780
奥地利	113752	57234
刚果(金)	49920	45061
玻利维亚	104008	38791
加纳	103100	36773
苏丹	61184	33060
以色列	91604	31473
意大利	76696	30794
阿尔及利亚	43253	29576
洪都拉斯	63578	26348
摩洛哥	35260	25655
黎巴嫩	46979	24226
约旦	70765	24058
多哥	22520	21224
塞内加尔	20856	20337
马尔代夫	12500	20000
乌兹别克斯坦	10826	18572
新喀里多尼亚	43990	18269
尼加拉瓜	42712	17964
坦桑尼亚	40658	17861
土库曼斯坦	51360	14859
法属波利尼西亚	29000	13924
索马里	27850	13189
丹麦	10450	12452
贝宁	2880	12096
法国	18221	11843
西班牙	44278	11658
秘鲁	27680	10743
巴布亚新几内亚	16077	9151
马拉维	33400	8869
阿尔巴尼亚	14759	8814
莫桑比克	27500	8687
委内瑞拉	23790	7085
库克群岛	700	6780
毛里求斯	14600	6360
赞比亚	7300	6060
南苏丹	1750	5635
伊拉克	4830	5048
圭亚那	17500	4526
克罗地亚	9270	4450
比利时	7680	4449
拉脱维亚	3044	3593
巴西	9500	2574

（续表）

国家/地区	出口数量（千克）	出口金额（美元）
海地	4102	2168
马耳他	3310	1484
格林纳达	102	1275
老挝	3084	1046
苏里南	3000	897
德国	1000	400
利比里亚	95	136
中国澳门	165	82
乌克兰	12	7
44101200 木制定向刨花板(OSB)		
合计	78150140	23444785
智利	15802360	5607632
蒙古	37044133	3994324
美国	2556713	2308128
俄罗斯	4769886	1549701
台澎金马关税区	4343601	1352424
墨西哥	3000970	1150661
马来西亚	325919	758347
泰国	1654199	724044
沙特阿拉伯	371958	668992
菲律宾	760721	561534
日本	848830	425532
新加坡	160573	418328
坦桑尼亚	197150	404150
尼日利亚	537954	344274
加纳	447618	279509
越南	628085	247161
缅甸	895058	218010
危地马拉	431537	215055
肯尼亚	144835	196343
利比里亚	66270	165675
葡萄牙	60780	163080
伊拉克	152500	157917
留尼汪	346190	141414
秘鲁	269378	102363
澳大利亚	109324	94259
阿根廷	173926	82239
朝鲜	261589	81310
塞舌尔	31300	80700
印度	189260	75388
波兰	24000	75000
巴拿马	134374	62630
阿联酋	168458	60796
韩国	144833	54577

（续表）

国家/地区	出口数量（千克）	出口金额（美元）
多米尼加	126020	47665
厄瓜多尔	103810	40522
博茨瓦纳	19440	38880
黎巴嫩	7500	36000
安哥拉	90150	35329
纳米比亚	8000	28000
科摩罗	13610	26161
法国	54192	24607
科威特	36264	23824
伊朗	55200	22747
哥斯达黎加	33070	21246
古巴	46947	20633
马约特	9500	20000
新西兰	24620	19850
马尔代夫	29845	19585
萨尔瓦多	53000	19450
莫桑比克	4800	16800
巴巴多斯	43449	15904
委内瑞拉	40630	11463
以色列	27760	10234
巴基斯坦	13447	10150
中国香港	25196	9831
赞比亚	7360	8832
圣基茨和尼维斯	19050	7971
印度尼西亚	12350	7796
哥伦比亚	27200	6900
柬埔寨	16170	6444
土库曼斯坦	25500	6134
佛得角	18950	5830
约旦	1600	5000
荷兰	3890	4965
埃及	13000	4560
吉布提	5240	4540
赤道几内亚	4800	4297
孟加拉国	3000	4100
索马里	1400	3600
英国	2648	2804
圭亚那	688	2670
马耳他	4840	2531
斯里兰卡	43754	2509
格林纳达	1066	2268
加拿大	579	2253
特立尼达和多巴哥	2458	1717
乌干达	3600	1635

（续表）

国家/地区	出口数量（千克）	出口金额（美元）
老挝	4160	1207
安提瓜和巴布达	285	1167
苏里南	3680	1000
巴林	120	611
意大利	150	400
格鲁吉亚	1480	400
西班牙	390	266
44101900 其他木制类似板(例如,华夫板)		
合计	29105031	30981115
印度	9112709	7768880
美国	2802703	4330149
埃及	1824945	3441148
韩国	2007770	2382130
俄罗斯	768972	2113002
马来西亚	2322429	1235352
印度尼西亚	650726	830052
新加坡	185604	765298
台澎金马关税区	953947	691487
柬埔寨	1569059	617697
缅甸	1735349	609744
越南	298755	587824
菲律宾	677220	559114
泰国	164864	425496
日本	107070	382569
阿联酋	89398	342362
波兰	62249	337159
伊拉克	1225287	256159
中国香港	116399	215353
斯里兰卡	177638	184487
英国	102611	181352
巴基斯坦	132200	178462
芬兰	40270	159487
沙特阿拉伯	93441	134648
墨西哥	101346	123590
加拿大	107588	123251
立陶宛	23214	120199
孟加拉国	96904	117969
埃塞俄比亚	37245	114947
吉布提	71110	104942
科威特	77710	102094
安哥拉	78370	86063
德国	70210	82754
吉尔吉斯斯坦	18400	80721
荷兰	78881	72219

（续表）

国家/地区	出口数量（千克）	出口金额（美元）
澳大利亚	82387	71726
阿根廷	21300	70807
马达加斯加	24015	70725
哥伦比亚	35085	70068
厄瓜多尔	74125	53738
肯尼亚	35798	47452
智利	44345	47034
葡萄牙	9110	46194
卡塔尔	35567	44765
坦桑尼亚	35059	41812
南非	121736	40702
阿尔巴尼亚	11940	38500
巴林	43991	36417
洪都拉斯	85580	32556
马尔代夫	29230	31679
阿曼	57285	25962
尼日利亚	23060	25900
黎巴嫩	23397	25889
尼泊尔	30400	23626
马里	19269	23149
意大利	9221	20296
苏里南	37500	20090
西班牙	6158	19063
斐济	40230	18760
多米尼加	15705	17847
挪威	4792	16189
波黑	8500	15150
以色列	1543	13146
伊朗	9645	13005
希腊	13167	11888
匈牙利	11707	11707
新西兰	6925	11697
朝鲜	22540	8966
约旦	36250	7484
爱尔兰	14700	7326
保加利亚	1040	7200
哈萨克斯坦	1254	6348
莫桑比克	3000	5997
巴西	5470	5088
萨尔瓦多	11000	4500
瓦努阿图	6352	4080
法国	2422	3334
瑞典	2000	2240
乍得	300	1843

（续表）

国家/地区	出口数量（千克）	出口金额（美元）
比利时	432	577
古巴	7663	228
危地马拉	198	125
塞浦路斯	36	70
乌拉圭	9	10
44109019 其他木质材料制碎料板		
合计	1197228	1320862
马来西亚	86250	308384
阿联酋	57240	211162
沙特阿拉伯	77020	197469
萨尔瓦多	397186	168561
韩国	210422	141704
印度	25078	67396
苏丹	180000	63900
尼日利亚	115500	63187
科威特	5250	30975
美国	20308	28673
新西兰	17090	26421
日本	5684	12030
加拿大	200	1000
44109090 其他木质材料制定向刨花板(OSB)及类似板(例如,华夫板)		
合计	2665578	3095261
文莱	1065848	662561
马来西亚	242237	654344
台澎金马关税区	811295	531365
新加坡	77681	391445
俄罗斯	88814	361900
日本	102158	156535
阿联酋	22094	104456
美国	22898	81730
韩国	94089	28248
越南	38102	21907
中国香港	8297	18098
澳大利亚	2724	15961
格鲁吉亚	2680	10941
印度	18540	9454
马里	9680	9169
厄瓜多尔	22610	9063
菲律宾	7799	6689
沙特阿拉伯	260	5881
阿曼	8500	3286
埃塞俄比亚	5620	2968
科特迪瓦	3000	2778

（续表）

国家/地区	出口数量（千克）	出口金额（美元）
泰国	789	1657
柬埔寨	2105	1468
黎巴嫩	7500	1446
巴拿马	16	1305
德国	200	567
新西兰	12	27
印度尼西亚	30	12
44111211 未机械加工中密度板，密度＞0.8g/cucm，厚≤5mm		
合计	22231282	8670291
越南	2888054	1055361
埃及	3428691	1038916
苏丹	3110090	910410
台澎金马关税区	2039037	739211
墨西哥	1065908	539724
泰国	1172245	522371
马来西亚	660921	324519
美国	505834	289884
吉布提	111028	261846
印度	333452	260097
蒙古	2656020	238163
韩国	322025	227797
日本	395567	198764
阿联酋	470173	191836
约旦	37265	159438
印度尼西亚	212739	146636
阿尔及利亚	445620	143264
孟加拉国	490424	139585
巴拿马	25400	91440
俄罗斯	186307	88200
缅甸	235200	80969
尼日利亚	16995	79191
摩洛哥	15235	76071
坦桑尼亚	14318	64431
秘鲁	137931	60477
哥伦比亚	156304	53775
巴基斯坦	165735	50778
塞内加尔	11030	50738
南非	16785	49878
智利	143840	44064
古巴	118900	43219
新西兰	8415	39803
马尔代夫	7502	37360
加纳	9100	36800

（续表）

国家/地区	出口数量（千克）	出口金额（美元）
澳大利亚	8840	33592
朝鲜	81236	33406
肯尼亚	92271	31118
马达加斯加	61800	29187
英国	5760	25920
埃塞俄比亚	58459	20525
加拿大	27843	20347
斯里兰卡	56000	16661
赞比亚	31631	14902
菲律宾	15649	14719
危地马拉	36800	13684
意大利	7028	13432
贝宁	40000	13260
莫桑比克	33835	11803
所罗门群岛	22380	11255
阿根廷	3450	8405
中国澳门	2288	6044
柬埔寨	13140	4594
中国香港	5327	4273
洪都拉斯	9250	3201
荷兰	2281	1980
西班牙	62	1915
瑞士	310	480
汤加	1400	299
新加坡	61	163
德国	91	110
44111219 经机械加工中密度板，密度＞0.8g/cucm，厚≤5mm		
合计	67627138	41252714
巴基斯坦	10490098	6713872
日本	2498860	3216834
尼日利亚	5086915	2599948
肯尼亚	2984204	2377017
埃塞俄比亚	5495264	2331476
印度	3192953	2190879
伊朗	3076508	1820972
埃及	4484154	1771865
台澎金马关税区	3110294	1763577
韩国	1918748	1638644
沙特阿拉伯	2515898	1514484
美国	2147736	1510925
马来西亚	591376	1093329
苏丹	3251039	975234
孟加拉国	1688286	768047

（续表）

国家/地区	出口数量（千克）	出口金额（美元）
越南	1210622	698418
墨西哥	1142437	643942
阿联酋	904901	459836
中国香港	408810	421094
吉布提	955221	406614
约旦	631642	373604
斯里兰卡	714027	371949
利比亚	438544	364170
伊拉克	300739	345901
以色列	402986	344500
泰国	700512	311202
卡塔尔	357149	311023
俄罗斯	371532	266959
朝鲜	466193	255231
南非	377256	212971
澳大利亚	320920	203074
哥伦比亚	221044	200114
冈比亚	401940	196061
缅甸	266944	121968
法属波利尼西亚	162680	104324
阿尔及利亚	331796	102504
科威特	98618	101586
加纳	170190	92061
古巴	143640	91683
坦桑尼亚	118048	88608
危地马拉	135220	88317
土耳其	121170	86084
哥斯达黎加	91500	85845
菲律宾	115657	80550
法国	67446	79614
加拿大	73963	77526
蒙古	718388	75276
莫桑比克	253820	75120
巴西	95208	72366
智利	59294	64999
塞拉利昂	135703	61548
摩洛哥	66953	58751
柬埔寨	48660	55292
新加坡	54069	52984
黎巴嫩	111289	51384
秘鲁	109900	50664
塞内加尔	61285	50624
毛里求斯	54744	48102
多哥	113766	40783

（续表）

国家/地区	出口数量（千克）	出口金额（美元）
多米尼加	70150	37557
利比里亚	78598	35672
特立尼达和多巴哥	49300	33962
荷兰	27843	33134
索马里	51370	31089
印度尼西亚	63763	30408
马达加斯加	57900	26258
立陶宛	16000	25380
也门	38550	24151
斯洛文尼亚	34664	23103
比利时	23000	20990
意大利	23761	18680
格鲁吉亚	19500	18300
厄瓜多尔	29900	18181
保加利亚	13350	17300
洪都拉斯	27600	16340
克罗地亚	15690	16235
尼加拉瓜	36400	14439
巴林	24578	14270
阿根廷	16300	13969
委内瑞拉	27000	13519
所罗门群岛	33500	13464
苏里南	22300	12477
阿塞拜疆	21000	12060
文莱	19700	11600
贝宁	14611	9166
萨尔瓦多	17300	9072
卢旺达	9900	8778
西班牙	5043	6880
英国	493	6702
阿曼	12400	6341
巴布亚新几内亚	18070	5514
加蓬	7415	5191
塞浦路斯	17420	4985
希腊	5900	4844
德国	775	3906
尼泊尔	14700	3794
巴拿马	8200	2700
斯洛伐克	826	2620
斐济	8000	2061
马尔代夫	2220	1245
科摩罗	500	1159
玻利维亚	1980	1134
赞比亚	190	913

（续表）

国家/地区	出口数量（千克）	出口金额（美元）
瑞士	719	842
44111221 辐射松制的中密度板，0.5g/cucm＜密度≤0.8g/cucm，厚≤5mm		
合计	86010	29806
朝鲜	31500	12600
马来西亚	48938	11766
日本	5572	5440
44111229 其他中密度板 0.5g/cucm＜密度≤0.8g/cucm，厚≤5mm		
合计	70107681	41354872
尼日利亚	7834957	5952323
吉布提	6251521	3616478
埃及	9731583	3404797
巴基斯坦	3667764	2750087
孟加拉国	6544917	2480168
阿尔及利亚	5089221	1906571
印度	2052394	1807946
沙特阿拉伯	1775286	1300596
越南	4033230	1211948
中国香港	623229	1115689
墨西哥	1687799	972250
埃塞俄比亚	2038203	913808
阿联酋	1705487	830135
伊拉克	1424023	811271
马来西亚	1321025	749580
科威特	1186159	742392
摩洛哥	270302	723706
朝鲜	1051117	722474
南非	1204676	643511
约旦	579092	630933
菲律宾	662580	549205
台澎金马关税区	276687	542179
澳大利亚	785066	444259
缅甸	480790	435008
加纳	524264	362088
苏丹	735918	329824
坦桑尼亚	142530	327350
西班牙	249594	268351
阿富汗	474500	266046
肯尼亚	400310	255159
新加坡	97212	242968
卡塔尔	348347	242727
多米尼加	468302	241099
印度尼西亚	220713	207536

（续表）

国家/地区	出口数量（千克）	出口金额（美元）
斯里兰卡	287741	186231
冈比亚	401225	164616
莫桑比克	479113	159633
美国	310609	157991
马达加斯加	84335	135875
安哥拉	48730	132101
加拿大	149656	129172
赞比亚	161797	123770
黎巴嫩	279150	120929
柬埔寨	40883	119356
比利时	33060	118824
毛里求斯	32400	101847
洪都拉斯	231340	98252
韩国	93404	97353
秘鲁	49000	92246
马尔代夫	73440	86815
法国	21450	73365
以色列	25918	70906
阿曼	105090	63218
日本	15115	59616
英国	16251	58664
智利	100174	54644
危地马拉	79306	48162
塞内加尔	18600	46500
委内瑞拉	88430	45300
塞拉利昂	71000	43416
土耳其	11865	43155
荷属安地列斯	14913	41250
几内亚	22600	40680
巴布亚新几内亚	14190	40442
阿塞拜疆	109569	38570
毛里塔尼亚	8730	33174
科摩罗	11840	31376
巴林	43970	29463
尼加拉瓜	60297	28869
特立尼达和多巴哥	21155	28691
玻利维亚	9000	28350
苏里南	57765	27634
新西兰	17347	25254
所罗门群岛	15500	21758
哥伦比亚	39451	21683
哥斯达黎加	42900	20973
喀麦隆	13000	19500
泰国	5034	18728

（续表）

国家/地区	出口数量（千克）	出口金额（美元）
索马里	31500	17890
萨尔瓦多	17790	15120
伊朗	28000	14715
马拉维	18000	14688
格鲁吉亚	17900	14047
挪威	6087	13257
乌兹别克斯坦	5456	12600
汤加	3495	12233
巴拿马	18737	12050
利比里亚	19000	11090
厄瓜多尔	22000	10446
蒙古	27408	10205
哈萨克斯坦	1550	9897
突尼斯	17000	9735
俄罗斯	26544	8755
乌干达	28800	7090
瓦努阿图	16900	6407
巴西	7560	5880
南苏丹	11000	3250
斯洛文尼亚	9000	3166
多哥	3800	3008
卢旺达	5050	2520
亚美尼亚	1851	2370
文莱	4224	1564
刚果(金)	660	1440
丹麦	2158	1382
阿尔巴尼亚	640	600
瑞典	333	473
中国澳门	87	160
爱尔兰	10	20
44111291 未加工中密度板，密度≤0.5g/cucm，厚≤5mm		
合计	411356	839250
沙特阿拉伯	50047	229509
新加坡	61369	195037
马来西亚	65508	173170
朝鲜	68600	73551
印度	26266	47279
斐济	20222	46511
以色列	5391	16173
斯里兰卡	31500	15324
加纳	34400	10586
加蓬	28000	10057
阿联酋	2109	5273

（续表）

国家/地区	出口数量（千克）	出口金额（美元）
缅甸	8400	4975
中国澳门	2160	3270
危地马拉	2510	3012
新西兰	944	2947
澳大利亚	1330	1656
阿曼	2600	920
44111299 加工中密度板，密度≤0.5g/cucm，厚≤5mm		
合计	8950781	7009441
尼日利亚	875420	960250
墨西哥	1127721	800508
中国香港	263618	389367
越南	441561	361265
埃塞俄比亚	434600	334048
美国	426628	279867
吉布提	239500	255757
澳大利亚	429933	232589
哥伦比亚	365900	224295
埃及	376454	194060
肯尼亚	331890	192754
科威特	320950	182674
马来西亚	124352	177101
沙特阿拉伯	304496	163805
朝鲜	269737	157333
印度尼西亚	189945	133060
日本	21005	130611
危地马拉	132924	115770
克罗地亚	94338	115430
印度	129880	105599
泰国	133345	103091
阿联酋	63308	94975
以色列	87449	92543
智利	99179	86207
新加坡	70960	73232
多米尼加	160050	69481
南非	59529	69093
所罗门群岛	204680	67893
俄罗斯	48464	60280
伊拉克	54578	59861
坦桑尼亚	106850	54524
加拿大	54311	52404
赞比亚	58800	46200
哥斯达黎加	50160	38310
瑞典	7182	36207

（续表）

国家/地区	出口数量（千克）	出口金额（美元）
洪都拉斯	80750	33014
巴基斯坦	15450	31857
约旦	39500	30483
毛里求斯	43452	28936
马达加斯加	79500	25568
新西兰	225	24152
荷兰	22896	23840
英国	9384	23047
萨尔瓦多	30500	22630
波多黎各	26550	21603
多哥	61000	19364
特立尼达和多巴哥	56100	18382
阿根廷	15951	18174
阿塞拜疆	41816	16250
孟加拉国	23651	15968
利比亚	17100	14400
突尼斯	20160	14400
委内瑞拉	28050	13938
菲律宾	27275	13755
巴拿马	15500	12814
科特迪瓦	29750	11305
柬埔寨	26500	9452
西班牙	11098	8847
缅甸	27000	8100
土耳其	3449	7608
斯里兰卡	13425	7090
贝宁	5040	6048
莫桑比克	9780	4961
台澎金马关税区	1400	3840
秘鲁	1950	2844
马尔代夫	2516	2000
塞内加尔	1000	1420
马拉维	1500	1180
德国	271	748
哈萨克斯坦	245	440
比利时	500	360
希腊	850	179
44111311 未加工中密度板，密度>0.8g/cucm，5mm<厚≤9mm		
合计	3428889	1554097
沙特阿拉伯	2260233	726039
美国	729048	651901
智利	99400	41205
朝鲜	52732	30307

(续表)

国家/地区	出口数量(千克)	出口金额(美元)
孟加拉国	78482	27483
阿尔及利亚	70374	26705
墨西哥	21600	24920
危地马拉	17800	6228
蒙古	58300	5202
哥斯达黎加	12500	4618
印度	16200	4095
特立尼达和多巴哥	8050	3274
中国香港	840	1253
中国澳门	2240	672
斯里兰卡	1090	195
44111319 加工中密度板，密度>0.8g/cucm，5mm<厚≤9mm		
合计	337471024	220731720
美国	50821535	43887375
俄罗斯	35364714	20521078
韩国	20283103	14125031
智利	23153999	13602488
印度	21571277	12184258
伊朗	16468178	10213861
乌兹别克斯坦	13082028	9278538
沙特阿拉伯	13225780	8198478
哥伦比亚	11358898	7096085
乌克兰	10988801	6909513
澳大利亚	8498383	6083494
越南	9731452	5595811
南非	8424948	4706485
马来西亚	6958539	4544682
格鲁吉亚	6961885	4438046
阿联酋	5921829	3956504
厄瓜多尔	6513522	3838292
巴基斯坦	5004755	3171967
阿根廷	5064975	3133682
泰国	4477123	2742285
加拿大	3876517	2726014
墨西哥	4303677	2640095
菲律宾	3980893	2435554
秘鲁	3912757	2301975
印度尼西亚	3245539	2079468
埃及	3513986	1798261
玻利维亚	2219894	1397728
英国	1848861	1107113
台澎金马关税区	1676453	1071236
罗马尼亚	1422995	801535

(续表)

国家/地区	出口数量(千克)	出口金额(美元)
巴林	1185491	718956
乌拉圭	1212897	701385
科威特	1096995	665034
巴西	1044395	605007
尼泊尔	905675	556723
缅甸	767971	500562
保加利亚	900522	492979
黎巴嫩	724211	427796
毛里求斯	648722	387601
新加坡	619110	377621
西班牙	539877	375524
阿尔巴尼亚	640598	361069
吉尔吉斯斯坦	620395	358765
塔吉克斯坦	471386	317326
意大利	511460	310597
哈萨克斯坦	524655	304481
约旦	479065	283241
肯尼亚	475224	274154
日本	284615	253349
卡塔尔	378883	245016
特立尼达和多巴哥	395323	241307
埃塞俄比亚	543647	239737
摩尔多瓦	212700	221246
伊拉克	320689	213263
新西兰	285264	212493
多米尼加	341036	197855
斯里兰卡	283046	195482
挪威	286483	195376
土库曼斯坦	312839	175492
法国	277089	163957
希腊	278278	156352
马达加斯加	299081	153991
哥斯达黎加	245840	153397
爱尔兰	272630	152263
吉布提	253870	144099
阿塞拜疆	223409	141659
塞尔维亚	306083	140226
中国香港	187282	132918
贝宁	209300	130532
立陶宛	204006	129627
柬埔寨	203599	111731
蒙古	280578	106393
危地马拉	172884	105150
文莱	173886	101306

(续表)

国家/地区	出口数量(千克)	出口金额(美元)
前南马其顿	171960	94370
亚美尼亚	143448	78452
尼日利亚	134436	78135
叙利亚	135804	71194
加纳	127576	69214
德国	129655	66135
孟加拉国	111181	65580
阿曼	126236	65110
坦桑尼亚	128140	61381
白俄罗斯	103799	60169
以色列	96952	58105
委内瑞拉	92701	56635
古巴	80732	54944
波黑	85700	50334
利比亚	80949	49713
留尼汪	71800	45916
圭亚那	76155	44881
也门	68954	42222
荷兰	66000	39313
阿尔及利亚	45200	37698
多哥	62400	36550
拉脱维亚	75982	34005
莫桑比克	41460	33389
安哥拉	22206	30171
苏里南	18115	29890
牙买加	40860	28079
阿富汗	99980	27762
法属波利尼西亚	48084	26921
索马里	66400	24780
津巴布韦	35492	23361
克罗地亚	44032	22958
科特迪瓦	39900	21535
塞内加尔	35992	20392
比利时	37202	19939
捷克	35995	18157
巴拿马	27840	17908
土耳其	25360	14227
圣卢西亚	20257	13758
朝鲜	23099	12647
刚果(布)	20900	11912
摩洛哥	19499	11111
巴布亚新几内亚	13854	9660
塞拉利昂	13900	7796
巴哈马	12375	7128

（续表）

国家/地区	出口数量（千克）	出口金额（美元）
尼加拉瓜	14200	6165
乌干达	10800	5975
马拉维	4000	2856
冈比亚	3900	2362
斐济	980	517
老挝	260	302
匈牙利	37	36
44111321 辐射松制的中密度板，5mm＜厚≤9mm		
合计	3307001	10714638
日本	1388462	3731963
马来西亚	284757	1139617
科威特	146954	529382
菲律宾	132458	427848
吉布提	98498	407648
肯尼亚	122034	396299
摩洛哥	128709	386500
印度	109510	384424
约旦	95480	245144
新加坡	50583	228888
台澎金马关税区	46932	228820
毛里求斯	46973	219465
阿联酋	35433	195472
苏里南	49456	195209
越南	42155	157608
巴基斯坦	40763	137407
塞内加尔	30450	123972
阿尔及利亚	26400	119659
加纳	39768	118702
尼日利亚	23979	118497
马达加斯加	30810	113782
韩国	36830	98319
德国	50001	96960
索马里	20540	86160
南非	16364	71857
澳大利亚	12800	66072
泰国	10800	58860
刚果（金）	23847	52273
科特迪瓦	17620	51824
斐济	8800	49765
美国	9972	49541
贝宁	20360	47929
萨摩亚	11580	46088
沙特阿拉伯	17400	41062

（续表）

国家/地区	出口数量（千克）	出口金额（美元）
坦桑尼亚	22892	39784
秘鲁	7500	39750
孟加拉国	6600	39600
西班牙	9920	39438
冈比亚	7495	38974
卡塔尔	3800	17047
印度尼西亚	4500	15852
科摩罗	3580	14216
马约特	3080	12231
突尼斯	4582	11122
所罗门群岛	2230	8599
加蓬	1500	6975
巴布亚新几内亚	1444	5834
几内亚	400	2200
44111329 其他中密度板 0.5g/cucm＜密度≤0.8g/cucm，5mm＜厚≤9mm		
合计	47897856	21144170
埃及	8117184	2457717
乌兹别克斯坦	3512359	1969167
埃塞俄比亚	3927231	1431885
越南	4874862	1344789
伊拉克	3055298	1269139
阿联酋	2740594	1219866
约旦	2154204	965502
伊朗	1497981	769729
斯里兰卡	1695272	767878
美国	551380	753445
吉布提	2090887	744688
尼日利亚	1381426	680444
日本	226197	643590
苏丹	1684319	491622
澳大利亚	369865	480146
阿尔及利亚	1447386	429794
格鲁吉亚	677784	335418
古巴	517630	327667
肯尼亚	523468	262754
巴基斯坦	627156	248040
沙特阿拉伯	650161	226067
塔吉克斯坦	411526	214321
缅甸	487069	190661
韩国	196052	176621
印度	254408	174973
卡塔尔	359615	166803
俄罗斯	312717	163783

（续表）

国家/地区	出口数量（千克）	出口金额（美元）
南非	330202	162315
吉尔吉斯斯坦	227859	157892
土库曼斯坦	274264	150710
阿曼	302730	136305
台澎金马关税区	31452	119136
菲律宾	185414	108623
特立尼达和多巴哥	137340	92232
印度尼西亚	104154	79948
哥伦比亚	143918	72748
马来西亚	62900	68986
新加坡	96933	68424
泰国	66249	65609
塞内加尔	92950	65440
坦桑尼亚	128968	58375
马达加斯加	46383	57141
朝鲜	144361	56839
英国	69174	56059
新西兰	35925	47052
也门	39020	36858
中国香港	8950	35744
加纳	67294	34198
智利	70463	29530
法国	5753	29340
阿根廷	54000	28114
马尔代夫	51550	26015
孟加拉国	45740	22252
索马里	48130	22193
危地马拉	48418	20843
留尼汪	39684	19648
摩洛哥	34500	18882
厄瓜多尔	42340	18278
波兰	32920	18156
尼加拉瓜	37306	17540
阿富汗	45000	17500
洪都拉斯	52700	17397
贝宁	27654	16490
多米尼加	20461	15695
墨西哥	33425	15555
巴林	24536	14158
科威特	22072	11366
斐济	29458	10845
哈萨克斯坦	16639	10336
中国澳门	1093	9276
所罗门群岛	22600	8960

(续表)

国家/地区	出口数量（千克）	出口金额（美元）
莫桑比克	7650	8665
毛里求斯	4372	8077
利比亚	17220	7954
阿尔巴尼亚	16236	7923
黎巴嫩	17940	6578
牙买加	9900	6412
法属波利尼西亚	5200	5777
加拿大	5969	5595
亚美尼亚	5079	4536
蒙古	12650	4105
文莱	10678	4091
南苏丹	10800	3312
摩尔多瓦	3087	3014
马约特	288	2127
赞比亚	2750	1762
喀麦隆	1200	1680
法属圭亚那	2526	1438
多哥	8500	1370
西班牙	1894	863
东帝汶	1800	710
科特迪瓦	1876	671
老挝	1900	646
新喀里多尼亚	83	608
瓜德罗普	745	395
希腊	600	349
44111391 未加工中密度板，密度≤0.5g/cucm，5mm＜厚≤9mm		
合计	41601	19080
波兰	27500	13440
留尼汪	6400	2554
斐济	3421	1587
阿曼	3250	1167
马来西亚	900	232
新加坡	130	100
44111399 加工中密度板，密度≤0.5g/cucm，5mm＜厚≤9mm		
合计	1688375	1468101
肯尼亚	109100	146479
墨西哥	142780	132377
英国	85825	113017
埃塞俄比亚	190100	85505
多哥	127500	79327
美国	34737	75978
澳大利亚	24004	66345

(续表)

国家/地区	出口数量（千克）	出口金额（美元）
智利	109457	66151
德国	4883	64552
新加坡	68329	61187
贝宁	85500	53077
日本	6186	51994
缅甸	40746	43693
马来西亚	28297	42533
沙特阿拉伯	54213	39452
科威特	47276	36848
伊拉克	84900	34183
特立尼达和多巴哥	47143	31454
阿联酋	48761	30943
加纳	48800	29210
越南	43822	22379
塞内加尔	33550	19878
朝鲜	27868	13008
加拿大	6440	11592
蒙古	12316	11416
印度	12363	10764
南非	10342	8784
菲律宾	17958	8205
洪都拉斯	20960	6994
巴基斯坦	27850	6972
苏丹	26800	5610
古巴	9000	5506
巴布亚新几内亚	2000	5455
坦桑尼亚	13255	4745
芬兰	332	4449
乌兹别克斯坦	2130	4260
克罗地亚	144	4160
萨尔瓦多	140	3700
中国香港	548	3156
文莱	3442	3096
吉布提	720	2925
毛里求斯	4100	2608
比利时	1865	2238
斯洛文尼亚	226	2133
台澎金马关税区	2551	1778
以色列	8038	1406
泰国	2017	1312
马尔代夫	1258	1231
柬埔寨	1395	1129
多米尼加	5790	1000
俄罗斯	103	998

(续表)

国家/地区	出口数量（千克）	出口金额（美元）
伊朗	480	456
拉脱维亚	31	411
韩国	2	23
中国澳门	2	19
44111411 未加工中密度板，密度＞0.8g/cucm，厚＞9mm		
合计	1063742	464590
柬埔寨	444731	176223
越南	106654	91858
吉布提	20614	41228
蒙古	378300	41113
马来西亚	23115	34673
哥伦比亚	9951	23823
西班牙	7675	18420
朝鲜	10300	8320
阿联酋	30800	7692
德国	1485	7130
中国香港	7929	5343
美国	17585	5265
新加坡	1650	1510
加拿大	750	1070
赞比亚	1290	573
喀麦隆	875	309
澳大利亚	38	40
44111419 加工中密度板，密度＞0.8g/cucm，厚＞9mm		
合计	520277832	346998408
美国	223865973	161890784
加拿大	70454660	42794862
俄罗斯	73748273	39864766
澳大利亚	31833930	22653595
越南	15742251	8942863
英国	11243614	8076554
格鲁吉亚	10872795	6303075
乌兹别克斯坦	8640948	5603000
罗马尼亚	8949529	5308492
缅甸	7187924	4557233
伊朗	5355070	3311458
爱尔兰	5288132	3008713
印度	3076800	2521769
沙特阿拉伯	2654630	2390362
巴基斯坦	2575477	1877114
厄瓜多尔	2363895	1859902
智利	2441508	1833679

（续表）

国家/地区	出口数量（千克）	出口金额（美元）
马来西亚	1856224	1446421
哈萨克斯坦	2541468	1438853
阿联酋	1731870	1434916
法国	1233973	1297546
新西兰	1705552	1236928
南非	1232135	1001251
泰国	1357152	992417
台澎金马关税区	1003913	778374
玻利维亚	1101635	679917
摩尔多瓦	738067	674669
哥伦比亚	681810	660034
墨西哥	839108	580171
阿根廷	886591	570600
比利时	789028	562227
乌克兰	1025276	561106
希腊	917708	518168
蒙古	1687142	466591
塔吉克斯坦	1106115	460550
新加坡	421756	455173
土耳其	766723	445557
菲律宾	250297	427764
西班牙	562440	400852
土库曼斯坦	617538	374604
前南马其顿	586687	332428
卡塔尔	378422	311852
秘鲁	347074	307074
朝鲜	238727	281091
中国香港	210088	266996
塞尔维亚	390046	221400
乌拉圭	269282	212352
黎巴嫩	235940	210513
立陶宛	353844	202996
克罗地亚	361693	196594
阿尔巴尼亚	257447	177775
韩国	125367	175075
吉布提	278958	173159
埃塞俄比亚	298055	164687
肯尼亚	242074	161281
斯里兰卡	123324	153458
保加利亚	312290	149704
埃及	277921	148138
文莱	212568	138721
巴林	104630	136352
亚美尼亚	258337	135594

（续表）

国家/地区	出口数量（千克）	出口金额（美元）
尼泊尔	213431	135225
毛里求斯	197230	134044
约旦	174200	131815
日本	51388	131648
加纳	70150	112618
印度尼西亚	111475	109455
阿尔及利亚	216400	108166
阿富汗	162276	103883
巴西	97213	90266
安哥拉	146074	84678
马尔代夫	110032	84057
特立尼达和多巴哥	74170	77266
伊拉克	134483	75336
意大利	75133	68987
苏丹	164032	64230
柬埔寨	13744	63143
赞比亚	54220	63075
黑山	89900	61729
危地马拉	99177	61629
马达加斯加	59902	55245
葡萄牙	62977	50243
波黑	93160	49617
科威特	57726	47050
多米尼加	26974	42398
尼日利亚	29288	41047
吉尔吉斯斯坦	49285	33251
尼加拉瓜	43516	22157
波兰	37880	20751
巴拿马	14719	20662
瑞典	10677	19373
巴拉圭	3041	18947
荷兰	4718	18829
委内瑞拉	10775	17757
哥斯达黎加	14185	16715
巴哈马	10718	15858
德国	22848	14645
阿塞拜疆	22193	14281
莫桑比克	20335	14164
法属波利尼西亚	18814	12874
喀麦隆	9820	12766
白俄罗斯	23643	12088
坦桑尼亚	9871	11840
阿鲁巴	22080	11000
巴布亚新几内亚	12666	10866

（续表）

国家/地区	出口数量（千克）	出口金额（美元）
圭亚那	7019	10724
新喀里多尼亚	17900	10444
以色列	12247	10077
马拉维	11791	8559
利比亚	7140	8412
加蓬	14000	8400
瑞士	1198	6210
赤道几内亚	3950	5827
多哥	1428	5000
中国澳门	551	4848
留尼汪	4248	4701
津巴布韦	3250	4015
拉脱维亚	9288	3701
牙买加	1500	3488
阿曼	2853	2952
乌干达	5950	2080
斯洛文尼亚	1800	2005
挪威	2698	1911
斐济	627	1680
巴巴多斯	2158	1360
捷克	2750	1275
突尼斯	750	1236
摩洛哥	1000	647
塞内加尔	570	646
孟加拉国	609	630
洪都拉斯	780	560
苏里南	406	555
冈比亚	330	300
老挝	560	179
圣卢西亚	238	162
44111421 辐射松制的中密度板，厚 > 9mm		
合计	5737479	10463491
日本	5612052	10419867
马来西亚	116690	29914
英国	2250	4935
澳大利亚	5184	4400
新加坡	1303	4375
44111429 其他中密度板 0.5g/cucm < 密度 ≤ 0.8g/cucm，厚 > 9mm		
合计	777141204	284916921
沙特阿拉伯	198091559	57637548
尼日利亚	106967629	45097731
阿联酋	89063785	30449936
越南	64913894	17029092

(续表)

国家/地区	出口数量（千克）	出口金额（美元）
伊朗	26310384	8288593
埃塞俄比亚	25456171	7533497
约旦	15858520	7236566
日本	4191483	6935362
孟加拉国	24318465	6468065
苏丹	23270162	6421289
伊拉克	14582398	5348385
乌兹别克斯坦	9144686	5275211
美国	6647826	5113941
埃及	18257170	4924634
吉布提	12719450	4017076
肯尼亚	10741427	3571658
巴基斯坦	5796136	3489555
斯里兰卡	8551461	3276567
马来西亚	6608343	3034427
印度	3704552	2894413
索马里	8891838	2886667
墨西哥	5031098	2374385
阿曼	6858915	2360473
澳大利亚	1804316	2096234
菲律宾	4091885	2026736
吉尔吉斯斯坦	3395422	1979407
朝鲜	4098946	1853489
南非	2744287	1816606
黎巴嫩	3890269	1743221
阿尔及利亚	4335286	1484686
加纳	3404788	1422194
卡塔尔	3653774	1412308
毛里求斯	3334120	1389592
哈萨克斯坦	2108913	1321481
古巴	2663491	1284593
缅甸	4222126	1261386
摩洛哥	2848564	1157110
科威特	2100175	1054403
危地马拉	1650947	990425
英国	1200816	961786
中国香港	865256	872151
智利	1575763	849515
塔吉克斯坦	1876550	774511
西班牙	918727	760959
新加坡	393195	750969
坦桑尼亚	1398123	679211
特立尼达和多巴哥	1510004	662268
多米尼加	1335072	601667

(续表)

国家/地区	出口数量（千克）	出口金额（美元）
柬埔寨	1105921	583510
加拿大	770816	556837
巴林	1352971	540026
以色列	863184	509386
苏里南	932660	504327
马尔代夫	937512	454395
新西兰	537342	401739
荷兰	276099	387894
马达加斯加	755987	346939
印度尼西亚	424353	311505
格鲁吉亚	580430	287913
俄罗斯	412110	267910
哥伦比亚	400967	257078
泰国	193598	242549
韩国	361352	238072
也门	501080	236073
波兰	393057	235283
台澎金马关税区	315052	235119
秘鲁	311689	231406
比利时	290078	214980
哥斯达黎加	327612	209663
安哥拉	397939	206639
巴拿马	306523	202171
塞内加尔	286554	199330
叙利亚	305620	195010
利比亚	157436	191611
意大利	243803	191067
法国	369137	178420
莫桑比克	293401	168284
荷属安地列斯	333886	166333
希腊	285743	163858
尼加拉瓜	422958	161409
德国	192593	151052
斐济	320162	146378
葡萄牙	167976	143587
厄瓜多尔	418937	143183
克罗地亚	152131	128014
乌干达	285740	118541
所罗门群岛	33401	104263
委内瑞拉	154800	86678
科特迪瓦	101072	78502
博茨瓦纳	33864	76657
阿根廷	74436	76530
巴布亚新几内亚	128784	71235

(续表)

国家/地区	出口数量（千克）	出口金额（美元）
突尼斯	80266	68868
留尼汪	207565	63589
塞舌尔	19923	63360
波多黎各	109200	61253
牙买加	129655	59216
丹麦	53288	55285
巴拉圭	12781	49213
洪都拉斯	111030	47284
喀麦隆	14750	46850
巴西	42308	45366
帕劳	11952	45275
刚果(金)	95250	44942
阿尔巴尼亚	98838	44902
赤道几内亚	55730	37216
圣卢西亚	73782	35458
挪威	43085	33522
土耳其	50215	32528
萨尔瓦多	61740	32499
贝宁	78185	31240
捷克	49207	30742
圭亚那	85600	29939
阿富汗	41500	29624
南苏丹	91300	28202
加蓬	30589	27382
亚美尼亚	39306	26128
斯洛文尼亚	34260	23414
乌拉圭	6219	23041
蒙古	49650	22546
多哥	52446	21276
毛里塔尼亚	7500	20175
瑞典	22628	19800
玻利维亚	19966	18656
纳米比亚	24965	18590
保加利亚	44200	18530
法属波利尼西亚	20800	18171
阿鲁巴	27800	15959
土库曼斯坦	9378	11541
津巴布韦	24650	11078
刚果(布)	3768	10884
马耳他	24370	9906
摩尔多瓦	14881	9682
瓜德罗普	17179	8628
文莱	7500	7875
老挝	22630	7856

（续表）

国家/地区	出口数量（千克）	出口金额（美元）
塞拉利昂	13900	7796
罗马尼亚	1912	7720
法属圭亚那	15281	7089
新喀里多尼亚	17500	6480
瓦努阿图	10785	6434
图瓦卢	10325	6400
东帝汶	12600	6212
赞比亚	19280	5946
库克群岛	2450	5917
冰岛	1090	5357
塞浦路斯	2732	3682
瑞士	450	3556
爱尔兰	1800	1747
黑山	225	935
中国澳门	70	649
芬兰	36	175
44111491 未加工中密度板，密度≤0.5g/cucm，厚>9mm		
合计	2643673	1150463
阿联酋	769119	231310
英国	111429	167720
埃塞俄比亚	103560	155912
菲律宾	366520	118492
伊拉克	298980	103723
肯尼亚	260910	100198
越南	100734	57513
阿曼	153066	41877
日本	70070	25276
印度尼西亚	48000	19227
摩洛哥	51000	18408
缅甸	47110	17061
智利	48000	16560
马来西亚	61800	15898
沙特阿拉伯	15791	13592
美国	25777	10980
孟加拉国	46400	9989
墨西哥	14704	6577
印度	18500	6426
朝鲜	12250	3675
留尼汪	9600	3610
巴林	5780	3240
中国香港	680	1700
斯里兰卡	3300	895
吉尔吉斯斯坦	593	604

（续表）

国家/地区	出口数量（千克）	出口金额（美元）
44111499 未加工中密度板，密度≤0.5g/cucm，厚>9mm		
合计	14974626	20620857
马来西亚	1173189	3973655
新加坡	505817	1537241
吉布提	493933	1404402
肯尼亚	2913612	1254617
美国	1337256	1098968
泰国	328548	940683
越南	315606	871225
沙特阿拉伯	264234	721927
朝鲜	624673	551520
孟加拉国	359346	537042
约旦	134733	411930
意大利	251917	341024
巴林	102644	338573
墨西哥	170107	324415
巴拿马	63612	316756
阿联酋	328826	285656
埃塞俄比亚	846781	276245
古巴	483629	268613
英国	94171	259873
特立尼达和多巴哥	555920	258162
摩洛哥	76158	256744
澳大利亚	70515	228099
菲律宾	104569	178246
科威特	401207	176158
葡萄牙	70242	174659
尼日利亚	52534	166920
斯里兰卡	109193	166675
巴西	24130	158775
文莱	15700	157000
柬埔寨	98415	148457
韩国	81337	127072
安哥拉	47250	117884
秘鲁	48960	113339
斐济	144190	108801
中国香港	25677	108565
巴基斯坦	113163	106936
阿曼	208970	103085
尼加拉瓜	80124	98104
印度尼西亚	35295	91385
伊拉克	61190	89165
毛里求斯	100646	88429

（续表）

国家/地区	出口数量（千克）	出口金额（美元）
台澎金马关税区	45283	87609
塞内加尔	23562	82261
缅甸	122723	81252
哈萨克斯坦	31554	79934
苏丹	230694	79820
坦桑尼亚	153487	77230
印度	36067	76496
洪都拉斯	205087	74896
南非	71326	72700
荷兰	31463	69600
加拿大	19165	66018
法国	33170	61043
马达加斯加	21000	59700
智利	68460	55328
新西兰	27202	48141
科摩罗	10650	47925
所罗门群岛	10466	38897
加纳	23172	33291
蒙古	32569	32466
卢旺达	2664	31680
伊朗	43876	26913
喀麦隆	5760	24768
苏里南	80500	23781
日本	5733	23593
南苏丹	20475	23086
以色列	15951	22904
加蓬	7000	21000
马尔代夫	9576	20619
贝宁	5424	16272
留尼汪	4508	15318
德国	3577	14643
西班牙	12290	14107
塞舌尔	24580	13234
多哥	3968	12698
毛里塔尼亚	20000	12554
中国澳门	9070	12054
比利时	7207	11742
埃及	25650	11670
突尼斯	43217	11572
新喀里多尼亚	9530	10896
莫桑比克	2100	9450
俄罗斯	1843	9123
阿根廷	2720	8160
巴布亚新几内亚	20846	7416

(续表)

国家/地区	出口数量（千克）	出口金额（美元）
圭亚那	25350	6912
希腊	1510	6780
丹麦	1500	6750
阿尔巴尼亚	1500	6750
多米尼加	16698	6484
厄瓜多尔	14440	4634
斯洛文尼亚	1300	2600
黎巴嫩	1294	1972
几内亚	3800	1879
玻利维亚	308	1616
塞浦路斯	1100	1520
巴巴多斯	2380	1245
瑞典	105	660
卡塔尔	135	104
芬兰	22	66
44119210 未加工木纤维板,密度>0.8g/cucm		
合计	2439820	1052515
台澎金马关税区	2241147	860805
朝鲜	185620	184600
卢旺达	12486	6517
马来西亚	512	563
日本	55	30
44119290 加工木纤维板,密度>0.8g/cucm		
合计	198614047	115290109
加拿大	49209401	27772883
美国	42971288	26020550
澳大利亚	12699296	8170700
韩国	10265375	7295269
苏丹	15424177	5930061
越南	5587227	4385267
印度	4293374	2841936
伊朗	4004053	2463667
智利	3612627	2307709
南非	2998803	2168970
缅甸	3243273	2066834
沙特阿拉伯	3206198	1942390
英国	2872673	1898671
蒙古	9073985	1890359
尼日利亚	4565658	1829354
泰国	3173338	1683592
哥伦比亚	2327119	1544977
爱尔兰	1966729	1219774
墨西哥	1478080	1006074
新西兰	1127840	746013

(续表)

国家/地区	出口数量（千克）	出口金额（美元）
阿根廷	929299	614416
俄罗斯	921805	542116
马来西亚	647774	520869
阿联酋	864126	520436
巴基斯坦	641147	490089
伊拉克	538059	468789
菲律宾	866968	439089
中国澳门	208320	365150
乌兹别克斯坦	452064	310659
厄瓜多尔	440295	301997
塔吉克斯坦	435266	285500
埃塞俄比亚	462804	284521
格鲁吉亚	584523	269466
巴西	388458	254394
阿尔巴尼亚	423137	245773
日本	229218	240783
台澎金马关税区	247518	198695
挪威	325973	197664
印度尼西亚	295327	185641
乌克兰	326575	183782
阿尔及利亚	84948	179920
黎巴嫩	262753	178739
加纳	386633	169318
斯洛文尼亚	216930	152351
新加坡	106823	143553
朝鲜	113592	130112
塞浦路斯	168030	112460
西班牙	137100	104961
肯尼亚	60970	102153
土耳其	102647	102140
柬埔寨	155014	100982
秘鲁	93780	95142
希腊	141780	91634
波兰	155843	87253
孟加拉国	124342	83251
毛里求斯	111489	81447
文莱	138030	78702
科威特	72870	78695
土库曼斯坦	147069	73921
意大利	101640	65202
以色列	75900	56201
荷兰	33583	52445
中国香港	42291	47368
哥斯达黎加	62803	45382

(续表)

国家/地区	出口数量（千克）	出口金额（美元）
科特迪瓦	62460	44678
巴拿马	56793	41295
埃及	51130	41211
危地马拉	49684	40671
斯里兰卡	61455	40670
葡萄牙	52200	38784
莫桑比克	26265	33900
约旦	60620	32770
法国	33388	27742
吉尔吉斯斯坦	58000	27555
所罗门群岛	23944	25488
索马里	63700	25199
玻利维亚	45547	23990
巴林	40680	22197
圭亚那	34465	21847
喀麦隆	21231	21784
马尔代夫	25780	20166
安哥拉	23870	19530
基里巴斯	27360	17402
乌拉圭	25937	17344
特立尼达和多巴哥	24801	15030
坦桑尼亚	41134	14704
吉布提	21416	13598
丹麦	20450	13469
摩洛哥	17500	12584
比利时	18980	12302
哈萨克斯坦	19759	11864
罗马尼亚	18800	11817
尼泊尔	18672	10520
卡塔尔	23739	10147
苏里南	18244	8752
海地	18200	8294
马达加斯加	18500	8010
瓦努阿图	18080	7792
法属波利尼西亚	20100	7383
斐济	13000	6840
匈牙利	837	4750
德国	5637	3990
马拉维	2371	2808
佛得角	2300	1851
东帝汶	988	1170
44119310 辐射松制的纤板,0.5g/cucm < 密度≤0.9g/cucm		
合计	53052	398119

（续表）

国家/地区	出口数量（千克）	出口金额（美元）
新加坡	43210	349058
日本	1332	24518
刚果(布)	2500	19207
巴拿马	3000	3000
墨西哥	3000	2305
台澎金马关税区	10	31
44119390 木纤板，0.5g/cucm＜密度≤0.10g/cucm		
合计	1903894	4325223
缅甸	142445	599806
马来西亚	96749	555681
吉布提	287327	449618
泰国	176771	394054
印度尼西亚	163475	351860
越南	170256	324790
俄罗斯	63438	296040
新加坡	63294	244296
阿联酋	51456	225428
安哥拉	25850	135048
伊拉克	367000	133460
加纳	44300	97768
印度	50600	86825
德国	27460	63156
阿根廷	10458	50178
秘鲁	8609	42008
韩国	6447	40035
美国	39566	39220
巴基斯坦	19015	36794
加拿大	3912	26602
巴林	3200	21779
埃及	19650	17489
沙特阿拉伯	2940	16612
孟加拉国	7800	16380
罗马尼亚	6200	9188
法国	6224	8761
智利	7360	7786
肯尼亚	5300	7105
莫桑比克	2500	6500
约旦	15700	5966
中国香港	620	4154
赞比亚	3500	3900
比利时	592	3001
台澎金马关税区	802	1964
坦桑尼亚	2536	1192

（续表）

国家/地区	出口数量（千克）	出口金额（美元）
利比里亚	240	336
墨西哥	180	260
中国澳门	120	180
刚果(金)	2	3
44119410 木纤板，0.35g/cucm＜密度≤0.5g/cucm		
合计	728988	629996
尼日利亚	207183	264351
日本	97219	159243
加拿大	11835	49528
菲律宾	313559	36553
澳大利亚	39705	33172
新加坡	13340	26937
美国	6875	19980
印度	6591	13311
南非	10200	7374
韩国	2231	5795
赞比亚	12500	4200
厄瓜多尔	4500	2601
台澎金马关税区	729	1546
中国香港	369	1310
巴拿马	1200	1200
荷兰	389	1167
巴基斯坦	213	900
阿联酋	350	828
44119421 未加工木纤板，密度≤0.35g/cucm		
合计	7602	3881
塔吉克斯坦	7462	3756
美国	140	125
44119429 加工木纤板，密度≤0.35g/cucm		
合计	2628093	5500986
美国	1954111	4187092
马来西亚	164703	275412
菲律宾	79915	157114
印度	51935	128183
澳大利亚	36356	105548
加拿大	50417	101660
博茨瓦纳	44250	81714
比利时	27280	80326
新加坡	42806	75617
科威特	46838	56274
秘鲁	9247	51082
加纳	7975	38759
英国	5024	15518

（续表）

国家/地区	出口数量（千克）	出口金额（美元）
阿尔及利亚	6000	12300
埃及	5500	11000
罗马尼亚	5200	10400
莫桑比克	4725	9450
黎巴嫩	16000	9000
阿联酋	6000	7711
克罗地亚	3855	7710
密克罗尼西亚联邦	5600	7280
中国香港	5416	7113
马尔代夫	3600	7020
巴拿马	5500	6794
沙特阿拉伯	6250	5780
荷兰	225	5033
朝鲜	4500	4500
坦桑尼亚	2000	4000
吉布提	1800	3600
智利	1485	3519
斯里兰卡	1575	3150
巴西	1476	2989
越南	55	2544
印度尼西亚	1200	2300
科特迪瓦	16000	2250
马达加斯加	112	2128
德国	245	2090
肯尼亚	1060	2067
泰国	700	1400
台澎金马关税区	681	948
日本	155	910
韩国	108	694
意大利	130	650
法国	28	192
新西兰	55	165
44123100 仅由薄木板制的其他胶合板（竹制的除外），每层厚≤6mm		
合计	449773159	401636882
美国	51238804	104607960
韩国	61256735	30072117
菲律宾	47360989	28520118
英国	36694697	26151013
澳大利亚	11769399	20959754
伊拉克	16638695	19687967
阿联酋	33888968	18760556
以色列	17167279	13346701
墨西哥	13563261	12473172

(续表)

国家/地区	出口数量(千克)	出口金额(美元)
越南	5100486	7513228
日本	5805550	7018149
台澎金马关税区	11235387	6651436
泰国	7772989	6217174
法国	8858716	6053936
比利时	7307158	5966730
新加坡	8110359	4630517
沙特阿拉伯	8060016	4601759
加拿大	4006711	4465282
印度	3828190	4313996
中国澳门	4416780	3793249
新西兰	2402556	3775602
哥斯达黎加	5949191	3769938
荷兰	4366125	3341178
哥伦比亚	2925804	2501909
秘鲁	3281290	2445541
柬埔寨	2288691	2341462
印度尼西亚	1632000	2225058
多米尼加	3631470	2216151
埃及	3345876	2200934
中国香港	2644413	2196573
西班牙	2995914	2123040
孟加拉国	2591560	1865352
危地马拉	2559555	1848827
尼加拉瓜	2285616	1696357
南非	1235399	1607140
巴拿马	2720130	1495846
意大利	1649743	1424503
海地	1730125	1364633
尼日利亚	1575502	1340087
巴林	1933670	1318651
马来西亚	1103831	1183660
牙买加	1694620	1013966
坦桑尼亚	1221795	948711
吉布提	1087450	933237
阿曼	1630036	927015
卡塔尔	1546295	915744
索马里	1234750	799233
留尼汪	1343389	732834
萨尔瓦多	886985	654817
缅甸	470744	643200
智利	551397	630487
希腊	1092303	628324
瑞典	924500	604969

(续表)

国家/地区	出口数量(千克)	出口金额(美元)
斯里兰卡	888621	588802
德国	917621	581999
科威特	961290	541818
埃塞俄比亚	752080	532482
肯尼亚	621876	519873
保加利亚	1347600	518896
波多黎各	835600	516197
黎巴嫩	793760	510058
利比亚	661730	482160
约旦	628303	477194
伊朗	213215	459041
毛里求斯	622840	399137
俄罗斯	156598	384598
马约特	571539	369546
爱尔兰	246030	355558
巴基斯坦	395631	277902
摩洛哥	261183	245818
丹麦	69850	224477
阿根廷	358840	213777
阿鲁巴	339466	212578
马尔代夫	316660	202323
土耳其	216000	178075
特立尼达和多巴哥	270100	166082
委内瑞拉	182964	163689
塞内加尔	210540	158800
洪都拉斯	231080	150701
赞比亚	210689	144865
贝宁	250400	137829
加纳	162600	136210
莫桑比克	191810	128621
圣卢西亚	184610	119820
克罗地亚	193480	113092
苏里南	165602	96718
乌克兰	142340	92460
利比里亚	161970	89601
罗马尼亚	161100	88324
塞浦路斯	136800	85869
塞拉利昂	138560	84886
文莱	121520	83469
马耳他	148640	83304
新喀里多尼亚	112500	72265
冈比亚	110820	70734
塞舌尔	109600	67867
芬兰	83500	61226

(续表)

国家/地区	出口数量(千克)	出口金额(美元)
马达加斯加	97633	58414
苏丹	71644	57120
朝鲜	69618	55534
圣文森特和格林纳丁斯	83230	54629
斯洛文尼亚	19817	52350
马提尼克	83400	51213
哈萨克斯坦	26005	49410
阿尔巴尼亚	79620	45681
波兰	76500	45146
科摩罗	53000	44586
刚果(金)	69740	39801
几内亚	66540	39792
也门	56000	34741
乌拉圭	25670	28377
多哥	27620	21179
基里巴斯	16830	20196
马拉维	29250	20166
斐济	28050	19677
安提瓜和巴布达	26280	17560
多米尼克	27800	16823
爱沙尼亚	26500	16804
莱索托	21750	16019
格林纳达	28050	15940
葡萄牙	27000	15316
博茨瓦纳	25540	14790
科特迪瓦	15600	13884
格鲁吉亚	26000	12193
所罗门群岛	19900	9770
土库曼斯坦	25500	9760
巴西	11600	9718
巴布亚新几内亚	13800	9660
老挝	22320	8928
玻利维亚	3500	2359
巴哈马	400	812
44123300 仅由薄木板制的其他胶合板(竹制除外),每层厚≤6mm		
合计	3740698005	2542650578
美国	425818202	347589516
菲律宾	423032875	277805146
日本	316867698	211991941
阿联酋	289757009	178742880
越南	180689067	138247421
英国	184817885	121902311

（续表）

国家/地区	出口数量（千克）	出口金额（美元）
以色列	134637396	91822092
泰国	135643850	77752678
沙特阿拉伯	133847172	75792980
加拿大	72479644	66861170
墨西哥	57031994	44792270
比利时	71335060	44716208
尼日利亚	49295616	44536610
伊拉克	54130157	42357377
澳大利亚	45722186	41505409
印度	36699833	38962943
韩国	67122202	38854324
卡塔尔	72102320	38165180
马来西亚	55231673	35700442
科威特	52006209	30225951
德国	46362724	28205381
埃及	44592127	27731650
阿曼	41902840	24819967
新加坡	43016449	23746935
法国	36500875	22919876
阿尔及利亚	40016249	22918919
柬埔寨	26153891	22365803
印度尼西亚	19685725	17929296
缅甸	25218766	17760967
巴拿马	26219845	16098718
智利	25259251	15267003
巴林	24154983	14638989
波兰	23567276	13717670
荷兰	16732537	13325652
巴基斯坦	22288372	12625269
台澎金马关税区	18526858	11522387
爱尔兰	18598352	10086786
秘鲁	16946966	9421228
格鲁吉亚	18457130	9358805
俄罗斯	19945913	8853193
斯里兰卡	12205403	8414446
毛里求斯	11505814	8405525
保加利亚	17751550	7928265
南非	11791756	7226434
罗马尼亚	13604367	7167087
吉布提	8517037	7001133
肯尼亚	10915234	6352390
西班牙	7090062	5855227
朝鲜	9658173	5843181
索马里	8156550	5697015

（续表）

国家/地区	出口数量（千克）	出口金额（美元）
瑞典	6947082	5609652
新西兰	6679906	5354741
挪威	6948910	4983635
约旦	7879801	4897436
苏丹	8498094	4515462
哈萨克斯坦	6685836	4065734
海地	4949969	3906664
土耳其	5245747	3873851
黎巴嫩	6987926	3857940
马尔代夫	4858848	3850430
洪都拉斯	3507201	3736664
多米尼加	5640721	3498113
加纳	5968021	3397744
危地马拉	4535494	3385667
葡萄牙	5163341	3102589
意大利	3640612	3040337
丹麦	4632911	2920459
尼加拉瓜	3604885	2722959
哥伦比亚	3721750	2652790
东帝汶	2899386	2482349
乌克兰	4776037	2467028
坦桑尼亚	3513123	2246115
利比里亚	2952400	2244685
牙买加	3090595	2242850
古巴	3252119	2201904
利比亚	3974400	2197713
埃塞俄比亚	2952686	2125431
孟加拉国	2549326	2098024
希腊	3429545	2055756
土库曼斯坦	3917170	1946379
中国香港	2146419	1693357
安哥拉	2581615	1684158
莫桑比克	2559720	1669451
摩洛哥	1898930	1434978
留尼汪	2525056	1387884
哥斯达黎加	1907500	1228177
塞内加尔	1586457	1159944
伊朗	1979185	1153599
法属波利尼西亚	1927145	1144688
阿尔巴尼亚	1620768	1036310
苏里南	1633956	1018485
马耳他	1553320	1001324
冈比亚	1598950	997082
塞浦路斯	1537426	974437

（续表）

国家/地区	出口数量（千克）	出口金额（美元）
波多黎各	1407812	972252
蒙古	7529391	942268
萨尔瓦多	1367623	935418
马达加斯加	1596300	901464
塞舌尔	1269047	864636
芬兰	1006303	840055
克罗地亚	1380090	832658
塔吉克斯坦	1641431	741910
塞拉利昂	1252864	738591
斐济	1159930	721332
科特迪瓦	1059269	718575
新喀里多尼亚	1182400	684205
马约特	1004537	598485
拉脱维亚	1062913	593751
阿根廷	566025	557169
乌拉圭	978210	555459
多哥	835600	543633
巴布亚新几内亚	792112	531113
几内亚	777750	525367
斯洛文尼亚	742306	514436
马提尼克	798500	510449
乌兹别克斯坦	850886	509810
所罗门群岛	741275	466903
叙利亚	748497	454409
特立尼达和多巴哥	563474	448324
萨摩亚	719376	441680
立陶宛	672180	389188
贝宁	587100	380362
黑山	749040	377922
阿富汗	584900	317726
瓦努阿图	503760	317055
阿鲁巴	460078	311280
刚果(金)	452275	308485
多米尼克	342028	298382
圭亚那	419885	290738
文莱	487666	288440
科摩罗	420330	276923
塞尔维亚	465100	261818
玻利维亚	295195	257531
博茨瓦纳	428779	251214
瓜德罗普	405000	222203
赤道几内亚	414360	217264
委内瑞拉	298500	212367
南苏丹	420000	209834

(续表)

国家/地区	出口数量（千克）	出口金额（美元）
巴西	33453	207478
爱沙尼亚	322800	184745
伯利兹	219789	181325
圣卢西亚	295612	180339
乌干达	281720	171395
巴巴多斯	231000	154124
中非	322500	145255
汤加	233920	145049
喀麦隆	195010	134883
毛里塔尼亚	193925	134012
密克罗尼西亚联邦	182900	123994
加蓬	198424	121945
卢旺达	177950	117310
匈牙利	178750	104718
吉尔吉斯斯坦	129581	97814
也门	162000	93892
特克斯和凯科斯群岛	103655	92795
纳米比亚	146960	87128
帕劳	74220	68372
尼日尔	99006	61819
摩尔多瓦	96560	57891
库腊索岛	78495	56007
刚果(布)	57190	55979
老挝	83556	54294
尼泊尔	63990	52776
安提瓜和巴布达	77630	50272
马拉维	79763	48139
法属圭亚那	67000	47078
巴拉圭	78000	45309
赞比亚	96673	44599
捷克	56580	41581
基里巴斯	63134	41558
马里	46630	37414
布隆迪	46420	34207
白俄罗斯	48600	29322
佛得角	39800	25764
开曼群岛	27500	25164
图瓦卢	36300	22631
亚美尼亚	50229	16797
圣多美和普林西比	24400	16146
格林纳达	28000	15742
布基纳法索	27800	14774

(续表)

国家/地区	出口数量（千克）	出口金额（美元）
圣文森特和格林纳丁斯	26000	14622
厄瓜多尔	6808	13954
前南马其顿	23900	12384
库克群岛	21756	10928
马绍尔群岛	11500	7315
荷属安地列斯	9300	6690
波黑	11550	6149
圣基茨和尼维斯	8550	4339
瑙鲁	8100	3176
冰岛	1607	1080
44123410 仅由薄木板制的其他胶合板(竹制除外),每层厚≤6mm		
合计	312285175	274194725
美国	45140506	57003756
菲律宾	28571771	19798745
越南	12765307	17960096
英国	16284465	17674324
柬埔寨	9041786	13699589
加拿大	7487678	12354448
以色列	15395951	10207764
波兰	19753240	9401986
中国香港	7646930	7668685
日本	9577852	7212801
墨西哥	8026053	6698058
马来西亚	8782671	6423647
阿联酋	9113980	5776594
比利时	8797059	5386707
印度尼西亚	6063233	5185995
澳大利亚	3375305	5170596
泰国	8579978	4875079
印度	5152150	4420522
韩国	5209837	3366954
阿尔及利亚	5499544	3090049
德国	4704030	3071179
埃及	3608625	2648660
尼日利亚	3083711	2631418
智利	4049310	2387584
伊拉克	2826280	2283810
缅甸	2544293	2236619
卡塔尔	4204510	2177517
法国	2363981	1872097
黎巴嫩	2700503	1476723
沙特阿拉伯	2639170	1414427

(续表)

国家/地区	出口数量（千克）	出口金额（美元）
台澎金马关税区	749741	1304854
巴拿马	1921831	1255899
斯里兰卡	1449850	1254573
阿根廷	480260	1240211
科威特	2493010	1225214
阿曼	2304450	1184552
孟加拉国	1367650	1001486
毛里求斯	1317138	815111
挪威	953500	744243
哥伦比亚	880636	729936
危地马拉	951330	729535
巴基斯坦	957060	657186
吉布提	743090	647810
肯尼亚	1064158	647106
荷兰	514274	632241
秘鲁	1048715	627991
希腊	913852	563586
俄罗斯	1182625	553594
瑞典	574445	546386
新加坡	780452	541034
朝鲜	516259	512242
新西兰	343843	471681
爱尔兰	451977	471135
南非	642720	470996
东帝汶	634923	467712
罗马尼亚	896500	460448
坦桑尼亚	592619	416666
巴林	542936	368423
斐济	533917	347830
芬兰	335400	317950
海地	580430	316203
萨尔瓦多	448858	309790
格鲁吉亚	517060	304533
加纳	314470	302821
巴布亚新几内亚	436500	281944
苏丹	568700	277217
马尔代夫	409552	276191
索马里	335300	257557
利比里亚	283040	219132
意大利	333960	216937
塞浦路斯	172385	198305
西班牙	163095	192155
阿尔巴尼亚	260470	183482
乌克兰	271500	180994

（续表）

国家/地区	出口数量（千克）	出口金额（美元）
斯洛文尼亚	306000	161524
古巴	232355	147016
瓜德罗普	246330	145534
哈萨克斯坦	204000	138539
几内亚	235050	136977
留尼汪	230020	129939
伊朗	253000	127588
保加利亚	273300	126067
阿富汗	149107	119960
约旦	122500	110022
马提尼克	180300	107618
土耳其	50902	103702
葡萄牙	119309	98176
埃塞俄比亚	138500	96043
多米尼加	131470	95263
莫桑比克	161300	93327
洪都拉斯	158630	92634
所罗门群岛	143620	92274
哥斯达黎加	128828	91315
马达加斯加	134000	90565
克罗地亚	138324	87776
塞舌尔	115000	87185
摩洛哥	131500	78466
贝宁	136600	75193
乌拉圭	143340	73751
苏里南	110960	71739
厄瓜多尔	47786	69695
丹麦	99060	68731
尼加拉瓜	45000	63827
委内瑞拉	52079	56873
牙买加	52200	49244
土库曼斯坦	96500	48081
立陶宛	102000	44823
新喀里多尼亚	83400	42455
刚果（金）	56874	42094
安提瓜和巴布达	53000	37843
马耳他	70080	37469
乌兹别克斯坦	54610	34596
科摩罗	55400	33891
塞拉利昂	82500	33780
波多黎各	53000	32867
叙利亚	82500	32064
冈比亚	53950	31505
毛里塔尼亚	59735	31352

（续表）

国家/地区	出口数量（千克）	出口金额（美元）
法属圭亚那	53800	31259
爱沙尼亚	54300	30281
特立尼达和多巴哥	47269	29564
佛得角	53000	28696
安哥拉	26000	27065
冰岛	10237	23388
瓦努阿图	27500	21215
萨摩亚	27500	21018
玻利维亚	22500	20583
刚果（布）	27500	18600
尼泊尔	28000	14432
拉脱维亚	26500	13878
巴西	5780	12428
阿塞拜疆	25000	8450
纳米比亚	24000	6588
塞内加尔	11720	5856
赤道几内亚	5000	3528
也门	4800	3192
捷克	3820	2854
塞尔维亚	2800	1000
蒙古	40	146
44123490 仅由薄木板制的其他胶合板（竹制除外），每层厚≤6mm		
合计	41735163	28953390
韩国	20177342	9537157
中国香港	8480342	8576862
日本	2151361	2030405
澳大利亚	697928	1046985
加拿大	1168153	970049
英国	1095790	948083
美国	754641	740878
以色列	894080	657504
朝鲜	607634	593864
柬埔寨	715670	588939
沙特阿拉伯	671600	386932
台澎金马关税区	703742	318764
印度尼西亚	296000	312450
新加坡	600050	309652
墨西哥	318000	306682
瑞典	230176	215587
马来西亚	247387	152919
越南	235905	151567
泰国	237586	150597
德国	238117	134419

（续表）

国家/地区	出口数量（千克）	出口金额（美元）
阿联酋	162100	110861
埃塞俄比亚	127760	86318
菲律宾	140288	80018
阿曼	137500	76816
尼日利亚	98000	66010
印度	83400	49597
荷兰	18989	44503
留尼汪	81000	41446
多米尼克	50000	39130
索马里	55000	31122
爱尔兰	12100	28498
多米尼加	27500	15053
加蓬	25000	15000
坦桑尼亚	27500	14662
毛里求斯	18800	13480
马尔代夫	21170	13368
塞内加尔	8400	11881
卡塔尔	27500	11664
巴基斯坦	16000	11657
挪威	6550	11500
马拉维	25500	10800
老挝	12270	10638
苏丹	9870	8146
智利	5517	6518
肯尼亚	8220	6004
赞比亚	800	3300
塞舌尔	3160	2359
卢旺达	2640	1440
莫桑比克	1125	1306
44123900 仅由薄木板制的其他胶合板，每层厚≤6mm，上下表层均为针叶木		
合计	478429205	309361767
美国	117115677	92155476
台澎金马关税区	107357445	58561642
韩国	82244756	45639527
英国	27183303	16862643
日本	21623652	14331298
中国香港	18817741	9873272
马来西亚	9197659	6083177
澳大利亚	7046310	5781912
德国	8741693	4716951
新加坡	7047007	4633872
印度尼西亚	7016305	4611320
朝鲜	2784920	4444223

(续表)

国家/地区	出口数量(千克)	出口金额(美元)
阿联酋	6232762	4338711
柬埔寨	6416077	3485308
比利时	6102392	3218842
泰国	3789582	2852444
法国	4405795	2785035
加拿大	2835961	2480245
以色列	3822162	2134261
伊拉克	1574072	1679264
越南	1661353	1297578
俄罗斯	2174305	1181101
印度	805535	875512
秘鲁	1486930	848633
菲律宾	948379	839672
沙特阿拉伯	1102914	735906
斯里兰卡	1189515	735445
缅甸	1391309	673471
墨西哥	851918	663927
巴林	703000	540943
埃及	767360	537311
新西兰	602651	502774
科特迪瓦	651045	447050
波兰	418667	401085
老挝	574669	357842
毛里求斯	352380	353540
阿尔及利亚	691195	349960
南非	540055	338927
智利	392120	329547
孟加拉国	947397	322533
巴拿马	525770	296840
瑞典	417590	296068
肯尼亚	305671	290289
文莱	406860	275103
挪威	302000	267060
几内亚	311749	264334
巴布亚新几内亚	471361	255225
巴基斯坦	417287	233120
苏里南	220363	229770
丹麦	328900	227791
尼泊尔	240000	188800
黎巴嫩	212704	180138
赞比亚	198257	176612
安哥拉	117619	164865
罗马尼亚	323100	164440
斐济	197800	157980

(续表)

国家/地区	出口数量(千克)	出口金额(美元)
刚果(金)	155997	135716
阿曼	274000	133277
危地马拉	187096	123486
卡塔尔	178088	120623
希腊	187975	115202
荷兰	134918	112690
古巴	162520	110364
塞舌尔	126737	102919
埃塞俄比亚	97206	101464
萨尔瓦多	146280	96742
马尔代夫	113862	92234
坦桑尼亚	109694	84613
赤道几内亚	155180	77928
莫桑比克	95250	74978
博茨瓦纳	90800	63482
西班牙	61225	62343
吉尔吉斯斯坦	96712	58949
土耳其	40470	54650
约旦	54636	54360
马拉维	80320	51184
新喀里多尼亚	90500	50378
中国澳门	103660	47697
拉脱维亚	76290	45235
苏丹	55000	44200
加纳	73114	41631
东帝汶	45898	39476
利比亚	46000	39410
哈萨克斯坦	9600	38890
巴巴多斯	38880	36822
所罗门群岛	24894	33565
摩洛哥	17465	33184
塞拉利昂	44600	30585
荷属安地列斯	55800	29638
贝宁	16000	28323
毛里塔尼亚	56020	23879
蒙古	100200	21515
爱尔兰	27000	21219
牙买加	27500	21020
意大利	30008	20849
多米尼克	26000	19843
尼日利亚	36628	19199
马达加斯加	19750	17245
索马里	25810	16787
乌克兰	27500	15263

(续表)

国家/地区	出口数量(千克)	出口金额(美元)
阿鲁巴	20054	14707
土库曼斯坦	25160	14453
格鲁吉亚	26910	14217
保加利亚	9900	12620
科威特	27000	11176
克罗地亚	11400	10586
巴勒斯坦	17500	9888
葡萄牙	6701	6652
格林纳达	4098	6230
匈牙利	4400	5688
多哥	12840	5494
法属波利尼西亚	2160	5040
佛得角	5950	2681
刚果(布)	1912	1480
奥地利	6400	1398
圭亚那	10000	1289
瓦努阿图	4800	1248
利比里亚	150	1200
哥伦比亚	2320	1000
瑞士	543	570
斯洛文尼亚	575	385
汤加	350	93
44129410 其他木块芯胶合板等至少一表层是非针叶木		
合计	174148422	418253991
美国	40483547	81752131
比利时	20796601	59177418
德国	20034024	56964661
加拿大	12273112	37390968
意大利	10569094	31364661
荷兰	9876176	27499465
英国	9701327	25055116
澳大利亚	5849887	18297909
瑞典	3333229	10222563
中国香港	9114486	8448232
法国	2037054	6365170
丹麦	1684046	5412121
西班牙	1609575	4800779
日本	2695560	4278867
斯洛文尼亚	1322480	3516903
墨西哥	1451380	3314587
以色列	1307145	3309756
约旦	3434695	3294551
挪威	835993	2563572

（续表）

国家/地区	出口数量（千克）	出口金额（美元）
缅甸	1966841	1907739
韩国	642450	1609708
新加坡	1299953	1596039
克罗地亚	511949	1477458
阿根廷	475750	1260713
南非	391073	1167362
阿联酋	424062	1039221
智利	308795	957558
奥地利	266321	937967
白俄罗斯	244986	867589
新西兰	289756	782737
瑞士	243777	775542
朝鲜	1134569	767885
爱沙尼亚	256352	737927
伊拉克	872433	734749
摩洛哥	905500	715356
台澎金马关税区	529864	708293
爱尔兰	275829	646437
越南	200700	587943
葡萄牙	193638	524872
俄罗斯	166908	480460
印度	288918	420868
巴西	125680	415414
黎巴嫩	187750	320767
危地马拉	92400	250186
波兰	90244	239118
马尔代夫	203700	232784
芬兰	64880	232594
菲律宾	215511	192885
土耳其	169458	172293
巴基斯坦	176980	170399
瓦努阿图	42960	163863
柬埔寨	148732	163321
沙特阿拉伯	115700	147619
马来西亚	34250	134592
尼日利亚	166000	127933
泰国	41748	127176
坦桑尼亚	235757	126267
安哥拉	22000	121700
厄瓜多尔	44424	105808
吉布提	55260	102490
马拉维	156274	98456
冰岛	22331	77980
乌拉圭	23519	68204

（续表）

国家/地区	出口数量（千克）	出口金额（美元）
刚果(金)	88950	65131
蒙古	646250	56640
塞浦路斯	25200	48241
秘鲁	25500	45995
巴林	57205	39920
卡塔尔	31602	38559
博茨瓦纳	53640	33127
肯尼亚	53800	30509
斯里兰卡	33740	30339
埃及	46813	28260
喀麦隆	40640	28229
伊朗	6128	26298
利比亚	54000	25465
几内亚	19700	25329
阿曼	27500	23626
加纳	2900	17980
马达加斯加	23140	15934
塞内加尔	19685	14972
科威特	25500	14293
也门	15881	13300
利比里亚	11830	13271
孟加拉国	8310	12700
赤道几内亚	10400	11865
苏丹	23256	11291
印度尼西亚	2082	11072
加蓬	9650	10623
老挝	22450	9570
毛里求斯	7000	5680
捷克	1800	5464
巴拿马	2151	5309
阿尔及利亚	8573	3911
赞比亚	4435	3554
莫桑比克	3318	1832

44129491 至少有一层是热带木的针叶木面木块芯胶合板等

国家/地区	出口数量（千克）	出口金额（美元）
合计	112744	115398
朝鲜	63164	57783
斐济	38230	41265
阿尔及利亚	2600	13000
保加利亚	8750	3350

44129492 至少含有一层木碎料板的针叶木面木块芯胶合板等

国家/地区	出口数量（千克）	出口金额（美元）
合计	569436	376319
柬埔寨	181775	105936

（续表）

国家/地区	出口数量（千克）	出口金额（美元）
巴布亚新几内亚	78686	63360
马来西亚	74250	51000
印度尼西亚	102290	49438
坦桑尼亚	23400	32760
朝鲜	44570	21053
刚果(金)	8650	19895
尼日利亚	18315	19414
中国香港	34850	12421
埃及	2050	862
新加坡	600	180

44129499 其他木块芯胶合板、侧板条芯胶合板及板条芯胶合板

国家/地区	出口数量（千克）	出口金额（美元）
合计	5756142	6599454
德国	2070800	2657620
意大利	539195	1089166
韩国	1113908	502933
台澎金马关税区	440918	382055
加拿大	193566	361674
朝鲜	444229	334173
马来西亚	29689	207589
比利时	177200	201304
葡萄牙	50000	124944
莫桑比克	155415	110099
墨西哥	35300	101219
法国	66164	83215
坦桑尼亚	82430	59169
越南	50000	47328
新西兰	25600	42611
喀麦隆	55500	41791
毛里塔尼亚	56983	35143
阿根廷	12500	30497
荷兰	25300	29804
克罗地亚	14600	29169
美国	38000	27425
赞比亚	15200	16664
吉布提	12179	16099
澳大利亚	5698	13073
新加坡	4903	11277
英国	1148	11200
苏丹	13640	9600
东帝汶	7560	8450
马达加斯加	11200	8292
刚果(布)	3893	2425
几内亚	2563	2165

(续表)

国家/地区	出口数量（千克）	出口金额（美元）
挪威	411	681
赤道几内亚	450	600
44129910 其他胶合板等至少一表层是非针叶木		
合计	577962317	987471368
美国	177964934	389589151
加拿大	41984753	89817808
中国香港	59424170	81699737
英国	47156899	65221236
日本	13231576	42588740
澳大利亚	15211772	37385176
韩国	19129422	36753346
柬埔寨	24121746	33702217
德国	7057446	18080625
荷兰	7344935	18070392
比利时	5900096	16958079
意大利	4515488	13598154
埃及	30285616	12682878
越南	6260123	10677627
墨西哥	5480213	9284429
马来西亚	4257294	8056878
约旦	20269716	7720801
泰国	5010753	7525224
沙特阿拉伯	9670578	5277626
阿联酋	7468586	4927888
菲律宾	2787931	4882003
南非	1696923	4703018
台澎金马关税区	1572555	4216566
法国	2986558	4167105
印度	1628436	3853670
以色列	1557261	3703119
爱尔兰	1738784	3660460
新西兰	1308678	3613604
新加坡	2377745	3437092
伊拉克	8702008	3273194
俄罗斯	1547390	3077363
西班牙	1424415	3017457
中国澳门	996770	2532994
黎巴嫩	5920330	2387263
阿尔及利亚	4013942	1974438
智利	1073706	1619113
毛里求斯	2273602	1373398
尼日利亚	1203139	1216907
巴基斯坦	1585424	1085748

(续表)

国家/地区	出口数量（千克）	出口金额（美元）
缅甸	1211947	1027042
阿曼	1366552	1012649
丹麦	336351	971102
阿根廷	596382	911458
斯里兰卡	677930	902410
芬兰	255207	891180
朝鲜	1451058	866145
斯洛文尼亚	364710	856646
印度尼西亚	414022	823671
埃塞俄比亚	1140218	635461
肯尼亚	1332810	538077
哈萨克斯坦	264630	513278
瑞典	151653	504458
马尔代夫	305116	489567
危地马拉	268250	485940
科威特	884474	457907
秘鲁	389563	457292
克罗地亚	188618	433233
圣马力诺	120992	423812
格鲁吉亚	568639	366194
坦桑尼亚	788509	338072
加纳	869100	334072
卡塔尔	165125	319244
苏里南	606620	301518
赤道几内亚	456400	290979
挪威	79750	278479
波兰	117084	275739
苏丹	632163	273406
葡萄牙	113646	264760
毛里塔尼亚	49440	246211
巴拉圭	141200	232132
斐济	335312	230100
土库曼斯坦	401200	191490
孟加拉国	116749	179488
巴林	292662	158171
土耳其	145689	147868
拉脱维亚	27685	131190
伊朗	45021	129668
吉布提	218300	122900
新喀里多尼亚	215900	116917
莫桑比克	91364	85894
也门	254119	83632
牙买加	116270	80505
老挝	93850	78926

(续表)

国家/地区	出口数量（千克）	出口金额（美元）
乌克兰	28667	76604
阿富汗	20652	75380
乌拉圭	34478	74762
希腊	33805	74756
哥伦比亚	25624	73252
马耳他	28980	65791
亚美尼亚	102675	60104
爱沙尼亚	36162	59184
塞浦路斯	20859	58062
塞内加尔	61801	56000
海地	52730	50578
巴拿马	57849	50067
利比亚	107280	49478
吉尔吉斯斯坦	19390	48975
诺福克岛	17381	48056
多哥	33496	40904
蒙古	16220	40071
塞拉利昂	71000	39394
罗马尼亚	11463	38120
纳米比亚	6625	37100
保加利亚	16170	32712
卢旺达	13520	32091
冈比亚	54422	31803
多米尼加	13007	29547
塞尔维亚	5300	27507
阿尔巴尼亚	8094	27046
中非	40000	26957
瑞士	10000	25877
波黑	11000	24750
塞舌尔	37700	24210
赞比亚	10983	21268
巴西	6420	19671
巴布亚新几内亚	25450	17557
厄瓜多尔	9000	13264
几内亚	10443	12615
巴哈马	2650	9727
所罗门群岛	5750	9441
刚果(布)	18500	9135
帕劳	5800	8874
安哥拉	3025	8456
摩洛哥	4230	8000
特立尼达和多巴哥	19450	7850
刚果(金)	3750	7107
文莱	3180	6861

（续表）

国家/地区	出口数量（千克）	出口金额（美元）
捷克	2205	6801
瓜德罗普	1050	6227
利比里亚	1007	5937
佛得角	13400	5663
古巴	3600	4599
冰岛	1450	3255
黑山	500	2955
哥斯达黎加	7630	2881
科摩罗	2400	2391
奥地利	101	288
44129991 其他胶合板、单板饰面板及类似的多层板，至少有一层是热带木		
合计	147186	404277
印度	77900	339693
哥伦比亚	34850	39179
韩国	27000	15750
中国澳门	2100	4200
中国香港	4980	4044
加拿大	350	1400
日本	6	11
44129992 其他胶合板等至少一表层是木碎料板		
合计	9560539	8952759
中国澳门	9262273	8704830
赞比亚	143000	108000
哈萨克斯坦	58812	56079
台澎金马关税区	54600	30112
萨摩亚	11000	16006
巴基斯坦	10743	11689
新加坡	9573	10530
澳大利亚	3335	6259
日本	1900	3408
英国	28	2968
所罗门群岛	3360	1624
乌干达	450	1021
菲律宾	1450	203
阿联酋	15	30
44129999 未列名胶合板、单板饰面板及类似的多层板		
合计	36460561	26422740
美国	22355688	15082442
德国	1778750	2386408
阿联酋	3737340	2244358
沙特阿拉伯	3120980	1831041

（续表）

国家/地区	出口数量（千克）	出口金额（美元）
中国澳门	498660	699721
意大利	432500	599581
挪威	426750	384026
加拿大	522200	330989
吉布提	532605	320971
埃及	432030	286099
肯尼亚	443960	282276
巴林	385600	267074
以色列	277000	217801
法国	156900	213140
阿尔及利亚	255000	158770
韩国	166335	135148
台澎金马关税区	74274	102802
新加坡	96371	102737
澳大利亚	102188	95035
荷兰	53320	80157
缅甸	19605	77759
巴基斯坦	76090	65233
日本	74762	41658
毛里塔尼亚	35920	40543
马来西亚	20366	40170
塞内加尔	12530	37590
印度	7545	36387
巴布亚新几内亚	55330	32692
尼日尔	16738	26988
卡塔尔	45280	26266
泰国	16037	23430
斯洛伐克	26800	22741
所罗门群岛	28230	20865
几内亚	22964	20115
越南	26000	17338
菲律宾	57460	12675
中国香港	11500	12570
苏丹	14400	9334
南非	9510	8332
斯威士兰	5000	8000
英国	2200	4426
朝鲜	6500	3550
埃塞俄比亚	5460	3184
新西兰	3192	3024
斯里兰卡	538	1291
波黑	1208	1272
巴西	1800	1241
印度尼西亚	521	1139

（续表）

国家/地区	出口数量（千克）	出口金额（美元）
密克罗尼西亚联邦	1299	909
安哥拉	630	720
马绍尔群岛	5995	418
瓦努阿图	700	304

人造板进口量值表

国家/地区	进口数量（千克）	进口金额（美元）
44081019 其他针叶木饰面用单板，厚≤6mm		
合计	291509	1695656
台澎金马关税区	123368	740256
加拿大	72507	463779
俄罗斯	10880	128210
美国	22688	96149
瑞士	2902	81354
韩国	15365	38947
德国	2750	35420
奥地利	12784	29759
罗马尼亚	1874	29036
意大利	11650	27514
日本	13961	24169
爱沙尼亚	780	1063
44081020 针叶木制胶合板用单板，厚≤6mm		
合计	31541648	6891211
俄罗斯	31541108	6889145
中国	120	1166
韩国	420	900
44081090 其他针叶木木材，经纵锯、刨切或旋切，厚≤6mm		
合计	22413242	5083998
俄罗斯	21921377	2732697
印度尼西亚	206784	1044689
加拿大	94463	874442
美国	10937	164373
德国	9094	68734
台澎金马关税区	19361	47063
奥地利	4691	44855
罗马尼亚	60381	30191
韩国	1543	28746
瑞士	2792	27455
日本	2973	9513
越南	77370	8226
朝鲜	1215	1391
英国	8	1150

(续表)

国家/地区	进口数量(千克)	进口金额(美元)
斯洛文尼亚	230	236
中国	21	203
苏里南	2	34
44083119 其他饰面用单板,红柳安木制,厚≤6mm		
合计	1842049	493944
马来西亚	1811770	445473
土耳其	530	37750
美国	1794	5084
印度尼西亚	2235	2872
越南	25720	2737
意大利	0	28
44083120 制胶合板用单板,红柳安木制,厚≤6mm		
合计	48988	57145
马来西亚	44626	48212
澳大利亚	4273	7976
印度尼西亚	86	888
坦桑尼亚	3	69
44083190 其他纵锯切刨或旋切的红柳安木木材,厚≤6mm		
合计	43	296
印度尼西亚	43	296
44083911 用胶合板等多层板制的饰面用单板,其他热带木制,厚≤6mm		
合计	7588	17959
台澎金马关税区	2722	12586
西班牙	1495	2310
意大利	1791	1866
加拿大	1580	1197
44083919 其他饰面用单板,其他热带木制,厚≤6mm		
合计	7182474	8859909
印度尼西亚	2707167	2541549
加纳	490723	1242494
印度	103576	1034105
意大利	131124	939090
喀麦隆	344212	705022
缅甸	139540	403728
越南	2571684	367595
法国	92460	288249
玻利维亚	30176	243022
爱沙尼亚	228906	169340
土耳其	57489	143489

(续表)

国家/地区	进口数量(千克)	进口金额(美元)
加蓬	72575	128963
日本	9662	107714
葡萄牙	27700	98240
台澎金马关税区	24113	68328
刚果(金)	27760	56046
美国	7016	53278
西班牙	13081	47458
巴西	22322	45071
科特迪瓦	22155	44877
德国	11112	40294
马来西亚	27839	30532
南非	3578	18080
哥斯达黎加	4360	14477
加拿大	10123	12922
秘鲁	648	8815
捷克	971	3472
马达加斯加	351	3009
刚果(布)	20	406
韩国	24	125
墨西哥	5	85
尼加拉瓜	1	31
苏里南	1	3
44083920 制胶合板用单板,其他热带木制,厚≤6mm		
合计	196550718	33505019
越南	147593892	18229514
喀麦隆	9884910	6588467
马来西亚	14703971	3425591
泰国	20353530	2147904
印度尼西亚	2092492	1856314
加蓬	636336	582926
柬埔寨	1121504	579546
老挝	141570	87615
坦桑尼亚	22500	6686
奥地利	4	227
印度	8	166
美国	1	63
44083990 其他经纵锯、刨切或旋切的木材,其他热带木制,厚≤6mm		
合计	2445885	3638432
喀麦隆	1918536	2982437
加纳	3682	154189
美国	2057	128455
马来西亚	209037	114550

(续表)

国家/地区	进口数量(千克)	进口金额(美元)
台澎金马关税区	10248	75890
印度尼西亚	56300	47594
西班牙	27202	43605
赤道几内亚	89712	35860
厄瓜多尔	5109	15838
越南	110836	15829
意大利	565	10548
加拿大	9140	9759
印度	3417	2246
刚果(金)	31	1375
法国	12	150
德国	0	61
土耳其	1	46
44089011 用胶合板等多层板制的其他木制饰面用单板,厚≤6mm		
合计	191949	455891
乌克兰	174040	231455
日本	3770	138031
美国	4413	62740
意大利	1062	11733
台澎金马关税区	3930	5437
西班牙	2918	5124
土耳其	1778	1209
马来西亚	38	162
44089012 温带非针叶木制饰面用单板,厚≤6mm		
合计	8699305	23227785
俄罗斯	4447380	5982285
乌克兰	2155902	3539192
德国	97458	3394627
台澎金马关税区	111922	2241789
美国	762233	2130337
捷克	57003	1521393
西班牙	193304	770747
意大利	89241	764177
日本	7058	600400
爱沙尼亚	224550	578734
法国	47625	370698
罗马尼亚	106234	227675
波黑	117300	159944
土耳其	40571	143197
芬兰	47289	140376
葡萄牙	41370	139019
韩国	7984	104335

（续表）

国家/地区	进口数量（千克）	进口金额（美元）
斯洛文尼亚	7020	101607
澳大利亚	8674	99528
越南	40618	55085
拉脱维亚	30522	54855
玻利维亚	4800	38590
克罗地亚	6611	30434
中国	41600	16500
匈牙利	4840	14412
瑞士	196	7849
44089019 其他木制饰面用单板，厚≤6mm		
合计	13532543	24555297
美国	2267447	6392382
罗马尼亚	226598	2198098
意大利	361920	2134620
乌克兰	1224076	2041344
越南	3694785	1400053
德国	191625	1267196
玻利维亚	209589	1052538
捷克	147320	889130
印度尼西亚	1590865	767196
西班牙	316464	732265
加纳	219171	590272
法国	131239	571773
土耳其	170725	559319
俄罗斯	1024136	524551
喀麦隆	143760	521606
台澎金马关税区	172899	491415
葡萄牙	166755	411655
印度	31556	380483
斯洛文尼亚	62768	245085
中国	25800	222474
日本	33123	186173
韩国	5875	169370
缅甸	106403	165524
巴西	70226	134003
拉脱维亚	89118	111203
澳大利亚	24199	79009
安哥拉	530830	51716
芬兰	16980	49800
加蓬	49486	40634
科特迪瓦	7075	35087
马来西亚	61402	28688
爱沙尼亚	64100	24150
马达加斯加	1250	23792

（续表）

国家/地区	进口数量（千克）	进口金额（美元）
奥地利	2554	20895
斐济	25120	13519
乌干达	62100	10060
比利时	104	5290
阿联酋	1834	5124
英国	24	2270
刚果（金）	640	1989
克罗地亚	250	1606
阿曼	220	1430
刚果（布）	132	510
44089021 温带非针叶木制胶合板用单板，厚≤6mm		
合计	29565010	11095733
俄罗斯	21015112	7122165
乌克兰	5796905	2436469
爱沙尼亚	2043793	1140070
美国	136316	220608
芬兰	176021	90038
马来西亚	232300	43995
印度尼西亚	130000	23220
智利	34000	9719
意大利	415	8463
埃塞俄比亚	145	875
西班牙	3	111
44089029 其他木制胶合板用单板，厚≤6mm		
合计	223557561	27830678
越南	192959461	17758834
马来西亚	11407682	5182685
俄罗斯	8756709	2740482
马达加斯加	3707300	503725
爱沙尼亚	751088	433680
泰国	3015146	327292
缅甸	626500	289133
安哥拉	1284120	205074
拉脱维亚	81538	116213
加拿大	35166	61863
中国	467205	37830
加纳	34960	34063
澳大利亚	128250	27108
喀麦隆	16227	24823
德国	21130	19971
埃塞俄比亚	109800	19360
巴西	55000	16283
印度尼西亚	39560	14772

（续表）

国家/地区	进口数量（千克）	进口金额（美元）
斐济	29520	11381
所罗门群岛	28340	2552
台澎金马关税区	1965	1965
日本	833	805
奥地利	6	421
意大利	55	363
44089091 温带非针叶木制经纵刨旋切的木材，厚≤6mm		
合计	15606041	8235774
俄罗斯	15581571	8141777
西班牙	3562	33257
美国	437	25929
印度尼西亚	15450	15532
瑞士	281	10376
意大利	115	2442
英国	12	1825
乌克兰	4276	1754
斯洛伐克	115	1290
德国	105	1096
塞尔维亚	21	274
芬兰	96	222
44089099 未列名木制经纵锯、刨切或旋切的木材，厚≤6mm		
合计	489153	1229350
德国	23950	343688
美国	84484	226701
韩国	1924	154492
玻利维亚	25334	89229
日本	55	58809
中国	5718	45844
立陶宛	22302	45804
尼加拉瓜	786	41241
印度	7686	39530
西班牙	7587	33489
加拿大	9522	32078
乌克兰	73100	22906
台澎金马关税区	9270	19228
葡萄牙	4599	16682
意大利	3386	15740
泰国	138220	13863
斯洛文尼亚	2329	13552
柬埔寨	37017	7771
越南	25700	3397
法国	93	2880

(续表)

国家/地区	进口数量（千克）	进口金额（美元）
马来西亚	6000	1906
匈牙利	86	500
马达加斯加	4	14
巴西	1	6
44123100 仅由薄木板制的其他胶合板(竹制的除外),每层厚≤6mm,其他薄板制胶合板至少一表层是子目注释二所列的热带木		
合计	29243695	25571540
马来西亚	16061959	12693385
印度尼西亚	12210342	10943883
日本	715978	1447819
台澎金马关税区	150660	264032
中国	79825	100038
西班牙	4663	57569
缅甸	12610	31305
美国	6779	30143
越南	754	2374
奥地利	15	411
比利时	82	297
新加坡	3	177
意大利	5	55
国(地)别不详	20	52
44123300 仅由薄木板制的其他胶合板(竹制除外),每层厚≤6mm,至少有一表层是濒危的非针叶木薄板制胶合板		
合计	30272469	39817054
俄罗斯	21858256	15756283
台澎金马关税区	2120691	13608632
芬兰	2372423	3493864
印度尼西亚	1601806	1520794
日本	451182	1494245
德国	279256	1102292
爱沙尼亚	525223	789504
意大利	209216	711226
拉脱维亚	188502	562407
马来西亚	308863	223390
乌克兰	20509	89317
中国	43900	63884
白俄罗斯	97122	62855
匈牙利	13094	62597
加拿大	41793	56539
丹麦	2538	43240
斯洛文尼亚	16367	40662
越南	81710	37141

(续表)

国家/地区	进口数量（千克）	进口金额（美元）
美国	751	33177
澳大利亚	5892	19238
波兰	30959	18951
立陶宛	1545	14872
奥地利	213	6397
荷兰	128	3568
法国	200	757
巴西	109	654
泰国	207	300
南非	8	120
印度	6	111
西班牙	0	37
44123410 仅由薄木板制的其他胶合板(竹制除外),每层厚≤6mm,至少有一表层是温带非针叶木		
合计	8375150	18270600
台澎金马关税区	961148	8676765
日本	1623961	3966217
俄罗斯	4641206	3349371
德国	201465	1022446
芬兰	744171	843351
美国	53600	209149
英国	6236	61306
印度尼西亚	70439	54542
马来西亚	54530	29875
乌克兰	2524	20367
意大利	1122	17780
白俄罗斯	13002	10169
葡萄牙	390	8177
西班牙	49	505
新西兰	79	351
越南	1228	229
44123490 仅由薄木板制的其他胶合板(竹制除外),每层厚≤6mm,其他至少有一表层为子目 44123300,44123410 未具体列明的非针叶木薄板制的胶合板		
合计	15799683	11142166
马来西亚	12947658	8096057
印度尼西亚	2096505	1915981
意大利	322179	433486
俄罗斯	278339	317569
芬兰	56143	157638
德国	22874	107111
台澎金马关税区	17574	58388

(续表)

国家/地区	进口数量（千克）	进口金额（美元）
日本	21360	40247
中国	36490	8208
乌克兰	510	4686
美国	51	2795
44123900 仅由薄木板制的其他胶合板,每层厚≤6mm,上下表层均为针叶木		
合计	11146791	10933953
俄罗斯	4564505	3846262
印度尼西亚	2313760	2096600
芬兰	776550	1040105
中国	145073	780067
马来西亚	1331788	774063
爱沙尼亚	397651	541092
日本	657724	454280
英国	93641	391890
加拿大	263099	220216
德国	81106	189816
美国	38814	144323
智利	291134	130045
台澎金马关税区	63260	116132
意大利	25347	54558
菲律宾	44208	44788
奥地利	2323	36684
韩国	2936	15593
巴西	25770	15513
法国	510	10944
挪威	1300	9692
澳大利亚	2568	8126
荷兰	487	7193
越南	22890	4069
丹麦	104	1529
斯洛文尼亚	35	207
新加坡	170	86
泰国	38	80
44129410 其他木块芯胶合板等至少一表层是非针叶木		
合计	3712298	8266606
波兰	783682	2264948
印度尼西亚	1391879	1709265
德国	205385	1190742
意大利	139848	998992
爱沙尼亚	286560	988150
中国	443463	367175
奥地利	38127	269462

（续表）

国家/地区	进口数量（千克）	进口金额（美元）
马来西亚	342898	244363
加拿大	30298	101599
匈牙利	25272	99591
台澎金马关税区	21747	15470
日本	681	6568
美国	1009	5628
芬兰	1418	4031
智利	7	350
英国	20	122
荷兰	2	78
新加坡	2	55
印度	0	17
44129491 其他木块芯胶合板、侧板条芯胶合板及板条芯胶合板，至少有一层是4412子目注释所列的热带木面木块芯胶合板等		
合计	18879	42348
日本	7146	27053
印度尼西亚	11733	15295
44129492 其他木块芯胶合板、侧板条芯胶合板及板条芯胶合板，至少含有一层木碎料板		
合计	84622	75816
意大利	14931	24657
印度尼西亚	32700	18592
台澎金马关税区	6210	15124
中国	17960	10175
马来西亚	12821	7268
44129499 其他木块芯胶合板、侧板条芯胶合板及板条芯胶合板		
合计	631128	1082969
意大利	70118	667218
智利	498741	335506
奥地利	36900	59958
印度尼西亚	23604	14291
加拿大	1369	2669
丹麦	24	2253
赞比亚	48	790
俄罗斯	324	284
44129910 其他胶合板等至少一表层是非针叶木		
合计	9379845	27143542
奥地利	2359415	6891407
比利时	1751869	5349429
马来西亚	1389104	3279757
瑞典	441657	2435992

（续表）

国家/地区	进口数量（千克）	进口金额（美元）
意大利	350833	1745718
芬兰	227280	1469019
罗马尼亚	189144	966899
日本	303063	741959
波黑	221385	714329
德国	82228	564277
印度尼西亚	684356	473777
中国	722990	448690
克罗地亚	102986	420040
白俄罗斯	69950	297626
匈牙利	87526	246602
俄罗斯	31444	229964
西班牙	61604	142600
加拿大	24495	139728
波兰	20172	115729
美国	75684	107619
柬埔寨	47560	81186
澳大利亚	56919	59375
爱沙尼亚	6615	59269
斯洛文尼亚	22310	43704
中国香港	19100	34405
台澎金马关税区	9720	22973
丹麦	7310	22402
韩国	7504	15837
荷兰	3909	12690
法国	860	4615
泰国	346	2453
英国	143	1275
南非	269	1222
越南	51	571
瑞士	38	347
墨西哥	5	50
国（地）别不详	1	7
44129991 其他胶合板、单板饰面板及类似的多层板，至少有一层是热带木		
合计	20920	58348
台澎金马关税区	7247	34372
日本	2739	9768
印度尼西亚	9774	8912
韩国	710	2800
意大利	450	2496
44129999 未列名胶合板、单板饰面板及类似的多层板		
合计	1687021	2218696

（续表）

国家/地区	进口数量（千克）	进口金额（美元）
日本	306214	688109
拉脱维亚	357850	412791
芬兰	302690	291728
印度尼西亚	135500	199920
俄罗斯	330274	166932
捷克	109024	134179
德国	25884	124833
罗马尼亚	58432	105251
加拿大	31545	32727
奥地利	8936	20140
美国	1875	13757
波兰	134	6339
新西兰	8081	5903
马来西亚	6240	5715
意大利	1830	3550
台澎金马关税区	1400	2949
荷兰	70	1710
西班牙	500	1700
菲律宾	540	341
印度	2	122
44101100 木制碎料板		
合计	293776471	96403451
马来西亚	98718417	23522606
罗马尼亚	43732556	17646336
泰国	45128568	11585956
俄罗斯	28110199	7504243
意大利	8505356	6406217
越南	21236035	6248698
德国	9821852	5838464
奥地利	3642734	2823580
西班牙	6255329	2080213
捷克	8281	1981738
巴西	7028306	1775562
日本	3101587	1695749
土耳其	5550724	1670161
印度尼西亚	2907869	1066867
波兰	814650	809459
白俄罗斯	2421708	670350
瑞士	503323	557856
立陶宛	1871899	466499
拉脱维亚	1113454	453725
英国	978216	447274
新西兰	1188480	415872
美国	308358	189330

(续表)

国家/地区	进口数量（千克）	进口金额（美元）
法国	126681	168366
葡萄牙	242795	107815
丹麦	161677	61716
韩国	58042	56646
比利时	68193	49605
南非	119367	37376
斯洛伐克	6346	26141
克罗地亚	7700	23569
智利	25496	7649
澳大利亚	11200	4931
台澎金马关税区	183	1845
伊朗	17	332
印度	32	328
中国	1	193
挪威	835	163
瑞典	5	21
44101200 木制定向刨花板(OSB)		
合计	180261594	73336725
加拿大	52957591	23290044
罗马尼亚	57297607	21884427
德国	29373277	12848288
巴西	27458091	10370169
意大利	5740051	2411990
泰国	3177138	742074
俄罗斯	1215090	380737
马来西亚	1154776	363073
美国	558973	252718
日本	307778	217941
匈牙利	500795	171349
西班牙	77729	128483
白俄罗斯	260274	101762
台澎金马关税区	25364	82880
奥地利	109102	68600
法国	46517	20771
韩国	522	634
中国	844	504
土耳其	46	254
瑞典	29	27
44101900 其他木制类似板(例如,华夫板)		
合计	236337092	70937096
泰国	138551516	35836584
罗马尼亚	26918181	14050792
马来西亚	46884091	12026822
俄罗斯	13732965	3644370

(续表)

国家/地区	进口数量（千克）	进口金额（美元）
意大利	2519654	1838114
奥地利	2151012	1649472
越南	4138369	1020791
西班牙	487054	293182
比利时	259176	178988
台澎金马关税区	237704	164067
德国	212089	123900
巴西	74080	37485
土耳其	113600	28068
日本	36201	25311
波兰	15487	9119
美国	680	5481
斯洛文尼亚	4180	2135
新加坡	750	1200
英国	15	436
中国	68	375
印度	62	156
墨西哥	128	147
印度尼西亚	30	101
44109019 其他木质材料制碎料板		
合计	105265	76448
美国	91696	49908
日本	12848	20941
意大利	691	5373
法国	30	226
44109090 其他木质材料制定向刨花板(OSB)及类似板(例如,华夫板)		
合计	4209	9922
意大利	696	5654
西班牙	2611	1789
德国	74	1062
日本	815	1031
波兰	5	226
美国	7	82
中国	1	78
44111211 未机械加工中密度板,密度>0.8g/cucm,厚≤5mm		
合计	7283649	3424892
新西兰	3489139	1532731
泰国	916950	593521
印度尼西亚	1397720	569748
澳大利亚	761104	361269
波兰	460618	252429
阿根廷	97817	41070

(续表)

国家/地区	进口数量（千克）	进口金额（美元）
台澎金马关税区	38510	33198
马来西亚	111800	32086
美国	9917	8329
西班牙	50	334
日本	24	177
44111219 经机械加工中密度板,密度>0.8g/cucm,厚≤5mm		
合计	3136376	2340476
印度尼西亚	1439293	470972
澳大利亚	513194	438886
泰国	560838	342812
韩国	78000	309671
美国	55283	165912
台澎金马关税区	78618	142333
匈牙利	70412	139054
日本	72173	133040
新西兰	96086	46319
法国	849	44359
马来西亚	52000	29878
阿根廷	50868	25434
德国	799	17402
巴西	52124	16327
新加坡	8378	7920
以色列	6750	6480
越南	202	1278
意大利	300	1069
瑞典	145	773
荷兰	53	303
中国	1	241
比利时	10	13
44111221 辐射松制的中密度板,0.5g/cucm<密度≤0.8g/cucm		
合计	7746543	3569203
新西兰	7147635	3284726
韩国	322937	161566
印度尼西亚	228293	102732
澳大利亚	47648	20079
日本	30	100
44111229 其他中密度板 0.5g/cucm<密度≤0.8g/cucm,厚≤5mm		
合计	4732323	2922478
澳大利亚	1217311	810318
泰国	2153480	737905
新西兰	832888	583022

（续表）

国家/地区	进口数量（千克）	进口金额（美元）
意大利	76147	378703
美国	25539	179750
印度尼西亚	230602	82718
日本	6688	45543
马来西亚	90953	38545
巴西	75914	25365
南非	17500	16675
比利时	2027	11382
德国	2091	5582
墨西哥	105	2535
肯尼亚	82	1767
瑞典	774	1613
奥地利	216	1020
越南	6	35
44111299 加工中密度板，密度≤0.5g/cucm，厚≤5mm		
合计	2929717	1382050
新西兰	2906558	1307953
意大利	9516	51549
黎巴嫩	13420	20000
印度尼西亚	118	1607
荷兰	8	485
韩国	42	300
台澎金马关税区	0	110
奥地利	1	18
比利时	4	15
乌克兰	50	12
日本	0	1
44111311 未加工中密度板，密度＞0.8g/cucm，5mm＜厚≤9mm		
合计	1716290	841755
澳大利亚	1417230	671596
美国	89382	85031
新西兰	200020	82397
马来西亚	9400	2518
中国	61	115
日本	17	53
印度尼西亚	180	45
44111319 加工中密度板，密度＞0.8g/cucm，5mm＜厚≤9mm		
合计	49267415	48820674
德国	18694539	17993537
比利时	10808070	13816682
瑞士	11574720	9763836

（续表）

国家/地区	进口数量（千克）	进口金额（美元）
奥地利	2959869	2616439
波兰	2968400	2555731
西班牙	467351	689490
白俄罗斯	915946	580055
法国	229493	243878
俄罗斯	267317	188085
葡萄牙	55925	93363
意大利	33935	89257
美国	53242	52187
泰国	123496	47929
台澎金马关税区	30410	30410
马来西亚	17428	13903
国(地)别不详	20800	11063
韩国	7255	10949
立陶宛	17618	10686
中国	17070	9077
印度	815	1241
英国	2643	1048
澳大利亚	218	809
日本	162	626
墨西哥	100	193
印度尼西亚	592	178
中国香港	1	22
44111321 辐射松制的中密度板，5mm＜厚≤9mm		
合计	8135514	3709117
新西兰	7751631	3552195
澳大利亚	151506	56718
巴西	148478	43247
韩国	36830	33230
智利	39359	15404
日本	7710	8323
44111329 其他中密度板0.5g＜密度≤0.8g，5mm＜厚≤9mm		
合计	4443489	3736273
德国	1790485	1620554
印度尼西亚	1367069	841298
比利时	477910	670744
意大利	58368	252932
泰国	298447	139108
巴西	299006	95983
台澎金马关税区	15075	46752
智利	70492	24489
澳大利亚	35368	16004

（续表）

国家/地区	进口数量（千克）	进口金额（美元）
马来西亚	16171	9538
葡萄牙	7779	7208
韩国	5131	6115
日本	553	2840
瑞士	1560	2283
阿联酋	54	380
越南	2	25
美国	19	20
44111391 未加工中密度板，密度≤0.5g/cucm，5mm＜厚≤9mm		
合计	808540	363844
新西兰	808540	363844
44111399 加工中密度板，密度≤0.5g/cucm，5mm＜厚≤9mm		
合计	390027	254643
新西兰	255104	114797
比利时	75679	91192
加拿大	43946	31094
瑞士	12316	11416
日本	1045	3072
印度	528	1703
意大利	3	377
德国	1250	354
西班牙	10	335
韩国	133	271
俄罗斯	13	32
44111411 未加工中密度板，密度＞0.8g/cucm，厚＞9mm		
合计	110430	123921
奥地利	80980	103036
德国	22201	11133
比利时	4805	4361
澳大利亚	1025	3329
法国	87	746
加拿大	95	645
印度尼西亚	1084	498
日本	153	173
44111419 加工中密度板，密度＞0.8g/cucm，厚＞9mm		
合计	10975429	13066601
德国	5720560	5583829
比利时	1579142	3304629
瑞士	2444274	2659649
日本	290690	377252

(续表)

国家/地区	进口数量(千克)	进口金额(美元)
意大利	111377	226402
波兰	234559	204100
法国	172257	193477
奥地利	173386	118392
挪威	56624	112002
西班牙	71673	97658
葡萄牙	33224	67733
新西兰	18700	26709
俄罗斯	28144	24835
印度尼西亚	8947	19933
瑞典	5154	13957
美国	2464	10639
韩国	15569	7871
中国	384	6958
澳大利亚	6600	4475
沙特阿拉伯	110	2459
菲律宾	30	1727
土耳其	1345	1135
荷兰	158	530
越南	58	250
44111421 辐射松制的中密度板,厚>9mm		
合计	17235067	7513869
新西兰	14231423	6415572
巴西	1736563	520204
澳大利亚	596120	234042
葡萄牙	118981	147778
智利	231753	65573
韩国	110675	51615
马来西亚	67680	39795
委内瑞拉	100284	29988
美国	39679	7960
奥地利	1849	1271
日本	60	71
44111429 其他中密度板 0.5g/cucm < 密度 ≤ 0.8g/cucm,厚>9mm		
合计	15059610	9152265
西班牙	2005193	2427974
日本	2401388	1665580
德国	549079	669337
比利时	361424	625144
意大利	370493	548046
澳大利亚	1131898	526600
新西兰	1079193	477565
印度尼西亚	844948	388475

(续表)

国家/地区	进口数量(千克)	进口金额(美元)
越南	1470466	353433
葡萄牙	142718	319397
马来西亚	3672120	306208
美国	21450	294268
泰国	308126	127802
巴西	240910	80944
台澎金马关税区	48271	68188
波兰	48628	55181
俄罗斯	151553	50669
法国	8377	46639
罗马尼亚	57381	39737
韩国	43556	33101
智利	96757	31741
土耳其	1640	6180
英国	544	3917
中国	2165	3120
瑞士	796	1138
希腊	375	810
秘鲁	24	482
奥地利	36	369
加拿大	100	200
斯里兰卡	1	20
44111491 未经机械加工或盖面的中密度板,密度≤0.5g/cucm,厚>9mm		
合计	1117792	553206
泰国	1069940	513706
新西兰	20357	21221
罗马尼亚	24708	14369
德国	1058	2013
台澎金马关税区	92	810
西班牙	1586	710
越南	51	377
44111499 贴面中密度板,密度≤0.5g/cucm,厚>9mm		
合计	1198666	1128228
德国	823828	830613
比利时	90653	102373
西班牙	15345	72829
意大利	31519	57154
瑞士	31684	30649
美国	1006	8857
马来西亚	186243	7856
台澎金马关税区	16030	5610
英国	570	5034

(续表)

国家/地区	进口数量(千克)	进口金额(美元)
日本	556	2259
智利	72	1449
爱沙尼亚	64	1007
伊朗	266	724
土耳其	58	506
瑞典	232	464
中国	41	330
韩国	238	281
印度	232	175
国(地)别不详	11	34
奥地利	18	24
44119210 未加工木纤维板,密度>0.8g/cucm		
合计	2205232	1040832
葡萄牙	1208137	578744
法国	436360	223734
西班牙	149023	113735
阿根廷	330256	80539
泰国	60550	27285
美国	19026	15839
波兰	1880	956
44119290 加工木纤维板,密度>0.8g/cucm		
合计	18362738	22473446
德国	12004162	11926097
荷兰	2624821	6073164
波兰	1308080	1472461
比利时	1088002	1102243
葡萄牙	149206	409798
卢森堡	209960	247095
西班牙	113739	219596
美国	179796	215893
奥地利	65941	175963
马来西亚	147427	124755
土耳其	118055	96828
法国	83671	91924
俄罗斯	124490	90808
意大利	31865	57177
丹麦	6535	46375
中国	42945	45090
匈牙利	39440	26612
日本	12310	20724
智利	6970	16887
瑞士	1992	7408
瑞典	1287	2603
澳大利亚	609	1340

（续表）

国家/地区	进口数量（千克）	进口金额（美元）
泰国	1002	1005
加拿大	115	778
捷克	210	462
新西兰	107	352
巴西	1	8
44119310 辐射松制的纤板，0.5g/cucm < 密度≤0.9g/cucm		
合计	1018050	289185
新西兰	1018050	289185
44119390 木纤板，0.5g/cucm < 密度≤0.10g/cucm		
合计	17296562	7487846
澳大利亚	11959596	5097740
韩国	3654375	1657640
智利	1163242	473543
美国	84929	97209
马来西亚	286338	84386
泰国	96120	29602
新西兰	43740	23386
奥地利	828	7057
比利时	4422	6407
瑞士	1737	5346
日本	1229	5063
意大利	6	467
44119410 木纤板，0.35g/cucm < 密度≤0.5g/cucm		
合计	59486	226520
意大利	51888	195504
比利时	3593	15428
德国	164	8039
美国	1715	4422
爱沙尼亚	1810	2442
韩国	303	642
台澎金马关税区	13	43
44119421 未加工木纤板，密度≤0.35g/cucm		
合计	28988	34659
德国	20168	26950
日本	8820	7709
44119429 加工木纤板，密度≤0.35g/cucm		
合计	433644	560750
美国	112346	175626
德国	87140	172987
日本	113712	143571
泰国	119680	59840

（续表）

国家/地区	进口数量（千克）	进口金额（美元）
韩国	132	7118
意大利	94	1317
芬兰	30	107
中国	6	100
土耳其	504	84

木质家具出口量值表

国家/地区	出口数量（件）	出口金额（美元）
94016110 皮革或再生皮革面的带软垫的木框架坐具		
合计	14589889	2842583366
美国	6699455	1447394629
英国	1469284	268024245
韩国	1065326	250618616
澳大利亚	566644	143579588
加拿大	706830	121065311
日本	708729	106382533
法国	462242	69708443
德国	292012	44906157
中国香港	127461	31425558
荷兰	228414	29726549
南非	116983	19660761
印度	86180	18494654
新加坡	58124	18075995
新西兰	85808	17539470
西班牙	122557	14801966
台澎金马关税区	68125	14578823
比利时	88890	12063691
墨西哥	78312	11949564
爱尔兰	59139	11694868
泰国	56298	11004297
智利	72733	10614820
印度尼西亚	46912	10537130
以色列	53112	9656930
阿联酋	50238	9083813
马来西亚	47267	9031068
丹麦	105415	7221097
意大利	86748	6682439
沙特阿拉伯	40138	6483702
波多黎各	30102	5652470
菲律宾	32293	5048679
瑞士	21324	4653132
哥伦比亚	26209	4550756

（续表）

国家/地区	出口数量（件）	出口金额（美元）
越南	16306	4495323
波兰	194619	4200042
乌拉圭	19212	4100177
秘鲁	24661	3874747
瑞典	62434	3304670
葡萄牙	25148	2672296
哥斯达黎加	12495	2670342
中国澳门	13302	2409959
巴拿马	21299	2324424
留尼汪	7880	2229426
克罗地亚	12600	2087600
芬兰	11413	2045916
阿尔及利亚	9005	1985931
加纳	11230	1976798
俄罗斯	11777	1963504
罗马尼亚	11894	1910873
摩洛哥	8423	1833802
巴西	61373	1615502
阿根廷	39754	1543180
奥地利	6151	1497068
厄瓜多尔	9479	1478151
斯洛文尼亚	8640	1476723
危地马拉	11430	1441946
挪威	7241	1411760
塞内加尔	6381	1276714
黎巴嫩	5416	1185879
塞浦路斯	6533	1149257
希腊	23723	1054797
巴基斯坦	3490	1030520
肯尼亚	4502	1016595
科威特	5548	950540
多米尼加	4497	919721
莫桑比克	4473	889170
阿曼	5079	881069
科特迪瓦	4050	842937
冰岛	3415	830923
埃及	4413	826688
斯洛伐克	4752	804536
卡塔尔	4741	743393
安哥拉	6262	732929
毛里求斯	4058	717556
伊朗	5363	676103
爱沙尼亚	5313	649488
坦桑尼亚	3603	642331

(续表)

国家/地区	出口数量(件)	出口金额(美元)
约旦	4104	566300
朝鲜	3639	536821
巴林	3001	535733
尼日利亚	7050	532249
斯里兰卡	3110	516745
萨尔瓦多	3879	508676
喀麦隆	3392	483090
刚果(金)	1872	475871
孟加拉国	1795	431602
立陶宛	2194	431075
柬埔寨	1282	399047
拉脱维亚	3108	385656
古巴	1870	368576
蒙古	1456	330298
斐济	1210	328861
土耳其	1543	326242
乌克兰	2735	313168
刚果(布)	1536	310387
委内瑞拉	727	308937
乌干达	939	307364
吉布提	3019	305255
瓜德罗普	889	294758
赞比亚	1034	293102
格鲁吉亚	1102	269599
缅甸	1568	256649
乌兹别克斯坦	1974	254525
保加利亚	2693	248737
新喀里多尼亚	684	243546
伊拉克	3093	240621
哈萨克斯坦	1669	239848
马提尼克	536	237588
特立尼达和多巴哥	890	236058
阿尔巴尼亚	1242	222677
巴哈马	477	198859
马耳他	543	185879
突尼斯	675	184841
加蓬	825	176971
津巴布韦	415	173362
牙买加	1037	168087
文莱	1164	157867
赤道几内亚	427	153103
洪都拉斯	936	151424
马拉维	320	138620
塔吉克斯坦	761	135166

(续表)

国家/地区	出口数量(件)	出口金额(美元)
马达加斯加	655	123253
玻利维亚	647	122357
捷克	1203	111499
几内亚	762	109410
苏丹	451	105939
马尔代夫	942	92851
摩尔多瓦	249	87331
尼泊尔	279	85366
多哥	329	80235
冈比亚	354	79864
巴布亚新几内亚	444	78725
尼加拉瓜	383	72797
圭亚那	171	71298
马里	265	70059
利比里亚	272	69241
老挝	306	65478
索马里	910	64197
法属波利尼西亚	250	62299
塞尔维亚	389	59780
利比亚	1221	59098
尼日尔	169	58582
百慕大	149	56836
埃塞俄比亚	139	55919
法属圭亚那	211	55690
匈牙利	1599	54414
马约特	264	50667
多米尼克	116	43500
巴拉圭	155	41447
苏里南	327	40881
博茨瓦纳	405	39126
佛得角	182	38214
阿鲁巴	153	37467
塞拉利昂	216	37255
塞舌尔	91	36802
海地	214	35579
贝宁	158	34472
布基纳法索	56	29667
阿塞拜疆	92	29390
吉尔吉斯斯坦	228	29055
前南马其顿	81	22449
白俄罗斯	1159	21339
毛里塔尼亚	86	20569
几内亚比绍	56	20542
卢旺达	90	18515

(续表)

国家/地区	出口数量(件)	出口金额(美元)
亚美尼亚	77	17997
纳米比亚	110	14928
布隆迪	115	12897
阿富汗	83	12425
库腊索岛	112	12171
巴勒斯坦	72	12060
南苏丹	237	10369
汤加	36	10321
荷属安地列斯	168	9815
波黑	454	8177
也门	116	7348
法罗群岛	28	6688
中非	42	6029
土库曼斯坦	8	5970
格林纳达	25	4208
黑山	200	3910
圣马丁岛	1	1400
伯利兹	12	231
加那利群岛	18	68
94016190 其他带软垫的木框架坐具		
合计	64136952	5357166501
美国	26842208	2359161003
日本	3658610	398629573
澳大利亚	2642568	265041808
英国	3189663	239978949
加拿大	2532585	236294569
韩国	1781363	230993396
法国	3267480	170007306
沙特阿拉伯	951524	152909132
德国	3011148	110502147
阿联酋	748061	99056256
新加坡	405744	71724133
西班牙	1013788	59723758
马来西亚	406461	55997283
荷兰	1614747	53640822
意大利	581309	40251441
新西兰	359762	37641783
智利	439163	37064198
墨西哥	359427	36406747
丹麦	1033796	35216161
印度	401807	33408745
南非	451904	32397550
瑞典	833500	32366464
比利时	1018061	32232044

（续表）

国家/地区	出口数量（件）	出口金额（美元）
以色列	355078	32182524
中国香港	334262	31947251
科威特	182713	26813558
爱尔兰	284009	25443137
台澎金马关税区	323136	25018938
波兰	973794	23974614
印度尼西亚	242782	23868013
波多黎各	150684	21776941
泰国	209158	18725594
菲律宾	145343	14957833
阿曼	108288	13532727
卡塔尔	61529	13003221
俄罗斯	118805	10909591
巴拿马	106575	10823442
葡萄牙	137761	10533466
留尼汪	44638	10113074
越南	104677	9733402
秘鲁	108813	9481748
巴林	56642	7945774
挪威	189937	7938372
中国澳门	51265	7694823
阿根廷	127109	6876961
肯尼亚	63345	6612055
希腊	145108	6148950
哥伦比亚	96144	6061419
多米尼加	42269	5985659
乌拉圭	57225	5773237
哈萨克斯坦	85187	5736143
约旦	38998	5495984
巴西	172088	5448831
芬兰	80874	4639902
哥斯达黎加	41373	4526451
塞浦路斯	33643	4483184
危地马拉	36537	4442684
罗马尼亚	35311	3652865
厄瓜多尔	29819	3636898
黎巴嫩	27402	3493327
伊拉克	56050	3319235
埃及	15550	3310290
加纳	28030	3224584
拉脱维亚	59072	3141366
巴基斯坦	22394	2710902
摩洛哥	31006	2623525
文莱	19306	2597899

（续表）

国家/地区	出口数量（件）	出口金额（美元）
特立尼达和多巴哥	15882	2578393
克罗地亚	49073	2307781
瑞士	79645	2253868
尼日利亚	31508	2222921
萨尔瓦多	13618	2080615
安哥拉	24353	2011771
伊朗	33585	1943400
吉尔吉斯斯坦	31240	1934877
蒙古	38529	1839057
缅甸	18966	1835993
索马里	9437	1830222
毛里求斯	16659	1731918
瓜德罗普	8585	1718868
格鲁吉亚	14171	1637082
科特迪瓦	11835	1629756
阿尔及利亚	23468	1618955
马耳他	10563	1605725
坦桑尼亚	33003	1510783
奥地利	28880	1429565
乌克兰	22527	1411785
斯洛文尼亚	26905	1385014
爱沙尼亚	19433	1339624
冰岛	11801	1338385
塞内加尔	12039	1295799
新喀里多尼亚	7591	1262889
马尔代夫	10009	1252901
斯里兰卡	16317	1242880
牙买加	10081	1226567
斯洛伐克	28244	1210384
马提尼克	5666	1160601
朝鲜	7542	1086459
洪都拉斯	11645	1057345
柬埔寨	5205	1043338
莫桑比克	21794	1002042
立陶宛	28459	965547
吉布提	8559	962997
尼加拉瓜	7438	885401
喀麦隆	9986	842910
乌兹别克斯坦	8160	799420
土耳其	9035	792979
法属波利尼西亚	2828	773512
加蓬	5795	728394
捷克	19747	708176
刚果(布)	4221	615361

（续表）

国家/地区	出口数量（件）	出口金额（美元）
阿尔巴尼亚	4507	576584
苏里南	4149	571982
保加利亚	7176	559547
塔吉克斯坦	2447	509263
孟加拉国	4854	507988
刚果(金)	5397	492161
匈牙利	11668	482253
马约特	3705	474747
赤道几内亚	1396	473479
斐济	3195	444105
马达加斯加	3362	420535
巴勒斯坦	1698	361491
巴拉圭	7366	355825
圭亚那	3292	348485
赞比亚	3056	338289
苏丹	1528	312110
巴布亚新几内亚	1535	308250
马里	1776	303383
利比亚	5137	302257
法属圭亚那	1455	300098
几内亚	2876	298756
乌干达	2303	298097
亚美尼亚	3018	267428
塞舌尔	2155	267007
巴哈马	1422	242476
老挝	1318	238507
玻利维亚	1601	236765
巴巴多斯	1363	234661
利比里亚	1376	208495
突尼斯	2605	193633
塞尔维亚	3935	188648
纳米比亚	2070	184801
埃塞俄比亚	2544	178420
古巴	1136	166073
博茨瓦纳	10982	161608
多哥	1577	159126
阿塞拜疆	1215	148681
贝宁	1932	147492
佛得角	1605	133413
海地	1225	128618
津巴布韦	671	121501
委内瑞拉	1425	112835
荷属安地列斯	910	112834
库腊索岛	786	104352

(续表)

国家/地区	出口数量(件)	出口金额(美元)
萨摩亚	314	103870
黑山	3669	86176
布基纳法索	515	59020
塞拉利昂	179	56171
安提瓜和巴布达	145	51770
毛里塔尼亚	501	48870
马绍尔群岛	191	44603
圣基茨和尼维斯	280	43322
阿鲁巴	215	43208
尼泊尔	604	40286
马拉维	895	39722
伯利兹	366	38170
也门	479	34027
科摩罗	647	33122
冈比亚	328	31970
前南马其顿	197	29221
汤加	397	27138
百慕大	94	26368
圣马丁岛	183	25496
东帝汶	288	21594
白俄罗斯	607	21106
瑙鲁	213	20766
圣卢西亚	126	16028
瓦努阿图	289	15829
波黑	804	12635
叙利亚	132	12379
尼日尔	80	10424
布隆迪	82	9408
特克斯和凯科斯群岛	32	9228
摩尔多瓦	76	8128
中非	14	7551
几内亚比绍	36	6516
卢旺达	12	5236
莱索托	278	4383
密克罗尼西亚联邦	34	4222
南苏丹	104	3352
英属维尔京群岛	37	3057
斯威士兰	22	2930
加那利群岛	86	2889
阿富汗	99	2336
格林纳达	10	2189
卢森堡	50	2000
乍得	6	1868

(续表)

国家/地区	出口数量(件)	出口金额(美元)
圣文森特和格林纳丁斯	18	1044
帕劳	10	970
所罗门群岛	5	480
土库曼斯坦	17	244
大洋洲其他国家(地区)	2	198
94016900 其他木框架坐具		
合计	32481133	764397212
美国	7172561	194858556
新加坡	912491	87403181
德国	2365889	43281017
日本	1867047	42314598
英国	1900355	35314015
马来西亚	553543	32086969
澳大利亚	1353513	27763463
法国	1525854	24376074
加拿大	1000455	21024963
西班牙	1479466	20913339
荷兰	1170102	20307511
台澎金马关税区	398184	19836402
韩国	883325	17031698
波兰	916357	12959822
比利时	626892	11108966
瑞典	531900	10636472
意大利	644479	10095568
菲律宾	190971	8569327
丹麦	263479	8451392
巴西	598001	8191273
印度	295793	7584175
阿联酋	253100	5812995
泰国	348049	5772862
墨西哥	395130	5734910
南非	290286	5510950
以色列	254675	5290140
智利	438899	4867855
中国香港	246309	4583917
越南	111933	4484786
沙特阿拉伯	229019	4277103
阿根廷	327867	3865181
新西兰	161416	3671614
俄罗斯	219691	3617573
印度尼西亚	137674	3041650
巴拿马	66300	1949987

(续表)

国家/地区	出口数量(件)	出口金额(美元)
爱尔兰	70328	1922873
希腊	98756	1729378
哥伦比亚	104800	1580317
芬兰	58939	1341150
瑞士	89896	1269303
阿曼	17188	1042348
伊拉克	92639	1037082
乌拉圭	52399	959218
葡萄牙	84639	955619
罗马尼亚	66504	902929
缅甸	18005	893577
摩洛哥	32599	877444
尼日利亚	39840	872413
秘鲁	94112	858157
土耳其	27933	852935
拉脱维亚	73990	830221
中国澳门	28983	818881
斯里兰卡	23148	771123
乌兹别克斯坦	68773	753538
阿尔及利亚	216126	729464
挪威	33204	677429
斯洛文尼亚	86755	650043
肯尼亚	34146	640950
坦桑尼亚	41010	608949
安哥拉	35232	581324
巴基斯坦	26907	577897
加纳	28233	527156
斯洛伐克	39536	479015
奥地利	40935	477240
乌克兰	40862	442887
哥斯达黎加	30303	441523
卡塔尔	12162	407081
克罗地亚	26355	384524
黎巴嫩	18563	380483
喀麦隆	10807	364466
伊朗	20491	362865
毛里求斯	29577	334198
巴拉圭	8700	316838
危地马拉	19530	298065
立陶宛	23814	286786
文莱	4908	286284
突尼斯	59895	268647
孟加拉国	5050	251382
科威特	9392	245117

（续表）

国家/地区	出口数量（件）	出口金额（美元）
吉布提	8075	240540
多米尼加	4308	236083
塞浦路斯	15502	227302
厄瓜多尔	15229	226064
马耳他	4763	225115
莫桑比克	9802	215833
塞内加尔	16402	201104
保加利亚	12136	194266
格鲁吉亚	9325	192121
科特迪瓦	15160	185740
约旦	6104	184722
哈萨克斯坦	6567	173933
马尔代夫	1808	173569
波多黎各	5959	172937
贝宁	3909	161296
留尼汪	7945	159765
朝鲜	4398	150053
捷克	7741	145963
阿尔巴尼亚	10701	144340
柬埔寨	2105	132152
巴林	6816	131227
刚果（布）	2442	123070
古巴	2400	122416
利比亚	4856	120586
亚美尼亚	1807	112884
刚果（金）	4061	109453
蒙古	7337	106131
爱沙尼亚	7173	101211
特立尼达和多巴哥	2005	100805
牙买加	4064	90670
马达加斯加	4630	87412
埃及	3322	86093
巴布亚新几内亚	5486	79091
几内亚	2931	64686
苏里南	1580	63861
斐济	1643	62013
纳米比亚	1129	59844
博茨瓦纳	2641	58386
海地	6256	49928
新喀里多尼亚	2806	47183
匈牙利	2414	45777
开曼群岛	379	41595
冰岛	988	39261
委内瑞拉	1536	39215

（续表）

国家/地区	出口数量（件）	出口金额（美元）
毛里塔尼亚	1710	38886
尼加拉瓜	4033	38695
洪都拉斯	3748	38197
萨尔瓦多	8325	37255
赞比亚	1649	36658
多哥	1461	36607
加蓬	1643	36233
吉尔吉斯斯坦	1907	36141
巴哈马	553	35834
索马里	1287	34553
利比里亚	906	30889
白俄罗斯	3848	30812
赤道几内亚	435	29974
法属波利尼西亚	550	27862
老挝	228	27127
波黑	1159	24014
荷属安地列斯	480	23600
佛得角	3689	23505
冈比亚	895	17623
马约特	1089	17362
马拉维	640	15680
安提瓜和巴布达	173	14583
津巴布韦	249	14150
埃塞俄比亚	1266	13670
也门	1805	13315
东帝汶	537	12124
尼泊尔	403	11816
科摩罗	530	11245
塔吉克斯坦	510	10907
巴巴多斯	118	10607
塞尔维亚	970	10163
苏丹	4284	7395
瓜德罗普	546	6720
马里	320	6400
黑山	948	5472
库腊索岛	200	5100
土库曼斯坦	630	4550
塞舌尔	184	4204
马提尼克	254	3346
塞拉利昂	163	3336
莱索托	165	3240
斯威士兰	160	3200
乍得	35	3062
南苏丹	67	2843

（续表）

国家/地区	出口数量（件）	出口金额（美元）
马绍尔群岛	127	2545
巴勒斯坦	54	2222
乌干达	44	1721
萨摩亚	100	1576
圣卢西亚	33	1420
伯利兹	152	1169
阿鲁巴	44	1119
塞卜泰（休达）	16	480
加那利群岛	116	464
瓦努阿图	80	320
汤加	4	80
阿塞拜疆	1	22
94033000 办公室用木家具		
合计	19895387	1171732465
美国	8178840	465626682
日本	1419989	62755262
新加坡	336553	56469733
韩国	1499531	43761669
沙特阿拉伯	425881	43716700
中国香港	565454	42264225
澳大利亚	941544	39893289
马来西亚	248609	39283030
阿联酋	356421	35322766
印度	281726	29470799
英国	499717	22256798
加拿大	301137	18424491
菲律宾	290074	17008610
南非	118107	13818048
台澎金马关税区	136642	13139595
印度尼西亚	167981	12882858
法国	737548	10001818
墨西哥	170443	9616830
科威特	86177	8658363
伊拉克	80149	8161282
德国	172802	8041015
尼日利亚	87059	7359717
泰国	159667	6992619
阿曼	66887	6724687
智利	210536	6252697
加纳	62909	6194802
以色列	57811	5752567
肯尼亚	81783	5636558
荷兰	199739	5507317
吉布提	41941	5234574

（续表）

国家/地区	出口数量（件）	出口金额（美元）
越南	38390	5138826
巴拿马	49648	4597336
西班牙	57494	4534653
新西兰	110501	4332644
塞内加尔	39673	4003047
卡塔尔	31120	3859119
摩洛哥	43086	3803379
阿尔及利亚	75456	3730560
坦桑尼亚	33128	3271662
缅甸	24152	3184582
巴基斯坦	22150	3096511
科特迪瓦	31950	2933025
安哥拉	27437	2459293
多米尼加	190458	2299691
哥伦比亚	65209	2106869
希腊	39297	1964170
秘鲁	75311	1953805
孟加拉国	14166	1925609
波兰	110050	1843243
丹麦	99140	1813399
巴林	15782	1689260
莫桑比克	16643	1637492
柬埔寨	11777	1602048
斯里兰卡	12587	1567113
俄罗斯	10020	1553730
意大利	46827	1523588
约旦	13653	1493991
哥斯达黎加	28955	1461299
刚果（金）	11615	1457670
牙买加	21252	1411986
几内亚	11171	1385013
乌兹别克斯坦	31506	1361967
中国澳门	9359	1234304
黎巴嫩	10909	1098305
塔吉克斯坦	2809	1092236
比利时	21201	1038952
苏丹	5538	1008915
马耳他	9928	1006722
喀麦隆	8171	967543
马尔代夫	8405	934167
刚果（布）	4794	864249
瑞典	47611	863743
赞比亚	5507	852062
特立尼达和多巴哥	6478	821606

（续表）

国家/地区	出口数量（件）	出口金额（美元）
蒙古	11199	812466
毛里塔尼亚	8561	793416
危地马拉	14129	762889
拉脱维亚	6571	754216
厄瓜多尔	24355	745437
阿根廷	19959	731281
贝宁	5753	708422
萨尔瓦多	11979	698477
尼加拉瓜	6456	563764
乌拉圭	9149	561741
海地	3053	547093
巴西	14991	536362
毛里求斯	6456	535611
爱尔兰	13340	529829
朝鲜	6244	529022
土耳其	17790	517912
利比里亚	4878	465916
博茨瓦纳	3949	449701
巴布亚新几内亚	3212	439237
多哥	3910	432999
乌干达	3437	427327
哈萨克斯坦	1808	413957
奥地利	12742	388250
埃及	4460	385727
马达加斯加	5996	377945
文莱	3020	369085
捷克	7018	347888
也门	4297	343348
索马里	3287	337953
波多黎各	7623	336650
加蓬	3705	335291
叙利亚	4205	303356
洪都拉斯	5021	288202
赤道几内亚	1938	275032
尼泊尔	2004	271680
马拉维	2393	263159
埃塞俄比亚	2477	253491
克罗地亚	18102	246465
葡萄牙	10862	226278
玻利维亚	3184	221793
古巴	2405	215816
格鲁吉亚	1540	192539
突尼斯	1764	182229
瑞士	9744	170639

（续表）

国家/地区	出口数量（件）	出口金额（美元）
利比亚	1407	164783
罗马尼亚	4000	161468
伊朗	1391	152364
马里	1486	146185
老挝	673	142167
委内瑞拉	1300	141491
乍得	812	136258
塞浦路斯	1998	120177
斐济	3031	112075
南苏丹	1045	105350
乌克兰	705	100514
津巴布韦	398	96879
佛得角	415	96023
阿尔巴尼亚	984	85867
萨摩亚	310	82265
吉尔吉斯斯坦	248	80316
冈比亚	652	79830
多米尼克	178	69492
科摩罗	628	67281
巴巴多斯	4256	66798
新喀里多尼亚	987	63637
东帝汶	602	62225
荷属安地列斯	647	62134
保加利亚	409	60374
圭亚那	630	59106
汤加	738	58337
挪威	1262	55905
尼日尔	392	50813
莱索托	156	50523
阿富汗	116	46888
斯洛文尼亚	1650	46291
瓜德罗普	750	46290
法属波利尼西亚	772	43418
爱沙尼亚	673	38988
纳米比亚	266	37530
马提尼克	620	33548
芬兰	927	31840
瓦努阿图	309	31322
帕劳	300	29400
马约特	316	27847
留尼汪	1108	27630
厄立特里亚	111	26908
苏里南	89	26906
卢旺达	146	19113

（续表）

国家/地区	出口数量（件）	出口金额（美元）
布基纳法索	199	19098
立陶宛	59	18967
巴勒斯坦	45	18933
匈牙利	681	18763
塞拉利昂	68	15509
巴拉圭	172	15285
塞舌尔	84	13185
前南马其顿	455	9178
中非	327	8826
英属维尔京群岛	71	8477
土库曼斯坦	60	7883
白俄罗斯	43	6926
库克群岛	15	6247
圣文森特和格林纳丁斯	14	5320
格林纳达	28	4888
法属圭亚那	120	3780
亚美尼亚	44	1832
阿鲁巴	4	1796
诺福克岛	46	1628
布隆迪	6	820
斯洛伐克	6	600
特克斯和凯科斯群岛	1	500
几内亚比绍	5	451
圣基茨和尼维斯	3	199
巴哈马	1	142
94034000 厨房用木家具		
合计	30932001	1596035952
美国	23882970	1156592030
澳大利亚	2234659	79501176
英国	494564	49551973
日本	568593	39278897
南非	203808	38581050
加拿大	570319	34704162
德国	472695	32752449
马来西亚	90988	14973647
中国香港	159277	11779483
丹麦	85455	8675638
韩国	111479	7925896
新加坡	50299	7222079
新西兰	217182	6960014
沙特阿拉伯	160265	6634558
法国	156111	6110552

（续表）

国家/地区	出口数量（件）	出口金额（美元）
柬埔寨	15925	5180590
西班牙	91127	4651039
瑞典	52072	4514846
印度	58288	4191355
荷兰	80721	4160537
中国澳门	21939	4023355
菲律宾	47741	3755732
阿联酋	43610	3431653
卡塔尔	120476	3181830
越南	36636	3164977
挪威	28727	3040674
泰国	50326	2866132
比利时	30939	2857222
以色列	66955	2349803
巴基斯坦	18665	1857245
台澎金马关税区	33421	1829141
肯尼亚	16712	1735491
阿曼	17466	1733127
意大利	106055	1725898
牙买加	49492	1708012
印度尼西亚	33661	1593412
墨西哥	46614	1457303
斯里兰卡	15861	1416634
巴拿马	14436	1319789
波兰	71459	1285359
博茨瓦纳	12075	1269651
巴林	14464	1203906
莫桑比克	9356	1097251
智利	14788	1010370
朝鲜	11350	980486
坦桑尼亚	7611	813945
缅甸	5220	767884
马尔代夫	8047	737951
尼日利亚	6230	653129
爱尔兰	3661	652892
多米尼加	7482	631453
加纳	4901	621872
芬兰	3451	547988
吉尔吉斯斯坦	938	526070
赞比亚	3745	524891
拉脱维亚	5735	523788
科威特	3603	489731
埃及	741	450697
伊拉克	8729	398021

（续表）

国家/地区	出口数量（件）	出口金额（美元）
阿鲁巴	5759	387461
留尼汪	4849	370248
安哥拉	4023	368012
吉布提	4599	356887
巴布亚新几内亚	1515	356559
蒙古	7184	351264
乌拉圭	2492	320961
哈萨克斯坦	1066	314293
希腊	10792	307429
埃塞俄比亚	8219	289693
文莱	2112	287223
津巴布韦	1598	282568
白俄罗斯	223	278932
巴哈马	5943	276094
莱索托	2084	263260
毛里求斯	2576	261182
阿根廷	14726	257632
孟加拉国	3580	254837
俄罗斯	2982	249444
纳米比亚	3053	229983
阿尔及利亚	1814	228018
土耳其	1121	226245
委内瑞拉	2058	200905
特立尼达和多巴哥	3186	191987
瑞士	3839	174379
马达加斯加	1298	169528
斯洛文尼亚	4921	167559
古巴	1254	166257
马拉维	957	166059
乌兹别克斯坦	1422	160498
格鲁吉亚	1222	156136
巴西	2867	155582
哥伦比亚	2768	153169
秘鲁	5784	148740
黎巴嫩	987	141476
刚果（金）	1444	140323
科特迪瓦	1468	126085
约旦	716	124738
斐济	1264	123044
塞内加尔	1188	120676
摩洛哥	1193	118836
波多黎各	1450	118354
索马里	1023	117323
库克群岛	65	114704

(续表)

国家/地区	出口数量（件）	出口金额（美元）
尼加拉瓜	3223	114409
葡萄牙	4325	104514
也门	881	95997
乌克兰	356	92119
马约特	472	86683
刚果(布)	480	86642
苏里南	63	84910
贝宁	748	76804
利比亚	1169	76120
几内亚	508	69892
瓜德罗普	46	61272
阿尔巴尼亚	458	52355
塞舌尔	223	51632
荷属安地列斯	411	51542
突尼斯	125	49875
洪都拉斯	800	49481
克罗地亚	557	48113
格林纳达	860	46368
东帝汶	671	45637
哥斯达黎加	1355	44672
厄瓜多尔	6876	39661
立陶宛	2964	38660
塞拉利昂	319	37589
百慕大	1101	37022
新喀里多尼亚	356	36606
玻利维亚	18	33985
苏丹	307	30998
喀麦隆	233	28914
塞浦路斯	281	28354
马耳他	897	28237
乌干达	23	27751
冈比亚	107	27427
捷克	1985	27044
爱沙尼亚	157	24778
法属波利尼西亚	54	23364
匈牙利	1051	22771
赤道几内亚	51	19923
巴巴多斯	408	18855
多哥	251	17581
危地马拉	295	17234
瓦努阿图	38	16439
伊朗	339	13952
卢旺达	14	8861

(续表)

国家/地区	出口数量（件）	出口金额（美元）
圣文森特和格林纳丁斯	71	7896
科摩罗	29	7140
尼泊尔	33	5983
乍得	12	5290
英属维尔京群岛	28	5173
加蓬	125	5162
佛得角	7	5024
巴拉圭	11	4647
塔吉克斯坦	147	4555
安提瓜和巴布达	114	4332
南苏丹	10	4141
圣马丁岛	1	3999
海地	330	3960
马里	13	3289
保加利亚	7	2854
毛里塔尼亚	2	2793
冰岛	18	2402
图瓦卢	4	1938
利比里亚	7	1793
斯洛伐克	300	1650
罗马尼亚	20	1570
黑山	3	1424
亚美尼亚	27	1094
萨尔瓦多	1	500
几内亚比绍	15	349
圣卢西亚	1	312
布基纳法索	2	300
老挝	8	20
94035010 卧室用红木家具		
合计	165	123396
沙特阿拉伯	6	21250
泰国	3	19300
新加坡	15	13032
英国	11	11600
阿联酋	10	9485
台澎金马关税区	10	9093
喀麦隆	2	7614
澳大利亚	25	7605
加拿大	38	5775
德国	9	5221
美国	6	5171
马来西亚	8	2580
蒙古	3	2289

(续表)

国家/地区	出口数量（件）	出口金额（美元）
新西兰	8	1920
柬埔寨	8	791
南非	1	430
韩国	1	200
中国澳门	1	40
94035091 卧室用天然漆(大漆)漆木家具		
合计	585	174146
马来西亚	156	55848
印度	139	39840
加拿大	16	26611
伊拉克	133	25582
美国	39	12675
台澎金马关税区	55	4960
澳大利亚	9	2688
阿曼	6	2632
英国	22	1563
津巴布韦	6	1029
朝鲜	3	638
匈牙利	1	80
94035099 其他卧室用木家具		
合计	35950386	4074445113
美国	9574228	977783031
中国香港	3319767	546992944
新加坡	1504376	320648458
英国	2578602	283788670
日本	2694675	240734239
马来西亚	1916435	222687119
澳大利亚	1712130	158490404
韩国	1238643	148614941
沙特阿拉伯	1097471	135345191
阿联酋	700943	97394664
南非	684033	96730440
加拿大	867919	74060039
德国	1020390	57000145
印度	338322	44143182
法国	589174	42719866
意大利	442280	36987172
台澎金马关税区	252733	32043644
伊拉克	304507	31965621
菲律宾	241367	29739509
阿曼	237796	29677567
以色列	280306	27929071
荷兰	443535	27599589
越南	124140	22456239

（续表）

国家/地区	出口数量（件）	出口金额（美元）
西班牙	240454	20566540
印度尼西亚	166159	19532913
摩洛哥	168653	19112573
新西兰	200641	18213983
墨西哥	100995	17201793
比利时	206385	16217799
巴拿马	74965	11856300
卡塔尔	81902	11722819
俄罗斯	84689	11540287
科威特	97192	10828661
泰国	120542	10131068
波兰	181155	10036951
巴基斯坦	68535	8978423
朝鲜	62604	8854505
智利	69916	8223547
中国澳门	39238	7901100
缅甸	62460	7692872
约旦	53540	6752937
坦桑尼亚	77544	6461590
瑞典	125905	6438812
尼日利亚	52131	5863334
肯尼亚	46222	5517051
丹麦	77047	5377032
乌兹别克斯坦	55590	5284128
希腊	47587	5217635
阿尔及利亚	123704	5108034
伊朗	47588	4565819
安哥拉	30385	3998669
塞内加尔	39279	3973411
爱尔兰	46540	3937239
马尔代夫	26228	3445996
吉布提	23782	3419899
拉脱维亚	31209	3409813
塔吉克斯坦	14538	3409638
格鲁吉亚	27011	3113765
巴林	24736	3112511
索马里	29775	3074226
加纳	25945	2950851
博茨瓦纳	26273	2697357
马耳他	13040	2483274
利比亚	19085	2421605
莫桑比克	20469	2404648
斯里兰卡	17383	2295854
哈萨克斯坦	15209	2270094

（续表）

国家/地区	出口数量（件）	出口金额（美元）
柬埔寨	10522	1719556
罗马尼亚	14875	1718440
毛里求斯	14431	1686498
乌拉圭	15356	1685388
几内亚	17604	1649254
蒙古	53343	1626173
文莱	12028	1602555
黎巴嫩	13802	1557244
波多黎各	14117	1530608
巴西	12128	1485141
乌克兰	10880	1462040
葡萄牙	10366	1268418
哥斯达黎加	15025	1175584
瑞士	18523	1151201
土耳其	7073	1145327
阿塞拜疆	9635	1114150
孟加拉国	8286	1107378
毛里塔尼亚	9812	1104451
挪威	38563	1095849
斯洛文尼亚	36986	1046920
喀麦隆	8006	983566
哥伦比亚	7503	947091
埃及	3778	928364
纳米比亚	10925	896299
牙买加	4199	864739
阿根廷	11326	831869
也门	12189	774586
刚果(金)	6219	762843
古巴	3694	753920
危地马拉	5414	736141
留尼汪	6639	715563
巴布亚新几内亚	6131	693876
秘鲁	7884	688461
多米尼加	4140	670366
科摩罗	6802	664664
阿尔巴尼亚	4941	662627
芬兰	5139	650742
斐济	4996	648133
马达加斯加	6283	646321
塞浦路斯	5439	626000
贝宁	3813	605526
厄瓜多尔	6348	592918
斯洛伐克	5551	577326
加蓬	4186	570028

（续表）

国家/地区	出口数量（件）	出口金额（美元）
刚果(布)	3817	563328
吉尔吉斯斯坦	3059	555146
亚美尼亚	4008	554486
科特迪瓦	5227	543547
马约特	3893	486489
爱沙尼亚	4563	469393
海地	5505	467564
特立尼达和多巴哥	2588	459316
委内瑞拉	1312	447676
克罗地亚	3892	442428
巴哈马	2059	438917
立陶宛	5936	435439
南苏丹	3100	424934
保加利亚	3020	413388
利比里亚	3956	398761
赤道几内亚	2348	366919
捷克	1927	366664
赞比亚	3269	340091
莱索托	2161	339895
津巴布韦	3124	323825
苏丹	4729	318029
埃塞俄比亚	2332	295833
洪都拉斯	2020	295126
突尼斯	1748	291632
冈比亚	3279	286503
开曼群岛	1313	284694
乌干达	2935	283713
苏里南	2099	273484
百慕大	400	266901
奥地利	2260	249017
白俄罗斯	1464	245843
冰岛	2300	236574
荷属安地列斯	2266	231983
新喀里多尼亚	2201	218462
多哥	1453	206259
法属波利尼西亚	2279	184204
马拉维	1661	183473
巴勒斯坦	1628	183312
马里	1495	179052
萨尔瓦多	840	172608
尼泊尔	1647	172371
玻利维亚	564	162531
东帝汶	1451	152384
老挝	1039	147274

(续表)

国家/地区	出口数量(件)	出口金额(美元)
塞舌尔	1491	129689
乍得	241	92707
阿鲁巴	666	92427
萨摩亚	1100	92067
瓜德罗普	660	88055
巴巴多斯	457	83410
圣基茨和尼维斯	685	70232
帕劳	206	65800
巴拉圭	505	59997
瓦努阿图	518	56554
圭亚那	595	55175
法属圭亚那	894	51003
圣文森特和格林纳丁斯	128	49289
匈牙利	405	48464
摩纳哥	242	48304
布基纳法索	345	47252
阿富汗	427	43392
黑山	939	41561
尼加拉瓜	406	37518
塞拉利昂	349	37379
尼日尔	609	36197
卢旺达	52	34884
安提瓜和巴布达	68	28148
佛得角	261	24388
摩尔多瓦	303	13984
格林纳达	30	13097
塞尔维亚	191	11142
斯威士兰	105	10343
土库曼斯坦	25	9100
瑙鲁	170	8500
英属维尔京群岛	8	7723
厄立特里亚	30	7140
所罗门群岛	82	6429
库克群岛	70	4976
密克罗尼西亚联邦	32	3568
特克斯和凯科斯群岛	20	1986
圣卢西亚	2	520
94036010 其他红木家具		
合计	12021	3125663
美国	1069	1238551
日本	9452	1177765
台澎金马关税区	916	294003

(续表)

国家/地区	出口数量(件)	出口金额(美元)
泰国	106	178370
澳大利亚	164	65270
新加坡	114	44507
阿联酋	12	40392
中国香港	24	23847
马来西亚	51	22742
加拿大	23	10512
英国	15	5470
菲律宾	15	5302
蒙古	5	5015
韩国	6	4000
印度尼西亚	6	2605
葡萄牙	2	2455
越南	8	2050
尼日利亚	5	1515
中国澳门	23	990
新西兰	1	150
德国	1	104
乌兹别克斯坦	1	30
瓦努阿图	2	18
94036091 其他天然漆(大漆)漆木家具		
合计	5866	360362
美国	4551	191743
伊拉克	948	72503
泰国	4	30644
津巴布韦	24	15565
台澎金马关税区	32	10240
菲律宾	180	9981
格鲁吉亚	56	9083
缅甸	2	5225
加拿大	2	4320
阿联酋	18	3150
白俄罗斯	2	2746
澳大利亚	6	1974
蒙古	12	1820
匈牙利	5	800
英国	20	456
马来西亚	2	73
哈萨克斯坦	1	28
韩国	1	11
94036099 未列名木家具		
合计	169323278	6911821326
美国	56872517	2683887457
中国香港	4184142	502356916

(续表)

国家/地区	出口数量(件)	出口金额(美元)
英国	12810913	347356740
日本	14947613	338519226
澳大利亚	6737605	296448721
德国	10264506	234752765
加拿大	4901764	227547414
法国	7281968	195643095
马来西亚	1746536	161449380
新加坡	1250204	141933747
沙特阿拉伯	2578022	140436955
韩国	3684532	131608769
荷兰	6482521	108577975
阿联酋	1310023	92878369
印度	1225077	92306873
台澎金马关税区	1471841	84652501
南非	948069	64236720
比利时	2512781	60617719
西班牙	2404661	59567701
意大利	2606877	50122487
瑞典	1607331	46434389
波兰	1893589	44520409
菲律宾	916349	43093210
丹麦	1784361	40845002
泰国	929166	40205866
新西兰	872852	33645218
智利	1252895	32467318
中国澳门	260160	31293309
以色列	924482	29215258
墨西哥	775496	28695641
印度尼西亚	872936	28674004
伊拉克	400685	25787236
越南	207798	23854450
俄罗斯	496271	22266377
尼日利亚	196735	18520870
挪威	358724	18099419
科威特	336562	16829815
阿曼	162305	14785986
阿尔及利亚	381039	14052381
希腊	714450	11652680
肯尼亚	183171	11143783
巴拿马	300273	11007779
卡塔尔	87503	10795323
秘鲁	405098	10227357
吉布提	99627	9787671
坦桑尼亚	152240	9742354

（续表）

国家/地区	出口数量（件）	出口金额（美元）
巴西	429179	9216528
加纳	152554	9067184
塞内加尔	87147	8218166
爱尔兰	264936	7999751
摩洛哥	165836	7963122
安哥拉	121589	7488137
巴基斯坦	85863	7084614
哥伦比亚	229473	6869073
拉脱维亚	188775	6865048
缅甸	72089	6788863
瑞士	221839	6725092
阿根廷	267890	6357189
斯洛文尼亚	386730	6057969
葡萄牙	300280	5623514
罗马尼亚	150757	5437254
约旦	67204	5259696
黎巴嫩	79838	5151318
乌兹别克斯坦	52485	5140176
巴林	85075	4890808
芬兰	112643	4838623
斯里兰卡	60038	4602656
多米尼加	71975	4215239
乌克兰	59294	4137529
莫桑比克	56114	4088793
哈萨克斯坦	28487	4034757
克罗地亚	159701	3846040
土耳其	83852	3537802
波多黎各	122868	3355191
伊朗	158402	3306895
孟加拉国	28340	3145213
奥地利	101883	3129096
乌拉圭	123104	3117973
斯洛伐克	85876	3088911
哥斯达黎加	140263	2940103
文莱	25970	2675403
马达加斯加	56205	2551952
索马里	23166	2536141
科特迪瓦	33975	2522702
利比亚	49338	2507012
埃及	90564	2488610
毛里求斯	63848	2452919
喀麦隆	29622	2202362
格鲁吉亚	27609	2196463
牙买加	46126	2072189

（续表）

国家/地区	出口数量（件）	出口金额（美元）
阿尔巴尼亚	24437	2066208
巴布亚新几内亚	32012	2040203
立陶宛	99983	2039546
马尔代夫	19275	2025399
危地马拉	65996	1946913
马耳他	25529	1876730
博茨瓦纳	28495	1871967
朝鲜	26868	1861339
厄瓜多尔	57317	1780530
贝宁	17143	1777119
蒙古	30803	1698608
塔吉克斯坦	7304	1663035
捷克	71342	1617291
刚果（金）	16567	1553185
几内亚	14969	1522587
爱沙尼亚	131905	1466268
柬埔寨	12546	1413904
刚果（布）	14869	1406152
多哥	25020	1280774
亚美尼亚	8069	1146924
留尼汪	27931	1091302
特立尼达和多巴哥	24732	1076727
保加利亚	45724	1064345
马约特	13295	1031690
加蓬	9430	900679
斐济	11892	884389
毛里塔尼亚	18912	864549
科摩罗	8161	812888
也门	40861	805234
匈牙利	32977	783116
塞浦路斯	17732	782582
萨尔瓦多	44164	782078
纳米比亚	9423	762392
突尼斯	12755	657478
冈比亚	11019	619668
冰岛	13725	606791
洪都拉斯	15649	597993
古巴	5880	571861
吉尔吉斯斯坦	3836	571303
新喀里多尼亚	10921	561728
委内瑞拉	5828	553621
阿塞拜疆	3329	546863
利比里亚	6603	437545
赤道几内亚	3159	430528

（续表）

国家/地区	出口数量（件）	出口金额（美元）
津巴布韦	5926	427783
马拉维	4619	410322
巴哈马	2253	399057
法属波利尼西亚	4318	390107
瓜德罗普	4319	372579
尼加拉瓜	11122	361260
赞比亚	5254	346803
塞尔维亚	7090	330358
海地	14919	323949
老挝	1204	304710
巴拉圭	4627	297613
荷属安地列斯	3118	296737
圣基茨和尼维斯	2950	291554
埃塞俄比亚	5449	290193
苏里南	8738	288786
土库曼斯坦	3091	281171
百慕大	209	240858
塞舌尔	2117	240509
乌干达	2263	235457
开曼群岛	985	227570
玻利维亚	1224	223827
黑山	5144	214118
巴巴多斯	6045	212509
尼泊尔	1232	198298
巴勒斯坦	2304	183735
马里	1720	164638
苏丹	1305	162327
圭亚那	1548	143873
阿鲁巴	1558	134620
卢森堡	8354	129504
白俄罗斯	797	123677
波黑	3081	119093
东帝汶	1233	107798
马提尼克	2212	107492
莱索托	1141	93160
佛得角	1985	88027
安提瓜和巴布达	308	68146
中非	2908	53111
圣文森特和格林纳丁斯	499	52639
伯利兹	346	51524
布基纳法索	489	49303
法属圭亚那	1248	48841
马绍尔群岛	446	44287

(续表)

国家/地区	出口数量(件)	出口金额(美元)
格林纳达	2460	43658
前南马其顿	615	40346
瓦努阿图	501	38771
摩尔多瓦	712	38066
所罗门群岛	348	34586
萨摩亚	313	34433
圣马丁岛	315	29981
卢旺达	87	27109
库腊索岛	3002	26683
斯威士兰	235	23051
尼日尔	293	21805
塞拉利昂	185	21455
圣卢西亚	84	17526
布隆迪	160	15840
叙利亚	138	13184
阿富汗	210	12670
汤加	109	11411
直布罗陀	25	9001
库克群岛	1	6300
密克罗尼西亚联邦	48	6221
南苏丹	71	5431
乍得	56	5026
英属维尔京群岛	9	4940
加那利群岛	81	3805
多米尼克	26	3279
大洋洲其他国家(地区)	16	1520
特克斯和凯科斯群岛	9	1458
诺福克岛	12	1104

木质家具进口量值表

国家/地区	进口数量(件)	进口金额(美元)
94016110 皮革或再生皮革面的带软垫的木框架坐具		
合计	154899	112342350
意大利	41896	78708313
越南	33626	6456032
美国	2629	4416482
墨西哥	2487	3902155
德国	3569	3392431
泰国	8389	2971213
波兰	2637	2343676

(续表)

国家/地区	进口数量(件)	进口金额(美元)
印度尼西亚	15835	1493542
挪威	1613	1345879
中国	3466	1197930
法国	503	861841
马来西亚	15413	757154
罗马尼亚	1752	694855
波黑	9268	607648
日本	5679	607481
台澎金马关税区	698	399795
丹麦	669	387778
英国	292	374757
西班牙	344	275258
葡萄牙	131	144603
比利时	330	130363
立陶宛	138	123110
瑞士	43	106622
荷兰	350	103207
加拿大	96	86383
奥地利	97	73824
菲律宾	248	60465
韩国	2003	56991
斯洛文尼亚	70	56712
瑞典	121	43263
印度	283	37523
中国香港	31	22035
新加坡	19	19843
芬兰	11	15316
澳大利亚	26	12595
土耳其	42	12055
拉脱维亚	4	10974
秘鲁	30	8535
南非	2	4700
塞尔维亚	6	4361
爱沙尼亚	11	3400
巴西	5	2801
匈牙利	1	2021
捷克	20	1877
约旦	2	1600
斯洛伐克	2	1436
爱尔兰	8	800
阿联酋	3	676
国(地)别不详	1	39
94016190 其他带软垫的木框架坐具		
合计	512124	102522450

(续表)

国家/地区	进口数量(件)	进口金额(美元)
意大利	28049	45839250
美国	15845	14036149
越南	134920	8791066
墨西哥	8124	8300519
马来西亚	190509	4319500
泰国	57675	3796022
法国	2446	2656354
印度尼西亚	10841	2238673
中国	24267	2039965
波兰	7471	1992184
英国	1204	1191016
德国	1620	1050687
西班牙	1947	1010887
丹麦	1708	692832
日本	8892	657007
台澎金马关税区	1427	600391
比利时	1594	476079
葡萄牙	600	450093
荷兰	1258	302062
菲律宾	347	211527
印度	3320	191740
立陶宛	195	175223
加拿大	535	162870
土耳其	627	162552
希腊	221	121276
斯洛文尼亚	169	107823
罗马尼亚	3480	105901
韩国	506	90631
中国香港	284	86869
新西兰	146	84017
拉脱维亚	403	72025
澳大利亚	148	68816
新加坡	244	61713
瑞士	14	54518
瑞典	116	51111
奥地利	27	45084
波黑	94	42033
沙特阿拉伯	144	38302
埃及	364	29436
爱沙尼亚	68	25546
巴西	21	20988
圣马力诺	19	11141
爱尔兰	19	7627
阿联酋	34	6843

（续表）

国家/地区	进口数量（件）	进口金额（美元）
捷克	32	6291
塞尔维亚	10	5786
巴基斯坦	43	4818
南非	10	4785
洪都拉斯	29	4777
芬兰	3	4412
以色列	7	2968
保加利亚	17	2965
挪威	5	2507
斯洛伐克	3	1458
约旦	3	1340
乌克兰	6	1113
匈牙利	3	838
阿曼	1	528
摩洛哥	2	461
塞拉利昂	1	459
坦桑尼亚	2	228
俄罗斯	2	200
国(地)别不详	3	168
94016900 其他木框架坐具		
合计	2218741	78079145
越南	893550	40276253
马来西亚	498874	6545627
老挝	51473	6490611
印度尼西亚	109286	5226205
罗马尼亚	262105	3869672
泰国	185711	3742023
意大利	4062	2579004
波兰	95042	2174634
丹麦	9321	910629
保加利亚	28333	729725
中国	14263	574001
德国	2511	534743
芬兰	1854	499814
立陶宛	12595	451862
美国	1845	406548
波黑	22815	361793
洪都拉斯	2358	332275
印度	5994	331239
日本	1821	315904
法国	778	257018
斯洛文尼亚	2277	186329
台澎金马关税区	2355	180849
韩国	251	162348

（续表）

国家/地区	进口数量（件）	进口金额（美元）
荷兰	1596	106729
英国	338	96335
西班牙	456	89308
菲律宾	1027	85248
尼日利亚	470	73823
比利时	719	63675
拉脱维亚	288	57850
爱沙尼亚	1001	56351
葡萄牙	69	54219
柬埔寨	544	53089
希腊	32	28785
奥地利	16	23674
捷克	106	19084
澳大利亚	53	15724
土耳其	110	13095
巴基斯坦	882	11869
俄罗斯	669	10176
墨西哥	10	10150
中国香港	96	8846
新加坡	139	7755
尼泊尔	215	6075
斯里兰卡	29	6014
多哥	63	5544
瑞典	34	5404
匈牙利	6	4676
加拿大	72	4291
埃及	86	4240
缅甸	5	2734
新西兰	12	1940
博茨瓦纳	1	1767
坦桑尼亚	35	1591
挪威	1	1465
非洲其他国家（地区）	2	1300
塞内加尔	14	1226
黎巴嫩	2	1000
南非	26	979
白俄罗斯	6	892
巴西	2	630
阿曼	1	528
阿联酋	10	481
秘鲁	1	461
克罗地亚	3	457
刚果（布）	2	218

（续表）

国家/地区	进口数量（件）	进口金额（美元）
爱尔兰	7	160
蒙古	10	110
智利	1	71
94033000 办公室用木家具		
合计	367613	33754640
葡萄牙	133226	5718894
意大利	16810	4710104
立陶宛	75077	4687601
波兰	60044	3825595
德国	23632	2758960
斯洛伐克	26586	2733016
美国	2957	1876508
英国	2129	1352223
瑞典	2981	1221875
越南	8497	1078245
中国	2028	786407
日本	2527	490469
丹麦	952	330663
新西兰	1125	319406
台澎金马关税区	1570	259803
法国	144	250399
斯洛文尼亚	250	179550
印度尼西亚	421	131593
韩国	1679	121420
捷克	2641	119518
奥地利	111	101991
澳大利亚	137	88652
荷兰	117	88256
西班牙	95	81542
老挝	202	75742
马来西亚	594	74493
新加坡	150	72802
芬兰	69	44160
泰国	179	35847
瑞士	17	32422
中国香港	306	29303
土耳其	22	19409
印度	111	16002
加拿大	42	7450
菲律宾	73	7372
比利时	26	6769
俄罗斯	3	6171
巴西	1	4813
柬埔寨	10	2751

(续表)

国家/地区	进口数量(件)	进口金额(美元)
拉脱维亚	7	2541
中国澳门	12	1845
黎巴嫩	42	660
克罗地亚	4	648
墨西哥	6	610
阿联酋	1	140
94034000 厨房用木家具		
合计	1099749	214135694
德国	805060	169073999
意大利	50146	34199002
中国	84771	2619491
韩国	101178	2260759
日本	1049	1243193
越南	18241	710978
罗马尼亚	4682	706184
马来西亚	13659	694212
印度尼西亚	1958	358666
老挝	1124	341052
斯洛文尼亚	6399	325465
西班牙	255	229581
美国	205	174697
泰国	1023	144672
圣马力诺	596	132283
台澎金马关税区	592	121198
法国	96	117686
波兰	1300	88722
奥地利	158	87710
荷兰	219	76156
葡萄牙	14	70620
菲律宾	34	60753
立陶宛	6518	59562
英国	52	35904
瑞士	26	32362
加拿大	18	30496
丹麦	72	26703
澳大利亚	20	26692
新加坡	29	20286
印度	98	19862
比利时	16	15234
柬埔寨	40	9000
新西兰	6	7092
爱沙尼亚	19	4310
捷克	2	2000
中国香港	3	1800

(续表)

国家/地区	进口数量(件)	进口金额(美元)
墨西哥	1	1800
埃及	1	1051
芬兰	1	854
土耳其	8	551
波黑	2	535
蒙古	10	520
爱尔兰	1	500
摩洛哥	30	464
斯里兰卡	1	436
尼泊尔	10	290
俄罗斯	5	233
阿联酋	1	78
94035010 卧室用红木家具		
合计	185279	23726030
越南	88007	20993616
老挝	8996	2079240
印度尼西亚	88119	536567
印度	30	45357
泰国	46	24661
意大利	10	14665
巴基斯坦	33	5530
加拿大	3	5377
马来西亚	2	3873
法国	4	3521
葡萄牙	1	3383
台澎金马关税区	15	3082
柬埔寨	3	2407
德国	5	2266
新加坡	2	1559
丹麦	2	640
瑞典	1	286
94035091 卧室用天然漆(大漆)漆木家具		
合计	41	50512
意大利	10	32233
韩国	4	12779
美国	1	2580
印度尼西亚	19	1579
日本	6	1321
泰国	1	20
94035099 其他卧室用木家具		
合计	1113860	185458156
意大利	77558	73891739
波兰	331609	27896403
越南	223184	25118598

(续表)

国家/地区	进口数量(件)	进口金额(美元)
美国	7778	7797492
马来西亚	74208	6201762
印度尼西亚	24145	5478066
泰国	61342	4993250
瑞典	50466	4880697
德国	12325	4608833
中国	28355	3421546
罗马尼亚	45881	3237552
立陶宛	18128	2463617
丹麦	6299	2347163
斯洛伐克	8359	1400260
英国	363	1347049
法国	588	1230198
台澎金马关税区	4968	911309
菲律宾	867	781853
巴西	18360	768112
葡萄牙	699	719629
斯洛文尼亚	1386	621310
比利时	1717	517664
俄罗斯	91384	510848
韩国	4940	483885
西班牙	713	483807
奥地利	289	421458
日本	1110	316174
墨西哥	225	296752
土耳其	1132	273676
圣马力诺	1185	260758
捷克	2382	252634
荷兰	1059	217382
印度	1163	217056
波黑	5447	161716
希腊	151	134157
爱沙尼亚	1511	106138
柬埔寨	517	105599
老挝	384	87685
洪都拉斯	166	75577
加拿大	154	74287
拉脱维亚	688	72000
瑞士	11	58639
中国香港	59	38612
白俄罗斯	144	37749
新加坡	78	32594
阿联酋	32	32517
尼日利亚	130	19645

（续表）

国家/地区	进口数量（件）	进口金额（美元）
澳大利亚	23	16798
埃及	48	11314
哥伦比亚	3	5473
克罗地亚	30	3617
斯里兰卡	5	3223
吉尔吉斯斯坦	16	2640
匈牙利	5	1908
塞尔维亚	4	1574
巴基斯坦	1	1300
巴布亚新几内亚	2	1191
以色列	1	1148
南非	2	1024
爱尔兰	1	343
坦桑尼亚	2	320
伊朗	73	245
尼泊尔	1	200
摩洛哥	1	200
智利	1	114
国(地)别不详	2	77
94036010 其他红木家具		
合计	243422	40477189
越南	213953	36056713
老挝	23330	3373160
印度尼西亚	5512	253056
意大利	36	228126
美国	9	199425
泰国	107	81499
加拿大	17	59760
缅甸	67	41708
法国	11	35461
德国	14	28975
马来西亚	87	27088
印度	57	23510
丹麦	22	12928
台澎金马关税区	81	12753
中国	27	10910
日本	24	10453
瑞士	2	9023
柬埔寨	17	3442
新加坡	32	3123
葡萄牙	2	2455
中国香港	5	2116
巴基斯坦	10	1505
94036091 其他天然漆(大漆)漆木家具		

（续表）

国家/地区	进口数量（件）	进口金额（美元）
合计	374	109040
意大利	13	43499
德国	57	20558
日本	44	11454
韩国	9	9186
印度尼西亚	195	6395
印度	9	4251
比利时	29	3966
奥地利	4	3344
越南	1	2508
美国	3	1355
泰国	1	1137
马来西亚	3	662
中国	4	423
澳大利亚	2	302
94036099 未列名木家具		
合计	5996590	394121840
意大利	626074	124798886
越南	668919	41678234
波兰	1779262	41372386
立陶宛	566011	28457510
泰国	499791	18749501
斯洛伐克	332474	17532841
马来西亚	333109	17093132
德国	39774	14342207
印度尼西亚	124914	13406281
美国	10192	11245154
罗马尼亚	52696	6727020
捷克	152280	6311344
中国	33088	6243170
法国	27328	5636110
葡萄牙	253553	3536270
白俄罗斯	84397	3460835
波黑	78818	3243938
台澎金马关税区	19029	3185923
俄罗斯	39039	2981127
丹麦	15828	2776986
菲律宾	4512	2741172
日本	8952	2459370
印度	18230	2073137
西班牙	2973	1533634
拉脱维亚	57054	1471594
奥地利	1885	1350857
瑞典	33625	1254346

（续表）

国家/地区	进口数量（件）	进口金额（美元）
比利时	4095	1204299
斯洛文尼亚	48757	1146869
荷兰	3921	958207
韩国	17632	767144
英国	1123	749885
克罗地亚	8227	584250
保加利亚	30728	464074
巴西	7306	429567
老挝	3038	419612
土耳其	965	242082
匈牙利	130	201731
中国香港	307	171899
瑞士	57	144870
加拿大	327	127728
洪都拉斯	380	118450
挪威	765	79807
墨西哥	98	77890
澳大利亚	294	67765
尼日利亚	190	54058
希腊	67	52367
巴基斯坦	1198	52273
新西兰	69	39373
芬兰	1550	36691
新加坡	166	34865
爱沙尼亚	252	32345
埃及	211	29882
朝鲜	205	27075
柬埔寨	140	22446
阿联酋	21	16953
爱尔兰	12	16690
尼泊尔	160	15886
圣马力诺	62	15488
南非	45	13729
斯里兰卡	46	13486
缅甸	15	6808
乌克兰	11	4509
喀麦隆	3	3825
秘鲁	8	3338
以色列	19	1906
坦桑尼亚	12	1736
摩洛哥	21	1274
多哥	15	1215
哥伦比亚	1	1077
蒙古	74	1013

(续表)

国家/地区	进口数量（件）	进口金额（美元）
厄瓜多尔	28	670
中国澳门	17	435
博茨瓦纳	1	416
约旦	2	379
塞内加尔	7	205
尼日尔	2	178
国(地)别不详	3	155

木制品出口量值表

国家/地区	出口数量（千克）	出口金额（美元）
44091010 任一边、端或面制成连续形状针叶木地板条		
合计	913719	1101889
日本	833632	953119
格鲁吉亚	12480	28800
美国	12724	18761
卢旺达	12630	17283
菲律宾	5750	17159
库克群岛	1300	15052
澳大利亚	9039	14971
巴布亚新几内亚	5810	10400
埃及	13787	9612
土库曼斯坦	4687	8120
印度	760	6065
苏丹	300	1688
韩国	380	606
新加坡	440	253
44091090 其他任一边、端或面制成连续形状针叶木木材		
合计	8103501	12586978
日本	5985583	8547994
美国	612750	1335645
韩国	662134	1223995
尼日利亚	450176	567815
台澎金马关税区	254155	463005
新加坡	40089	165365
中国香港	30165	98115
加拿大	37232	77349
马来西亚	14017	77094
印度	7917	10292
中国澳门	1639	6513
澳大利亚	1980	5115
布隆迪	1334	4934

(续表)

国家/地区	出口数量（千克）	出口金额（美元）
蒙古	2300	2511
孟加拉国	2030	1236
44092910 其他任一边、端或面制成连续形状非针叶木地板条		
合计	134483270	190436558
美国	66384546	97112332
日本	24926164	34896336
加拿大	12052490	17153448
英国	10941797	15696613
韩国	9314441	9721882
澳大利亚	4831232	6945850
法国	1595760	2095517
中国香港	967180	1092349
印度	515650	750124
俄罗斯	224138	651195
阿联酋	371246	621916
菲律宾	329879	485167
比利时	375010	449603
科威特	72000	267197
巴基斯坦	126250	237292
新加坡	171048	223155
台澎金马关税区	133090	208360
泰国	113681	186522
意大利	132534	167079
斯洛文尼亚	86199	128503
缅甸	58216	105902
新西兰	51632	101507
爱尔兰	60246	99898
埃塞俄比亚	87700	97514
尼日尔	16280	93280
巴巴多斯	21596	71409
伊朗	54216	67989
波兰	14906	61192
阿塞拜疆	27084	52134
斯里兰卡	50182	51630
印度尼西亚	53740	49152
乌克兰	17500	48961
罗马尼亚	41000	47097
文莱	25730	39374
荷兰	29125	38863
越南	24662	35547
土库曼斯坦	35000	33862
西班牙	14400	28609
肯尼亚	16415	25375

(续表)

国家/地区	出口数量（千克）	出口金额（美元）
突尼斯	20940	24610
吉布提	10613	20941
黎巴嫩	17500	16971
奥地利	7488	16330
安哥拉	3021	14537
卡塔尔	4400	11573
马来西亚	6286	10992
阿根廷	6800	10309
南非	9352	9585
莫桑比克	6025	9369
孟加拉国	2400	8159
阿曼	6600	7793
牙买加	376	7200
沙特阿拉伯	3504	6670
巴哈马	350	6113
瓦努阿图	400	3462
赞比亚	6510	3300
加蓬	493	3200
中国澳门	1227	1972
巴西	2470	1474
朝鲜	1950	1210
土耳其	600	1053
44092990 其他任一边、端或面制成连续形状非针叶木木材		
合计	5170844	9037799
日本	3435841	4624916
美国	870701	2374315
印度	117730	245349
韩国	80122	194868
中国香港	119560	184764
澳大利亚	58699	171926
加拿大	74993	157905
阿曼	103008	142900
荷兰	42390	137489
中国澳门	9204	108715
摩洛哥	31440	88059
以色列	36486	87935
英国	11900	56851
马尔代夫	8531	51736
比利时	15090	48999
台澎金马关税区	10934	38425
土耳其	9805	34226
黎巴嫩	10096	31984
乌兹别克斯坦	19950	29925

（续表）

国家/地区	出口数量（千克）	出口金额（美元）
斯洛伐克	13570	27140
卡塔尔	8465	22009
意大利	9025	20900
几内亚	650	17599
巴哈马	5570	17435
阿联酋	6431	17121
缅甸	1100	14859
沙特阿拉伯	3090	14832
埃及	25370	11110
伊朗	4605	10666
瑞典	5622	9276
哈萨克斯坦	1479	8914
菲律宾	4992	8530
帕劳	5500	6600
新西兰	811	4709
斯里兰卡	2320	2952
赞比亚	231	2380
阿尔及利亚	660	2178
瑞士	1420	1995
德国	900	1350
安哥拉	227	1090
赤道几内亚	1300	1040
格鲁吉亚	310	715
巴西	500	562
法国	216	550
44140010 辐射松制的画框、相框、镜框及类似品		
合计	3598226	8130017
美国	2680484	6436654
荷兰	251524	396229
英国	166699	326005
加拿大	135837	273046
法国	77266	136012
日本	47305	127218
意大利	54861	87777
西班牙	41761	80140
德国	47497	78908
澳大利亚	26902	66765
波兰	30961	49537
瑞士	21664	34662
爱尔兰	4198	14801
中国香港	3295	5271
比利时	1377	5193
新加坡	1510	3165

（续表）

国家/地区	出口数量（千克）	出口金额（美元）
希腊	1767	2827
罗马尼亚	1489	2382
斯洛文尼亚	663	1061
巴西	640	1024
马来西亚	256	714
韩国	160	450
塞浦路斯	110	176
44140090 其他木制的画框、相框、镜框及类似品		
合计	159781803	416918103
美国	76604333	190179073
英国	12513418	33298853
日本	5742042	21475356
德国	7110328	19896984
澳大利亚	9189201	18166681
荷兰	6855735	16048145
法国	4185987	10845525
西班牙	3588424	9440449
加拿大	3864478	9292864
比利时	3897021	8744029
新加坡	1022659	8647019
意大利	2362170	8168557
马来西亚	1461572	6194248
瑞典	1460361	4525024
波兰	1844376	3825111
韩国	1163863	3401776
智利	1525019	3271866
丹麦	883610	2483487
新西兰	1079154	2363717
俄罗斯	868001	2107065
多米尼加	1079666	1916374
巴西	438902	1589569
阿联酋	386035	1578491
尼日利亚	502525	1411795
墨西哥	469074	1392037
中国香港	382006	1376348
沙特阿拉伯	337126	1299855
阿根廷	494769	1275574
爱沙尼亚	642977	1209782
爱尔兰	426955	1207930
以色列	445670	1197770
土耳其	321176	1183843
泰国	343614	1172750
台澎金马关税区	363443	987884

（续表）

国家/地区	出口数量（千克）	出口金额（美元）
南非	370893	952180
菲律宾	474272	928803
秘鲁	255999	868449
吉布提	421601	803849
希腊	322217	786018
葡萄牙	264085	747274
挪威	239856	620139
埃塞俄比亚	202967	616054
哥伦比亚	210224	581276
巴拿马	235027	521987
印度尼西亚	147579	464341
芬兰	148454	455639
克罗地亚	94785	405005
越南	62937	365227
印度	98048	320816
哈萨克斯坦	47136	293994
柬埔寨	109165	278188
朝鲜	187031	271444
伊拉克	112982	246030
奥地利	69886	230368
哥斯达黎加	93884	228577
立陶宛	72790	219323
科威特	66676	217898
尼加拉瓜	126893	211044
瑞士	53356	187540
加纳	119963	184739
几内亚	14685	173795
约旦	38192	162854
斐济	94381	158727
摩洛哥	133644	156350
黎巴嫩	45047	152585
捷克	52613	147478
罗马尼亚	32568	144558
埃及	67941	139590
危地马拉	51845	136466
乌拉圭	46822	136365
波多黎各	30639	131540
斯洛文尼亚	56252	131495
匈牙利	52936	128377
厄瓜多尔	34151	124815
伊朗	37782	103022
坦桑尼亚	26819	92918
塞浦路斯	27050	92834
科特迪瓦	17206	85918

（续表）

国家/地区	出口数量（千克）	出口金额（美元）
巴基斯坦	22361	79283
乌克兰	27301	75969
中国澳门	19690	72056
阿曼	24669	67794
肯尼亚	15748	67791
塞内加尔	16609	61207
马耳他	14649	58557
拉脱维亚	32627	57617
卡塔尔	17955	55627
玻利维亚	24143	50624
乌兹别克斯坦	34412	49906
安哥拉	13922	43980
斯里兰卡	8945	43181
巴林	12540	42917
乌干达	12427	41543
突尼斯	9239	37723
格鲁吉亚	13236	37388
保加利亚	9190	35830
斯洛伐克	12823	34682
牙买加	8440	32151
萨尔瓦多	16953	27780
巴布亚新几内亚	11491	26251
洪都拉斯	7789	25910
毛里求斯	10018	25220
阿鲁巴	3494	20631
阿尔巴尼亚	4216	19283
阿尔及利亚	6167	18903
巴拉圭	5683	18748
留尼汪	3945	18048
冰岛	3731	9570
塞尔维亚	3455	9408
叙利亚	6854	7635
缅甸	563	7430
波黑	3968	6141
文莱	861	6034
法属波利尼西亚	2799	5020
马尔代夫	796	4905
瓜德罗普	539	4512
莫桑比克	1493	3838
阿塞拜疆	709	3395
孟加拉国	1283	3280
海地	2980	3042
加蓬	891	2495
库腊索岛	497	2177

（续表）

国家/地区	出口数量（千克）	出口金额（美元）
黑山	915	2006
库克群岛	350	1859
蒙古	398	1550
巴巴多斯	351	1167
贝宁	1700	1000
索马里	350	980
也门	206	721
巴哈马	170	445
博茨瓦纳	245	432
塔吉克斯坦	22	275
喀麦隆	8	243
直布罗陀	8	105
吉尔吉斯斯坦	5	89
津巴布韦	3	24
马达加斯加	2	5
44151000 木制箱、盒、桶及类似的包装容器；电缆卷筒		
合计	20437476	35876627
美国	6573622	8394075
日本	3828811	4642389
德国	1731433	4331222
韩国	1026467	2392829
中国香港	1520723	2081566
新加坡	387063	1570270
法国	276081	1560788
英国	412066	1384967
澳大利亚	736443	1164931
荷兰	299451	948948
意大利	269298	893051
马来西亚	322349	887540
印度尼西亚	868209	783530
西班牙	246472	669590
台澎金马关税区	169481	491049
越南	70981	455400
加拿大	74078	290042
泰国	228620	251199
比利时	82150	250102
瑞典	59211	187434
阿联酋	76643	183308
印度	190131	178262
墨西哥	31513	149338
沙特阿拉伯	100795	129511
智利	35256	115964
巴西	28845	111262

（续表）

国家/地区	出口数量（千克）	出口金额（美元）
以色列	29534	100827
波多黎各	29499	99853
南非	60692	97203
新西兰	91814	84039
安哥拉	28485	83556
中国澳门	55998	80949
朝鲜	29936	80080
阿根廷	19817	76436
斯里兰卡	43672	69747
巴林	108017	66194
匈牙利	84131	65989
科威特	7121	53898
葡萄牙	17268	51886
黎巴嫩	43828	48014
丹麦	8408	30613
爱尔兰	6493	22964
瑞士	12948	22690
约旦	5115	21505
秘鲁	8996	17265
波兰	6306	15390
乌拉圭	2843	14802
突尼斯	2671	14791
土耳其	21682	14532
菲律宾	8168	13996
莫桑比克	8010	12818
斐济	9691	9376
阿曼	2396	9322
芬兰	2082	8831
拉脱维亚	3132	8590
希腊	2089	7606
厄瓜多尔	1380	6360
哥伦比亚	2058	6330
肯尼亚	2047	6246
挪威	1140	6205
牙买加	450	5200
捷克	1537	4650
爱沙尼亚	1150	4532
立陶宛	2239	4338
洪都拉斯	3497	4063
坦桑尼亚	1800	4030
塞浦路斯	585	3495
卡塔尔	1089	2620
冰岛	250	2310
伊朗	802	2261

（续表）

国家/地区	出口数量（千克）	出口金额（美元）
巴拿马	891	1690
俄罗斯	424	1608
巴基斯坦	288	1197
新喀里多尼亚	1155	1185
阿尔巴尼亚	790	1144
乌克兰	120	984
阿尔及利亚	488	870
埃及	337	653
孟加拉国	3946	629
委内瑞拉	264	436
缅甸	91	295
巴布亚新几内亚	319	240
尼泊尔	38	199
柬埔寨	39	194
留尼汪	33	133
蒙古	1000	89
文莱	40	51
巴拉圭	85	32
多米尼加	70	29
44152010 辐射松制托板箱形托盘及其他装载板托盘护框		
合计	343415	374632
新加坡	113400	147726
泰国	92050	117974
马来西亚	37150	46571
柬埔寨	67500	32060
菲律宾	23596	18530
日本	9000	11091
中国澳门	680	660
美国	39	20
44152090 木托板、箱形托盘及其他装载木板；托盘护框		
合计	43154742	35253541
中国香港	17499165	14448500
韩国	11034458	6748235
新加坡	1760566	3010976
马来西亚	1937950	1762455
日本	1741174	1474772
中国澳门	761262	1290799
台澎金马关税区	2052220	1028083
美国	649370	976400
泰国	1486931	904960
越南	636722	537380
菲律宾	954332	371699

（续表）

国家/地区	出口数量（千克）	出口金额（美元）
比利时	254281	274320
法国	124634	237526
沙特阿拉伯	510756	231879
德国	56442	176430
意大利	30731	154670
英国	119404	138666
波兰	208712	125256
澳大利亚	92140	122954
毛里塔尼亚	141240	119909
加拿大	23791	107992
阿曼	128239	95930
柬埔寨	106198	87635
丹麦	72263	82548
阿联酋	22150	72804
也门	44400	64800
毛里求斯	162000	58453
印度	62904	53109
印度尼西亚	59502	52429
葡萄牙	72211	49740
朝鲜	35828	46759
以色列	8311	39283
尼日利亚	55000	36884
俄罗斯	33250	33459
中非	32250	26850
西班牙	8234	23601
吉布提	32275	23401
荷兰	19598	22531
卡塔尔	4939	15983
塞内加尔	19000	11937
哥伦比亚	9206	10683
利比亚	7116	8539
塔吉克斯坦	13800	7657
突尼斯	2925	7015
厄瓜多尔	2602	6613
新西兰	2254	6167
巴西	1025	5784
瑞士	1160	5747
奥地利	17560	5542
留尼汪	2214	5255
尼日尔	6168	5055
土耳其	4109	4498
阿尔及利亚	3669	4301
智利	2957	4121
多哥	4500	3823

（续表）

国家/地区	出口数量（千克）	出口金额（美元）
约旦	335	3660
牙买加	4000	2710
巴拿马	824	2350
秘鲁	296	1645
瓜德罗普	598	1436
南非	1618	1383
爱沙尼亚	1207	1311
刚果(金)	2130	1305
瑞典	835	799
墨西哥	526	676
挪威	1000	640
巴基斯坦	1253	596
匈牙利	528	524
克罗地亚	731	471
危地马拉	218	349
伊拉克	1925	296
肯尼亚	300	174
哥斯达黎加	100	120
爱尔兰	13	100
马耳他	22	76
黎巴嫩	3	53
保加利亚	150	50
捷克	32	20
44160010 辐射松制大桶、琵琶桶、盆等箍桶及零件		
合计	12	65
美国	12	65
44160090 木制大桶、琵琶桶、盆等木制箍桶及其零件		
合计	1093882	3541088
美国	370019	897468
日本	142002	411744
澳大利亚	109155	361425
新加坡	24193	319190
马来西亚	12712	171909
英国	107691	171818
荷兰	85770	168598
墨西哥	10854	146874
法国	24256	127948
芬兰	14184	111693
德国	26060	98201
比利时	13376	75682
台澎金马关税区	16555	71648
中国香港	9716	44546

(续表)

国家/地区	出口数量(千克)	出口金额(美元)
土耳其	6435	34724
新西兰	9248	31197
阿尔及利亚	9510	24400
智利	3299	24013
西班牙	6097	22005
韩国	5467	21232
加拿大	8472	20882
越南	5809	19740
印度尼西亚	850	15280
摩洛哥	5472	10980
印度	2345	10938
爱尔兰	3615	10648
保加利亚	1099	8792
瑞典	1974	8146
沙特阿拉伯	3789	8078
乌兹别克斯坦	30516	7995
阿联酋	5510	7821
泰国	788	7811
中国澳门	4008	6837
丹麦	627	6691
乌克兰	1241	6394
捷克	575	4595
拉脱维亚	616	3740
意大利	819	3119
匈牙利	361	2814
尼日利亚	750	2625
爱沙尼亚	323	2458
俄罗斯	344	2240
吉布提	328	2230
南非	889	2005
阿根廷	412	1989
奥地利	363	1772
多米尼加	359	1750
葡萄牙	426	1703
以色列	259	1643
瑞士	296	1626
孟加拉国	254	1524
菲律宾	180	1232
哥伦比亚	203	1054
希腊	245	1034
斯洛文尼亚	155	1008
秘鲁	410	872
马耳他	162	854
哈萨克斯坦	98	786

(续表)

国家/地区	出口数量(千克)	出口金额(美元)
肯尼亚	262	506
加纳	150	450
卡塔尔	860	326
巴拿马	480	309
巴西	65	308
瓦努阿图	50	273
马尔代夫	48	240
柬埔寨	28	227
巴林	184	177
巴基斯坦	10	83
尼泊尔	7	60
伊拉克	180	38
黎巴嫩	2	35
哥斯达黎加	15	35
44170010 辐射松制工具等;扫帚及刷子;木鞋靴楦及楦头		
合计	650921	3977243
马来西亚	156404	1749097
新加坡	130450	808951
西班牙	52872	393704
斯里兰卡	26836	373500
日本	151369	217773
以色列	49500	204750
巴拿马	26000	197600
突尼斯	26821	13717
索马里	26000	10010
越南	3448	7420
美国	174	417
韩国	420	200
澳大利亚	492	60
肯尼亚	135	44
44170090 木制工具等;扫帚及刷子等;木鞋靴楦及楦头		
合计	68688851	206833237
新加坡	13325170	62362394
马来西亚	17268816	60928005
印度	1925314	6919652
南非	2173500	6915866
秘鲁	1968420	6554578
阿联酋	2700330	6486434
印度尼西亚	1664525	3771739
韩国	2200246	3407809
沙特阿拉伯	3193662	3288869
墨西哥	569856	2733997

(续表)

国家/地区	出口数量(千克)	出口金额(美元)
越南	1373037	2684463
智利	680530	2626780
哈萨克斯坦	1202823	2494105
日本	813741	2228959
危地马拉	407304	1521170
多米尼加	277808	1506053
伊拉克	2344904	1487727
巴西	198917	1467197
吉尔吉斯斯坦	730440	1387656
美国	592405	1303464
马耳他	234538	1290044
斯里兰卡	273570	1110607
以色列	357954	1091938
尼日利亚	1165685	944490
英国	206941	944016
巴拿马	274634	930794
台澎金马关税区	282189	909282
哥伦比亚	111048	897540
澳大利亚	73426	761047
西班牙	602947	696597
土耳其	451633	643734
突尼斯	286590	641469
利比亚	492518	622249
泰国	357345	603223
波兰	92174	600421
吉布提	304986	592712
安哥拉	313745	590975
阿根廷	186115	589225
约旦	818394	566695
卡塔尔	261673	521887
加拿大	61340	503402
德国	90958	496980
萨尔瓦多	99751	435642
希腊	92235	421659
摩洛哥	144025	411737
埃及	559991	354414
伊朗	314193	314042
意大利	362523	310821
也门	180352	308754
巴基斯坦	258109	301155
坦桑尼亚	197173	293585
肯尼亚	329953	284644
叙利亚	102964	284003
法国	67584	283856

（续表）

国家/地区	出口数量（千克）	出口金额（美元）
黎巴嫩	214827	247670
荷兰	53237	246231
科威特	101416	245301
阿尔及利亚	435151	241325
波多黎各	84013	231209
文莱	25548	197393
加纳	267023	191261
菲律宾	121004	181891
阿尔巴尼亚	87772	176519
俄罗斯	151532	162739
比利时	102000	161382
哥斯达黎加	26600	159300
中国香港	85414	132476
阿曼	52369	112399
索马里	48489	111562
莫桑比克	65735	104058
圭亚那	25626	99778
毛里求斯	85756	99686
马达加斯加	104096	88779
埃塞俄比亚	28004	88583
苏丹	233826	74101
罗马尼亚	46223	68324
塞内加尔	53215	58551
牙买加	36060	55531
巴林	21624	52618
海地	47909	50703
刚果(金)	53536	50183
瑞典	6694	39400
毛里塔尼亚	29612	35117
巴拉圭	17710	34653
柬埔寨	2743	31234
孟加拉国	39467	28562
乌克兰	7820	26500
乌拉圭	48819	24278
新西兰	9764	23929
葡萄牙	21646	23913
加蓬	20816	23709
科特迪瓦	7854	22829
贝宁	25048	21563
特立尼达和多巴哥	27502	18741
塞拉利昂	13150	13605
格鲁吉亚	4237	12329
博茨瓦纳	4321	11770
苏里南	30224	11537

（续表）

国家/地区	出口数量（千克）	出口金额（美元）
中国澳门	7270	10255
爱尔兰	2511	8567
乌兹别克斯坦	5769	8558
冈比亚	4094	6960
克罗地亚	12021	6753
丹麦	1050	6651
爱沙尼亚	3146	6075
斯洛文尼亚	13752	6012
乌干达	8721	5924
奥地利	2051	5245
尼加拉瓜	2000	4960
几内亚	3333	4186
法属波利尼西亚	1602	3710
塞浦路斯	3301	3194
马里	3290	3154
厄瓜多尔	1763	2387
科摩罗	1889	1736
卢旺达	820	1703
圣基茨和尼维斯	934	1494
喀麦隆	2872	1350
瓦努阿图	871	1273
留尼汪	1061	1188
马尔代夫	1713	1028
刚果(布)	850	986
津巴布韦	1224	979
芬兰	21	861
利比里亚	555	820
黑山	400	735
土库曼斯坦	1000	700
匈牙利	896	594
巴布亚新几内亚	253	356
乍得	117	283
南苏丹	75	167
蒙古	300	102
缅甸	300	100
东帝汶	38	80
保加利亚	26	65
多哥	200	58
亚美尼亚	66	58
赤道几内亚	20	46
几内亚比绍	90	40
马约特	120	36
朝鲜	30	30

（续表）

国家/地区	出口数量（千克）	出口金额（美元）
44181010 辐射松制窗、法兰西式(落地)窗及其框架		
合计	2400	10923
巴基斯坦	615	6833
荷兰	210	2240
津巴布韦	1575	1850
44181090 木制窗、法兰西式(落地)窗及其木制框架		
合计	37836600	179947842
美国	10474061	54242200
中国香港	7937312	36406947
澳大利亚	4350324	36015745
英国	3541125	19534679
日本	4755162	10641825
荷兰	1940523	6015820
韩国	688491	3849799
德国	1588389	2292175
新西兰	136939	1219517
马来西亚	77504	1100778
南非	206340	1003166
贝宁	178866	913610
越南	142572	778844
尼日利亚	144524	689446
意大利	413300	542989
台澎金马关税区	79769	521542
阿联酋	76965	502900
法国	178222	458364
比利时	53497	446389
加拿大	67865	401597
印度	63463	271918
泰国	53094	268648
爱尔兰	35285	255406
智利	69744	251136
波兰	26172	185046
突尼斯	275550	171143
新加坡	39851	151317
沙特阿拉伯	23681	116346
中国澳门	87576	73313
巴林	13376	68785
墨西哥	6813	58337
菲律宾	10498	53251
科威特	7886	43387
缅甸	715	41962
俄罗斯	6447	36813

(续表)

国家/地区	出口数量（千克）	出口金额（美元）
海地	1880	31871
丹麦	6107	25191
以色列	6746	25081
斯洛伐克	2740	23865
塞尔维亚	5166	21620
葡萄牙	5503	21418
罗马尼亚	5830	21265
希腊	2827	19941
克罗地亚	14000	18550
阿根廷	3360	18016
约旦	2048	14831
匈牙利	912	13528
乌干达	930	13237
赤道几内亚	4500	10235
秘鲁	3600	7605
毛里求斯	930	5835
巴基斯坦	4197	4865
塞内加尔	895	3580
哈萨克斯坦	1202	3561
卡塔尔	6020	3010
喀麦隆	240	2880
埃及	130	2677
巴拉圭	1642	2172
挪威	184	1247
加纳	359	1244
文莱	108	810
乌兹别克斯坦	187	750
巴西	1478	729
乌拉圭	145	680
伊朗	144	618
利比亚	325	585
斐济	160	510
西班牙	76	278
哥斯达黎加	27	193
瓜德罗普	22	94
土耳其	75	91
塞浦路斯	4	39
44182000 木制门及其框架和门槛		
合计	340023328	668517298
美国	96814633	179403216
日本	35448326	95945998
中国香港	36801642	71137899
英国	16940206	35532798
罗马尼亚	25902054	27745595

(续表)

国家/地区	出口数量（千克）	出口金额（美元）
加拿大	13965769	24822602
委内瑞拉	7083548	22192624
新加坡	6312475	17808171
中国澳门	5871657	16156814
法国	3929236	12744376
阿联酋	5776289	12595353
澳大利亚	4037652	12176710
马来西亚	1927875	8620308
爱尔兰	4651091	8479542
菲律宾	4444565	6956034
沙特阿拉伯	2432901	6689037
巴基斯坦	2509216	5574831
韩国	4120963	5435241
尼日利亚	3916827	5410575
保加利亚	5244261	5406163
伊拉克	5652889	5281614
印度	1279718	3776988
格鲁吉亚	3719378	3746804
阿曼	1355538	3087253
科威特	1922660	2751132
斯里兰卡	1083668	2651376
卡塔尔	1250873	2387383
比利时	1181946	2348337
以色列	1272460	2279112
泰国	1275517	2160933
阿尔巴尼亚	2138823	2159476
越南	640847	2129127
阿尔及利亚	882813	2058786
柬埔寨	751551	2007243
土耳其	1799284	1860794
巴拿马	1064028	1822353
摩尔多瓦	1408030	1635726
加纳	596188	1559720
亚美尼亚	1403471	1551733
吉布提	487629	1523311
土库曼斯坦	1256565	1423414
肯尼亚	362247	1329969
安哥拉	392854	1308845
坦桑尼亚	543504	1298367
巴林	438181	1173199
埃及	1197888	1133624
墨西哥	727072	1083314
乌克兰	880661	970898
印度尼西亚	230703	960057

(续表)

国家/地区	出口数量（千克）	出口金额（美元）
缅甸	317212	946953
马尔代夫	207285	910970
塞尔维亚	818130	895491
台澎金马关税区	317259	846285
乌拉圭	574937	844432
伊朗	798010	817879
塞内加尔	177190	730026
南非	539240	703497
多米尼加	361406	692644
埃塞俄比亚	242364	675574
希腊	431626	631307
科特迪瓦	216332	605940
阿根廷	423959	605622
黎巴嫩	359829	571808
特立尼达和多巴哥	237299	566266
莫桑比克	152446	561929
利比亚	617833	559637
赞比亚	233595	541729
白俄罗斯	90484	527904
牙买加	173963	523780
智利	274763	505012
哥斯达黎加	444101	500600
立陶宛	410250	462123
冈比亚	281909	456149
蒙古	893353	441022
刚果(布)	81834	421308
荷兰	130220	416362
德国	162456	393506
约旦	133095	388434
毛里求斯	125293	381082
孟加拉国	114237	375783
老挝	84772	368370
海地	189476	335458
索马里	105930	316116
秘鲁	206867	308547
几内亚	109071	303623
巴布亚新几内亚	173537	302748
朝鲜	151231	293556
新西兰	75275	267092
毛里塔尼亚	60029	256699
马拉维	80749	253788
玻利维亚	190106	252607
赤道几内亚	70596	252116
摩洛哥	89970	230590

（续表）

国家/地区	出口数量（千克）	出口金额（美元）
黑山	189855	216370
哥伦比亚	186631	204157
哈萨克斯坦	36295	200713
喀麦隆	52037	198802
苏丹	70429	195673
斐济	106068	191794
马达加斯加	126048	187071
多哥	63344	180599
津巴布韦	48494	178649
瓦努阿图	54863	169311
阿塞拜疆	174442	168904
马耳他	114219	157831
萨摩亚	71800	148831
贝宁	35106	138676
刚果(金)	35375	137324
塔吉克斯坦	37625	137195
波多黎各	27370	135215
巴拉圭	99229	119609
利比里亚	27849	114658
西班牙	36264	113856
危地马拉	49838	110920
马约特	23792	107765
法属波利尼西亚	24900	100583
卢旺达	47396	99766
汤加	19735	99102
马里	41209	96569
布隆迪	24144	96323
突尼斯	40058	94629
苏里南	81505	93512
古巴	31844	84430
俄罗斯	56526	81244
所罗门群岛	49641	80749
安提瓜和巴布达	14174	76378
前南马其顿	75055	67847
加蓬	12684	67578
中非	12745	64813
意大利	20078	64251
巴西	40909	59105
塞舌尔	15073	58336
克罗地亚	50952	56530
厄瓜多尔	51704	53916
格林纳达	19186	52736
塞拉利昂	12180	52382
波兰	2988	50148

（续表）

国家/地区	出口数量（千克）	出口金额（美元）
留尼汪	33710	46394
洪都拉斯	25115	45739
科摩罗	6399	45368
文莱	6527	42796
布基纳法索	46471	41930
库克群岛	5720	38932
乌干达	21446	37980
尼泊尔	8232	35966
东帝汶	14683	35333
新喀里多尼亚	23180	35195
尼加拉瓜	4720	32568
冰岛	5365	26684
巴哈马	4933	26432
荷属安地列斯	20775	25276
巴巴多斯	4427	24048
博茨瓦纳	9443	22005
马绍尔群岛	19570	21313
纳米比亚	4227	19757
瑞典	3235	18809
多米尼克	11000	18463
密克罗尼西亚联邦	15210	17151
圭亚那	3423	16487
图瓦卢	4055	15206
波黑	10595	13645
匈牙利	4291	12871
挪威	3742	10963
英属维尔京群岛	2970	10281
南苏丹	2768	9987
斯洛伐克	1900	7057
萨尔瓦多	1710	6814
乌兹别克斯坦	7622	6763
塞浦路斯	4887	6355
丹麦	1776	6286
伯利兹	1000	5800
斯威士兰	1080	5760
帕劳	1960	5153
阿鲁巴	637	3669
捷克	1030	3106
厄立特里亚	1120	2903
佛得角	880	2763
瑞士	412	1218
乍得	270	1160
几内亚比绍	300	992
圣基茨和尼维斯	330	750

（续表）

国家/地区	出口数量（千克）	出口金额（美元）
圣文森特和格林纳丁斯	719	736
斯洛文尼亚	113	445
44184000 木制水泥构件的模板		
合计	31399160	26398082
澳大利亚	7099120	6716890
中国香港	1229773	2378040
朝鲜	2054814	1409320
印度尼西亚	1788300	1097471
巴基斯坦	1502424	1056840
马来西亚	1680657	1023955
中国澳门	612780	1011357
文莱	814400	927413
埃塞俄比亚	1317054	758589
越南	1158570	651780
美国	961708	635975
新加坡	173202	481812
安哥拉	385483	446702
阿联酋	442887	446647
柬埔寨	623760	437839
肯尼亚	477131	401052
斯里兰卡	418852	325178
乌兹别克斯坦	468310	315127
马尔代夫	464795	297119
喀麦隆	420020	275250
孟加拉国	268405	248820
牙买加	381219	240092
科特迪瓦	313669	229456
塞内加尔	239717	203331
刚果(金)	339536	198591
哈萨克斯坦	208733	195179
卡塔尔	311604	178349
韩国	128544	172765
刚果(布)	263300	172152
冈比亚	253170	169255
格鲁吉亚	269155	165977
阿尔及利亚	191400	146520
利比里亚	166175	123246
亚美尼亚	139476	121090
纳米比亚	180220	120760
赤道几内亚	188892	118265
科威特	153900	115710
南苏丹	144339	109650
赞比亚	150360	107185

(续表)

国家/地区	出口数量（千克）	出口金额（美元）
博茨瓦纳	43912	106673
吉尔吉斯斯坦	144464	105714
毛里求斯	146800	105570
菲律宾	133180	103581
突尼斯	136530	101388
毛里塔尼亚	118660	90563
坦桑尼亚	133741	87597
俄罗斯	108250	80090
吉布提	119107	80056
塔吉克斯坦	66660	79098
巴布亚新几内亚	109833	76371
莫桑比克	119650	75665
津巴布韦	98840	72263
委内瑞拉	45806	61632
泰国	99165	61135
所罗门群岛	49602	53758
老挝	83776	49922
圣基茨和尼维斯	77000	49368
古巴	82800	48749
厄立特里亚	62530	40435
佛得角	62635	39655
瓦努阿图	46637	38686
巴西	10207	38420
苏丹	42760	36368
马里	54500	36294
乌干达	37075	33244
蒙古	231440	32569
东帝汶	49760	32356
缅甸	79200	32224
阿曼	54900	31901
埃及	39024	30999
秘鲁	13030	28666
卢旺达	30000	27357
斐济	35003	24364
巴拿马	51400	23451
多哥	22650	16983
日本	1810	16645
玻利维亚	14700	16006
台澎金马关税区	24000	15994
中非	20895	14978
加纳	15300	13043
智利	15000	11490
多米尼克	25000	10247
萨摩亚	19680	9364

(续表)

国家/地区	出口数量（千克）	出口金额（美元）
塞舌尔	14300	8800
塞拉利昂	3246	5005
科摩罗	6400	3328
尼泊尔	2640	2785
印度	3178	2751
新西兰	4200	2393
加蓬	1900	1027
波黑	530	312
44185000 木瓦及木制盖屋板		
合计	10147298	10759426
美国	9276801	9449837
韩国	355434	607388
加拿大	267401	286834
台澎金马关税区	86394	186132
菲律宾	44053	59434
伊朗	20663	49029
日本	41864	42481
肯尼亚	11306	24515
毛里求斯	12102	23056
巴林	5816	11019
新加坡	9802	8117
英国	2050	5230
中国香港	10000	2577
德国	194	1381
哈萨克斯坦	2182	1128
利比里亚	900	596
中国澳门	200	400
意大利	136	272
44186000 木制柱及梁		
合计	11114249	12923407
日本	6660471	6223221
美国	1098202	2832695
加拿大	317336	829793
韩国	351639	440389
柬埔寨	166035	402900
中国香港	239790	344752
马尔代夫	239826	245208
澳大利亚	604523	212824
中国澳门	499082	166275
科特迪瓦	126000	150234
新加坡	30207	136921
阿联酋	120174	129706
台澎金马关税区	130759	129183
埃塞俄比亚	67962	94350

(续表)

国家/地区	出口数量（千克）	出口金额（美元）
罗马尼亚	79500	66522
吉布提	48095	64470
阿尔及利亚	32315	51704
毛里求斯	34984	43380
智利	28950	38919
阿根廷	28976	36281
巴基斯坦	35699	33895
菲律宾	23214	33016
伊朗	22755	28767
越南	17000	24209
南非	17455	21595
约旦	14000	21000
奥地利	7841	12685
几内亚	13431	10357
莫桑比克	6350	8600
挪威	4200	8568
赞比亚	6690	8556
马来西亚	1594	7615
马拉维	4900	7251
荷兰	2010	7236
孟加拉国	3240	6264
肯尼亚	9000	5959
斐济	1138	5533
以色列	2850	5345
西班牙	1233	5245
乌兹别克斯坦	2356	4478
巴拉圭	530	4218
密克罗尼西亚联邦	4400	3106
意大利	1361	3084
贝宁	1050	2100
萨尔瓦多	1900	1500
秘鲁	905	1433
埃及	230	1120
德国	448	380
英国	296	160
芬兰	69	151
蒙古	1000	145
泰国	45	59
古巴	230	35
尼泊尔	3	15
44187400 其他马赛克地板用已装拼的木地板		
合计	602491	1205720
韩国	327821	607822
日本	52805	137531

（续表）

国家/地区	出口数量（千克）	出口金额（美元）
新加坡	55152	103924
台澎金马关税区	44737	85404
马来西亚	33156	61842
菲律宾	13561	54777
美国	10956	22245
中国香港	11809	21635
澳大利亚	11699	21563
泰国	10999	20762
英国	4103	18575
印度尼西亚	9568	17980
西班牙	3355	9871
阿根廷	4852	7027
斯里兰卡	996	5643
沙特阿拉伯	1136	3181
哥伦比亚	844	2533
科威特	417	1334
伊拉克	4121	1062
孟加拉国	235	823
加拿大	44	165
俄罗斯	125	21
44187500 其他多层已装拼的木地板		
合计	5387665	9069953
中国香港	2329110	2894695
朝鲜	1396193	2235238
美国	645315	1712692
马来西亚	313524	711522
斯里兰卡	140564	311449
中国澳门	108600	253640
越南	28653	225086
韩国	105794	119714
日本	28752	100080
台澎金马关税区	28000	92367
澳大利亚	19724	66453
英国	38668	66038
缅甸	19770	55000
加拿大	71496	46270
以色列	15561	30032
西班牙	5452	26028
德国	12602	22075
新加坡	1933	21263
菲律宾	16261	20000
阿联酋	8985	13028
泰国	2250	11250
柬埔寨	12500	10295

（续表）

国家/地区	出口数量（千克）	出口金额（美元）
马达加斯加	21360	8872
印度	9622	4953
爱尔兰	2000	4500
巴基斯坦	1836	2681
吉布提	1053	2106
俄罗斯	1420	1274
巴拿马	598	934
南非	69	418
44187900 其他已装拼木地板		
合计	17494606	24415989
美国	12120338	14738048
韩国	943359	1984492
中国澳门	1102109	1374829
日本	516176	984082
朝鲜	1184148	983285
中国香港	519754	724251
加拿大	115264	507773
英国	143750	445015
马来西亚	71617	402522
印度	87368	270236
新加坡	68513	236945
越南	56503	206375
巴基斯坦	84518	203727
沙特阿拉伯	76076	174975
吉布提	28764	139637
泰国	50668	127805
安哥拉	23156	112599
澳大利亚	42022	106711
伊朗	13506	73067
阿联酋	32545	70252
德国	20759	67323
南非	22952	58428
马尔代夫	16000	36908
刚果（金）	13651	36767
尼日利亚	7200	28800
菲律宾	13558	24363
丹麦	7797	24178
爱尔兰	4454	22270
科摩罗	4000	22000
加纳	5500	20280
肯尼亚	6000	18720
孟加拉国	5000	15600
埃及	2996	14980
南苏丹	13386	13951

（续表）

国家/地区	出口数量（千克）	出口金额（美元）
台澎金马关税区	3875	13873
贝宁	4000	12480
俄罗斯	7704	12279
刚果（布）	2400	12000
伊拉克	19250	10939
喀麦隆	3000	10500
斯里兰卡	2294	10309
莫桑比克	2500	10000
缅甸	1890	9450
多哥	2000	7600
保加利亚	5900	6500
新西兰	1329	6305
新喀里多尼亚	912	4615
巴拿马	2693	4375
文莱	3430	3773
尼日尔	2280	2289
西班牙	1402	2103
海地	2800	1871
荷兰	600	1800
以色列	740	1110
坦桑尼亚	200	624
44189900 未列名建筑用木工制品		
合计	79854631	177556153
美国	32226276	73724009
日本	12770193	29392374
中国香港	8489681	15717763
中国澳门	4283403	9943929
英国	3259787	9265581
韩国	3017697	6044844
加拿大	2750740	5544123
澳大利亚	1930815	4145404
马来西亚	827291	3738720
印度	656850	3126581
新加坡	416547	1936893
意大利	518699	1302198
爱尔兰	589283	1261233
沙特阿拉伯	263536	978131
阿联酋	618028	976882
俄罗斯	139118	816976
比利时	283979	723732
巴基斯坦	885475	652744
台澎金马关税区	296884	594174
多米尼加	178064	425605
泰国	111587	412561

(续表)

国家/地区	出口数量（千克）	出口金额（美元）
德国	243677	375691
越南	217801	324749
菲律宾	106413	290634
荷兰	162046	277191
赤道几内亚	112817	249893
新西兰	86429	218330
塞舌尔	21523	213902
南非	64990	212168
阿曼	60116	207703
格鲁吉亚	12822	207313
西班牙	47258	204612
柬埔寨	101435	194530
吉布提	244021	194251
埃及	118888	188633
莫桑比克	21640	164619
老挝	382937	163562
印度尼西亚	47409	161305
阿尔及利亚	15358	160519
蒙古	1688610	157537
安哥拉	37964	156571
以色列	67851	150821
缅甸	149100	146666
斯里兰卡	65428	139182
摩洛哥	40708	133747
尼日利亚	53138	125475
文莱	102725	123073
法国	47389	114516
伊朗	45493	111739
卡塔尔	36173	100491
朝鲜	104297	97202
哈萨克斯坦	47533	96106
孟加拉国	70496	84711
肯尼亚	40390	84693
伊拉克	27401	83974
丹麦	21230	75607
智利	21672	75350
斯洛文尼亚	35108	74568
牙买加	145285	69876
阿根廷	21238	50675
瓦努阿图	94564	45555
加纳	8980	38860
墨西哥	24679	35697
多哥	5997	35229
坦桑尼亚	62096	33213

(续表)

国家/地区	出口数量（千克）	出口金额（美元）
马尔代夫	39957	30466
汤加	3800	30344
几内亚	6883	29067
巴拿马	24500	28000
萨尔瓦多	14100	26724
塞尔维亚	5798	26091
巴哈马	1347	19082
尼加拉瓜	11700	17500
帕劳	2332	17482
图瓦卢	2900	12470
利比里亚	16690	12247
科威特	5828	9880
瑞士	1194	9510
尼日尔	2970	9508
斐济	17939	9280
秘鲁	1001	9031
土耳其	1777	9007
马耳他	3046	8600
乌兹别克斯坦	12964	8310
刚果(布)	5251	8186
瑞典	4075	8128
塞内加尔	260	6240
乌拉圭	2128	5484
所罗门群岛	8200	4800
波兰	2082	4753
毛里求斯	850	3835
巴巴多斯	1120	3627
罗马尼亚	976	3334
巴布亚新几内亚	530	3062
埃塞俄比亚	2175	1558
克罗地亚	544	1501
奥地利	350	1407
津巴布韦	204	1172
突尼斯	120	449
科摩罗	1500	375
爱沙尼亚	70	179
乌干达	200	161
加蓬	32	80
希腊	180	27
44199010 木制一次性筷子		
合计	67103554	117929081
日本	48593302	84783406
韩国	14794841	24830773
美国	1688393	3636936

(续表)

国家/地区	出口数量（千克）	出口金额（美元）
台澎金马关税区	443378	933203
澳大利亚	261374	622943
智利	189454	441504
印度尼西亚	172070	415453
德国	133285	323083
新西兰	114005	260451
巴西	115730	257133
加拿大	92158	236399
瑞典	86413	223016
法国	85267	195333
墨西哥	72119	163269
西班牙	68306	154258
英国	46405	122816
马来西亚	37100	83374
波兰	27250	57135
荷兰	20549	51931
新加坡	15766	41718
委内瑞拉	11200	29120
葡萄牙	7126	18528
乌拉圭	6920	15372
印度	2181	4845
越南	2502	4504
塞浦路斯	1700	4250
中国香港	72	4130
沙特阿拉伯	2050	3805
多米尼加	4260	3451
朝鲜	6560	3074
丹麦	840	2100
科威特	80	677
柬埔寨	735	463
巴拿马	80	308
卡塔尔	40	235
斯里兰卡	5	56
芬兰	33	21
马达加斯加	5	8
44199090 未列名木制餐具及厨房用具		
合计	42888510	203082734
美国	10728085	53330904
日本	3649557	26252475
英国	3577752	14001356
德国	2890170	12288447
荷兰	3154868	10429295
澳大利亚	2624975	9844307
新加坡	846760	8878603

（续表）

国家/地区	出口数量（千克）	出口金额（美元）
加拿大	1266478	6233841
法国	1109965	4433099
韩国	1047363	4399577
马来西亚	450371	4285448
意大利	799716	3809821
西班牙	795876	3286878
丹麦	592307	3268057
沙特阿拉伯	872656	3065455
比利时	800012	2709542
中国香港	587278	2631158
瑞典	482616	2605703
阿联酋	431763	1985239
波兰	556120	1848026
新西兰	424092	1605960
台澎金马关税区	266333	1554759
巴西	287862	1371699
俄罗斯	250032	1286727
芬兰	201571	1270312
瑞士	249410	1217022
土耳其	376206	1192875
阿尔及利亚	564864	1136097
墨西哥	259116	1061347
以色列	221920	990019
南非	185928	953864
智利	196749	855740
泰国	123369	794813
科威特	150615	689839
印度	159257	624054
挪威	107556	579917
捷克	114993	537010
希腊	115129	528865
菲律宾	91382	435885
伊朗	62325	424596
斯洛文尼亚	85433	294925
阿根廷	70302	291321
黎巴嫩	72360	280888
爱尔兰	65116	269098
秘鲁	52748	257218
葡萄牙	54669	235335
巴拿马	42364	230444
印度尼西亚	133900	228800
利比亚	85109	174934
波多黎各	55304	165355
卡塔尔	26072	147281

（续表）

国家/地区	出口数量（千克）	出口金额（美元）
拉脱维亚	9707	132585
哥伦比亚	34379	131266
约旦	29897	95178
厄瓜多尔	15604	90762
哥斯达黎加	14168	85964
奥地利	15453	84585
乌拉圭	19681	83284
罗马尼亚	30999	81385
伊拉克	25733	79734
越南	10772	76675
中国澳门	34982	66488
巴基斯坦	12707	62818
立陶宛	10777	54327
乌克兰	6906	48049
摩洛哥	7769	39519
斯洛伐克	19274	39346
多米尼加	8472	38179
安哥拉	3503	37268
乌兹别克斯坦	9422	36786
危地马拉	6219	34529
克罗地亚	9045	32876
巴林	6368	29771
保加利亚	10474	27659
新喀里多尼亚	12433	26011
埃及	11970	25600
爱沙尼亚	4437	25289
法属波利尼西亚	13325	25064
毛里塔尼亚	3352	16476
巴布亚新几内亚	2925	16292
哈萨克斯坦	5220	15231
突尼斯	5627	14254
巴哈马	1565	11661
马耳他	4657	11577
留尼汪	6161	10261
加纳	3402	9909
古巴	696	8892
匈牙利	5849	7964
冰岛	1589	7824
萨尔瓦多	2053	7738
也门	7079	7717
塞浦路斯	2211	7467
坦桑尼亚	1517	6343
牙买加	500	5942
斐济	1225	4938

（续表）

国家/地区	出口数量（千克）	出口金额（美元）
毛里求斯	1682	4724
巴拉圭	526	3828
缅甸	268	3624
肯尼亚	996	3322
洪都拉斯	1103	3171
格鲁吉亚	833	2780
吉尔吉斯斯坦	1407	2660
阿曼	1041	2562
塞内加尔	2015	2520
斯里兰卡	437	2450
玻利维亚	280	2077
黑山	601	2075
塞舌尔	400	2030
刚果（金）	339	1672
孟加拉国	649	1098
塞尔维亚	488	940
马尔代夫	157	704
柬埔寨	68	640
蒙古	6700	581
加蓬	495	549
特立尼达和多巴哥	229	488
埃塞俄比亚	227	446
马达加斯加	10	409
尼加拉瓜	185	318
阿尔巴尼亚	80	272
朝鲜	31	206
赞比亚	71	199
几内亚	25	116
马提尼克	19	99
瓜德罗普	11	68
吉布提	60	62
厄立特里亚	10	60
科特迪瓦	20	50
喀麦隆	17	49
白俄罗斯	50	42
圭亚那	46	40
摩尔多瓦	16	28
刚果（布）	16	27
法属圭亚那	5	20
津巴布韦	19	15
44201011 木刻		
合计	58823	888921
日本	12524	636763
美国	29049	134710

(续表)

国家/地区	出口数量（千克）	出口金额（美元）
台澎金马关税区	3500	57725
俄罗斯	400	16000
韩国	3736	15121
印度	4230	11844
马来西亚	3496	3914
德国	239	3582
越南	280	3500
加拿大	449	3449
澳大利亚	675	1386
英国	140	437
巴林	24	356
中国香港	81	134
44201020 木扇		
合计	397166	5075531
西班牙	208002	3031407
日本	20668	652502
英国	63744	544624
美国	16785	126670
德国	9494	123718
法国	5036	95439
葡萄牙	1273	92574
希腊	6687	89155
墨西哥	16724	78989
土耳其	11768	66384
古巴	6811	44341
意大利	6505	34993
印度尼西亚	8067	22588
奥地利	630	14580
韩国	7835	14180
马尔代夫	280	7500
俄罗斯	855	5763
巴西	1083	4104
中国香港	450	3564
泰国	327	2990
印度	528	2854
菲律宾	192	2673
阿根廷	242	2300
荷兰	305	2217
新加坡	950	1805
加拿大	163	1800
孟加拉国	681	1704
哥伦比亚	528	1616
比利时	380	1235
澳大利亚	39	1040

(续表)

国家/地区	出口数量（千克）	出口金额（美元）
以色列	100	120
马来西亚	34	102
44201090 其他木制小雕像及装饰品		
合计	149226951	766115447
美国	79522904	368386991
荷兰	11925457	64016669
德国	11397971	62220834
英国	8181887	38381925
日本	2628839	27654889
新加坡	1890722	20754055
意大利	2855574	18808160
台澎金马关税区	3547145	16757778
法国	2787224	15199775
加拿大	3041921	15143545
澳大利亚	1875039	11613740
西班牙	2120784	11338411
比利时	1668544	9965980
马来西亚	1009564	8135855
波兰	1204327	7259591
希腊	773138	4606484
沙特阿拉伯	980753	4199806
丹麦	604394	4002432
阿联酋	518895	3472470
中国香港	621754	3370257
以色列	748826	3210266
韩国	421839	3164964
瑞典	472102	3047631
墨西哥	725932	2688052
南非	441903	2511390
俄罗斯	379828	2024390
印度	432989	1787448
斯洛文尼亚	368221	1634277
巴西	296961	1630840
阿根廷	320383	1574780
瑞士	185095	1457705
葡萄牙	210563	1344321
奥地利	227641	1296595
新西兰	298946	1184095
科威特	230792	1117519
捷克	114961	1097048
土耳其	259000	1084579
爱尔兰	200817	1066056
智利	247602	1021838
泰国	164858	982005

(续表)

国家/地区	出口数量（千克）	出口金额（美元）
哥伦比亚	179813	951012
匈牙利	84471	945225
巴拿马	96924	804342
摩洛哥	174579	775298
斯洛伐克	171932	763866
菲律宾	216403	746391
阿尔及利亚	317768	735055
保加利亚	75512	719150
秘鲁	109005	711841
越南	90505	621881
芬兰	98049	606411
黎巴嫩	120128	567035
挪威	97644	546159
波多黎各	82616	515469
乌克兰	67698	429550
多米尼加	76573	376681
伊拉克	185254	346571
印度尼西亚	61986	316702
斯里兰卡	127685	315134
克罗地亚	36738	305443
卡塔尔	64880	290996
马耳他	37222	239877
伊朗	49363	234711
埃及	57147	210885
爱沙尼亚	15931	196534
肯尼亚	86068	170345
罗马尼亚	41862	163785
约旦	25376	150523
阿曼	42687	134374
乌拉圭	31311	124073
拉脱维亚	15383	113039
尼日利亚	35596	112357
巴林	11897	105605
乌兹别克斯坦	15507	103500
立陶宛	7933	80852
毛里求斯	9375	76132
哈萨克斯坦	17237	74829
哥斯达黎加	12049	73556
委内瑞拉	4143	69308
萨尔瓦多	20410	66402
冰岛	5320	64317
厄瓜多尔	19985	59737
安哥拉	8060	56810
巴基斯坦	8556	55472

（续表）

国家/地区	出口数量（千克）	出口金额（美元）
塞浦路斯	10053	54766
中国澳门	12894	54231
古巴	9468	49732
巴哈马	7323	47472
突尼斯	12023	44959
孟加拉国	15364	41243
牙买加	3561	39732
吉布提	8239	36464
坦桑尼亚	15540	36153
留尼汪	3453	32743
加纳	6480	26951
黑山	4763	26339
格鲁吉亚	5815	26252
阿尔巴尼亚	5144	25668
缅甸	25840	21224
莫桑比克	8758	15988
塞尔维亚	2267	15980
危地马拉	3212	14919
也门	2413	10135
波黑	4128	9701
巴巴多斯	4218	9691
巴拉圭	1061	8825
柬埔寨	572	8499
洪都拉斯	2160	8317
利比亚	5263	7718
库腊索岛	1689	7396
塞内加尔	1449	7231
尼加拉瓜	1560	6628
赤道几内亚	1100	5791
喀麦隆	917	5498
斐济	610	5254
乌干达	1690	5070
玻利维亚	396	4489
特立尼达和多巴哥	1785	4483
科特迪瓦	973	4468
刚果(布)	947	4146
库克群岛	122	4091
文莱	681	3738
新喀里多尼亚	516	3323
刚果(金)	612	3137
加蓬	587	3035
朝鲜	4045	2832
埃塞俄比亚	750	2700
苏丹	406	2436

（续表）

国家/地区	出口数量（千克）	出口金额（美元）
法属波利尼西亚	560	2278
马约特	595	2183
巴布亚新几内亚	85	1997
马尔代夫	273	1660
吉尔吉斯斯坦	956	1550
几内亚	1166	1449
瓜德罗普	462	960
白俄罗斯	54	535
赞比亚	37	191
马提尼克	4	166
法属圭亚那	2	151
蒙古	1151	130
社会群岛	81	64
津巴布韦	2	4
44209010 镶嵌木		
合计	514362	1952715
新加坡	211612	810991
马来西亚	80440	325704
印度	55800	195858
西班牙	29011	110741
意大利	26000	98670
多米尼加	25162	98635
叙利亚	28120	98420
秘鲁	28001	97727
越南	20995	52417
日本	5282	36908
缅甸	67	9487
比利时	815	3969
英国	680	3632
阿联酋	1361	1892
中国香港	291	1653
加拿大	80	1452
奥地利	205	1302
波兰	205	1302
澳大利亚	108	1174
以色列	120	449
美国	7	332
44209090 珠宝或刀具木盒及类似品；第 94 章以外的木家具		
合计	67342045	315800796
美国	20043630	91178406
日本	5582987	31652672
新加坡	1695347	21424331
英国	4198887	20113783

（续表）

国家/地区	出口数量（千克）	出口金额（美元）
德国	4324978	19716187
荷兰	4785158	13417778
法国	3103454	12017708
马来西亚	1169221	9581853
澳大利亚	1975194	7677546
意大利	1597596	7358754
中国香港	1188393	7253952
韩国	1378457	7014905
西班牙	1513761	6285785
加拿大	1424472	5706397
沙特阿拉伯	1363848	5618135
瑞士	479959	5355576
波兰	1559727	5239863
比利时	1308060	4642243
阿联酋	798447	4321526
台澎金马关税区	715732	2329987
俄罗斯	501427	2207016
南非	336839	1802139
以色列	438973	1520722
墨西哥	374071	1445021
瑞典	356571	1351239
丹麦	269330	1294666
巴西	261336	1141933
新西兰	275378	1041573
斯洛文尼亚	361075	970968
希腊	307296	857481
巴拿马	269081	825878
泰国	147821	809943
智利	225683	803964
葡萄牙	216177	791798
印度尼西亚	337902	732325
印度	162474	716971
科威特	196367	671278
洪都拉斯	93974	665001
秘鲁	148131	660435
越南	121224	649631
阿根廷	156855	520495
古巴	90274	442461
爱尔兰	83939	350218
捷克	80006	338630
土耳其	73515	337540
挪威	106885	317738
芬兰	85392	311552
多米尼加	42329	270662

（续表）

国家/地区	出口数量（千克）	出口金额（美元）
乌克兰	68348	270621
约旦	30269	257613
奥地利	52990	242380
卡塔尔	28490	217522
匈牙利	42375	177460
哈萨克斯坦	19165	167005
菲律宾	61491	161862
利比亚	65054	160268
斯里兰卡	34230	157840
黎巴嫩	28887	136022
伊朗	29439	126897
摩洛哥	58224	116224
立陶宛	47470	110909
拉脱维亚	23898	100805
白俄罗斯	8555	100454
伊拉克	48722	98317
克罗地亚	26130	96813
乌拉圭	32754	94972
肯尼亚	7776	84275
阿曼	17534	77014
缅甸	3744	63081
哥伦比亚	17282	61060
巴林	14366	60341
爱沙尼亚	14318	57453
中国澳门	22068	55307
波多黎各	18511	54028
埃及	24266	53941
尼加拉瓜	6715	45014
斯洛伐克	15090	43750
厄瓜多尔	9918	38764
罗马尼亚	5226	38529
阿尔及利亚	9721	37474
哥斯达黎加	6369	32741
保加利亚	9570	31412
柬埔寨	4365	28091
黑山	7196	26917
塞浦路斯	4674	22949
乌兹别克斯坦	13053	22570
巴基斯坦	5756	22016
列支敦士登	566	20611
毛里求斯	3514	19690
格鲁吉亚	2906	16775
孟加拉国	4241	16156
文莱	7770	16125

（续表）

国家/地区	出口数量（千克）	出口金额（美元）
塞尔维亚	3109	15611
卢森堡	1332	13990
萨尔瓦多	6446	13048
吉布提	1155	12754
特立尼达和多巴哥	3213	12399
马耳他	3843	12090
安哥拉	921	11652
危地马拉	3266	11418
阿塞拜疆	1927	10255
开曼群岛	3550	9975
冰岛	1603	9334
喀麦隆	2598	8574
突尼斯	1565	8080
马尔代夫	518	6932
巴拉圭	1482	5998
尼日利亚	2292	5613
斐济	110	5119
阿尔巴尼亚	1766	4848
叙利亚	400	3900
波黑	704	3572
纳米比亚	1106	2876
留尼汪	450	2781
巴布亚新几内亚	510	2264
科特迪瓦	257	1735
加蓬	609	1583
加纳	308	1008
蒙古	3440	905
圣马丁岛	120	900
坦桑尼亚	205	855
马约特	164	600
法属波利尼西亚	255	600
百慕大	78	502
马达加斯加	32	355
巴哈马	16	332
瓜德罗普	119	313
玻利维亚	45	288
亚美尼亚	575	221
朝鲜	200	200
埃塞俄比亚	836	178
莫桑比克	191	123
乌干达	72	108
塞舌尔	12	105
直布罗陀	6	69
44211000 木制衣架		

（续表）

国家/地区	出口数量（千克）	出口金额（美元）
合计	54415983	192421856
美国	9852863	34143553
西班牙	4459474	14130650
荷兰	4060229	11954540
德国	3142445	11791098
英国	3116206	10755313
瑞典	3010985	9636899
法国	2667054	9283197
日本	2250225	9115616
新加坡	626232	6935087
韩国	1403334	6070763
俄罗斯	1971609	5961611
澳大利亚	1724271	5312759
意大利	1074393	4565639
中国香港	948539	4470612
马来西亚	961761	4308032
加拿大	1314393	4253271
巴西	1301299	3741497
波兰	1309800	3256181
墨西哥	694283	2718530
丹麦	501056	2423182
阿根廷	855085	2310966
阿联酋	442595	1937214
土耳其	631322	1770273
比利时	438583	1530155
印度	332634	1286691
智利	426148	1121888
印度尼西亚	310049	1091297
乌克兰	306352	987375
泰国	180618	877370
秘鲁	246549	812723
希腊	213074	750656
台澎金马关税区	180764	744976
南非	124492	731695
奥地利	240904	721048
新西兰	252988	688364
沙特阿拉伯	154771	617961
以色列	174437	603121
斯洛文尼亚	139004	586429
菲律宾	127667	585573
哥伦比亚	184102	555053
瑞士	152677	553331
挪威	136968	514300
芬兰	126926	473795

（续表）

国家/地区	出口数量（千克）	出口金额（美元）
立陶宛	131282	456535
越南	109025	350900
马耳他	13853	311919
爱尔兰	97292	301570
拉脱维亚	102815	285344
乌拉圭	79152	275169
斯洛伐克	76023	241304
摩洛哥	74802	206935
科威特	63648	199775
巴拿马	47016	189678
罗马尼亚	52012	165381
卡塔尔	38681	162620
葡萄牙	90676	162563
巴基斯坦	40699	158368
克罗地亚	54473	135403
伊朗	35393	127903
爱沙尼亚	37163	126379
阿尔及利亚	40874	125553
捷克	29680	117455
保加利亚	34368	116941
哥斯达黎加	47546	116314
黎巴嫩	30796	114934
尼日利亚	9301	97661
多米尼加	32694	95166
塞浦路斯	17264	71530
中国澳门	15355	67135
巴拉圭	13926	61508
塞舌尔	1643	47352
格鲁吉亚	15628	46356
突尼斯	14752	42226
缅甸	4589	41516
孟加拉国	8631	41435
斯里兰卡	5115	38088
厄瓜多尔	8499	37718
约旦	2794	36846
伊拉克	11086	35494
波多黎各	12075	33056
埃及	8679	32459
哈萨克斯坦	9893	32232
马尔代夫	2435	31721
吉布提	10762	30731
阿曼	6064	30633
委内瑞拉	2864	28578
塞尔维亚	8060	28351

（续表）

国家/地区	出口数量（千克）	出口金额（美元）
黑山	8800	27342
危地马拉	8700	23018
埃塞俄比亚	6866	20523
蒙古	2346	18728
阿尔巴尼亚	19724	16748
匈牙利	3755	15849
科特迪瓦	3899	13894
毛里求斯	1186	12124
坦桑尼亚	3918	11461
荷属安地列斯	3327	11296
阿塞拜疆	2220	11254
柬埔寨	742	10682
肯尼亚	4019	10679
摩尔多瓦	3650	9411
吉尔吉斯斯坦	3093	8960
巴林	945	7622
斐济	935	5407
冰岛	1147	5022
加纳	1611	4400
塞内加尔	1454	4186
白俄罗斯	1310	3770
牙买加	1341	3452
尼加拉瓜	1669	3062
朝鲜	1066	2901
萨尔瓦多	2830	2791
特立尼达和多巴哥	585	2619
乌兹别克斯坦	510	1983
安哥拉	813	1940
瓜德罗普	254	1423
加蓬	573	1393
刚果(金)	45	1320
巴布亚新几内亚	163	1311
尼泊尔	240	1212
博茨瓦纳	708	1210
莫桑比克	352	1158
刚果(布)	429	1127
赞比亚	407	1069
喀麦隆	127	826
法属波利尼西亚	312	631
洪都拉斯	1200	623
新喀里多尼亚	167	343
留尼汪	7	67
44219910 其他木制圆签、圆棒、冰果棒、压舌片及类似一次性制品		

（续表）

国家/地区	出口数量（千克）	出口金额（美元）
合计	64989811	104289099
美国	11389884	19692859
日本	10943303	18245181
韩国	3483867	5988903
印度	4859560	4711339
印度尼西亚	2763586	4245474
土耳其	2180947	3709026
泰国	1910407	3000401
伊朗	2289177	2972610
意大利	1298346	2844540
英国	1506080	2729218
西班牙	1238773	2336062
荷兰	1121403	2278307
德国	1129902	1979273
沙特阿拉伯	1215872	1956774
巴基斯坦	739968	1884201
法国	681043	1681679
加拿大	910978	1618078
埃及	1528271	1172579
澳大利亚	571667	1094951
墨西哥	615819	1086550
巴西	587975	1064216
阿根廷	755733	970032
俄罗斯	352021	888359
哥伦比亚	545020	873634
希腊	317539	679759
阿尔及利亚	461572	667250
菲律宾	328971	639518
马来西亚	345811	605737
阿联酋	442279	584956
台澎金马关税区	322719	576951
葡萄牙	268135	554427
乌克兰	154244	533657
中国香港	284638	529224
孟加拉国	334186	501839
南非	374054	454079
以色列	266445	447034
朝鲜	488270	439742
比利时	231719	416507
波兰	192647	356325
伊拉克	562145	354729
瑞典	172980	347733
约旦	178853	314525
智利	254561	308284

(续表)

国家/地区	出口数量（千克）	出口金额（美元）
黎巴嫩	222700	296365
叙利亚	298249	287420
也门	400603	277250
摩洛哥	149342	276465
克罗地亚	120826	271383
丹麦	111003	264312
危地马拉	199681	259211
斯里兰卡	244002	255917
爱尔兰	108406	242823
秘鲁	126103	213518
新加坡	110841	212402
委内瑞拉	85398	184145
立陶宛	101191	173659
哥斯达黎加	113786	167310
斯洛文尼亚	76902	166729
科威特	151680	166711
罗马尼亚	65114	149426
新西兰	108339	132138
多米尼加	123204	121079
哈萨克斯坦	96121	117911
拉脱维亚	40388	113348
土库曼斯坦	53695	112798
保加利亚	48370	112289
乌拉圭	72174	102850
巴拿马	36541	89483
肯尼亚	34751	87273
利比亚	131908	71479
匈牙利	28167	70420
突尼斯	55270	70296
芬兰	32266	68849
捷克	27196	60994
卡塔尔	58631	57516
斯洛伐克	28670	47033
尼加拉瓜	75486	46629
越南	64704	43909
塞尔维亚	20455	41772
爱沙尼亚	25347	41692
奥地利	16655	35988
缅甸	88092	35755
瑞士	10410	34543
古巴	101176	33603
加纳	12195	32835
萨尔瓦多	23830	29388
巴林	24382	23453

(续表)

国家/地区	出口数量（千克）	出口金额（美元）
阿曼	10058	22994
格鲁吉亚	18035	18761
毛里求斯	8621	18627
洪都拉斯	4318	16727
阿富汗	50143	15520
塞浦路斯	7123	14271
乌兹别克斯坦	13467	10944
坦桑尼亚	23876	10823
圭亚那	5398	10795
安哥拉	15430	9859
阿尔巴尼亚	16400	7742
塞内加尔	3383	7463
尼日利亚	12760	7002
斐济	13750	6050
布基纳法索	2100	6000
巴拉圭	2000	5640
索马里	13760	5504
挪威	3282	5447
留尼汪	1307	5389
巴布亚新几内亚	7395	4283
玻利维亚	1630	4189
蒙古	3150	3813
赞比亚	540	3695
苏丹	3538	3634
厄瓜多尔	4310	3375
特立尼达和多巴哥	7060	3200
柬埔寨	840	2850
马耳他	553	2765
牙买加	1400	2500
乌干达	1063	2322
马达加斯加	1390	2284
波多黎各	2113	2221
巴哈马	440	1342
巴巴多斯	260	1128
纳米比亚	2600	806
几内亚	260	630
新喀里多尼亚	83	415
亚美尼亚	78	300
中国澳门	133	266
瓜德罗普	49	222
法属波利尼西亚	31	195
阿塞拜疆	44	126
马提尼克	19	85
塞舌尔	1	4

(续表)

国家/地区	出口数量（千克）	出口金额（美元）
44219990 未列名木制品		
合计	802726979	1827616634
美国	373566841	692841584
日本	70123425	229560868
英国	46172466	133741847
澳大利亚	46478792	92017356
韩国	40874511	90649040
德国	29747426	80840543
荷兰	26273188	73404067
加拿大	26378181	46252724
法国	18666523	45089298
中国香港	14795615	38667042
西班牙	7265360	29215369
意大利	8863111	28401602
台澎金马关税区	7335487	21527094
比利时	8181099	19853915
新加坡	2358188	15416301
马来西亚	4435352	13101923
越南	4849531	12427761
墨西哥	6203686	11869647
印度	5937068	11075551
南非	3359795	8787484
波兰	2150865	8625760
沙特阿拉伯	2102129	7120950
俄罗斯	1820401	6508619
瑞典	2108126	6495983
新西兰	2329696	6151852
阿联酋	1700343	5775520
菲律宾	3315163	5369637
中国澳门	4126017	5033488
瑞士	1143503	4999864
丹麦	1177162	4902240
伊拉克	3661969	4803618
泰国	1179721	4184635
智利	1254842	4173772
巴西	886225	3928204
印度尼西亚	1536468	3726616
阿根廷	2570491	3585648
以色列	1199323	3503257
斯洛文尼亚	1101163	3456778
爱尔兰	951951	3422447
土耳其	670053	2839507
多米尼加	473071	1630970
尼日利亚	346119	1499914

（续表）

国家/地区	出口数量（千克）	出口金额（美元）
希腊	412034	1450898
巴拿马	435478	1374743
挪威	362996	1225121
芬兰	346502	1086444
克罗地亚	580119	1057429
罗马尼亚	439381	1038715
伊朗	289729	1009660
葡萄牙	342201	981704
斯里兰卡	399040	912680
阿曼	437412	859109
科威特	285298	832101
萨尔瓦多	1275798	772948
奥地利	169277	671130
哥伦比亚	183752	654379
黎巴嫩	192777	645745
柬埔寨	942484	638822
阿尔及利亚	225048	634862
马耳他	94557	634186
贝宁	122264	625669
波多黎各	288919	618048
博茨瓦纳	170865	611837
捷克	139294	574994
秘鲁	159576	573316
埃及	242417	535581
摩洛哥	219419	532943
巴基斯坦	277045	440319
哥斯达黎加	161386	397212
牙买加	115949	394874
肯尼亚	142234	389172
立陶宛	125752	375528
匈牙利	111236	361894
吉布提	154295	343797
乌克兰	152155	342182
乌拉圭	135821	336745
乌兹别克斯坦	269963	327702
叙利亚	96274	301098
拉脱维亚	95983	257948
孟加拉国	65844	255793
安哥拉	84400	250100
坦桑尼亚	170529	249620
加纳	125499	249298
卡塔尔	66752	241817
突尼斯	116601	214358
格鲁吉亚	120330	204871

（续表）

国家/地区	出口数量（千克）	出口金额（美元）
危地马拉	74390	181240
毛里求斯	52895	178774
阿塞拜疆	44215	175731
哈萨克斯坦	37208	175127
保加利亚	51039	174618
巴林	83243	162151
爱沙尼亚	49916	160628
汤加	31567	155600
特立尼达和多巴哥	39812	152976
斯洛伐克	35568	149152
厄瓜多尔	53387	147469
巴巴多斯	33713	144629
巴哈马	37380	140345
约旦	49641	139471
蒙古	44721	139135
塞尔维亚	56350	136096
科特迪瓦	29471	130879
缅甸	72424	119073
塞浦路斯	39029	118935
海地	87054	99506
朝鲜	86508	81115
新喀里多尼亚	19135	78317
列支敦士登	19964	73072
阿尔巴尼亚	18335	71973
刚果(金)	16811	70656
冰岛	26024	66153
乌干达	15766	61953
法属波利尼西亚	25112	60633
刚果(布)	17423	60131
赞比亚	17083	56787
斐济	24083	54689
巴布亚新几内亚	29129	53830
马尔代夫	32800	52648
也门	15866	47236
荷属安地列斯	8620	46960
格林纳达	10635	45952
文莱	17650	40610
多哥	30504	34191
洪都拉斯	18049	32918
巴拉圭	8913	30663
圣卢西亚	11550	30457
毛里塔尼亚	27715	28579
圣文森特和格林纳丁斯	3920	27940

（续表）

国家/地区	出口数量（千克）	出口金额（美元）
喀麦隆	7063	24903
所罗门群岛	13842	22981
津巴布韦	6496	22489
阿鲁巴	3650	21348
留尼汪	7180	19118
埃塞俄比亚	10581	18242
莫桑比克	19487	18068
马绍尔群岛	3360	17658
东帝汶	5370	17400
白俄罗斯	8416	17272
苏丹	11628	15004
百慕大	1360	14700
尼日尔	12894	14683
塞内加尔	2465	14100
南苏丹	2899	13696
厄立特里亚	825	13200
瓦努阿图	2607	13191
波黑	5460	12569
亚美尼亚	4281	11803
马达加斯加	6240	11759
塞舌尔	6823	11345
索马里	5225	10640
赤道几内亚	9959	9987
冈比亚	2861	9688
利比亚	6532	9302
密克罗尼西亚联邦	15000	8200
尼加拉瓜	2139	8136
法属圭亚那	1604	6416
吉尔吉斯斯坦	576	6226
圭亚那	1567	5924
黑山	1553	5756
加蓬	2735	5224
玻利维亚	2039	5020
巴勒斯坦	1975	4200
卢森堡	1317	2985
前南马其顿	1680	2860
尼泊尔	553	2141
布基纳法索	669	1569
利比里亚	821	1395
古巴	1879	1382
瓜德罗普	1145	1364
圣马丁岛	762	1128
马提尼克	236	910
马约特	254	651

（续表）

国家/地区	出口数量（千克）	出口金额（美元）
卢旺达	87	573
几内亚	150	557
老挝	170	513
塔吉克斯坦	222	487
委内瑞拉	29	342
马拉维	340	272
伯利兹	40	224
摩纳哥	109	200
库克群岛	52	130
塞拉利昂	20	15
佛得角	3	3

木制品进口量值表

国家/地区	进口数量（千克）	进口金额（美元）
44091010 任一边、端或面制成连续形状针叶木地板条		
合计	284218	473793
瑞典	178899	188320
芬兰	57267	82825
丹麦	6620	51469
意大利	3838	44148
德国	9124	35843
荷兰	4984	25839
中国	4598	15819
日本	5045	12752
法国	10000	12028
爱沙尼亚	3402	1749
台澎金马关税区	81	1615
加拿大	288	1084
西班牙	32	222
卡塔尔	40	80
44091090 其他任一边、端或面制成连续形状针叶木木材		
合计	828870	531653
瑞典	468729	204840
芬兰	74617	116413
日本	24245	55496
俄罗斯	154870	48794
立陶宛	1115	23890
印度尼西亚	7345	20824
法国	675	14972
新西兰	42981	13409
加拿大	35900	12853

（续表）

国家/地区	进口数量（千克）	进口金额（美元）
挪威	650	10050
阿根廷	16822	6032
德国	891	3985
波兰	30	95
44092910 其他任一边、端或面制成连续形状非针叶木地板条		
合计	5930266	17924202
美国	3334547	9150152
意大利	388544	3259909
匈牙利	588757	1854045
加拿大	261598	699709
奥地利	245201	581450
法国	89175	516524
巴拉圭	182795	441044
德国	58755	295986
印度尼西亚	186941	216166
越南	149780	157783
爱沙尼亚	99696	148177
日本	23854	82372
巴西	20988	71009
泰国	26470	68292
马来西亚	122859	62628
丹麦	7466	50645
波兰	10624	47253
捷克	12450	36392
哈萨克斯坦	76470	31696
白俄罗斯	7206	28020
葡萄牙	5185	20549
乌克兰	5645	19390
比利时	4331	17910
西班牙	2340	13574
克罗地亚	2780	12637
瑞士	1203	11223
土耳其	1208	7523
荷兰	719	6743
秘鲁	10559	4333
圣马力诺	108	3204
中国	656	2791
挪威	190	2391
波黑	45	693
英国	92	641
老挝	950	534
芬兰	13	503
澳大利亚	66	311

（续表）

国家/地区	进口数量（千克）	进口金额（美元）
44092990 其他任一边、端或面制成连续形状非针叶木木材		
合计	4300511	6903406
印度尼西亚	2799494	2995455
加拿大	524580	1300040
意大利	32946	788025
老挝	429227	532014
西班牙	60915	377563
危地马拉	13051	244727
德国	18549	117397
美国	32075	100597
比利时	33001	96080
丹麦	5380	67125
巴西	130930	60488
日本	8781	39639
台澎金马关税区	15684	31015
荷兰	33495	30260
俄罗斯	100547	29335
斯洛伐克	17327	29103
法国	150	28592
乌克兰	18348	13367
芬兰	680	8834
立陶宛	23960	6334
中国	979	4260
波兰	340	2217
白俄罗斯	72	939
44140010 辐射松制的画框、相框、镜框及类似品		
合计	446	9156
意大利	96	2704
荷兰	86	2604
中国	184	1331
美国	28	1182
斯洛伐克	37	1093
波兰	15	242
44140090 其他木制的画框、相框、镜框及类似品		
合计	205101	1697750
波兰	96440	394000
中国	30548	281250
印度	20530	224163
意大利	10256	221390
美国	5125	149724
印度尼西亚	10757	78290

（续表）

国家/地区	进口数量（千克）	进口金额（美元）
日本	2153	67178
马来西亚	4555	47378
越南	6203	37971
泰国	1407	36094
菲律宾	1211	30238
法国	731	26610
西班牙	1479	26013
罗马尼亚	7163	14756
荷兰	1298	12438
英国	190	12103
新加坡	973	9404
瑞士	311	7238
台澎金马关税区	2064	6921
加拿大	48	3125
韩国	551	2863
新西兰	20	1922
德国	112	1503
中国香港	201	1227
丹麦	46	1172
比利时	263	865
挪威	100	400
捷克	44	393
拉脱维亚	234	382
斯洛伐克	25	186
土耳其	29	170
葡萄牙	7	144
坦桑尼亚	8	137
伊朗	8	47
立陶宛	1	24
尼泊尔	2	14
阿联酋	8	12
国(地)别不详	0	5
44151000 木制箱、盒、桶及类似的包装容器；电缆卷筒		
合计	3882315	7057912
中国	2654803	4309290
巴西	330569	787451
日本	159598	450628
法国	23949	282316
荷兰	189137	274294
美国	20221	249062
德国	8867	138787
西班牙	273674	112565
奥地利	4930	82535

（续表）

国家/地区	进口数量（千克）	进口金额（美元）
波兰	40784	57587
瑞典	40403	56016
意大利	18830	50673
台澎金马关税区	29554	38382
英国	13163	24250
拉脱维亚	24695	24040
比利时	15694	17295
印度尼西亚	3233	14902
印度	2254	11259
丹麦	720	10093
加拿大	536	8880
澳大利亚	4055	8689
越南	56	8313
新加坡	980	7990
泰国	284	6878
立陶宛	5240	5781
韩国	702	5430
叙利亚	280	2430
中国香港	12728	2428
爱沙尼亚	243	1829
墨西哥	290	1682
国(地)别不详	5	1584
以色列	48	850
乌克兰	292	794
捷克	414	734
南非	111	589
尼泊尔	241	528
智利	578	478
古巴	2	273
瑞士	20	138
厄瓜多尔	10	100
芬兰	45	42
柬埔寨	2	20
阿尔巴尼亚	14	16
保加利亚	61	11
44152010 辐射松制托板、箱形托盘及其他装载木板；托盘护框		
合计	351564	188632
立陶宛	109750	106265
德国	92400	49109
中国	137339	29381
拉脱维亚	12075	3877
44152090 木托板、箱形托盘及其他装载木板；托盘护框		

（续表）

国家/地区	进口数量（千克）	进口金额（美元）
合计	20614158	12912157
瑞典	6753199	4894600
中国	9029684	2878484
德国	1242550	1498797
丹麦	1011872	1410756
拉脱维亚	788874	589617
立陶宛	481118	427084
波兰	289316	207225
美国	54168	191895
荷兰	59703	161732
韩国	295982	153282
澳大利亚	44310	74481
日本	37468	70403
台澎金马关税区	47081	64661
瑞士	5095	58206
中国香港	53572	38461
以色列	264000	27476
意大利	8139	25362
英国	21821	19137
俄罗斯	1008	18414
泰国	58695	18184
斯洛伐克	45	13805
越南	23709	13687
爱沙尼亚	9760	8998
国(地)别不详	12210	8182
土耳其	298	7260
法国	2381	6627
印度	1739	5552
西班牙	3202	5182
爱尔兰	700	3544
新加坡	340	2408
马来西亚	9956	2260
芬兰	1295	1879
匈牙利	15	1161
巴西	150	658
印度尼西亚	229	544
斯洛文尼亚	189	441
新西兰	20	427
智利	100	418
菲律宾	10	390
墨西哥	50	220
摩洛哥	15	206
比利时	30	43
阿尔巴尼亚	60	8

(续表)

国家/地区	进口数量（千克）	进口金额（美元）
44160010 辐射松制大桶、琵琶桶、盆等箍桶及零件		
合计	36	1634
意大利	36	1634
44160090 木制大桶、琵琶桶、盆等箍桶及其零件		
合计	847866	10152387
法国	620485	8558863
美国	136301	792736
澳大利亚	14939	242419
匈牙利	23360	217199
西班牙	33340	183509
智利	6043	83221
意大利	1259	21144
葡萄牙	1790	17004
奥地利	5811	17001
日本	798	6351
芬兰	200	3303
中国	1464	3172
台澎金马关税区	142	1982
爱尔兰	560	1521
瑞典	37	1348
比利时	138	475
印度	80	260
德国	55	222
菲律宾	338	203
泰国	11	121
黎巴嫩	18	110
英国	600	110
格鲁吉亚	2	43
阿尔巴尼亚	50	24
塞尔维亚	30	24
荷兰	15	22
44170010 辐射松制工具等；扫帚及刷子；木鞋靴楦及楦头		
合计	780	2150
柬埔寨	777	1560
法国	1	450
日本	2	140
44170090 木制工具等；扫帚及刷子等；木鞋靴楦及楦头		
合计	419077	1225777
日本	18778	909978
乌克兰	89780	45566

(续表)

国家/地区	进口数量（千克）	进口金额（美元）
台澎金马关税区	19868	44584
意大利	467	37925
美国	4454	33647
俄罗斯	232684	29802
法国	272	29536
巴西	4281	24227
柬埔寨	4410	12872
德国	112	10837
中国	1547	10068
越南	40436	9368
西班牙	181	8056
克罗地亚	44	4804
瑞典	1	4788
英国	70	3715
印度	111	2016
荷兰	494	1443
波兰	38	865
瑞士	5	466
加拿大	60	450
新加坡	850	246
泰国	20	212
塞尔维亚	5	108
捷克	5	106
斯里兰卡	80	29
比利时	4	26
韩国	20	20
丹麦	0	15
斯洛伐克	0	2
44181010 辐射松制窗、法兰西式(落地)窗及其框架		
合计	2256	23945
波兰	1440	15306
日本	791	8149
德国	25	490
44181090 木制窗、法兰西式(落地)窗及其木制框架		
合计	251770	1868675
丹麦	144013	858666
德国	46963	546707
芬兰	6095	123184
挪威	12289	106345
波兰	23112	99390
美国	2554	37781
意大利	1273	32619

(续表)

国家/地区	进口数量（千克）	进口金额（美元）
日本	2569	31352
韩国	633	14183
尼泊尔	10205	7831
奥地利	975	5288
老挝	399	1384
中国	92	1342
印度尼西亚	200	1151
台澎金马关税区	206	620
比利时	120	516
马来西亚	42	268
爱沙尼亚	30	48
44182000 木制门及其框架和门槛		
合计	611995	10531126
德国	279014	7357464
西班牙	55357	1135699
意大利	65009	840552
瑞士	22295	312724
日本	25516	173262
斯洛文尼亚	5401	169034
芬兰	4455	93482
奥地利	2668	88660
美国	15372	73630
印度尼西亚	50596	58476
老挝	26310	56873
挪威	3638	43084
法国	6395	24258
荷兰	7816	21373
印度	3429	18298
乌克兰	5068	13493
中国	6579	12491
韩国	2167	9562
尼日利亚	20000	6800
台澎金马关税区	726	3879
以色列	840	3500
爱沙尼亚	320	2999
越南	660	2478
瑞典	190	1972
马来西亚	206	1891
阿联酋	137	1850
新加坡	1000	903
英国	140	867
俄罗斯	288	660
比利时	120	468
菲律宾	60	394

（续表）

国家/地区	进口数量（千克）	进口金额（美元）
澳大利亚	223	50
44184000 木制水泥构件的模板		
合计	1889968	1633132
德国	323205	897631
越南	1367905	452735
奥地利	127936	185253
台澎金马关税区	46993	60280
芬兰	13413	22289
俄罗斯	7953	10021
拉脱维亚	2563	4923
44185000 木瓦及木制盖屋板		
合计	39019	12724
俄罗斯	35883	6459
加拿大	1400	4750
爱沙尼亚	1600	1056
意大利	136	389
澳大利亚	0	70
44186000 木制柱及梁		
合计	5441242	4482713
芬兰	2428064	2396408
奥地利	527927	592068
俄罗斯	1466053	463316
乌克兰	193380	229294
荷兰	16332	188992
波兰	375100	134639
日本	52639	99978
越南	142310	97099
德国	72971	83207
意大利	3069	63791
印度尼西亚	68600	49148
加拿大	22040	35973
爱沙尼亚	38879	24852
印度	9193	10407
美国	3195	5812
蒙古	20000	4992
泰国	392	1792
台澎金马关税区	784	721
英国	296	160
法国	18	64
44187400 其他马赛克地板用已装拼的木地板		
合计	1130086	1876568
越南	1128004	1833745
意大利	577	22962
西班牙	465	10301

（续表）

国家/地区	进口数量（千克）	进口金额（美元）
匈牙利	1040	9560
44187500 其他多层已装拼的木地板		
合计	12980690	53807871
奥地利	2152459	9858020
德国	1470461	8567967
波兰	2190881	7569192
印度尼西亚	2022317	7350637
立陶宛	1635143	6019479
意大利	530112	3795352
爱沙尼亚	1108013	3180076
匈牙利	682447	2172691
芬兰	241014	1559828
马来西亚	330688	1184569
西班牙	110197	473747
美国	96971	434881
加拿大	52322	322569
法国	34106	219082
乌克兰	59343	188361
塞尔维亚	89181	188204
克罗地亚	47212	152083
荷兰	22473	122735
英国	8085	88281
葡萄牙	9501	82033
巴拉圭	18841	70837
日本	40430	68798
台澎金马关税区	11846	46621
瑞士	4079	31436
瑞典	6285	21644
俄罗斯	490	16786
中国香港	3645	9425
中国	1172	7097
土耳其	516	3880
比利时	56	773
爱尔兰	244	500
澳大利亚	160	287
44187900 其他已装拼木地板		
合计	2981632	9512000
丹麦	1279850	4965856
马来西亚	301839	1088593
美国	255733	770692
德国	403635	743067
意大利	72683	718656
印度尼西亚	445533	452020
匈牙利	47764	205275

（续表）

国家/地区	进口数量（千克）	进口金额（美元）
台澎金马关税区	45416	121860
捷克	33274	107301
奥地利	17815	98449
越南	35332	65129
葡萄牙	20750	48114
西班牙	5654	43007
英国	5968	41228
比利时	2096	14323
巴西	3197	13901
波兰	287	3466
日本	2824	3341
巴基斯坦	860	2580
法国	157	2519
中国	397	922
立陶宛	64	525
玻利维亚	38	523
克罗地亚	5	361
波黑	450	271
瑞典	11	21
44189900 未列名建筑用木工制品		
合计	2585259	9730173
意大利	340468	5847992
日本	488869	1012672
奥地利	139287	853509
德国	123897	547470
芬兰	256271	265343
俄罗斯	617065	200346
美国	153505	164329
爱沙尼亚	41255	161816
瑞典	86600	114442
印度尼西亚	76325	97606
台澎金马关税区	12544	84785
波兰	14553	56922
泰国	63525	55611
中国	6747	42732
阿联酋	2782	42681
马达加斯加	66000	32400
加拿大	5683	25033
西班牙	10405	24725
乌克兰	46290	21863
白俄罗斯	4000	19183
越南	8582	10712
荷兰	2196	10495
比利时	4530	10316

(续表)

国家/地区	进口数量（千克）	进口金额（美元）
法国	1036	7207
哈萨克斯坦	9845	4896
匈牙利	323	4475
丹麦	180	2412
柬埔寨	958	2349
英国	950	2138
韩国	298	1807
马来西亚	195	1605
中国香港	52	133
立陶宛	28	98
印度	15	70
44199010 木制一次性筷子		
合计	24608847	16128639
俄罗斯	23077253	14569756
蒙古	1366290	1170414
朝鲜	145620	261652
中国	12757	95766
日本	6880	30789
印度尼西亚	20	180
中国香港	3	46
台澎金马关税区	24	36
44199090 未列名木制餐具及厨房用具		
合计	9454441	11969721
老挝	7568979	2661345
美国	165959	2352262
罗马尼亚	707391	1692886
泰国	206551	871217
日本	22572	617903
印度	110691	586246
中国	62718	559485
台澎金马关税区	25032	542597
越南	389526	535504
菲律宾	41107	316033
瑞典	12135	252285
捷克	26209	249160
德国	6386	141155
波兰	52340	121273
意大利	9272	102980
加拿大	2620	62222
印度尼西亚	8709	57655
塞尔维亚	21546	41756
法国	1142	39023
新加坡	3289	34256
英国	215	19082

(续表)

国家/地区	进口数量（千克）	进口金额（美元）
芬兰	609	17874
尼泊尔	2813	12947
韩国	1497	12404
澳大利亚	270	9841
西班牙	519	9593
斯洛文尼亚	872	9332
突尼斯	258	6944
新西兰	43	5609
丹麦	224	4765
克罗地亚	394	3925
葡萄牙	45	2940
朝鲜	1635	2833
柬埔寨	84	2704
巴西	260	2672
以色列	21	1434
爱沙尼亚	25	1397
俄罗斯	17	1212
斯洛伐克	10	1054
匈牙利	84	1019
土耳其	111	853
瑞士	42	497
荷兰	17	395
中国香港	153	330
国(地)别不详	0	258
格鲁吉亚	15	244
马来西亚	16	141
奥地利	1	137
斯里兰卡	15	30
希腊	2	12
44201011 木刻		
合计	58921	203804
越南	13817	59974
印度尼西亚	28144	46280
津巴布韦	12495	35425
印度	554	13274
台澎金马关税区	488	11894
意大利	463	9388
泰国	1364	6121
美国	249	4538
英国	14	4121
新西兰	234	4034
韩国	254	2845
菲律宾	253	1990
日本	102	1251

(续表)

国家/地区	进口数量（千克）	进口金额（美元）
缅甸	345	750
中国香港	70	643
突尼斯	6	529
比利时	26	446
中国	38	266
德国	5	35
44201012 竹刻		
合计	70	380
日本	55	329
印度尼西亚	15	51
44201020 木扇		
合计	1958	9914
中国	1900	8906
西班牙	1	719
韩国	26	111
日本	2	91
德国	16	66
法国	13	21
44201090 其他木制小雕像及装饰品		
合计	1613133	5752827
泰国	539673	1563898
中国	16200	686790
印度尼西亚	183792	505512
意大利	5837	325509
台澎金马关税区	85728	313574
日本	58298	244749
美国	10146	225525
法国	18851	214319
缅甸	267629	212507
德国	9650	195410
印度	49255	193802
尼泊尔	42650	145611
菲律宾	43584	123981
巴基斯坦	126215	114416
越南	51733	109519
老挝	33193	99458
英国	588	60329
西班牙	2237	41967
比利时	3971	36997
南非	2230	35533
波兰	12589	27345
柬埔寨	11342	26682
哥伦比亚	144	24522
丹麦	527	23693

（续表）

国家/地区	进口数量（千克）	进口金额（美元）
荷兰	6513	20573
马来西亚	13436	19715
斯洛伐克	51	17139
以色列	142	16683
芬兰	368	15211
加拿大	428	12008
乌干达	1920	10467
毛里求斯	68	5944
肯尼亚	872	5730
塞内加尔	778	5295
韩国	375	5290
葡萄牙	154	4874
加纳	2772	4644
新西兰	37	4551
斯里兰卡	1181	4500
瑞典	69	3840
坦桑尼亚	836	3804
奥地利	502	3193
巴拿马	7	3021
伊朗	469	3010
新加坡	617	2638
中国香港	457	2607
莫桑比克	117	2427
突尼斯	116	2367
喀麦隆	289	2322
多哥	3100	2320
津巴布韦	135	2266
澳大利亚	80	2149
摩洛哥	207	2145
爱尔兰	400	2000
斯洛文尼亚	30	1187
瑞士	12	1150
土耳其	56	994
爱沙尼亚	10	885
俄罗斯	12	846
国(地)别不详	9	813
捷克	27	807
拉脱维亚	7	563
科特迪瓦	93	465
格鲁吉亚	127	359
尼日尔	40	159
赞比亚	147	110
乌克兰	1	65
智利	3	35

（续表）

国家/地区	进口数量（千克）	进口金额（美元）
几内亚比绍	1	8
44209010 镶嵌木		
合计	9791	156780
美国	566	115402
台澎金马关税区	8795	31072
印度尼西亚	429	10215
中国	1	91
44209090 珠宝或刀具木盒及类似品;第 94 章以外木家具		
合计	820029	5424662
中国	38497	909734
泰国	155823	837596
意大利	89968	829914
波兰	330190	723366
法国	8011	512227
越南	62741	322923
日本	12140	248011
瑞士	1682	211689
印度	15389	177291
德国	53437	145210
菲律宾	2690	89603
台澎金马关税区	6070	73922
美国	1314	53017
老挝	13224	43115
印度尼西亚	4943	42412
毛里求斯	172	36743
韩国	1419	28733
西班牙	471	28705
捷克	12343	28474
英国	2784	18943
加拿大	215	6768
巴基斯坦	2475	6600
中国香港	398	6185
古巴	179	5646
瑞典	243	4365
尼泊尔	1595	4206
比利时	81	4127
新加坡	155	3642
新西兰	48	3105
摩洛哥	130	2881
丹麦	389	2737
挪威	23	2360
巴西	7	2011
澳大利亚	68	1950

（续表）

国家/地区	进口数量（千克）	进口金额（美元）
立陶宛	12	1438
荷兰	425	981
斯里兰卡	74	854
土耳其	33	728
葡萄牙	7	634
马来西亚	12	536
国(地)别不详	21	492
伊朗	14	238
斯洛伐克	9	200
斯洛文尼亚	30	122
阿联酋	1	91
罗马尼亚	9	42
塞尔维亚	20	32
爱沙尼亚	6	29
芬兰	40	22
俄罗斯	2	12
44211000 木制衣架		
合计	182057	1523570
中国	70804	636876
意大利	17615	591412
越南	48906	70201
法国	1386	50915
波兰	2867	35180
印度尼西亚	17114	30639
美国	42	24299
泰国	7553	16645
马来西亚	10688	13092
日本	254	9114
英国	487	8610
德国	95	7092
韩国	631	6236
毛里求斯	1450	5586
克罗地亚	933	5362
瑞典	33	3918
中国香港	165	2312
比利时	535	2285
土耳其	32	1985
斯洛文尼亚	123	774
荷兰	174	548
台澎金马关税区	18	254
西班牙	129	151
丹麦	2	51
菲律宾	18	16
印度	2	15

(续表)

国家/地区	进口数量（千克）	进口金额（美元）
蒙古	1	2
44219910 其他木制圆签、圆棒、冰果棒、压舌片及类似一次性制品		
合计	14286998	13656231
俄罗斯	8575949	9241955
朝鲜	5537330	4068200
中国	150414	273826
以色列	2630	20316
泰国	915	15325
日本	4993	11076
加拿大	11895	10629
印度尼西亚	130	3421
比利时	279	2887
法国	1000	2242
韩国	200	1998
埃及	75	1020
土耳其	59	762
马来西亚	47	574
阿联酋	495	537
挪威	7	453
美国	426	388
台澎金马关税区	35	250
西班牙	1	61
中国香港	6	57
菲律宾	23	56
奥地利	19	56
乌克兰	11	36
斯里兰卡	35	31
阿曼	6	27
英国	10	25
丹麦	2	9
德国	5	8
瑞典	1	6
44219990 未列名木制品		
合计	669411205	552192433
印度尼西亚	605352526	461824958
厄瓜多尔	11033674	33299718
越南	39694761	21823374
巴布亚新几内亚	1292810	7443205
德国	450556	4596842
中国	434803	4243561
意大利	120875	3384020
泰国	2725842	2178723
罗马尼亚	589085	1443657

(续表)

国家/地区	进口数量（千克）	进口金额（美元）
匈牙利	1164494	1392021
马来西亚	2150495	1111793
美国	123042	1025060
芬兰	369398	869361
瑞士	6262	814008
加纳	50546	677487
荷兰	185933	653106
波黑	105468	506698
法国	30919	473793
日本	46769	433710
西班牙	18136	421048
波兰	55444	392247
台澎金马关税区	68980	384002
孟加拉国	582884	304717
俄罗斯	837252	289583
贝宁	343452	261141
拉脱维亚	247920	244979
缅甸	450696	206577
菲律宾	216339	201022
印度	15751	196322
韩国	14865	105964
奥地利	25818	101389
柬埔寨	167922	81835
瑞典	13009	76452
加蓬	85018	69967
比利时	20562	67477
英国	6464	64707
斯洛文尼亚	2631	52743
安哥拉	224340	52247
巴西	19287	51859
新加坡	5526	41754
中国香港	4018	41655
斯里兰卡	2038	40917
立陶宛	1171	38456
毛里求斯	641	34536
丹麦	1999	33161
捷克	2165	22442
塞尔维亚	406	14727
斯洛伐克	155	14726
哈萨克斯坦	27959	13706
摩洛哥	57	12390
加拿大	921	10213
澳大利亚	473	9796
土耳其	2146	7022

(续表)

国家/地区	进口数量（千克）	进口金额（美元）
葡萄牙	871	6894
以色列	23	4758
巴基斯坦	12798	4023
墨西哥	357	3774
突尼斯	773	3708
克罗地亚	86	2201
阿曼	140	1986
挪威	219	1853
新西兰	45	1163
智利	500	1003
南非	28	944
国(地)别不详	6	665
尼泊尔	308	646
希腊	19	408
阿联酋	25	400
喀麦隆	100	350
伊朗	12	303
爱沙尼亚	40	219
蒙古	150	131
卢森堡	1	88
保加利亚	1	42

木片出口量值表

国家/地区	出口数量（千克）	出口金额（美元）
44012100 针叶木的木片或木粒		
合计	550	280
巴西	310	160
芬兰	240	120
44012200 非针叶木的木片或木粒		
合计	284481	674232
澳大利亚	224743	349219
美国	13711	169176
加拿大	2738	67202
巴西	3587	14892
马来西亚	1369	14304
新西兰	8939	12416
韩国	4984	9809
英国	227	9102
荷兰	3739	7487
印度	2283	5474
法国	1500	3522
中国香港	11548	3314
日本	1114	2623

（续表）

国家/地区	出口数量（千克）	出口金额（美元）
菲律宾	879	2017
新加坡	786	1822
泰国	252	609
丹麦	12	512
瑞典	1420	412
印度尼西亚	410	200
芬兰	240	120

木片进口量值表

国家/地区	进口数量（千克）	进口金额（美元）
44012100 针叶木的木片或木粒		
合计	237397232	40041975
澳大利亚	110236921	19569763
美国	39215019	5924439
智利	24017272	5627621
斐济	23954600	3784827
新西兰	20796494	3621414
俄罗斯	17402756	1021289
德国	309549	228249
日本	1284664	137607
韩国	28980	70757
荷兰	135738	44366
英国	14400	5209
莫桑比克	300	3000
乌克兰	226	1988
加拿大	300	1402
越南	13	44
44012200 非针叶木的木片或木粒		
合计	11164355569	1857475092
越南	4703321648	696164541
澳大利亚	3737985385	691969334
智利	1092621585	209162407
泰国	873039184	134610140
巴西	389170655	71064607
印度尼西亚	294784163	41786442
南非	36093886	7188478
马来西亚	36623320	4023756
法国	155361	807779
美国	206689	370649
德国	199618	137177
意大利	10020	113044
匈牙利	1053	23983
韩国	1387	16360

（续表）

国家/地区	进口数量（千克）	进口金额（美元）
爱沙尼亚	12120	12972
中国	1463	6684
厄瓜多尔	67973	6018
日本	1900	3062
丹麦	2250	2540
西班牙	200	2403
缅甸	55500	1065
莫桑比克	65	725
埃塞俄比亚	28	434
加拿大	17	266
塞浦路斯	96	192
印度	3	34

木炭出口量值表

国家/地区	出口数量（千克）	出口金额（美元）
44029000 其他木炭（包括果壳炭及果核炭），不论是否结块		
合计	59555745	81812991
日本	32956621	24321882
沙特阿拉伯	3635911	11111482
印度	2994490	10923784
阿联酋	1330252	3075400
韩国	2863263	3045591
南非	1636805	3015601
以色列	1559195	2548657
阿曼	545702	1737594
伊朗	546850	1670904
尼日利亚	375413	1263083
利比亚	368445	1254352
巴基斯坦	423996	1145961
美国	808074	1101071
阿尔及利亚	503355	937010
摩洛哥	383995	851845
伊拉克	272859	834510
希腊	536972	817771
科威特	470483	811015
西班牙	436650	807912
英国	610268	802960
也门	225830	797636
塔吉克斯坦	350000	527811
约旦	191427	522830
突尼斯	139635	496695
哥伦比亚	86225	472174

（续表）

国家/地区	出口数量（千克）	出口金额（美元）
中国澳门	464498	402965
黎巴嫩	258063	384081
土耳其	447264	373979
马来西亚	163967	366424
毛里塔尼亚	107898	359706
德国	144319	327138
埃及	96855	323809
比利时	444697	255880
澳大利亚	265047	222362
新西兰	173023	212200
智利	25919	209060
荷兰	281385	201130
越南	498809	198855
菲律宾	105855	194604
多米尼加	105962	183020
苏丹	62254	170948
阿富汗	40832	163247
巴林	81640	160163
贝宁	39904	138313
肯尼亚	37633	128750
叙利亚	22039	110161
意大利	57497	103351
新加坡	175504	86164
瑞典	39510	81785
秘鲁	150171	76134
斯里兰卡	23733	75234
泰国	26105	75164
塞内加尔	21462	72073
加拿大	45945	70815
台澎金马关税区	75865	65436
法国	27297	63436
俄罗斯	74753	61790
卡塔尔	10603	56184
科特迪瓦	22142	55311
乌克兰	26950	53718
加纳	18531	52046
阿根廷	8653	50101
爱尔兰	19820	44595
罗马尼亚	11894	43713
丹麦	43071	42927
巴西	27177	41759
中国香港	108971	40981
马尔代夫	10000	40000
朝鲜	29220	39077

(续表)

国家/地区	出口数量(千克)	出口金额(美元)
印度尼西亚	74692	38456
格鲁吉亚	7760	34200
保加利亚	17161	32567
牙买加	12483	28711
葡萄牙	13241	28426
巴拉圭	14200	28400
马耳他	11592	26676
墨西哥	10067	26024
拉脱维亚	39764	24182
挪威	60629	20677
多哥	3672	18537
斯洛文尼亚	10506	17110
莫桑比克	6000	13599
埃塞俄比亚	11000	8823
新喀里多尼亚	24600	7996
孟加拉国	10103	7251
厄瓜多尔	1325	6145
柬埔寨	8652	5884
塞浦路斯	5596	5714
乌拉圭	2000	4960
东帝汶	1314	4484
巴勒斯坦	1078	4299
汤加	985	4186
特立尼达和多巴哥	12000	4000
克罗地亚	1316	3862
索马里	755	3526
巴拿马	4572	3486
斐济	1142	3318
巴布亚新几内亚	1260	3221
津巴布韦	658	3210
乌兹别克斯坦	3061	2945
哥斯达黎加	1776	2419
留尼汪	710	2418
几内亚	213	1304
波兰	248	1223
乌干达	199	1035
捷克	1000	993
科摩罗	212	970
前南马其顿	804	932
帕劳	600	720
几内亚比绍	401	710
马里	182	513

(续表)

国家/地区	出口数量(千克)	出口金额(美元)
古巴	80	400
匈牙利	47	220
冈比亚	22	56
蒙古	600	44
加蓬	14	39

木炭进口量值表

国家/地区	进口数量(千克)	进口金额(美元)
44029000 其他木炭(包括果壳炭及果核炭),不论是否结块		
合计	171139270	50132873
缅甸	67547429	12953398
印度尼西亚	30721958	10687206
菲律宾	16117295	7079074
马来西亚	13973943	4039658
孟加拉国	7462974	3879290
泰国	7485308	3240266
越南	7999089	3062991
印度	5921681	2321924
俄罗斯	7274342	1135185
科特迪瓦	1887544	494748
尼日利亚	2236340	353799
老挝	1204713	262075
台澎金马关税区	33800	169663
朝鲜	646885	116784
斯里兰卡	152190	54885
日本	16492	48250
美国	41161	39923
德国	14400	38303
马里	76510	30696
韩国	21704	25628
西班牙	8250	24971
蒙古	121550	23759
古巴	83568	12603
意大利	5000	8610
中国	12981	6973
加纳	34720	6056
尼日尔	19800	4824
莫桑比克	15198	3963
荷兰	1005	3739
比利时	1440	3629

木浆出口量值表

国家/地区	出口数量(千克)	出口金额(美元)
47010000 机械木浆		
合计	31821	57710
中国香港	1851	29422
朝鲜	11502	12652
古巴	3568	8379
越南	14000	6510
德国	900	747
47020000 化学木浆(溶解级)		
合计	39161	37312
朝鲜	39161	37312
47031100 未漂白的针叶木烧碱木浆或硫酸盐木浆		
合计	264810	122029
印度尼西亚	246911	105431
泰国	15000	12450
印度	2648	2648
阿联酋	251	1500
47032100 半漂白或漂白的针叶木烧碱木浆或硫酸盐木浆		
合计	13495238	9649792
伊朗	3329843	2365010
泰国	2579083	1778881
俄罗斯	2282496	1697753
安哥拉	679306	513341
莫桑比克	514563	351596
朝鲜	454671	328291
加纳	426486	314745
蒙古	451979	305639
斯里兰卡	377872	279626
阿联酋	365988	270637
印度尼西亚	410662	222617
马来西亚	231632	179849
尼日利亚	199684	149763
巴基斯坦	181326	126909
韩国	133449	120598
孟加拉国	156301	115353
肯尼亚	116775	94832
坦桑尼亚	106507	84577
乌兹别克斯坦	97381	69006
新加坡	109684	64232
阿曼	51527	35039
苏丹	49736	34795
越南	33238	26911
科威特	40083	25252

（续表）

国家/地区	出口数量（千克）	出口金额（美元）
伊拉克	23064	17646
阿富汗	20345	16581
刚果(金)	20387	13503
土库曼斯坦	9000	12500
马拉维	20873	12000
南非	8504	8827
埃塞俄比亚	7884	8029
德国	705	2115
塔吉克斯坦	1500	1500
日本	2010	1058
台澎金马关税区	694	781
47032900 半漂白或漂白的非针叶木烧碱木浆或硫酸盐木浆		
合计	10536419	6695448
印度	7972356	5168902
韩国	1497248	818506
泰国	437395	277798
朝鲜	325321	222493
马来西亚	258460	164074
越南	30277	25241
肯尼亚	15362	18434
47041900 未漂白的非针叶木亚硫酸盐木浆		
合计	3	4
柬埔寨	3	4
47042100 半漂白或漂白的针叶木亚硫酸盐木浆		
合计	25331	19761
埃塞俄比亚	25327	19755
柬埔寨	4	6
47042900 半漂白或漂白的非针叶木亚硫酸盐木浆		
合计	22600	16720
台澎金马关税区	17600	11520
马来西亚	5000	5200
47050000 用机械与化学联合制浆法制得的木浆		
合计	1149	907
马来西亚	1020	859
加拿大	129	48
47062000 从回收(废碎)纸或纸板提取的纤维浆		
合计	533067	191450
中国香港	97372	54944
日本	75600	52920

（续表）

国家/地区	出口数量（千克）	出口金额（美元）
菲律宾	254046	46422
台澎金马关税区	48000	18370
马来西亚	31937	11674
澳大利亚	15963	4470
越南	10119	2626
危地马拉	30	24
47069100 其他纤维状纤维素机械浆		
合计	115540	100873
印度尼西亚	23760	41165
美国	40000	36320
朝鲜	51780	23388
47069200 其他纤维状纤维素化学浆		
合计	822272	711009
美国	513338	437268
波兰	168000	144668
德国	55000	36613
日本	6325	27314
巴基斯坦	43685	24464
俄罗斯	14000	19760
沙特阿拉伯	14000	12762
越南	7924	8160
47069300 其他用机械与化学联合制浆法制得的纤维状纤维素浆		
合计	645	968
印度	645	968
47071000 回收(废碎)的未漂白牛皮纸或瓦楞纸及纸板		
合计	766580	179723
越南	559570	105199
孟加拉国	207010	74524
47072000 回收(废碎)的漂白化学木浆制未经本体染色纸		
合计	37000	7035
坦桑尼亚	33000	6300
肯尼亚	4000	735
47073000 回收(废碎)的主要由机械浆制成的纸或纸板		
合计	235340	44009
越南	235340	44009
47079000 回收(废碎)的其他纸及纸板,包括未分选的		
合计	476296	187931
加拿大	445806	182286
台澎金马关税区	23840	4487

（续表）

国家/地区	出口数量（千克）	出口金额（美元）
朝鲜	6650	1158
48010010 成卷的新闻纸		
合计	7598256	6546653
朝鲜	2249915	1625532
中国香港	2348070	1516501
柬埔寨	935252	448580
台澎金马关税区	54944	428746
越南	396062	278718
厄立特里亚	334316	250737
新西兰	109437	229883
英国	57114	227914
俄罗斯	23498	211551
美国	92205	210474
马来西亚	86560	204945
印度尼西亚	46995	191170
缅甸	533929	186726
新加坡	11100	117938
印度	49522	84065
阿联酋	50781	74329
孟加拉国	53910	59699
毛里求斯	37875	41847
厄瓜多尔	8220	29592
约旦	29384	22958
吉布提	5738	22952
马达加斯加	2200	18920
突尼斯	5344	9950
日本	3320	8803
乌兹别克斯坦	13744	8246
萨尔瓦多	10115	7081
巴基斯坦	2400	5170
菲律宾	9888	4915
比利时	11500	3450
南非	8146	2938
斯里兰卡	2573	2909
哥斯达黎加	1716	2346
埃塞俄比亚	2250	2250
阿根廷	840	1460
加拿大	2730	1425
泰国	640	495
意大利	5000	400
多米尼加	250	375
澳大利亚	580	332
沙特阿拉伯	188	229
墨西哥	5	102

(续表)

国家/地区	出口数量(千克)	出口金额(美元)
48010090 成张的新闻纸		
合计	1319733	3698203
澳大利亚	116725	714062
马来西亚	80300	513550
阿联酋	57718	377268
中国香港	110357	304788
智利	54431	299898
新加坡	73662	291058
印度尼西亚	133098	258641
美国	22920	160495
孟加拉国	10744	148456
缅甸	238955	103717
瑞典	30197	100439
越南	130569	76484
沙特阿拉伯	30768	74754
新西兰	16192	57219
印度	21090	50979
南非	16124	38698
斯里兰卡	12366	34625
刚果(金)	4480	17248
也门	14974	16500
比利时	39600	10820
柬埔寨	25480	9403
菲律宾	28567	8560
约旦	17750	6745
英国	12300	6150
泰国	8075	5492
墨西哥	6500	4355
朝鲜	4628	3992
日本	1132	3102
德国	29	672
法国	2	33
48021010 宣纸		
合计	1154573	6909926
日本	502107	4580085
韩国	357878	1577918
台澎金马关税区	178038	351050
澳大利亚	58423	91136
肯尼亚	14580	65057
美国	7651	36369
越南	1439	25872
中国香港	2161	21937
加拿大	3719	18625

(续表)

国家/地区	出口数量(千克)	出口金额(美元)
哈萨克斯坦	3689	18445
智利	7067	15665
马来西亚	1453	12391
印度尼西亚	1500	10275
英国	1235	9784
法国	1637	9607
孟加拉国	1833	9378
菲律宾	910	8661
新加坡	2974	8581
俄罗斯	1534	6958
德国	608	6542
荷兰	494	6047
瑞典	492	3097
西班牙	292	3095
土耳其	325	3000
巴西	310	1967
新西兰	777	1424
印度	94	1080
波兰	58	687
芬兰	120	628
爱沙尼亚	102	607
斯洛文尼亚	256	606
葡萄牙	120	605
吉尔吉斯斯坦	60	449
立陶宛	54	443
中国澳门	350	440
匈牙利	29	300
比利时	95	273
阿联酋	5	155
巴基斯坦	40	150
丹麦	2	130
泰国	4	106
马拉维	15	76
保加利亚	3	55
委内瑞拉	2	53
瑞士	20	30
古巴	5	20
意大利	4	18
拉脱维亚	2	13
罗马尼亚	1	11
厄瓜多尔	2	9
格鲁吉亚	1	8
贝宁	1	5

(续表)

国家/地区	出口数量(千克)	出口金额(美元)
伊朗	1	2
爱尔兰	1	1
48021090 其他手工制纸及纸板		
合计	1445208	5975340
日本	380962	2480719
韩国	450791	1735079
泰国	69606	442894
美国	65663	264035
荷兰	109043	175663
印度尼西亚	62436	149449
越南	58689	130529
孟加拉国	44433	83600
菲律宾	11817	70355
土耳其	43162	58806
巴布亚新几内亚	12909	58736
安哥拉	24301	48116
澳大利亚	22017	42335
以色列	19880	27508
巴西	10112	27014
台澎金马关税区	4131	19730
英国	10041	19463
哥斯达黎加	13287	18196
法国	3826	15210
印度	3843	15200
德国	3686	14125
西班牙	3825	13794
缅甸	1140	13566
沙特阿拉伯	3483	10660
匈牙利	171	8082
马达加斯加	3522	6347
巴拿马	3222	6251
意大利	985	4780
巴基斯坦	360	4500
俄罗斯	1398	3734
利比亚	980	2492
阿联酋	637	1410
柬埔寨	260	1300
加纳	225	1013
毛里求斯	120	432
朝鲜	200	100
马来西亚	27	63
塞内加尔	8	34
中国澳门	10	20

木浆进口量值表

（续表）　（续表）

国家/地区	进口数量（千克）	进口金额（美元）
47010000 机械木浆		
合计	9367218	4927489
挪威	3317160	1753614
德国	2232335	1055099
美国	433659	608529
克罗地亚	1470997	516394
新西兰	994194	482184
瑞典	898757	465499
日本	6710	32382
法国	13272	11877
智利	128	1029
意大利	1	448
丹麦	5	434
47020000 化学木浆（溶解级）		
合计	2603497669	2544130825
巴西	542594535	551766299
美国	312186583	381006749
印度尼西亚	385708086	344808718
南非	287762106	258578479
加拿大	188289091	172539498
奥地利	158251500	158970648
芬兰	160525961	146704994
捷克	114597132	105906365
瑞典	105302393	97909612
日本	105435303	94639870
葡萄牙	94941653	86197668
泰国	89630223	81091376
挪威	31958748	39495615
西班牙	22261143	19650359
法国	2510280	3383359
德国	1002521	962421
意大利	540411	518795
47031100 未漂白的针叶木烧碱木浆或硫酸盐木浆		
合计	639897868	378500154
智利	228068681	140378526
日本	106989945	63846820
俄罗斯	117135570	60485469
美国	69191541	38755419
加拿大	58378632	38225313
芬兰	23809183	12824919
瑞典	18560806	11997607
新西兰	15837032	10870782
奥地利	1844848	1060371
台澎金马关税区	52420	28346
德国	28250	22284
挪威	960	4298
47031900 未漂白的非针叶木烧碱木浆或硫酸盐木浆		
合计	5645750	2866805
美国	2481300	1464503
俄罗斯	2693420	1153293
日本	311510	159410
瑞典	159520	89599
47032100 半漂白或漂白的针叶木烧碱木浆或硫酸盐木浆		
合计	8127038542	5226841813
加拿大	2545292476	1639989429
美国	1597503784	1069356575
智利	1384852879	862214396
芬兰	1035568906	666313645
俄罗斯	1003808701	633962879
瑞典	179620908	116773793
巴西	106662290	66304259
阿根廷	103994543	63253653
新西兰	91009246	58252966
德国	50533183	32780875
法国	12630309	8010784
日本	7113983	4520154
印度尼西亚	4416338	2708420
奥地利	2612718	1493114
比利时	1330290	855662
荷兰	69600	29580
韩国	400	8100
泰国	9720	7962
秘鲁	5888	3592
土耳其	2380	1975
47032900 半漂白或漂白的非针叶木烧碱木浆或硫酸盐木浆		
合计	10469285211	6159737456
巴西	4758966815	2728470437
印度尼西亚	2846329519	1719128782
乌拉圭	936368523	577661264
智利	698121095	415880177
俄罗斯	286246866	172230103
美国	264969712	150533258
加拿大	248878799	145449122
南非	87347445	49922070
法国	84771906	49901557
日本	59000410	35467755
葡萄牙	62277513	33398029
西班牙	38116714	21857495
芬兰	33446985	19566036
泰国	22344408	14747457
瑞典	13265202	7904175
韩国	12365729	7892031
台澎金马关税区	9526400	5847754
比利时	4502788	2374140
中国	908792	552380
德国	467168	323435
新加坡	501281	321782
中国香港	516359	278834
荷兰	44782	29383
47041100 未漂白的针叶木亚硫酸盐木浆		
合计	6427358	2853418
俄罗斯	6245508	2678615
日本	139210	160092
美国	42640	14711
47041900 未漂白的非针叶木亚硫酸盐木浆		
合计	1	120
挪威	1	120
47042100 半漂白或漂白的针叶木亚硫酸盐木浆		
合计	674355	346908
加拿大	377550	215027
俄罗斯	289125	124697
德国	7680	7184
47042900 半漂白或漂白的非针叶木亚硫酸盐木浆		
合计	4378165	4421789
德国	4331322	4311131
美国	31972	84099
比利时	13540	24453
捷克	1320	2058
台澎金马关税区	10	28
法国	1	20
47050000 用机械与化学联合制浆法制得的木浆		
合计	1785961480	941437814
加拿大	1369106046	720204854
新西兰	252842281	136057935
瑞典	72674419	37803730

(续表)

国家/地区	进口数量(千克)	进口金额(美元)
挪威	36233494	18951494
俄罗斯	19360144	10507387
芬兰	19710193	9876719
西班牙	7808717	4087197
克罗地亚	4042603	1848731
意大利	2462064	1228784
德国	754945	419998
韩国	754040	254668
泰国	15000	112839
台澎金马关税区	170973	69375
美国	26371	14003
英国	190	100
47062000 从回收(废碎)纸或纸板提取的纤维浆		
合计	11907966	5972230
德国	6825530	3537955
美国	1838210	978384
比利时	866910	381333
加拿大	782970	336034
日本	292503	207690
台澎金马关税区	421256	186916
泰国	192529	86600
菲律宾	103950	72376
马来西亚	226330	56752
荷兰	127400	53814
韩国	96400	29551
黎巴嫩	47685	20505
新加坡	71333	17887
西班牙	14960	6433
47069100 其他纤维状纤维素机械浆		
合计	3320	29964
日本	1310	16125
菲律宾	2000	13680
丹麦	10	159
47069200 其他纤维状纤维素化学浆		
合计	54141759	52963935
泰国	44994965	27361492
西班牙	2717004	12494204
法国	1937172	5758799
菲律宾	968980	5044772
伊朗	1897788	1184668
比利时	1156160	506866
突尼斯	246400	431391
日本	17577	76655

(续表)

国家/地区	进口数量(千克)	进口金额(美元)
德国	78110	38950
荷兰	52740	28216
加拿大	10115	11491
美国	39708	10085
印度尼西亚	2160	9482
朝鲜	22880	6864
47069300 其他用机械与化学联合制浆法制得的纤维状纤维素浆		
合计	1482176	1864134
菲律宾	251081	1087053
泰国	1018370	634571
伊朗	199105	119463
德国	10000	15669
中国	3300	5171
日本	320	2207
47071000 回收(废碎)的未漂白牛皮纸或瓦楞纸及纸板		
合计	15068631644	3692834013
美国	6529810396	1693522406
英国	1999750873	451804122
日本	1010825061	253970793
荷兰	910875023	211209578
意大利	695838028	158126641
西班牙	649226807	147500471
中国香港	458561471	107959212
澳大利亚	363317174	90080355
法国	389966379	89789608
比利时	354572738	82652115
加拿大	289839140	74480528
韩国	226323021	49512740
德国	202729516	45236532
墨西哥	139851231	35508945
希腊	142257503	32731251
台澎金马关税区	86376505	21554807
爱尔兰	92170555	20721921
新加坡	77537730	18634319
葡萄牙	65821820	14645196
危地马拉	54359867	14188779
多米尼加	54324311	13379417
波多黎各	39735784	10251875
克罗地亚	31240120	7526245
俄罗斯	26967353	6105695
波兰	25864210	6071569
挪威	19684525	4278758

(续表)

国家/地区	进口数量(千克)	进口金额(美元)
萨尔瓦多	14918450	3795264
斯洛文尼亚	16246340	3708094
哥斯达黎加	12359474	3030388
洪都拉斯	10232613	2632704
阿联酋	9275265	2535345
尼加拉瓜	9814295	2455799
马耳他	7684176	1650995
爱沙尼亚	5216405	1256843
文莱	5738581	1198487
塞浦路斯	4809025	1167989
也门	5183085	1036457
巴西	3437150	918338
菲律宾	3864831	901878
以色列	4021720	827736
中国澳门	3865570	805884
新西兰	3081940	776174
巴拿马	2157431	552076
缅甸	2051510	522826
科威特	1998130	471930
沙特阿拉伯	965190	260159
牙买加	721092	173735
保加利亚	716720	157232
海地	427259	122228
瑞典	506590	109694
巴林	303331	84023
拉脱维亚	445200	80136
摩洛哥	263200	55342
越南	185430	43806
新喀里多尼亚	173400	35602
古巴	104350	20409
蒙古	36750	2562
47072000 回收(废碎)的漂白化学木浆制未经本体染色纸		
合计	844035443	231697411
美国	253966919	72114894
日本	170072950	45125564
荷兰	76256960	20720506
西班牙	50122570	13682918
中国香港	47873560	12518270
韩国	39167470	11486268
加拿大	33868717	9531413
澳大利亚	29815344	7897988
德国	26036030	7490850
意大利	20796270	4964328

（续表）

国家/地区	进口数量（千克）	进口金额（美元）
比利时	15045140	4027912
希腊	13595460	3704951
巴西	11657250	3326533
英国	11069760	3199849
法国	9716105	2652954
新加坡	6884910	1842705
以色列	6446350	1528150
科威特	5586170	1512325
沙特阿拉伯	3390410	895843
多米尼加	3241195	839762
土耳其	2077380	575033
新喀里多尼亚	1294990	352128
台澎金马关税区	1109630	346702
牙买加	697794	203792
新西兰	701900	185242
萨尔瓦多	459942	146438
阿联酋	385000	86885
马耳他	264804	82069
塞浦路斯	304875	78120
巴林	269728	68987
爱尔兰	250340	60590
斯洛文尼亚	225100	57573
俄罗斯	212200	56112
墨西哥	194580	55606
哥斯达黎加	129203	49097
海地	173618	48055
南非	156260	47019
葡萄牙	153040	40831
波多黎各	124023	31596
黎巴嫩	96510	24684
秘鲁	51680	14255
文莱	52528	13698
巴拿马	40778	8916
47073000 回收（废碎）的主要由机械浆制成的纸或纸板		
合计	4896292358	986127553
美国	3142987400	623094564
加拿大	725316651	138528690
中国香港	261168279	58830560
英国	231228209	48638143
澳大利亚	230875819	44927400
日本	159674590	39615471
意大利	51388550	11627590
新西兰	20333669	3822024

（续表）

国家/地区	进口数量（千克）	进口金额（美元）
比利时	16227600	3709642
台澎金马关税区	11351720	2994635
韩国	6752960	1705288
巴西	7522380	1569305
荷兰	4809600	1132641
法国	5790816	1130132
文莱	3852071	809682
爱尔兰	3447540	809462
希腊	3285635	782045
缅甸	1968900	452901
西班牙	1452750	354969
墨西哥	1160920	280032
新加坡	969190	234462
巴拿马	979069	216861
塞浦路斯	745600	186361
波多黎各	740172	177042
挪威	506100	119440
南非	462250	108629
德国	579730	105840
科威特	322030	75033
牙买加	116876	28953
马来西亚	104290	22947
哥伦比亚	89791	18497
危地马拉	60940	14016
萨尔瓦多	20261	4296
47079000 回收（废碎）的其他纸及纸板，包括未分选的		
合计	4910485759	964986964
美国	1765339154	328242966
日本	1167729319	260431133
英国	782902151	143936904
加拿大	398864774	75180777
荷兰	279152869	55488904
意大利	130933755	26201968
澳大利亚	134390280	24902452
比利时	41536956	8625749
新西兰	35565136	6848947
爱尔兰	37897450	6762912
法国	26884798	5311121
德国	22767666	4949191
西班牙	19668640	4635283
希腊	16189363	3119170
韩国	9169520	2022569
沙特阿拉伯	6470590	1315879

（续表）

国家/地区	进口数量（千克）	进口金额（美元）
斯洛文尼亚	5669640	1186894
巴西	5993390	1099465
墨西哥	3702408	825800
泰国	3524960	777258
克罗地亚	3876240	763680
多米尼加	2479709	459117
塞浦路斯	2119025	419340
中国香港	1721590	308159
新加坡	1388700	306190
台澎金马关税区	1038355	179900
俄罗斯	995993	169695
中国	441518	100464
波多黎各	369153	79789
牙买加	343476	64518
波兰	244620	55214
爱沙尼亚	288740	51550
葡萄牙	199440	45090
土耳其	242700	44900
南非	145640	34330
瑞典	174520	29320
萨尔瓦多	63521	10366
48010010 成卷的新闻纸		
合计	331282728	168577006
韩国	128586788	65788388
瑞典	38418407	18906622
比利时	32395010	15345411
加拿大	27315157	13797019
俄罗斯	22284264	12234493
澳大利亚	22321824	11427835
西班牙	20197588	10394049
美国	17062178	8386929
斯洛文尼亚	6823589	3679517
泰国	3460032	1923649
英国	4148398	1921780
芬兰	2769085	1716989
新西兰	2033868	1299538
印度尼西亚	986101	569966
日本	964934	341097
波兰	444030	250877
白俄罗斯	400875	210540
智利	300431	163825
法国	296867	151922
荷兰	49316	50546
中国香港	13766	10050

（续表）

国家/地区	进口数量（千克）	进口金额（美元）
中国	9676	5353
马来西亚	544	611
48010090 成张的新闻纸		
合计	896515	487019
加拿大	612330	303221
中国	66729	64616
泰国	99126	49712
荷兰	26024	26824
韩国	45245	21265
俄罗斯	19385	9303
美国	21689	9264
瑞典	5987	2814
48021010 宣纸		
合计	18104	52062
日本	4203	32137
台澎金马关税区	12387	15841
中国	1503	3574
英国	1	321
美国	1	150
德国	1	22
尼泊尔	8	17
48021090 其他手工制纸及纸板		
合计	95475	144295
朝鲜	55920	46493
尼泊尔	10386	31005
德国	1845	18113
中国	25510	16350
印度	853	11883
日本	347	11755
美国	246	6317
中国香港	113	672
英国	81	627
国（地）别不详	2	407
台澎金马关税区	97	367
法国	61	268
意大利	14	38

竹藤出口量值表

国家/地区	出口数量（千克）	出口金额（美元）
14011000 竹		
合计	123598220	72990819
中国香港	34052633	11780916
美国	12970750	9063560

（续表）

国家/地区	出口数量（千克）	出口金额（美元）
荷兰	9453715	8799329
西班牙	8564357	5655733
日本	6768166	4204751
波兰	6033831	3648229
韩国	8682252	3061978
新加坡	678962	2934464
英国	4201410	2853039
意大利	3730790	2598042
台澎金马关税区	4296828	2578961
中国澳门	5175707	2309600
德国	2492450	1765577
葡萄牙	2728426	1581622
澳大利亚	1705563	1385436
法国	2540995	1288415
加拿大	1265221	956732
新西兰	1046167	931500
土耳其	1108965	595781
沙特阿拉伯	769433	412718
以色列	735240	410294
俄罗斯	673768	386469
马来西亚	278576	303422
希腊	328531	283435
挪威	308256	276086
泰国	246130	273889
印度	69560	270025
黎巴嫩	106854	263455
乌克兰	319861	197666
比利时	279854	194162
阿尔及利亚	170428	141572
瑞典	140341	140502
摩洛哥	171085	126094
阿联酋	118832	120638
越南	85783	100462
瑞士	111364	97378
哈萨克斯坦	112305	95760
印度尼西亚	112031	76805
南非	53833	67497
科威特	56774	58018
斯洛文尼亚	85854	55834
爱尔兰	69446	55324
丹麦	39125	45753
秘鲁	25050	44589
克罗地亚	58879	41123
斯里兰卡	18900	38403

（续表）

国家/地区	出口数量（千克）	出口金额（美元）
保加利亚	69175	34479
塞浦路斯	55206	33340
芬兰	22333	33002
约旦	41817	29763
立陶宛	17528	28673
智利	28739	26774
罗马尼亚	18372	23431
朝鲜	22279	22128
阿塞拜疆	29025	22022
巴西	11265	15756
利比亚	17600	14800
巴林	16392	13836
卡塔尔	23950	13702
马尔代夫	5264	12824
巴基斯坦	49264	12724
拉脱维亚	7143	11627
塞尔维亚	15400	10750
摩尔多瓦	17000	10000
波黑	16000	9903
墨西哥	15842	9400
捷克	14550	7035
匈牙利	16000	6000
特立尼达和多巴哥	2800	5356
乌兹别克斯坦	12793	4500
萨尔瓦多	4872	2741
巴哈马	154	2182
牙买加	3168	1585
格鲁吉亚	490	715
巴拿马	200	480
基里巴斯	187	199
阿曼	120	45
法属圭亚那	11	9
14012000 藤		
合计	772022	4104884
中国香港	52511	72132
印度	50186	127751
以色列	2150	3326
日本	26020	490226
黎巴嫩	9436	9728
马来西亚	37805	264944
沙特阿拉伯	12520	9185
新加坡	52723	189338
韩国	8051	121583
泰国	12103	52934

（续表）

国家/地区	出口数量（千克）	出口金额（美元）
土耳其	8192	73641
越南	9803	169760
台澎金马关税区	83	1920
肯尼亚	1450	2320
毛里求斯	11725	69969
南非	113	2707
比利时	1882	6302
英国	11165	187487
德国	92491	661108
法国	11886	87096
爱尔兰	257	6976
意大利	50585	222562
荷兰	62799	114643
希腊	100	64
葡萄牙	3899	48167
西班牙	43156	252913
保加利亚	2755	31748
波兰	14856	101206
瑞典	614	11339
瑞士	337	6780
俄罗斯	24	403
斯洛文尼亚	12414	19146
阿根廷	10629	98483
巴西	6408	59969
哥伦比亚	8239	110340
多米尼加	5082	11689
厄瓜多尔	657	8750
墨西哥	46384	108565
加拿大	4814	20211
美国	78126	186069
澳大利亚	7437	78236
新西兰	130	2868
法属波利尼西亚	25	300
44021000 竹炭，不论是否结块		
合计	22910185	40091371
伊朗	8152148	14703559
日本	3090401	6682526
印度	1565246	4718066
韩国	2779327	3281633
沙特阿拉伯	795564	1545878
美国	913413	1293681
新加坡	110298	973843
科威特	497423	860781
阿联酋	561998	824949

（续表）

国家/地区	出口数量（千克）	出口金额（美元）
约旦	502888	583326
中国香港	236247	473057
加拿大	556816	385159
台澎金马关税区	259745	344194
德国	181431	335235
比利时	298932	278335
土耳其	865795	238808
俄罗斯	99597	211636
尼日利亚	59089	192826
荷兰	46120	183830
埃及	56910	179452
黎巴嫩	386495	178155
英国	169754	171843
巴西	71801	159797
巴基斯坦	127102	119197
阿曼	20164	100770
利比亚	24848	91024
瑞典	65579	85898
巴林	29444	76404
西班牙	52139	76353
意大利	41398	68159
爱尔兰	16280	67452
澳大利亚	39218	61017
印度尼西亚	17155	57747
马来西亚	28087	55512
乌克兰	12148	54787
法国	6094	37074
以色列	15002	34952
梅利利亚	8325	28721
毛里塔尼亚	8504	28271
突尼斯	21420	25599
泰国	7122	25209
墨西哥	9490	19589
菲律宾	3927	19283
埃塞俄比亚	9600	18452
卡塔尔	24161	17274
波兰	850	16554
新西兰	14032	11689
汤加	3330	11655
特立尼达和多巴哥	10034	10872
中国澳门	11850	10064
越南	2012	8184
希腊	198	7770
孟加拉国	1500	7500

（续表）

国家/地区	出口数量（千克）	出口金额（美元）
也门	4670	7472
伊拉克	3048	5084
索马里	5053	5031
匈牙利	932	3276
智利	1271	2783
乌兹别克斯坦	759	2657
巴拿马	790	2508
吉尔吉斯斯坦	2175	2175
捷克	1436	1723
爱沙尼亚	75	1425
丹麦	437	717
拉脱维亚	25	700
柬埔寨	165	513
巴布亚新几内亚	223	487
阿尔及利亚	354	354
瓦努阿图	76	246
留尼汪	57	242
保加利亚	104	220
南非	58	102
瑞士	26	55
44092110 任何一边、端或面制成连续形状的竹地板条块		
合计	144619007	208555878
美国	89569624	125045830
澳大利亚	14754800	19877608
荷兰	5581454	8934223
日本	2436947	5019986
德国	2771198	4263890
以色列	2250571	3888723
法国	2271540	3484963
英国	2311108	3321669
波兰	1706740	2470794
比利时	1117501	2132868
韩国	1834714	1939563
意大利	1070588	1692074
墨西哥	994415	1609005
新西兰	1002402	1493701
西班牙	1003802	1422151
丹麦	689024	1193224
厄瓜多尔	873697	1160065
秘鲁	820197	1138006
俄罗斯	816036	1091306
阿联酋	534080	1042312
南非	711640	979647

(续表)

国家/地区	出口数量（千克）	出口金额（美元）
希腊	495267	893080
罗马尼亚	523255	865864
伊朗	601460	856324
印度	478852	755109
斯里兰卡	477511	703053
加拿大	418048	681949
克罗地亚	369679	662504
肯尼亚	479716	649759
智利	367890	545870
菲律宾	368240	534780
越南	346398	508896
台澎金马关税区	235899	476468
摩洛哥	300309	452850
中国香港	259570	429810
哥伦比亚	288863	400610
马来西亚	132868	360822
斯洛文尼亚	261340	356772
埃塞俄比亚	140636	310831
新加坡	205459	297696
葡萄牙	190498	290015
土耳其	176527	289925
泰国	168364	250491
中国澳门	40163	243976
阿根廷	139772	238370
缅甸	145780	237810
马尔代夫	138312	210880
立陶宛	135626	207761
巴西	127616	184704
阿塞拜疆	107713	135296
孟加拉国	23252	127388
哈萨克斯坦	66859	105091
捷克	55399	104582
土库曼斯坦	97455	104072
哥斯达黎加	75284	100762
塞尔维亚	17853	99975
吉布提	53953	84231
保加利亚	52034	83573
圭亚那	33640	80736
乌拉圭	59750	80276
柬埔寨	46362	74617
挪威	44444	74543
科威特	63955	72369
沙特阿拉伯	50297	71786
芬兰	52706	65318

(续表)

国家/地区	出口数量（千克）	出口金额（美元）
格鲁吉亚	45316	62001
巴基斯坦	36839	57997
奥地利	21688	55048
多米尼加	33282	52978
印度尼西亚	17595	52195
马耳他	36580	51255
乌克兰	4946	49388
斐济	33360	47705
埃及	39100	46884
前南马其顿	22712	34978
马达加斯加	12159	31486
坦桑尼亚	21860	31330
巴哈马	8250	30649
赞比亚	17362	28614
法属波利尼西亚	17891	26785
危地马拉	19430	26686
加蓬	18155	26053
文莱	15000	25225
巴拿马	10582	23498
阿尔巴尼亚	15840	21542
莫桑比克	12214	19391
卡塔尔	13504	19312
阿曼	13457	18751
匈牙利	8835	18244
巴林	11310	17916
毛里求斯	11965	17532
乌兹别克斯坦	9470	14739
瑞典	9360	14368
瑞士	4818	11368
洪都拉斯	6820	11171
委内瑞拉	6059	8730
黑山	4421	7879
蒙古	6388	7845
新喀里多尼亚	3450	6086
黎巴嫩	4064	5541
萨摩亚	2184	3436
约旦	2047	3199
塞内加尔	2124	2914
拉脱维亚	1578	1917
特立尼达和多巴哥	40	40
44092190 其他任何一边、端或面制成连续形状的竹材		
合计	1173790	4144766
波兰	259734	1190137

(续表)

国家/地区	出口数量（千克）	出口金额（美元）
美国	338970	1074689
荷兰	97657	520399
韩国	95455	397540
德国	54274	200905
日本	24744	110477
越南	99294	103825
南非	17820	83172
加拿大	24505	59849
比利时	12155	51654
澳大利亚	16142	45604
俄罗斯	7268	42577
巴西	7797	34029
台澎金马关税区	20754	26110
英国	4787	26003
斯洛文尼亚	3874	22985
斯洛伐克	3491	22857
罗马尼亚	32150	21913
智利	5300	20820
意大利	4823	20450
爱沙尼亚	6513	19698
阿联酋	3450	8198
法国	2285	8192
乌干达	11500	7206
西班牙	1000	4749
泰国	500	4157
新西兰	1595	3576
老挝	11000	2809
巴林	1850	2780
菲律宾	839	2549
洪都拉斯	1265	1890
捷克	200	1020
墨西哥	130	904
以色列	353	556
阿曼	316	487
44121019 其他仅由薄板制成的竹胶合板，每层厚≤6mm		
合计	31585221	27548881
澳大利亚	4115503	3713448
阿联酋	3048713	2481166
台澎金马关税区	2205352	2001230
美国	2283947	1707077
越南	978585	1130392
德国	1585370	1084100
坦桑尼亚	1008168	811795

（续表）

国家/地区	出口数量（千克）	出口金额（美元）
巴基斯坦	919002	794594
安哥拉	872583	700694
新加坡	930140	553500
波兰	516250	478345
赞比亚	562230	465686
埃塞俄比亚	588747	464577
法国	854479	461984
芬兰	464400	458631
刚果(金)	481170	441020
肯尼亚	486276	429532
斯里兰卡	540660	421265
吉布提	375000	381728
马来西亚	398520	352047
莫桑比克	432325	335917
印度尼西亚	348515	313739
菲律宾	373106	310957
印度	184866	302949
乌兹别克斯坦	218869	293246
日本	149314	274789
俄罗斯	344985	240732
英国	122732	220643
乌干达	275692	217635
伊拉克	149385	215995
韩国	172578	214757
朝鲜	313576	206660
毛里塔尼亚	75375	204563
墨西哥	296574	202570
荷兰	151269	190565
加拿大	71576	182144
加纳	220350	179492
帕劳	47326	174567
南非	240730	155030
几内亚	162817	153029
中国澳门	2302	150926
泰国	134363	147015
尼泊尔	100000	139270
喀麦隆	104000	135250
毛里求斯	186000	133813
西班牙	100256	129761
科特迪瓦	170000	128489
孟加拉国	120489	116969
老挝	135000	113042
马里	108644	109646
斐济	118612	106921

（续表）

国家/地区	出口数量（千克）	出口金额（美元）
马尔代夫	127802	106803
巴布亚新几内亚	155000	101250
沙特阿拉伯	130802	99938
爱沙尼亚	87500	97500
洪都拉斯	119250	90927
埃及	168366	88079
东帝汶	97168	77321
尼日利亚	77090	75117
南苏丹	98467	73805
塞内加尔	95000	71035
多哥	89440	70923
中国香港	57594	64305
卡塔尔	111200	60264
加蓬	70400	59266
阿尔及利亚	93008	59240
卢旺达	75900	57574
塞拉利昂	50000	56561
乍得	50000	54459
哥斯达黎加	51480	46302
波多黎各	25517	43083
纳米比亚	34450	41613
萨尔瓦多	57840	40000
汤加	44750	39450
玻利维亚	41600	38769
刚果(布)	36980	37847
牙买加	48160	34717
密克罗尼西亚联邦	36000	33085
格鲁吉亚	39600	29880
阿曼	38340	29513
新西兰	15199	24112
挪威	12138	23860
意大利	13000	23301
蒙古	28000	22261
黑山	26295	21942
博茨瓦纳	29210	20992
厄瓜多尔	10501	19600
萨摩亚	29020	19391
佛得角	29000	19155
马拉维	26600	18970
多米尼克	23000	15959
巴拿马	22920	15794
马达加斯加	36100	15368
哈萨克斯坦	26300	15120
几内亚比绍	35280	15000

（续表）

国家/地区	出口数量（千克）	出口金额（美元）
比利时	14000	14508
塞舌尔	4000	14320
多米尼加	17750	12944
古巴	20800	12766
智利	19000	12309
尼日尔	12000	11800
圣卢西亚	19899	11476
塔吉克斯坦	8700	9381
丹麦	7131	9175
科摩罗	7530	8815
摩尔多瓦	5275	5080
罗马尼亚	2301	3661
海地	5900	3174
捷克	1820	3073
柬埔寨	5300	2550
津巴布韦	3000	2391
乌拉圭	2700	1955
莱索托	3100	1772
赤道几内亚	1261	1283
圭亚那	700	1256
以色列	3950	1014
瓦努阿图	473	542
瑞典	193	227
瑞士	450	66
44121020 其他薄板制竹胶板，单板饰面板及类似多层板		
合计	5653864	4073065
马来西亚	5305580	3760006
斯里兰卡	310903	281194
东帝汶	25500	22100
马尔代夫	11881	9765
44121099 其他竹制胶合板、单板饰面板及类似的多层板		
合计	41237540	70239410
美国	26538139	48343135
荷兰	2028592	4373943
马来西亚	4586386	4237410
加拿大	1374831	2207678
澳大利亚	638955	1353562
比利时	641302	1147264
法国	534093	803088
韩国	507523	789519
德国	605534	781288
英国	322154	683753

(续表)

国家/地区	出口数量(千克)	出口金额(美元)
新西兰	179432	443909
哥伦比亚	237694	426870
丹麦	157991	379984
智利	132469	294130
意大利	124676	268380
越南	134347	246686
南非	150556	236725
日本	140476	219039
土耳其	32039	190893
洪都拉斯	129210	189392
印度	76210	187192
以色列	84497	178937
伊朗	73209	164031
赞比亚	171780	156850
瑞士	49424	120397
埃塞俄比亚	133500	101470
加纳	86212	97382
多米尼克	137500	95588
泰国	36221	82842
挪威	43470	80225
台澎金马关税区	27461	77147
菲律宾	49024	74266
波兰	24449	73974
安哥拉	119892	68374
西班牙	39945	67676
毛里求斯	82500	62803
孟加拉国	58000	60000
斯洛文尼亚	26212	59268
肯尼亚	71330	50349
摩洛哥	35900	49592
希腊	14800	43109
多米尼加	16350	41861
秘鲁	20750	40857
利比里亚	50400	38733
中国香港	15130	37417
多哥	46850	37374
莫桑比克	45990	35283
斯里兰卡	34328	30976
吉布提	34656	29417
圣卢西亚	59676	27461
格鲁吉亚	14000	23096
马达加斯加	14178	22759
厄瓜多尔	14358	21163
刚果(金)	22880	19868

(续表)

国家/地区	出口数量(千克)	出口金额(美元)
危地马拉	10374	19742
阿联酋	12498	19084
爱沙尼亚	9900	18200
新加坡	5138	18058
沙特阿拉伯	5294	15998
尼日利亚	16320	15907
匈牙利	4725	15419
委内瑞拉	15400	15000
马尔代夫	40500	13235
巴拿马	6480	12620
奥地利	2200	12000
坦桑尼亚	13850	10832
喀麦隆	12570	9821
塞内加尔	11900	7500
巴西	2505	7006
巴布亚新几内亚	3300	5636
保加利亚	2230	5075
纳米比亚	7200	4800
阿尔及利亚	5000	4677
塞拉利昂	4400	4523
约旦	530	4336
牙买加	4230	4191
阿曼	423	3885
埃及	765	3107
突尼斯	230	2990
瓦努阿图	7215	2647
克罗地亚	1473	2384
乌拉圭	1000	2125
捷克	790	1468
立陶宛	950	1429
中国澳门	400	800
哥斯达黎加	183	403
墨西哥	86	127
44187310 马赛克地板用已装拼的地板,竹的或至少顶层(耐磨层)是竹的		
合计	26700	48420
德国	21500	31541
澳大利亚	5200	16879
44187320 其他竹制多层已装拼的地板		
合计	30835371	52853641
美国	26489065	45616684
澳大利亚	1202578	1811784
荷兰	1008296	1613028
意大利	255047	562382

(续表)

国家/地区	出口数量(千克)	出口金额(美元)
印度	260549	452795
英国	177568	352443
德国	125250	321091
智利	168314	246404
丹麦	81470	206751
日本	98011	191672
比利时	102889	174613
罗马尼亚	120672	140656
秘鲁	51187	139374
俄罗斯	94440	118557
伊朗	103369	116196
波兰	76498	109542
肯尼亚	45320	59404
朝鲜	47969	57461
斯洛文尼亚	22527	56875
加拿大	33485	53386
莫桑比克	20052	48907
韩国	24534	41677
墨西哥	21452	32694
马来西亚	25350	31876
西班牙	15998	30644
希腊	16286	29347
格鲁吉亚	24226	28109
圭亚那	15960	26450
阿联酋	15470	25711
中国澳门	8140	23606
台澎金马关税区	12600	20404
尼日利亚	16900	20374
新西兰	8820	19741
阿塞拜疆	16692	18711
阿尔巴尼亚	6440	10580
新喀里多尼亚	3144	10001
瑞士	4767	8417
法属波利尼西亚	4528	7507
捷克	3100	6528
越南	3850	5990
菲律宾	1230	3629
立陶宛	1328	1640
44187390 其他已装拼的地板,竹的或至少顶层(耐磨层)是竹的		
合计	4762509	6787397
美国	3474016	4757042
澳大利亚	693640	1088612
菲律宾	157505	284116

（续表）

国家/地区	出口数量（千克）	出口金额（美元）
秘鲁	76435	113990
南非	63636	84574
台澎金马关税区	62731	80130
阿联酋	44092	63707
墨西哥	17136	43030
伊朗	24051	31136
西班牙	18605	30974
日本	13056	28561
韩国	17480	26205
波兰	19840	26170
肯尼亚	15210	24352
毛里求斯	14500	23902
新加坡	4667	15209
新西兰	9310	14188
瑞士	5900	10106
哥伦比亚	4530	7770
芬兰	3800	7141
沙特阿拉伯	5000	7000
朝鲜	6500	6100
中国香港	4579	5077
以色列	2900	4234
马来西亚	2497	2747
印度	890	1322
意大利	3	2
44189100 竹制其他建筑用木工制品		
合计	290441	447119
新加坡	20858	137662
澳大利亚	67531	83966
墨西哥	21004	28991
塞内加尔	27700	22159
美国	19870	20478
台澎金马关税区	8710	18550
阿尔及利亚	3418	18252
越南	13000	14950
埃塞俄比亚	40260	14212
朝鲜	6400	10800
新西兰	14250	9103
中国澳门	3000	9000
比利时	4365	8730
特克斯和凯科斯群岛	1167	7487
肯尼亚	13804	7387
韩国	617	7385
荷兰	4935	7142

（续表）

国家/地区	出口数量（千克）	出口金额（美元）
蒙古	238	6561
科特迪瓦	5320	5385
以色列	4200	2100
乌干达	3979	1652
塞舌尔	2160	1416
中国香港	1860	1373
安哥拉	1134	1012
帕劳	431	904
意大利	165	375
日本	55	78
特立尼达和多巴哥	10	9
44191100 竹制切面包板、砧板及类似板		
合计	28653103	70181042
美国	7696154	19930405
德国	4054983	9012311
荷兰	1970652	4423823
法国	1771937	3770875
俄罗斯	1196694	3342926
英国	1344504	3226626
加拿大	1267716	2942207
土耳其	951831	2470808
比利时	847463	2244761
意大利	1052419	2161938
澳大利亚	757832	1907380
波兰	644097	1352229
西班牙	508065	1199975
巴西	510980	1144613
台澎金马关税区	386286	836330
斯洛文尼亚	340616	695891
韩国	256200	684307
新加坡	124636	683538
中国香港	145197	639848
马来西亚	138754	609975
日本	196371	523727
墨西哥	163732	504991
沙特阿拉伯	153520	424523
新西兰	182350	387940
丹麦	86943	286266
罗马尼亚	149494	283530
瑞典	106840	282463
以色列	122258	253550
阿联酋	105013	242160
智利	109021	239715
印度	96500	234426

（续表）

国家/地区	出口数量（千克）	出口金额（美元）
乌拉圭	99777	225927
菲律宾	62029	194665
南非	72890	171073
希腊	60875	166069
爱沙尼亚	60465	155906
秘鲁	61987	133421
哈萨克斯坦	43698	118266
哥斯达黎加	21572	112120
立陶宛	33472	106442
泰国	28153	104523
阿根廷	31970	102801
巴拿马	31895	100517
伊朗	33323	94790
奥地利	42919	86689
摩洛哥	44906	81845
哥伦比亚	29220	77902
挪威	44724	73541
阿尔及利亚	24786	70883
瑞士	17083	69477
多米尼加	21014	63874
葡萄牙	27313	59923
蒙古	19305	58460
乌克兰	21656	56805
印度尼西亚	23656	56344
芬兰	18859	55822
黎巴嫩	24739	55301
科威特	15665	54547
越南	24234	52125
克罗地亚	20518	47524
厄瓜多尔	10083	44708
捷克	18047	43802
拉脱维亚	14861	42109
阿曼	15783	40443
斯里兰卡	13947	39685
加纳	12366	36249
爱尔兰	7523	25364
孟加拉国	9027	24971
斯洛伐克	5181	17046
卡塔尔	2925	11531
巴林	4332	11247
特立尼达和多巴哥	3920	9755
马耳他	4074	9584
毛里求斯	2751	7648
巴拉圭	1725	7479

(续表)

国家/地区	出口数量（千克）	出口金额（美元）
波多黎各	1970	5501
安哥拉	793	5480
匈牙利	1725	4667
朝鲜	4526	4386
尼日利亚	706	4335
伊拉克	2467	3895
塞浦路斯	1693	3817
约旦	760	3519
格鲁吉亚	2421	3470
委内瑞拉	1097	3358
萨尔瓦多	890	2166
新喀里多尼亚	807	2071
突尼斯	410	1778
缅甸	280	1770
埃及	680	1320
保加利亚	240	1200
黑山	878	950
法属圭亚那	680	784
留尼汪	224	768
马达加斯加	149	633
肯尼亚	251	506
亚美尼亚	720	461
中国澳门	140	280
危地马拉	140	203
摩尔多瓦	15	148
吉尔吉斯斯坦	59	118
科特迪瓦	35	98
乌兹别克斯坦	12	76
玻利维亚	25	16
津巴布韦	4	8
44191210 竹制一次性筷子		
合计	98707049	198817671
日本	33152322	73879262
台澎金马关税区	24416803	43487483
美国	11076818	20401724
泰国	7509974	14215596
俄罗斯	3600114	6861796
韩国	2606180	5332819
巴西	1552551	3465947
中国香港	1645686	3086763
加拿大	1405216	2841823
澳大利亚	878534	2042482
法国	903987	1854572
马来西亚	851844	1839855

(续表)

国家/地区	出口数量（千克）	出口金额（美元）
英国	804802	1829450
新加坡	708706	1673688
德国	699654	1564862
印度尼西亚	650575	1512944
荷兰	453068	1200954
意大利	466188	1005976
菲律宾	532019	1004929
西班牙	358320	877828
越南	482379	803381
乌克兰	387238	622979
墨西哥	346004	581805
以色列	260526	534351
阿联酋	198741	452908
葡萄牙	184368	420089
奥地利	198960	406087
比利时	128020	386398
波兰	194677	376425
智利	153335	339472
瑞典	173269	329020
阿根廷	173667	322052
缅甸	137630	320103
中国澳门	148066	309637
南非	128636	251925
丹麦	102970	228961
立陶宛	110463	220205
新西兰	62403	195758
挪威	77862	182161
土耳其	69958	150596
哥伦比亚	57497	133992
哈萨克斯坦	67775	110005
沙特阿拉伯	43711	98297
印度	41004	92726
拉脱维亚	54187	83467
希腊	45800	83456
摩洛哥	37339	68741
老挝	26100	65250
黎巴嫩	38174	64638
秘鲁	27925	58350
爱沙尼亚	22184	52905
埃及	26210	43274
斯里兰卡	16385	42685
科威特	22587	41443
塞浦路斯	15963	36403
斯洛文尼亚	15227	33504

(续表)

国家/地区	出口数量（千克）	出口金额（美元）
捷克	17929	32962
冰岛	9636	30172
厄瓜多尔	10100	28534
卡塔尔	12722	23281
马耳他	11140	19660
朝鲜	19600	19600
瑞士	9689	19248
文莱	10036	18191
巴拿马	9349	18068
爱尔兰	9000	17668
芬兰	9145	16278
哥斯达黎加	8077	14119
乌兹别克斯坦	3360	5252
乌拉圭	2310	4345
约旦	2300	3900
伊朗	1550	3800
巴林	1472	3625
阿尔及利亚	1497	3621
阿曼	2872	3247
摩尔多瓦	1320	2460
多米尼加	1100	1650
匈牙利	690	1380
巴基斯坦	721	1310
毛里求斯	750	840
格鲁吉亚	51	183
吉布提	10	30
安哥拉	20	24
刚果(布)	2	21
44191290 其他竹制筷子		
合计	1982953	11133336
日本	1133344	7566312
越南	166073	711558
美国	105034	618692
台澎金马关税区	203477	583346
韩国	48886	268721
加拿大	46522	188123
新加坡	48277	180519
中国香港	16424	106762
澳大利亚	25642	106091
荷兰	20605	92608
比利时	16090	80317
法国	7509	72182
马来西亚	17679	69391
意大利	11874	64622

（续表）

国家/地区	出口数量（千克）	出口金额（美元）
德国	7127	59169
巴拿马	11675	58375
巴西	12686	44590
泰国	14902	40201
英国	5453	33256
乌克兰	20334	26325
西班牙	6930	22888
俄罗斯	1561	13567
印度尼西亚	4786	13278
阿曼	2173	13038
土耳其	972	9665
智利	1401	9419
菲律宾	1810	7704
丹麦	786	6838
斯洛文尼亚	1231	6414
沙特阿拉伯	3496	6205
墨西哥	3384	6103
南非	793	6024
拉脱维亚	1069	5155
葡萄牙	772	4558
中国澳门	1962	3954
秘鲁	208	3952
波兰	918	3012
立陶宛	1186	3000
阿联酋	756	2878
以色列	310	2730
新西兰	202	2416
朝鲜	2320	2320
克罗地亚	570	2291
希腊	1540	1909
埃及	588	1179
黎巴嫩	203	630
刚果(金)	39	358
科威特	12	171
乌兹别克斯坦	1256	126
科特迪瓦	10	101
肯尼亚	15	93
伊拉克	6	66
伊朗	53	53
巴布亚新几内亚	2	22
赞比亚	10	12
孟加拉国	0	11
埃塞俄比亚	1	10
瓜德罗普	3	10

（续表）

国家/地区	出口数量（千克）	出口金额（美元）
厄立特里亚	1	8
马提尼克	5	8
44191900 其他竹制餐具及厨房用具		
合计	36161642	171647712
美国	10401250	49549434
德国	4372088	19793981
澳大利亚	1402375	9105375
日本	977989	7585562
法国	1469953	7176016
荷兰	1558735	6256882
土耳其	1344397	6098378
英国	1116037	5825285
意大利	775146	4244925
西班牙	1043147	3956367
加拿大	1045366	3828443
波兰	1099682	3813393
比利时	932810	3618632
瑞典	717090	3566876
俄罗斯	716154	3382693
巴西	856458	3339518
台澎金马关税区	650835	3148498
韩国	551611	3082959
伊朗	562138	2937324
沙特阿拉伯	616429	2149492
新加坡	190674	2045252
墨西哥	334082	1563730
丹麦	216804	1246120
阿联酋	257939	1226762
马来西亚	241077	1161675
智利	269268	1090315
新西兰	140333	930540
以色列	177526	708358
葡萄牙	128820	624009
奥地利	217079	558548
中国香港	134228	551402
南非	133614	545434
哥伦比亚	102723	507554
印度	118778	456888
阿根廷	81686	389281
乌拉圭	66909	363474
科威特	74164	362445
印度尼西亚	50210	328462
瑞士	59759	321641
保加利亚	50156	309780

（续表）

国家/地区	出口数量（千克）	出口金额（美元）
捷克	41666	281828
菲律宾	66470	273135
克罗地亚	64883	243647
泰国	32071	227588
芬兰	41452	206914
斯洛文尼亚	36140	199283
拉脱维亚	35707	185072
巴拿马	32327	173243
立陶宛	36357	156458
罗马尼亚	43819	143533
希腊	22893	139182
挪威	34969	136127
阿尔及利亚	49874	134654
乌克兰	30916	128034
厄瓜多尔	20466	119673
爱沙尼亚	21974	115812
秘鲁	26960	104419
多米尼加	18912	77320
黎巴嫩	17633	74586
阿曼	11130	63105
爱尔兰	13963	54219
摩洛哥	17609	53933
巴基斯坦	21577	53852
萨尔瓦多	17234	49544
危地马拉	3155	44998
斯洛伐克	12572	40930
塞浦路斯	2520	38550
哥斯达黎加	7937	34808
埃及	10571	28367
越南	23418	27526
塞尔维亚	5916	27217
匈牙利	6640	21789
特立尼达和多巴哥	2884	20608
安哥拉	2177	17009
波多黎各	2772	15986
中国澳门	10094	15611
伊拉克	6316	14201
巴拉圭	2095	12482
肯尼亚	3051	12080
格鲁吉亚	6995	11997
马耳他	2968	11117
冰岛	1398	10660
突尼斯	8563	10576
新喀里多尼亚	1618	9108

(续表)

国家/地区	出口数量(千克)	出口金额(美元)
毛里求斯	2901	8813
加纳	2265	7563
坦桑尼亚	1465	7158
约旦	1979	6204
毛里塔尼亚	1184	5979
洪都拉斯	2373	5156
斐济	1074	4683
阿尔巴尼亚	323	4128
白俄罗斯	1338	3900
留尼汪	695	1978
卡塔尔	536	1857
黑山	507	1819
孟加拉国	661	1619
巴林	72	1374
吉尔吉斯斯坦	647	1314
法属波利尼西亚	464	1264
古巴	260	1163
亚美尼亚	1760	1127
尼加拉瓜	151	1060
莫桑比克	1753	909
文莱	241	865
朝鲜	57	754
尼日利亚	120	700
哈萨克斯坦	265	608
博茨瓦纳	190	608
利比亚	580	522
马达加斯加	116	500
牙买加	264	356
贝宁	290	296
玻利维亚	430	275
科特迪瓦	195	254
乌兹别克斯坦	33	246
摩尔多瓦	179	116
埃塞俄比亚	2	21
塞内加尔	16	20
斯里兰卡	75	19
44201012 竹刻		
合计	7574	53059
瑞士	506	12758
加拿大	572	12300
英国	4834	11938
中国香港	600	4320
比利时	200	4000
台澎金马关税区	147	3702

(续表)

国家/地区	出口数量(千克)	出口金额(美元)
新加坡	576	3087
法国	139	954
44219110 竹制圆签、圆棒、冰果棒、压舌片及类似一次性制品		
合计	117669862	274874577
印度	26111745	33090717
日本	7698366	23248582
美国	6464615	21670181
印度尼西亚	8111053	19771868
泰国	5700171	16723924
马来西亚	4514148	16077650
巴西	7180513	13733376
荷兰	6774602	13081489
越南	3433993	10884218
新加坡	2189778	9740612
台澎金马关税区	3508374	6666402
韩国	2516772	5260893
意大利	2014453	5189070
英国	1624955	4965252
俄罗斯	1736642	4830487
德国	1567768	4530857
法国	1117782	4421600
中国香港	1121376	4024834
西班牙	1184432	3914206
土耳其	1549108	3635153
比利时	1004346	3312324
希腊	1482233	3240787
菲律宾	1012145	3107689
加拿大	1442231	3045490
澳大利亚	942890	2844945
哥伦比亚	994557	2196119
阿联酋	895675	2023335
尼日利亚	923506	1931116
沙特阿拉伯	742150	1930174
墨西哥	804181	1852494
以色列	641355	1587788
智利	695004	1352151
缅甸	300657	1310910
阿根廷	631612	1182187
南非	369210	1029476
巴基斯坦	730595	911297
波兰	435676	852044
巴拿马	214652	812108
阿尔及利亚	453966	775806

(续表)

国家/地区	出口数量(千克)	出口金额(美元)
斯里兰卡	572421	772407
朝鲜	763917	771064
伊朗	326016	648406
多米尼加	109360	632425
秘鲁	314947	580515
黎巴嫩	240175	514033
肯尼亚	294354	503890
阿曼	335054	487728
新西兰	154761	478349
乌克兰	173630	475561
坦桑尼亚	276053	459607
罗马尼亚	191500	445997
立陶宛	97192	426729
埃及	294982	418555
厄瓜多尔	269252	374590
瑞典	107895	358577
伊拉克	215592	326304
加纳	123338	308651
巴拉圭	126201	225932
拉脱维亚	54705	204339
保加利亚	47022	189616
马耳他	35541	177174
文莱	51316	176333
芬兰	63014	173176
约旦	98743	169867
乌拉圭	26736	169463
萨尔瓦多	66489	166944
摩洛哥	90637	163328
哥斯达黎加	46085	163077
葡萄牙	61632	152998
挪威	83243	151492
捷克	51304	143960
喀麦隆	71537	143830
丹麦	42667	143368
卡塔尔	29093	138851
孟加拉国	58057	131621
叙利亚	76035	131226
格鲁吉亚	33808	130551
塞浦路斯	33466	116082
斯洛伐克	26730	111980
卢旺达	32166	107977
中国澳门	54768	96645
科特迪瓦	51950	90755
克罗地亚	36568	89976

（续表）

国家/地区	出口数量（千克）	出口金额（美元）
安哥拉	39035	88244
爱尔兰	27421	88124
乌兹别克斯坦	51864	84529
马达加斯加	29629	82616
吉布提	76310	80092
危地马拉	33809	77808
突尼斯	23519	75130
多哥	17068	62273
斯洛文尼亚	22291	60998
利比亚	16402	59795
毛里塔尼亚	13740	49601
瑞士	12890	40714
波多黎各	21985	36915
哈萨克斯坦	10163	36707
巴林	4912	35304
科威特	9189	32336
匈牙利	13191	32291
阿尔巴尼亚	12928	31499
毛里求斯	3813	28149
几内亚	13116	27095
牙买加	5269	26401
留尼汪	12336	18507
冰岛	3625	12414
埃塞俄比亚	6554	11640
巴哈马	1742	9605
前南马其顿	4500	9135
塔吉克斯坦	4560	9120
委内瑞拉	5220	7223
尼泊尔	2880	6480
洪都拉斯	2827	5953
塞内加尔	3850	5746
莫桑比克	940	5640
马尔代夫	1660	5132
爱沙尼亚	797	4622
奥地利	3292	3980
白俄罗斯	819	2828
巴布亚新几内亚	722	2340
黑山	1103	2043
索马里	474	1943
圭亚那	600	1497
柬埔寨	1153	1286
尼加拉瓜	583	1080
特立尼达和多巴哥	500	860
也门	470	846

（续表）

国家/地区	出口数量（千克）	出口金额（美元）
布基纳法索	800	830
法属圭亚那	270	810
瓦努阿图	650	800
库腊索岛	145	754
东帝汶	150	450
新喀里多尼亚	270	449
法属波利尼西亚	102	228
吉尔吉斯斯坦	480	144
瓜德罗普	5	11
44219190 未列名竹制品		
合计	17744527	58260286
美国	3960935	14120401
德国	1165712	4584499
日本	1241559	4263688
澳大利亚	1330398	3653317
新加坡	638952	3399745
英国	822493	2865017
荷兰	1014063	2776279
法国	655163	2440063
马来西亚	264066	2305601
波兰	877316	1912377
南非	915014	1507254
加拿大	435706	1391838
台澎金马关税区	401505	1354893
西班牙	357063	1249986
意大利	241424	935505
巴西	168009	810584
瑞典	141228	711057
韩国	426623	693183
俄罗斯	173101	686401
比利时	127297	547861
中国香港	59520	524455
阿联酋	96262	452379
以色列	607485	431320
葡萄牙	132625	332094
巴拿马	48108	302357
越南	82090	283681
泰国	122672	281914
新西兰	71955	227719
印度	45032	218944
智利	112225	207776
墨西哥	42349	206669
丹麦	44592	202481
缅甸	33500	201000

（续表）

国家/地区	出口数量（千克）	出口金额（美元）
土耳其	69708	199583
沙特阿拉伯	66524	189373
希腊	117920	172260
卡塔尔	58393	137034
奥地利	24960	120501
芬兰	17561	117529
尼日利亚	54600	98280
菲律宾	13725	97061
莫桑比克	50697	93935
马耳他	27670	90052
肯尼亚	44796	86041
贝宁	9880	60166
黎巴嫩	19730	51723
多米尼加	17961	49324
挪威	23719	45198
爱尔兰	10532	41185
阿根廷	22134	39795
萨尔瓦多	55829	35286
新喀里多尼亚	15119	32150
罗马尼亚	7971	30731
阿尔巴尼亚	12830	28382
伊朗	12945	27066
埃及	11258	23138
科威特	5596	22212
捷克	8231	21185
摩洛哥	2583	19208
约旦	11727	17720
斯洛伐克	7542	16456
阿曼	6609	15712
克罗地亚	4792	15365
波多黎各	4044	15323
厄瓜多尔	4356	13957
伊拉克	6755	12283
哥伦比亚	3334	11767
瑞士	4341	11686
孟加拉国	5962	11464
印度尼西亚	777	10399
爱沙尼亚	3106	9846
拉脱维亚	7656	9669
博茨瓦纳	2760	6532
毛里求斯	3461	5951
特立尼达和多巴哥	1268	5939
格鲁吉亚	1898	5813
巴基斯坦	1697	5616

(续表)

国家/地区	出口数量(千克)	出口金额(美元)
秘鲁	1099	5069
阿尔及利亚	1017	4974
加纳	3645	4374
牙买加	1345	3860
马尔代夫	66	3138
吉布提	6000	2607
斯洛文尼亚	515	2493
乌拉圭	571	2333
危地马拉	505	2273
哈萨克斯坦	552	2217
立陶宛	482	1966
安哥拉	800	1600
摩尔多瓦	154	1366
哥斯达黎加	252	1256
苏丹	2600	1040
突尼斯	857	862
保加利亚	214	772
也门	606	707
波黑	200	668
洪都拉斯	77	634
基里巴斯	415	619
中国澳门	390	598
冰岛	83	550
塞浦路斯	40	432
汤加	250	330
乍得	5	302
巴布亚新几内亚	70	260
斐济	63	197
塞内加尔	90	155
文莱	33	154
乌兹别克斯坦	500	150
朝鲜	2	71
帕劳	30	25
46012100 竹制的席子、席料及帘子		
合计	23890046	72871863
美国	3871583	15996004
日本	2461463	8153478
越南	3005494	7430075
台澎金马关税区	2173584	7346607
韩国	2118467	5894663
意大利	1857481	4417653
西班牙	1004366	2807535
德国	800925	2429555
马来西亚	902252	1982842

(续表)

国家/地区	出口数量(千克)	出口金额(美元)
荷兰	512297	1810969
法国	589090	1679314
墨西哥	394885	1591149
俄罗斯	451441	1020700
以色列	343971	624011
波兰	221465	616369
澳大利亚	244122	610760
加拿大	205129	574138
英国	215997	570941
比利时	176978	537115
土耳其	175006	444560
南非	107002	431180
巴西	104422	419246
印度	168959	344869
乌克兰	159613	344425
阿根廷	102616	310279
希腊	97890	285917
智利	93633	251304
印度尼西亚	120652	247549
哥斯达黎加	31692	240535
克罗地亚	96147	230872
沙特阿拉伯	61246	194355
中国香港	44967	174041
泰国	40128	173111
瑞典	58049	170146
丹麦	57504	169668
秘鲁	58451	160438
巴基斯坦	61029	147252
孟加拉国	28604	139320
阿联酋	49241	136130
葡萄牙	41415	135409
伊朗	58557	128890
匈牙利	50411	115213
哥伦比亚	38386	97811
巴拿马	29846	96372
埃及	22094	87736
立陶宛	28355	86944
毛里求斯	25515	79591
新加坡	19742	78889
拉脱维亚	23406	69987
危地马拉	21001	62070
斯里兰卡	15780	57305
缅甸	18778	47273
黎巴嫩	15192	46075

(续表)

国家/地区	出口数量(千克)	出口金额(美元)
瑞士	11274	43467
巴拉圭	16002	40481
利比亚	14260	38337
塞尔维亚	12726	37991
留尼汪	9304	30529
保加利亚	7574	27797
罗马尼亚	10389	27295
叙利亚	10043	23779
新西兰	9022	23655
斯洛文尼亚	5775	22648
菲律宾	9441	22309
马耳他	6936	20640
塞浦路斯	6465	18778
斯洛伐克	7424	16746
伊拉克	6054	13462
斐济	7622	12256
新喀里多尼亚	3465	11778
法属波利尼西亚	3490	11659
朝鲜	7494	11634
肯尼亚	2608	11049
波多黎各	12760	10213
捷克	5396	10105
埃塞俄比亚	1998	7992
挪威	2616	7811
乌拉圭	3267	7643
巴巴多斯	2587	7341
特立尼达和多巴哥	1983	6169
科特迪瓦	240	5897
索马里	3895	5800
萨尔瓦多	1612	5691
奥地利	1346	4606
巴布亚新几内亚	65	4384
多米尼加	1990	4082
马尔代夫	591	4029
中国澳门	1630	3610
牙买加	605	3040
安哥拉	110	1977
阿尔及利亚	537	1890
约旦	1800	1500
吉布提	20	819
几内亚比绍	90	585
格鲁吉亚	45	431
塞内加尔	600	390
摩洛哥	405	308

（续表）

国家/地区	出口数量（千克）	出口金额（美元）
芬兰	20	189
加纳	18	125
柬埔寨	20	100
科威特	28	75
哈萨克斯坦	58	60
塞拉利昂	20	56
瓦努阿图	7	15
46012200 藤制的席子、席料及帘子		
合计	51950	170493
美国	13419	70123
台澎金马关税区	21739	69275
索马里	2090	9600
沙特阿拉伯	7794	6400
荷兰	1558	5890
墨西哥	2295	3412
土耳其	125	1350
菲律宾	260	1300
英国	121	1050
巴西	900	928
希腊	1308	837
中国香港	99	131
利比里亚	12	72
马来西亚	152	68
泰国	78	57
46012911 灯心草属材料制的席子、席料及帘子		
合计	21288427	91599924
日本	20828154	90332280
台澎金马关税区	97866	370008
希腊	91376	184192
克罗地亚	81647	168599
美国	56090	151487
意大利	31768	93997
马来西亚	23845	55312
德国	8835	40106
荷兰	12397	35557
泰国	4822	32634
新加坡	8028	25852
韩国	2576	25791
英国	13329	18210
加拿大	4728	13699
塞浦路斯	5316	10110
俄罗斯	1775	7207
法国	2375	7151
葡萄牙	6562	5364

（续表）

国家/地区	出口数量（千克）	出口金额（美元）
波兰	1618	5102
中国香港	739	4961
西班牙	1854	4814
巴西	537	2098
南非	1083	1997
以色列	441	1371
阿根廷	312	924
印度尼西亚	71	450
中国澳门	200	256
科威特	31	121
阿联酋	29	105
朝鲜	5	97
卡塔尔	18	72
46012919 其他草制的席子、席料及帘子		
合计	6339207	13509196
日本	1949257	2478085
美国	851327	2432619
德国	868109	1523913
英国	818242	1418083
菲律宾	94715	809506
法国	275481	673728
俄罗斯	205434	467985
科威特	43842	371564
意大利	103650	297440
西班牙	121649	297075
荷兰	144721	281184
加纳	31110	201300
比利时	64678	199768
加拿大	66218	189390
巴西	51297	174650
阿根廷	55709	164943
新加坡	27962	136812
台澎金马关税区	107721	116717
土耳其	39556	116298
澳大利亚	17676	110603
马来西亚	55125	101542
希腊	43383	97071
中国香港	28566	72951
韩国	32362	69198
智利	17941	66837
秘鲁	24806	63287
斯洛文尼亚	20246	55650
罗马尼亚	13371	45828
阿联酋	16208	45787

（续表）

国家/地区	出口数量（千克）	出口金额（美元）
哥斯达黎加	11730	35796
以色列	12735	35535
哥伦比亚	12459	29622
匈牙利	11136	26891
斯洛伐克	7736	25563
泰国	3660	23460
乌拉圭	7569	20698
印度	6123	20593
巴拿马	6209	19854
埃及	4592	17863
突尼斯	5562	17680
塞浦路斯	4546	15580
乌兹别克斯坦	14613	14613
墨西哥	3360	14208
乌克兰	3826	12954
波兰	3337	9333
萨尔瓦多	3346	8615
芬兰	2561	8018
克罗地亚	2739	7979
摩洛哥	2952	7466
葡萄牙	1258	6591
拉脱维亚	1945	5720
保加利亚	2143	5544
印度尼西亚	505	3587
瓜德罗普	939	3134
瑞典	1300	3000
阿尔及利亚	715	2860
奥地利	806	2814
留尼汪	744	2763
爱沙尼亚	626	2737
挪威	275	2355
吉布提	150	1983
危地马拉	415	1926
沙特阿拉伯	41	1629
孟加拉国	430	1551
洪都拉斯	229	1064
巴林	24	988
卡塔尔	24	965
科特迪瓦	381	888
毛里求斯	230	867
捷克	338	816
尼加拉瓜	167	776
朝鲜	3904	759
马提尼克	129	395

(续表)

国家/地区	出口数量(千克)	出口金额(美元)
新喀里多尼亚	97	386
黎巴嫩	7	271
法属圭亚那	70	251
斯里兰卡	126	198
阿塞拜疆	8	155
法属波利尼西亚	26	80
瓦努阿图	2	8
46012921 苇帘		
合计	28455301	33710229
日本	13614767	17681899
意大利	2979778	3057228
美国	2764632	2645675
法国	1292186	1496006
比利时	1326682	1348643
英国	1259158	1286067
西班牙	846814	1169988
韩国	737859	967422
德国	824828	907267
澳大利亚	700432	786893
荷兰	493444	637559
希腊	486920	594690
以色列	295874	285716
智利	152612	142092
克罗地亚	120187	118606
波兰	77994	85522
瑞士	59757	64633
俄罗斯	55690	56797
塞浦路斯	39260	39876
加拿大	37872	33487
波多黎各	29767	32903
斯洛文尼亚	29661	27633
巴西	17314	27389
爱沙尼亚	25324	25213
黑山	26400	24280
哥伦比亚	19816	23519
拉脱维亚	17729	22802
哥斯达黎加	21270	17699
阿根廷	18088	14026
芬兰	15200	13198
泰国	7040	10499
瑞典	7438	8979
秘鲁	6559	8129
罗马尼亚	10700	7717
乌拉圭	6050	7560

(续表)

国家/地区	出口数量(千克)	出口金额(美元)
南非	7030	7015
科威特	9520	7000
法属波利尼西亚	2787	4660
新喀里多尼亚	1334	3116
土耳其	2800	2936
爱尔兰	2570	2685
捷克	475	899
新加坡	450	776
圭亚那	814	750
古巴	28	600
瓜德罗普	619	564
马提尼克	422	373
中国香港	195	337
马来西亚	195	336
巴拿马	810	310
阿联酋	120	208
卡塔尔	30	52
46012929 芦苇制的席子、席料		
合计	7967462	5338451
荷兰	6547146	4506795
德国	947270	515532
法国	342460	210759
瑞士	66370	53850
丹麦	43720	29730
英国	17350	17003
波兰	2625	2520
沙特阿拉伯	449	1756
韩国	62	500
美国	10	6
46012990 其他植物材料制的席子、席料及帘子		
合计	10081093	27238550
美国	787638	7391716
西班牙	3237915	4884827
印度	331240	2372590
墨西哥	188997	2208714
荷兰	993875	1821200
比利时	1254693	1291912
法国	740866	1175679
英国	791154	1131154
德国	293776	502838
俄罗斯	162706	473292
希腊	146053	374464
意大利	109080	335728

(续表)

国家/地区	出口数量(千克)	出口金额(美元)
以色列	208757	298848
巴基斯坦	28840	280079
秘鲁	51066	260466
韩国	12450	188404
波兰	91861	159237
哥伦比亚	16228	148200
澳大利亚	50970	144551
阿联酋	26157	141994
中国香港	8897	126333
日本	33078	112888
立陶宛	29186	109939
科威特	86920	104000
智利	21781	98519
斯洛文尼亚	37811	95961
捷克	10030	92051
瑞典	56480	88005
土耳其	22054	79916
伊朗	29780	78188
台澎金马关税区	9205	49133
巴西	10865	47898
拉脱维亚	7970	46140
埃及	7160	45200
罗马尼亚	8392	43905
菲律宾	3015	43200
摩洛哥	7098	41088
丹麦	30866	33817
加拿大	21199	30930
塞浦路斯	25458	29725
斯里兰卡	4630	29494
泰国	3380	27851
哥斯达黎加	1730	27500
沙特阿拉伯	2108	23184
克罗地亚	7602	22045
阿根廷	1800	21600
爱尔兰	18400	18759
新西兰	3220	16048
爱沙尼亚	12600	14758
南非	13200	13925
黎巴嫩	13320	12174
厄瓜多尔	1350	8550
新加坡	797	6664
巴拿马	2108	5332
芬兰	1590	2483
印度尼西亚	112	1340

（续表）

国家/地区	出口数量（千克）	出口金额（美元）
叙利亚	480	1325
伊拉克	67	1050
马来西亚	120	660
圭亚那	366	426
多哥	244	284
马提尼克	183	213
留尼汪	53	69
法属波利尼西亚	40	52
新喀里多尼亚	26	35
46019210 竹制的缏条及类似产品，不论是否缝合成宽条		
合计	671513	1546428
台澎金马关税区	118133	256737
日本	119681	256117
韩国	87418	248596
西班牙	132068	215707
马来西亚	20430	198171
荷兰	43747	183758
比利时	36825	45823
意大利	50827	45757
美国	16984	39254
法国	24878	26131
波兰	9025	12515
英国	1926	8165
加拿大	1631	2834
澳大利亚	4424	2447
中国香港	981	2175
德国	46	1130
塞浦路斯	289	629
斐济	2200	482
46019290 竹制其他平行连结或编结的产品		
合计	16163973	42573704
日本	962090	4758623
台澎金马关税区	1312751	4273449
意大利	1654509	3750307
马来西亚	982998	3544245
美国	1153613	2798837
荷兰	973955	2284401
韩国	1089500	2269223
英国	1009987	1885395
澳大利亚	1188899	1830656
以色列	797977	1829529
德国	660059	1818521
波兰	586496	1624235

（续表）

国家/地区	出口数量（千克）	出口金额（美元）
新加坡	373067	1382747
法国	684210	1188644
加拿大	261367	731245
俄罗斯	195644	526377
比利时	200941	412762
墨西哥	164229	407231
土耳其	238699	385175
希腊	178281	361962
西班牙	147586	356902
尼日利亚	83302	295722
印度	84408	295205
巴西	98477	276801
乌克兰	123818	252600
马耳他	78450	246777
阿联酋	44093	232073
南非	61983	222030
哥伦比亚	53801	186104
中国香港	42401	172753
沙特阿拉伯	89578	163836
斯洛文尼亚	43621	156519
秘鲁	37734	122570
拉脱维亚	41455	116241
埃及	16609	116064
巴拿马	29892	113526
智利	28590	107478
科威特	16348	106522
巴基斯坦	12523	105155
挪威	21635	99521
新西兰	68605	73169
摩洛哥	16715	68859
阿尔及利亚	15000	68000
罗马尼亚	16326	61719
立陶宛	17573	61435
瑞典	52535	59970
新喀里多尼亚	14972	48930
危地马拉	11032	38130
捷克	6240	30900
泰国	4184	25940
伊朗	17222	25472
葡萄牙	11463	24910
菲律宾	2384	24806
越南	6936	15322
斯里兰卡	3202	14798
巴林	4888	12511

（续表）

国家/地区	出口数量（千克）	出口金额（美元）
留尼汪	25659	11338
瑞士	4628	10820
匈牙利	19061	10773
厄瓜多尔	1316	10087
阿根廷	3510	9828
巴哈马	2730	9048
牙买加	1723	8213
印度尼西亚	902	7153
马尔代夫	1337	5729
保加利亚	2273	5203
毛里求斯	1532	5054
塞舌尔	556	3956
伊拉克	546	3003
玻利维亚	714	2981
丹麦	487	1795
爱尔兰	563	1572
克罗地亚	720	1467
乌拉圭	174	920
塞尔维亚	80	770
中国澳门	330	480
赞比亚	100	322
埃塞俄比亚	155	261
爱沙尼亚	24	97
46019310 藤制的缏条及类似产品，不论是否缝合成宽条		
合计	85057	1439565
新加坡	18474	389775
意大利	9925	232456
德国	18165	221987
马来西亚	7294	167906
西班牙	13850	131660
巴西	3827	125410
澳大利亚	3368	30175
阿根廷	824	27008
法国	1203	25953
日本	678	21207
英国	550	11472
墨西哥	263	8118
哥伦比亚	548	7750
台澎金马关税区	288	6254
瑞典	477	6062
中国香港	2477	5360
土耳其	576	4762
美国	651	4306

(续表)

国家/地区	出口数量(千克)	出口金额(美元)
韩国	122	1850
比利时	360	1800
泰国	370	1480
智利	143	1400
爱尔兰	69	1200
荷兰	295	1140
南非	28	1000
阿联酋	78	938
爱沙尼亚	56	590
科威特	75	300
加拿大	16	185
菲律宾	7	61
46019390 藤制其他平行连结或编结的产品		
合计	328331	1792862
德国	95844	557069
意大利	23475	404993
美国	18230	328864
斯洛伐克	18855	98599
西班牙	78855	93259
日本	5240	49328
荷兰	20927	45616
韩国	1150	41170
法国	6650	33049
比利时	10180	19511
台澎金马关税区	3041	15693
中国香港	14101	13970
毛里求斯	457	13554
巴西	7751	12777
新加坡	3655	12704
智利	2214	9742
墨西哥	1252	9647
越南	2756	9095
沙特阿拉伯	3602	8212
多米尼加	5048	3233
土耳其	1069	3207
中国澳门	1250	2484
波兰	488	2301
阿根廷	209	1429
捷克	184	1117
泰国	387	929
马来西亚	796	452
英国	3	298
澳大利亚	68	274
黎巴嫩	443	114

(续表)

国家/地区	出口数量(千克)	出口金额(美元)
加拿大	131	113
俄罗斯	20	59
46019491 未列名植物编结材料编成的缏条及类似产品		
合计	85218	321123
美国	20027	216421
意大利	24000	27187
荷兰	5156	13628
德国	5590	12224
西班牙	928	11420
新加坡	960	10560
日本	1576	7818
中国香港	5862	5183
朝鲜	2360	4140
沙特阿拉伯	5680	4023
越南	416	2047
黎巴嫩	7850	2013
墨西哥	1729	1600
塞浦路斯	560	1148
加拿大	1676	1074
马来西亚	800	493
乌拉圭	48	144
46019499 未列名植物编结材料制其他平行连结或编结品		
合计	6598021	24486271
西班牙	1515483	5056445
法国	1356041	4146072
比利时	600484	2288401
荷兰	543057	1734343
英国	547909	1687956
中国香港	8922	1496394
日本	248897	1483446
美国	361186	1431668
澳大利亚	442574	1396320
以色列	188116	911218
德国	171932	593522
意大利	163824	584615
俄罗斯	22080	476516
新西兰	183917	276368
加拿大	31891	185970
新加坡	6086	105540
韩国	23727	104148
瑞典	39304	83515
希腊	24697	65354

(续表)

国家/地区	出口数量(千克)	出口金额(美元)
沙特阿拉伯	9036	53344
波兰	15958	48043
墨西哥	3403	35638
斯洛伐克	11600	31520
新喀里多尼亚	4404	27064
阿联酋	13685	24853
科威特	2902	23050
乌克兰	6839	22029
丹麦	3290	19364
罗马尼亚	4317	18404
巴西	10416	16309
爱尔兰	12663	15809
瑞士	8450	11776
马来西亚	950	4940
拉脱维亚	1120	4894
泰国	525	4521
多米尼加	1211	3581
台澎金马关税区	1549	2878
智利	1140	2850
南非	619	2259
塞尔维亚	66	1491
葡萄牙	2555	1164
缅甸	837	1004
挪威	168	720
多哥	75	605
克罗地亚	96	290
柬埔寨	20	60
46021100 竹制篮筐及其他编结品		
合计	28853988	166807904
美国	4502313	39595896
马来西亚	1257710	14871497
日本	1556991	13165308
以色列	3957437	11938116
新加坡	1518901	11440196
意大利	2573640	9470710
英国	2284976	8469583
德国	1204993	6505051
法国	1402914	6174062
荷兰	965594	5271725
中国香港	710785	4768701
加拿大	492196	4147523
西班牙	647182	3275361
波兰	1064865	2761618
墨西哥	259317	2688054

（续表）

国家/地区	出口数量（千克）	出口金额（美元）
俄罗斯	378128	1999595
比利时	255779	1830763
澳大利亚	366402	1816901
韩国	361685	1641316
葡萄牙	475218	1293961
土耳其	206382	1261604
台澎金马关税区	362694	1174213
希腊	275591	916482
斯洛文尼亚	122594	850501
丹麦	57028	749353
南非	101016	728839
阿根廷	94347	667687
阿联酋	228352	651580
沙特阿拉伯	100708	508719
巴西	85312	466673
智利	86589	414661
泰国	47404	395235
罗马尼亚	48276	372215
科威特	41643	328141
印度	70021	324600
新西兰	33265	323320
瑞典	36721	318474
捷克	39189	193924
哥斯达黎加	14455	170886
巴拿马	14622	169764
加纳	18047	167363
匈牙利	23732	145111
中国澳门	70589	135502
萨尔瓦多	12315	132900
哥伦比亚	21675	131531
挪威	14817	123192
乌拉圭	14095	115230
爱沙尼亚	29822	109298
立陶宛	26631	103526
波多黎各	8618	91425
克罗地亚	17316	89316
瑞士	19220	87462
芬兰	11418	87136
孟加拉国	9107	86443
洪都拉斯	6175	84949
尼加拉瓜	5900	83620
文莱	5220	79950
阿尔及利亚	31122	72086
爱尔兰	13140	65098

（续表）

国家/地区	出口数量（千克）	出口金额（美元）
秘鲁	8881	57929
保加利亚	5992	57610
摩洛哥	22581	56641
伊朗	17762	50564
印度尼西亚	11796	47433
塞尔维亚	3146	47316
拉脱维亚	15741	43961
黎巴嫩	25006	38584
菲律宾	6466	30719
斯洛伐克	6727	30219
多米尼加	5146	29639
乌克兰	6486	29184
哈萨克斯坦	1724	23190
新喀里多尼亚	12170	21936
埃及	9386	20538
乌兹别克斯坦	2992	18108
越南	7673	15610
奥地利	1716	13044
危地马拉	1679	9841
卡塔尔	1765	9263
利比亚	1845	6033
黑山	1025	5913
厄瓜多尔	3912	4845
约旦	1279	4509
吉尔吉斯斯坦	739	3898
突尼斯	963	3010
马耳他	454	2754
吉布提	1000	2700
肯尼亚	944	2606
斐济	261	2173
牙买加	373	2145
马尔代夫	975	2133
尼日利亚	576	1728
阿塞拜疆	292	1517
阿尔巴尼亚	375	1505
基里巴斯	800	1250
玻利维亚	244	1059
伊拉克	280	547
巴巴多斯	133	543
坦桑尼亚	105	446
科特迪瓦	20	388
毛里求斯	146	385
苏丹	121	260
赞比亚	58	130

（续表）

国家/地区	出口数量（千克）	出口金额（美元）
巴林	30	92
法属波利尼西亚	9	60
46021200 藤制篮筐及其他编结品		
合计	8507158	59619192
美国	1554413	13817195
荷兰	1207114	8743738
英国	2230402	6457304
德国	835910	5903287
新加坡	500397	5413585
日本	274536	3407886
马来西亚	298289	3331464
西班牙	124046	1676141
波兰	116431	1073304
加拿大	176957	1031088
澳大利亚	150400	905665
韩国	74804	774632
比利时	102691	739112
希腊	48190	649812
中国香港	57726	571158
意大利	81577	554898
墨西哥	64963	411501
法国	46985	348333
丹麦	48333	329093
以色列	18034	238893
斯洛文尼亚	27041	219733
俄罗斯	33080	219260
土耳其	41717	218070
瑞典	27447	194872
巴拿马	11437	188048
沙特阿拉伯	33967	164182
阿根廷	14206	142100
台澎金马关税区	19967	122498
巴西	11316	121496
泰国	14212	118252
挪威	12199	109105
爱尔兰	34142	100871
匈牙利	8872	93970
印度	19323	92289
斯里兰卡	9104	84789
波多黎各	5367	76522
南非	4471	68169
智利	15479	57263
芬兰	11307	56197
哥斯达黎加	3326	54663

(续表)

国家/地区	出口数量(千克)	出口金额(美元)
立陶宛	4250	53547
文莱	3300	49500
科威特	11553	44581
伊朗	16864	44427
保加利亚	5096	33590
阿联酋	7345	32683
奥地利	3357	32198
克罗地亚	5552	32003
新西兰	3121	28612
乌拉圭	1080	27358
葡萄牙	5113	25382
斯洛伐克	6484	25280
厄瓜多尔	5330	23048
罗马尼亚	2482	20748
捷克	3587	19587
苏丹	7860	19059
秘鲁	2666	18493
哥伦比亚	739	17780
萨尔瓦多	756	17532
瑞士	2011	14944
拉脱维亚	3151	14129
伊拉克	2655	13408
阿曼	3250	12869
乌兹别克斯坦	3321	11718
哈萨克斯坦	2759	10584
约旦	2622	10120
留尼汪	2616	8309
利比亚	3354	8144
黎巴嫩	811	7044
尼日利亚	1620	6750
卡塔尔	1480	6290
印度尼西亚	649	6274
斐济	286	5940
马尔代夫	450	5508
缅甸	500	4720
中国澳门	2128	4466
菲律宾	1788	4313
多米尼加	378	3289
越南	561	2819
法属波利尼西亚	284	2635
阿尔及利亚	1801	2542
塞浦路斯	610	1545
突尼斯	397	1405
洪都拉斯	475	1280

(续表)

国家/地区	出口数量(千克)	出口金额(美元)
乌克兰	175	1103
特立尼达和多巴哥	301	971
刚果(布)	12	227
46021910 草制篮筐及其他编结品		
合计	16562527	124357354
美国	5133016	38781462
日本	2215372	17599785
英国	1610279	7969276
德国	1119401	6606702
荷兰	1042861	6542993
马来西亚	451970	6092533
新加坡	401925	5604038
墨西哥	331382	4068792
澳大利亚	358721	3334983
西班牙	293303	3245729
法国	355760	3228801
意大利	405465	2682761
韩国	255907	2450318
比利时	439141	2112630
加拿大	251967	2071836
丹麦	203985	1111002
瑞典	139440	829704
波兰	142466	669881
斯里兰卡	10756	605672
新西兰	107816	585314
台澎金马关税区	66359	547235
土耳其	96930	537149
俄罗斯	75798	533089
挪威	62248	464418
南非	47723	450850
以色列	53141	432061
阿根廷	61536	431152
希腊	79529	395018
芬兰	53211	381159
沙特阿拉伯	43547	332425
克罗地亚	165793	327069
中国香港	34464	322891
巴拿马	21225	261931
巴西	33474	253576
阿联酋	29944	229659
泰国	26725	228825
葡萄牙	19720	192897
乌拉圭	35139	180960
文莱	12334	176729

(续表)

国家/地区	出口数量(千克)	出口金额(美元)
智利	34371	171871
斯洛文尼亚	23040	118900
奥地利	8268	101067
秘鲁	10532	100404
捷克	16093	95911
越南	47195	95605
黎巴嫩	7260	80295
瑞士	10797	73377
伊朗	8138	71197
爱尔兰	14122	62646
阿曼	5158	58791
阿尔及利亚	12099	46562
拉脱维亚	5728	42173
印度尼西亚	6356	38649
立陶宛	5078	37568
哥伦比亚	3944	31381
科威特	2848	30590
埃及	5536	28140
朝鲜	15200	26440
牙买加	1494	20434
罗马尼亚	2595	18703
斯洛伐克	1870	18438
印度	1820	16219
爱沙尼亚	3364	13874
塞尔维亚	3010	13820
危地马拉	2297	8977
冰岛	875	7738
哥斯达黎加	143	6341
卡塔尔	920	6136
厄瓜多尔	4285	4967
匈牙利	299	4729
塞浦路斯	996	4309
巴林	157	4113
尼日利亚	400	4000
乌克兰	212	3858
伊拉克	1193	2901
留尼汪	218	2559
约旦	823	1801
毛里求斯	323	1460
巴基斯坦	2257	1454
格鲁吉亚	403	1385
中国澳门	352	1252
乌兹别克斯坦	270	1058
菲律宾	159	968

（续表）

国家/地区	出口数量（千克）	出口金额（美元）
摩洛哥	228	805
特立尼达和多巴哥	19	66
洪都拉斯	3	39
巴拉圭	3	39
萨尔瓦多	3	39
46021930 柳条制篮筐及其他编结品		
合计	51122354	450600259
美国	8233851	88676920
英国	7116186	53639894
荷兰	6075035	44331475
德国	4617315	39365539
波兰	2454629	27807667
意大利	2870425	23098069
韩国	1536135	21288518
法国	2229428	16712937
西班牙	2063324	15801170
日本	1513333	11492955
泰国	870349	11416100
比利时	1299946	8602980
加拿大	881872	7611235
俄罗斯	640536	7511735
澳大利亚	814688	5389903
瑞典	693277	4995337
新加坡	457850	4670764
丹麦	543416	4331318
阿联酋	439499	4207941
希腊	556271	3834602
土耳其	361992	3456840
马来西亚	371025	3106391
南非	275952	2763947
以色列	252364	2505126
挪威	376504	2090519
中国香港	197993	1966108
墨西哥	273529	1876693
爱尔兰	248292	1778552
新西兰	150928	1722405
印度	134577	1515628
瑞士	232440	1449676
捷克	140304	1327824
芬兰	168854	1317849
沙特阿拉伯	153432	1275304
匈牙利	110639	1270113
台澎金马关税区	85519	1177890
斯洛文尼亚	120983	1119630

（续表）

国家/地区	出口数量（千克）	出口金额（美元）
巴西	105706	1099147
乌拉圭	80972	966477
哈萨克斯坦	50150	677500
智利	82449	673858
巴拿马	61736	578045
葡萄牙	62608	555952
阿尔及利亚	61811	537303
拉脱维亚	47964	476529
克罗地亚	49192	473380
哥斯达黎加	50311	439642
乌克兰	45788	439394
黎巴嫩	38191	412356
伊朗	65014	391497
越南	63970	384393
斯洛伐克	50318	375211
厄瓜多尔	22542	373602
奥地利	39498	367959
秘鲁	33154	351937
阿根廷	38288	344658
罗马尼亚	43891	341014
立陶宛	36299	336954
塞浦路斯	22416	283655
波多黎各	28550	283296
科威特	43491	273660
卡塔尔	25604	272203
哥伦比亚	46630	263123
菲律宾	11834	252196
保加利亚	11992	152475
爱沙尼亚	25961	146414
萨尔瓦多	32040	143725
马耳他	17852	122789
约旦	15254	117794
多米尼加	14880	109105
印度尼西亚	31712	101084
特立尼达和多巴哥	5759	100773
莫桑比克	5512	98045
巴哈马	7451	96252
埃及	14340	82137
塞尔维亚	7574	80437
伊拉克	8394	79610
白俄罗斯	2686	64949
黑山	1152	46841
冰岛	6312	46013
文莱	1978	45600

（续表）

国家/地区	出口数量（千克）	出口金额（美元）
毛里求斯	5225	28322
格鲁吉亚	3256	27101
布基纳法索	1419	22426
留尼汪	2919	22143
土库曼斯坦	4700	21048
朝鲜	5867	18444
阿尔巴尼亚	2550	14867
阿曼	2050	10613
新喀里多尼亚	1645	10607
摩洛哥	1368	9705
危地马拉	2160	7488
牙买加	1169	5678
巴拉圭	911	5325
摩尔多瓦	800	5174
洪都拉斯	1144	3723
马拉维	493	3057
马约特	504	3024
玻利维亚	276	2968
巴林	333	2320
坦桑尼亚	116	1973
柬埔寨	388	1909
法属波利尼西亚	495	1900
吉尔吉斯斯坦	84	950
多哥	149	570
突尼斯	222	555
尼日利亚	39	546
科特迪瓦	20	500
法属圭亚那	89	342
缅甸	32	323
马尔代夫	13	120
46021990 其他植物材料制篮筐等编结品；丝瓜络制品		
合计	13806635	109331248
美国	3762906	35126467
荷兰	1758618	8641948
墨西哥	564715	7770278
英国	1218646	6746116
日本	711105	6517261
德国	948322	5088526
意大利	568265	4583753
泰国	225439	4525101
加拿大	431150	3914777
新加坡	392335	2974534
西班牙	505789	2746049

(续表)

国家/地区	出口数量（千克）	出口金额（美元）
马来西亚	163795	1814359
瑞典	205976	1431310
法国	231139	1378046
澳大利亚	218910	1377855
比利时	270305	1341928
波兰	183990	1300178
韩国	140082	1253355
以色列	183004	1162228
俄罗斯	112571	1055021
南非	87501	1051134
芬兰	33127	734396
爱尔兰	51836	617921
阿联酋	79089	610044
中国香港	40317	607479
希腊	133343	461854
土耳其	70378	425198
丹麦	59823	419451
沙特阿拉伯	36419	343773
阿根廷	25539	300366
哥斯达黎加	37892	248268
多米尼加	17033	243771
新西兰	36139	193934
挪威	28540	189130
哥伦比亚	5250	167320
巴拿马	13423	164485
台澎金马关税区	11199	151108
智利	9228	139781
瑞士	23030	133530
巴西	16076	123642
乌克兰	10763	90895
斯洛文尼亚	13737	82933
葡萄牙	19258	82469
乌拉圭	8611	70799
捷克	8817	67767
越南	6590	57711
匈牙利	8497	54653
菲律宾	4954	53530
伊朗	2894	52475
印度尼西亚	4586	45427
克罗地亚	1623	44574
罗马尼亚	6851	43265
塞浦路斯	11791	42448
拉脱维亚	5344	39423
奥地利	4307	29271

(续表)

国家/地区	出口数量（千克）	出口金额（美元）
斯洛伐克	2377	29231
摩洛哥	4425	26772
尼日利亚	6542	26659
中国澳门	4948	26479
印度	2318	21686
黎巴嫩	4256	20966
厄瓜多尔	7143	19709
秘鲁	2415	19241
冰岛	1172	18841
巴布亚新几内亚	1572	16075
约旦	1883	15970
巴林	2051	15400
波多黎各	2514	13935
立陶宛	1889	12491
新喀里多尼亚	3319	12425
卡塔尔	1395	10790
加纳	2032	10637
保加利亚	2744	8435
科威特	1909	7904
利比亚	4497	6736
爱沙尼亚	700	6210
坦桑尼亚	976	5134
塞内加尔	909	4799
苏丹	958	4670
科特迪瓦	681	3586
喀麦隆	637	3415
马尔代夫	150	3390
毛里求斯	390	3234
洪都拉斯	3071	3071
柬埔寨	290	3067
阿曼	271	2421
加蓬	448	2356
刚果（布）	419	2243
刚果（金）	425	2207
塞尔维亚	210	1901
伊拉克	869	1738
萨尔瓦多	1256	1256
尼加拉瓜	1161	1161
缅甸	36	821
乌兹别克斯坦	379	447
阿塞拜疆	27	144
法属圭亚那	57	132
留尼汪	34	79
格鲁吉亚	13	69

(续表)

国家/地区	出口数量（千克）	出口金额（美元）
47063000 其他纤维状纤维素竹浆		
合计	2116997	1971715
德国	1062657	885811
澳大利亚	238000	257350
比利时	151400	172028
美国	143120	158983
台澎金马关税区	131500	117348
日本	129720	117186
印度	76800	89632
意大利	59800	57120
韩国	52000	45259
波兰	25000	23500
越南	21000	22260
英国	20000	19000
沙特阿拉伯	6000	6238
48236100 竹浆纸或纸板制的盘、碟、盆、杯及类似品		
合计	3999144	12558450
美国	2494919	5518771
德国	135846	823252
荷兰	164862	595610
沙特阿拉伯	155771	473990
加拿大	132108	422507
孟加拉国	56833	374215
菲律宾	68486	319596
保加利亚	37206	271864
以色列	39824	230275
马来西亚	36322	220121
澳大利亚	53048	219766
中国香港	67675	218068
巴基斯坦	30847	202282
南非	36009	188992
比利时	28837	161931
印度	25049	153636
英国	30493	150455
越南	24020	137885
新加坡	10479	133178
西班牙	29396	121820
阿尔及利亚	22076	120439
伊朗	21029	114095
新西兰	26529	110257
日本	22342	82644
台澎金马关税区	15939	81055
伊拉克	14181	78245

（续表）

国家/地区	出口数量（千克）	出口金额（美元）
俄罗斯	12133	73995
智利	13213	58236
约旦	10537	57397
印度尼西亚	8954	55245
韩国	6823	50148
斯里兰卡	4135	46981
巴拿马	12601	45229
阿联酋	6190	38865
卡塔尔	9100	38675
肯尼亚	13546	38327
尼日利亚	8252	34375
毛里求斯	7834	33061
洪都拉斯	5235	28577
爱沙尼亚	4742	28103
坦桑尼亚	4852	26935
哈萨克斯坦	7075	25600
丹麦	151	24010
法国	4519	22629
阿根廷	3548	21079
奥地利	3097	20720
乌克兰	3744	19329
圭亚那	3711	18131
乌拉圭	3571	18002
苏丹	3428	16180
巴西	3287	13544
黎巴嫩	2912	13461
多米尼加	2082	11722
泰国	8454	11348
多哥	2600	10920
文莱	1614	10895
埃及	2197	9967
土耳其	675	7956
法属圭亚那	1400	6020
意大利	1154	5689
刚果（金）	1173	5685
莫桑比克	1569	5655
吉尔吉斯斯坦	2770	5540
几内亚	1208	5430
科威特	1090	5228
科特迪瓦	874	5211
也门	1325	5088
斐济	901	4290
中国澳门	1400	4200
加纳	1237	4115

（续表）

国家/地区	出口数量（千克）	出口金额（美元）
巴林	888	3512
波多黎各	524	3392
突尼斯	1230	3383
墨西哥	1104	3028
阿尔巴尼亚	436	2707
喀麦隆	6102	2380
玻利维亚	925	2081
塔吉克斯坦	580	2030
利比亚	609	1959
塞拉利昂	220	1870
阿曼	476	1686
格鲁吉亚	374	1413
匈牙利	792	1349
吉布提	276	1292
缅甸	296	1265
尼加拉瓜	206	1195
摩洛哥	241	1012
哥伦比亚	500	905
危地马拉	181	869
法属波利尼西亚	460	849
瑞典	135	825
巴布亚新几内亚	344	796
牙买加	108	517
秘鲁	140	457
叙利亚	61	366
马达加斯加	40	260
塞舌尔	35	151
蒙古	800	96
波兰	22	63
94038200 竹制家具		
合计	6266014	88482642
美国	1752606	31240046
德国	909287	14740769
英国	305973	4284356
澳大利亚	422291	4117751
荷兰	357397	3491586
法国	321042	3357278
韩国	237179	3184427
意大利	219356	3008616
日本	83647	2525527
西班牙	276699	2140229
瑞典	135904	1688998
丹麦	86004	1669258
比利时	125416	1559245

（续表）

国家/地区	出口数量（千克）	出口金额（美元）
加拿大	85423	1329541
波兰	120109	1188026
新加坡	24563	890021
台澎金马关税区	39836	803815
沙特阿拉伯	77525	765531
新西兰	74616	759188
墨西哥	43668	649523
阿联酋	59681	607348
泰国	43442	590821
俄罗斯	47689	517442
奥地利	43126	496600
中国香港	19839	430293
以色列	38759	345019
菲律宾	98688	314202
智利	18706	222550
斯洛文尼亚	67472	192984
葡萄牙	15909	166379
阿根廷	13686	152454
马来西亚	2903	123436
巴西	10771	115925
挪威	3038	79648
土耳其	17848	75461
爱尔兰	6028	66944
乌克兰	5280	53344
捷克	4736	50750
罗马尼亚	4491	44402
南非	6004	43588
立陶宛	2159	32086
印度尼西亚	939	29738
印度	6519	29236
科威特	2065	24656
匈牙利	1935	20465
乌拉圭	1910	19207
希腊	1322	18237
瑞士	1300	17723
芬兰	1691	13933
塞内加尔	962	13915
克罗地亚	905	13425
伊朗	1348	13310
秘鲁	1056	10049
约旦	895	9724
越南	601	8841
蒙古	120	8400
危地马拉	600	8135

(续表)

国家/地区	出口数量(千克)	出口金额(美元)
刚果(金)	532	7668
加蓬	517	7620
加纳	454	7537
巴拿马	1112	7491
斐济	1464	7465
尼加拉瓜	2000	7458
拉脱维亚	1264	7339
卡塔尔	1646	7319
哥伦比亚	674	7010
中国澳门	194	6079
刚果(布)	331	4433
赞比亚	247	3619
保加利亚	454	3470
塞浦路斯	123	3084
留尼汪	49	3055
伊拉克	166	2980
哥斯达黎加	438	2587
新喀里多尼亚	60	2160
黎巴嫩	38	1516
毛里求斯	480	1440
洪都拉斯	264	1373
尼日利亚	100	1000
特立尼达和多巴哥	300	960
朝鲜	42	777
文莱	50	739
巴基斯坦	20	615
冰岛	4	500
突尼斯	14	392
巴林	4	352
利比里亚	9	203
94038300 藤制家具		
合计	27879	1244705
澳大利亚	5656	221117
美国	5119	207225
韩国	3091	113750
台澎金马关税区	2087	111750
肯尼亚	864	77760
新加坡	2338	75469
日本	1384	71648
马来西亚	1146	56347
泰国	1547	51987
约旦	412	49440
伊拉克	384	45484
中国香港	1265	38362

(续表)

国家/地区	出口数量(千克)	出口金额(美元)
拉脱维亚	131	21552
芬兰	212	20907
莫桑比克	76	7448
印度尼西亚	222	7212
乌兹别克斯坦	40	6311
俄罗斯	52	5904
阿联酋	29	5148
西班牙	879	4641
老挝	83	3795
孟加拉国	40	3600
安哥拉	40	3600
印度	36	3359
塔吉克斯坦	10	3350
南非	150	2862
斯里兰卡	9	2667
法国	161	2662
哈萨克斯坦	26	2197
朝鲜	39	2150
意大利	102	1911
新西兰	67	1669
缅甸	12	1427
丹麦	8	1395
以色列	27	1381
苏丹	8	1200
菲律宾	12	1176
中国澳门	21	1090
加拿大	15	868
斯洛文尼亚	16	640
乌干达	5	446
津巴布韦	5	368
沙特阿拉伯	4	320
越南	3	281
墨西哥	21	250
埃及	2	160
刚果(金)	10	152
科特迪瓦	3	126
海地	8	73
智利	1	47
瑞典	1	21
94038910 柳条及类似材料制家具		
合计	60866	2367185
美国	26442	1323069
英国	19852	550559
意大利	4198	244225

(续表)

国家/地区	出口数量(千克)	出口金额(美元)
加拿大	1201	63687
墨西哥	1440	34560
德国	960	28677
阿尔及利亚	840	23760
土耳其	460	22000
荷兰	400	19200
西班牙	1262	16100
科威特	992	14294
黎巴嫩	480	6950
沙特阿拉伯	640	5600
法国	696	5465
巴西	95	3140
希腊	100	2555
比利时	700	1624
哈萨克斯坦	28	1400
澳大利亚	80	320

竹藤进口量值表

国家/地区	进口数量(千克)	进口金额(美元)
14011000 竹		
合计	12921940	965743
缅甸	12346840	544616
台澎金马关税区	524333	324741
越南	33979	70167
中国	12581	15690
日本	3671	4539
韩国	304	2994
美国	114	1835
印度尼西亚	50	614
西班牙	40	347
乌干达	28	200
14012000 藤		
合计	18240162	18512553
马来西亚	13914170	14662512
菲律宾	3083416	3049244
新加坡	283945	373166
缅甸	907850	359518
印度尼西亚	33132	41415
老挝	16800	21840
越南	49	2508
中国	795	2120
突尼斯	4	153
比利时	1	77

（续表）

国家/地区	进口数量（千克）	进口金额（美元）
44021000 竹炭，不论是否结块		
合计	86990	359919
台澎金马关税区	6201	260887
韩国	2330	67610
中国	25290	19595
日本	129	7080
印度尼西亚	53040	4682
泰国	0	64
马来西亚	0	1
44092110 任何一边、端或面制成连续形状的竹地板条块		
合计	85456	80616
澳大利亚	61981	55231
中国	23475	25385
44092190 其他任何一边、端或面制成连续形状的竹材		
合计	151369	291738
中国	151369	291738
44121011 仅由薄板制成的竹胶合板，每层厚≤6mm，至少有一表层是热带木		
合计	58	420
中国	58	420
44121019 其他仅由薄板制成的竹胶合板，每层厚≤6mm		
合计	1054549	6281843
拉脱维亚	291033	4706533
意大利	280678	528017
克罗地亚	107534	458626
德国	57306	188425
芬兰	158173	181191
日本	102876	83502
美国	6097	83414
俄罗斯	22730	25955
西班牙	24370	14598
台澎金马关税区	3455	7661
瑞士	230	3602
斐济	65	200
罗马尼亚	2	119
44121099 其他竹制胶合板、单板饰面板及类似的多层板		
合计	156	847
中国	156	847
44187320 其他竹制多层已装拼的地板		
合计	48	508

（续表）

国家/地区	进口数量（千克）	进口金额（美元）
中国	48	508
44187390 其他已装拼的地板，竹的或至少顶层（耐磨层）是竹的		
合计	20787	128633
马来西亚	20784	128458
日本	3	175
44191100 竹制切面包板、砧板及类似板		
合计	37322	108500
美国	30055	54099
意大利	2802	27472
中国	2419	14337
德国	836	5798
捷克	886	4178
瑞典	18	796
克罗地亚	30	796
日本	9	521
印度	258	300
波兰	1	122
荷兰	8	81
44191210 竹制一次性筷子		
合计	17551	59055
中国	16859	54855
日本	376	2083
美国	38	975
阿联酋	108	408
印度尼西亚	68	341
荷兰	48	245
德国	54	148
44191290 其他竹制筷子		
合计	12260	565036
台澎金马关税区	2863	326230
日本	5536	200007
中国	3713	36878
越南	100	788
印度尼西亚	48	695
德国	0	438
44191900 其他竹制餐具及厨房用具		
合计	195107	1079532
越南	187700	976034
中国	5667	60061
日本	548	26219
台澎金马关税区	1052	11377
国(地)别不详	11	3843
法国	29	544

（续表）

国家/地区	进口数量（千克）	进口金额（美元）
德国	9	475
捷克	28	362
美国	3	200
新加坡	3	113
印度尼西亚	17	108
阿联酋	16	97
以色列	6	64
斯里兰卡	18	35
44219110 竹制圆签、圆棒、冰果棒、压舌片及类似一次性制品		
合计	155013	183890
朝鲜	127217	122334
中国	6612	32058
日本	2126	11499
台澎金马关税区	16559	10207
泰国	1458	5382
美国	870	1625
印度尼西亚	100	392
中国香港	71	248
多哥	0	89
德国	0	52
意大利	0	3
阿联酋	0	1
44219190 未列名竹制品		
合计	23529	99485
中国	20555	52655
日本	623	18763
泰国	259	9180
越南	1804	7209
美国	213	5722
法国	17	2808
加拿大	23	1444
台澎金马关税区	13	1019
印度	9	630
挪威	1	31
尼泊尔	11	13
英国	1	7
德国	0	4
46012100 竹制的席子、席料及帘子		
合计	34046	122537
中国	17723	54371
越南	12857	53540
意大利	275	10755
美国	3109	3126

(续表)

国家/地区	进口数量（千克）	进口金额（美元）
日本	66	648
台澎金马关税区	3	73
印度尼西亚	13	24
46012200 藤制的席子、席料及帘子		
合计	517	5583
印度尼西亚	472	4048
泰国	36	1300
日本	9	235
46012911 灯心草属材料制的席子、席料及帘子		
合计	2410	27030
日本	2406	27014
中国	4	16
46012919 其他草制的席子、席料及帘子		
合计	346739	711986
越南	346025	707196
孟加拉国	210	2228
日本	396	2022
台澎金马关税区	108	540
46012921 苇帘		
合计	53	241
日本	53	241
46012929 芦苇制的席子、席料		
合计	62	500
朝鲜	62	500
46012990 其他植物材料制的席子、席料及帘子		
合计	17290	129410
越南	11575	89399
中国	2236	25257
菲律宾	3453	14348
印度尼西亚	21	362
印度	5	44
46019290 竹制其他平行连结或编结的产品		
合计	2574	14656
越南	2474	10421
意大利	23	3664
日本	44	360
台澎金马关税区	30	181
中国	3	18
德国	0	12
46019390 藤制其他平行连结或编结的产品		
合计	1313	26544
菲律宾	629	16691

(续表)

国家/地区	进口数量（千克）	进口金额（美元）
缅甸	487	8824
印度尼西亚	46	484
越南	33	223
日本	109	199
中国香港	3	91
中国	6	32
46019491 未列名植物编结材料编成的缏条及类似产品		
合计	958699	853249
越南	951604	832978
菲律宾	5055	16220
朝鲜	2000	2912
丹麦	40	1139
46019499 未列名植物编结材料制其他平行连结或编结品		
合计	17986	42668
越南	15150	21807
台澎金马关税区	1616	8482
墨西哥	733	8280
印度	417	3720
中国	70	368
日本	0	11
46021100 竹制篮筐及其他编结品		
合计	51321	511334
越南	42832	299625
日本	1106	99017
中国	1732	58225
泰国	1076	22494
台澎金马关税区	1971	12028
印度尼西亚	1788	10187
法国	70	4532
意大利	26	1179
菲律宾	378	1164
巴基斯坦	240	650
德国	19	583
中国香港	4	497
国(地)别不详	1	306
比利时	22	229
韩国	24	225
哥伦比亚	1	150
缅甸	25	149
丹麦	3	78
英国	2	10
尼泊尔	1	6

(续表)

国家/地区	进口数量（千克）	进口金额（美元）
46021200 藤制篮筐及其他编结品		
合计	323548	2557570
越南	148968	1261425
印度尼西亚	149505	962032
菲律宾	9594	135586
缅甸	7154	121832
中国	1587	38296
莫桑比克	520	13659
泰国	307	7790
马来西亚	4910	7387
意大利	12	3113
比利时	213	1408
德国	375	1348
日本	6	978
中国香港	168	836
法国	11	627
突尼斯	8	605
孟加拉国	191	255
国(地)别不详	1	226
印度	8	75
奥地利	3	73
英国	2	13
韩国	5	6
46021910 草制篮筐及其他编结品		
合计	337430	2077730
越南	287217	1831715
印度尼西亚	3600	64210
朝鲜	17317	60763
中国	6965	25373
孟加拉国	5733	24599
罗马尼亚	9360	14040
美国	61	13000
菲律宾	363	10953
南非	825	10040
泰国	938	5583
马达加斯加	2427	4263
法国	6	2593
津巴布韦	17	2122
意大利	5	1711
加纳	9	1497
哥伦比亚	3	1270
中国香港	42	1159
德国	2428	941
秘鲁	2	549

（续表）

国家/地区	进口数量（千克）	进口金额（美元）
巴西	2	351
摩洛哥	25	288
巴基斯坦	80	227
布基纳法索	2	217
厄瓜多尔	0	186
韩国	2	41
西班牙	1	39
46021930 柳条制篮筐及其他编结品		
合计	63046	142402
朝鲜	57802	62181
中国	4701	38349
法国	38	31547
英国	16	7542
摩洛哥	321	1608
中国香港	160	1008
印度尼西亚	6	106
美国	2	61
46021990 其他植物材料制篮筐等编结品；丝瓜络制品		
合计	241258	1736365
越南	136443	1195496
印度	40540	212517
中国	11881	143282
坦桑尼亚	23350	38702
菲律宾	4199	33984
印度尼西亚	2885	32585
墨西哥	10020	15030
巴基斯坦	4845	14068
孟加拉国	1687	12092
意大利	15	11543
法国	4	10686
朝鲜	5033	7112
日本	23	2833
摩洛哥	222	2534
美国	95	2523
加纳	8	776
台澎金马关税区	0	241
巴西	1	172
秘鲁	1	111
韩国	6	78
47063000 其他纤维状纤维素竹浆		
合计	17739	16223
比利时	6400	13659
越南	11200	2544

（续表）

国家/地区	进口数量（千克）	进口金额（美元）
新西兰	138	17
中国	1	3
48236100 竹浆纸或纸板制的盘、碟、盆、杯及类似品		
合计	53579	19063
韩国	53024	15708
意大利	340	2501
加拿大	173	730
荷兰	39	118
台澎金马关税区	3	6
94038200 竹制家具		
合计	3461	111406
印度尼西亚	2834	58550
中国	517	32886
意大利	4	8450
日本	9	8426
越南	87	1528
德国	2	945
西班牙	1	267
菲律宾	2	251
英国	3	95
台澎金马关税区	2	8
94038300 藤制家具		
合计	35422	1078575
印度尼西亚	15433	603893
越南	19914	445923
菲律宾	41	7858
中国	6	7566
意大利	7	5407
法国	1	4731
泰国	10	1672
印度	1	712
英国	3	365
丹麦	2	338
加拿大	2	65
美国	2	45
94038910 柳条及类似材料制家具		
合计	71	11445
印度	1	90
丹麦	65	9372
法国	4	1802
美国	1	181

参加编纂地、县级单位名单

北京市

海淀区园林绿化局
门头沟区园林绿化局
房山区园林绿化局
通州区园林绿化局
顺义区园林绿化局
昌平区园林绿化局
大兴区园林绿化局
怀柔区园林绿化局
平谷区园林绿化局
平谷区人民政府果品办公室
密云区园林绿化局
延庆区园林绿化局

北京市园林绿化局直属单位

西山林场
共青林场
十三陵林场
大东流苗圃
天竺苗圃

河北省

石家庄市林业局

桥西区农办
新华区农办
井陉矿区林业局
鹿泉区林业局
晋州市林业局
井陉县林业局
正定县林业局
行唐县林业局
深泽县林业局
平山县林业局

唐山市林业局

路北区农林畜牧水产局
古冶区农林畜牧水产局
开平区农林畜牧水产局
丰南区林业局
丰润区林业局
曹妃甸区林业局
遵化市林业局
迁安市林业局
滦县林业局
滦南县林业局
乐亭县林业局
迁西县林业局
汉沽管理区农业局

秦皇岛市林业局

海港区林业局
山海关区林业局
北戴河区林业局
抚宁区林业局
昌黎县林业局
卢龙县林业局
青龙满族自治县林业局
秦皇岛开发区林业局
北戴河新区林业局

邯郸市林业局

丛台区农牧局
邯山区农牧局
复兴区农牧局
峰峰矿区林业局
肥乡区林业局
永年区林业局
武安市林业局
临漳县林业局
成安县林业局
大名县林业局
涉县林业局
磁县林业局
邱县林业局
鸡泽县林业局
广平县林业局
馆陶县林业局
魏县林业局
曲周县林业局

邢台市林业局

桥东区农业局
桥西区农业局
南宫市林业局
沙河市林业局
邢台县林业局
临城县林业局
内丘县林业局
柏乡县林业局
隆尧县林业局
任县林业局
南和县林业局
宁晋县林业局
巨鹿县林业局
新河县林业局
广宗县林业局
平乡县林业局
威县林业局
清河县林业局
临西县林业局
高新技术开发区农业办

保定市林业局

竞秀区农业局
莲池区农业局
满城区林业局
清苑区农业局
徐水区林业局
涿州市农业局
安国市林业局
高碑店市农牧局
涞水县林业局
阜平县林业局

定兴县林业局
唐县林业局
高阳县林业局
容城县农牧局
涞源县林业局
望都县林业局
安新县农业局
易县林业局
曲阳县林业局
蠡县林业局
顺平县林业局
博野县农业局
雄县农业局
张家口市林业局
宣化区农委
下花园区农委
万全区林业局
崇礼区林业局
张北县林业局
康保县林业局
沽源县林业局
尚义县林业局
蔚县林业局
阳原县林业局
怀安县林业局
怀来县林业局
涿鹿县林业局
赤城县林业局
张家口市林场
张家口市高新区农委
承德市林业局
双滦区林水局
鹰手营子矿区林水局
平泉市林业局
承德县林业局
兴隆县林业局
滦平县林业局
隆化县林业局
丰宁满族自治县林业局
宽城满族自治县林业局
围场满族蒙古族自治县林业局
滦平林场管理局
御道口林场管理局
沧州市林业局
运河区农林局
新华区农林局
泊头市林业局
任丘市林业局
黄骅市林业局
河间市林业局
沧县林业局
青县林业局
东光县林业局
海兴县农林局
盐山县农林局
肃宁县林业局
南皮县林业局
吴桥县农林局
献县林业局
孟村回族自治县农林局
临港经济技术开发区林业局
南大港管理区林业局
廊坊市林业局
广阳区林业局
安次区林业局
霸州市林业局
三河市林业局
固安县林业局
永清县林业局
香河县林业局
大城县林业局
文安县林业局
大厂回族自治县林业局
衡水市林业局
桃城区林业局
冀州区林业局
深州市林业局
枣强县林业局
武邑县林业局
武强县林业局
饶阳县林业局
安平县林业局
故城县林业局
景县林业局
阜城县林业局
辛集市林业局
定州市林业局
河北省林业厅直属单位
塞罕坝机械林场
木兰围场国有林场管理局
河北雾灵山国家级自然保护区管理局
小五台国家级自然保护区管理局
河北省林业示范场

山西省

太原市林业局
小店区林业局
万柏林区林业局
晋源区林业局
古交市林业局
阳曲县林业局
大同市林业局
南郊区林业局
新荣区林业局
阳高县林业局
天镇县林业局
广灵县林业局
灵丘县林业局
浑源县林业局
左云县林业局
恒山林场
桦林背林场
大同市植物园
阳泉市林业局
郊区林业局
平定县林业局
盂县林业局
长治市林业局
城区林业局
郊区林业局
潞城市林业局
长治县林业局
襄垣县林业局
屯留县林业局
平顺县林业局
黎城县林业局
壶关县林业局
长子县林业局
武乡县林业局
沁县林业局
沁源县林业局
晋城市林业局
城区林业局

高平市林业局
沁水县林业局
阳城县林业局
陵川县林业局
泽州县林业局
朔州市林业局
山阴县林业局
应县林业局
晋中市林业局
介休市林业局
榆社县林业局
左权县林业局
和顺县林业局
昔阳县林业局
寿阳县林业局
太谷县林业局
祁县林业局
平遥县林业局
灵石县林业局
运城市林业局
盐湖区林业局
永济市林业局
河津市林业局
临猗县林业局
万荣县林业局
闻喜县林业局
稷山县林业局
新绛县林业局
绛县林业局
夏县林业局
平陆县林业局
芮城县林业局
忻州市林业局
忻府区林业局
原平市林业局
定襄县林业局
五台县林业局
代县林业局
繁峙县林业局
宁武县林业局
静乐县林业局
神池县林业局
五寨县林业局
岢岚县林业局
河曲县林业局
保德县林业局
偏关县林业局
临汾市林业局
尧都区林业局
侯马市林业局
霍州市林业局
曲沃县林业局
翼城县林业局
襄汾县林业局
洪洞县林业局
古县林业局
安泽县林业局
浮山县林业局
吉县林业局
乡宁县林业局
大宁县林业局
隰县林业局
永和县林业局
蒲县林业局
汾西县林业局
吕梁市林业局
离石区林业局
孝义市林业局
临县林业局
中阳县林业局
交口县林业局

内蒙古自治区

呼和浩特市林业局
赛罕区林业局
托克托县林业局
清水河县林业局
武川县林业局
包头市林业局
东河区林业局
青山区林业局
石拐区林业局
九原区林业局
固阳县林业局
土默特右旗林业局
达尔罕茂明安联合旗林业局
稀土高新区林业局
乌海市林业局
海勃湾区林业局
海南区林业局
乌达区林业局
赤峰市林业局
红山区林业局
元宝山区林业局
松山区林业局
林西县林业局
宁城县林业局
阿鲁科尔沁旗林业局
巴林左旗林业局
巴林右旗林业局
克什克腾旗林业局
翁牛特旗林业局
喀喇沁旗林业局
敖汉旗林业局
通辽市林业局
科尔沁区林业局
霍林郭勒市林业局
开鲁县林业局
科尔沁左翼中旗林业局
科尔沁左翼后旗林业局
库伦旗林业局
奈曼旗林业局
扎鲁特旗林业局
通辽经济技术开发区林业局
鄂尔多斯市林业局
东胜区林业局
达拉特旗林业局
准格尔旗林业局
鄂托克前旗林业局
鄂托克旗林业局
杭锦旗林业局
乌审旗林业局
伊金霍洛旗林业局
呼伦贝尔市林业局
海拉尔区林业局
牙克石市林业局
扎兰屯市林业局
额尔古纳市林业局
根河市林业局
阿荣旗林业局
陈巴尔虎旗林业局
新巴尔虎左旗林业局
新巴尔虎右旗林业局

莫力达瓦达斡尔族自治旗林业局
鄂伦春自治旗林业局
鄂温克族自治旗林业局
免渡河林业局
乌奴尔林业局
巴林林业局
南木林业局
红花尔基林业局
柴河林业局
巴彦淖尔市林业局
临河区林业局
五原县林业局
磴口县林业局
乌拉特前旗林业局
乌拉特中旗林业局
乌拉特后旗林业局
杭锦后旗林业局
乌兰察布市林业局
集宁区林业局
丰镇市林业局
卓资县林业局
化德县林业局
商都县林业局
兴和县林业局
凉城县林业局
察哈尔右翼前旗林业局
察哈尔右翼中旗林业局
察哈尔右翼后旗林业局
四子王旗林业局
兴安盟林业局
乌兰浩特市林业局
阿尔山市林业局
突泉县林业局
科尔沁右翼中旗林业局
扎赉特旗林业局
白狼林业局
五岔沟林业局
阿拉善盟林业局
阿拉善左旗林业局
阿拉善右旗林业局
额济纳旗林业局
孪井滩示范区林业局

辽宁省

沈阳市林业局
浑南区林业局
苏家屯区农林局
沈北新区农林局
于洪区农林局
辽中区林业局
新民市林业局
康平县林业局
法库县林业局
大连市林业局
甘井子区农发局
旅顺口区农林水利局
金州新区农林水利局
普兰店市林业局
瓦房店市林业局
庄河市林业水利局
长海县林业局
保税区林业局
高新技术园区林业局
花园口经济开发区林业局
长兴岛临港工业区林业局
鞍山市林业局
千山区农村经济发展局
海城市林业局
台安县林业局
岫岩满族自治县林业局
千山风景区林业局
开发区林业局
抚顺市林业局
顺城区农发局
东洲区农发局
望花区农发局
抚顺县林业局
新宾满族自治县林业局
清原满族自治县林业局
本溪市林业局
本溪市农委
平山区林业局
溪湖区林业局
明山区林业局
南芬区林业局
本溪满族自治县林业局
桓仁满族自治县林业局
本溪市经济开发区林业局
丹东市林业局
振兴区林业局
元宝区农发局
振安区林业局
东港市林业局
凤城市林业局
宽甸满族自治县林业局
锦州市林业局
太和区林业水利局
凌海市林业局
北镇市林业局
黑山县林业局
义县林业果树局
营口市林业局
老边区农委
盖州市林业局
阜新市林业局
细河区农林水利局
新邱区林业局
太平区农林水利局
清河门区农村经济局
彰武县林业局
阜新蒙古族自治县林果局
辽阳市林业局
文圣区农村经济局
宏伟区农村经济局
弓长岭区农村经济局
太子河区农村经济局
灯塔市林业局
辽阳县林业局
盘锦市农林局
大洼区农村经济局
盘山县农村经济局
盘锦市辽河口生态经济区农村经济局
铁岭市林业局产业办
银州区林业局
清河区林业局
调兵山市林业局
开原市林业局
铁岭县林业局
西丰县林业局
昌图县林业局

铁岭经济开发区林业局
朝阳市林业局
双塔区林业局
龙城区林业局
北票市林业局
凌源市林业局
朝阳县林业局
建平县林业局
喀喇沁左翼蒙古族自治县林业局
葫芦岛市林业局
连山区林业局
南票区林业局
兴城市林业局
绥中县林业局
建昌县林业局
辽宁省林业厅直属单位
辽宁实验林场
生态实验林场

吉林省

长春市林业局
南关区林业局
宽城区林业局
朝阳区林业局
二道区林业局
绿园区林业局
双阳区林业局
九台区林业局
榆树市林业局
德惠市林业局
农安县林业局
净月经济开发区林业局
高新开发区林业局
经济开发区林业局
西新开发区林业局
莲花山开发区林业局
吉林市林业局
昌邑区林业局
丰满区林业局
蛟河市林业局
桦甸市林业局
舒兰市林业局
磐石市林业局
四平市林业局
公主岭市林业局
双辽市林业局
梨树县林业局
伊通满族自治县林业局
辽源市林业局
龙山区林业局
西安区林业局
东丰县林业局
东辽县林业局
通化市林业局
东昌区林业局
二道江区林业局
集安市林业局
通化县林业局
辉南县林业局
柳河县林业局
白山市林业局
浑江区林业局
临江市林业局
抚松县林业局
靖宇县林业局
长白朝鲜族自治县林业局
松原市林业局
各市辖区林业局
长岭县林业局
乾安县林业局
前郭尔罗斯蒙古族自治县林业局
白城市林业局
洮北区林业局
洮南市林业局
大安市林业局
延边朝鲜族自治州林业局
延吉市林业局
图们市林业局
敦化市林业局
珲春市林业局
龙井市林业局
和龙市林业局
汪清县林业局
安图县林业局
长白山森工集团
黄泥河林业局
敦化林业局
大石头林业局
八家子林业局
和龙林业局
汪清林业局
大兴沟林业局
天桥岭林业局
白河林业局
珲春林业局
安图森林经营局
珲春森林山公司
新元木业公司
吉林省林业厅直属林业局
长白山林业局
上营森林经营局

黑龙江省

哈尔滨市林业局
松北区农林局
道里区农林局
南岗区农林局
道外区农林局
平房区农林局
香坊区农林局
呼兰区林业局
阿城区林业局
双城区林业局
尚志市林业局
五常市林业局
依兰县林业局
方正县林业局
宾县林业局
巴彦县林业局
木兰县林业局
通河县林业局
延寿县林业局
转山实验林场
山河实验林场
丹清河实验林场
胜利实验林场
齐齐哈尔市林业局
昂昂溪区林业局
富拉尔基区林业局
碾子山区林业局
讷河市林业局
龙江县林业局
依安县林业局

甘南县林业局
克山县林业局
克东县林业局
拜泉县林业局
鸡西市林业局
鸡冠区林业局
恒山区人民政府林业站
滴道区林业局
梨树区林业站
城子河区林业站
麻山区林业局
虎林市林业局
密山市林业局
鸡东县林业局
鹤岗市林业局
各市辖区林业局
萝北县林业局
绥滨县林业局
双鸭山市林业局
集贤县林业局
友谊县林业局
宝清县林业局
饶河县林业局
大庆市林业局
萨尔图区农林局
龙凤区农林局
让胡路区农林局
红岗区农林局
大同区林业局
肇州县林业局
肇源县林业局
林甸县林业局
杜尔伯特蒙古族自治县林业局
伊春市林业局
嘉荫县林业局
佳木斯市林业局
向阳区林业局
郊区林业局
同江市林业局
富锦市林业局
桦南县林业局
桦川县林业局
汤原县林业局
孟家岗林场
七台河市林业局
桃山区林业局
新兴区林业局
茄子河区林业局
勃利县林业局
牡丹江市林业局
海林市林业局
宁安市林业局
穆棱市林业局
林口县林业局
黑河市林业局
爱辉区林业局
北安市林业局
五大连池市林业局
嫩江县林业局
逊克县林业局
孙吴县林业局
五大连池风景区管理委员会
绥化市林业局
北林区林业局
肇东市林业局
海伦市林业局
望奎县林业局
兰西县林业局
青冈县林业局
明水县林业局
绥棱县林管局
大兴安岭地区行署营林局
呼玛县林业局
漠河县林业局
黑龙江省林业厅直属单位
绥芬河市林业局
抚远县林业局
尚志国有林场管理局
庆安国有林场管理局

上海市

宝山区林业站
嘉定区林业站
浦东新区林业站
金山区林业站
松江区林业站
青浦区林业站
奉贤区林业署
崇明区林业站

江苏省

南京市林业局
浦口区林业局
雨花台区林业局
江宁区林业局
六合区林业局
溧水区林业局
高淳区林业局
无锡市林业局
锡山区林业局
惠山区林业局
滨湖区林业局
江阴市林业局
宜兴市林业局
徐州市林业局
贾汪区林业局
铜山区林业局
新沂市林业局
邳州市林业局
丰县林业局
沛县林业局
睢宁县林业局
常州市林业局
新北区林业局
金坛区林业局
溧阳市林业局
苏州市林业局
吴中区林业局
相城区林业局
吴江区林业局
常熟市林业站
张家港市林业局
昆山市林业局
太仓市林业局
南通市林业局
港闸区林业局
通州区林业局
启东市林业局
如皋市林业局
海门市林业局
海安县林业局
如东县林业局

连云港市林业局
连云区林业局
海州区林业局
赣榆区林业局
灌云县林业局
东海县林业局
灌南县林业局
淮安市林业局
清江浦区林业局
淮安区林业局
淮阴区林业局
洪泽区林业局
涟水县林业局
盱眙县林业局
金湖县林业局
盐城市林业局
亭湖区林业局
盐都区林业局
大丰区林业局
东台市林业局
响水县林业局
滨海县海洋林业渔业局
阜宁县林业局
射阳县林业局
建湖县林业局
扬州市林业局
邗江区林业局
广陵区林业局
江都区林业局
仪征市林业局
高邮市林业局
宝应县农业委员会
镇江市林业局
润州区林业局
丹徒区林业局
丹阳市农业委员会
扬中市林业局
句容市林业局
泰州市林业局
海陵区林业局
高港区林业局
姜堰区林业局
兴化市林业局
靖江市林业局
泰兴市林业局
宿迁市林业局
宿城区林业局
宿豫区林业局
沭阳县林业局
泗阳县林业局
泗洪县林业局

浙江省

杭州市林业局
萧山区林业局
余杭区林业局
临安区林业局
建德市林业局
淳安县林业局
宁波市林业局
海曙区林业局
江北区林业局
北仑区林业局
镇海区林业局
鄞州区林业局
奉化区林业局
余姚市林业局
慈溪市林业局
象山县林业局
宁海县林业局
温州市林业局
永嘉县林业局
苍南县林业局
泰顺县林业局
嘉兴市林业局
秀洲区林业局
海盐县林业局
湖州市林业局
吴兴区林业局
南浔区林业局
德清县林业局
长兴县林业局
安吉县林业局
绍兴市林业局
越城区林业局
柯桥区林业局
上虞区林业局
诸暨市林业局
新昌县林业局
金华市林业局
婺城区林业局
金东区林业局
兰溪市林业局
义乌市林业局
东阳市林业局
永康市林业局
武义县林业局
浦江县林业局
磐安县林业局
衢州市林业局
柯城区林业局
衢江区林业局
江山市林业局
常山县林业局
开化县林业局
龙游县林业局
舟山市林业局
定海区林业局
岱山县林业局
嵊泗县林业局
台州市林业局
椒江区林业局
黄岩区林业局
路桥区林业局
温岭市林业局
临海市林业局
玉环市林业局
三门县林业局
天台县林业局
仙居县林业局
丽水市林业局
莲都区林业局
龙泉市林业局
青田县林业局
缙云县林业局
遂昌县林业局
松阳县林业局
云和县林业局
庆元县林业局
景宁畲族自治县林业局

安徽省

合肥市林业局
蜀山区林业局
瑶海区林业局
庐阳区林业局
包河区林业局
巢湖市林业局
长丰县林业局
肥东县林业局
肥西县林业局
庐江县林业局
芜湖市林业局
弋江区林业局
芜湖县林业局
繁昌县林业局
南陵县林业局
无为县林业局
蚌埠市林业局
蚌山区林业局
龙子湖区林业局
禹会区林业局
淮上区林业局
怀远县林业局
五河县林业局
固镇县林业局
淮南市林业局
田家庵区林业局
大通区林业局
谢家集区林业局
八公山区林业局
潘集区林业局
凤台县林业局
寿县林业局
毛集实验区林业局
马鞍山市林业局
当涂县林业局
含山县林业局
和县林业局
淮北市林业局
相山区林业局
杜集区林业局
烈山区林业局
濉溪县林业局
铜陵市林业局
铜官区林业局
义安区林业局
郊区林业局
枞阳县林业局
安庆市林业局
大观区林业局
宜秀区林业局
桐城市林业局
怀宁县林业局
潜山县林业局
太湖县林业局
宿松县林业局
望江县林业局
岳西县林业局
黄山市林业局
屯溪区林业局
黄山区林业局
徽州区林业局
歙县林业局
休宁县林业局
祁门县林业局
滁州市林业局
琅琊区农委
南谯区林业局
天长市林业局
明光市林业局
来安县林业局
全椒县林业局
定远县林业局
凤阳县林业局
管店林业总场
沙河集林业总场
琅琊山林场
阜阳市林业局
颍州区林业局
颍东区林业局
颍泉区林业局
界首市林业局
临泉县林业局
太和县林业局
阜南县林业局
颍上县林业局
宿州市林业局
埇桥区林业局
砀山县林业局
萧县林业局
灵璧县林业局
泗县林业局
六安市林业局
金安区林业局
裕安区林业局
叶集区林业局
霍邱县林业局
舒城县林业局
金寨县林业局
霍山县林业局
亳州市林业局
涡阳县林业局
蒙城县林业局
利辛县林业局
池州市林业局
贵池区林业局
东至县林业局
石台县林业局
青阳县林业局
宣城市林业局
宣州区林业局
宁国市林业局
郎溪县林业局
广德县林业局
泾县林业局
旌德县林业局
绩溪县林业局

福建省

福州市林业局
晋安区林业局
长乐区林业局
福清市林业局
连江县林业局
罗源县林业局
闽清县林业局
永泰县林业局
莆田市林业局
城厢区林业局
涵江区林业局
荔城区林业局
仙游县林业局
三明市林业局
梅列区林业局

三元区林业局
永安市林业局
明溪县林业局
清流县林业局
宁化县林业局
大田县林业局
尤溪县林业局
沙县林业局
将乐县林业局
泰宁县林业局
建宁县林业局
泉州市林业局
安溪县林业局
永春县林业局
德化县林业局
漳州市林业局
芗城区林业局
龙海市林业局
云霄县林业局
漳浦县林业局
长泰县林业局
南靖县林业局
平和县林业局
华安县林业局
南平市林业局
建阳区林业局
延平区林业局
邵武市林业局
武夷山市林业局
建瓯市林业局
顺昌县林业局
浦城县林业局
光泽县林业局
松溪县林业局
政和县林业局
龙岩市林业局
新罗区林业局
永定区林业局
漳平市林业局
长汀县林业局
上杭县林业局
武平县林业局
连城县林业局
宁德市林业局
蕉城区林业局
福安市林业局
福鼎市林业局
霞浦县林业局
古田县林业局
屏南县林业局
寿宁县林业局
周宁县林业局
柘荣县林业局

江西省

南昌市林业局
湾里区林业局
新建区林业局
南昌县林业局
安义县林业局
景德镇市林业局
乐平市林业局
浮梁县林业局
萍乡市林业局
安源区林业局
湘东区林业局
莲花县林业局
芦溪县林业局
九江市林业局
柴桑区林业局
瑞昌市林业局
共青城市林业局
武宁县林业局
永修县林业局
德安县林业局
湖口县林业局
彭泽县林业局
新余市林业局
渝水区林业局
分宜县林业局
鹰潭市林业局
月湖区林业局
贵溪市林业局
余江县林业局
赣州市林业局
章贡区林业局
南康区林业局
赣县区林业局
瑞金市林业局
信丰县林业局
大余县林业局
上犹县林业局
崇义县林业局
安远县林业局
龙南县林业局
定南县林业局
全南县林业局
宁都县林业局
于都县林业局
兴国县林业局
会昌县林业局
寻乌县林业局
石城县林业局
吉安市林业局
吉州区林业局
青原区林业局
井冈山市林业局
吉安县林业局
吉水县林业局
峡江县林业局
新干县林业局
永丰县林业局
泰和县林业局
遂川县林业局
万安县林业局
安福县林业局
永新县林业局
宜春市林业局
袁州区林业局
丰城市林业局
樟树市林业局
高安市林业局
奉新县林业局
万载县林业局
上高县林业局
宜丰县林业局
靖安县林业局
铜鼓县林业局
抚州市林业局
临川区林业局
东乡区林业局
南城县林业局
黎川县林业局

南丰县林业局
崇仁县林业局
乐安县林业局
宜黄县林业局
金溪县林业局
资溪县林业局
广昌县林业局
上饶市林业局
信州区林业局
广丰区林业局
德兴市林业局
上饶县林业局
玉山县林业局
铅山县林业局
横峰县林业局
鄱阳县林业局
万年县林业局
婺源县林业局

山东省

济南市林业局
市中区林业局
天桥区林业局
历城区林业局
长清区林业局
章丘区林业局
平阴县林业局
济阳县林业局
商河县林业局
青岛市林业局
西海岸新区林业局
崂山区林业局
城阳区林业局
即墨区林业局
胶州市林业局
莱西市林业局
淄博市林业站
张店区林业局
淄川区林业局
博山区林业局
临淄区林业局
周村区林业局
桓台县林业局
高青县林业局
沂源县林业局
枣庄市林业局
薛城区林业局
市中区林业局
峄城区林业局
台儿庄区林业局
山亭区林业局
烟台市林业局
莱山区林业局
芝罘区林业局
福山区林业局
牟平区林业局
龙口市林业局
莱阳市林业局
莱州市林业局
蓬莱市林业局
招远市林业局
栖霞市林业局
海阳市林业局
长岛县林业局
潍坊市林业局
奎文区林业局
潍城区农林局
寒亭区林业局
坊子区林业局
峡山区林业局
青州市林业局
诸城市林业局
寿光市林业局
安丘市林业局
高密市林业局
昌邑市林业局
临朐县林业局
昌乐县林业局
济宁市林业局
任城区林业局
兖州区林业局
曲阜市林业局
邹城市林业局
微山县林业局
鱼台县林业局
金乡县林业局
嘉祥县林业局
汶上县林业局
泗水县林业局
梁山县林业局
泰安市林业局
泰山区林业局
岱岳区林业局
新泰市林业局
肥城市林业局
宁阳县林业局
东平县林业局
高新区林业局
泰山景区林业局
威海市林业局
环翠区林业局
荣成市林业局
乳山市林业局
文登市林业局
威海市经济技术开发区林业局
威海市工业新区林业局
威海市高技术产业开发区林业局
日照市林业局
岚山区林业局
五莲县林业局
莱芜市林业局
莱城区林业局
钢城区林业局
雪野旅游区林业局
经济开发区林业局
临沂市林业局
兰山区林业局
罗庄区林业局
河东区林业局
沂南县林业局
郯城县林业局
沂水县林业局
兰陵县林业局
费县林业局
平邑县林业局
莒南县林业局
蒙阴县林业局
临沭县林业局
高新技术产业开发区林业局
德州市林业局
德城区林业局
陵城区林业局

乐陵市林业局
宁津县林业局
临邑县林业局
齐河县林业局
平原县林业局
武城县林业局
聊城市林业局
东昌府区林业局
临清市林业局
阳谷县林业局
莘县林业局
茌平县林业局
东阿县林业局
高唐县林业局
滨州市林业局
滨城区林业局
惠民县林业局
阳信县林业局
无棣县林业局
沾化县林业局
博兴县林业局
邹平县林业局
菏泽市林业局
成武县林业局
郓城县林业局
鄄城县林业局
东明县林业局

河南省

郑州市林业局
中原区农经委
管城回族区农委会
金水区农经委
上街区农经委
惠济区林业局
荥阳市林业局
新密市林业局
新郑市林业局
登封市林业局
中牟县林业局
开封市农林局
鼓楼区林业局
顺河回族区林业局
禹王台区林业局
祥符区林业局
杞县林业局
通许县林业局
尉氏县林业局
兰考县林业局
洛阳市林业局
西工区林业局
老城区林业局
瀍河回族区林业局
涧西区林业局
吉利区林业局
洛龙区林业局
偃师市林业局
孟津县林业局
新安县林业局
栾川县林业局
嵩县林业局
汝阳县林业局
宜阳县林业局
洛宁县林业局
伊川县林业局
高新区林业局
伊洛工业园区林业局
龙门文化旅游园区管理局
平顶山市林业局
新华区农林水利局
卫东区农林水利局
石龙区林业畜牧局
湛河区农林水利局
新城区林业局
舞钢市林业局
汝州市林业局
宝丰县林业局
叶县林业局
鲁山县林业局
郏县林业局
安阳市林业局
北关区农林水务局
文峰区农林水牧局
殷都区农林水牧局
龙安区林业局
林州市林业局
安阳县林业局
汤阴县林业局
内黄县林业局
鹤壁市林业局
淇滨区林业局
山城区林业局
鹤山区林业局
浚县林业局
淇县林业局
新乡市林业局
卫滨区农村工作委员会
红旗区农村工作委员会
凤泉区林业局
牧野区农林局
卫辉市林业局
辉县市林业局
新乡县林业局
获嘉县林业局
原阳县林业局
延津县林业局
封丘县林业局
长垣县林业局
焦作市林业局
解放区林业局
中站区林业局
马村区林业局
山阳区林业局
沁阳市林业局
孟州市林业局
修武县林业局
博爱县林业局
武陟县林业局
温县林业局
濮阳市林业局
华龙区林业局
清丰县林业局
南乐县林业局
范县林业局
台前县林业局
濮阳县林业局
高新区农业科技服务中心
许昌市林业局
东城区农村工作局
魏都区林业局
建安区林业局
禹州市农业林业局

长葛市林业局
鄢陵县林业局
襄城县林业局
许昌市经济技术开发区农村工作局
漯河市林业和园林局
郾城区林业技术推广站
源汇区林业局
召陵区林业局
三门峡市林业和园林局
湖滨区林业局
陕州区林业局
义马市农林和农机局
灵宝市林业局
渑池县林业局
卢氏县林业局
南阳市林业局
卧龙区林业局
宛城区林业局
邓州市林业局
南召县林业局
方城县林业局
西峡县林业局
镇平县林业局
内乡县林业局
淅川县林业局
社旗县林业局
唐河县林业局
新野县林业局
桐柏县林业局
商丘市林业局
梁园区林业局
睢阳区林业局
永城市林业局
民权县林业局
睢县林业局
宁陵县林业局
柘城县林业局
虞城县林业局
夏邑县林业局
信阳市林业局
浉河区林业局
平桥区林业局
罗山县林业局
光山县林业局
新县林业局
商城县林业局
固始县林业局
潢川县林业局
淮滨县林业局
息县林业局
周口市林业局
川汇区林业局
项城市林业局
扶沟县林业局
西华县林业局
商水县林业局
沈丘县林业局
郸城县林业局
淮阳县林业局
太康县林业局
鹿邑县林业局
驻马店市林业局
驿城区林业局
上蔡县林业局
平舆县林业局
正阳县林业局
确山县林业局
汝南县林业局
遂平县林业局
济源市林业局

湖北省

武汉市林业局
东西湖区林业局
蔡甸区林业局
黄石市林业局
下陆区林业局
黄石港区林业局
西塞山区林业局
铁山区林业局
阳新县林业局
十堰市林业局
郧阳区林业局
郧西县林业局
房县林业局
宜昌市林业局
夷陵区林业局
宜都市林业局
当阳市林业局
枝江市林业局
远安县林业局
兴山县林业局
秭归县林业局
长阳土家族自治县林业局
五峰土家族自治县林业局
襄阳市林业局
襄城区林业局
樊城区林业局
襄州区林业局
老河口市林业局
枣阳市林业局
宜城市林业局
南漳县林业局
谷城县林业局
保康县林业局
鄂州市林业局
鄂城区林业局
梁子湖区林业局
荆门市林业局
东宝区林业局
掇刀区林业局
钟祥市林业局
京山县林业局
沙洋县林业局
屈家岭管理区林业局
漳河新区林业局
孝感市林业局
应城市林业局
汉川市林业局
孝昌县林业局
大悟县林业局
云梦县林业局
荆州市林业局
沙市区林业局
荆州区林业局
石首市林业局
洪湖市林业局
松滋市林业局
公安县林业局
监利县林业局
江陵县林业局
黄冈市林业局
黄州区林业局

麻城市林业局
武穴市林业局
团风县林业局
红安县林业局
罗田县林业局
英山县林业局
浠水县林业局
蕲春县林业局
黄梅县林业局
咸宁市林业局
咸安区林业局
赤壁市林业局
嘉鱼县林业局
通城县林业局
通山县林业局
随州市林业局
曾都区林业局
广水市林业局
随县林业局
经济技术开发区林业局
恩施土家族苗族自治州林业局
恩施市林业局
利川市林业局
建始县林业局
巴东县林业局
宣恩县林业局
咸丰县林业局
来凤县林业局
鹤峰县林业局
省直辖县级行政单位
仙桃市林业局
天门市林业局
潜江市林业局
神农架林区林业管理局
太子山林场管理局

湖南省
长沙市林业局
岳麓区农林水利局
天心区农林水利局
开福区农林水利局
雨花区农林水利局
望城区林业局
浏阳市林业局
宁乡市林业局
长沙县林业局
株洲市林业局
天元区农村工作局
荷塘区农村工作局
芦淞区农村工作局
石峰区农村工作局
醴陵市林业局
株洲县林业局
攸县林业局
茶陵县林业局
炎陵县林业局
湘潭市林业局
岳塘区林业局
雨湖区林业局
湘乡市林业局
韶山市林业局
湘潭县林业局
衡阳市林业局
蒸湘区林业局
珠晖区林业局
雁峰区林业局
石鼓区林业局
南岳区农林局
耒阳市林业局
常宁市林业局
衡阳县林业局
衡南县林业局
衡山县林业局
衡东县林业局
祁东县林业局
邵阳市林业局
大祥区农林局
双清区农林局
北塔区林业局
武冈市林业局
邵东县林业局
新邵县林业局
邵阳县林业局
隆回县林业局
洞口县林业局
绥宁县林业局
新宁县林业局
城步苗族自治县林业局
岳阳市林业局
岳阳楼区农林局
云溪区林业局
君山区林业局
汨罗市林业局
临湘市林业局
岳阳县林业局
华容县林业局
湘阴县林业局
平江县林业局
常德市林业局
武陵区林业局
鼎城区林业局
津市市林业局
安乡县林业局
汉寿县林业局
澧县林业局
临澧县林业局
桃源县林业局
石门县林业局
张家界市林业局
永定区林业局
武陵源区林业局
桑植县林业局
益阳市林业局
赫山区林业局
资阳区林业局
沅江市林业局
南县林业局
桃江县林业局
安化县林业局
郴州市林业局
北湖区林业局
苏仙区林业局
资兴市林业局
桂阳县林业局
宜章县林业局
永兴县林业局
嘉禾县林业局
临武县林业局
汝城县林业局
桂东县林业局
安仁县林业局
永州市林业局
冷水滩区林业局

零陵区林业局
祁阳县林业局
东安县林业局
双牌县林业局
道县林业局
江永县林业局
宁远县林业局
蓝山县林业局
新田县林业局
江华瑶族自治县林业局
金桐林场
怀化市林业局
洪江区林业局
鹤城区林业局
洪江市林业局
中方县林业局
沅陵县林业局
辰溪县林业局
溆浦县林业局
会同县林业局
麻阳苗族自治县林业局
新晃侗族自治县林业局
芷江侗族自治县林业局
靖州苗族侗族自治县林业局
通道侗族自治县林业局
娄底市林业局
娄星区林业局
冷水江市林业局
涟源市林业局
双峰县林业局
新化县林业局
湘西土家族苗族自治州林业局
吉首市林业局
泸溪县林业局
花垣县林业局
永顺县林业局

广东省

河源市林业局
和平县林业局
东源县林业局
东莞市林业局
大屏嶂林场
省直属单位
连山林场

广西壮族自治区

南宁市林业局
青秀区农林水利局
兴宁区农林水利局
江南区农林水利局
西乡塘区农林水利局
良庆区农林水利局
邕宁区农林水利局
武鸣区农林水利局
隆安县林业局
马山县林业局
上林县林业局
宾阳县林业局
横县林业局
国家级南宁经济技术开发区林业局
柳州市林业局
柳北区林业局
城中区林业局
鱼峰区林业局
柳南区林业局
柳江区林业局
柳城县林业局
鹿寨县林业局
融安县林业局
融水苗族自治县林业局
三江侗族自治县林业局
桂林市林业局
临桂区林业局
秀峰区林业局
叠彩区林业局
象山区林业局
七星区林业局
雁山区林业局
灵川县林业局
全州县林业局
兴安县林业局
永福县林业局
灌阳县林业局
资源县林业局
平乐县林业局
荔浦县林业局
龙胜各族自治县林业局
恭城瑶族自治县林业局
梧州市林业局
长洲区林业局
万秀区林业局
龙圩区林业局
岑溪市林业局
苍梧县林业局
藤县林业局
蒙山县林业局
北海市林业局
海城区林业局
银海区林业局
铁山港区林业局
合浦县林业局
防城港市林业局
港口区林业局
防城区林业局
东兴市林业局
上思县林业局
钦州市林业局
钦南区林业局
钦北区林业局
灵山县林业局
浦北县林业局
贵港市林业局
覃塘区林业局
桂平市林业局
平南县林业局
玉林市林业局
玉州区林业局
福绵区林业局
北流市林业局
容　县林业局
陆川县林业局
博白县林业局
兴业县林业局
百色市林业局
右江区林业局
靖西市林业局
田阳县林业局
田东县林业局
平果县林业局
德保县林业局
那坡县林业局
凌云县林业局
乐业县林业局
田林县林业局

西林县林业局
隆林各族自治县林业局
贺州市林业局
八步区林业局
平桂管理区林业局
昭平县林业局
钟山县林业局
富川瑶族自治县林业局
河池市林业局
宜州区林业局
金城江区林业局
南丹县林业局
天峨县林业局
凤山县林业局
东兰县林业局
罗城仫佬族自治县林业局
环江毛南族自治县林业局
巴马瑶族自治县林业局
都安瑶族自治县林业局
大化瑶族自治县林业局
来宾市林业局
兴宾区林业局
合山市林业局
忻城县林业局
象州县林业局
武宣县林业局
金秀瑶族自治县林业局
崇左市林业局
江州区林业局
凭祥市林业局
扶绥县林业局
宁明县林业局
龙州县林业局
大新县林业局
天等县林业局
广西壮族自治区林业厅直属单位
高峰林场
七坡林场
博白林场
六万林场
东门林场
派阳山林场
雅长林场
黄冕林场
三门江林场
钦廉林场
大桂山林场
维都林场
良凤江国家森林公园
中国林科院热林中心
广西生态学院
广西林业集团有限公司

重庆市

万州区林业局
涪陵区林业局
大渡口区林业绿化办公室
江北区林业局
沙坪坝区林业局
九龙坡区农林水利局
綦江区林业局
大足区林业局
万盛区林业局
巴南区林业局
黔江区林业局
江津区林业局
永川区林业局
南川区林业局
铜梁区林业局
潼南区林业局
荣昌区林业局
开州区林业局
梁平区林业局
武隆区林业局
城口县林业局
丰都县林业局
奉节县林业局
巫山县林业局

四川省

成都市林业局
龙泉驿区林业局
青白江区林业局
新都区林业局
温江区林业局
双流区林业局
郫都区林业局
都江堰市林业局
彭州市林业局
邛崃市林业局
崇州市林业局
金堂县林业局
大邑县林业局
蒲江县林业局
新津县林业局
自贡市林业局
自流井区林业局
贡井区林业局
大安区林业局
沿滩区林业局
荣县林业局
攀枝花市林业局
东区林业局
仁和区林业局
米易县林业局
盐边县林业局
泸州市林业局
纳溪区林业局
叙永县林业局
古蔺县林业局
德阳市林业局
旌阳区林业局
罗江区林业局
广汉市林业局
中江县林业局
绵阳市林业局
游仙区林业局
江油市林业局
三台县林业局
盐亭县林业局
安县林业局
梓潼县林业局
北川羌族自治县林业局
广元市林业局
利州区林业局
昭化区林业局
朝天区林业局
旺苍县林业局
青川县林业局
剑阁县林业局
苍溪县林业局
遂宁市林业局
船山区林业局

安居区林业局
蓬溪县林业局
射洪县林业局
大英县林业局
内江市林业局
市中区林业局
东兴区林业局
隆昌县林业局
威远县林业局
资中县林业局
乐山市林业局
市中区林业局
沙湾区林业局
五通桥区林业局
金口河区林业局
峨眉山市林业局
犍为县林业局
夹江县林业局
沐川县林业局
峨边彝族自治县林业局
南充市林业局
顺庆区林业局
嘉陵区林业局
南部县林业局
营山县林业局
蓬安县林业局
仪陇县林业局
西充县林业局
眉山市林业局
东坡区林业局
彭山区林业局
仁寿县林业局
洪雅县林业局
丹棱县林业局
青神县林业局
宜宾市林业局
翠屏区林业局
南溪区林业局
宜宾县林业局
江安县林业局
长宁县林业局
高县林业局
珙县林业局
筠连县林业局
兴文县林业局
屏山县林业局
广安市林业局
广安区林业局
前锋区林业局
岳池县林业局
武胜县林业局
邻水县林业局
达州市林业局
通川区林业局
达川区林业局
万源市林业局
宣汉县林业局
开江县林业局
大竹县林业局
渠县林业局
雅安市林业局
雨城区林业局
名山区林业局
荥经县林业局
汉源县林业局
石棉县林业局
天全县林业局
芦山县林业局
宝兴县林业局
夹金山林业局
巴中市林业局
巴州区林业局
通江县林业局
南江县林业局
平昌县林业局
资阳市林业局
雁江区林业局
乐至县林业局
安岳县林业局
阿坝藏族羌族自治州林业局
马尔康市林业局
汶川县林业局
理县林业局
九寨沟县林业局
金川县林业局
小金县林业局
黑水县林业局
若尔盖县林业局
红原县林业局
南林林业局
马林林业局
小金林业局
阿坝州筑路处
甘孜藏族自治州林业局
康定市林业局
泸定县林业局
丹巴县林业局
九龙县林业局
雅江县林业局
道孚县林业局
炉霍县林业局
甘孜县林业局
白玉县林业局
理塘县林业局
巴塘县林业局
乡城县林业局
稻城县林业局
得荣县林业局
丹巴林业局
道孚林业局
炉霍林业局
新龙林业局
白玉林业局
力邱河林业局
翁达林业局
甘孜州林业工程处
凉山彝族自治州林业局
盐源县林业局
德昌县林业局
会理县林业局
会东县林业局
宁南县林业局
普格县林业局
布拖县林业局
金阳县林业局
昭觉县林业局
喜德县林业局
冕宁县林业局
越西县林业局
甘洛县林业局
美姑县林业局
雷波县林业局

木里藏族自治县林业局
雷波林业局
凉北林业局
四川省林业厅直属单位
长江造林局
大渡河造林局

贵州省

贵阳市林业局
乌当区林业局
花溪区林业局
六盘水市林业局
水城县林业局
铜仁市林业局
碧江区林业局
万山区林业局
江口县林业局
石阡县林业局
思南县林业局
德江县林业局
玉屏侗族自治县林业局
印江土家族苗族自治县林业局
沿河土家族自治县林业局
松桃苗族自治县林业局
黔西南布依族苗族自治州林业局
普安县林业局
册亨县林业局
黔东南苗族侗族自治州林业局
凯里市林业局
黄平县林业局
三穗县林业局
镇远县林业局
岑巩县林业局
天柱县林业局
锦屏县林业局
台江县林业局
黎平县林业局
榕江县林业局
从江县林业局
丹寨县林业局
黔南布依族苗族自治州林业局
都匀市林业局
福泉市林业局
瓮安县林业局
平塘县林业局
罗甸县林业局
三都水族自治县林业局
贵州省林业厅直属单位
茂兰国家级自然保护区管理局
贵州省扎佐林场

云南省

昆明市林业局
呈贡区林业局
五华区林业局
盘龙区林业局
官渡区林业局
西山区林业局
东川区林业局
晋宁区林业局
富民县林业局
宜良县林业局
石林彝族自治县林业局
禄劝彝族苗族自治县林业局
寻甸回族彝族自治县林业局
阳宗海风景名胜区管理委员会
昆明市经济技术开发区林业局
昆明市高新技术开发区林业局
滇池旅游度假区林业局
曲靖市林业局
麒麟区林业局
沾益区林业局
宣威市林业局
马龙县林业局
陆良县林业局
师宗县林业局
罗平县林业局
富源县林业局
会泽县林业局
玉溪市林业局
红塔区林业局
江川区林业局
澄江县林业局
通海县林业局
华宁县林业局
易门县林业局
峨山彝族自治县林业局
新平彝族傣族自治县林业局
元江哈尼族彝族傣族自治县林业局
保山市林业局
隆阳区林业局
腾冲市林业局
施甸县林业局
龙陵县林业局
昌宁县林业局
昭通市林业局
昭阳区林业局
鲁甸县林业局
巧家县林业局
盐津县林业局
大关县林业局
永善县林业局
绥江县林业局
镇雄县林业局
彝良县林业局
威信县林业局
水富县林业局
丽江市林业局
古城区林业局
永胜县林业局
华坪县林业局
玉龙纳西族自治县林业局
宁蒗彝族自治县林业局
普洱市林业局
思茅区林业局
宁洱哈尼族彝族自治县林业局
墨江哈尼族自治县林业局
景东彝族自治县林业局
景谷傣族彝族自治县林业局
镇沅彝族哈尼族拉祜族自治县林业局
江城哈尼族彝族自治县林业局
孟连傣族拉祜族佤族自治县林业局
澜沧拉祜族自治县林业局
西盟佤族自治县林业局
临沧市林业局
临翔区林业局
凤庆县林业局
云县林业局
永德县林业局
镇康县林业局
双江拉祜族佤族布朗族傣族自治

县林业局
耿马傣族佤族自治县林业局
沧源佤族自治县林业局
红河哈尼族彝族自治州林业局
蒙自市林业局
开远市林业局
弥勒市林业局
建水县林业局
石屏县林业局
泸西县林业局
元阳县林业局
屏边苗族自治县林业局
金平苗族瑶族傣族自治县林业局
河口瑶族自治县林业局
文山壮族苗族自治州林业局
文山市林业局
砚山县林业局
西畴县林业局
麻栗坡县林业局
马关县林业局
丘北县林业局
广南县林业局
富宁县林业局
西双版纳傣族自治州林业局
景洪市林业局
勐海县林业局
勐腊县林业局
大理白族自治州林业局
大理市林业局
祥云县林业局
宾川县林业局
弥渡县林业局
永平县林业局
云龙县林业局
洱源县林业局
剑川县林业局
鹤庆县林业局
漾濞彝族自治县林业局
南涧彝族自治县林业局
巍山彝族回族自治县林业局
德宏傣族景颇族自治州林业局
芒市林业局
瑞丽市林业局
梁河县林业局
盈江县林业局
陇川县林业局
怒江傈僳族自治州林业局
泸水市林业局
福贡县林业局
贡山独龙族怒族自治县林业局
兰坪白族普米族自治县林业局
迪庆藏族自治州林业局
香格里拉市林业局
维西傈僳族自治县林业局
滇中产业聚焦区(新区)林业局
嵩明县林业局
安宁市林业局

西藏自治区

拉萨市林业局
林周县林业局
曲水县林业局
日喀则市林业局
聂拉木县林业局
林芝市林业局
巴宜区林业局
工布江达县林业局
米林县林业局
墨脱县林业局
波密县林业局
察隅县林业局
朗县林业局

陕西省

西安市林业局
灞桥区林业局
长安区林业局
高陵区林业局
蓝田县林业局
周至县林业局
铜川市林业局
耀州区林业局
王益区林业局
印台区林业局
宜君县林业局
新区林业局
宝鸡市林业局
渭滨区林业局
陈仓区林业局
凤翔县林业局
眉县林业局
陇县林业局
千阳县林业局
麟游县林业局
凤县林业局
太白县林业局
辛家山林业局
咸阳市林业局
秦都区林业局
兴平市林业局
三原县林业局
泾阳县林业局
乾县林业局
礼泉县林业局
永寿县林业局
彬县林业局
长武县林业局
旬邑县林业局
淳化县林业局
武功县林业局
渭南市林业局
蒲城县林业局
富平县林业局
延安市林业局
宝塔区林业局
安塞区林业局
延长县林业局
延川县林业局
子长县林业局
志丹县林业局
吴起县林业局
甘泉县林业局
富县林业局
洛川县林业局
宜川县林业局
黄龙县林业局
黄陵县林业局
桥山林业局
桥北林业局
劳山林业局
黄龙山林业局
汉中市林业局
汉台区林业局

南郑区林业局
城固县林业局
洋县林业局
西乡县林业局
勉县林业局
宁强县林业局
略阳县林业局
镇巴县林业局
留坝县林业局
佛坪县林业局
榆林市林业局
榆阳区林业局
横山区林业局
神木市林业局
府谷县林业局
靖边县林业局
定边县林业局
绥德县林业局
米脂县林业局
佳县林业局
吴堡县林业局
清涧县林业局
子洲县林业局
安康市林业局
汉滨区林业局
汉阴县林业局
石泉县林业局
宁陕县林业局
岚皋县林业局
平利县林业局
镇坪县林业局
旬阳县林业局
白河县林业局
商洛市林业局
商州区林业局
洛南县林业局
丹凤县林业局
商南县林业局
镇安县林业局
柞水县林业局
陕西省森林资源管理局
太白林业局
宁西林业局
宁东林业局
龙草坪林业局
汉西林业局
长青林业局
西安林产化学工厂
陕西省胶合板厂
陕西省林产品贸易总公司
陕西省林产品经销公司
陕西省森林职工医院
陕西省林业厅直属单位
韩城市林业局

甘肃省

兰州市林业局
七里河区林业局
西固区林业局
永登县林业局
皋兰县林业局
榆中县林业局
嘉峪关市林业局
金昌市林业局
金川区林业局
永昌县林业局
白银市林业局
白银区林业局
平川区林业局
靖远县林业局
会宁县林业局
景泰县林业局
天水市林业局
各市辖区林业局
清水县林业局
武山县林业局
武威市林业局
凉州区林业局
民勤县林业局
古浪县林业局
天祝藏族自治县林业局
石羊河林业总场
张掖市林业局
甘州区林业局
民乐县林业局
临泽县林业局
高台县林业局
山丹县林业局
肃南裕固族自治县林业局
平凉市林业局
崆峒区林业局
泾川县林业局
灵台县林业局
崇信县林业局
华亭县林业局
庄浪县林业局
静宁县林业局
关山林业管理局
酒泉市林业局
肃州区林业局
玉门市林业局
敦煌市林业局
金塔县林业局
瓜州县林业局
肃北蒙古族自治县林业局
阿克塞哈萨克族自治县林业局
庆阳市林业局
西峰区林业局
庆城县林业局
环县林业局
华池县林业局
合水县林业局
正宁县林业局
宁县林业局
镇原县林业局
正宁林业总场
湘乐林业总场
华池林业总场
合水林业总场
定西市林业局
安定区林业局
通渭县林业局
陇西县林业局
渭源县林业局
临洮县林业局
岷县林业局
巉口林业试验场
陇南市林业局
武都区林业局
成县林业局
文县林业局
康县林业局

西和县林业局
礼县林业局
徽县林业局
两当县林业局
岷江林业总场
临夏回族自治州林业局
临夏市林业局
临夏县林业局
广河县林业局
和政县林业局
积石山保安族东乡族撒拉族自治县林业局
甘南藏族自治州林业局
合作市林业局
临潭县林业局
卓尼县林业局
舟曲县林业局
迭部县林业局
碌曲县林业局
夏河县林业局
白龙江林管局
白水江林业局
迭部林业局
河西综合开发局
舟曲林业局
洮河林业局
甘肃营林局
小陇山林业实验局

宁夏回族自治区

银川市林业局
金凤区林业局
兴庆区林业局
西夏区林业局
灵武市林业局
永宁县林业局
贺兰县林业局
灵武白芨滩国家级自然保护区管理局
石嘴山市林业局
大武口区林业局
惠农区林业局
平罗县林业局
吴忠市林业局
利通区林业局
红寺堡开发区林业局
青铜峡市林业局
盐池县林业局
同心县林业局
固原市林业局
原州区林业局
西吉县林业局
隆德县林业局
泾源县林业局
彭阳县林业局
中卫市林业局
沙坡头区林业局
中宁县林业局
海原县林业局
宁夏回族自治区林业厅直属单位
宁夏仁存渡护岸林场
农垦事业管理局

新疆维吾尔自治区

新疆天山东部国有林管理局
哈密林场
木垒林场
奇台林场
玛纳斯南山林场
呼图壁林场
吉木萨尔林场
米泉林场
沙湾林场
乌苏林场
板房沟林场
乌鲁木齐南山林场

内蒙古大兴安岭重点国有林管理局

阿尔山林业局
阿里河林业局
得耳布尔林业局
甘河林业局
根河林业局
金河林业局
库都尔林业局
满归林业局
乌尔旗汉林业局
伊图里河林业局

吉林森工集团

临江林业局
三岔子林业局
湾沟林业局
松江河林业局
泉阳林业局
露水河林业局
白石山林业局
红石林业局
吉林森工股份有限公司
吉林森工集团泉阳泉饮品有限公司
金桥地板有限责任公司
吉林森工人造板集团有限公司

龙江森工集团

牡丹江林业管理局
大海林林业局
柴河林业局
东京城林业局
穆棱林业局
绥阳林业局
海林林业局
林口林业局
合江林业管理局
桦南林业局
双鸭山林业局
鹤立林业局
鹤北林业局
东方红林业局
迎春林业局
清河林业局
伊春林业管理局
双丰林业局
铁力林业局
桃山林业局
金山屯林业局
美溪林业局
乌马河林业局
翠峦林业局
友好林业局
上甘岭林业局
五营林业局
红星林业局
新青林业局

汤旺河林业局
乌伊岭林业局
带岭实验局

松花江林业管理局
苇河林业局
亚布力林业局

方正林业局
兴隆林业局
绥棱林业局